Markus Alexander Lenz
Die verletzte Republik

Mimesis

Romanische Literaturen der Welt

Herausgegeben von
Ottmar Ette

Band 101

Markus Alexander Lenz

Die verletzte Republik

Erzählte Gewalt im Frankreich des 21. Jahrhunderts

DE GRUYTER

Habilitationsschrift, eingereicht im Jahr 2021 an der Philosophischen Fakultät der Universität Potsdam.

Diese Veröffentlichung wurde aus Mitteln des Publikationsfonds für Open Access Monografien des Landes Brandenburg gefördert. / This publication was supported by funds from the Publication Fund for Open Access Monographs of the Federal State of Brandenburg, Germany.

ISBN 978-3-11-153676-7
e-ISBN (PDF) 978-3-11-079962-0
e-ISBN (EPUB) 978-3-11-079966-8
ISSN 0178-7489
DOI https://doi.org/10.1515/9783110799620

Dieses Werk ist lizenziert unter der Creative Commons Namensnennung - Nicht-kommerziell - Keine Bearbeitung 4.0 International Lizenz. Weitere Informationen finden Sie unter https://creativecommons.org/licenses/by-nc-nd/4.0/.

Library of Congress Control Number: 2022942753

Bibliografische Information der Deutschen Nationalbibliothek
Die Deutsche Nationalbibliothek verzeichnet diese Publikation in der Deutschen Nationalbibliografie; detaillierte bibliografische Daten sind im Internet über http://dnb.dnb.de abrufbar.

© 2024 bei den Autoren, publiziert von Walter de Gruyter GmbH, Berlin/Boston
Dieser Band ist text- und seitenidentisch mit der 2022 erschienenen gebundenen Ausgabe.
Dieses Buch ist als Open-Access-Publikation verfügbar über www.degruyter.com.

Satz: Integra Software Services Pvt. Ltd.

www.degruyter.com

Für Elisabeth,
meiner Mutter in Liebe und Dankbarkeit.

[...] et Pangloss disait quelquefois à Candide: « Tous les événements sont enchaînés dans le meilleur des mondes possibles: car enfin, si vous n'aviez pas été chassé d'un beau château à grands coups de pied dans le derrière pour l'amour de Mlle Cunégonde, si vous n'aviez pas été mis à l'Inquisition, si vous n'aviez pas couru l'Amérique à pied, si vous n'aviez pas donné un bon coup d'épée au baron, si vous n'aviez pas perdu tous vos moutons du bon pays d'Eldorado, vous ne mangeriez pas ici des cédrats confits et des pistaches. – Cela est bien dit, répondit Candide, mais il faut cultiver notre jardin. »

Voltaire: *Candide* (1759), chapitre 30

Vorwort

Als ich im Jahr 2019 mit dem Verfassen der vorliegenden Studie begann, ließ sich noch nicht erahnen, welche Herausforderungen im weltweiten Maßstab die kommenden Jahre bereithielten. Auf die rasende Ausbreitung von SARS-CoV-2, welche in drei Jahren Millionen von Todesopfern forderte, folgte im Februar 2022 ein weiterer schwerer Schlag für das ohnehin fragile globale Zusammenleben sowie für eine mehr oder weniger stabile Friedensordnung. Mit dem Überfall Russlands auf die benachbarte Ukraine griff eine Großmacht wieder offen zum Mittel des Angriffskriegs nicht allein aus wirtschaftlichen Interessen, sondern vor allem aus ideologisch-ethnozentrischen Gründen.

Die Fragilität und Vorläufigkeit dessen, was man über Gegenwart und Zukunft aussagen und prognostizieren kann, wurde erneut mehr als deutlich und den Natur-, Gesellschafts- und Geisteswissenschaften schmerzhaft bewusst. Dennoch bestärkten mich diese Krisen in meiner Ansicht über die große Bedeutung von nicht nur literarischem Erzählen für dieses globale Zusammenleben sowie darin, mein bereits vor Pandemie und Krieg begonnenes Forschungsvorhaben zu einem Abschluss zu bringen.

Mit meinen in dieser Veröffentlichung in der Reihe Mimesis einer deutschsprachigen Leserschaft zugänglich gemachten Forschungsergebnissen zur erzählten Gewalt in der jüngeren französischen Gegenwartsliteratur ging es auch darum zu erörtern, wo die Grenzen und Möglichkeiten des Wissens der im Sinne des Literaturtheoretikers Gérard Genette fiktional wie faktual erzählenden Literatur einer extremen Gegenwart, eines *extrême contemporain*, hinsichtlich eines komplexen gesellschaftlichen Phänomens liegen.

Für Romanist*innen liegt diese Frage auch insofern nahe, als dass gerade in Frankreich nicht nur den Gesellschaftswissenschaften, sondern auch dem Wort der Schriftsteller*innen und Intellektuellen, dem Medium Buch und dem gedruckten Wort überhaupt in aufklärerischer Tradition ein hoher Stellenwert bei Debatten und Diskursen über gesellschaftliche Belange zugestanden wird. Und in nicht zu knappem Ausmaß musste das Land und seine Gesellschaft in den 2010er Jahren zahlreiche Krisen überstehen, welche die Demokratie und das Zusammenleben der Kulturen, Religionen und Ethnien herausforderten, die zugleich aber auch Resultate einer Spätmoderne darstellen, die mit dem Strukturwandel der Deindustrialisierung, durch weltweite Migrations- und Fluchtbewegungen sowie durch die Folgen ökonomischer wie kultureller Globalisierung in Europa neue gesellschaftliche Klassenstrukturen und Konfliktzonen im sozialen Raum seiner Nationalstaaten entstehen ließ.

Die Frage nach den Formen, Zusammenhängen und Grundlagen von Gewalt ist dabei insofern zentral, als dass letztere in all ihren vielfältigen Erscheinungen in den meisten Fällen und zusätzlich zu ihren ‹verdeckteren› Ausprägungen als strukturelle und symbolische Gewalt lediglich das offenbar werdende Symptom tiefer liegender Ursachen gesellschaftlicher und zwischenmenschlicher Konflikte ist, welche meist verwoben sind, koinzidieren oder sich gegenseitig verstärken.

Eignet sich hier nicht die Komplexität von Sprache und von erzählten gesellschaftlichen Welten in Romanen, Essais, biographischen, autobiographischen sowie autofiktionalen Texten hervorragend für eine nachvollziehbare Modellierung und ein experimentierendes Suchen nach den Formen, den Ursachen und Wirkungsweisen verschiedenartiger und auf den ersten Blick disparater Gewaltzusammenhänge, welche den Beginn des 21. Jahrhunderts in Frankreich prägen?

Unter Rückgriff auf die Konzepte literatursoziologischer Theorie und die Feldtheorie der Soziologie diskutiert die Studie daher zunächst die für ein sozialwissenschaftlich relevantes Erfassen von Literatur notwendige Perspektivierung erzählter Gewalt sowie die notwendige Konzentration auf Teilbereiche eines nationalen literarischen Feldes, die ein solches diskursrelevantes Wissen bereitzustellen im Stande sind. Bei dem unter diesem Gesichtspunkt untersuchten Text-Korpus handelt es sich um vielrezipierte Erzähltexte des literarischen Feldes in Frankreich, welche größtenteils in der zweiten Dekade des 21. Jahrhunderts erschienen sind. Vor allem einer deutschsprachigen Leserschaft möchte der Band in diesem Zusammenhang zugleich einen Einblick in einige wichtige Texte und Genres der französischen Gegenwartsliteratur, aber auch in Problematiken und Debatten in Frankreich zu Beginn des 21. Jahrhunderts gewähren.

Ausgehend von diesen theoretischen Überlegungen wird hierfür am konkreten Textmaterial und mit den Analyseinstrumenten der Literaturwissenschaft und der Erzähltheorie untersucht, wie und warum die ausgewählten Texte über unterschiedliche Formen von Gewalt, vom Erinnern an die historisch gewordenen Gewalttraumata des 20. Jahrhunderts, vom Terrorismus des 21. Jahrhunderts, von Rassismus und Klassismus der Gegenwart, von Gewalt gegen Frauen bis hin zum leider europaweit feststellbaren Phänomen des Femizids, von Homophobie, von ‹Abgehängten› in ländlichen Gebieten, aber auch im Zentrum der Metropole, von Arbeitslosigkeit und Armut in Frankreich erzählen. Ziel der Studie ist nicht, die Literaturwissenschaft gegenüber der wichtigen Arbeit soziologischer Forschung und empirischer Feldforschung zu positionieren, sondern eine komplementäre Perspektive der Untersuchung von erzählender Literatur zur soziologischen und historischen Gewaltforschung über den gesellschaftlichen Raum unseres europäischen Nachbarn zu eröffnen.

Das Projekt stellt insofern ein offenes Forschungsvorhaben dar, als dass in vorliegender Studie lediglich Autor*innen betrachtet wurden, welche in und über Frankreich schreiben. Auch konnte trotz der in den untersuchten Texten dargestellten Entwicklungen, welche viel weiter zurückreichen, bezüglich der Publikationszeiträume dieser Texte des Korpus nur ein kurzer Zeitabschnitt von zehn Jahren beachtet werden. Forschungen insbesondere zur Gewaltdarstellung nicht-frankophoner Literaturen in Bezug auf Frankreich sowie von frankophoner Literatur, welche außerhalb des europäischen Frankreich, in den frankophonen Gebieten der Welt und in den geographisch außerhalb Europas liegenden, aber zu Frankreich gehörenden Überseegebieten über Gewalt in den dortigen Gesellschaften, aber auch im europäischen Frankreich erzählen, mussten leider vernachlässigt werden und stellen weiterhin ein Forschungsdesiderat dar. Dieses gilt es in weiteren, im besten Falle miteinander vernetzten Forschungsprojekten zu bearbeiten. Eine Fortführung meines Forschungsprojekts in einem globalen frankophonen Maßstab wäre wünschenswert und seine Bedeutung für eine notwendige Komplettierung des hier Untersuchten sei nicht in Abrede gestellt!

Der Abschluss eines Habilitationsvorhabens markiert jedoch nicht nur das Erreichen eines selbstgesteckten wissenschaftlichen Ziels, sondern auch einen wichtigen Abschnitt eines akademischen Weges, auf dem die Unterstützung lieber Menschen weit über das wissenschaftlich-kollegiale Zusammenleben hinaus von zentraler Bedeutung ist.

Mein besonderer Dank gilt daher Ottmar Ette für sein in den zurückliegenden Jahren für meine Anliegen, Forschungsfragen und Zweifel stets offenes Ohr, für seine wichtigen Ratschläge und die kritische Begleitung meines Habilitationsprojekts. Ich hatte das große Glück, bei ihm in einem wissenschaftlichen Umfeld arbeiten zu dürfen, welches stets die Zukunft einer transareal ausgerichteten Romanistik im Blick hatte, die in Potsdam niemals auf einzelne Regionen und Sprachen beschränkt blieb, sondern Relationalität, Vernetzung und Austausch in Theorie und Praxis zentral stellte.

Auch meinem Doktorvater Markus Messling möchte ich meinen tiefen Dank aussprechen: Neben einer freundschaftlichen, aber immer kritischen Begleitung meines Projekts erhielt ich aufgrund seiner mehr als profunden Kenntnisse der französischen Gesellschaft und literarischen Gegenwart viele wichtige Anregungen und Ratschläge, welche mir das schwierige Feld der Gegenwartsliteratur in Frankreich zugänglicher gemacht haben.

Dankbar bin ich auch für die Unterstützung meiner Kolleg*innen am Institut für Romanistik der Universität Potsdam, insbesondere meiner lieben langjährigen ‹Büronachbarin› Patricia A. Gwozdz, aber auch Irene Gastón Sierra, Ulrike Zieger, Gabriele Penquitt-Höltge, Jens Häseler und Sabine Zangenfeind. Aus einigen Arbeitsbekanntschaften wurden über die Jahre Freundschaften, die viel dazu beitrugen, dass die Tätigkeit am Institut stets mit Freude verbunden war und sich Arbeit und Privatleben nicht immer in diametralem Gegensatz gegenüberstanden.

Philipp Bernhard und Anja Hennemann, die den Literaturwissenschaftler und sein Forschen aus geschichtsdidaktischer bzw. sprachwissenschaftlicher Perspektive auf seinem Weg begleiteten, danke ich vielmals für ihre wichtige Unterstützung in Form zweier wunderbarer Menschen und Freunde, die auch in schwierigeren Phasen eine Quelle der Ermutigung waren, um letztlich doch ‹am Ball› zu bleiben.

Herzlich danke ich zudem Ulrike Krauß und insbesondere Gabrielle Cornefert, die voller Professionalität und Enthusiasmus für das Projekt den Band von Verlagsseite aus betreut haben sowie der Vernetzungs- und Kompetenzstelle Open Access Brandenburg für Förderung und Unterstützung der Publikation im Open Access Format.

Zuletzt möchte ich meinem Eltern und insbesondere meiner Mutter danken: Sie waren es, die auf unterschiedliche Art dazu beitrugen, dass ‹ausgerechnet› das Erkunden des weiten Feldes der Literatur zu einem wesentlichen Bestandteil meines Lebens wurde.

Markus Alexander Lenz
Berlin, im Juli 2022

Inhalt

Vorwort —— IX

1 **Präludium: *Les Misérables* (2019)** —— **1**
1.1 Das Nationale als dominante Kategorie des Gesellschaftlichen – Eine französische Besonderheit auch in der Literatur? —— **16**

2 **Schreiben über Gewalt in Frankreich und die Politiken der Literatur** —— **29**
2.1 Eine Gesellschaft der Gewalt? – Frankreich im 21. Jahrhundert: Positionen —— **36**
2.2 Erzählte Gewalt: Grenzen und Möglichkeiten literarischen Wissens und Forschens —— **50**
2.2.1 Gewalt als narrativer Prozess und subjektives Verhalten zu Sinnzusammenhängen —— **53**
2.2.2 Ansätze literaturwissenschaftlicher Gewaltforschung —— **59**
2.3 Exkurs: Parcours ambivalenter Gewaltreflexion als gewalttheoretische Referenzräume der Gegenwartsliteratur —— **73**
2.4 Methodik und leitende Fragestellungen der Text-Analyse —— **86**
2.5 Textkorpus: Geschichte, Gesellschaft, Gewalt und die vorläufige Gegenwart aus der Perspektive des *extrême contemporain* —— **96**

3 **Frankreichs ‹große› Kriege: Literarisches Erinnern, Deuten und Vergessen historischer Gewalt** —— **117**
3.1 Ein Satyrspiel zur *Grande Guerre* oder die Gewalt der Monumente: Der Roman *Au revoir là-haut* (2013) von Pierre Lemaitre —— **127**
3.2 Aggressive Defensive oder die schwierige Verteidigung eines republikanischen Imperiums: Alexis Jennis Roman *L'Art français de la guerre* (2011) —— **158**
3.3 Frankreich, Algerien und die blinde Justitia: *De nos frères blessés* (2016) von Joseph Andras —— **190**

4 Unter der Oberfläche, abseits des Zentrums: Körper, Milieu, Klasse oder die Gewalt erzählter sozialer Gegenwart in Frankreich —— 225

4.1 *Histoire de la violence* (2016) von Édouard Louis: Politische Autofiktion oder biographische Soziologie der Gewalt? —— **246**

4.2 Neo-Ennui und provinzielle Anti-Idylle in Nicolas Mathieus ethnographischem Jugendroman *Leurs enfants après eux* (2018) —— **283**

4.3 Genealogien misogyner Gewalt und die Gewalt medialer und politischer Agitation: Ivan Jablonkas literarische Untersuchung *Laëtitia, ou la fin des hommes* (2016) —— **319**

5 Kritik oder Provokation? Gewalt und ihre Erzählung als Symbol und politisches Instrument —— 351

5.1 Verratene Vergangenheit, die Lüge und das System: Der Roman *Assommons les pauvres!* (2011) von Shumona Sinha —— **366**

5.2 Literarische Artikulationen nationaler Traumata oder Erzählungen von Tätern und Opfern des Terrorismus —— **400**

5.2.1 Der zerfetzte Körperleib oder die Politik des Privaten: Philippe Lançons autobiographischer Essay *Le Lambeau* (2018) als literarischer Kommentar zum Terrorismus-Diskurs —— **408**

5.2.2 Portrait einer Radikalisierung? Idealismus, Ideologie und Identität in Mahir Guvens *Grand frère* (2017) —— **439**

5.3 *King Kong Théorie* (2006) und die *Vernon Subutex*-Trilogie (2015–2017) von Virginie Despentes: Gewalt-Tiraden, Musik und die brüchigen Strukturen phallogozentrischer Herrschaft —— **462**

5.3.1 *Vernon Subutex*: Vom utopischen Potential der Subkultur oder der DJ als Messias einer gewaltfreien Gesellschaft —— **478**

6 Frankreich und die erzählte Gewalt: Ansätze einer literarischen Topologie der Gesellschaft —— 515

6.1 Tendenzen des Erzählens, Tendenzen der Sujets: Ein *realisme engagé* beim Erzählen von Gewalt? —— **519**

6.2 Motivstrukturen, Figuren und Formen erzählter Gewalt im Frankreich der 10er Jahre des 21. Jahrhunderts —— **531**

6.3 Das Wissen der Literatur: Problem-Diagnostik und
Zusammenleben in Frankreich am Anfang eines neuen
Jahrtausends —— 552

Die französischen Zitate in deutscher Übersetzung —— 567

Bibliographie —— 621

Personenregister —— 655

1 Präludium: *Les Misérables* (2019)

Eine gewaltige Nationalflagge, gehisst unter dem martialischen Nationalsymbol des Arc de Triomphe de l'Étoile inmitten der Place Charles-de-Gaulle, einem der stolzen Herzen von Paris, bildet den Fluchtpunkt eines blau-weiß-roten Fahnenmeeres in den Farben von Freiheit, Gleichheit und Brüderlichkeit. Jugendliche Fans aller Ethnien und Kulturen singen gemeinsam die *Marseillaise*. Als das entscheidende Tor zum 4:2 gegen Kroatien fällt, bricht ungehemmter Jubel aus. Mit Paul Labile Pogba und Kylian Mbappé Lottin haben zwei Franzosen guineischer und kamerunisch-algerischer ‹Herkunft› den Sieg und Traum einer ganzen Nation perfekt gemacht: Frankreich ist Fußball-Weltmeister des Jahres 2018!

Mit diesem ausgelassenen Szenario der Freude und des Nationalstolzes beginnt der Film *Les Misérables* des 1978 in Mali geborenen französischen Regisseurs Ladj Ly, Gewinner des Preises der Jury bei den Filmfestspielen in Cannes im Jahr 2019, der auch in zahlreichen Kategorien der *César*-Verleihung ausgezeichnet wurde sowie als Favorit für den Auslands-Oscar nominiert war.[1] Die auf den ersten Blick pathetische und gravitätische intermediale Bezugnahme auf einen der berühmtesten Romane Victor Hugos[2] ist nur der Beginn einer nicht nur wütenden, sondern auch differenzierten Auseinandersetzung mit einem Frankreich zu Beginn des 21. Jahrhunderts, dessen gesellschaftlicher Zusammenhalt als gefährdet und prekär erscheint, sobald der Fokus nur einige Kilometer von den bürgerlichen Zentren der «Métropole» Paris abrückt. Ladj Ly betonte selbst in einem Interview mit *Deutschlandfunk Kultur*, dass sein Film keinesfalls eine thematische Wiederaufnahme des Romans sein will, sondern ein «Augenzwinkern»,[3] das aber allein durch diese historische Referenz auf

---

[1] Vgl. Ly, Ladj (Regie): *Les Misérables*. SRAB Films 2019. Aus der Flut an Rezensionen und durchaus kritischen Besprechungen seien nur beispielhaft erwähnt die in ihrer Tendenz positiven Artikel von Cauhapé, Véronique: Festival de Cannes 2019: «Les Misérables», électrochoc sur La Croisette. In: *Le Monde* (16 mai 2019), online unter https://www.lemonde.fr/culture/article/2019/05/16/festival-de-cannes-2019-les-miserables-de-la-liesse-a-la-haine_5462789_3246.html, konsultiert am 08.06.2020; Delorme, Stéphane: Les Misérables de Ladj Ly. In: *Cahiers du cinéma* 760 (novembre 2019), S. 7–9; und Vely, Yannick: Les Misérables de Ladj Ly – la critique – Festival de Cannes. In: *Paris Match* (15 mai 2019), online unter https://www.parismatch.com/Culture/Cinema/Les-Miserables-de-Ladj-Ly-la-critique-Festival-de-Cannes-1624035, konsultiert am 08.06.2021.
[2] Vgl. Hugo, Victor: *Les Misérables* (1862). Illustrations par Pierre Georges Jeanniot. 5 Bde. Paris: Émile Testard 1890.
[3] Ly, Ladj: Ladj Ly über seinen Film *Les Misérables* – «Dieser Film ist ein Aufschrei». Ladj Ly im Gespräch mit Patrick Wellinski. Beitrag vom 18.01.2020, online unter https://www.deutschlandfunkkultur.de/ladj-ly-ueber-seinen-film-les-miserables-dieser-film-ist.2168.de.html?dram:article_id=468252, konsultiert am 08.06.2020: «Man darf meinen Film *Les Misérables* nicht als

Open Access. © 2022 bei den Autoren, publiziert von De Gruyter. Dieses Werk ist lizenziert unter der Creative Commons Namensnennung - Nicht-kommerziell - Keine Bearbeitung 4.0 International Lizenz.
https://doi.org/10.1515/9783110799620-001

einen der bedeutendsten ‹Sozialromane› der Literaturgeschichte seine gesellschaftskritische Schlagkraft entfaltet.

In einer Spirale der Eskalation erzählt der Film von einer Gruppe Polizisten, einer Polizeieinheit unterschiedlicher Sozialisation und Ethnizität, welche in Montfermeil, einem Vorort im östlichen Großraum Paris, für Ordnung sorgen soll. Nach einer zunächst als banaler Diebstahl interpretierten Störung des prekären Gleichgewichts zwischen den Ethnien, Religionen, Wertvorstellungen und Vorurteilen der Bewohner des größtenteils von Menschen mit Migrationshintergrund bewohnten Viertels wird die trotz ihrer Uniform als Staatsdiener gleich gestellte, bezüglich kultureller wie ethnischer Selbstzuschreibung und Identitätskonstruktion aber äußerst heterogene Truppe in einem Meer aus Gewalt und Chaos versinken.

Gezeigt werden zudem die täglichen Schikanen rassistischer und sexistischer Art durch den mit einer dunkelhäutigen Frau verheirateten ‹weißen› Macho Chris, dessen unterschwellige Aggression immer wieder in verbaler Form und unnötigen Kontrollen von Jugendlichen mit afrikanischem oder arabischem Aussehen ein Ventil findet. Gezeigt wird aber auch die mangelnde Autorität der in diesem Falle männlichen Repräsentanten eines Staatswesens in ‹ihrem› Viertel, insofern sie sich zahlreichen Provokationen, der Ablehnung und Feindseligkeit von Menschen gegenübersehen, die versuchen, in den ihnen innerhalb prekärer Wohn- und Arbeitsverhältnisse gesetzten Grenzen ein geregeltes Erwerbs- und Familienleben zu führen.

Ohne dass eine Auflösung jener Katastrophe erfolgen würde, in welcher der Film endet, finden sich die Polizisten von randalierenden Jugendlichen in einem Treppenhaus eines der omnipräsenten Hochhäuser der weniger wohlhabenden Pariser Vorstädte, den «cités» der «banlieues», eingekesselt. Der Staat ist gesellschaftlich endgültig in die Defensive geraten und der Kontrast zu den Bildern des Anfangs kaum deutlicher: Aus der jubelnden Menge meist jugendlicher Fußballfans ist eine wütende Meute ebenso junger Randalierer geworden. Der Film schließt auf paratextueller Ebene mit einem Motto, welches dem Abspann vorausgeht. Es handelt sich dabei um eine weitere intertextuelle Referenz, versteckt im intermedialen Verweis auf Victor Hugos Romanschaffen; denn das den Film abschließend kommentierende Zitat aus *Les Misérables* enthält ein noch weiter zurückführendes Bild aus der Epoche der Aufklärung, aus Voltaires «conte philo-

---

eine Verfilmung von Victor Hugos Roman missverstehen. Der Titel ist eher eine Art Augenzwinkern. Wir haben uns daran erinnert, dass ein Teil von Hugos Roman im Vorort Montfermeil spielt, so wie mein ganzer Film. Aber so wie das Buch erzählt auch mein Film von einer Misere der Bewohner, die über ein Jahrhundert nach den Ereignissen, die Hugo beschrieben hat, in Montfermeil immer noch an der Tagesordnung ist.»

sophique» *Candide ou l'Optimisme* von 1759, welches jedoch nur indirekt durchschimmert. In Hugos Romantext taucht im ersten Band seines großen Sozialepos über gescheiterte Lebensträume, Flucht in die Fremde und die Existenz als gesellschaftliche*r Außenseiter*in im 19. Jahrhundert folgende sozialkritische Feststellung auf, mit welcher Ladj Lys Film ausklingt:

> Mes amis, retenez ceci:
> il n'y a ni mauvaises herbes,
> ni mauvais hommes,
> il n'y a que de mauvais cultivateurs.[4]

Es ist die Figur des Bürgermeisters, welcher in Hugos *Les Misérables* diese Worte spricht; eine Figur, die im Film wie im Roman die Gesellschaft als Gemeinschaft einer Stadt beziehungsweise eines Viertels zusammenhält und repräsentiert. Dass es sich bei Hugos ehrbarem Maire Madeleine um den Verurteilten Jean Valjean, bei dem ‹Bürgermeister› von Montfermeil in Lys Film um einen Gangster handelt, der aber von der Bevölkerung als ihr Vertreter anerkannt wird, bekräftigt die über reine intertextuelle Elementen-Referenzen hinausgehende Bezugnahme auf den Roman. Die Perspektive der letztlich aufgrund eines Vorurteils an den Rand Gedrängten, welche die Ungleichbehandlung innerhalb einer Gesellschaft dem Namen nach gleicher Bürger*innen in den Fokus rückt, dominiert die Handlung beider Erzählungen über Gewalt und Elend: In Hugos Roman ist es der kalte Glaube der Gesellschaft an die Alleinschuld des Individuums an seiner Notlage und den grundsätzlich schlechten Verbrechermenschen, im Film der strukturelle und institutionalisierte Rassismus, welcher auch durch oberflächliche Anpassung des marginalisierten Individuums an staatsbürgerliche Strukturen nicht überwunden werden kann.

Dennoch bleibt am Ende des Films die paratextuell durch einen nurmehr schwer zu fassenden aufklärerischen Rest angedeutete Hoffnung des ‹kultivierten Gartens›; die Hoffnung darauf, dass es nicht die wie auch immer geartete ‹Essenz› eines Menschen, sondern sein Verdienst um die Gesellschaft ist, welcher seinen Status innerhalb eines geregelten Kollektivs bestimmen könnte. In beiden Fällen, dem 19. Jahrhundert Hugos und dem jungen 21. Jahrhundert eines jungen Regisseurs, stehen Frankreich und die Ideale des Zeitalters von Rousseau und Voltaire auf dem Prüfstand: Der positiven Antwort des über die Welt resignierten, aber bezüglich der eigenen Tatkraft zuversichtlichen Candide am Ende von Voltaires philosophischem Roman, seiner Replik auf den unverbesserlichen Optimismus seines Lehrers Pangloss, den eigenen Garten zu kultivieren, steht das Scheitern dieses

---

[4] Hugo, Victor: *Les Misérables*, I, S. 311: «Merkt euch, Freunde! Es gibt weder schlechte Gewächse noch schlechte Menschen. Es gibt bloß schlechte Gärtner» [ML].

Kultivierens der Gesellschaft von Staats wegen als historisches Erbe einer Gewalt des Kollektivs gegen Individuen und Minderheiten gegenüber.[5] Das Bild des kultivierten Gartens als jenes zentrale Bild der französischen Aufklärung, mit dem Voltaires Leibniz-Replik endet, scheint für die französische Gesellschaft am Beginn des 21. Jahrhunderts genauso wenig zu greifen wie zu jener turbulenten postnapoleonischen Zeit von Hugos *Elenden*, als die *Große Revolution* erst noch ihre Vollendung finden musste.

Ladj Lys Film stellt somit aus einer historischen Kontinuität heraus die Frage nach den Dynamiken von Gewalt an den Rändern einer französischen Gesellschaft am Beginn des dritten Jahrtausends, welche von unterschwelliger Wut, über zwischenmenschliche Spannung bis zum Hass des Kollektivs reichen. Der Regisseur zeigt dabei durch seine dokumentarische Schilderung unterschiedlicher Ethnien und Sprachen ein Zusammenleben, das lediglich in Abgrenzung zum Frankreich der Mitte – aufgeklärt, kosmopolitisch, politisch engagiert, ökonomisch wohlhabend und gebildet – bestehen und als eigene gesellschaftliche Ordnung prekärer Milieus aufrecht erhalten werden kann. Religion und Tradition, Werte von Loyalität, Freundschaft und Familie, die Sprachen arabischer und afrikanischer Länder und Regionen, Jugendsprache sowie das Französische der Banlieues sind der kulturelle und soziale Kitt, welcher das Leben für die Bewohner*innen dieses Kosmos stabilisiert und ein Mindestmaß an Verständigung inmitten aller Unterschiede, aber auch zwischen ihnen und den Staatsbediensteten ermöglicht. Zusammenleben diesseits der Ebene von Nation und Staatsmacht scheint also möglich!

Doch entsteht diese im Film geschilderte Konvivenz als Abgrenzung des ‹Eigenen› von der gesellschaftlichen Mitte und aus der Negation durch dieses bürgerliche Zentrum, durch das ‹Andere›; aus einer empfundenen und erlebten Ablehnung oder schlicht Ignoranz jenes Nationalstaates und Teile seiner Gesellschaft, dessen Prestige – auch im Fußball – mit einer langen Geschichte des Kolonialismus, der Unterdrückung, aber auch der Integration und der Emanzipation verwoben ist.

Die Wirksamkeit einer politischen Rezeption dieser filmischen Modellierung einer tiefen Verwobenheit von Staat und Gewalt in der Sprache der Bilder und Fik-

---

5 Voltaire: *Candide, ou l'Optimisme*. In ders.: *Œuvres complètes de Voltaire*. Texte établi par Louis Moland. Paris: Garnier 1877, Bd. 21, S. 137–218, hier S. 217 f.: «Pangloss disait quelquefois à Candide: « Tous les événements sont enchaînés dans le meilleur des mondes possibles [...] – Cela est bien dit, répondit Candide, mais il faut cultiver notre jardin ».» / «Pangloss sagte manchmal zu Candide: ‹Alle Ereignisse sind in der besten aller möglichen Welten miteinander verknüpft [...]› – ‹Das ist gut gesagt›, antwortete Candide, ‹aber wir müssen unseren Garten bestellen›» [ML].

tionen bewies die Antwort des amtierenden obersten ‹Gärtners› der französischen Gesellschaft, des französischen Staatspräsidenten, auf Lys wütendes Erzählen. In einem Artikel der Zeitschrift *Journal de Dimanche* wird Emmanuel Macrons aufgewühlte Reaktion auf den Film geschildert.[6] Seine erstaunte Erschütterung stieß jedoch auf Häme bei Kritiker*innen aus Kultur und Politik, welche die Mitschuld einer Regierung an den geschilderten Zuständen betonten, die aus Kostengründen geplante Maßnahmen zur Verbesserung der Situation in den Vorstädten wieder fallengelassen hatte.[7] Und jenseits aller Relativierungen seiner drastischen Bilder weicht auch der Regisseur selbst nicht in den geschützten Raum von Werkimmanenz und künstlerischer Freiheit zurück, sondern betont den Wunsch nach Referentialisierung und Referentialisierbarkeit, welcher seine fiktionale Erzählung trägt:

> Les premiers responsables à mes yeux, ce sont les politiques qui ont laissé la situation des quartiers pourrir depuis plus de 30 ans. Il y a bien sûr aussi certains policiers et même certains habitants des cités dont on voit dans le film qu'ils peuvent instrumentaliser les enfants pour leurs fins personnelles. Mais les premiers cultivateurs, ce sont les politiques. Ce sont eux qui peuvent faire bouger les lignes aujourd'hui et c'est à eux que j'adresse mon cri d'alarme.[8]

---

6 Vgl. Red. JDD: Emmanuel Macron touché par *Les Misérables*. INDISCRET – Impressionné par le film Les Misérables de Ladj Ly, en salles mercredi, Emmanuel Macron cherche des pistes pour améliorer les conditions de vie des habitants des quartiers. In: *Le Journal du dimanche* (17 novembre 2019), online unter https://www.lejdd.fr/Politique/emmanuel-macron-touche-par-les-miserables-3931762, konsultiert am 08.06.2021.

7 Zur Polemik vgl. Dion, Jack: Les Misérables, ce n'est pas (que) du cinéma. In: *Marianne* (21.11.2019), online unter https://www.marianne.net/debattons/editos/les-miserables-ce-n-est-pas-que-du-cinema, konsultiert am 08.06.2021; Dusseaulx, Anne-Charlotte: Les Misérables: pourquoi ce film fait tant parler. In: *Le journal de dimanche* (19 novembre 2019), online unter https://www.lejdd.fr/Societe/les-miserables-pourquoi-ce-film-fait-tant-parler-3932321, konsultiert am 08.06.2021; Villaines, Astrid de: Borloo tacle (discrètement) Macron après avoir vu *Les Misérables*. In: *Huffingtonpost Politique* (19.11.2019), online unter https://www.huffingtonpost.fr/entry/borloo-macron-banlieue-miserables_fr_5dd3ac5fe4b0d6f02fa4a566, konsultiert am 08.06.2021.

8 Ly, Ladj: Dans Les Misérables, j'essaie d'éviter tout manichéisme. In: Seine-Saint-Denis. Le magazine (7 novembre 2019, online unter https://lemag.seinesaintdenis.fr/Ladj-Ly-Dans-Les-Miserables-j-essaie-d-eviter-tout-manicheisme, konsultiert am 09.06.2020: «Die Hauptverantwortlichen sind in meinen Augen die Politiker, die die Situation in den Vierteln seit über 30 Jahren vor sich hin rotten lassen. Natürlich gibt es auch einige Polizisten und sogar einige Bewohner der Siedlungen, von denen man im Film sieht, dass sie die Kinder für ihre persönlichen Zwecke instrumentalisieren. Aber die wichtigsten ‹Landwirte› sind die Politiker. Sie sind es, die heute die Richtlinien bestimmen können, und an sie wendet sich mein Alarmschrei» [ML].

Dieses Statement eines engagierten Künstlers hinsichtlich seines Werks, welches er als «Alarmschrei» gegenüber einer gesellschaftlichen Schieflage versteht und das erzähltechnisch auf Spannungsaufbau und Eskalation angelegt ist, weist darauf hin, wie sehr auch im Frankreich des Jahres 2019 die Bereiche Kultur und Politik, Ästhetik, Ethik und Pragmatik verwoben sind. Ästhetisch und bezüglich der Breitenwirkung einer kontroversen Gewalterzählung ergibt sich zudem leicht eine Verbindung von Lys *Les Misérables* zu Mathieu Kassovitz' filmischem Manifest *La Haine* aus dem Jahr 1995, was die Frage nach einer Genealogie polizeilicher Gewalt in Frankreich aufwirft und eine Debatte evoziert, die bis in die Gegenwart des 21. Jahrhunderts eine große Rolle spielt.[9] Und Polizeigewalt als eigene Form der Gewalt wird auch in der folgenden Untersuchung literarischer Texte immer wieder in den Fokus rücken.

Deutlich werden soll jedoch an diesem einführenden und drastischen Beispiel zeitgenössischer Gesellschaftsanalyse mit Mitteln der Fiktion die Bedeutung, welche dem Erzählen als gesellschaftlich wirksamer Technik des sozialen Kommentierens und politischen Agierens zukommt: Von Lys «cri d'alarme» ist es nicht weit zu Émile Zola und seinem Aufschrei, seinem «J'accuse». Die schwer zu fassende und höchst variable Figur des *Intellektuellen* – Zolas und Sartres Erben als politische Kommentatoren des Geschehens im sozialen und nationalen Raum Frankreich, beheimatet in den Bereichen Kultur, Universität und Medien – steht dabei immer noch für eine nationalgeschichtlich etablierte Identifikations- und Partizipationsmöglichkeit hinsichtlich der Frage nach der Darstellbarkeit von Gesellschaft in den weiten Räumen von Film und Literatur.[10]

Auch wenn Ladj Ly sich möglicherweise selbst nicht als einen solchen bezeichnen würde, ist es sein künstlerisches Handeln als politisches Erzählen im Namen republikanischer und aufklärerischer Werte wie Gerechtigkeit und Gleich-

---

9 Vgl. Kassovitz, Mathieu (Regie): *La Haine*. Lazennec & Associés 1995. Vgl. auch die mediale Berichterstattung zu den Fällen Adama Traoré (2016), Steve Maia Caniço (2019) und Cédric Chouviat (2020), welche alle Opfer polizeilicher Gewalt wurden.
10 Vgl. die klassische Studie zur Figur des «Intellectuel» von Benda, Julien: *La Trahison des clercs* (1927). Paris: Les Cahiers rouges, Grasset 2003. Zur deren komplexer Geschichte vgl. Jurt, Joseph: Die Tradition der europäischen Intellektuellen in Frankreich. Von der Dreyfus-Affaire bis heute. In (ders., Hg.): *Intellektuelle – Elite – Führungskräfte. Bildungswege in Deutschland und Frankreich*. Freiburg i. Br.: Frankreich-Zentrum 2004, S. 33–58; sowie ders.: *Frankreichs engagierte Intellektuelle: Von Zola bis Bourdieu*. Göttingen: Wallstein 2012. Zu Michel Foucaults Kritik an einer Ableitung der/des französischen Intellektuellen als ‹mythische Figur› allein ausgehend von der Dreyfus-Affäre, zur ‹Spezifizierung› der Figur in den 60er Jahren sowie zur historischen Bedingtheit und Situativität ihres sozialen Engagements vgl. Dartigues, Laurent: Une généalogie de l'intellectuel spécifique. In: *Astérion* 12 (2014), online unter https://doi.org/10.4000/asterion.2560, konsultiert am 09.06.2021.

behandlung aller Bürger*innen sowie sein Habitus als Filmemacher, welche ihn nahe an jene viele soziale Felder übergreifende Funktion dieser ‹emblematischen› Figur französischer Kultur- und Politikgeschichte rücken. Die kritische Rezeption des Films *Les Misérables* in den Kinos wie im Elysee-Palast zeigt zudem, dass spätestens beim Thema ‹Gewalt in den französischen Vorstädten› extratextuelle ‹Realität› – in Form von Politik, Verwaltung sowie bürgerlichem Engagement – und *fiktionales* Gesellschaftsmodell im Diskurs um ein gesamtgesellschaftlich als aktuell empfundenes Problem in starker Wechselwirkung stehen.

Wie zahlreiche weitere Werke literarischer Art zum Thema Gewalt in Frankreich, von denen einige der im Feld sichtbarsten in der vorliegenden Studie näher beleuchtete werden sollen, konstatierte der Film *Die Wütenden*, so der deutsche Titel, als modellierende Erzählung eines Milieus zwischen Fiktion und Referentialisierbarkeit schwankend, eine Situation gesamtgesellschaftlicher Krisenhaftigkeit. Er zeigt zwar soziale Spannungen innerhalb eines eng gefassten geographischen, historischen und sozialen Gebiets, welche das dortige Zusammenleben zu Beginn des 21. Jahrhunderts mit zu bestimmen scheinen, suggeriert aber Wurzeln dieser Konflikte, welche weit in die französische Geschichte zurückreichen. Schauplatz des Films ist dabei ein Ort, welcher paradigmatisch für weitere Mikrokosmen spannungsreichen Zusammenlebens als Spiegel und Prismen eines größeren gesellschaftlichen Raums stehen kann.

Nicht nur das Milieu urbaner Peripherien ist nämlich von dieser Gewalt betroffen, sondern ein gesamtes Land und seine Gesellschaft – wie auch die Referenz auf die gewonnene Weltmeisterschaft in den eröffnenden Bildern des Films zeigte: Montfermeil geht nicht nur Paris, sondern auch Lyon, Marseille und letztlich ganz Frankreich an. Die Bilder einer neuen französischen Trikolore «black-blanc-beur» («Scharz-Weiß-Arabisch»), wie sie bereits im WM-Taumel 1998 im Sinne eines Frankreichs der Vielfalt gefeiert wurde, gleichen sich; doch die Ernüchterung nach dem Sieg der «Équipe Tricolore» auch![11] Rassismus, mangelnde Chancengleichheit je nach Herkunft, Ethnie, Religion und sprachlicher Besonderheit, ökomische Ungleichheit und Gewalt des Staates und seiner Polizei, aber auch die Radikalisierung der Ausgegrenzten werden von Ladj Ly schonungslos inszeniert.

---

11 Vgl. Beaud, Stéphane: La France «black-blanc-beur». In: Boucheron, Patrick (Hg.): *Histoire mondiale de la France*. Paris 2017, S. 745–748; zur Metapher der WM 1998 als «Verzauberte Parenthese» vgl. Gastaut, Yvan: Milieux politiques, immigration et coupe de monde 1998 de football: la parenthèse enchantée. In: *Migrations et société* 110 (2007/2), S. 141–151; vgl. zudem Waechter, Matthias: *Geschichte Frankreichs im 20. Jahrhundert*. München: C.H. Beck 2019, S. 472–474.

Durch die oben erwähnten intertextuellen Bezüge auf den Romantiker Victor Hugo und letztlich den Aufklärer Voltaire evozierte der Regisseur dabei eine lange Kontinuität sozialer Probleme seit der ‹klassischen› französischen Moderne, quer durch die Konsolidierung der Republik im 19. Jahrhundert und die Epoche kolonialer Ausbeutung. Es handelt sich um eine Referenz auf Vergangenes und geschichtliche Zusammenhänge, welche viele der in dieser Studie verhandelten Texte zum Thema Gewalt in Frankreich in ihren unterschiedlichen Formen und Spielarten prägt. Ob es sich um sexuelle und physische Gewalt gegen Frauen, Homosexuelle oder Obdachlose handelt, ob die Gewalt innerhalb der Familie, die Gewalt des Krieges, des Soldatenlebens, die Gewalt des Staates und der Polizei oder der Terrorismus im traumatischen Jahr 2015 thematisiert wird: Immer steht explizit oder unausgesprochen die Debatte um das unerfüllte Versprechen hart umkämpfter republikanischer und universell konzipierter Ideale des Zusammenlebens im Raum.

Die Frage nach diesen Idealen, wie sie sich in Anbetracht verschiedener Formen von Gewalt stellt, gilt dabei nicht nur für die Gewalt der Peripherie, der ‹Unterschicht› und der ‹prekären Existenzen›, sondern insbesondere auch für die für das nationale Selbstverständnis so wichtige kulturelle Trägerschicht dieser Ideale – die bürgerliche und kulturelle Elite des Zentrums. So ist es nicht verwunderlich, dass Erzählungen über Gewalt in Texten der sogenannten ‹Enthüllungsliteratur›, welche eher in bürgerlichen Milieus des ‹Zentrums› angesiedelt ist, auch zu Beginn des 21. Jahrhunderts, in Zeiten der *Metoo*-Bewegung und einer gewachsenen Sensibilisierung gegenüber patriarchalischen und phallogozentrischen Strukturen großes Aufsehen erregen konnten.[12]

Bücher wie Vanessa Springoras *Le consentement*, Camille Kouchners *La familia grande* und Raphaël Enthovens *Le Temps gagné* beschreiben zwischen Autobiographie, Autofiktion und fiktionaler Distanzierung auf jeweils unterschiedliche Weise verdeckte und in Familie und Öffentlichkeit ignorierte Gewaltformen wie die sexuelle Nötigung und den Missbrauch Minderjähriger durch prominente Figuren des intellektuellen, akademischen und medialen Feldes in Frankreich.[13] Ihr Hinweis auf die Existenz von Gewalt im ‹zivilisationsbildenden› Milieu der kulturellen Eliten stellt ein wichtiges Komplement zur Darstellung von

---

12 Dieser Ausdruck des dekonstruktivistischen Feminismus ist eine Verbindung von Jacque Derridas Begriffen «logozentrisch» und «Phallozentrismus». Phallogozentrismus bezeichnet «[...] die ‹männliche› Prägung der abendländischen Kultur, die binär strukturiert und hierarchisch angelegt ist [...].» Vgl. Köppe, Tillmann / Winko, Simone (Hg.): *Neuere Literaturtheorien – Eine Einführung*. Stuttgart: J.B. Metzler 2013, S 203 f.
13 Vgl. Springora, Vanessa. *Le consentement*. Paris: Grasset 2020; Kouchner, Camille: *La familia grande*. Paris: Seuil 2021; Enthoven, Raphaël: *Le Temps Gagné*. Paris: L'Observatoire 2020.

Gewalt in den Milieus der ökonomisch wie hinsichtlich ihres kulturellen Kapitals weniger begüterten Schichten und Klassen der französischen Gesellschaft dar. Dies insofern, als dass diese Texte asymmetrische Machtstrukturen symbolisch-patriarchaler und ökonomischer Art als Gewaltformen struktureller und systematisch-instrumenteller Art nicht nur mit den vermeintlich ‹archaischen› Strukturen von Religion in den Kulturen ethnischer Minderheiten, mit den Milieus der ‹Unterschicht› und stark von Migration geprägten Milieus assoziieren.

Vielmehr prangern sie einen Konsens über diese direkten Gewaltformen inmitten der symbolischen Gewalt medialer und intellektueller Diskurse – eigentlich Instanzen aufklärerisch-freien Denkens – im Zentrum der Republik und deren Kulturleben an. Es ist das schwer erklärliche Verschweigen und die Banalisierung sexueller Gewalt in der Mitte und durch die intellektuelle Elite der Gesellschaft, welches auf eine tiefer liegende Form struktureller Gewalt verweist, die Gender, aber auch den Körper direkt bestimmt und die von Vanessa Springora vor dem Hintergrund ihrer eigenen Missbrauchserfahrung thematisiert wurde:

> J'ai longtemps réfléchi à cette brèche incompréhensible dans un espace juridique pourtant très balisé, et je n'y vois qu'une seule explication. Si les relations sexuelles entre un adulte et un mineur de moins de quinze ans sont illégales, pourquoi cette tolérance quand elles sont le fait du représentant d'une élite – photographe, écrivain, cinéaste, peintre ? Il faut croire que l'artiste appartient à une caste à part, qu'il est un être aux vertus supérieures auquel nous offrons un mandat de toute-puissance, sans autre contrepartie que la production d'une œuvre originale et subversive, une sorte d'aristocratie détenteur de privilèges exceptionnels devant lequel notre jugement, dans un état de sidération aveugle, doit s'effacer.[14]

Das Wissen um die Existenz dieser Form sexueller Gewalt und das Schweigen wie die Relativierung von sexuellen Beziehung mit Minderjährigen innerhalb bestimmter bürgerlicher Milieus prominenter Kulturschaffender wiegen dabei umso schwerer, als dass hier gewissermaßen eine Form des Verrats an den von ihnen im gesellschaftlichen Raum vertretenen republikanisch-universellen Werten und Symbolen vorliegt, zu denen auch die körperliche und seelische Unversehrtheit zählt. Denn Intellektuelle, aber auch Akademiker*innen, Professor*innen, Filmemacher*innen und Kulturschaffende sind Inkorporationen von Meinungsfreiheit und im nationalen Kontext wahrgenommene Garant*innen eines aufklärerischen Universalismus, welchen der französische Staat nach dem Ende des zweiten Kaiserreichs

---

14 Springora: *Le consentement*, S. 139. Wo diese aufgrund ihrer Kürze nicht direkt im Text übersetzt sind, finden die Leser*innen eine deutsche Übersetzung der französischen Zitate im Anhang.

seinen Bürger*innen als endgültige Verwirklichung jener vielbeschworenen Ideale der Großen Revolution in Aussicht gestellt hatte.[15]

In diesem Sinne machen Lys Film, aber auch die erwähnten, in Frankreich hitzig diskutierten und für alle Beteiligten folgenreichen Enthüllungsbücher sowie die im Folgenden analysierten Erzähltexte über verschiedene Formen der Gewalt an unterschiedlichen Orten im gesellschaftlichen Raum die Notwendigkeit offenen Dialogs für einen gesamtgesellschaftlichen Diskurs greifbar.

Sie sprechen nicht nur über Gewalt, sondern auch über die leere Formelhaftigkeit und Perversion republikanischer Ideale der Gleichheit und Brüderlichkeit bei weitgehender, aber nicht umfassender Erfüllung der Freiheit aller Bürger*innen in Frankreich. Literarisch und erzählerisch modellieren die untersuchten Texte diese Gewaltformen in ihrer Statik wie in ihrer Dynamik, indem sie zeigen, wie Rassismus, Gewalt gegen Frauen, gegen LGBTQ+-Personen und Minderheiten sowie eine strukturelle Gewalt als Ungleichheit der Milieus und eine geringe soziale Mobilität politisch, ökonomisch und symbolisch aufrechterhalten beziehungsweise immer wieder erneuert werden.

Das Erbe des aufklärerischen Universalismus verweist vor diesem Hintergrund seiner literarischen und narrativen Infragestellung gerade im historischen Raum Frankreichs auf nach wie vor umstrittene und doch ersehnte Ideale harmonischer Konvivenz, welche zu Beginn des 21. Jahrhunderts immer noch und immer wieder in ihrer Bedeutung für ein gelungenes Zusammenleben neu diskutiert werden müssen.[16]

Das in den folgenden Kapiteln literarisch evozierte, erzählte Frankreich der Literatur kann und darf natürlich nicht als ‹Ersatzobjekt› für eine empirisch fundierte, soziologische Gesellschaftsanalyse im Bereich der Gewaltforschung verstanden werden.[17] Doch verweisen die im modellierten gesellschaftlichen Raum

---

15 Vgl. Waechter: *Geschichte Frankreichs*, S. 21 40.
16 Vgl. zur Aktualität dieser an zeitgenössischen wie historischen Bezügen ausgerichteten Debatte um das erzählerische Wissen bezüglich eines neuen Universalismus nach dem Ende westlich-eurozentrischer Narrative und Legitimationsstrategien das vom European Research Council (ERC) geförderte Saarbrücker Forschungs-Projekt *Minor Universality – Narrative World Productions After Western Universalism*, geleitet von Markus Messling; sowie ders. / Hofmann, Franck (Hg.): *The Epoch of Universalism 1769–1989 | L'époque de l'universalisme 1769–1989*. Berlin – Boston: De Gruyter 2020; vgl. auch die Buchreihe *Beyond Universalism. Studies on the Contemporary / Partager l'universel. Études sur le contemporain*. Berlin – Boston: de Gruyter, ab 2021; zum Beitrag der Literatur als Wissen um Möglichkeiten des Zusammenlebens vgl. Ette, Ottmar: *ZusammenLebensWissen. List, Last und Lust literarischer Konvivenz im globalen Maßstab*. Berlin: Kulturverlag Kadmos 2010.
17 Ohne die Fortschritte und Erkenntnisse der sozialwissenschaftlichen, philosophischen, anthropologischen und historischen Gewaltforschung wäre eine literaturwissenschaftliche Heran-

der Text-Diegese sprachästhetisch sichtbar gemachten Gewaltformen mit Mitteln fiktionaler Perspektivierung sowie autobiographischer Erzählung, literarischer Gesellschaftsanalyse, ethnographischen Schreibens und essayistischer Reflexion oft nicht im Luhmann'schen Sinne auf die operationale Geschlossenheit eines Komplexität reduzierenden Systems ‹Literatur› in Differenz zur hyperkomplexen Umwelt. Vielmehr verstehen sich literarisch modellierte Spannungen, Aggressionen und Mechanismen der Beherrschung zwischen Gesellschaftsgruppen und Individuen in Form von diegetischen Situationen und Prozessen, von sprachlich ausgestalteten und fassbaren Roman- und Erzählerfiguren als referentialisierbare Apelle an eine kontingente und heterogene Leserschaft.

Das autonome literarische Feld bleibt auch im Geschriebenen und dessen Rezeption in den gesellschaftlichen Raum als Handlungsraum eingebettet und steht mit diesem in reziproker Verbindung. Die in und über Frankreich erzählten Spannungen und Konflikte gehören zur Topologie eines hier *nationalstaatlich* gerahmten sozialen Raums der Literatur, der auch Räume, Situationen und Strukturen der Gewalt beinhalten kann, die zwar symbolisch-sprachlich jeweils auf unterschiedlichste Art vorgeformt sind, dennoch in vielen Fällen Referentialisierbarkeit und aktives Nachvollziehen suggerieren, bisweilen politisch unverblümt einfordern oder aber offen in Form von dystopischen und utopischen Fiktionen bewusst und strategisch verweigern.[18]

Der in der Soziologie und bei Historikern umstrittene ‹situationistische› Ansatz der Gewaltforschung könnte dementsprechend unter epistemologischen Kautelen für die Literatur durchaus fruchtbar gemacht werden, wenn Räume der Gewalt und ‹Intentionen› von Akteur*innen zumindest im Modell gegeben sind.[19] Dennoch sei bereits an dieser Stelle vorausgeschickt, dass viele der in den hier diskutierten Texten dargestellten Gewaltformen und -dynamiken in weitere lebens-

---

gehensweise an dieses komplexe und anthropologisch universelle Phänomen nicht möglich. Eine methodische Erfassung der Gewalt, deren Ereignisse «gleichzeitig Strukturen des Sozialen wie des Individuellen berühren, die Psyche ebenso wie die organischen Bedingungen des menschlichen Lebens» betreffen, ist allein mittels transdisziplinärer Zusammenarbeit zu gewährleisten. Vgl. Beck, Teresa Koloma / Schlichte, Klaus: *Theorien der Gewalt. Zur Einführung.* Hamburg: Junius 2014, S. 9; zudem Sutterlüty, Ferdinand / Jung, Matthias / Reymann, Andy: *Narrative der Gewalt: Interdisziplinäre Analysen.* Frankfurt a. M.: Campus Verlag 2019.

18 Dieses Schwanken des Texts zwischen Signifikant, Signifikat und Referenz, Faktualität und Fiktualität, Fiktion und Diktion kann nicht nur als ästhetisches Spiel, sondern auch als fruchtbare epistemologische Dynamik literarischen Schreibens gefasst werden, wie sie im Begriff des *Friktionalen*, welcher auch das Etymon der ‹Reibung› beinhaltet, gefasst wird. Vgl. Zu dieser epistemologischen Erweiterung von Literatur Ette, Ottmar: *Roland Barthes. Eine intellektuelle Biographie.* Frankfurt am Main: Suhrkamp Verlag 1998, S. 358–361.

19 Vgl. Baberowski, Jörg: *Räume der Gewalt.* Bonn: BpB 2016.

weltliche Strukturen eingebettet bleiben, welche Gewaltereignisse jenseits ihrer jeweiligen Situativität interpretierbar machen. Ihre Analyse muss daher zumindest auf Ebene der Diegese, der Erfassung narrativer und figuraler Strukturierungen eher in Analogie zu einem prozessualen Modell soziologischer Gewaltforschung gemäß *Heuristiken* von *Konstellationen* sozialer Bedingungen, *Situationen* und *Handlungsmotiven* hinsichtlich unterschiedlicher Gewaltereignisse gesehen werden, ohne dass Literaturwissenschaft hier soziologisch eindeutige Erklärung sein kann, sondern ihr dynamischer Modellcharakter immer wieder betont sei.[20] Die strukturelle Verwobenheit von Situation, Prozess und Diegese, individueller Figurenebene, dargestellter Gesellschaft und Chronotopos muss jedoch Berücksichtigung finden, soll sich die Analyse der Texte nicht in hermetischen Beschreibungen der Eigendynamik und Ästhetik ‹punktueller› Gewaltereignisse erschöpfen.

Die Frage nach dem Wissen von Literatur und ihrem Beitrag zu einem auf hoher oder geringer Referentialisierbarkeit der Texte basierenden Dialog über gesellschaftliches Zusammenleben nicht nur in Frankreich soll daher am Ende der vorliegenden Studie unter dem erkenntnistheoretischen Axiom eines Verständnisses von literarischen Texten als ‹sekundären modellbildenden Systemen› aufgeworfen werden, welche aber entgegen einer rein strukturalistischen oder systemtheoretischen Lesart dieses Axioms im Sinne der Feldtheorie Pierre Bourdieus mit dem gesellschaftlichen Raum in Verbindung stehen.[21] Dies jedoch erst, nachdem zunächst die für diese Studie gewählte Perspektive auf erzählte Gewalt aus unmittelbarer zeitlicher Nähe des Forschenden zu den publizierten und analysierten Erzähltexten, aber auch die Grenzen und Möglichkeiten einer solchen Untersuchung zur Literatur einer unmittelbaren Gegenwart, des *extrême contemporain*, erörtert wurden.

Die Studie selbst und ihre Ergebnisse sollen daher nicht als Alternative, sondern als komplementäre Herangehensweise zur soziologischen und historischen Gewaltforschung zur Debatte gestellt werden. Dazu ist es von zentraler Bedeutung zu definieren, was in vorliegender Studie überhaupt als erzählte Gewalt verstanden werden kann und wo die Grenzen dessen liegen, was als solche gilt. Eine Erörterung des Textkorpus wird zudem die Auswahlkriterien der hier präsentierten Texte aus dem weiten Feld der französischen Gegenwartsliteratur

---

[20] Vgl. Hoebel, Thomas / Knöbl, Wolfgang: *Gewalt erklären! Plädoyer für eine entdeckende Prozesssoziologie*. Hamburg: Hamburger Edition HIS 2019, S. 61–126; sowie Sofsky, Wolfgang: Der Prozess der Gewalt. In Klein, Michael (Hg.): *Gewalt-interdisziplinär*. Münster: LIT 2002, S. 173–184.

[21] Vgl. Lotman, Jurij M.: *Die Struktur literarischer Texte*. Übersetzt von Rolf-Dietrich Keil. München: Fink 1981, S. 23; vgl. zu diesen Möglichkeiten der Literatur auch Ette, Ottmar: *Konvivenz. Literatur und Leben nach dem Paradies*. Berlin: Kulturverlag Kadmos 2012.

darlegen, um zugleich zu betonen, dass es sich nur um einen vorläufigen Beitrag literaturwissenschaftlicher Analyse zu einer komplexen, alleine für die französischsprachige Literatur lange nicht zu erschöpfenden Forschungsthematik in einem vielfältigen und wesentlich weiteren Bereich als dem hier behandelten Ausschnitt des literarischen Feldes handeln kann.

Im zentralen Teil der Studie rücken schließlich die literarischen Texte in den Fokus der Betrachtung, um sie in drei Großkapiteln mit Mitteln der Literaturwissenschaft, durch Analyse von Textstruktur, Motiv- und Figurenkonstellationen, Stilistik, narrativer Verfahren und durch die Untersuchung auf intertextuelle Bezugnahmen nach den Arten, Möglichkeiten und Formen literarischer Darstellung von Gewalt innerhalb der französischen Gesellschaft zu Beginn des 21. Jahrhunderts zu befragen. Der Dreierschritt folgt dabei lediglich skizzenhaft und mit einem kleinen Augenzwinkern auf französische Traditionen des schulisch-akademischen Argumentierens einem dialektischen Argumentationsmuster.

Das erste Kapitel widmet sich den sozusagen ‹thetisch› gesetzten Gewaltnarrativen der Geschichtsschreibung und ihrer Hinterfragung durch Beispiele literarischen Erzählen. Es sind *kollektive* Gewaltnarrative der jüngeren französischen Geschichte, welche symbol- und diskurspolitisch nach wie vor in der französischen Gesellschaft sichtbar und in institutionalisierten Formen erzählt werden. In diesem Zusammenhang steht auch die Frage nach einer Entwicklung kritischer Erinnerungskultur an kriegerische Gewalt im Feld der Literatur durch Erzählungen über den Ersten und Zweiten Weltkrieg sowie die Kolonial-Kriege des 20. Jahrhunderts im Raum.

Die ‹Antithese› zur Sichtbarkeit tradierter Gewaltnarrative der französischen Geschichte bildet die Unsichtbarkeit von Gewaltformen der Gegenwart des späten 20. und beginnenden 21. Jahrhunderts, welche nicht auf institutionalisierte, symbolpolitische Repräsentation durch Politik und Geschichte zählen dürfen. Dennoch bestimmen diese Gewaltformen Teile der französischen Gesellschaft und einige ihrer Milieus sowie das gesellschaftliche Zusammenleben. Wie Literatur von Rassismus und Klassismus, von Gewalt gegen Frauen und Homosexuelle, über die ‹Abgehängten› in ländlichen Gebieten, aber auch im Zentrum, über Arbeitslose, prekär Beschäftigte und schlecht Ausgebildete sowie die einst in der ersten Generation ‹Eingewanderten›, ihre Kinder und die in ihren Leben vorherrschenden Gewaltformen erzählt, steht im Zentrum des zweiten Kapitels.

Der dritte Teil der Studie untersucht – sozusagen als ‹Synthese› zwischen historisch sichtbar gemachten und im politischen Diskurs oftmals unsichtbaren Gewaltformen – die literarische Inszenierung von Gewalt als gesellschaftliche und politische Herausforderung, somit den Prozess einer symbolpolitisch-kritischen Perspektivierung und Instrumentalisierung von Gewalt durch das Erzählen selbst.

Gefragt wird neben der drängenden Thematik des Schreibens über terroristische Gewalt in Frankreich aus Perspektive von Opfer und Täter nach der ambivalenten Positionierung von Literatur als emphatischer Rechtfertigungsinstanz von Gewaltanwendung – beispielsweise als bisweilen auch (sprach-)gewalttätiger Protest – gegenüber anderen Formen und Typen von Gewalt wie Polizeigewalt und Rassismus. Dies insofern, als diese letztgenannten Phänomene beispielsweise als strukturelle oder institutionell bedingte Gewaltformen Gründe für eine politische Modellierung im Feld der Literatur zwecks einer Sichtbarmachung darstellen können. Die diskursive Aussagekraft und Dialogfähigkeit von Literatur, aber auch die verschiedenen Formen und Politiken des Schreibens über Gewalt durch in Frankreich, über Frankreich und auf Französisch publizierende Autor*innen stehen somit im Mittelpunkt.

Leider erforderte die Studie eine pragmatische Konzentration auf das europäische Territorium der Republik Frankreich als sozialem Raum, auf sein literarisches Feld und dort wiederum auf einen Teilbereich mit hohem Anteil an kulturellem Kapital sowie literarischem Prestige gesellschaftlich sichtbarer schriftstellerischer Akteur*innen, die das Thema der Gewalt in ihren Texten aufgreifen. Dies bringt zwar eine asymmetrische Zentrierung des Fokus auf Literatur mit sich, welche hier jedoch rein methodischer, keinesfalls ideologischer Natur ist. Beiträge und Entwicklungen, welche in weniger sichtbaren Rezeptionszusammenhängen kleinerer Verlage und Publikationen oder außerhalb des französischsprachigen territorialen ‹Kernlandes› der Republik entstanden sind, in den Régions d'outre-mer, in den Literaturen der sogenannten ‹Frankophonien› und überhaupt in anderen Sprachen unterschiedlicher Länder und Regionen, welche die Situation im gesellschaftlichen Raum des europäischen Frankreich betreffen, mussten aus Gründen des Umfangs eines derartigen Projekts weiteren Untersuchungen und vernetzenden, transareal ausgerichteten Forschungsprojekten überlassen werden. Derartige Ergänzungsstudien sind dringend geboten, um einer europäischen Nachbarperspektive wie der deutschen weitere ‹exzentrische› Perspektivierungen hinzuzufügen, welche Literatur auf Französisch und ihre gesellschaftliche Aussagekraft vor einem weltweiten Hintergrund erfassen.[22]

---

[22] Dass sich ein vollständiges Bild von Frankreich weder historisch und literarästhetisch nicht mehr ohne die französischsprachigen Gebiete der Welt gewinnen lässt, ist spätestens seit der Debatte um die sog. ‹Frankophonie›, doch auch hinsichtlich eines neu zu diskutierenden Universalismus-Begriffs längst deutlich geworden. Vgl. Condé, Maryse, Édouard Glissant, Alain Mabanckou, et al.: Pour une ‹littérature monde› en français. In: *Le Monde* (15.03. 2007), online unter https://www.lemonde.fr/livres/article/2007/03/15/des-ecrivains-plaident-pour-un-roman-en-francais-ouvert-sur-le-monde_883572_3260.html, zuletzt konsultiert am 09.06.2021; vgl. zu-

Auch die Untersuchung von Formen, medialen Formaten und literarischen Genres des Erzählens, welche sich dezidiert durch starke Orientierung an ökonomischen Faktoren, an Gattungskonventionen, den Erwartungen einzelner Lesergruppen, an Auflagenstärke und Wiedererkennungswert auszeichnen, können hier nicht berücksichtig werden. Sicherlich wäre eine Untersuchung gerade der Genres Kriminalroman, Jugendbuch und Thriller ein lohnendes Unterfangen, welches Formen des Schreibens über Gewalt als diskursive Bestandteile des gesellschaftlichen Raums im oft eher durch ökonomisches, denn durch kulturelles Kapital bestimmten literarischen Feld weiter differenziert.

Die Eingrenzung folgt zudem der strategischen Überlegung, dass das literarische Feld im gesellschaftlichen Raum gemäß der Theorie des Soziologen Pierre Bourdieu nach Kriterien der Sichtbarkeit organisiert ist, welche sich im Rahmen national geführter Diskurse institutionell, verlegerisch und medial, durch unterschiedlich auf die teilnehmenden Akteur*innen verteilte Kapitalarten herausbildet.[23] Das Maß an Sichtbarkeit wird von ökonomischen und publizistischen Faktoren wie den großen Verlagshäusern, Standortvorteilen, der Verortung des Publizierten zwischen innovativer und ‹traditioneller› Machart des Geschriebenen, natürlich aber auch von Maß und Verhältnis inkorporierten und institutionalisierten kulturellen, symbolischen und ökonomischen Kapitals der Autor*innen sowie durch sprachliche und durch Übersetzung hergestellte Reichweite bestimmt.[24] Diese stets relationalen und dynamischen Faktoren können jedoch in ihrer vorläufigen und komplexen Herausbildung durch Marktmechanismen, mediale Inszenierungen, Kaufverhalten der Leser*innen als kritische Voraussetzungen der Analyse dieses Feldes mit reflektiert werden und in ihrer Funktion als Grundlagen für gesteigerte Sichtbarkeit der Autor*innen im literarischen Feld als bestätigende Indikatoren diskursiver Tendenzen im Schreiben über Gewalt fruchtbar gemacht werden.

Die Kategorie des Nationalen wird mit Pierre Bourdieu damit als feldübergreifende Kategorie eines in ständigem Wandel begriffenen gesellschaftlichen Raumes verstanden, der das Feld der Literatur umschließt, welches sich in Frankreich selbst wiederum erst im 19. Jahrhundert herausbildete und sich stets neu gegenüber weiteren Teilfeldern dieses nationalstaatlich gefassten sozia-

---

dem Messling, Markus: *Universalität nach dem Universalismus. Über frankophone Literaturen der Gegenwart.* Berlin: Matthes & Seitz 2019.
23 Vgl. Jurt, Joseph: *Das literarische Feld. Das Konzept Pierre Bourdieus in Theorie und Praxis.* Darmstadt: Wissenschaftliche Buchgesellschaft 1995.
24 Zur Geschichte des literarischen Feldes in Frankreich vgl. die Bourdieus klassische Studie Bourdieu, Pierre: *Les règles de l'art. Genèse et structure du champ littéraire.* Paris: Seuil 1992.

len Raumes definiert und institutionalisiert.[25] Daher gilt es, unter Verweis auf historiographische Forschungen, die Besonderheit dieses hier aus literaturwissenschaftlicher Sicht anvisierten, historisch gewachsenen ‹national›-gesellschaftlichen Raumes im Vorfeld der Analyse zu erörtern, um den erwähnten limitierenden Fokus der Studie auf ein räumlich und zeitlich eng gefasstes, aber äußerst sichtbares Stück des literarischen Feldes genauer zu fassen.

1.1 Das Nationale als dominante Kategorie des Gesellschaftlichen – Eine französische Besonderheit auch in der Literatur?

Man kommt nicht umhin, sich die Frage zu stellen, ob es jenem bereits im 20. Jahrhundert nur noch transareal erfassbaren Raum der Literaturen der Welt überhaupt noch angemessen ist, sich der Kategorie des ‹Nationalen› als axiomatischer Einengung einer Analyse des literarischen Feldes zu bedienen.[26] Denn auch das *Europa der Literatur* und seine Nationalliteraturen sind im 21. Jahrhundert wohl nur noch vielperspektivisch, jenseits von Nationen und ihrer Sprachen erfassbar, um nicht zuletzt ihrer intertextuellen und intermedialen Verwobenheit Rechnung zu tragen und ihren ästhetischen und diskursiven Gehalt zu erfassen.[27] Und doch soll im Folgenden deutlich werden, warum gerade in Hinblick auf die Frage nach der literarisch erzählten Gewalt in Frankreich, eine Frage gesellschaftlichen Zusammenlebens, diese Einengung erforderlich ist. Denn die hier analysierten Positionierungen der Literatur zum Zustand der französischen

---

25 Vgl. Jurt, Jospeh: Literaturzirkulation und Feldtheorie. In: Sollte-Gresser, Christian (Hg.): *Zwischen Transfer und Vergleich: Theorien und Methoden der Literatur- und Kulturbeziehungen aus deutsch-französischer Perspektive*. Wiesbaden: Steiner 2013, S. 239–259, hier S. 240. Zur eingehenden Analyse dieser Kategorie des Nationalen und ihrer komplexen Wechselwirkung mit dem literarischen Feld vgl. ders. (Hg.): *Champ littéraire et nation*. Freiburg i. Br.: Frankreich-Zentrum 2007, S. 9–34. Zur Diskussion methodologischer und begrifflicher Fragen des lit. Feldes gegenüber Politik und dem nationalen Raum insb. auch den Aufsatz von Tommek, Heribert: La position du champ littéraire dans le champ du pouvoir et dans l'espace national. Quelques remarques conceptuelles. In ebda., S. 35–44.
26 Zur Notwendigkeit einer transarealen Ausrichtung von Literaturwissenschaft, welche einer weltweit erforschbaren Relationalität von Texten und einem ‹nomadischen› Begriff von Literatur verpflichtet ist vgl. Ette, Ottmar: *TransArea. Eine literarische Globalisierungsgeschichte*. Berlin-Bosten: De Gruyter 2012; sowie ders.: *ZwischenWeltenSchreiben: Literaturen ohne festen Wohnsitz*. Berlin: Kulturverlag Kadmos 2005.
27 Vgl. Kraume, Anne: *Das Europa der Literatur. Schriftsteller blicken auf den Kontinent*. Berlin – Bosten: De Gruyter 2010.

Gesellschaft und ihre Modellierung dieses Kollektivs rekurrieren von sich aus und auf diegetischer Ebene in vielen Fällen auch zu Beginn des 21. Jahrhunderts auf einen historisch gewachsenen identitätspolitischen Diskurs über Gesellschaft, welcher neben dem ‹Europäischen› und ‹Globalen›, dem ‹Nationalen›, seiner Geschichte und seinen Geschichten breiten Raum zuspricht.

Aus geschichtswissenschaftlicher Perspektive ist dies keine überraschende Einsicht und dennoch soll auf sie am Ende dieser Studie auf Basis der textanalytisch gewonnenen Erkenntnisse noch einmal Bezug genommen werden. Denn auch in den Forschungen der Nachbardisziplin kommen Arbeiten über die Geschichte Frankreichs nicht umhin, jenes lange Zeit affirmativ aufrechterhaltene Narrativ eines historischen Exzeptionalismus des Landes, einer «exception française» positiver wie negativer Art, kritisch zu erwähnen und zu diskutieren. Dieses Narrativ sieht das Land als Vorreiter des republikanischen und demokratischen Nationalstaats im politischen Bereich, aber in ländlichen Gebieten als einen bis weit ins 19. Jahrhundert agrarisch geprägten Nachzügler der Industrialisierung und Alphabetisierung im Vergleich zu England und dem protestantischen Norden Europas.[28]

Die Spuren dieses exzeptionalistischen Fortschritts- bzw. Modernisierungsnarrativs der großen republikanischen Revolution sind bis zum heutigen Tag konkret und leicht nachvollziehbar. Werte wie emphatischer Laizismus und Misstrauen gegenüber religiöser Einflussnahme auf die Gesellschaft als nationaler Einheit sowie Symbole der Republik im öffentlichen Raum von der allegorischen, immer wieder erneuerten Statue der «Marianne» in der «Mairie» bis zur «Fête nationale française / 14 juillet» samt Militärparade prägen ein Geschichtsbild nationalen Fortschritts durch Kontinuität in den verschiedenen Republiken, welche seit der Dritten aufeinander folgten. Die weltweit als ‹typisch› französisch empfundene sprachliche Repräsentationspolitik sowie die bisweilen kultische Verehrung eines homogenen und standardisierten Hoch-Französischen, Erbe aufklärerischer und höfischer Sprachpolitiken, aber auch immaterielles Symbol nationaler Einheit, bestimmen spätestens seit den Reformen von Ministerpräsident Jules Ferry Schulen und Universitäten.[29]

---

28 Zur ausführlichen Diskussion des Themas aus historiographischer Perspektive in Form einer Tagung der University of Portsmouth vgl. Godin, Emmanuel / Chafer, Tony (Hg): *The French Exception*. New York – Oxford: Berghahn Books 2005. Vgl. auch Waechter: *Geschichte Frankreichs*, S. 11–16.
29 Zur langen und dramatischen Geschichte politischer Instrumentalisierung von Sprache in Frankreich zu Zeiten höfisch-monarchischer, imperialer und demokratischer Gesellschafts- und Regierungsformen vgl. Trabant, Jürgen: *Der Gallische Herkules. Studien über Sprache und Politik in Frankreich und Deutschland*. Tübingen: A. Francke Verlag 2002. Bezüglich des Fran-

In eher wirtschafts- und sozialgeschichtlicher Hinsicht war es ein Verständnis des starken Zentralstaats als alleinigem Garanten zivilisatorischen Fortschritts seit Beginn der Moderne, welches in der Dritten Republik zum vollen Durchbruch gelangte und sich nach einigen Parlamentskrisen in einem semipräsidentiellen Regierungs-System mit starken, wenn auch stetiger parlamentarischer Kontrolle unterworfenen Befugnissen des Staatsoberhauptes nach dem Ende der Vierten Republik niederschlug.[30] Übergeordneter Referenzpunkt des Universalismus eines politisch geeinten Frankreich ist symbolisch der Begriff der geeinten und souveränen Nation, welche in der ersten republikanischen Verfassung von 1793 als «une et indivisible» definiert wurde.[31] Ernest Renan war es schließlich, der im darauffolgenden Jahrhundert der Frage nach der Natur dieser Nation mit beredten Worten nachging, welche deren universalistischen und voluntaristischen Charakter zusammenfassen sollten.[32]

Es handelt sich jedoch bei jenem Exzeptionalismus zuvörderst um ein *Narrativ*, das der Komplexität und den zahlreichen auf historischer Kontingenz basierenden Entwicklungen der französischen Geschichte nach 1789 nicht gerecht wird.[33] Als solches muss es mit Vorsicht behandelt werden, wenn man sich vor

---

zösischen als ‹kultischer› Sprache nationaler Literaturgeschichte mit universellem Anspruch vgl. Casanova, Pascale: *La République mondiale des Lettres*. Paris: Le Seuil 1999, S. 93 ff.

30 Einen auch für juristische Laien interessanten Überblick aus verfassungsrechtlicher Perspektive zu Genese und Reformen des semi-präsidentiellen Systems im Frankreich der Fünften Republik bietet Donnarumma, Maria Rosaria: Le régime semi-présidentiel. Une anomalie française. In: *Revue française de droit constitutionnel* 2013/1 (n° 93), S. 37–66.

31 *Constitution du 24 juin 1793*, Art. 25: «La souveraineté réside dans le peuple; elle est une et indivisible, imprescriptible et inaliénable.» / «Die Souveränität liegt beim Volk; sie ist eins und unteilbar, unverjährbar und unveräußerlich» [ML]. Text auf der Website des frz. Verfassungsgerichts: https://www.conseil-constitutionnel.fr/les-constitutions-dans-l-histoire/constitution-du-24-juin-1793, konsultiert am 09.06.2021; vgl. auch die *Déclaration des Droits de l'Homme et du Citoyen de 1789*, insb.: Art. 3: «Le principe de toute souveraineté réside essentiellement dans la nation. Nul corps, nul individu ne peut exercer d'autorité qui n'en émane expressément.» / «Das Prinzip aller Souveränität liegt im Wesentlichen in der Nation. Kein Körper und kein Individuum kann Autorität ausüben, die nicht ausdrücklich von ihr ausgeht» [ML]. Text online auf *Légifrance.gouv.fr*: https://www.legifrance.gouv.fr/Droit-francais/Constitution/Declaration-des-Droits-de-l-Homme-et-du-Citoyen-de-1789, konsultiert am 09.06.2021.

32 Vgl. Renan, Ernest: *Qu'est-ce qu'une nation ?, et autres essais politiques*, textes choisis et présentés par Joël Roman. Paris: Presses Pocket 1992.

33 Oft wird vergessen, dass sich der republikanische Zentralstaat und die Ideale der ‹Großen Revolution› erst am Ende des 19. Jahrhunderts und nicht ohne große parlamentarische Kämpfe durchgesetzt haben, als sich in den 70er Jahren sowohl administrativ als auch institutionell in komplexen Machtkämpfen zwischen Konservativen, Königstreuen, Bonapartisten, gemäßigten Liberalen und radikalen Sozialreformern der Charakter des modernen Frankreich herauszubilden begann. Vgl. Waechter: *Geschichte Frankreichs*, S. 12.

seinem kollektivierenden Hintergrund der literarischen Repräsentation von Gewaltgeschehen innerhalb der französischen Gesellschaft des 21. Jahrhunderts, aber auch allgemeinen Debatten über die Repräsentationspolitik des Partikularen im gesellschaftlich Universellen der Nation unter dem pejorativ verwendeten Stichwort des «communautarisme» widmet.[34] Denn wie im Folgenden deutlich werden wird, ist es oftmals dieses Exzeptionalismus-Narrativ als Negativfolie, vor dem sich die hier analysierte komplexe und literarisch differenziert entwickelte Landschaft der Gewaltformen abzeichnet. Auch dies ist aus historischer Sicht wenig überraschend.

So ging die Einigung der Nation in der Dritten Republik einher mit einer verstärkten, auch gegen Separatismus, radikalen Sozialismus und Anarchismus gerichteten intraterritorialen Unterdrückung von Differenz und Heterogenität sprachlicher, politischer, kultureller wie religiöser Art im Dienste der «mission civilizatrice» universalistischer Prägung.[35] Der oft jakobinisch agierende Zentralstaat, dessen Brutalität im urbanen Raum durch das Gemetzel an den «communards» von 1971 offenbar wurde, verstärkte auch den Druck auf das ländliche Frankreich in rasch und hart durchgeführten Reformen von Bildungssystem, Infrastruktur und Militärwesen – inklusive einer Verschärfung der allgemeinen Wehrpflicht sowie eines antiklerikalen Laizismus' an den Schulen während der 70er und 80er Jahre des 19. Jahrhunderts.[36]

Eine negativ beleumundete Differenz zwischen fortschrittlichem Zentrum und rückständiger Peripherie sowie Gaston Crémieux' antiroyalistisches Verdikt gegenüber den monarchistisch-katholisch-traditionalistisch gesinnten «notables ruraux» als «Schande Frankreichs» klingt bis heute in vielen Formen des Erzählens über Hierarchien, politische und soziokulturelle Differenzen in diegetischen Konstellationen zwischen Metropole und ‹restlichem› Land nach.[37] Unterschiede in bürgerlicher Kultur, Minderwertigkeitskomplexe und Misstrauen gegenüber der hauptstädtischen Dominanz, Erwartungen von Figuren hinsichtlich biographischer Entscheidungen sowie unhinterfragte Übernahme sozialer Rollenmuster spielen eine bedeutende Rolle in einigen der in dieser Studie behandelten litera-

---

34 Zur hitzigen Debatte um den «communautarisme» als Kampfbegriff seiner Gegner vgl. Bouvet, Laurent: *Le communautarisme: Mythes et réalités*. Clichy: Lignes de Repères Editions 2007.
35 Zur politischen Furcht des Zentralstaats vor dem Anarchismus als bis in die Revolutionszeit zurückreichendes Phänomen vgl. Tanguy, Jean-François: Hippolyte Taine et l'anarchie. Le thème de la dissolution de l'Etat dans les origines de la France contemporaine. In Agulhon, Maurice (Hg.): *Le XIXe siècle et la Révolution française*. Paris: éditions créaphis 1992, S. 329–346.
36 Vgl. Waechter: *Geschichte Frankreichs*, S. 21–40.
37 Der Satz ist in verschiedener Form überliefert, meist aber «Majorité rurale, honte de la France!»; hier in der von Waechter angeführten Form, vgl. ebd.: S. 523.

rischen Texte für die von ihnen geschilderten Gewaltmechanismen vor dem Hintergrund des ländlichen Frankreich, aber auch gesellschaftlicher Milieus urbaner ‹Peripherien›.

Hinter einer Problematik innergesellschaftlicher Spannungen historischer Prägung als Bruchstellen einer geeinten Nation steht zudem die lange Geschichte französischer Kolonialherrschaft, die sich nach den Amerika-‹Abenteuern› der Monarchie und den Kolonialambitionen des Zweiten Kaiserreichs im Namen der etablierten Republik verstärkt in West- und Zentralafrika, Madagaskar, Syrien und Südostasien als den großen Gebieten des *Second empire colonial français* (1815–1946) ausbreitete. Nachfolgeassoziationen wie die *Union française* (1946–1958), die *Communauté française* (1958–1960) sowie das bis zur blutigen Eskalation eines langen Konflikts fortbestehende *Département français d'Algérie* als Teil der Republik Frankreich zeugen von der Beharrlichkeit kolonialer Ambitionen weit über den Zweiten Weltkrieg hinaus.[38] Die daraus resultierenden Unabhängigkeitskriege des 20. Jahrhunderts prägen Fragen nach Diversität, Migration und Integration im Kernland der ehemaligen Kolonialherren bis heute. Problematiken wie die politische Natur des islamistischen Fundamentalismus sowie die Möglichkeit sozialer Teilhabe und Chancengleichheit begleiten die in Frankreich lebenden Kinder und Enkel der aus den ehemaligen Kolonien eingewanderten Französinnen und Franzosen in ihrem Leben.[39] Sie bestimmen zahlreiche öffentliche Debatten und einen großen Teil des Schreibens über eine Gesellschaft, die noch immer mit ihrer kolonialen Vergangenheit ringt.

Die ‹Ursünde› eines postulierten Universalismus der Gleichheit, Freiheit und Brüderlichkeit in einem «republikanischen Imperium»,[40] welcher für die Kolonialherren, nicht aber für die Unterworfenen galt, beeinflusst das Erzählen von und das Streiten über Gewalt in der französischen Gesellschaft. In den Debatten um die ‹richtige› Erinnerungskultur im Fall Algeriens, den Umgang mit dem Islam und seinen Symbolen wie der Verhüllung der Frau im öffentlichen Raum sowie in der Frage nach den Wurzeln von Rassismus und Fundamentalis-

---

38 Als Überblick zur Alltags-Kultur des Kolonialismus in der Dritten Republik vgl. Blanchard, Pascal / Lemaire, Sandrine: *Culture coloniale. La France conquise par son Empire (1873–1931)*. Paris: Editions Autrement 2002; sowie zu den Nachwirkungen des kolonialen Erbes auf die französische Gesellschaft Blanchard, Pascal / Bancel, Nicolas / Lemaire, Sandrine (Hg.): *La Fracture coloniale. La société française au prisme de l'héritage colonial*. Paris: La Découverte 2005.
39 Vgl. Lapeyronnie, Didier: La banlieue comme théâtre colonial, ou la fracture coloniale dans les quartiers. In Blanchard u. a. (Hg.): *La Fracture coloniale*, S. 209–218.
40 Zu dieser Kapitelüberschrift vgl. Waechter: *Geschichte Frankreichs*, S. 40–60.

mus schwingt nicht nur das althergebrachte zivilisatorische Paradigma des Laizismus, sondern auch dieses unbewältigte koloniale Erbe mit.⁴¹ Dabei sind es gerade die oben erwähnten Narrative von starkem Staat, unteilbarer Nation, kultureller Überlegenheit und republikanischer Homogenität, welche in den Räumen der Literatur mit individuellen Leben kollidieren, deren Vergangenheit sich nicht aus positiven Erinnerungen an diese Großnarrative speisen können.

Um mit der vom französischen Soziologen Maurice Halbwachs entwickelten, von Jan und Aleida Assmann *bimodal* ausdifferenzierten kollektiven Gedächtniskonzeption zu sprechen, stellt sich aufgrund dieser Faktoren, welche das ‹Nationale› als Referenzpunkt zur Erfassung der französischen Gesellschaft als wichtig, aber problematisch erscheinen lassen, die Frage nach dessen Verbindung mit dem einerseits kulturellen, andererseits kommunikativen Gedächtnis als Teilen des kollektiven Gedächtnisses.⁴² Gerade aufgrund der starken symbolpolitischen Aufladung der gemeinschaftlichen Dimension der Nation bei jeglichem Akt einer Aktualisierung des kulturellen Gedächtnisses durch ‹Literatur› als kulturellem Transformator bleibt aus literaturwissenschaftlicher Perspektive die Frage nach der Bedeutung der einzelnen Erzähl-Stimme und ihres biographischen Gedächtnisses beim Beschreiben und Modellieren von Gewalt eine äußerst spannende; dies umso mehr, als in den erzählerischen Möglichkeiten der Literatur gegen die kollektive Dimension des Nationalen die Lebenswelten von Individuen, gerade in

---

41 Zur Erinnerungsarbeit am ‹Bürgerkrieg› in Algerien vgl. das umfangreiche Werk von Benjamin Stora, exemplarisch jüngst erschienen Stora, Benjamin: *Une mémoire algérienne*. Paris: Robert Laffont, Collection «Bouquins» 2020. Vgl. zur Debatte um das Verhüllungsverbot in Frankreich Languille, Constantin: *La Possibilité du cosmopolitisme. Burqa, droits de l'homme et vivre-ensemble*. Paris: Gallimard 2015. Leider wird hier allein aufgrund überzeitlicher verfassungsrechtlicher und kulturgeschichtlicher Überlegungen der Frage nach dem Wert des ‹Kosmopolitismus› für gesellschaftliches Zusammenleben nachgegangen, nicht aber in Hinblick auf das Problem und die Notwendigkeit historisch geprägter postkolonialer Sensibilisierung der Jurisdiktion, Legislative und Exekutive.
42 «Unter dem Begriff des kulturellen Gedächtnisses fassen wir den jeder Gesellschaft und jeder Epoche eigentümlichen Bestand an Wiedergebrauchs-Texten, -Bildern und -Riten zusammen, in deren Pflege sie ihr Selbstbild stabilisiert und vermittelt, ein kollektiv geteiltes Wissen vorzugsweise (aber nicht ausschließlich) über die Vergangenheit, auf das eine Gruppe ihr Bewußtsein von Einheit und Eigenart stützt.» Assmann, Jan: Kollektives Gedächtnis und kulturelle Identität. In ders. / Hölscher, Tonio (Hg.): *Kultur und Gedächtnis*. Frankfurt a.M. 1988, S. 9–19, hier S. 15. «Das kollektive Gedächtnis funktioniert bimodal: im Modus der fundierenden Erinnerung, die sich auf Ursprünge bezieht, und im Modus der biographischen Erinnerung, die sich auf eigene Erfahrungen und deren Rahmenbedingungen – das ‹recent past› – bezieht.» Assmann, Jan: *Das kulturelle Gedächtnis. Schrift, Erinnerung und politische Identität in frühen Hochkulturen*. München: Verlag C.H. Beck 1992, S. 51. Vgl. grundlegend Halbwachs, Maurice: *La mémoire collective* (1939). Paris: Presses Universitaires de France 1950.

einer von migrantischen und transkulturellen Strukturen beherrschten postkolonialen Gesellschaft, die Spannung zwischen individuellem und kollektivem Erinnern in besonderem Maße herausfordern. Entgegen einem homogenen historischen Kollektivnarrativ der Nation kommen soziale Unterschiede politischer, sprachlicher, kultureller wie auch ökonomischer Art in einem heterogenen Frankreich in der Literatur umso stärker zur Sprache, als dass individuelles Erleben und kollektives Beschreiben aufeinanderprallen und sich bisweilen vermischen.

Selbstverständlich liefert diese Geschichte gewaltsamer Zentralisierung im Namen der fortschrittlichen Nation auf der einen, von klerikalem Einfluss und Traditionalismus auf der anderen Seite, vom Glauben an die berühmten Ideale der Revolution und dem Schrecken ihres politischen Terrors, vom Narrativ der allgemeinen Menschen- und Bürgerrechte und kolonialer Expansion nicht allein die Gründe für komplexe innergesellschaftlichen Spannungen zu Beginn des dritten Jahrtausends. Frankreich bildet Anfang des 21. Jahrhunderts natürlich keine Ausnahme im Reigen ehemaliger, meist europäischer Kolonialherren und einst kriegerischer Nationalstaaten, die sich mit ihrem schwierigen Erbe auseinandersetzen müssen und mit ihrer Schuld konfrontiert werden. Es ist wie letztere in weit über das Land hinausgreifende Prozesse globaler Migration, europäischer Integration und weitere planetarisch wirksame Entwicklungen der Wirtschaft, Sicherheitspolitik und in geopolitische Machtverschiebungen eingebunden.

Die These vom französischen Exzeptionalismus negativer wie positiver Art taugt auch in Hinblick auf das Gewaltgeschehen und die Verhältnisse innerhalb der französischen Gesellschaft als Kollektiv im Zeitalter der Globalisierung lediglich als ein vereinfachendes Narrativ – und so soll im Folgenden Frankreich auch nicht als Sonderfall komplexer transarealer und multirelationaler Globalisierungsprozesse behandelt werden. Viele der in Literatur und Medien angesprochenen, in Politik und Wissenschaft diskutierten Problematiken des Zusammenlebens wie Fremdenhass, Rassismus, Polizeigewalt, Terrorismus und misogyne Gewalt ließen sich ohne Weiteres auch für das moderne Spanien, Großbritannien, Italien oder Deutschland konstatieren und rechtfertigen einen globalen oder zumindest paneuropäischen Ansatz der Analyse innergesellschaftlicher Gewalt und Spannung. Gerade in Zeiten einer durch zahlreiche Krisen gesteigerten Armuts- und Arbeitsmigration sowie ökonomischer wie politischer Verunsicherung, wie sie seit den 10er Jahren des 21. Jahrhunderts für die gesamte westliche Welt auch anhand des Symptoms einer wachsenden Sichtbarkeit rechter und identitärer Standpunkte und Parteien konstatiert werden kann, wäre es fatal, ein einzelnes europäisches Land als Ausnahmeerscheinung hinsichtlich globaler Entwicklungen im Gewaltgeschehen zu betrachten.

Trotzdem soll an dieser Stelle noch ein letztes Mal, diesmal feldtheoretisch und -politisch, auf die konkreten Wirkungen einer Emphase des ‹Nationalen› als wichtigem diskursiven Element im sozialen Raum Frankreich rekurriert werden, um seine Bedeutung als gesellschaftliche und historische Kategorie zu betonen, ohne jedoch einem historischen Essentialismus des Wort zu reden. Denn nicht nur in den Themen und Problematiken, welche innerhalb literarischer Texte verhandelt werden, sondern auch bei der Formierung des literarischen Feldes in Frankreich selbst ist es schwierig, ohne das historische Paradigma einer ‹geeinten und unteilbaren Nation› Aussagen zu treffen.

Dies gilt bereits insofern, als dass erstens das Element politischer Zentralisierung und der damit einhergehenden Hierarchisierung zwischen Zentrum und Peripherie an vielen, für die Gestalt des literarischen Feldes in Frankreich entscheidenden Punkten greifbar ist. Sowohl die *République des Lettres* des 19. Jahrhunderts, Gründerepoche des literarischen Feldes in seiner Eigenständigkeit im sozialen Raum, wie die des 20. und auch des bisherigen 21. Jahrhunderts ist an der Hauptstadt des Landes geographisch, ökonomisch wie ideologisch ausgerichtet.[43] Diese starke Konzentration des literarischen Lebens der Nation auf Paris wird allein durch einen Blick auf die Firmensitze der umsatzstärksten französischen Verlage und Verlagsgruppen offenkundig.[44] Dennoch wurden seit den 90er Jahren des vergangenen Jahrhunderts Anzeichen dafür erkannt, dass diese Vorherrschaft der Metropole in Hinblick auf die Dominanz des Englischen und seiner aufgrund sprachlicher Verbreitung weit größeren Literatur-Märkte, sowie auch durch die verstärkte Repräsentation der

---

[43] Dies gilt auch für die Neukonzeption einer weniger hierarchisch gegliederten französischen *République des Lettres* im globalen Zusammenhang der Weltliteratur, wo Paris in seiner Funktion als übernationaler Diskursraum universellen Denkens konzipiert wird. Vgl. Casanova: *La République mondiale des Lettres*, S. 55. Zur Verknüpfung zwischen politischer Zentralisierung und Zentralisierung des literarischen Feldes als unterscheidendem Charakteristikum der französischen im Vergleich zur deutschen Geschichte vgl. Werner, Michael: La place relative du champ littéraire dans les cultures nationales. Quelques remarques à propos de l'exemple franco-allemand. In ders. / Espagne, Michel (Hg.): *Philologiques* III (1994), S. 15–30.
[44] Die größten französischen Medien-Holdings und Verlagsgruppen nach Umsatz (2017): 1.*Hachette livre* (Paris), 2. Editis (Da belgische Holding, Hauptsitz in Brüssel, französischer Hauptsitz Paris), 3. *Éditions Lefebvre Sarrut* (Levallois-Perret, grenzt unmittelbar an Paris), 4. *Groupe Madrigall* (Paris), 5. *Éditions Albin Michel* (Paris). Erst die britisch-holländische *RELX Groupe*, Anbieterin von Online-Datenbanken und Organisatorin des *Salon du livre de Paris* hat ihren regulären Sitz außerhalb Frankreichs in London, und erst an neunter Stelle hat mit *Actes Sud* in Arles einer der größeren französischen Verlagskonzerne seinen inländischen Hauptsitz in einer anderen Stadt als der Hauptstadt. Zahlen nach *Livre Hebdo* No 1179 (22 juin 2018), S. 20.

Peripherie, des Ländlichen, aber auch der ‹Frankophonie› nicht mehr die Intensität früherer Epochen besitzt.[45]

Zweitens ist auch symbolpolitisch das Narrativ der Nation als Referenzraum kulturellen Schaffens in den Diskursen des literarischen Feldes omnipräsent. In der Preis-Politik als institutionalisiertes kulturelles Kapital im literarischen Feld als Voraussetzung für symbolisches Kapital, welches auch in anderen Feldern des sozialen Raumes relevant wäre, spiegelt sich das Prestige der französischen Literatur als sichtbares Zeichen einer nach institutionalisierten Feld-Regeln organisierten Kulturnation. Der nach den Goncourt-Brüdern benannte wichtigste Literaturpreis des Landes, aber auch die allen Preisen und Verlagen gemeinsame Sichtbarkeits-Politik der ‹roten Bänder› alternativer Preise, wie den ‹Gegen-Goncourts› *Prix Renaudot* oder *Prix Décembre*, vormals *Prix Novembre*, welche die ausgezeichneten Werke in den Buchläden schmücken, geben Zeugnis vom Intellektuell-Nationalen in Form kollektiv verstandener Qualitäts-Sigel des Literaturbetriebs.[46] Als scheinbar objektiv auf Qualität ausgerichtete, jedoch oft auch auf ökonomischen Überlegungen und den Interessen der Preismäzene und Jurymitglieder (ob ‹alternativ› oder ‹etabliert›, lokal oder überregional) basierende Bewertungsinstanzen, deren wichtigste ebenfalls meistens in Paris verortet sind, stellen diese Preisvergaben eine literaturpolitische Einflussnahme auf die Form des literarischen Feldes unter der immer im Kontext des Preissymbols mitschwingenden Kategorie des ‹Nationalen› dar.[47]

Eine dritte und weiter oben anhand des Filmemachers Ladj Ly bereits angesprochene ‹nationale› Besonderheit im literarischen Feld sowie in den Bereichen Film und Kino ist die Tatsache, dass literarische und politische Tätigkeit auch im Frankreich des 21. Jahrhunderts eng mit der Figur des oder der Intel-

---

[45] Bourdieu, Pierre: Champ littéraire et rapports de domination. Un entretien de Jacques Dubois avec Pierre Bourdieu. In: *TEXTYLES. Revue des lettres belges de langue française* 15 (1999), S. 12–16; zum Zusammenhang zwischen nationaler Ausrichtung und Universalismus-Problematik des frankophonen literarischen Feldes vgl. Jurt, Joseph: Le champ littéraire entre le national et le transnational. In Sapiro, Gisèle (Hg.): *L'espace intellectuel en Europe. De la formation des États-nations à la mondialisation XIXe-XXIe siècle*. Paris: La Découverte 2009, S. 201–232.

[46] Zur Geschichte dieser institutionalisierten Symbolpolitik im literarischen Feld sowie der Inflation literarischer Preise in Frankreich zwischen Anerkennung von ‹Talent›, ökonomischer Strategie der Verlage und nationaler Identität als Kulturgeschichte einer literaturpolitischen ‹exception française› vgl. Ducas, Sylvie: *La littérature à quel(s) prix ?: Histoire des prix littéraires*. Paris: Éditions La Découverte 2013, S. 11: «De même que la gastronomie entretient l'image de qualité dont la France a fait son label, les prix littéraires font partie de ce blason national.» / «So wie die Gastronomie das Qualitätsimage aufrechterhält, das Frankreich zu seinem Markenzeichen gemacht hat, so sind auch die Literaturpreise Teil dieses nationalen Wappens» [ML].

[47] Vgl. ebda., S. 5f.

lektuellen verwoben sind. Das Schreiben der «sozialen Gruppe der Intelligenz» (Jurt) im Dienste der Gesellschaft kann dabei seit Voltaires Zeiten als nationale Errungenschaft auf eine lange Geschichte bürgerlichen Engagements und der Einmischung aus dem Feld der Literatur in andere Bereiche des sozialen Raumes wie das politische Feld verweisen, was von freier Meinung, gesellschaftlicher Teilhabe und auch Kritikfähigkeit des Zentralstaats zeugt.[48] Schriftsteller*innen und Filmemacher*innen werden in vielen der auch im Folgenden analysierten Fälle jenseits ihres literarischen Prestiges als ‹national› relevante Stimmen gehört, sind gesellschaftlich weithin sichtbar, zeichnen sich also durch eine gewisse *Notorietät* aus und verstehen sich bisweilen als politisch streitbare Instanzen im sozialen Diskurs.[49]

Dabei ist es zumindest in Hinblick auf diese besondere Bedeutung des Gesellschaftskommentars aus dem literarischen Feld – sei es nun auf Grundlage literarischer Texte oder para-, epi- oder extratextuell in Interviews und ‹Offenen Briefen› – zunächst sekundär, ob sich die Schriftsteller*innen auf sozialistischer Seite engagieren wie Édouard Louis oder einer eher reaktionären Analyse von Gesellschaft verpflichtet sind wie Michel Houellebecq.[50] Wichtig für die Frage nach der Bedeutung des ‹Nationalen› im gesellschaftlichen Raum ist die

---

48 Vgl. zur Vorgeschichte des Intellektuellen vor der Dreyfus-Affaire Jurt: *Frankreichs engagierte Intellektuelle*, S. 19–30.

49 Die ideologische Politisierung des Intellektuellen nach Jean-Paul Sartres ‹Flirt› mit dem Stalinismus ist berühmter Vorläufer für die oftmals parteiische Natur intellektuellen Engagements diesseits der in der Dreyfus-Affäre verfochtenen republikanischen Universalwerte. Vgl. Julliard, Jacques / Winock, Michel (Hg.): *Dictionnaire des intellectuels français. Les personnes, les lieux, les moments*. Paris: Editions du Seuil 1996.

50 Vgl. beispielsweise den *Offenen Brief* von Édouard Louis und dem Soziologen Geoffroy de Lagasnerie an den damaligen Premierminister Manuel Valls. Vgl. Louis, Édouard / Lagasnerie, Geoffroy: Valls, vous n'avez rien fait contre le terrorisme. In: *Libération* (3. August 2016), online unter https://www.liberation.fr/debats/2016/08/03/manuel-valls-vous-n-avez-rien-fait-contre-le-terrorisme_1470098/, konsultiert am 09.06.2021. Michel Houellebecqs Kommentar zur Wahl Donald Trumps als US-Präsidenten enthält klare politische Aussagen des Schriftstellers zur französischen ‹Lage der Nation›: «France is an independent country, more or less, and will become totally independent once again when the European Union is dissolved (the sooner, the better). [...] The first American military interventions I can really remember are those of the two Bushes, especially the son's. France refused to join him in his war against Iraq – a war that was in equal parts immoral and stupid; France was right, and my pleasure in pointing this out is all the greater, because France has seldom been right since ... let's say, since the time of de Gaulle. [...] France should leave NATO, but maybe such a step will become pointless if lack of operational funding causes NATO to disappear on its own.» Houellebecq, Michel: Donald Trump Is a Good President. One foreigner's perspective. In: *Harper's Magazine* (2019/01), online unter https://harpers.org/archive/2019/01/donald-trump-is-a-good-president/, konsultiert am 09.06.2021.

dortige Sichtbarkeit von Gesten politisch engagierter Bürger*innen, welche sich nicht nur als Text, sondern auch als Habitus von Autor*innen sowie als sozialer Faktor bei Produktion und Rezeption literarischer Texte manifestiert.

Gisèle Sapiro hat die Relevanz des Bourdieu'schen Feldbegriffs mit seiner relativen Autonomie für eine soziologisch orientierte Literaturwissenschaft folgendermaßen zusammengefasst und hatte dabei wohl vor allem die französische Ausprägung eines nationalstaatlich gefassten Feld-Konzepts mit seinem durch Symbolpolitik und Konsekrationsmechanismen sowie durch die Sichtbarkeit von Schriftsteller*innen als Intellektuellen stark gesellschafts- und feldübergreifenden Charakter vor Augen:

> Le concept du champ permet donc, dans une perspective pluridisciplinaire, d'articuler facteurs externes et analyse interne, en prenant en compte les médiations entre ces deux ordres de phénomènes, qui constituent autant d'effets de champ. Au niveau des conditions de production, ce sont la définition du rôle social de l'écrivain, l'idéologie professionnelle, les institutions littéraires, la structure du champ ; dans l'ordre de la création, ce sont l'espace des possible et le travail de mise en forme, qui renvoient à cet espace et à son histoire, ainsi qu'à l'habitus du créateur. Enfin, l'existence d'un jugement critique esthète, c'est-à-dire relativement autonomisé du jugement moral, politique ou social des œuvres, illustre l'effet de champ au niveau de la réception.[51]

Die in Frankreich traditionell hohe Wertschätzung intellektuellen Engagements von Schriftsteller*innen über das literarische Feld hinaus zeitigt aber auch eine hohe nationale Sichtbarkeit rechtsextremer Publizisten, Philosophen und Schriftsteller wie Renaud Camus. Letzterer ist Gründer des *Parti de l'In-nocence* und Vordenker des *Front / Rassemblement National*, begann sein politisches Engagement jedoch als Mitglied des *Parti socialiste*. Im literarischen Feld aber steht Camus keineswegs am Rande: Er war Schüler von Roland Barthes und wurde für seine literarischen Texte mit dem *Prix Amic* der *Académie française* sowie dem *Goncourt des Animaux* ausgezeichnet.[52] Camus etablierte sich als Romancier, Reiseschriftsteller, Kunstkritiker und Literaturtheoretiker und engagierte sich für die Akzeptanz männlicher Homosexualität.[53]

---

51 Sapiro, Gisèle: L'apport du concept de champ à la sociologie de la littérature. In Baudorre, Philippe / Rabaté, Dominique / Viart Dominique (Hg.): *Littérature et sociologie*. Bordeaux: Presses Universitaires de Bordeaux 2007, S. 61–80, hier S. 75.
52 Zur rechtsintellektuellen Szene in Frankreich nicht nur am Beispiel Renaud Camus vgl. aus journalistischer Sicht Caron, Aymeric: *Incorrect: Pire que la gauche bobo, la droite bobards*. Paris: Fayard 2014.
53 Vgl. Camus, Renaud: *Tricks* (préf. Roland Barthes). Paris: Mazarine 1978. Ders.: *Buena Vista Park: fragments de bathmologie quotidienne*. Paris: Hachette 1980.

Aus einer derart starken Position des engagierten und anerkannten Schriftstellers, welche scheinbar bürgerliche Ideale verficht, gewinnen auch Verschwörungsnarrative als populistische Standpunkte politisches Gewicht, sobald sie vom Standpunkt des notorischen Intellektuellen aus formuliert sind. In Camus' Fall wäre dies neben völkischem Denken und antisemitischen Aussagen die Behauptung einer angeblich existierenden Praxis planmäßig durchgeführten ‹Bevölkerungsaustauschs› (*Le grand remplacement*) durch im Verborgenen und global agierende Eliten.[54] Selbstverständlich ist dabei auch bei dieser Beispielfigur eines Rechts-Intellektuellen das ‹Nationale› Reperkussionsraum universalistischer Gesellschaftskritik und Sozialideologie, welcher Schreiben und Engagement bestimmt.

Die soeben erwähnten Punkte sollen den für diese Untersuchung gesteckten Rahmen eines nationalstaatlich gefassten literarischen Feldes und das ‹Nationale› als besondere Kategorie für die Analyse von Gesellschaft in Frankreich rechtfertigen, indem diese Kategorie im 20. Jahrhundert wie im begonnenen 21. Jahrhundert einen historisch gewachsenen, geographischen und sozialen Raum als sprachliche, territoriale und administrativ-politische Einheit in einem vielfältigen Europa prägt. Dabei soll jedoch ein letzten Mal betont werden, dass die These eines französischen Exzeptionalismus allein insofern eine Rolle spielen möge, als dass sie viele der im Folgenden analysierten, erzählerisch und literar-ästhetisch modellierten Gesellschaft- und Gewaltnarrative kritisch gewendet durchzieht.

Im Hinblick auf die Kristallisationspunkte Staat und Nation sowie den Kollektivsingular der Geschichte macht sie Textdiegesen und Motivkonstellationen, Figurenmodellierungen, Gattungswahl sowie stilistische Entscheidungen hinsichtlich der Erzähltexte verständlicher. Narrative über die französische Nation und ihre ‹Ausnahmegeschichte› werden dabei zu bisweilen alltäglichen und schmerzlich empfundenen Dominanten, wenn sie aus der Perspektive der von diesen Narrativen Exkludierten rezipiert werden müssen. Auch der absolute Gültigkeitsanspruch des vom zentralistisch organisierten Nationalstaat forcierten aufklärerischen Universalismus ist in seiner gesellschaftlichen, kulturellen, sprachlichen, institutionellen, aber auch politischen Stringenz im ‹Mutterland› wie gegenüber den ehemaligen Kolonien ein Differenzmarker für Erzählstimmen und Figurenmodelle. Er prägt als oft unhinterfragte, aber omnipräsente gesellschaftliche Norm die Erzählung von Le-

---

54 Vgl. Camus, Renaud: *Le Grand Remplacement*. Neuilly-sur-Seine: David Reinharc 2011.

bensentwürfen und Lebenswelten in Frankreich, obwohl zahlreiche diesem propagierten Universalismus widersprechende Formen kultureller Selbstverortung die Gesellschaft der Gegenwart ebenso sichtbar bestimmen; seien sie postkolonialer und geschichtskritischer, religiös-fundamentalistischer oder aber identitär-rechtsextremistischer Art.

2 Schreiben über Gewalt in Frankreich und die Politiken der Literatur

Natürlich ist es möglich, diese in Frankreich historisch verankerte Emphase des ‹Nationalen› für das Gesellschaftliche nicht allein als einen mit symbolischem Universalitätsanspruch verbrämten Herrschafts-Chauvinismus, als «impérialisme de l'universel», zu begreifen.[1] Die diskursiven Voraussetzungen, welche im 18. Jahrhundert mithin auch durch das antifeudalistische Paradigma einer freien, gleichen und brüderlichen Nation für die Moderne weltweit und nicht nur in Europa geschaffen wurden, trugen im *Hexagone* wie andernorts auch ein hoffnungsvolles, wenn auch in weiten Teilen unerfülltes und global gültiges Versprechen menschlichen Zusammenlebens in sich, dessen Potential gerade in der Literatur nachvollziehbar wird. Der Gewaltforscher Jan Philipp Reemtsma hat aus diesen Versprechen der Moderne einen Vertrauensbegriff gewonnen, welcher den Gewaltbegriff als eine Negativfolie des Moderne-Begriffs hervorbrachte.

Erst aus der Grundannahme einer nur oberflächlichen und machtpolitisch gesteuerten Tabuisierung und Einschränkung der Gewalt als Verhältnis zu unterschiedlichen Machtkonstellationen ist verständlich, wie jene paradoxe Situation andauernder Gewaltexzesse der Moderne bei gleichzeitigem Festhalten an den Versprechen eines zivilisatorischen Universalismus möglich sein konnte, ohne das Projekt zivilisatorischen Fortschritts endgültig zu verabschieden.[2] Dabei ist es gerade bezüglich des französischen Kontexts erhellend, mit dem Saarbrücker Romanisten und Kulturwissenschaftler Markus Messling zwischen einer von Frankreich und insbesondere Paris ausgehenden Universalität freien, kritischen und aufklärerischen Denkens und jenem fatalen Universalismus imperialistischer Art zu unterscheiden, welcher jeglichen westlichen Zivilisations-Chauvinismus unterfütterte und unterfüttert. Dabei kommt – wie auch in Reemtsmas großer Studie

---

1 «Il vient du fond des pays islamiques une question très profonde à l'égard du faux universalisme occidental, de ce que j'appelle l'impérialisme de l'universel. [...] S'il est vrai que certain universalisme n'est qu'un nationalisme qui invoque l'universel (les droits de l'homme, etc ...) pour s'imposer, il devient moins facile de taxer de réactionnaire toute réaction fondamentaliste contre lui.» / «Aus den Tiefen der islamischen Länder kommt eine sehr tiefe Frage gegenüber dem falschen westlichen Universalismus, dem, was ich als Imperialismus des Universellen bezeichne. [...] Wenn es stimmt, dass ein bestimmter Universalismus nur ein Nationalismus ist, der sich auf das Universelle (die Menschenrechte usw.) beruft, um sich durchzusetzen, dann wird es weniger einfach, jede fundamentalistische Reaktion gegen ihn als reaktionär abzustempeln» [ML]. Bourdieu, Pierre: *Contre-feux*. Paris: Éditions Raisons d'agir 1998, S. 25.
2 Vgl. Reemtsma, Jan Philipp: *Vertrauen und Gewalt. Versuch über eine besondere Konstellation der Moderne*. Hamburg: Hamburger Edition HIS 2008.

Vertrauen und Gewalt[3] – der Literatur eine Schlüsselrolle als Vermittlungsinstanz zwischen Allgemeinem und Partikularem zu, da die missionierende Verallgemeinerung zivilisatorischer Universalität in den abstrakten Universalismus-Begriffen westlicher Philosophie seit langem diskreditiert ist:

> Wir befinden uns daher heute in einem Dilemma: Einerseits sind die universalistischen, menschheitlichen Argumente für Freiheit, Gleichheit und Brüderlichkeit die stärksten, die wir haben, um dem Aufkommen völkischer und rassistischer Politiken entgegenzutreten und Menschenrechte zu verteidigen. Andererseits können wir diese Argumente in Anbetracht der Dialektik ihrer universellen Einforderung nicht mehr unbeschränkt ins Feld führen. [...] Wir stehen vor dem Paradox, Universalität begründen zu müssen, weil aus ihr Gültigkeiten in der Weltgesellschaft ableitbar werden, diese Universalität aber nicht mehr auf den Begriff bringen zu können. Natürlich kann die Literatur dieses Problem, das die philosophische Frage zeitigt, nicht lösen. Literatur bringt nicht etwa auf den Begriff; im Gegenteil, sie fächert das Problem erzählend so auf, dass es erfahrbar wird. So kann sie aber die Probleme sichtbar machen, welche die Aushandlungsprozesse charakterisieren, die mit dem Zusammenschmelzen des Universalismus und der Suche nach einer neuen Universalität einhergehen. Erzählend kann sie gleichzeitig Verlustängste und Hoffnungen erfahrbar machen. Damit hat sie bereits Teil an der Hervorbringung eines neuen Weltbewusstseins. Was ihre Analyse veranschaulichen kann, ist die Entstehung eines neuen *Bewusstseins* von Universalität.[4]

Nach dem globalen Scheitern eurozentrischer und überhaupt ‹westlicher› Machtinteressen scheint es, als ob diese planetarische Universalität jedoch eher von den ehemaligen Peripherien, denn vom Zentrum aus gedacht werden kann, seien diese sozialer oder geographischer Art. Wie Messling zurecht betont, befinden sich Frankreich, seine Literatur und sein ehemaliges «Empire» dabei in einer besonderen symbol- und repräsentationspolitischen Konstellation zueinander, die Literatur, Sprache und politische Gewalt auf paradoxe Art verknüpft. Denn es ist ausgerechnet die symbolische Strahlkraft der französischen Sprache als lange gepflegter Weg zu universellem Denken, welche zwar nicht mehr als zentralistisch ausgerichtetes Sprach-Paradigma der Aufklärung, aber möglicherweise als Sprache einer neuen Universalität des Denkens, als Kritik-Instanz der ‹Peripherie› am ‹Zentrum›, am «court», dessen Instrument diese Sprache einst war, in den Gebieten der ehemals von Frankreich Beherrschten überlebt hat.[5]

Dieser herrschaftskritische Anspruch jeglichen Schreibens auf Französisch als implizit gestellte Frage nach der Einlösung eines Versprechens demokratischer

---

3 Vgl. ebd., S. 121: «Literatur geworden ist das Problem der überschießenden oder ihre Form verändernden Gewalt in Europa zum frühestmöglichen Zeitpunkt. In der Ilias. Sie ist das Drama vom Zorn des Achill [...].»
4 Messling: *Universalität nach dem Universalismus*, S. 23 u. 28.
5 Vgl. ebd.: S. 17.

Teilhabe auch in Form gleichberechtigter Repräsentation von Gesellschaft und Lebenswelt, gilt dabei nicht nur für die Literaturen der sog. ‹Frankophonie›, sondern auch für eine literarische Kritik aus dem und am geographisch-metropolitanen und nur vermeintlich sprachlich-kulturellen ‹Zentrum› nationalen Selbstverständnisses sowie aus dessen unmittelbarer territorialer Peripherie. Erzählen über Gewalt in Kontinental-Frankreich wird angesichts jener historischen Konstellation politischer Dominanz des Zentrums Paris zur Herausforderung auch der französischen Literatur der Gegenwart. Sie muss komplexe gesellschaftliche Dynamiken gegen identitätspolitisch-nationalistische Vereinnahmung einerseits, gegen den oben erwähnten ‹falschen Universalismus› andererseits, auch innerhalb des Hexagons im wirkmächtigsten Mittel eines einst auch intranational dominanten Universalismus zur Sprache bringen: dem als Literatursprache nicht nur in Frankreich kultisch verehrten Französischen.[6]

Gerade die Literatur leistet hier jedoch aufgrund ihrer sprachlichen wie semantischen Flexibilität, Idiosynkrasie und Selbstreferentialität, ihren Möglichkeiten zu Polysemie und Ambivalenz, welche textuelle Literarizität mit definieren, einen differenzierenden, da oftmals – wenn auch nicht immer – herrschafts- und sprachkritischen Beitrag. Sie kann sich zudem im Sinne der Vertreter*innen der *Microstoria* für das Lokale interessieren, ohne das Allgemeine zu vernachlässigen, um zugleich «Realität als Problem» und ihre «Darstellung als spezifische Haltung *zur* Welt» zu setzen.[7] Dies nicht zuletzt auch deshalb, weil erzählende Literatur in Frankreich selbst auf eine lange nationale und postrevolutionäre Repräsentationsgeschichte des gesellschaftlich Marginalen, Unsichtbaren und Übersehenen zurückblickt, wie sie durch den ‹realistischen Romantiker› Victor Hugo inauguriert, durch die Naturalisten zum Paradigma wurde.[8] Die Literatur war und ist es, welche mittels Sprache(n), in der Vielfalt des Erzählens im geographischen Territorium des Zentrums Dynamiken diesseits des Universellen, auf politischer und gesellschaftlicher Ebene differenziert sichtbar machen kann. Ihr pointierter, krea-

---

[6] Zu diesem historisch bedingten Mythos des standardisierten Französisch als Literatursprache und der Kritik an ihm, welcher sich auf Französisch schreibende Autor*innen bis ins 21. Jahrhundert angesichts politischer Vereinnahmung des Französischen als nationalem ‹Identitätsmarker› stellen müssen vgl. Jurt, Joseph: *Sprache, Literatur und nationale Identität. Die Debatten über das Universelle und das Partikuläre in Frankreich und Deutschland*. Berlin – Boston: De Gruyter 2014, S. 261–284.

[7] Vgl. Messling: *Universalität nach dem Universalismus*, S. 32–34.

[8] Dies gilt für Hugo auch in Anbetracht des französischen ‹Ur-Mythos› der Großen Revolution und ihrer ernüchternden innergesellschaftlichen Bilanz bezüglich sozialer Fragen zu Beginn des 19. Jahrhunderts. Vgl. Durand-le Guern, Isabelle: *Le roman de la révolution: L'écriture romanesque des révolutions de Victor Hugo à George Orwell*. Rennes: Presses Universitaires de Rennes 2012, S. 277; sowie Rancière, Jacques: *Politique de la littérature*. Paris: Éditions Galilée 2007, S. 24.

tiver und wandelbarer Umgang mit normiertem Sprechen und Schreiben ist imstande, eine Politik demokratisierender Sichtbarmachung und lebensweltlicher Intensivierung gesellschaftlicher Zusammenhänge in Form bedeutender Zeichen und durch das Spiel mit ihnen umzusetzen, wie sie der französische Realismus als Politik des Erzählens erstmals verfolgte:

> La littérature est le déploiement et le déchiffrement de ces signes qui sont écrits à même les choses. L'écrivain est l'archéologue ou le géologue qui fait parler les témoins muets de l'histoire commune. Tel est le principe que met en œuvre le roman dit réaliste. Le principe de cette forme dans laquelle la littérature impose sa puissance neuve n'est pas du tout, comme on le dit couramment, de reproduire les faits dans leur réalité. Il est de déployer un nouveau régime d'adéquation entre la signifiance des mots et la visibilité des choses, de faire apparaître l'univers de la réalité prosaïque comme un immense tissu de signes qui porte écrite l'histoire d'un temps, d'une civilisation ou d'une société.[9]

Literatur zu Beginn des 21. Jahrhunderts folgt hier, sofern sie über Gesellschaft erzählt, nach wie vor diesem Problem *literarischer* Repräsentation, welches sich einst den Realisten stellte: Eine Beziehung zwischen Zeichenregimen, nicht zwischen Zeichen und Dingen herzustellen, um die (gesellschaftlichen) Dinge neu und als neue über immer neue Zeichen und Bedeutungsbeziehungen sichtbar zu machen. Der Literatur des *extrême contemporain* stehen wie einst den Realisten, aber nunmehr um Möglichkeiten des 20. Jahrhunderts, um einige den Avantgarden und dem postmodernen Schreiben entlehnte Techniken erweitert, die narrativen Mittel zur ‹systematischen› Überforderung jeglicher starrer Identitätskonstruktionen auf ästhetischer wie diegetischer Ebene zur Verfügung.

Sie spielt mit den vielfältigen Möglichkeiten zur Unterwanderung hierarchisierten und normierten Sprachgebrauchs sowie mit der Ambivalenz subversiver oder affirmativer Referentialisierbarkeit eines Gesellschafts-Raums, welcher dynamisch von kultureller und ethnischer Heterogenität, globalen Migrations- und Informationsströmen, spürbaren ökologischen, ökonomischen wie kulturellen Veränderungen sowie Partikularinteressen und ihnen entsprechenden Akteuren durchdrungen ist; ein erzählter Raum, der durch diegetische Fokussierung auf seine Teilbereiche und Milieus, durch Figurenzeichnungen und -konstellationen narrativ dynamisiert, durch Motiv-Rekurrenzen und Isotopien in seinen Intensitäten geformt wird. Neben eine Gleichstellung der Stimmen aus der ‹Frankophonie› gegenüber denen des europäischen ‹Zentrums› könnte auf diese Weise auch in letzterem eine differenziertere Sicht des gesellschaftlichen und politischen Paris auf ländliche und gesellschaftliche Peripherien und umgekehrt treten, wie sie in vielen der im Folgenden verhandelten Texte denn auch als Möglichkeit aufscheint.

---

9 Ebda.

Die Unterscheidung zwischen Universalismus und Universalität, aber auch zwischen dem ‹Nationalen› als Narrativ und dem Gesellschaftlichen kann in den hier verhandelten Repräsentationsstrategien literarischen Erzählens – insbesondere angesichts mannigfaltiger Formen erzählter Gewalt – ‹Politiken der Literatur› als Differenzierungen und Dynamisierungen vorherrschender Repräsentationsregime bestimmen.[10] Gerade für die Frage nach dem gesellschaftlichen Zusammenleben vor dem Hintergrund gewaltsamer Konflikte, struktureller und institutioneller Gewalt ist es nicht mehr ausreichend, eine Gesellschaft allein auf Makroebene unter nationalgeschichtlichen Gesichtspunkten oder allein aus der Perspektive sprachlicher, systemisch-infrastruktureller, geographischer, ökonomischer und eben kultureller Faktoren erklären zu wollen, ohne all diese Faktoren auf Mikroebene zueinander in Beziehung zu setzen. Erzählende Literatur könnte diese dynamisierende Perspektivierung durch ihre im besten Falle *polylogische* Modellierung weltweiter Zusammenhänge natürlich auch hinsichtlich der Vielfalt einer komplexen und trotz einer scheinbar festen ‹national›-staatlichen Umgrenzung heterogenen Gesellschaft wie der französischen leisten, denn:

> Die Frage nach dem Wissen der Literatur ist nicht zuletzt die Frage nach der gesellschaftlichen, politischen und kulturellen Bedeutsamkeit dieses Wissens innerhalb der unterschiedlich ausgeprägten aktuellen Informations- und (mehr noch) Wissensgesellschaften. Was also *will*, was also *kann*, was also *weiß* die Literatur?
> Es gibt sicherlich keinen besseren, keinen komplexeren Zugang zu einer Gemeinschaft, zu einer Gesellschaft, zu einer Epoche und ihren kulturellen Ausdrucksformen als die Literatur. Denn über lange Jahrtausende hat sie in den unterschiedlichsten geokulturellen *Areas* ein Wissen vom Leben, vom Überleben und vom Zusammenleben gesammelt, das darauf spezialisiert ist, weder diskursiv noch disziplinär noch als Dispositiv kulturellen Wissens spezialisiert zu sein. [...] Literatur – oder das, was wir verschiedene Zeiten und Kulturen überbrückend darunter in einem weiten Sinne verstehen dürfen – hat sich schon immer durch ihre transareale und transkulturelle Entstehungs- und Wirkungsweise ausgezeichnet. Sie lässt sich auch in diesem territorialen Sinne nicht *definieren*, in Grenzen weisen. Sie ist aus vielen Logiken gemacht und lehrt uns, viel-logisch, *polylogisch* (und nicht monologisch) zu denken. Sie ist Experiment des Lebens und vielleicht mehr noch Leben im Experimentierzustand.[11]

---

10 Dass diese Politik facettenreich ist und aus mehreren egalisierenden ‹Unterpolitiken› besteht, derjenigen der «égalité des sujets», der «démocratie des choses muettes», der «démocratie moléculaire des états de choses sans raison», die teilweise in einem Spannungsverhältnis zueinander stehen, betont Jacques Rancière: ebd.: S. 35f.; sowie vgl. ders.: *La chair des mots. Politiques de l'écriture*. Paris: Éditions Galilée 1998.
11 Ette, Ottmar: *WeltFraktale. Wege durch die Literaturen der Welt*. Stuttgart: Metzler 2017, S. 226.

Diese Fähigkeit der Literatur(en), einerseits demokratisierend auf herrschende Repräsentationsregime zu wirken, andererseits polylogisch und letztlich im weltweiten Maßstab über Lebensformen und -normen innerhalb gesellschaftlicher Kontexte zu erzählen, soll in dieser Studie zugespitzt und für die Frage nach den Formen und Mechanismen der Gewalt innerhalb einer Gesellschaft in einem bestimmten Zeitraum fruchtbar gemacht werden. In der oben zitierten Studie zur *Universalität nach dem Universalismus* konnte diese Fähigkeit des Erzählens gerade bezüglich einer nicht nur für die französische Gesellschaft gültigen, aber dort stark diskutierten Frage nachgewiesen werden. Inmitten der Erzählungen über Konflikte der europäischen Gesellschaften mit ihren kolonialistischen Restbeständen eurozentrisch-imperialen Denkens werden Möglichkeiten zu einer neuen Universalität in literarischen Texten sichtbar gemacht.

Dazu wurde ein literaturanalytischer Weg gewählt: Anhand einiger prominenter Autor*innen der frankophonen Erzählkunst des 21. Jahrhunderts von Michel Houellebecq über Camille de Toledo bis zu Léonora Miano legte die Studie dar, wie gerade in der Literatur des *extrême contemporain* das Dilemma eines gescheiterten aufklärerischen Universalismus hegemonial-eurozentrischen Charakters in einer global vernetzten und polyzentrischen Welt durch die Konfliktualität literarischer Deutungsnarrative modelliert wird. Ihre Komplexität als spezifisches Wissen der Literatur kann somit durchaus für gesellschaftspolitische Debatten fruchtbar gemacht werden. Demnach liegt in der Literatur die Chance zu einer Hermeneutik globaler Zusammenhänge im Lokalen sowie zur Sichtbarmachung tieferer Gründe für gesellschaftliche wie politische Verwerfungen, welche den Deutungsspeicher von Archiven kolonialistischer und nationalistischer Narrative mit Fragen gesellschaftlichen Zusammenlebens im Frankreich des 21. Jahrhunderts verbinden.[12]

Zu diskutieren ist nun, in welchen Formen diese modellierende Funktion der Literatur auch für konkrete Zusammenhänge in Hinblick auf eine vielfältige Phänomenologie der Gewalt Geltung beanspruchen kann, welche den sozialen Raum in Frankreich mitbestimmt und die in erster Linie durch die soziologische Gewaltforschung sowie die Philosophie analysiert wurde und wird.[13] Was erzählen

---

[12] Vgl. hier insb. Das Kapitel «*Fraternité* – Möglichkeiten eines neuen Wir» zu den Autor*innen Shumona Sinha, Édouard Glissant und Léonora Miano in Messling: *Universalität nach dem Universalismus*, S. 161–184.

[13] Beispielhaft für das Interesse der französischen Soziologie am Gewaltphänomen als äußerst heterogener Herausforderung der französischen Gesellschaft sind die Werke der Soziologen Michel Wieviorka und Didier Fassin. Vgl. bspw. Wieviorka, Michel: *La violence*. Paris: Hachette Littératures 2005; sowie ders.: *Violence en France*. Paris: Éditions du Seuil 1999; vgl. zudem Fassin, Didier: *L'empire du traumatisme. Enquête sur la condition de victime* (avec

literarische Texte über Formen und Mechanismen der Gewalt im Frankreich des 21. Jahrhunderts, welches einerseits als temporaler Raum nationaler Geschichte und zivilisatorischer Mythen begriffen werden kann, andererseits aber auch als aktuelle gesellschaftliche und institutionelle Realität untersucht werden muss?

Literatur kann auch in dieser Frage auf ihre Vermittler-Funktion des Individuellen mit dem Kollektiven, des Universellen mit dem Relativen zurückgreifen. Sie muss dazu die französische Gesellschaft sowohl vor dem Hintergrund ihrer nationalen Identitätsnarrative und geschichtlichen Prägungen, aber auch in Hinblick auf Konfliktlinien und soziale Spannungen des 21. Jahrhunderts zwischen kleineren Kollektiven und Einzelakteuren erfassen. Deren Bewusstsein oder strukturelle Beschaffenheit hängen weder (allein) von Diskursen über Nation und französische Geschichte, aber auch nicht immer vom Einfluss des Staates ab, sondern artikulieren sich lokal und situativ im Kontext kleinerer Gemeinschaften und individueller Biographien. Diese Vermischung der Ebenen wird auch von der soziologischen Forschung als notwendiges Element der Gewaltforschung anerkannt. Ein Blick allein auf die *Geschichte* nationaler und staatlicher Formen der Gewalt und eine allein *empirische* oder verengt kriminalstatistische Herangehensweise reichen für die Beantwortung der Frage nach der Gewalt im Frankreich der Gegenwart nicht aus; genauso wenig wie *abstrakte*, durchaus valide Deutungsmodelle als alleinige theoretische Grundlage für den Blick auf die Gewalt im Frankreich des 21. Jahrhunderts herangezogen werden können.[14] Es benötigt eine Zirkulation verschiedener Wissensformen über Gewalt, Subjekt-zentrierter wie objektivierender Art, die sich gegenseitig ergänzen und die den gesellschaftlichen Raum als abstraktes Modell und konkrete Situation zu erfassen vermögen:

> Comment résoudre le conflit, apparemment insoluble, où s'opposent la perspective de la violence prise dans son objectivité et celle qui s'intéresse à ses représentations et à sa subjectivité ? En fait, un premier élément de réponse repose sur le refus de figer l'analyse, et sur le souci constant de mettre en regard les deux points de vue, universel et relativiste,

---

R. Rechtman). Paris: Flammarion 2007; sowie ders.: *Punir. Une passion contemporaine*. Paris: Le Seuil 2017; zudem ders.: *La Force de l'ordre. Une anthropologie de la police des quartiers*. Paris: Le Seuil 2011.

14 Im Dienste der Politik ist in Frankreich für eine aktuelle und detaillierte kriminalistische Berichterstattung der strafrechtlich verfolgten Gewaltdelikte im Land das *Observatoire national de la délinquance et des réponses pénales* (ONDRP), eine Unterabteilung des *Institut national des hautes études de la sécurité et de la Justice* verantwortlich, welches seit 2003 Anzahl und Kategorien von Straftaten und deren Verfolgung erfasst. Als ein Überwachungsorgan der Kriminalität in Frankreich finden in die Datenbanken der Organisation jene Gewaltphänomene Eingang, welche sich in die juristische Kategorie eines Straftatbestandes wie Sachbeschädigung, Körperverletzung, Mord etc. einordnen lassen, Gewalt also punktuell spiegeln.

donc de circuler le plus possible entre ces deux pôles qui commandent le champ théorique de la violence, en évitant tout ce qui oriente de façon trop unilatérale la perspective à partir d'un seul de ces pôles et en nous efforçant d'articuler les connaissances empiriques sur les faits et les acteurs et celles qui portent plutôt sur le représentations de ces faits et de ces acteurs.[15]

2.1 Eine Gesellschaft der Gewalt? – Frankreich im 21. Jahrhundert: Positionen

Zahlreiche Entwicklungen in jenem gesellschaftlichen Raum, welchen das nationalstaatliche Frankeich des beginnenden 21. Jahrhunderts bildet, prägten das Land bereits seit den 70er Jahren des vergangenen Jahrhunderts, zu einer Zeit kurz vor einer «vierten Phase beschleunigter Globalisierung» seit Mitte der 80er Jahre, als die Souveränität der Nationalstaaten im Blockdenken des Kalten Krieges noch die Stabilität des internationalen Staatengefüges zu garantieren schien.[16] Der Soziologe Michel Wieviorka legte unter Mitarbeit zahlreicher Forscher*innen des *CADIS (Centre d'analyse et d'intervention sociologiques de l'EHESS)* diese Kontinuität von Gewaltformen mit ihren sozialen und geographischen Schwerpunkten in seiner zu Ende des vergangenen Jahrhunderts entstandenen, insofern in Teilen bereits historischen, jedoch nach wie vor informativen Studie *Violence en France* dar.[17]

Im ersten Teil «La violence en question» werden darin grundsätzliche methodologische und terminologische Überlegungen zum Gewaltbegriff durchgeführt, welche Wieviorka schließlich in seiner nachfolgenden, allgemeiner gehaltenen Studie *La violence* weiter ausführen sollte.[18] Der zweite Teil «La République à l'épreuve» widmet sich aus nationalstaatlicher Perspektive zahlreichen Gewaltphänomenen im öffentlichen Raum, welche sowohl die Gewalt im Öffentlichen Nahverkehr als auch den Rassismus in den Banlieues sowie Gewalt an französischen Schulen umfassen. Der dritte Teil «La violence et la ville» nimmt mehrere geographische Brennpunkte der Gewalt in Form urbaner Zentren in den Fokus. Unterschiedliche Schwerpunkte dieser empirisch vorgehenden Gewaltforschung wie systemisches Versagen der Lokalpolitik, Kollektivgewalt urbaner Gruppen,

---

15 Wieviorka, Michel: *Violence en France*. Paris: Seuil 1999, S. 12.
16 Vgl. zu dieser epochalen Einteilung der Globalisierung in vier Phasen. Ette, Ottmar: *Trans-Area: Eine literarische Globalisierungsgeschichte*. Berlin – Boston: De Gruyter 2012, insb. S. 22–26.
17 Vgl. Wieviorka: *Violence en France*, op. cit.
18 Vgl. Wieviorka, Michel: *La violence*. Paris: Hachette 2005.

aber auch die massenmediale Repräsentation lokaler Gewalt werden anhand der geographischen Schwerpunkte Le Havre, Lyon, Strasbourg und Saint-Denis in Form einer Nahanalyse der dortigen räumlichen, politischen und ökonomischen Strukturen sowie den Konfliktlinien innerhalb unterschiedlichster Milieus untersucht, deren Spannungen der Gewalt zugrunde liegen.[19]

Unter kritischer Bezugnahme auf fundamentale Gewaltstudien von Norbert Elias und Jean-Claude Chesnais stellt Wieviorka für die Gewalt in Frankreich das evolutionistische Gewaltparadigma der Moderne auf den Prüfstand, wie es von Elias amhand des doppelten Prozesses politischer Monopolisierung und kultureller Verinnerlichung von Gewalt – in Form bestimmender Normen sowie begünstigt durch staatlich-administrative Strukturen und gesellschaftliche Instanzen der Moderne – systematisch reflektiert wurde.[20] Er bezieht sich dabei auch auf einen Kollegen, den Arbeitssoziologen Alain Touraine:

> La poussée de violence qui hante aujourd'hui la France – émeutes, délinquance, violence scolaire, incivilités, conduites de rage et de haine, etc. – n'est-elle pas dès lors, tout simplement, de l'ordre de la régression historique ? Ne marchons-nous pas à rebours du progrès, ne sommes-nous pas entrés dans la spirale d'une décivilisation ou, pour parler comme Alain Touraine, d'une «démodernisation» qui deviendrait synonyme, tout à la foi, de décadence culturelle et décomposition de notre État-nation ?[21]

Diese grundlegende Frage nach einem Scheitern des vielerorts stillschweigend vorausgesetzten modernen Zivilisationsprozesses in einem der Mutterländer der europäischen Moderne kann in Anbetracht des komplexen Charakters einer solchen Fragestellung und auch des dafür doch recht geringen Zeitraums, der seit Wiewiorkas Studie vergangen ist, hier nicht diskutiert und schon gar nicht im Sinne einer Dekadenz-Erzählung beantwortet werden. Doch sei konstatiert, dass die Selbstverständlichkeit eines evolutionistischen Gewaltparadigmas und der Monopolisierung wie Interiorisierung der Gewalt auch im Frankreich der Jahre 2020 und 2021 hochgradig diskutabel bleibt. Symptome für soziale Desintegration und Misstrauen gegenüber staatlichen Institutionen sowie daraus re-

---

[19] Zu sozialem Konflikt und Konfliktualität als möglichen Grundbedingungen von Gewalthandeln, die aber nicht immer in einem Kausalverhältnis zur erfassbaren Gewalt stehen vgl. ebda.; S. 33–35, sowie ders.: *Violence en France*, S. 332f.
[20] vgl. Elias, Norbert: *La Civilisation des mœurs*. Paris: Calmann-Lévy 1973; sowie ders.: *La dynamique de l'Occident*. Paris: Calmann-Lévy 1975; vgl. zudem Chesnais, Jean-Claude: *Histoire de la violence en Occident de 1800 à nos jours*. Paris: Robert Laffont 1981.
[21] Wieviorka: *Violence en France*, S. 7. Wieviorka bezieht sich auf die französische Übersetzungen von Elias, Norbert: *Über den Prozeß der Zivilisation: soziogenetische und psychogenetische Untersuchungen*. 2 Bde. Basel: Verlag Haus zum Falken 1939; Alain Touraines Zitat aus ders.: *Pourrons-nous vivre ensemble ?* Paris: Fayard 1997.

sultierende oder diese Anzeichen begleitende Formen der Gewalt lassen sich beispielsweise nach wie vor medial wie im politischen Diskurs selbst, aber eben auch in und anhand der Literatur nachweisen, wie zu zeigen sein wird.[22]

Diese Aktualität führte sogar zu einer grundsätzlichen, etwas reißerisch gestellten Frage nach den Gründen für eine nach dem Anschlag auf die Satirezeitung *Charlie Hebdo* im Jahr 2015 attestierten ‹Krise der Republik›. Formuliert wurde sie vom Radiomoderator Emmanuel Laurentin im prominent besetzten historischen Sammelband *Histoire d'une République fragile (1905–2015): Comment en sommes-nous arrivés là?* Ausgehend vom Phänomen der Protestmärsche und Versammlungen von Bürger*innen auf dem neu renovierten Platz der Republik, welche als Reaktion auf die Anschläge stattfanden, wird darin die diskursive Bedeutung jener symbolischen Geste zu verstehen versucht, die Tausende von Menschen gerade an diesem Ort protestieren ließ. Als Gedächtnisort verweist die *Place* auf verschiedenste Ereignisse der französischen Geschichte: von De Gaulles symbolischem Auftritt zur Gründung der V. Republik bis zu Protesten von Syndikalisten und Gewerkschaftlern. Sie kann somit von verschiedenen politischen Seiten vereinnahmt werden, was den Protestmärschen des 10. und 11. Januar 2015, den sogenannten «Marches républicaines», eine gewisse Ambivalenz verlieh. Zudem stellt sich für den Geschichtsjournalisten Laurentin die Frage, warum es gerade dieser Anschlag war, welcher in der langen Geschichte des Terrors in Frankreich die Franzosen wieder einmal zu einem ihrer wichtigsten nationalen Denkmäler führte:

> Attaquée, la République – et l'État derrière elle – était-elle finalement si fragile ?
> Après tout, elle en avait connu des agressions, depuis un siècle : deux guerres mondiales, des guerres de décolonisation, les attentats du FLN et d l'OAS, ceux du vol d'UTA ou du train Le Capitole, de Tati en 1986, de Saint-Michel en 1995 et du RER B en 1996, et, plus récemment, les meurtres commis par Mohammed Merah à Toulouse. Sans compter l'assassinat d'un préfet en Corse et la mort étrange de certains ministres en exercice.

---

[22] Auch die von Wieviorka in weiteren umfangreichen Studien untersuchten Phänomene sozialer Desintegration wie Rassismus, Terrorismus und Xenophobie sind weit davon entfernt, zu Beginn des 21. Jahrhunderts aus dem gesellschaftlichen Diskurs in und über Frankreich verschwunden zu sein. Vgl. Wieviorka, Michel: *La France raciste*. Paris: Seuil 1992; ders.: *La Démocratie à l'épreuve. Nationalisme, populisme, ethnicité*. Paris: La Découverte 1993; ders.: *Face au terrorisme*. Paris: Liana Levi 1995; sowie ders. (Hg.): *Une société fragmentée. Le multiculturalisme en débat*. Paris: La Découverte 1996. Dies gilt auch insbesondere für das Phänomen Terrorismus, das bereits vor den Anschlägen 2015 und 2016 in immer neuen Veröffentlichungen auch, aber nicht nur, als gesellschaftliches Problem in Frankreich gesehen wurde. Passend der Untertitel zu Prazan, Michael: *Une histoire du terrorisme. Enquête sur une guerre sans fin*. Paris: Flammarion 2012; sowie Heisbourg, François / Marret, Jean-Luc: *Le terrorisme en France aujourd'hui*. Paris: Ed. des Equateurs 2006.

> Qu'avaient donc touché de si essentiel les frères Kouachi et Amedy Coulibaly pour qu'une si grande partie du pays se considère à ce point menacée ?
> Pour le comprendre, il fallait revenir à la longue histoire d'une République moins assurée qu'il n'y paraissait, travaillée par ses doutes. Ces actes meurtriers réveillaient brusquement nos angoisses de voir le vieux socle fissuré : la laïcité, que la France arbore comme une conquête au nom de l'universel, était-elle menacée ? L'école devait-elle redevenir le lieu de la morale républicaine ? L'intégration, si souvent revendiquée, était-elle la solution ou le problème ?[23]

Dass dabei die *Place de la République* als symbolischer Ort samt Statue von politisch extrem links wie rechts, von Sozialisten bis Gaullisten zum Ort des Gedenkens und Protests (gegen was?, den Anschlag auf den traditionsreichen Laizismus?) erkoren wurde, ist im Vorwort zu zitiertem Sammelband eine Einsicht, welche gleich zu Beginn mit der Frage «Pourquoi la République?» als zentrale Feststellung in den Raum gestellt wird. Der Solidaritäts-Marsch des «Je suis Charlie» erscheint demnach als Akt kollektiver Selbstversicherung jenseits politischer Lager der französischen Gesellschaft des 21. Jahrhunderts, welcher zugleich nach dem Gehalt dessen fragen lässt, was es bedeutet, ‹Republikaner› zu sein.

Zugleich wird ein solches Bekenntnis zum Republikanismus von Politik wie Gesellschaft eingefordert, wobei diese Forderung nicht mehr allein jenen nationalistischen Positionen vorbehalten bleibt, welche in Frankreich Republik und Nation engführten. Das Bekenntnis zur Republik ‹reagierte› vielmehr auf einen Akt terroristischer Gewalt, der in die schmerzhafte kollektive Erkenntnis der Schwäche eines historischen Narrativs führte. Die kritische Reflexion des Terrorismus als Gewaltphänomen wird somit im Sammelband um die Diskussion der Geschichte der französischen Republik als kritische ‹Arbeit an deren Mythos› durch die jeweiligen Beiträger*innen und unter unterschiedlicher historischer Fokussierung auf zentrale Werte und Imperative des Republikanischen wie Laizismus, Gleichberechtigung und Integration erweitert. Von sozialwissenschaftlicher Seite und unter Einsatz empirischer Methodik ist diese kritische Betrachtung vermeintlich ewiger Errungenschaften des Zusammenlebens längst eine erkenntnistheoretische Grundvoraussetzung, wie Michel Wieviorkas Kritik an modernistisch-fortschrittsoptimistischen Zivilisationserzählungen bezüglich der Gewalt und seine langjährige Forschungsarbeit in und über Frankreich zeigen.

Doch ebenso wie kollektive Symbolpolitik zusammen mit der ihr zugrundeliegenden, aus der Geschichte selbst geborenen Ambivalenz ihrer Ansprüche nicht nur durch Geschichts- wie Sozialwissenschaften differenziert und kritisch betrach-

---

[23] Laurentin, Emmanuel (Hg.): *Histoire d'une République fragile (1905–2015): Comment en sommes-nous arrivés là ?* Paris: Fayard / France Culture 2015, Pourquoi la République, Herausgebervorwort, s.p.

tet werden muss, um die Komplexität der in der französischen Gesellschaft bestehenden Gewaltformen zu erfassen, bleibt noch ein weiterer ‹soziologischer› Punkt zu beachten, der transdisziplinär Gewaltbetrachtung in eine skeptische Position zu pauschalisierenden, historisch unterfütterten Narrativen bringen muss. Gerade vor dem Hintergrund dieses abstrakten, republikanischen *Mythos Frankreich* scheint es nötig, tragfähige Aussagen über das mannigfaltige und proteische Phänomen der Gewalt in einem staats-gesellschaftlichen Kontext des nationalstaatlichen Referenzrahmens um eine konkrete Ebene zu ergänzen, welche einer gesellschaftlichen Heterogenität Rechnung trägt, die sowohl geographische wie auch intrasoziale Spezifizierungen auf Milieus und Gruppen umfasst.

Neben ihrer Einbettung in Kontexte der Globalisierung sind beispielsweise die von Wieviorka analysierten, in Frankreich auftretenden und im öffentlichen Raum sichtbarsten Gewaltformen wie aggressive Straßenproteste oder Randale in den Vorstädten als Proteste gegen soziale Ungleichheit in Hinblick auf Bildung- und Aufstiegschancen sowie Rassismus zutiefst verankert in den jeweils spezifisch regionalen Raumordnungen.[24] Daneben beachten der Soziologe und die Soziologie gemäß den wissenschaftlichen Vorgaben der Disziplin ökonomische Ressourcenverteilung, Möglichkeiten politischer Partizipation und Sichtbarkeit kleinerer Gemeinschaften im Diskurs, aber auch kollektiv tradierte Verhaltensnormen, die Gewalt involvieren. Dies gilt ebenso für weniger sichtbare, individueller ‹wirkende› Formen der Gewalt (Formen der Gewalt gegen Frauen oder die Diskriminierung von und Angriffe auf LGBTQ+-Personen).[25] Die oben angesprochene Notwendigkeit einer Vermittlung des Individuellen mit dem Kollektiven und sogar mit dem Universellen der Staats- und Nationalsymbole betrifft somit nicht nur die literarische Modellierung von Gewalt als eine Besonderheit der Repräsentationsarbeit literarischen Erzählens, sondern ist seit jeher auch Problem empirischer Gewaltforschung. Eine letztlich synthetisierende Einbettung dieser auf Einzelphänomene fokussierten Gewaltanalyse in einen nationalen Rahmen erfolgt dabei natürlich letztlich auch, um Aussagen über das Gewaltgeschehen in Frankreich

---

[24] Vgl. Wieviorka: *Violence en France*, S. 338 f.
[25] Zur misogynen Gewalt vgl. beispielsweise Piot, Alain: *La spirale de la misogynie. Du mépris à la violence.* Préface de Djamila Benhabib. Paris: L'Harmattan 2012. Zu Gewalt, symbolischer wie materieller Diskriminierung Homosexueller für Frankreich grundlegend vgl. Eribon, Didier: *Réflexions sur la question gay*. Paris: Flammarion 1999. Gemessen wird homo- und transphobe Gewalt seit 1994 u. a. durch die freie *SOShomophobie. Association nationale de lutte contre la lesbophobie, la gayphobie, la biphobie et la transphobie* als Plattform, welche sowohl empirische Daten zu Berichten bündelt, aber auch dazu aufruft, Diskriminierung und Gewalt zu melden (online abrufbar unter https://www.sos-homophobie.org/, letzter Aufruf 10.06.2021).

zu treffen, welche ausmessen, inwiefern Handlungsmöglichkeiten auf politischer und gemeinschaftlicher Ebene denkbar sind.[26]

Das Bewusstsein für diese Notwendigkeit einer polylogischen und polyzentrischen Gewaltbetrachtung scheint in den 10er Jahren des 21. Jahrhundert dabei nicht nur Voraussetzung soziologischer Studien, der Täter- und Opferforschung – also für wissenschaftliche Spezialisten – zu sein, sondern auch in den Vordergrund des öffentlichen Diskurses der französischen Medien, in ihr sichtbares, doch oft undifferenziertes Schreiben über und ihr Diskutieren von Gewalt zu rücken. Deren Beachtung auch hinsichtlich wissenschaftlicher Gewaltforschung forderte bereits Wieviorka in einem Teil des Schlussplädoyers seiner Studie, in welchem speziell nicht nur die Analyse der Gewalt, sondern auch deren mediale Repräsentationsformen in den kritischen Fokus rücken:

> Comment passe-t-on de représentations diversifiées, où les uns, y compris sur place, ne reconnaissent aucune violence, où d'autres ne veulent voir que la drogue et les conduites d'autodestruction, où d'autres encore s'inquiètent surtout des incivilités, etc., à la représentation unifiée et synthétique d'une violence généralisée, provenant de certains territoires, quartiers, banlieues, villes pour en définitive menacer le pays tout entier ? L'examen de fonctionnement des médias apporte ici les premiers éclaircissements : ce sont eux qui diffusent les catégories assurant l'unification des perceptions, en phase avec les catégories policières. Mais les médias ne constituent pas un univers lui-même homogène, ils fonctionnent selon une division du travail où il faut distinguer notamment la télévision (et, en son sein, les instances nationales et régionales) et la presse écrite (et, en son sein, la presse nationale et la presse régionale et locale).
>
> L'importance des médias tient surtout à cette étonnante faculté qu'apporte leur système à fusionner dans une image peu différenciée non seulement des faits d'importance inégale et très diversifiés, mais aussi des perceptions qui varient bien plus qu'on le pense généralement.[27]

Man sollte diese Warnung vor der Macht medial repräsentierter Gewalt natürlich Anfang des neuen Jahrtausends um die noch jungen Formen digitaler Medialität, aber rückwirkend eben auch um die Literatur und das literarische Feld ergänzen, wobei letzteres im Zentrum dieser Studie steht. Und auch im Feld der Tagesaktualität sowie des Journalismus scheint dabei in Frankreich das Be-

---

26 Dementsprechend auch das Schlusskapitel von Wieviorka: *Violence en France*, Conclusion: De l'analyse à l'action, S. 329–342, wo aus der analytischen Paraphrase des Eruierten konkrete Folgerungen für Möglichkeiten politischen Handelns gezogen werden.

27 Ebda., S. 333. Zur Verantwortung von verschieden Formen der Medien (audiovisuell, gedruckt) und der Politik bezüglich verschiedener Repräsentationsformen von Gewalt und die Gefahr einer Instrumentalisierung von Gewalt durch eben diese gesellschaftlichen Akteure vgl. ders.: *La violence*, S. 109–142.

wusstsein medialer Verantwortlichkeit bezüglich der Repräsentationsformen von Gewalt zu steigen.

In einem Artikel unter dem Titel «Gewalt gegen Gewalt» der Tageszeitung *Le Monde* vom 16.07.2016 stellte die Journalistin Sylvie Kauffmann einen entsprechenden selbst- und medienkritischen Zusammenhang zwischen gesellschaftlicher Gewalt und ihren Repräsentationsformen her. Sie tat dies somit nur zwei Tage nach jenem blutigen Anschlag von Nizza, bei dem der Attentäter Mohamed Lahouaiej Bouhlel einen LKW in eine feiernde Menschenmenge auf der Promenade des Anglais fuhr. Der französische Nationalfeiertag wurde zu einem nationalen Trauertag, der 86 Menschen das Leben kostete und 400 zum Teil schwer verletzte Opfer zurückließ. Das Attentat war dabei nur eines in jener Serie von Anschlägen mit religionsfundamentalistischem Hintergrund, die Frankreich in den Jahren 2015 und 2016 erschütterte.[28]

Die Suche nach Ursachen terroristischer Gewalt, welche Wieviorka und viele andere Forscher*innen in Frankreich von soziologischer Seite begonnen hatten, drängte sich somit als zentrale Fragestellung einer medialen Berichterstattung auf, welche Gesellschaft komplexer denken musste, um das Repräsentieren von Gewalt differenziert umzusetzen und neuer Gewalt nicht symbolische Nahrung duch eine bloße Verbreitung des Geschehenen zu geben. Nicht nur der Wissenschaft, sondern gerade auch den Medien – und die Literatur soll in ihrer spezifischen Rolle als Medium hier nicht ausgenommen werden, sondern im Zentrum stehen – käme damit im Gewalt-Diskurs eine Schlüsselrolle zu. Für die Zeitungsreporterin Kauffmann können Gewalt und ein ihr zugrundliegender Hass auf die französische Gesellschaft, wie jener des islamistischen Terrorismus als scheinbar ‹exogene› Gewaltform, nicht von der Gewalt der Logos- und Lebenssphäre eben dieser französischen Gesellschaft getrennt werden. Ein komplexer Bedingungszusammenhang koppelt nicht nur das mediale Erfassen der Gewalt, sondern auch das Berichten und Schreiben über Gewalt an die Entstehung neuer Formen verbaler und visueller Gewalt:

---

28 Eine Gesamtübersicht mit Informationen zu den seit den 70er Jahren des 20. Jahrhunderts in Frankreich begangenen, verbindlich als Terroranschläge eingestuften Gewaltakte unter Angabe der jeweiligen Informationsquellen kann in der *Global Terrorism Database (GTD)* der *University of Maryland* eingesehen werden (online unter https://www.start.umd.edu/gtd/, konsultiert am 10.06.2021). Das Attentat in Nizza und Quellenangaben zu den entsprechenden AFP- und AP-Meldungen finden sich dort unter der Kennnummer GTD ID: 201607140001: «07/14/2016: An assailant rammed a truck into a crowd celebrating Bastille Day in Nice, France. The assailant, identified as Mohamed Lahouaiej-Bouhlel, opened fire on police officers before being shot and killed. In addition to the assailant, 86 people were killed and 433 people were injured in the attack. The Islamic State of Iraq and the Levant (ISIL) claimed responsibility for the incident; however, Bouhlel's connection to ISIL could not be confirmed.»

2.1 Eine Gesellschaft der Gewalt? – Frankreich im 21. Jahrhundert: Positionen — 43

> Il y a violence et violence. Il y a la violence monstrueuse du terrorisme, meurtrière, aveugle, impensable dans sa froide progression. Elle peut être considérée comme exogène, même si ses auteurs ont souvent grandi parmi nous: ils sont, de leur propre aveu, en guerre avec notre société. Et il y a la violence que nous produisons nous mêmes dans le cours de la vie publique, intellectuelle, verbale, ou physique. Les deux sont en hausse et ce cocktail est particulièrement dangereux. Les attentats commis en France et en Belgique depuis dix-huit mois font monter la tension, non seulement par leur répétition, mais aussi parce qu'ils franchissent chaque fois un degré supérieur, et insoupçonné, dans l'horreur. Or ils s'inscrivent – et c'est là un facteur supplémentaire de tension – dans un contexte intérieur où des conflits inévitables dans une société démocratique, voire de simples débats, se gèrent dans un climat d'hostilité et d'agressivité de plus en plus élevé. En France, c'est un discours politique qui dérape plus souvent qu'à son tour. Ce sont les « incivilités » que l'on finit par trouver ordinaires. Ce sont des médias qui oublient toute réserve sur la violence des images qu'ils offrent aux téléspectateurs. Ce sont des manifestations qui dégénèrent sans contrôle des services d'ordre, des casseurs qui ne se contentent plus de casser mais veulent aussi blesser, des forces de l'ordre qui cherchent à maquiller leurs bavures. Ce sont des locaux de partis politiques ou de syndicats que l'on incendie.[29]

Diese im Gegensatz zu Wieviorkas kühlen Untersuchungen des Soziologen leidenschaftlich-kommentierende Aussage der Journalistin über die Gewalt in der französischen Gesellschaft enthält also nicht nur die kritische Frage nach den verwobenen Gründen verschiedener Logiken von Gewalt diesseits der Sichtbarkeit eines schrecklichen Terrorakts, insofern sie darüber hinausgehende unterschiedliche politische Akteure und Interessengruppen implizieren. Sie deutet auch die fundamentale Bedeutung einer angemessenen Verbalisierung und Visualisierung von Gewalt an und suggeriert dadurch zugleich, dass nicht nur Wissenschaft und Politik, nicht nur Medien und Journalismus, sondern auch die Literatur und konkret Schriftsteller*innen und damit die Philologie in der Verantwortung stehen, die Sichtbarkeit der Gewaltdiskurse, ihre Modellierung und Reflexion kritisch zu betrachten. Wie noch zu zeigen sein wird, ist es dabei gerade die Eigenlogik literarischen Schreibens, welche in Anbetracht des Erzählens und Versprachlichens von Gewalt im Frankreich des 21. Jahrhunderts nicht nur das Universelle mit dem Partikularen zu verbinden weiß, sondern auch jenen selbstreferentiellen Zugang zur eigenen Rolle als Medium mitbringt, welcher eher differenzierend als vereinfachend auf Gewaltnarrative wirken kann. Die nicht abreißende Serie an nicht nur islamistischen Terror-Anschlägen und Anschlagsversuchen von den 80er Jahren bis zum Beginn des 21. Jahrhunderts beinhalten einige ins kollektive Gedächtnis eingegangene Gewalttraumata.

---

29 Kauffmann, Sylvie: Violence contre violence. In: *Le Monde* (16.07.2016), online unter https://www.lemonde.fr/idees/article/2016/07/16/violence-contre-violence_4970476_3232.html, konsultiert am 10.06.2021.

Diese können jedoch nicht allein als von außen ‹gekommener› Terror betrachtet werden, sondern sind nicht vom ‹Inneren› der französischen Gesellschaft, aber auch von ihren medialen und natürlich politischen Repräsentationsformen sowie den dort geführten Diskursen trennbar.[30]

Auch von Seiten der Philosophie wurde diese Notwendigkeit eines sensibleren Umgangs mit der Repräsentation von Gewaltakten betont, diesmal in Hinblick auf den politischen Diskurs in Frankreich. Diese Sensibilisierung scheint dort umso wichtiger, als dass beispielsweise eine mit Kriegsmetaphorik einhergehende Diskursivierung schwerer Verbrechen wie islamistischer Terrorakte (ausgelöst von George. W. Bushs Motto des «War on Terror») implizit auch eine kollektive Identifikation mit Gefühlen des Hasses gegenüber dem ‹Feind›, wie er zum soldatischen Engagement benötigt wird, zu neuen gesellschaftlichen Spannungen führt. Jacques Rancière widmete sich in einem Interview für die Zeitschrift *L'OBS* unter dem Titel «Comment sortir de la haine» / «Wie einen Ausweg aus dem Hass finden» dieser Frage. Wie die Journalistin Kauffmann im Schatten der Anschläge von Paris und Nizza stehend, wies der Philosoph darauf hin, dass die Grundlagen für terroristische Gewalt insbesondere im nationalen Kontext nicht allein ökonomischer oder politischer, sondern auch symbolischer Natur seien.

Und wieder ist es der für die französische Gesellschaft so wichtige Begriff der *Nation*, der als zentrale Quelle verschiedener Identifikationsmechanismen im Vordergrund steht.[31] Doch Hass und verhinderte Konfliktualität seien letztlich nicht abhängig von einem homogenen Nationen-Begriff, sondern von einer verhinderten Solidarisierung innerhalb der Gesellschaft, einseitiger Diskursivierung *kultureller*, aber nicht ökonomischer sowie sozialer Ungleichheit durch Politik und Medien. Rancière geht dabei weiter als Kauffmann, insoweit in Frankreich neue «symbolisations collectifs» / «kollektive Formen der Symbolisierung»[32] gegen die Starre nationaler und religiöser Identitäten-Bildung, welche die Recht-

---

30 Dementsprechend haben sich in den 80er Jahren des vergangenen Jahrhunderts auch unter dem Eindruck des korsischen Separatismus und damit einhergehender Terroranschläge eine französische Tradition der Terrorismusforschung und ein französisches Modell der Terrorbekämpfung herausgebildet. Doch trotz einer immensen Anzahl an neuen Publikationen, vor allem seit 2001, scheint sie nur wenig neue Erkenntnisse vorzuweisen, wobei es vor allem journalistische Arbeiten sind, welche das Thema bearbeiten, wie Markus Lammert in seiner Dissertations-Studie *Der neue Terrorismus: Terrorismusbekämpfung in Frankreich in den 1980er Jahren*. Berlin – Boston: De Gruyter 2017 betonte; vgl. ebda.: S. 1–14.
31 Rancière, Jacques / Aeschimann, Eric: Comment sortir de la haine: grand entretien avec Jacques Rancière. In: *L'OBS* (15.07.2016), online unter https://abonnes.nouvelobs.com/bibliobs/idees/20160202.OBS3834/comment-sortir-de-la-haine-grand-entretien-avec-jacques-ranciere.html, konsultiert am 10.06.2021, s. p.
32 Ebda.

fertigungsgrundlagen von Gewalt bilden, integrierend auf Individuen wirken könnten, dazu aber erst modelliert werden müssten. Im Diskurs der Terrorbekämpfung beispielsweise drohten dagegen immer noch Logiken der Gewalt auf identitätspolitischer Basis durcheinander zu geraten, welche zur Sicherung eines demokratischen Rechtsstaats unbedingt getrennt werden sollten:

> Le discours officiel dit que nous sommes en guerre puisqu'une puissance hostile nous fait la guerre. Les attentats commis en France sont interprétés comme les opérations de détachements exécutant chez nous des actes de guerre pour le compte de l'ennemi. La question est de savoir quel est cet ennemi. Le gouvernement a opté pour la logique bushienne d'une guerre à la fois totale (on vise la destruction de l'ennemi) et circonscrite à une cible précise, l'État islamique. Mais, selon une autre réponse, relayée par certains intellectuels, c'est l'islam qui nous a déclaré la guerre et met en œuvre un plan mondial pour imposer sa loi sur la planète. Ces deux logiques se rejoignent dans la mesure où, dans son combat contre Daech, le gouvernement doit mobiliser un sentiment national, qui est un sentiment antimusulman et antiimmigré. Le mot «guerre» dit cette conjonction. [...][33]

Dagegen scheint für Rancière eine Differenzierung von Verbrechen und Hass auf einen ‹Feind› zur Bekämpfung von Gewalt – hier festgemacht am Beispiel terroristischer Gewalt islamistischer Prägung – dringend geboten. Denn diese Begriffe würden innerhalb einer einzigen Logik von Aktion und Reaktion in einer fatalen Liaison durch eine bellizistische Rechtsstaats-Rhetorik stillschweigend verbunden, indem dem Hass auf die Gesellschaft mit neuem Hass durch die Gesellschaft, vertreten durch den Staat, als wirksames Mittel im Gewand kämpferischer und alternativloser Defensiv-Logik begegnet würde. Es handelt sich somit um eine Spirale der Gewalt, welche weniger nach den Gründen für deren Auftreten als nach neuen Zielen (wie den Islam und Muslime allgemein) für ihre ebenso hass- und angsterfüllte Bekämpfung frage:

> Ce que nous avons à combattre ici, c'est cette dérive identitaire et haineuse. Si les crimes se traitent par la police, la haine, elle, se traite par la politique. Dire que nous sommes en guerre contre l'islam, cela revient à mélanger crime et haine, répression policière et action politique, dans une seule et même logique, et donc à entretenir la haine. C'est le cas pour l'absurde affaire de la déchéance de nationalité, incapable de prévenir les crimes, mais efficace pour nourrir la haine qui les engendre. [...]
> Il faut prendre au sérieux cet état de dissidence virtuelle d'une partie de la population, susceptible de se transformer en combattants. Cela implique de remettre en cause les discours et les procédures qui ont engendré la haine, de combattre sérieusement le chômage et les inégalités et discriminations de toutes sortes, de repenser les façons dont peuvent vivre ensemble des gens qui ne vivent pas et ne pensent pas de la même manière.[34]

---

33 Ebda.
34 Ebda.

Auch im Falle einer philosophisch-abstrakteren Perspektive auf das Phänomen der Gewalt in Frankreich geht der gesellschaftspolitische Lösungsvorschlag des Intellektuellen Rancière neben einer sozialpolitischen Dimension der Bekämpfung von Arbeitslosigkeit, Diskriminierung und sozialer Ungleichheit mit einer Forderung nach Differenzierung von Kollektivzuschreibungen im Diskurs über den Terror in Frankreich einher. Und wie bei den zitierten Einschätzungen aus den Bereichen Soziologie und Journalismus beinhaltet und eröffnet diese Forderung Möglichkeiten für literarisches Erzählen von Gewalt, welche auch mit Rancières eigener Theorie zur Politik der Literatur wie anderer Kunstformen als Politiken der Subversion und des Wandels vorherrschender Regime der Repräsentation, aber auch Identifizierungs-Regimen von Kunst verbunden sind.[35] Literatur trägt nicht nur ganz fundamental zur ‹demokratischeren› Sichtbarkeit des diskursiv wenig oder kaum Repräsentierten im Ästhetischen bei, wie dies seit den Wandlungen mimetischer Repräsentationsregime im 18. und 19. Jahrhundert geschah. Sie ermöglicht zudem eine differenziertere Sicht auf aktuale Kontingenz, welche medial oder ‹extratextuell› tendenziell eindeutigen Determinismen zugeordnet wird.

Gewalt-Logiken beispielsweise islamistischer Terroristen können in der Narration als Prozesse langsamer Radikalisierung gelesen werden und sich überlagernde diegetische Ebenen zumindest als mögliche Denk- und Handlungsoption und Alternativen der Handlung sichtbar werden lassen.[36] Rein identitäre und kulturell unterfütterte Hassgefühle gegenüber der französischen Gesellschaft sind nicht die einzigen Anschlags-Gründe einer Figur, indem auch ein*e Terrorist*in als schwaches Subjekt und sogar Opfer anderer Gewaltformen dargestellt wird, welche wieder dessen oder deren Hass erzeugen. Der in dieser Studie noch im Fokus stehende Text von Mahir Guven mit dem Titel *Grand frère* wagt dieses Experiment.[37] Dieser modellierende Nachvollzug muss

---

35 Vgl. Rancière, Jacques: *Le Partage du sensible: Esthétique et politique*. Paris: La Fabrique 2000; sowie Ders.: *Malaise dans l'esthétique*. Paris: Galilée 2004.
36 Die von Ottmar Ette dargelegte Bedeutung des *Polylogischen* der Literaturen der Welt für eine transreal ausgerichtete Philologie kann in diesem Sinne auch konkret auf aktuale Alternativ-Logiken der Handlung und des Handelns in Einzeltexten bezogen werden, welche in der Diegese von Erzähltexten als strukturbildende Elemente fungieren und in ihrer viellogischen Struktur analysiert werden können. Vgl. Ette: *WeltFraktale*, S. 64ff.; sowie ders.: *Viellogische Philologie: Die Literaturen der Welt und das Beispiel einer transarealen peruanischen Literatur*. Berlin: Walter Frey 2013.
37 Vgl. Guven, Mahir: *Grand frère*. Paris: Interform editis 2017. Zur Bedeutung von Subjektkonstitutionen in der Gewaltforschung und die von Wieviorka vorgeschlagene Typologie von Subjektivität bei Betrachtung verschiedener Formen von Gewalt vgl. Wieviorka: *La violence*, S. 288–310.

von der Leserschaft nicht unbedingt Mitleid und Vergebung menschenverachtender Verbrechen durch die plausible Modellierung empathischer Täterfiguren abverlangen, insofern auch die Opferperspektive literarisch verarbeitet werden kann, wie dies Philippe Lançon in seinem essayistischen Text *Le lambeau* tat, der ebenfalls Teil des Textkorpus' dieser Studie ist.[38] Vielmehr kommt die pologische Narration sowie die Bachtin'sche Vielstimmigkeit von Erzähltexten der deterministischen Reduktion des Individuums auf dessen Kultur und Wertevorstellungen zuvor.

Doch nicht nur der Terrorismus als Form der Gewalt, welche in Frankreich medial besonders präsent war und ist, benötigt Differenzierungen unterschiedlicher Gewalt-Logiken bezüglich eines scheinbar klaren und als kriminell zu verurteilenden Phänomens. Auch die seit langem geführte Diskussion über Polizeigewalt, also der Exzess einer vom Staat beanspruchten und monopolisierten Form der Gewalt, welche mit den Problematiken des Rassismus, der Fremdenfeindlichkeit und einem gescheiterten Dialog mit protestierenden Bürgern einhergeht, ist aktuelles Beispiel für die Notwendigkeit eines Schreibens über Gesellschaft jenseits pauschalisierender Diskurse. Dies umso mehr, als dass der Polizeigewalt der Hass auf und die exzessive Gewalt gegen die Repräsentant*innen der Staatsmacht durch gewaltbereite Bürger*innen gegenübersteht.[39] Polizeigewalt aus rassistischen Motiven und gegen Migranten, welche seit den 70er und 80er Jahren in Frankreich diskutiert wird, in den 90er Jahren wie erwähnt durch Mathieu Kassovitz' *La haine* ein breit rezipiertes filmisches Denkmal erhielt, beherrscht auch zu Beginn des 21. Jahrhunderts die französischen Medien wie auch Soziologie und Politikwissenschaft.[40] Die komplexe Genealogie des internen französischen Sicherheitsdiskurses und seines staatlichen Apparats in seiner Verwobenheit mit kolonialbehördlichen und militärischen Institutionen und Strukturen, kristallisiert in der Figur des «ennemi intérieur», ist dabei eine französische Eigenheit, welche der Soziologe

---

[38] Vgl. Lançon, Philippe: *Le Lambeau*. Paris: Gallimard 2018.
[39] Grundlegend zur Thematik Langlois, Denis: *Les dossiers noirs de la police française*. Paris: Seuil 1971; zudem Rigouste, Mathieu: *La Domination policière: Une violence industrielle*. Paris: La Fabrique 2012. Zum blutigen Wechselspiel aus Polizeigewalt und Gewalt gegen die Polizei aus deutsch-französischer Perspektive vgl. die *arte*-Dokumentation von Bellwinkel, Sebastian (Regie): *Feindbild Polizei – Gewalt und Gegengewalt ohne Ende?* (Erstausstrahlung auf *arte* am 16.06.20), eine Dokumentation, welche aus europäischer Perspektive zudem die globale Aktualität des Themas im Jahr 2020 belegt.
[40] Vgl. Jobard, Fabien / Maillard, Jacques de: *Sociologie de la police : politiques, organisations, réformes*. Paris: Armand Colin 2015; sowie Gauthier, Jérémie / Jobard, Fabien (Hg.): *Police. Questions sensibles*. Paris: Presses Universitaires de France 2018.

Mathieu Rigouste in einer umfassenden Studie analysiert hat.[41] Die Langlebigkeit und gesellschaftliche Brisanz der Thematik ist auch vor diesem historischen Hintergrund nicht durch vereinfachende Gegenüberstellung von Staatsdienern und Bürgern zu verstehen.

Wiederum ist es literarisches Erzählen, beispielsweise in Form des in dieser Studie analysierten Romans *De nos frères blessés*, welches im Falle der Staats- und Polizeigewalt historische Komplexität, die Verwobenheit von kolonialer Vergangenheit und rechtsstaatlichen Institutionen, auch von Polizei und Justiz, als Frage an das Frankreich des 21. Jahrhunderts sichtbar werden lässt und ausformuliert.[42] Denn im Jahr 2020 eskalierte der Protest gegen polizeiinternen Rassismus und mangelnde Kontrolle von Polizeigewalt durch die *Inspection générale de la Police nationale (IGPN)* nach der Ermordung des US-Bürgers George Floyd auch in Frankreich. Der Tod von Adama Traoré, welcher 2016 in Polizeigewahrsam umkam, rief nach dem Freispruch der involvierten Beamten 2020 landesweit erneut Unruhen hervor. Gleichzeitig beschäftigte der Fall Cédric Chouviat, der im Januar desselben Jahres nach einer Verkehrskontrolle starb, Polizei, Justiz, Medien und Gesellschaft.[43] Beide Fälle sind schwer vergleichbar, doch umso drängender stellt sich hinsichtlich dieser Beispiele wiederum die Frage nach unterschiedlichen zugrundliegenden Handlungs-Logiken, welche im letalen Gewaltakt kulminierten und im medialen und politischen Diskurs verwischen.

Unabhängig von der Problematik einseitiger Diskursivierungen von derartigen Gewaltereignissen durch Medien und Politik widersprechen die hier als Beispiele angeführten Diskurse über terroristische und polizeiliche Gewalt nach wie vor jenem Zivilisationsmechanismus, den Norbert Elias in seiner Konzeption der kulturellen Verinnerlichung und staatlichen Monopolisierung von Gewalt für die ‹westliche› Moderne konstatierte. Der moderne Nationalstaat als Garant universeller Menschen- und Bürgerrechte steht nämlich in beiden Fällen nicht nur in Frankreich auf dem Prüfstand. Denn Teile seiner Gesellschaft scheinen von Rassismen, Xenophobie sowie einem Hass auf die bestehende soziale Ordnung geprägt, der neben Terroristen und radikalen sowie gewaltbereiten Demonstrierenden

---

41 Vgl. Rigouste, Mathieu: *L'ennemi intérieur: la généalogie coloniale et militaire de l'ordre sécuritaire dans la France contemporaine.* Paris: La Découverte 2009.
42 Andras, Joseph: *De nos frères blessés.* Arles: Actes Sud 2016.
43 Vgl. Chapuis, Nicolas: Police: la mort d'un livreur à Paris relance la controverse sur le « plaquage ventral ». In: *Le Monde* (11.01.2020), online unter https://www.lemonde.fr/societe/article/2020/01/10/police-la-mort-d-un-livreur-a-paris-relance-la-controverse-sur-le-plaquage-ventral_6025371_3224.html, konsultiert am 10.06.2021. Zur Affaire Adama Traoré als Frage nach dem, was aus gesellschaftlicher Sicht die Tiefenstruktur von Polizeigewalt ausmacht vgl. den politischen Essay von Lagasnerie, Geoffroy de / Traoré, Assa: *Le combat Adama.* Paris: Stock 2019.

auch Staatsbeamt*innen bewegen kann. Dabei stellt sich auch die Frage nach der Verhältnismäßigkeit von Gewaltanwendung durch den Staat als Form institutionalisierter Gewalt, ohne dass diese Thematik hier weiter diskutiert werden kann. Verwiesen sei bezüglich dieser komplexen Problematik lediglich auf die bereits von Julia Kristeva in den 80er Jahren unter Rückgriff auf Hannah Arendt kritisch geführte Debatte über den Status der Menschen- und Bürgerrechte innerhalb eines französischen Nationalstaats, dessen ‹Universalismus› Nation, Herkunft bzw. Abstammung immer noch – wenn auch meist unausgesprochen – in eins setzt.[44]

Doch muss vor diesem Hintergrund einer allgemeinen Infragestellung des Paradigmas einer stetig voranschreitenden Monopolisierung und Internalisierung von Gewalt in den Gesellschaften spätmodern-demokratischer Nationalstaaten noch einmal darauf hingewiesen werden, dass in Hinblick auf Frankreich wie auf andere Länder ohne gute Argumente und möglicherweise pauschalisierend oder gar essentialistisch keinesfalls von ‹Gesellschaften der Gewalt› gesprochen werden sollte. Zu komplex und vielfältig sind die Formen und Prozesse, in welchen Gewalt auftreten kann. Dennoch lassen einige ihrer gesellschaftsspezifischen Formen durch ihre hohe Sichtbarkeit in den Diskursen von Medien und Politik in Frankreich den Eindruck einer Dringlichkeit der Analyse von Tendenzen der Segregation und eines Mangels an Gemeinschaft und Konvivenz entstehen, den es differenzierter zu erfassen und zu diskutieren gilt.

Die Analyse literarisch repräsentierter und erzählter Gewaltformen, zu denen nicht allein Terrorismus und Polizeigewalt, sondern von der häuslichen und sexuellen Gewalt über rassistisch oder ideologisch-religiös-fundamentalistisch motivierte Gewaltakte bis hin zur strukturellen und symbolischen Gewalt zahlreiche Formen gehören, schließt auch die ästhetisch und sprachlich modellierten Interdependenzen verschiedener Gewaltformen mit ein. Eine solche Analyse kann dabei durchaus von diskursiver Relevanz für ein Frankreich sein, welches am Beginn des 21. Jahrhunderts von großer gesellschaftlicher Heterogenität, einem pluralistischen Lebensstil, aber auch extremen Tendenzen der Ablehnung gesellschaftlicher Ordnungsinstanzen geprägt ist. Dabei stellen – so traurig wie zynisch dies klingen mag – kollektiv-krisenhafte Ereignisse wie Terroranschläge, als welche diese medial vielfach geteilten Ausnahmezustände in vielen Fällen wahrgenommen werden, auch wissenschaftliche Disziplinen und soziale Felder übergreifende Chancen zu erhöhter Reflexion über die Verfasstheit eines komplexen Gesellschafts-Kollektivs namens ‹Frankreich› in einer globalisierten Welt dar – auch li-

---

44 Vgl. Kristeva, Julia: *Étrangers à nous-mêmes*. Paris: Fayard 1988, S. 225.

terarisch!⁴⁵ Dies gilt für das Ende der 90er Jahre des 20. wie für die 10er Jahre des 21. Jahrhunderts, auch wenn die Formen, Medien und Instrumente der Gewalt, Täter- wie Opfergruppen in ihrer Sichtbarkeit differieren mögen:

> Les images de la violence et de l'insécurité, c'est aussi en appeler à plus de confiance sans pour autant verser dans un optimisme béat, refuser de réduire l'environnement mondial à l'image d'un ensemble destructeur de menaces économiques et culturelles, et la société à celle d'un ensemble de principes abstraits mis à mal par les nouveaux barbares de l'intérieur, les jeunes des quartiers populaires. [...] il s'agit simplement de liquider les discours et les représentations qui n'invitent à voir dans la société rien d'autre qu'une entité menacée de déstructuration et dans la nation un être culturel condamné à la décomposition ou à la dégénérescence. [...] Nous n'en finirons jamais avec la violence, qui constitue une part de toute vie en société, le reliquat de ce que la démocratie ne sait pas ou ne peut pas traiter. Mais nous pouvons la faire singulièrement régresser, dans sa réalité comme dans les représentations qui en circulent.⁴⁶

2.2 Erzählte Gewalt: Grenzen und Möglichkeiten literarischen Wissens und Forschens

In Anbetracht einer komplexen Verwobenheit der Gewalt-Logiken im Frankreich des beginnenden 21. Jahrhunderts und mit der Absicht, mehr als bloße Auflistungen der Gewaltformen und -typen zu erstellen, sei nun die Frage nach dem spezifischen Beitrag literarischen Erzählens zur diskurswirksamen Modellierung von Gewalt gestellt. Dabei gilt es, die Eigenlogik literarischen Erzählens in ihrer subversiven, aber möglicherweise auch ideologisierenden Sichtbarmachung verschiedener Gewaltprozesse durch Sprache und Narration zu beachten.

Es geht dementsprechend weniger um die Frage nach einer quantitativen Aufzeichnung als vielmehr um das qualitative Erfassen sprachlich-textuellen Reflektierens von Gewaltformen, aber auch um Sprache und Literatur selbst *als* Gewalt. Wie schwierig es dabei jedoch gerade in Bezug auf das Gewaltphänomen ist, einen epistemologischen und theoretischen Absolutheitsanspruch der Sozialwissenschaften wie auch der politischen Philosophie einzulösen und eine ganzheitliche Analyse

---

45 Vor diesem Hintergrund ist die durch Norbert Elias, Steven Pinker (*The Better Angels of Our Nature: Why Violence Has Declined*. New York: Viking Books 2011) und Richard Bessel (*Violence: A Modern Obsession*. London: Simon & Schuster 2015) u. a. attestierte global-historische Gewaltabnahme für die hier verfochtene, am Individuum orientierte literaturwissenschaftliche Herangehensweise von geringer Relevanz, soll der Anspruch der Literatur ernst genommen werden, den Menschen, lesend oder schreibend, als nicht im Kollektiv gänzlich vermittelbares Einzelwesen mit eigener Lebensgeschichte und eigenem Bewusstsein zu erfassen.
46 Wieviorka: *Violence en France*, S. 341f.

des Gewaltphänomens aus synthetisierender Perspektive zu gewinnen, zeigt schon ein Blick auf die soziologische Gewaltforschung.[47] Diese näherte sich zwar in einigen groß angelegten ‹Globaldefinitionen› *der* Gewalt jener proteischen Universalität des Phänomens als anthropologischer Konstante und widmete verschiedenen seiner Aspekte beachtliche Einzelstudien, die zentrale Typen und Kategorien menschlichen Gewalthandelns beschrieben haben. Doch trotz systematischer Typisierung und Kategorisierung unterschiedlicher Gewaltzusammenhänge über soziale und individuelle Kontexte fällt es schwer, zwischen der überbordenden Fülle an Verweisen auf Einzelstudien mehr zu erkennen als eine Ansammlung von Vorschlägen zur Bildung einer ganzheitlichen Theorie.

Ein universelles theoretisches Gewalt-Wissens-Dispositiv scheitert oftmals bereits an den komplexen, je nach Wissenschaft spezifischen methodologischen und historischen Differenzierungen, denen die Analyse von Gewalt je nach Epoche und Gesellschaft unterliegt. Zudem kollidieren verschiedene epistemologische Voraussetzungen inter- und transdisziplinärer Zusammenstellungen von Theorien und Kategorien des Gewaltphänomens mit einer ideengeschichtlichen Herangehensweise, welche die Definition von Gewalt selbst in der Kontingenz und Historizität relativistischer Ansätzen zu verorten versucht.[48] Um überhaupt eine Aussage hinsichtlich dieses Phänomens definitorisch als ‹Orientierungshilfe› zu bieten, sei provisorisch jener ‹Minimaldefinition› gefolgt, welche Teresa Koloma Beck und Klaus Schlichte auch ihrer Einführung in die *Theorien der Gewalt* zugrunde gelegt haben.[49] Dies allein deshalb, um diesen ‹kleinsten gemeinsamen Nenner› der Gewalt anschließend und im Zuge einer Nahanalyse der Texte um die vielfältigen Formen eines polylogisch literarisch modellierten und

---

47 Für einen breiten soziologischen Überblick über die Verschiedenartigkeit und qualitativ wie quantitativ schwer zu systematisierende Komplexität des Gewaltphänomens vgl. Heitmeyer, Wilhelm / Hagen, John (Hg.): *Internationales Handbuch der Gewaltforschung*. Wiesbaden: Westdeutscher Verlag 2002. Als Überblickswerke über Formen und grundlegende Mechanismen des Gewaltphänomens aus soziologischer Sicht sowie in Hinblick auf eine interdisziplinäre Synthese von Formen, Kontexten, Schwerpunktfeldern, aber auch Forschungsansätzen verschiedener Fachrichtungen und Disziplinen vgl. Gudehus, Christian / Christ, Michaela (Hg.): *Gewalt: Ein interdisziplinäres Handbuch*. Stuttgart – Weimar: Metzler 2013.
48 Zum Problem einer kohärenten Theorie der Gewalt, welche imstande wäre, die überbordende historische wie gesellschaftliche Vielfalt des Phänomens (häusliche und sexuelle Gewalt, Gewalt gegen Minderheiten, revolutionäre Gewalt, Terrorismus, Genozid, bis hin zu subtileren Gewaltformen wie struktureller und symbolischer Gewalt) zu erfassen vgl. Koloma Beck, Teresa / Schlichte, Klaus: *Theorien der Gewalt. Zur Einführung*. Hamburg: Junius 2014, S. 9–16; sowie Wieviorka: *La violence*, S. 13–15.
49 Die physische Definition betont auch Reemtsma in seiner «Phänomenologie körperlicher Gewalt», setzt sie dann aber in komplexe Beziehungen zum Machtbegriff. Vgl. Reemtsma: *Ver-*

durch die Literatur selbst evozierten Gewaltspektrums zu erweitern, welches jene Minimaldefinition in seiner Komplexität bei weitem übersteigt. Für die vorliegende Studie gilt dennoch ebenso wie für Koloma Becks und Schlichtes Einführung:

> Denn der Begriff der Gewalt hat sich historisch gewandelt, und seine Bedeutung ist insbesondere im Deutschen bis heute schillernd und ambivalent. Die folgenden Kapitel werden zeigen, dass es sich bei der Gewalt keineswegs um einen Begriff mit präzisem empirischen Korrelat handelt: Nicht jede intendierte Verletzungshandlung wird notwendig als ‹Gewalt› bezeichnet – denken wir etwa an religiöse Riten oder auch den Besuch beim Zahnarzt. Was als Gewalt bezeichnet wird und was nicht, ist deshalb nicht nur eine wissenschaftliche Frage, sondern auch immer eine politische. [...] Für diese Einführung scheinen uns deshalb zwei Dinge geboten. Zum Ersten arbeiten wir mit einer klaren Ausgangsdefinition, die es erlaubt, analytisch zwischen der Phänomenologie des Geschehens einerseits und dessen sozialer Bewertung andererseits zu unterscheiden. Diese Definition haben wir weiter oben bereits umrissen: Sie stellt die absichtliche Verletzung menschlicher Körper ins Zentrum, führt aber mit, dass solches Geschehen auch mit anderen Begriffen beschrieben werden kann. [...] Zum Zweiten scheint es uns notwendig zur Kontextualisierung der Theorien die zentralen Kontroversen nachzuzeichnen, die sich mit dem Begriff verbinden.[50]

Eine Differenzierung zwischen Phänomen und sozialer Bewertung, zwischen Bedrohung, Verletzung und Einengung des fragilen menschlichen *Körperleibes* und seiner psychischen Integrität, aber ebenso – und dies betrifft vor allem die Literatur – seiner Sprache als Ausdruck mit Intentionalität versehenen Bewusstseins bilden letztlich auch die hier zugrunde gelegten Voraussetzungen einer vorläufigen Ausgangsdefinition zur Analyse jeglicher literarisch modellierter Gewaltformen, die es in ihrer weiterführenden Komplexität jedoch zu erkunden gilt.[51]

Konkrete Situationen der Bedrohung, Verletzung, Bedrängnis und Gefangenschaft bestimmen dabei oftmals sogar noch die Erzählungen ‹abstrakterer› Formen struktureller (Galtung), symbolischer (Bourdieu) und normativer (Butler) Gewalt sowie die von der Literatur ausgeübte Gewalt selbst, insofern letztere das Sprechen und Schreiben über referentialisierbare Milieus und Individuen, fiktive Figuren und ‹reale› Autor*Innen auch in Form von empfundener oder verbalisiert objektiver Beleidigung, subtiler Enteignung fremder Rede oder Einschränkung

---

trauen und Gewalt, S. 104–128. Vgl. dort auch seine Definitionen der *lozierenden*, *raptiven* und *autotelischen* Gewalt.
50 Ebda.: S. 17 f.
51 Zur Bedeutung der von Helmuth Plessners philosophischer Anthropologie getroffenen Unterscheidung zwischen Körper-Haben und Leib-Sein im Begriff des Körperleibes für die Literaturwissenschaft vgl. Ette, Ottmar: *LiebeLesen. Potsdamer Vorlesungen zu einem großen Gefühl und dessen Aneignung*. Berlin – Bosten: De Gruyter 2020, S. 12 f. u. S. 207 f.; sowie Krüger, Hans-Peter: Das Spiel zwischen Leibsein und Körperhaben. Helmuth Plessners Philosophische Anthropologie. In: *Deutsche Zeitschrift für Philosophie* (Berlin) XLVIII, 2 (2000), S. 1–29.

und Verletzung persönlicher Rede- und Freiheitsrechte *gewaltsam* beeinflussen kann.[52] Abseits jeglicher Ansprüche auf ein Einlösen end- und allgemeingültiger Definitionsversuche ‹der› Gewalt und einer statischen Liste an Gewalttypen soll dabei vielmehr nach den Möglichkeiten und Grenzen literarischen Erzählens von Gewalt und dem daraus resultierenden Wissen über Gewalt im Frankreich des 21. Jahrhunderts sowie nach dessen methodischer Erfassung als gesellschaftlich relevantem Wissen durch Nahbetrachtung der ausgewählten Texte selbst gefragt werden. Zuvor ist daher zu klären, inwieweit sich literarisches Wissen von soziologischem Wissen unterscheidet und durch eben diese epistemologische Differenz möglicherweise weitere Zusammenhänge des komplexen Phänomens ‹Gewalt› aufzudecken im Stande ist.

2.2.1 Gewalt als narrativer Prozess und subjektives Verhalten zu Sinnzusammenhängen

Zugunsten einer literaturwissenschaftlichen Herangehensweise an das Gewaltphänomen muss die epistemologische Besonderheit literar-ästhetisch evozierter Sinnzusammenhänge unbedingt berücksichtigt werden, da diese nicht mit dem soziologischen Faktenwissen empirischer Gewaltforschung verwechselt werden dürfen. Dabei wäre beispielsweise trotz der bezüglich Frankreich erwähnten gesellschaftskritischen Statements von Seiten der Soziologie, des Journalismus und der Philosophie ein vorschnelles kulturpessimistisches Konstatieren gesellschaftlichen Verfalls durch die Literatur als sekundierender Instanz der erstgenannten Wissensfelder fehl am Platz. Letzteres bliebe diskursiv verdächtig, da Dekadenzdenken und simplifizierende Ideologie nur allzu leicht Hand in Hand gehen.

Die Heterogenität des Gewaltphänomens innerhalb der französischen Gesellschaft zu Beginn des 21. Jahrhunderts muss dem Beispiel der Soziologie folgend – aber mit anderen Analysemethoden, Daten und Untersuchungsgegenständen arbeitend – auch von der Philologie abseits eines teleologischen Zivilisationsnarrativs vor allem situativ und prozessual in ihren Tiefenstrukturen erfasst werden. Dies gilt gerade dann, wenn auf Hassgefühlen und Aggression basierende Diskurse den sozialen Zusammenhalt gefühlt, medial oder anhand realer Entwicklungen zu spalten drohen, wovon auch die in den Zitaten des vorigen Kapitels aufscheinenden Befürchtungen zeugen. Die Frage nach der Differenz des li-

---

52 Zu Johan Galtungs vieldiskutiertem, zahlreichen Definitionen des Gewaltbegriffs zugrundeliegendem Gewaltmodell, welches die drei Gewalt-‹Pole› *direkter* / personaler, *struktureller* und *kultureller* Gewalt miteinander in Beziehung setzt vgl. den grundlegenden Aufsatz von Galtung, Johan: Violence, Peace and Peace Research. In: *Journal of Peace Research*. 6 (3) (1969), S. 167–191.

terarischen vom soziologischen Wissen ist jedoch noch genauer zu fassen: Kann Literatur mit ihrem *ludischen* Charakter und möglicherweise ihrer dadurch entstehenden Unverbindlichkeit auch komplexere Strukturzusammenhänge unterschiedlicher Gewaltformen erfassen? Und kann sie dies nicht allein auf Ebene sprachlich-diskursiver Phänomene, sondern als konstruierter Komplex sprachlicher, mimetisch-diegetischer und perspektivischer Art mit stets neu kombinierten narrativen und ästhetischen Elementen? Und zuletzt: Kann Literatur von diesem Modell ausgehend gesellschaftsrelevante Aussagen treffen, selbst wenn sie als *écriture* im instabilen Raum zwischen Fiktion, Diktion und konstruierter Sinnzuschreibung operiert, dabei aber weder übersteigertem Zivilisationsoptimismus einerseits noch fatalistischem Dekadenzdenken bezüglich der französischen Gesellschaft andererseits das Wort reden sollte?[53]

Wie bereits erwähnt wurde und im folgenden Kapitel weiter ausgeführt werden soll, ist es gerade die Kapazität von Literatur, den Mikrokosmos des individuellen Bewusstseins mit Lebenswelt, symbolisch-kulturellen Normen, historischen Narrativen, eben dem mehr oder weniger ‹zivilisierten› Kollektiven in Verbindung zu bringen und diegetisch, intertextuell wie polyperspektivisch in Bewegung zu setzen, welche hier Differenzierungen ermöglicht. Schließlich ist auch von soziologischer Seite – weniger hinsichtlich der Literatur als der Gesellschaftswissenschaften, der Historiographie, der Archäologie und Ethnologie – der Nutzen einer Analyse narrativer Gewaltmodellierung erkannt worden:

> Gewalt besitzt, wie alle sozialen Phänomene, eine zeitliche Struktur. Sie hat eine Vorgeschichte, einen Ablauf und später auftretende Folgen nicht nur für Opfer und Täter, sondern auch für ganze Gruppen und Gesellschaften. Gewaltereignisse müssen erzählt werden, um ins individuelle und kollektive Gedächtnis treten und tradiert werden zu können. Häufig werden sie als besonders einschneidende Zäsuren wahrgenommen, die das gesellschaftliche Leben in ein Davor und ein Danach teilen. Das ist der Grund, weshalb Narrativität in allen Wissenschaften, die sich mit Gewaltphänomenen beschäftigen, von zentraler Bedeutung ist. Für Soziologie und Ethnologie gilt das ebenso wie für die Archäologie und Geschichtswissenschaft, wenn auch mit verschiedenen Akzentuierungen und spezifischen Fragestellungen. [...] Wie wird aus Daten, Berichten und materiellen Spuren von Gewalt eine zusammenhängende Geschichte? Welche Erzählprinzipien, Interpretati-

---

[53] Hier sei nochmals auf den methodisch äußerst fruchtbaren Begriff der *Friktion* verwiesen. Vgl. Ette, Ottmar: *Roland Barthes. Eine intellektuelle Biographie*. Frankfurt am Main: Suhrkamp Verlag 1998, S. 358–361. Lediglich angespielt sei auch auf die seit langem erkannte Bedeutung des Grenzbereichs zwischen Fiktionalität und Faktualität für die Literatur-, aber auch die Gesellschaftswissenschaften, vgl. bspw. Assmann, Aleida: *Die Legitimität der Fiktion. Ein Beitrag zur Geschichte der literarischen Kommunikation*. München: Fink 1980. Vgl. hierzu neben dem bereits erwähnten Saarbrücker Projekt zur *Minor Universality* auch die Arbeit des *Bonner Zentrums für transkulturelle Narratologie*, online unter https://www.bztn.uni-bonn.de/de/konzept, konsultiert am 11.06.2021.

2.2 Erzählte Gewalt: Grenzen und Möglichkeiten literarischen Wissens

onsmuster, Theorieannahmen und Modelle liegen Gewaltnarrativen zugrunde? [...] Das Phänomen der Narrativität wurde zwar in vielerlei Hinsicht bereits untersucht, kaum jedoch der Umstand, dass Gewaltnarrative teilweise eigenen Konstruktionsregeln folgen und soziale Funktionen annehmen können, die ihnen eine besondere Form verleihen.[54]

Diese Fragen und Vorbehalte gegenüber vereinfachenden Analysen der Narrative von und über Gewalt, welche Ferdinand Sutterlüty, Matthias Jung und Andy Reymann im von ihnen herausgegebenen Band *Narrative der Gewalt: Interdisziplinäre Analysen* aufgeworfen haben, sollen hier aus literaturwissenschaftlicher Perspektive einigen erzählenden Texten gestellt werden, um sogleich noch einmal die epistemologische Eigenlogik von Literatur als zuvörderst sprachästhetischem Phänomen und Konstrukt zu betonen.

Dennoch muss auch die Strukturanalogie nicht-literarischer, aber erzählerischer Modellierungen von Gewalt – ‹realer› Geschichtlichkeit und ‹kleiner› *récits* von Zeugen und Individuen – mit jenen literarischen Erzählens betont werden. Neben der spezifischen Versprachlichung von Gewalt können Täter- wie Opferperspektive dabei narratologisch ebenso in den Blick gelangen wie als System modellierte Gewaltformen beispielsweise struktureller Gewalt und *intertextuelle* Verweiszusammenhänge mit weiteren und ‹größeren› Gewalterzählungen beispielsweise geschichtlicher Art in ihrer Funktion als bedeutungsgenerierende symbolische Gewalt, um zugleich auch die «jeweils eigenen Konstruktionsregeln» gerade literarisierter Gewalterzählungen nicht aus den Augen zu verlieren.[55] In jedem Fall kann Literatur im Raum zwischen Fiktion und Diktion stets auch «dichte Beschreibung» jener «Figurationen und Verflechtungszusammenhänge» der Gewalt leisten, die zwar nicht als Empirie oder Feldforschung im soziologischen Sinne gesehen werden darf, aber dennoch in ihrer Funktion als Modellierung von Prozessualitäten und Sinndynamiken der Gewaltforschung komplementäre Perspektiven ermöglichen könnte.[56] Im von ihm herausgegebenen Sammelband *Gewalt-interdisziplinär* betonte der Literaturwissenschaftler Michael Klein diese Möglichkeit einer literaturwissenschaftlichen wie kunsthistorischen Gewaltforschung als besonders fruchtbare, «erweiterte Verbindung von literaturwis-

---

54 Sutterlüty, Ferdinand / Jung, Matthias / Reymann, Andy (Hg.): *Narrative der Gewalt: Interdisziplinäre Analysen*. Frankfurt a.M.: Campus Verlag 2019, S. 9f.
55 Zu Pierre Bourdieus komplexem Begriff der *symbolischen Gewalt* als «jede Macht, der es gelingt, Bedeutungen durchzusetzen und sie als legitim durchzusetzen, indem sie Kräfteverhältnisse verschleiert, die ihrer Kraft zugrunde liegen» vgl. Bourdieu, Pierre / Passeron, Jean-Claude: *Grundlagen einer Theorie der symbolischen Gewalt*. Frankfurt a.M.: Suhrkamp 1973, insb. S. 12.
56 Vgl. Klein, Michael: «Dichte Beschreibung». Eine Ethnographie von Modalitäten, Figurationen und Verflechtungszusammenhängen von Gewalt. In ders. (Hg.): *Gewalt-interdisziplinär*, S. 133–172.

senschaftlicher Analyse mit den Kultur- und Sozialwissenschaften für gesellschaftliche Verstehens- und Erklärungsprozesse».[57]

Auch ein Terrain, das vordem vor allem für die Psychologie interessant war, gelangte anhand des Phänomens ‹Gewalt› als Handeln des Subjekts in den Fokus der Sozialwissenschaft und könnte in seiner erkenntnistheoretischen Bedeutung für literaturwissenschaftliche Fragestellungen fruchtbar gemacht werden. Denn in den Debatten um Theorien, welche einerseits vor allem den Einfluss der Persönlichkeit – bestimmt von Werten, Charakter etc. – auf ihre Handlungsoptionen hin interpretieren, andererseits die situativen Bedingungen, Institutionen, gesellschaftlichen Kontexte, usw. auf eine Erklärbarkeit von Gewaltakten hin befragen, wird *Subjektivität* selbst immer stärker zu einem intermediären, aber zentralen Ausgangspunkt für die Kontingenz dieser Handlungen. Subjektivität hängt dabei bei weitem nicht allein von sozialen, ökonomischen und kulturellen Faktoren ab.

Wie Michel Wieviorka aufzeigte, ist es zuallererst auf subjektiver Ebene, dass Gewalt in ihrer Sein stiftenden und Sein verhindernden Funktion erkennbar wird.[58] Sie begleitet und folgt ebenso einer bisweilen existentiell bedrängten wie affirmativ-aggressiven Subjektivität, welche sich und ihrer Lebenswelt selbst den Sinn für ihre Existenz zu geben versucht. Diese Ebene wirkt sich jedoch nicht nur im soziologisch bevorzugt untersuchten Raum einer zunächst abstrakten Kollektivstruktur – genannt Gesellschaft – aus, sondern betrifft unmittelbar die ontische Dimension der individuellen Existenz, sprich der Subjektivität, wie sie sich bei jedem individuellen menschlichen Bewusstsein als der Gewalt ausgeliefertem oder gewalttätigem Akteur selbst setzt. Die Unerklärlichkeit gewisser Gewaltformen kann vor dem Hintergrund der Absurdität und scheinbaren Nutzlosigkeit gesellschaftlich nicht anerkannter Handlungsweisen gewalttätiger Art daher auch erst unter Verweis auf Gründe individueller Art, auf Ursachen *im* und ihre Wirkungen *auf* das jeweilige Subjektempfinden, hinterfragt werden. Dies indem Gewalt aus den Handlungs-Logiken und individuellen Normierungen von Handlung durch das Individuum geprägt wird und aus ihnen ihren Sinn möglicherweise auch entgegen Normen und Regeln des Kollektivs erhält.

In diesem Sinne könnte man mit Wieviorka durchaus auch im literarischen Text zwischen verschiedenen Arten von Subjektivität differenzieren, die literarisch in Erzähltexte eingearbeitet wurden und deren Variation unterschiedliche Verhältnisse zwischen sprachlich konstruiertem Subjektbewusstsein, Perspek-

---

[57] Ebda.: Vorwort, S. 2.
[58] Vgl. Wieviorka: *La violence*, S. 283–310.

tive, Situation, Prozess und Gewalt abbilden.⁵⁹ Der französische Soziologe unterscheidet dabei bezüglich situativ-prozessualer Gewaltentwicklungen des Individuums fünf Haupttypen von Subjektivität, welche jeweils Gewalthandlungen auf unterschiedliche Arten der Einstellung eines Subjekts zur Situation und auf Möglichkeiten sinnstiftender Selbst-Versicherung beziehen.

So kann ein menschliches Individuum auf verhinderte Herausbildung von Subjektivität oder auf veränderte, verlorene oder noch nicht realisierte, aber erwartete Sinnzusammenhänge mit Gewalt reagieren; entweder durch gewaltsame Aufrechterhaltung verlorener alter, oder dem Erzwingen bereits sich abzeichnender neuer Sinnzusammenhänge (*Le sujet flottant*), aber auch durch Aufladen des eigenen Gewalthandelns mit einem Übermaß an Sinn metapolitischer oder religiöser Art (*L'hypersujet*). Andererseits kann sich das Subjekt im eigenen Bestehen bedroht fühlen und im Gewalthandeln den einzigen Ausweg sehen, die eigene Subjektivität als Akteur zu retten, ohne auf einen gesellschaftlichen Sinnzusammenhang, auf Institutionen oder andere Akteure hoffen zu dürfen (*Le sujet en survie*). Daneben erörtert Wieviorka die vieldiskutierte und umstrittene These des *Non-sujet* (Stanley Milgram, Philip Zimbardo, Hannah Arendt), wie es gewisse politische Strömungen oder Autorität und Gehorsam begünstigende Situationen als Täter und Opfer herausbilden können, indem jegliches Handeln als Akteur in ein auf die Ausführung von Befehlen reduziertes Agent-Handeln des Systems oder der Autoritätspersonen überführt wird.⁶⁰ Zuletzt unterscheidet er das *Anti-sujet* als die wohl am schwersten, da sowohl asoziale als auch anti-humanistische Figur des

---

59 Ebda., S. 304–310.

60 Auch nach dem Gewaltforscher und Historiker Jörg Baberowski (vgl. ders.: *Räume der Gewalt*. Bonn: Bundeszentrale für politische Bildung 2016) ist es der situative Charakter und die Reaktion des Individuums oder der Gruppe auf diesen Kontext, welcher das Aufscheinen von Gewalt verstehbar und erklärbar macht. Diese Situativität der Gewalthandlung wurde sowohl von Baberowski, aber auch unter gänzlich anderen epistemologischen Voraussetzungen durch die berühmten Experimente von Stanley Milgram und Philip Zimbardo als ausschlaggebend für die absinkende Hemmschwelle einer möglichen Gewaltanwendung durch ansonsten psychologisch wie sozial unauffällige Individuen angeführt, wenn nur die Rahmenbedingungen für eine Möglichkeit der Gewaltanwendung günstig sind. Doch der Bedeutung von Autoritätshörigkeit im Milgram-Experiment, welche zufällig ausgesuchte Testpersonen dazu brachte, den schauspielernden Opfern auf Befehl kontrollierender Überwachungsinstanzen Stromschläge zu versetzen, konnte lediglich aufgrund quantitativ eingeschränkter wie qualitativ limitierter Laborbedingungen repräsentative Funktion eingeräumt werden. Ebenso wurde Zimbardos Gefängnisexperiment, welches eine Gruppe aufgrund ihrer sozialen ‹Durchschnittlichkeit› präselektierter Versuchspersonen in Wärter und Gefangene einteilte, zwar als erschreckende und entlarvende Einsicht in die Gewaltbereitschaft menschlicher Individuen betrachtet, doch ließ dieses Experiment keine Einsicht zu in die jeweils divergierende Bereitschaft der Individuen, in ihrer neuen Rolle als Gefängnispotentaten tatsächlich Gewalt und Sadismus als Handlungsoptionen zu er-

subjektivierten Gewalthandelns, welche allein auf eine Negation des Anderen und damit zuweilen auch der eigenen Subjektivität zurückführt. Ein solches Verhalten zeigt sich sowohl in der sexuellen Lust des Sadisten an Leid und Vernichtung des Anderen, in Selbsthass und bestimmten masochistischen und selbstzerstörerischen Tendenzen, oder aber in der Anwendung extremen und grausamen Terrors als symbolischer Affirmation einer Dämonisierung des Anderen. Wieviorka sieht sich selbst mit dieser vorgeschlagenen Typologie zwischen Individual- und Kollektivebene, zwischen Anthropologie und Soziologie angesiedelt und damit natürlich außerhalb des Forschungsbereichs der klassischen Soziologie, welche die Gewaltarten bevorzugt aus den Strukturen gesellschaftlicher Natur zu erklären sucht.

Doch besitzt diese Typologie gerade für die Literaturwissenschaft den Vorteil, dass durch ihre auf das individuelle Bewusstsein zugeschnittene prozessuale Anlage und damit ihre Erzählbarkeit nicht allein der Determinismus von Situation und Struktur – oder jener *der* Gesellschaft – das Handeln des Einzelnen bestimmen, sondern einem kontingenten Figurenhandeln als Sinnproblematik innerhalb der Diegese Raum gegeben wird, welches zwar die ersten beiden Dimensionen mit einblendet, aber einen Spielraum der Reaktions- und Handlungsmöglichkeiten offen lässt, welcher auch hinsichtlich verschiedener Formen von Gewalt Bewusstsein in seiner Kontingenz zulässt. Zwischen den verschiedenen ‹Identitäten›, Sprachen und Stimmen, welche im Text literarisch in Szene gesetzt werden, scheint es dann Spannungen zu geben, die zwar noch zutiefst das Kollektive geteilter kultureller und nicht aufgearbeiteter Werteordnungen in sich tragen, gefördert vom normierten Sprechen über Gewalt und der Ordnung der Gewaltdiskurse, aber eben mit situativen und figuralen Dynamiken von Beziehungen interagieren.

Hier benötigt es einer textbezogenen Analyse der oben erwähnten Polylogik des Erzählens und sprachlichen Modellierens von Gewalt; nicht um den Eindruck empirischer Analyse einer literarisch ‹dargestellten› Systemebene als Mimesis-Abbild der Gesellschaft zu erwecken, sondern diese als Möglichkeit des Erzählens kollektiver Sinnzusammenhänge mit dem Partikularen und Kontingenten des erzählten und versprachlichten Gewaltphänomens zu verknüpfen. Dies würde verhindern, letztlich eindimensionalen Deutungen oder pauschalisierenden Urteilen, möglicherweise

---

wägen. Hier schienen weitere Prädispositionen auf die Situation einzuwirken, welche nicht allein von der Situation abhängen, wie biographische, psychologische oder kulturell normierte Handlungsweisen, Versagensangst vor einer Gruppe Gleichgestellter, welche unterschiedliche Tendenzen zur Gewaltbereitschaft begünstigen (vgl. Wieviorka: *La violence*, S. 241–244 u. 252f.).
Zu Hannah Arendts berühmtem Begriff der ‹Banalität des Bösen› (vgl. dies.: *Eichmann in Jerusalem: A Report on the Banality of Evil*. New York: Viking Press 1963) und der Verbindung mit Wieviorkas Kategorie des *Non-sujets* vgl. Wieviorka: *La violence*, S. 239–247 u. S. 296.

sogar essentialistischem Denken zu verfallen. Dabei ist die Erfassung der Komplexität und des Wechselspiels dieser Dynamiken des individuell Versprachlichten und erzählerisch Evozierten mit dem kollektiv Normierten und Systematisierten zentral für eine Literaturwissenschaft, welche sprachliche wie erzählerische Kontingenz und ästhetische Subversion nicht als Problem, sondern Voraussetzung ihrer analytischen Aussagekraft sieht.[61] Doch was aus dieser Möglichkeit jenseits einer bloß nachvollziehenden Rekonstruktion soziologischer Befunde, Theorien und Typologien im Raum der Erzähltexte folgt, was also einen ‹Mehrwert› literarischer Gewalterzählung und deren Analyse darstellt, bleibt noch zu klären.

2.2.2 Ansätze literaturwissenschaftlicher Gewaltforschung

Obwohl das Spektrum menschlicher Gewalt in erster Linie von der soziologischen, psychologischen und anthropologischen Forschung bearbeitet wird, gibt es auch jenseits des erwähnten soziologischen Interesses an Narration und Subjektivitätsforschung eine große Zahl an Forschungsansätzen, um das Verhältnis der Literatur als Repräsentationsform von und als eigene Form der Gewalt innerhalb der Literaturwissenschaft fruchtbar zu machen, ohne jedoch ein abgrenzbares Forschungsfeld zu bilden.[62] In Hinblick auf die klassische Trias der Literaturwissenschaft – Autor, Text und Leser – kam es dabei zu den verschiedensten methodischen Ansätzen, sich dem Phänomen der Gewaltdarstellung in der Literatur, dem Lesen von Gewalt als ethischem Problem der Rezeption, aber auch historischer Gewalt-

---

61 Vgl. Ette, Ottmar: *Literatur in Bewegung: Raum und Dynamik grenzüberschreitenden Schreibens in Europa und Amerika*. Weilerswist: Velbrück Wissenschaft 2001, S. 235 f.; sowie Köhler, Erich: *Der literarische Zufall, das Mögliche und die Notwendigkeit*. München: Fink 1973.
62 Zu einer überblicksartigen Zusammenfassung von historischen und neueren Forschungsansätzen vgl. das Kapitel «Literaturwissenschaft» von Siebenpfeiffer, Hania. In Gudehus, Christian / Christ, Michaela (Hg.): *Gewalt: Ein interdisziplinäres Handbuch*. Stuttgart – Weimar: Metzler 2013, S. 340–346, insb. S. 346; vgl. dort auch das Kapitel «Literatur» von Andrea Geier, S. 263–268. Ansätze ‹globalerer› Art literaturgeschichtlicher Ausrichtung, die dennoch immer an episodischen Fällen der Geschichte orientiert bleiben (müssen), wagten beispielsweise Fraser, John: *Violence in the Arts*. Cambridge: Cambridge University Press 1974; Armstrong, Nancy / Tennenhouse, Leonard (Hg.): *The Violence of Representation. Literature and the History of Violence*. London – New York: Routledge 1989; Wertheimer, Jürgen: *Ästhetik der Gewalt: ihre Darstellung in Literatur und Kunst*. Frankfurt a.M.: Athenäum 1986; Weninger, Robert: *Gewalt und kulturelles Gedächtnis: Repräsentationsformen von Gewalt in Literatur und Film seit 1945*. Tübingen: Stauffenberg 2005; vgl. insb. auch die Studien von Nieraad, Jürgen: *Die Spur der Gewalt. Zur Geschichte des Schrecklichen in der Literatur und ihrer Theorie*. Lüneburg: Zu Klampen 1994; sowie ders.: Gewalt und Gewaltverherrlichung in der Literatur des 20. Jahrhunderts. In Heitmeyer / Hagan (Hg.): *Internationales Handbuch der Gewaltforschung*, S. 1276–1294.

ästhetik und der Sprache sowie der Literatur selbst als Formen der Gewalt zu widmen.[63] Diese unterschiedlichen theoretischen Ansätze der Gewaltforschung in der Literaturwissenschaft werden jedoch nicht von einer einheitlichen theoretischen oder methodischen Grundlage unterfüttert, so dass wie in der soziologischen Forschung verallgemeinernde Forschungsansätze zur Gewaltdarstellung in der Literatur eher selten vorausgesetzt werden.

Es sind zumeist entweder einzelne literarische Gattungen, spezifische Formen der Ästhetisierung von Gewalt, oder aber literatur-, kunst- und kulturwissenschaftliche Untersuchungen einzelner Epochen, auf die sich die Forschung konzentrierte, um der vielgestaltig-proteischen Natur sowie der historischen Kontingenz des Phänomens und seiner Repräsentationsformen einen Rahmen setzen zu können.[64] Dabei gelangten auf der einen Seite neben literarhistorischen Ansätzen, die bestimmte Gewaltformen als historische Phänomene epochenspezifisch analy-

---

63 Doch nicht allein in Hinblick auf das Medium Buch: Zur Problematik medialer Gewalt und der vor allem seit den 60er bis in die 90er Jahre hitzig geführte Debatte um Gewaltdarstellung in den Massenmedien vgl. grundlegend Larsen, Otto N. (Hg.): *Violence and the Mass Media*. New York: Harper and Row 1968; sowie Barker, Martin / Petley, Julian (Hg.): *Ill Effects. The Media / Violence Debate*. London – New York: Routledge 1997.

64 Für die Verbindung von Gewalt als Phänomen der französischen literarischen Moderne vgl. Fowlie, Wallace: *Climate of Violence. The French Literary Tradition from Baudelaire to the Present*. New York – London: Macmillan 1967. Bezüglich der Frage intrasozialer und intellektueller Gewalt vgl. Hartwig, Susanne / Treskow, Isabella von (Hg.): *Bruders Hüter / Bruders Mörder: Intellektuelle und innergesellschaftliche Gewalt*. Berlin – New York: De Gruyter 2010; vgl. in der englischsprachigen Forschung: Redmond, James (Hg.): *Violence in Drama*. Cambridge: Cambridge University Press 1991; Howlett, Jana / Mengham, Rod (Hg.): *The Violent Muse. Violence and the Artistic Imagination in Europe, 1910–1939*. Manchester: Manchester University Press 1994. Als Beispiele von Forschungskolloquien, Symposien und daraus resultierenden Sammelbänden zur literarischen Gewaltforschung allein im deutschsprachigen Raum seien genannt: in der Mediävistik und Forschung zur Frühen Neuzeit Dietl, Cora / Knäpper, Titus (Hg.): *Rules and Violence: On the Cultural History of Collective Violence from Late Antiquity to the Confessional Age*. Berlin – Boston: De Gruyter 2014; Emding, Jutta / Jarzebowski, Claudia (Hg.): *Blutige Worte. Internationales und interdisziplinäres Kolloquium zum Verhältnis von Sprache und Gewalt in Mittelalter und Früher Neuzeit*. Göttingen: Vandenhoeck & Ruprecht 2008; sowie Braun, Manuel / Herberichs, Jutta (Hg.): *Gewalt im Mittelalter. Realitäten – Imaginationen*. München: Wilhelm Fink 2005. In Gräzistik und Altphilologie vgl. Seidensticker, Bernd / Vöhler, Martin (Hg): *Gewalt und Ästhetik. Zur Gewalt und ihrer Darstellung in der griechischen Klassik*. Berlin – New York: De Gruyter 2006. Insbesondere das Forschungsfeld der deutschen Kriegs-und Nachkriegsliteratur, aber auch des Kriegsromans generell bildet seit langem einen eigenen Bereich der Gewaltforschung vgl. beispielsweise Jones, Peter G.: *War and the Novelist. Appraising the American War Novel*. Columbia: University of Missouri Press 1976; sowie Müller, Hans-Harald: *Der Krieg und der Schriftsteller: Der Kriegsroman der Weimarer Republik*. Stuttgart: Metzler 1986; vgl. zudem innerhalb der Holocaust-Forschung LaCapra, Dominick: *Representing the Holocaust: History, Theory, Trauma*. Ithaca: Cornell University Press 1994 u. Köppen, Manuel (Hg.): *Kunst*

sieren, auf allgemein textueller Ebene die *Gewalt als Gegenstand* und die *Gewalt als ästhetische Eigenschaft* des Texts in den Blick. Diesen Schwerpunktsetzungen wird literaturtheoretisch mit *diskursanalytischen, feldtheoretischen, dekonstruktivistischen* und *genderspezifischen* Konzepten der Gewaltforschung begegnet:

> Die literaturwissenschaftliche Gewaltforschung steht im Spannungsfeld von Gewalt als Gegenstand und Gewalt als ästhetischer Eigenschaft literarischer Texte. So befassen sich literaturwissenschaftliche Studien einerseits mit sprachlichen bzw. sprachbildlichen Darstellungen von Gewalt in Literatur, wobei Gewalt primär als literarisches Sujet, Motiv oder Thema profiliert wird, sowie andererseits mit Gewalt von (literarischer) Sprache, wobei davon ausgegangen wird, dass literarischen Texten eine individuelle ästhetische Gewaltförmigkeit eigen ist. Vor der Klärung der Frage nach der Gewalt (in) der Literatur muss demnach differenziert werden zwischen jenen literaturwissenschaftlichen Ansätzen, die literarische Gewalt als Präsenz von im weitesten Sinne gewalthaltigen, literarischen Handlungselementen begreifen, und solchen, die unter literarischer Gewalt eine der Literatur eigene sprachästhetische Gestaltung verstehen. Schließlich sind auch solche Ansätze zu berücksichtigen, die Übergänge zwischen der thematisch-inhaltlichen und der sprachlich-ästhetischen Dimension literarischer Gewalt betonen.
> Alle drei Positionen teilen die Überzeugung, dass literarische Gewalt unabhängig von ihrer Präsenz als Thema oder ästhetische Eigenschaft nicht auf Phänomene lebensweltlicher Gewalt reduzibel ist [...].[65]

Die vorliegende Studie zur französischen erzählenden Prosa-Literatur des beginnenden 21. Jahrhunderts folgt vor diesem erkenntnistheoretischen Hintergrund der dritten der im Zitat erwähnten Thesen, dass es zwischen Gewalt als Repräsentationsobjekt und ästhetisiertem Phänomen sowie der literarischen Sprache selbst als Gewalt Übergänge geben könnte, die es am einzelnen Text herauszuarbeiten gilt und welche sich jeweils im Wechselspiel von Sprache und Diegese ergeben. Eine strenge und ausschließliche Fokussierung allein auf dekonstruktivistische, diskurs-, gender- und feldtheoretische Konzepte und Theoreme bezüglich literarischer Gewalt scheint dabei nicht zielführend. Denn sowohl eine einseitige Konzentration auf die sprachliche Ebene – aber auch auf die Funktionsweise sprachlich symbolisierter Gewalt im Feld der französischen

---

und Literatur nach Auschwitz. Berlin: Erich Schmidt 1993. Grundlegend vgl. Friedman, Saul S. (Hg.): *Holocaust Literature: A Handbook of Critical, Historical, and Literary Writings*. Westport: Greenwood Press 1993. Auch außerhalb der europäischen Literatur ist die literaturwissenschaftliche Untersuchung von Gewalt als fruchtbares Forschungsfeld erkannt worden, wobei die Problematik von Kulturrelativismus und hegemonialer, europäisch-westlicher Kulturnarration bezüglich des Gewaltphänomens zu einem interessanten Diskussionsgegenstand und auch methodologisch unmittelbar relevant wird; vgl. im Bereich der Sinologie bspw. Diefenbach, Thilo: *Kontexte der Gewalt in moderner chinesischer Literatur*. Wiesbaden: Harrasowitz Verlag 2004.
65 Siebenpfeiffer: Literaturwissenschaft, S. 340.

Literatur des 21. Jahrhunderts – als auch eine *a priori* angedeutete Homogenität der Diskurse und der in ihnen auftretenden strukturellen Gewalt soll vermieden werden. Dagegen soll umso mehr jene gesteigerte Sinnkomplexität und lebensweltliche Irreduzibilität betont und anhand des nach feldtheoretischen Kriterien zusammengestellten Textmaterials dargelegt werden, wie sie durch Ambi- und Polyvalenz literarischen Erzählens entsteht und dadurch sowohl vorherrschende Sprachnormen wie ungenannte Diskursregeln quert, hinterfragt, sichtbar macht und sie möglicherweise in ihren Sinnstrukturen neu miteinander verknüpft.

Literarisch gestaltete Gewalterzählungen sollen somit trotz ihrer gesellschaftsanalytischen Aussagekraft keinesfalls den Anspruch erheben, eindeutige *mimetische* Widergabe-Logiken gesellschaftlich verbindlicher ‹Fakten› darzustellen; nicht nur weil sie als in Teilen eigenlogische Sinnkonstruktionen und bisweilen äußerst spezifische Ästhetiken sprachlich-textueller Art vormodelliert wurden, sondern schlicht immer wieder neu interpretierbar sind. Auch wo Literatur in ihrer Funktion als – erneut mit Lotman gesprochen – ‹sekundäres modellbildendes System› Gesellschaft als Modell erfasst, fungiert dieses System unter dem Paradigma sprachlicher wie referentieller Fokussierung und *Miniaturisierung* gegenüber dem mimetisch und sprachästhetisch evozierten extratextuellen Referenzzusammenhang mit allen epistemologischen Konsequenzen.

Bezüglich letzterer hat der Romanist und Kulturwissenschaftler Ottmar Ette für dieses erkenntnistheoretische Charakteristikum erzählender Literatur den Begriff des von Mandelbrot auf dem Gebiet der Mathematik entwickelten *Fraktals* für die literaturwissenschaftliche Forschung fruchtbar gemacht, um die Verbindung einer Fokussierung und Ausschnitthaftigkeit von Sinnzusammenhängen mit gleichzeitig fortbestehender Referentialisierbarkeit sowie komplexer Polylogik im literarischen Text und dessen sprachlicher wie ästhetischer und interpretatorischer Polyvalenz zu erfassen.[66]

Diese erkenntnistheoretische Prämisse bedeutet auch, dass literaturwissenschaftliche Forschung zu soziologisch konnotierten Thematiken transdisziplinär und komplementär agieren muss, um politisch wie ‹praktisch› fruchtbar gemacht zu werden. Denn im Sinne eines *modèle réduit*, wie es von Claude Lévi-Strauss

---

66 Vgl. Ette, Ottmar: *WeltFraktale. Wege durch die Literaturen der Welt.* Stuttgart. J.B. Metzler Verlag 2017; sowie ders.: Von Inseln, Grenzen und Vektoren. Versuch über die fraktale Inselwelt der Karibik. In: Braig, Marianne / Ette, Ottmar / Ingenschay, Dieter / Maihold, Günther (Hg.): *Grenzen der Macht – Macht der Grenzen. Lateinamerika im globalen Kontext.* Frankfurt am Main: Vervuert Verlag 2005, S. 135–180. Zum ursprünglichen Bedeutungszusammenhang des Begriffs in den sog. ‹exakten› Wissenschaften vgl. Mandelbrot, Benoît B.: *Die fraktale Geometrie der Natur.* Aus dem Englischen übersetzt von Dr. Reinhilt Zähle und Dr. Ulrich Zähle. Basel – Boston – Berlin: Birkhäuser Verlag 1991.

in *La Pensée sauvage* – zunächst bezogen auf die Malerei – als «langage de bricoleur», «als Bastlersprache» definiert wurde, verdeutlicht, überspitzt oder unterschlägt literarische Modellierung durch Erzählen und Ästhetisierung von Gesellschaft und ihrer Teilbereiche absichtlich – oder den Autor*innen und Leser*innen möglicherweise unbewusst – extratextuell bestehende Sinnzusammenhänge.[67] Diese aber müssen von soziologischer, politikwissenschaftlicher, psychologischer und anderweitiger Gewalt- und überhaupt Sozialforschung als empirisch erfassbare *Realitäten* unbedingt berücksichtigt und in ihrer Verhältnismäßigkeit analysiert werden, um stichhaltige Aussagen über Gesellschaft zu treffen. In diesem ernsthaft-spielerischen Umgang mit Sinnzusammenhängen liegen die Grenzen des literarischen und literaturwissenschaftlichen Forschens zum Gewalt-Phänomen und doch entsteht hier ein genuiner Beitrag zur Gewaltforschung.

Denn genauso wie ein Modell die ‹Wirklichkeit› nicht ersetzen kann, gewinnt es eben durch seine lebensweltlich zunächst als Sinnreduktion erscheinende Fokussierung auf Teilbereiche von Welt paradoxerweise an Komplexität durch Polyperspektivität, Resemantisierung von Bezugstexten, aber auch Vervielfältigung von Interpretationsmöglichkeiten. Dadurch erhält Literatur durch sprachästhetische Modellierung und ihre Rezeption durch verschiedenartige Lektüreprozesse und Lektüre-Kontexte Macht auf die Interpretation von Sinnzusammenhängen extratextueller Natur und übt sogar Gewalt auf sie aus, indem sie das referentialisierbare ‹Objekt› ein Stück weit verfüg- und veränderbar macht. Die bereits erwähnte *Gewalt der Literatur* selbst wäre somit auch hier eine Gewaltform, welche sich in Diskurse – in diesem Fall in Gewalt-Diskurse – einschreibt und diese zugleich sichtbar macht. Auch auf diese Möglichkeit gewaltsamer Weltinterpretation durch Literatur hin müssen die untersuchten Texte befragt werden, indem sie gesellschaftliche Gewaltprozesse in Frankreich und innerhalb der französischen Gesellschaft und Geschichte diegetisch in erzählerisch evozierte Sinnzusammenhänge kollektiven Lebens stellen, die auf ihre diskursiven Komponenten hin zu überprüfen sind. Indem Erzählungen eben durch nachvollziehbare Strukturen als in sich kohärente Modelle von Gesellschaft fungieren können, machen sie, wie es erkenntnistheoretische Aufgabe von Modellen überhaupt ist, Prozesse und Kausalzusammenhänge umso deutlicher:

---

67 Vgl. Lévi-Strauss, Claude: *La Pensée sauvage*. Paris: plon 1962, S. 34; zur Geschichte und Struktur des Begriffs vgl. Bies, Michael: Das Modell als Vermittler von Struktur und Ereignis. Mechanische, statistische und verkleinerte Modelle bei Claude Lévi-Strauss. In: Müller, Ernst (Hg.): *Forum Interdisziplinäre Begriffsgeschichte*. 5. Jahrgang/1. E-Journal (2016), S. 43–54, online unter: https://www.zfl-berlin.org/tl_files/zfl/downloads/publikationen/forum_begriffsgeschichte/ZfL_FIB_5_2016_1_Bies.pdf, konsultiert am 11.06.2021.

Il n'est pas de meilleure attestation de tout ce qui sépare l'écriture littéraire de l'écriture scientifique que cette capacité, qu'elle possède en propre, de concentrer et de condenser dans la singularité concrète d'une figure sensible et d'une aventure individuelle, fonctionnant à la fois comme métaphore et comme métonymie, toute la complexité d'une structure et d'une histoire que l'analyse scientifique doit déplier et déployer laborieusement.[68]

Doch nicht nur auf Ebene literarischer Figuren-Konstellationen als metonymischen und metaphorischen Sinnzusammenhängen kann Literatur als Sinn kondensierender Raum fungieren. Zugleich verschafft literarisches Erzählen auch auf diegetischer und chronotopologischer Ebene den Leser*innen die Möglichkeit, verschiedene logische Zusammenhänge simultan zu erfassen und auch Aporien und Brüche dieser Zusammenhänge mitzudenken. Gerade diese Aporien und Brüche öffnen jene erzählten Gewalt-Logiken für Fragen nach Möglichkeiten und Grenzen gesellschaftlicher Konvivenz.

Doch gerade aufgrund dieser sinnstiftenden Funktion des literarischen Texts als modellierendem System stellt sich somit nicht nur der Literaturkritik, sondern auch der literaturwissenschaftlichen Gewaltforschung aus rezeptions-, aber auch metawissenschaftlicher Ebene die Frage nach den ethischen und moralischen Implikationen des Umgangs mit den Analyseergebnissen zu erzählter Gewalt und der Frage nach der ethischen Relevanz diesbezüglicher Schlüsse. Übt nicht auch die Literaturwissenschaft eine Art Gewalt aus, indem sie stets gezwungen ist, ethisch wie moralisch Stellung zu beziehen?[69] Diese Forschungsfrage, welche in den letzten Jahrzehnten gerade im deutschsprachigen Raum einige grundlegende Studien hervorgebracht hat, setzt dabei voraus, dass auch ‹neutrales› Analysieren repräsentierter und versprachlichter Gewalt mit sinngeladenen und daher ethischen Positionierungen konfrontiert ist, die sowohl auf der Objekt- wie der Subjektebene die Gestalt des Gewaltdiskurses bestimmen und Aussagen zum Gewaltphänomen als ethisch relevante Handlungen *diskursivieren*.[70]

---

68 Bourdieu, Pierre: *Les règles de l'art*, S. 48; vgl. hierzu auch Viart, Dominique: Littérature et sociologie, les champs du dialogue. In: Baudorre u. a. (Hg.): *Littérature et sociologie*, S. 11–32.
69 «Es gibt eine Vielzahl von Gewalt-Instrumenten, wie die Moral oder die Religionen. Einige haben sich scheinbar von ihrer Gewalttätigkeit befreit, dennoch üben sie Macht aus. Das ist ein seltsames Paradox.» Waldow, Stephanie / Kleinschmidt, Christoph: Statt einer Einleitung. In Bassler, Moritz / Giacobazzi, Cesare / Kleinschmidt, Christoph / Waldow, Stephanie (Hg.): *(Be-)Richten und Erzählen. Literatur als gewaltfreier Diskurs?* München: Wilhelm Fink 2011, S. 9–24, hier: S. 11.
70 Vgl. den metawissenschaftlich-interdisziplinären Zugang mit literaturwissenschaftlichem Schwerpunkt von Dietrich, Julia / Müller-Koch, Uta (Hg.): *Ethik und Ästhetik der Gewalt*. Mentis Verlag 2006; bezüglich der Literaturkritik vgl. Buck, Susanne: *Literatur als moralfreier Raum?: zur zeitgenössischen Wertungspraxis deutschsprachiger Literaturkritik*. Paderborn: Mentis 2011;

Auf diese Aussagen, welche den Diskurs über Literatur als gesellschaftlichen Diskurs auch hinsichtlich der Gewaltproblematik politisch relevant erscheinen lassen, insofern sie Möglichkeiten des Handelns *nach* literaturwissenschaftlichen Analysen aufzeigen, gilt es daher Antworten zu finden, welche sprach- und literarästhetisch modellierte Stellungnahmen durchaus auch als ethische, wenn nicht möglicherweise politische Partizipation verstehen. Diese die metaliterarischen Diskurse leitende Notwendigkeit zur Positionierung gegenüber erzählter Gewalt ist auch insofern eine logische Grundannahme, als dass – wie bereits erwähnt – Gewalt in der Literatur auch dort, wo sie als irrationaler *acte gratuit*, als avantgardistische Gewaltemphase oder Gedankenexperiment erscheint, durchaus eine Sinnposition behält; und sei es eine reaktive Negation herrschender Sinn-Narrative. Auch als Leugnung «alle[r] Ordnungen und letzte[s] Ende des Humanismus» bleibt Gewalt zumindest im Raum der Texte in einen Sinnnexus eingebunden.[71] Der Romanist Konrad Schoell fasste dies in seinem Artikel ««L'acte gratuit» als Gewalthandlung» für die italienische und französische Literaturgeschichte in einem kurzen Abriss zusammen, welchen er dann in der Folge des Artikels auf das 20. Jahrhundert (Breton, Camus, Ionesco, Gide) ausdehnt:

> Im 19. Jahrhundert trat die Gewalt in der französischen Literatur unheimlich, unfaßbar in der phantastischen Literatur auf (z. B. Mérimée: *La Vénus d'Ille*, 1837), menschlich individuell in historischen Machtmenschen (Musset: *Lorenzaccio*, 1834) sowie in aufstrebenden, ihr Schicksal selbst in die Hand nehmenden Figuren (Stendhal: *Le rouge et le noir*, 1830). Im Naturalismus wird unter der Erfahrung des Krieges von 1870/71 und infolge der politischen und sozialen revolutionären Bewegungen die Kriegsthematik (Zola: *L'attaque du moulin*, 1880) und etwa der Anarchismus (Zola: *Germinal*, 1885) mit dem Thema Gewalt verbunden. Gewalt tritt aber in ihrer ganzen vielfältigen Geschichte in der Literatur als begründet auf, oft kollektiv und gerechtfertigt durch höhere, nationale oder religiöse Ziele, oft individuell psychologisch motiviert durch das Streben nach Macht, Ruhm, Erfolg oder Reichtum. In der Parodie findet sich am Ende des 19. Jahrhunderts, am Beginn der Avantgarde, diese Gewaltthematik schockierend, grotesk übersteigert in Alfred Jarrys Theaterstück *Ubu Roi* (1896).
>
> Von hier geht eine Line aus, die all die höheren Werte in Frage stellt, in deren Namen Gewalt und [sic!] gerechtfertigt oder zumindest akzeptiert wurde. In ihrem Aufwasch aller bürgerlichen Vorstellungen und Einrichtungen unter dem Erlebnis des Ersten Weltkrieges haben Dadaisten und später Surrealisten auch die Werte wie Nation, Religion, Zivilisation negiert und damit der positiven Begründung der Gewalt gegen störende Fremde den Boden entzogen.

---

sowie Lützeler, Paul Michael / Kapczynski, Jennifer M.: *Ethik der Literatur: Deutsche Autoren der Gegenwart*. Göttingen: Wallstein 2011.
71 Schoell, Konrad: «L'acte gratuit» als Gewalthandlung. In Klein (Hg.): *Gewalt-interdisziplinär*, S. 71–90, hier S. 88.

> Einen Sonderfall stellt die Avantgarde-Bewegung des Futurismus in Italien (und Frankreich) dar, die aus übertriebener Fortschritts- und Technikgläubigkeit, aus Begeisterung für Lokomotive, Rennwagen, Flugmaschine und Panzer zur Verherrlichung des Krieges und der dort ausgeübten nationalen Gewalt kam, deren Anführer Marinetti sogar den Krieg als «einzige Hygiene der Menschheit» begrüßte.[72]

Die Annahme, dass Gewalt auch im Raum der Literatur – hier der französisch-italienischen Literaturgeschichte – und im weiteren Verlauf des 20. Jahrhunderts als textuell verfasste Narration einer sinnproduzierenden Funktion bei Autoren wie Artaud oder Genet nicht enthoben war, darf auch für die Literatur des 21. Jahrhunderts als kritische Grundthese der Analyse vorausgesetzt werden, die es am Textmaterial selbst zu überprüfen gilt. Doch nicht nur die Kohärenz von Referenzstrukturen, in welche das erzählte Gewaltgeschehen eingebunden ist, kann dabei erfasst werden, sondern eben auch deren Brüche und daraus entstehende neue Sinnzusammenhänge.

Hierin liegt nun weniger ein Problem als eine weitere Erkenntnismöglichkeit der Literaturwissenschaft, um sich zudem kritisch zu diesen diskontinuierlichen, paradoxen oder affirmativen Sinnzusammenhängen der Gewalt zu positionieren. Dies geschieht, indem das im Text insinuierte Sinnpotential der Gewalt und dessen Politik hinterfragt und aus einer dargelegten Position der Beobachtung entfaltet wird, die zwar auch ethisch-wertend sein kann, sich dabei aber deutlich artikulieren muss. Speziell literarisches Sinnpotential als nach Jacques Rancière *politische* (Neu-)Modellierung des sinnlich Erfassbaren innerhalb einer Gesellschaft thematisiert dabei möglicherweise Gewaltformen und -dynamiken, welche in ‹außerliterarischen› Diskursen oder Feldern wie Politik, Wirtschaft und Massenmedien nicht als beachtenswert oder ‹historisch geworden› thematisiert werden, aber dennoch Gesellschaft, ihre Sprache und die in der Gesellschaft vorherrschende Politik der Sichtbarmachung von Gewaltformen strukturieren.[73]

Literatur – so sie nicht Propaganda-Literatur oder ideologische Kampfschrift sein möchte – tritt in diesem Kontext als Medium möglicherweise übersehener Sinnzusammenhänge diskontinuierlichen Handelns in brüchig gewordenen, aber scheinbar vorherrschenden Sinnsystemen auf, wie sie so oft Subjektivitätskonst-

---

72 S. 72f.
73 «Die politische Aktivität [der Literatur, ML] konfiguriert die Aufteilung des Sinnlichen neu. Sie bringt neue Objekte und Subjekte auf die Bühne des Gemeinsamen [...] Der Ausdruck ‹Politik der Literatur› impliziert also, dass die Literatur als Literatur in diese Einteilung der Räume und der Zeiten, des Sichtbaren und des Unsichtbaren, der Sprache und des Lärms eingreift [...] Literatur ist nicht ein überhistorischer Begriff, der die Gesamtheit der Kunsterzeugnisse der Sprache und der Schrift bezeichnet.» Rancière, Jacques: *Politik der Literatur*. Aus dem Französischen von Richard Steurer. Wien: Passagen 2011, S. 14–15.

ruktionen realer wie fiktionaler Art kennzeichnen und gerade dadurch wiederum für die soziologische Forschung interessant sein könnten. So werden seit längerer Zeit beispielsweise subjekttheoretische Ansätze, wie sie auch für literaturwissenschaftliche Gewaltforschung fruchtbar gemacht werden können, vor allem in der Militärsoziologie, aber auch in empirisch-erklärenden Gewalttheorien immer deutlicher in ihrer Bedeutung für Theorie und Praxis soziologischer Forschung erkannt.[74] Dies gilt zudem für eine an Individual-Biographien orientierte Gewaltforschung. Gewaltprozesse auf Subjektebene äußern sich dabei vor allem in biographisch geprägten Sinnzusammenhängen, welche den sinnstiftenden Werten eines Kollektivs möglicherweise parallel zu Veränderungen in der biographischen Lebenssituation, beispielsweise einer Bewusstwerdung gesellschaftlicher Normen und Werte im Stadium des Heranwachsens Jugendlicher, sowie zu Veränderungen ökonomischer oder politischer Art begegnen.[75] Eben dieses Wechselspiel aus Sinn- und Subjektivitäts-Zusammenhängen zwischen Individuum und Kollektiv steht wohl in keiner Kulturtechnik mehr im Vordergrund als in jener des Erzählens fiktionaler wie faktualer Art.[76]

---

[74] Vgl. Koloma Beck / Schlichte: *Theorien der Gewalt*, S. 156 u. S. 157: «Für die weitere Entwicklung empirisch-erklärender Gewalttheorien scheint das noch junge Feld der Subjekttheorien besonders interessant. Denn dieser Zugang hebt hervor, dass Gewaltdynamiken nicht nur von Konflikten und Kalkülen, sondern auch von habituellen Strukturen geprägt sind. [...] Subjekttheorien stellen einen Rahmen bereit, solche Dynamiken zu fassen, und eröffnen so auch die Möglichkeit, verschiedene Forschungsstränge zusammenzubringen. Insbesondere die Kluft zwischen Forschungen zu politischer Gewalt im weitesten Sinne und eher apolitischen Gewaltphänomenen (häusliche Gewalt, Jugendgewalt, kriminelle Gewalt) könnte so überwunden werden. Darüber hinaus scheint der Begriff des Subjekts, in dem sich die Dimensionen von Individuum und Gesellschaft kreuzen, sozialtheoretisch in besonderer Weise geeignet, jenseits aktueller Faktoren und Kalküle die *longue durée* von Gewaltdynamiken in den Blick zu nehmen.»
[75] Zur Bedeutung der Biographie-Forschung bei der Erforschung von Sinnpotentialen des Gewalthandelns, und hier insbesondere von Gewaltbiographien Jugendlicher, sowie als Überwindung «linear-kausaler Erklärungsmodelle» zwischen Individuum und Kollektiv vgl. Bereswill, Mechthild: Biographie und Gewalt. In Lutz, Helma / Schiebel, Martina / Tuider, Elisabeth (Hg.): *Handbuch Biographieforschung*. Wiesbaden: Springer VS 2017, S. 269–280; sowie dies.: Gewalthandeln, Männlichkeitsentwürfe und biographische Subjektivität am Beispiel inhaftierter junger Männer. In: Kohe, Frauke Kohe / Pühl, Katharina (Hg.): *Gewalt und Geschlecht. Konstruktionen, Positionen, Praxis*. Opladen: Leske + Budrich 2003, S. 190–227.
[76] Eine der wohl kontroversesten, aber auch folgenreichsten Texte bezüglich der Gewalt zugrundeliegender Logiken im Hinblick auf ihre modellierende Funktion von erzählter Subjektivität, welche damit auch das Verhältnis von Gewalt und Literatur in psychoanalytischer Hinsicht zu erforschen suchte, bleibt nach wie vor Klaus Theweleits Studie zur Psyche des faschistischen Mannes. In ihr wird ein breites Textkorpus fiktionaler wie faktualer Texte und Bildmedien untersucht; vgl. Theweleit, Klaus: *Männerphantasien*. Neuausgabe. Berlin: Matthes & Seitz 2019. Die Aussage-

Wie zu zeigen sein wird, findet sich beispielsweise in einer weniger kontinuierlichen als oftmals von Konflikten durchzogenen Diegese modellierter sozialer Strukturen in Frankreich auch in der Gegenwartsliteratur das vom US-amerikanischen Soziologen Robert Merton in einem berühmten Aufsatz dargestellte Konzept der *Anomie*. Dieses lässt das moderne Individuum in Bezug auf das staatliche System zwischen Konformität und Rebellion schwanken, was im kriminellen Handeln virulent wird.[77] Dieses Konzept wird diegetisch dann relevant, wenn Stimmen und Figuren zwar nicht automatisch, zumindest nicht in allen Teilen, im Widerspruch zur gesellschaftlichen Ordnung stehen, aber diese dennoch als Gefahr für die eigene Subjektivität wahrnehmen. Gewalthandeln kann dann als (provisorisches) sinnstiftendes und innovatives Moment in der Struktur des Texts im Sinne von Lucien Goldmanns genetischem Strukturalismus sowie im Kontext der dort modellierten Gesellschaft als *Totalität* verstanden werden.[78] Diese Art textfunktionaler Gewaltdarstellung ist somit nicht durch Sinnverlust zu beschreiben, sondern auch anhand einer Suche nach neuen Sinnzusammenhänge zu analysieren, welche Gewaltanwendung rechtfertigen, beispielsweise in Form von Mythenbildung und dem Auftreten ideologischer Positionen bei Individuen oder kleinen Gruppen.

Über die einzelnen Philologien hinweg haben unabhängig von ihrer epistemologischen Ausrichtung alle von der Literaturwissenschaft unternommenen Ansätze der Gewaltforschung zudem stets bemerkt, dass eine scharfe Trennung von Form und Inhalt, von Sprache, Sujet und Narration literarischer Texte bezüglich der komplexen Relation von dargestellter Gewalt und Gewalt der Darstellung methodisch und gerade in der Modellierung kollektiv vorinterpretierter und bereits versprachlichter Thematiken nicht hinreichend ist.[79] Dieser literaturwissen-

---

kraft nicht nur von Tagebucheinträgen und Berichten der Männer, welche als Mitglieder der deutschen Freikorps an zahlreichen Gewalttaten und Verbrechen während des Zweiten Weltkriegs beteiligt waren, wurden hier nicht nur als Zeugnisse einer Ästhetisierung von Gewalterleben registriert. Sie wurden vielmehr als reflektierte Beschreibungen von Gewalt und als Indikatoren der Funktionsweisen typenhafter Männlichkeit des Soldaten und Faschisten in Betracht gezogen. Der Text setzt dabei auch bei der inszenierten Subjektivität an, wenn es darum geht, Gewalt wissenschaftlich fassbar zu machen und auf systematische Begriffe zu bringen. Es handelt sich dadurch bei Theweleits Studie im Bereich der Germanistik auch nach wie vor um einen Meilenstein beim Versuch, das Verhältnis von geschriebener und erlebter Gewalt neu zu fassen.

77 Merton, Robert King: Social Structure and Anomie. In: *American Sociological Review*, Vol. 3, No. 5 (Oct. 1938), S. 672–682.
78 Vgl. Goldmann, Lucien: *Pour une sociologie du roman*. Paris: Gallimard 1973; sowie ders.: Dialektischer Materialismus und Literaturgeschichte. In: *Dialektische Untersuchungen*, München: Luchterhand 1966, S. 49–69, hier S. 55.
79 Vgl. oben noch einmal Siebenpfeiffer: Literaturwissenschaft, S. 340 ff.; sowie die Einführung zu Brockmeier, Peter / Fischer, Carolin (Hg.): *Gewalt der Geschichte – Geschichten der Gewalt. Zur Kultur und Literatur Italiens von 1945 bis heute*. Stuttgart: M und P 1998, S. 11–24.

2.2 Erzählte Gewalt: Grenzen und Möglichkeiten literarischen Wissens — 69

schaftlichen Erkenntnis einer bereits von der Frage nach nicht zu trennenden Einheit des Form-Inhalt-Nexus soll auch in dieser Studie gefolgt werden, um auf methodischer Ebene sowohl die Motivstruktur als auch die textästhetische Darstellungsweise von Gewalt zu hinterfragen. Erzählte Gewalt kann dabei zwar aus dem extratextuellen und extraliterarischen gesellschaftlichen Kontext und jenem des literarischen Feldes heraus interpretierbar sein, muss jedoch während der literaturwissenschaftlichen Analyse stets auch auf sprachliche Stilistik sowie auf die Co- und Kontexte des untersuchten Textmaterials bezogen werden, ohne jedoch bei einer diegetischen oder sprachlichen Hermetik und Selbstbezüglichkeit des Texts stehen zu bleiben. Die Verbindung von Literatur und Gewalt entgeht so der Gefahr, entweder auf ein belangloses Sprach-Zeichenspiel, auf einen bloßen Kommentar zu bereits feststehenden Sinnkonventionen im gesellschaftlichen Diskurs oder gar auf eine essentialistische Festschreibung ahistorisch überhöhter Kategorien wie *dem* Bösen, *der* Männlichkeit, *dem/r* Täter*in, *dem* Opfer reduziert zu werden; und dies trotz der Vermutung, dass es durchaus fruchtbar sein kann, sich kultur- und begriffsgeschichtlich sowie aus semantischer und kultursemiotischer Perspektive diesen Konzepten und Kategorien zu nähern.[80]

Trotz der erwähnten komplexen Beziehungen des literarischen Texts zu extratextuellen Sinnzusammenhängen kann somit für jeden Einzeltext von einer spezifizierbaren Funktionalität versprachlichter und erzählter Gewalt, aber auch von Gewalt der Sprache innerhalb desselben ausgegangen werden. Diese Funktionalität könnte mit dem Literaturwissenschaftler Jürgen Nieraad in verschiedene Kategorien der Text- und Erzählpolitik nach gewaltapologetischen oder gewaltkritischen Darstellungen eingeteilt werden, die besonders in der zweiten Hälfte des 20. Jahrhunderts relevant wurden und möglicherweise auch die Frage nach der Gewaltdarstellung im 21. Jahrhundert orientieren. Im Abschnitt «Positionen der literarischen Gewaltimagination im 20. Jahrhundert: Kritik und Apologie der Gewalt» seines Überblicksartikels «Gewalt und Gewaltverherrlichung in der Literatur des 20. Jahrhunderts» zeichnet Nieraad zusammenfassend eine kurze Geschichte der Gewaltdarstellung im Medium Literatur und leitet daraus – zumindest für eine ‹westlich› geprägte und von massenkulturellen Marktmechanismen beeinflusste Literaturgeschichte – vier Grundtypen ab:

> Die Apologie der Gewalt, in der ersten Hälfte des Jahrhunderts im Kontext der vom Faschismus ideologisch in den Dienst genommenen Lebensphilosophie bzw. im Zusammenhang der Ästhetik des «destruktiven Charakters» (Benjamin) in Philosophie, Literatur und Kunst relativ unbedenklich praktiziert, steht nach 1945 unter moralischer Zensur, die

---

80 Vgl. bspw. die grundlegende Studie von Bohrer, Karl Heinz: *Imaginationen des Bösen. Für eine ästhetische Kategorie.* München: Hanser 2004.

sich seit den späten 1960er Jahren zu lockern beginnt. Zugleich entwickelt die kritische Gewaltdarstellung in Kunst und Literatur seit den 1960er Jahren zunehmend neue Konzepte des künstlerischen Umgangs mit der Thematik und ihren spezifischen moralischen Implikationen. Neben diesen charakteristischen Profilen gibt es einerseits die breite Masse der Literatur, die in Fortführung der Tradition und ihrer Genres Gewalt episodisch oder thematisch im Rahmen fiktionaler Sinn-Entwürfe und Erzählkonventionen weiterhin unproblematisch und leserfreundlich verarbeitet; andererseits eine marktorientierte Literatur der Gewaltverherrlichung, die die Gewaltimagination sadomasochistischen Bedürfnissen und Allmacht-Phantasien dienstbar macht. Wir haben also grundsätzlich vier Typen der literarischen Gewaltverarbeitung im 20. Jahrhundert:
a) Kritische Gewaltdarstellung in aufklärerischer Absicht vom Standpunkt einer moralisch verpflichtenden Lektüre aus;
b) Beschwichtigende Gewaltdarstellung im Rahmen traditioneller Sinn-Entwürfe;
c) Darstellung der Gewalt als Eigenwert radikalästhetischer bzw. vitalistischer Perspektive;
d) Marktorientierte Exploitation der Gewaltimagination mit dem Ziel der Befriedigung kulturell zensierter Bedürfnisse.

Die Typen a und c enthalten von ihrem kritischen bzw. provokativen Ansatz her das Potenzial zur Entwicklung neuer literarischer Ausdruckstechniken wie zur Infragestellung herkömmlicher Literaturkonzepte und können insofern als Momente der literarischen Avantgarde auftreten. Die Typen b und d orientieren sich demgegenüber am Erwartungshorizont ihrer Leser und an den literarischen Konventionen. Gleichwohl ist die Opposition von Typ a und b einerseits, von Typ c und d andererseits in praxi nicht immer trennscharf zu realisieren.[81]

Die Funktion von Gewaltdarstellung kann also *moralisierend-aufklärerischer, beschwichtigend-sinnstiftender, autotelisch-drastischer* oder *sensationsheischend-marktorientierter* Natur sein. Zu fragen wird sein, ob sich diese vier Funktions-Typen von Gewaltdarstellung als grobe Kategorien nach einer detaillierteren Analyse der hier ausgewählten Erzähltexte eignen oder nicht eher Mischformen überwiegen, welche letztlich die Funktionsweise erzählter Gewalt in der Literatur beherrschen. Dies auch deshalb, da die im französischen, stark zentralisierten literarischen Feld wirkenden Konsekrationsmechanismen und -institutionen (Verlage und renommierte Verlagsreihen, Preise) und natürlich auch die *Illusio* der Akteure dieses Feldes nicht gänzlich von einer ökonomischen Ausrichtung zu trennen sind.[82]

---

81 Nieraad: *Gewalt und Gewaltverherrlichung*, S. 1281 f.
82 Bezüglich dieser komplexen Verknüpfung aus ökonomischem und symbolischem Kapital bereits in den Anfängen relativer Autonomisierung des literarischen Feldes im 19. Jahrhundert, welche immer in mal kritischer, mal affirmativer Auseinandersetzung mit bürgerlicher und finanzieller Hierarchie steht vgl. grundlegend Bourdieu, Pierre: *Les règles de l'art*, S. 77–115; sowie ders.: *Meditationen. Zur Kritik der scholastischen Vernunft*. Aus dem Französischen von Achim Russer. Unter Mitwirkung von Hélène Albagnac und Bernd Schwibs. Frankfurt a. M.:

2.2 Erzählte Gewalt: Grenzen und Möglichkeiten literarischen Wissens — 71

Gerade das von Nieraad selbst postulierte Verwischen zwischen Experimentalcharakter und Marktorientierung der Gewaltdarstellung könnte sich ganz im Sinne Pierre Bourdieus als Spiel zwischen den Polen literarischer Innovation und Erwartbarkeit als Grundvoraussetzung diskursiver Sichtbarkeit von Literatur erweisen. Um dieser Verwischung von Funktionen der Gewaltdarstellung im Text Rechnung zu tragen, wird auch der ‹Charakter› literarisch dargestellter Gewalt vor allem von der Text-Diegese aus sowie als Teil der in ihr und durch sie erzählerisch modellierten Gesellschafts- und Sprachnormen im Frankreich des 21. Jahrhunderts aus erfasst werden. Insofern wird nicht nach *einer* spezifischen Form und Funktion der Gewalt gefragt, sondern vielmehr nach der im Verweben unterschiedlicher Gewaltformen und -funktionen aufscheinenden spezifischen «socialité» der Narration von Gewalt.[83] Zudem stehen Dominanz und Sichtbarkeit der aus den diegetischen Zusammenhängen heraus fassbaren *Gewaltarten* im Fokus, welche sich im stets neu formierenden literarischen Feld und daher nur für einen bestimmten Zeitpunkt als vorläufig prägnant erweisen. Sie sollen aus den Texten selbst anhand der im nächsten Kapitel vorgestellten Methodik auf sprachlicher wie inhaltlicher Ebene und in ihrer Verschiedenartigkeit, ihren diegetischen, referentiellen und intertextuellen Zusammenhängen herauspräpariert werden.

Die vorliegende Studie betritt hier insofern Neuland, als dass es ein derartiges Unterfangen für die französische Gesellschaft der Gegenwart bezüglich des nationalen literarischen Feldes nicht gibt und aufgrund der zeitlichen Nähe der untersuchten Publikationen auch noch nicht in monographischer Form geben kann. Um ein solches Unterfangen umzusetzen, gilt es nicht allein auf die Gewalt-Ästhetik der Texte zu achten oder in Form einer Rezeptionsästhetik die Frage nach der ‹Wirkung› erzählter Gewalt in der Literatur zu stellen, sondern sich auf den sowohl sprachlichen wie lebensweltlichen und damit sozialen, da kollektiv kommunizierbaren Modellcharakter sprachästhetisch und narrativ gestalteter *Welthaltigkeit* in den Erzähltexten einzulassen. Darin auftauchende Sprachformen, Gewaltprozesse, Situationen und Ereignisse sollen auf systematisch entfaltete Funktions- und Sinnzusammenhänge bezogen werden, um diese Sinnzusammenhänge als Politik des Erzählens und der Literatur kritisch zu beleuchten. Dies geschieht vor dem Hintergrund der Frage nach einer möglichen

---

Suhrkamp 2001, S. 30; vgl. zudem Böning, Marietta: Illusio. In Fröhlich, Gerhard / Reihbein, Boike (Hg.): *Bourdieu-Handbuch: Leben – Werk – Wirkung*. Stuttgart: Metzler 2014, S. 129–131, insb. S. 130.
83 Zu diesem Komplexen Begriff als «connaissance spécifique du social» vgl. Dubois, Jacques: Socialité de la fiction. In: Baudorre u. a. (Hg.): *Littérature et sociologie*, S. 33–48.

‹seismographischen Funktion› der Literatur des *extrême contemporain*, welche weiter unten aufgeworfen werden soll.

Dabei muss auch eine zentrale Annahme poststrukturalistischer Literaturtheorie berücksichtigt werden: Es ist von Produktions- wie von Rezeptionsseite her schlichtweg unmöglich, die strukturelle Abgeschlossenheit oder die ‹Identität› eines Texts zu postulieren.[84] Dies gilt bereits seit langer Zeit insbesondere für die Gattung des Romans und polyphon erzählender Literatur, deren Erforschung durch die Bachtin'schen Studien zu Ambivalenz, Polyphonie der Stimmen sowie zur Dialogizität des Wortes im Text zur Wiege der *Intertextualitätstheorie* wurde.[85] Insofern können die hier analysierten Sinnzusammenhänge und Politiken der Texte sich je nach zukünftigen Entwicklungen in Gesellschaft, Politik, aber auch im Feld der Literatur ändern, so dass die untersuchten Gewaltformen und -prozesse unter neuen Aspekten untersucht werden müssen.

Die hier vorgestellten Analysen stellen also nur Fokussierungs-*Möglichkeiten* auf das Gewaltphänomen in Frankreich dar, welche einen Teil des textuellen Reichtums aus der Perspektive zeitlicher Nähe und – als Studie eines Forschers aus dem Nachbarland Deutschland – aus gemäßigter räumlicher und kultureller ‹Distanz› erforschen. Wie bereits in der Einführung an Ladj Lys filmischem Beispiel angesprochen und vor dem eben skizzierten Erkenntnishorizont deutlich werden sollte, besteht dabei die Hoffnung, dass nicht allein die unbezweifelbaren Verdienste soziologischer Gewaltforschung, sondern auch der (selbst-)kritische sprachliche und schriftstellerische Umgang mit Strukturen und Prozessen der Gewalt in Frankreich zu einer kritischen Diskussion des Gewaltphänomens beitragen können. Dabei ist ein sowohl räumlich wie zeitlich heterogenes Spektrum an Formen erzählter Gewalt zu erwarten. Dieses trägt beim literarischen Modellieren einerseits ‹ererbten› Gewaltnarrativen der französischen Geschichte aus jahrhundertelanger Kolonialherrschaft, zivilisatorischem bzw. religiösem Superioritätsdenken, Rassismus und Terrorismus Rechnung, bringt aber auch weniger

---

84 Hierzu sei natürlich auf Jacques Derridas Begriff der *différance* hingewiesen, welcher in Sprache und Text jeglicher Identitätsphilosophie ausgehend von festen und abgeschlossenen Bezugsmustern, wie sie der Strukturalismus noch voraussetzte, eine Absage erteilte. Derrida, Jacques: La différance. In Sollers, Philippe / Barthes, Roland / Baudry, Jean-Louis / Derrida, Jacques u. a. (Hg.): *Tel Quel. Théorie d'ensemble*. Paris: Seuil 1986, S. 43–68.
85 Vgl. Kristeva, Julia: Bachtin, das Wort, der Dialog und der Roman. In: Ihwe, Jens (Hg.): *Literaturwissenschaft und Linguistik. Ergebnisse und Perspektiven*. Bd. 3: *Zur linguistischen Basis der Literaturwissenschaft*. Frankfurt a.M.: Athenäum 1972, S. 345–375; sowie Lehmann, Jürgen: Ambivalenz und Dialogizität. Zur Theorie der Rede bei Michail Bachtin. In: Kittler, Friedrich A. / Turk, Horst (Hg.): *Urszenen. Literaturwissenschaft als Diskursanalyse und Diskurskritik*. Frankfurt a.M.: Suhrkamp 1977, S. 355–380.

sichtbare Gewaltformen an die Oberfläche des Diskurses und gibt Opfern dieser Gewalt eine Stimme. Nicht zuletzt kann dabei in Frankreich auf einen im Folgenden kurz skizzierten intertextuellen und historischen Referenzraum philosophie- und kulturgeschichtlicher Gewaltreflexion zurückgegriffen werden.

2.3 Exkurs: Parcours ambivalenter Gewaltreflexion als gewalttheoretische Referenzräume der Gegenwartsliteratur

Eine *ambivalente* Einstellung zur Gewalt begleitete gerade in Frankreich vor wie nach Errichten der Ersten Republik nicht nur den Blick auf die französische Geschichte und Gesellschaft sowie die Frage nach der Ethik des Individuums als Untertan und Bürger; sie betraf durch die lange Zeit unangefochtene kontinentale Vormachtstellung des Landes auch das meist auf Europa zentrierte ‹Projekt› der Moderne im Allgemeinen.[86] Dementsprechend leitet diese zentrale Bedeutung der Gewalt für das Verständnis der europäischen Moderne auch zu Beginn des 21. Jahrhunderts zahlreiche historische und kulturgeschichtliche Untersuchungen. Diese widmeten sich der Geschichte der Gewalt in Frankreich vor und nach der revolutionären *Terreur*: zu Zeiten der Religionskriege und des Absolutismus, aber auch während der sozialen Kämpfe des 19. Jahrhunderts und natürlich hinsichtlich des französischen Imperialismus und Kolonialismus. Dabei erfolgte jeweils eine spezifische Fokussierung auf politische, historische und gesellschaftliche Akteure.[87]

Eine philosophische Reflexion von Gewalt als sozialem Konfliktphänomen mit einer individuell-ethischen und einer kollektiv-staatlichen Dimension lässt sich in Frankreich bis in die Frühe Neuzeit zu den gewaltkritischen *Essais* Michel de Montaignes wie «De la cruauté» (II, 11) und «Que le goût des biens et des

---

[86] Vgl. Habermas, Jürgen: *Die Moderne – ein unvollendetes Projekt* (1980). In ders.: *Kleine Politische Schriften (I–IV)*. Frankfurt am Main: Suhrkamp 1981, S. 444–466; für ein erweitertes Moderne-Konzept vgl. demgegenüber Ette, Ottmar: *Weltbewusstsein. Alexander von Humboldt und das unvollendete Projekt einer anderen Moderne*. Mit einem Vorwort zur zweiten Auflage. Weilerswist: Velbruck Wissenschaft 2020.
[87] Vgl. Carroll, Stuart: *Blood and Violence in Early Modern France*. Oxford: Oxford UP 2006; Marcandier Colard, Christine: *Crimes de sang et scènes capitales: essai sur l'esthétique romantique de la violence*. Paris: PUF 1998; Duong, Kevin: *The Virtues of Violence: Democracy against Disintegration in Modern France*. New York: Oxford University Press 2020. Mit medienwissenschaftlichem Fokus Anfang der 90er Jahre vgl. Windebank, Janice / Günther, Renate (Hg.): *Violence & Conflict in Modern French Culture*. Sheffield: Sheffield Academic Press 1994.

maux» (I, 14) zurückverfolgen.[88] Sie durchzieht nicht nur die französische, sondern die europäische Kultur- und Philosophiegeschichte überhaupt und prägt die ambivalente Einstellung Jean-Jacques Rousseaus zur Gewalt, die ablehnende Haltung eines Alexis de Tocqueville ebenso wie die affirmativen, politischen Gewaltbegriffe der auf unterschiedliche Marx-Rezeptionslinien zurückgehenden Denker Georges Sorel, Jean-Paul Sartre oder Frantz Fanon.[89] Es ist jedoch wie im Falle Montaignes vor allem die komplexe Verwobenheit individueller mit kollektiv-staatlicher Gewalt im Raum des Politischen, welche dabei insbesondere in Bezug auf Frankreich auf vielfältige Weise von diesen Philosophen, aber natürlich auch von Literaten der Romantik, des Realismus und Naturalismus wie Victor Hugo, Émile Zola oder Edmond und Jules de Goncourt reflektiert wurde.

Daneben – aber im gleichen Spannungsfeld zwischen Individuum und Kollektiv – rückte auch die von Sorel betonte *anthropologische* Dimension des Ge-

---

88 Diese Zählung nach Montaigne, Michel de: *Essais* (1595). Texte établi par P. Villey et V. L. Saulnier. 3 Bde. Paris: PUF 1965. Zum Gewaltbegriff bei Montaigne vgl. Nazarian, Cynthia: Montaigne on Violence. In Desan, Philippe (Hg.): *The Oxford Handbook of Montaigne.* Oxford – New York: Oxford University Press 2016, S. 493–507.

89 Zum Rousseau'schen Gewaltbegriff vgl. Riekenberg, Michael: *Gewalt. Eine Ontologie.* Frankfurt a.M.: Campus Verlag 2019, Kap. 9: S. 98–101, insb. S. 99; sowie Howe, Steven: *Heinrich von Kleist and Jean-Jacques Rousseau: Violence, Identity, Nation.* Rochester – New York: Camden House 2012, S. 35 f. Zu Tocquevilles Ablehnung revolutionärer Gewalt vgl. Tocqueville, Alexis de: *L'Ancien Régime et la Révolution.* In ders.: *Œuvres complètes.* 9 Bde. Paris: Michel Lévy 1866 (7e éd.), Bd. 4, S. 18 f. Zu Tocquevilles Standpunkte bezüglich der Algerien-Frage vgl. Duong, Kevin: *The Virtues of Violence,* S. 53–82; zu Sorel als einflussreichem Theoretiker der Gewalt vgl. Sorel, Georges: *Réflexions sur la violence* [1908]. Paris: Marcel Rivière 1910; sowie Große Kracht, Klaus: Georges Sorel und der Mythos der Gewalt. In: *Zeithistorische Forschungen / Studies in Contemporary History* 5 (2008), S. 166–171; zu Fanons kritischer Marx-Rezeption vgl. Allahar, Anton L.: «Racing» Caribbean Political Culture: Afrocentrism, Black Nationalism and Fanonism. In Henke, Holger Henke / Réno, Fred (Hg.): *Modern Political Culture in the Caribbean.* Barbados – Jamaica –Trinidad and Tobago: University of the West Indies Press 2003, S. 21–58, insb. S. 47–54. Zum Gewaltbegriff in seinen beiden Hauptwerken selbst vgl. Fanon, Frantz: *Les damnés de la terre.* Préface de Jean-Paul Sartre (1961); Préface d'Alice Cherki et postface de Mohammed Harbi. Paris: Éditions La Découverte / Poche 2002, das erste Kapitel «De la violence», S. 44–107 ; sowie ders.: *Peau noire, masques blancs* [1952]. Paris: Seuil 1965. Vgl. in diesem Zusammenhang auch Sartres umstrittene Gewalt-Apologie bei Sartre, Jean-Paul: Préface à l'édition de 1961. In: Fanon, Frantz: *Les damnés de la terre,* S. 23–42. Gerade Sartres ambivalente Einstellung gegenüber terroristischer Gewalt machte und macht ihn weiterhin zur vielrezipierten Reizfigur akademischer Debatten; vgl. unter vielen anderen Laing, Ronald David / Cooper, David Graham (Hg.): *Reason und Violence: A Decade of Sartre's Philosophy, 1950–1960.* New York: Routledge 1971; sowie jüngeren Datums Santoni, Ronald E.: *Sartre on Violence: Curiously Ambivalent.* University Park: The Pennsylvania State University Press 2003; sowie Ang Mei Sze, Jennifer: *Sartre on Moral Limits of War and Terrorism.* New York: Routledge 2010, S. 90–108.

waltbegriffs als in archaischen Zusammenhängen gespiegelte Problematik in den Vordergrund. Denn der Umgang mit Gewalt als deren kollektive Eindämmung durch die Gesellschaft wurde als seit den Anfängen menschlichen Zusammenlebens bestehende Notwendigkeit erkannt. Ausgehend vom Studium literarischer Autoren aller Epochen wie auch der biblischen Texte machte René Girards *philosophische Anthropologie* jedoch anders als Sorels ‹Bergsonianismus› weniger einen vitalistischen Gewaltbegriff des Individuums als vielmehr das mimetische und dabei rivalisierende Verhalten des Menschen zur Grundlage einer archaischen Gewaltpolitik, die ihrerseits Gewalt als ritualisiertes, symbolisiertes und tabuisiertes Element des Zusammenlebens in Opfer und Wettkampf institutionalisierte.[90] Mit Sorels Deutung des Marxismus und Girards anthropologischer Gesellschaftsdeutung erschien in der französischen Philosophie einerseits ein geradezu ‹auf Dauer gestellter›, da dem menschlichen Verhalten eigentümlicher, emanzipatorischer und destruktiver Gewaltbegriff gegen eine herrschende gesellschaftliche Machtordnung, andererseits ein ebenso dauerhafter, die Gesellschaft stabilisierender Gewaltbegriff, der zugleich Gemeinschaft durch die Funktion des *Opfers* im religiösen Sinne ermöglicht.

Diese beiden Gewaltbegriffe wurden jedoch im strukturalistischen Marxismus wiederum von einem kritisch analysierten Machtbegriff abgegrenzt, der Denker wie Louis Althusser und seinen Schüler Alain Badiou in ihren Überlegungen begleitete.[91] Die Gesellschaft als normierendes und indirekt gewalttätiges Kollektiv, aber auch der Staat als in sich selbst gewaltsame Struktur treten in der Theoriegeschichte des französischen 20. Jahrhunderts in den Vordergrund. Dieser Staat hat gemäß Denkern des Poststrukturalismus wie Michel Foucault seinen Anspruch auf Gewaltanwendung auch gegen die von diesem Staat selbst verfochtenen Rechte des Individuums keineswegs nach den liberalen Umstürzen des 19. Jahrhunderts aufgegeben.

---

90 Vgl. René Girards Grundlagenstudie zur Gewalt: *La Violence et le sacré* [1972]. Paris: Grasset 2007. Zu seiner Theorie des rituellen Sündenbocks vgl. ders.: *Le Bouc émissaire*. Paris: Grasset 1982; sowie Coulon, Pascal: *René Girard, l'impensable violence*. Paris: Germina 2012; zur Aktualität der philosophischen Anthropologie für die Philosophie der Gegenwart vgl. Krüger, Hans-Peter: *Philosophische Anthropologie als Lebenspolitik. Deutsch-jüdische und pragmatistische Moderne-Kritik.* Berlin – Boston: De Gruyter 2009.
91 Vgl. Louis Althussers grundlegende und später weiter entwickelte Ausarbeitung unterschiedlicher Anwendungszusammenhänge staatlicher Gewalt als ‹indirekte› in den *Appareils idéologiques d'État* (Schule, Familie, Religion, u. a.) und ‹direkte› in den *Appareils répressifs d'État* (Polizei, Gefängnis, Militär, u. a.) in ders.: *Idéologie et appareil Idéologique d'État (AIE) (Notes pour une recherche)*. Paris: Éditions sociales 1970. Zum Gewaltbegriff bei Badiou vgl. Imbong, Regletto Aldrich D.: Violence in Alain Badiou's Emancipatory Politics. In: *Philosophy and Critique* X, 2 (December 2016), S. 210–225.

Es ist in der Forschung umstritten, ob Michel Foucault dabei zu den Theoretikern der Gewalt im engeren Sinne zu zählen ist, da es vor allem der Begriff der ‹Macht› als «jeu relationnel» ist, welcher seine Schriften prägt. Dennoch finden sich in seinen Reflexionen stets Hinweise auf die Frage nach der Rolle der Gewalt im staatlichen Handeln wie auch in jenen Aussagezusammenhängen, welche er als *Diskurse* bezeichnete. Staatliche und diskursive Gewalt äußern sich jedoch nicht immer und ubiquitär in staatlichem Handeln oder in der abstrakten Machtausübung der Diskurse auf das Individuum, sondern müssen situativ und anhand historischer ‹Konfigurationen› reflektiert werden.[92] Dennoch sind es neben den Exekutivorganen des Staates vor allem öffentliche Institutionen, die Gewaltanwendung *im Sinne* von Staat und gesellschaftlichen Diskursen *ermöglichen* und teilweise auf Dauer stellen. Psychiatrische Einrichtungen, Schulen und Gefängnisse erlauben es nicht nur, mehr oder weniger intensive Gewalt gegen innergesellschaftliche Destabilisierungstendenzen in Form von (erzwungener) Therapie, Sanktionen, Disziplinierung oder Freiheitsentzug anzuwenden, sondern auch ihren eigenen Status als normierende und scheinbar notwendige Instanzen der Gesellschaft zu festigen. Die Machtpolitiken des Staates in ihren oft mit direkter und indirekter Gewaltanwendung einhergehenden Formen rücken in den Fokus der Foucault'schen Machtkritik als vermeintliche «volonté générale», die als institutionalisierte und autotelische «raison d'État», als «gouvernementalité» gewalttätig auf das Individuum im gesellschaftlichen Kontext wirken kann.[93] Der Philosoph Frédéric Gros fasste dieses staatskritische Denken Michel Foucaults folgendermaßen zusammen:

> La « raison d'État », le « coup d'État » ce sont les concepts qui établissent cette primauté. L'État peut donc être défini comme une certaine unité politique (constituée par un territoire, une administration centralisée, une population et des richesses naturelles) dont l'e-

---

92 «Il [Foucault, ML] n'étudie pas non plus la violence du côté de la victime, en examinant le problème de la souffrance ou du déni. Cependant on peut trouver dans sa pensée un certain nombre d'éléments de réflexion sur la place de la violence dans le discours et les institutions, dans les savoirs et les pouvoirs. On peut commencer par distinguer deux domaines dans lesquels ce problème sera posé. Le domaine discursif et le domaine politique. Dans le domaine discursif, la question est: peut-on parler d'une violence de la vérité et du discours ? Dans le domaine politique, c'est la question: peut-on parler d'une violence spécifiquement institutionnelle et étatique ? Violence du logos, violence de l'État ? Ces deux interrogations constituent un des grands héritages théoriques de Foucault» [deutsche Übersetzung im Anhang]. Gros, Frédéric: Foucault, penseur de la violence? In: *Cités* 50 (12/2), S. 75–86, hier 75.
93 Vgl. Michel Foucaults bahnbrechende Kritiken der historisch gewachsenen Institutionen Gefängnis und Klinik in ders.: *Surveiller et punir. Naissance de la prison.* Paris: Gallimard 1975; sowie ders.: *Naissance de la clinique. Une archéologie du regard médical.* Paris: Presses Universitaires de France 1963.

xistence est soutenue par une certaine gouvernementalité. Le renforcement indéfini de l'État est obtenu par une gouvernementalité qui calcule froidement les intérêts. L'idée de Foucault, c'est donc, non pas de fonder philosophiquement comment l'État devrait gouverner, mais de décrire comment historiquement on s'est mis à gouverner au xviie siècle à partir de la prise en compte systématique de cette nécessité spécifique qu'on appelle l'État. Or gouverner selon l'État, c'est un perpétuel va-et-vient entre le respect d'un ordre légal dont on se porte garant, et, afin de renforcer cet État, l'adoption de mesures et la prise de décisions au mépris de tout droit. L'ultime justification c'est l'intérêt de l'État. Dès lors Foucault affirme que la violence est au cœur de l'État puisqu'il existe selon un régime de nécessité dont l'affirmation suppose la transgression des valeurs morales, des dispositions légales, des prescriptions naturelles.[94]

Die Gewalt des modernen Staates gegenüber dem Kollektiv wäre ihm damit seit seiner Entstehung als Notwendigkeit strukturinhärent, zusammen mit der Möglichkeit einer Übertretung der staatlich gesetzten Normen und Regeln. Auch auf diskursiver Seite wäre Gewalt eine bestimmten Diskursen (bspw. in Recht, Medizin, Psychologie) innewohnende Handlungsmöglichkeit, die sich juristisch, soziologisch, medizinisch, psychologisch oder anthropologisch gerechtfertigt als rationalisiertes Handeln äußert, das im gesellschaftlichen Kontext als Notwendigkeit erscheint, sobald Individuum und Diskurs nicht mehr aufeinander beziehbar sind. Aus der von Georges Sorel und Hannah Arendt forcierten begrifflichen Trennung von Gewalt und Macht wird bei Foucault eine Machtkritik, welche Gewalt als den Punkt in einer bestimmten Machtkonstellation darstellt, wo die Asymmetrie der Macht zwischen den Akteuren zu groß ist, als dass noch eine «Gegenseitigkeit» bestehen könnte.[95]

Diese diskurs- und machtkritische Komponente des Gewaltbegriffs als Punkt in einer bestimmten Erzählkonstellation der Gewalt kann gerade im literarischen Erzählen und den hier diskutierten Erzähltexten ebenso eine Rolle spielen wie eine andere Dimension des Zusammenlebens, welche ausgehend vom strukturalistischen Denken als gesellschaftliche Gewaltinstanz erkannt wurde: die Dimension der Sprache selbst. Der spezifische, freie und im besten Fall subversive Umgang der Literatur mit Registern, Stilebenen und Verwendungszusammenhängen der Sprache, also das freie Spiel des Texts mit «langue», «langage» und «parole» verwandelt dabei Literatur selbst in eine gesellschaftliche Gewalt gegen die Gewalt fremdbestimmten Sprechens und normierter Sprache. Philosophen wie Jacques Derrida und Roland Barthes entlarvten von theoretischer Seite dabei end-

---

94 Gros: Foucault, penseur de la violence ?, S. 85.
95 «La violence, c'est précisément ce moment où, dans un jeu de pouvoir déterminé, l'asymétrie est trop forte et qu'il n'y a plus de réciprocité possible.» / «Gewalt ist genau der Moment, in dem in einem bestimmten Machtspiel die Asymmetrie zu stark ist und keine Gegenseitigkeit mehr möglich ist.» Ebda. S. 86.

gültig die Sprache und die mit ihr einhergehende Weltordnung in ihrer Rolle als zentrale Gewaltinstanz normierter Gesellschaftsordnung und eines logozentrischen Essenzdenkens.[96] Berühmt geworden ist hierbei Barthes' Zuspitzung dieser Feststellung anlässlich seiner Antrittsvorlesung am *Collège de France* im Jahr 1977:

> Le langage est une législation, la langue en est le code. Nous ne voyons pas le pouvoir qui est dans la langue, parce que nous oublions que toute langue est un classement, et que tout classement est oppressif: *ordo* veut dire à la fois répartition et commination. [...]
>
> La langue, comme performance de tout langage, n'est ni réactionnaire, ni progressiste; elle est tout simplement: fasciste; car le fascisme, ce n'est pas d'empêcher de dire, c'est d'obliger à dire.
>
> Dès qu'elle est proférée, fût-ce dans l'intimité la plus profonde du sujet, la langue entre au service d'un pouvoir. En elle, immanquablement, deux rubriques se dessinent: l'autorité de l'assertion, la grégarité de la répétition.[97]

Barthes' auf den ersten Blick bedrohliche Perspektivierung der Sprache als «pouvoir» ist jedoch mit der großen Möglichkeit der Literatur als gesellschaftlicher ‹Gegengewalt› verbunden. Die sprachkritische Dimension von Lyrik und Literarizität, Text überhaupt als ‹Gegengift› logozentrischer Sprachordnungen, wurde im Umfeld der Schriftsteller*innen um *Oulipo*, der Gruppe *Tel Quel* und den antipsychologischen wie antitraditionalistischen Schreibformen des *Nouveau roman* theoretisch wie praktisch weiter entwickelt und gesellschaftlich fruchtbar gemacht.[98] Auf dem Erbe der historischen Avantgarden wie dem

---

96 Die Derrida'sche Wendung des Gewaltbegriffs hin zu Sprache und Theorie setzte der US-amerikanische Romanist Andrew J. McKenna in Verbindung zu Girards Gewalttheorie: «Whereas Girard advances theory of violence, Derrida is concerned with the violence of theory. Girard offers a genetic hypothesis anchored in the victim; Derrida presents a critique of origins focused on writing and its analogues, ‹its non-synonymous equivalents›, which by their very nature – or rather lack of nature or essence – cannot be anchored to anything.» McKenna, Andrew J.: *Violence and Difference: Girard, Derrida, and Deconstruction*. Urbana – Chicago: University of Illinois Press 1992, S. 24.

97 Barthes, Roland: *Leçon inaugurale de la chaire de sémiologie littéraire du Collège de France*. Paris: Seuil 1977, S. 9 ff. Zur Diskussion von Roland Barthes' anlässlich seiner Antrittsvorlesung am *Collège de France* getroffenen berühmten und weitreichenden Äußerung und den fruchtbaren Schlüssen, die Barthes selbst aus dieser Feststellung für seine eigene Theorie zieht vgl. Ette, Ottmar: *Roland Barthes. Eine intellektuelle Biographie*. Frankfurt a.M.: Suhrkamp 1998, S. 419 ff.; sowie Merlin-Kajman, Hélène: *La Langue est-elle fasciste ? Langue, pouvoir, enseignement*. Paris: Seuil 2003.

98 Gerade die Gewalt, welche der *Nouveau roman* den Leser*innen-Erwartungen gezielt antut und dadurch als ‹gewaltsame› Lektüre auch wahrgenommen wird, ist früh hervorgehoben worden. Vgl. Heath, Stephen: *The Nouveau Roman: A Study in the Practice of Writing*. London: Elek 1972, S. 34.

Saussure'schen Sprach-Zeichen-Begriff aufbauend, sahen auch die Poststrukturalisten in der Sprache ein zwischen kollektiv etablierter Struktur und individuell anverwandeltem Sprechen wirkendes Gewaltpotential.

Dieses konnte einerseits durch das Spiel mit den Bedeutungsebenen der Sprache oder durch «déconstruction» ihrer unhinterfragten Sinnhierarchien und ihrer Struktur selbst, andererseits durch die ‹Gegengewalt› einer Auflösung der Sprache und der in ihr und durch sie auf das Individuum fixierend wirkenden Sinnzusammenhängen und Normsetzungen geschehen.[99] Roland Barthes' Gedanken zum *Epischen Theater* kommen beispielsweise nicht umhin, in Brechts gewaltsamem, weniger «subversivem» als vielmehr «erschütterndem» Umgang mit Sprache ein Ausnutzen und ‹avantgardistisches Kontern› jener gewalttätigen Dimension der Sprach-Macht und eine gewaltsame Öffnung jener oftmals als feststehend inszenierten Struktur der *Logossphäre* zu sehen, welche Individuum und Kollektiv im Akt des Sprechens und Schreibens verbindet, aber auch aneinander fesselt:

> Tout ce que nous lisons et entendons, nous recouvre comme une nappe, nous entoure et nous enveloppe comme un milieu : c'est la logosphère. Cette logosphère nous est donnée par notre époque, notre classe, notre métier : c'est une «donnée» de notre sujet. Or, déplacer ce qui est donné ne peut être que le fait d'une secousse ; il nous faut ébranler la masse équilibrée des paroles, déchirer la nappe, déranger l'ordre lié des phrases, briser les structures du langage (toute structure est un édifice de niveaux). L'œuvre de Brecht vise à élaborer la pratique d'une secousse (non de la subversion : la secousse est beaucoup plus «réaliste» que la subversion) ; l'art critique est celui qui ouvre une crise : qui déchire, qui craquelle le nappé, fissure la croûte des langages, délie et dilue l'empoissement de la logosphère ; c'est un art *épique* : qui discontinue les tissus de paroles, éloigne la représentation sans l'annuler.[100]

Dementsprechend fruchtbar ist gerade für die Frage nach der Gewalt die Erkenntnis des Poststrukturalismus, dass literarischer Text stets jenes emanzipatorische Potential beinhalten kann, das die Herrschaft von Sprache über das Denken des Individuums einerseits offenlegt, andererseits angreifbar macht. Auf die von Roland Barthes immer wieder stark gemachte Skepsis gegenüber der Wirksamkeit des avantgardistischen Paradigmas der Zerstörung des ‹Überkommen-Verbrauchten› und ‹Althergebrachten› als dialektischem Prozess kann

---

[99] Speziell hinsichtlich Derridas *différance*-Begriff als ‹Antigewalt› vgl. Selvan, Charles M.: *Le jeu et la violence: La différance comme déconstruction de la violence*. 2 Bde. Paris: L'Harmattan 2018.

[100] Barthes, Roland: Brecht et le discours: contribution à l'étude de la discursivité. In ders.: *Œuvres Complètes*. Edition établie et présentée par Eric Marty. 3 Bde. Paris: Seuil 1993–1995, Bd. 3, S. 260–267, hier S. 261.

hier nicht weiter eingegangen werden, sei jedoch als relativierendes Element in Barthes' Auslegung des Poststrukturalismus gegenüber einem auch auf sprachlich-ästhetischer Ebene vorbehaltslosem Gewaltbegriff angeführt.[101] Auf diese bereits im Zuge von Jacques Rancières weiter oben erwähnte emanzipatorische Funktion von Text als Arbeit an einer dominanten Sprache der Diskurse und Meinungen muss in den folgenden Nahanalysen von Erzähltexten über Gewalt Bezug genommen werden, um ihr dokumentarisches und subversives Potential als textuelle Spracharbeit, aber auch ‹Gewalt› der Literatur gegen die Macht gesellschaftlicher Diskurse greifbar zu machen.

Gewalt – vom Kollektiv aus gedacht – hat in Frankreich also niemals aufgehört, Politik im Sinne eines Handelns für und gegen anerkannte Regeln des Staates wie des Zusammenlebens zu sein; eine notwendige Ingredienz zur Festigung einer Ethik des Engagements und der Gesellschaft als Gemeinschaft. Es verwundert allein ausgehend vom tiefen Gewaltverständnis der oben erwähnten französischen ‹Meisterdenker› nicht, dass eine vielfältige und bisweilen gewalttätige Protestkultur, wie sie zu Beginn des 21. Jahrhunderts weltweit und in Bewegungen wie dem *Mouvement des Gilets Jaunes* (2018) und *Nuit debout* (2016) eine Renaissance erlebte, dabei auf diese französische kultur- und geistesgeschichtliche Gewaltreflexion als zentralem Erbe der Moderne zurückgreifen kann. Dabei muss jedoch Gewalt als Politik nicht *per se* gut geheißen werden, wie der *Mouvement des Indignés* in Spanien und Frankreich zeigte.[102]

Nicht zuletzt in der Literatur des *extrême contemporain* spiegeln sich aus der Nahsicht der 20er Jahre des 21. Jahrhunderts die soziale Gegenwart ‹aktueller› politischer Protestformen, aber natürlich auch die terroristische Gewaltanwendung des islamistischen Fundamentalismus sowie des Rechtsterrorismus und historisch reflektierte Gewaltzusammenhänge kollektiver Art auf verschiedentlichen und komplex verwobenen Textebenen. Die Erörterung dieser Verbindungen einer gegenwärtigen mit einer historisch nicht nur an französische Traditionen anknüpfenden Gewaltreflexion ist eine der zentralen Fragen des Hauptteils dieser Studie, welche an die ausgewählten Erzähltexte herangetragen wird.

---

101 Vgl. hierzu Ette, Ottmar: *Roland Barthes – eine intellektuelle Biographie*. Frankfurt am Main: Suhrkamp 1998, S. 136–144; sowie ders.: *Von den historischen Avantgarden bis nach der Postmoderne. Potsdamer Vorlesungen zu den Hauptwerken der romanischen Literaturen des 20. und 21. Jahrhunderts.* Berlin – Boston: De Gruyter 2021, S. 587–595.
102 Vgl. dazu des Stéphane Hessels ‹Gründungsmanifest› *Indignez-vous*, darin das Kapitel «La non-violence, le chemin que nous devons apprendre à suivre», Hessel, Stéphane: *Indignez-vous !* Avec une postface des éditeurs la fabuleuse histoire d'Idignez-vous ! Montpellier: Indigène éditions 2012, S. 9 ff.

Auf einer anderen Ebene und ebenfalls früh in der Moderne – aufgrund der zentralen Rolle des Landes für die europäische Aufklärung wohl kaum verwunderlich – geschah es, dass in Frankreich auch die Rolle der Gewalt, welche vom Individuum ausgeht und als existentielle wie ontologische Dimension begriffen wurde, nicht nur philosophisch eingehend reflektiert, sondern zugleich auch in Literatur und mehr oder weniger fiktionale ‹Lebenspraxis› umgesetzt wurde. Auf Kosten zahlreicher meist weiblicher Opfer, aber auch mittels weiblicher Täterfiguren zugunsten weiblichen Verlangens, wurde Gewaltanwendung als der Luststeigerung dienende, systematisch ausgeführte Technik und (un-)ethische Handlungsmöglichkeit des Einzelnen philosophisch reflektiert und literarisch inszeniert.[103] Diese philosophische und literarische Gewaltreflexion des auf- und abgeklärten *Libertin* rang dabei mit dem metaphysisch verankerten Moralbegriff christlicher Prägung, den sie zu überwinden suchte, wobei sich an ihr und durch sie die Frage nach einer grundsätzlichen Existenz moralischer Kategorien wie *Gut* und *Böse* trefflich konkretisieren ließ.[104]

Sade – ihr zentraler Theoretiker – bleibt nach wie vor einer der umstrittensten Denker und Schriftsteller Frankreichs, der brutalste Gewalt ästhetisierte, dabei bezüglich seiner politischen Einstellungen sehr vage ist und lustbetont-sexualisierte Brutalität vor allem als Herausforderung einer dominanten, christlich-katholischen Transzendenz-Ordnung und einer im aufklärerischen Rationalismus fragwürdig gewordenen metaphysisch fundierten Moral literarisch fruchtbar machte.[105] Seine Schriften wurden keineswegs als Exzesse eines rücksichtslosen Egoisten mit dekadenten Klassenprivilegien «verbrannt», wie es Simone de Beauvoir in den 50er Jahren des letzten Jahrhunderts diskutierte, sondern behielten ihre zum Mythos

---

[103] Zur paradoxen Verbindung weiblichen wie männlichen Begehrens in Form von Naturverehrung und Mutterhass sowie zur durchaus phallozentrischen Überwindung von Gender-Identitäten durch den *Libertin* bei Sade vgl. Gallop, Jane: Sade, mothers and other women. In Allison, David B. / Roberts, Mark S. / Weiss, Allen S.: *Sade and the Narrative of Transgression*. New York: Cambridge UP 1995, S. 122–141.

[104] Zu einer literaturgeschichtlichen Einordnung Sades bezüglich des Problem des Bösen und dessen ästhetischer Konstituierung bei Sade im Kontext von Choderlos de Laclos und Gustave Flaubert vgl. Friedrich, Sabine: *Die Imagination des Bösen: zur narrativen Modellierung der Transgression bei Laclos, Sade und Flaubert*. Tübingen: Gunter Narr 1998, S. 102–168.

[105] Zum trotz «aristokratischer Voreingenommenheit», «Familienproblematiken» und explizit «antiparlamentarischer» Einstellung «schwer fassbaren» Charakter von Sades politischem Denken vgl. Roger, Philippe: A political minimalist. In Allison / Roberts / Weiss: *Sade and the Narrative of Transgression*, S. 76–99, insb. 85; sowie zum Nachhall der Sade'schen Rationalismus-Kritik bei Denkern des 20. Jahrhunderts wie Blanchot, Adorno und Bataille vgl. Allan, William S.: *Without End: Sade's Critique of Reason*. New York – London: Bloomsbury 2018; als kontroverse Lektüre vgl. AAVV: *Marquis de Sade: Philosoph oder Sadist?* Norderstedt: Science Factory 2013.

geronnene Rolle als ‹Schatten-Reflexe› eines aufklärerischen Rationalismus, durch die ihr Schöpfer als «Divin Marquis» in die Literatur-, Philosophie-, Kultur- und Psychologiegeschichte einging.[106]

Die von einem *Libertin* und philosophischen Pornographen gestellte Frage nach dem Bösen und der Lust an der Gewalt sollte Generationen von Intellektuellen und Schriftstellern beschäftigen und ganze Bibliotheken an Forschungsliteratur hervorbringen.[107] Dies verwundert nicht, denn Alphonse Donatien de Sade reflektierte lange vor Friedrich Nietzsche die Frage nach den existentiellen und emanzipatorischen Möglichkeiten des Menschen gegen transzendentale Bevormundung durch Moral, Sprache und Gesellschaft, wie sie in der Gewaltausübung auch liegen können. In seinen dichten Beschreibungen meist sexuell konnotierter Gewalttransgressionen in Form parodierter *Contes philosophiques* und Bildungsromanen inszenierte Sade zahlreiche Gewaltformen als steigerungsbedürftige Stimulanzien und Perversionen, die der Aristokrat nicht allein in der Tradition des kollektiven *Libertinage* jener Zeit begriff, sondern als individuelle Gewalt gegen jegliche Form gesellschaftlicher Hypokrisie und ungewisser Hoffnungen auf ein Leben nach dem Tod in seine Philosophie einbaute.[108] Die existentielle Dimension von Sades individual-emanzipatorischem Gewaltbegriff sollte in Frankreich auch in Anbetracht rasanter gesellschaftlicher Veränderungen der Moderne, bei einer gleichzeitig fortbestehenden rigiden Sexualmoral nichts an Aktualität einbüßen.

Im 20. Jahrhundert erlebten Sades Texte endgültig eine Renaissance, die sie dem Interesse der historischen Avantgarden, allen voran den Surrealisten sowie deren Epigonen zwischen Moderne und Postmoderne, Georges Bataille, Pierre Klossowski und Maurice Blanchot einerseits, einer poststrukturalistischen ‹Rehabilitierung› durch Denker wie Deleuze, Lacan, Foucault und Sollers

---

106 Vgl. Beauvoir, Simone de: *Faut-il brûler Sade* ? Paris: Gallimard 1953. Der Beiname des «Göttlichen Marquis» belegt die große Bedeutung Sades für die französischen Avantgarden. Vgl. Apollinaire, Guillaume: *Les Diables amoureux, idées.* Paris: Gallimard 1964, darin das Kapitel «Le Divin Marquis», S. 236–309.
107 Vgl. grundlegend von Lely, Gilbert: *Sade. Etudes sur sa vie et sur son œuvre.* Paris: Gallimard 1967; sowie zur ersten systematischen Bestandsaufnahme US-amerikanischer Provenienz nach 150 Jahren Sade-Rezeption Chanover, Pierre: *The Marquis de Sade: A bibliography.* Metuchen N.J.: Scarecrow Press 1973; sowie Colette Verger, Michael: *The Marquis de Sade: The Man, His Works, and His Critics: an Annotated Bibliography.* New York – London: Garland 1986.
108 Vgl. Colette Verger, Michael: *Sade, His Ethics and Rhetoric.* New York: Peter Lang 1989, S. 105; sowie Lloyd, Henry Martyn: *Sade's Philosophical System in its Enlightenment Context* London: Palgrave Macmillan 2018; bzgl. Sades Auslegung des Libertinage in seiner *Histoire de Juliette* in Form eines *Roman d'apprentissage* vgl. ebda. S. 231–282, zu Sades Instrumentalisierung des Genres *Roman philosophique* vgl. ebd. S. 83–112.

andererseits verdankten.[109] Dass Sade in seiner Konzeption einer in all ihrer Triebhaftigkeit rational applizierten Gewalt als Gegengift gegen die Vereinnahmungen einer ebenso rationalen wie zwanghaften Gesellschaft unfreier Individuen scheiterte, wurde dabei von Bataille als einem weiteren französischen Theoretiker transgressiver Gewalt des Individuums pointiert auf den Punkt gebracht. Georges Bataille wie auch Albert Camus sahen in Sades Antimoral und in Sade als einem ‹Anti-Philosophen› keineswegs jenes erfolgreiche Aufbegehren gegen eine überkommene Metaphysik, welches sie selbst in ihren philosophischen Überlegungen zur *Transgression* und zur *Positiven Revolte* gegen das Absurde der Conditio humana theoretisch fassten.[110] Als ‹Theoretiker des Bösen› dieses Böse mittels wortreicher Rationalisierungen zu *wollen*, stellte für Georges Bataille vielmehr eine tiefe Vergeblichkeit im Sade'schen Schreiben dar. Sie brachte das Irrationale wiederum in die Fänge der Dialektik, rationalisierte und degradierte es dadurch zu pornographischer Philosophie. Dieser Dialektik stellte Bataille seine eigene Konzeption eines emanzipatorischen, bisweilen ebenso gewalttätigen *Bösen* im Dienste einer nunmehr mit Nietzsches Affirmation gedachten irrational-dionysischen *Hypermoral* – in Form von Erotik und Verausgabung – entgegen.[111]

Doch nicht nur erzählte Gewalt als individuell ausagierte, transgressive Überforderung und Zerstörung des eigenen und fremden Körpers, sondern auch Gewalt in Form widerständiger Subversion und des Aufbrechens normierter Sprache und ästhetischer Kriterien literarischer Repräsentation konnte sowohl als *kollektive* Politik gegen die Sprache der Macht, aber auch als *individuell* und literarisch forcierte Gegengewalt äußerst fruchtbar gemacht werden. Vor allem

---

109 Zur Sade-Rezeption im Zeichen des Poststrukturalismus vgl. des zentrale, Sade gewidmete Kapitel «D.A.F. de Sade's One Hundred and Twenty Days of Sodom or The Reinvention of Politics: We the People» in Fradinger, Moira: *Binding Violence: Literary Visions of Political Origins*. Standford CA: Stanford University Press 2010, S. 105–169.
110 Zur Sade-Rezeption Georges Batailles vgl. Lloyd: *Sade's Philosophical System*, S. 7–10. Im Kapitel «La négation absolue» des *Homme révolté* fasste Albert Camus das Sade'sche System aus Lust und Gewalt im Dienste eines letztlich pessimistischen Naturbegriffs als misslungenen Emanzipationsversuch und Rückfall in eine erneute Knechtschaft, diesmal nihilistischer Prägung auf. Vgl. Camus, Albert: *L'homme révolté*. Paris: Gallimard 1951, S. 63f.
111 Vgl. Bataille, Georges: L'Érotisme. In: *Georges Bataille. Œuvres complètes*. Paris: Gallimard 1987. Bd. 10, S. 7–265, hier S. 187. Zur Bataille'schen Lesart von Nietzsches Moralbegriff vgl. ders.: *La littérature et le mal*. Paris: Gallimard 1957, S. 148. Zur jedoch bei Bataille fortbestehenden Sade'schen Kontinuität eines emanzipatorisch gedachten Zusammenhangs von Lust und Gewalt vgl. die drei teilweise rückdatierten Versionen von ders. alias Lord Auch: *Histoire de l'oeil*. Die jeweiligen Ausgaben von 1982, 1947, 1951; hier verwendet Bataille, Georges: *Histoire de l'oeil*. Paris: Pauvert 1985.

die gebrochene Darstellung einer gewaltsamen Moderne und ihre ästhetische wie sprachliche Neuordnung sowie Subversion mittels Ironie – abseits der mimetischen Beschreibungen gesellschaftlicher Not, Elend und Gewalt durch Realismus und Naturalismus – stellte ab Mitte des 19. Jahrhunderts eine Gegengewalt des Künstlerischen gegen die Vereinnahmung des Individuums durch ökonomische und technische Rationalisierung, aber auch gegen die damit einhergehende Entmündigung dar.

In sprachlich-literarischer Hinsicht war es neben dem Comte de Lautréamont und seinen ebenso dunklen wie selbstreflexiven Gewaltphantasien in den *Chants de Maldoror* von 1868/69 eben Charles Baudelaire, welcher die Darstellung von Gewalt, aber auch die Gewalt lyrischer Sprache als Widerstand gegen die rationalistische Vereinnahmung des Individuums im Zeichen metaphysischer Unbehaustheit erkannte und in Literatur umsetzte.[112] Baudelaire sollte durch sein literaturgeschichtliches Erbe einen literarisch-ästhetisch wirkenden Gewaltbegriff prägen, welcher wie Sade nicht nur eine Transgression individueller Lebensweltlichkeit und Befangenheit, sondern auch die gewaltsame Umgestaltung moderner Glätte, von Zwangsstrukturen und urbaner Überforderung in Form einer neuen Ästhetik des Hässlichen, Schmutzigen und Zersetzenden in den Blick nahm. Das Gedicht als «Vehikel», welches verschiedene Felder des Gesellschaftlichen mit all ihren Gewaltformen vereint und auch im symbolistischen Sinne «Korrespondenzen» erzeugt, mündete bei Baudelaire schließlich in neue Formen des Schreibens über die «Gewalt der Moderne» selbst:

> By explicitly staging the violence of poetic representation (rather than symptomatically parrying the trauma of history), Baudelaire offers a genealogy of violence and thereby opens up a critical relationship between a text and its contexts. The force of irony in Baudelaire's oeuvre functions as a counterviolence that teases out imbricated social, economic, and representational violences embedded in the postrevolutionary social body. The recurrent linking of violence and representation throughout his work exploits literature's performative force and uncovers zones of complicity between poetic discourse and other regimes of power. This rehearsal of violence opens up a space for the critique and resignification of accepted cultural practices through irony, performativity, intertextuality, and citationality.[113]

Diese ästhetische Verschiebung zugunsten einer von Gewalt erfüllten Moderne, in welcher eine neue «Kraft literarischer Performativität» erkannt wurde, sollte im 20. Jahrhundert entscheidend deren künstlerische und literarische Gestal-

---

112 Zum Gewaltbegriff bei Isidore Ducasse / Conte de Lautréamont vgl. Zweig, Paul: *Lautréamont: the Violent Narcissus*. New York: Kennikat Press 1972.
113 Sanyal, Debarati: *The Violence of Modernity: Baudelaire, Irony, and the Politics of Form*. Baltimore: The Johns Hopkins University Press 2006, S. 30.

tung auf neue Formen des Versprachlichens und Erzählens von Gewalt überhaupt öffnen. Nicht nur theorie-, sondern literaturhistorisch zentral können hier die Versuche der historischen Avantgarden als ‹Erben› Baudelaires und Mallarmés gesetzt werden, auf der philosophischen Grundlage nietzscheanischer Paradigmatik und eines den Lebensphilosophen entsprechenden Vitalismus' die Überschreitung von Leben durch Kunst und der Kunst durch das Leben umzusetzen. Auf diese hochkomplexe Differenzierung des Gewaltbegriffs bei den einzelnen historischen und politischen Avantgarden sowie den Wechselwirkungen beider – insbesondere natürlich Futuristen und Surrealisten – kann und muss an dieser Stelle jedoch nicht weiter eingegangen werden.[114]

Festgehalten werden soll jedoch die Tatsache, dass zusätzlich zur ‹seismographischen Funktion› der Literatur des *extrême contemporain* auch auf einen breiten, in diesem kurzen Exkurs nur äußerst unvollständig skizzierbaren, kulturellen und intertextuell evozierbaren, sowie natürlich nicht allein ‹französisch› geprägten historischen und theoretischen Referenzraum in einem vielstimmigen, zeitnahen Diskurs über Lebenswelt und Subjektivität zu achten ist. Dies insofern, als dass man die Rolle der Literatur bei dessen kritischer Betrachtung und für seine immer wieder neue Formierung ernst nimmt, indem Texte aus dem literarischen Feld ihre Referenzbeziehungen auf Philosophie- und Literaturgeschichte einer monologischen und appellativen Bedeutsamkeit als kulturgeschichtlich institutionalisierte Formen des Sprechens über Gewalt entreißen können.

Das Gewalt-Wissen der Literatur ist insofern also auch kritischer Rückbezug auf historische Gewaltnarrative theoretischer, künstlerischer und philosophischer Art. Die Axiomatik dieser Studie setzt somit sowohl auf die *Möglichkeit der Sichtbarmachung* gesellschaftlich relevanter Mechanismen der Gewalt als auch auf die *Diskutierbarkeit* historischer, philosophischer und kulturgeschichtlicher Referenznarrative der Gewalt durch die Literatur und literarisches Erzählen. Denn an dieser Stelle sei die Vermutung erlaubt, dass der literarische Diskurs über ein Phänomen, welches in seiner Vielfalt und Komplexität in der politischen und massenmedialen Vermittlung allzu leicht durch Vereinfachung zu affektbestimmter Diskussion aller Diskursteilnehmer führen kann, Aspekte desselben be-

---

114 Vgl. Ette: *Von den historischen Avantgarden bis nach der Postmoderne*, S. 110–153 u. 336–396; vgl. auch das Standardwerk von Asholt, Wolfgang / Fähnders, Walter (Hg.): *Manifeste und Proklamationen der europäischen Avantgarde (1909–1938)*. Stuttgart – Weimar: Metzler 1995; zur Frage der Gewalt bei politischen wie historischen Avantgarden aus soziologischer Sicht vgl. Beckenbach, Niels: Avantgarde und Gewalt: über ein Schwellenphänomen der Moderne. In Rehberg, Karl-Siegbert (Hg.): *Die Natur der Gesellschaft: Verhandlungen des 33. Kongresses der Deutschen Gesellschaft für Soziologie in Kassel 2006*. Teilbände 1 u. 2. Frankfurt a.M.: Campus Verlag 2008, S. 3827–3839.

leuchten könnte, wie sie sich zwischen der wissenschaftlichen Nüchternheit soziologischer und der Abstraktion philosophischer Analyse einerseits, einem ‹alarmistischen› Sprachduktus erhitzter Tagesaktualität andererseits finden lassen. Literarische Gewalterzählung wäre somit im besten Falle auch Mittel zu intensiver Reflexion politischer, gesellschaftlicher, historischer und kultureller Zusammenhänge, wie sie in Frankreich auch in den hier nur in kurzen Auszügen zusammengefassten philosophischen und poetologischen Theorien zur Gewalt diskutiert wurden.

2.4 Methodik und leitende Fragestellungen der Text-Analyse

Ausgehend von diesen Überlegungen zum Gewalt-Wissen der Literatur als einem komplexen und *eigenständigen* Reflexionsraum historischer und theoretischer Diskurse über Gewalt steht auf methodischer Ebene im Analyseteil dieser Studie weniger eine Übertragung soziologischer, historiographischer oder philosophischer Modelle auf fiktionale oder faktuale Erzähltexte im Vordergrund, sondern eine *literaturwissenschaftlich-textempirische* Annäherung an diese Texte – obwohl sich diese Modelle und Theorien durchaus im literarischen Erzählen spiegeln können. Mithilfe narratologischer und sprachanalytischer Betrachtung der Korpus-Texte unter Berücksichtigung von Faktoren wie Chronotopos, Modus und Stimme, Stil und Register, und Analyseverfahren der Intertextualitätsforschung, sollen Struktur und Sujet der ausgewählten Erzähltexte auf Perspektivik, Aufbau des Texts bezüglich Positionierung und Funktion von Formen der Gewalt in Hinblick auf sprachliche, diegetische und figurale Konstellationen sowie auf daraus resultierende Sinnzusammenhänge hin untersucht werden.[115] In einem weiteren Schritt werden anhand intertextueller oder intermedialer, darunter auch im Paratext auffindbarer Elementen- und Strukturreferenzen Bezüglichkeiten allographer und autographer Art dieser im einzelnen Erzähltext aktualisierten Sinnangebote im Verhältnis zu diskursiv vorherrschenden Gewaltnarrativen und -logiken untersucht.[116] Dabei spielt – wie es

---

115 Vgl. grundlegend Genette, Gérard: *Die Erzählung*. München: W. Fink 1998.
116 Hier unter Berücksichtigung der Genette'schen Unterscheidung zwischen Anspielungen auf einen Prätext als Ganzem im Sinne der *Hypertextualität* oder einzelnen Anspielungen, Zitaten oder Strukturreferenzen als *Intertextualität;* vgl. Genette, Gérard: *Paratexte: Das Buch vom Beiwerk des Buches*. Frankfurt a.M.: Campus Verlag 1989, S. 9–21. Zur autographen Intertextualität oder *Autotextualität* vgl. ebda. S. 75; sowie Holthuis, Susanne: *Intertextualität. Aspekte einer rezeptionsorientierten Konzeption*. Tübingen: Stauffenberg 1983, S. 44 f.; wie auch Broich, Ulrich: Formen der Markierung von Intertextualität. In Broich, Ulrich / Pfister, Manfred (Hg.):

2.4 Methodik und leitende Fragestellungen der Text-Analyse — 87

für die Intertextualitätsforschung im Allgemeinen von zentraler Bedeutung ist – die Frage nach der Funktion der Semantisierungs- und Resemantisierungsprozesse von Prätexten intertextueller wie auch intermedialer Art eine wichtige Rolle.[117]

Es geht also nicht um den literaturwissenschaftlichen Nachvollzug *a priori* festgelegter Gewaltdiskurse genderpolitischer, sozialkritischer oder historischer Art als analytischem Rahmen, sondern um das textanalytische und empirische Eruieren dieser Diskurse *a posteriori*. Dies indem zunächst ein zwar nicht erschöpfendes, aber bis zu einem gewissen Grade nach Sichtbarkeitskriterien und Kriterien symbolischer und diskursiver Konsekration im literarischen Feld zentral positioniertes Textkorpus zusammengestellt wurde. Dessen Texte legen alle ihren Schwerpunkt auf die Modellierung von Formen der Gewalt, die in einer diegetischen und sprachästhetischen Referenzbeziehung zur erzählten *socialité* und Gesellschaft eines literarisch evozierten raumzeitlichen Gebildes namens ‹Frankreich› stehen.[118] Es handelt sich bei dieser Fokussierung also um die Frage nach den Gewaltarten

---

Intertextualität. Formen, Funktionen, anglistische Fallstudien. Konzepte der Sprach- und Literaturwissenschaft, Bd. 35. Tübingen: Niemeyer 1985, S. 31–49, insb. S. 49. Zur Evokation von Bedeutungspotential durch strukturelle Analogie zwischen referierendem Text und Referenztext anstatt ausgewählter Aspekte des Bedeutungsspektrums des Prätexts vgl. Riffaterre, Michael: Compulsory Reader Response: The Intertextual Drive. In Worton, Michael / Still, Judith Still (Hg.): *Intertextuality. Theories and practices*. Manchester: Manchester University Press 1990, S. 56–78, insb. S. 75 f.

117 Vgl. zu diesen Prozessen Stierle, Karlheinz: Werk und Intertextualität. In Schmid, Wolf / Stempel, Wolf-Dieter (Hg.): *Dialog der Texte. Hamburger Kolloquium zur Intertextualität*. Wien: Wiener Slawistischer Almanach, Sonderband 11. (1983), S. 7–26; sowie Lachmann, Renate: Ebenen des Intertextualitätsbegriffs. In Stierle, Karlheinz / Warning, Rainer (Hg.): *Das Gespräch. Poetik und Hermeneutik*, Bd. 11. München: Wilhelm Fink 1984, S. 133–138.

118 Vgl. hier den von Dubois (Socialité de la fiction, S. 37) in Übereinstimmung mit Pierre Bourdieu eruierten Funktionszusammenhang des erzählten *Sozialen* als dynamischem und diskursiv gegenüber der ‹realen› Gesellschaft eigenständigem Element innerhalb des Textraums, der erst durch kritische Textanalyse freigelegt werden muss: «Avant toute chose, posons avec Pierre Bourdieu que, si l'œuvre littéraire de type fictionnel produit une connaissance spécifique du social, ce ne peut être qu'avec les moyens de la fiction et non par le biais d'un discours d'escorte de caractère doxique et en forme d'interventions d'auteur. On a donc à s'interroger sur sa manière de figurer le monde – de l'évoquer, dit Bourdieu – à travers des situations concrètes et des destins singuliers, de les inscrire dans une continuité narrative, et de les traduire dans une rhétorique et une symbolique. Mais c'est dire que toute pensée du social demande à être dégagée et formulée par une opération critique, qui suppléera de la sorte au défaut d'abstraction ou de modélisation de la fiction» [deutsche Übersetzung im Anhang].

und -prozessen in einer spezifischen und literarisch modellierten *Chronotopologie*.[119] Das Korpus wird dabei in drei Großkapitel eingeteilt, welche jeweils unterschiedlichen diegetischen Schwerpunktsetzungen mehrerer Texte innerhalb dieser Chronotopologie als dem historischen (erinnerte Gewalt), zeitgenössischen (Gewaltdiskurse der Gegenwart) und politischen (politisch inszenierte Gewalt und politisches Erzählen gegenüber der Gewalt) Frankreich gerecht zu werden versuchen. Diese Einteilung soll jedoch im folgenden Kapitel näher vorgestellt werden.

Unter dem bereits diskutierten Gesichtspunkt modellierter Subjektivität und in Hinblick auf die *histoire* und *discours* der Texte bestimmenden dynamischen Entwicklungen von Figurenkonstellationen bietet es sich zudem an, bei der Textanalyse eine erhöhte Aufmerksamkeit gegenüber der diegetischen Singularität oder Kontinuität modellierten Gewalthandelns und der sprachlichen Intensität von Gewaltereignissen im narrativen Kontext aufzuwenden. Auch muss Rücksicht auf eine in der Gewalt sichtbare und durch sie gesteigerte Komplexität in den Beziehungen der Figuren untereinander und zu sich selbst genommen werden. Dabei werden jedem der analysierten Texte folgende Analysekriterien in Frageform zugrunde gelegt: Welche Form der Gewalt wird wie in den untersuchten literarischen Texten problematisiert? Welche sind die beteiligten, im Vorder- wie im Hintergrund des Plots agierenden institutionellen und individuellen ‹Gewaltakteure›? Wie beeinflusst und welche Funktion besitzt diese Gewalt innerhalb der und für die Sinnkontinuitäten und Brüche der Romandiegese? Wie wird dabei der Leser durch Strategien perspektivischer Identifikation und Ablehnung zum ‹Komplizen› der Erzählinstanz gemacht? Und zuletzt: Welche Politik der Sichtbarmachung und Versprachlichung von Gewalt verwirklicht diese ästhetisch vermittelte Analyse der Gewalt?

Das Kriterium der Gewaltdarstellung verlangt hier also auf literarischer wie metaliterarischer Ebene eine polyperspektivische Herangehensweise, welche auch ein und denselben Text unter mehreren Gesichtspunkten analysierbar macht. Insofern soll literarisch modellierte und erzählte Gewalt in ihrer doppelten kommunikativen Funktion differenziert werden: Von einer diegetischen und sprachästhetischen Funktions-Ebene der Gewalt, d. h. von einer für Ästhetik, Struktur und *Chronotopos* der Erzählung notwendigen Funktion, wird eine figurenspezifisch-charakterisierende Ebene, also eine das figurale Subjekt-Bewusstsein modellierende Funktion des Gewaltgeschehens in *histoire* und *discours* des Erzähltexts zunächst unterschieden, um jedoch später Zusam-

---

119 Zu Bachtins Begriff des *Chronotopos* als literarisch modelliertem, dynamischem Bewegungsraum vgl. grundlegend Bachtin, Michail M.: *Chronotopos*. Suhrkamp, Frankfurt am Main 2008; sowie Ette, Ottmar: *Literatur in Bewegung: Raum und Dynamik grenzüberschreitenden Schreibens in Europa und Amerika*. Weilerswist: Velbrück Wissenschaft 2001.

menhänge beider Ebenen aufzuzeigen. Anhand Semantiken und Erzählstrategien, Beziehungen von Figurenkonstellationen wird somit die Frage nach der Funktion von Gewalthandlungen in Modellierungen mikrosozialer Zusammenhänge repräsentierter und inszenierter Milieus, in Familie, Dorfgemeinschaft und bestimmten Gesellschaftssegmenten, aber auch anhand intersubjektiver Konflikte zwischen Individuen aufgeworfen, welche in engem Austausch zueinander stehen. Andererseits kann der Fokus auf Kollektivstrukturen der Diegese, beispielsweise den Staat und die staatliche Jurisdiktion, aber auch auf durch größere religiöse Gemeinschaften definierte makrosoziale Referenzstrukturen gelenkt werden, die über Körper und Denken als Zwang verfügen. Wie werden in den untersuchten Erzähltexten die Gewalthandlungen von Staat und Religion handlungsrelevant, wobei diese Entitäten nicht als abstrakte Institutionen verstanden werden, sondern als auf menschlichen, d. h. gesellschaftlichen Beschluss hin etablierte, aufrechterhaltene, negierte und auch bedrohte Macht- und Gewaltstrukturen, die das intendierte Handeln der Akteure betreffen?

Auf Grundlage der eruierten sprachlichen, diegetischen und figuralen Dimensionen von Gewalt soll in prozessualer Hinsicht deren Einfluss auf die Figurenkonstellation sowie die Lebensweltlichkeit der erzählten Wirklichkeit und der durch diese Dimensionen eröffneten Sinnhorizonte diskutiert werden. Auch literarisch gestaltete Akteure im sozialen Feld können nicht getrennt von ihrer diegetischen ‹Umgebung› analysiert werden. Dies ist eine der bereits diskutierten strukturanalogen Problematiken narratologisch ausgerichteter Literaturwissenschaft zur gesellschaftswissenschaftlichen Problemstellung der Verbindung von sozialem Individuum und gesellschaftlicher ‹Umgebung›. Wie wirkt eine bestimmte Art der Gewalt auf die Körperpsyche der dargestellten Figuren, wie strukturiert sie sie, wie bestimmt sie das Alltagserleben und die gesellschaftliche und räumliche Geographie des dargestellten Raums? Was bedeutet dies für die politischen und historischen Sinnhorizonte, welche ein Text eröffnet? Gibt es Widerständigkeiten und Gegen-Gewalten, die hier auf einen zentraleren Konflikt des Geschehens hindeuten? Gewalterfahrung ist dabei gerade im Falle erzählter Gewalt als Prozess und Situation der Krise auch immer ein Bewusstsein von Machtlosigkeit und Unterdrückung, von lebensweltlicher Positionierung als gesellschaftlichem Akteur in dessen Funktion als Gewalt beherrschender oder von Gewalt beherrschter. Eine weitere Relativierung dieser Pole der Fokussierung auf den Erzähltext besteht darin, dass sich diese Dimensionen des Subjektiv-Figuralen und Diegetisch-Sozialen stets gegenseitig durchdringen und nur zugunsten einer vorläufigen und bewusst eingrenzenden Analysesituation trennbar sind.

Auch die Frage nach der im vorigen Kapitel skizzierten kultur- und theoriekritischen Funktion von Literatur sei am Ende der Studie bezüglich der zuvor zusammenfassend diskutierten Analyseergebnisse gestellt. Gibt es Verbindungen der erzählten Gewalt zu Modellen der Gewalt- und Konfliktsoziologie (z. B. Robert Merton, Lewis Coser) oder gar der philosophischen Reflexion von Gewalt?[120] Und werden diese Modelle explizit aufgegriffen oder gar kritisch verhandelt in Form von erzählender Literatur *als* Theorie? Taucht dort entgegen Konrad Schoells Annahme vielleicht doch so etwas wie Gewalt ohne Kontext auf, jene oftmals ideologisch ‹verrätselte› *autotelische* Gewalt um der Gewalt willen oder – nach Reemtsma – gezielte «Zerstörung der Integrität des Körpers».[121] Dies geschähe dann vor einem diegetischen Hintergrund, der es doch stets fraglich werden lässt, ob es nicht opake Handlungsnormen einer übersehenen sozialen Gruppe oder komplexere individuelle Ursache-Wirkungs-Zusammenhänge sind, die zu einem scheinbar vollkommen willkürlichen Gewaltereignis im Text führten.

Diese den Fragen zugrunde gelegte erweiterte Funktion einer literarisch modellierten Relationalität der Lebensbezüge in einer bewegungsräumlichen diegetischen Einbettung mit dem Ziel einer Ausrichtung auf Möglichkeiten stabiler Konvivenz kann mit Ottmar Ette als *ZusammenLebensWissen* bezeichnet werden.[122] Es handelt sich dabei um ein Wissen von Gesellschaft als Gemeinschaft, welches durch die Eigenart der Literatur sichtbar und nachvollziehbar wird, alles das, was in der Diegese oder durch narrative Techniken als ‹Wirklichkeit› bereitgestellt wird, in verschiedenen Logiken und Perspektivierungen dynamisch zu beleuchten, zu hinterfragen und zu brechen.[123] Im Bereich erzählenden Schreibens wie in jeder Form komplexer Kunst ist es dabei möglich, auch aporetische Positionen nebeneinander bestehen zu lassen – ohne sie dialektisch aufzuheben.[124] Ein auf einer *negativen Dialektik* aufbauender Begriff literarischer Ästhetik

---

120 Vgl. zu Lewis Cosers Konlikttheorie ders.: *The Functions of Social Conflict* [1956]. Toronto: Collier-Macmillan 1964. Zur Rolle von Literatur *als* Theorie vgl. hinsichtlich der soziologischen Gewaltforschung die Shakespeare-Interpretationen Jan Phlipp Reemtsmas in ders.: *Vertrauen und Gewalt*, S. 154–157, 233–255, 419–422. Allgemein zur fruchtbaren Wirkung der Literatur «außerhalb ihrer selbst» als der Philosophie gleichberechtigter theoretischer Diskurs vgl. Rancière: *Politik der Literatur*, S. 221–247; dort insb. das Schlussstatement S. 247. Vgl. auch zur Wirkung von Jorge Luis Borges und allgemein der lateinamerikanischen Literaturen auf die Theoriebildungen der Postmoderne Ette: *Von den historischen Avantgarden bis nach der Postmoderne*, S. 494–548.
121 Reemtsma: *Vertrauen und Gewalt*, S. 116 f.: «Autotelische Gewalt zerstört den Körper nicht, weil es dazu kommt, sondern um ihn zu zerstören.»
122 Vgl. nochmals Ette, Ottmar: *ZusammenLebensWissen: List, Last und Lust literarischer Konvivenz im globalen Maßstab*. Berlin: Kulturverlag Kadmos 2010.
123 Vgl. Ette: *Konvivenz*, insb. das Kapitel «Logiken der Konvivenz», S. 58–101.
124 Gerade hier setzte bereits der gesellschaftspolitische Anspruch des Adorno'schen Ästhetik-Begriffs an, welcher jedoch nicht nur die Hegel-Rezeption des Frankfurter Philosophen prägte, da dieser sich in seinen wegweisenden Überlegungen vor allem auf die avantgardistische und spätavantgardistische Kunst der 50er und 60er Jahre stützte. Vgl. Adorno, Theodor

und Narration könnte auch in der literarischen Gewaltdarstellung der Gegenwart die figurale Modellierung von Subjekt-Bewusstsein orientieren und für eine auf Paradoxie aufbauende Reflexion von Geschichte, Gesellschaft und Individuum fruchtbar machen.[125] Diese polylogische Widerständigkeit der Literatur als Grundbedingung ihrer kritischen, aber nicht selbst zur Totalität erstarrenden Funktion, soll im literarischen Schreiben über Gewalt im Frankreich des 21. Jahrhunderts – in ihrer Situativität und Prozessualität – nun anhand konkreter Texte hervorgehoben werden.

Der koreanische Philosoph Byung-Chul Han hat in Hinblick auf das vielgestaltige Gewaltphänomen eine Art ‹panoramatischer› Verknüpfung des Situativen und Heterogenen aus philosophischer Perspektive auf den Begriff gebracht, indem er von einer *Topologie der Gewalt* sprach.[126] Derselbe Terminus – jedoch unter anderen methodischen und epistemologischen Prämissen – könnte auch hier insofern gebraucht werden, als dass ein auf Kontrast, Paradoxie und Polylogik beruhendes *ZusammenLebensWissen* der Literatur anhand einer literarischen Topologie der Gewalt im ‹Chronotopos Frankreich› des 20. Und 21. Jahrhunderts als *Landschaft der Theorie* verstanden wird.[127] Letztere gewinnt ihre Koordinaten aus der analytischen und schließlich synthetisierenden Verknüpfung diskursiv äußerst sichtbarer literarischer Texte als ‹Markierungen›, von denen aus der Heterogenität und Komplexität unterschiedlichster Formen von Gewalt begegnet wird.

Von diesem Kriterium diskursiver Sichtbarkeit ausgehend sei zuletzt die Frage nach der *durch* die Literatur selbst ausgeübten Gewalt gestellt. Inwieweit und in welcher politischen oder gar ideologischen Ausrichtung wird in den hier analysierten Texten Gesellschaft und Gewalt in der Gesellschaft, durch Sprache und als Sprache mitgeformt und damit das Sprechen über und Diskutieren von Gewalt durch Akteure im literarischen Feld beeinflusst? Dies ist für das hier zusammengestellte Text-Korpus insofern von Relevanz, als dass die dort vertretenen Autor*innen im literarischen Feld Frankreichs eine herausgehobene Position einnehmen, medial und politisch diskutiert und rezipiert werden. Eine erhöhte

---

W.: *Ästhetische Theorie*. Herausgegeben von Gretel Adorno und Rolf Tiedemann [1973]. Frankfurt a.M.: Suhrkamp 2012.
125 Zur Problematik einer Vermittlung von kollektiv tradierter Geschichte und Individualbiographie durch das Adorno'sche Konzept der *negativen Dialektik* in Mathias Énards Roman *Zone* (Arles: Actes Sud 2008) vgl. Lenz, Markus A.: *Zone*: une ‹dialectique négative› de la conscience? In Messling, Markus / Ruhe, Cornelia / Seauve, Lena / Senarclens, Vanessa de (Hg.): *Mathias Énard et l'érudition du roman*. Leiden – Boston: Brill Rodopi – Faux titre 2020, S. 183–199.
126 Vgl. Han, Byung-Chul: *Topologie der Gewalt*. Berlin: Matthes & Seitz 2011.
127 Zu diesem Konzept vgl. Ette, Ottmar: *Roland Barthes. Landschaften der Theorie*. Konstanz: Konstanz UP 2013.

Sichtbarkeit von extratextueller Autorfigur und Texten als symbolischen Werten, wie sie durch eine gesteigerte Verfügbarkeit der Bourdieu'schen Kapitalarten des kulturellen, symbolischen, sozialen und ökonomischen Kapitals innerhalb des literarischen Feldes kreiert wird, muss dabei jedoch nicht automatisch in unkritische Affirmation des kritisch besprochenen, geehrten und wirksam verlegerisch und medial vermarkteten ‹Produkts› durch Rezipient*innen und Leser*innen ausarten.[128] Es ist nicht das, was die gegenwärtige Medienlandschaft und die Nachwelt über einen Text denken, der noch zu ‹jung› ist, als dass man seine Bedeutung bereits abschätzen könnte, oder gar dessen intrinsische ‹Qualität› als ‹Werk›, was in dieser Studie interessiert.

Vielmehr sollen *diskursive Präsenz* und *epitextuelle Einbettung* (beispielsweise in Form von Interviews und Kommentaren der extratextuellen Autorfiguren) der ästhetisch-politischen wie sozial und sprachlich strukturierten Erzählwelten der Texte in den kritischen Gewalt-Diskurs gesellschaftlicher Gegenwart zumindest mit berücksichtigt werden.[129] Kritiker und Preise sind hier im Sinne der von Pierre Bourdieu postulierten Konsekrationsmechanismen zu sehen, welche soziale Distinktion durch eine gewisse gegenseitige Anerkennung der Arbeit von Kritiker*innen im literarischen Feld, aber auch durch den allgemeinen gesellschaftlichen Wiedererkennungswert symbolischen und kulturellen Kapitals darüber hinaus bewirken.[130] Das Postulat einer gerade für Frankreich oft beschriebenen Zentralisierung und Asymmetrie dieser Distinktionsmechanismen und Übersetzungspolitiken in Verlagshäusern, bei der Wahrnehmung durch Kritiker*innen und der Auswahl durch Preisjurys sei hier vorausgesetzt, zumal Transferprozesse in andere nationale und sprachliche Felder leider nicht berücksichtigt werden können.[131]

---

128 Bestes Beispiel ist hier der Fall des wohl berühmtesten französischen ‹Skandal-Autors› der Gegenwart Michel Houellebecq, welcher trotz seiner Notorietät weiterhin kritisch bezüglich der schwankenden literarischen Qualität seiner Romanschöpfungen diskutiert wird. Zu dessen auch verlagspolitischer Vermarktung durch die Éditions Flammarion vgl. Messling: *Universalität nach dem Universalismus*, S. 57–72.
129 Zu Formen und Funktion des nach der Genette'schen Bezeichnung *Epitextuellen* in der Intertextualitätsforschung vgl. Broich: Formen der Markierung von Intertextualität, S. 35 f., sowie Plett, Heinrich F.: Sprachliche Konstituenten einer intertextuellen Poetik. In: Broich / Pfister (Hg.): *Intertextualität*, S. 78–98, hier S. 85.
130 Zur Bedeutung des Epitexts preisgekrönter Autor*innen als soziologischem Statement aus dem Feld der Literatur vgl. Ducas, Sylvie: Quand l'entretien littéraire se fait enquête sociologique: discours de la reconnaissance littéraire et posture ambivalente de l'écrivain consacré. In: *Argumentation et analyse du discours* 12 (2014), online unter https://journals.openedition.org/aad/1698, konsultiert am 14.06.2021.
131 Zu diesem weiten und komplexen Forschungsfeld der Asymmetrien und Transferprozesse zwischen den und innerhalb der verschiedenen literarischen Felder nationalen Zuschnitts vgl. die wissenschaftliche Arbeit am Frankreich-Zentrums der Universität Freiburg im Netz-

Inwieweit diese Distinktionsmechanismen, welche Rezeption und Sichtbarkeit steuern können, allerdings in Zeiten schnellerer Rezeptionsgeschwindigkeit und leichter zugänglicher Divulgations- und Übersetzungs-Mechanismen im und durch den virtuellen Raum des Internet, durch Veröffentlichung in kleinen Verlagen, Blogs, Websites, etc. und gerade im transnationalen Kontext noch nach den Kriterien zentral gesteuerter Distinktion funktionieren, bleibt jedoch weiterhin zu erforschen.[132]

Abseits der hier erfolgenden detaillierten Analyse von Struktur und Diegese der Erzähltexte, sei es auch gestattet, in Hinblick auf weitere Studien literatursoziologischer Art zu fragen, was in den Urteilen der Preisjurys von *Goncourt*, *Renaudot*, *Médicis*, *Femina* und anderen Symbolen literarischer Notorietät in Frankreich als Begründung für die symbolisch-kulturelle Kapitalvergabe steht. Denn jeder der hier vertretenen Texte und die dazugehörigen ‹realen› Autor*innen profitierten und profitieren von dieser Kapitalvergabe in Form von Sichtbarkeitssteigerung in Buchhandel und medialer Öffentlichkeit. Leider ist hier eine Transparenz der Entscheidungsfindung nur teilweise gegeben sowie die Gefahr einer Asymmetrie mangelnder Berücksichtigung beispielsweise von Schriftsteller*innen der sog. ‹Frankophonie› bei Vergabe der bekanntesten französischen Literatur-

---

werk ESSE, dazu Jurt, Joseph: Das Frankreich-Zentrum als Mitglied des Forschungsnetzwerkes «ESSE. Pour un espace européen des sciences sociales.» In: *Bulletin des Frankreich-Zentrums* 45 (November 2005), S. 2–3; grundlegend dafür Bourdieu, Pierre: Les conditions sociales de la circulation internationale des idées. In: *Romanistische Zeitschrift für Literaturgeschichte / Cahiers d'histoire des littératures romanes* 14/1–2 (1990), S. 1–10; sowie Sapiro, Gisèle (Hg.): *Translatio. Le marché de la traduction en France à l'heure de la mondialisation*. Paris: CNRS 2008; sowie Meizoz, Jérôme (Hg.): *La Circulation internationale des littératures*. Lausanne: UNIL Fac. des Lettres 2006.

[132] Hierzu könnte in den kommenden Jahrzehnten komplementär eine digital arbeitende Literaturwissenschaft und Literatursoziologie entscheidende Beiträge liefern, welche nicht nur die Rezeptionszusammenhänge von Text durch das Internet, sondern auch durch das Internet verbreitete Texte in Betracht zieht; vgl. hierzu Trilcke; Peer: Social Network Analysis (SNA) als Methode einer textempirischen Literaturwissenschaft. In: Ajouri, Philip / Mellmann, Katja / Rauen, Christoph (Hg.): *Empirie in der Literaturwissenschaft*. Münster: Brill-mentis 2013, S. 201–247; sowie ders.: Ideen zu einer Literatursoziologie des Internets. Über einige Optionen der literaturwissenschaftlichen Internet Studies. Mit einer Blogotop-Analyse. In: *Textpraxis* 7 (2013), online unter http://www.uni-muenster.de/textpraxis/peer-trilcke-literatursoziologie-des-internets, konsultiert am 14.06.2021. Zum Einfluss von Prozessen der Globalisierung auf ein territoriales Konzept von Buchmärkten und literarischen Feldern vgl. Sapiro, Gisèle (Hg.): *Les Contradictions de la globalisation éditoriale*. Paris: Nouveau Monde 2009. Zur Kritik an einseitigen Ausrichtungen literarischer Produktion an mächtigen und meist an verlegerischen wie ökonomischen ‹Nullmeridianen der Literatur› wie Paris, New York, London, Madrid und Barcelona ausgerichteten Konzepten von Weltliteratur und für ein polyzentrisches und dynamisches Konzept der *Literaturen der Welt* auch im Sinne medialer Sichtbarkeit und Sichtbarmachung ‹kleinerer› Literaturen vgl. Ette: *WeltFraktale*, S. 40–68.

preise des ‹Mutterlandes› – trotz eigener Preise dieser ‹Frankophonie› – keineswegs gebannt.[133] Die Problematik einer Gewalt diskursiv sichtbar gemachter literarischer Texte, also einer Form von Gewalt der Literatur im feldpolitischen und gesamtgesellschaftlichen Diskurs, besteht hier auch in der Frage nach den Möglichkeiten von Kritik an einer institutionalisierten Literatur-Kritik. Letztere gründet sich, wie von den Literatursoziologinnen Gisèle Sapiro und Sylvie Ducas in historischer und aktueller Hinsicht gerade bezüglich Frankreich in zahlreichen Publikationen erforscht, auf Machtstrukturen im literarischen Feld und erhebt – historisch geworden – Anspruch auf gesellschaftlich relevante Deutungshoheit außerhalb dieses Feldes. Durch Monopolisierung und Zentralisierung besteht so die Gefahr einer durch institutionalisierte Konsekration Vielfalt reduzierenden sowie gesteuerten Meinungsbildung asymmetrischer Art, welche verzerrend, wenn nicht bevormundend auf die Rezeption durch eine diverse und transkulturelle Leserschaft unterschiedlichster Milieus wirkt.[134]

Der Ausgleichsmechanismus alternativer Preisvergaben – ein Faktum, welches auch in der Geschichte des Literaturnobelpreises zu beobachten ist – droht hier jedoch ebenfalls in die Mechanismen geschichtlicher Dialektik zu verfallen, selbst zu erstarren, sich an ökonomische Verhältnisse anzupassen oder in der Masse zahlreicher weiterer Literatur-Preise unterzugehen.[135] Der

---

133 Vgl. Ducas, Sylvie: La place marginale des écrivains francophones dans le palmarès des grands prix d'automne. In: *Revue française d'histoire d'Outre-mers*, No 332 (2001), S. 347–388. Im Publikationsjahr dieses Aufsatzes wurde der *Prix des cinq continents de la francophonie* von der *Organisation internationale de la francophonie* ins Leben gerufen. Daneben wird neben weiteren, der Frankophonie gewidmeten Preisen seit 1999 der *Prix littéraire Alain-Decaux de la francophonie* durch die *Fondation de Lille* verliehen. Doch wie im bereits erwähnten Manifest gegen eine Distinktion der ‹frankophonen› von einer genuin ‹französischen› Literatur diskutiert, bleibt der Nutzen von institutionalisiertem kulturellen Kapital zu hinterfragen, welches auf eben diesem Exklusions- und Distinktionsmechanismus basiert. Vgl. auch Le Bris, Michel / Rouaud, Jean: *Pour une littérature-monde*. Paris: Gallimard 2007.

134 Vgl. hierzu beispielsweise die umfangreiche Dissertation zum Thema von Ducas, Sylvie: *La Reconnaissance littéraire, Littérature et prix littéraire : les exemples du Goncourt et du Femina*. Lille: Atelier national de Reproduction des Thèses 1999; sowie dies.: La couronne et le bandeau. Paratextes éditorial des livres primés: auteur canonisé ou livre labellisé? In Polizzi, Gilles / Réach-Ngô, Anne (Hg.): *Le livre, « produit culturel » ? De l'invention de l'imprimé à la révolution numérique*. Paris: L'Harmattan 2012, S. 133–149; wie auch dies.: L'écrivain plébiscité ou « publi-cité »? Images et postures autour des prix littéraires. In: Guellec, Laurence / Hache-Bissette, Francoise (Hg.): *Littérature et publicité. De Balzac à Beigbeder*. Paris: Gaussen 2012, S. 357–365.

135 Vgl. Ducas, Sylvie: Prix littéraires crées par les médias: pour une nouvelle voie d'accès à la consécration littéraire ? Les exemples du prix du Livre Inter et du grand prix des Lectrices de Elle. In: *Réseaux* 21, No. 117: Nouvelles voies de la consécration culturelle (2003), S. 49–83.

Prix Femina als einstiger Alternativpreis genderpolitischer Art für herausragende Schriftstellerinnen und Gegengewicht zu den etablierten Mechanismen jenes von großen männlichen ‹Literatur-Priestern› und Autoren dominierten Feldes der französischen Literatur zu Beginn des 20. Jahrhunderts ist hier wohl das bekannteste Beispiel einer schrittweisen Ökonomisierung kulturellen Kapitals.[136] Doch dieser Einfluss kultureller Konsekrationsmechanismen, das mediale Interesse an schillernd vermarkteten Autor*innen-Stars sowie der rückwirkende Effekt medialer Aufmerksamkeit auf verlagspolitische Vermarktungsstrukturen dürfen nicht die Suche nach der Gestalt sozialer Diskurse im literarischen Text und im Feld der Literatur als nach wie vor nach eigenen Regeln spielendem Bereich verhindern. Denn auch diese Diskurse bestimmen zu einem nicht geringen Teil – als das, was im Text selbst gesagt und wie es gesagt wird – die oben genannten Faktoren der Notorietät und medialen Präsenz sowie die Vermarktbarkeit von Texten und letztlich auch eine marktorientierte Verlagspolitik als ökonomische Suche nach Absatzsteigerung.

Gerade im Hinblick auf das Thema Gewalt wäre dennoch eine deutlichere Transparentmachung dieser von der institutionalisierten und etablierten Literaturkritik gefällten Urteile bezüglich der ausgezeichneten Texte zu wünschen, da sie durch medien- und verlagsnahe Verankerung der Preis-Akademien das literarische Erzählen von Gesellschaft als nachhaltiges, politisch wie ästhetisch relevantes Wissen – weit stärker als die Feuilleton-Kritik – bestimmen können. Am Thema der erzählten Gewalt lässt sich die Frage stellen, wie sich die anerkannte französische akademische Literaturkritik gegenüber Gewaltereignissen der jüngeren Tagesaktualität wie auch geschichtlich etablierten Gewalt-Narrativen verhält. Und dies auch dann, wenn politische und gesellschaftliche Folgen aktueller Entwicklungen und Ereignisse wie Terroranschläge, Kriege oder globale Pandemien noch nicht absehbar sind. Auch stellt sich die Frage, was die Entscheidungen der Jurymitglieder unterschiedlicher Preise bei einer Auswahl von Büchern mit wiederkehrenden Motiven und ähnlichen Gesellschaftsmodellierungen über den gesellschaftlichen Diskurs extratextueller Art aussagen. Eine weitere, literaturpolitisch wichtige Debatte der damit verbundenen Symbolpolitik wäre die kritische Suche nach autoreflexiven Standpunkten des Entscheidens. Können diese gerade bei der Vergabe von Preisen an Texte überhaupt gegeben sein, welche nicht nur auf Produktionsebene eine extreme zeitliche Nähe mit sich bringen, sondern diese auch inhaltlich weiterführen, indem es im Verhältnis zum Publikations-Zeitpunkt die Gegenwart ist, die auf

---

136 Vgl. Ducas, Sylvie: Le prix Femina: la consécration littéraire au féminin. In: *Recherches féministes* 16, No 1 (2003), S. 43–95.

textinterner Ebene problematisiert wird? Wie stark wirkt hier eine strategische und politische Dimension bei der Auswahl der Sujets durch die Autor*innen sowie bei erzählerischen und ästhetischen Entscheidungen bezüglich Gewaltdarstellungen im Text einerseits und in Form von Schwerpunktsetzungen bei Konsekration und Selektion der Texte über Gewalt durch Kritiker*innen, Verlage und Preisjurys andererseits?

Die Problematik historischer Nähe der Selektionsmechanismen durch Verlage und Literaturkritik wird umso deutlicher, als sich Ereignisse vor den Hintergrund des in der Literatur Reflektierten schieben können und dieses in einem gänzlich anderen Licht erscheinen lassen. Terroranschläge wie jene des Jahres 2015, die die Jahre 2020 und 2021 beherrschende Pandemie oder der russische Überfall auf die Ukraine im Jahr 2022 wären hier nur Beispiele. Es geht also wieder um die Frage, welche Gewaltformen und wie das Erzählen über diese Gewaltformen in der Literatur des *extrême contemporain* in den gesamtgesellschaftlichen Diskurs-Raum einzuordnen sind, wenn diese Formen durch mediale Vermarktung, verlagspolitische Entscheidungen und kulturelle Konsekration als besonders relevant inszeniert werden. Hierfür ist es nötig, ausgehend von den oben erwähnten methodischen Kriterien aus dem literarischen Feld Frankreichs ein Textkorpus zusammenzustellen, welches auf erzählerischer wie sprachästhetischer Ebene von Gewalt und der französischen Gesellschaft auf komplexe und viellogische Weise erzählt, dabei aber der Status der Texte im literarischen Feld hinsichtlich einer hohen Sichtbarkeit vergleichbar bleibt. Die Analyse erzählter Gewalt und ihrer unterschiedlichen Formen könnte so nicht nur Aussagen über modellierte Gesellschaftsstrukturen, sondern auch über die Gestalt der Gewalt-Diskurse im literarischen Feld und die von der Literatur selbst ausgeübte Gewalt auf den sozialen Raum erlauben.

2.5 Textkorpus: Geschichte, Gesellschaft, Gewalt und die vorläufige Gegenwart aus der Perspektive des *extrême contemporain*

Das Forschungsfeld des *extrême contemporain* als Bezeichnung einer Extrem-Form von Gegenwartsliteratur bezieht sich auf literarische Texte, welche in unmittelbarer zeitlicher Nähe zu den durchgeführten Forschungsbemühungen publiziert wurden. Zu dieser Thematik erschienen in jüngerer Zeit zahlreiche Veröffentlichungen, welche Begriff und Nutzen dieses literaturwissenschaftlichen Forschungsbereichs unter verschiedenen Schwerpunktsetzungen beleuchten. Für die französische Literaturgeschichtsschreibung und Literaturwissenschaft der Gegenwart haben Dominique Viart, Wolfgang Asholt, Marc Dambre, Bruno Vercier, Roswitha Böhm, Stephanie Bung, Andrea Grewe, Barbara Jane Havercroft, Pascal Riendeau, Pascal Michelucci – um nur einige Forscher*innen zu nennen – umfangreiche Studien und Sammelbände vorgelegt, welche Entwicklungen im literarischen Feld Frankreichs im 20. Und 21. Jahrhundert nachverfolgen sowie Tendenzen ästhetischer wie gattungs- und allgemein literaturhistorischer Art diskutieren.[137] Auch im Feld allgemeinerer Forschungen der Philologien zur *Gegenwartsliteratur* zeugt das anhaltende Interesse an diesem Bereich der Literaturwissenschaft von der hohen Relevanz, welche im (digitalen) Zeitalter veränderter Rezeptions- und Produktionsbedingungen von Bild und Text der Literatur als ‹seismographischer› Kulturtechnik in und außerhalb des literarischen Feldes zukommt. In Frankreich ist diese Funktion innerhalb der literaturwissenschaftlichen Reflexion seit langem präsent und es sei an dieser Stelle auf den Begriff des *extrême contemporain* verwiesen, wie ihn der Schriftsteller Michel Chaillou in seinem kurzen Text *L'extrême-contemporain, journal d'une idée* formuliert hat:

> L'extrême contemporain ? Deux mots, un trait d'union, de désunion. Ce qui est extrêmement contemporain, contemporain deux fois, mille ou ce qui ne l'est plus, l'extrêmement passé, usé. Le jour passe à travers. Quel jour ? Demain ? Hier ? La modestie d'hier par rapport à aujourd'hui. L'huis, la porte qu'à chaque instant le temps dérobe. [...] L'extrême contemporain? Le présent interrogé, saisi aux ouïes, tiré hors de la nasse. [...] L'extrême contemporain ? Ce qui es si contemporain, si avec vous dans le même temps que vous ne pouvez vous en distinguer, l'apercevoir, définir son visage. L'extrême-contemporain, vous sans vous. [...] L'extrême-contemporain ? Le jour pris en filature (à suivre)[138]

---

137 Asholt, Wolfgang / Dambre, Marc (Hg.): *Un Retour des normes romanesques dans la littérature française contemporaine*. Paris: Presses de la Sorbonne nouvelle 2011; Viart, Dominique / Vercier, Bruno: *La littérature française au présent: héritage, modernité, mutations*. Paris: Bordas 2005; Asholt, Wolfgang / Bähler, Ursula (Hg.): *Le savoir historique du roman contemporain*. Villeneuve-d'Ascq: Presses Universitaires du Septentrion 2016; Böhm, Roswitha / Bung, Stephanie / Grewe, Andrea (Hg.): *Observatoire de l'extrême contemporain. Studien zur französischsprachigen Gegenwartsliteratur*. Tübingen: Narr 2009; Havercroft, Barbara Jane / Riendeau, Pascal / Michelucci, Pascal (Hg.): *Le roman francais de l'extrême contemporain: écritures, engagements, énonciations*. Montréal: Éditions Nota bene 2010; als langfristiges Publikationsorgan für Forschungen zur französischen Gegenwartsliteratur und unterschiedlichen Schwerpunktfeldern vgl. die von Pierre Schoentjes herausgegebene Zeitschrift *Revue critique de fixxion française / Critical Review of contemporary French Fixxion*, insb. auch die von Justine Huppe, Jean-Pierre Bertrand und Frédéric Claisse betreute No. 20 (2020): Radicalités: contestations et expérimentations littéraires.
138 Chaillou, Michel: L'extrême contemporain, journal d'une idée. In: *PO&sie* 41 (1987), S. 5–6.

Poetisch verdichtet stellte Chaillou jene Probleme von Relativität und Flüchtigkeit auf, welche sich auch einer systematischen literaturwissenschaftlichen Auseinandersetzung mit Texten, die in großer zeitlicher Nähe entstanden sind, in den Weg zu stellen scheinen. In der Forschung wurden dabei methodologische wie epistemologische Problematiken diskutiert, welche sich von der wissenschaftlichen Herausforderung einer Erfassbarkeit gegenwärtiger literarischer Produktion, über die noch nicht absehbare Rezeptionsentwicklung der Texte bis zur Frage nach dem Einfluss veränderter soziokultureller Faktoren und des Medienwandels (Hörbücher, Blogs) auf die Produktions- wie Rezeptionsseite literarischer Texte erstrecken. Diese Problematiken wurden aus germanistischer und komparatistischer Perspektive bereits von Leonhard Herrmann und Silke Horstkotte in ihrer *Einführung* zur Gegenwartsliteratur dargelegt, welche die Leserschaft mit Forschungsstand wie auch unterschiedlichen Konzepten zu Gegenwart und Gegenwärtigkeit in der Literaturtheorie vertraut macht, sowie von Volker Wehdeking bezüglich intermedialer Dynamiken zusammengefasst.[139]

Auch in der vorliegenden Studie soll ‹Gegenwart› in der Literatur auf extra- wie intratextueller Ebene nicht allein als temporale, sondern auch erkenntnistheoretisch relevante Kategorie und «Interpretationshypothese» verstanden werden, indem eine Bezogenheit der analysierten Texte auf den Diskursnexus der eigenen Zeit aufgrund ihres Entstehungszeitraums wie ihrer inhaltlichen Schwerpunkte und Themen vorausgesetzt wird und die Zusammenstellung des Text-Korpus leiten soll.[140] Dabei ist jene faktisch geringere analytisch-hermeneutische Differenz zu den Texten in temporaler Hinsicht weniger als Problem, denn als Erkenntnismöglichkeit über die «Erwartungsoffenheit» der Rezipient*innen zu sehen:

> Die hermeneutische Differenz zu Texten der eigenen Gegenwart ist im Vergleich zu Texten der Literaturgeschichte also nicht zwingend geringer, sondern strukturell andersartig; sie besteht nicht in zeitlicher Hinsicht, sondern ergibt sich aus der Erwartungsoffenheit, mit der Leserinnen und Leser einem Text der eigenen Gegenwart begegnen. Im Vergleich zur Arbeit an historischen Textkorpora zieht die Arbeit mit Gegenwartsliteratur jedoch einige methodische Prämissen nach sich, die bei der wissenschaftlichen Auseinandersetzung zu berücksichtigen sind.[141]

---

139 Vgl. Herrmann, Leonhard / Horstkotte, Silke: *Gegenwartsliteratur: Eine Einführung.* Stuttgart: J.B. Metzler 2016; sowie Wehdeking, Volker: *Generationenwechsel: Intermedialität in der deutschen Gegenwartliteratur.* Berlin: Erich Schmid Verlag 2007; vgl. auch Brodowsky, Paul / Klupp, Thomas (Hg.): *Wie über Gegenwart sprechen? Überlegungen zu den Methoden einer Gegenwartsliteraturwissenschaft.* Frankfurt a.M.: Peter Lang 2010; sowie Tommek, Heribert (Hg.): *Der lange Weg in die Gegenwartsliteratur. Studien zur Geschichte des literarischen Feldes in Deutschland von 1960 bis 2000.* Berlin – Boston: De Gruyter 2015.
140 Herrmann / Horstkotte: *Gegenwartliteratur,* S. 4.
141 Ebda., S. 9.

Die anschließend genannten methodischen Prämissen als Kautelen *befristeter Gültigkeit* von Argumenten, der stärkeren *Wechselwirkung von Literaturforschung und Literaturbetrieb* auch aus ökonomischen Gründen sowie der *Zeitzeugenschaft* von Autor*innen und Forscher*innen und daraus resultierenden unterschiedlichen Positionen müssen und sollen in dieser Studie als kritische Voraussetzungen die Textanalysen begleiten.[142]

Aufgrund dieser Relativität und Vorläufigkeit von Autor*innen-Stimmen als Zeitzeugen und auch den Abwägungen publizistischer Ökonomie scheint jedoch der Bourdieu'sche Feldbegriff aufgrund seiner dynamischen Konzeption einen tragfähigen Rahmen für eine Textauswahl darzustellen. Inhaltlich und auch erkenntnistheoretisch in Hinblick auf das Erzählen von Gewalt ist es bei der Text-Auswahl auch trotz dieser Kautelen keineswegs die ‹Sicherheit des Vergangenen›, die große Rolle der Erinnerungskultur über historisch dokumentierte Gewalt in der Gegenwartliteratur, welche in Hinblick auf das Gewaltphänomen in Frankreich allein ernst genommen wird. Denn die vorliegende Studie soll – wie bereits diskutiert – auch die gesellschaftliche Kommentar- und Analysefunktion von Gegenwartliteratur in ihrer Dimension des ‹Zeitgenössischen› in Betracht ziehen.

Konkret umfasst sie Publikationen aus den zehner Jahren des 21. Jahrhunderts, was einer pragmatischen Einengung entspricht. Dieses Auswahl-Kriterium sagt jedoch nichts über die mit den Texten jeweils aufgerufene Art von Gegenwart oder Gegenwärtigkeit aus. Denn jeder der hier analysierten Erzähltexte, welche zeitlich der theoretischen Diskussion und dem Publikationszeitpunkt dieser Studie nahestehen, weisen jeweils unterschiedliche Mischverhältnisse jener Kriterien von Gegenwärtigkeit auf, wie sie Braungart (2013) aufgestellt hat.[143] Demnach kann zwischen *kontextbezogener* Gegenwärtigkeit, durch welche der Text direkt auf seine eigene Zeit verweist, *ästhetischer* Gegenwärtigkeit über poetische Verfahren und *existentieller* Gegenwärtigkeit durch Postulieren anthropologischer wie existentieller Konstanten unterschieden werden.

Grundlegend wird in der vorliegenden Studie dementsprechend unter Berücksichtigung der methodischen Erfassung des Forschungsgegenstandes der Gegenwartsliteratur sowie bezüglich der Auswahl der ins Textkorpus aufgenommenen Erzähltexte zwischen *Zeitgenossenschaft* und *Gegenwärtigkeit* unterschieden. Auf

---

142 Vgl. ebda., S. 9f.
143 Vgl. ebda. S. 4; vgl. zudem ausführlich Braungart, Wolfgang: Gegenwärtigkeiten der Literatur. Notizen zur Einführung. Am Beispiel dreier Gedichte Eduard Mörikes, Uwe Kolbes und Dirk von Petersdorffs. In Braungart, Wolfgang / Van Laak, Lothar (Hg.): *Gegenwart Literatur Geschichte. Zur Literatur nach 1945.* Heidelberg: Winter 2013, S. 9–26, hier S. 13ff., insb. S. 13: «Nicht jeder zeitgenössische literarische Text ist gegenwärtig; nicht jeder gegenwärtige literarische Text ist zeitgenössisch.»

die damit einhergehende Problematik einer Differenzierung zwischen unterschiedlichen *Konzepten von Gegenwart* (*schrumpfend* nach Herrmann Lübbe, *beschleunigt* nach Hartmut Rosa, *verbreitert* nach Andreas Huyssen, *multipel* nach Aleida Assmann, *medial multipliziert* nach Hans Ulrich Gumbrecht, *simultan* nach Katrin Stepath) kann hier allerdings lediglich hingewiesen werden. Auch die Frage nach der Bedeutung der Literatur als «Vergegenwärtigungs- und Reflexionsmedium eines veränderten Verhältnisses von Vergangenheit, Gegenwart und Zukunft» soll hier allein ausgehend von Ergebnissen der Textanalyse und am Rande der eigentlichen Gewalt-Thematik angesprochen werden.[144]

Denn ohne die Bedeutung dieser Debatten für eine zeitnahe literaturwissenschaftliche Analyse in Abrede zu stellen, sei doch angemerkt, dass der Literaturwissenschaft auch ohne die auf einem festgelegten Gegenwartsbegriff gründende Einsicht in zukünftige Rezeptionsentwicklungen oder gar diskursive Umbrüche genügend Analyseinstrumente und Methoden zur Verfügung stehen, um auch zeitnah entstandene Texte als philologisch relevante Forschungsobjekte zu begreifen:

> **Gegenwart als Chance.** Für eine neue Generation von Forscherinnen und Forschern dominieren bei der Auseinandersetzung mit Gegenwartsliteratur nicht die Risiken, sondern die Chancen. Dass Gesamtwerke von Autorinnen und Autoren noch unabgeschlossen sind und ohne längere Deutungstraditionen vorliegen, steht für Gegenwartsliteraturwissenschaftler einer methodisch kontrollierten Analyse und Deutung nicht etwa im Weg, sondern macht diese vielmehr erforderlich. Literaturwissenschaft kann einen Blick auf literarische Texte in ihrem unmittelbaren Entstehungskontext werfen und macht Urteile möglich, die unbeeinflusst sind von Deutungen späterer Leserinnen und Leser. Der Literaturwissenschaft gilt das als Möglichkeit, die eigenen Lektüre- und Analyseverfahren zu erproben.[145]

Aussagen und Diskurszusammenhänge von Texten können mit dem wissenschaftlichen Handwerkszeug der Narratologie, Diskursanalyse, Poetologie, der Topos- und Motivforschung, der strukturellen Textanalyse oder aber dem reichen Instrumentarium der Intertextualitätsforschung erörtert werden, um nur einige wenige Beispiele zu nennen. Einer epistemologischen Hierarchisierung von Texten nach Alter und einem damit einhergehenden erkenntnistheoretischen Mehrwert der zeitlichen Distanz folgt die getroffene Textauswahl ebenso wenig wie der Frage, ob denn die Einordnung in eine der postulierten Modelle von Gegenwart möglich ist.

---

144 Vgl. hierzu Herrmann / Horstkotte: *Gegenwartliteratur*, S. 4–7, Zitat S. 4.
145 Ebda. S. 8. Vgl. hierzu auch Zanetti, Sandro: Welche Gegenwart? Welche Literatur? Welche Wissenschaft? Zum Verhältnis von Literaturwissenschaft und Gegenwartsliteratur. In Brodowsky, Paul / Klupp, Thomas (Hg.): *Wie über Gegenwart sprechen? Überlegungen zu den Methoden einer Gegenwartsliteraturwissenschaft*. Frankfurt a.M.: Peter Lang 2010, S. 13–29.

Diese Herangehensweise soll ebenso wie die Bourdieu'sche Feldtheorie eine Tendenz zur *Kanonisierung* verhindern, wie sie bereits das mittels Konsekrationsmechanismen wie Literaturkritik und Preise hergestellte Prestige der Korpus-Literatur insinuieren könnte. Auch ist es weniger die Hermeneutik nach feststehenden Sinngehalten der Texte als vielmehr die Analyse ihrer dynamischen Verortung in Diskurs und Feld, welche hier fokussiert werden soll. Wie bereits erwähnt, handelt es sich bei der Auswahl der Texte um einen kleinen, aber durch hohes symbolisches und kulturelles Kapital charakterisierten Teil des literarischen Feldes in Frankreich, welcher lediglich als *Analyse-Korpus* bezüglich einer spezifischen Thematik, keinesfalls als repräsentativer ‹Teil-Kanon› der französischen Gegenwartsliteratur verstanden werden kann.[146] Dennoch beinhalten die zusammengestellten Texte Aussagen, welche für die Forschung zu Konzepten von Gegenwärtigkeit innerhalb der Literatur von Interesse sind, indem sie sich als ‹zeitgenössische› Texte jeweils unterschiedlich zu den oben erwähnten Konzepten des Gegenwärtigen und Historischen verhalten.

Um noch einmal Braungarts Unterscheidungen aufzugreifen, kann gerade die Thematik der Gewalt auch in Form einer Infragestellung historischer Erinnerung durch die Literatur – beispielsweise als Roman mit geschichtlicher Thematik – durchaus auf Ebene einer *existentiellen Gegenwärtigkeit* begriffen werden, indem eine Erzählung über die Vergangenheit als Kritik an einer nach wie vor bestehenden überhöhenden Inszenierung historischer Kriegs-Gewalt gelesen werden kann.[147] Die Gewalt vergangener Kriege wird somit durch ihre literarische Inszenierung als atemporale, ‹allgemein-menschliche›, existentielle Problematik der Abstraktion und Ideologie des ‹Historischen› enthoben. Nach diesen Kriterien kann beispielsweise ein auf den ersten Blick historischer Roman wie Pierre Lemaitres *Au revoir là-haut* (2013) als gegenwärtig gelten, da in ihm die existentielle Frage nach französischer Erinnerungskultur in Form eines parodistischen Verfahrens gegenüber ‹traditionelleren› Formen des Erzählens über den Ersten Weltkrieg aufgerufen wird, wie weiter unten ausführlich dargestellt werden soll.[148]

Literatur kann andererseits gerade auch durch ihre Fokussierung auf die ästhetische Verarbeitung des Gegenwärtigen dessen Infragestellung als im gesellschaftlichen Diskurs repräsentativ dargestellte Ereignishaftigkeit beinhalten, indem Erzähltexte beispielsweise jene Aspekte prominent diskutierter Gewalt-Ereignisse herausarbeiten, welche im toten Winkel einer allzu tagesaktuell disku-

---

146 Vgl. zu dieser problematischen Frage nach einem Kanon in der Gegenwartsliteraturforschung, dem «Was sollen wir lesen?», Herrmann / Horstkotte: *Gegenwartliteratur* S. 11–13.
147 Vgl. Braungart, Wolfgang: Gegenwärtigkeiten der Literatur, S. 14.
148 Vgl. Lemaitre, Pierre: *Au revoir là-haut*. Paris: Albin Michel 2013.

tierten und diskursivierten, medial und politisch inszenierten ‹Gegenwart› bleiben. Dies ist beispielsweise in Ivan Jablonkas dokumentarischem Erzählt-Text *Laëtitia, ou la fin des hommes* (2016) über den medial und politisch vieldiskutierten Mord an der Schülerin Laëtitia Perrais der Fall, welcher ebenfalls Gegenstand dieser Studie ist.[149]

Durch Rückgriff auf literaturwissenschaftliche Analysemethoden sollen also den zeitlich im Verhältnis zum Publikationszeitpunkt dieser Studie nahen bis zeitgenössischen Erzähl-Texten auch gesellschafts- und geschichtskritische Dimensionen ihrer Gewalterzählungen abgewonnen werden, welche möglicherweise im Gegensatz oder komplementär zu Diskursen politischer oder journalistischer Art stehen. Diese kritische Funktion einer literaturwissenschaftlichen Analyse von Gegenwartsliteratur haben Roswita Böhm, Stephanie Bung und Andrea Grewe im Vorwort ihres Sammelbandes *Observatoire de l'extrême contemporain* herausgearbeitet. Es handelt sich um eine Grundannahme, welche auch für die vorliegende Studie von zentraler Bedeutung ist, nämlich «dass die Literatur des extrême contemporain wie ein Seismograph die Möglichkeit bietet, die unmittelbare Gegenwart fragend zu umkreisen und zu erfassen. Die jeweils aktuell entstehende Literatur dient somit auch als Mittel der Erkenntnis der *condition humaine* unserer Gegenwart [...]».[150]

Gerade die Literatur der extremen Gegenwart bringt in ihren erzählenden und reflektierenden Texten, in Romanen und Essais, aber auch lyrischen und dramatischen Texten, Lebensbereiche und Facetten eines modellierten ‹Sozialen› zum Vorschein, die im besten Fall zugleich einen Sensibilisierungseffekt der Leserschaft für das Übersehene des Gegenwärtigen als Teil eines Prozesses des Werdens von Gesellschaft darstellen könnten. Diese Grundannahme des allzu leicht zu übersehenden lebensweltlichen Details, aber auch der sprachlichen, formal-ästhetischen und diegetischen Inszenierung komplexer gesellschaftlicher Lebensweltlichkeit leitet die hier gestellte Frage nach der Vielseitigkeit des Erzählens von, über und als Gewalt innerhalb der Literatur der extremen Gegenwart. Zugleich muss aber noch einmal darauf hingewiesen werden, dass eine Kanonisierung der untersuchten Erzähltexte oder gar Aussagen über eine neue Regelhaftigkeit als literaturhistorische Tendenz der (noch) jungen Literaturproduktion im Feld nicht zu den Zielen dieser Studie gehören. Vielmehr soll erneut betont werden, dass die Frage nach Tendenzen innerhalb eines bestimmten literarischen Feldes stets auch zeitliche Distanz zum untersuchten Textmaterial voraussetzt, welche wie erwähnt in dieser Untersuchung nicht gegeben sein kann.

---

149 Vgl. Jablonka, Ivan: *Laëtitia, ou la fin des hommes*. Paris: Seuil 2016.
150 Böhm / Bung / Grewe (Hg.): *Observatoire de l'extrême contemporain*, S. xi.

Dennoch wird im abschließenden Kapitel nach der Validität bereits festgestellter Tendenzen innerhalb der französischen Gegenwartsliteratur bezüglich der untersuchten Texte und ihrer erzählten Gewalt gefragt. Es sei hinsichtlich dieser wichtigen literaturwissenschaftlichen Fragestellung auf den Band *Un retour des normes romanesques dans la littérature française contemporaine* und speziell auf Jochen Meckes Artikel «Démolition de la littérature et reconfiguration post-littéraire» verwiesen, welcher sich den Fragen der Herausbildung sowie Infragestellung ästhetischer, inhaltlicher und stilistischer Norm-Tendenzen des ‹Literarischen› im französischen Gegenwartsroman widmet.[151]

In der vorliegenden Studie zielen Textauswahl und die folgenden Analysen dabei vor allem auf die Frage nach einem dynamischen und innovativen Verhältnis literarischer Texte zu jenen Tendenzen und Normierungen, die ihr Feld ausmachen. Gefragt wird begleitend zur Analyse spezifischer Gewalt-Narration nach der Diversität von Antworten der jeweiligen Autor*innen und ihrer Texte auf formelle und inhaltliche Normierungen *des* Literarischen im Feld der französischen Gegenwartsliteratur. Dies beinhaltet eine besondere Berücksichtigung erzählerischer, stilistischer, architextueller und inhaltlicher Anpassungen an etablierte Gattungen, Motive und Schreibweisen einerseits, andererseits von Innovationen als Verwandeln, Transzendieren, Ein- und Umarbeiten dessen, was einmal historisch als Literatur angesehen wurde. Dieses Spiel zwischen Innovation und Tradition und seine Bedeutung für Konstitution und den Erhalt dessen, was als *die* Literatur zu bezeichnen ist, hatte Maurice Blanchot bereits Mitte des vergangenen Jahrhunderts formuliert:

> Il arrive qu'on s'entende poser d'étranges questions, celle-ci par exemple: «Quelles sont les tendances de la littérature actuelle?» ou encore: «Où va la littérature?» Oui, question étonnante, mais le plus étonnant, c'est que s'il y a une réponse, elle est facile: la littérature va vers elle-même, vers son essence qui est la disparition.[152]

Dabei wird deutlich werden, dass die französischen Gegenwartsliteratur auch zu Beginn des 21. Jahrhunderts keineswegs in einem ‹Verschwinden› im Sinne ihres baldigen Endes begriffen ist – es sei denn in der gerade auch in Frankreich immer wieder aktualisierten Rede vom ‹Ende der Literatur› –, sondern nach wie

---

151 Vgl. Mecke, Jochen: Démolition de la littérature et reconfiguration post-littéraire. In: Asholt / Dambre (Hg.): *Un Retour des normes romanesques dans la littérature française contemporaine*, S. 35–50.
152 Blanchot, Maurice: *Le livre à venir*. Paris: Gallimard 1959, S. 265: «Manchmal werden uns seltsame Fragen gestellt, wie zum Beispiel: ‹Welche Trends gibt es in der heutigen Literatur?› oder ‹Wohin geht die Literatur?› Ja, eine erstaunliche Frage, aber das Erstaunlichste ist, dass die Antwort, wenn es eine Antwort gibt, einfach ist: Die Literatur geht zu sich selbst, zu ihrem Wesen, das im Verschwinden besteht» [ML].

vor von dieser Herausforderung des Normierten vorangetrieben wird.[153] Ob und inwiefern sich diese innovative und herausfordernde Tendenz auch in den vielrezipierten und vieldiskutierten Werken des hier analysierten Text-Korpus spiegelt, wird zu fragen sein.

Die paradoxe Stellung der Literatur und insbesondere des Romans als beobachtender und zugleich teilnehmender, dabei aber selbstkritischer Instanz gesellschaftlicher Diskurse und Entwicklungen in Frankreich muss sich gerade auch im Zusammenhang mit einem auf literarisch-ästhetischem Gebiet stattfindenden Kommentar realer gesellschaftlicher Phänomene durch ästhetische und inhaltliche Innovation erneut stellen. Ähnlich wie dies Asholt und Dambre in ihrem Vorwort zu den Entwicklungen innerhalb des französischen Gegenwartsromans unter Hinweis auf Forschungen Michel Collombs, Rita Schobers und Karl-Heinz Stierles anklingen ließen, kann dabei in den hier untersuchten Texten wohl kaum von der Herausbildung einer naiven Neuauflage der ideologischen *Littérature engagée* ausgegangen werden.[154] Allenfalls darf eine Rückbesinnung der französischen Literatur nach der Abwendung von oft als ‹postmodern› (miss-)verstandener Selbstbezüglichkeit auf einen Versuch der Weltaneignung vermutet werden, welcher Tendenzen des historischen, biographischen und sozialanalytischen Schreibens folgt. Dieser ‹Neue Realismus› als referentialisierbare Welthaltigkeit scheint den französischen Gegenwartsroman ab den 80er Jahren zu prägen, wobei große Geschichte und anthropologische Tiefe in den Vordergrund traten.[155] Doch inwieweit bestimmt diese konstatierte Rückkehr zum realistischen und referentiellen Schreiben auch die hier untersuchten Texte der Literatur der 10er Jahre des 21. Jahrhunderts und grundiert deren Erzählungen von Gewalt?

Es kann nämlich keinesfalls kategorisch behauptet werden, dass ästhetische wie narrative Errungenschaften verschiedenartiger Formen avantgardistischen, neoavantgardistischen, postmodernen und poststrukturalistischen Schreibens – von der Textcollage, über die Oberflächenhermetik des *Nouveau roman* und die strukturelle Fragmentarizität bis hin zu Elementen des Magischen Realismus – verschwunden seien. Nach wie vor ist Literatur in Frankreich stilistisch, formal wie inhaltlich experimentierfreudig, wie gerade am Beispiel einiger groß angelegter Erzähltexte des beginnenden 21. Jahrhunderts dargelegt werden kann, die jeg-

---

153 Vgl. Ette, Ottmar: *Von den historischen Avantgarden bis nach der Postmoderne*, S. 7 ff.; zur Diskursformation des ‹Endes der Literatur› vgl. Marx, William: *L'Adieu à la littérature : Histoire d'une dévalorisation (XVIIIe – XXe siècle)*. Les Éditions de Minuit – Collection Paradoxe 2005.
154 Vgl. Asholt / Dambre (Hg.): *Un Retour des normes romanesques dans la littérature française contemporaine*, S. 12 f.
155 Zum Begriff des *nouveau réalisme* vgl. Asholt, Wolfgang: Un renouveau du ‹réalisme› dans la littérature contemporaine? In: *lendemains* 150/51 (2013), S. 22–35.

lichen referentiellen Realismus und jegliche mimetische Welthaltigkeit sowohl auf der Signifikanten-Signifikat-Ebene wie in ihrer narrativen und ästhetischen Strukturierung überwinden. Romane wie Mathias Énards *Zone*, dessen Struktur zum großen Teil aus einem einzigen Satz gebildet wird und weit über die Technik des inneren Monologs als *Stream of Consciousness* hinausweist, oder aber Pascal Quignards großer Essai *Les Ombres errantes* enthalten trotz einer in historischen wie stilistischen Bezügen fortgeführten Referentialität Elemente einer Geschichte postmoderner Formen des Erzählens und Schreibens.[156] Auch in Texten mit einer expliziten Thematisierung von Gewalt sind diese ‹a- und anti-realistischen› Tendenzen enthalten, wie anhand von Virginie Despentes' Roman-Trilogie um *Vernon Subutex* dargelegt werden soll.[157]

Die für diese Studie ausgewählten Texte sind unter diesem Gesichtspunkt durchaus divers, stilistisch und in der Diktion wie inhaltlich mal stärker von faktualen und dokumentarischen Anteilen, mal stärker von fiktionaler und experimenteller Freiheit in Bezug auf Geschichte, Kultur und Gesellschaft geprägt. Frankreich, seine Gesellschaft und die dort wirkenden und durch sie hervorgebrachten Gewaltformen aus zeitgenössischer und historisch-gegenwärtiger Perspektive des Erzählens bilden jedoch stets ihre Schwerpunkte. Und noch einmal sei in Hinblick auf dieses Kriterium die Spezifizität literaturwissenschaftlicher Epistemologie betont: Obwohl man mit dem griechisch-französischen Philosophen Cornelius Castoriadis und seiner politischen Philosophie das von ihm postulierte *kollektive Imaginäre von Gesellschaft* als Institution auch auf eine ästhetische Interpretierbarkeit hin zu erfassen versuchen kann, sind es in den ausgewählten Texten eher die dynamisierenden Möglichkeiten des Modellhaften unter dem zweifach Imaginären der Literatur gegenüber dem Imaginären der projizierten Gesellschaft, welche im Vordergrund stehen.[158]

Wie bereits erwähnt, wirken Literatur und Gesellschaft reziprok, worin das von Jacques Rancière ausgearbeitete politische Potential der Literatur liegt. Sie formiert sich und ihre Politik des Erzählens in ständiger Dynamik neu und kann nach wie vor besser im Bourdieu'schen Feld-Begriff umrissen werden, denn in dem einer ‹Institution Literatur›.[159] Und nach wie vor darf davon ausge-

---

156 Zur innovativen Verwendung des *Stream of Consciousness* in Énards *Zone* vgl. Lenz: Une « dialectique négative » de la conscience ?, S. 187–192; vgl. zudem Quignard, Pascal: *Les Ombres errantes*. Paris: Grasset 2002.
157 Vgl. Despentes, Virginie: *Vernon Subutex*. 3 Bde. Paris: Grasset 2015–2017.
158 Vgl. Castoriadis, Cornelius: *L'institution imaginaire de la société*. Paris: Seuil 1975.
159 Vgl. zur Problematik des Begriffs der «Institution» in Bezug auf die Literatur Barsch, Achim: Probleme einer Geschichte der Literatur als Institution und System. In: *Internationales Archiv für Sozialgeschichte der deutschen Literatur* 19, Heft 2 (1994), S. 207–236.

gangen werden, dass trotz einer ökonomisch-materialistischen Grundierung dieses Feld von einer *Illusio*, einem mehr oder weniger intensiven ‹Glauben› der Akteure an die Regeln und die Autonomie des Feldes geprägt wird, welcher auch dessen Neuerungen und Brüche mitbestimmt. Diese epistemologischen und literaturhistorischen Prämissen der Gegenwartsliteraturforschung tragen die im Folgenden noch konkreter dargestellten Selektionskriterien des Textkorpus und die Schwerpunkte des analytischen Teils dieser Studie.

Die fixierende, aber dennoch dynamische raumzeitliche Verortung der Texte als *zeitgenössisch* einerseits, andererseits die Breite ihrer auf inhaltlicher Textebene evozierten diegetischen Zeit-Räumen spielten dabei eine gewichtige Rolle. Es handelt sich bei den untersuchten Werken um fiktional erzählende Prosatexte, Romane, aber auch um essayistische und faktual-dokumentarische Erzähltexte, welche in den 10er Jahren des 21. Jahrhunderts publiziert wurden und in denen auf diegetischer Ebene eine mehr oder weniger starke Referentialisierbarkeit hinsichtlich der französischen Gesellschaft des 20. und beginnenden 21. Jahrhunderts evoziert wird. Ihre Literarizität ist dabei von unterschiedlicher Intensität durch Gattungsmarker, Selbstreferentialität, komplex gestaltete sprachliche Form und die Engführung Faktualität suggerierender Kriterien mit fiktionalen Elementen gegeben.

Die nächste, ebenfalls bereits diskutierte Prämisse ist feldtheoretischer Art und verlangt von den untersuchten Werken eine gewisse Sichtbarkeit im literarischen Feld und über dieses Feld hinaus, so dass sie im gesamtgesellschaftlichen Diskurs, insbesondere in der Frage nach der Gewalt, ob dies inhaltlich und formalästhetisch für berechtigt gehalten wird oder nicht, eine hervorgehobene Stellung innehaben. Dies bedeutet, dass sie also nicht nur auf produktionsästhetischer Seite die Behauptung aufstellen, über Gewaltformen oder gar als eigenständige Gewalt im Frankreich der Gegenwart und jüngeren Geschichte erzählen zu können, sondern auch auf Seiten der Rezeption einen ersten Widerhall fanden, um so aus dem literarischen Feld den Diskurs als potentielle Referenzquellen öffentlicher Debatten mitzugestalten. Die ausgewählten Texte werden in ihrem Erzählen über die französische Gegenwart so selbst zu deren Kommentar, indem sie Argumente liefern, als Provokation und Kritik, aber auch als luzide eingestufte Bewertungen der Gegenwart verstanden werden. Literaturpreise, gesteigerte mediale Aufmerksamkeit und Präsenz in literaturkritischen Debatten sind hier Indizien für die Notorietät von Autor*innen und ihren Texten. Sie stellen Kapitalformen im Bourdieu'schen Sinne dar. Als institutionalisiertes und objektiviertes kulturelles Kapital zugleich durch die Beziehungsgeflechte der Feld-Akteure eng mit sozialem Kapital verwoben, generieren sie auch symbolisches Kapital, welches nicht nur im literarischen Feld, sondern auch im intellektuellen Feld sowie im Feld politischer Macht anerkannt wird und weiteres soziales und bisweilen ökonomisches Kapital an den Märkten der Aufmerksamkeit akkumulieren kann. Institutionalisiertes kulturelles Kapital, welches durch das medial erweiterte soziale und objektivierte Kapital der Autor*innen noch unterstützt wird, wie beispielsweise durch die Betätigung vieler Autor*innen als omnipräsente intellektuelle Kommentator*innen des Zeitgeschehens, aber auch ihre Vermarktung und Selbstvermarktung als ‹Literaturstars›, schafft auch bezüglich der Stellung und des Habitus' der Akteure im literarischen Feld einen Wiedererkennungswert. Dieser ist auch in anderen Feldern, möglicherweise in weiten Teilen des gesellschaftlichen Raumes aktualisierbar. Die Verlagsstrategien und medialen Kontroversen im Umfeld einiger Aussagen von Autor*innen wie Michel Houellebecq, Christine Angot oder Frédéric Beigbeder wären hier nur drei prominente Beispiele.[160]

Dabei sind diese institutionalisierten Formen kulturellen Kapitals keine Garanten für die objektive Qualität des Geschriebenen, aber zumindest Anhaltspunkte für die hier als wichtiger Faktor begriffene Sichtbarkeit von Akteuren im literarischen Feld und damit vermittelt auch im sozialen Raum. Ohne hier in der Romanistik und andernorts heftig geführte Debatte um das Konzept der Autonomie des literarischen Feldes eingehen zu können, sei doch noch einmal auf die feldübergreifende Distinktionsfunktion von Literatur als vor allem symbolischem, weniger ökonomischem Wert hingewiesen.[161] Dieser Wert betrifft jedoch auch ein Distinktionspotential in anderen Feldern der Gesellschaft, wie am erwähnten Beispiel Michel Houellebecqs sichtbar wird, indem dessen Texte, durch epitextuelle Aussagen provokanter Art befeuert, als nicht nur literarisch, sondern feldübergreifend diskussionswürdig erachtet werden.[162]

---

[160] Vgl. Weiser, Jutta: Der Autor im Kulturbetrieb: Literarisches Self-Fashioning zwischen Selbstvermarktung und Vermarktungsreflexion (Christine Angot, Frédéric Beigbeder, Michel Houellebecq). In: *Zeitschrift für französische Sprache und Literatur* 123, Heft 3 (2013), S. 225–250.
[161] Vgl. Karlheinz Stierles polemischen *Zeit*-Artikel: Stierle, Karlheinz: Glanz und Elend der Kunstsoziologie. In: *Die Zeit*, 19.08 1999, zitiert und kommentiert in Jurt: Literaturzirkulation und Feldtheorie, S. 248 f.
[162] Vgl. hierzu Mecke, Jochen: Der Fall Houellebecq: Zu Formen und Funktionen eines Literaturskandals. In Eggeling, Giulia / Segler-Messner, Silke (Hg.): *Europäische Verlage und romanistische Gegenwartsliteraturen*. Tübingen: Narr 2003, S. 194–217. Dies bedeutet jedoch nicht, dass die hohe literarische Qualität der Texte von Autor*innen wie Michel Houellebecq in Abrede gestellt werden soll; vgl. zahlreiche Studien zu den Texten dieses bedeutenden Autors der französischen Gegenwartsliteratur wie diejenigen von Schober, Rita: *Auf dem Prüfstand. Zola – Houellebecq – Klemperer*. Berlin: Verlag Walter Frey 2003; sowie dies.: Weltsicht und Realismus in Michel Houellebecqs utopischem Roman *Les particules élémentaires*. In: *Romanistische Zeitschrift für Literaturgeschichte* 25 (2001), S. 177–211; sowie Coulibaly Diop, Ibou: *Mondialisation et monde des théories dans l'œuvre de Michel Houellebecq*. Berlin: Verlag Frank & Timme 2018; zu Houellebecqs Politik der Literatur in seiner literar-anthropologischen Dimension vgl. Messling, Markus: Anthropologie du Mal et politique de la littérature : Michel

Ergänzt werden kann mit Pierre Bourdieu, dass von einer strukturellen und funktionellen *Homologie* «zwischen dem Raum der Autoren und dem Raum der Konsumenten (sowie Kritiker)» ausgegangen werden kann, zudem von einer «Korrespondenz zwischen der gesellschaftlichen Struktur der Produktionsräume und den mentalen Strukturen, die Autoren, Kritiker und Konsumenten auf die (ihrerseits nach diesen Strukturen organisierten) Produkte anwenden [...]».[163] Allein die Feststellung dieses komplexen Wechselspiels zwischen Autor*in, Kritiker*in und Publikum macht literarisch dargestellte Gewalt, Formen und Normen des Schreibens und Redens über Gewalt über das literarische Feld hinaus für den gesamtgesellschaftlichen Diskurs relevant – insbesondere in einem einzeln betrachteten, national fokussierten Ausgangs- und Aufnahmefeld in einem ebenso eingegrenzten sozialen Raum. Dies führt zur nächsten Prämisse, welche diesen literarisch gestalteten sozialen Raum und die *socialité* des Erzählens durch gezielte Auswahl der Texte so breit wie möglich zu umfassen sucht, um die Analyse erzählter Gewalt möglichst aussagekräftig zu gestalten.

Die Auswahl erzählender Texte orientierte sich daher – wie im Kapitel zur methodischen Herangehensweise dargestellt – zwar auch an thematischen Schwerpunktsetzungen von Gewaltdarstellung sowie an Typologien und Systematisierungen der soziologischen Gewaltforschung wie beispielsweise Galtungs *Gewaltdreieck*, strukturiert aber über die Korpus-Selektion die Frage nach der Gewalt bewusst vor allem anhand der unterschiedlichen Bezugnahme auf Gesellschaft, also anhand der *socialité* des Erzählten in dessen Sujets. Dabei wird von Mischungen und Übergängen mehrerer Typen von Gewalt auf der inhaltlich-formalen Ebene der Texte ausgegangen, indem dort Figurenhandeln, Perspektivierungen sowie modellierte gesellschaftliche Strukturen und Institutionen des Chronotopos in einen vielstimmigen Polylog treten. Auch auf sprachlicher Ebene geben die verwendeten Sprachstile und -register der Figurenrede sowie der Erzählstimmen Aufschluss über eine Überschneidung verschiedener Formen der Gewalt. Die Frage nach politischen (Terrorismus), strukturellen (Rassismus, Fremdenhass), institutionalisierten (Gewalt der Jurisdiktion, Polizeigewalt) und Akteur-bezogenen Gewaltformen (Gewalt als emanzipatorische Handlung und Reaktion auf eine Krisensituation) der Ge-

---

Houellebecq et Roberto Bolaño. In: Asholt / Bähler (Hg.): *Le savoir historique du roman contemporain*, S. 51–66.
163 Bourdieu, Pierre: *Die Regeln der Kunst. Genese und Struktur des literarischen Feldes.* Frankfurt a.M.: Suhrkamp 1999, S. 262. Zur Einordnung dieser Aussage im Kontext des von Bourdieu postulierten komplexen Wechselspiels zwischen Literaturkritik, Literaturproduktion und Rezeption, sprich: Kritiker*in, Autor*in und Leser*in vgl. Jurt: Literaturzirkulation und Feldtheorie, S. 239–241.

genwart wird zudem um eine historische Dimension erweitert, welche die Gewalt der jüngeren Vergangenheit Frankreichs und deren Perspektivierung durch die Gegenwartsliteratur mit einbezieht. Gemäß dieser Auswahl und Aufteilung nach einer unterschiedlichen Schwerpunktsetzung auf *socialité* wurde das Textkorpus daher entlang dreier ‹neuralgischer› Punkte angeordnet, welche das literarische Panorama erzählter Gewalt in Frankreich und in der französischen Gesellschaft gliedern sollen.

Das erste Kapitel des analytischen Teils dieser Studie widmet sich der erinnerten Gewalt historischer, kollektiv geteilter Konflikte als Teilen des kulturellen Gedächtnisses der Nation sowie als von Gewalt begleiteten Krisenerfahrungen des 20. Jahrhunderts und dessen Gesellschaft. Diese fanden und finden als Roman-Sujets Eingang in die erzählende Literatur der nahen Gegenwart und prägen in Form geteilter Narrative, Mythen, Motive und Erinnerungsorte im breit gefassten Sinne Pierre Noras zwischen abstraktem Begriff und konkretem Ort auch das Frankreich des 21. Jahrhunderts und seine Literatur.[164] Erster und Zweiter Weltkrieg, deutsche Okkupation und Résistance, Algerienkrieg, Indochinakrieg, die Spaltung der Gesellschaft während des Vichy-Regimes sowie die des gaullistischen Frankreich, aber auch die Frage nach den Klassenkämpfen des 20. Jahrhunderts wurden in den ausgewählten Texten aus der Perspektive des 21. Jahrhunderts literarisch verarbeitet und auf ihr Erscheinungsbild gegenüber einer erzählerisch gestalteten Gegenwärtigkeit hin befragt, die in ihnen vor dem Hintergrund eines weiten intertextuellen Referenzraumes entfaltet wird. Bereits hier wird deutlich, wie stark die Dimensionen *Akteur*, *Symbol* und *System* miteinander verbunden sind, wenn historische Gewalt aus der Perspektive von Erzähler-Figuren als Kriegsteilnehmer*innen geschildert wird, bei welchen jedoch mit der nicht mehr gegebenen Zeitgenossenschaft der Autor*innen auch der Zeugenstatus in den Hintergrund und die Frage nach der Modellierung narrativ verarbeiteter Geschichte in den Vordergrund rückt. Das große Interesse der literarischen ‹Erben›-Generation der Zeitzeugen, der *Génération Littell*, an Nationalsozialismus und Zweitem Weltkrieg, dem besetzten Frankreich, dem Holocaust und dem Widerstand gegen das Nazi-Regime verdeutlichte, wie sehr sich bereits seit den nuller Jahren des 21. Jahrhunderts eine junge französische Schriftstellergeneration einiger Themen der Vergangenheit und ihrer Bewältigung als relevanten Deutungsmustern der Gegenwart zu versichern suchte.[165]

---

[164] Vgl. Nora, Pierre: *Les Lieux de mémoire*. 3 Bde. Paris: Gallimard 1984–1992. Zur Rolle der Literatur und insbesondere des Romans als geschichtskritischer Instanz vgl. Asholt / Bähler (Hg.): *Le savoir historique du roman contemporain*, Introduction, S. 7–17.
[165] Zu dieser nach dem Schriftsteller und *Goncourt*-Preisträger (2006 für *Les bienveillantes*) Jonathan Littell benannten ‹Generation›, vgl. Viart, Dominique: Nouveaux modèles de repré-

Im Fokus der Analyse stehen in diesem ersten Kapitel jedoch drei Romane jüngeren Datums, welche ebenfalls weit entfernt von historischer Zeitzeugenschaft – und über Thematiken im Umfeld von Nationalsozialismus und Faschismus hinausgehend – problematische Bereiche der französischen Geschichte und erinnerter Gewalt behandeln: Pierre Lemaitres *Au revoir là-haut* (2013, Auswahl an Auszeichnungen: Prix Goncourt 2013, Prix des libraires de Nancy « Le Point », Roman français préféré des libraires à la rentrée, Meilleur roman français 2013 décerné par la magazine « Lire », Prix roman France Télévisions, Prix Tulipe du meilleur roman français 2014, Premio letterario internazionale Raffaelo-Brignetti 2014, Verfilmung von Albert Dupontel 2017, dabei César für die beste Regie 2018), Alexis Jennis *L'Art français de la guerre* (2011, Prix Goncourt 2011) und Josef Andras' *De nos frères blessés* (Prix Goncourt du premier roman 2016, vom Autor abgelehnt, verfilmt 2019 von Hélier Cisterne).[166]

Michel Wieviorka wies im ersten Kapitel seiner Studie *La violence* darauf hin, dass die großen strukturierenden Konfliktlinien des 20. Jahrhunderts wie der Kampf der Arbeiterklasse und das Blockdenken des Kalten Krieges – man könnte hier natürlich auch die ‹großen› Kriege sowie den westlichen Imperialismus und Kolonialismus hinzufügen – nicht mehr geeignet sind, die gesellschaftlich strukturierenden Einflüsse kollektiven Gewaltgeschehens in einer multilateralen und dezentralisierten Welt zu erfassen.[167] Diese gliedere sich nicht mehr nach ‹kontinentalen› oder ideologisch homogenen Konfliktblöcken und lasse der außer- und infra-staatlichen Gewalt wesentlich mehr Spielraum und Entfaltungsmöglichkeiten. Er stellt dabei auch die Frage, ob die heute vorherrschenden Gewaltphäno-

---

sentation de l'Histoire en littérature contemporaine. In ders. (Hg.): *Nouvelles écritures littéraires de l'Histoire. T. X: Écritures contemporaines.* Caen: Lettres Modernes, Minard 2009, S. 11–39; sowie ders.: Récits de filiation. In Viart / Vercier: *La Littérature française au présent*, S. 79–101; Barjonet, Aurélie: La troisième génération devant la seconde guerre mondiale : Une situation inédite. In: *Études romanes de Brno* 33,1 (2012), S. 39–55; zudem Clément, Murielle Lucie: *Les bienveillantes de Jonathan Littell*. Études réunies. Cambridge: Open Book Publishers 2010; als Primärtexte dieser Schriftsteller-Generation vgl. u. a. Littell, Jonathan: *Les bienveillantes*. Paris: Gallimard 2006; Binet, Laurent: *HHhH*. Paris: Grasset 2010; Haenel, Yannick: *Jan Karski*. Paris: Gallimard 2009; Jablonka, Ivan: *Histoire des grands-parents que je n'ai pas eus*. Paris: Seuil 2012; Humbert, Fabrice: *L'Origine de la violence*. Paris: Le Passage 2009; Benyahya, Olivier: *Zimmer*. Paris: Allia 2010; Hesse, Thierry: *Démon*. Paris: L'Olivier 2009; Claudel, Philippe: *Le Rapport de Brodeck*. Paris: Stock 2007.

166 Vgl. Lemaitre, Pierre: *Au revoir là-haut*. Paris: Albin Michel 2013; Jenni, Alexis: *L'Art français de la guerre*. Paris: Gallimard – Collection blanche 2011; Andras, Josef: *De nos frères blessés*. Arles: Actes Sud 2016; vgl. auch Dupontel, Albert (Regie): *Au revoir là-haut*. Stadenn Prod. / Manchester Films 2017; sowie Cisterne, Hélier (Regie): *De nos frères blessés*. Les Films du Bélier/ France 3 Cinéma / Frakas Productions / Laïth Media (DZ) 2020.

167 Vgl. Wieviorka: *La violence*, S. 18–46.

mene nicht vielmehr das Gegenteil alter Konfliktlinien als deren Fortführung sind. Was jedoch den Wissensspeicher der analysierten Literatur dieses ersten Kapitels unzweifelhaft bestimmt, sind die vielen historisch rekonstruierten, erinnerten und erzählten Motive und Handlungswelten, welche sich aus den einstmals mächtigen Konflikten des 20. Jahrhunderts speisen, diese aber für die französische Gegenwart des 21. Jahrhunderts als gesellschaftliche Problematiken fruchtbar machen. Anhand der drei oben erwähnten Romane spürt das erste analytische Kapitel diesem erzählerischen Erinnern an vergangene Gewalterfahrungen des kriegerischen 20. Jahrhunderts nach und untersucht, ob und auf welche Weise es die in der Gegenwart des 21. Jahrhunderts verankerte gesellschaftliche Sicht auf französische National-Mythen und -Narrative bestimmt. Dabei gilt es auch zu fragen, inwiefern literarisches ‹Heraufbeschwören› großer kollektiver Konflikte der Vergangenheit Antworten auf Wiewiorkas Frage nach gegenwärtiger Gewalt als ‹Verlängerung› oder ‹Antithese› national-hegemonial geführter Debatten um Geschichte bereit hält.

Die beiden folgenden Kapitel betreffen Erzähltexte, welche die französische Gesellschaft der Gegenwart und noch jüngeren Vergangenheit explizit thematisieren. Das zweite Kapitel widmet sich vor allem der Frage nach jenen Formen der Gewalt im gesellschaftlichen Raum, welche weniger sichtbar, in gewissem Sinne ‹unter der Oberfläche› der im medialen und öffentlichen Diskurs verhandelten und diskutierten Formen von Gewalt nach Formen der Sichtbarmachung verlangen. Bereits seit den Grundlagentexten der modernen Soziologie im 19. Jahrhundert und den sozialkritischen Werken des Naturalismus bis hin zur «sociologie des arts» der 60er Jahre und darüber hinaus bestehen dabei zwischen literarischer und soziologischer Gesellschaftsanalyse und *écriture* enge Verbindungen, welche die französische Literaturgeschichte prägen und deren Wirkung bis in die Gegenwart des 21. Jahrhunderts anhält.[168] Ab den 70er Jahren finden beispielsweise die komplexen Perspektivierungen französischer Geschichte und Gesellschaft durch die autobiographisch grundierten Erinnerungs-Texte Annie Ernaux' – ihr *autosozioanalytisches* Schreiben – ein breites Echo, indem sie Gesellschaft aus dem Feld der Literatur in ihren Tiefenstrukturen zu erfassen suchen.[169] In den 10er

---

168 Vgl. Quemin, Alain / Lévy, Clara: La chassé-croisé de la sociologie et des œuvres littéraires. In Labari, Brahim (Hg.): *Ce que la sociologie fait de la littérature et vice-versa*. Paris: E.P.U. 2014, S. 15–34.
169 Zur soziologischen Dimension von Annie Ernaux' Texten vgl. die Forschungsarbeiten Isabelle Charpentiers: Charpentier, Isabelle: Annie Ernaux ou l'art littérairement distinctif du paradoxe. In Brière, Émilie / Lamarre, Mélanie / Viart, Dominique (Koord.): *Revue des Sciences Humaines* 299 (2010): *Le roman parle du monde – Lectures sociocritiques / sociologiques du roman contemporain*, S. 57–77; vgl. auch dies.: « Quelque part entre la littérature, la sociologie

Jahren des 21. Jahrhunderts sind es Texte wie Didier Eribons *Retour à Reims* und Édouard Louis' *En finir avec Eddy Bellegueule*, welche sich zwischen Soziologie und Literatur verorten lassen und dabei auch explizit an Ernaux anknüpfen. Als Texte sozialanalytischer stehen sie in der Tradition der französischen Macht- und Feldtheoretiker Foucault und Bourdieu, beschreiben und reflektieren zugleich aber essayistisch frei Gesellschaft, Gender, Klasse und ihr Verhältnis zu Subjektivität als körperlicher Erfahrung, geprägt von sozialem Habitus und determinierenden Milieu-Normen.[170]

Diese Tradition ‹soziologisierender›, jedoch nicht allein auf autobiographisches und autofiktionales Schreiben abgestellter Literatur, muss auch im hier verhandelten Textkorpus zur Thematik der Gewalt Berücksichtigung finden. Ausgehend von einem sozialanalytischen Anspruch der Gegenwartsliteratur soll dabei nach jenem ebenfalls von Michel Wieviorka aufgestellten Paradigma gefragt werden, nach dem das Erscheinen der Figur des Opfers und der Körpersubjekte als Kristallisationspunkte gewalttätigen Handelns und Erlebens von staatlicher, institutioneller, subjektiver oder symbolischer Seite den Blick auf ehedem unsichtbare Formen der Gewalt prägt.[171] Das erzählte körperliche Subjekt als verschiedensten Gewaltformen ausgesetztes Erleben – als Opfer – sowie sein Erkennen von Gesellschaft steht somit im Mittelpunkt der Analyse, wobei Kategorien wie Geschlecht, Rasse, aber auch Klassenzugehörigkeit diesen Körper, sein Sprechen und dessen Diskursivierung in Familie, näherem Umfeld, Medien und Politik mitbestimmen.

So stellt sich die Frage, welches Wissen die Literatur durch ihre modellierend-vermittelte Position zwischen Individual- und Kollektivbewusstsein zu dieser Problematik beitragen kann. Unterhalb der Oberfläche öffentlicher Dis-

---

& l'histoire » – L'œuvre autosociobiographique d'Annie Ernaux ou les incertitudes d'une posture improbable. In: Meizoz, Jérôme (Koord.): *Contextes – Revue de sociologie de la littérature* 1 (2006): *Discours en contexte – Théorie des champs & analyse du discours*, online unter https://doi.org/10.4000/contextes.74, konsultiert am 15.06.2021; vgl. beispielhaft aus dem breiten Œuvre der Autorin ihren Debüt-Roman Ernaux, Annie: *Les Armoires vides*. Paris: Gallimard 1974; zudem dies.: *La Place*. Paris: Gallimard 1983; vgl. auch dies.: *Les Années*. Paris: Gallimard 2008; sowie jüngeren Datums vgl. dies.: *Mémoire de fille*. Paris: Gallimard 2016.

170 Vgl. Eribon, Didier: *Retour à Reims*. Paris: Flammarion Champs essais 2009; sowie ders.: *Retour sur Retour à Reims*. Paris: Éditions Cartouche 2011; zum philosophischen, soziologischen und literatursoziologischen Werk vgl. ders.: *Michel Foucault, 1926–1984*. Paris: Flammarion 1989; sowie ders.: *La Société comme verdict. Classes, identités, trajectoires*. Paris: Fayard 2013; zudem ders.: *Théories de la littérature. Système du genre et verdicts sexuels*. Paris: PUF 2015. Zu Édouard Louis vgl. Louis, Édouard: *En finir avec Eddy Bellegueule*. Paris: Seuil 2014; sowie ders. (Hg.): *Pierre Bourdieu. L'insoumission en héritage*. Paris: PUF 2013.
171 Vgl. Wieviorka: *La violence*, S. 81–108.

kurse über Gewalt, aber diese aufgreifend und kritisierend, könnten hier Zusammenhänge und Gewalt-Prozesse erscheinen, die entweder ignoriert werden oder mangels Einsicht in durch mediale und politische Öffentlichkeit weniger diskutierte Milieus und Lebenswelten ‹im toten Winkel› erst versprachlicht und erzählt werden müssen. Dabei ist es jedoch nicht nur die Rolle des Opfers, dessen Selbst- und Fremdkonstruktion im literarisch modellierten Subjekterleben wie auch im politischen und gesellschaftlichen Diskurs, welche betrachtet werden soll. Auch die Wirkung der Gewalterfahrung auf die Täter*innen und ihre Lebensweltlichkeit im sozialen Raum muss hinterfragt werden, um schließlich den im Erzählen entwickelten und modellierten Ermöglichungsbedingungen und Funktionsmechanismen der Gewalt nachzugehen.

Stellvertretend für die breite Vielfalt an sozialkritischen und sozialanalytischen Schreibformen in Frankreich stehen hier drei Texte im Fokus der Analyse, die äußerst unterschiedlichen Gattungen zugehören und sich zwischen journalistischer Reportage und essayistischem Gesellschafts-Kommentar, Autobiographie und Autofiktion, Jugend- und Sozialroman der Gewalt innerhalb der französischen Gesellschaft der 90er Jahre des vergangenen sowie den 00er und 10er Jahren des 21. Jahrhunderts widmen. Neben Édouard Louis' vieldiskutiertem, autobiographisch gefärbtem ‹Roman› *Histoire de la violence* (2016, Theateradaption von Thomas Ostermeier unter dem Titel *Au cœur de la violence* 2019) werden Nicolas Mathieus Roman *Leurs enfants après eux* (Prix Goncourt 2018) und Ivan Jablonkas 2016 erschienener, zwischen Essay und journalistischer Dokumentation schwankender Text *Laëtitia, ou la fin des hommes* (Prix Médicis 2016, Prix littéraire du «Monde» 2016) betrachtet.[172]

Im dritten Kapitel schließlich steht einerseits das Schreiben über medial vermittelte, ereignishafte Gewalt im Mittelpunkt der Analyse, auf der anderen Seite rücken Gewalt als Mittel der Politik gegen bestehende Systemstrukturen und deren oftmals politische Inszenierung durch die Literatur sowie die Literatur selbst als Gewalt in den Fokus. Erzähltes Gewalthandeln und Schreiben über erlebte Gewalt werden in diesem Kapitel nicht in erster Linie als soziologische Analyseinstrumente verstanden, sondern es gelangen die inhaltliche, ästhetische wie sprachliche Verarbeitung und stilistisch ausgefeilte Inszenierung erlebter und ausgeübter Gewalt als sozialkritische Politiken von Sprache und Literatur in den Vordergrund. Gewalt in Form von erzählter Gewalt oder verbaler Gewalt des Texts kann hier einerseits als Provokation in Hinblick auf eine als ungerecht

---

[172] Vgl. Louis, Édouard: *Histoire de la violence*. Paris: Seuil 2016; Mathieu, Nicolas: *Leurs enfants après eux*. Arles: Actes Sud 2018; Jablonka, Ivan: *Laëtitia, ou la fin des hommes*. Paris: Seuil 2016.

empfundene Gesellschaftsordnung verstanden werden; doch wird anhand der ausgewählten Texte auch Gesellschaft selbst in ihrer Gewalttätigkeit in Form struktureller und institutionalisierter Gewaltformen entlarvt und kritisiert. Terrorismus, Straßenkämpfe, Aggression von und gegenüber Migrant*innen, die Gewalt des Staates und seiner Bediensteten, politische und innere Radikalisierung gegen ‹Systeme› der Gesellschaft, aber auch mediale Inszenierungsformen von Gewalt als eigene Gewaltmechanismen stehen im Zentrum der ausgewählten Erzähltexte, die sich diesen Thematiken verschreiben.

Literatur fungiert hier also zugleich als Spiegel und Brennglas der Kritik an Inszenierungsformen und Pauschalisierungsnormen von Gewalt durch Politik und Medien. Dies insofern, als dass letztere Instanzen Straßenkämpfe, Demonstrationen und Terroranschläge aufgreifen und sie als Gewaltereignisse, aber auch mediale Spektakel in ein nicht nur nationales kollektives Gedächtnis einbrennen, wo sie zu schlagwortartigen Diskursmarkern und unhinterfragten Metaphern gesellschaftlicher ‹Missstände› zu verkommen drohen: *Der* radikale Islam in Frankeich, *die* Zuwanderung, *der* Terrorismus in Frankreich, *das* Erstarken einer Neuen Rechten. Diese Diskursmarker finden auch Eingang in die in diesem dritten Kapitel analysierten Texte als Bestandteile von etablierten Narrativen des Gewalthandelns. Jene Texte bilden auch hier Elemente einer literarisch-gesellschaftlichen Topologie der Gewalt, entfalten aber durch erzählerische und sprachliche Ausdifferenzierung, durch Anprangern und Konterkarieren ihrer politischen und medialen Repräsentationsformen ein komplementäres Wissen über weniger diskutierte Gewaltzusammenhänge, ihre tieferen Ursachen und die dagegenstehenden Protestformen. Bei diesen Fokussierungen wird – wie schon bereits in den vorhergehenden Kapiteln, diesmal aber als zentrales Kriterium der Politik des Schreibens über Gewalt – der Sprache wie der erzählerischen Form und ihrer Gewalt eine zentrale Rolle zukommen. Wie manifestiert sich Gewalt in Sprache und Erzählweise der Texte? Welche Rolle kommt diesen formalen Kriterien in Hinblick auf deren Inhalt, der erzählten Lebenswirklichkeit und den erzählenden und erzählten Figuren zu? Und welche Formen symbolischer Gewalt werden dabei über die Sprache als *Gewalt der Literatur* transportiert oder außer Kraft gesetzt?

Zur Analyse der Thematik des Terrorismus in Frankreich wurden die beiden Texte *Grand Frère* von Mahir Guven (2017, *Prix Goncourt du premier roman, Prix Première, Prix Régine-Deforges* 2018) und *Le Lambeau* von Philippe Lançon (2018, *Prix Femina, Prix «special» Renaudot, Prix des prix littéraires* 2018) herangezogen. Wagt sich die erste Erzählung in Romanform an die Perspektive einer Täterfigur und ihre Radikalisierung zum islamistischen Terroristen in der Sprache ihres Bruders, so eröffnet der zweite Text den Leser*innen in Form eines autobiographisch fundierten Essais die Perspektive eines Opfers terroristischer Gewalt.[173] Ein symbolischer Akt der Gewalt in poetischer Sprache als Gegengewalt zu Formen institutioneller und struktureller Gewalt rückt im Roman-Text *Assommons les pauvres!* von Shumona Sinha (2011, *Prix Valery-Larbaud* 2012, *Prix Eugène-Dabit du roman populiste* 2011, *Internationaler Literaturpreis HKW* 2016, Theateradaptionen für das *Thalia-Theater* Hamburg und die *Freie Werkstatt* in Köln) in den Fokus.[174] Die Gewalt der Sprache selbst, aber auch die Formenvielfalt an Gewalt innerhalb der französischen Gesellschaft wird abschließend anhand der Romane von Virginie Despentes' *Vernon-Subutex*-Trilogie (2015–2017, *Prix Anaïs Nin*, *Prix Landerneau*, *Prix La Coupole* 2015, Fernsehadaption von Cathy Verney 2016 für *Canal +*) untersucht werden, wobei hier noch einmal die Diegese selbst einen synthetisierenden, oft kritisch-polemischen Blick auf Frankreich am Beginn des 21. Jahrhunderts wirft.[175]

Da die hier untersuchte Vielfalt erzählter Gewalt nicht auf eine bloße Semantik der Gewalt reduziert werden soll, muss ein abschließender, das Analysierte synthetisierender Blick gewagt werden, um nach dem literarischen Wissen über Gewalt zu fragen, welches zusammen mit dieser literarischen Topologie der Gewalt als noch nicht formulierte Theorie aufscheint. Im abschließenden Kapitel der Studie wird daher auf Grundlage der analytisch eruierten Mechanismen der Gewaltdarstellung versucht werden, Aussagen über die Gestalt von Gewalt-Diskursen aufgrund ihrer sprachlichen und erzählerischen Modellierung im Feld der Literatur zu treffen. Dabei steht auch die Frage nach der symbolisch-sprachlichen Gewalt zur Debatte, welche von Literatur selbst ausgeübt wird.

Auch soll anhand der anvisierten literarischen Topologie der Gewalt im Frankreich des beginnenden 21. Jahrhunderts auf eine Debatte Bezug genommen werden, welche die Gewaltforschung als Vorannahme einer historischen Entwicklung zu Beginn des Jahrtausends in den Vordergrund rückte: Ist auch in der französischen Literatur des *extrême contemporain* und in ihrem Blick auf die französische Gesellschaft jene soziokulturelle Desinstitutionalisierung und die von Soziologen wie Andreas Reckwitz postulierte *Krise des Allgemeinen* zu beobachten, die als zentrales Merkmal einer globalisierten Spätmoderne gilt und sich auch in Form einer geschwächten Rolle des Staates und des ‹Nationalen› be-

---

173 Vgl. Guven, Mahir: *Grand Frère*. Paris: Interforum editis 2017; Lançon, Philippe: *Le Lambeau*. Paris: Gallimard 2018.
174 Vgl. Sinha, Shumona: *Assommons les pauvres !* Paris: Éditions de L'Olivier 2011.
175 Vgl. Despentes, Virginie: *Vernon Subutex*. Paris Grasset 2015–2017; vgl. auch Verney, Cathy (Regie): *Vernon Subutex*. Canal + 2019-Gegenwart.

merkbar macht?[176] Gerade vor dem historischen Hintergrund jener bereits diskutierten langen Tradition des starken französischen Zentralstaats, der in seinen Schulen und Universitäten, Akademien und Behörden einen aufklärerischen Universalismus zu erhalten bemüht ist, gewinnt die Frage einer Schwächung dieses normgebenden Zentrums besonderes Gewicht. Zumal eine behauptete, daraus resultierende Zunahme an enthemmter Gewalt einer über Jahrhunderte währenden, nicht minder brutalen Gewalt der Zentralmacht Staat entgegenstehen würde, wie sie weiter oben im Exkurs kurz skizziert wurde und wie sie in zahlreichen der im Folgenden analysierten Texten thematisiert wird.

Natürlich ist es allein die qualitative Relevanz und Notorietät, weniger die quantitative Weite des Korpus, welche hier Aussagen leitet, insofern es aus einem zeitlich eingegrenzten Teilbereich des literarischen Feldes stammt, welcher sich wie bereits erwähnt durch einen hohen Anteil der Bourdieu'schen symbolischen und institutionalisiert-kulturellen Kapitalformen auszeichnet. Doch diese Strategie der Eingrenzung durch Wahl eines Textkorpus, wie sie die meisten der bereits erwähnten Forschungsansätze zum ‹Phänomen *violence*› auf sprach- und literarästhetischer, narrativer und diegetischer Ebene charakterisiert, ist auch für die vorliegende Studie zur erzählenden Literatur des französischen *extrême contemporain* ein methodischer Ausgangspunkt sowie eine strategische Notwendigkeit. Sie soll ebenso wie die ‹extreme Zeitgenossenschaft› der Gegenwartsliteratur weniger als Problem und erkenntnistheoretische ‹Kapitulation› vor einem nur vermeintlich einlösbaren Universalitätsanspruch von Aussagen über Gewalt durch die Literatur, denn vielmehr als Chance und intrinsische Möglichkeit der Literaturwissenschaft verstanden werden, die Komplexität von vielfältig verknüpften Erscheinungsformen der Gewalt gerade anhand spezifizierter Forschungsobjekte und Analyse-Zeiträume zu erforschen.

---

176 Vgl. Wieviorka: *La violence*, S. 64–67; vgl. zudem Reckwitz, Andreas: *Die Gesellschaft der Singularitäten. Zum Strukturwandel der Moderne*. Berlin: Suhrkamp 2017; vgl. zudem bereits Anfang des Jahrtausends zum Prozess der Individualisierung gegenüber dem Gemeinschaftlichen Bauman, Zygmunt: *Community. Seeking Safety in an Insecure World*. Cambridge: Polity Press 2001; sowie Ders.: *The Individualized Society*. Cambridge: Polity Press 2001.

3 Frankreichs ‹große› Kriege: Literarisches Erinnern, Deuten und Vergessen historischer Gewalt

Das Paradox einer säkularen ‹Heiligung› des Universellen im Staatlichen, vermittelt durch eine zugleich national und universalistisch gedachte Kultur und Geschichte der Moderne, kann als eine mit staatlicher Gewalt eng verknüpfte Entwicklungslinie französischer Geschichte seit der Großen Revolution gesehen werden, die bis in die Gegenwart nachwirkt und Modellierungen von Gesellschaft in der Literatur beeinflusst. Sie begleitete die Entstehung des souveränen Nationalstaats, stellte dessen Kriege in eine kritische oder affirmative Linie mit dem Narrativ des politischen Fortschritts, der Zivilisation sowie universeller Werte und spiegelt sich in Teilen bis heute in der Härte von Auseinandersetzungen mit der Exekutivgewalt des Staates auf den Straßen, in bellizistischer Symbolpolitik zu öffentlichen Anlässen und in der Kriegs-Rhetorik gegenüber Bedrohungen wie terroristischer Gewalt. Der Freiburger Neuzeithistoriker Jörn Leonhard fasste diese komplexe Entwicklung, welche als «Prozeß der Delegitimation» in Hinblick auf das zuvor herrschende Kriegsparadigma am Übergang der Frühen Neuzeit zur Moderne gesehen werden kann, folgendermaßen zusammen:

> Sie [die Revolution, ML] entwickelte den Bellizismus als Sinnlehre des Krieges nicht neu, aber sie schloß den bereits zur Zeit des Siebenjährigen Krieges einsetzenden Prozeß der Delegitimation des monarchisch-dynastisch konnotierten Krieges ab und ersetzte ihn durch den Krieg der Nation um ihre politisch-konstitutionellen und sozialen Wertressourcen und deren universelle Ausbreitung. Daraus folgte die mediale Stilisierung der Revolutionskriege zu Befreiungskriegen, was den bellizistischen Selbstdeutungen ein enormes Sendungsbewußtsein verlieh, dessen langfristige Wirkungen kaum hoch genug einzuschätzen sind. Die durch geschichtspolitische Erinnerung und Analogisierung stets vergegenwärtigten Revolutionskriege wurden zum Sinnbild einer Nation, der eine besondere Verantwortung für den Fortschritt und die politischen und gesellschaftlichen Leitideen der Revolution weit über Frankreich hinaus zuzukommen schien. Die religiöse Prägung der *patrie* wurde durch die Aneignung der Kriegserfahrungen im Namen der Revolution auf die souveräne Nation übertragen: Die Autosakralisierung der Nation jenseits des monarchischen Gottesgnadentums war in ihrer medialen Suggestion eine Geburt der Französischen Revolution.
>
> Die bellizistische Nation als Deutungsspeicher blieb weit über das vermeintliche Ende der Revolution hinaus an den Erfahrungsraum von 1789 gebunden.[1]

---

1 Leonhard, Jörn: *Bellizismus und Nation: Kriegsdeutung und Nationsbestimmung in Europa und den Vereinigten Staaten 1750–1914.* München: Oldenbourg 2008, S. 826.

Auch zu Beginn des 21. Jahrhunderts kann diese politische Instrumentalisierung eines bellizistischen Nationenbegriffs, geboren aus Kriegs- und Gewalterfahrung, als «Deutungsspeicher» und Antwort auf Herausforderungen gesehen werden, welche nicht unbedingt mehr eine Verteidigung der Freiheit vor äußeren Feinden involviert. Dies wurde im Jahr 2020 an der Krisenrhetorik des französischen Staatspräsidenten im Angesicht der tödlichen Covid-Pandemie offensichtlich.[2] Die Rede vom Krieg für Werte und eine gerechte Sache prägt somit eine Formel, welche wohl auch einer Erwartungshaltung der Adressaten – hier der französischen Wähler*innen – entspricht, die im kulturellen und damit kollektiven Gedächtnis verwurzelt ist. Eine Besonderheit der französischen Gesellschaft und Voraussetzung für ein tieferes Verständnis der dort vorherrschenden Gewalt-Diskurse mag also in ihrer Geschichte martialischer Aufladung des Nationenbegriffs gesehen werden, welcher die Verteidigung universeller Werte und den Kampf gegen Feinde von innen wie von außen einfordert. Leonhards Begriff der «Autosakralisierung der Nation» wäre dementsprechend ein unabgeschlossener Prozess, der sich im französischen 19. Jahrhundert trotz seiner zahlreichen Regierungswechsel und Regierungsformen verstärkte und bis in die Zeit nach De Gaulle, über die Ära Mitterand bis in die Gegenwart, fortwirkt.

Um hier vereinseitigenden Geschichts-Narrativen vorzubeugen, soll jedoch davon ausgegangen werden, dass wie jeder andere moderne Nationalstaat ‹westlich›-europäischer Prägung und trotz einer Geschichte, die dieses Land unzweifelhaft zu einem der wichtigsten Wegbereiter desselben machen, Frankreich pauschalisierend und ohne empirische Grundlage weder als Land integren Handelns des Staates noch unverhältnismäßig hoher staatlicher Gewaltbereitschaft dargestellt werden kann. Zudem könnte man in Anbetracht der Verunsicherung, welche von mehreren Seiten und nicht nur in Ladj Lys einführend erwähntem Filmbeispiel für das Frankreich des 21. Jahrhunderts konstatiert wird, durchaus Rückschlüsse auf eine allgemeine Befindlichkeit ‹westlicher› Gesellschaften demokratischer, pluralistischer und postkolonialer Prägung schließen.[3] Ihre natio-

---

[2] Zu dieser Krisenrede vgl. Pietralunga, Cédric / Lemarié, Alexandre: «Nous sommes en guerre»: face au coronavirus, Emmanuel Macron sonne la «mobilisation générale». In: *Le Monde* (17.03.2020), online unter https://www.lemonde.fr/politique/article/2020/03/17/nous-sommes-en-guerre-face-au-coronavirus-emmanuel-macron-sonne-la-mobilisation-generale_6033338_823448.html, konsultiert am 16.06.2021. Der Wortlaut der Rede ist einsehbar in *Le Monde* (16.03.2020), online unter https://www.lemonde.fr/politique/article/2020/03/16/nous-sommes-en-guerre-retrouvez-le-discours-de-macron-pour-lutter-contre-le-coronavirus_6033314_823448.html, konsultiert am 16.06.2021.

[3] Beispielsweise im Spiegel der Erzähltexte Camille de Toledos, Mathias Énards und Michel Houellebecqs sichtbar. Vgl. Messling: *Universalität nach dem Universalismus*, S. 47–114.

nalen Eigenheiten einerseits, ihre politische und kulturelle Verbundenheit nach Jahrhunderten der Kriege andererseits, ihre Erfahrungen mit Zuwanderung und ihrem kolonialen Erbe, aber auch der politische Zusammenhalt wird in ‹realen› und ‹fiktionalen› Diskursen von der Wucht weltumspannender Globalisierungsprozesse überformt. Jene in Frankreich trotz starker nationaler Narrative und Symbole nach wie vor gestellte Frage nach einer französischen ‹Identität›, die beispielsweise Jean-Christophe Bailly in seinem essayhaften und bisweilen melancholischen Reisebericht *Le Dépaysement: Voyages en France* (2011) durchscheinen lässt, einer von ihm durchgeführten kritischen ‹Tour de France›, spricht somit auch vom Verlust einer Sicherheit in den Narrativen des Nationalen – auch den martialischen.[4] Gerade aus dieser Verbindung partikularer und historisch fundierter Krisen des Zusammenlebens mit globalen Problemen einer noch nicht gänzlich zu fassenden Epochenschwelle ergibt sich eine komplexe Gemengelage europäischer Gegenwart und Gegenwärtigkeit, welche sich auch in jenen literarischen Texten widerspiegelt, die den nationalen Bellizismus und die kriegerische Gewalt der jüngeren Geschichte thematisieren, dadurch zur Erinnerungskultur in Frankreich beitragen und diese herausfordern.

Das französische 20. Jahrhundert ist dabei von zwei Weltkriegen sowie blutigen Konflikten in jenen Weltgebieten geprägt, die einst Teil des ‹Mutterlandes› oder verwalteter Kolonialbesitz nun der Unabhängigkeit und Freiheit zustrebten und für diese entschlossen kämpften. Den Ersten Weltkrieg, den das ‹offizielle› Gedächtnis der Nation stets noch als *La Grande Guerre* bezeichnet, erinnert Frankreich trotz der Schrecken und Verheerungen langer Grabenkämpfe als einen Sieg, welcher die französische Gedenkkultur in Form öffentlicher Monumente und Kriegsgefallenendenkmäler in jedem Dorf sichtbar prägt.[5] Dieser erste Sieg der Republik in einem noch jungen 20. Jahrhundert garantierte jedoch bei weitem nicht, dass nicht auch das Land republikanischer Werte in den Sog der in Europa grassierenden extremen Nationalismen, von Antisemitismus und Faschismus geriet. Dies machten der bürgerkriegsähnliche Streit um die Bewahrung der Republik angesichts der deutschen Bedrohung, der Einfluss Charles Maurras'

---

4 Vgl. Bailly, Jean-Christophe: *Le Dépaysement. Voyages en France*. Paris: Seuil 2011; vgl. hierzu auch die Rezension von Chimot, Jean-Philippe: Jean-Christophe Bailly: *Le Dépaysement. Voyages en France* (2011). In: *Écrire l'histoire* 8 (2011), S. 108–110.

5 Zur französischen Erinnerungskultur hinsichtlich des Ersten Weltkriegs vgl. beispielsweise Offenstadt, Nicolas: *14–18 aujourd'hui. La Grande Guerre dans la France contemporaine*. Paris: Odile Jacob 2010; sowie als historisch-literarische Bestandsaufnahme Duneton, Claude: *Le monument*. Paris: Éditions Jacob-Duvernet 2004; zu diesem *Roman vrai* vgl. Stenzel, Hartmut: *Le Monument de Claude Duneton et la mémoire de la Grande Guerre*. In Asholt / Bähler: *Le savoir historique du roman contemporain*, S. 147–164.

und das Erstarken der *Ligue d'Action française* während der Zwischenkriegszeit deutlich.[6]

Ohne hier die Komplexität einer bis ins 19. Jahrhundert zurückreichenden historischen Kontinuität des Ersten und Zweiten Weltkriegs – gerade in Hinblick auf die Kriegsparteien Deutschland und Frankreich – diskutieren zu können, sei doch auf die Rolle der *Grande Guerre* als geschichtlich fundierte, affirmative Tradierung einer für Frankreich ‹mythischen› Gewalterfahrung verwiesen. Denn der Erste Weltkrieg bildet einen wichtigen Bestandteil des kollektiven und kulturellen, aber immer weniger des biographischen Gedächtnisses der Nation. Gleichzeitig schürt der Mythos jenes *Großen Krieges* bis heute eine kritische Debatte über dessen Gewalttraumata, welche anhand des ersten hier untersuchten Erzähltexts sichtbar werden wird und bis in die Gegenwart des 21. Jahrhundert reicht. Der Roman *Au revoir là-haut* von Pierre Lemaitre aus dem Jahr 2013, welcher mit dem *Prix Goncourt* ausgezeichnet wurde und im Jahr 2017 als filmische Version in die Kinos gelangte, führt nicht als Kriegsroman, sondern als Gesellschaftssatire in ein Frankreich zwischen den beiden Weltkriegen.[7] Dennoch kann der Roman durchaus auch in einer Dimension *existentieller Gegenwärtigkeit* verstanden werden, indem dort komplementär zu traditionellen Formen des Erzählens über den Ersten Weltkrieg eine kritische Fokussierung auf die Zeit unmittelbar nach den Gemetzeln in den Schützengräben überwiegt und gemeinsam mit der französischen Gesellschaft der unmittelbaren Nachkriegszeit auch die Erinnerungskultur der Gegenwart subversiv hinterfragt wird.

Neben und parallel zur *Grande Guerre* und ihrer kollektiven Gewaltexzesse als nationalen Mythen entfaltete sich im 20. Jahrhundert zudem gerade aus der affirmativen Haltung zu einem scheinbar defensiven Bellizismus im Dienste eines nationalistischen Universalismus-Begriffs eine gesellschaftlich oft fatale Kraft der Gewaltaffirmation, insofern die symbolische Größe des französischen Staates nach innen wie nach außen durch dessen ‹mündige Bürger› verteidigt werden muss. Dieser kriegerischen Gewaltaffirmation der Defensive im Dienste vermeintlicher zivilisatorischer und nationaler Größe geht Alexis Jennis Roman *L'Art français de la guerre* aus dem Jahr 2011 nach, welcher ebenfalls mit dem *Goncourt* ausgezeichnet wurde. Der ‹Entwicklungsroman› eines Kriegsveteranen spannt einen weiten panoramatischen Bogen vom Frankreich der 90er

---

6 Zur Entstehung des extremen französischen Nationalismus und Antisemitismus in den 1880er Jahren bis hin zur Dreyfus-Affäre vgl. Waechter: *Geschichte Frankreichs*, S. 90–98; für das 20. Jahrhundert und die Zwischenkriegszeit vgl. ebda., S. 209 ff. Zudem grundlegend Weber, Eugene: *Action française; royalism and reaction in twentieth-century France*. Stanford CA: Stanford University Press 1962.
7 Vgl. Lemaitre: *Au revoir là-haut*, op. cit.

Jahre des 20. Jahrhunderts zur Zeit der deutschen Besetzung hin zu Indochina- und Algerienkrieg und kann somit durchaus in einer *kontextbezogenen Gegenwärtigkeit* erfasst werden, wie zu zeigen sein wird.[8] Aus einer immer größer werdenden Distanz zum langen 20. Jahrhundert erscheint im Roman die kriegerische Wechselwirkung zwischen Defensive und Aggression eines französischen Patriotismus-Begriffs, welcher zwischen Staat und Gesellschaft durch Symbole und Projekte nationalen Prestiges vermittelte und vermittelt, um seine universalistischen Ansprüche zu begründen. Historiographisch ‹real› lässt sich dies in Form einer Dialektik erlittener und ausgeübter Gewalt bis in die Zeit der Dritten Republik zurückverfolgen.

Der schmachvoll erlebten Kapitulation von Sedan im Deutsch-Französischen Krieg von 1870/71 steht aus dieser Perspektive der Erhalt bereits bestehenden Kolonialbesitzes und die weitere Ausdehnung eines umso gewaltigeren Kolonialreichs von Le Havre bis zum Kongo, von Tonkin bis Tahiti durch die folgende Dritte Republik entgegen, ohne dessen Einfluss auf das ‹Mutterland› die französische Geschichte nicht verstehbar ist.[9] Die Spannung zwischen Defensive und Aggression im Namen Frankreichs besteht weiter, wenn nach dem Ersten Weltkrieg und der Restitution an das Deutsche Kaiserreich verlorener Territorien der Versailler Vertrag auch die Stabilität des republikanischen Mythos – wenn auch nur für kurze Zeit – zu sichern im Stande war. Schließlich erschütterte eine erneute Zäsur die Republik in Form des Waffenstillstands vom 22. Juni 1940 mit Nazi-Deutschland:

> Erlebte das nationalsozialistische Deutschland somit diesen Tag als seinen bisher größten Triumph, so kam er für Frankreich einer «Stunde Null» gleich. Die Unterzeichnung des Waffenstillstands war nicht nur die schlimmste Demütigung, sondern auch der schärfste Kontinuitätsbruch, den das Land in seiner Geschichte erfahren hat. Denn mit dem 22. Juni 1940 endete fürs Erste die territoriale und politische Einheit, die über Jahrhunderte errungen worden war und als eines der höchsten nationalen Güter empfunden wurde. Faktisch wurde Frankreich in fünf verschiedene Gebiete mit jeweils unterschiedlicher Verfasstheit zerstückelt.[10]

Eine der Ausgangssituationen in den Erzählsträngen von Jennis Roman wird eben von dieser traumatischen Zäsur gebildet. Die zerstörte und historisch stets angestrebte Einheit Frankreichs wurde schließlich jedoch umso nachhaltiger durch die ‹Heldengestalt› Charles de Gaulles und dessen 1958 errichtete Fünfte

---

8 Vgl. Jenni: *L'Art français*, op. cit.
9 Vgl. Waechter: *Geschichte Frankreichs*, S. 49 ff.; sowie zum Übergang von Imperialismus zu militantem Kolonialismus Girardet, Raoul: *L'idée coloniale en France. De 1871 à 1962*. Paris: Table ronde 1972, insb. den ersten Teil: «D'un empire à un impérialisme.»
10 Waechter: *Geschichte Frankreichs*, S. 224.

Republik, sowie durch ein semipräsidentielles Regierungssystem als Alternative zu den parlamentarischen Modellen der europäischen Nachbarn im Norden, Süden und Osten forciert.[11]

Kollektive historische Erfahrungen von Gewalt und Gegengewalt schlagen sich als Erinnern an kollektive Siege und gemeinsame Niederlagen, Widerstand und Heldentum, aber auch an kolonialistische Brutalität und Herablassung jedoch nicht allein in der Symbol- und Machtpolitik des Staates oder in politischen Bewegungen, sondern auch in generationenübergreifend geteilten Bildern und Erzählungen nieder, die in Jennis weit ausgreifendem Erzähltext zitiert und kritisch perspektiviert werden. Literarisch dekonstruiert der Text dabei den Mythos eines kriegsbereiten Staates mit starkem Präsidenten und wehrhaften Bürger*innen als Verteidiger*innen republikanischer Werte, wie er in Form kollektiver und damit gesellschaftlich geteilter Narrative nicht nur staats- und symbolpolitisch verankert ist, sondern darüber hinaus den Konflikten einer jüngeren französischen Gegenwart Nahrung gab, welche in Teilen von Nationalismus unter Ablehnung von Zuwanderung, von Rechtsextremismus und Rassismus geprägt ist.[12]

Auch im Kontext erinnerter Gewalterfahrungen im internationalen Zusammenhang, welche Frankreich bis in das 21. Jahrhundert begleiten, war das 20. Jahrhunderts als Zeitalter einer forcierten und schließlich zusammenbrechenden Kolonialpolitik entscheidend. So legte bereits während der *Grande Guerre* die französische Regierung als kolonialistischer Konkurrent des gegen Deutschland verbündeten Großbritannien mit dem *Sykes-Picot-Abkommen* vom 16. Mai 1916 die Grundlage einer gewaltigen Herausforderung für das Zusammenleben der Kulturen und Ethnien am Rand des östlichen Mittelmeeres, deren Folgen sich in den blutigen Krisen im Libanon sowie in der Instabilität Syriens noch im 21. Jahrhundert spiegeln.[13] Während der atomaren Abschreckungs-Phase des ideologisch-imperialistischen Block-Gleichgewichts Mitte des Jahrhunderts war Frankreich vor allem in den blutigen Kämpfen mit jenen Ländern verwickelt,

---

11 Vgl. ebda. S. 276–303; zudem zu den Begleitumständen der Gründung der Fünften Republik ebd. S. 380–391. Zum General selbst als einer der für Frankreich wichtigsten Figuren des 20. Jahrhunderts vgl. auch Waechter, Matthias: *Der Mythos des Gaullismus. Heldenkult, Geschichtspolitik und Ideologie 1940–1958*. Göttingen: Wallstein 2006; sowie Berstein, Serge: *Histoire du gaullisme*. Paris: Perrin 2002; sowie Gaiti, Brigitte: *De Gaulle prophète de la Ve République*. Paris: Presses de Sciences-Po 1998.

12 Zur durchaus ambivalenten Stellung des Gaullismus als politischer Bewegung innerhalb der Fünften Republik und hinsichtlich eines fremdenfeindlichen Nationalismus des *Front National* Ende der 90er Jahre bis zum Ende der Bewegung in der Ära Chirac vgl. Waechter: *Der Mythos des Gaullismus*, S. 417–440.

13 Vgl. Khouri, Philip Shukry: *Syria and the French Mandate: The Politics of Arab Nationalism, 1920–1945*. Princeton NJ: Princeton University Press 1987, S. 34–38.

welche ihren kolonialen Status gegenüber dem Mutterland in Frage stellten. Es handelt sich um eine für das französische ‹Mutterland› turbulente Zeit, welche von Jenni als «la guerre de vingt ans qui nous obsède», als eine einzige Kriegsepoche zur Verteidigung von Republik und Kolonialreich bezeichnet wurde.[14] Die zahlreichen Kriege, Gefechte und Konflikte meist auf den Territorien jenseits des europäischen ‹Zentrums› können hier natürlich ebenfalls nicht im Detail erörtert werden, sondern nur noch einmal kurz deren entscheidende Rolle für das Erinnern jüngerer Geschichte im Frankreich eines neuen Jahrtausends den Leser*innen ins Gedächtnis gerufen werden. Sie gingen als nationale Traumata nach Ende des Zweiten Weltkriegs in das koloniale, kulturelle und kollektive Gedächtnis der Nation ein. Die verheerende Niederlage der Franzosen im vietnamesischen Diên-Biên-Phu am 8. Mai 1954 bildete eine nachhaltige Zäsur für die französischen Kolonialambitionen im weit entfernten Indochina und eine schmerzhafte, aber nur schwer zu vergleichende Erinnerung an die Kapitulation von 1940.[15]

Es folgte ein langwieriger blutiger Konflikt in Algerien, einem als Teilgebiet der Republik verstandenen Territorium. Letzterer stellte mit seiner Brutalität das zivilisatorische Selbstbild der Kolonialherren weiter in Frage und ließ auch die Hauptstadt in Form jenes Massakers nicht unberührt, das die Pariser Polizei am 17. Oktober 1961 unter friedlichen Demonstranten anrichtete.[16] Obwohl dieser Krieg offiziell am 18. März 1962 endete, beschäftigt der Diskurs um ihn Frankreich und die arabische Welt auch im 21. Jahrhundert. Immer noch sind in Algerien die sogenannten *Harkis*, algerische Muslime, die auf Seiten Kolonialfrankreichs kämpften und vom ‹Mutterland› verlassen wurden, nachdem Algerien unabhängig wurde, der gesellschaftlichen Ächtung ausgesetzt und wurden in Frankreich bis zur ihrer Anerkennung als Opfer des Krieges selbst

---

14 «[...] der zwanzigjährige Krieg, von dem wir besessen sind» [ML]. Jenni, Alexis: *L'art français de la guerre*, Klappentext.
15 Zur Chronologie der Schlacht um Diên-Biên-Phu vgl. Pellissier, Pierre: *Diên-Biên-Phu: 20 novembre 1953–7 mai 1954*. Paris: Perrin 2004; zur öffentlichen Meinung der französischen Nachkriegsgesellschaft bezüglich des Kolonialkonflikts in Südostasien vgl. Ruscio, Alain: L'opinion francaise et la guerre d'Indochine (1945–1954). Sondages et témoignages. In: *Vingtième Siècle, revue d'histoire* 29 (janvier-mars 1991), S. 35–46.
16 Zu diesem lange verschwiegenen Teil der französischen Geschichte vgl. Einaudi, Jean-Luc: *La bataille de Paris: 17 octobre 1961*. Paris: Seuil 1991. Zur Auswirkung dieses traumatischen Ereignisses auf die Erinnerungskultur in Frankreich vgl. Hüser, Dietmar: Vom «Un-Skandal» des Algerienkrieges zum «Post-Skandal» der Gedächtniskultur. Die Pariser Polizei-Repressionen vom 17. Oktober 1961. In: Gelz, Andreas / Hüser, Dietmar / Ruß, Sabine (Hg.): *Skandale zwischen Moderne und Postmoderne. Interdisziplinäre Perspektiven auf Formen gesellschaftlicher Transgression*. Berlin: DeGruyter 2014, S. 183–213.

marginalisiert.[17] Ihr Beispiel ist ein Symptom dafür, wie schwer das Land zu einem radikal selbstkritischen Umgang mit diesem den Begriff «Bürgerkrieg» übersteigenden Kolonial-Konflikt, der daran geknüpften Erinnerung an begangene Kriegsverbrechen und an jene Kriegsführung durch Folter findet, welche zum traurigen Bestandteil der Narrative um ihn gehört.

In der Literatur ist diese dunkle Episode der jüngeren französischen Geschichte jedoch bereits früh zu einem Sujet avanciert, das zahlreiche vielrezipierte Romane auch noch zu Beginn des 21. Jahrhunderts hervorbrachte und hervorbringt.[18] Verwiesen sei für das 21. Jahrhundert nur beispielhaft auf die Romane *L'Art de perdre* von Alice Zeniter (2017), *Ce que le jour doit à la nuit* (2008) von Yasmina Khadra (eigentlich Mohammed Moulessehoul) sowie Jean-Claude Dubreuils *Et imperturbable coule la Garonne* (2003).[19] Sie stellen nach wie vor die dokumentarische, teilweise autobiographische, aber gleichzeitig perspektivische Komplexität erzeugende Funktion der Literatur als Problematisierung einer Spannung zwischen individueller und kollektiver Memoria in den Vordergrund, wie sie bereits im Schreiben Patrick Modianos im 20. Jahrhundert bezüglich der Zeit der deutschen *Occupation* aufgeworfen und literarisch fruchtbar gemacht wurde.[20] Der im Folgenden behandelte Roman *De nos frères blessés* von Joseph Andras, der den ihm dafür zuerkannten *Goncourt du premier roman* ablehnte, erzählt in enger Anlehnung an die Sartre'sche *Littérature engagée* von einer weiteren dunklen Gewalt-Episode aus dem Algerienkrieg.[21] Anhand der Geschichte der Hinrichtung eines französischen Staatsbürgers wird darin das Ver-

---

[17] Hervorzuheben ist hier das Engagement von Fatima Besnaci-Lancou, welche in zahlreichen Texten engagiert für eine erweiterte historische Erinnerungskultur eintritt, darunter vielbeachtet dies. / Falaize, Benoît / Manceron, Gilles (Hg.): *Les harkis, histoire, mémoire et transmission*. Préface de Philippe Joutard. Paris: Editions de l'Atelier (2010); vgl. zu dieser Debatte auch Hamoumou, Mohand / Moumen, Abderahman: L'Histoire des Harkis et Français Musulmans: la fin d'un tabou? In Harbi, Mohammed / Stora, Benjamin (Hg.): *La guerre d'Algérie, 1954–2004. La fin de l'amnésie*. Paris: Robert Laffont 2004, S. 317–344.
[18] Vgl. wiederum nur beispielhaft zum Algerien-Krieg zeitgenössische Werke der Epoche wie Mohammed Dibs Algerien-Trilogie (*La Grande Maison, L'Incendie, Le Métier à tisser*, Paris: Seuil 1952–1957); sowie Perec, Georges: *Quel petit vélo à guidon chromé au fond de la cour ?* Paris: Éditions Denoël 1966. Zur Bedeutung der Sprache für ein Sichtbar-Werden der französischen Kolonialschuld auch im Interesse universeller Werte vgl. das Kapitel «Liberté – Die Sprache der Villa Sésini» in Messling: *Universalität nach dem Universalismus*, S. 115–160.
[19] Vgl. Zeniter, Alice: *L'Art de perdre*. Paris: Flammarion 2017; Khadra, Yasmina: *Ce que le jour doit à la nuit*. Paris: Julliard 2008; Dubreuil, Jean-Claude: *Et imperturbable coule la Garonne*. Paris: Art média 2003.
[20] Vgl. dazu Guyot-Bender, Martine: *Mémoire en dérive. Poétique et politique de l'ambiguité chez Patrick Modiano de «Villa triste» à «Chien de Printemps»*. Paris: Minard 2000.
[21] Vgl. Andras: *De nos frères blessés*, op. cit.

hältnis des kolonialistischen ‹Mutterlandes› zur Verteidigung der Rechte seiner Bürger durch die Justiz vor dem Hintergrund einer blutigen Kriegsführung und den Rassismen einer Kolonialgesellschaft kritisch hinterfragt. Aber auch die Rolle der Gewalt als selbstverständliches Instrument realer wie symbolischer Herrschaft und das nach wie vor bestehende kollektive und ebenso symbolpolitische Verdrängen dieser Funktion nach Kriegsende wird erzählerisch kritisiert. Historisches Erzählen verweist auch in diesem Fall insofern auf die *existentielle Gegenwärtigkeit* des Algerienkriegs in der französischen Gesellschaft des 21. Jahrhunderts, als dass es sich um ein Schreiben gegen den Prozess politisch gewollten kollektiven ‹Rein-Waschens› des Staates von historischer Schuld durch die Politik der ‹Nachgeborenen› handelt. Dieser Prozess als nach wie vor angewandte politische Strategie gegenüber historischer Gewalt wird in diesem Falle literarisch durch einen jungen Schriftsteller in Form fiktionalisierend-komplementären Erzählens und Re-Fokussierens eines historisch dokumentierten Justizmordes an einem Algerien-Franzosen sichtbar gemacht und angegriffen.

Die französische Literatur und Philosophie des 20. Und 21. Jahrhunderts bietet zahlreiche Beispiele dieses Ringens um eine Deutungshoheit über kollektive Kriegserfahrungen und die daraus entstehenden nationalen Mythen und Narrativen, welche stets auch eine Kriegsgewalt thematisieren, zu welcher sich das Individuum zu verhalten hat. Aus diesem immensen Reichtum an erzählter Kriegsgewalt stehen nun drei prominente Beispiele aus den 10er Jahren des 21. Jahrhunderts im Zentrum der Analyse. Bedingt durch das Sujet bedeutet dies, dass zwar – wie im Genre des historischen Romans oder historisierender Gattungsformen üblich – die Referenzzeit durch eine größer werdende Distanz zur Zeit des Erzählens gekennzeichnet ist, jedoch diese Distanz auch als diegetischer Fokus auf die Gegenwart des Publizierten fungieren kann. Die literarischen Möglichkeiten einer ‹Vergegenwärtigung› umfassen dabei Strategien, den Prozess des Erinnerns sichtbar in die diegetische Entwicklung als Rekonstruktionsarbeit einzuschreiben, wie dies beispielsweise in durch Alltagsgeschichtsschreibung, *micro-* (Carlo Ginzburg) und *égo-histoire* (Pierre Nora) beeinflussten Texten oder im Hinterfragen historischer Rekonstruktion durch die Erzählstimme selbst geschieht.[22] Anderseits kann aber auch di-

---

[22] Zur *Microstoria* vgl. grundlegend Ginzburg, Carlo / Poni Carlo: La micro-histoire. In: *Le Débat* 17 (1981/10), S. 133–136; Levi, Giovanni: On Microhistory. In Burke, Peter (Hg.): *New Perspectives on Historical Writing*. Oxford: Polity 1991, S. 93–113; sowie zur Debatte um die Aktualität dieser historiographischen Strömung vgl. Kroll, Thomas: Die Anfänge der «microstoria». Methodenwechsel, Erfahrungswandel und transnationale Rezeption in der europäischen Historiographie der 1970er und 1980er Jahre. In: Granda, Jeannette / Schreiber, Jürgen (Hg.): *Perspektiven durch Retrospektiven. Wirtschaftsgeschichtliche Beiträge*. Wien-Köln: Böhlau 2013, S. 267–287; zur *égo-histoire*

rekte Kritik an tradierten Formen des Erinnerns einer kollektiven Nationalgeschichte geübt werden, wie dies Andras anhand des Justizmordes an Fernand Iveton vorführt. In den ausgewählten Texten zeigen sich jedoch noch weitere Möglichkeiten, die Frage nach der biographischen, kulturellen und kollektiven Erinnerung der französischen Gesellschaft an geschichtlich erlebte, tradierte und ausgeübte Gewalt im Namen der Nation und des Staates, aber auch nach dem staatlich institutionalisierten Erinnerungsdiskurs selbst als Form symbolischer Gewalt literarisch für die Gegenwart der Publikationszeit zu aktualisieren. Sie reichen von der gesellschaftssatirischen Kontextualisierung einer symbolischen Überhöhung von Kriegsgewalt (*Au revoir là-haut*) bis hin zur Dekonstruktion epischer Kriegsnarrative (*L'Art français de la guerre*).[23]

Wie wird nun diese vergangene ‹Wirklichkeit› kollektiver Gewalt im raumzeitlichen Zusammenhang der Diegese, den Erzählebenen sowie in der Struktur der Romane modelliert? Erscheint sie prominent oder bleibt sie im Hintergrund des Erzählten? Durch welche Artikulation von Krise spiegelt sich das Erleben kollektiver Gewalt auf der Subjektebene der erzählenden oder erzählten Figuren und deren Konstellationen? Welche weiteren Arten von Gewalt treten neben den durch kriegerische Konflikte beeinflussten und verursachten Gewaltereignissen auf? Welche sind die Wechselwirkungen zwischen den Spielarten kollektiver, individueller oder gar symbolischer Gewalt? Wie artikuliert sich die Gewalt in der Sprache und durch die Sprache? Gibt es eine Sprache des Systems oder der individuellen Lebenswelt, welche in Zusammenhang mit dem Erleben von Gewalt steht? Und existiert auf all diesen Ebenen eine literarische Widerständigkeit, welche die tradierten und etablierten Diskurse über geschichtliches Gewaltgeschehen aufgreift, konterkariert, modifiziert oder ergänzt, woraus sich eine kritische Funktion des Erzählens ableiten könnte?

Historische Gewalt gegen und durch den französischen Staat verbindet sich bei der folgenden Analyse mit einem Blick auf das gegenwärtige Frankreich als Land der Erinnerung an die Gewalt der Kriege des 20. Jahrhunderts. In ihren kollektiven und symbolischen Formen scheint dieser Diskurs nach wie vor in Span-

---

vgl. Nora, Pierre (Hg.): *Essais d'égo-histoire*. Paris: Gallimard 1987. Beispiele für ein derartiges kritisch-rekonstruierendes historisches Erzählen zwischen Dokumentation und Fiktion im Kontext des Nationalsozialismus, der deutschen Okkupation und der Shoa sind die bereits erwähnten Romane *HHhH* von Laurent Binet, Ivan Jablonkas *Histoire des grands-parents que je n'ai pas eus* sowie Yannick Haenels *Jan Karski*, op. cit.

23 Weitere literarische Dekonstruktionen großer kriegerischer Konflikte unter Rückgriff auf stilistische und erzählerische Mittel des klassischen Epos und des Schelmenromans wären die bereits erwähnten Romane *Les bienveillantes* von Jonathan Littell und *Zone* von Mathias Énard (op. cit.).

nung zu stehen zu einer *individuellen* Suche nach geeigneten Formen subjektiven Erinnerns der Nachfahren der Kriegsgenerationen des 20. Jahrhunderts. Tradierte Ereignisse, aber auch Gewalt-Erzählungen werden daher literarisch in einen neuen historischen Kontext gestellt, welcher erst durch die im Rezeptionsprozess automatisch erfolgende raumzeitliche Eigenverortung von textexternen Instanzen wie Autor*innen und Leser*innen seine volle ästhetische und auch kritische Wirkung entfalten kann. Stärker noch als die im zweiten Analysekapitel dieser Studie analysierten Formen ‹soziologischen› Schreibens, welche vor allem direkte Betrachtungen einer Referenzzeit geringerer Distanz liefern, wird temporale Modellierung in den in diesem ersten Teil diskutierten Texten zu einem entscheidenden Faktor einer Politik der Literatur, welche Geschichte jenseits vermeintlich neutraler Historiographie als Repräsentationsstrategie des Gegenwärtigen im Vergangenen versteht.

3.1 Ein Satyrspiel zur *Grande Guerre* oder die Gewalt der Monumente: Der Roman *Au révoir là-haut* (2013) von Pierre Lemaitre

Ein Jahr vor dem weltweiten Gedenken an den vor einhundert Jahre ausgebrochenen Ersten Weltkrieg im Jahr 2014 erschien in Frankreich ein satirisch-komischer Erzähltext, welcher die damit einhergehende Erinnerungskultur literarisch zugespitzt in Frage stellte. Der Roman *Au revoir là-haut* des Schriftstellers und Drehbuchautors Pierre Lemaitre ist der erste Teil seiner Trilogie *Les Enfants du désastre* (2013–2020), welche sich der Zeit zwischen den beiden Weltkriegen widmet, und auf den mit *Couleurs de l'incendie* 2018 der zweite, mit *Miroir de nos peines* im Jahr 2020 der dritte Teil folgte.[24] Während der zweite und dritte Band nicht an den Erfolg des ‹einleitenden› Romans anknüpften, konnte der mit zahlreichen Preisen ausgezeichnete Roman *Au revoir là-haut* auch einen beachtlichen Kinoerfolg verbuchen, als er in einer Verfilmung von Albert Dupontel 2017 unter der Bezeichnung «dramatische Komödie» in die französischen und kanadischen Kinos gelangte.[25] Der *Goncourt* im Jahr 2013 und ein *César* im Jahr 2018 zeugen von der hohen Sichtbarkeit eines Texts wie seiner Verfilmung, die mit dem Ersten Weltkrieg und dessen Folgen ein vielbearbeitetes literarisches Thema aufgreifen. Auf die Frage, warum sich Lemaitre dabei nicht so sehr mit der

---

24 Vgl. Lemaitre, Pierre: *Au revoir là-haut*. Paris: Albin Michel 2013; ders.: *Couleurs de l'incendie*. Paris: Albin Michel 2018; ders.: *Miroir de nos peines*. Paris: Albin Michel 2020.
25 Vgl. wie erwähnt Dupontel, Albert (Regie): *Au revoir là-haut*. Manchester Films 2017.

Zeit des Ersten Weltkriegs selbst, als vielmehr mit dem Zeitabschnitt unmittelbar nach Kriegsende auseinandersetzte, antwortete der Autor in einem von der Zeitschrift *Le Figaro* veröffentlichten Interview:

> C'est vrai que le roman débute à quelques jours de la fin de la guerre. C'est cet angle mort qui m'obsédait : pas la guerre, mais la fin de la guerre. On glorifiait les morts, mais on ne savait que faire des survivants. Ce fut un moment extraordinaire d'ingratitude du pays face aux combattants revenus des tranchées. Une période de très forte précarité et une situation extrêmement douloureuse. La France de 1919 abandonne ses rescapés, ne veut pas voir ses « gueules cassées » : ils font peur. Après l'enfer qu'ils ont vécu, on les indemnise de 52 francs ou d'un manteau piteux qui ne résiste pas au premier lavage, c'était au choix l'une ou l'autre indemnité[26]

Es ist also laut einem Autorkommentar zum Text der Blick in einen «toten Winkel» der Geschichte, auf eine gesellschaftliche «Undankbarkeit», durch welchen sich die Literatur dem Mythos des Heldentums im Dienste des Vaterlandes, aber auch der in seinem Namen erlittenen Gewalt stellt. Lemaitre verweist im selben Interview sowie in einem kurzen Epilog zum Roman unter dem Titel «Et pour finir» / «Und zum Schluss...» auf zahlreiche Referenztexte zu dieser ‹Großthematik› der europäischen und speziell auch französischen Literatur des 20. Jahrhunderts.[27] Neben Roland Dorgelès' französischer Entsprechung zu Erich Maria Remarques *Im Westen nichts Neues* (1929), *Les Croix de bois* (veröffentlicht 1919), werden als Referenzwerke Maurice Genevoix' noch früher publizierte Kriegserinnerungen *Sous Verdun, août-octobre 1914* (1916) und Henri Barbusses ebenso autofiktional als ‹Tagebuch› angelegter Kriegsroman *Le Feu. Journal d'une escouade* (ebenfalls 1916) erwähnt.[28]

Doch entgegen diesen vom Autor als Referenzen angeführten Intertexten handelt es sich bei *Au revoir là-haut* nur in den ersten Kapiteln im eigentlichen Sinne um einen Kriegsroman. Der Text ist ein tragikomisches Satyrspiel zu einer ‹Ur-Tragödie› des 20. Jahrhunderts, welche in den para- und epitextuell evozierten Referenztexten beschrieben wird. Und so sind es zusätzlich zu jenen Romanen ‹aus den Schützengräben› auch Texte wie *Le Sang noir* von Louis Guilloux (1935) und Bruno Cabanes' historischer Essay *La Victoire endeuillée. La sortie de*

---

26 Lemaitre, Pierre / Aïssaoui, Mohammed: «J'ai été bouleversé par Les Croix de bois». Entretien avec Pierre Lemaitre. In: *Le Figaro* (6 novembre 2013), online unter https://www.lefigaro.fr/histoire/centenaire-14-18/2013/11/06/26002-20131106ARTFIG00550-pierre-lemaitre-j-aiete-bouleverse-par-les-croix-de-bois.php, konsultiert am 16.06.2021.
27 Vgl. Lemaitre, Pierre: *Au revoir là-haut*. Paris: Albin Michel 2013, S. 617–620.
28 Vgl. ebda.; sowie Dorgelès, Roland: *Les Croix de bois*. Paris: Albin Michel 1919; sowie Genevoix, Maurice: *Sous Verdun, août-octobre 1914*. Paris: Hachette 1916 u. Barbusse, Henri: *Le Feu. journal d'une escouade*. Paris: Flammarion 1916.

guerre des soldats français 1918–1920 (2014), die sich der französischen Nachkriegszeit aus literarischer wie historiographischer Sicht gewidmet haben, welche im Interview als der Vorbereitung dienende Quellentexte angeführt werden.[29] Vor allem dieser zuletzt erwähnte, historisch-dokumentarische Text behandelt die Thematik einer gespaltenen Gesellschaft, die im Siegestaumel und im Hass auf den deutschen Feind auch nach dessen Kapitulation eine Kriegskultur aufrechterhielt, welche den Soldaten an der Front nur langsam eine Wiederaufnahme in ein verändertes Zivilleben bot. Als wichtiger Referenztext des Romans wird vom Autor im Interview jedoch auch ein anderer berühmter Roman der Literaturgeschichte angeführt, welcher sich nicht unmittelbar dem Krieg widmet, sondern vielmehr das Frankreich der 1920er Jahre und der Generation zwischen den Kriegen – wenn auch unter gänzlich anderen Vorzeichen als bei Lemaitre – anhand der Figur eines Kriegsheimkehrers heraufbeschwört. Dabei ist es jedoch weniger die Schilderung einer unmöglichen Liebesbeziehung, als vielmehr die Beschreibung der Hauptfigur im Vorwort zur Ausgabe von 1965, welche den Autor von *Au revoir là-haut* an Louis Aragons *Aurélien* faszinierte:

> L'un des déclencheurs de mon roman a été la préface qu'Aragon a donnée à Aurélien en 1965 et dans laquelle il écrit qu'Aurélien est « avant tout une situation, un homme dans une certaine situation ». À travers la figure de l'ancien combattant, Aragon dit qu'il voulait traiter l'homme qui est revenu et qui ne retrouve pas sa place dans la société dans laquelle il rentre. C'est exactement ce thème que je voulais aborder depuis longtemps.[30]

Eben dieser Situativität eines in den Schützengräben und Schlachtfeldern einst real körperlichen, nunmehr subtil im Hintergrund schwelenden gesamtgesellschaftlichen Gewaltgeschehens im Kontext des Ersten Weltkriegs soll anhand von Lemaitres Erzähltext im Folgenden nachgegangen werden. Als traumatisches Figurenerleben sowie als abweisende Lebenswelt von Staat und Gesellschaft gegenüber den zwei ‹heimgekehrten› Protagonisten wird es im Raum der Literatur modelliert und prägt sowohl Aragons als auch Lemaitres Roman. Einhundert Jahre nach dem *Großen Krieg* steht die Frage nach dem einzelnen Kriegsopfer gegenüber der zu jener militärischen Maschinerie des kollektiven Schlachtens komplementären kollektiven «Undankbarkeit» der Kriegs- und Nachkriegsgesellschaft, nach der dort erlebten Gewalt und den gesellschaftlichen Folgen des Krie-

---

29 Vgl. Guilloux, Louis: *Le Sang noir*. Paris: Gallimard 1935; sowie Cabanes, Bruno: *La Victoire endeuillée. La sortie de guerre des soldats français 1918–1920*. Paris: Seuil 2014.
30 Vgl. Lemaitre / Aïssaoui: «J'ai été bouleversé par Les Croix de bois»; vgl. zu dieser Aussage Aragon, Louis: *Entretiens avec Francis Crémieux*. Paris: Gallimard, 1964, S. 47; sowie ders.: *Aurélien, 1944, préface de 1966, Voici le temps enfin qu'il faut que je m'explique*. In ders.: *Œuvres romanesques complètes*. Bd. III. Paris: Gallimard « Bibliothèque de la Pléiade » 1997, S. 4 u. S. 546.

ges eher im Vordergrund als die oft literarisch bearbeitet Alltagsgewalt in den Schützengräben. Hierzu griff Lemaitre einen historisch verbürgten Skandal der Nachkriegszeit auf, welcher eines der Kernmotive seiner Romandiegese bildet. Es geht um die betrügerische Umbettung vermeintlich authentischer Leichen gefallener Soldaten in jene weitläufigen Ehrenfelder, welche heute noch als Erinnerungsorte das nationale Gedenken in Frankreich prägen, die mit einer weiteren, aber fiktiven Betrugsgeschichte um die Planung kommunaler Kriegsdenkmäler verbunden wird. Zentrale Elemente der französischen Erinnerungskultur an den Ersten Weltkrieg stehen somit zur Debatte, insofern die Relevanz der Toten und die Ethik des Gedenkens diejenige der Solidarität mit versehrten Heimkehrern zu überdecken droht. In einem kurzen zweiten Epilog heterodiegetischer Natur kommentiert Lemaitre diese diegetische Verquickung eines ‹realen› Skandals mit einem fiktiven:

> L'arnaque aux monuments aux morts est, à ma connaissance, fictive. J'en ai eu l'idée en lisant le célèbre article d'Antoine Prost sur les monuments aux morts. En revanche, les malversations attribuées à Henri d'Aulnay-Pradelle proviennent, en grande partie, du « Scandale des exhumations militaires » qui éclata en 1922, présenté et analysé dans deux excellents travaux de Béatrix Pau-Heyriès. Ainsi, l'un des faits est réel, l'autre non, ç'aurait pu être l'inverse.[31]

Gerade durch dieses Verrücken einer Fokussierung auf den toten Winkel des Vergessen-Wollens und Ignorierens von Verletzungen, zugefügter und sichtbar erlittener Gewalt der Kriegsversehrten anhand eines schmerzhaften historischen und eines scherzhaft inszenierten fiktiven Skandals scheint es möglich, dass auch die Beschaffenheit von Formen symbolischer, gesellschaftlicher und staatlicher Gewalt, wie sie den Krieg begleiteten und ihn dabei überhöhten, besser fassbar wird. Vor dieser anhand des Romantexts herausgearbeiteten literarischen Modellierung kollektiver Kriegsgewalt zunächst eine kurze Zusammenfassung der *histoire* des Romans.

Zu dessen Beginn befinden sich die Leserin und der Leser im Jahr 1918, also kurz vor dem Ende des Ersten Weltkriegs, wobei ein Waffenstillstand mit

---

[31] Lemaitre: *Au revoir là-haut*, S. 617. Die erste Referenz bezieht sich auf Prost, Antoine: Les monuments aux morts, culte républicain? culte civique? culte patriotique? In Nora, Pierre (Hg.): *Les Lieux de mémoire*. Bd. 1. Paris: Gallimard 1984. Als weitere faktual-historische Referenzquellen für den Skandal falscher Exhumierungen werden in den Fußnoten zudem zwei Aufsätze der Historikerin Béatrix Pau-Heyriès angeführt, welche Lemaitre während der Romanrecherche konsultiert hat; vgl. Pau-Heyriès, Béatrix: La dénonciation du scandale des exhumations militaires par la presse française dans les années 1920. In Coutau-Begarie, Hervé (Hg.): *Les médias et la guerre*. Paris: Economica 2005, S. 611–635; sowie dies.: Le marché des cercueils après-guerre 1918–1924. In: *RHA* 224 (2001), S. 65–80.

den Deutschen bereits anvisiert ist. Während in einem französischen Schützengraben der aus altem, aber verarmtem Adel stammende, ehrgeizige Leutnant Henri d'Aulnay Pradelle hofft, den Krieg – zum Hauptmann befördert – heldenhaft beenden zu können, warten seine Soldaten kampfesmüde auf den baldigen Frieden. Der Leutnant beschließt daher, zwei seiner Männer auf Patrouille zu schicken, um sie hinterrücks zu erschießen, was die Rachegefühle und die Kriegslust der Kameraden erneut entfachen soll. Der Plan gelingt insofern, als dass die französische Einheit im Morgengrauen als Vergeltungsmaßnahme erneut angreift. Jedoch entdeckt der einfache, aus kleinbürgerlichen Verhältnissen stammende Gefreite Albert Maillard die Leichen seiner beiden Kameraden und bemerkt die Tatsache, dass ihnen in den Rücken geschossen wurde. Als er Pradelles Plan durchschaut, stößt ihn dieser mit einem Tritt in einen Granatentrichter. Sein Kamerad Édouard Péricourt wird Zeuge dieser Szene, kann ihn retten, bevor er lebendig von weiteren Explosionen begraben wird und bringt ihn zurück ins Lager.

Maillard erlangt das Bewusstsein und hat gerade noch genug Zeit, das Gesicht seines Retters zu erblicken, bevor dieses von einer explodierenden Granate entstellt wird, welche in diesem Augenblick ins Zelt einschlägt und Péricourt den Unterkiefer kostet. Pradelle erblickt diese Szene aus der Ferne. Von nun an wacht Maillard über Péricourt, versorgt ihn im Hospital mit Morphium. Um dafür zu sorgen dass sein Kamerad schneller verlegt wird, verschafft er ihm die Papiere eines anderen gefallenen Soldaten und gibt den ‹echten› Édouard durch einen Brief an seine wohlhabende, großbürgerliche Familie als gefallen aus. Nach Kriegsende beziehen sie eine gemeinsame, ärmliche Wohnung in Paris, welche Édouard jedoch nicht verlässt, da er sich einer Gesichtstransplantation verweigert und daher durch seine Entstellung und die Unfähigkeit zu sprechen als eine der *gueules cassées*, der im Gesicht Kriegsversehrten des Ersten Weltkriegs, gezeichnet bleibt. Er zeigt sich anderen Menschen nur noch mit selbst gebastelten Masken. Obwohl sie in prekären Verhältnissen leben, beschließt Édouard seine zeichnerischen Talente zu Betrugszwecken im Zusammenhang mit Gefallenen-Denkmälern einzusetzen. Er möchte gemeinsam mit Albert einen Skizzen-Katalog von Statuen als Kriegsdenkmäler für die Toten an französische Kommunen schicken, die jedoch niemals realisiert werden sollen, um einen Vorschuss auf etwaige Bestellungen zu erhalten. Ironischerweise ist auch Édouards Vater, ein großbürgerlicher Bankier, unter den Käufern, geplagt von Schuldgefühlen über den vermeintlichen Tod des Sohnes, den er jedoch vor dem Krieg wohl auch aufgrund von dessen Homosexualität eher lieblos behandelt hat.

Pradelle, der dritte, adelige Protagonist und Antagonist des Romans, hat als heldenhafter Kompanieführer Madeleine geheiratet, Édouards Schwester und damit eine reiche Erbin. Mit deren Vermögen stürzt sich Pradelle in das ertragreiche Geschäft mit den Kriegsgräbern und Monumenten für die Gefallenen, wobei es darum geht, die Leichen tausender Gefallener aus den Kriegsgräben zu holen, um sie angemessen in groß angelegten Friedhöfen zu bestatten. Pradelle gewinnt eine staatliche Ausschreibung für diesen Auftrag und wird noch vermögender, wobei er jedoch nicht die authentischen Toten, sondern beliebige Leichen von Soldaten in die neuen Gräber umbettet. Währenddessen stellt sich zur Finanzierung von Édouards und Alberts Betrugsprojekt letzterer, vor dem Krieg Buchhalter, in die Dienste von Édouards Vater und entdeckt bei dieser Gelegenheit, dass dessen Schwester den mörderischen ‹Kriegshelden› Pradelle geheiratet hat. Henri d'Aubray-Pradelles kriminelle Handlung, welche wie erwähnt auf einem historischen Nachkriegsskandal basiert, wird schließlich unter wohlgefälliger Billigung seines ungeliebten Schwiegervaters aufgedeckt; Pradelle wird des Betruges angeklagt und inhaftiert. Maillard und Péricourt gelingt es, die angeblichen Statuen zu verkaufen und dabei eine Million Francs einzunehmen. Ersterer möchte ein neues Leben in den französischen Kolonien beginnen. Édouard, der zunehmend unter psychischen Störungen leidet, verlässt schließlich maskiert das Pariser Hôtel Lutetia, in welches er sich zwischenzeitlich dank des erbeuteten Geldes einquartieren konnte. Sein Vater, der den Aufenthaltsort des Künstlers, der die Statuen gezeichnet hat, entdeckt und auf Rache sinnt, überfährt ihn vor dem Hotel mehr aus Versehen und aufgrund eines unachtsamen Fahrstils, erkennt jedoch in letzter Sekunde, dass es sich beim Unfallopfer um seinen Sohn handelt, da dieser zum Zeitpunkt des Unfalls eine Masken-Kopie seines vor dem Krieg unentstellten Gesichts trägt.

Der Roman zeichnet sich durch eine recht konventionelle Struktur aus, welche der *histoire* durch eine chronologisch stringenten Erzählweise im *discours* und einer vielfältigen, aber übersichtlichen Figurenkonstellation folgt; Merkmale, wie sie einem ‹klassischen› Roman traditionell-realistischer Machart zu eigen sind.[32] Großkapitel unter der Überschrift von Monat und Jahr der Ereignisse zwischen 1918 und 1920 sowie nummerierte kleinere Kapitel, ein die Handlung in Form des weiteren Lebens der Romanfiguren proleptisch kommentierender, intradiegetischer Anhang sowie ein diktional gehaltener, extradiegetischer Epilog schließen den Haupttext ab. Dadurch wird trotz eines bisweilen komödiantischen, von Erzählerkommentaren durchsetzten Sprachstils eine historische Referentialisierbarkeit der Romandiegese gewährleistet. Dies gibt dem impliziten Leser einen Leitfaden anhand der gängigen Geschichtsdiskurse über die

---

[32] Vgl. auch den Hinweis des Autors auf Anleihen bei zahlreichen ‹klassischen› Autoren der Literaturgeschichte, welche der Autor als «Hommage» verstanden wissen will in Lemaitre: *Au revoir là-haut*, S. 619.

Ereignisse am Ende sowie über die Jahre nach dem Ersten Weltkrieg an die Hand, ohne diese historisch-offizielle Lesart auf Ebene der Narration erfüllen zu müssen. So wird gleich im Incipit des Romans die voranstehende paratextuelle Großkapitelüberschrift «November 1918» im ersten Satz durch den Hinweis auf einen Waffenstillstand und den schon länger andauernden Kriegszustand bestätigt, um jedoch durch sofortige interne Fokalisierung die Erwartungshaltung eines der Protagonisten, Albert Maillard, und damit die Perspektive der einfachen Frontsoldaten mit der allgemeinen Informationslage dieses Jahres zu vergleichen:

> Ceux qui pensaient que cette guerre finirait bientôt étaient tous morts depuis longtemps. De la guerre, justement. Aussi, en octobre, Albert reçut-il avec pas mal de scepticisme les rumeurs annonçant un armistice. Il ne leur prêta pas plus de crédit qu'à la propagande du début qui soutenait, par exemple, que les balles boches étaient tellement molles qu'elles s'écrasaient comme des poires blettes sur les uniformes. Faisant hurler de rire les régiments français. En quatre ans, Albert en avait vu un paquet, des types morts de rire en recevant une balle allemande.[33]

Die Dominanz einer Perspektive der Frontsoldaten wird paratextuell auch durch ein den Roman-Titel erklärendes Zitat, durch die letzten Worten eines der zu Beginn des Krieges wegen Befehlsverweigerung hingerichteten, später rehabilitierten *Märtyrer von Vingré* unterstützt. Doch weist bereits der Romananfang darauf hin, dass neben der Tragik der Kriegsgewalt, welche nicht vom Feind, sondern dem eigenen Lager ausgeht, sowie dem Widerstand der Figur Albert gegen den gesellschaftlichen Kriegstaumel ein weiteres Element für diese literarische Interpretation des Krieges eine Rolle spielt, welches auch die Sicht auf dessen Gewalt auszeichnet. Ein Hauptcharakteristikum von Stil und Inhalt des Texts wird nämlich bereits indirekt angesprochen, welches dessen Handlung nach der tragischen Exposition bestimmen wird: Die Verbindung von Lachen und Tod, Humor und geschichtlicher Tragik –«des types morts de rire».[34] Dieses

---

[33] Ebd., S. 13.
[34] Das den Roman einleitende Briefzitat des Gefreiten Jean Blanchard an seine Ehefrau lautet: « Je te donne rendez-vous au ciel où j'espère que Dieu nous réunira. Au revoir là-haut, ma chère épouse. » Derniers mots écrits par Jean Blanchard, le 4 décembre 1914.» / «‹Ich verabrede mich mit Dir im Himmel, wo uns Gott hoffentlich wieder vereinen wird. Wir sehen uns dort oben, meine liebe Frau ... › Die letzten niedergeschriebenen Worte von Jean Blanchard. 4. Dezember 1914» [Übers. Antje Peter]. Lemaitre: *Au revoir là-haut*, S. 9. Vgl. den gesamten Briefwechsel dieses Soldaten in Blanchard, Jean: *Je t'écris de Vingré (Correspondance de Jean Blanchard, fusillé pour l'exemple le 4 décembre 1914)*. Hg. Denis Rolland u. Jean-Luc Pamart. Vic-sur-Aisne: Soissonnais 14–18 2006. Zu diesem Kriegsjustiz-Verbrechen vgl. auch Rolland, Denis: *Les fusillés de Vingré: le serment de Claudius Lafloque*. Vic-sur-Aisne: Soissonnais 14–18 2014.

karnevaleske Element ist es, welches der Kriegsgewalt sowie dem patriotischen Engagement für den Krieg eine a-heroische Bedeutung zukommen lässt, welche die offiziellen Interpretationsmuster dieser Gewalt herausfordert, wie später auch anhand des Motivs der bunten Masken aus Pappmaché deutlich wird, welche das vom Krieg zerstörte Gesicht Édouards zieren.

Die Perspektivführung folgt wie erwähnt konventionellen romanesken Erzählschemata, welche mit ihrer vielstimmig-abwechslungsreichen Variation der Sichtweisen und ihrer leichten Erschließbarkeit durch die Leserschaft als gesellschaftskritische Wiederaufnahme der Erzählkunst des französischen 19. Jahrhunderts interpretiert werden können. Die Verwendung realistischer Techniken in Struktur, Erzählstimme, Modalität sowie Figurenzeichnung kann durchaus als bewusste Anlehnung an die für die französische Literatur und das nationale Kulturbewusstsein wohl ‹eingängigste› Erzählweise des klassischen Realismus mit gesellschaftssatirischer Färbung gesehen werden. Exakte deskriptive Passagen, welche Figuren charakterisieren und Situationen in plastischer Ausmalung der Leserschaft vor Augen führen, ergänzen sich mit einer variablen Narration, die auf eine alternierende Modalität zwischen internem Fokus und erlebter Rede, zwischen Dialogszenen sowie Passagen externer Fokalisierung und bisweilen – in deskriptiven Szenen allgemeiner Art – auf Nullfokalisierung zurückgreift. Zwar wird die Geschichte von einer heterodiegetischen Erzählerstimme begleitet, welche hin und wieder das Geschehen kommentiert sowie die biographischen Fragmente und Erinnerungen der Figuren der Leserschaft in interner Fokalisierung aus der Sicht dieser Figuren darstellt; doch tritt diese Stimme nicht näher in den Vordergrund. Sie bleibt als in Balzac'scher Manier erklärende, auktoriale Instanz zum größten Teil als selbstverständliche Omnipräsenz im Hintergrund.[35]

Motivgeschichtlich verweist der Text natürlich neben den oben vom Autor explizit erwähnten Referenztexten auch auf weitere Vorläufer innerhalb der französischen Literaturgeschichte, welche sich dem Thema der Kritik und Rache an der bestehenden Gesellschaftsordnung widmen. So nimmt Albert Maillards Enttäuschung über die französische Gesellschaft bereits in den Schützengräben ihren Anfang, wie dies auch beim Soldaten Bardamu in Ferdinand Célines Auftaktkapitel seines *Voyage au bout de la nuit* der Fall war. Dieses Motiv des desil-

---

[35] Am stärksten tritt die Erzählstimme im ersten Epilog hervor, welcher den weiteren Lebensweg der Figuren nachzeichnet und sich insofern in Richtung einer Brücke zwischen heterodiegetisch-nullfokalisierter Erzählstimme und Autorfigur bewegt. Denn dieser die Diegese vervollständigende Handlungs-Kommentar ist in der französischen Ausgabe des Romans mit der genauen Orts- und Datumsangabe «Courbevoie, octobre 2012» unterzeichnet, dem Wohnort des extratextuellen Autors Pierre Lemaitre; vgl. Lemaitre: *Au revoir là-haut*, S. 609–615.

lusionierten Heimkehrers wird in Lemaitres Text jedoch weniger mit der Céline'schen kategorischen Kritik menschlicher Existenz und psychologischen Analysen verbunden, sondern wendet sich ins Tragikomische und Satirische.[36]

Die Figur des gesellschaftlich vergessenen bzw. verschütteten und des gegen gesellschaftliche Normen und Gesetze revoltierenden Außenseiters findet sich sowohl in Balzacs ‹Erzgauner› Vautrin, der wie Édouard ebenfalls homosexuell veranlagt ist, als auch im Motiv der versteckten Wiederkunft als Rächer in Alexandre Dumas' *Comte de Monte-Cristo*.[37] Édouards mit Pappmaché kreativ maskierte *gueule cassée* ähnelt auch Gaston Leroux' *Le Fantôme de l'Opéra*, dessen unterirdische Existenz in den Katakomben der Pariser Oper mit der schöngeistig und nach ihrer brutalen Entstellung Masken tragenden Hauptfigur im Pariser Hinterhof zumindest in ihrer kunstliebenden Feinsinnigkeit, aber auch in der Verzweiflung an der nunmehr vergeblichen Suche nach Schönheit Ähnlichkeit besitzt.[38] All diese möglichen Motivreferenzen auf Figuren der desillusionierten Außenseiter und Rächer, wie sie die französische Literatur des 19. und beginnenden 20. Jahrhunderts kannte, werden in Lemaitres Roman von Anfang an in einen Zusammenhang gestellt, welcher weniger den souveränen Akt der Rache und die Tragik zerstörter Existenzen als die bisweilen absurde Übermacht gesellschaftlicher und symbolischer Gewalt in den Vordergrund rückt. Aus dem Rachedrama wird dabei nur auf den ersten Blick ein tragikomisches Gaunerstück im Sinne der *Comédie humaine*. Denn hier sind es nicht allein einzelne Protagonisten oder Antagonisten, deren Handeln in spezifischen Milieus von Adel und Bürgertum in urbanem oder ruralem Setting seziert und verfolgt wird. Vielmehr steht die gezielte Provokation und Dekonstruktion einer bürgerlichen Gesellschaft des Krieges, ihrer patriarchal-chauvinistischen Werteordnung wie ihrer staatlich-nationalen Repräsentanten als übermächtige Erzähler von Geschichte im Kollektivsingular sowie deren ganze symbolische, juristische und politische Souveränität und Korruptheit im Fokus des Erzählens.

Was die Figurenzeichnung betrifft, sind trotz dieses Unterschieds zu Balzac wieder klare Anleihen bei der Schreibweise des klassisch-realistischen Romans

---

36 Vgl. Céline, Louis Ferdinand: *Voyage au bout de la nuit*. Paris: Gallimard 1932; zum Verhältnis des historischen Gesellschaftskontexts zu diesem großen Roman sowie dessen Thematiken des Destruktiven und Autodestruktiven vgl. Lavis, Jean-François: *Une écriture des excès: Analyse sociologique de Voyage au bout de la nuit*. Montréal: Balzac-Le Griot 1997.
37 Vgl. Berrong, Richard: Vautrin and Same-Sex Desire in Le Père Goriot. In: *Nineteenth-Century French Studies* 31, Vol. 1–2 (autumn 2002-winter 2003), S. 53–65; sowie Dumas, Alexandre (père): *Le Comte de Monte-Cristo*. In: *Journal des débats* (août 1844 à janvier 1846).
38 Leroux, Gaston: *Le Fantôme de l'Opéra*. Paris: Pierre Lafitte 1910.

zu erkennen. In einer deskriptiv genauen Ausarbeitung der Figurenpsychologie werden sowohl Hinter- wie Beweggründe der jeweiligen Figur der Leserschaft durch Rekapitulation von Biographien und Lebensverhältnissen, Sehnsüchten und Ängsten zugänglich gemacht. So wird der große Gegenspieler der beiden Gefreiten Maillard und Péricourt, Leutnant D'Aulnay Pradelle – ebenso wie die erstgenannten Figuren – exakt in seiner sozialen Verfasstheit sowie seinen Ambitionen gezeichnet, wobei es zunächst Alberts Perspektive ist, aus welcher die Leser*innen einen ersten Blick auf diese ‹klassische› und satirisch überzeichnete Figur des fiesen Opportunisten werfen. Zugleich wird bereits an dieser Einführung des brutalen und gemeinen Karrieristen und Vorgesetzen auch ein Hierarchiekonflikt der ‹Kriegsklassen›, Offiziere und Soldaten, deutlich, der jedoch letztlich die gesellschaftlichen Unterschiede einer aristokratisch-oligarchisch geprägten Klassengesellschaft insgesamt spiegelt, wie sie auch im Ausnahmezustand der Kriegsrepublik nicht verschwunden war:

> Les chefs veulent gagner le plus de terrain possible, histoire de se présenter en position de force à la table des négociations. Pour un peu, ils vous soutiendraient que conquérir trente mètres peut réellement changer l'issue du conflit et que mourir aujourd'hui est encore plus utile que mourir la veille.
> C'est à cette catégorie qu'appartenait le lieutenant d'Aulnay Pradelle. [...] Albert ne l'aimait pas. Peut-être parce qu'il était beau. Un type grand, mince, élégant, avec beaucoup de cheveux ondulés d'un brun profond, un nez droit, des lèvres fines admirablement dessinées. Et des yeux d'un bleu foncé. Pour Albert, une vraie gueule d'empeigne. Avec ça, l'air toujours en colère. [...] C'était même curieux, ce mélange : avec son allure aristocratique, il semblait à la fois terriblement civilisé et foncièrement brutal. Un peu à l'image de cette guerre. C'est peut-être pour cela qu'il s'y trouvait aussi bien.[39]

Als Sprössling eines verarmten Adelsgeschlechts, dessen körperlicher ‹Adel› in Form eines attraktiven Äußeren weder mit seinem rücksichtslosen Opportunismus noch mit seinem Sadismus gegenüber dem Feind übereinstimmt, verkörpert diese Figur des Militärkarrieristen den Typus des Kriegsopportunisten, der sich trotz Feigheit und Brutalität als Held zu stilisieren weiß. Auf Grundlage eines starken gesellschaftlichen Drucks, welcher ihm als Klein-Adeligem ein Reüssieren durch Tapferkeit – mangels Kapital – geradezu vorschreibt, wird Pradelle als ein von eindimensionalem Ehrgeiz besessener Charakter gezeichnet, welcher dabei um Anerkennung erbittert und mit allen Mitteln kämpfen muss.[40] Unter-

---

[39] Lemaitre: *Au revoir là-haut*, S. 14–15.
[40] Eine interne Fokalisierung ermöglicht im zehnten Kapitel einen Blick auf die Beweggründe eines Kriegsprofiteurs und Karrieristen, welcher auch in einer bürgerlichen Nachkriegs-Gesellschaft seiner Arroganz wie seiner Adelsranküne treu bleibt, um zugleich eine rücksichtslose Profitgier an den Tag zu legen. Vgl. hierzu ebd.: S. 165–167.

stützt wird diese Figuren-Zeichnung durch seine Physiognomie. Auch hier findet sich eine Technik des klassischen Realismus wie auch der Gattungen Gesellschaftssatire und der derberen Farce wieder, Physiognomie und Figuren-Charakter als Korrelativ, im Falle der Satire oft überzeichnet, bisweilen typenhaft zu modellieren. Pradelle wird als schneidige und attraktive Erscheinung beschrieben, besitzt jedoch zugleich die Züge einer Bestie sowie des Tierischen, wenn es einerseits seine üppig und überall wuchernde Körperbehaarung, andererseits eine auf schnellen Angriff bedachte Körperhaltung ist, die ihn auszeichnet.[41] Gleichzeitig funktioniert er als Allegorie auf den Krieg, als «image de cette guerre», indem in seiner Gestalt eine andere der Kriegsgewalt zugrundeliegende brutale Gewalt, die der vorgeblichen Zivilisation und Zivilisiertheit, verkörpert ist – «terriblement civilisé et foncièrement brutal»: Dem Übermaß an Kultiviertheit *entspricht* ein Übermaß an Brutalität, es widerspricht ihm nicht. Es handelt sich bei der diese modellierte Gesellschaft durchziehenden Gewalt also letztlich nicht nur um einen kollektiven Hass gegen den Feind als Gewaltform, sondern die strukturelle und im Habitus inkorporierte Gewalt einer nicht überkommen aristokratischen Gesellschaft. Deren Kriegslust und Gewaltbereitschaft sind die ‹einfachen› Bürger als Frontsoldaten ausgesetzt, ihr dienen sie als ‹Bauernopfer› der Infanterie – wie die beiden von Pradelle hinterrücks erschossenen Gefreiten oder die beiden Protagonisten. Diese Gewalt ist jedoch nicht nur patriotisch-indoktrinierter Natur, sondern auch einer hierarchisch-genealogischen Standesordnung *inhärent*, welche in der Diegese des Romans auch im französischen Republikanismus zu Beginn des 20. Jahrhunderts nicht gänzlich überwunden wurde.

Komplementär zum aristokratischen Antagonisten Pradelle tragen die beiden dem klein- bzw. großbürgerlichen Milieu entstammenden Protagonisten Albert und Édouard ebenfalls dieser dem realistischen Roman entnommenen Technik einer figuralen Allegorese bürgerlicher Gesellschaft, ihrer Milieus und Stände, in Physis, Habitus, Biographie und Sozialisation Rechnung. Topographisch sind es wie in den entsprechenden Teilen der Balzac'schen *Comédie humaine* milieuspezifische Handlungsorte, welche repräsentativ für eine geschlossene Teil-Welt der Figuren stehen, aber durch eine melodramatisch-komödiantische Brechung der Perspektive in Form außenstehender Eindringlinge anderer Milieus wie Rastignac bei Balzac, Pradelle, aber auch Édouard Péricourt bei Lemaitre auf diegetische Dynamiken hin geöffnet werden.[42] Auch ist es die im Balzac'schen Realismus zent-

---

41 Vgl. ebda.; S. 15f.
42 Vgl. zu dieser Technik des Perspektivwechsels in Balzacs Romanen Küpper, Joachim: *Balzac und der effet de réel: eine Untersuchung anhand der Textstufen des «Colonel Chabert» und des «Curé de village»*. Amsterdam: B.R. Grüner 1986, S. 154ff.

rale Bedeutung des Zufalls für die schicksalhafte Verknüpfung der Figuren, welche Lemaitres Roman durchzieht und die Handlung vom tragischen Anfang der Freundschaft der beiden Protagonisten bis zum tragischen Ende des Todes des Sohnes durch die Hand des Vaters vorantreibt.[43] Dabei steht die französische Hauptstadt im Mittelpunkt der Handlung. Die provinziell-ländliche Umgebung, aus der Albert Maillard stammt, wird nur kurz in Form von Retrospektiven der Figur vorgestellt, während der Kontrast zwischen dem schäbigen Pariser Hinterhof, wo die beiden Freunde unterkommen, und dem großbürgerlichen Palais des Vaters umso stärker die soziale Differenz zwischen Zentrum und Peripherie der Gesellschaft markiert. Auch hängen Sozialisation und Habitus aufs Engste zusammen: Zum aus kleinbürgerlichen Verhältnissen stammenden gutmütig-sensiblen Bankangestellten und Buchhalter Albert Maillard, welcher als «un garçon mince, de tempérament légèrement lymphatique, discret» / «Ein schmaler Junge, leicht phlegmatisch, zurückhaltend» und eher zahlen-, als redebegeistert vorgestellt wird, steht die Erscheinung des großbürgerlich-extrovertierten Édouard Péricourt, welcher jedoch im tragischen Ereignis seiner Entstellung zugleich seinen sozialen Status als auch seine Identität verliert, in starkem Kontrast.[44]

Dieser Péricourt, der als privilegierter Sprössling eine ausgezeichnete Erziehung genießt, zeichnet sich neben seiner Empathie-Fähigkeit jedoch auch durch einen Hang zu dandyhaftem Sarkasmus und Kritik an unhinterfragten bürgerlichen Idealen und Konventionen historischer wie kollektiver Art aus. Wieder wird hier ein Motiv des 19. Jahrhunderts sichtbar: Das karnevaleske Element des großbürgerlichen, hier homosexuellen Dandys stellt zusammen mit der Gesellschaftsordnung zugleich auch deren Gewalt-, Kapital- und Profitemphase – verkörpert durch den kaltherzigen Banker und Vater Péricourt – in Frage. Seine zeichnerische Begabung bringt Édouard bereits als Kind mehrere Schulverweise ein, als er eine von Frankreichs nationalen Heiligen, Clotilde, im Geschlechtsakt mit Königen und Bischöfen der frühmittelalterlich-merowingischen Nationalgeschichte von Chilperich bis Chlodwig verewigt und somit einige kanonisierte Figuren als Symbole französischer Identität, aber auch die gesamte Belegschaft der Schule, welche er ebenfalls karikiert, zeichnerisch herausfordert:

---

43 Vgl. grundlegend Köhler, Erich: *Der literarische Zufall, das Mögliche und die Notwendigkeit.* München: Fink 1973, S. 46f.; sowie natürlich zu Balzacs berühmtem Diktum «Le hasard est le plus grand romancier du monde: pour être fécond, il n'y a qu'à l'étudier.» / «Der Zufall ist der größte Romancier der Welt: Um fruchtbar zu sein, muss man ihn nur studieren» [ML]. Balzac, Honore de: *La Comédie humaine.* Bd. I. Paris: Gallimard 1976, Avant-propos, S. 11.
44 Lemaitre: *Au revoir là-haut,* S. 19.

3.1 Ein Satyrspiel zur *Grande Guerre* oder die Gewalt der Monumente — **139**

> Il était encore à l'institution Sainte-Clotilde, à cette époque. Sainte Clotilde, fille de Chilpéric et Carétène, une sacrée salope celle-là, Édouard l'avait dessinée dans toutes les positions, enfournée par son oncle Godégisil, en levrette par Clovis, et, aux environs de 493, suçant le roi de Burgondes avec Remi, l'évêque de Reims, par derrière. C'est ce qui lui avait valu son troisième renvoi, définitif celui-là. Tout le monde convenait que c'était sacrément fouillé, c'était même à se demander, à son âge, où il avait pris les modèles, il y avait de ces détails... Son père, qui considérait l'art comme une dépravation de syphilitique, serrait les lèvres.[45]

In deftiger Sprache wird die visuelle Kunst der Karikatur zur spitzen Waffe gegen alles auch genealogisch-aristokratisch Überhöhte, gegen die Gewalt des nationalgeschichtlichen Pathos' eines im Sublimen verharrenden kollektiven Gedächtnisses, aber auch gegen die Gewalt der Lehrpersonen an den Schulen, der für den französischen Einigungsprozess so wichtigen *Instituteurs*.[46] Wie schon im Incipit des Romans und dem ihm vorangestellten Paratext offensichtlich wird, entspringt die zentrale Auseinandersetzung mit der Gewalt somit nicht zuvörderst der Konfrontation mit einem ‹äußeren› Feind als Kriegsgegner. Vielmehr wohnt Gewalt der gesellschaftlichen Ordnung selbst inne, ihrem Zwang zu Unterwerfung unter tödliche Hierarchien und unbedingtem Respekt vor nationalen Symbolen, aber auch der Rolle der Väter, welche bereit sind, die eigenen Kinder als Bürger der Staatsraison zu opfern. Diese nationalen Symbole werden vom Schüler wie später vom Kriegsopfer Édouard Péricourt respektlosmutig und mit einem für ihn typischen spitzen Lachen herausgefordert, welches ebenfalls ein wichtiges diegetisches Motiv bildet.

Die erzählerische Anlage der Figur dieses großbürgerlichen *Dandy*, der nach seinem ersten ‹Tod› auf dem Schlachtfeld auf tragische Weise zur Figur des schelmischen *Trickster* wird und sich im Wissen um seine Gesichtsverletzung die gesellschaftliche Rückkehr an die angestammte privilegierte Position selbst verwehrt, entfaltet sich somit vor dem Hintergrund eines an Konventionen und Gesellschaftsordnung angepassten großbürgerlichen Milieus. Der eigentliche Krieg wird dabei von einem sich um eben diese Werte von Gewinnmaximierung, Anpassung und Patriotismus drehenden Krieg ‹im Kleinen›, in der Familie begleitet. Dies lässt sich anhand des kühlen und distanzierten Verhältnisses zwischen dem homosexuellen, weiblich-spitz lachenden und freigeistigen Édouard Péricourt und seinem Vater, der «streng» ist wie der deutsche Feind, nachvollziehen:

> Parce que, somme toute, cette guerre dans laquelle Édouard avait trouvé la mort, elle s'était déclarée très tôt, au sein même de la famille, entre ce père rigide comme un Allemand

---

45 Ebda., S. 62f.
46 Wächter: *Geschichte Frankreichs*, S. 26–34.

et ce fils séducteur, superficiel, agité et charmant. Elle avait commencé par de discrets mouvements de troupes – Édouard avait huit ou neuf ans – qui trahissaient l'inquiétude des deux camps. Le père s'était d'abord montré préoccupé puis tracassé. Deux ans plus tard, son fils grandissant, il n'y avait plus eu l'ombre d'un doute. Il était alors devenu froid, distant, méprisant. Édouard s'était fait agitateur, séditieux.[47]

Deutlich wird anhand dieses Zitats, dass allein durch diese großbürgerlich-familiäre Figurenkonstellation des Romans ein soziales Modell zwischen genealogischem Denken, innerfamiliärer Strenge und einem kriegerisch-nationalistischen Männlichkeitsideal – beziehungsweise der Rebellion dagegen – sowie einer rücksichtslosen Einforderung dieser Ideale durch die auch schon im 19. Jahrhundert herrschenden Klassen als ‹Familienraison› gezeichnet wird. Es ist die Gewalt jener französischen Gesellschaft, welche die wohl Ende des *Empire* geborene Elterngeneration der beiden Protagonisten, die abweisende Mutter des Kleinbürgers Albert und den harten Vater des Großbürgers Édouard, auszeichnet. Die Werte dieser Gesellschaft entstammen dem 19. Jahrhundert als Jahrhundert der Kämpfe zwischen einem sich etablierenden Großbürgertum, einer gegen ihren Abstieg kämpfenden Adelskaste und einem angepassten Kleinbürgertum.

Die Gewalt des Krieges bleibt somit von Anfang des Romans an verbunden mit der symbolischen Gewalt eines emphatischen Nationalismus', patriotischer Ehrerbietung und Pflichterfüllung, ausgeübt von den patriarchalen Eliten der Aristokratie und des Großbürgertums. Honoré de Balzacs, aber auch Stendhals 19. Jahrhundert, die Gewalt jener französischen Klassengesellschaft gegen das Individuum zwischen sozialem Aufstieg und Absturz, aber auch fixierte Gender-Konventionen, welche bereits im Realismus literarisch als Problem aufschienen, bleiben in Pierre Lemaitres Nachkriegsfrankreich lebendig.[48] Auf Seiten der an diese Ordnung ‹Angepassten› wird anhand von Aufstieg und Fall des eitlen Opportunisten und verarmten Aristokraten Pradelle der gesellschaftliche Kampf einer Klassengesellschaft in eine Allegorese überführt, wie sie auch der realistische Roman kannte. Mit der bereits charakterisierten Figur des Leutnants wird ein gesellschaftlich schwankender Charakter gezeichnet, welcher auch eine Spielernatur in Form rücksichtsloser Risikobereitschaft zugunsten ihres gesellschaftlichen Aufstiegs besitzt, ohne jedoch die sympathischen

---

47 Lemaitre: *Au revoir là-haut*, S. 216 f.
48 Vgl. allein Roland Barthes' Herausarbeitung der Gender-Opposition für Honoré de Balzacs *Sarrasine* (1830) in Barthes, Roland: *S/Z*. Paris: Seuil 1970.

Züge eines Julien Sorel aufzuweisen und eher dem Karrieristen Eugène de Rastignac gerecht wird.[49]

In diesen dem ‹klassischen› Realismus entlehnten Erzähl-Techniken wie in der Gattungszuordnung von Lemaitres Roman überhaupt liegt bereits ein erstes, vom Autor intendiertes Unterlaufen des gesellschaftlich etablierten Erzählens über den Ersten Weltkrieg. Lemaitres zu Beginn des Kapitels zitiertes Interview stellte epitextuell eine Verbindung zwischen dem Erzähltext des Autors und den orientierenden Prätexten her, welche der Literatur der Schützengräben zuzuordnen ist. Doch diese Referenz wird insofern strukturell unterlaufen, als dass *Au revoir là-haut* zwar mit dem angespannten Erleben und dem Beschreiben einer Kriegssituation in den Schützengräben beginnt, diese Schilderung jedoch nur eine einleitende Funktion in Form einer Exposition der Romandiegese besitzt. Im weiteren Verlauf ändern sich die strukturellen Marker von intertextuellen Bezügen und verlagern sich von einer Referenz auf Kriegsliteratur hin zu strukturreferentiellen und stilistischen Merkmalen des Gaunerstücks, der Gesellschaftssatire sowie der Farce. Im intertextuellen Spiel des referierenden Texts zu den eingangs erwähnten Bezugstexten lassen sich allein durch die satirische Bearbeitung des Sujets literarische Spielarten des Bruchs mit architextuellen Konventionen im Diskurs über die Gewalt des Ersten Weltkriegs feststellen, welche aufgrund einer differenzierenden Funktionalität der Intertexte den spezifischen Charakter des Romans ausmachen. Dies dürfte den Leser*innen der Romans bereits anhand eines kurzen Vergleichs mit den vom Autor im Interview erwähnten ‹ernsten› historischen Referenztexten zum Ersten Weltkrieg deutlich geworden sein. Die Figuren, deren existentielle Bedrohung durch die Gewalt des Krieges eine tiefgehende Tragik beinhaltete, werden nun nämlich im Satyrspiel eines von bürgerlichem Zynismus geprägten Nachkriegs-Opportunitätsdenken zu komödiantischen Spielern im gesellschaftlichen Raum.

Zu dieser Refokussierung weg von den Konventionen der Kriegsliteratur bedient sich Lemaitre neben der Infragestellung von Motiven des Erhabenen – wie heldenhafter Kameraderie bis in den Tod und glühender Verehrung der Zivilbevölkerung für die kämpfenden ‹Männer an der Front› – der bereits erwähnten satirischen Verzerrung zahlreicher eigentlich tragischer Motive. Das Element der Verwundung im Gesicht, die *gueule cassée*, welches im existentiellen Kontext der Figur des Protagonisten – der immer stärker in eine Morphium-Abhängigkeit gerät und sich einer Operation verweigert – eine zutiefst tragische Dimension be-

---

[49] Zu Rastignac als Figur des ehrgeizigen Aufsteigers zwischen den Klassen vgl. Aubert, Françoise: Aristocratie et noblesse: Balzac ou le ‹complexe Rastignac›. In: *Studi dell'Instituto Linguistico* 5 (1982), S. 91–101.

sitzt, trägt durch dessen Witz und die lautliche Kommunikation über Gurr- und Pfeif-Geräusche sowie durch die immer wieder wechselnden Pappmaché-Masken Züge des Grotesken. Es gleitet eben durch diese Verzerrung ins Satirische und bisweilen auch Komische ab. Das ihn auszeichnende feminine, spitze Lachen Édouards bleibt dabei auch in der Verwundung erhalten und markiert den vorläufigen Triumph des Karnevalesken und Ambivalenten über die endgültige Tragik und das sichtbare Stigma erlittener Gewalt. Dieses Lachen markiert auch den Schlusspunkt eines zentral stehenden Roman-Kapitels, als Édouard seinem Freund Albert seinen Betrugsplan offenlegt, und wird in seiner diegetischen Bedeutung betont durch das kommentierende «Oui» der Erzählstimme:

> Édouard, fou de joie, répond soudain à la question lancinante que son camarade se pose depuis le premier jour. Il se met à rire ! Oui, à rire, pour la première fois.
>
> Et c'est un rire presque normal, un rire de gorge, assez féminin, haut perché, un vrai rire avec des trémolos, des vibratos.
>
> Albert en a le souffle coupé, la bouche entr'ouverte. Il baisse les yeux sur la feuille de papier, vers les derniers mots d'Édouard :
>
> « On les vend seulement ! On les fabrique pas » On touche l'argent, c'est tout. »[...]
> Le rire d'Édouard explose pour la deuxième fois. Beaucoup plus fort.
> « On se barre avec la caisse ! »[50]

Neben dieser Komik inmitten der Tragik gerät auch die Figurenzeichnung als Typisierung immer mehr zur Karikatur. Das selbstsüchtige Verhalten des Leutnants Pradelle beispielsweise, welches an der Front bedrohlich und für einen der Protagonisten beinahe tödlich wirkt, gerät im großstädtischen Milieu zu einer komischen Studie des stolzen Prahlhans', Gockels und Weiberhelden. Zu ihm steht die schäbige Erscheinung des frustrierten, kleinbürgerlichen, aber gewissenhaften staatlichen Inspektors für die Exhumierungen, Joseph Merlin, welcher Pradelles betrügerisches Spiel mit den Soldatenleichen letztlich aufdeckt, in eklatantem und groteskem Gegensatz. Die beiden unterschiedlichen Egozentriker, der eine ein rücksichtsloser, zukunftsorientierter Aufsteiger, der andere gramerfüllt über ein vergeudetes Leben ohne Auszeichnungen und Aufstieg in einer Rolle als «Opfer» der Gesellschaft, besitzen durch diese hervorstechenden Charakterzüge eine ins Komische neigende Typenhaftigkeit:

> Joseph Merlin n'avait jamais dormi correctement. Contrairement à certains insomniaques qui ignorent toute leur vie la raison de leur infortune, lui savait parfaitement à quoi s'en tenir : son existence avait été une pluie incessante de déconvenues auxquelles il ne s'était jamais accoutumé. Chaque nuit, il recomposait les conversations dans lesquelles il n'avait pas eu gain de cause, revivait, pour en modifier la fin à son avantage, les offenses

---

50 Lemaitre: *Au revoir là-haut*, S. 345.

professionnelles dont il avait été la victime, ruminait déboires et revers, de quoi rester éveillé longtemps. Il y avait, chez lui, quelque chose de profondément égocentrique : l'épicentre de la vie de Joseph Merlin, c'était Joseph Merlin.[51]

Auch dieses Stilmittel grotesker und stark kontrastierender Figurenzeichnungen des Romans, welche die Ebenen von Sprache und Diegese begleitet, verhindert jegliche Monumentalisierung und Verherrlichung der Gewalt des Krieges, aber auch einer gekränkten Heldenhaftigkeit der versehrten Heimkehrer und im gesellschaftlichen Spiel tragisch Gescheiterten. Die Leserschaft hat es insofern mit einer durch Anleihen bei gesellschaftsanalytischem Realismus und Gesellschaftssatire den düsteren Kriegsroman transformierenden *écriture* zu tun, welche eine monumentalisierende Lektüre des Ersten Weltkriegs unterläuft. Der Roman gewinnt seinen komischen Charakter daher einerseits aus den Überzeichnungen von Charaktereigenschaften, aber auch aus der internen Fokalisierung, welche das spezifische Weltbild der jeweiligen Figur aus deren unvollständigen Innenperspektive wiedergibt.

Die Relativität und Fehlerhaftigkeit dieser Perspektive in Hinblick auf die diegetischen Zusammenhänge mit derjenigen anderer Figuren wird den Leser*innen immer dann deutlich, sobald der Perspektive einer Figur durch diejenige anderer Figuren widersprochen wird. Eklatantestes Beispiel ist Pradelles endgültiger gesellschaftlicher Ruin durch das Aufdecken seiner betrügerischen Aktivitäten. Dieser beruht schlicht auf seiner Fehleinschätzung des eben dargestellten Joseph Merlin, den er für abstoßend und gescheitert, aber auch bestechlich hält, worin er sich jedoch – geblendet durch die eigene Arroganz – fatalerweise täuscht.[52] Neben einer Relativierung der Tragik durch das Groteske, des komplexen Charakters durch die typenhafte Karikatur sowie der Verlässlichkeit der erzählten Figurenperspektiven führt diese Erzählstrategie zur komischen ‹Aufladung› einer eigentlich tragischen Geschichte über Identitätsverlust und Tod durch Erzählstil, Perspektivierung und Sprache. Die Selbstüberschätzung der Figuren sowie deren Komplexe und Traumata werden in den breiteren Zusammenhang des Menschlichen-Allzumenschlichen gestellt, der das Pathos des individuellen Kampfs um die eigene Existenz in einer von Gewalt geprägten Gesellschaft vor dem Hintergrund allgemeiner sozialer Hypokrisie relativiert.

Allein anhand dieser diegetischen Charakteristika, der Anlehnung an Techniken des realistischen Romans bei gleichzeitig satirischer Zuspitzung, der Fo-

---

51 Ebda., S. 417.
52 Zu Pradelles Bestechungsversuch und dem inneren Ringen des Beamten mit dem eigenen Gewissen sowie dem Wunsch nach Rache an der Gesellschaft vgl. ebda.; S. 488–499.

kussierung auf das Frankreich der Zivilisten und weniger der Soldaten, markiert der Text seinen Anspruch, nicht den Ersten Weltkrieg und seine direkt-physische Gewalt, als vielmehr die ihn tragende Gewalt der Gesellschaft abzubilden, welche sich auch im Verhalten der Vorgesetzten in den Schützenkriegen abzeichnete. Als es Pradelle gelingt, Maillard – nachdem dieser bereits im Bombentrichter lebendig begraben wurde und allein dank eines verwesenden Pferdekopfes überlebte, der ihm das Atmen erlaubte – beinahe wegen Desertation vor ein Kriegsgericht zu stellen, ist es wieder das ‹Eigene›, die gesellschaftliche Werteordnung, mit welcher der Protagonist als tödlicher Bedrohung konfrontiert wird, verkörpert in der Strenge des damaligen Kriegshelden Philippe Pétain:

> Le général Morieux le fixe toujours. Il trouve ça lamentable cette lâcheté, vraiment. Navré devant l'incarnation de l'indignité que représente ce soldat minable, il conclut :
> –Mais la désertion n'est pas de mon ressort. Moi, je fais la guerre, vous comprenez ? Vous relevez du tribunal militaire, du conseil de guerre, soldat Maillard.
> [...] On a beaucoup entendu parler du conseil de guerre, surtout en 17, quand Pétain est revenu mettre un peu d'ordre dans le boxon. On en a passé on ne sait combien par les armes ; sur la question de la désertion, le tribunal n'a jamais transigé. Il n'y a pas eu beaucoup de fusillés, mais tous sont bel et bien morts. Et très vite. La vitesse d'exécution fait partie de l'exécution. À Albert, il reste trois jours à vivre. Au mieux.[53]

Die Schnelligkeit und Brutalität der Kriegsgerichte ergänzen symmetrisch die Brutalität des Feindes, wie auch im weiter oben dargestellten Verhältnis des Vaters Péricourt zum Sohn die Strenge der ‹Boches› dem kindlichen Erleben einer nahen Bezugsperson entspricht. Härte, Strenge und auch unerbittliche Brutalität sind im Roman Teile einer Werteordnung struktureller und symbolischer Gewalt, welche sich nicht nur an der Kriegsfront als einer hermetischen Heterotopie im Foucault'schen Sinne entfalten kann, sondern ihre Grundlage in Hierarchien, Verhaltensweisen, nationalen Mythen und Symbolen der Gesamtgesellschaft besitzt. Schule, Militär, die Werte der Väter, im Falle Maillards einer ihn demütigenden Mutter voll kleinbürgerlicher Erwartungshaltungen an den Sohn, und eine Hierarchie zwischen Geld und Aristokratie bestimmen daher die symbolische Ordnung dieser Romandiegese, welche als Gewalt auch das zivile Leben der Protagonisten, insbesondere in Form von Erziehung und familiären Pflichten prägt.

Nach dem Krieg bildet die auf Ebene der Nation offiziell zur Schau gestellte Freude und Genugtuung, welche der Sieg der Alliierten über das deutsche Kaiserreich dem kollektiven Gedenken einschreibt, einen Kontrast zu diesen indi-

---

[53] Ebda., S. 78.

viduellen Biographien der drei Hauptfiguren Maillard, Péricourt und Pradelle. Das Ende des Krieges entlarvt in der Romandiegese nämlich endgültig auch dessen brüchigen Mythos eines Stände, kulturelle und soziale Unterschiede verbindenden Kollektivereignisses als Lüge und die Solidarität unter Kameraden verschiedener Klassenzugehörigkeit als Schein. Nicht nur Lemaitres Fiktion, sondern auch das historisch verbürgte gesellschaftliche Unverständnis zwischen Zivilisten und Soldaten, wie sie Bruno Cabanes in seinem Aufsatz «Un temps d'incertitude et d'attente: une lecture des relations épistolaires entre combattants et civils lors de la sortie de guerre (1918–1920)» dargestellt hat, zeugen dabei von einer tiefen Spaltung der französischen Nachkriegsgesellschaft. Genauso wie der französischen Zivilgesellschaft von Soldaten Rücksichtslosigkeit und mangelnde Solidarität mit den Kämpfenden vorgeworfen wurde, war auch der kollektive Siegestaumel nach dem gewonnen Krieg für viele der traumatisierten Soldaten ein schwer zu teilendes Gefühl.[54]

Nirgends wird nun in materieller Form diese fordernde Gewalt staatlich-nationaler Verpflichtung und die unbedingte Souveränität dieses Staates über die Leben der Einzelnen im Ersten Weltkrieg jedoch auch *post mortem* und für die Nachwelt so offensichtlich bis heute – nicht nur in Frankreich – dargestellt wie an den Monumenten für die Gefallenen. Diese werden in Lemaitres Text literarisch und satirisch auf ihre Funktion hin hinterfragt, insofern sie nicht allein als Erinnerungsorte zu Ehren der gefallenen Soldaten, sondern implizit auch zu Ehren eines Wertesystems der Gewaltausübung im Dienste des Vaterlandes und als Akt des *Gedenkens* als patriotischem *Andenken*, als «Souvenir Patriotique» – so der Name der von Édouard und Albert gegründeten Scheinfirma – errichtet wurden. Dementsprechend unpersönlich-geschmacklos fallen in Alberts Augen Ikonographie und Gedenkprosa der Produkte dieser Scheinfirma aus, als er zum ersten Mal Édouards groteske, heroisch-pathetische Betrugs-Zeichnungen mit Titeln wie «*Poilu mourant en défendant le drapeau*» / «*Sterbender Soldat bei der Verteidigung der Fahne*», «*Orphelin méditant sur le sacrifice*» / «*Waisenkind, über sein Opfer nachsinnend*» oder «*Coq foulant un casque boche*» / «*Hahn, der in einem deutschen Helm herumstakt*» für die Statuen niemals zu realisierender Gedenkmonumente zu Gesicht bekommt.[55] Nachdem Albert zunächst befürchtet, sein Freund habe durch das Verletzungstrauma sein Zeichentalent verloren, wird ihm klar, dass es bei dieser monumentalen Ästhetik nicht um den Einzelnen, den

---

54 Vgl. Cabanes: Un temps d'incertitude et d'attente: une lecture des relations épistolaires entre combattants et civils lors de la sortie de guerre *(1918–1920)*. In Chauvard, Jean-François / Lebeau, Christine (Hg.) : *Éloignement géographique et cohésion familiale (XVe-XXe siècle)*. Strassburg: Presses universitaires de Strasbourg 2006, S. 207–221.
55 Lemaitre: *Au revoir là-haut*, S. 308 f.

Schmerz der Familie, sondern um die Aufrechterhaltung einer Deutungshoheit über den Sinn des Todes in Form kollektivierten Gedenkens und Gedächtnisses durch jene symbolische Gewalt geht, welche der Gewalt des Krieges zugrunde liegt und sie gesellschaftlich rechtfertigt. Der Soldat Albert weiß jedoch um das wahre Gesicht der Kriegsgewalt, da er sie überlebt hat:

> Ce qu'il [Albert, ML] voit là est très bien rendu, très travaillé, avec beaucoup de soin, mais… il cherche le mot, c'est… figé. Et enfin, il trouve : ça n'a rien de vrai ! Voilà. Lui qui a connu tout cela, qui a été un de ces soldats, il sait que ces images-là sont celles que se sont forgées ceux qui n'y sont pas allés. [...] Il comprend mieux pourquoi les dessins l'ont tant déçu, ils ne sont pas faits pour représenter une sensibilité, mais pour exprimer un sentiment collectif, pour plaire à un vaste public qui a besoin d'émotion qui veut d l'héroïsme.[56]

Was für Albert ästhetisch von einer «laideur totale», einer «absoluten Hässlichkeit» zeugt, trifft den Geschmack eines identitären Kollektivs der Nation, welches zu großen Teilen nur indirekt an den Kriegshandlungen teilnahm. Gegenüber diesem aus Sicht der Soldaten ignoranten Zivilbevölkerung ist jedoch nicht mehr die Karikatur, welcher sich Édouard wie in der zitierten schulischen Dekonstruktion identitärer Symbole der Nation bediente, sondern das *Pastiche* ein Mittel, welches sich an Stil und Vorgabe kollektiver Ästhetik hält, und sei diese noch so pathetisch, um durch Täuschung das eigene Recht auf staatliche Wiedergutmachung durchzusetzen. Doch wie der Karikatur ist dieser offiziellen Gedenk-Ästhetik die pathetische Überzeichnung inhärent, nicht in kritischer, sondern in affirmativer Absicht, wie sie Pathos und Kitsch auszeichnet. Dies weiß der ‹Kunsthandwerker› Édouard zu seinem und Alberts Profit zu nutzen, ohne damit jedoch in der Öffentlichkeit einen kritischen Bewusstseinsprozess in Gang setzen zu können. Die Genugtuung über den gelungenen Betrug ist allein den beiden Protagonisten gegönnt. Nur die implizite Leserschaft sowie die Erzählstimme erkennen den Sinn dieses Betrugs an der symbolischen Gewalt der Kriegsgesellschaft als Rache der beiden physisch wie gesellschaftlich stimmlosen, entstellten und marginalisierten ‹Kriegshelden›. Die Ästhetik der Erinnerungsorte an den Ersten Weltkrieg im Sinne Pierre Noras wird somit zur ambivalenten Mischung aus kollektiver Trauerarbeit und nachträglichem Gewaltakt, historischer Deutungshoheit und Verdrängen der noch Lebenden und Überlebenden. Denn diese Gewalt der Monumentalisierung äußert sich nicht nur in einer übersteigerten Verehrung der heldenhaft Gefallenen, sondern daneben auch in einem weite-

---

56 Ebda., S. 308f. u. 311.

3.1 Ein Satyrspiel zur *Grande Guerre* oder die Gewalt der Monumente — 147

ren Aspekt, denn «Le pays tout entier était saisi d'une fureur commémorative en faveur des morts, proportionnelle à sa répulsion vis-à-vis des survivants».[57]

Der ‹Gedenk-Furor› der Monumente reduziert nach Alberts Dafürhalten die Sichtbarkeit der Lebenden und Überlebenden, indem er sie Zusammen mit den Gefallenen in der Vergangenheit begräbt. Gleichzeitig werden diese Monumente zu einem Werbe- und Aushängeschild des Patriotismus und der nationalen Einigkeit, ohne die Traumata zu erwähnen, welche innerhalb dieser Nation noch vorherrschen. So ist das Sujet von Édouards Werbeanzeige für ihre fiktive Firma die Errichtung eines zentralen Gedenkmonuments des *Unbekannten Soldaten* zum Jubiläum des Kriegsendes durch «la France» selbst. Eine Allegorie gibt eine Allegorie in Auftrag und fordert die Bürger der Republik marktschreierisch auf, es dem Zentrum auf kommunaler Ebene gleich zu tun in Form einer nationalen «Erektion» zur «nationalen Kommunion». Nation als Religion und die Erotik des Patriotismus klingen in Édouards sarkastischer Sprache an, welche allein von den Aufgeforderten ernst genommen werden kann, von Albert und den Leser*innen aber in ihrer absurden Komik durchschaut wird:

> Le 11 Novembre prochain, à Paris, la France érigera le tombeau d'un « soldat inconnu ». Participez, vous aussi, à cette célébration et transformez ce noble geste en une immense communion nationale, par l'érection, le même jour, d'un monument dans votre propre ville ![58]

Mit dieser betrügerischen Aufforderung an jenes allgemeine «auch Sie» der Bürger und Bürgermeister, welche jedoch «la France» als Untertanen gegenüberstehen, zielt das Kriegsopfer, die der Sprache beraubte *gueule cassée* Édouard Péricourt, direkt auf jene Gewalt, welche noch mehr als der Krieg über diesen hinaus das Leben der von ihm Gezeichneten bestimmt. Die Erkenntnis kollektiven Ignorierens der Traumata noch lebender Soldaten sowie die Entlarvung der gesellschaftlich als selbstverständlich anerkannten Menschenopfer, welche Patriotismus und Gedenkkultur affirmieren, der Unterwerfung des Einzelnen unter den Begriff der Nation sowie deren Werte wie Aufopferung auf dem Schlachtfeld und Heldentum, erfordert aufgrund dieser zweifachen Negation der Menschenrechte des freien Individuums einen Angriff auf die symbolische Ordnung selbst. Sie

---

[57] Ebda., S. 332: «Das ganze Land war sozusagen von einem Gedenkfieber befallen, und je mehr es seiner Toten gedachte, um so weniger kümmerte es sich um die, die diesen Krieg überlebt hatten» [Übers. Antje Peter].

[58] Ebda., S. 334: «Am 11. November nächsten Jahres wird der französische Staat in Paris das Denkmal eines ‹unbekannten Soldaten› errichten. Nehmen auch Sie an dieser feierlichen Gedenkstunde teil und verwandeln Sie diese noble Geste in eine heilige Handlung, die das ganze Land erfasst, indem Sie am selben Tag auch in Ihrer Stadt ein Denkmal errichten!» [Übers. Antje Peter].

nämlich ist der Schlüssel zur weiterhin bestehenden Ermächtigung jener Eliten, welche den Krieg mit bestimmt haben, indem die Erinnerung an die Opfer in monumentaler Form materielles Symbol der Beständigkeit des republikanischen Frankreich und seiner Gesellschaftsordnung vor, während und nach dem Krieg ist.

Der Historiker Pierre Nora hat diese Problematik einer ambivalenten Memoria auf geschichtswissenschaftlicher Ebene bereits einige Jahre vor Lemaitres Text sowohl auf den abschließenden Seiten seiner *Lieux de mémoire* wie auch im Band *Présent, nation, mémoire* problematisiert, indem er die Bedeutung der Akte von «commémoration» / «Gedenken» vor dem Hintergrund eines Spannungsfeldes zwischen «mémoire historique» / «historischem» und «mémoire collective» / «kollektivem Gedächtnis» darstellte.[59] Bei Nora wäre die historische Memoria zugleich die kritische, welche dem Pathos, der Einseitigkeit und Hitzigkeit der kollektiven Memoria analytisch gegenüberstünde. Er geht im zuletzt erwähnten Band ebenfalls wie Lemaitres Text von jenem Waffenstillstand von Compiègne am 11. November 1918 aus, welcher das Ende des ‹Großen Krieges› und den Anfang einer nunmehr hundertjährigen Gedenkkultur markiert. Insofern bietet sich im Kontext des hier analysierten Erzähltexts die Frage nach dem Verhältnis von Literatur und Geschichtswissenschaft an. Stets geht es in beiden Feldern, dem fiktionalen Schreiben über Geschichte wie deren faktenorientiertem Betrachten, Dokumentieren, Archivieren und Diskutieren auch um die Identität als individueller und zugleich kollektiver Konstruktion, welche zwischen diesen beiden Herangehensweisen an Vergangenheit verhandelt wird. So schreibt Nora in einem Beitrag zum Memoria-Begriff Paul Ricoeurs in der Zeitschrift *Le Débat*:

> La notion d'identité a connu en effet un renversement de sens analogue à celui qu'a connu celle de Mémoire. De notion individuelle elle est devenue une notion collective, et de subjective elle est devenue quasi formelle et objective. Traditionnellement, l'identité caractérise l'individu dans ce qu'il a d'unique au point d'avoir pris une signification essentiellement administrative et policière: nos empreintes digitales expriment notre « identité », vous avez des cartes et des papiers d'« identité ». L'expression est devenue une catégorie de groupe, une forme de définition de soi par l'*extérieur* [...]. L'identité, comme la mémoire, est une forme de *devoir*. [...] C'est à ce niveau d'obligation qu'un lien se noue entre l'identité et la mémoire. Les deux obéissent au même mécanisme. Les deux sont pratiquement devenus synonymes, et leur union, sous le signe du devoir, caractérise une Économie nouvelle de la dynamique historique et sociale. Cette dynamique est devenue

---

59 Vgl. Nora, Pierre: L'ère de la commémoration. In ders.: *Les lieux de mémoire*. Bd. 3: Les France. Paris: Gallimard 1992, S. 977–1012; sowie ders.: *Présent, nation, mémoire*. Paris: Gallimard 2011, S. 417.

d'autant plus contraignante qu'elle s'est chargée d'une dimension éthique, qui ouvre la voie à toutes les dérives et manipulations. La mémoire, en effet, par rapport à une histoire traditionnellement produite par les autorités politiques, savantes ou professionnelles – et à ce titre facile à faire apparaître comme histoire officielle –, s'est parée des prestiges et des privilèges nouveaux de la revendication émancipatrice et libératoire, souvent populaire, toujours protestataire.[60]

Nora kritisiert und diskutiert nicht allein in diesem Artikel als Historiker bestimmte Formen öffentlicher Gedenkkultur, seien sie staatlich geregelt oder aber im Sinne emanzipatorisch-kritischer Aufarbeitung, welche die Erinnerung an Kriege, aber auch den französischen Kolonialismus allein aus dem kollektiven Gedächtnis von Gruppen oder Institutionen, seien es Opfer oder ehemalige Täter, lebendig halten. Dies insofern, als dass in diesen Fällen eines emotionalisierten Gedenkens stets die Gefahr des Entstehens einer unwissenschaftlich manipulier- und politisierbaren ‹Identitätskultur› entstünde, solange die «véracité de l'histoire, la vérité du vécu et du souvenir» / «Wahrhaftigkeit der Geschichte, die Wahrheit des Erlebten und der Erinnerung des Individuums» fehle.[61] Das Gedenken wird als kollektives zur Aufgabe, bisweilen zur Pflicht, zum «devoir» und dadurch ambivalent, da es wie die Identität dem Individuum entzogen, vom Individuum abstrahiert wird. Das historische Pathos des kollektiven Gedenkens und das Spiel mit kollektiver Identität darf dieser Auffassung nach das kritische, durchaus emotionale Betrachten von Geschichte anhand Zeugenaussagen und erlebten Biographien meist individueller Natur und die analytische sowie differenzierte Aufarbeitung durch die Historiographie keinesfalls ersetzen, selbst wenn es das historische Gedächtnis überlagert.

Vor diesem Hintergrund ist nun die Perspektiven dynamisierende und kritische Rolle literarischer Fiktion für eine Auflösung einseitiger Gedenkkultur auch aus Perspektive des Gegenwärtigen in der Geschichte von Interesse. Dieses wird gerade von Lemaitres Text als einem herausfordernden literarischen ‹Stolperstein› jener symbolischen Gewalt des Gedenkens an die *Grande Guerre* entrissen, welche an zentraler Stelle die französische Identität auch des 21. Jahrhunderts prägt; und die Lemaitre diegetisch ‹aus der Froschperspektive› und mittels der im Gegensatz zu Tragödie, Helden- und Kriegsepos aus klassischer Sicht niedriger stehenden Gattung der Satire angreift.[62] Literatur lässt sich gerade auch in der Freiheit ihrer

---

[60] Nora, Pierre: Pour une histoire au second degré. In: *Le Débat* 122 (2002/5), S. 24–31, hier S. 29.
[61] Ebda., S. 30.
[62] Zur Geschichte einer Aufwertung der Ästhetik der literarischen ‹Hybridform› Satire aus anglo- und frankophoner Perspektive vgl. Duval, Sophie / Martinez, Marc: *La satire: littératures françaises et anglaise*. Paris: A. Colin 2000.

Gattungen weder dem kollektiven noch dem historischen Gedächtnis im Sinne Noras zuschlagen, sondern bewegt sich in jenem bereits erwähnten Schwellen-Bereich zwischen Diktion und Fiktion, zwischen Faktualem, Fiktionalem und Fiktivem, welcher auch feststehende Geschichte und Identität dynamisierend herausfordert und bisweilen provoziert. Der literarische Angriff auf diesen konventionalisierten Geschichtsdiskurs geschieht bei Lemaitre auf figuraler Ebene in Form zweier nunmehr identitätsloser, für die Gesellschaft formal gestorbener Außenseiter, somit eigentlich ‹Objekten› des Gedenkens als Opfer der Kriegsgewalt. Auf Handlungsebene provoziert Lemaitres Text aber nicht durch das Erzählen vom gesellschaftlichen Kampf der Kriegsversehrten um Anerkennung, sondern durch ein skandalträchtiges Gaunerstück, welches zu einer Herausforderung jener symbolischen Gewalt einer monumentalisierenden Repräsentation *der* Geschichte und jener patriotischen Werte gerät, wie sie Staat und Eliten oberflächlich verfechten. Diese gesellschaftlichen Eliten von Großbürgertum und Adel werden provokativ dem Bachtin'schen Lachen des Publikums preisgegeben und schaffen somit eine *Gegenkultur* des Gedenkens – ein Gedenken der gesellschaftlich ausgestoßenen und geopferten Lebenden und weniger der Toten.[63]

Lemaitres Gattungswahl der Gesellschaftssatire als wiederum auf das 19. Jahrhundert verweisende Art des Erzählens ist hier nur konsequent, als diese Form des Schreibens über Gesellschaft neben einer unterhaltenden Zuspitzung traditionellerweise auch Werte auf den Prüfstand stellt, welche sich als hohl oder ambivalent erweisen, um sie zu destabilisieren. Zwischen der in der Literaturwissenschaft diskutierten *moralischen* und der *skeptischen* Lesart der Gattung Satire, lässt sich Lemaitres Text eindeutig letzterer zuschlagen, zumal es die Gesellschaft als heterogener systemischer Zusammenhang von Werteordnungen, zudem einzelne, oft typenhaften Figuren sind, welche im diegetischen Zentrum stehen. Interessant ist dabei, dass sich das von Pascal Engel beobachtete Schwanken der Gattung Satire zwischen «moralisch» und «skeptisch», «nobel» und «niedrig», je nach dem Glauben an die Existenz einer allgemeinen Werteordnung, auch in Hinblick auf diesen Text über den Ersten Weltkrieg nachvollziehen lässt.[64] Abhängig von der historischen Einstellung der Leserin oder des Lesers zu diesem historisch gewordenen Krieg und dem Wert seiner Gedenkkultur wird Lemaitres Satire zu einem wichtigen

---

63 Vgl. hierfür zentral Bachtin, Michail: *Rabelais und seine Welt: Volkskultur als Gegenkultur*. Frankfurt a.M.: Suhrkamp 1987.
64 Vgl. Engel, Pacal: La pensée de la satire. In: Duval, Sophie / Saïdah, Jean-Pierre (Hg.): *Mauvais genre. La satire littéraire moderne*. In der Reihe *Modernité* 27. Bordeaux: Presses universitaires de Bordeaux 2008, S. 35–46, hier S. 35f.

Kommentar oder aber zu einem sarkastischen Epilog zu bereits aufgearbeiteter Geschichte.

Die Brutalität der im ersten Romankapitel als entfesselt dargestellten Kriegsgewalt entwickelt sich jedenfalls durch Schauplatzwechsel und eine in der Diegese knappe zeitliche Distanz zum Krieg zur Gewalt der französischen Nachkriegsgesellschaft, welche sich aus eben den Werten von Status und Profit speist, deren Verleugnung für die Verteidigung des Vaterlandes von den Soldaten in Form von Selbstlosigkeit und Opferbereitschaft abverlangt wurde. Sie steht in eklatantem Gegensatz zur im politischen Waffenstillstand der *Union sacrée* beschworenen inneren, klassenübergreifenden Einigkeit, welche die offizielle staatliche Politik während des Krieges kennzeichnete.[65] Gerade vor dem Hintergrund der *Grande Guerre* als einem der wichtigsten historischen Ereignisse der französischen Geschichte und französischer ‹Identität›, über dessen Gedenken der Staat nach wie vor wacht, ist Lemaitres komödiantische Herangehensweise auch metatextuell gegenüber der offiziellen Historiographie eine Herausforderung insbesondere der in Frankreich sozialisierten Leser*innen.

Als abschließender Punkt der Analyse sei nun zusammenfassend angemerkt, dass für den Roman neben der Feststellung einer satirischen Verschiebung der Konventionen beim Erzählen über den Ersten Weltkrieg die Frage nach der konkreten Position der Gewalt nicht nur in ihrer symbolischen, sondern in ihrer tatsächlich tragischen, den Körper zerstörenden Form von Interesse ist. Denn die erwähnten düsteren Auftaktkapitel des Texts lassen einen äußerst ernsten Subtext erkennen, welcher den gesamten Roman durchzieht und die auf die Ausgangssituation – das Verschüttet-Werden, die Gesichtsverstümmelung sowie den gesellschaftlichen Tod der Protagonisten – folgende Satire wiederum in die Richtung einer klassischen Tragödie rückt, welche in die Katastrophe durch Anagnorisis mündet: den Tod des Sohnes durch die Hand des Vaters. Der verwesende Kopf eines Pferdes als geopfertes Nutztier, welches an der Front zum lebenden Kriegsgerät mutierte und über welchen der verschüttete Albert zu atmen gezwungen ist, wäre dabei Sinnbild für jene alles durchdringende menschliche Gewalt, welche auch ein ansonsten vom Menschen seit jeher verehrtes Tier, Sinnbild von Adel und Loyalität, zum toten Objekt und Instrument des Krieges werden lässt. Der ‹Kuss› mit dem Pferdekadaver vereinigt Albert mit dem toten Lebewesen, mit dem Tod selbst:

---

65 Vgl. hierzu grundlegend aus Sicht der Arbeiterbewegung Rosmer, Alfred: *Le mouvement ouvrier pendant la Première Guerre Mondiale – De l'Union sacrée à Zimmerwald*. Paris: Librairie du Travail 1936.

> À mesure qu'il accommode, il discerne ce qu'il a en face de lui : deux gigantesques babines d'où s'écoule un liquide visqueux, d'immenses dents jaunes, de grands yeux bleuâtres qui se dissolvent... Une tête de cheval, énorme, repoussante, une monstruosité.
>   Albert ne peut réprimer un violent mouvement de recul. [...]
>   L'obus, en trouant le sol, a déterré un de ces innombrables canassons morts qui pourrissent sur le champ de bataille et vient d'en livrer une tête à Albert. Les voici face à face, le jeune homme et le cheval mort, presque à s'embrasser.[66]

Das Verschüttet-Werden im Bombentrichter als Initiations- und Schwellenereignis zwischen altem und neuem Leben außerhalb der Gesellschaft, das Einatmen des Todes über den fratzenhaften Pferdekopf, dem Édouards entstelltes Gesicht mit fehlendem Unterkiefer, aber auch die verwesenden Leichen der Gefallenen in den Gräbern entsprechen, sind neben den bunten Masken der Komödie die darunterliegenden Gesichter der Tragödie. Sie erzählen von der unterschiedlichen Wertigkeit menschlicher wie tierischer Leben im Krieg, entsprechen dem Identitätsverlust innerhalb einer hierarchisch aufgebauten Zivilgesellschaft des Gewinnstrebens und der Opportunisten, wie sie dann im Folgenden geschildert wird.

Dreh- und Angelpunkt der verschiedenen Muster des Erlebens und Ausführens von Gewaltakten, welche nicht nur das Leben der beiden psychisch wie physisch versehrten Trickster-Hauptfiguren begleiten, ist dabei die Frage nach den individuellen Folgen einer im kollektiven Pathos radikalen Solidarität mit dem Begriff der Nation als symbolischer Gewalt, wie sie den Kriegsdiskurs in Deutschland wie in Frankreich prägt. Der Figur des kalten Vaters wird diese Radikalität nach der Kunde vom vermeintlichen Tod des Sohnes schmerzlich bewusst – in bittern Selbstvorwürfen, welche auch die Macht gesellschaftlicher Konvention sowie einer verinnerlichten Härte des Patriarchen über das familiäre Zusammenleben zeigen:

> Il pleurait la mort de son fils. Édouard était mort. Édouard venait de mourir à cet instant précis. Son petit garçon, son fils. Il était mort. [...] L'immensité de sa peine était décuplée par le fait qu'au fond, c'était la première fois qu'Édouard existait pour lui. [...]
>   Alors, maintenant que ce fils était mort (d'ailleurs, il ne savait pas de quelle manière, il n'avait jamais demandé), montaient les reproches qu'il adressait, tous ces mots durs, définitifs, ces portes fermées, ces visages fermés, ces mains fermées, M. Péricourt avait tout fermé devant ce fils, il ne lui avait laissé que la guerre pour mourir.[67]

Beginn und Ende des Romans sind trotz dieser väterlichen Reue von zwei Gewaltakten geprägt, welche einmal absichtlich durch den verschlagenen Adeligen Pradelle, einmal eher versehentlich durch den kaltherzigen, aber im obigen Zitat

---

66 Lemaitre: *Au revoir là-haut*, S. 36.
67 Ebda., S. 202f. u. 205.

3.1 Ein Satyrspiel zur *Grande Guerre* oder die Gewalt der Monumente — 153

dann doch ‹einsichtigen› Großbürger Père Péricourt von zwei Repräsentanten nationaler Eliten ausgeführt werden. Pradelles Stoßen des armen Albert in den Bombentrichter, die Opferung des Kleinbürgers durch den Adeligen sowie Édouards Tod unter den Autorädern des eigenen Vaters entbehren nicht einer gewissen strukturellen Logik. Bei allen Unterschieden des gewissenlosen Kleinadeligen Pradelle und des berechnenden Geschäftsmanns Péricourt: Als Kriegsbefürworter und Kriegsgewinnler zugleich stehen sie auch für ein Frankreich, welches die Opferung der Gemeinschaft zugunsten festgeschriebener Hierarchie verlangt, um in dessen gesellschaftlichem Raum durch Reichtum und symbolisches Kapital zu reüssieren. Auch handelt Pradelle inmitten eines allgemeinen Chaos und Kriegs-Getümmels nach einer bürgerlich-rationalen und rücksichtslosen Logik des ökonomischen wie sozialen Individualismus, welcher das Vorankommen der eigenen Person mittels des ‹Wertes› brutaler List kaltblütig durchsetzen möchte. Das Kollektiv, auch jenes ins ‹Heilige› gesteigerte abstrakte Kollektiv der Nation, dient hier allein als Leiter für den Emporkömmling. Ebenso handelt der Bürger Père Péricourt gemäß einer genealogischen Adelsranküne, wenn es das dynastische Element ist, welches er für seine Bankiers-Familie forciert.

Die Ebene der Subjektbildung im Roman steht daher nicht in einem anerkennenden, sondern in einem instrumentalisierenden Verhältnis zu den offiziell propagierten Werten der Nation wie auch zur Forderung nach Solidarität. Diese werden zwar von Pradelle und Vater Péricourt durch Kriegsdienst an vorderster Front bzw. Spenden für das Gefallenenmonument bekundet und inszeniert, dienen jedoch nur als Vorwand sozialdarwinistisch-dynastischer Gewaltlogik, welche das Recht des Stärkeren und genealogisch besser Gestellten als Recht des am besten in List und Täuschung Bewanderten ausspielt. Am Ende des Romans steht wie erwähnt und wie zu Beginn im Nahtodeserlebnis Alberts der Rückgriff auf das Tragische: das Motiv des Vaters, welcher mit der eigenen Schuld leben muss. Bekanntlich sind im antiken Drama tragische Figuren durch ihre Hybris in Form der Hamartia schuldig geworden.

Eben diese Hybris repräsentiert auch der Vater Péricourt, welcher aus bürgerlichem Klassenstolz und der alleinigen Rücksicht auf den eigenen Ruf innerhalb der Gesellschaft den Sohn in den Krieg treibt und ihn letztlich unwissend, aus blinder Wut über den Betrug an ihm – dem verdienten Bürger als Financier des Patriotismus – tötet. Der eine, Pradelle, handelt rational und zynisch in seinem Spiel mit den Werten von Tapferkeit und Solidarität, der andere, Vater Péricourt, bedient sich der Härte gegenüber der Familie, gegenüber dem eigenen Sohn, also letztlich auch gegen sich selbst, zur Festigung seiner gesellschaftlichen Stellung. Das Schicken des Sohnes in den Krieg und die versehentliche Tötung desselben Sohnes als eines Betrügers werden für den Vater Péricourt zur

Kompensation einer Schuld gegenüber der patriarchale Härte und heterosexuell-dynastische Familienplanung einfordernden Nation – in Form einer Opferung des weibisch-dandyhaften, unangepassten Sohnes als Provokateur, welcher bürgerliche Werte verletzt. Das siegende Frankreich als Kollektivsingular siegt in Lemaitres Roman daher nicht nur über den deutsch-österreichischen Feind, sondern auch im Inneren über jegliche Infragestellung seiner symbolischen Gewalt patriotischer *Memoria* sowie über die störende Erinnerung an den Preis für den gewonnenen Krieg in Form der Verwundeten, über die Erinnerung an eine zutiefst traumatisierte und gespaltene Nachkriegsgesellschaft.

So wenig Solidarität die Kriegsverehrten innerhalb der französischen Gesellschaft erfahren, für die sie kämpfen, so wenig zeigt sich im Roman diese Solidarität in den Schützengräben selbst. Die Struktur des Romans suggeriert so eine Fortsetzung der Kriegssituation im Zivilleben der Protagonisten, welche ihre Tragik jedoch nun mit dem Gewand von bürgerlichem Opportunismus und rücksichtslosem Gewinnstreben eingetauscht hat. Nachdem die ‹Boches› besiegt sind, kämpfen nun wieder Adelsranküne und ehrgeiziges Großbürgertum gegeneinander. Das Individuum als gesellschaftliches bleibt weiter bedroht. Das Verbrechen des Leutnants D'Aulnay-Pradelle an seinen Kameraden, welches dem verarmten Aristokraten zum sozialen Aufstieg verhelfen soll und das den Beginn der Romanhandlung bildet, wird ergänzt durch den sozialen Kampf und die subtile Rache der sozial absteigenden Gefreiten. Der Ortswechsel von der Front in die Großstadt ist es, welcher auch einen Wandel in der Politik des Erzählens erkennen lässt; eine Hinwendung zum engagierten Zola'schen Modell einer Fundamentalkritik an einer opportunistisch-ignoranten Bourgeoisie, jedoch nicht auf Grundlage naturalistischer Analyse oder eines Manifests, sondern der satirischen Beobachtung und Überzeichnung. Zolas Aufruf, welcher den *Bourgeois* zum *Citoyen* werden lässt, findet sich in Lemaitres Roman in einer diegetischen Umkehrung wieder: Die Bourgeoisie siegt und frisst ihre eigenen Kinder, welche sich jedoch zu Beginn der Erzählung in einem solidarischen Akt der Verbrüderung in einer Extremsituation wie mutige Citoyens verhalten haben, um zu Darstellern in einer nationalen Gesellschafts-Farce zu werden.[68]

Die Frage nach der Verantwortung des Staates für seine Soldaten auch nach den gewonnenen Kriegen drängt sich hier literarisch als virulentes Problem der Geschichtskritik auf. Die Affirmation eines nationalistisch-französischen Identitäts-Sentiments im Gedenken an den Großen Krieg, welches vom aufopfernden

---

68 Vgl. zu dieser Fundamental-Opposition zwischen parasitärem *Bourgeois* und engagiertem *Citoyen* im identitären Diskurs französischer Bürgerlichkeit Nelson, Brian: *Zola and the Bourgeoisie. A study of Themes and Techniques in «Les Rougon-Macquart»*. London: MacMillan 1983, S. 35–47.

Kampf des Soldaten ausgeht, verkehrt sich dementsprechend beim Autor des beginnenden 21. Jahrhunderts in die Entlarvung eines historisch-pauschalisierenden und nach wie vor im Erinnerungsdiskurs der *Grande Guerre* präsenten Mythos von republikanisch-demokratischem Einheitsgefühl und Solidarität. Dieser wird symbolisch Jahr für Jahr zelebriert, scheint jedoch in einer Phase des Übergangs begriffen, welche hundert Jahre nach Ende des Krieges nunmehr weniger die heroisierende Feierlichkeit als vielmehr das private Andenken und Gedenken der Opfer in den Vordergrund stellt.[69] Die lange vorherrschende symbolische Gewalt einer Feier der Republik im *Gedenken* an deren Sieg zu Lasten der schmerzhaften *Erinnerung* an die toten wie überlebenden Kriegsopfer und ihre Familien betraf bereits unmittelbar nach dieser nationalen Krisensituation deren körperliche wie soziale Unversehrtheit, indem sie ein Leid übertönte und relativierte, welches auch die französische Nachkriegsgesellschaft prägte. Am sichtbarsten – und deshalb nationalpropagandistisch untauglich – erschien dieses Leid wohl in Form der sogenannten *gueules cassées* auf den Straßen der Republik.[70] Diese Form einer Gewalt symbolischer Ignoranz wird in Lemaitres Text vor allem als Gewalt einer Klassengesellschaft in demokratisch-republikanischer Verkleidung der Leserschaft vor Augen geführt, deren patriotischer Kriegs-Nationalismus nur oberflächlich als solidarische Verbrüderung aller Franzosen deutbar ist, die Separation zwischen oberen Klassen, Eliten und der *France d'en bas* jedoch während des Krieges und danach aufrechterhielt.

Lemaitres Roman über eine unter negativen Vorzeichen stehende Freundschaft ist somit auf mehreren Ebenen und mit unterschiedlicher Betonung seiner Aktualität für die Gegenwart des 21. Jahrhunderts lesbar: als Drama der Rache an einer für die existentielle Not der Protagonisten verantwortlichen Gesellschaft, als sarkastische Antwort auf den Heldenkult der Kriegsgefallenen, wie er in jeder

---

[69] Diese Wiederaneignung der Geschichte des Ersten Weltkriegs durch die *France d'en bas* scheint jedoch eine sich immer mehr verfestigende Tendenz zu sein, welche gerade in Hinblick auf das 100-jährige Kriegsgedenken virulent wurde, obschon die staatlich-offizielle Gedenkfeier nach wie vor die vorherrschende Form der Memoria darstellt. Vgl. Guelton, Frédéric: Histoire et mémoire de la Grande Guerre en France un siècle après. In Lemonidou, Elli (Hg.): *Cent ans après: la mémoire de la Première Guerre mondiale*. Athen: École française d'Athènes, S. 47–57, insb. S. 52ff.

[70] Vgl. dazu den mittlerweile ‹klassischen› Roman von Dugain, Marc: *La chambre des officiers*. Paris: Jean-Claude Lattès 1998. Zur Problematisierung der Leidensgeschichte dieser Gruppe der Kriegsversehrten aus historiographischer Sicht vgl. Delaporte, Sophie: *Gueules cassées. Les blessés de la face de la Grande Guerre*. Paris: Agnès Vienot Editions 1996; sowie Gehrhardt, Marjorie: *The Men with the Broken Faces. «Gueules Cassées» of the First World War*. Bern: Peter Lang 2015.

deutschen und französischen Stadt und in jedem Dorf an den Kriegsdenkmälern offenbar wird. Er kann zudem im Sinne Pierre Noras als erzählerische Kritik an einer Geschichtswissenschaft verstanden werden, welche den Fokus der eigenen Forschungen weniger auf Kriegsfolgen, die Opfer der Geschichte, als auf für die Bildung eines kollektiven Gedächtnisses relevante Ereignisse richtet, welche unmittelbar mit dem Krieg in heroisierender Weise verbunden sind und sich allein dem Sieg des Kollektivs als Nation widmen. In all diesen Lesarten jedoch wird klar, dass es sich bei *Au revoir là-haut* um eine literarische Dekonstruktion des Narrativs vom dankbaren und sorgenden Vaterland handelt, wie es auch historisch der oftmals prekären finanziellen und sozialen Lage der Gruppe der Kriegsversehrten in den 20er Jahren widerspricht.[71]

Diese Gesellschaftssatire als literarische Herausforderung einer vereinfachten historischen Sicht auf die *Grande Guerre*, welche ein kollektives Nationalbewusstsein, möglicherweise voller Stolz, aber auch voller Erinnerungslücken beschwört, ist dabei aufs Engste mit der damit einhergehenden Struktur der dargestellten Gewalt verbunden. Denn es erscheint im Roman weniger eine Gewalt ‹Mann gegen Mann› oder ‹Soldat vs. anonymer Feind›, als vielmehr die Anwendung durchaus rationaler Gewalt innerhalb eines Systems symbolischer Gewaltausübung durch die kriegsführende Gesellschaft und die Nachkriegsgesellschaft, welche auch beim Gemeinschafts-Begriff und beim nationalen Patriotismus letztlich die egoistischen Einzelinteressen über das kollektive Zusammenleben stellte.

Die Enttäuschung über die Bedingungen des Versailler Vertrags auch auf französischer Seite sowie die Trauer über eine hohe Gefallenenzahl gingen in Frankreich einher mit der Beibehaltung einer gesellschaftlichen Ordnung, welche sich 1871 etabliert hatte. Im Gegensatz zu den politischen Revolutionen in Russland und Deutschland blieb das Nachkriegs-Frankreich auf Kontinuität bedacht.[72] Implizit heißt dies auch: Genealogische und ökonomische Ungleichheit, aristokratische wie großbürgerliche Separation vom Rest der Gesellschaft konnten durch das Feigenblatt mythischer Überhöhung nationaler Symbole auf Kosten der traumatisierten und verletzt Überlebenden als Söldner Frankreichs aufrechterhalten werden. Eine fatale Folge daraus war ein von politischer Seite geschürtes Misstrauen nach dem Krieg gegenüber den Zweiflern an der Notwendigkeit dieser *Grande Guerre*, die als Feinde im Inneren und «fundamentale[n] politische Bedro-

---

71 Vgl. zur Situation der von sozialer Ausgrenzung besonders betroffenen Gruppe der Gesichtsverletzten ebd., S. 79–122. Zu Gründung und Geschichte der nach wie vor aktiven *Union des Blessés de la Face et de la Tête (UBFT)* vgl. die Homepage der Vereinigung https://www.gueules-cassees.asso.fr/ (zuletzt aufgerufen 17.06.2021).
72 Vgl. das Großkapitel *Gewonnener Krieg, Verlorener Frieden 1614–1940* sowie des Unterkapitel «Der prekäre Frieden» in Wächter: *Geschichte Frankreichs*, S. 152–178.

hung» wahrgenommen wurden, welche die «Furcht vor einem kommunistischen Umsturz» nährten.⁷³

Der Preis für diese Befriedungspolitik, den einzelne Individuen zahlen mussten, welchen eine Wiedereingliederung in diese Gesellschaft verwehrt blieb, wird in *Au revoir là-haut* literarisch modelliert. Aus historiographischer Perspektive unterstützt der Text somit eine Sichtweise auf die *Grande Guerre*, welche vom Inneren der französischen Gesellschaft aus die Folgen dieses Krieges fokussiert. Die – um George F. Kennans Begriffsbildung zu bemühen – *Urkatastrophe* des 20. Jahrhunderts könnte somit in ihrer literarischen Modellierung und speziell im Erzähltext Pierre Lemaitres auch eine Aktualität für das 21. Jahrhundert in Hinblick auf etablierte Formen des nationalen und nationalistischen Erinnerns an sie besitzen. Wie in einer kritisch-historiographischen Aufarbeitung in Pierre Noras Sinne wird in dieser literarischen Satire die den Krieg begleitende Gewalt der Gesellschaft und ihr affirmatives und routiniertes Kriegs-Gedenken als eine symbolische Gewalt von kritischer Dekonstruktion der Werte einer Kriegsgesellschaft begleitet. Doch handelt es sich dabei um eine Dekonstruktion des Gedenk-Pathos' auf dessen emotionaler und ästhetischer, weniger auf einer faktenorientiert-argumentativen Ebene, wobei mit den literarischen Mitteln der Vermischung des Tragischen mit dem Komischen jegliche Tendenz des Erhabenen und implizit Gewalt-Verherrlichenden unterlaufen wird.

Obwohl der Historiker Nora dem Genre des historischen Romans und einer Verwischung der Grenze zwischen Literatur und Geschichtsschreibung im Umfeld der *Génération Littell* eher skeptisch gegenüberstand, ist es doch in Lemaitres Fall ein klarer Vorteil der historischen Satire, Geschichte ganz im oben erwähnten Sinne einer kritischen *mémoire historique* als komplementärer Herangehensweise durch Ent-Monumentalisieren dem kollektiven Erinnerungs-Pathos zu entreißen.⁷⁴ Großbritannien und Frankreich als Sieger-Nationen beziehen einen Großteil ihres national-identitären, wenn auch in seinen Formen des Gedenkens umstrittenen Selbstverständnisses aus der *Grande Guerre*, wie die Feierlichkeiten und die für das Gedenken bereit gestellten Gelder im zweiten Jahrzehnt des 21. Jahrhunderts zeigten.⁷⁵ Doch die Frage nach den gesellschaftlichen

---

73 Ebd.: S. 153 f.
74 Genauer: Jonathan Littells *Les bienveillantes* und Yannick Haenels *Jan Karski* (op. cit.); vgl. dazu Bähler, Ursula: L'historien moderne face au roman historique: positions et postures. In: Asholt / Bähler: *Le savoir historique du roman contemporain*, S. 21–37, hier insb. S. 26 f.
75 Allein ersichtlich anhand der medienwirksamen Ankündigung eines 50 Millionen Pfund schweren ‹Gedenkfonds› im *Imperial War Museum* durch den damaligen britischen Premierminister David Cameron im Jahr 2012; vgl. dazu die Aufzeichnung der Rede im Archiv der BBC: https://www.bbc.com/news/av/uk-19914524 (letzter Abruf 17.06.2021). Vgl. zur imaginären

Folgen dieses Krieges ist immer noch zu komplex, als dass ihr Paradetribünen und Gedenkfeiern für die Gefallenen gerecht werden könnten. Die erzählte und erinnerte Gewalt in Pierre Lemaitres ‹Nachkriegsroman› wäre somit als ein weiterer, jedoch mit den erzählerischen und stilistischen Mitteln der Literatur gegebener Anreiz zur Neu-Perspektivierung routinierten und stets aufs Neue emotionalisierbaren Erinnerns an patriotischen Heldenmut und Nationalstolz zu betrachten. Zudem impliziert der Text die Forderung nach kritischer Rückbesinnung auf die Kosten der Gewalt des Ersten Weltkriegs auch für die Siegermächte und deren Gesellschaften sowie eine anhand privat-familiärer Zusammenhänge zugespitzte Nahaufnahme der Ermöglichungsbedingungen kriegerischer Gewalt durch die symbolische Gewalt des patriarchal strukturierten Nationalismus.[76]

Dieser sozialanalytische und historiographische Perspektivierungen von Kriegsgewalt dynamisierende Anreiz der Literatur kann aber auch für weitere Konflikte des 20. Jahrhunderts und deren Präsenz im Kollektivsingular der französischen Geschichte fruchtbar gemacht werden, wie anhand der im Folgenden analysierten Erzähltexte deutlich werden soll.

3.2 Aggressive Defensive oder die schwierige Verteidigung eines republikanischen Imperiums: Alexis Jennis Roman *L'Art français de la guerre* (2011)

Dem in Lyon geborenen und im ländlichen Belley aufgewachsenen Biologielehrer Alexis Jenni gelang gleich mit seinem Debutroman ein literarischer Durchbruch, der ihm im Jahr 2011 neben weiteren Preisen auch den *Prix Goncourt* einbrachte. Der Erfolg von *L'Art français de la guerre* – wie andere Titel des Autors erschien der Roman bei Gallimard – umfasst sowohl seine französisch- wie seine deutschsprachige Rezeption in Kritik und Wissenschaft.[77] Frédéric Beig-

---

und materiellen Gedenkkultur im Vereinigten Königreich Wilson, Ross J.: *Cultural Heritage of the Great War in Britain*. London – New York: Routledge 2016. Zu einer kritischen Infragestellung der französischen Gedenkkultur vgl. Jeanneney, Jean-Noël: *La Grande Guerre: si loin, si proche. Réflexions sur un centenaire*. Paris: Seuil 2013.

76 Vgl. hierzu die vielbesprochene Bestandsaufnahme über die Entstehungsbedingungen des Ersten Weltkriegs aus transnationaler Perspektive in Clark, Christopher: *Die Schlafwandler: wie Europa in den Ersten Weltkrieg zog*. München: DVA 2013.

77 Vgl. bspw. Harzoune, Mustapha: Alexis Jenni, L'Art français de la guerre. In: *Hommes & migrations* 1294 (2011), S. 145–146; sowie auch das Kapitel «Alexis Jenni: die Gewalt des Sprachrationalismus». In Messling: *Universalität nach dem Universalismus*, S. 124–131.

beder, Jennis prominenter Kollege und Begründer des *Prix de Flore*, verglich die diskursive Bedeutung dieses umfangreichen Erstlingswerks für ein französisches Lesepublikum und die französische Gegenwartsliteratur mit dem Hauptwerk der Generation Littell, Jonathan Littells *Les bienveillantes*, suchte aber in Jennis Text auch Differenzen zu diesem umstrittenen Roman aus dem Jahr 2006. Neben dem Umfang und dem prestigeträchtigen Verlagsort sei es dabei vor allem der Versuch einer ‹Bannung› jener kriegerischen «fantômes» der Geschichte, der unbegrabenen Toten des 20. Jahrhunderts, die Frankreich wie Europa heimsuchten, welcher beiden Romanen – und letztlich auch Lemaitres *Au revoir là-haut* – zugrunde liege.

Doch gebe es abseits dieser thematischen Ähnlichkeit auch entscheidende Unterschiede: Bei Jennis Text handle es sich weniger um die französische Perspektivierung einer ‹ausländischen› Diktatur und ihres Krieges, wie der deutschen Nazi-Diktatur, als vielmehr um das schmerzhafte Erinnern an französische Kriegs- und Kolonialgeschichte des 20. Jahrhunderts in ihren weltweiten Verstrickungen und deren Rückwirkungen auf Frankreich selbst, welche vom Zentrum des ehemals kolonial-imperialistischen ‹Mutterlandes› aus literarisch modelliert werde.

Gänzlich anders als in Lemaitres *Au revoir là-haut* wird in Jennis Text eine Form der Gewalt vergangener Kriege beschworen, welche nicht in erster Linie im Bereich symbolischer Memoria als Nationalmythos thematisiert wird, sondern deren kollektive «Amnesie» das Leben, die politische und gesellschaftliche Wirklichkeit Frankreichs bis in das 21. Jahrhundert hinein direkt und mit blutigen Konsequenzen affiziert. Es handelt sich bei *L'Art français de la guerre*, folgt man Beigbeders Zitat und der dortigen Referentialisierung intermedialer Art, letztlich um eine literarische Ausarbeitung jener Szene in Francis Ford Coppolas *Apocalypse Now* (1979, *Redux* 2001, *Final Cut* 2019), welche – in den Langfassungen des Films einsehbar – die letzten Überreste der untergehenden Kolonialmacht Frankreich in der Situation absoluter Defensive zeigt. Inmitten einer düsteren Mekong-Landschaft der ehemaligen ‹Indochine› hat sich eine Gruppe Franzosen nach der fatal verlorenen Schlacht von Điện Biên Phủ (1954) in den Überresten einer Kautschuk-Plantage verschanzt und wird dort von den US-amerikanischen Protagonisten des Films angetroffen.[78] Diese Szene der Verteidigung, des ‹Stellung-Haltens› aus einem der großen Anti-Kriegsfilme des 20. Jahrhunderts stellt gemäß Beigbeders Interpretation auch den thematischen Kern eines wichtigen französischen Romans des beginnenden 21. Jahrhunderts dar:

---

[78] Vgl. Ford Coppola, Francis (Regie): *Apocalypse Now Redux*. American Zoetrope / Miramax Films 2001.

> Bien sûr, on pense aussi aux *Bienveillantes* : encore Gallimard, encore un volumineux premier roman sur les horreurs de la guerre. Mais Jenni se démarque de Littell, car son antihéros est français. Son livre combat l'amnésie d'une nation. Un romancier, dit-il, doit nommer et compter les morts sans sépulture, pour empêcher leurs fantômes de nous hanter. *L'Art français de la guerre* est un chef-d'œuvre que tous les Français devraient lire pour, enfin, être à nouveau capables de dire « nous ». C'est la face cachée de l'Hexagone, c'est la scène coupée au montage par Coppola dans *Apocalypse Now* (avec Aurore Clément dans une plantation française). La littérature ressuscite les âmes ; quand elle réussit à ce point sa mission, la littérature fait le boulot de Dieu.[79]

Doch anders als bei der von Jean Baudrillard kritisierten Coppola'schen bzw. US-amerikanischen, parabelhaft-phantasmagorischen und cinematographischen Vertauschung des historischen Krieges mit einem filmischen Simulacrum geht es nach dieser Aussage des französischen Publizisten in Jennis Text um eine historisch durchaus detaillierte Vergangenheitsbewältigung vor dem Hintergrund einer nationalen französischen ‹Identität›, die aus einer Situation der Verunsicherung heraus entsteht: «C'est quoi déjà, la France ?» / «Was ist noch mal Frankreich?»[80]

Es handelt sich um eine Suche des kollektiven Gegenwärtigen aus der Vergangenheit heraus, die intratextuell in Alexis Jennis Schreiben ihre Fortsetzung in seinem 2019 erschienen Roman *Féroces Infirmes* findet, in welchem jedoch vor allem die Gewalterfahrungen des Algerienkrieges stärker ins Zentrum rücken. Auch sein zweiter, im Jahr 2015 erschienener Erzähltext *La nuit de Walenhammes* stellt die Frage nach jenen Charakteristika in den diegetischen Vordergrund, welche das Frankreich der Gegenwart ausmachen und in Zukunft ausmachen könnten. In diesem Falle ist es jedoch eine postindustrielle nordfranzösische Provinzstadt, welche in einem dystopischen Szenario jener Gewalt als Handlungsort dient, wie sie ein entfesselter Wirtschaftsliberalismus ermöglichen könnte. Dennoch ist es in Jennis Schreiben vor allem die Gegenwärtigkeit eines nicht allein französischen, sondern gesamteuropäischen Erbes von Imperialismus und Kolonialismus, welche von seinen Erzähltexten thematisiert wird. So dreht sich auch sein 2017 erschienener Roman *La conquête des îles de la Terre Ferme* insbesondere um die *spanische* Eroberungs- und Kolonialerfahrung während der Frühen Neuzeit, welche jedoch durch die historische Einmaligkeit jener sogenannten ‹Entdeckung› einer ‹Neuen Welt› auf eine paradigmatische

---

[79] Beigbeder, Frédéric: Une apocalypse française. In: *Le Figaro* (26.08.2011), online unter http://www.lefigaro.fr/lefigaromagazine/2011/08/27/01006-20110827ARTFIG00520-une-apocalypse-francaise.php, konsultiert am 18.06.2021.
[80] Ebda. Vgl. auch das Kapitel «Apocalypse Now» in Baudrillard, Jean: *Simulacres et simulation*. Paris: Galilée 1981, S. 89–91.

Struktur europäischer Identitätsfindung über Alterisierung und kolonialistische Narrative bis in die Gegenwart des 21. Jahrhunderts weist.[81]

Im Folgenden soll jedoch jener aufgrund des erhaltenen *Goncourt* wohl bekannteste Roman des Autors über *Die französische Kunst des Krieges* in den Fokus der Analyse rücken, um der Frage nachzugehen, inwiefern dieser Text eine Suchbewegung nach dem nationalen ‹Wir› vor dem Hintergrund jener Formen von Gewalt im Namen dieses ‹Wir› vollzieht, die dort in ihren Mechanismen beschrieben werden.[82] Diese Formen der Gewalt sollen dabei wie schon in Hinblick auf Pierre Lemaitres im vorangehenden Kapitel analysierten Erzähltext auf die darin entfalteten diegetischen und sprachlichen Modellierungen französischer Geschichte, des Staates und der Gesellschaft als Akteure der Gewalt hin befragt werden, wie sie das Subjekterleben der Protagonisten über die weite Spanne der im Roman erzählten Zeit prägen.

Dass es dabei auch um jene blutigen Konflikte geht, welche einen mit dem Verlust der Kolonien einhergehenden kollektiven Identitätsverlust in Hinblick auf das nationale Narrativ begleiten, wird bereits im Paratext dieses Romans durch drei dem Handlungstext vorangestellte Zitate angekündigt. Sie weisen auf die Absurdität, aber auch Radikalität einer Definition europäischer, hier nationaler französischer Identität hin, welche sich allein aus dem Triumph – militärisch, politisch oder vermeintlich zivilisatorisch-kulturell – über das ‹Andere› Europas oder der eigenen Nation definiert. Ein Zitat des Schriftstellers und Goncourt-Preisträgers Pacal Quignard wird einem weiteren Zitat der französischen Widerstandkämpferin und Kriegsberichterstatterin Brigitte Friang, und schließ-

---

[81] Vgl. Jenni, Alexis: *Féroces infirmes*. Paris: Gallimard 2019; ders.: *La nuit de Walenhammes*. Paris: Gallimard 2015; ders.: *La conquête des îles de la Terre Ferme*. Paris: Gallimard 2017. Vgl. zur Entdeckung der ‹Neuen Welt› als die gesamteuropäische Kolonialgeschichte prägendes Ereignis und zur sog. ‹Berliner Debatte› um die Neue Welt› Ette, Ottmar: Archeologies of Globalization. European Reflections on Two Phases of Accelerated Globalization in Cornelius de Pauw, Georg Forster, Guillaume-Thomas Raynal and Alexander von Humboldt. In: *Culture & History Digital Journal* (Madrid) I, 1 (June 2012), online unter http://dx.doi.org/10.3989/chdj.2012.003, konsultiert am 18.06.2021; vgl. zudem Bernaschina, Vicente / Kraft, Tobias / Kraume, Anne (Hg.): *Globalisierung in Zeiten der Aufklärung. Texte und Kontexte zur «Berliner Debatte» um die Neue Welt (17./18. Jh.)*. Frankfurt am Main: Peter Lang Edition 2015; sowie das Standardwerk von Gerbi, Antonello: *La Disputa del Nuovo Mondo. Storia di una Polemica: 1750–1900*. Nuova edizione a cura di Sandro Gerbi. Mailand – Neapel: Riccardo Ricciardi Editore 1983; wie auch Todorov, Tzvetan: *La conquête de l'Amérique. La question de l'autre*. Paris: Les Editions du Seuil 1982.

[82] Zu Uli Wittmanns Übersetzung unter diesem Titel vgl. Jenni, Alexis: *Die französische Kunst des Krieges*. Aus dem Französischen von Uli Wittman. München: Luchterhand 2012.

lich einem Satz aus dem Werk eines ‹Vaters› der französischen Aufklärung, Denis Diderot, beigeordnet:

> Qu'est-ce qu'un héros ? Ni un vivant ni un mort, un [...] qui pénètre dans l'autre monde et qui en revient. Pascal QUIGNARD
> C'était tellement bête. On a gâché les gens. Brigitte FRIANG
> Le meilleur ordre des choses, à mon avis, est celui où j'en devais être ; et foin du plus parfait des mondes si je n'en suis pas. Denis DIDEROT[83]

Diese drei intertextuellen Referenzbeziehungen des Roman-Paratexts auf den *Neveu de Rameau* des Philosophen des achtzehnten, die Aussage einer Journalistin des zwanzigsten Jahrhunderts und auf einen Schriftsteller, welcher 20. und 21. Jahrhunder verbindet – sowie auf dessen kulturkritischen Essay *La Haine de la musique* (1996) –, evozieren eine historische Kontinuität des Nachdenkens in Frankreich über Heldentum, Identitätsbehauptung in der und für die Leibniz'sche[n] ‹beste[n] aller möglichen Welten› und den Preis für die heldenhafte Verteidigung einer kulturellen Identität nebst Unterdrückung und Auslöschung der aus ihr Exkludierten. Dabei steht die existentielle und zynische Selbstbehauptung des *Lui*, des Neffen aus Diderots Dialog, in eigenartigem Kontrast zu jener prekären Existenz des untoten und geschwächten Helden im ersten Zitat aus Quignards philosophischem Essay.[84] Nicht umsonst ist es die Opferung des Selbst wie auch des Anderen – «gâcher» kann sowohl mit «verderben» wie «vergeuden» übersetzt werden –, welche das dritte und das erste Zitat im mittleren Zitat thematisch verbindet; eine Opferung, welche Friang als «tellement bête», als «dermaßen dumm» oder «absurd», bezeichnet.[85]

Somit wird bereits im Paratext eine Spannung zwischen den Polen Heldentum und Identitätsbehauptung aufgebaut, welche über die Opferung des eigenen Lebens und desjenigen anderer vermittelt ist. Dass diese Thematik im Roman selbst vor allem in eine dialektische Bewegung des Unterdrückt-Werdens und Unterdrückens eingewoben wird, führt zur Frage nach der ko-

---

[83] Jenni: *L'Art français de la guerre*, S. 7.
[84] Vgl. Quignard, Pascal: *La Haine de la musique*. Paris: Calmann-Lévy 1996, S. 172. Das Quignard-Zitat in voller Länge macht das Grauen dieser Interpretation mythologischer Heldenreisen als Abstieg in die Unterwelt und die Rückkehr des Helden als Untotem nach einer ‹Vergewaltigung› durch die Kräfte der Unterwelt, denen er ausgesetzt war, noch deutlicher, wie sie auch der Figur des Salagnon in Jennis Roman zuteilwird. Im Gegensatz zu diesem Grauen steht der existentielle und amoralisch-zynische Solipsismus des *Lui*, des Neffen Rameaus, bei Diderot; vgl. dazu das dritte Zitat im Kontext bei Diderot, Denis: *Le neveu de Rameau*: Dialogue. Paris: Delaunay, Librairie; Palais-Royal 1821, S. 30.
[85] Die genaue Quelle dieser Aussage Brigitte Friangs war leider nicht eruierbar.

lonialen Gewalt als entscheidendem Faktor identitärer Selbstbehauptung in einer Epoche, dem 20. Jahrhundert, als diese Form der Gewaltausübung für die alten europäischen Mächte immer schwerer zu rechtfertigen wurde. Die daraus resultierende Krise eines selbstbewussten Universalismus französischer Prägung, welcher Frankreich im Inneren wie in seinen Außenbeziehungen betrifft und wie sie der Roman modelliert, hat der Romanist Markus Messling wie folgt zusammengefasst:

> Die in *Die französische Kunst des Krieges* vertretene These, die in der französischen Öffentlichkeit trotz des Goncourt verhältnismäßig wenig diskutiert wurde, ist einfach und lässt sich wie folgt zusammenfassen: Seit dem Zweiten Weltkrieg hat die Idee des Universalismus Frankreich in eine immer tödlichere Beziehung mit der Welt verstrickt. [...] Zum Zeitpunkt des Verlustes der Kolonien steht die inzwischen schwankende Idee des Universalismus innerhalb Frankreichs auf dem Prüfstand und wird in eine Erzählung überführt, die Jenni als einen Kampf der Identitäten beschreibt. [...]Die Konzeption der französischen Nation muss sich der historischen Realität Frankreichs stellen. Die Geschichtspolitik hält nicht mehr stand.[86]

Anhand einiger zentraler Motive des Romans hat Messling bereits die Rolle der Sprache als Propaganda-Instrument sowie den im Roman dargestellten Verlust ihrer referentiellen Bedeutung als «Realitätsabstraktion», aber auch die Wirkung der Gewalt auf die Sprache in Anbetracht von Kriegsverbrechen und Folter hervorgehoben, so dass in dieser Studie der Fokus auf die im Roman erzählte Gewalt hinsichtlich weiterer Motivschwerpunkte gelegt werden kann.[87] Diese hängen jedoch eng mit der Problematik reglementierter wie verschleiernder Sprache und der Sprache als einer eigenen Gewalt der Geschichte (als Kollektivsingular) zusammen.

Die folgende Analyse des Romans vor dem Hintergrund seiner Modellierung bellizistischer und kolonialistischer Gewalt wird um zwei Pole Kreisen: Einerseits um die Frage nach den im Text vor einem historischen Panorama portraitierten gesellschaftlichen, auch versprachlichten Werten des französischen Universalismus als immateriell-ideellen und ideologischen ‹Scharnieren›, welche den Kollektivbegriff des Nationalen mit dem Subjekterleben der Romanfiguren verknüpfen und ihr Verhältnis zu kolonialistischer und kriegerischer Gewalt bestimmen. Andererseits soll das im Roman erzählte gesellschaftliche Fortwirken dieser sprachlich abstrahierten Werte und Vorstellungen der Kolonialgeschichte im Frankreich der Gegenwart näher beleuchtet werden.

Die erzählte Zeit des Romans umspannt dabei einen Zeitraum von ungefähr einem halben Jahrhundert von der deutschen Besetzung Frankreichs bis zum

---

86 Messling: *Universalität nach dem Universalismus*, S. 125 u. 127f.
87 Ebda., S. 126.

Aufschwung der Neuen Rechten im Frankreich der 90er Jahre. Der namenlose, klar männlich konnotierte Ich-Erzähler, ein arbeitsloser Fabrikarbeiter, welcher als postmoderner Flaneur medial vermittelte und eben auch erzählte Geschichte mit der erlebten Gegenwart in Beziehung setzt, aus der er erzählt, wird in einem Moment der Lebenskrise eingeführt. Nachdem er seinen Job gekündigt sowie seine Partnerin, sein Haus und sein Auto – somit seine gesamte bürgerliche Existenz – aufgegeben hat, entscheidet er, sich mit dem Austragen von Zeitungsprospekten über Wasser zu halten. Dadurch begegnet er dem alten pensionierten Offizier Victorien Salagnon, der eine große Leidenschaft für das Zeichnen und die Malerei hegt, die er bereits während seiner Kindheit in Lyon entwickelt hat. Jahr für Jahr – auch wenn die Leserschaft die genaue Chronologie dieser Termine nicht kennt – besucht der Erzähler diesen Offizier mit der Bitte um einen Tausch: Der Erzähler kümmert sich um das Notat jener spannenden Lebensgeschichte der Kriegserlebnisse Salagnons, der alte Veteran übernimmt die Ausbildung des Erzählers im Zeichnen. Genauer gesagt handelt es sich um Unterricht in der Kunst der Tuschemalerei, mit einem Pinsel, den Salagnon aus Hanoi mitgebracht hatte, wo ihm ein alter Aristokrat seine Sammlung wunderbarer Schriftrollen chinesischer Künstler gezeigt hatte.

Dieser Soldat, welcher das ‹Siegreiche› (*victoire*) sowie das ‹Schmutzige› und den ‹Saukerl› (*sale, salaud*) im Namen trägt, erzählt dem jüngeren Ich-Erzähler der Rahmenhandlung daher sein Leben in Episoden, wobei dieses namenlose Ich sowohl zum Zuhörer und Zeugen, aber auch zum Schüler wird. Im Gegenzug verwandelt der Erzähler dieses Leben in einen Roman, transformiert somit Episoden französischer Geschichte durch die Kunst des Schreibens und Erzählens in lesbare und daher subjektiv nacherlebbare Lebens-Geschichte. Während seiner Unterrichtsstunden begegnet der Erzähler auch dem ehemaligen Waffenbruder Salagnons, dem in den Kolonialkriegen brutal folternden Mariani, welcher sich als nach wie vor überzeugter Rassist mit einigen jungen Anhängern einer neuen französischen Rechten in einem Lyonnaiser Hochhaus des fiktiven Vororts Voracieux-les-Bredins gegen Staat, Polizei und Migranten verbarrikadiert hat. Das Jahrhundert der ‹externen› Kriege in den damaligen Kolonien klingt somit in einer Konflikt- und bisweilen Schlachtensituation im Inneren der französischen Gesellschaft aus, gespiegelt in den in diesem Falle rechtsnationalen Straßenunruhen französischer Vorstädte.

Erzählt wird auf somit zwei – zusammen mit der rückblickenden Erzählung der ersten Begegnung mit Salagnon durch den Ich-Erzähler eigentlich drei – Zeitebenen, wobei zumeist in Rückblenden episodisch geschilderte Lebensabschnitte des älteren Protagonisten als Binnenhandlung in Form von *Roman*-Kapiteln von den sogenannten *Kommentar*-Kapiteln der Ich-Erzählerfigur der Rahmenhandlung unterbrochen werden. Das Incipit des

Romans, welches den Moment der Krise des Ich-Erzählers darstellt, lässt sich auf einen Januartag im Jahr 1991 datieren, die Roman-Kapitel wiederum setzen im Winter 1943 ein. Der geographische Handlungs-Raum umfasst das rurale und städtische Frankreich ebenso wie Vietnam und Algerien, welche als Stationen die Aufteilung der *Roman*-Kapitel als soldatische Lebensetappen des Protagonisten Victorien Salagnon strukturieren und auch dessen Liebesgeschichte mit einer jüdischen Algerien-Französin mit dem sprechenden Namen «Eurydice» thematisieren, die schließlich Salagnons Ehefrau wird, welche er auch im Alter abgöttisch liebt. Der Kampf der *Résistance* gegen die deutschen Besatzer vom unzugänglichen *Maquis* aus und die Befreiung Frankreichs als eine Eroberungssituation im passiven Kriegs-Modus bilden den Anfang, Indochina- und der Algerien-Krieg den ‹Höhepunkt› dieses fiktiven Soldatenlebens, welches in den Rückblenden der Binnenhandlung erzählt wird.

Die somit entfaltete alternierende Erzähl-Struktur verbindet verschiedene Erzählweisen *von* mit Perspektiven *auf* Geschichte und damit auch zwei unterschiedliche Interpretationen von Geschichtlichkeit: Auf der einen Seite wird Salagnons zunächst autobiographische, episodenhafte, aber chronologisch geordnete *histoire* des Soldatenlebens in französischen Diensten durch die Erzählkunst des Ich-Erzählers zu einem scheinbar kohärenten ‹historischen Roman› über das 20. Jahrhundert angeordnet. Das individuelle Erleben der Binnen-Erzählerfigur wird durch diese Kunst mit den allgemein bekannten und im kollektiven Gedächtnis geteilten historischen Ereignissen französischer Geschichte in Einklang gebracht und literarisch daher in einen Prozess der Sinnstiftung überführt. Von dieser Erzählebene ist eine diese *histoire* strukturierende und damit zum *discours* gehörende kritische Metaebene zu unterscheiden, welche den autobiographischen ‹Zeugen› zur zeitgenössischen Romanfigur macht und dessen Erinnerungen und Reflexionen im Raum eines zeitgenössisch-*archäologischen* Romans enthält, der das ungesicherte Wissen über die Vergangenheit aus dem Nachdenken über gegenwärtige Standpunkte – der Ich-Erzählerfigur wie auch derjenigen des erzählenden Salagnon – zu gewinnen sucht.

Jennis Erzähltext ist jedoch im Herausstellen der zwangsläufigen Unvollständigkeit dieses geschichtshermeneutisch-archäologischen Unterfangens durch die doppelte Vermittlung der Suche nach historischer wie biographischer ‹Wahrheit›, durch das ‹Erzählen von Erzählungen›, typisch für eine Tendenz des französischen Romans zu Beginn des 21. Jahrhunderts. Diese hat eine in der Moderne noch bestehende Allianz zwischen individuellen und historischen Narrativen, aber auch die postmoderne Paradigmatik des radikal Individuellen endgültig aufgekündigt, um Individuum und Geschichte auf aporetisch-unabgeschlossene

Weise aufeinander zu beziehen.[88] Unterstützt wird die Unabgeschlossenheit dieser Reflexion über Geschichte und das eigene Leben durch zahlreiche Dialogpassagen der in der rahmenden Handlung der Gegenwart beteiligten Figuren, welche ihre jeweiligen Standpunkte zur Vergangenheit wie zur Gegenwart miteinander konfrontieren und somit die Spannung romanesker Vielstimmigkeit erzeugen.[89]

Der Roman erhält aufgrund dieses Zusammenspiel zweier stilistisch wie architextuell vollkommen verschiedener Erzählweisen – einerseits kohärente, historisierte Lebenserzählung (*Roman*-Kapitel), andererseits diskontinuierliche Gesellschafts- und Zeitkritik (*Commentaires*-Kapitel) – durch eine dynamische Veränderung der Figur des Salagnon zudem Elemente eines *Entwicklungsromans*, welcher sowohl die Laufbahn eines abgebrühten Soldaten beschreibt, jedoch auch autoreflexive Momente abbildet, die dem kriegerischen Leben einen künstlerisch-friedvollen Lebensentwurf gegenüberstellen. Dieser sensibel-kultivierte Aspekt, welcher die Figur Salagnon auszeichnet, rückt im Handlungsverlauf nämlich immer stärker in den Vordergrund; beispielsweise als der verwundete Vietnam-Kämpfer auf seine erste Begegnung mit der Kunst der Tusche-Malerei zurückblickt und diese zugleich mit Liebes-Gedanken an seine spätere Frau Eurydice verbindet:

> Le fantôme d'Eurydice lui revenait dans tous ses moments d'oisiveté. Il lui écrivit encore. Il s'ennuyait. Il ne croisait que des gens qu'il ne souhaitait pas côtoyer. L'armée changeait. On recrutait des jeunes gens en France, il se sentait vieux. Il vint par bateau une armée de crétins qui voulaient la solde, l'aventure, ou l'oubli; ils s'engageaient pour un métier, car en France ils n'en trouvaient pas. Pendant ces semaines où il se soigna en marchant dans Hanoï il apprit l'art chinois du pinceau. Il n'est pourtant en ce domaine rien à apprendre: il n'est qu'à pratiquer. Ce qu'il apprit dans Hanoï, c'est l'existence d'un art du pinceau; et cela vaut pour apprendre.[90]

Die hier geschilderte Kriegsmüdigkeit, gefolgt von der Praxis des Zeichnens, ist im gesamten Roman motivisch präsent, verknüpft sich jedoch in Salagnons Le-

---

88 Vgl. hierzu Jean Bessières, u. a. am Beispiel von Michel Houellebecqs Roman *La Possibilité d'une île* gemachte Beobachtung der Auflösung jener lange bestehenden Allianz zwischen Geschichtswissen und Lebenserzählung als vom Individuum ausgehender ‹Anthropologie› und ‹Anthropoesis›, wie sie sogar noch der postmoderne Roman – wenn auch nur noch rudimentär – insinuierte, in Bessière, Jean: *Le roman contemporain ou la problématicité du monde*. Paris: PUF 2015, S. 265 f.
89 Vgl. hierzu insbesondere den selbstreflexiven Dialog des Schlusskapitels zwischen Mariani und Salagnon, welcher auch die eigene Position zum jeweils gelebten Leben verdeutlicht in Jenni: *L'Art français de la guerre*, S. 628–630.
90 Ebda., S. 433.

bensweg mit der Liebe zu seiner Ehefrau und bringt somit eine Entwicklungstendenz in dessen figuralen Charakter ein: Dieser schwankt zwischen Zivilisation und Barbarei im Namen dieser Zivilisation. Von Salagnon als ermüdend empfundene Perioden des Wartens und Zeichnens der Kameraden im Widerstand gegen die deutschen Besatzer unter der Ägide seines Onkels oder die ‹heroischen› Kämpfe im vietnamesischen Dschungel, einem «blutigen Garten», kontrastieren mit Episoden, in denen Dörfer angezündet werden und der Soldat sich wie im obigen Zitat nach Frieden sehnt.[91] Salagnons Rolle als Folterer von Soldaten und Zivilisten zusammen mit seinem ‹Waffenbruder› Mariani in Algerien bis zu seinem Dasein als alternder Veteran im gegenwärtigen Frankreich sind stets begleitet von Zweifeln am Sinn des eigenen Tuns.[92] Es ist Salagnons Frau Eurydice, die Liebe zu ihr, welche schließlich in Umkehrung des antiken Mythos dessen Heros – den zeichnenden ‹Orpheus› Salagnon – aus dem kriegerischen Schatten-Dasein befreit.[93]

Hier ist das Motiv einer figuralen Entwicklung zu erkennen, auf welche später bezüglich der Frage nach der Funktion von Gewalt in dieser weiten Diegese noch eingegangen werden soll. Die kriegerischen Abenteuer dieser Figur, welche über die Feder des anonymen Ich-Erzählers vermittelt werden, sind dabei über weite Strecken in nüchtern-berichtender Erzwählweise der dritten Person und der Schreibweise eines leicht distanzierten Realismus gehalten, welcher psychologischen Vorgängen in interner Fokalisierung, aber auch deskriptiven Passagen und Schilderungen allgemeiner historischer Zusammenhänge breiten Raum lässt. Parallel zu dieser strukturellen, Text- und Romangattungen sowie Erzählperspektiven miteinander verzahnenden Komplexität des Textaufbaus soll nun die Frage nach den erzählten Formen und Funktionszusammenhängen der Gewalt diskutiert werden, wie sie im Erzähltext auftauchen.

Zunächst ist am chronologischen Anfang der Binnenhandlung festzustellen, dass der dort gezeichnete jugendliche Salagnon mit der defätistischen und bisweilen zynischen Haltung des Ich-Erzählers übereinzustimmen scheint. Dies ist

---

[91] Vgl. ebda. die Kapitel «Roman II: Monter au maquis en avril» und «Roman V: La guerre en ce jardin sanglant», S. 133–154 u. S. 333–446.
[92] Zu diesem Automatismus eines sinnlosen Kampfes um des Kampfes willen, welcher keinem höheren Ziel mehr dienen kann, aber aus Gewohnheit geführt werden muss vgl. die Erzählung Salagnons über seine Rückkehr aus Vietnam, ebda. S. 447 ff., und seine Rückkehr ins vom Krieg gezeichnete Algier, in welchem er zuvor seiner Frau Eurydice zum ersten Mal begegnet war, in ebda., S. 500 ff.
[93] Die innige Beziehung Salagnons zu seiner Ehefrau wird ab der ersten Begegnung des Ich-Erzählers in einem der *Commentaire*-Kapitel mit Eurydice betont und bleibt den ganzen Roman über ein motivisches und diegetisches Gegengewicht zu den Gewaltschilderungen der Kriegserzählungen. Vgl. ebd., S. 48 ff.

jedoch insofern auch eine trügerische Feststellung, als dass es ja die Worte des Ich-Erzählers sind, welche die Erzählung dieser Weltsicht des Jugendlichen anstelle Salagnons, der lediglich zeichnet, bilden. In dieser doppelt literarisch vermittelten Biographie ist der junge Salagnon der 40er Jahre so wie auch der Ich-Erzähler der 90er Jahre von tiefem Misstrauen gegen Heroismus und den Krieg erfüllt. Und wie schon in Lemaitres *Au revoir là-haut* ist es eine Schulszene, in welcher dieses Misstrauen gegenüber autoritär vermittelten nationalistischen Geschichtsnarrativen offenbar wird, als die Schüler im Lateinunterricht eine Schlachtenbeschreibung aus Caesars *De bello Gallico* zu übersetzen haben. Hier findet sich wie in Lemaitres Roman und der dortigen Sainte-Clotilde-Episode die Abneigung eines zeichenbegabten französischen Schülers gegenüber heroischen Worten über nationale Größe und solchen über den Krieg im Namen Frankreichs wieder, welche Salagnon sein ganzes Leben lang begleiten wird, ihn abseits der Lügen-Worte zum ‹Zeichner›, aber auch zum tatkräftigen ‹Krieger› werden lässt.

Wie schon in Pierre Lemaitres Erzähltext erscheint die Geschichtserzählung als Narration des Erhabenen, des Heldenhaften, Geschichte als ‹Roman› – weniger die Tat und das Handeln als Krieger und Soldat selbst – dem Protagonisten als zutiefst verdächtig. Es ist dabei wieder die schulisch vermittelte französische National-Geschichte, welche zur Grundlage der Geschichtskritik des Schülers und späteren Soldaten wird; diesmal die Konstruktion nicht eines mittelalterlichen Gründungsmythos, sondern eines antiken Eroberungsmythos aus römischer, eines Opfer-Mythos aus nationalistischer Sicht – man bedenke den intradiegetischen Kontext der deutschen *Occupation*:

> Il leur fallait traduire un récit de la bataille où l'ennemi est habilement cerné puis taillé en pièces. La langue permet de beaux effets de plume, songea Salagnon, des coquetteries qui réjouissent et que l'on dit, qui effleurent le papier sans conséquence, des délicatesses d'aquarelle qui rehaussent un récit. Mais dans les guerres de la Gaule celtique on combattait de la façon la plus sale, sans même le dire et sans penser à métaphore. À l'aide de glaives affûtés on détachait du corps de l'ennemi des pièces sanglantes qui tombaient au sol, puis on avançait par-dessus pour trancher un autre membre, jusqu'à la fin de l'ennemi, ou tomber soi-même. César l'aventurier entrait dans la Gaule et la livrait aux massacres. César voulait, et sa force était grande. Il voulait briser les nations, fonder un empire, régner ; il voulait être, saisir le monde connu dans sa poigne, il voulait. Il voulait être grand, et ceci pas trop tard. [...] César par le verbe créait la fiction d'une Gaule, qu'il définissait et conquérait d'une même phrase, du même geste. César mentait comme mentent les historiens, décrivant par choix la réalité qui leur semble la meilleure. Et ainsi le roman, le héros qui ment fondent la réalité bien mieux que les actes, le gros mensonge offre un fondement aux actes, constitue tout à la fois les fondations cachées et le toit pro-

tecteur des actions. Actes et paroles ensemble découpent le monde et lui donnent forme. Le héros militaire se doit d'être un romancier, un gros menteur, un inventeur de verbe.[94]

Die Passage wurde ausführlicher zitiert, da an ihr wiederum die bereits von Markus Messling beschriebene zentrale Thematik des Romans als ein Versagen des nationalistisch-normierten und auch martialischen Sprechens über Geschichte und universelle Werte angesichts des konkreten Grauens der Kriegswirklichkeit deutlich hervortritt. Doch in ihr offenbart sich auch unmittelbar die im Text vorherrschende diegetische Funktion von *Gewalt*: Es ist weniger die ausführlich geschilderte Kriegsgewalt selbst, und sei sie noch so brutal, als vielmehr die Frage nach der Gewalt ihrer Vermittlung, welche für Salagnon in sprachlicher Form meist durch Überhöhung oder Relativierung, durch die «beaux effets de plume» / «schöne[n] Stileffekte» scheitern muss, zur Lüge wird. Doch trotz dieses Grund-Misstrauens des hier charakterisierten Jugendlichen gegenüber jeglicher Art von Kriegs-Repräsentation wird Kriegsgewalt in Form einer *Mise en abyme*, welche schließlich den Romantext bildet, umso ausführlicher durch die Worte eines anderen, des Ich-Erzählers, am Beispiel der französischen Kriege des 20. Jahrhunderts und anhand des Lebens jenes sensiblen ‹Kriegers› Victorien Salagnon darstellt. Es ist dabei jene oben so bezeichnete «große Lüge» der Sprache des zivilisatorischen Heroismus, des Kriegsherrn als Lügner und Romancier, die zur direkten Gewalt wird, indem sie «dem Handeln das Fundament anbietet». Für die Figur Salagnon gerät sie zur Lebenslüge einer ‹Verteidigung Frankreichs›, die im Kampf gegen die deutschen Besatzer noch stimmig scheint, aber sich im Laufe weiterer Kriege und damit im Laufe der Romanhandlung als unhaltbar erweisen wird.

Dennoch erscheint hier eine paradoxe Einstellung zu Krieg und Soldatentum; denn der spätere Lebensweg Salagnons scheint dieses Misstrauen gegenüber Kriegserzählungen zu widerlegen. Einmal mit dem Krieg in Berührung gekommen – und nach dem eigenen *Erleben* von Situationen des Kampfes – kommt er nicht mehr von dieser Art Lebensführung los: Der Krieg wird zur *Kunst* im ursprünglichen etymologischen Sinne der *Ars* als *Handwerk*. Die Verbindung des Krieges mit den Anforderungen an eine Kunst oder ein Handwerk nährt auch die peritextuelle Semantik des Buchtitels durch ihren Hinweis auf einen berühmten altchinesischen Referenztext mit dem Titel *Die Kunst des Krieges / L'art de la guerre*.[95] Vergleicht man diesbezüglich jedoch die Funktion der

---

94 Ebda., S. 58 f.
95 Die peritextuelle Titelallusion auf *Die Kunst des Krieges*, das dem historisch nicht nachweisbaren Autor Sunzi zugeschrieben wird und welches heute in seiner französischen Übersetzung unter dem Titel *L'art de la guerre* erhältlich ist, gelangte eben über Frankreich zum

Gewalt als Bestandteil von Kriegsführung in Sunzis Ratgeber-Handbuch mit jener, wie sie in Jennis Roman beschrieben wird, so ist deutlich, dass der Erzähltext des 21. Jahrhunderts geradezu als Gegentraktat zu den aus dem 6. Jahrhundert v. Chr. stammenden Anweisungen des Chinesen an einen erfolgreichen Feldherrn gelesen werden kann. Die im Roman beschriebene französische Strategie der Kriegsführung beruht keineswegs, wie in Sunzis Traktat über *Die Kunst des Krieges* gefordert, auf Vermeidung von Gewalt als allerletzter Lösung im militärischen Handlungsspektrum.[96]

Gewalt in Form von gezielter Folter, von *Terreur* und Demütigung, zielt noch vor jeglicher militärischen Großoffensive sowohl in Algerien wie in Vietnam auf die Zermürbung eines Feindes. Frankreich kennt dabei in seinen Kolonialkriegen weder den jeweiligen Gegner noch sich selbst, wie noch deutlich werden soll. Eine ungünstige Voraussetzung der Kriegsführung, welche laut Sunzi in die unausweichliche Niederlage führe.[97] Diese negative intertextuelle Referenzbeziehung lässt sich in Verbindung zur Lebensthematik der Romanfigur Salagnon als einer kriegerischen Existenz bringen, indem dieser den Krieg seines Landes zwar als Handwerk, aber geradezu gegenteilig zur Ausübung einer Kunst erlebt, dabei jedoch die Kunst selbst in der Malerei und außerhalb des eigentlichen Kriegshandwerks findet. Dennoch wird für Salagnon, dem Beispiel seines Onkels folgend, der ihn für den französischen Widerstand gewann, der Krieg ein alternativloses *Metier*, welches er sich auszuüben gezwungen sieht. Als Victorien, nachdem er von einer Stationierung in Algerien zurückgekehrt ist und für kurze Zeit in Frankreich weilt, seinen selbst gerade aus Indochina zurückgekehrten Onkel und Mentor fragt, warum dieser nicht «aufhöre» mit dem Kämpfer-Dasein nach dem gewonnenen Zweiten Weltkrieg, warum er nicht ‹nach Hause› komme, antwortet dieser ihm:

> Pourquoi tu ne t'arrêtes pas ? demanda quand même Victorien. Pourquoi tu ne rentres pas, maintenant ?
> – Rentrer où ? Depuis que je ne suis plus un enfant je ne fais que la guerre. Et même enfant, j'y jouais. Ensuite j'ai fait mon service militaire, et puis la guerre dans la lancée. J'ai été fait prisonnier et puis je me suis évadé, pour retourner faire la guerre. Toute ma vie d'adulte je l'ai passée à faire la guerre, sans en avoir jamais eu le projet. J'ai toujours vécu dans une caisse, sans imaginer plus, et elle est à ma taille. Je peux tenir ma vie dans

---

ersten Mal nach Europa. Der Jesuitenpater Jean-Joseph Marie Amiot (1718–1793) veröffentlichte es unter dem Titel *Sur l'art militaire des Chinois* im Jahr 1772. Vgl. Sunzi: *Die Kunst des Krieges*. Aus dem Chinesischen übertragen und mit einem Nachwort versehen von Volker Klöpsch. Berlin: Insel 2019, S. 123 ff.
96 Vgl. ebda., S. 19.
97 Vgl. ebda., S. 20.

mes bras, je peux la porter sans trop de fatigue. Comment voudrais-tu que je vive autrement ? Travailler tous les jours ? Je n'ai pas la patience. Me construire une maison ? Trop grand pour moi, je ne pourrais pas la soulever dans mes bras pour la déplacer. Avec soi, quand on bouge, on ne peut emporter qu'une caisse. Et on reviendra à la caisse, tous. Alors pourquoi un détour ? Je porte ma maison et je parcours le monde, je fais ce que j'ai toujours fait.[98]

Eine biographische Prädisposition zum Krieg, in den der Onkel gleich nach dem Militärdienst schlitterte und der zur Gewohnheit wurde, sowie der Wunsch nach einem Nomadenleben sind also von einer für den jugendlichen Salagnon wichtigen Bezugsfigur angeführte Gründe einer möglichen Lebensführung, welcher der Neffe nun über weite Strecken folgen wird. Dennoch sind ‹Kunstfertigkeit› und Notwendigkeit dieses blutigen Handwerks in diesem Zitat lediglich aus einer negativen Argumentationsrichtung her angedeutet. Fast apologetisch wird die Kriegserfahrung mit Emanzipation von der Enge des Elternhauses und von Häuslichkeit überhaupt assoziiert. Es klingen die Motive des Vagabunden-Daseins, des Lebens aus dem Koffer, des Söldners und Abenteurers an: «Je porte ma maison et je parcours le monde» / «Ich trage mein Haus mit mir und ziehe durch die Welt.»

Doch scheint es noch einen weiteren und tieferen Grund für die kriegerische Ruhelosigkeit, jedoch in entgegengesetzter Weise, sowohl der Figur des Onkels wie der Salagnons zu geben, welche nicht mit dem Hinweis auf den Krieg als Metier begründet werden kann. Diese tiefere Dimension steht in Verbindung mit einer Suche nach Authentizität und Ursprünglichkeit, welche bereits im Misstrauen des Schülers Victorien Salagnon gegenüber der Repräsentation von Krieg im Gegensatz zu dessen direktem ‹Erleben› offenbar wird. Denn ebenso wie die Caesar-Übersetzung scheitert auch die Übertragung weiterer klassisch-archaischer Intertexte europäischer Kriegsnarrative, wie sie dem Onkel als Stütze dienen, auf die erzählte Gegenwart, während Victorien diesen Narrativen stets das Festhalten der Gegenwart vorzieht, das Zeichnen. Es ist dabei im Gegensatz zur Negativ-Erfahrung des Schülers mit Caesar die enge Bindung des Onkels an Homer und seine martialisch-epischen Erzählwelten, welche diese für ein Verständnis Victoriens wichtige Figur auf ihrem Lebensweg gleichsam ‹therapeutisch› mit Sinn erfüllt. Doch scheint dieser Onkel in den homerischen Epen im Gegensatz zu Victoriens Ablehnung Caesars nicht so sehr das Moment der Kriegserzählung als jenes der Heimatsuche wie auch der existentiellen Erschütterung in den Vordergrund zu stellen. Es ist daher auch weniger die *Ilias*, welche der Neffe Salagnon zwar liest, aber letztlich desillu-

---

[98] Jenni: *L'Art français de la guerre*, S. 285.

sioniert über das Schicksal des Achill zurücklegt, als vielmehr die *Odyssee*, welche als erwähnter Referenztext, aber auch als Zitat auftaucht.⁹⁹ So erzählt der Onkel dem Neffen in einer kurzen Paraphrase vom für ihn wichtigsten Bezugstext:

> J'emporte avec moi l'*Odyssée*, qui raconte une errance, très longue, d'un homme qui essaie de rentrer chez lui mais n'en retrouve pas le chemin. Et pendant qu'il erre de par le monde à tâtons, dans son pays tout est livré aux ambitions sordides, au calcul avide, au pillage. Quand il rentre enfin, il fait le ménage, par l'athlétisme de la guerre. Il débarrasse, il nettoie, il met de l'ordre.
> Ce livre, je le lis par morceaux, dans des endroits qu'Homère ne connaissait pas. [...] L'effort que je fais pour suivre les lignes me fait du bien, cet effort fixe mon attention et me fait oublier d'avoir peur de mourir. Il paraît que les Grecs savaient ce livre par cœur, l'apprendre constituait leur éducation ; ils pouvaient en réciter quelques vers ou un chant entier en toutes circonstances de la vie. Alors moi aussi je l'apprends, j'ai l'ambition de le savoir tout entier, et ce sera toute ma culture.¹⁰⁰

Ironischerweise ist es dabei auch die kriegerische Ankunft des Odysseus im eigenen Hause, das blutige ‹Saubermachen daheim› mithilfe der «athletische[n] Dynamik des Krieges», welches das Gespräch des noch jugendlichen Salagnon mit seinem Onkel abschließt und auf eine tiefe Verunsicherung gegenüber diesem europäischen Heim und dieser Heimat hinweist, welche Ithaka-Frankreich eigentlich darstellen sollte, wo aber erst «Ordnung» geschaffen werden müsse.¹⁰¹ Dieses Narrativ des belagerten Heimes und Herdes sowie das Liquidieren derjenigen, die «kollaboriert» haben, wird schließlich auch im Text selbst in der Rahmenhandlung erzählter Gegenwart in der Figur des Mariani und in jenen rechtsidentitären Diskursen mitschwingen, welche eine ‹Belagerung› der Heimat durch das ‹Fremde› proklamieren, deren Vokabular der historischen Erfahrung der deutschen *Occupation* entlehnt ist.

In der Binnenhandlung werden jedoch Lektüresituation und Diegese der Odyssee insofern in Beziehung gesetzt, als sich Salagnons Onkel mit den ‹alten Griechen› derart intensiv identifiziert, dass er den Text bis zum Auswendig-Lernen *verinnerlichen* möchte. Die *Odyssee* wird zu «toute ma culture», seiner europäischen Identität. Doch das homerische Epos lässt sich retrospektiv kaum auf das eigene ‹Heldenleben› anwenden. Beim Versuch einer Übertragung seiner Motive und Mythologeme auf die eigene Situation als Soldat in französischen Diensten, sei es im von den ‹zivilisierten› Griechen / Franzosen belagerten ‹fremden› Troja / Algier, sei es in Vietnam – «la planète Mars. Ou Neptune, je ne sais pas» /

---

99 Vgl. ebda., S. 374 f.
100 Ebda., S. 286.
101 Vgl. ebda., S. 295.

3.2 Aggressive Defensive: *L'Art français de la guerre* — 173

«Wie auf dem Mars. Oder Neptun, was weiß ich.»[102] – scheint zwar die *Odyssee* für die ausharrenden französischen Kämpfer mehr Identifikationspotential zu bieten als die Propagandafilme der französischen Wochenschau, indem das Epos direkter und nachvollziehbarer «von ihnen spricht»; dennoch ist die Umgebung zu fremd und das Gedächtnis zu schwach, als dass eine Übertragung von Literatur auf Lebenswelt möglich wäre. So erklärt der Onkel:

> Homère parle de nous, bien plus que les actualités filmées. Au cinéma ils me font rire, ces petits films pompeux : ils ne montrent rien ; ce que raconte ce vieux Grec est bien plus proche de l'Indochine que je parcours depuis des mois. Mais j'ai confondu deux chants. Tu vois, je ne sais pas encore ce livre. Quand je le saurai en entier par cœur, sans me tromper, comme un Grec, j'en aurai fini.[103]

Obwohl Salagnons Onkel somit eine Nähe zu den Kriegern der Antike in einem ihm sehr fremden Land fühlt und sich Homer als hilfreicher Begleiter erweist, der von *ihnen*, den kämpfenden Franzosen spricht, bleibt doch eine Distanz, eine Lücke zur Welt der Antike bestehen, welche sich allein schon aus der Lückenhaftigkeit der Erinnerung an deren Texte ergibt. Es ist die Fragmentarizität des Erinnerns, welche die epische Vergangenheit für den Soldaten in der Fremde in noch weitere Ferne rückt, als sie dies *per se* als sagenhafte Erzählung schon ist. Doch gibt sich der Onkel an dieser Stelle im Text der Illusion hin, dass er eine Verbindung zu den homerischen Heroen schaffen könnte, wenn er nur die Identität eines Griechen («comme un Grec») annähme, indem er einfach das mündlich Überlieferte auswendig lernt, also vollständig akzeptiert. Ebenso wie der peritextuell aufgerufene Prätext als Titelallusion, Sunzis *Kunst des Krieges*, bleibt auch die intertextuelle Verbindung mit den homerischen Epen bezüglich der erzählten Kriegsgewalt als heroischer, symbolischer Form der Gewalt im Namen der Narrative von Nation, Zivilisation und Geschichte prekär und unvollständig.

In beiden Fällen evoziert der Text die Lesererwartung einer Imitation, welche jedoch weder extratextuell für die Leser*innen noch innerdiegetisch eingehalten werden kann. Wie bezüglich der im Text verwendeten Assoziationen der Erzählerfigur und Elementen-Referenzen des eigenen Erlebens auf die diegetische Welt der homerischen Epen funktioniert auch die paratextuelle Evokation eines chinesischen Kriegstraktats als Form einer verzerrten Intertextualität, welche den Intertext als kritisches Prisma hinter den Erzähltext stellt und aus diesem eine kritische Dimension dem letzteren Einschreiben kann. Die chinesische dient gegenüber der französischen ‹Kunst des Krieges› genauso wie die Figur des Odysseus gegenüber derjenigen von Salagnons Onkel wenn über-

---

102 Ebda., S. 288.
103 Ebda., S. 295.

haupt als negative Kontrastfolie, welche in keiner Weise die im Roman dargestellte Wirklichkeit bestimmt. Auch hinsichtlich dieses intertextuellen Spiels wäre der Text somit in reziproker Lesart insgesamt, und wie bereits anhand der Figur des jungen Victorien Salagnon ausgeführt, eine Kritik an jeglichem ästhetischen (Epos), aber auch rationalisierenden (Traktat) Sprechen über Gewalt, Krieg und Kriegsführung, welches diese Tätigkeiten als ‹Kunst›, ‹Handwerk›, oder aber als das schlichte menschliche Da-Sein transzendierendes ‹Erlebnis› verherrlicht.

Auch von der aristokratischen Stilhöhe jener patriarchalen Feudalgesellschaft des homerischen Realismus, welche sich – wie Erich Auerbach so beredt im ersten Kapitel seines *Mimesis*-Werks anhand der Anagnorisis des Odysseus durch die alte Schaffnerin darstellte – kaum für den Realismus und die Lebenswelt der Diener*innen und Sklav*innen interessierte, bleibt in der Lebenswelt des Kriegshelden Salagnon wenig übrig.[104] Die bisweilen derbe Sprache des Onkels, welche den Soldaten verrät, steht in scharfem Kontrast zur von ihm doch so geliebten epischen Sprache Homers. Geblieben ist jedoch eine aristokratische Ignoranz gegenüber den Lebenswelten des Feindes, gegenüber der Kenntnis der ‹einfachen› Menschen unter den Kolonialisierten, ergänzt um deren Entmenschlichung zum Nicht-Subjekt in seiner absoluten Andersheit, gegenüber dem die Gewalt des Menschen gegen den ‹tierischen Barbaren› aufgrund einer epischen Aufladung kosmologisch gerechtfertigt wird. Die *Anderen*, und nicht nur die Vietminh, bleiben für die französischen Kolonialherren die «Martiens».[105] Dennoch sind es eben solche «Marsmenschen» wie der alte Zeichenlehrer in Hanoi, die schließlich dem Neffen als Lehrer dienen und als die eigentlichen Bewahrer bezüglich Frankreich propagierter, aber in den Kolonien ignorierter zivilisatorischer Ideen und universeller Werte dargestellt werden.[106]

Ironischerweise zeigt sich dieses kulturelle ‹Vergessen› menschlich-universell konzipierter zivilisatorischer Werte wiederum in der Figur des Onkels: Er verwechselt beim Zitieren Homers im oben erwähnten Dialog mit dem Neffen Laistrygonen (kannibalische und riesenhafte Barbaren) mit Kikonen (Verbündete der Trojaner) und gesteht damit – möchte man die Stelle auf die Vietminh münzen – dem Feind eine übermenschliche Macht zu, wie sie sich dann auch in der blutigen Schlacht von Điện Biên Phủ zeigen sollte. Auch wird der Feind als Barbar durch diese Verwechslung im falsch rezitierten Referenztext entmenschlicht, da die Laistrygonen bei Homer als Gegenteil jeglicher Zivilisation erscheinen. Die

---

104 Vgl. Auerbach, Erich: *Mimesis – Dargestellte Wirklichkeit in der abendländischen Literatur* [1946]. Tübingen: francke 2015, «Die Narbe des Odysseus», S. 5–27.
105 Jenni: *L'Art français de la guerre*, S. 292.
106 Vgl. dazu die Interpretation der Begegnung Salagnons mit einem alten Zeichenlehrer in Hanoi, in Messling: *Universalität nach dem Universalismus*, S. 127.

Natur des ‹Feindes›, die Unterschiede seiner Kultur bzw. Barbarei und seiner Beweggründe werden somit gleichgültig für seine Funktion als Gegner im Kampf – wie Deutsche und Vietnamesen für den Onkel letztlich auch austauschbar sind.[107]

Dem nach Frankreich zurückgekehrten Krieger-Onkel bleibt in der Heimat somit nur das fehlerhafte Herbeizitieren eines Intertexts. Ein Intertext, welcher Heldentum – Kampfesmut, Kameradschaft und verzweifeltes Ausharren vor der Übermacht des Feindes – zumindest als kollektives Narrativ bereithält und das am besten auswendig gelernt wird. Die Frage, welcher Art die ‹Feinde› Frankreichs überhaupt sind, bleibt dabei auch über die Kriegssituation der Binnenhandlung hinaus eine unbeantwortete: Odysseus musste sich am Ende seiner Irrfahrt auf grausame Art an den Freiern seiner Frau Penelope rächen und seine besetzte Heimat ‹befreien›. Diese Situation des besetzten Hauses wird für die Erzählsituation der Rahmenhandlung schließlich zentral, in welcher Salagnons Kriegskamerad, der aus Algerien und Indochina heimgekehrte Mariani, nun auch Frankreich mit Hilfe gleichgesinnter Jugendlicher von allem Fremdem ‹säubern› möchte. Festzuhalten bleibt: Die intertextuelle Beziehung gerät somit weder in Bezug auf Sunzi noch auf Homer zu einer affirmativen Bezugnahme und auch nicht zu einem Kommentar der Prätexte. Vielmehr werden letztere durch ihre den Sinn der Diegese kontrastierende Funktion in eine parodierte und kritisierte Negativ-Folie überführt.[108] Jenni folgt hier einer Technik, welche sich im französischen Roman des 21. Jahrhunderts als geschichts- und kriegskritische Erzähltechnik zu bewähren scheint.[109]

---

107 Vgl. Jenni: *L'Art français de la guerre*, S. 293–295. Die Bezugsstellen bei Homer lauten Homer: *Odyssee* 9, 39–61, *Odyssee* 10, 80–132.
108 Zu dieser Funktion intertextueller Referenzbeziehungen vgl. Schulte-Middelich, Bernd: Funktionen intertextueller Textkonstitution. In Broich / Pfister (Hg.): *Intertextualität. Formen, Funktionen, anglistische Fallstudien*, S. 197–242, hier S. 223 f.
109 Dieses Verfahren einer ‹verzerrenden Intertextualität› findet sich auch im Roman *Zone* (2008) von Mathias Énard, wo die durch die Erzählerstimme immer wieder erfolgende Assoziation des Erlebens mit der *Ilias* während einiger Erlebnisse in einem vom Krieg zerrissenen Europa das biographische Gedächtnis des Erzählers in Konflikt mit dem kulturellen Gedächtnis europäischer Zivilisationsnarrative und -mythen bringt. Denn die Grausamkeit und Banalität des Tötens und der Gewalt, wie sie in diesem Roman geschildert werden, stehen in bewusst evoziertem Gegensatz zu den erhabenen Helden- und Götterfiguren des homerischen Epos. Ich bin an anderer Stelle auf diesen Text eingegangen und möchte hier nur noch einmal auf die Relevanz intertextueller Verfahren für eine literarisch-erzählerische Kritik an offizieller Geschichtsschreibung hinweisen. Vgl. Lenz: Zone: une ‹dialectique négative› de la conscience, op. cit.

Das von Caesar beschriebene und blutig eroberte Gallien / Frankreich als überhöhtes Geschichtsnarrativ wird aber nicht nur intertextuell mit dem von Freiern belagerten Ithaka verbunden, sondern auch in der Diegese selbst als konfliktreicher sozialer Raum beschrieben. Die Spannungen innerhalb der französischen Gesellschaft werden an der Figur des erwähnten Mariani deutlich, welcher den Leser*innen zunächst in den *Commentaire*-Kapiteln des Romans als kauziger, nationalistisch-rassistischer Rentner begegnet, der in einer der Plattenbausiedlungen Lyons lebt. Dort fühlt er sich als ‹weißer› Franzose in der Minderheit und möchte sich daher gegen die vermeintliche Mehrheit aus afrikanischen und arabischen Ländern zugewanderter Nachbarn ‹verteidigen›. Erst später erscheint er als nicht weniger rassistischer Waffenkamerad des Protagonisten und brutaler Kämpfer in den Kolonialkriegen der *Roman*-Kapitel.[110] Spannungen innerhalb einer in Klassen geteilten französischen Gesellschaft werden aber auch im kritischen Blick des Erzähler-Ichs auf seine eigene Lebenswelt sichtbar, welche er in einen sozialen Raum eingebettet sieht, den er – der zwar nicht wie Salagnon ‹verstummt› ist, aber unter ständigen Halsschmerzen leidet,[111] sich daher nachts auf die Suche nach einem Schmerzmittel macht und dabei Zeuge der brutalen Polizeikontrolle einer Gruppe Jugendlicher mit Migrationshintergrund wird – mit dem Adjektiv «faschistisch» umschreibt:

> Le corps social est malade. Alité il grelotte. Il ne veut plus rien entendre. Il garde le lit, rideaux tirés. Il ne veut plus rien savoir de sa totalité. Je sais bien qu'une métaphore organique de la société est une métaphore fasciste ; mais les problèmes que nous avons peuvent se décrire d'une manière fasciste. Nous avons des problèmes d'ordre, de sang, de sol, des problèmes de violence, des problèmes de puissance et d'usage de la force. Ces mots-là viennent à l'esprit, quel que soit leur sens.[112]

Vor diesem pessimistischen Hintergrundrauschen der Rahmenhandlung, einer «nationalen Angina» des Gesellschafts-«Körpers», bei welchem es um «Ordnung», «Blut», «Boden» und «Gewalt» geht, sucht die Erzähler-Figur nach den Gründen für jenes durch die Sprache nicht mehr zu erfassende prekäre Zusammenleben in einem kollektiven sozialen Raum namens Frankreich. In diesem Raum, in dem kulturgeschichtlich die Sprache stets eine zentrale Stellung besaß,

---

110 Vgl. in Jenni: *L'Art français de la guerre* die erste Begegnung des Ich-Erzählers mit Mariani in Salagnons Wohnung, S. 240–249. In der Binnenhandlung taucht die Figur als junger Unter-Leutnant, frisch aus der Militärschule entlassen, erst im Vietnam-Kapitel auf, vgl. ebda. S. 370 f.
111 Zum Motiv der Halsschmerzen des Ich-Erzählers als Symptom eines generellen Sprach-Versagens in Jennis Text vgl. Messling: *Universalität nach dem Universalismus*, S. 130.
112 Jenni: *L'Art français de la guerre*, S. 169.

welche hier in der Metapher der französischen Sprache als «le vrai sang de la nation française» / «das wahre Blut der französischen Nation» aufscheint, kann der Ich-Erzähler auf sein eigenes Sprechen nicht mehr zurückgreifen.[113] Seine Reise hat denn auch insofern erst dann begonnen, als er sich entschließt, den Firnis eines zivilisierten Zusammenlebens in bürgerlicher Gesellschaft vor dem Hintergrund einer nicht zur Sprache gebrachten kollektiven Verdrängung der immer noch wirkenden Gewalt von Nation, Zivilisation und Kolonialgschichte, von brutaler Unterdrückung, Schuld und Verdrängung abzutragen. Er macht sich auf die Suche nach den soziokulturellen Zusammenhängen einer durch Rassismus und Rechtsextremismus geprägten Gegenwart auch in der Geschichte Frankreichs im 20. Jahrhundert. Zuvor muss er jedoch mit seiner eigenen Einbettung als *Bürger* innerhalb dieses zivilisatorisch-sozialen Kontexts brechen. Ein mit der Lebensgefährtin geplantes Abendessen in gehobener Gesellschaft gerät als symbolischer Ausdruck dieses Bruchs zum Fiasko, als der Erzähler bei der Wahl der Lebensmittel auf bei einem chinesischen Schlachter erworbenes rohes Fleisch, Innereien und Organe zurückgreift, welche er den Gästen in all ihrer blutigen Präsenz vorsetzt.[114] Dieser Akt könnte als symbolisches Herbeizitieren eines Zustandes der Barbarei unterhalb der Artikulation von Zivilisiertheit durch geteilte Narrative, Symbole und Sprache gelesen werden, dessen Stichhaltigkeit und unterschwellig vorhandene Wirkung auf den gegenwärtigen Frieden innerhalb der französischen Gesellschaft in den kommenden Kapiteln ausgehend von kolonialistischer Barbarei und Gewalt erhellt wird.

Dazu bedarf der Erzähler jedoch eines Zeitzeugen, welcher Kriegsgewalt und Barbarei nicht in Form einer symbolischen Gewalt der Bilder und Texte, sondern als biographischen Hintergrund und in zahlreichen Lebensabschnitten präsente Handlungsoptionen verinnerlicht hat. Die Begegnung mit dem alten Kriegsveteranen Salagnon wird so zum Gegenentwurf zu schnelllebiger und journalistisch verbrämter Gewaltemphase der Gegenwart, indem der im alten Haudegen Wirklichkeit gewordene Mythos des französischen Kriegshelden mit seinen Narben und Verletzungen, aber eben auch mit seiner kolonialistischen Schuld erzählerisch aufgerufen wird. Die von Salagnon angefertigten Tuschezeichnungen sind in diesem Sinne nicht nur Ersatz für die verlorene Sprache eines untergegangenen Regimes kolonialer Machtausübung, sondern auch Narben, gezeichnet mit Tusche «wie Blut», welche die erinnerte Gewalt in Präsenz verwandeln.[115] Insofern ähneln sie den beiden lebenden ‹Relikten›, welche den

---

[113] Ebda.: S. 170.
[114] Vgl. ebda., S. 121 ff.
[115] Vgl. Messling: *Universalität nach dem Universalismus*, S. 130.

Erzähler mit der Vergangenheit seines Landes verbinden: Salagnon und sein Kriegsgefährte Mariani sind ebenso lebendige Narben und Inkorporationen einer Gewalt französischer Kriegsführung, um in der Körper-Metaphorik des eben angeführten Zitats zu bleiben. Die Sprache der beiden Alten ist zwar zur Leerform vergangener Repräsentationsregime geronnen, aber ihre vom Leben gezeichneten Körper weisen immer noch auf die Möglichkeit einer Wiederbelebung dieser Regime hin, welche Mariani ja auch in seinem politischen Engagement umsetzen möchte.

Die Präsenz dieser historischen ‹Narben› ist in der Rahmenhandlung der Kommentar-Kapitel überall offensichtlich, indem sich auf einer Zeitebene der 90er Jahre neue radikale Ausdrucksformen, welche das historische Kollektiv der Kolonial-Armee mit einem neuen Kollektiv politisch gleichgesinnter vertauschen, körperlich materialisieren, wobei das Ziel dasselbe bleibt: eine Verteidigung ‹des Französischen› gegen Feinde. Wieder ist es – wie anhand des odysseischen Intertexts erwähnt – eine vermeintliche Besatzungssituation, diesmal durch Migranten und ‹Fremde›, gegen welche es Frankreich mit allen Mitteln zu verteidigen gilt – notfalls mit direkter Gewalt. So ist auch Mariani der lokale Verantwortliche der rechtsradiklen Gruppe der GAFFES (*Groupe d'Autodéfense des Français Fiers d'Être de Souche*), der ‹ursprünglichen› Franzosen, deren Plakate der Ich-Erzähler bei seinem Spaziergang durch die Stadt wahrnimmt und welche sich ausgerechnet mit einem vermeintlichen Ausspruch des Gründervaters des modernen Nachkriegs-Frankreich schmücken.[116] Unter De Gaulles Portrait ist ein Zitat zu lesen, welches immer wieder von der rechten Szene Frankreichs aufgegriffen wird und dessen Authentizität umstritten ist. Wie schon im Schreiben des anderen großen Generals namens Gaius Julius Caesar ist es die Erzählung von Geschichte, welche die Gewalt des Handelns auch der jüngeren französischen Vergangenheit und Gegenwart nährt und begleitet. Das koloniallogisch und offen rassistisch gefärbte Zitat, welches für ein ‹weißes› Frankreich ohne zu viel Zuwanderung aus arabischen und afrikanischen Ländern plädiert, lautet:

> C'est très bien qu'il y ait des Français jaunes, des Français noirs, des Français bruns. Ils montrent que la France est ouverte à toutes les races et qu'elle a une vocation universelle. Mais à condition qu'ils restent une petite minorité. Sinon, la France ne serait plus la

---

[116] Zu diesem in Frankreich historisch von der extremen politischen Rechten etablierten, in den 90er Jahren des 20. Jahrhunderts durch den *Front National* geprägten und nach wie vor vieldiskutierten genealogischen Identitätsbegriff vgl. Le Bras, Hervé: Les Français de souche existent-ils ? In: *Quaderni* 36 (1998), S. 83–96; sowie ders.: *Le démon des origines, démographie et extrême droite*. Westport Conn.: Editions de l'Aube 1998.

France. Nous sommes quand même avant tout un peuple européen de race blanche, de culture grecque et latine et de religion chrétienne.[117]

Die GAFFES und auch Mariani möchten eine Situation der «Evidenz», wo die «Starken stark, die Schwachen schwach bleiben» und unterfüttern ein zugrunde gelegtes rassistisches Differenzdenken mit einem sozialdarwinistischen Argument, welches Gewaltanwendung durch das vermeintlich ‹Wertvollere› (in ethnischer wie zivilisatorisch-kultureller Hinsicht) rechtfertigt.[118] Es ist somit ein fatales Narrativ in Form einer Mischung von biologischem Rassismus mit zivilisatorischem Überlegenheitsdenken universalistischer Prägung – von Stolz («fiers») –, welches hier zur Legitimation jenes gewalttätigen Handelns führt, das aus einem Kämpfer für das vermeintliche Frankreich der universellen Werte in Nordafrika und Übersee einen Neu-Rechten werden lässt. Hinsichtlich dieser Figurenentwicklung unterscheiden sich die beiden Kriegs-‹Helden› Salagnon und Mariani. Denn gegen die Gewalterfahrungen scheinen für Salagnon durchaus Kunst und Liebe als alternative Möglichkeiten von Lebensführung und Subjektbildung auf. Ein Weg, welchen Salagnon im Gegensatz zu seinem wütenden Gefährten Mariani einzuschlagen bereit war. Die Leserschaft erfährt in den Berichten des alten Salagnon in Hinblick auf dessen Charakter nichts vom ‹Kraftkerl›, wie ihn sein Kumpane Mariani repräsentiert, sondern bekommt Einblick in eine nachdenkliche Künstlernatur. Diese Menschlichkeit steht jedoch in einem ständigen Konflikt mit dem eigenen Aktionismus zur Wiedergutmachung erlittenen Unrechts. Dieses Unrecht, welches in Form einer Episode der Demütigung während der deutschen Besatzung sowie der als Schwäche erlebten Passivität des Vaters in das Gedächtnis des Jungen eindringt und von den großspurigen sowie gönnerhaften Ratschlägen eines deutschen Soldaten vor dem zeichnenden Jungen ausgeht, führt zu Salagnons ersten Verteidigungsversuchen eigener ‹Identität› vor den Deutschen innerhalb der Résistance-Gruppe des Onkels.[119]

Alle drei Figuren des Romans – Salagnon, sein Krieger-Onkel und Mariani – entsprächen nach Wieviorkas Typologie einer Subjektivität der Gewalt in unterschiedlicher Ausprägung dem Typus von *sujets flottants* nach dem Verlust etablierter Sinnsysteme in Form nationaler Zivilisationsmythen und sinnstiftender

---

117 Jenni: *L'Art français de la guerre*, S. 457. Vgl. zu dieser Debatte um diese immer wieder zugunsten rechts gerichteter politischer Positionierungen verwendete Aussage De Gaulles vom 5. März 1959 vor dem Hintergrund des Algerienkrieges Peyrefitte, Alain: *C'était de Gaulle*. Paris: Faillois 1994, S. 52.
118 Vgl. Jenni: *L'Art français de la guerre*, S. 316 f.
119 Vgl. ebda., S. 88 ff.

Narrative. Dabei ist es wichtig zu betonen, dass dieses verlorene Sinnsystem einer Verteidigung der französischen Zivilisation im Handeln der Figuren nicht artikuliert wird, da es eben der Mangel an Betätigungsmöglichkeiten im Dienste dieses Narrativs ist, welcher das Subjekt zu einem ‹schwebenden› macht. Dies gilt für die Ungeduld und das Warten des jungen Résistance-Kämpfers Salagnon gegen die deutschen Besatzer wie für das Warten und Sich-Verbarrikadieren in einem Plattenbau der Vorstadt oder im vietnamesischen Dschungel, wo Aktion oft nur als Reaktion erfolgt. In Vietnam ist es vor allem der bürokratische Kriegsalltag, welcher im Romantext kolportiert wird, so wie auch die dort geschilderte Tätigkeit als Widerstandskämpfer gegen die Nazi-Besatzer vor allem in Waffenübungen und Warten besteht. In Algerien werden es Verhöre und Folter sein, welche als kleine und gezielte symbolische Gewalthandlungen in der großen Ohnmacht der Besatzer gegen den immer stärker werdenden algerischen Widerstand angewandt werden. Ein diesen Handlungen zugrunde gelegtes Sinnpotential ist jedoch in Anbetracht der immer deutlicher werdenden Verlustposition nicht mehr gegeben.[120]

Auch im Falle des Ich-Erzählers kann diese Handlungsunfähigkeit des *schwebenden Subjekts* in Anbetracht verlorener Sinnsysteme beobachtet werden. Er empfindet die Bedeutungsleere, aber auch die Hypokrisie von Diskursen, welche die französische Gesellschaft Ende des 20. Jahrhunderts durchziehen und die ihn zu einem ‹blutigen› Bruch im symbolischen Sinne mit seiner bürgerlichen Existenz führen – ebenfalls eine verzweifelte Handlung der Sinnsuche. Das Narrativ eines republikanischen Imperiums zur Verteidigung von universellen Werten in einer *Mission civilisatrice* ist endgültig gescheitert, doch sein Erbe bleibt im postkolonialen Frankreich in Form zivilisatorischen Überlegenheitsdenkens erhalten, welches stets auch in biologisch-rassistische Herkunftserzählungen kippen kann. Dabei ist sich dieser Ich-Erzähler der Verführungskraft von Diskursen der Ursprünglichkeit, der Herkunft und auch der Rassen-Ideologie bewusst, da es eben jener Trost eines nicht zu erschütternden Sinnsystems ist, den der Rassismus trotz der Irrationalität seiner epistemologischen Grundlagen bietet.[121] Das vermeintlich ethnisch-genealogische Ursprungs-Narrativ des Stammes, des ‹Keltischen› und der ‹Gallier›, ersetzt dabei das ideell-zivilisatorische des französischen Rationalismus und Universalismus, wie der unter Halsschmerzen leidende Erzähler sinniert:

---

120 Vgl. Wieviorka: *La violence*, S. 292.
121 Vgl. zu dieser Problematik des Schwankens zwischen geistiger und ethnisch-‹materialistischer› Überlegenheit europäischen Zivilisationsdenkens in Frankreich wie in anderen Nationen des 19. Jahrhunderts Messling, Markus: *Gebeugter Geist. Rassismus und Erkenntnis in der modernen europäischen Philologie*. Göttingen: Wallstein 2016.

3.2 Aggressive Defensive: L'Art français de la guerre — 181

> Le langage va seul, il rationalise ce qu'il pense, et il ne pense à rien d'autre qu'à son propre écoulement. Et il n'est qu'un fil qui retient au sol le ballon gonflé d'inquiétudes.
> Avec qui puis-je parler ? De qui descends-je ? De qui puis-je dire que je tiens ?
> J'ai besoin de la race.
> La race a la simplicité des grandes folies, de celles qu'il est simple de partager car elles sont le bruit de nos rouages quand plus rien ne les dirige. Laissée à elle-même, la pensée produit la Race ; car la pensée classe, machinalement. La race sait me parler de mon être. La ressemblance est mon idée la plus simple, je la quémande sur les visages, j'explore le mien à tâtons. La race est une méthode de classement des êtres.[122]

Im Gegensatz zu Ich-Erzähler und Salagnon erliegt die Figur des Mariani dieser Kraft eines Denkens in Rasseerzählungen und verwandelt sich von einem *schwebenden Subjekt* zu einem *Hypersubjekt*, ein Beispiel der Hyperkompensation von Sinnverlust durch neue oder erneuerte Sinnzuschreibungen der Gewaltanwendung, wie sie bei religiösen Fanatikern beobachtet werden kann und wie Mariani sie in nationalistischer und rassistischer Genealogie findet.[123] Auch Salagnon stünde diese Kompensationsmöglichkeit offen, doch wendet er sich stattdessen seiner Ehefrau und der Kunst zu. Der neue Sinn der verlorenen Bezüglichkeit eines heiligen Nationalen ist für Mariani nun die Kameradschaft und Gemeinschaft der neu-rechten ‹Verteidiger› dieses Nationalen, auch wenn sich diese ‹Verteidigung› in einem wenig heldenhaften Sinne als defensives Rückzugsgefecht im verbarrikadierten Plattenbau mit der anrückenden Polizei offenbart: Aus dem Kampf für Frankreich wird der Kampf gegen den Staat, aus der wenn auch nur prekär rationalisierbaren Kriegstaktik gegen FLN und Vietminh der defensive Guerillakampf gegen dessen Ordnungshüter.

Das Besondere, welches der Romantext deutlich hervortreten lässt, ist somit ein Fortleben und eine Entdifferenzierung von Gewalttypen mit Blick auf die erinnerte Vergangenheit, sobald es um den Kollektivsingular der Nation geht. Von rechter Seite wird mit der Logik einer wieder herzustellenden Ordnung im ‹eigenen Hause› argumentiert, welche ihre Legitimation aus einer gescheiterten Mission kolonialistischer Zivilisationsnarrative, aber auch dem Narrativ einer Besetzung Frankreichs durch fremde Mächte nicht mehr militärisch-politischer (die Nazis), sondern ethnischer Natur (Migranten aus afrikanischen und arabischen Ländern) speist.

Die Technik einer diegetisch den Leser*innen des Romans nahen Verortung rechter Gewalt durch die Rahmenhandlung, in welcher die unterschiedliche Milieus umfassenden sozialen Unruhen in den französischen Banlieues in Form einer Verteidigungs-Kriegsführung des ultrarechten Milieus gegen die Staatsge-

---

122 Jenni: *L'Art français de la guerre*, S. 177.
123 Vgl. Wieviorka: *La violence*, S. 293 ff.

walt thematisiert wird, entnimmt ihr gesellschaftskritisches Potential einer diegetischen Vertiefung zeitlicher wie räumlicher Art: Durch die weltumspannenden Handlungsorte der Binnenhandlung und eine das gesamte 20. Jahrhundert umfassende Kriegschronologie in biographischer Form, rückt das Thema extremistischer und rechtsterroristischer Gewalt aus einem situativen Kontext in die Sphäre kultureller und symbolischer Narrative, welche unter dem Kollektivsingular *der* Geschichte firmieren. Die aufgeschriebenen Erzählungen von Indochina- und Algerienkrieg werden somit zu komplementären Interpretamenten der Rahmenhandlung, deren Akteure sich jedoch durch ihr Erinnern, Erzählen (Salagnon, Mariani) und Zuhören (Ich-Erzähler) an eben diesen Interpretamenten abarbeiten. Das Mobilisierungspotential der Anhänger rechter Ideologie und ihre Aufstachelung zur Gewalt wird schließlich auf der Grundlage dieser episodischen Fragmente der jüngeren Nationalgeschichte zu einem Kipp-Moment innerhalb einer verunsicherten Gesellschaft der Gegenwart. Die Vergangenheit bietet dem Individuum der Gegenwart Identifikationspotential, auch wenn eine ihre Narrative rezipierende neue Generation ‹weißer› Franzosen selbst nicht an historischen Kriegs-Erfahrungen teilhatte.

Die jungen, schweigsamen, kräftigen und furchteinflößenden Anhänger des alten Kämpfers Mariani, die er wie einst seine ihm unterstehenden Soldaten – «ses gars» / «seine Jungs» – befehligt, spiegeln die jungen Rekruten der *Chantiers de Jeunesse* während der Zeit der *Occupation*.[124] Diese Jugendlichen ‹reinkarnieren› für die Gegenwart diesen Resonanzraum historischer Narrative einer Verteidigung des Vaterlandes, welcher Gemeinschaft als Krise und Bewährungsprobe für Mut und Verteidigungsbereitschaft heraufbeschwört. Das rechtsidentitäre Narrativ einer Verteidigung Frankreichs vor allem ‹Fremden› führt im Roman aber zum Rückzugsgefecht, da die ‹Schlacht› mit der Polizei wie in den Kolonialkriegen der Vergangenheit bereits verloren scheint. Jenseits dieser nationalen und nationalistischen Phantasien der Vergangenheit und Gegenwart besitzen Jennis alternde Kriegs-‹Heroen› Mariani und Salagnon jedoch auch keine europäische Perspektive auf Frankreich im Sinne einer transnationalen europäischen Gemeinschaft, da es allein der Habitus der gedemütigten Kolonialherren und deren Sprache ist, welche die beiden vom jüngeren Erzähler reflektierten Figuren zu verkörpern im Stande sind. Die Wut der gegenwärtigen, sich als ‹rein französisch› definierenden Generation findet lediglich im kollektiven Imaginären der Vergangenheit eine für die eigene Sprachlosigkeit passende Identifikationsfläche für die von ihr ausgeübte Gewalt, welche jedoch historisch und auch im medialen Diskurs längst überkommen ist: «L'histoire est notre référentiel perdu,

---

124 Vgl. Jenni: *L'Art français de la guerre*, S. 103, S. 308 ff.

c'est-à-dire notre mythe.» / «Die Geschichte ist unser verlorenes Bezugssystem, d. h. unser Mythos.»[125]

Im gesellschaftlichen und politischen Raum einer näheren Gegenwart der Rahmenhandlung ist es nicht mehr die biographisch erzählte und aufgeschriebene Kriegserfahrung des ‹Helden›, wie sie in der Binnenhandlung ausgeführt wird, sondern allein noch ein substanzloses und anachronistisch anmutendes, medial vermitteltes und in ein westliches Identitäts-Konstrukt eingebettetes Kriegsnarrativ, welches die französischen Fernseh-Zuschauer*innen und Zeitungsleser*innen erreicht. Nicht umsonst bildet die Ausgangssituation der Rahmenhandlung gleich nach dem Incipit des Romans die Reflexion des Ich-Erzählers über die Teilnahme eines französischen Regiments im von den USA geführten Zweiten Golfkrieg. Während der Ich-Erzähler nach vollzogenem Beischlaf mit seiner Freundin vor dem Fernseher liegt, denkt er in Baudrillard'scher Manier über die Banalität, Austauschbarkeit und Substanzlosigkeit von Fernsehbildern nach, welche die Vorbereitungen der Operation *Desert Storm* und die Teilnahme Frankreichs an der *Opération daguet* begleiten. Allein dem Namen nach hält der Ich-Erzähler dieses Unterfangen für einen lächerlichen Anachronismus, da der Begriff «daguet» in der Bedeutung «Spießer» oder «Spießbock» nicht als ernstzunehmende Bezeichnung für eine mächtige und modern ausgerüstete Kampfeinheit geeignet scheint. Während die USA sich auf einen der bekanntesten Mythen der Kinogeschichte beriefen, schlage die Symbolisierung und Demonstration von Macht in der französischen Nebeneinheit der *United States Army* fehl, da ein für die Allgemeinheit am Ende des 20. Jahrhunderts unverständlich-antiquierter Begriff der Jäger-Sprache gewählt wurde:

> La grande affaire de la télé était Desert Storm, Tempête du Désert, un nom d'opération pris dans *Star Wars*, conçu par les scénaristes d'un cabinet spécialisé. À côté gambadait Daguet, l'opération française et ses petits moyens. Daguet, c'est le petit daim devenu un peu grand, Bambi juste pubère qui pointe ses premiers bois, et il sautille, il n'est jamais loin de ses parents. Où vont-ils chercher leurs noms, les militaires ? Daguet, qui connaît ce mot ? Ce doit être un officier supérieur qui l'a proposé, qui pratique la vénerie sur ses terres de famille. Desert Storm, tout le monde comprend d'un bout à l'autre de la Terre, ça claque dans la bouche, explose dans le cœur, c'est un titre de jeu vidéo. Daguet est élégant, provoque un sourire subtil entre ceux qui comprennent. L'armée a sa langue, qui n'est pas la langue commune, et c'est très troublant.[126]

---

125 Baudrillard: *Simulacres et simulation*, S. 69.
126 Jenni: *L'Art français de la guerre*, S. 12.

Gleich die erste Szene des Romans zeichnet so ein Bild französischer und internationaler Kriegs-Konflikte der jüngeren Vergangenheit und Gegenwart sowie ihrer Art von Helden, deren Mythos als Verteidiger des Vaterlandes nur mehr indirekt über die Macht der Medien konstruiert wird. Der im Fernsehen kolportierte Ablauf der Kriege und der berichteten Teilnahme Frankreichs an mehreren UN-Friedensmissionen, garantiert durch tägliche Berichterstattung und *Embedded Journalism*, wie er seit Anfang der 90er Jahre als neue Form der Kriegsberichterstattung auftritt, geben dem Erzähler den Anlass, über einen unhinterfragten Bellizismus innerhalb der französischen Gesellschaft nachzudenken und führen ihn mitten in eine Lebenskrise. Wie vom Philosophen Jean Baudrillard in zahlreichen Schriften reflektiert, ist nämlich diese oberflächlich dargestellte, ferne Gewalt in ihrer Zeichenhaftigkeit Grundlage für einen Verweiszusammenhang auf repräsentierte Lebensweltlichkeit, der den Zuschauer jenseits aller Erfahrung entmündigt, indem er der realen Kriegsgewalt deren symbolische Repräsentation nur scheinbar ermöglicht, während sie in Wirklichkeit bereits durch Art der Darstellung, Kürze und Selektion vorinterpretiert wurde. Aus der medialen Repräsentation des Krieges mit jungen muskulösen Soldaten, die während des Abschieds von ihren ebenso jungen Freundinnen in Szene gesetzt werden, wird ‹Werbung› – und was für deren Sprache gilt, gilt auch für die Strategie einer ‹modernen›, ‹zeitgemäßen› Darstellung des Krieges, welcher zum leicht konsumierbaren Spektakel wird.[127]

Nicht nur die französischen Kriege und ihre Gewalt sind am Ende des 20. Jahrhunderts medial schneller ‹konsumierbar› geworden – in einer eingespielten Repräsentationsmaschinerie von Medien und Journalismus, welche letztlich aufgrund ihrer Schnelle standardisiert und damit einseitig über die tieferen Zusammenhänge und Beweggründe von Kriegen und Konflikten berichten muss. Es liegt somit auch am Einzelnen, sich durch die Arbeit kritischer Auseinandersetzung mit Geschichtlichkeit zu einer eigenen Position hinsichtlich der Gewalt und der Notwendigkeit eines Krieges durchzuringen. Dieser kritische Appell bedeutet auch, dass die französische Armee und ihre Kämpfer nicht mehr als unhinterfragt ‹authentische› Identifikationsfläche für die Interessen der Gesamtgesellschaft als *Nation* dienen können:

> L'armée en France est un sujet qui fâche. On ne sait pas quoi penser de ces types, et surtout pas quoi en faire. Ils nous encombrent avec leurs bérets, avec leurs traditions régimentaires dont on ne voudrait rien savoir, et leurs coûteuses machines qui écornent les impôts. L'armée en France est muette, elle obéit ostensiblement au chef des armées, ce civil élu qui n'y connaît rien, qui s'occupe de tout et la laisse faire ce qu'elle veut. En

---

[127] Vgl. Baudrillard: *Simulacres et simulation*, S. 139.

France on ne sait pas quoi penser des militaires, on n'ose même pas employer un possessif qui laisserait penser que ce sont les nôtres : on les ignore, on les craint, on les moque.[128]

Hinzuzufügen wäre noch, dass es sich beim im Roman erwähnten und im Vergleich zur US-Armee mickrigen französischen Aufgebot im Golfkrieg um das sogenannte *Spahi*-Regiment (ursprünglich: *1er Régiment de Spahis Marocains*) handelt, welches sich im Ersten Weltkrieg gebildet hat und aus marokkanischen Soldaten rekrutierte.[129] Allein an dieser Konstellation überträgt sich der ‹traditionelle› Imperialismus und Kolonialismus französischer wie europäischer Prägung in einer symbolischen Referenz militärischer Inszenierung im internationalen Kontext auf die ‹große› Geschichte der Nation, aber auch auf einen verdeckten Neokolonialismus allgemein-westlichen Zuschnitts um Öl und Ressourcen unter Führung der Vereinigten Staaten von Amerika, welcher jedoch auf Handlungsweisen und Strukturen der traditionellen Kolonialmächte zurückgreifen kann. Die allgemeine Diskursivierung dieses Krieges der 90er Jahre vollzieht sich jedoch, um noch einmal Baudrillards Terminologie zu bemühen, nicht über Symbole und Simulationen, welche geteilte historische Referenzen aufriefen, sondern über *Simulacren* als leeren und individuell aufladbaren Projektionsflächen, welche eben als konsumierbare Narrative zur Verfügung stehen. Die auf diese Exposition folgende Romanhandlung bildet somit einen prekären, da fragmentarisch-subjektiven Versuch, diesen Simulacren das Erzählen von Kriegen als *symbolische* Handlung gegenüberzustellen.[130]

Die in Jennis Roman erzählte französische Nationalgeschichte im 20. Jahrhundert macht dabei eine geschichtlich ableitbare Paradoxie literarisch sichtbar und zeigt sie in vielfältigen Facetten. Denn die Monumentalisierung der französischen *Mission civilisatrice* ist insofern von besonderer Brisanz, als die im Roman als spezifisch französisch charakterisierte Kriegsführung und Identitätspolitik aufs Engste mit dem Anspruch auf universelle zivilisatorische Werteordnungen geprägt ist. Dieser ist jedoch nicht in der Lage, Universalität aus den partikularen Interessen einer nationalen französischen Identität oder gar mittels martialischer Symbolpolitik zu gewinnen und genau an dieser Stelle wird Gewaltanwendung in Form von Krieg, Folter, wie auch die Verwendung nichtssagender Symbole

---

128 Jenni: *L'Art français de la guerre*, S. 12f. Zur Szene der Verabschiedung junger französischer Soldaten zu Beginn des Romans vgl.ebda., S. 14f.
129 Das Regiment der französischen Afrika-Armee wurde nach dem Algerienkrieg nicht aufgelöst, sondern beteiligte sich bis ins 21. Jahrhundert hinein an internationalen Militäreinsätzen, trotz Wechsel der Brigaden, in welche es eingegliedert wurde. Zur Geschichte des Regiments vgl. Moné, Thierry: *Les spahis du 1er marocains*. Panazol: Lavauzelle 1998.
130 Zu dieser Unterscheidung vgl. grundlegend Baudrillard, Jean: *L'échange symbolique et la mort*. Paris: Gallimard 1976.

kriegerischen Engagements zum Zeichen eines Scheiterns des zivilisatorischen Universalismus, wie ihn Frankreich vertritt.

Denn während eine zivilisatorische Dialektik des Fortschritts eigentlich die Gewalt zur Durchsetzung der universellen Rechte des Individuums lediglich als kurze dialektische Geschichts-Episode erlauben könnte, wird in der Diegese des Romans Gewaltanwendung und auch der Krieg ‹für Frankreich› letztlich auf Dauer gestellt, indem er ein ganzes Leben zu prägen im Stand ist. Kriegerische Gewaltanwendung begleitet das Selbstverständnis der Kolonialherren als ‹Verteidiger› ihrer Nation genauso wie die Verteidiger Frankreichs unter den deutschen Besatzern, aber auch die vermeintlichen rechtsradikalen ‹Verteidiger› der französischen Kultur vor einer ethnisch und kulturell pluralistischen Gesellschaft. Das Narrativ der Kriegsgewalt als *singulärem*, notwendigem Übel und bisweilen zu entrichtendem Preis für die Freiheit und den Fortschritt wird somit diegetisch konterkariert, indem die Gewalt zur Verteidigung der ‹Zivilisation› von einer exzeptionellen Notwendigkeit in einen gesellschaftlichen Normalzustand übergeht – und sei es nur als Kriegs-Rhetorik, welche aber – wie oben dargestellt – nach Meinung des jungen Salagnon dem Handeln vorausgeht. Sowohl auf Ebene der räumlichen und zeitlichen Sprünge des Romans als auch auf Figurenebene, in den Charakteren und den Motivationen des Figurenhandelns, wird diegetisch das kollektive historische Paradox der Gewaltanwendung zwecks Durchsetzung imperialistischer Interessen im Namen eines universellen Zivilisationsnarrativs zum individuellen Lebensproblem der Figuren und zur Herausforderung des eigenen Standpunkts gegenüber Geschichte und der durch sie vermittelten Identität.

Jennis Roman kann genau aus diesem Grund als komplexe literarische Infragestellung der großen kollektiven Gewaltmythen französischer Kriege und eines niemals verwirklichten zivilisatorischen Universalismus französisch-nationaler Prägung gelesen werden. Der Clou des Texts besteht jedoch darin, literarisch-erzählerisch vorzuführen, wie Sprache als Leerform zu einem fatalen Repräsentationsregime kollektiv weitergetragener Machtstrukturen und Hierarchiebeziehungen zwischen französischem Zentrum und kolonialer Peripherie im Sprechen wie im Denken der Gegenwart beizutragen imstande ist. Der diesen kolonialistisch-nationalistischen Diskurs begleitende Gestus einer ‹Verteidigung des Eigenen› findet sich bei allen identitären und rechtskonservativen Erzählungen des europäischen 20. Und 21. Jahrhunderts und wird aus der Perspektive von Jennis Text speziell hinsichtlich Frankreich sowohl als Erbe des Kolonialismus, aber eben auch als «nationalistisch gewendete[r] Universalismus» gedeutet, für welchen die durch Pluralisierung und Migration entstandene Konfrontation der französischen Gesellschaft mit den einstigen ‹kolonialen Rändern› zum Problem wird.[131]

Der Roman skizziert zudem eine Logik der Verteidigungshaltung, welche bereits im Parteiprogramm des *Front National* aus dem Jahr 1973 kurz nach seiner Gründung ein Jahr zuvor unter dem Titel «Défendre les Français» / «Die Franzosen verteidigen» mit seinem fragwürdigen ethnischen Plural aufschien.[132] Die im Roman aufgerufene Spannung zwischen genealogisch-ethnischer Bindung an eine romantisierte Gemeinschaft der Nähe gegenüber der abstrakten, durch historische Symbole und mediale Simulacren vermittelten Nation begleitet auch die Sprachen und Lebensspuren der Figuren in Jennis großem Resümee zum Scheitern der französischen Kolonial-Ambitionen im 20. Jahrhundert. Die Rahmenhandlung des Texts nimmt dabei insofern eine kritische Funktion ein, als sie die historische Gewalt der Kriege mit den Mechanismen einer zeitgenössischen Entstehung von Heldenmythen, mit der Suche nach Zugehörigkeit zu einer Gemeinschaft und Identität in Verbindung bringt. Das Weiterleben heroischer Narrative nationaler Prägung, eines militärischen Frankreich in der Tradition großer Kriege, in den Medien wie der Sprache ist für die Rahmenhandlung ein bestimmendes Thema für ein Nachkriegs- und postkoloniales Frankreich. Diese gesellschaftskritische und keineswegs allein historische Dimension des Romans wurde auch in der Literaturkritik betont:

> *L'Art français de la guerre* n'est pas le livre des aventures guerrières et coloniales. Il est d'abord le livre d'une société. La société française contemporaine et ses démons d'un autre âge qui nous feraient mourir «à petit feu de ne plus vouloir vivre ensemble». *L'Art français de la guerre*, c'est le fantasme consommé et autodestructeur de la violence. Cette violence qui n'a jamais rien résolu, rien solutionné et qui n'a laissé derrière elle, après être passée comme un démon, qu'un monstrueux tas de regrets, de silences, d'amertumes, d'échecs, d'abandons, de ressentiments, de colères et de haines sur lequel croissent et se multiplient des mémoires agonistiques.[133]

Die letzte Handlung des Ich-Erzählers ist jedoch eine Abwendung sowohl von den gesellschaftlichen Kämpfen der Gegenwart wie von den «agonischen» Worten, Erinnerungen und Narrativen der Kriege des 20. Jahrhunderts mit ihrer martialischen Rhetorik und der von ihr unterfütterten Kriegsgewalt. Der nun dank

---

131 Messling: *Universalität nach dem Universalismus*, S. 126.
132 Vgl. *Défendre les Français, c'est le programme du Front national*. Paris: Front national 1973. Zu den politischen Slogans des FN vgl. Igounet, Valérie: *Les Français d'abord: slogans et viralité du discours Front national (1972–2017)*. Paris: Inculte / Dernière marge 2017. Zur Geschichte der seit 2018 als *Rassemblement national* bezeichneten Partei vgl. Lecœur, Erwan: *Un néo-populisme à la française: Trente ans de Front National*. Paris: La Découverte 2003.
133 Harzoune: Alexis Jenni, L'Art français de la guerre, S. 145.

Salagnon in der Tuschezeichnung bewanderte Ich-Erzähler wendet sich hin zur körperlichen, materiellen Gegenwart der Kunst und der Liebe: Im Malen der nackten Geliebten und ihres Körpers sowie im Liebesakt vor dem Hintergrund des Lärms der Straßenkrawalle endet der Roman.

Zum ersten Mal im Roman wendet sich das erzählende Ich an ein Du und öffnet damit den hermetischen Raum erzählter Distanz – zu den anderen Figuren, zu sich selbst und zur Leserschaft – auf eine Präsenz des Anderen, in diesem Falle einer geliebten Frau. Diese Abwendung vom Gehörten, von der erzählten Geschichte sowie die Hinwendung zur visuell und haptisch erfassten Gegenwart erfolgt strukturell am Text nachvollziehbar als eine ringförmige Wiederholung jenes medial vermittelten Ereignisses im Incipit des Texts, welches mit einem beiläufig geschilderten Beischlaf und der Hinwendung zur ‹großen Welt›, zum Fernseher begann, welche die ‹Queste› des Ich-Erzählers einleitete. Mit dem direkten – und nicht indirekt über Sprache und vorgefertigte Bilder vermittelten – Erfassen und ‹Lesen› des Körpers der Geliebten und dessen detaillierter Schilderung im Zustand beiderseitiger Nacktheit sowie der anschließenden sexuellen Vereinigung endet der Roman für den Ich-Erzähler versöhnlich, während draußen die Straßenunruhen mit Sirenen und Explosionen weitergehen, Welt und Gesellschaft also im Zustand der Krise verbleiben:

> J'achevai. J'avais figuré ton incroyable chevelure en ne touchant à rien, j'avais laissé le papier intact. Je rinçai le pinceau, qu'il ne sèche pas, qu'il puisse continuer de servir, encore et encore, que je puisse te peindre toujours.
> Je te rejoignis. J'étais nu, j'avais peint ainsi, mon sexe ne me gênait pas ; il reposait sur ma cuisse et je le sentais battre. Et quand je m'allongeai près de toi, il se déroula et gonfla et devint dur. Ce contraste entre tes cheveux gris et blanc, duvet de cygne, et ta bouche vive et ton corps plein, m'émouvait au-delà de toute mesure. J'allai vers toi, je te pris dans mes bras, tu m'accueillis, j'entrai en toi.
> Dehors l'émeute continuait.[134]

Selbst nach der auf über 600 Seiten erfolgten Beschreibungen französischer Geschichte aus der Perspektive verbissener Kämpfer für die französische Nation und Zivilisation bleibt sprachliche Beschreibung somit für die Erzähler-Figur lediglich ein Supplement für direkte Erfahrung, wird Geschichte sowohl für den homo- und intradiegetischen Zuhörer-Erzähler als auch die extratextuellen Leser*innen nur indirekt verfügbar. Dennoch scheitert das Erzählen über den Krieg im Roman nicht vollkommen: Denn eben durch die dort auf textstruktureller wie auf diegetischer Ebene angewandte Technik der indirekten und individualisierten Vermittlung von Geschichte und der intradiegetischen Kritik am

---

134 Jenni: *L'Art français de la guerre*, S. 432.

monumentalisierenden Erzählen über Kriege entreißen die Episoden der Rahmen- und Binnenhandlung durch Verschachtelung mehrerer individueller Bewusstseinsebenen die Abstraktion der Geschichte ihrer mythenbildenden Macht. ‹Glorreiche› französische Geschichte wird zur individuellen Lebenserzählung, zur Biographie, deren Übereinstimmung mit kolportierten Heldenmythen des kollektiven und kulturellen Gedächtnisses gerade beim Thema Gewalterleben und Gewaltanwendung schwer zu vereinbaren ist.

Gegen diese Pauschalisierung der Erinnerung an Gewalt stellt der Roman eine Alternative vor, welche – weit von literarischer Geschichtsvergessenheit entfernt – für eine Differenzierung, aber auch ein In-Beziehung-Setzen von historischer und gegenwärtiger Gewaltpolitik plädiert, aber auch gegen eine Re-Mythisierung der Vergangenheit den unbedingten Fokus auf die Solidarität mit der Gegenwart in ästhetischer wie durchaus physischer Form legt. Dass gegen die Gewalt der Vergangenheit die körperliche wie solidarische Liebe zum *Anderen* in der Gegenwart eine Handlungsmöglichkeit darstellt, wird dabei nur angedeutet. Im Vordergrund stehen in Jennis Roman eindeutig die Täterfiguren als Vertreter nationaler und nationalistischer Kolonialherrschaft. Die beiden ‹Kriegschronisten› Mariani und Salagnon haben über ein langes Leben hinweg einen Habitus angenommen, welcher Ideale und Normen, aber auch Grausamkeiten und Exzesse des Soldatenlebens verkörpert. Während bei Mariani mit diesem Habitus auch Rassismus und Fremdenhass einhergehen, gewinnen bei Salagnon immer stärkere Zweifel und offene Kritik an den Zielen der neurechten GAFFES die Oberhand. Auch erkennt er bei Mariani und seinen jungen ‹Kämpfern› jene mit Zorn einhergehende Melancholie nach einer verlorenen Schlacht wieder, welche er wohl einst selbst teilte.[135] Was Markus Messling als grundlegende Tendenz der französischen Literatur am Beginn des 21. Jahrhunderts bei Schriftstellern wie Michel Houellebecq, Camille de Toledo oder Mathias Énard ausgemacht hat, findet sich bei Jenni allegorisch in den Figuren Victorien Salagnon und Mariani als Zeitzeugen verlorener Kriege verkörpert.[136] Doch während bei erstgenannten ‹realen› Autoren deren Roman-Figuren vor allem als «weiße Männer über 40» an den Narrativen des französischen Universalismus zweifeln, begleitet Jennis fiktive ‹Helden› dieser melancholische Zweifel ihr gesamtes Leben.[137]

Der ebenfalls melancholische Ich-Erzähler – wohl ein weißer Mann über 40 – wiederum eignet sich deshalb Geschichte in Form einer Suchbewegung

---

135 Vgl. das Gespräch zwischen Salagnon und Ich-Erzähler in ebda., S. 317–331, insb. S. 322.
136 Vgl. Messling: *Universalität nach dem Universalismus*, das Kapitel «Égalité – Melancholie weißer Männer über 40», S. 47–114.
137 Vgl. ebda., S. 54.

an, welche zugleich aus der Distanz des Nachgeborenen wie aus einer biographischen Situation der Unzufriedenheit Klarheit über die eigene französische Gesellschaft der erzählten Gegenwart der 90er Jahre zu gewinnen sucht. Wie Mustapha Harzoune in seiner weiter oben zitierten Interpretation von Jennis Text andeutet, stellt dieser nicht nur die Frage nach Kolonialschuld und Verbrechen Frankreichs im Namen des Staates, sondern vor allem auch die Frage nach dem unterschwelligen Fortwirken hierarchisierender Diskurse über Kriege und Kolonialismus im Namen Frankreichs innerhalb und weniger außerhalb des sozialen Raumes. Dieses Fortwirken reicht bis in die Äras der Staatspräsidenten Mitterrand und Chirac unter den Vorzeichen einer neoliberalen Weltordnung nach dem Kalten Krieg, aber auch bis in die Anfänge des 21. Jahrhunderts. Wie schon in Pierre Lemaitres Erzähltext über den Ersten Weltkrieg sind es somit Monumentalisierung und Heroisierung der französischen Geschichte und Kultur, des Staates, seiner Armee und seiner (kolonialistischen) Hoheitsansprüche, welche in den Binnenerzählungen des Romans *L'Art français de la guerre* einem ständigen Prozess des Scheiterns unterliegen und im vergeblichen Bemühen um einen anachronistisch gewordenen Universalismus nationalistischer Prägung umso aggressivere Identitätsentwürfe zur ‹Verteidigung Frankreichs› nach sich ziehen. Ein Zusammenleben wird in diesem Raum nach der diegetischen Logik des Romans erst durch die Akzeptanz der Leere eines exklusiv nationalistisch gefassten Zivilisationsbegriffs und durch das Ende des Verdrängens der Verbrechen des französischen Kolonialismus aus dem kollektiven und kulturellen Gedächtnis möglich.

Vor dem Hintergrund dieser literarischen Suche nach dem Erbe der französischen Kolonialkriege in der Gegenwart könnte es daher lohnend sein, das Bild des ‹verteidigten Vaterlandes› während jener Epoche auch aus der literarisch modellierten Perspektive eines der Opfer der politisch motivierten Gewalt dieser *Patrie Française* im Ausnahmezustand zu betrachten. Das Schreiben über die Gewalt der Täter würde so um das literarische Erzählen der brutalen Gewalt einer Kolonialmacht gegen die Kolonialisierten, aber auch gegen die eigenen Bürger*innen der Republik ergänzt.

3.3 Frankreich, Algerien und die blinde Justitia: *De nos frères blessés* (2016) von Joseph Andras

Der Schriftsteller Joseph Andras, der 1984 geboren wurde und in Le Havre lebt, gehört durch seine Veröffentlichungen zu den politisch, zeit- und geschichtskritisch engagiertesten französischen Schriftstellern der 10er Jahren des 21. Jahrhunderts. In Form von Zeitschriften- und Blogbeiträgen bezog er sowohl zum

Problem der durch Bandenkriminalität und Drogenkartelle aufrechterhaltenen innergesellschaftlichen Gewalt in Mexiko sowie zur Verfolgung kurdischer Künstler und Intellektueller in der Türkei unter der Präsidentschaft Recep Tayyip Erdoğans Stellung.[138] Doch beschäftigen sich Andras' längere Erzähltexte auch mit der historischen Gewalt des französischen Staates und seiner kolonialen Interessen im weltweiten Zusammenhang.

So handelt sein an den Genres historischer Dokumentation und biographischer Recherche orientierter Text *Kanaky. Sur les traces d'Alphonse Dianou* im südpazifischen Neukaledonien.[139] Das seit den 70er Jahren des 20. Jahrhunderts dort artikulierte Streben nach einer Unabhängigkeit der Inselgruppe von Frankreich gipfelte 1988 in der Geiselnahme von Ouvéa durch kanakische Separatisten, Soldaten und einfache Dorfbewohnern unter der Führung von Alphonse Dianou, welche durch französische Spezialeinheiten blutig beendet wurde. Das kolonialistische Gebaren, welches diese Befreiungsaktion begleitete, zudem das Narrativ von der ‹kanakischen Barbarei› der FLNKS (*Front de libération nationale kanak et socialiste*) gegenüber der ‹französischen Zivilisation› sowie die hohe Zahl an Opfern unter den kanakischen Beteiligten werfen ein weiteres Mal die Frage nach den Kriterien einer historisch legitimierten und kolonialpropagandistischen Unterscheidung zwischen den Kategorien ‹Zivilisation› und ‹Barbarei› auf.[140] Die jüngere Geschichte des französischen Kolonialismus und seine Gewalt, welche Alexis Jenni in *L'Art français de la guerre* schildert, ist somit auch in den Texten von Joseph Andras mit dem Ende des Algerienkrieges keineswegs abgeschlossen, doch soll eben dieser letztgenannte Konflikt im folgenden Kapitel im Vordergrund stehen.

Mit seinem Debüt-Roman *De nos frères blessés* legte Andras, dessen Name möglicherweise lediglich ein Pseudonym ist, im Jahr 2016 nämlich einen literarischen Text vor, der erneut die Gewalt des französischen Staates im 20. Jahrhundert in einer von diesem als Staatsgebiet beanspruchten Weltregion am drastischen Beispiel der historisch belegten Verurteilung und Hinrichtung des jungen Kommunisten und Fabrikarbeiters Fernand Iveton

---

[138] Vgl. Andras, Joseph: Notes Chiapanèques. In: *lundimatin* 133 (12.2. 2018), online unter https://lundi.am/Notes-chiapaneques, konsultiert am 20.06.2021; ders: Turquie. Nûdem Durak : un chant qu'on emprisonne. In: *L'Humanité* (25.3.2019), online unter https://www.humanite.fr/turquie-nudem-durak-un-chant-quon-emprisonne-669829, konsultiert am 20.06.2021.
[139] Vgl. Andras, Joseph: *Kanaky. Sur les traces d'Alphonse Dianou*. Arles: Actes Sud 2018.
[140] Dieser blutigen Episode der jüngeren französischen Übersee-Geschichte widmete auch der Regisseur Mathieu Kassovitz im Jahr 2011 seinen Film *L'Ordre et la Morale*; vgl. Kassovitz, Mathieu (Regie): *L'Ordre et la Morale*. Nord-Ouest Productions / Studio 37 / France 2 / UGC 2011.

darstellt.[141] Ein weiteres Mal ist es der Krieg um Algerien, welcher als Trauma der jüngeren französischen Geschichte in den Blickpunkt der Literatur rückt, dabei jedoch den Fokus der Perspektive weniger auf die arabische Bevölkerung als auf die französische Gesellschaft insgesamt und insbesondere jene Franzosen legt, welche sich mit den nach Unabhängigkeit strebenden Algeriern solidarisierten. Die Veröffentlichung des Romans war zudem für das literarische Feld selbst von Interesse, als dass sein die Öffentlichkeit scheuender Autor die ihm von der Académie Goncourt verliehene Ehrung des *Prix Goncourt du premier roman* ausschlug.[142] Der junge politische Autor spielte durch diese Ablehnung auf jenen Sartre'schen, aber auch Gracq'schen Habitus des Widerstands gegen die diskursive Macht leerer Symbolpolitik gegenüber ‹direktem› schriftstellerischen Engagement an, welcher auch in Andras' *écriture* selbst auf textueller Ebene aufscheint.[143] Damit stellte Andras die Rolle von institutionalisiertem kulturellen Kapital im literarischen Feld – und damit zumeist auch symbolischem Kapital im gesellschaftlichen Raum –, wie es durch anerkannte Konsekrationsmechanismen verliehen wurde und wird, grundlegend in Frage. Andras lehnte den Preis einerseits mit der Begründung der Unverträglichkeit von Konkurrenz und Rivalität mit jeglicher Art von schöpferischem und kreativem Schaffen ab. Jedoch war dies nicht der einzige Beweggrund, der ihn zu diesem Schritt gegen den Willen seiner Verleger veranlasste. In einem Interview mit der sozialistisch ausgerichteten Zeitschrift *L'Humanité*, für welche er in regelmäßigen Abständen auch als Autor tätig ist, antwortete Andras auf die noch-

---

141 Erinnert sei an die im Gegensatz zu anderen Gebieten des französischen Kolonialreichs durch eine Aufteilung in die Départements (Algier, Constantine und Oran) signalisierte Sonderstellung Algeriens als Bestandteil des französischen ‹Mutterlandes›.
142 Vgl. dazu Cresci, Virginie: Joseph Andras refuse le prix Goncourt du Premier roman. Le mystérieux Joseph Andras vient de refuser le prix qui lui a été attribué par surprise au début de la semaine. In: *L'Obs* (13.05.2016), online unter https://bibliobs.nouvelobs.com/actualites/20160513.OBS0432/joseph-andras-refuse-le-prix-goncourt-du-premier-roman.html, konsultiert am 20.06.2021.
143 Julien Gracq lehnte den *Goncourt* 1951 für *Le Rivage des Syrtes* (Paris: José Corti 1951) aus anderen Gründen ab als Sartre den Nobelpreis, wobei – wie deutlich werden wird – es eher Sartre ist, welcher bei Andras' Entscheidung Pate gestanden haben dürfte. Eine auffällige Ähnlichkeit ist bereits in den Statements der Ablehnung zwischen Andras und Sartre zu erkennen, wie anhand eines Vergleichs von Sartres in *Le Monde* veröffentlichter Begründung mit der hier zitierten Ablehnung des Goncourt durch Joseph Andras deutlich wird; vgl. Sartre, Jean-Paul: L'écrivain doit refuser de se laisser transformer en institution. In: *Le Monde* (24.10.1964), online unter https://www.lemonde.fr/archives/article/1964/10/24/l-ecrivain-doit-refuser-de-se-laisser-transformer-en-institution_2133977_1819218.html?xtmc=jean_paul_sartre_nobel&xtcr=3, konsultiert am 20.06.2021.

malige Nachfrage bezüglich seiner Ablehnung eines der renommiertesten Literaturpreise Frankreichs:

> J'étais mal à l'aise à l'idée d'être pris, sans avoir rien fait pour cela, dans une « course », une mise en compétition, en concurrence tandis que tout me pousse, au regard de mes conceptions politiques, à refuser ces notions. D'autant que j'ai tendance, en tant que lecteur, à fuir les ouvrages flanqués d'un bandeau rouge. Le livre n'était pas même sorti que je voyais ceci comme un frein à l'indépendance d'écriture que je tiens par-dessus tout à préserver. J'ai demandé à mon éditrice, contre son gré, de leur faire savoir que je les remerciais, en tant que lecteur, pour l'intérêt qu'ils avaient trouvé à ce texte mais que je ne pouvais l'accepter, par simple souci de cohérence, et laisser s'« institutionnaliser » ce récit et les idéaux portés par les personnages. Je me doute que ma réponse sera, ici ou là, mal comprise, déformée, jugée pour ce qu'elle n'est pas : tant pis... J'ai pesé chaque mot, le plus honnêtement possible et sans le moindre goût pour le « scandale ». Il me tarde seulement que nous cessions de parler de tout ceci.[144]

Diese Beweggründe für die Verweigerung einer literarischen Konsekration umfassen somit nach Aussage des Autors sowohl eine extratextuell zu bewahrende «indépendance d'écriture» / «Unabhängigkeit des Schreibens» gegenüber einer institutionalisierten Vereinnahmung von Autor und Text sowie – interessanterweise aus einem intratextuell-homodiegetischen Kontext heraus – dessen «idéaux portés par les personnages» / «Ideale, die von den Charakteren getragen werden», aber auch einen «souci de cohérence», ein «Bemühen um Kohärenz», womit wohl die eigene Glaubwürdigkeit aufgrund politisch-ideologischer Ideale gemeint ist. Text und Referenz, Literatur und politische Intervention verschwimmen somit im Schreiben dieses Autors, was für den diskursiven Rahmen dieses fiktionalen Texts nicht unbedeutend ist. Doch um diesen Vorsatz glaubwürdig verwirklichen zu können, bedarf es ganz im Sinne Sartres einer Verhinderung institutionalisierter Eingliederung dieses politischen Schreibens in einen Machtdiskurs im literarischen Feld, welcher sich historisch und gesellschaftlich etabliert und als herrschender bewährt hat, indem er auch über Mechanismen gesteigerter ökonomischer Wertschöpfung durch Marketing und Imagepflege der Autorfigur bestimmt.

Denn eben diese Strukturen etablierter und von großen Teilen der Medien, Verlage und Kritiker goutierter Deutungsmechanismen literarischer Wettbewerbe gewinnen als Ausdruck des auf Ebene des hier analysierten Texts angeprangerten systemischen Zusammenhangs von Öffentlichkeit, Staat und regulierenden Gesellschaftssegmenten eine Dimension symbolischer, aber auch institutionali-

---

[144] Andras, Joseph: Un boulanger fait du pain, un écrivain écrit. Entretien réalisé par Lionel Decottignies. In: *L'Humanité* (24.5.2016), online unter https://www.humanite.fr/joseph-andras-un-boulanger-fait-du-pain-un-ecrivain-ecrit-607707, konsultiert am 20.06.2021.

sierter und struktureller Gewalt. Diese Gewaltformen stehen nämlich – weniger im kulturellen als im politischen und juristischen Sinne – im Kontext des Algerienkrieges im Zentrum des nun betrachteten Romans. Stärker als die beiden bereits untersuchten Erzähltexte mit ihren für die französische Geschichte prägenden Kriegs-Sujets rüttelt *De nos frères blessés* an den Grundlagen einer symbolischen Gewalt der Geschichte als historischem Kollektivsingular, indem er die Gewalt einer nationalen Öffentlichkeit als kriegerische Staatsraison hinsichtlich eines drastischen Individual-Beispiels als *Exemplum* im diegetischen wie juristischen Sinne, nicht als Kriegs-, sondern als Justizverbrechen nachverfolgt.[145] Wieder muss hier der Name Jean-Paul Sartres erwähnt werden, welcher als einer der ersten dieses Verbrechen des französischen Staates als solches denunzierte und mit der Verwendung des «nous», des «Wir», den gesellschaftlichen Raum Frankreichs in Form einer teilbaren und geteilten ‹öffentlichen Meinung› mit verantwortlich machte.

Sowohl Andras' politischer Habitus als auch seine Sujet-Auswahl weisen somit auf eine Referenzbeziehung, welche zwei Generationen nach Sartre politisches und gesellschaftliches Engagement explizit auch ästhetisch-literarisch verortet.[146] Interessant ist zudem, dass der Roman nur ein Jahr nach Kamel Daouds *Meursault, contre-enquête* ausgezeichnet wurde; einem Text, der sich ebenfalls einer Thematik im Umfeld Französisch-Algeriens widmet.[147] Die Sartre'sche Frage drängt sich auf, ob eine gestiegene Aufmerksamkeit im literarischen Feld für ein zu Beginn des 21. Jahrhunderts in Frankreich nach wie vor kontrovers diskutiertes Thema dieses in seinem Potential für einen kritischen gesamtgesellschaftlichen Diskurs durch institutionalisierte qualitative Selektion einzelner literarischer Texte zu relativieren droht. Dies insofern, als dass der symbolischen und literarischen Anerkennung von und der Auseinanderset-

---

145 Vgl. die grundlegende historiographische Dokumentation des Falles Iveton in Einaudi, Jean-Luc: *Pour l'exemple, l'affaire Fernand Iveton: enquête*. Paris: L'Harmattan 1986.
146 Vgl. Sartre, Jean Paul: Nous sommes tous des assassins. In: *Les Temps modernes* 145 (März 1958), S. 1574–1576: «Rien n'y fait : Iveton est pris, on le condamne à la peine capitale, on refuse de le gracier, on l'exécute. Pas la moindre hésitation : cet homme a déclaré et prouvé qu'il ne voulait la mort de personne, mais nous, nous avons voulu la sienne et nous l'avons obtenue sans défaillance. Il faillait intimider, n'est-ce pas ? et, comme l'a dit l'autre jour un imbécile, *montrer le visage terrible de la France irritée*.» / «Nichts hilft: Iveton wird gefasst, er wird zum Tode verurteilt, eine Begnadigung wird abgelehnt, er wird hingerichtet. Nicht das geringste Zögern: Dieser Mann hat erklärt und bewiesen, dass er niemandes Tod will, aber wir wollten seinen Tod und haben ihn ohne Fehl und Tadel erlangt. Wir mussten einschüchtern, nicht wahr? und, wie ein Dummkopf neulich sagte, *das schreckliche Gesicht des irritierten Frankreichs zeigen*» [ML].
147 Vgl. Daoud, Kamel: *Meursault, contre-enquête*. Arles: Actes Sud 2014.

zung mit französischen wie algerischen Opfern des Konflikts oft keine weitergehende politische Selbstkritik folgt.[148]

Obwohl auch Daouts Text in diesem Zusammenhang durchaus eine eingehende Analyse gerade vor dem Hintergrund seiner Aufnahme und seines kritischen Weiterschreibens des Camus'schen Referenztexts *L'Étranger* verdienen würde, steht im Folgenden der Roman von Joseph Andras als Komplementär-Text zu den dichten Beschreibungen einer französischen Kriegsgesellschaft und ihrer Gewaltformen in den beiden bereits in den vorhergehenden Kapiteln analysierten Romanen im Zentrum.

Andras ging es – wie nicht nur an der oben zitierten Aussage, sondern auch anhand des Romans selbst ableitbar – ganz im Sinne der *Littérature engagée* trotz Literarizität und ästhetischer Stilisierung um ein durchaus auf den gesellschaftlichen Raum wirkendes, sichtbares und politisches Statement mit ethischem Anspruch.[149] Wie bei Alexis Jenni verrät zunächst die paratextuelle Verortung des Romans dessen Positionierung im Raum der Literatur zwischen verschiedenen anderen Feldern, in diesem Falle zwischen Geschichtsschreibung und Politik. Denn im dem Erzähltext vorangestellten Zitat des Historikers Benjamin Stora, das auf den Investigativ-Journalisten François Malye sowie den ehemaligen Präsidenten und – zur Zeit des Algerienkrieges – Innenminister François Mitterrand hinweist, wird die kritische Aufarbeitung von Gewalt im Namen des französischen Staates der Politik Mitterands, also einem personifizierten sozialistischen National-Mythos des 20. Jahrhunderts, gegenüber gestellt. Dessen Dekonstruktion durch Malyes *François Mitterrand et la guerre d'Algérie*, das Involviert-Sein einer Galionsfigur des Sozialismus und späteren Gegners der Todesstrafe, welche Mitterrand jedoch zur Zeit des Algerien-Krieges befürwortete, in die Hinrichtung eines jungen Kommunisten leitet auch paratextuell die Leserschaft zum folgenden Erzähltext über.[150] Es geht somit

---

148 Vgl. als symbolpolitische Auseinandersetzung beispielsweise die hitzige Debatte um den *Mur des disparus, morts sans sépulture en Algérie (1954–63)* zu Ehren der in Algerien verschwundenen Franzosen im südfranzösischen Perpignan im Jahr 2007.
149 Zur Kontinuität dieser im Deutschen mit dem leicht pejorativen Begriff ‹Tendenzliteratur› nicht zu übersetzenden Strömung der französischen Literaturgeschichte und deren Entwicklung im 20. und 21. Jahrhundert vgl. Sapiro, Gisèle: *La Responsabilité de l'écrivain. Littérature, droit et morale en France, XIXe-XXIe siècle.* Paris: Seuil 2011; sowie den Sammelband Bouju, Emmanuel (Hg.): *L'engagement littéraire.* Rennes: Presses universitaires de Rennes 2005; sowie jüngst und in Hinblick auf die Aktualität dieser literarischen Strömung für das 21. Jahrhundert vgl. Laurent, Thierry: *Le Roman français au croisement de l'engagement et du désengagement (XXe-XXIe siècles).* Paris: L'Harmattan 2015.
150 Vgl. Stora, Benjamin / Malye, François: *François Mitterrand et la guerre d'Algérie.* Paris: Calmann-Lévy 2010.

weniger um eine Kritik an heldenhaftem Engagement zugunsten eines Ideals, welches – wie gezeigt wird – durchaus bisweilen diegetisch bei der literarisch modellierten Figur des historischen Fernand Iveton durchscheint, als vielmehr wiederum um ein nationalgeschichtliches Unbehagen an überkommenen National-Narrativen und deren symbolischer Gewalt, welches mit literarischen Mitteln artikuliert wird:

> *Iveton demeure comme un nom maudit. [...] On se demande comment Mitterrand pouvait assumer ça. J'ai dû prononcer le nom [d'Iveton] deux ou trois fois devant lui et cela provoquait toujours un malaise terrible, qui se transformait en éructation. [...] On se heurte à la raison d'État.*
>
> B. STORA ET F. MALYE,
> *François Mitterrand et la guerre d'Algérie*[151]

Dieses Zitat aus einem um Objektivität bemühten Geschichtswerk führt ebenso wie die Zitate, welche *L'Art français de la guerre* vorangestellt sind, die Relativität ‹offizieller› Interpretationen und Heldenmythen von (National-)Geschichte vor Augen. Anders als bei Alexis Jenni mündet die Diagnose einer daraus entstehenden «nationalen Angina» – hier ein «Aufstoßen» / «éructation» – und deren literarische Modellierung diesmal nicht in die fiktionale Biographie einer fiktiven Romanfigur, sondern in die biographische Fiktion einer referentialisierbaren historischen Persönlichkeit in einem diegetisch eng gefassten und historisch ebenfalls genau referentialisierbaren raumzeitlichen Rahmen. Es handelt sich bei diesem Erzähltext um die ausschnitthafte literarische Rekonstruktion eines bis in die Gegenwart nachhallenden Justizverbrechens des französischen Staates und die Suche nach dessen sozialen und politischen Prämissen, weniger aber um ein episches oder satirisches Spiel mit französischer Identität und biographischer ‹Kriegs-Chronik›, wie es die beiden bereits untersuchten Romantexte entfalten.

Seit Albert Camus' Nobelpreisrede stand hinsichtlich einer literarischen Modellierung des Algerienkrieges die Frage nach dem Verhältnis von Literatur und Gewalt im Raum, die der Preisträger selbst doch so vehement zugunsten der Literatur als Reflexionsraum gegen das Töten beantwortet hat und sich dabei, wie auch mit seinem Roman *L'Etranger*, die herbe Kritik späterer Vordenker des Postkolonialen, algerischer Schriftsteller und Intellektueller zuzog.[152] Frankreich, das

---

[151] Andras: *De nos frères blessés*, S. 7.
[152] Vgl. hierzu ausführlicher Lenz, Markus A.: La lourde liberté de l'écrivain. *Les Discours de Suède* d'Albert Camus. In: Bähler, Ursula / Fröhlicher, Peter / Zöllner, Reto (Hg.): *A quoi bon la littérature? Réponses à travers les siècles, de Rabelais à Bonnefoy*. Paris: Classiques Garnier 2019, S. 277–298.

2012 den fünfzigsten Jahrestag des algerischen Friedensabkommens ohne offizielle Zeremonie beging, hat – wie bereits weiter oben erwähnt und nach wie vor von zahlreichen Intellektuellen und auch von politischer Seite beklagt – die zur Zeit des Algerienkriegs begangenen Gräueltaten noch nicht gänzlich aufgearbeitet. Massaker und Massenvertreibungen in Algerien, Verhaftungen und der Rechtsbruch durch militärische und staatliche Gewaltinstanzen im Zuge der berüchtigten *Doctrine de la « guerre contre-révolutionnaire »* beschäftigen auch zu Beginn des 21. Jahrhunderts den gesellschaftlichen Diskurs.[153]

Andras' Roman ist neben den Aussagen des Autors und den erwähnten Sartre-Referenzen auch vor diesem gesellschaftspolitischen Hintergrund als *engagierte Literatur* mit explizitem ethischen *Enjeu* zu qualifizieren. Sie erhebt Anklage gegen kolonialistische Narrative einer Gesellschaft, ihrer Politik und ihrer Medien während der Periode des Algerienkriegs, aber auch gegen eine hinsichtlich dieser Thematik nach wie vor bestehende kulturelle Arroganz – sowie gegen das anhaltende Prestigedenken einer ehemaligen Besatzungs- und Kolonialmacht, welche sich bezüglich Algerien nicht als solche sehen will. In Verteidigung eines unschuldig zum Tode verurteilten Einzelnen, der die durch den Krieg und seine Hinrichtung verratenen ‹universellen› Werte ebendieses Kolonial-Staates retten wollte, verleiht der Roman dessen Fall literarische Substanz. Sein Engagement wird durch ein weiteres paratextuelles Element, einen kurzen erklärenden, aber klar politischen Kommentar am Ende des Bandes untermauert. In ihm dankt der Autor noch einmal Jean-Luc Einaudi für seine grundlegenden Recherchen im Fall Iveton, berichtet kurz über das weitere Schicksal der Hinterbliebenen und zitiert einige Aussagen und Werke von Schriftstellern und Politikern wie Albert Camus, Sartre und Roland Dumas sowie die Aussage eines bekannten kommunistischen Anwalts und Aktivisten, Ivetons Verteidiger Joë Nordmann, bezüglich der Affaire.[154] Dabei wird erneut

---

153 Vgl. die im Gedenkjahr 2012 veröffentlichten und in ihrer Forderung nach einer neuen Erinnerungskultur bezüglich der Algerien-Thematik in Frankreich übereinstimmenden Artikel in zwei politisch unterschiedlich verorteten Tageszeitungen von Barluet, Alain: France-Algérie: 2012, l'année des occasions manquées. In: *Le Figaro* (4.7.2012), online unter https://www.lefigaro.fr/international/2012/07/04/01003-20120704ARTFIG00608-france-algerie-2012-l-annee-des-occasions-manquees.php, konsultiert am 20.06.2021; sowie Stora, Benjamin: Algérie-France, mémoires sous tension. In: *Le Monde* (18.3.2012); online unter https://www.lemonde.fr/afrique/article/2012/03/18/algerie-france-memoires-sous-tension_1669417_3212.html, konsultiert am 20.06.2021.
154 Vgl. Andras: *De nos frères blessés*, S 139 f. Zum Fortwirken und der Verbreitung der ‹Französischen Doktrin› auch nach dem Algerienkrieg in Lateinamerika vgl. das vieldiskutierte Buch sowie den Dokumentarfilm von Robin, Marie-Monique: *Escadrons de la mort, l'école française*. Paris: Cahiers libres 2004.

die Mitschuld François Mitterrands sowie das fatale «Schweigen des Staates» in diesem Fall betont, wie es der Mitterrand-Vertraute und Rechtsanwalt, der spätere Außenminister und Präsident des *Conseil constitutionnel*, des französischen Verfassungsgerichts, Roland Dumas in seinem Buch *Coups et blessures* (2011) über sein Verhältnis zu Mitterrand erwähnte, das Andras in den Schlusssätzen seines eigenen Texts paraphrasierend zitiert.[155]

Der Erzähltext sichert sich mit diesem und weiteren Intertexten und der Berufung auf herausragende Intellektuelle, Juristen und Politiker somit paratextuell von historiographischer Seite ab, um bewusst die eigene literarisch-politische Stellungnahme auch gegen Relativierungen von sozialistischer Seite noch einmal zu untermauern. Dennoch greift innerhalb dieses diktionalen und faktualen Rahmens im Text selbst das fiktionale Element nicht zu kurz, indem Struktur, Stil und auch *récit* klar den architextuellen und spannungserzeugenden Konventionen von Gefängnis- und Justizdramen entsprechen, wie zu zeigen sein wird.

Die *histoire* von Andras' Roman sei kurz rekapituliert: Sie beruht, wie erwähnt, auf einer historisch belegten Episode aus jenem algerisch-französischen ‹Bürgerkrieg›, welche in den französischen Medien breit und mit politisch klaren Positionierungen diskutiert wurde. Der von mehreren Tageszeitungen als «Mörder» (*France-Soir*) und «Terrorist» (*Paris-Presse*) bezeichnete Fernand Iveton wurde am 11. Februar 1957 als einziger Europäer von französischen Staatsgerichten während des Algerienkriegs hingerichtet.[156] Doch er hat keinen Mord begangen: Als junger ‹Schwarzfuß› (*pied-noir*) aus bescheidenen Verhältnissen und leidenschaftlicher Kommunist engagierte sich Iveton für die Unabhängigkeit Algeriens und plante in diesem Zusammenhang einen Bombenanschlag in Form eines Sabotageakts. Am 14. November 1956 platzierte er einen improvisierten Sprengsatz in einem ungenutzten Nebengebäude des Gaswerks in Algier, in welchem er arbeitete. Erst nach Werksschluss sollte die Bombe detonieren, da Iveton die Tötung von Menschen entschieden ablehnte. Der blutige Terroranschlag auf die *Milk Bar* am 30. September, also wenige Wochen vorher, bei dem vier Menschen getötet und mehr als fünfzig weitere verletzt wurden, stieß ihn ab. Jedoch wird sein Plan aufgedeckt, noch bevor er zur Ausführung gelangt. Iveton wird verhaftet, verhört und gefoltert. Obwohl zu Beginn seines Prozesses niemand wirklich an die Möglichkeit glaubt, ist es dennoch die Todesstrafe, die am Ende eines einzigen Verhandlungstages nur zehn Tage nach dem geplanten Anschlag, somit am 24. November, beantragt wird. Unterbrochen wird diese Haupthand-

---

[155] Vgl. Andras: *Des nos frères blessés*, S. 140; vgl. darin zitiert Dumas, Roland: *Coups et blessures: 50 ans de secrets partagés avec François Mitterrand*. Paris: Le Cherche midi 2011.
[156] Vgl. Andras: *De nos frères blessés*, S. 139.

lung im *discours* des Erzähltexts durch Einschübe aus Ivetons Vorleben, Aufenthalte in Frankreich sowie das Kennenlernen und die sich entfaltende Liebesbeziehung zu seiner späteren Ehefrau Hélène, welche ihn auch während der Haft unterstützt.

Der Roman, der den über den Fall bekannten, historisch verifizierten Fakten sowie seiner Chronologie der Ereignisse folgt, beginnt an jenem Tag, an dem Iveton die Bombe in Hamma platzieren soll, und endet mit Ivetons Tod durch die Guillotine ungefähr ein Jahr später. Diegetisch werden die Leser*innen mit dem Alltag der Gefängnishaft und Ivetons Hoffnung auf einen fairen Prozess konfrontiert, welche er bis zum Schluss aufrechterhält. Sorgfältig und in durch ihren drastischen Realismus bedrückenden Passagen, beschreibt Andras die Folterungen nach Ivetons Verhaftung. Für den bisher nicht als Krimineller aufgefallenen Kommunisten findet sich nur schwer ein Strafverteidiger. Sein erster Pflichtverteidiger, Albert Smadja, der gerade erst sein Examen beendet hat, ist noch überfordert mit einem Prozess, der unter dem Einfluss zahlreicher intensiver gesellschaftlicher und politischer Spannungslinien gewonnen werden muss. Iveton ist seit 1955 Mitglied der *Combattants de la libération*, einer verbotenen Militärorganisation des *Parti communiste algérien (PCA)*. Nicht zuletzt aufgrund dieser Mitgliedschaft bei einer paramilitärischen Einheit kann der Angeklagte auch von breiterer politischer Seite kommunistischer und sozialistischer Prägung keinen Beistand erwarten. Innerhalb der Kommunistischen Partei überwiegt die Furcht davor, dass die französische Presse zusammen mit diesem «mörderischen Kommunisten» dessen politisches Anliegen und sein politisches Engagement mit den Methoden und Zielen ihrer Parteimitglieder gleichsetzt und zwecks antikommunistischer Propaganda ausschlachtet. Sie untersagte im Vorfeld Ivetons Verteidigung durch den bekannten Anwalt Gaston Amblard, so dass er durch die Pflichtverteidiger Albert Smadja und Charles Laînné verteten wird, denen sich jedoch der ebenfalls bekannte kommunistische Anwalt Joë Nordmann anschließt.[157]

Die Berufungsgesuche der Verteidiger sind schnell ausgeschöpft, von einem Berufungsverfahren in der Kassation bis hin zum Antrag auf Begnadigung durch den damaligen Präsidenten der Republik, René Coty. Das vorletzte Kapitel des Texts führt Ivetons Verteidiger schließlich bis in den Élysée-Palast, wo ein im Anschluss an das Gnadengesuch geführtes Gespräch mit dem Präsidenten der Republik die Machtlosigkeit des Staates gegenüber einer aufgewiegelten öffentlichen Meinung diskutiert.[158] Der damalige Amtsinhaber weigerte sich, Gnade walten zu

---

157 Vgl. Einaudi: *Pour l'exemple*, S. 148.
158 Vgl. Andras: *De nos frères blessés*, S. 126 f.

lassen, um weitere Nachahmungstäter unter den französischen Freiheitskämpfern einzuschüchtern und um Rufe nach Vergeltung zu befriedigen.

In Form einer von Coty erzählten autobiographischen Anekdote aus dem Ersten Weltkrieg, welche die Hinrichtung eines Deserteurs beinhaltet und an Lemaitres weiter oben besprochenes Auftaktkapitel seines Romans *Au revoir là-haut* gemahnt, wird die Bedeutungslosigkeit des Einzellebens gegenüber der Staatsraison – ein Grundmotiv revolutionären Terrors, welches die französische Geschichte durchzieht – den Rechtsvertretern klargemacht. Die im Text gezeichnete Figur des Staatspräsidenten als ‹Verkörperung› der Republik perpetuiert das Verhalten dieser ‹Republik› im Sinne einer ‹öffentlichen Sache›, wie Coty es selbst als junger Soldat der *Grande Guerre* in Form der Hinrichtung desertierter Kameraden erleben musste, die ebenfalls «für Frankreich» gestorben seien, indem sie sich «füsilieren ließen». Die Anekdote und die kalte Beiläufigkeit ihrer Erzählung evozieren dabei einen unverhohlenen Zynismus Seitens der im Text gezeichneten präsidialen Figur, welche den Fall Iveton einfach mit einem ärgerlich-beiläufigen «tout ceci» / «all das» bezeichnet:

> Mais tout ceci me rappelle une histoire, poursuit-il : en 1917, j'étais un jeune officier, j'avais trente-cinq ans, quelque chose comme ça, et j'ai vu de mes yeux deux jeunes soldats français se faire fusiller. Et lorsque l'un d'eux était conduit au poteau, le général lui a dit, je m'en souviens parfaitement, toi aussi, tu meurs pour la France. Il [Coty, ML] s'arrête sur ces mots. Smadja entende ce qu'il ne dit pas, ou du moins le croit, le comprenant ainsi : Coty, en évoquant ce triste soldat, ne songe qu'à Fernand Iveton – lui aussi, alors, s'apprête à mourir pour la France... Coty reprend, expliquant que les demandes de grâce reçues d'Algérie s'avèrent bien moins nombreuses que les appels à conduire l'exécution à son terme. Et il y a l'ordre public, continue-t-il.[159]

Wie aus dem Kontext des Schlusssatzes deutlich wird, bezeichnet «ordre public» hier weniger die öffentliche *Ordnung* als vielmehr die *Meinung* der Öffentlichkeit. Der Begriff ist dabei hinsichtlich der Macht, welche ihm in diesem Zitat zugeschrieben wird, sowohl politisch wie juristisch relevant und spricht letztlich auch das Todesurteil. Obwohl somit Ivetons gescheiterter Anschlag und Sabotageakt keine Todesopfer forderte, wird dessen Urheber zur Reizfigur, aber auch zum ‹notwendigen Opfer› einer Nation im Kriegszustand, wie der Präsident dieser Nation selbst im Zitat betont. Die Einwände der Anwälte Smadja und Nordmann gegen diese Notwendigkeit nützen nichts, der Präsident macht sich lediglich weitere Notizen.[160] Diese Konstellation im präsidialen Amtszimmer spiegelt sich diegetisch in der Perspektive eines Opfers nicht nur der

---

159 Ebda., S. 126 f.
160 Vgl. ebda., S. 127 f.

Staatsgewalt sowie der Gewalt des Krieges, sondern einer weiter gehenden Form symbolischer Gewalt, aber auch der Gewaltbereitschaft einer historischen französischen Öffentlichkeit in Fragen nationalistischen und kolonialistischen Zuschnitts. Diese Vermischung mehrerer Formen von Gewalt im Roman, politisch (ideologisch engagiert und auf Ebene der höheren Exekutive), strukturell-institutionalisiert (Militär und Justiz) und symbolisch (perpetuiert durch Medien und ‹öffentliche› Meinung) ist im Rahmen dieser Studie von Interesse. Am Text soll nun jene tragische Konstellation nachvollzogen werden, innerhalb derer die eigentliche Absicht einer hier literarisch modellierten historischen Figur, die lediglich symbolische Instrumentalisierung von Gewalt – allein Sachbeschädigung industrieller Güter eines kriegsführenden Landes ohne Todesopfer ist intendiert – politisch fruchtbar zu machen, im Kontext der Gewalt von Staat und Justiz, täglicher Kriegshandlungen und Gewaltakte physische, zum Tode führende Gewalt nach sich zieht.

Der Roman ist im Gegensatz zu den anderen beiden hier analysierten Erzähltexte über die Gewalt in der französischen Geschichte des 20. Jahrhunderts hinsichtlich erzählter Zeit und Erzähltempo nicht in epischer Breite gehalten, wobei die erzählte Zeit lediglich ein paar Jahre aus dem Leben des Protagonisten Fernand Iveton umfasst. Die Leser*innen folgen in hoher Erzähl-Geschwindigkeit den von einer extra- und heterodiegetischen Erzählstimme vorgenommenen Wechseln zwischen den Perspektiven verschiedener Figuren, wobei auch zwischen erzählter Rede und den Einschüben der Erzählerfigur an manchen Stellen kaum unterschieden wird.

Die Fokalisierungen wechseln von internen Gedankengängen der Figuren in Form direkter und erlebter Rede zu externen Beschreibungen ihrer Handlungen und umfassen auch immer wieder eingestreute ‹übergeordnete› Informationen, welche keiner der geschilderten Figuren bekannt sein konnten und durch diesen plötzlichen Nullfokus die Erzählerfigur als informierten Kommentator in den Vordergrund stellen. Eine klar positiv konnotierte, daher ins Heroische neigende narrative Konstruktion der Protagonisten-Figuren Iveton und seiner Frau Hélène durch diese wertende Erzählstimme geht einher mit dichten Beschreibungen ihrer Lebenswelt. Schauplätze, Figuren und Perspektive werden in schnellen Wechseln sowie Parallel-Montagen verwoben, Handlungssprünge sind kaum durch größere Absätze, graphische Einschnitte oder unterschiedliche Schrifttypen auf Textebene gekennzeichnet. Gleich das Incipit des Romans gerät so zu einem harten Einstieg, wie er eher für Thriller und Hardboiled-Romane typisch ist als für ein sich anschließendes politisches Justizdrama. Die Handlung setzt mit den Stunden kurz vor dem geplanten Attentat, dem Abstellen der Sporttaschen mit den Bomben aus der Perspektive des Protagonisten Fernand Iveton ein, wobei Umwelt – graues Novemberwetter – und inneres Erleben, geprägt von Halbherzigkeit und Nervosität, sich im *Style indirect libre* der Erlebten Rede spiegeln:

> Pas cette pluie franche et fière, non. Une pluie chiche. Mesquine. Jouant petit. Fernand attend à deux ou trois mètres de la route en dur, à l'abri sous un cèdre. Ils avaient dit treize heures trente. Plus que quatre minutes. Treize heures trente, c'est bien ça. Insupportable, cette pluie sournoise, pas même le courage des cordes, les vraies de vraies, juste assez pour mouiller la nuque du bout des doigts, goutte avare, et s'en tirer ainsi. Trois minutes. Fernand ne quitte plus sa montre des yeux. Une voiture passe. Est-ce elle?[161]

Deutlich erfolgt jedoch nach diesem Spannung erzeugenden Incipit einer Korrespondenz der Hauptfigur mit ihrer Umgebung zwischen Mut und Mutlosigkeit und den ereignisreichen einleitenden Kapiteln eine thematische Verschiebung, welche den Spannungsaufbau zu Beginn auflöst und in eine andere Zeitlichkeit des Gefängnisses, des Hoffens der Hauptfigur auf Freispruch, überführt: Die Erzählweise ändert sich zusammen mit der weiteren thematischen Schwerpunktsetzung der Handlung. Doch wird gleich an diesem Romaneinstieg eine wichtige Verortung bezüglich der Rolle der Erzählstimme und ihrer Vermittlerfunktion mit den rezipierenden extratextuellen Instanzen gegeben, welche bis zum Ende des Texts erhalten bleibt und wie sie typisch ist für politische und engagierte Literatur: Die Erzählung intendiert letztlich eine Identifikation der Leserschaft mit dem politisch agierenden ‹Helden›. Auch wird durch den Wechsel der Erzählweise ein politisches Enjeu in der Strukturierung deutlich. Auf Ebene des *récit* eines geplanten Terroranschlags ähnelt der Text in seiner Machart in diesem Sinne zwar am Beginn – und den Szenen der Folter – eher den schnellen Schnitten eines Actionfilms oder Thrillers mit all der Brutalität und dem unverblümten Realismus der Hardboiled-Literatur und ihrer dunklen Helden. Doch wird diese Schreibweise nicht weiterverfolgt, denn die Gedanken und Handlungen des ‹Helden› Iveton werden gleich am Anfang schon in jenem Moment wiedergegeben, welcher in klassischer Erzählweise eines Thrillers aus Perspektive des Täters eigentlich erst später den Höhepunkt bilden würde: bei der Durchführung des Bombenattentats. Hier jedoch setzt die *discours*-Ebene mit dem Zeitpunkt der Platzierung zweier Bomben in einer Fabrik in Algier an und zeigt bereits durch diese diegetische Akzentuierung deutlich, dass nicht dieser gescheiterte Gewaltakt im Fokus steht, dem unvermittelt Verhaftung und Verhör folgen, sondern eine Chronologie, welche das Nachspiel dieser Tat für die beteiligten Figuren in den Vordergrund rückt.

Der Weg des nervösen, aber dennoch couragierten Täters zum gefolterten und letztlich hingerichteten Opfer ist bereits durch die Exposition vorgezeichnet,

---

[161] Ebda., S. 9.

der vermeintliche Terroristen-Thriller wird zum tragischen Justizdrama. Dieses endet auf der letzten Seite des Schlusskapitels mit der Hinrichtung Ivetons zusammen mit weiteren Verurteilten, dem ein kurzer Epilog und der extradiegetische Paratext folgen. Der letzte Satz des Romans, in welchem die Erzählstimme noch einmal die ‹Fakten› zusammenfasst, bricht jedoch als sprachliches Echo auf das Fallbeil der Guillotine ab; die Stimme des erzählenden Zeugen, der engagierten Erzählinstanz, versagt somit zusammen mit derjenigen der Hauptfigur Fernand Iveton im Moment von dessen Tod:

> Fernand passe en premier: l'usage veut que le condamné le moins « coupable » ouvre le bal afin qu'il n'ait pas à assister à la mise à mort des autres. Ses deux avocats se retirent dans l'un des couloirs qui mènent à la cour. Laînné s'agenouille, la tête baissée, les mains jointes vers son Seigneur. Smadja, debout en sanglots, front contre le mur. Ils ne veulent, ils ne peuvent voir cela. Il est cinq heures dix lorsque la tête de Fernand Iveton, numéro d'écrou 6101, trente ans,[162]

Wie im Incipit des Romans bleibt auch in dieser Perspektivierung des Schlusskapitels, das gefolgt wird von einem kurzen Epilog in Form eines anonymen Kondolenz-Briefes mit dem Gedicht einer algerischen Unabhängigkeitskämpferin, den Ivetons Ehefrau Hélène erhält, die Nähe der Erzählstimme zum Empfinden und Erleben der Hauptfigur erhalten. Obwohl deren Hinrichtung von außen und anhand objektiver Fakten orientiert geschildert wird, ist der Abbruch des Satzes im Moment des Todes des Protagonisten auch eine letzte, diesmal absolute Identifikation mit dessen Körper durch den Erzähler. Die beinahe zwingende Solidarisierung mit dem Opfer der Gewalt von Politik und Justiz bildet dadurch auch für die rezipierende Lektüre den Abschluss. Und nicht umsonst ist diese Solidarisierung auf Ebene des Physischen gegenüber der vermeintlichen Abstraktheit struktureller und symbolischer Gewalt des französischen Staates (der «coq» könnte für den Gallischen Hahn stehen) auch das Thema des anonym versandten Gedichts einer «Européenne d'Algérie, indépendantiste et condamnée à cinq années de détention» / «algerische[n] Europäerin, Unabhängigkeitskämpferin und zu fünf Jahren Haft verurteilt», welches im erwähnten Epilog-Kapitel abgedruckt ist:

> Puis le coq a chanté
> Ce matin ils ont osé,
> Ils ont osé vous assassiner.
>
> En nos corps fortifiés
> Que vive notre idéal
> Et vos sangs entremêlés

---

162 Ebda., S. 134 f.

> Pour que demain, ils n'osent plus
> Ils n'osent plus, nous assassiner[163]

Wieder ist es der von einer engagierten *écriture* geforderte Aufruf zur Solidarisierung, den das lyrische Wir dem «ils» der Mörder und mörderischer Mechanismen als Instanzen ethischer Grenzüberschreitungen – ‹sie wagten es› – entgegenschreit. Die Bilder des Körpers als Festung, aber auch der ‹Vermischung› – im humanistisch-universellen Sinne einer Solidarisierung der Ethnien («sangs») als dem ‹wahren› Universalismus – fassen in geraffter Form als intertextuelle Referenz des Romans auf ein Gedicht noch einmal die diegetische Welt sowie die Handlung des vorher Erzählten zusammen, in welches es als lyrischer ‹Schlussstein› eingebettet ist. Durch die in letzterem fruchtbar gemachte und am Incipit deutlich werdende synästhetische Verknüpfung von Stimmung, Außen- und Innenwelt durch Adjektive sowie erlebte Rede, durch die immer wieder erfolgende interne Fokalisierung auf die Figur Fernand Iveton, wird wie im Gedicht auf ein Identifikations- und Solidarisierungspotential der Leserschaft mit dem erzählten Erleben des Protagonisten vom Beginn bis zum Ende des Romantexts abgezielt. Dieses Potential wird im Verlauf der Handlung durch die Art der Perspektivierung gesellschaftlicher und kultureller Ebenen dieser Außenwelt des Protagonisten unterstützt, welche – wie dargelegt – nicht durch eine neutrale Position der Erzählstimme, sondern deren deutliche und bewusste Partei- und politische Stellungnahme gekennzeichnet ist.

Diese klare Parteinahme zugunsten des Opfers der Gewalt wird durch einige weitere Techniken akzentuiert: So sind erklärende Kommentare, welche staatliche Symbole und Rituale explizit in Frage stellen und herausfordern, aus einer nullfokalisierten Perspektive über den Text verteilt. Sie werden immer wieder eingestreut, um die Situation zugleich zu interpretieren und der Leserschaft zu ‹erklären›. Während der immer wieder eingeblendeten Nahbeschreibungen körperlicher Folter durch Elektroschocks als berüchtigtster Methode der ‹Informationsbeschaffung› während des Algerienkriegs, durch Waterboarding und Schläge werden beispielsweise mittels Einschüben erlebter Rede, welche jedoch nicht gänzlich von den Kommentaren der Erzählerfigur abgegrenzt werden können, Parallelen zwischen dieser Welt der Polizeigewalt mit den Methoden des nationalsozialistischen Terrorsystems gezogen. Diese Parallelisie-

---

163 Ebda., S. 137. «Dann krähte der Hahn / Und sie haben's getan, / Sie wagten, euch zu ermorden. // Festungen sind unsre Körper geworden / Unser Ideal solln sie sagen / Euer gemischtes Blut in sich tragen / Damit sie's morgen nicht wagen / Nicht mehr wagen, uns zu ermorden» [Übersetzung Claudia Hamm].

rung fällt umso mehr ins Gewicht, als dass damit eine historisierbare und klar referentialisierbare Grundlage für ihre Illegitimität geschaffen wird. Die Erzählerfigur streut nämlich den Hinweis ein – und kommentiert ihn zugleich aus der Perspektive des verhörenden Beamten –, dass Algiers von Paris entsandter Polizeipräsident, Paul Teitgen, ohne Ivetons Wissen auch deshalb befohlen habe, letzteren keinesfalls zu foltern, weil er selbst während der deutschen Besatzung gefoltert wurde:

> Ce que Fernand ignore, c'est que le secrétaire général de la police d'Alger, Paul Teitgen, a explicitement fait savoir, il y a deux heures de cela, qu'il interdisait qu'on le touchât – Teitgen avait été déporté et torturé par les Allemands, il n'entendait pas que la police, sa police, celle de la France pour laquelle il s'était battu, la France de la République, Voltaire, Hugo, Clemenceau, La France des Droits de l'homme, il n'avait jamais su placer la majuscule, que cette France, la France, pût torturer à son tour. Personne, ici, ne l'avait écouté : Teitgen était une belle âme, un planqué débarqué de la métropole trois mois plus tôt seulement, il avait emporté dans ses valises ses jolies manières, faillait les voir de près, la déontologie, la probité, la rectitude, l'éthique, même l'éthique, mon cul sur la commode il ne connaît rien au terrain, rien du tout, faites ce qu'il faut pour Iveton et je vous couvrirai, avait sans hésiter tranché le commissaire – on ne mène pas une guerre avec des principes et des prêches de boy-scout.[164]

Mit dieser im Zitat erfolgenden Vermischung der Perspektivierungen zwischen Teitgen, Erzähler und Polizeikommissar werden offizielle Politik der «France des Droits de l'homme» und ‹Pragmatismus› der Exekutivorgane in scharfem Kontrast dargestellt. Frankreich als von der Aufklärung geprägtes «Land der Menschenrechte», welches diesem Anspruch nicht mehr gerecht wird, wird durch die Erzählstimme in einer erklärenden Interpretation dieses Befehlsbruchs durch die Polizei in Algerien in Frage gestellt, indem deren Verhalten in einen historischen Zusammenhang zu Nazi-Deutschland gerückt wird, welcher die offiziellen Narrative von Republik und Nation relativiert und damit das politische Potential der Diegese entfaltet. Wie auch in Alexis Jennis Roman zur *Französischen Kunst des Krieges* ist es daher eine kritische Erinnerungslogik im literarischen Raum, welche die Gewaltanwendung im Namen Frankreichs und deren Verschweigen in der offiziellen Erinnerungskultur diesmal konkretisierend am individuellen Fallbeispiel anklagt. Während es jedoch im Fall von Jennis Text das Empfinden der Demütigung und Defensivstellung war, welches in neue Logiken und Rechtfertigungen einer Gewalt im Namen des Nationalen

---

164 Andras: *De nos frères blessés*, S. 23. Die historische Figur des Polizeipräsidenten Teitgen als auch um bürokratische Sichtbarkeit bemühter Chronist der Toten und ‹Verschwundenen› des französischen Kolonialterrors taucht auch in Alexis Jennis *L'Art français de la guerre* auf, vgl. ebda. S. 26–29 u. S. 512–517.

führt, wird im Falle der oben erwähnten Szene des Polizeipräsidenten Teitgen in Andras' Roman die erinnerte Geschichte deutscher Besatzung zur Folie ethischer Reflexion. Teitgen selbst trat aufgrund seiner Ablehnung der in Algerien durchgesetzten Folterpraxis am 12. September 1957 zurück, die ihn an jene damals noch nicht lange zurückliegende Folter durch die Gestapo erinnerte, deren Opfer er war.[165]

Doch diese Folie bleibt insofern wirkungslos, als dass jenes Denken von den lokalen Behörden als Schwäche verhöhnt wird. Gewaltanwendung bleibt diesseits wie jenseits des Mittelmeeres ein probates Mittel zur Aufrechterhaltung gesellschaftlicher Stabilität durch die Exekutivorgane des Äußeren wie des Inneren: «on ne mène pas une guerre avec des principes et des prêches de boy-scout» / «einen Krieg führt man nicht mit edlen Prinzipien und Pfadfinderweisheiten». Algier wird von den Vertretern der Staatsmacht als peripherer Raum der Gewalt auf Distanz zum fernen Paris gebracht, welches sich von den Kämpfen ‹an der Front› kein Bild machen könne. Die zugrundeliegende Opposition von Metropole und Kolonie wird dadurch offensichtlich: Die Frage nach der universellen Gültigkeit der Menschenrechte ist unvereinbar mit dem Kriegsrecht, welchem der französische Staat in der Causa Algerien folgt. Zudem wird offenbar, wie sehr sich die Sicht auf das im historischen Raum perpetuierte Narrativ des aufgeklärt-zentralisierten Zivilisationsbringers in Teilen des französischen Staatsgebiets, zumal dem kolonialisierten Teil, unterscheidet.

Die erzählerische Dekonstruktion dieses Narrativs erfolgt auch über die Strukturierung der Diegese, indem letztere diese Opposition zwischen Frankreichs Zentrum und seiner kolonialen Peripherie durch einen Ausbau des Identifikationspotentials des Protagonisten Fernand Iveton und seiner Ehefrau Hélène für die Leserschaft unterläuft. Sie und ihr Leben zwischen Frankreich und Algerien, ihr Empfinden und Erleben werden im Gegensatz zu den meisten anderen Figuren allein in biographischer Tiefe gezeichnet. Es entwickelt sich in der Struktur des *discours* ein zweiter Handlungsstrang episodisch weiter, welcher für die Charakterisierung sowie das Verständnis der Handlungsmotivationen beider Romanfiguren gleichermaßen bedeutend ist. Neben der Geschichte von Fernands Verhaftung, Folter, Gerichtsprozess und Hinrichtung, einer säkularen Passionserzählung, steht eine Liebesgeschichte, welche in immer wieder eingestreuten Analepsen die Begegnung sowie die sich entwickelnde Beziehung zu Fernands Ehefrau Hélène schildert. Fernand befindet sich zur Zeit dieser Begegnung im

---

[165] Zu Paul Teitgen und seiner Rolle aus historiographischer Perspektive vgl. Riceputi, Fabrice: Paul Teitgen et la torture pendant la guerre d'Algérie, une trahison républicaine. In: *20&21. Revue d'histoire* 142 (avril-juin 2019), S. 3–17.

‹Mutterland›, wo er aufgrund eines diagnostizierten Lungenleidens behandelt wird. In diesen Episoden des Romans, welche im Nachkriegsfrankreich der fünfziger Jahre ansetzen, gewinnen die beiden Hauptfiguren nicht nur psychologische und biographische Tiefe, sondern auch ein politisches Profil, da sowohl Weltansichten als auch biographische Hintergrundinformationen in die Erzählung einfließen.

Hélène, wie Fernand Arbeiterkind, aber polnischer Abstammung, evoziert während der ersten Rendezvous mit Fernand auf französischem Boden durch autobiographische Erzählungen gegenüber dem Geliebten die Vergangenheit eines nationalsozialistisch besetzten Europas, die Geschichte der Konzentrationslager und Folterungen, welche ihre eigene Familiengeschichte prägten.[166] Die dadurch angedeutete Parallelisierung von französischer *Résistance* während der deutschen *Occupation* und dem Widerstand der Algerienfranzosen gegen die Brutalität des ‹Mutterlandes› stellt somit die Frage nach einer Verteidigung des zivilisierten Frankreich in Form des Kampfes um seine Werte gegen dessen staatliche Form, gegen die Repbulik selbst. Diesbezüglich sieht sich Iveton selbst nicht als Franzose, sondern als Algerier, relativiert diese identitäre Zuordnung jedoch insofern, als dass er eine Trennung zwischen ‹Arabern› und ‹Europäern› ablehnt. So rechtfertig Fernand sein Handeln im Gerichtssaal mit den folgenden leidenschaftlichen Worten, welche diesmal in direkter Rede des Angeklagten wiedergegeben werden:

> J'ai décidé cela parce que je me considérais comme algérien et que je n'étais pas insensible à la lutte que mène le peuple algérien. Il n'est pas juste, aurait-on dit, que les Français se tiennent en dehors de la lutte. J'aime la France, j'aime beaucoup la France, j'aime énormément la France, mais ce que je n'aime pas, ce sont les colonialistes […] Je suis sincère dans mes idées politiques et je pensais que mon action pouvait prouver que tous les Européens d'Algérie ne sont pas anti-Arabes – parce qu'il y a ce fossé qui se creuse de plus en plus.[167]

Fernand sieht in der Anerkennung der Unabhängigkeit Algeriens die einzige Chance, Frankreichs zivilisatorische Glaubwürdigkeit in Form einer Umsetzung behaupteter Werte des Universalismus vor dem Kolonialismus seiner Republik zu retten. Doch diese Rettung geschieht nicht auf der Grundlage jenes «Grabens», welcher immer größer werde, mithin neuer identitärer Differenzierungen zwischen Arabern, Franzosen und Europäern, sondern lediglich durch eine Anerkennung der Forderung nach souveräner Autonomie gegen kolonialistische Herr-

---

166 Vgl. Andras: *De nos frères blessés*, S. 58.
167 Ebda., S. 66 f.

schaftsinteressen, welcher Fernand Iveton sich eben gerade als Franzose verpflichtet fühlt. Dieser Entschluss zur Verteidigung der universellen Werte französischer Zivilisation gegen den Staat führt sowohl bei Fernand als auch immer stärker bei Hélène zu einer Solidarisierung mit der arabischen Bevölkerung Algeriens gegenüber der Arroganz und den abschätzigen Worten der französischen Kolonialherren. Obwohl sie sich wohl fühlt, ist Hélène auch etwas befremdet, als sie aus Frankreich in das Geburtsland ihres Ehemannes zieht und die dortigen gesellschaftlichen Konventionen der Europäer, ihre Verachtung gegenüber der arabischen Bevölkerung, aber auch die von Unterdrückung geprägte Atmosphäre kennenlernt, welche sie als Frau doppelt trifft, da sie zusätzlich zu den Demütigungen seitens der Europäer noch Zeuge der Restriktionen der arabischen Kultur wird, welche eine Frau in der Öffentlichkeit zu erdulden hat:

> À l'évidence, il lui [Hélène, ML] fallut composer – avec les us locaux et les rigidités propres à ces deux cultures qu'elle découvrait : musulmane et « européenne ». Elle comprit qu'elle ne pouvait pas fumer en public : une femme, sauf à passer pour une putain, ne peut s'exhiber ainsi, [...] Elle n'aime pas, en revanche, l'arrogance quotidienne qu'elle décelait, ou plutôt constatait tant rien n'était et n'est caché, des Européens à l'égard des musulmans (elle ne tarda pas à entrevoir l'inventivité verbale que les humains déploient pour décrire ceux qu'ils n'admettent pas en leur sein : crouilles, ratons, melons, bicots, bougnoules.[168]

Der Rassismus und die verbale Gewalt der ‹weißen› Franzosen, welche in der ‹Kreativität› der für Muslime und arabische Algerier gebrauchten beleidigenden Wortschöpfungen deutlich werden, und die segregierte Lebenswelt, wo man das Algerien der ‹Europäer› von dem der ‹Araber› zu trennen bemüht ist, erstaunen die junge Frau, welche aus dem ländlichen Frankreich ihrem Ehemann in die Fremde folgt. Sie erkennt dabei den Grund für dessen Ablehnung von jeglicher Form des Kolonialismus. Beide Figuren werden dabei trotz dieser im obigen Zitat deutlich werdenden Vorbehalte Hélènes bezüglich der Rolle der Frau innerhalb der algerischen Gesellschaft in immer enger werdendem Austausch mit der Welt der arabischen Algerier dargestellt. Situationen eines Kontakts entstehen besonders nach Ivetons Verhaftung, wenn er und auch Hélène im Gefängnis respektive auf den Straßen Algiers von arabischen Gefängnisinsassen beziehungsweise Fremden, die vom Fall des Franzosen Kenntnis besitzen, voller Respekt und Anerkennung behandelt werden.[169] Arabische Worte und Ausdrücke in arabischer Schrift, welche dem Text eine Dimension der Mehrsprachigkeit hinzufügen, fließen im Laufe der Handlung immer häufiger in ihn ein und betonen auf formaler

---

[168] Ebda., S. 110 f.
[169] Vgl. ebda, S. 41 f., S. 81.

und schriftbildlicher Ebene diese Elemente einer kulturellen Verbindung Ivetons, Hélènes wie des Erzählers zur arabischen Welt. Denn die Wort-Emergenzen werden nicht übersetzt oder kommentiert, sondern bleiben in ihrer Schriftbildlichkeit und ‹Autonomie› für eine des Arabischen unkundige Leserschaft bestehen.[170] Selbst im Gefängnis wird Iveton von einem Bemühen getragen, seine Wertschätzung für die arabische Kultur zum Ausdruck zu bringen, wenn er versucht, mithilfe seines Mitinsassen Bakri sein Arabisch zu verbessern.[171]

Neben dieser Solidarisierung mit einer ‹fremden› Kultur prägt auch eine starke politische Solidarisierung die Beziehung zwischen Hélène und Fernand sowie die Beziehung zu ihrer Umwelt. Fernands Engagement für die Sache des Marxismus und seine stolz propagierte Identität als Arbeiter wird von ihm selbst während eines seiner ersten Treffen mit Hélène hervorgehoben und dezidiert gegen andere Möglichkeiten der Selbstidentifikation rassistischen und kolonialistischen Zuschnitts gestellt.[172] Fernand sieht sich weder als ‹Weißen› noch als ‹Europäer› – und auch nicht als ‹Franzosen› im nationalistischen Sinne: Er definiert sich klar auf Grundlage seines Herkunftsmilieus sowie grundsätzlicher als Antikolonialist. Eine diesem im Sinne des historischen Materialismus geprägten Universalismus entsprechende Vision für das Algerien der Zukunft entwickelt Iveton anlässlich eines Abendessens bei seinem Großvater in Paris, wobei hier die Verbindung von kommunistisch verstandener *égalité* und antikolonialistischer *liberté* mit einer universalistischen *fraternité* aller Ethnien und Religionen aufscheint. Sie und die gutmütigen Einwände des Großvaters lassen die Figur Ivetons letztlich als einen von jugendlichem Eifer geprägten marxistischen ‹Humanisten›, kaum als einen totalitären Fanatiker kommunistischer Prägung erscheinen, welcher sich eine Diktatur stalinistischen Zuschnitts für Algerien wünschen würde. Der Protagonist des Romans möchte sich in klassisch sozialistischer Rhetorik auf Seiten der Unterdrückten engagieren, welcher er sich auch als europäischer Algerier und Arbeiter zurechnet, wobei es weniger die Frage der Notwendigkeit von Gewaltanwendung als diejenige der notwendigen Anerkennung aller auf algerischem Boden Lebenden durch die Regierenden ist, welche ihn in diesem idealistischen Streben umtreibt:

> Le statu quo n'est plus de mise. Quelques-uns parlent de prendre modèle sur les Vietnamiens, de se soulever par les armes et de gagner les maquis, mais beaucoup, précise-t-il, n'y croient pas. Fernand, lui, n'aspire qu'à une seule chose : que l'Algérie de demain finisse, de gré ou de force, par reconnaître chacun de ses enfants, d'où qu'ils viennent, lui

---

170 Vgl. ebda., S. 19f., S. 42, S. 133–136.
171 Vgl. ebda., S. 97.
172 Vgl. ebda. S. 30–34.

ou ses parents et grands-parents, n'importe, arabe, berbère, juif, italien, espagnol, maltais, français, allemand... Des millions de gens sont nés sur cette terre et quelques possédants, quelques petits barons sans foi ni loi, régentent le pays avec l'aval, et même l'appui, des gouvernements français successifs : il faut en finir avec ce système, débarrasser l'Algérie de ces roitelets et fonder un nouveau régime sur une base populaire, celle des travailleurs arabes et européens, ensemble, les gens modestes, les petits et les modiques de toutes les races uni pour mettre à bas les voyous qui les rançonnent es les oppriment.[173]

Fernands Vision für das Algerien der Zukunft nimmt in diesen Aussagen die Form eines klar sozialistisch geprägten Universalismus an, welcher auf Grundlage des historischen Materialismus zugleich den aristokratischen Feudalismus französischer Prägung als rassistisches und in Algerien weiterbestehendes System anprangert, welches von einer kleinen Gruppe besitzender Europäer getragen ist, die sich lediglich den Anschein geschichtlicher und zivilisatorischer Fortschrittlichkeit geben. Diese klassisch marxistische Haltung ist jedoch wiederum ein diegetisches Fundament, welches auch die dargestellte para- und extratextuelle Paradigmatik des Texts spiegelt. Wichtig für dessen Zuordnung zur Strömung engagierter und dezidert politischer Literatur, welche aus der Zeitlichkeit des Gegenwärtigen Kritik an einer ‹offiziellen› Geschichtsschreibung übt, ist daher die Zeichnung der Hauptfigur selbst, welche durch diese vertiefende Darstellung ihrer Beweggründe das bereits geschilderte Identifikationspotential durch den Beweis der Transparenz ihrer Handlungsmotive, durch ihre ‹Aufrichtigkeit› weiter ausbaut.

Auch auf der intradiegetischen Ebene des zweiten Erzählstrangs, der erwähnten Liebesgeschichte eines jungen Idealisten, gewinnt in diesem Sinne dessen Charakter nicht nur durch eine Solidarisierung der Erzählstimme, sondern durch die Schilderung seiner Gefühle für Hélène ein menschlich-sympathisches Profil. Begleitet wird diese Vertiefung der Figurenzeichnung auf formaler Ebene durch das verlangsamte Erzähltempo der Episoden der Liebesgeschichte, welche sogar Anklänge von idyllischen Landschaftsbeschreibungen des ländlichen Frankreich bei Annet-sur-Marne zulassen, wo Hélène lebt, und die mit ihrem warmen Licht einen Kontrast zur Kälte jener algerischen Handlungsebene bilden, die vor allem eine Geschichte der Entmenschlichung im Namen von Recht und Ordnung darstellt.[174]

In diesem Zusammenhang des Biographischen wird auch ein zunächst privates und persönliches Motiv genannt, welches dem Engagement der Hauptfigur für die Sache des Kommunismus und seiner Ablehnung der Staatsgewalt voraus-

---

173 Ebd. S. 62f.
174 Vgl. ebda., S. 29–33, S. 44–47 u. S. 86–89,.

geht. Es ist die prozesslose Hinrichtung des Jugendfreundes Henri Maillot, wie Fernand Iveton eine historisch belegte Figur, welcher aus der französischen Armee desertierte und den algerischen Unabhängigkeitskämpfern Waffen lieferte, die schließlich den ausschlaggebenden Grund für Ivetons eigene Mobilisierung bildete.[175] Der junge Kommunist Fernand Iveton erkennt am tragischen Beispiel des Freundes, dass mit Gerechtigkeit und Mäßigung weder auf Seiten des Militärs noch der Polizei oder gar der europäischen Bevölkerung Algeriens zu rechnen ist. Es sind die Geschehnisse während und nach Maillots Hinrichtung, die den Idealismus des Einzelnen gegen ein Kolonial-System stellen, welches sich vor allem durch eine Vernichtung der Gegner aus dem Hinterhalt auszeichnet, die schließlich zum Modell für das eigene Verhalten werden. Wieder stehen Symbolpolitik und tatsächliches Verhalten der Repräsentanten des französischen Staates als ein tödlicher Antagonismus unter Anklage. Dabei konterkariert der Text mit dunklen Katachresen das heroisierende Bild des französischen Staates in Form seiner mit ihm verbundenen Allegorien von *Civilisation* und *Marianne*. Es handelt sich bei diesen zwischen Erzählstimme und Ivetons Perspektive stehenden Aussagen eher um Sarkasmus, denn um Pathos:

> Les indépendantistes furent rapidement pris d'assaut et Henri arrêté vivant par des soldats du 504 BT : après l'avoir battu, on lui dit qu'il pouvait s'en aller, il savait qu'il n'en était rien, marcha à reculons, hurla « Vive le Parti communiste algérien ! » et tomba sous une rafale.
> Son cadavre fut transporté en ville sur le capot d'un engin blindé, les cheveux teints au henné, de faux papiers dans ses poches. Trophées des grands vainqueurs.
> La Civilisation bombe le torse, bandant verges et drapeaux.
> Marianne monnaie sa nuit aux trois couleurs – des clous pour des chimères.
> *Je ne suis pas musulman*, avait-il écrit peu de temps auparavant, *mais je suis algérien d'origine européenne. Je considère l'Algérie comme ma patrie.*[176]

Die feige Hinrichtung des Freundes ist jedoch für Iveton noch nicht Beweis einer gänzlich unrettbaren Korruption des kolonialistischen Frankreich. Denn gleichzeitig glaubt Iveton durchaus an jene Aufklärung, zu welcher das Land in seiner turbulenten Geschichte entscheidend beitrug und deren Errungenschaften im kolonialistischen Handeln des französischen Staates mit Füßen getreten wurden. Ivetons Zwiespalt zwischen einem Hoffen auf die uneingelösten Versprechen eines zivilisatorischen Universalismus der Werte und seine Resignation in Anbetracht der real-politischen ‹Verhältnisse› setzen somit nicht erst mit Verhaftung,

---

175 Vgl. zu dieser Figur eines kommunistischen Antikolonialisten Kastell, Serge: *Le Maquis rouge. L'Aspirant Maillot et la guerre d'Algérie 1956*. Paris: L'Harmattan 2000; sowie Einaudi: *Pour l'exemple, l'affaire Fernand Iveton*, S. 26.
176 Andras: *De nos frères blessés*, S. 123 f.

Folter, Bittgesuchen und Verurteilung ein. Sie finden biographisch ihren Anfang bereits in der politischen Sozialisation der Hauptfigur durch die persönliche Freundschaft mit einem weiteren Opfer des französischen Kolonialismus in Algerien. Charakterzüge, welche den jungen Protagonisten natürlich in einem Licht von Altruismus und Heldenhaftigkeit erscheinen lassen, werden im Verlauf der Handlung noch durch dessen gesellschaftskritische Einstellungen verstärkt. Das Leben und Sterben Ivetons sind bewusst in Form einer Geschichte heroischen Ertragens und Duldens sogar in Situationen äußerster Folter und Gewaltanwendung gezeichnet, welche weder vom Fanatismus eines Terroristen noch von den Selbstzweifeln eines ‹Helden aus Gelegenheit› erzählt. Iveton ist engagiert aus Überzeugung und anders als der Todeskandidat in Camus' *Étranger* ist seine Lebenswelt von Optimismus und lebendiger Anteilnahme am Schicksal der Mitmenschen gekennzeichnet.

Untermauert wird dies durch einen negierenden intertextuellen Bezug auf einen Referenztext, welcher den Gegensatz zwischen institutionalisierter Gerechtigkeit in Form der Justiz und menschlichem Gewissen an seinem Ende versöhnt. Nicht von ungefähr legt Iveton den Romanklassiker *Verbrechen und Strafe*, das im Deutschen lange mit *Schuld und Sühne* übersetzt wurde, nach dem dritten Kapitel ungelesen beiseite und zieht ihm *L'Humanité* vor, die Zeitschrift der *Section française de l'Internationale ouvrière*, für die auch der extratextuelle Autor Josef Andras journalistisch tätig ist.[177] Diese intertextuelle Referenz-Konstellation ist vielsagend: Iveton sieht in Dostojewskis Figur des Raskolnikow kein Identifikationspotential. Die Reflexionen des russischen Autors sowie die negative Erwähnung dieses Groß-Romans weisen darauf hin, dass Andras' Text nicht die Verhandlung der ‹inneren Moral› eines Humanismus à la Dostojewski gegenüber den Handlungsmöglichkeiten des Einzelnen – hier in Form terroristischer, allerdings unblutiger Gewalt, welche auf Sabotage baut –, sondern die Perversion des Schuldbegriffs durch ein von Gewalt korrumpiertes System selbst adressiert. Andererseits ist hier auch eine Ablehnung des psychologischen Romans mit assoziierbar, wie sie Andras' Text selbst in seiner bewusst trockenen, von Figuren-Handeln und politischem Nachdenken durchdrungenen, aber wenig psychologisierenden Schreibweise hervorkehrt. Dennoch entbehrt die dortige Charakterisierung der Figuren – wie erwähnt – nicht gänzlich einer Darstellung ihres Innenlebens, welches jedoch auch im Hinblick auf die Liebesgeschichte des Romans weniger von Psychologie als von Einstellungen und Grundsätzen geprägt ist. Iveton ist dabei, wie oben bereits angedeutet, weder kaltblütiger Killer noch dumpfer Ideologe, da er Gewalt,

---

177 Vgl. ebda., S. 56f.

insbesondere gegen an politischen Konflikten unbeteiligte Menschen, grundsätzlich ablehnt und trotz seines politischen Engagements keine Sympathien für bisher geschehene Terrorakte hegt. Sein ‹Attentat› wird sofort in dessen Intention als symbolischer Akt klassifiziert, welcher nicht Menschen, sondern Objekte eines schuldbeladenen und bedrohlichen Systems treffen sollte.

Diese und weitere klare Charakterisierungen und politische Haltungen der beiden Hauptfiguren unterstreichen einen tief in ihnen verwurzelten Idealismus, welcher zugleich als politisch engagierte Erzählerintention klar kenntlich gemacht ist: Solidarität mit Mitstreitern, kämpferischer Mut für die Sache der Unterdrückten, zugleich Liebe. Der Text gewinnt seine Spannung daher durch die Konfrontation dieser heroischen Welt des politischen Aktivismus mit der ihr entgegengesetzten Sprache und Räumlichkeit eines Systems der Gewalt. Dieses wird teilweise gestützt von einer nationalistisch geprägten öffentlichen Meinung der Europäer im Mutterland wie in Algerien, weiter Teile der französischen Presse, Teilen der Legislative, und wie im Roman deutlich wird, auch der Jurisdiktion, der Symbolpolitik sowie der Exekutivorgane Polizei und Militär. Seine Sprache ist diejenige routinierter Arroganz und Brutalität, der gezielten Missachtung von Privatsphäre und körperlicher Würde sowie diejenige eines binären Denkens im Schema von Freund und Feind, wie es Kriegssituationen und das Denken des Extremismus auszeichnet – und wie es auch im bereits analysierten Erzähltext *L'Art français de la guerre* als Abdriften der französischen Zivilisation in brutale Barbarei in Vietnam und Algerien gezeichnet ist. Der Sprachlosigkeit in Hinblick auf Orte wie die *Villa Sésini* oder die *Prison de Barberousse* steht eine Sprache der Gewalt gegenüber, welche im offiziellen Diskurs keinen Widerhall findet, aber literarisch modelliert werden kann.[178]

Andras' Text evoziert somit wiederum, wie auch bereits der erste hier analysierte Roman *Au revoir là-haut*, eine dialogische Struktur der Gewalthandlungen zwischen Individuum und Lebenswelt, welche die Hauptfigur mit der Gewalt eines Kollektivs und seiner Sprache des Krieges konfrontiert, welche sich strukturell, symbolisch wie direkt-physisch äußert. Diese Gewalt reduziert die Subjektivität des Individuums auf dessen körperliche Funktionen und unterwirft es seiner Funktion als bestätigendes Element der Macht des Staates im symbolischen Raum des Nationalen, aber auch der konkreten Gewalt in Form der Strafjustiz. Solidarität, *fraternité*, besteht in diesem System im Kriegszustand, welches nicht vom Krieg, sondern nur von ‹Rebellion› sprechen möchte, nur im Narrativ gemeinsamer nationaler Verteidigung und zwischen ethnischen Europäern; keinesfalls geht es um Solidarität mit den «verwundeten Brüdern» arabischer Her-

---

[178] Vgl. Messling: *Universalität nach dem Universalismus*, S. 128 f.

kunft, aber auch mit jenen kommunistischer Gesinnung.[179] Im Abstraktum wird dieses exklusive menschliche Kollektiv wiederum mit dem Signifikanten belegt, welcher *Frankreich* heißt. Der Glaube an diesen Signifikanten, welcher im unten stehenden Zitat personifiziert wird, und der damit einhergehenden ethischen Versprechen ist jedoch auch beim Anti-Kolonialisten und Anti-Kapitalisten Fernand Iveton stark: Der Satz «schließlich ist Frankreich keine Diktatur» wird zur beruhigenden Beschwörungsformel angesichts der Bedrohung des eigenen Lebens. Fernand kann nicht glauben, dass man ihm die Kapitalstrafe für eine Bombe auferlegen würde, welche weder explodiert ist noch Menschen verletzten sollte:

> On ne pourra pas l'exécuter pour une bombe qui n'a pas sauté et qui, en outre, le directeur des laboratoires de recherches en a même convenu, n'eût pas fait de mal à une grosse mouche... Fernand n'est donc anxieux. La France, fût-elle une République coloniale et capitaliste, n'est pas une dictature ; elle saura faire la part des choses ; elle saura dénouer le vrai du faux et lire entre les lignes ennemies.[180]

Doch eben diese hier vom angeklagten Opfer in Abrede gestellte Gleichsetzung von kolonialistischem Staatsgebaren mit demjenigen von Diktaturen, Terror- und Unrechtsstaaten wird durch die historisch verbürgten und literarisch modellierten Figurenkonstellationen, die drastischen Beschreibungen physischer Folter, die Gewalt der Sprache sowie durch eine narrative Spannung zwischen Hoffnung auf Gerechtigkeit und Enttäuschung in diesem Text politischer Literatur in Frage gestellt. Erzählerisch wird beispielsweise die omnipräsente Gewalt der Folter in diesem republikanischen Staats-System durch deskriptive Objektivität bezüglich der Foltermethoden sowie den breiten diegetischen Raum inszeniert, welcher den Passagen von Verhör und Folterung eingeräumt wird. Methoden wie auch Ablauf der Folter werden aus der Perspektive des Gefolterten Iveton in Form seiner extremen physischen Reaktionen auf die Schmerzen dargestellt, aber auch durch externe Fokalisierung von der Erzählerfigur in ihrer Eindringlichkeit ergänzt.[181]

Die Gewalt des juristischen Systems in seiner engen Verknüpfung mit der physischen Gewalt der Exekutive, welcher der Gefangene Iveton ausgeliefert ist, bleibt auf diese Weise von Anfang an nicht in der abstrakten Distanz eines Gerichtsprozesses, sondern schlägt sich in der situativen Verortung sowie den kon-

---

179 Vgl. den sarkastischen Tonfall der Erzählstimme, wenn sie die euphemistische Sprachwahl des französischen Kolonialsystems anprangert, bspw. in Andras: *De nos frères blessés*, S. 37.
180 Vgl bspw. ebda., S. 69.
181 Ebda., S. 21.

kreten Machtverhältnissen nieder, welche Staatsdiener nicht als rechtsbewusste Bürger, sondern als Soldaten einer brüchigen Gesellschaftsordnung darstellt. Diese literarische Sichtbarmachung der grausamen Folgen abstrakt-staatlicher Zusammenhänge, welche durch öffentliche Meinung und staatliche Symbolpolitik überdeckt werden, wird erzählerisch unterstützt durch die dargestellte politische Erzählweise und Parteinahme zugunsten der Opfer dieser Zusammenhänge, indem sie die direkte Gewalt gegen das Individuum, nicht den abstrakten Unabhängigkeits-Diskurs Algeriens ins Zentrum der Diegese stellen.

Der symbolischen Gewalttat eines Einzelnen steht in Andras' Erzähltext somit die sowohl symbolische wie physische Gewalt eines Systems im Krisenzustand gegenüber – wie in den beiden anderen Romantexten getragen von einem französischen Staat im Kriegszustand. Es geht im Text nicht nur um einen Einzelfall juristischer Blindheit und Grausamkeit, sondern es wird durch die Breite des gesellschaftlichen Konsensdenkens aus französischer Presse, Politik und Bevölkerung, aber auch am Fallen-Lassen Ivetons durch die eigenen Parteigenossen deutlich, dass an diesem Fall ein Zivilisationsversagen des demokratischen Frankreich offenbar wird, welches den Übergang der Vierten zur Fünften Republik markierte. Das erwähnte, dem Text paratextuell vorangestellte «Aufstoßen» Mitterrands, sobald der Name Iveton fällt, ein Lapsus der strahlenden Symbolfigur eines präsidial-demokratischen Sozialismus französischer Prägung im 20. Jahrhundert, kann hier wie das Gedicht am Ende als den Text rahmende und zugleich wie in einem Brennglas spiegelnde *Mise en abyme* gelesen werden. Es handelt sich um die körperliche Regung eines kollektiven historischen ‹Unterbewusstseins› innerhalb einer Erinnerung, welche sich in der *Geschichte* als kollektivem Narrativ der Identifikation nicht wiederfindet und sozusagen das Verdrängte der Fünften Republik prägte und prägt.

Diese Geschichte als Narrativ im Kollektivsingular wird in der Diegese des Romans wieder einmal als symbolische Gewalt offenbar, deren Macht der einzelne ausgeliefert ist. Hinter den Entscheidungen der französischen Kolonialregierung zu Zeiten des Algerienkrieges vermutet daher der Freiheitskämpfer Fernand Iveton im Roman einen anderen Akteur – nämlich die Elemente des ‹Überbaus› eines oberflächlichen und falschen Zivilisationsnarrativs, eines schwer fassbaren «ça»:

> [...] la Culture, la Liberté, la Civilisation, tout leur défilé de majuscules, quoi, ça parade ça parade, ça se mousse dans les miroirs, plus ça brille mieux c'est, faut voir comme ils aiment ça. Le jour où la France s'est libérée, je parle de la métropole, bien sûr, je vous le redis, pour moi l'Algérie c'est l'Algérie, je crois plus à leurs histoires de départements français, c'est du parchemin, ça, du silex, c'est fini, voyez l'Indochine en ce moment, Hô Chi Minh il leur avait bien dit qu'il fallait tourner la page, personne l'a écouté et voyez où on est... Oui, donc, le jour où la France était en fête après la victoire contre les Allemands,

je sais pas combien de musulmans, des milliers, pas moins, ont été massacrés au pays, à Sétif, à Guelma, ça doit rien vous dire ces noms-là, c'est à trois cents et cinq cents bornes d'Alger.[182]

In dieser entrüsteten und stakkatohaften Tirade, welche Teil des bereits erwähnten Abendessens mit Hélène und dem Großvater ist, bringt Iveton offizielle französische Geschichte mit der Geschichtsschreibung algerischer Perspektivierung am Beispiel der Massaker von Sétif am 8.5.1945, dem Tag der Befreiung Frankreichs und der Welt von Nazi-Deutschland, in rauen und direkten Worten zusammen, wobei jener größere geschichtliche Zusammenhang in dieser algerischen Perspektive – die *Occupation* Frankreichs durch Nazi-Deutschland und die zum Zeitpunkt dieses Monologs bereits erfolgte französische Niederlage in Vietnam – nicht fehlt.[183] Es handelt sich daher bei dieser politisch dichten Passage nicht allein um den emotionalen Ausbruch eines jugendlichen Eiferers, sondern es wird ein abstrakterer Zusammenhang deutlich, dessen Opfer der Sprechende letztlich wird. Es geht um ein ‹höheres› Recht der Geschichte als Erzählung der militärisch Überlegenen (und gemäß marxistischer Lesart ökonomisch Besitzenden), von dem sich zunächst Frankreich, das Zentrum, die «Metropole» *selbst* befreien muss, um schließlich auch die unterdrückten Kolonien und ihre Bevölkerungen anzuerkennen und zu bisher lediglich propagierten Zivilisationsidealen zurückzufinden.

Symbolisches und zugleich ganz reales Justiz-Opfer dieser richtenden Geschichtlichkeit eines zivilisatorischen Überlegenheitsnarrativs wird der algerische Franzose und mit den arabischen Algeriern solidarische Iveton. Der Historiker und Philosoph Reinhart Koselleck hat von politisch gemäßigterer Seite als der kämpferische Kommunist Andras diese ‹richtende› Funktion des Kollektivsingulars Geschichte als lange Zeit vorherrschende, eigentliche Richtschnur hinter vielen Entscheidungen, Urteilen und Analysen europäisch zentrierter Politik, Philosophie oder auch Kultur analysiert und als blutige Erzählung zivilisatorisch-bürgerlicher Überlegenheit über Absolutismus und Feudalstaat in ihrer Genese nachverfolgt.[184] Sie ist gerade deshalb für die Debatte um eine französische ‹Identität› ein besonders relevantes Moment der Selbstreflexion, weil sie unhintergehbar mit einem der wichtigsten

---

182 Ebda., S. 60.
183 Vgl. hierzu Mekhaled, Boucif: *Chroniques d'un massacre. 8 mai 1945. Sétif, Guelma, Kherrata* (= *Au nom de la mémoire.*). Paris: Syros 1995.
184 Vgl. Koselleck, Reinhart: *Kritik und Krise: Eine Studie zur Pathogenese der bürgerlichen Welt*. Frankfurt am Main: Suhrkamp 1973; sowie ders.: *Vergangene Zukunft. Zur Semantik geschichtlicher Zeiten*. Frankfurt am Main: Suhrkamp 1984.

Narrative und – möchte man denn in nationalistischer Terminologie sprechen – zivilisatorischen ‹Leistungen› der französischen Nation für die Moderne verbunden ist. Es sind die französische Aufklärung der *Encyclopédie* und deren Vertreter, welche nach der Tyrannei von kirchlicher und aristokratischer Bevormundung der europäischen Bevölkerungen teilweise auch Pate für eine neue Tyrannei standen, die den Kollektivsingular der Geschichte / Historie mit dem Kollektivsingular der Nation verband:

> Fast unter der Hand wurde aus der – seit der Antike – richtenden Historiographie eine Historie, die selbsttätig die Richtsprüche vollstreckt. Das Werk von Raynal, nicht zuletzt dank Diderots Nachhilfe, zeugt davon. Das Jüngste Gericht wird seitdem gleichsam verzeitlicht. *Die Weltgeschichte ist das Weltgericht.*[185]

Dass es die Historie als blutige Emanzipationserzählung ist, welche über das Leben auch des einzelnen Menschen richtet, wird in Andras' Text auch an einer anderen Stelle überdeutlich, als nämlich Nordmann in seiner Funktion als Anwalt Iveton in seiner Zelle besucht, um ihm von seiner Tätigkeit als Jude im besetzten Paris zu erzählen, wo er als Mitglied der Résistance die Abschiedsbriefe hingerichteter junger Résistance-Kämpfer veröffentlichte. Er muss bei einem dieser Hingerichteten, welcher wie der damalige Staatspräsident den Namen René trägt, an Iveton denken:

> Et, ce midi, je me suis souvenu du courrier de l'un d'eux, il s'appelait René, je crois, oui, René, c'est bien ça, il était secrétaire de la Fédération du bâtiment, je me souviens qu'il avait écrit qu'il mourrait pour que le soleil brille sur *tous les peuples qui aspirent à la liberté*. Je m'en souviens au mot près. Et je songeais à lui, et à vous, en arrivant jusqu'ici. L'Histoire est bien cruelle.[186]

Mit den Worten, dass die Geschichte grausam sei, reicht der Anwalt dem Gefangenen eine aktuelle Ausgabe der Zeitschrift *L'Humanité*, in der letzterer für seinen Mut und für seine Verteidigung der Kommunistischen Partei Algeriens gefeiert wird. Neben der Tatsache, dass hier die Justiz unter der Nazi-Herrschaft mit derjenigen Frankreichs in Algerien in Verbindung gebracht wird, steht auch der Hinweis auf die Abhängigkeit einer Opferung des Einzelnen vom Urteil, welches sich die Geschichte letztlich über diese Art ‹Gerechtigkeit› in ihrem eigenen Namen bilden wird.

---

185 Ebda., S. 64.
186 Andras: *De nos frères blessés*, S. 92: «Und heute Mittag dachte ich an die Post von einem von ihnen, er hieß René, glaube ich, ja, René, genau, er war Sekretär der Baugewerkschaft, ich erinnere mich, dass er geschrieben hatte, er wüde sterben, damit die Sonne auf *alle Völker scheine, die nach Freiheit streben*. Ich erinnere mich wortwörtlich. Und ich dachte an ihn und Sie, als ich herkam. Die Geschichte ist wirklich grausam ...» [Übersetzung Claudia Hamm].

Deutlich wird trotz dieser ermutigenden Nachricht einer Unterstützung durch die Presse, dass es vor allem die *öffentliche Meinung* und nicht allein die Justiz ist, welche über Tod und Leben sowie die von Albert Camus für die algerische Bevölkerung geforderte Gerechtigkeit entscheidet.[187] Gerade im hegelianisch-marxistischen Denken ist es dabei aber wiederum der Fortschritt hin zur Freiheit aller, welcher als Erzählung – diesmal von links – ‹richtet› und hinter dieser ‹Gerechtigkeit› steht. Die Folgen dieses auf beiden ideologischen Seiten fatal einseitigen, da vom Individuum abstrahierenden Geschichtsdiskurses, wie er das gesamte 19. Jahrhundert nicht nur in Europa prägte,[188] sind auch noch im 20. Jahrhundert vor den kritischen Ansätzen des Existentialismus, Strukturalismus und Poststrukturalismus wirksam. Aus der Perspektive eines Opfers dieser Vereinnahmung des Einzelnen für das von ihm jedoch selbst vertretene historische Kollektiv beschreibt Andras auch die Macht der Meinungen in einer französischen Kolonial-Gesellschaft, welche sowohl als zutiefst angsterfüllt vor dem Hass der arabischen Bevölkerung und dem Terror der FLN als auch abhängig von den symbolischen und machtpolitischen Entscheidungen des europäischen Zentrums der Metropole beschrieben wird.

Es drängt sich an der Affäre Iveton, welche die beiden in der Algerienfrage als Kontrahenten diskutierenden Intellektuellen Jean-Paul Sartre und Albert Camus zu einer Parteinahme zugunsten des Angeklagten veranlasste, wie schon in der Dreyfus-Affäre die Frage nach der Notwendigkeit und den Motiven staatlicher Gewalt auf. Denn diese Gewalt gegenüber den eigenen Bürger*innen scheint nicht nur als ‹Gerechtigkeit› vorspiegelnde symbolische Propaganda, sondern sogar als Kriegsbereitschaft mobilisierende Gewaltform, als instrumentelle Gewalt einer «rationalité politique» gegenüber der öffentlichen Meinung, ausgeübt durch eine partikulare Interessensgemeinschaft, zu fungieren.[189] Sie entlastet wiederum als von staatlicher Seite verfolgte Rechtspraxis die Bürger von eigener Mit-Schuld am mörderischen Handeln des ‹Systems› durch den Anschein einer legitimen und legalen Notwendigkeit juristisch gesicherter

---

187 Vgl. Camus' Artikel in *Alger républicain* und zur Situation in Algerien, v. a. diejenigen in *L'Express* (1955/1956) sowie seine Tätigkeit als Herausgeber von *Combat clandestin*; zu Camus' Engagement als Journalist und Herausgeber vgl. Smets, Paul-F.: Albert Camus, éditorialiste professionnel: Alger-Républicain, Combat, L'Express. In: *Bulletins de l'Académie Royale de Belgique* 22 (Année 2011), S. 29–73.
188 Zum kritischen Potential, wie es dieses europäisch geprägte Geschichtsparadigma in der Karibik und Lateinamerika entfaltete vgl. Ette, Ottmar: *Mobile Preußen: Ansichten jenseits des Nationalen*. Stuttgart: Metzer 2019, S. 98 u. 119.
189 Vgl. zu dieser am politischen Nutzen orientierten Gewaltform Wieviorka: *La violence*, S. 161–181.

Handlung in Kriegs- wie in Friedenszeiten. Die Todesstrafe ist dabei die extremste Form staatlicher Gewalt gemäß einer juristisch untermauerten Staatsräson, welche mit der physischen Vernichtung des bürgerlichen Subjekts einhergeht, dieses zum ‹Objekt› degradiert.[190] Dagegen plädiert Andras' engagierter Roman auf Textebene wiederum durch eine intertextuelle Referenzbeziehung. Nicht umsonst ist es die Lektüre eines Texts von Victor Hugo als dem neben Albert Camus wohl stimmgewaltigsten bürgerlichen Gegner der Todesstrafe der französischen Literaturgeschichte, welche der Gefangene Iveton unterbricht, bevor er schließlich von der endgültigen Ablehnung seines Gnadengesuchs durch den Präsidenten der Republik erfährt.[191] Wieder einmal werden *Les Misérables* zum Referenztext eines um seine eigenen erkämpften republikanischen Werte betrogenen Frankreichs:

> Fernand engloutit le repas, pressé de reprendre sa lecture. *Jean Valjean n'était pas mort. En tombant à la mer, ou plutôt en s'y jetant, il était, comme on l'a vu, sans fers. Il nagea entre deux eaux jusque sous un navire au mouillage, auquel était amarrée une embarcation.* [...] *Deux bombes déchirent l'après-midi: dans les stades algérois d'El-Biar et du Ruisseau. Dix cadavres, une trentaine de blessés, su sang partout, des mutilés.*[192]

Valjeans Flucht vor der Staatsgewalt im zitierten Romantext kollidiert mit der ‹realen› diegetischen Welt von Andras' Roman, insofern es der Terrorismus der FLN ist, welcher während der Lektüre als Gegengewalt in der Außenwelt des Gefängnisses omnipräsent ist, aber keine Alternative zur Gewalt des kolonialistischen ‹Rechts›-Staats darstellen kann. Doch wird durch den Kotext deutlich, welche Gewaltform im Roman schwerer wirkt und warum Flucht für Iveton keinen Ausweg darstellen kann, sondern auch die Gegner kolonialer Unterdrückung symbolisch und politisch verantwortlich und konsequent handeln müssen, sich der Text damit auf die Seite der «grausamen Geschichte» stellen muss. Die intertextuelle Verknüpfung der Erzählung mit einer kurz zitierten Passage aus *Les Misérables*, der Flucht Jean Valjeans vor seiner Nemesis des französischen Polizeistaats, wie ihn Valjeans großer Gegenspieler Polizeiinspektor Javert verkörpert, weist noch einmal auf die existenzbedrohende Natur staatlicher Gewalt als Teil der französischen Geschichte hin.

---

[190] Das letzte Todesurteil wurde in Frankreich lange nach dem Krieg in Algerien am 10. September 1977 vollstreckt. Obwohl selbst Gegner der Todesstrafe verweigerte der damalige Staatspräsident Valéry Giscard d'Estaing dem verurteilten Mörder Hamida Djandoubi eine Begnadigung und die Umwandlung der Todesstrafe in lebenslange Haft.
[191] Vgl. Hugos ‹Roman-Manifest› in Hugo, Victor: *Le Dernier Jour d'un condamné*. Paris: Gosselin 1829; sowie darüber hinaus Jean, Raymond (Hg.): *Ecrits de Victor Hugo sur la peine de mort*. Arles: Actes Sud 1979.
[192] Andras: *De nos frères blessés*, S. 130.

Hugos politischer Realismus steht als Intertext gegen den psychologischen Realismus des Dostojewski'schen Gewissens. Andras' Text selbst verfolgt daher durch diese historisch-literaturgeschichtliche Fundierung eine klar politisch-kollektive Ausrichtung des Individuums gegen seine Vereinnahmung durch die Geschichte und modelliert literarisch eine Stimme gegen staatliche, administrative und politische Brutalität, welche sich im Begriff der Staatsgewalt selbst ausdrückt. Im Lichte der im Roman erzählten Situation des Protagonisten erscheint diese Tiefenschicht nun als kollektives historisches Gewaltkontinuum von der Aufklärung bis zum Übergang von der Vierten zur Fünften Republik, verstärkt durch die Unverhältnismäßigkeit der Strafe gegenüber dem nicht geglückten Terrorakt, welcher letztlich auf Sabotage der französischen Kriegsmaschinerie hinauslaufen sollte. Gewalt wird zwar traditionell von Gegnern der Todesstrafe verurteilt und angeklagt, gewinnt aber im von Andras dargestellten Kontext des Algerienkrieges an Komplexität des Arguments, wo der Staatsgewalt die Gewalt und der Terror der Unabhängigkeitsbewegungen, aber auch die Gewalt-Anwendung des Einzelnen gegenüberstehen. Bürgerliches und Kriegsrecht geraten dabei im historischen Beispiel ebenso durcheinander wie die verschiedenen Symbolwirkungen, aber auch politischen Zielsetzungen, welche dieser staatlich befohlene Mord als symbolgeladene ‹Körperpolitik› des Kollektivs am Körperleib des Einzelnen in all seiner Grausamkeit und Kaltblütigkeit beinhaltete.

Der Roman rekapituliert dabei auch eine schwierige *gesellschaftspolitische* Situation anhand einer verdrängten Episode der französischen Kolonialgeschichte. Frankreich befand sich im Krieg mit einer abtrünnigen Kolonie, die es als eigenes Staats-Territorium betrachtete und wurde vom Terrorismus der FLN schwer erschüttert, musste also auch die französische Bevölkerung und Gesellschaft auf die Notwendigkeit dieses Krieges durch Maßnahmen erhöhter Bereitschaft zur und Billigung von Gewaltanwendung vorbereiten, wie dies von staatlicher Seite jegliche Kriegsmobilisierung auf soziokultureller Ebene erforderte. Andras' Roman versucht deutlich zu machen, wie eng französische Zivil- und Militärgesellschaft – auch Teile der politischen Linken – in der Algerien-Frage verbunden waren. Neben institutioneller Indoktrination durch Schule und Universität war es die Kriegsberichterstattung ebenso wie die kulturelle Propaganda durch Medien und öffentlichkeitswirksame symbolische Staatsakte, welche der politischen Propaganda und dem Terror auf algerisch-independentistischer Seite entgegenstanden.[193] Diese symbolische

---

193 Bezüglich der historiographischen Problematik dieser doppelten Propaganda, welche eine differenzierte Sicht auf die Vielfalt der inneralgerischen Positionen verdeckt, ist die Rolle

Gewalt der Propaganda mündete jedoch letztlich auch in gezielte Demütigungen und den Mord an der algerischen Bevölkerung, was im Roman ausgiebig durch Ivetons Erzählungen über die Kriegsgräuel in Algerien dargelegt wird. Dabei wird dieser «Totentanz» von Militärs wie Zivilisten gleichermaßen mitgetragen:

> Des histoires à plus dormir. Des gens brûlés vivants avec de l'essence, les récoltes saccagés, les corps balancés dans les puits, comme ça, on les prend on les jette, on les crame dans des fours, les gosses, les femmes, tout le monde, l'armée a tiré sur tout ce qui bougeait pour écraser la contestation. Pas que l'armée, d'ailleurs, il y avait des colons et des miliciens également, tout ce petit monde se prenait par la main, c'était une sacrée danse...[194]

Neben der hier angeprangerten Brutalisierung der gesamten französischen Gesellschaft, nicht nur des Militärs, ist es auch die gezielte Demütigung der beherrschten Algerier durch die ‹zivilisierten› Kolonisatoren, welche von Iveton als besonders intensiv wirkende Form der Gewalt dargestellt wird, die bisweilen wiederum symbolischer Natur ist, wenn arabische Algerier gezwungen wurden, die französische Flagge zu küssen und sich selbst und ihre Anführer als «Hund» zu bezeichnen. Historiographisch belegt sind vor Kriegsausbruch bereits die ‹Demütigungszeremonien› der französischen Armee im Kontext des Massakers von Sétif im Schatten des Weltkriegsendes am 8. Mai 1945.[195]

Anhand der Perspektivierung dieser drastischen Szenen durch die Opferfigur Iveton ist die Politik des Romans klar eine Politik der Anklage des Systems Kolonial-Staat, welche jedoch aus dem Raum der Literatur geschieht und historische ‹Fakten› diegetisch zuspitzt, ohne deshalb die eigene Position vor der Historiographie zu relativieren. Andras' Roman ist damit mehr noch als die beiden im Vorfeld analysierten Erzähltexte stilistisch wie auf Ebene des Diskurses ein klar politischer, parteiischer und engagierter Kommentar zu einem von Frankreich geführten Kolonial-Krieg als Krieg gegen die eigenen Bürger. Er erzählt von der Instrumentalisierung verschiedener Gewalttypen, von der physi-

---

des von Messali Hadj gegründeten *Mouvement national algérien* und dessen Ringen um Einfluss gegen den FLN zu berücksichtigen, was jedoch in Andras' Roman keine Rolle spielt; vgl. Valette, Jacques: *La guerre d'Algérie des Messalistes 1954–1962*. Paris: L'Harmattan 2001. Zur schwankenden Einstellung der politischen Linken in Frankreich bezüglich der politischen Unabhängigkeit Algeriens unter besonderer Berücksichtigung der innergesellschaftlichen Bedeutung der Kolonialzeit sowie der Spannungen zwischen algerischem Nationalismus und Kommunismus für den unabhängigen Nationalstaat vgl. Schmid, Bernhard: *Das koloniale Algerien*. Münster: Unrast 2006.
194 Andras: *De nos frères blessés*, S. 61.
195 Vgl. Mekhaled, Boucif: *Chronique d'un massacre*, S. 191.

schen Gewaltlogik der *Terreur* zur symbolischen Gewalt der Demütigung und Entrechtung im Dienste einer propagierten zivilisierenden Mission, deren Idee allein in stolz präsentierten Symbolen Niederschlag findet, jedoch vor allem eine Antithese zur Lebenswelt und den gelebten ‹Werten› ethnischer wie religiöser Apartheid bildet und dabei Zivilbevölkerung wie auch bewaffnete Widerstandskämpfer gleichermaßen verfolgt.

Einen der Höhepunkte erreichte diese symbolische Gewalt im Dienste der ‹glorreichen› französischen Nationalgeschichte, indem erstere sich über institutionalisierte in direkte physische Gewalt verwandelte, im Justizmord an einem Saboteur, welcher kein Terrorist sein wollte und wiederum symbolisch als Allegorie geopferter Gerechtigkeit betrachtet werden kann. Zu den meisten dieser Gewalt-Mechanismen, wie sie das koloniale Algerien lange vor und während des Algerienkrieges auszeichnen, gibt es Forschungen.[196] Im Beispielfall des Romans jedoch werden diese rassistischen und brutalen Handlungslogiken im Inneren der französischen Gesellschaft dadurch drastisch in den Vordergrund gerückt, als dass weniger ‹Vergeltung› gegen ein ebenfalls gewalttätiges Terrorregime des FLN geübt wird, sondern es ein verurteilter europäischer Franzose ist, der in seinem Glauben an den Rechtsstaat von der Möglichkeit eines fairen Prozesses auch in Kriegszeiten überzeugt bleibt. Im Scheitern dieses Glaubens scheitert auch der Mythos einer zivilisatorischen Rechtfertigung französischer Präsenz in Nordafrika zum Schutz der eigenen Bürger. Der *Ausnahmezustand* einer Gesellschaft im Krieg sollte sich in Frankreich auch auf das Innere der Republik und ihre Institutionen auswirken. Erzählerisch modelliert der Roman dadurch auch den Kern einer Problematik der Entwertung republikanischer Werte in der französischen Republik selber, wie sie auch in *Au revoir là-haut* und *L'Art français de la guerre* aufschien.

Doch hatte der französische Staat neben der oben erwähnten Instrumentalisierung der Todesstrafe zum Zweck einer Solidarisierung der Gesellschaft in Kriegszeiten noch ein weiteres Interesse an Ivetons Hinrichtung, welches ebenfalls Teil der Diegese der beiden anderen hier behandelten Erzähltexte zu historischen Diskursen der Gewalt französischer Kriege im 20. Jahrhundert ist. Die von einem kommunistischen Jugendlichen begangene symbolische Sabotage der Industrie des kriegsführenden Landes stellte nicht nur die Werte dieser Republik selbst, sondern auch die Hierarchie dieser Werte bloß: Militärische und ökonomische Stärke als Kollektivwerte überwiegen im juristischen Gewalthan-

---

196 Vgl. die weiter oben bereits erwähnten Arbeiten Benjamin Storas, hier nur noch einmal als grundlegend erwähnt: Stora, Benjamin: *Histoire de l'Algérie coloniale (1830–1954)*. Paris: La Découverte 1991.

deln gegen den angeklagten Kommunisten Iveton die auf das Individuum abzielenden Werte universalistisch-aufklärerischen Zuschnitts. Der letztlich begangene Gewaltakt des französischen Staats gibt hier eine eindeutige Antwort, die wiederum die Nation als kollektiven Mythos mit durchaus handfesten ökonomischen wie machtpolitischen Interessen ausweist. Ihre Agenten und Akteure können sogar die vermeintlich staatsbegründende, aufklärerisch-bürgerliche Ideologie der Großen Revolution zeitweise außer Kraft setzen und diktatorisch agieren. Das exemplarisch getötete Opfer – zwar Europäer, aber Kommunist – macht sich durch das aufgeklärte Denken eines Individuums schuldig, welches die bürgerliche Gesellschaft von jedem ihrer Mitglieder erwartet, aber letztlich dann verrät, wenn die machtpolitischen, ökonomischen und geostrategischen Interessen staatlicher Akteure und der gesellschaftlichen Eliten auf jene opportunistische Art überwiegen, wie sie bereits anhand der von Pierre Lemaitre gezeichneten Nachkriegs-Gesellschaft des Ersten Weltkriegs diskutiert wurde.

Andras' Roman modelliert hier durch freie und parteiische Nacherzählung den Prozess einer Perversion staatlicher Symbolpolitik. Ein staatlicher ‹Rechtsakt› als symbolpolitischer Aufruf zur ‹solidarischen› Gewaltanwendung der Nation in Zeiten des Kolonialkrieges gerät zum fatalen Beispiel mangelnder Solidarität mit den Bürgern dieses Staates, zum Beispiel verratener Werte und Normen universellen Zuschnitts, zum Mord an Bewusstsein und Körper eines aufgeklärten und engagierten Einzelnen. Totalitäre und bürgerliche Ideologie korrelieren im Gewaltakt der Hinrichtung des Fernand Iveton und verweisen den Bürger entweder an die Front oder an die Werkbank einer Fabrik, möchte er nicht schuldig vor der gesellschaftlichen Einrichtung des Staates werden. Dieses Vermächtnis des Verrats republikanischer Werte während einer kurzen Epoche der französischen Geschichte belastet auch das Frankreich der Gegenwart schwer, was anhand des kurzen Epilogs im letzten Kapitel deutlich wird.

Wie bereits erwähnt, erhält in diesem kurzen ‹Nachruf› Hélène als Witwe des Hingerichteten den solidarischen Brief einer algerischen Freiheitskämpferin. In Form des zitierten Gedichts stellt letztere die enge Verwobenheit, die physisch-ethnische wie religiöse und kulturelle Vermischung Frankreichs mit Algerien als Chance für und Hypothek auf das künftige Zusammenleben zwischen zwei Ländern und Kulturen dar. Eines dieser beiden Länder hat nicht nur in Algerien, sondern auch anderswo auf dem afrikanischen Kontinent, in den Amerikas, der Karibik, in Südostasien, dem Indischen Ozean wie in der Südsee im Namen zivilisatorischer Überlegenheit die Barbarei und die Gewalt gerechtfertigt und für sich in Anspruch genommen. Diese Schuld muss politisch, gesellschaftlich wie literarisch thematisiert und weiter diskutiert werden, um das Zusammenleben der Gegenwart des 21. Jahrhunderts gemäß den Werten von Aufklärung und Revolution wieder zu einem *glaubhaften* Ideal zu machen:

> Pour que demain, ils n'osent plus
> Ils n'osent plus, nous assasiner[197]

---

[197] Andras: *De nos frères blessés*, S. 137. Hierzu schon früh in der postkolonialen Phase aus Sicht eines algerischen Historikers Xavier Yacono: *Histoire de la colonisation française*. Paris: P.U.F. 1969; sowie ders.: *Les étapes de la décolonisation française*. Paris: P.U.F. 1971. vgl. auch aus deutscher historiographischer Perspektive: Scholze, Udo / Zimmermann, Detlef / Fuchs, Günther: *Unter Lilienbanner und Trikolore. Zur Geschichte des französischen Kolonialreiches. Darstellung und Dokumente*. Leipzig: Leipziger Universitäts-Verlag 2001.

4 Unter der Oberfläche, abseits des Zentrums: Körper, Milieu, Klasse oder die Gewalt erzählter sozialer Gegenwart in Frankreich

Der erste analytische Teil der vorliegenden Studie widmete sich vor allem der erzählten Gewalt im Reflexionsraum des Kollektiv-Historischen der französischen Nation und einer in ihm verorteten Gesellschaftsordnung staatlicher und institutionalisierter Gewaltformen, Vorschriften und Zwänge. Dieser historisch gewordene Raum wurde literarisch in seinen Nachwirkungen auf eine erzählte Gegenwärtigkeit in den oben beschriebenen und analysierten Erzähltexten erforscht. Ihre Repräsentation erlaubte es der Literatur, aus der Perspektive des beginnenden 21. Jahrhunderts Erinnerungspolitiken und Narrative historischer Gewalt der französischen Geschichte zu hinterfragen. Ergänzend dazu sollen sowohl auf Ebene der im Anschluss untersuchten Texte als auch in Hinblick auf die Gewaltthematik die jüngere Vergangenheit und Gegenwart sowie die Gewalt diesseits politischer und historischer Narrative und Symbole der französischen Gesellschaft zu Beginn des 21. Jahrhunderts im Mittelpunkt stehen, wie sie literarisch erzählt wird. Dabei liegt ein besonderes Augenmerk auf jenem Zusammenhang zwischen Gewalt des Milieus und symbolischer Gewalt in ihrer Facette des Habitus, wie sie Pierre Bourdieu in seinen *Méditations pascaliennes* definiert hat.[1]

Bereits an dieser Stelle sei daher vorausgeschickt, dass die im Titel evozierte Trias aus Körper, Milieu und Klasse lediglich als fernes Echo jener in der französischen Literaturgeschichte so tief verwurzelten positivistischen ‹Dreifaltigkeit› aus *Race*, *Milieu* und *Moment* verstanden werden möge, welche von den Goncourts bis Émile Zola den Diskurs um das naturalistische Erzählen von Gewalt und Elend begleitet hatte.[2] Obwohl sich auch über hundert Jahre nach jener Epoche der sozialen Fragen des Früh- und Hochkapitalismus Problematiken gesellschaftlichen Zusammenlebens in den im Folgenden analysierten Texten mit weiterführenden Fragen nach Gender, ethnischer Zugehörigkeit, Rassismus und den Determinismen unterschiedlicher sozialer Umgebungen kreuzen, werden diese selbstverständlich nicht mehr im Sinne des naturalistisch-‹naturwissenschaftlichen›

---

1 Vgl. Bourdieu, Pierre: *Méditations pascaliennes*. Paris: Seuil 1997.
2 Vgl. Taines berühmte Darlegung seiner literaturkritischen und literaturhistorischen Methode in Taine, Hippolyte: *Histoire de la littérature anglaise* [1864]. Paris: Hachette 1881–1882, 5 Bde., Bd. 1, S. XLV; zur Wirkung dieses positivistischen Literaturverständnisses vgl. Chevrillon, André: Les principes critiques de Taine: I: Race, moment, milieu. In: *Revue des Deux Mondes* (1829–1971), Vol. 45, No. 4 (15 juin 1928), S. 855–875.

Experimentalromans als deterministischer Nachvollzug kausaler Mechanismen modelliert. Es ist vielmehr die Feinheit ethnographischen und soziographischen Schreibens und Beschreibens als offenem Modell der Spielräume in gesellschaftlichen Räumen, wie sie auch der Realismus kannte, welche sich in diesen Texten über gesellschaftliche Gewalt des beginnenden 21. Jahrhunderts spiegelt, die nun im Fokus der Analyse erzählter Gewalt in Frankreich steht.

Die von Bourdieu definierte symbolische Gewalt spielt in diesem Zusammenhang neben anderen milieuspezifischen und universelleren Gewaltformen struktureller Art als Einfluss und mögliche prägende Instanz – weniger als Determinismus – eine nicht unwichtige Rolle. Sie war auch in den drei oben analysierten Erzähltexten mit historischen Sujets zu finden, indem es vor allem die symbolische Gewalt des Historischen in Form bellizistischer und nationalistischer Großnarrative war, welche im Vordergrund stand. Diese historisch-symbolische Dimension wird nun jedoch durch eine genauere Betrachtung der Zusammenhänge und Wirkungen symbolischer Gewalt der Gegenwart um Formen struktureller Gewalt und ihre Wirkungen auf Habitus und Körper ergänzt werden, wie sie in gesellschaftsanalytischen Erzähltexten des *extrême contemporain* erfasst werden. Den Zusammenhang von Habitus und symbolischer Gewalt versteht Bourdieu dabei als eine von den durch diese Gewalt ‹beherrschten› Individuen bereits inkorporierte Vorwegnahme des gesellschaftlich Erwarteten:

> Produit de l'incorporation d'une structure sociale sous la forme d'une disposition quasi naturelle, souvent dotée de toutes les apparences de l'innéité, l'habitus est la *vis insita*, l'énergie potentielle, la force dormante, d'où la violence symbolique, et en particulier celle qui s'exerce à travers les performatifs, tire sa mystérieuse efficacité. [...]
>
> La reconnaissance pratique par laquelle les dominés contribuent, souvent à leur insu, parfois contre leur gré, à leur propre domination en acceptant tacitement, par anticipation, les limites imposées prend souvent la forme de *l'émotion corporelle* (honte, timidité, anxiété, culpabilité) [...] Elle se trahit dans des manifestations visibles, comme le rougissement, l'embarras verbal, la maladresse, le tremblement, autant de manières de se soumettre, fût-ce malgré soi et *à son corps défendant*, au jugement dominant, autant de façons d'éprouver, parfois dans le conflit intérieur et le « clivage du moi », la complicité souterraine qu'un corps qui se dérobe aux directives de la conscience et de la volonté entretient avec la violence des censures inhérentes aux structures sociales.[3]

Diese soziologische Perspektive einer Körperlogik der Gewalt, welche zwar nicht notwendigerweise, aber als lebensweltliche und handlungsleitende Möglichkeit, ausgehend vom Milieu über den Habitus dem individuellen Bewusstsein vermittelt ist, wird als eine auch das Erzählen und die Sprache bereichernde Perspekti-

---

3 Bourdieu: *Méditations pascaliennes*, S. 195.

vierung ein weiteres Segment jener literarischen ‹Topologie der Gewalt› in Frankreich bilden, wie sie vorliegende Studie zu entwickeln sucht.

Während bislang der Rolle des Erzählfaktors Zeit eine besondere Bedeutung für die literarische Modellierung französischer Gesellschaft und Geschichte zukam, ist es in den nun folgenden Analysen eher der Faktor des Ortes sowie der Räumlichkeit mit deren sozioökonomischen, ethnischen wie religiös definierten Milieus, welcher diese Modellierung bestimmt.[4] Denn wie in der Bourdieu'schen Theorie Gesellschaft mit der Metaphorik des Raumes und seinen Feldern in Verbindung gebracht wird, lässt sich auch das vielfältige Phänomen der Gewalt nicht ohne die Berücksichtigung einer *Spatialisierung* konzipieren, wie sie Gesellschaften und ihre Milieus prägt. Auch wenn – wie in den einleitenden Kapiteln erwähnt – in dieser Studie eher die Prozessualität und die Dynamiken literarisch modellierten Gewalthandelns im Fokus stehen, ist daher dennoch die zentrale Bedeutung von Räumlichkeit, selbst wenn diese erzählerisch modelliert ist, nicht in Abrede zu stellen:

> Was immer Menschen auch tun werden: stets handeln sie in Situationen, in Räumen der Gewalt, die ihnen zwar nicht vorschreiben, was zu tun ist, die aber ihre Möglichkeiten einschränken, das Geschehen nach Belieben zu kontrollieren. Wenn wir verstehen wollen, wie Gewalt entsteht und was sie anrichtet, müssen wir die Situationen ganz genau beschreiben und die Räume, in denen sie zur Entfaltung kommt: nicht nur geographische Zonen, umgrenzte Landschaften, Lager, Gefängnisse und Anstalten, sondern auch jene unsichtbaren Räume, die durch die Vorstellung einer gemeinsamen geteilten Welt entstehen. Sie steuern das Verhalten von Gruppen und geben ihnen eine Kontur. Nicht Ideen und Gründe, sondern Räume, ihre Situationen und Handlungszwänge entscheiden darüber, was mit uns geschieht, wenn die Gewalt ausgebrochen ist.[5]

Sogar weniger situationistische Ansätze der Gewaltforschung, aber auch ‹traditionellere› empirische Fallstudien der Soziologie folgen dabei einer räumlichen Logik wie sie beispielsweise Michel Wieviorkas erwähnte Studie *Violence en France* leitet.[6] Obwohl diese Räume der Gewalt im Einzelnen und anhand der im folgenden analysierten Beispieltexte natürlich kaum als empirische ‹Gege-

---

4 Zur Bedeutung der Kategorie des Raumes und der Bewegung im Raum als hermeneutischer Figur und Verstehensbewegung, welche literaturwissenschaftlicher Analyse zugänglich ist und deren Epistemologie leiten kann vgl. Ette: *Literatur in Bewegung*, op. cit. Dabei sei noch einmal betont, dass es weniger ein ‹situationistischer› Ansatz soziologischer Gewaltforschung, als vielmehr eine Prozessualität ist, welche hinsichtlich der in dieser Studie verhandelten Thematik des literarischen Modellierens und Erzählens von Gewalt von Interesse ist, wie auch Jörg Baberowski selbst betont, wenn er die Bedeutung einer Analyse der Voraussetzungen für Gewaltsituationen hervorhebt. Vgl. Baberowski: *Räume der Gewalt*, S. 42.
5 Ebda., S. 32.
6 Vgl. Wieviorka: *Violence en France*, insb. S. 217–229, 248–255 u. 331 f.

benheiten›, sondern als prozessual modellierte, erzählte Handlungsräume herauszuarbeiten sind, insoweit sie die Diegese der Erzähltexte strukturieren, sei dabei doch eine Frankreich im besonderen prägende Raumaufteilung hervorgehoben: Der Geograph Christophe Guilluy hat in seinem vielrezipierten Essai *La France périphérique: Comment on a sacrifié les classes populaires* einige fatale Wirkungen jener für Frankreich typischen Raumaufteilung zwischen Zentrum und Peripherie auf die ‹Lower Middle Class› sowie auf eine nach dem Strukturwandel des französischen Industriesektors während der 90er und 2000er Jahre fortbestehende Arbeiterklasse aufgezeigt. Dabei hat er auch auf Segretations-Mechanismen innerhalb der Peripherie selbst hingewiesen, wenn rurale und postindustrielle Siedlungsräume ‹weißer› Milieus mit geringerem Einkommen, der sogenannten *Petits Blancs*, von migrantisch geprägten Milieus der urbanen Banlieues differenziert werden.[7]

Beide Milieus stehen jedoch in unmittelbarem Zusammenhang, insofern diese negative gesellschaftliche Selbst- und Fremdbezeichnung vor allem über ethnische Differenz erfolgt. Dabei wird auf Seiten dieser *Petits Blancs* die eigene Prekarität auf die wachsende Einflussnahme ethnischer wie kultureller Diversität bei einer im Vergleich zu den von arabisch-afrikanischer Zuwanderung geprägten periurbanen Räumen mangelnden Wahrnehmung der eigenen Situation in Politik und Öffentlichkeit zurückgeführt.[8] Zugespitzt hat Guilluy die Problematik einer asymmetrischen Raumaufteilung in Hinblick auf die Reproduktion sozialer und ökonomischer Ungleichheit sowie die lange Zeit vorherrschende ausschließliche Fokussierung der französischen Politik auf die urbanen Zentren des Landes auf den Punkt gebracht. Letztere sollten auf das Zeitalter der Globalisierung vorbereitet werden, ohne dass dabei auch das rurale Frankreich berücksichtigt worden wäre:

> Mouvement des Bonnets rouges, plans sociaux, refus du référendum européen, abstention, vote FN, les nouvelles radicalités émergent sur des territoires situés à l'écart des métropoles mondialisées. On a en effet oublié que la recomposition économique des grandes villes a entraîné une recomposition sociale de tous les territoires. Ainsi, la question sociale n'est pas circonscrite de l'autre côté du périph, mais de l'autre côté des métropoles, dans les es-

---

[7] Vgl. Guilluy, Christophe: *La France périphérique: Comment on a sacrifié les classes populaires*. Paris: Flammarion 2014. Zum Begriff der *Petits Blancs* – welcher angelehnt ist an die stark pejorative US-amerikanische Bezeichnung gewisser Milieus als ‹White Trash› – von sich ethnisch als ‹weiß› definierenden Französinnen und Franzosen in einem multiethnischen Umfeld vgl. Patricot, Aymeric: *Les Petits Blancs: Un voyage dans la France d'en bas*. Paris: Plein Jour 2013.

[8] Zur Definition eines Petit Blanc als «armer Weißer, der sich seiner Hautfarbe in einem gemischtrassigen Umfeld bewusst wird und entdeckt, dass er genauso elend ist wie die Minderheiten, die a priori schlechter behandelt werden als er» vgl. ebda., S. 12 f.

paces ruraux. Les petites villes, les villes moyennes, dans certains espaces périurbains qui rassemblent aujourd'hui près de 80% des classes populaires. Cette « France périphérique », invisible et oubliée, est celle où vit désormais la majorité de la population. C'est sur ces territoires, par le bas, que la contre-société se structure en rompant peu à peu avec les représentations politiques et culturelles de la France d'hier.[9]

Dieses «vergessene Frankreich» einer «Gegen-Gesellschaft» der Peripherie wird hier in der Sprache politischer Sachliteratur sowohl als die Lebenswelten ihrer Bewohner ökonomisch wie kulturell-symbolisch prägender struktureller Gewaltzusammenhang als auch als Entstehungsort verschiedener Formen von Gewalt und Radikalismus politischer wie ideologischer Art beschrieben. Doch nicht nur im Genre politisch-soziologischer Sachliteratur, sondern auch innerhalb des literarischen Erzählens über das Frankreich der Gegenwart ist es oftmals genau diese räumliche Zweiteilung in Zentrum und Peripherie, welche im Schreiben über erlebte und erzählte Gewalt in dokumentierend-autobiographischen oder aber modellierend-fiktionalen Texten präsent ist. Die für ein Verständnis der französischen Gesellschaft fundamentale und historisch verankerte Dichotomie aus metropolitanem Zentrum und ruraler Peripherie rückt dabei in den ausgewählten Texten ebenso in den Vordergrund wie die Frage nach der Repräsentation dieser Dichotomie in ihren unterschiedlichen Formen sowie in Politik und Medien.[10]

Eine solche ‹jakobinische› Dichotomie des Raumes bildet hier natürlich noch kein erschöpfendes Schema einer Betrachtung von literarisch erzählter Gewalt im Frankreich der Gegenwart, insofern räumliche Segregation sowohl innerhalb der Metropolen wie auch innerhalb ihrer eigenen sozialen und räumlichen Peripherien selbst weitere Formen sozialer, kultureller und räumlicher Segregation mit einschließt. Rassismus, Gewalt gegen Frauen sowie ein Gewalt emphatisch zelebrierender Männlichkeitsbegriff, welcher Homophobie und Misogynie beinhalten kann, lassen sich auch in der erzählenden Literatur nicht allein aus räumlichen Strukturen und Determinismen ableiten. So ist auch das Zusammenleben im ‹Zentrum› selbst durch eine prekäre Konvivenz und ein oft gewaltsames Zu-

---

9 Guilluy: *La France périphérique*, S. 7.
10 Zu den konkreten wirtschaftlichen und sozialen Folgen des politisch seit längerer Zeit nicht mehr unumstrittenen, aber in Frankreich historisch gewachsenen Modells des Zentralismus und der damit einhergehenden Dichotomie von Zentrum und Peripherie sowie zu den Reformbestrebungen zugunsten einer stärkeren Föderalisierung in Form politischer Gebiets- und Verwaltungsreformen vgl. Delaigue, Philippe / Gazeau, Chrystelle (Hg.): *Centre et périphérie*. Paris: Mare et Martin 2017; Catlla, Michel / Bénéteau, Alain / Mallet, Louis: *Les régions françaises au milieu du gué: Plaidoyer pour accéder à l'autre rive*. Préface de Michel Rocard. Paris: L'Harmattan 2012; sowie Ollivro, Jean: *La Nouvelle économie des territoires*. Rennes: Éditions Apogée 2011.

sammentreffen unterschiedlicher Milieus gekennzeichnet, welches beispielsweise in Édouard Louis' autofiktionaler Erzählung *Histoire de la violence* (2016) sichtbar wird, obwohl die Haupthandlung des Texts vor allem im Pariser Zentrum verortet ist. Offensichtlicher wird das Thema der strukturellen Gewalt ökonomischer und räumlicher Segregation jedoch, sobald die Randbezirke der Großstädte sowie die periurbanen und ländlichen Gebiete postindustrieller Prägung zu Handlungsorten werden. Auch in den literarischen Erzählungen und Modellierungen dieser urbanen und ruralen Peripherien, in den Schilderungen der in ihnen vorherrschenden Gewaltformen und Exklusionsmechanismen wie dem Rassimus und dem identitären Nationalismus gewinnen die vielfältigen Zusammenhänge von Milieus und ihren Räumen – wie anhand von Nicholas Mathieus *Leurs enfants après eux* (2018) zu zeigen sein wird – eine entscheidende diegetische Bedeutung.

Doch noch ein anderer Faktor gerät nun stärker als im ersten Teil der Studie in den Vordergrund der Analyse, welcher im oben erwähnten Zusammenhang zwischen Habitus und symbolischer Gewalt bereits aufscheint. Denn es sind Fragen nach der Körperlichkeit des Einzelnen im sozialen Raum, nach Bedrohung und Fragilität des Körpers und der Psyche als Voraussetzungen individuellen Lebens und Erlebens, welche nicht nur von symbolischen, sondern verstärkt auch konkreten Gewaltformen physischer, aber auch struktureller Natur bedroht sind, die nun in erster Linie berücksichtigt werden sollen. Die erzählten Umgebungen von Erzähler- und Roman-Figuren, ihre Milieus, Mechanismen und Bedingungen sexueller und direkter körperlicher Gewalt wie Rassismus oder soziale Perspektivlosigkeit, sowie auch die Auswirkungen gesellschaftlicher Klassenzugehörigkeit und etablierter Genderdiskurse auf das Leben, den Körper und die Bildung der individuellen Subjektivität stehen dabei seit langem im Zentrum eines autobiographischen Schreibens sozialanalytischer Art. Dieses Schreiben findet eine theoretische Untermauerung in den Texten des Soziologen Pierre Bourdieu und in denen der Philosophin Chantal Jacquet, wobei vor allem letztere autobiographisches Schreiben als autosoziobiographisches Schreiben für eine «Philosophie der Subjektivität» zur Debatte stellt.[11]

Wie im Folgenden deutlich werden wird, ist es vor allem eine literarisch fruchtbar gemachte raumzeitliche Perspektivierung von Gesellschaft durch das Individuum als nicht von seinem sozialen Kontext zu trennende und tief mit die-

---

[11] Spoerhase, Carlos: Politik der Form. Autosoziobiografie als Gesellschaftsanalyse. In: *Merkur. Deutsche Zeitschrift für Europäisches Denken* 71/818 (2017), S. 27–37, hier S. 28; vgl. auch insb. den autosoziologischen ‹Grundlagentext› im breiten Oeuvre Pierre Bourdieus in Bourdieu, Pierre: *Science de la science et réflexivité. Cours du Collège de France 2000–2001*. Paris: Raisons d'agir 2001; zudem Jacquet, Chantal: *Les transclasses ou la non-reproduction*. Paris: PUF 2014.

sem verwobene Erzählinstanz, welche das paradigmatische Potential einer sogenannten autobiographischen Sozioanalyse ausmacht oder einem soziologischen Schreiben zugrunde liegt.¹² Dieses wiederum steht in einem bisweilen affirmierenden oder aber spannungsreichen Zusammenhang mit jener «Réinvention du Soi», jener «Neuerfindung des Selbst» im «roman personel», welcher Serge Doubrovsky 1977 den Namen *Autofiction* verlieh, indem das Genre Autobiographie einer kritischen Analyse und einem Spiel sowohl mit dem *autobiographischen Pakt* selbst, aber auch mit den bereits bei Rousseau von hoher Komplexität gekennzeichneten Mechanismen der Selbstvergewisserung und Selbstbehauptung unterzogen wird.¹³ Neben der kritischen Vervielfältigung ‹identitärer› Strukturen des Selbst, wurde in der fortgeschrittenen Moderne auch der letzte Rest eines autonomen Ich als Zeugenfigur und sein Verhältnis zur jeweiligen Umgebung und – in den sozialanalytischer geprägten Formen dieses Schreibens – der Gesellschaft zum Spielball der Reflexionstätigkeit der Erzählstimme. Diese Erzählweise wird bereits seit langem nicht unkritisch gesehen, wenn beispielsweise der «feuilletoneske» und anekdotenhafte Charakter jener Texte der Vertreter*innen einer autofiktionalen *écriture* angeprangert wird, welche im Gegensatz zum *Nouveau roman* keine programmatisch einheitliche Strömung innerhalb der französischen Literatur bildet.¹⁴

Seit den 70er Jahren des 20. Jahrhunderts wird dabei vor allem die Schriftstellerin Annie Ernaux immer wieder mit diesem autofiktionalen Schreiben in Verbindung gebracht, obwohl sie selbst einem solchen Etikett kritisch gegenübersteht

---

12 Vgl. Bauer, Lydia (2014): … se faire entièrement littérature. Die Erforschung der Gefühle im Werk von Annie Ernaux. In Bauer, Lydia / Wittstock, Antje (Hg.): *Text-Körper. Anfänge – Spuren – Überschreitungen*. Berlin: Frank & Timme 2014, S. 179–194; sowie die ausführliche Monographie von Tondeur, Claire Lise: *Annie Ernaux ou l'exil intérieur*. Amsterdam: Rodopi 1996; sowie Kuhl, Heike Ina: «*Du mauvais goût*»: *Annie Ernauxs Bildungsaufstieg als literatur- und gesellschaftskritische Selbstzerstörung: eine Untersuchung ihres Werks mithilfe textlinguistischer, psychologischer und soziologischer Kriterien*. Tübingen: Max Niemeyer Verlag 2001.
13 Vgl. Doubrovsky, Serge: *Fils*. Paris: Galilée 1977; vgl. zur Autofiktion als Kategorie autobiographischen Schreibens Jaccomard, Hélène: *Lecteur et lecture dans l'autobiographie française contemporaine: Violette Leduc, Françoise d'Eaubonne, Serge Doubrovsky, Marguerite Yourcenar*. Genf: Droz 1993; zur Vielfalt der Verfahren autofiktionalen Schreibens vgl. Wagner-Egelhaaf, Martina (Hg.): *Auto(r)fiktion. Literarische Verfahren der Selbstkonstruktion*. Bielefeld: Aisthesis 2013. Zum Konzept des *autobiographischen Paktes* vgl. grundlegend Lejeune, Philippe: *Le Pacte autobiographique*. Paris: Seuil 1975.
14 Vgl. Dumontet, Fabienne: Les succès contestés de l'autofiction. In: *Le Monde* (25.03.2010), online unter https://www.lemonde.fr/livres/article/2010/03/25/les-succes-contestes-de-l-autofiction_1324217_3260.html, konsultiert am 21.06.2021.

und lieber von «Autosoziobiographie» spricht.[15] Ihr Schreiben ist schwerlich mit weiteren Vertreter*innen eines durch sichtbare Rekonstruktionsarbeit und Fiktionalisierung ‹gebrochenen› autobiographischen Schreibens wie demjenigen von Vincent Colonna, Philippe Gasparini, Philippe Vilain, Chloé Delaume, Philippe Forest oder Christine Angot einer gemeinsamen Kategorie zuzuordnen.[16] Dennoch nimmt ihre *Autosoziobiographie* eine Vorreiterrolle hinsichtlich einer neuen, weniger autobiographisch-memorialen, denn autoanalytisch-distanzierenden und dabei ebenso selbst-, literatur- wie gesellschaftskritischen Funktion des Schreibens ein, welche zwischen den Polen Zeitkommentar, Dokumentation und Erinnerung das ‹Eigene› eines distanzierten Erzählerinnen-Ichs zusammen mit dem ‹Allgemeinen› eines von diesem Ich durchschrittenen sozialen Chronotopos sichtbar werden lässt.[17]

Der Körper und eine Distanznahme zwischen Erzählperspektive und Herkunftsmilieu als Voraussetzungen für den Bourdieu'schen *Habitus clivé* stehen bei Ernaux im Zentrum und ermöglichen die Interpretation und Modellierung einer individualisierten Geschichte der französischen Gesellschaft nach dem Zweiten Weltkrieg. In einer bewusst hergestellten Distanz zum Erzählerinnen-Ich berücksichtigt Ernaux' Schreiben aus der Perspektive einer *Transclasse*-Perspektive Sozialstudie und Biographie gleichermaßen und rückt die *erlebte* französische Gesellschaft des 20. Jahrhunderts in den Blickpunkt. Vor allem das Empfinden des eigenen Körpers als Seismograph gesellschaftlicher Zusammenhänge rekonstruiert bei Ernaux mittels einer objektivierenden Schreibweise aus dem erinnerten physischen auch das psychische Erleben und längst vergangene Gefühle.[18] Das soziologisch-literarästhetische Spiel zwischen extratextueller biographischer Autorinnenfigur und homodiegetischer Erzählerinnenfigur macht es in den Texten der Autorin bereits auf Ebene der Produktion möglich, eine kritische, da distanzierte Sichtweise auf biographische Zusammenhänge zu gewinnen. Annie Ernaux stellt diese Strategie in ihrem Erzähltext *Mémoire de fille* (2016), in welchem sie ihrem Selbst im Sommer des Jahres 1958, ihrer Schulzeit,

---

15 Zu dieser Selbstbezeichnung des eigenen Schreibens in seiner historischen Tiefendimension vgl. Sánchez Hernández, Ángeles: L'auto-socio-biographie d'Annie Ernaux, un genre à l'écart. In: *Anales de Filología Francesa* 25 (2017), S. 187–205.
16 Zur Gattung *Autofiction* im literarischen Feld Frankreichs im 20. Jahrhundert und in Hinblick auf die dort entwickelten Schreibverfahren sowie die unterschiedlichen theoretischen Positionen Philippe Lejeunes, Jacques Lecarmes, Vincent Colonnas, Gérard Genettes, Paul Nizons, Serge Doubrovskys u.v. a. vgl. Gasparini, Philippe: *Autofiction. Une aventure du langage*. Paris: Seuil 2008.
17 Vgl. Chossat, Michèle: *Ernaux, Redonnet, Bâ et Ben Jelloun. Le personnage féminin à l'aube du XXIème siècle*. New York: Peter Lang Publishing 2002.
18 Vgl. Bauer: ... se faire entièrement littérature, S. 185.

ihren ersten sexuellen Erfahrungen und den sie begleitenden patriarchalen Machtdiskursen nachgeht, folgendermaßen dar:

> Au fur et à mesure que j'avance, la sorte de simplicité antérieure du récit déposé dans ma mémoire disparaît. Aller jusqu'au bout de 1958, c'est accepter la pulvérisation des interprétations accumulées au cours des années. Ne rien lisser. Je ne construis pas un personnage de fiction. Je déconstruis la fille que j'ai été.[19]

Die Autoanalyse geht somit nicht mit der Konstruktion einer Ich-Figur einher, sondern mit einer bewussten Dekonstruktion jeglicher vorangegangener Interpretationsarbeit am Ich, der «Zerstörung aller Interpretationen», um eine *Tabula rasa* zu schaffen, auf der überhaupt eine Analyse erfolgen kann. Insofern erklärt sich trotz ihres auf den ersten Blick ähnlichen Sujets der eigenen Lebenswelt die Vielfalt und Reichhaltigkeit von Annie Ernaux' Texten. Ein derartiges Schreiben verwischt die Trennung zwischen Text und Referent beziehungsweise ordnet sie im flexiblen Raum des Erzählens neu an und ermöglicht durch die fortgeschrittene Zeit dieses Erzählens eine erneute und gegenwärtigere Interpretation des vergangenen Ichs. Dessen De- und Rekonstruktion beinhaltet auch eine stärkere gesellschaftskritische und -politische Stoßrichtung des Schreibens über das ‹Selbst› an den «Grenzen» dieses Schreibens, indem dieses ‹Selbst› von der Stimme des *Ich* nicht nur dekonstruiert, sondern als von externen Diskursen, Meinungen und Projektionen– beispielsweise von männlichen Lehrern und Aufsehern – konstruierte ‹Figur› entlarvt wird:

> Un soupçon: est-ce que je n'ai pas voulu, obscurément, déplier ce moment de ma vie [das Jahr 1958, ML] afin d'expérimenter les limites de l'écriture, pousser à bout le colletage avec le réel (je vais jusqu'à penser que mes livres précédents ne sont que des à-peu-près sous ce point de vue). Peut-être aussi mettre en jeu la figure d'écrivain qu'on me renvoie, la ravager, m'acharner à dénoncer une imposture, genre « je ne suis pas celle que vous croyez » faisant écho, pour le coup, au « je ne suis pucelle que vous croyez » ricané bientôt par les moniteurs sur mon passage.[20]

Dabei ging es Ernaux nicht nur um ihre Befreiung von Festlegungen ihrer erzählten Ich-Figuren auf die spätere ‹Schriftstellerin›, sondern auch um ein entlarvendes Schreiben über die dieses erzählte Ich nicht nur einhüllende, sondern es zuvörderst konstituierende Lebens-Welt – und auch die Gewaltpotentiale in ihr. Bei Annie Ernaux rücken dabei vor allem auch jene Gewaltformen in den Vorder-

---

19 Ernaux: *Mémoire de fille*, S. 56.
20 Ebda. Zu einer kritischen Sichtweise auf diese Form des Schreibens zwischen biographischer Diktion und interpretativer Fiktion vgl. Hugueny-Léger, Elise: Faut-il en finir avec l'autofiction ? In: *The Conversation* (9.2.2017), online unter https://theconversation.com/faut-il-en-finir-avec-lautofiction-72690, konsultiert am 21.06.2021.

grund, wie sie Frauen in der noch stark patriarchalisch und von omnipräsenter sexueller Prüderie sowie von starken Klassen-Unterschieden in Habitus und Verhalten geprägten Gesellschaft ihrer Jugend und ihres Erwachsenenalters erlebten. Sie beschreibt diese Gewalt in ihren vielfältigen Formen als zutiefst innerhalb der französischen Nachkriegsgesellschaft verankertes Phänomen in *La honte* (2000), *Les Armoires vides* (1974) und *L'événement* (2000).[21] Gewalt ist dabei nicht nur direkter Art, sondern betrifft die Einflussnahme auf den weiblichen Körper in Form institutioneller, medizinischer, juristischer, aber auch ökonomischer Diskurse, wie sie zu jener Zeit immer mehr auch in den Blickpunkt der französischen Philosophie marxistischer, bergsonianischer und poststrukturalistischer Prägung rückten.[22] Das jene vergangene Lebenswelt entscheidend beeinflussende ‹Ereignis› einer damals illegalen Abtreibung durch ein jüngeres Erzählerinnen-Ich kondensiert beispielsweise einen juristisch relevanten Akt zu einer Form existentieller Gewalt am weiblichen Körper und macht ihn zu einem Kernpunkt der Diegese, insbesondere des letzteren der oben erwähnten Texte.[23]

Doch Ernaux weist auf der Grundlage ihrer biographischen Analysen auch auf andere Formen der Gewalt hin, die nach wie vor in der Literatur reflektiert werden, welche in ihrem Schreiben jedoch nicht im Zentrum stehen, sondern einen allgegenwärtigen Bestandteil des Erzählten bilden. Die Gewalt des Klassenkampfs, der Streiks und Terror-Attentate der 60er und 70er Jahre, wie sie die Debatten der französischen Gesellschaft der Nachkriegszeit prägte, kommt ebenso in den Texten der Schriftstellerin vor wie die Gewalt des Krieges, aber auch die noch jungen Gewaltformen der neuen Massenmedien. Es ist dabei jedoch weniger das *je* oder *moi* als vielmehr das unpersönliche *on*, das *man*, welches die Distanz zwischen den Ebenen des gesellschaftlichen Raumes und der analytischen Dekonstruktion des erzählten Ich markiert. Wie sehr sich hier jedoch die Interpretation von Gewalt im privaten Raum von der Diskussion *politischer* Formen

---

21 Vgl. Ernaux, Annie: *La honte*. Paris: Gallimard 1999; dies.: *L'événement*. Paris: Gallimard 2000; dies.: *Les Armoires vides*, op. cit.; zum spannungsgeladenen Verhältnis der Ich-Erzählerfigur zu dieser Umwelt, auch zu den Eltern und ihrer Tendenz zur Selbstabwertung vgl. Kuhn: «*Du mauvais goût*», S. 24; vgl. auch Tondeur: *Annie Ernaux ou l'exil intérieur*, S. 24.
22 Vgl. insb. natürlich die Schriften Georges Canguilhems und Michel Foucaults zur Pathologisierung, Körper- und Biopolitik, beispielsweise als ‹Hauptwerke› dieser philosophischen Kritik an Körperdiskursen Canguilhem, Georges: *Le Normal et le Pathologique, augmenté de Nouvelles Réflexions concernant le normal et le pathologique* (bereits 1943 verfasst, dann erweitert 1966 veröffentlicht). Paris: PUF 2005; sowie bereits die erste Monographie von Foucault, Michel: *Maladie mentale et personnalité*. Paris: PUF 1954; aber auch seine letzten Monographien in den 70er Jahren in ders.: *Histoire de la sexualité*. Bd. 1–4.Paris: Gallimard 1976–2018, postum.
23 Vgl. beispielsweise die Schilderung des Einsetzens der Sonde, welche später zur Fehlgeburt führt als detailliert erzählter Gewaltakt in Ernaux: *L'événement*, S. 75ff.

von Gewalt im öffentlichen Raum unterscheidet, wird von Ernaux deutlich in Bezug auf ihre erinnerte Zeit als Schülerin, als die politische Gewalt, über welche in der Erwachsenenwelt gesprochen wurde, vor allem als ein kraftloser Diskurs um Meinungen beschrieben wird. Es handelt sich dabei um das erzählte kleinbürgerliche Milieu und das Arbeitermilieu der Kindheit des Ichs, welches von Schwarz-Weiß-Denken und einem homogenen politischen Diskurs gaullistischer Prägung beherrscht wurde, der politische Diskussion von politischem Handeln strikt trennte und auf absolute gesellschaftliche Stabilität bedacht war, wobei Gewalt als allgegenwärtige Normalität wahrgenommen wurde:

> Les gens étaient habitués à la violence et à la séparation du monde : Est / Ouest, Khrouchtchev le moujik / Kennedy le jeune premier, Peppone / Don Camillo, JEC / UEC, L'Huma / L'Aurore, Franco / Tito, cathos / cocos. Sous le couvercle de la guerre froide à l'extérieur ils se sentaient tranquilles à l'intérieur. En dehors des discours syndicaux à la violence codifiée, ils ne se plaignaient pas, ils avaient pris leur parti d'être tenus par l'État, d'écouter Jean Nocher faire la morale à la radio tous les soirs et de ne pas voir les grèves aboutir. Quand ils avaient voté oui au référendum d'octobre, c'était moins la volonté d'élire le président de la République au suffrage universel que le désir secret de garder de Gaulle président à vie, sinon jusqu'à la fin des temps.[24]

Ernaux beschreibt in *Mémoire de fille*, *Les années* oder *Une femme* vor allem die konservative, im wirtschaftlichen Aufschwung begriffene Gesellschaft des Nachkriegsfrankreich der 50er, 60er und 70er Jahre sowie eine Gesellschaftsordnung, welche von sexueller, rassistischer und ideologisch fundierter Gewalt geprägt ist. Es wäre vor diesem Hintergrund jedoch von Interesse, nach dem Status dieser von einer der wichtigsten Schriftstellerinnen der französischen Gegenwartsliteratur erzählten Gewalt-Diskurse und dem Fortwirken überkommen geglaubter Gewaltformen auch in der jüngeren französischen Vergangenheit und der Gegenwart des 21. Jahrhunderts zu fragen, wie sie nicht nur von der auto(sozio)biographischen Literatur erzählt werden.

Es sollen daher in den folgenden Kapiteln Texte in den Mittelpunkt rücken, welche über die französische Gesellschaft am Übergang zum ‹neuen› Jahrtausend und in den 10er Jahren des 21. Jahrhunderts erzählen. Dabei kann auch deutlich gemacht werden, inwiefern eine Kontinuität von Gewaltformen zu beobachten ist, welche bereits lange innerhalb und unter der sozialen Oberfläche wirken und für deren Erfassung das Werk von Annie Ernaux sowie das gesellschaftsanalytische Potential ihres Schreibens wichtige Ausgangspunkte bilden. Anhand der im Folgenden analysierten Texte, ihrer Strategien des Erzählens und ihrer sprachlichen Vielfalt soll sichtbar gemacht werden, wie sehr soziale und ökonomische Ungleichheiten zwischen den Geschlechtern, Klassen und Milieus, aber auch mi-

---

24 Ernaux: *Les années*, S. 80.

lieuspezifische Konventionen über Ethnie, Gender und Sex innerhalb einer pluralistischen und auf Chancengleichheit bedachten Gesellschaft wie der französischen zu Beginn des 21. Jahrhunderts fortbestehen und als Formen der Gewalt wirken können bzw. weitere Gewaltformen hervorbringen. Inwiefern prägen sie in den Erzählungen der Literatur nach wie vor das Leben von Frauen und LGBTQ +-Personen, aber auch das erzählte Leben der erwähnten *Petits Blancs* sowie das von aus arabischen und afrikanischen Ländern Zugewanderten und deren Kindern in Frankreich, insbesondere innerhalb der Arbeiterklasse, zu der sich Ernaux selbst rechnet?

Sie kann dabei auf eine prominente literarische Nachkommenschaft verweisen. Auf einer anderen thematischen Ebene und mit anderen literarischen Mitteln wurde nämlich auch in jüngerer Zeit diese Welt der Arbeiterklasse vom *Transclasse*-Schriftsteller und Soziologen Didier Eribon thematisiert. Ebenso wie Ernaux aus einfachen Verhältnissen stammend, jedoch biographisch eher als die Tochter eines Gemischtwarenladenhändlers mit der industriellen Arbeiterklasse assoziiert, widmete sich Eribon sowohl dem Verlangen homosexueller Natur und der damit einhergehenden Körperlichkeit als auch im Sinne Foucaults den dieses Verlangen strukturierenden Diskursordnungen und Konventionen unterschiedlicher Milieus, insbesondere jenen der Arbeiterklasse. Beide Sujets und Dimensionen des Schreibens verbinden sich in Eribons vielbesprochenem soziologisch-ethnographisch-autobiographischen Essai *Retour à Reims* (2009).[25]

Trotz profunder sprachlicher, aber auch literaturpolitischer Unterschiede wurde dabei eine Gemeinsamkeit Eribons mit seinem Vorbild Annie Ernaux erkannt, insofern es das emanzipatorische Potential, aber auch die Entlarvung von den gesellschaftlichen Raum strukturierenden Gewaltformen von Unterdrückung und struktureller Exklusion sind, welche beider Schreiben prägen.[26] Im zweiten Jahrzehnt des 21. Jahrhunderts rückte vor diesem Hintergrund mit Eribon auch die von überwunden geglaubten Klassenstrukturen geprägte französische Gesellschaft des ländlichen und periurbanen Raums und jene der Arbeitermilieus sowie deren Auswirkungen auf den Körper des Individuums in den Fokus des erzählenden Schreibens. Der in Reims geborene Autor, welcher sich schon aufgrund seiner akademischen Biographie durch seine intensive Auseinandersetzung mit dem Werk des großen Sexualitäts- und Machttheoretikers Michel Foucault auszeichnet, war einer der ersten, der den komplexen Zusammenhang zwischen

---

25 Vgl. Eribon: *Retour à Reims*, op. cit.
26 Vgl. dazu die direkte Gegenüberstellung von Annie Ernaux und Didier Eribon sowie die Kritik an letzterem von Madec, Annick: Écriture autobiographique et concision démocratique. In: *Tumultes* 36 (2011/1), S. 53–76.

Klasse und männlicher Homosexualität sowie dessen subtile Machtdynamiken soziologisch analysierte. Eribons Texte diskutieren die auch im 21. Jahrhundert und trotz der Arbeit von Gender- und Queer-Theorie in den 90er Jahren weiterbestehende Notwendigkeit eines kritischen Hinterfragens der Repräsentationsformen und Zusammenhänge von Klassenzugehörigkeit mit Gender, Sex und Begehren im Raum der Literatur sowie die Thematisierung dieser Kategorien in Literaturtheorie und Literaturgeschichte.[27]

Eribon konnte dabei aus der eigenen Biographie schöpfen, tat dies jedoch mittels eines distanzierenden und soziologisch geschulten Kommentars seines erzählenden gegenüber seinem erzählten Ich. Wie Annie Ernaux benutzte er dabei die Engführung kritischer metadiskursiver und beschreibend-referentieller Ebenen, um erzählend autobiographisches Erleben in seinem gesellschaftsanalytischen Potential zu stärken.[28] Es ist dabei die Mischung verschiedener Stilebenen und auch Schreibweisen, welche sein auto- und zugleich sozialanalytisches, ‹ethnographisches› Schreiben auszeichnet. Dieses Schreiben brachte ausgehend von den theoretischen Prämissen der Diskursanalyse und der strukturalistischen Anthropologie zusammen mit der Beobachterfunktion einer Erzählerfigur großes Erkenntnispotential mit sich, welches – auf die französische Gesellschaft des 20. Jahrhunderts angewandt – aus der Sicht eines das Milieu wechselnden Erzählers entfaltet wird.[29] Im ersten Kapitel von *Rückkehr nach Reims*, das vom Entschluss des Erzählers zur Reise in die Stadt der Kindheit nach dem Tod des an Alzheimer erkrankten Vaters berichtet, wird das auch von Annie Ernaux propagierte Spiel aus Dekonstruktion von früheren Interpretationen des ‹Selbst› durch ein Erzähler-Ich um eine persönliche Dimension der Versöhnung erweitert. Diese betrifft jedoch nicht allein einen Teil des Selbst – einen verdrängten, aber weiterbestehenden Teil –, welcher gleichsam ‹auto-therapeutisch› in die Gegenwart integriert werden soll, sondern auch ein Verstehen-Wollen der dieses Selbst hervorbringenden Lebenswelt. Dieses «zurückgewiesene» und «negierte» Milieu erscheint gleichsam ‹inkarniert› – oder mit Bourdieu gesprochen ‹inkorporiert› – durch die Mutter und rechtfertigt die sozialanalytische Arbeit der folgenden Erzählungen und Reflexionen:

---

27 Vgl. Eribons frühe Foucualt-Biographie Eribon: *Michel Foucault*, op. cit.; neuere Texte, welche sich mit dem Komplex Gender-Klasse-Repräsentation auseinandersetzen wären Eribon: *La Société comme verdict. Classes, identités, trajectoires*, op. cit.; sowie ders.: *Théories de la littérature*, op. cit.

28 Vgl. hierzu ausführlicher Lenz, Markus A.: ‹Parallelgesellschaft› der Retrospektive oder Klassenbewusstsein des Außenseiters? Didier Eribons *Retour à Reims* und Édouard Louis' *En finir avec Eddy Bellegueule*. In: Biersack, Martin / Hiergesit, Teresa / Loy, Benjamin (Hg.): *Parallelgesellschaften: Instrumentalisierungen und Inszenierungen in Politik, Kultur und Literatur*. In: *Romanische Studien: Beihefte 8*. München: Akademische Verlagsgemeinschaft 2019, S. 163–178.

29 Vgl. Spoerhase: Politik der Form, S. 35.

> Dès qu'il [der Vater, ML] fut absent, il me devint possible d'entreprendre ce voyage ou plutôt ce processus de retour auquel je n'avais pu me résoudre auparavant. De retrouver cette « contrée de moi-même », comme aurait dit Genet, d'où j'avais tant cherché à m'évader : un espace social que j'avais mis à distance, un espace mental contre lequel je m'étais construit, mais qui n'en constituait pas moins une part essentielle de mon être. Je vins voir ma mère. Ce fut le début d'une réconciliation avec elle. Ou, plus exactement, d'une réconciliation avec moi-même, avec toute une part de moi-même que j'avais refusée, rejetée, reniée.[30]

Der Hinweis auf Jean Genet in diesem Zitat macht zudem bereits zu Beginn des Erzähltexts auf jenen Zusammenhang aufmerksam, welcher nicht nur im Schreiben des von Eribon bewunderten Schriftstellers, sondern auch in der Lebenswelt des im Folgenden erzählten Ichs eine entscheidende Rolle spielt: Die Wechselwirkung von intellektueller Suche nach Wissen, autobiographischem Schreiben, Abweichung von gesellschaftlich dominanten Gender-Normen und Solidarität mit als ‹peripher› angesehenen Milieus wie der Arbeiterklasse bilden in den Texten beider Schriftsteller Anknüpfungspunkte für Vergleiche.[31] Als Arbeiterkind aus der französischen Provinz, das sich seinen Durchbruch und den damit einhergehenden Milieuwechsel als Intellektueller im zentralisierten französischen Bildungssystem der 60er Jahre erkämpfen musste, sah das in *Retour à Reims* erzählte Ich sich dabei auch mit verschiedensten Formen physischer, struktureller und symbolischer Gewalt konfrontiert.

Diese ließen es einerseits die Frage nach der eigenen Klassenzugehörigkeit sowie nach Klassensolidarität immer aufs Neue stellen, um dabei auch die eigene Begehrensstruktur als von der Gender-Norm deviante mit dieser Klassenzugehörigkeit in Beziehung zu setzen. Von den harten Männlichkeitsbildern der Arbeitermilieus bis hin zur Exklusion dieser Milieus aus den elitären Zirkeln des Zentrums und der Ablehnung von Homosexualität in beiden Milieus führen Beobachtungen von und Erinnerungen an Lebenssituationen und die Reflexionen darüber zu einer Sozialhermeneutik auf Grundlage der Bourdieu'schen Axiomatik des von der Gesellschaft nicht getrennten Ichs, welches Habitus und Inkorporationsmechanismen unterworfen ist. Wie bei Ernaux werden dabei auch Weltansichten der französischen Gesellschaft dreier Dekaden kritisch hinterfragt, wenn beispielsweise Rassismus und verbale Gewalt, aber auch die damit einhergehen-

---

30 Eribon: *Retour à Reims*, S. 12f.
31 Die als Zitat leicht abgeänderte und dadurch positiver konnotierte Anspielung auf die verdrängten Gegenden und Bereiche des Selbst bezieht sich auf die «confins de moi-même» / «Grenzen meines Selbst» in Genets berühmtem Langgedicht *Le Condamné à mort* (1942). Zu Eribons ausführlicher theoretischer und literaturhistorischer Auseinandersetzung mit Jean Genet vgl. Eribon, Didier: *Une morale du minoritaire: variations sur un thème de Jean Genet*. Paris: Fayard 2001.

den Körpernormen, die Ablehnung dunkler Hautfarbe von nach Frankreich eingewanderter Nordafrikaner*innen anhand der Elternfiguren für die Leserschaft erfahrbar gemacht werden:

> Ma famille incarna un exemple modal de ce racisme ordinaire des milieux populaires dans les années 1960 et de ce raidissement raciste au cours des années 1970 et 1980. On y employait sans cesse (et ma mère continue d'employer) un vocabulaire péjorative et insultant à l'égard des travailleurs arrivés seuls d'Afrique du Nord, puis de leurs familles venues les rejoindre ou formées sur place, de leurs enfants nés en France, et donc français, mais perçus comme étant eux aussi des « immigrés », ou en tout cas des « étrangers ». [...] Comme j'étais très brun, quand j'étais adolescent, ma mère me disait régulièrement : « Tu ressembles à un crouille » ; ou bien : « En te voyant arriver de loin, je te prenais pour un bougnoule. » Et j'ai bien conscience que l'horreur que m'inspira à cette époque mon milieu d'appartenance est également liée à la consternation, et même à l'écœurement, que provoquait en moi ce genre de propos entendus tous les jours, plusieurs fois par jour.[32]

(Selbst-)Abwertung bezüglich der eigenen Klassenzugehörigkeit und der verbal artikulierte Rassismus der Eltern wurden und werden im Diskurs verknüpft; ein Zusammenhang, den das erzählte jugendliche Ich bereits erkennt, den jedoch erst das erzählende Erwachsenen-Ich bewusst zu reflektieren im Stande ist. Mikrosoziale Gewalt-Zusammenhänge als Verweise auf makrosoziale, aber auch klassenspezifische Strukturen der Gewalt besitzen somit in dieser Art des Schreibens komplementäre Bedeutung für das Erfassen gesamtgesellschaftlich diskutierter Mechanismen struktureller Gewaltformen wie diejenigen von Klassismus, Rassismus und Xenophobie.[33] Es wird daher auch kein einseitiger Klassenmythos bedient, indem beispielsweise auch der Habitus der Arbeiterklasse und der sie vertretenden Parteien auf ihre homophoben, machistischen und auch rassistischen Aspekte hin untersucht werden.[34] Das Thema einer Normierung von Maskulinität in Form von Gewalt, Aktion und Selbstbehauptung als Merkmal einer bestimmten Klasse ist im Schreiben Eribons omnipräsent.[35] Denn andererseits war es die Frage, wie die eigene Homosexualität als weitere und beinahe noch

---

32 Eribon: *Retour à Reims*, S. 150f.
33 Vgl. zu dieser hier von Eribon reflektierten Verbindung zwischen verschiedenen Formen struktureller Marginalisierung ökonomischer wie ethnischer Art den für Frankreich auch aus soziologischer Sicht untersuchten Zusammenhang zwischen Klassismus und Rassismus in Beaud, Stéphane / Pialoux, Michel: Racisme ouvrier ou mépris de classe ? Retour sur une enquête de terrain. In Fassin, Éric / Fassin, Didier (Hg.): *De la question sociale à la question raciale ? Représenter la société française*. Paris: La Découverte 2006, S. 72–90.
34 Vgl. Eribon: *Retour à Reims*, bspw. 204f.
35 Zu dieser Definition von Männlichkeit vgl. grundlegend Connell, Raewyn: *Masculinities*. Berkeley CA: University of California Press 1995.

tiefer gehende Stigmatisierung in diese durch den ‹traditionellen› Klassenkampf zwischen Arbeiterschaft und Bürgertum geprägte Gesellschaft zu integrieren war.

Dabei ist es wiederum auch die verbale Gewalt der Beleidigung, der «insulte», nicht nur gegen Einwanderer, sondern auch gegen Homosexuelle, welche neben der Erfahrung von die Gesellschaft segregierenden strukturellen und symbolischen Exklusionsmechanismen die Lebenswelt der Erzähler-Figur prägte.[36] Der Beleidigung als «pédé», «tapette», «tantouze» in der Logossphäre der Umgebung entgeht das erzählte Ich durch politisch-soziologische Reflexion und durch die Bewusst-Machung der Konstruiertheit von klassenspezifischen und ethnischen Identitäten, aber auch von sexuellen Ordnungen und Normierungen jenseits der Emanzipationsmöglichkeiten von Psychoanalyse und Marxismus, wie sie dem erzählten Ich die Lektüre von Foucaults *Histoire de la sexualité* ermöglichte.[37]

Dabei weist Eribon als soziologischer Erzähler, aber auch als engagierter Intellektueller, auf jenen Rückfall in reaktionäre und homophobe Denkstrukturen hin, welche er in der intellektuellen Szene Frankreichs am Beginn des 21. Jahrhundert als neuen «Dogmatismus» in der intellektuell-bürgerlichen Welt ausmachte und als «konservative Revolution» bezeichnete.[38] Es sind dabei vor allem die Angriffe gegen den Soziologen Pierre Bourdieu durch Teile der linksgerichteten französischen Presse, welche Eribon als Symptom für diese «Revolution» der Diskurse wertete und im Vorwort seines politischen Kommentars *D'une révolution conservatrice et de ses effets sur la gauche française* als einen der Gründe für das Verfassen dieses Texts angibt. Eribon sieht somit zu Beginn des 21. Jahrhunderts jene Errungenschaften einer liberalen und pluralistischen Gesellschaft bedroht, für welche sich auch der Soziologe Bourdieu in seinem Schreiben engagierte und die nun durch die «classe intellecutelle» selbst verraten würden:

> Comment lui [Bourdieu, ML] eût-il été possible d'assister sans réagir à la destruction des droits qui avaient constitué autant de conquêtes des luttes sociales en France depuis plus d'un demi-siècle, c'est-à-dire à la destruction, comme il le répéta en tant d'occasions, d'un type de civilisation qui, fût-il loin d'être parfait (et toute sa recherche en montrait les imperfections), devait malgré tout être défendu ? De ne pas réagir quand des intellectuels entreprirent de promouvoir et de ratifier par leurs discours ces plans de régression sociale, en essayant de surcroît de réduire au silence toute volonté de protestation ? De ne pas réagir au moment où la « classe intellectuelle » trahissant les principes mêmes qui devraient définir son éthique [...]? La manière dont la presse de gauche parla de lui fut

---

36 Vgl. Eribon: *Retour à Reims*, S. 203 f.
37 Vgl. ebda., S: 206–208.
38 Vgl. ebda., S. 206.

assurément l'un des symptômes les plus édifiants et les plus sinistres des ravages provoqués par la révolution conservatrice sur le monde culturel français.[39]

An dieser Stelle kann nicht auf die von Eribon postulierten und weiterhin bestehenden Bourdieu'schen Reproduktionsmechanismen überkommen geglaubter Klassenstrukturen, konservativer bis reaktionärer Diskursordnungen und auf den «Verrat» einer «Klasse der Intellektuellen» und der linken politischen Eliten eingegangen werden. Verwiesen sei auf das Werk des Philosophen Jean-Claude Michéa, welcher aus einem politisch-historischen Blickwinkel seit langem das Scheitern des Sozialismus ‹klassischer› Prägung gegenüber einer liberalisierten und globalisierten Gesellschaftsordnung der reformorientierten und letztlich liberalen Positionen zugeneigten republikanischen Linken zu fassen sucht.[40] Dennoch scheint es vor diesem Hintergrund wahrscheinlich, dass die ‹traditionelle› Opposition von Gender- und Klassenbewusstsein Anfang des 21. Jahrhunderts endgültig nicht mehr in ideologischen Kategorien erfassbar ist.

Weit davon entfernt, überwunden zu sein, gibt es gute Gründe, nicht nur ausgehend von Eribon anzunehmen, dass die diese Festschreibungen und Normierungen von Klasse und Gender tragenden Exklusions- und Gewaltmechanismen ökonomischer wie symbolischer Art, aber auch Rassismus, Klassismus und Homophobie als gesellschaftliche Problematiken fortbestehen – politisch und literarisch aber neu erzählt werden müssen. Éribons ‹Schüler› Édouard Louis griff in diesem Kontext in seinen bereits erwähnten Texten *En finir avec Eddy Bellegueule* (2014), *Histoire de la violence* (2016) und *Qui a tué mon père* (2018) den Faden des auto-analytischen und autofiktionalen Schreibens seines ‹Lehrers› und indirekt auch dessen Vorbild Annie Ernaux für eine neue Generation von Schriftsteller*innen auf.[41] Er machte dabei auf das Fortbestehen von Gewalt- und Diskursformen in der französischen Gesellschaft aufmerksam, welche in den Texten Annie Ernaux' und Didier Éribons thematisiert wurden und keinesfalls als ‹historisch› und allein als einem vergangenen Jahrhundert zugehörig qualifizierbar sind. Vielmehr deutet die Aufmerksamkeit, welche Édouard Louis' Texten und seinem politischen Engagement in der französischen und

---

39 Eribon, Didier: *D'une révolution conservatrice et de ses effets sur la gauche française*. Paris: Éditions Léo Scheer 2007, S. 11 f.
40 Vgl. beispielsweise als Fundamentalkritik an der jüngeren Geschichte der französischen Linken Michéa, Jean-Claude: *Les Mystères de la gauche : de l'idéal des Lumières au triomphe du capitalisme absolu*. Paris: Flammarion 2013; sowie ders.: *Notre ennemi, le capital*. Paris: Flammarion 2016.
41 Zu direkten und positiven Referenzen auf Annie Ernaux bei Didier Eribon vgl. das zweite Kapitel des Epilogs in ders.: *Retour à Reims*, insb. S. 241–245.

auch deutschen Öffentlichkeit zuteilwurde, auf ein wachsendes Bewusstsein bezüglich eines nach wie vor bestehenden Problemkomplexes asymmetrisch verteilter sozialer Mobilität sowie statischer und undurchlässiger Klassenstrukturen einer Gesellschaft voller homophober und rassistischer Tendenzen hin, dem erzählende Literatur eine Stimme zu geben vermag.

Zwei erkenntnistheoretische Kautelen seien jedoch gegenüber einer soziologisch motivierten Verallgemeinerung – auch im epistemologischen Kontext der Gender-Studies – einer solchen autosoziobiographischen *écriture* an dieser Stelle der Analyse vorgebracht: So detailliert und analytisch dieses soziographische Schreiben verfährt, kann es dennoch nur Indizien raum-zeitlich spezifizierter Zusammenhänge sozialer Natur aufzeigen und politisch Stellung beziehen, ohne eine Generalisierung auf empirisch-sozialwissenschaftlicher Grundlage zu erlauben. Eine Verallgemeinerung des Dargestellten als gesellschaftlich Repräsentativem muss den Sozialwissenschaften überlassen bleiben und kann nur durch umfassende Datenerhebung, Vergleich und Parallelisierung der geschilderten Milieu- und Gesellschaftsstrukturen erfolgen. Carlos Spoerhase hat deutlich auf die Gefahren einer Absolut-Setzung von *Transclasse*- und Aufsteiger-Biographien nunmehr erfolgreicher Schriftsteller*innen und Intellektueller als für einen gesellschaftlichen Raum repräsentative Perspektivierungen von Gesellschaft hingewiesen, indem er Chantal Jacquets Axiomatik bezüglich des autosoziobiographischen Schreibens kritisiert:

> Diese Aufstiegsgeschichten sind aber auch immer Bildungsgeschichten: Bildung ist etwas, das erzählt werden muss. Bildung ist immer schon romanesk. Das bringt im Bereich der von Jaquet untersuchten literarischen Autosoziobiografien bestimmte Probleme mit sich: das Problem, dass Autobiografien im Gegensatz etwa zu Tagebüchern immer Ex-post-Rationalisierungen implizieren. Das Problem, dass nur bestimmte Individuen der heterogenen Gruppe der Transclasses überhaupt einen autobiografischen Impuls verspüren und ein »désir du recit« entwickeln. Und schließlich das Problem, dass Erzählweisen privilegiert werden, die eine singuläre Figur als Protagonisten haben und nicht etwa eine Generation oder eine Familie. [...]
>
> Tatsächlich stehen im Zentrum der Autosoziobiografie meist Individuen und nicht mehr oder weniger anonyme soziale Prozesse ohne individuellen Protagonisten. Erzählungen, die ihren Protagonisten aus der armen ländlichen oder kleinstädtischen Provinz in die reichen städtischen Zentren führen, sind zweifellos packender als die abstrakte Darstellung von sozialen ‹Fahrstuhleffekten›. Zweifelsohne vermögen sie die Problematik der persönlichen Überwindung innergesellschaftlicher Segregation einem größeren Lesepublikum plastischer vor Augen zu führen als viele soziologische Studien. Es besteht aber die Gefahr, dass mit dem Erzählprinzip, die Gesellschaft der Gegenwart aus dem Blickwinkel des individuellen Sozialaufsteigers zu perspektivieren, auch ein politischer Individualismus gestützt wird, der den Blick auf kollektive Problemlagen und Lösungsansätze ver-

stellt. Literarische Formen haben manchmal politische Folgeprobleme: Das individuelle Schicksal darf nicht schon deshalb, weil es sich am besten erzählen lässt, zur Leitgröße des politischen Denkens werden.[42]

Auch wenn dieser Zweifel am Grad politischer Relevanz des autosoziobiographisch Dargestellten und an der Repräsentativität des Individuellen durchaus kontrovers diskutiert werden kann und im Folgenden auch diskutiert werden soll, sei doch dem von Spoerhase gemachten erkenntnistheoretischen Vorbehalt Raum gegeben: Es handelt bei den Texten von Ernaux, Eribon und Louis um gesellschaftsanalytische und -kritische Literatur aus der Binnenperspektive von Autor*innen, die ‹es geschafft haben›, was nur eine unter vielen möglichen Perspektivierungen innerhalb des gesellschaftlichen Raums darstellt, deren Voraussetzungen von Gesellschaft zu Gesellschaft variieren können. Für eine literaturwissenschaftliche Analyse und eine politische Selbst-Positionierung der Autor*innen stellt dies kein Problem dar, da hier allein die modellierende und artikulierende Funktion der Texte, ihre Politik, nicht deren repräsentative ‹Objektivität› zur Debatte stehen.

Dies macht soziologisch-literarische Erzähltexte durchaus für die Frage nach der erzählten Gewalt als *subjektgebundene* Zeugnisse einer sozialen Verankerung dieser Gewalt in Hinblick auf die französische Gesellschaft und ihre historische Entwicklung am Übergang vom 20. zum 21. Jahrhundert fruchtbar. Sie können jedoch nicht als *objektive* Aussagen im soziologischen Sinne über die Gesamtheit des adressierten gesellschaftlichen Raums verstanden werden und können auch nicht ohne Veränderung der analytischen Parameter auf diese Gesellschaft oder auf andere kulturelle und sprachliche Kontexte übertragen werden – zumal sich diese Parameter geregelten und kulturell codierten Zusammenlebens selbst im Laufe der erzählten Lebensjahre der erzählenden Subjekte ändern.[43]

---

[42] Spoerhase: Politik der Form, S. 31 u. 36 f.

[43] Im englischsprachigen Raum feierte Vance, J.D.: *Hillbilly Elegy. A Memoir of a Family and Culture in Crisis* (New York: Harper 2016) große Erfolge. In einem deutschsprachigen Kontext böte hier beispielsweise das autosoziobiographische Schreiben des Journalisten und Schriftstellers Christian Baron Vergleichspunkte zu den Texten der hier erwähnten französischen Autor*innen. In seinem ‹Sachbuch› *Proleten, Pöbel, Parasiten: Warum die Linken die Arbeiter verachten* (Berlin: Das Neue Berlin 2016) und dem autobiographischen Text *Ein Mann seiner Klasse* (Berlin: Claasen 2020) werden einerseits Parallelen schriftstellerischer Reflexion, aber auch hinsichtlich gesellschaftlicher Diskurse in der Frage nach dem erkennbar, was ‹linkes› Denken zu Beginn des 21. Jahrhundert auszeichnet. Dennoch unterscheiden sich die Texte des Deutschen und der Franzosen nicht nur stilistisch, sondern geben Einblick in verschiedene Bruch- und Konfliktlinien der jeweiligen Gesellschaftsordnung aufgrund unterschiedlicher historischer und politischer Strukturierungen der Debatten.

Andererseits liegt das analytische Erkenntnispotential dieses gesellschaftsspezifischen Schreibens gerade in seiner klaren politischen Selbstverortung, seinem Engagement für gesellschaftliches Zusammenleben und seiner deutlich formulierten Referentialisierbarkeit auf Bereiche bestimmter Milieus, Zeiten und Räume in Frankreich. Dies betrifft auch die Formen dargestellter und erzählter Gewalt, welche ein Milieu, eine Epoche und eine Region prägen können. Neben der Komplexität struktureller Gewaltformen wie ökonomischer Prekarität, Arbeitslosigkeit, Ausgrenzung, aber auch rigider Gendernormierungen binärer Art ist es die Frage nach der hierarchisierter Sichtbarkeit von Gewalt, welche ein Ignorieren dieser Gewaltformen implizieren kann, die ein Schreiben aus den und über die gesellschaftlichen Peripherien relevant werden lässt.

Die zweite Kautele ist mehr ein Hinweis literaturtheoretischer Art: Denn so reflektiert und in der Selbst- und Gesellschafts-Beobachtung präzise Autobiographie und Autofiktion, literarische Sozialanalyse und ethnographisches Schreiben auch vorgehen und damit das Interesse an diesen Formen und ihren Autor*innen aufrechterhalten, sind sie doch nicht die einzigen Möglichkeiten, Gesellschaft durch Literatur zu modellieren und letztlich auch zu analysieren. Bezüglich der Frage nach den unterhalb historischer und politischer Diskurse wirkenden Gewaltformen nimmt dementsprechend im Folgenden die Autofiktion auch nur einen Teil des Korpus-Materials ein. Wie letztere loten beispielsweise auch ‹rein› fiktionaler Roman und Formen journalistischer und essayistischer Gesellschaftsreflexion abseits der abstrakten Analyse der Gesellschaftswissenschaften Zusammenleben innerhalb des gesellschaftlichen Raums Frankreich literarisch und durch Erzählen als Gesellschaft modellierende Kulturtechnik aus.

Daher soll in diesem Kapitel Édouard Louis' autobiographisch-autofiktionaler Erzählung *Histoire de la violence* die Analyse eines Texts zur Seite gestellt werden, welcher die gesellschaftsanalytischen Möglichkeiten der Fiktion durch die aufrechterhaltene Trennung von Erzählerfigur, Romanfigur und textexternem Autor ausschöpft, dabei aber auf ähnliche repräsentierte und modellierte Gesellschaftsstrukturen und Milieus der französischen Peripherie rekurriert, wie sie das Schreiben von Ernaux, Eribon und Louis prägen. Der im vogesischen Épinal geborene Nicolas Mathieu beschreibt in seinem 2018 mit dem *Prix Goncourt* ausgezeichneten Roman *Leurs enfants après eux* die strukturschwache Moselregion der 90er Jahre und liefert damit gewissermaßen ein literarisch-analytisches ‹Prequel› zu Louis' literarischen Analysen der Picardie des 21. Jahrhunderts und zu einer Jugend, welche die Thematik der Gewalt mit dem Strukturwandel ganzer Landstriche verbunden sieht. Es ist hier jedoch weniger die komplexe Frage nach den Mechanismen einer Gewalt des Milieus, welche sich auf Gender- und Körperbilder auswirkt, als vielmehr die Frage nach den die Entstehung von Gewalt begünstigenden Alltagsstrukturen innerhalb der Phase eines bestimmten Lebensabschnitts nicht *einer*, sondern *mehrerer* Figuren, welche bei Mathieu in den Vordergrund rückt und die Krisen der Romanfiguren steuert. Zusammen mit Louis' Texten könnte sich hier auch eine Jahrzehnte währende soziale Entwicklung als erzählte und literarische Prozessualität abzeichnen, welche sich anhand spezifischer Formen der Gewalt ablesen lässt und die politisch wie ökonomisch in den ersten Jahrzehnten des neuen Jahrtausends zu einem nicht zu ignorierenden Faktor für gesellschaftliche Konflikte geworden ist.

Aber nicht nur das rurale Frankreich der Arbeitklasse sowie dessen desillusionierte Jugend ohne berufliche Perspektiven rückte immer mehr in den Fokus vielbesprochener und rezipierter Romane. Auch die von einer ruralen *Mittelschicht* geteilten Normen und Werte sowie die Lebenswelten kleinbürgerlicher Milieus wurden in der französischen Literatur hinterfragt und auch auf kritische Punkte im Zusammenleben hin beleuchtet, wobei die Repräsentation der dort auftauchenden Gewaltformen wiederum oft als offengelegte Symptomatik für zugrunde liegende Strukturen dient, die auf eine dysfunktionale Konvivenz hindeuten, welcher erzählerisch nachgespürt wird.

Dieses ländliche Frankreich der Gewalt bildet auch den geographisch-gesellschaftlichen Hintergrund von Ivan Jablonkas 2016 erschienenem *Laëtitia, ou la Fin des hommes*; ein Text in Form einer dokumentierend-journalistisch entwickelten, aber essayhaften Reportage über eine Recherchearbeit zu einem medial in Frankreich vieldiskutierten Mordfall, die seinem Autor den *Prix Médicis* sowie den *Prix littéraire du ‹Monde›* einbrachte. Das Buch handelt vom Mord an der 19-jährigen Laëtitia Perrais, welcher zu einem landesweiten politischen wie juristischen Skandal wurde, und widmet sich daher einem auf den ersten Blick gänzlich anderen Typus von Gewalt als jener strukturellen Gewalt der Milieuzugehörigkeit. Dass jedoch eine Verbindung mit den Gewaltmechanismen der oben erwähnten ‹Coming of Age›-Romane aus dem Arbeitermilieu besteht, soll im Folgenden deutlich werden. Denn im von Jablonka gezeichneten Geschehen werden wiederum auch die strukturellen Zusammenhänge der bereits von Édouard Louis gezeichneten Rollen- und Gendernormen einer ländlichen und periurbanen Gesellschaft sichtbar, welche in Teilen Gewalt nicht nur gegen Homosexuelle, sondern auch gegen Frauen billigt und die Frage nach Emanzipation und Frauenrechten nicht problematisiert, beziehungsweise gar nicht erst stellt. Die Sichtbarmachung ökonomischer Unterschiede geschieht dabei auffälligerweise durch Autor*innen, welche stets auch diese in Frankreich historisch verankerte Dichotomie von zentralen Kulturnormen und der medialen wie politischen Ignoranz gegenüber Geschehnissen thematisieren, welche als ‹peripher› oder ‹provinziell› angesehen werden.

4.1 *Histoire de la violence* (2016) von Édouard Louis: Politische Autofiktion oder biographische Soziologie der Gewalt?

Homosexuell, *Transclasse* und scharfsinniger Links-Intellektueller: Es ist auffällig, dass im literarischen Feld Frankreichs in den Jahren 2010 bis 2020 mit den wissenschaftlichen und erzählerischen Texten von Didier Eribon und Édouard Louis ein Schreiben größere Erfolge feierte, das eine soziokulturell und historisch-materialistisch fundierte Kritik an der bürgerlichen Mitte mit der Kritik an klassenübergreifenden Normierungen von Gender und Sex verband. Doch bereits spätestens seit Ende der 90er Jahre des 20. Jahrhunderts etablierte sich nicht nur in der Philosophie im internationalen Umfeld der *Gender* und *Queer Studies*, sondern ebenso in der Literatur wie im Film eine Perspektivierung homosexueller und nicht-binärer Protagonist*innen, welche gesellschaftliche Veränderung, aber auch die Reproduktions-Mechanismen von Klassenstrukturen aus einem Blickwinkel abseits heteronormativer Sichtweisen erfasste.[44]

Das schriftstellerische und filmische Schaffen des 2018 an einer Krebserkrankung verstorbenen Regisseurs und Autors Mathieu Riboulet hat ungefähr zeitgleich zu Didier Eribon und lange vor Édouard Louis diesen Zusammenhängen zwischen Begehren, Körperpolitik, politischer wie historischer Gewalt und deren Repräsentationsformen in zahlreichen Beiträgen nachgespürt, welche stets auch politische Positionierungen ausgehend von eigenen biographischen Erfahrungen einbezogen.[45] Riboulet beklagte dabei noch im Jahr 2015 eine die französische Literaturkritik begleitende homophobe Tendenz. Anhand zweier Anekdoten aus den Jahren 1996 und 2015, wo im einen Fall sein von Maurice Nadeau veröffentlichter Debütroman *Un sentiment océanique* als banale Homosexuellengeschichte

---

[44] Auf die gesellschaftskritische Rolle weiblicher Homosexualität auch in der Literatur wird im Kapitel zu Virginie Despentes zurückzukommen sein. Dabei ist in Frankreich traditionell eine kritische Distanz zu den theoretischen Entwicklungen der *Gender* und *Queer Studies* US-amerikanischer Prägung und die bisweilen kanonische Rückbesinnung auf eine ‹französische› Tradition von theoretisch-philosophischen und künstlerisch-symbolischen Artikulationen diversen und homosexuellen Selbstbewusstseins zu verzeichnen. Vgl. hierzu aus transmedialer US-amerikanischer Perspektive Provencher, Dennis M.: *Queer French. Globalization, Language, and Sexual Citizenship in France*. New York: Routledge 2016.

[45] Vgl. Riboulets erste Erzähltexte aus den 90er Jahren des 20. Jahrhunderts wie Riboulet, Mathieu: *Un sentiment océanique*. Paris: Maurice Nadeau 1996; sowie ders.: *Mère Biscuit*. Paris: Maurice Nadeau 1999; vgl. insb. in Hinblick auf die hier verhandelte Gewaltthematik Riboulets kulturhistorisch-politischen Langessai über die Gewalt innerhalb der deutsch-französischen Geschichte aus körperpolitischer Perspektive in ders.: *Les Œuvres de miséricorde*. Paris: Verdier 2012, der mit dem *Prix Décembre* ausgezeichnet wurde.

abgewertet wurde, er im anderen Falle als «tapette gauchiste» («linke Schwuchtel») beschimpft wurde, wird von ihm in Form eines «micro-aperçu» ein im Grunde unveränderter gesellschaftlicher Zustand konstatiert. In diesem hat im medialen Diskurs versteckte Homosexuellen-Feindlichkeit mit offen vulgärer Beleidigung und verbaler Gewalt lediglich den Platz getauscht; die grundlegende Ablehnung von Homosexualität bildet für Riboulet jedoch in Frankreich eine historische Kontinuität.[46] Sein kleiner Beitrag findet sich in einer Sonderausgabe der Zeitschrift *Revue critique de fixxion française contemporaine*, welche sich den Veränderungen und aktuellen Positionen im Hinblick auf das Verhältnis von Homosexualität(en) und ihrer Darstellung in der französischsprachigen Fiktion widmete. Unter den dort abgedruckten literaturhistorischen Beiträgen und Interviews zu einer langen Geschichte homosexueller Emanzipation seit den 60er Jahren des 20. Jahrhunderts artikuliert auch Riboulet mit seinem Statement zu einer im medialen Diskurs wahrnehmbaren homophoben Einstellung gegenüber einer Minderheiten-Position ein klares Plädoyer für sein eigenes Schreiben als «Feier» der Komplexität homosexuellen Begehrens abseits des Skandals, aber auch der konsumorientierten Vermarktung alles Queeren. Riboulet konstatiert dabei zwar einen Zustand sozialer wie politischer «décomposition», eines «Sich-Zersetzens» der französischen Gesellschaft der 10er Jahre des 21. Jahrhunderts, aber auch eine wachsende Sensibilisierung für die Thematiken Homosexualität und queere Literatur durch eine diversere, auch heterosexuelle Leserschaft, welche sich mittels der Literatur in unbekannte Bereiche des Politischen und Sexuellen – des erzählten Begehrens – wage.[47] Auch Anfang des 21. Jahrhunderts ist es also die vom privaten Begehren nicht zu trennende politische Dimension der Unterdrückung und Normierung dieses Begehrens durch Politik, Wirtschaft und Gesellschaft, welche Riboulets Schreiben reflektiert.

Sein ebenso literarischer wie autobiographischer Essai *Entre les deux il n'y a rien* zeigt – diesem unvermeidlichen Zusammenhang entsprechend – neben der Vielfalt homoerotischen und homosexuellen (hier zumeist männlichen) Begehrens auch einen Teil der queeren Emanzipationsgeschichte des 20. Jahrhunderts als eng mit der politischen Emanzipation der 60er Jahre verwoben.[48] Der jugendliche Hedonismus eines jungen, im Frankreich der 70er Jahre heranwachsenden Homosexuellen konnte in diesem Text zugleich noch als Kampf um Anerkennung im Geiste eines verblassten emanzipatorischen Erbes der Stu-

---

46 Vgl. Riboulet, Mathieu: Le sexe, le désir, le texte. In: *Revue critique de fixxion française contemporaine*. No 12 (2016): *Homosexualités et fictions en France de 1981 à nos jours*. Dirigé par Eric Bordas et Owen Heathcote, S. 209–212.
47 Vgl. ebda., S. 211.
48 Vgl. Riboulet, Mathieu: *Entre les deux il n'y a rien*. Paris: Verdier 2015.

dentenbewegung der 60er Jahre beschrieben werden. Dabei begreift das erzählte Ich des Kindes und des Jugendlichen die nach wie vor omnipräsente politische Gewalt, jedoch nicht die tieferen Zusammenhänge eines selbst von Gewalt erfüllten, europaweit geführten Kampfes der Körper, der Begehrensstrukturen, aber auch der Klassenidentitäten und ideologischen Prädispositionen. In Italien, in Deutschland und in Frankreich war dieser Kampf in den 70er Jahren – der in Riboulets Text erzählten Gegenwart – noch lange nicht beendet; seine philosophischen und politischen Reflexionsgrundlagen schienen aber bereits während der von der stark autobiographisch anmutenden Erzählstimme des Texts geschilderten Kindheit des erzählten Ich erschöpft zu sein.[49] Aus dem vorbewussten Zustand des Heranwachsenden tritt dagegen die Verbindung zwischen sexueller und politischer Emanzipation durch sexuelle Subversion immer stärker hervor, welche das spätere Leben des Erzählenden prägen wird.

Sexuelle und politische Befreiung, Zeitgeschichte und Klassenkampf sowie schließlich das Ende dieser Verbindung mit dem Aufkommen einer neuen Epidemie Anfang der 80er Jahre, die zunächst vor allem mit der schwulen Community in Verbindung gebracht wurde, stellen ein Gewaltprofil dar, welches Riboulet als Zeitzeuge der letzten Dekaden des 20. Jahrhunderts ausleuchtet. Der Gewalt des Staates und der Gewalt des Terrors jeglicher Couleur – im folgenden Zitat werden in einer Reihe von europäischen Beispielen die Morde an Aldo Moro und Pier Paolo Pasolini erwähnt – stellt das erzählte Ich noch das Vertrauen in die Befreiung durch eine Revolution des Begehrens zur Seite, welches es zur selben Zeit als sich entfaltende Sexualität erlebte. Dieses Vertrauen hat sich jedoch nicht bewährt, als schließlich die Angst vor AIDS und auch die wachsenden Vermarktungsmöglichkeiten von Sexualität und Körper auch homosexuelles Begehren in den 80er Jahren seiner emanzipatorischen Funktion beraubten und zu Produkt und Ware machen sollten. In Kursivschrift wird so im Essai eine situative Parallelführung politischer Ereignisse mit dem eigenen Erleben einer ‹italienischen Reise› sexueller Natur zu einer Frage nach dem gesellschaftlichen Engagement im Verhältnis zu Sex und Begehren:

> En 1978 je vais en Italie, j'ai dix-huit ans, c'est à un jet de pierre de 1972 mais désormais je sais que l'écriture la politique l'histoire le sexe c'est pour moi, c'est à moi c'est mon affaire mon tour, je veux courir ouvrir, peut-être vaciller, surtout jouir et faire jouir. La politique ce ne sera sans doute pas la révolution, que mes aînés ont tenté de porter haut, parce que l'heure est passée. La révolution ce sera le sexe, ce sera jouir et faire jouir les hommes sans demander mon reste, j'ai trois ans devant moi, nous avons trois ans devant nous. Dans trois ans nous serons fauchés comme des chiens par une épidémie, l'ennemi aura changé de visage. Et pour l'instant à Rome, *à bout portant dans un garage abattu*

---

[49] Vgl. ebda., S. 13.

comme un chien Aldo Moro soixante-deux ans par les hommes des Brigades rouges en uniforme des forces révolutionnaires et moi à huit cents mètres de là le 9 mai 1978 dans un parc adossé a un pin je m'agenouille aux pieds de Massimo qui est dur et broussailleux, il se plante dans ma bouche, et Pasolini cinquante-trois ans à trois mille jours et trente kilomètre d'ici roué de coups comme un chien peut-être même avant d'avoir pu s'incliner devant son ou ses assassins, partout les côtes des chiens offertes aux coups de pied des valets.[50]

Gewalt ist somit bei Riboulet neben der oben erwähnten verbalen Gewalt der Gegenwart – hier gegen den Autor als homosexuellen Mann – im Rückblick eine Gewalt der Straße, der Staats- und Polizeigewalt wie auch des Terrorismus, welche für Frankreich, Deutschland und Italien gleichermaßen beschrieben wird. Hinzu kommt schließlich in den 80er Jahren auch die neue, rätselhafte und körperliche Natur-‹Gewalt› einer neuen Krankheit, welche der politischen Emanzipation der Homosexuellen eine Überlebenspolitik im Schatten einer Epidemie als dringende Notwendigkeit hinzufügte.[51]

Der sieben Jahr ältere Soziologe und Philosoph Didier Eribon, der mit seinem bereits erwähnten ‹autobiographischen Essai› *Retour à Reims*, aber auch schon in früheren Texten, einen Zusammenhang herstellte zwischen Milieuzugehörigkeit und dem dazugehörigen inkorporierten Habitus sowie einer Ordnung sexuellen Begehrens, erkannte wie Riboulet die oftmals bestehende Unvereinbarkeit der eigenen Homosexualität sowohl mit den Normvorgaben der bürgerlichen Gesellschaft Frankreichs als auch denjenigen der Arbeiterklasse. Gender- und Klassenpolitik werden bei Riboulet wie bei Eribon eng zusammengedacht und bilden ein komplexes Konfliktgefüge aus nicht erfüllten und geforderten Maskulinitätsvorstellungen, enttäuschten Hoffnungen gesellschaftlicher Teilhabe, Solidarität mit der Arbeiterklasse, aber auch einer Ablehnung durch das Herkunftsmilieu.

Da ist es auffällig, dass Eribon ebenso wie Riboulet in seiner Selbstreflexion, seiner intellektuellen Biographie und Milieustudie *Retour à Reims* auch auf diachroner Ebene Veränderungen feststellte, welche von grundlegender Bedeutung

---

[50] Ebda., S. 13f.
[51] Zur historischen und diskursiven Bedeutung des Kampfs gegen AIDS Anfang der 90er Jahre in Form von Initiativen wie *Act Up* für die LGBTQ +-Community in Frankreich vgl. Lestrade, Didier: *Act Up, une histoire*. Paris: Denoël 2000; ders.: *Le Journal du Sida: Chroniques 1994/2013*. Norderstedt: Books on Demand Editions 2014; sowie Guibert, Hervé: *A l'ami qui ne m'a pas sauvé la vie*. Paris: Gallimard 1990; ders.: *Le Protocole compassionnel*. Paris: Gallimard 1991; ders.: *Cytomégalovirus, journal d'hospitalisation*. Paris: Seuil 1992; filmisch vgl. aus zeitgenössischer Perspektive Collard, Cyril (Regie): *Les Nuits fauves*. Banfilm Ter / La Sept Cinema / Société Nouvelle de Cinematographie / Orango Film 1992; sowie aus einer späteren Perspektivierung jener tragischen Episode der 90er Jahre Campillo, Robin (Regie): *120 Battements par minute*. Les Films de Pierre 2017.

für eine Analyse der Gewaltformen im Frankreich des 21. Jahrhunderts sind. Eribons These, dass der Marxismus traditioneller Prägung nicht ausreicht, die Komplexität einer postindustriellen Gesellschaftsordnung bei nach wie vor weiterbestehenden Formen von Unterdrückung und Hierarchisierung nach ökonomischer Ausstattung, Ethnie, Herkunft, Gender oder Religion zu erfassen, bestätigt die festgestellten Veränderungen Riboulets einer bereits in den 70er Jahren erschöpften Revolutions-Rhetorik marxistischer Prägung. Sie ergänzt zudem Riboulets Skepsis gegenüber einer durch die Vermarktung von Sexualität, die Angst vor AIDS und die Übermacht politischer und terroristischer Gewalt verhinderten sexuellen ‹Revolution› um Vorbehalte gegenüber einem unter traditionellen ideologischen Vorzeichen geführten Klassenkampf in den postindustriellen Massengesellschaften des späten 20. und frühen 21. Jahrhunderts.

Eribon verbindet zudem anhand seiner eigenen Verortung im sozialen Raum das gesellschaftliche Außenseitertum homosexuellen Lebens, welches bei Riboulet von einer epidemischen Katastrophe begleitet wird, mit der Diagnose eines in seinen symbolischen Formen verlorenen Kollektivbewusstseins der Arbeiterklasse, wie es typisch sei für die postindustriellen Gesellschaften europäischer Prägung.[52] Gender- und Klassenpolitik geraten beide in die Gefahr einer rhetorischen Aushöhlung ihrer nach wie vor nicht erfüllten Forderungen. Der Strukturwandel, welcher wie in den meisten westlichen Ländern ‹klassische› Industrieregionen mit potenten Großunternehmen als Arbeitgebern in eine Landschaft der kleinen Zulieferbetriebe, Dienstleistungsunternehmen und unrentabler Fabrikanlagen verwandelte, hinterließ eine Arbeiterschaft, deren symbolische Repräsentationssysteme der 50er und 60er Jahre zu Beginn des 21. Jahrhunderts als Appelle an Klassenbewusstsein und Solidarität endgültig nicht mehr funktionieren können und nach neuen Projektionsflächen kollektiver Repräsentation verlangen. Diese müssen – wie auch in anderen europäischen Ländern – nicht unbedingt ‹links› der politischen Mitte liegen, welche laut Eribon durch ihre Ignoranz gegenüber den tragischen Folgen des postin-

---

52 Die Orientierung des Individuums an der existentiellen Bedeutung, welche die Konstruktion einer Einzigartigkeit der eigenen Person einnimmt, beschreibt der bereits erwähnte Kultursoziologe Andreas Reckwitz. Zu Beginn des 21. Jahrhunderts betrifft diese ‹Singularisierung› die Gesamtgesellschaften westlicher Prägung und lässt sich in Verbindung bringen mit der Herausbildung einer «Postindustriellen Ökonomie der Singularitäten», ihrer Arbeitswelt, einer digitalisierten Lebenswelt, dem Wandel der Klassenstrukturen, aber vor allem mit der Herausbildung eines «Differenziellen Liberalismus» als Substitut eines vormals im Diskurs vorherrschenden Klassenbewusstseins. Vgl. Reckwitz: *Die Gesellschaft der Singularitäten*, insb. «Kap. VI. Differenzieller Liberalismus und Kulturessenzialismus: Der Wandel des Politischen», S. 371–428.

dustriellen Strukturwandels eine Mitschuld am Aufstieg des Front National und anderer rechtsextremer Parteien als neuen Repräsentanten der Arbeiterklasse trägt:

> À la différence du vote communiste, qui était un vote assumé, revendiqué, proclamé, le vote d'extrême droite aura été une démarche dissimulée, voire niée, vis-à-vis du jugement de l'« extérieur » (dont je faisais partie, aux yeux de ma famille)... mais, malgré tout, assez mûrement réfléchie et fermement décidée. Dans le premier cas on affirmait fièrement son identité de classe en la constituant comme telle par ce geste politique de soutien au « parti des ouvriers », dans le second on défendait en silence ce qu'il restait de cette identité désormais ignorée, quand elle n'était pas méprisée par les hiérarques de la gauche institutionnelle, tous issus de l'ENA et autres écoles bourgeoises du pouvoir technocratique [...]. Aussi paradoxal que cela puisse paraître, je suis persuadé que le vote pour le Front national doit s'interpréter, au moins en partie, comme le dernier recours des milieux populaires pour défendre leur identité collective, et en tout cas une dignité qu'ils sentaient comme toujours piétinée, et désormais par ceux qui les avaient autrefois représentés et défendus.[53]

Die Narrative von Arbeiterstolz (hier sogar noch grundlegender mit dem Lexem «Würde» / «dignité» bezeichnet), Gewerkschafts- und Parteimacht sowie Klassensolidarität machten laut dieser hier zitierten Diagnose auch in Frankreich – zusammen mit einer strukturellen Individualisierung einer digitalisierten Konsumgesellschaft – der Resignation vor Arbeitslosigkeit, der sozialen Abschottung und einer Entsolidarisierung sowohl mit ökonomisch Gleichgestellten, aber auch mit dem Zentralstaat Platz.

Neue Formen politischer und identitärer Orientierungsformen, oft rechtsextremer Art, führen jedoch allem Anschein nach nicht zu gesteigerter gesellschaftlicher Teilhabe und Repräsentation der Arbeiterklasse im politischen Diskurs, sondern lassen eher den von Ernaux und Eribon angesprochenen latenten Rassismus gegenüber Zugewanderten, hinsichtlich Sex und Gender ‹klassische› Vorstellungen von heterosexueller Arbeiter-Männlichkeit und Härte nach wie vor als probate Interpretationsschemata von Lebenswelt erscheinen. So besteht laut Riboulet und Eribon neben gesamtgesellschaftlich akzeptierten Formen der Misogynie, welche anhand eines Texts von Ivan Jablonka noch zu diskutieren sein werden, auch eine nicht nur innerhalb der Post-Arbeiterklasse akzeptierte sym-

---

[53] Eribon: *Retour à Reims*, S. 134 f. Interessant ist hier ein Vergleich mit Deutschland, ohne diesen jedoch an dieser Stelle weiter interpretieren zu können: Bei den Landtagswahlen 2019 wählten laut *Infratest Dimap* und *Hans Böckler Stiftung*, aufgeschlüsselt nach Berufsgruppen, in Sachsen 41% der Arbeiter die AfD, in Brandenburg sogar 44%, was den höchsten Anteil unter den Berufsgruppen darstellte, gefolgt von Selbständigen und Angestellten. Vgl. https://de.statista.com/infografik/19203/welche-berufsgruppen-die-afd-waehlen/; konsultiert am 21.06.2021.

bolische und kulturell etablierte Homophobie fort, deren Gewaltpotential sich verbal wie physisch äußern kann.[54] Eribon analysierte die Wurzeln dieser Gewalt in seinem Essay durch seinen vergleichenden Blick auf das Herkunftsmilieu seines erzählten Ichs, welches dieses – obwohl Marxist – aus offensichtlichen Gründen einer verhinderten sexuellen Freiheit verließ, ohne sich jedoch von den Werten der Solidarität zu seiner Klasse – allerdings weniger zu seinem Herkunftsmilieu – als ideologischem und idealisiertem Narrativ zu entfernen und diese Herkunft zu verleugnen.[55]

Es ist Eribons und Riboulets großer Verdienst, die doppelte Diskriminierung und Gewalt gegen Personen dargestellt zu haben, welche als homosexuelle *Transclasses* zusätzlich zur oft physisch und verbal erlebten Gewalt eines auf normierter Männlichkeit gründenden Herkunftmilieus der symbolischen und kulturellen Gewalt medialer und politischer Diskurse homophober und klassistischer Natur ausgesetzt sind. Hinzu kommt Riboulets Analyse einer dritten Gewaltform in Gestalt des Ringens einer politisch links eingestellten Jugend um politische und gesellschaftliche Wahrnehmung, teilweise durch gewaltsamen Straßenkampf und Terror, deren Ursprünge in einem tiefgreifenden Gesellschaftswandel sich anhand der weiter oben erwähnten, von Mathieu Riboulet skizzierten politischen Gewaltbereitschaft der zweiten Hälfte des 20. Jahrhunderts erahnen lassen. Auch Michel Wieviorka sah in der Eskalation dieser Gewalt im Links-Terrorismus der 70er und 80er Jahre den Höhepunkt und das Ende des ‹klassisch›-marxistischen ideologischen Konflikts um die Begriffe des Kapitalismus und des Kommunismus.[56] Homophobie und mangelnde soziale, insbesondere politische Teilhabe begannen somit bereits zu Eribons und Riboulets Jugendzeiten in den 60er und 70er Jahren zu korrelieren mit einer Gewaltbereitschaft, welche auch zu Beginn des 21. Jahrhunderts teilweise noch virulent scheint, insofern soziale Marginalisierung gesellschaftlicher Milieus auf die Frage nach der innergesellschaftlichen Akzeptanz ethnischer und sexueller Diversität trifft.

Denn dieselben Erfahrungen eines homosexuellen Arbeiterkindes machten aus dem aus der Picardie stammenden Édouard Louis – 1992 geboren, also ein sogenannter *Millennial* – einen Zeitzeugen von Zusammenhängen, an deren Gewalt er körperlich wie psychisch zu leiden hatte. Seine zwischen Autobiographie und Autofiktion schwer zu verortenden Milieubeschreibungen machten ihn zu einem der großen Jungstars im literarischen Feld Frankreichs in den 10er Jahren des 21. Jahrhunderts. Wie Didier Eribon geht es Édouard Louis um ein Aufdecken

---

54 Vgl. Eribon *Retour à Reims*, S. 222.
55 Vgl. ebda., S. 86.
56 Vgl. Wieviorka: *La violence*, S. 33–35.

und erzählerisches Modellieren der Verbindungen zwischen verschiedenen Arten von Exklusion, Marginalisierung, Unterdrückung und Stigmatisierung in Form von Klassismus, Rassismus, Homo- und Transphobie sowie ihrer Zusammenhänge mit verschiedenen Gewaltformen physischer, psychischer, symbolischer und struktureller Art, welche diese Exklusions- und Unterdrückungsmechanismen begleiten.[57]

Mit seinem Erstlingsroman *En finir avec Eddy Bellegueule* (2014) war Louis mit einer Mischung aus politischem, autobiographisch-autofiktionalem Erzählen und soziologischer Analyse der Durchbruch gelungen. Sein Schreiben zwischen Literatur und Soziologie über Thematiken und Formen sexueller und milieubezogener Diskriminierung und Ausgrenzung war ein Mittel, das wie erwähnt auch Louis' Lehrer und Mentor Didier Eribon erfolgreich anwandte, um aufgrund eigener komplexer Erfahrungen auf die Verwobenheit gesellschaftlicher Hierarchien und Unterdrückungs-Mechanismen hinzuweisen. Beim ‹Millennial› Louis ist dabei jedoch eine aggressivere, dezidiert und vor allem expliziter die Leserschaft mit einbeziehende politische Schreibweise zu beobachten. So gibt Louis in seiner manifestartigen Anklageschrift *Qui a tué mon père* (2018) mit der Geste des Zola'schen *J'accuse* einer politischen Klasse und ihren abstrakten Reformen neoliberaler Art ohne Umschweife – und unter Nennung konkreter Namen von für aus seiner Perspektive mitverantwortlichen Politikern – auch eine Mitschuld an selbst erlebten Missständen von explizit autobiographischem Standpunkt aus. Es geht dabei auch um eine Anklage der Sprache der Elite, welche die Interpretation von Leben und Lebenswelt dominiere und dabei entmündigend auf all jene wirke, welche dieser Sprache nicht mächtig sind.

Am Beispiel des Vaters, der aufgrund eines Arbeitsunfalls, bei welchem er sich seine Hand verletzte, arbeitsunfähig wurde, dem Alkoholkonsum und der Gewalttätigkeit verfiel, und welcher in Louis' Debütroman *En finir avec Eddy Bellegueule* vor allem als negative Figur voll homophober und rassistischer Ressentiments dargestellt wurde, schildert Louis die Gewalt politischer und ökonomischer Entmündigung von Teilen der Bevölkerung durch eine herrschende Elite. Letztere scheint sich der Bedeutung ihrer Handlungen für die konkrete Lebenswelt vieler Familien nicht bewusst zu sein. Die Schilderung dieses Zusammenhangs gelingt insofern, als dass Louis den Raum abstrakter Entscheidungen der Politik – wie beispielsweise die Kürzung von Beihilfen der Regierung für Medikamente und Ausbildung – auf jene soziale, politische wie ökonomische Prekärität seines Her-

---

[57] Dabei bedient Louis sich eines weiten Rassismus-Begriffs, welchen er der US-amerikanischen Geographin und Gefängnis-Abolitionistin Ruth Gilmore entlehnt hat und in Beziehung setzt mit einem doppelten Politikbegriff der Teilhabe und der Unterdrückung; vgl. Louis, Édouard: *Qui a tué mon père*. Paris: Seuil 2018, S. 11f.

kunfstsmilieus sowie auf die konkreten gesundheitlichen wie psychischen Schäden bezieht, welche dieses Milieu und seine eigene Familie prägen.[58] Louis wendet sich laut eines seiner Kommentare zu diesem Buch stärker noch als die klassische *Littérature engagée* von einer ‹freien› Rezeption durch die Leserschaft ab und einer ‹Einnahme› der Leser*innen für den eigenen Standpunkt zu, indem weniger Deskription als Konfrontation im Zentrum seines Schreibens stehe:

> On se sent interpellé par le monde sans cesse. Alors j'ai commencé à écrire *Qui a tué mon père*, j'ai commencé à écrire les noms de Chirac, Sarkozy, Hollande, Macron, tous ces gens qui ont mis en place des réformes violentes qui ont eu un impact très fort sur le corps des dominés, le déremboursement des médicaments, la baisse des APL, le passage du RMI au RSA, etc. [...] Je voulais qu'on ne puisse pas tourner la tête face à ce que je dis. Si mon livre a cette forme courte, serrée, c'est aussi parce que je ne voulais pas qu'on puisse le reposer – il y a beaucoup d'écrivains qui parlent de la liberté du lecteur, moi, ça ne m'intéresse pas du tout que la lectrice ou le lecteur soient libres, je veux que la personne qui lise soit confrontée à ce que je veux dire.[59]

Ein von Arbeitslosigkeit und Verwahrlosung geprägtes Bild strukturschwacher Regionen in den dünn besiedelten und vormals industrialisierten Zonen eines ruralen Nordfrankreich, welches sich auch an den Körper der dort lebenden und arbeitenden Menschen abzeichnet, wird nicht nur anhand der Figur des Vaters, sondern an vielen Figuren in den Texten Édouard Louis' gezeichnet. Aus der Perspektive von dessen schwer vom extratextuellen Autor zu unterscheidenden auto- und intradiegetischen Erzählerfigur Édouard / Eddy Bellegueule wird – bezüglich der erzählten Zeit gut ein halbes Jahrhundert später – in einer ähnlichen autobiographischen Situation wie derjenigen des erzählten Ichs in Eribons *Retour a Reims* die Coming-of-Age-Geschichte einer schwulen Jugend in einem Milieu der nordfranzösischen Peripherie gezeichnet. In den

---

58 Louis wurde in Hallencourt, einer im Text selbst nicht bezeichneten, aber identifizierbaren Ortschaft im Département Somme in der Region Hauts-de-France geboren. Die Region zeichnet sich vor allem durch eine geringe Bevölkerungsdichte sowie die große Bedeutung der Agrar- und Lebensmittelindustrie aus. Für ein statistischen Portrait der Region Somme, wie sie zum Zeitpunkt der Veröffentlichung des *Eddy Bellegueule* aufgestellt war vgl. Garbé, Lionel / Le Scouëzec, Patrick / Insee Hauts-de-France: Un portrait de la Somme. Un lien entre les zones peuplées du nord et du sud de la région. In: *Insee Analyse Hauts-de-France* No 37 (22.12.2016), online unter https://www.insee.fr/fr/statistiques/2537695#:~:text=La%20Somme%20est%20le%20second,agricoles%20et%20industrielles%20demeurent%20importantes, konsultiert am 21.06.2021.
59 Louis, Édouard / Leyris, Raphaëlle: « Empêcher le lecteur de détourner le regard ». Interview mit Édouard Louis. In: *Le Monde* (10.5.2018), online unter https://www.lemonde.fr/livres/article/2018/05/10/edouardlouis-empecher-le-lecteur-de-detourner-le-regard_5297104_3260.html, konsultiert am 21.06.2021.

Texten beider Autoren wird dabei nicht nur die im obigen Zitat gestellte Frage nach der symbolischen und strukturellen Gewalt von Diskursen der politischen und ökonomischen Elite sowie derjenigen des Arbeitermilieus auf Körperbilder und Sprache gestellt. Vielmehr werden auch die direkten Auswirkungen der von Armut, fehlender Bildung und mangelndem Gesundheitsbewusstsein geprägten Alltags-Strukturen auf die physische und psychische Gesundheit der Erzählerstimmen selbst skizziert, welche wiederum mit ritualisierten Lebensgewohnheiten, aber auch Körperidealen einhergehen.

Die Erfahrung und Analyse von Gewalt spielt in beiden Texten eine Schlüsselrolle. Stärker noch als der eher faktual-analytisch reflektierende Didier Eribon bedient sich Louis des autofiktionalen Spiels der Re- und Neuinterpretation der autobiographischen Vergangenheit eines erzählten Ichs durch ein autodiegetisch erzählendes Ich in Form perspektivischer Brechungen durch dieses zweite Ich und weitere Figuren, welche die Geschichte dieses erzählten Ich ein weiteres Mal erzählen und oftmals verschieden interpretieren. Diese Verschwommenheit des erzählenden Ichs bezüglich der eigenen leidvollen Vergangenheit und seine mit einem diegetischen Raum des Leidens und der Gewalt einhergehenden eingeschränkten Identifikationsmöglichkeiten werden gleich im Incipit des *Eddy Bellegueule* unter dem Titel «Rencontre» / «Begegnung» der Leserschaft bewusst gemacht:

> De mon enfance, je n'ai aucun souvenir heureux. Je ne veux pas dire que jamais, durant ces années, je n'ai éprouvé de sentiment de bonheur ou de joie. Simplement la souffrance est totalitaire : tout ce qui n'entre pas dans son système, elle le fait disparaîetre.[60]

Das ältere erzählende Ich relativiert den Akt des Erzählens über ein jüngeres Ich der «Kindheit» durch den Hinweis auf die Unzuverlässigkeit der Erinnerung. Dennoch ist diese Erinnerung bereits vor allem und in erster Linie eine solche an eine tendenziell negative Erzählwelt; eine Diegese, welche Leiden und Gewalt von Anfang an impliziert. Dabei wirkt das Leiden zugleich als Filterblase, welche «all das verschwinden lässt, was nicht ins System [des Leidens] passt». Durch diese Absage an die Möglichkeit objektiven Erzählens und Erinnerns wird der möglicherweise durch die verzerrte Erinnerung fiktionale Charakter des Werks betont.

Doch obgleich die beiden ersten autofiktionalen Erzählungen von Édouard Louis auch peri- und damit scheinbar verbindlich architextuell mit ‹Roman› betitelt sind, werden sie epitextuell vom Autor selbst, wie auch im obigen Inter-

---

60 Louis: *En finir avec Eddy Bellegueule*, S. 13: «An meine Kindheit habe ich keine glücklichen Erinnerungen. Ich will nicht sagen, dass ich in diesen Jahren nie ein Gefühl von Glück oder Freude empfunden habe. Das Leiden ist einfach totalitär: Alles, was nicht in sein System passt, lässt es verschwinden» [ML].

view-Zitat bezüglich eines seiner späteren Texte, in einen politischen und sozialanalytischen Zusammenhang gestellt sowie von Kritik und Medien auch in einem solchen thematisiert. Es handelt sich bei Louis' *écriture* wie auch bei derjenigen der im Vorfeld dieses Kapitels erwähnten Autor*innen autofiktionalen Schreibens aus selbsterklärten und – wie zu zeigen sein wird – textimmanenten Gründen keineswegs um bloße Fiktion. Stärker noch als beispielsweise bei Annie Ernaux geht es bei Édouard Louis um eine Aufforderung an die Leserschaft, sich zur geschilderten Lebensweltlichkeit auch politisch zu verhalten. Das fiktionale, auf ein Minimum reduzierte ‹romaneske› Element kann daher vor allem in jenem autofiktionalen Unschärfe-Raum zur Geltung kommen, welcher das erzählte Ich der Vergangenheit der von Ernaux erwähnten stetig redigierenden und eigenes Erleben hinterfragenden Neuinterpretation durch ein erzählendes Ich unterwirft. Dieses wiederum steht in enger Beziehung – und bietet ausreichend Identifikationspotential – mit der verlegerisch sowie medial dargestellten und sich darstellenden extratextuellen Autorfigur Édouard Louis, welche nach eigener Aussage die Wahrheit durch Darstellung des «soziale[n] System[s]» in Form «allgemeingültige[r] Fragen» sucht – einer *selbst* erlebten Wirklichkeit:

> Mir ging es um allgemeingültige Fragen: um die Unterdrückung einer Persönlichkeit und wie man es schafft, ein anderer zu werden. Mit diesen Mechanismen der Unterdrückung sind wir doch alle konfrontiert: Du bist ein Schwuler, oder eine Frau, ein Araber, ein Loser, ein dreckiger Schwarzer, ein Trottel vom Land. Es hätte deshalb nichts gebracht, alle Namen zu nennen. Und nein, ich bin auch nie gewalttätig oder bösartig zu den Einzelnen. Ich habe versucht, allen als komplexe Persönlichkeiten gerecht zu werden. Wenn der Vater seinem Sohn vorwirft: Du bist eine Schande für unsere Familie, Du bist nicht das, was ich wollte! Das ist unglaublich gewalttätig. Aber mir ging es doch darum, das soziale System deutlich zu machen, das solche Verhaltensweisen erzeugt. Die untersten Schichten bringen immer wieder die selben Milieus hervor.[61]

In diesem Kommentar zu seinem Debüttext wird die im Incipit von *Eddy Bellegueule* dargelegte Unzuverlässigkeit des erzählenden Ichs plötzlich mit einem Anspruch auf Objektivität versehen, indem eine Opferperspektive mit anderen Perspektiven von unterdrückten Gruppen in Verbindung gebracht wird. Subjektives Erleben – auch von Gewalt – ist somit gemäß dieser Aussage im Raum der Autofiktion als gesellschaftspolitisch relevantes und verbindliches soziologisches Wissen zu betrachten. Der letzte Satz zeugt zudem von einer engen Anlehnung an

---

[61] Louis, Édouard: Ich suche die Wahrheit, indem ich die Wirklichkeit nachbaue. Édouard Louis im Corso-Gespräch mit Dirk Fuhrig. In: *Deutschlandfunk Kultur* (12.3.2015), online unter http://www.deutschlandfunk.de/edouard-louis-das-ende-von-eddy-ich-suchedie-wahrheit.807.de.html?dram:article_id=314072, konsultiert am 21.06.2021.

die Bourdieu'sche Soziologie sowie einer Louis' Texten selbst zugrundeliegenden Axiomatik sozialer Reproduktion des Milieus.[62] Doch wird bezüglich des Verhältnisses von Autofiktion zu politischer Lesart dieser Anklang wissenschaftlicher Theorie perspektivisch in einen zwischen den Personalpronomen und Bereichen Autofiktion, Politik und Wissenschaft schwankenden Raum gestellt, welcher sowohl eine individuell-autorbezogene («Ich habe versucht»), eine politische («Du bist ein ...») und eine kategorisch-erklärende («wie man es schafft») Interpretation des mit dem eigenen Schreiben Intendierten zulässt. Diese Mehrfachverortung betrifft auch die Frage nach der zwingend notwendigen politischen Veränderung der im Text modellierten Gesellschaft und ihrer Gewaltformen.

Vor diesem Hintergrund kommentierender Verortung eines Texts durch die extratextuelle Autorfigur muss daher umso dringender anhand textimmanenter Betrachtung auch die Frage nach der diskursiven Funktion einer Strategie des zwischen Autofiktion und Autobiographie schwankenden Erzählens über Gewalt gefragt weden: Ist es soziologische Reflexion oder aber politisches Kalkül, was die Texte von Édouard Louis stärker auszeichnet? Letzteres wird nämlich dann problematisch, wenn Autofiktion durch Vermarktung, medialen Diskurs, aber auch engagierte Leser*innen unter das alleinige Paradigma der Autobiographie gerät, indem Diegese und Erzählerfigur mit dem textexternen Autor bis zur Verschmelzung enggeführt werden. Zu Recht finden in Louis' Texten Opferfiguren ihre je eigene Stimme und bestätigen damit im Feld der Literatur die Errungenschaften soziologisch gesteigerten Interesses der Gewaltforschung an den Perspektiven von Opfern komplex miteinander verwobener Formen der Gewalt.[63] Und doch scheint es fraglich, ob jenseits des Texts, im politischen Raum, durch die im Incipit des *Eddy* deutlich werdende filternde Fokussierung bei der Vor-Interpretation von Lebenswelt mittels einer literarischen Erzählstimme – dem Anschein nach monologisch-autodiegetischer und weniger dialogischer Ausrichtung – in der Rezeption sowie im Gewalt-Diskurs eine differenzierte Diskussion erhalten bleiben kann, welche auch zwischen unterschiedlichen Standpunkten vermitteln würde. Um eine engagierte und politisch um Gerechtigkeit bemühte Literatur handelt es sich dabei im von Édouard Louis beschrittenen Weg des Erzählens von Gewalt in jedem Fall.[64]

---

62 Vgl. zu dieser epistemologischen Verortung auch die von Louis zusammengestellte Textanthologie berühmter Schriftsteller*innen und Intellektueller zu Pierre Bourdieu in Louis (Hg.): *Pierre Bourdieu – L'insoumission en héritage*, op. cit.
63 Vgl. Wieviorka: *La violence*, S. 81–108.
64 Vgl. hierzu die positive Rezension zu Louis' *Qui a tué mon père* von Harrison Stetler, welcher jedoch ebenfalls nicht auf die Problematik einer politisch fruchtbar gemachten Autofiktionalisierung eingeht in Stetler, Harrison: The Good Populist. The moral radicalism of Édouard Louis. In:

Da vom Verfasser bereits an anderer Stelle auf Louis' international gefeierten Debutroman *En finir avec Eddy Bellegueule* eingegangen wurde, soll das Buch an dieser Stelle vor allem im Zusammenhang mit dem Nachfolger *Histoire de la violence*, welcher die diegetische Entwicklung durch dieselbe Erzählerfigur als intratextuelle Referenzbeziehung auf den Vorgängertext fortsetzt, untersucht werden, wobei auf dem jüngeren Text der Schwerpunkt der Analyse liegt.[65] Dennoch sei kurz auf das erfolgreiche schriftstellerische Debüt *En finir avec Eddy Bellegueule* eingegangen!

Der stark autobiographische Roman erzählt aus der Ich-Perspektive die Kindheit und Jugend des homosexuellen Arbeiterkindes Eddy – der autodiegetischen Erzählstimme – in der Picardie der nuller Jahre des 21. Jahrhunderts. Dabei werden die schulischen Diskriminierungen, das Mobbing der Mitschüler, aber auch die emanzipatorischen Impulse seines sich entwickelnden Selbstbewusstseins gegenüber der eigenen Sexualität und Klassenzugehörigkeit sowie schließlich die Flucht aus diesem Milieu veranschaulicht, welches von physischer und verbaler Gewalt durchdrungen ist. Diese Gewalt wird in einem individuell-körperlichen Erfahrungsraum der Willkür erlitten, welcher den Alltag (hier die Schule) prägt und Reflexion über Gründe und Umstände dieser Gewalt noch unentfaltet lässt. Auf dieser Ebene liegt gleichzeitig der Ausgangspunkt für die Entwicklung eines Bewusstseins über soziale Verhältnisse jenseits des eigenen Körpers. Auf einer stärker abstrahierenden Ebene werden so auch die kulturellen Normen reflektiert, welche Gewalt kodieren (z. B. Durchsetzung körperlicher Stärke als milieuspezifischer Wert). Die selbst erlebte Gewalt wird vom erzählenden, aber in einem Prozess wachsender Bewusstwerdung auch vom erzählten Ich in Verbindung gebracht mit diesen Normen.

Der Grund der Gewalterfahrung wird als Konsequenz der eigenen mangelhaften Anpassung an diese Normvorstellungen des familiären und engeren Umfelds verstanden. Erst das Nachdenken über die Gewalt des hinter dem Milieu stehenden Systems gesellschaftlicher und ökonomischer Marginalisierung mit tragischen Folgen für das Individuum – z. B. der frühe Tod der Verwandten als Zeichen geringer Lebenserwartung – lässt das erzählende Ich auf die Logik unhinterfragter kultureller und sexueller Normierungen als Versicherungen und Schutz des Individuums in einer Gemeinschaft unter den Zwängen prekärer Lebensverhältnisse aufmerksam werden. Durch diese erzählerische Öffnung des Gewaltbegriffs auf dessen systemisch-strukturellen Aspekt kann die Frage nach

---

The Point (Web only / Criticism / 25.6.2019), online unter https://thepointmag.com/criticism/the-good-populist-edouard-louis/, konsultiert am 22.06.2021.
65 Vgl. Lenz: ‹Parallelgesellschaft› der Retrospektive, op. cit.

der Rolle des Milieus als auch für körperliche und geschlechterspezifische Normen und deren Kontrolle zuständige Instanz gestellt werden.

Die Politik der Literatur besteht im Fall des *Eddy Bellegueule* in einer kritisch-analytischen Nahbeschreibung modellierter sozialer Wirklichkeit durch Schilderung erinnerter Lebenssituationen sowie durch sprachlich-mimetische Mittel wie erzählte Rede und direkte Rede. So ist der Text auch auf schriftbildlicher Ebene von prägnanten Einschüben durchdrungen, welche Umgangssprache und Gesprächssituationen durch Kursivierung markieren. Er zeugt zudem von einer selbstbestätigend-emanzipatorischen Kraft des Literarischen, da Sprache und Schreiben die Erfahrung von Gewalt nachträglich und aus dem Kontrastraum einer anderen Lebensweltlichkeit nachvollziehen, nämlich derjenigen des zivilisatorischen Respekts einer selbstbestimmten und reflektierten Umwelt der bürgerlichen Mittelschicht, zu welcher der Erzähler schließlich Zugang findet. Denn aus dieser Perspektive des Geflohen-Seins heraus schildert das erzählende Ich im Rückblick sein Leben. Dabei wird der Leserschaft deutlich, welche Mechanismen der Relativierung und Infragestellung übernommener Werte und Normen allein die *Aussicht* eines Milieuwechsels in Form einer Chance auf eine weiterführende Schullaufbahn beim Erzähler auslöste: ein Bewusstseinsschub wachsender Emanzipation. Gleichzeitig wird der Determinismus des Arbeitermilieus mit seinen Inkorporationsmechanismen aus der Perspektive dieses ermächtigten Subjektempfindens nachvollzogen. Erst im Finden einer eigenen Sprache eröffnet sich ihm eine politische, aber auch räumliche Sensibilisierung für das Recht auf körperliche Unversehrtheit, auf gedankliche und sexuelle Freiheit.

In diesem Erstlingswerk gelingt es Louis, wohl auch aufgrund seiner Schulung an Pierre Bourdieu, den von ihm an sich selbst reflektierten *Habitus clivé* nicht nur als bürgerliche Abspaltung von den Merkmalen des im Herkunftsmilieu erwünschten Habitus der Arbeiterklasse, sondern als Möglichkeit einer Emanzipation von beiden Milieus zu erkennen, wie dies Annie Ernaux wegweisend in ihren Romanen tat. Soziale Mobilität wird als möglich, Milieudeterminismus als nicht zwingende Option erzählerisch anschaulich gemacht. Die sprachlichen Besonderheiten sowie die charakteristischen Eigenheiten des Herkunftsmilieus werden jedoch eher despektierlich einer Analyse aus der Distanz des nunmehr im neuen Milieu abgesicherten Erzähler-Ichs analysiert, aber nicht in ihren Möglichkeiten als Instrumente der Kritik an diesem neuen Milieu der bürgerlich-gebildeten Bewohner*innen des Zentrums erkannt. Zeuge und Instrument dieser Analyse des Herkunftmilieus ist dabei der eigene Körper, dessen gekrümmte Haltung, Blässe und Schwächlichkeit, aber auch dessen Versuche, durch eine tiefere Stimme Männlichkeit zu gewinnen, milieuspezifische Körperformen und Körpernormen erkennen lassen, deren Entstehung und Verinnerlichung allein in der objektivierenden Rückschau, nicht im erzählten und nunmehr vergangenen leiblichen Erleben sichtbar werden.

Dabei entsteht wiederum jene oben beschriebene ‹ethnographische› Schreibweise, welche die Position des Sezierenden und seinen Blick zu Analyseinstrumenten macht und die Menschen des Nahmilieus (Familie, Jugendfreunde) zu Forschungsobjekten werden lässt. Dieser im Grunde dokumentarisch beschreibende Text, verstärkt durch seine paratextuelle Zuordnung als ‹Roman› im Untertitel, welcher autodiegetische Perspektive mit Sprachregisterwechseln und diegetischer Entwicklung zwecks Spannungsaufbau verbindet, wird selbst zu einer den Diskurs über das Arbeitermilieu festlegenden Gewalt. Diese evoziert und formt eine milieuspezifische Wirklichkeit, sucht aber weder intra- noch extratextuell nach Möglichkeiten des Dialogs über das Erlebte und Erlittene mit den durchaus referentialisierbaren Figuren des Vaters, der Mutter, des Cousins und der Freunde. Die extratextuell zuordenbaren Figuren können sich dementsprechend auch bezüglich ihrer Modellierung als Täterfiguren, welche Gewalt gegen den Erzähler ausübten, nicht rechtfertigen, was zwar ein bekanntes literarisches Problem darstellt, in einem Schreiben mit soziologischem Anspruch jedoch Gefahren birgt, wie im Folgenden dargelegt werden soll.

Denn diese vom Autor selbst erkannte Gefahr einer allzu großen Monologizität der Erzählstimme bezüglich anderer Figuren der Diegese hat Louis in den nachfolgenden Texten veranlasst, sich stärker mit den Wirkungen einer sozialen Marginalisierung des Arbeiter- und migrantischer Milieus auf diese Figuren auch abseits der Erfahrungen des erzählenden Ichs mit ihnen auseinanderzusetzen. Das sowohl als Aussage, aber auch Frage zu verstehende *Qui a tué mon père* lässt bereits erkennen, dass in diesem Text bei Louis auf das autobiographische Erzählen eine Ausweitung der politisch-systemischen Sozialkritik durch literarisches Schreiben folgt.[66] Neben einer Fokussierung auf die eigene Biographie und Perspektive liegt der Schwerpunkt nun auch auf anderen Figuren und den auf sie wirkenden Gewaltformen: Armut, Rassismus oder Homophobie äußern sich dabei sowohl strukturell wie auch physisch-körperlich und verbal.

Doch wie in *Qui a tué mon père* ging Louis bereits in seinem zweiten biographischen Erzähltext *Histoire de la violence* einer vertiefenden Betrachtung direkter, struktureller und symbolischer Formen von Gewalt nach, welche jedoch nunmehr nicht mehr als milieuspezifisch, sondern im gesamten gesellschaftlichen Raum verwurzelte Gewaltformen erzählerisch hinterfragt werden. Das für die Handlung zentrale Ereignis einer Vergewaltigung der Erzählerfigur in die-

---

66 Die deutsche Übersetzung des Titels mit «Wer hat meinen Vater umgebracht» lässt zwar das Fragezeichen ebenfalls weg, kann aber grammatikalisch den Aussagecharakter des «qui» im französischen Titel nicht nachahmen.

sem ebenfalls mit ‹Roman› untertitelten Text, der auf einem realen Gewaltverbrechen beruht, das vom extratextuellen Autor zur Anzeige gebracht wurde, wird dabei aus einer äußerst verschachtelten Erzählperspektive der Leserschaft vermittelt.[67] Es ist eine hohe perspektivische Vielfalt, welche den Roman und seine Thematik dominiert. Dennoch sichert die starke Präsenz eines erzählenden Ichs trotz kunstvoller perspektivischer Verschränkung mehrerer Erzählebenen die Einheit des Ereignisses als letztlich in seinem biographischen Erleben verankerten ‹Besitzstand›. Bei letzterem handelt es sich um die im Folgenden kurz zusammengefasste Geschichte.

Eine autodiegetische Erzählerfigur, die sich dem Leser als jener Édouard / Eddy Bellegueule aus dem Vorgängerbuch präsentiert, hat seiner Schwester in der Picardie ein vergangenes traumatisches Gewaltereignis geschildert, welches ihm in Paris widerfahren ist. Jedoch nicht aus dieser Erzählung, sondern anhand der Weitererzählung dieses Ereignisses durch die Schwester an deren Ehemann, welche der Ich-Erzähler an der Tür belauscht und kommentiert, wird dem Leser das Erlebte vermittelt. Die Erzählsituation ist somit eine im doppelten Sinne indirekte oder metadiegetische: Die Erzählung der Erzählung durch die Schwester gegenüber ihrem Ehemann und die Kommentare des autodiegetischen Haupterzählers bilden die äußerste Rahmenhandlung; daneben tritt die bereits vorher erfolge Erzählung des Geschehens gegenüber der Schwester als zweite Rahmenhandlung sowie der Inhalt des Erzählten als die zentrale Binnenhandlung.

Die erzählte Zeit dieser Binnenhandlung umfasst mehrere Wochen: An einem Weihnachtsabend kehrt der Ich-Erzähler von einem festlichen Abendessen mit Freunden zurück. Ein junger Kabyle namens Reda (außerhalb des Texts Riadh B.) spricht ihn an und folgt ihm trotz lediglich zögerlicher Einladung in dessen Wohnung. Aus der spontanen Begegnung entspinnt sich eine sexuell hitzige Liebesnacht, die jedoch nur kurz währt. Der Erzähler, der sich über seine Gefühle für den von ihm aufgenommenen, illegal in Frankreich lebenden *Sans-papier* klarzuwerden versucht, wird von diesem schließlich vergewaltigt, gewürgt und mit einer Waffe bedroht, nachdem er Reda beschuldigt hat, ihm mehrere Gegenstände sowie sein Handy gestohlen zu haben. Auf Anraten von (prominenten) Freunden, darunter Didier Eribon, meldet der Erzähler den Vorfall schließlich der Polizei,

---

[67] Der Erzähltext wurde in Frankreich kontrovers diskutiert, von äußerst positiven Rezensionen (*Le Monde, La Quinzaine littéraire*) bis hin zu Verrissen (*Le Figaro, Libération*). Auch in Deutschland erregte die schwierige Konstellation zwischen juristisch relevanter Straftat, der Privatsphäre des Täters und literarischer Freiheit Aufmerksamkeit, vgl. dazu Altwegg, Jürgen: Roman vor Gericht: Autofiktionen. In: *FAZ* (29.3.2016), online unter https://www.faz.net/aktu ell/feuilleton/edouard-louis-roman-histoire-de-la-violence-vor-gericht-14148393.html, konsultiert am 22.06.2021.

wobei dem Leser detailliert die langwierigen Befragungen, das Weiterleiten an andere polizeiliche Instanzen mit größeren rechtlichen Befugnissen sowie die medizinischen und forensischen Untersuchungen geschildert werden. Die Erfahrung des eigentlichen Ereignisses, der traumatisierenden Vergewaltigung, entgleitet dabei dem Erzähler und wird immer mehr in den Prozeduren kriminalistischer und juristischer Systematik aufgelöst, die nun den Verlauf der Ereignisse bestimmen. Auf diese Weise wird ein individuell-privates Erlebnis zu einer Frage gesellschaftlicher Mechanismen des Handelns, welche auf Täter- wie auf Behördenseite von Tendenzen homophober und/oder rassistischer Natur begleitet werden. Aus Erzähltechnik und Inhalt wird somit deutlich, dass es Édouard Louis und dem Erzähler-Ich um die Frage nach der Aneignung und Enteignung des Erzählten durch die Gesellschaft in Form der institutionalisierten Makroebene (Polizeirevier und Gericht) sowie der von anderen Formen der Enteignung durch weitere subjektive Interpretationen geprägten Mikroebene (Familie, Freunde und vor allem die Schwester) geht.

Die Frage nach der Klassenzugehörigkeit des Erzählers, seine Kindheit in der Picardie, tritt somit im zweiten, stark autobiographisch gefärbten Roman des Autors in den Hintergrund, auch wenn sie als notwendiges Interpretament der Erzählerfigur die Einordnung des Erlebten prägt. Diegetisch wechselt der Text von den Milieus der ländlichen Peripherie der Picardie ins Zentrum der französischen Hauptstadt, wobei jedoch auch die soziale und migrantische Peripherie dieses Zentrums in Form der Figur des illegal in Frankreich lebenden algerischen Kabylen Reda aufscheint. Etliche Thematiken, die schon *Das Ende von Eddy* – so der deutsche Titel des Roman-Erstlings – auszeichneten, werden hier in die Handlung eingewoben, ohne dass sie jedoch explizit noch einmal diskutiert werden. So taucht eine Referenz auf das Herkunftsmilieu der Arbeiterklasse in Form einer Rückkehr des Erzählers in die Provinz zur Schwester auf. Auch das Motiv gesellschaftlicher Marginalisierung der ‹unter› der französischen Mittelschicht verorteten Klassen und Milieus bleibt in Louis' zweitem Text thematisch erhalten, wobei es nun jedoch verstärkt als systemische und strukturelle «Verfolgung» in Form des Rassismus staatlicher Institutionen und Instanzen erscheint, der an die Seite der Gewalt ökonomischer Prekarität und homophober gesellschaftlicher Tendenzen tritt. Marginalisierung und Verfolgung hängen für Louis in beiden Texten als Grundlagen von Gewalthandeln jedoch zu eng zusammen, als dass sie streng getrennt werden könnten. In einem Interview für das Online-Journal *Un philosophe* kommeniert Louis dementsprechend das Thema der Gewalt, wie es in seinem zweiten Erzähltext modelliert wird, wie folgt:

> Cette violence qui est au fondement du monde dans lequel nous vivons et donc de ce que nous sommes est la matière de mon écriture. Mais de fait, quand je parle de violence, je

me focalise moins sur les logiques de l'exclusion, que celles de la persécution. Dans mon premier roman, on peut dire qu'Eddy Bellegueule est un enfant exclu, mais il est avant tout persécuté : par les deux garçons qui viennent le frapper tous les jours dans le même couloir, par ses parents qui l'incitent sans cesse à s'expliquer sur ce qu'il est : pourquoi il est si différent des autres enfants, pourquoi il n'est pas assez masculin, pourquoi il ramène la honte sur sa famille à cause de tout ça ? Il en va de même pour la plainte dans *Histoire de la violence*, qui vous met dans une situation où vous êtes constamment convoqué, par la police, par le juge, par les médecins. Le père de Reda aussi, quand je raconte sa vie très difficile dans un foyer Sonacotra, n'est pas d'abord quelqu'un d'exclu mais d'abord quelqu'un de persécuté par le pouvoir, par le racisme etc. Quand j'écris, j'essaye d'opérer ce glissement d'une problématique de l'exclusion vers une problématique de la persécution – ce qui ne veut pas dire qu'il n'y a pas d'exclusion, mais que la persécution peut nous permettre de comprendre la violence d'une manière différente.[68]

Auffällig ist, dass sich Édouard Louis in diesem Zitat explizit von den homo- bzw. autodiegetischen Erzählern desselben Vornamens in seinen Texten als auch den homodiegetischen Figuren seiner beiden ‹Romane› distanziert, um jene ethnographische Distanz gegenüber den Systematiken gesellschaftlicher Macht und Gewalt zu gewinnen, welche analytisches Schreiben erlaubt, ohne deswegen einen expliziten *pacte romanesque* mit der Leserschaft einzugehen.[69] Denn auch im zweiten Roman des Autors ist der Lejeune'sche *autobiographische Pakt* durch eine extra- und epitextuelle Verwischung von Figur und Autor-Persona sowie durch eine auch medial von Louis stark forcierte Übereinkunft mit den Leser*innen eine naheliegende, doch immer wieder auf Distanz gehaltene Lektüremöglichkeit, welche Stil und Schreibweise des Texts dominiert. So bezeichnet Louis seinen Text als «autobiographisches Buch», dessen Erzähler jedoch nicht der extratextuelle Autor sei. Diese wiederum im Dienste der Autofiktion stehende Vermischung von Autobiographie und ‹fremder› Erzählung des Eigenen wird im oben zitierten Interview daran deutlich, dass der Autor seine im Zitat zunächst beanspruchte Distanzierung von seinen ‹Figuren› in der unmittelbaren Fortsetzung des Interviews nicht aufrechterhält. Er wechselt in die erste Person Singular, wenn er über intradiegetische Sachverhalte und die Figur seiner Schwester

---

[68] Louis, Édouard / Daudey, Jonathan:: « Dès qu'il y a violence, il y a silence ». Entretien avec Édouard Louis. In: *un philosophe. Revue d'idées à caractère philosophique* (14.11.2016), online unter https://unphilosophe.com/2016/11/14/entretien-avec-edouard-louis-des-quil-y-a-violence-il-y-a-silence/, konsultiert am 22.06.2021.

[69] Zur von Philippe Lejeune zunächst sehr strikt getroffenen Unterscheidung zwischen Autobiographie und Roman sowie der Rolle des Eigennamens im Spiel mit Fiktionalität und Faktualität zwischen Figur und Persona vgl. Lejeune, Philippe: Autobiographie, roman et nom propre. In ders.: *Moi aussi*. Paris: Seuil 1986, S. 37–72; für eine Kritik dieser Opposition vgl. Dehne, Corinna: *Der «Gedächtnisort» Roman: zur Literarisierung von Familiengedächtnis und Zeitgeschichte im Werk Jean Rouauds*. Berlin: Erich Schmidt Verlag 2002, S. 67–70.

spricht, aus deren Perspektive weite Teile der Geschichte – und damit auf metadiegetischer Ebene – dargelegt werden.

Komplex wird dieser Distanzverlust des Autors zum Geschriebenen, wie er im Interview aufblitzt, dabei insofern, als dass die im Text aufgeworfene Frage nach der ‹Enteignung› der Stimme des Erzählers mittels der Interpretation eines Ereignisses durch andere Figuren und Instanzen oder gar das System nicht nur auf Ebene des Erzähltexts, sondern auch im epitextuell kommentierten Textumfeld durch die ‹reale› Autorfigur Édouard Louis in diesem und anderen Interviews entfaltet wird. Eine Wiederaneignung der durch andere beteiligte Instanzen angeblich entwendeten ‹Wahrheit› der erlebten Gewalt scheint daher epitextuell entgegen der im Text behaupteten ‹Ohnmacht› der Stimme des Erzählers möglich und bereits vorausgesetzt. Der extratextuelle Autor Édouard Louis bleibt durch sein Schreiben und die medialen Kommentare zu diesem Schreiben stets Herr über die durch seine homo- und intradiegetische Erzählerfigur verfochtene Wahrheit der Gewalt:

> [J.D.] Oui, d'autant plus que quand vous portez plainte, la police ou les médecins interprètent ce que vous leur dites, et ils déforment le témoignage, ce que vous dites est aussitôt transformé...
> [E.L.] Exactement. C'est un autre enjeu du livre : aussitôt que quelqu'un essaye de dire quelque chose, ses mots sont pris dans les mots des autres. Ils sont capturés, interprétés, déformés. Toute la construction littéraire d'*Histoire de la violence* reflète cette problématique : puisque que la narratrice principale du livre, c'est ma sœur. C'est un livre autobiographique, mais je n'en suis pas le narrateur. Dans le roman, je suis dans une chambre et j'entends ma sœur dans la pièce d'à-côté raconter à son mari ce que j'ai vécu – la rencontre, l'agression, la plainte. Et ce qu'elle dit ne correspond pas à ce que j'ai vécu, il y un écart entre ce que je lui ai dit et ce qu'elle dit que je lui ai dit. [...] Et la souffrance nait de là, de cet écart, de cet échec du langage.[70]

Das Scheitern und Entwenden der Sprache durch Institutionen und andere Individuen als zweite Gewalterfahrung des vergewaltigten Opfers der Erzählung bringt dieser Aussage nach somit auch ein Verschwinden der eigenen Erlebens-Perspektive einer auto-, intra- und homodiegetischen Erzählinstanz mit sich, gegen welches wiederum Louis als Autor anschreibt. Die zentrale Frage nach der Rolle der Zeugen-Perspektive gegenüber der Aneignung dieser Perspekive durch andere wird dabei jedoch auf Textebene, innerhalb der Diegese des ‹Romans›, insofern zum Problem, als dass eben diese Enteignung zwar vom ‹realen› extratextuellen Autor und dem erzählenden Ich behauptet wird, aber dennoch im Text selbst niemals vollständig durchsetzbar scheint: Denn das erzählende Ich als äußerste und ‹eigentliche› Wahrheitsinstanz im Text macht die Enteig-

---

70 Louis, Édouard / Daudey, Jonathan:: « Dès qu'il y a violence, il y a silence », s.p.

nung des eigenen Sprechens über Erlebtes durch andere wieder rückgängig. Auch die erzählte Perspektive der Schwester ist letztlich nämlich nicht deren eigene Stimme, sondern der Bericht des erzählenden Ichs im Text, welches wiederum das erzählte Ich kommentiert: Édouard als Erzähler der Situation des heimlichen Lauschens der Erzählung der Schwester an der Tür erzählt zugleich die Kommentare des Lauschers Édouard zum Erlauschten. Dieser Kommentar wird schriftbildlich durch Kursivsetzung kenntlich gemacht. Das Erzähler-Ich wird somit wiederum aufgespalten in mehrere erzählte Ichs der grundlegenden Binnenhandlung, der ersten Rahmenhandlung der Lauschsituation und in ein die Schwester berichtigendes und kommentierendes Ich. Letzteres fungiert somit als Instanz einer Wiederaneignung jener zweiten, enteignenden Gewalt der Fremderzählung eigenen traumatischen Erlebens, welche die eigene Erzählung der Gewalttat uminterpretiert und dem Opfer entreißt. Zusätzlich kompliziert wird die perspektivische Verzahnung dadurch, dass das Erzähler-Ich seine erzählten Ichs an einigen Stellen in Du-Form anspricht. Hier ein Beispiel dieser mehrfachen Perspektivierung, in welchem die Schwester das Erleben des Vergewaltigungs-Opfers, ihres Bruders Édouard, kommentiert, welcher wiederum dem Bericht lauscht, diesen selbst und damit ein zweites Mal kommentiert – und sich des Erzählten wieder bemächtigt:

> [Clara, die Schwester:] « Il a su qu'il irait chez lui [Édouard]. Maintenant c'était certain. Il parlait avec Reda de ses origines arabes (*elle se trompe, il n'était pas arabe*) et c'est là qu'il a compris que la part de lui qui résistait elle avait disparu. Qu'elle était morte. Enfin du moins c'est ce qu'il pensait, et moi je te dis tout ça comme si qu'ils avaient marché trois jours ensemble mais ils étaient tout près, ils ont fait, quoi ? cinq cents mètres ensemble (*et même moins sachant que j'avais fait cinquante mètre seul après que j'avais garé mon vélo et avant que Reda ne vienne me parler*).[71]

Eine ‹objektive› Rekonstruktion der vom Erzähler-Ich erlebten Gewalt scheint möglich, der Wahrheitsanspruch des kursiv kommentierenden und die Aussagen der Schwester korrigierenden Ichs in diesem Zitat trotz der erwähnten perspektivischen Verschachtelung berechtigt. Die Frage, ob im Text *überhaupt* eine Entmächtigung des erzählenden Ichs durch andere Instanzen und Stimmen gegenüber dieser selbstbewussten ‹Haupt›-Stimme möglich war, oder ob durch diese Geschichte einer sprachlichen ‹Enteignung› nicht letztlich allein der autobiographische Anspruch des Texts auf die erzählte ‹Wahrheit› einer erlebten Vergewaltigung verdeckt werden soll, bleibt erhalten.

---

[71] Louis: *Histoire de la violence*, S. 79.

Im weiteren Text wird diese autobiographische Dimension nämlich durch einen genau dargelegten zeitlichen Ablauf der erzählten Ereignisse sowie durch extratextuell klar referentialisierbare Orte und Personen im Pariser Raum insinuiert, die im Text als Figuren agieren. Doch sind die im Text namentlich genannten Freunde des Erzählers, Didier Eribon und der Soziologe Geoffroy de Lagasnerie, nur schwerlich als ‹Roman-Figuren› lesbar, da sie kaum beschrieben oder charakterisiert werden und lediglich in ihrer Funktion als Handlungsimpulse für das Erzähler-Ich Eingang in die Erzählung fanden. Sie spiegeln und behaupten vielmehr eine enge autobiographische Referentialisierbarkeit des Erzählten für die Leserschaft.[72]

Auf sprachlicher Ebene bewegt sich der Autor in dem bereits in seinem Erstlingswerk entfalteten Spektrum. Wie im Vorgängerroman *Eddy Bellegueule* sind es die Sprachregister des Ich-Erzählers, aber auch seiner Umgebung, der Beamten und Freunde, und wieder die Sprache der Herkunft – das Arbeitermilieu der Schwester Clara –, welche den Text stilistisch prägen. Dabei ist zu beobachten, dass es hier nicht mehr diese Sprache des Milieus ist, welche zum zentralen Bestandteil der Diegese wird: Die Erzählungen der Schwester über die Ereignisse sind weit weniger von der Gewalt und Vulgarität eines harten Soziolekts geprägt als dies noch im Debutroman der Fall war und werden wie erwähnt zudem durch die Reflexionen des Erzähler-Ichs unterbrochen. In der gesamten stilistischen Palette des Texts stellen diese Registerwechsel nur Fragmente unterschiedlicher sprachlicher Lebenswelten innerhalb eines viel weiterführenden intertextuellen Bezugsrahmens des erzählenden Ichs dar, welcher den eigentlichen Reflexionsraum der Diegese bildet und die Thematik einer ‹Wahrheit› erlebter Gewalt sprachlich wie inhaltlich bestimmt. So vergleicht das Erzähler-Ich beispielsweise metadiegetisch – insofern das bereits beinahe fertiggestellte Manuskript von *Histoire de la violence* im Text selbst erwähnt wird und in Form einer Proust'schen *Mise en abyme* eine weitere perspektivische Brechung innerhalb eines als «Intermède» titulierten Kapitels in den Text eingeführt wird – sein Erleben und seine Unfähigkeit zur Flucht mit einer Romanfigur: der 17-jährigen, vom Ganoven Popeye verführten, aber zuvor eingesperrten und sexuell brutal misshandelten Temple Drake aus William Faulkners *Sanctuary*.[73]

---

[72] Genannt wird als Ort der Begegnung des Opfers mit dem Täter die *Place de la République*, peritextuell ist dem Buch eine Widmung an De Lagasnerie vorangstellt, wobei dieser und Eribon wiederum in Form der Freunde «Didier et Geoffroy» als den Erzähler beeinflussende Instanzen bereits auf S. 15 auftauchen.

[73] Vgl. auch den Referenztext Faulkner, Wiliam: *Sanctuary*. London: Jonathan Cape and Harrison Smith 1931.

4.1 *Histoire de la violence* (2016) von Édouard Louis — 267

Die Erzählstimme sucht somit die ‹Wahrheit› des Tathergangs sprachlich nicht nur im berichtenden Kommentieren der Fremderzählung des Geschehens aus der von ihrem Milieu und dessen Sprache bestimmten Sicht der Schwester Clara. Vielmehr werden vom Erzähler affirmative intertextuelle Bezüge zur sprachlichen Welt von Bildung und Kultur gesucht – hier zur Figur der Temple Drake zwischen sexueller Anziehung gegenüber und Erleiden von brutalem maskulinen Begehren –, die Literatur sowie das eigene Leben und Erleben engführen. Auf inhaltlicher Ebene thematisiert damit der Erzähler in seiner Selbstidentifikation mit der Faulkner'schen Romanfigur auch die erlittene Gewalt seiner Vergewaltigung als Gewalt einer Situation, welche keinen Handlungsspielraum zugelassen habe und weitere Situationen der Gewalt automatisch nach sich ziehe:

> Le problème n'est pas d'abord – au sens chronologique – pour elle [Temple Drake] – ou donc pour moi – d'avoir été contrainte à tel ou tel comportement dans l'interaction, mais d'avoir été contrainte à rester *dans* le cadre de l'interaction, dans la scène installée par la situation [...]. Comme si la violence de l'enfermement, la violence de la géographie était première et que les autres formes de violence ne faisaient que découler de celle-ci, n'en étaient que des conséquences, des excroissances, comme si la géographie était une histoire que se déroulait sans nous, hors de nous.[74]

Diese mittels identifikatorischer Romanlektüre gewonnene Aussage des Erzählers über die Natur der Gewaltlogik einer Vergewaltigungssituation und des körperlichen Zwangs zwischen Begehren und Hass führt weg vom Problem der Perspektivierung als im Text nur scheinbar aufgegebenem und wieder angeeignetem *sprachlichen* Anspruch einer Deutungshoheit und Deutungsmacht der Erzählerfigur über erlebte und erzählte Gewalt mittels perspektivischer Verschachtelung hin zur *inhaltlichen* Frage nach der Komplexität jener auf den ersten Blick stumpfen Gewalt physisch-sexueller Natur, wie sie in Louis' Erzähltext weiter verhandelt wird. Denn das hier angedeutete Paradigma situationistischer Gewaltforschung wird nur in diesem kurzen Intermezzo-Kapitel angesprochen und nicht weiter ausgeführt. Es stehen vielmehr die Frage nach der Gewalt des Systems, den Zusammenhängen der direkten mit der strukturellen und symbolischen Gewalt, aber auch das eigene Erleben und Verarbeiten eines Traumas mit den Mitteln der Literatur im thematischen Zentrum des Erzählten. Auch die Vergeblichkeit von Reflexionen über die Beweggründe der Täterfigur diskutiert diese *Geschichte der Gewalt*. Die Frage jedoch muss gestellt werden, inwiefern diese literarisch durchaus komplexe Verarbeitung einer Straftat, welche vom extratextuellen Autor polizeilich angezeigt wurde und damit zu harten Konsequenzen für den Täter führte,

---

[73] Vgl. auch den Referenztext Faulkner, Wiliam: *Sanctuary*. London: Jonathan Cape and Harrison Smith 1931.
[74] Louis: *Histoire de la violence*, S. 141.

der letztlich jedoch freigesprochen wurde, auch sozialanalytische Aussagekraft im Diskurs über Formen und Zusammenhänge der Gewalt mittels der im Text modellierten französischen Gesellschaft entfaltet. Die zusätzliche extratextuell-‹reale› und medial begleitete, damit auch epitextuelle Dimension des eigentlichen Erzähltexts zwang jedenfalls den extratextuellen Édouard Louis zu mehreren gerichtlichen Konfrontationen mit dem Angeklagten Riadh / Reda, denen er jedoch nicht nachkam.[75]

Vor einer Analyse der in der erzählten Handlung des Texts aufscheinenden Gewaltformen muss an dieser Stelle daher ein weiteres Mal auf die Gewalt der Literatur und des Erzählens selbst hingewiesen werden, nachdem sie bereits anhand der verschachtelten Erzählperspektive diskutiert wurde. Der Autor sprach diese Gewaltform im bereits zitierten Interview an, indem er den ‹Diebstahl› der eigenen Wahrheit durch die Sprache der Anderen beklagte. Die Gewalt der Sprache erscheint nämlich in der Diegese der *Histoire de la violence* nicht nur strukturell als Sprache der Ent- und Aneignung von Wahrheit durch andere sowie als Sprache der Exklusion beispielsweise im Rassismus der polizeilichen Vorverurteilungen des Homosexuellen und seines Vergewaltigers, sondern auch im Erzählen selbst, welches zwar die Opferperspektive detailliert modelliert, den Täter literarisch allerdings kaum zu Wort kommen lässt. Der Ich-Erzähler selbst erkennt diese Form erzählerischer Gewalt, wenn er über den Vornamen seines Vergewaltigers nachdenkt, welchen dieser ihm zwar genannt hat, an dessen Richtigkeit er allerdings zweifelt:

> Didier et Geoffroy prétendent qu'il m'a menti et qu'il m'a donné un prénom inventé. Je n'en sais rien. [...] Je me concentre sur autre chose, comme si je voulais que, dans tout ce qu'il m'a pris , il m'ait laissé au moins ça, me poussant, de moi-même, à me convaincre

---

[75] Der reale, in Algerien geborene und ohne Aufenthaltsgenehmigung (*sans papiers*) in Frankreich lebende Riadh B. wurde Ende des Jahres 2020, also in etwa acht Jahre nach der Tat, welche sich am 25.12.2012 ereignet hatte, aus Mangel an Beweisen freigesprochen. Laut Gericht wurde er «zu Unrecht» der Vergewaltigung angeklagt («injustement accusé») und lediglich zu drei Monaten auf Bewährung wegen schweren Diebstahls verurteilt, vgl. *Le Monde avec AFP* (8.12.2020): Riadh B., jugé pour agression sexuelle sur le romancier Édouard Louis, relaxé mais condamné pour vols «Le prévenu, un homme né en Algérie, sans papiers, « *a été relaxé des faits les plus graves dont il était injustement accusé: le temps judiciaire a enfin fini par s'imposer* » et son innocence « *est enfin actée* », a fait savoir dans un communiqué son avocate, Me Marie Dosé, rappelant qu'il avait passé onze mois en détention provisoire.» Online unter https://www.lemonde.fr/societe/article/2020/12/08/riadh-b-juge-pour-agression-sexuelle-sur-le-romancier-edouard-louis-relaxe-mais-condamne-pour-vols_6062637_3224.html, konsultiert am 22.06.2021.

que la connaissance de ces quatre lettres pourrait s'apparenter à une revanche, ou, si le mot est trop fort, à un pouvoir sur lui directement tiré de ce savoir.[76]

Es handelt sich bei dieser «Macht» / «pouvoir» über den Namen des Täters um eine Gewalt des *Erzählens des Täters*, also nicht nur um die bereits als problematisch thematisierte Wieder-Ermächtigung des ‹Opfers› bezüglich *seiner* erlebten ‹Wahrheit›, sondern auch um die Verfügbarmachung des Vergewaltigers als Figur und Bewusstsein; hinter dieser Aussage verborgen geht es jedoch auch um die Gewalt des Schreibens der eigenen Wahrheit als Gelegenheit, Vergeltung für erlittenes Unrecht zu üben. Dieses Eingeständnis subjektiven Erlebens und Schreibens als Möglichkeit zur «revanche» ist im Falle des vorliegenden Erzähltexts von besonderer Brisanz, wenn man die Persona des extratextuellen Autors als gesellschaftlichen Akteur miteinbezieht. Dies insofern, als dass trotz all der komplexen Perspektivenkonstruktion der nur leicht verfremdete autobiographische Text eines Vergewaltigungsopfers als Erzählung eines bekannten Erfolgsautors auch dem extratextuell referentialisierbaren Täter Riadh B. alias Reda die Stimme raubt beziehungsweise politisch für ihn zu sprechen sucht, da dieser sich nicht literarisch artikuliert beziehungsweise artikulieren kann.

Diese subjektive Gewalt der Literatur als Waffe des Opfers schließt somit eine auf gleichberechtigtem Dialog basierende Rekonstruktion der Täterperspektive aus, was wiederum zur Frage nach dem Verhältnis zwischen der literarischen Wahrheit der Autobiographie bzw. Autofiktion und der Notwendigkeit juristischer Wahrheitsfindung führt. Mit Bourdieu gesprochen revanchiert sich sowohl mit dem juristisch tätig werdenden Erzähler der Geschichte als auch mit dem extratextuell zurecht ebenso juristisch tätig werdenden Édouard Louis eine mit hohem symbolischen und kulturellen Kapital ausgestattete Figur der französischen Öffentlichkeit. Dem von dieser Figur in den gesellschaftlichen Raum gestellten Text, seinem literarischen Schreiben über private, aber strafrechtlich relevante Ereignisse kommt eine wirksame, da meinungsbildende Interpretation im Medium Literatur zu. Ebenso wenig wie der Erzähler seinem Dafürhalten nach in der Erzählung seiner Schwester oder gegenüber den ermittelnden Behörden Herr ‹seiner› Geschichte blieb, ist dies dem vermeintlichen Täter Riadh B. / Reda gestattet, welcher weder die sprachlichen noch die literarischen oder gar die verlegerischen Mittel einer Gegendarstellung besitzt.

Diese aufgrund des – wie gezeigt – nur schwach dementierten autobiographischen Anspruchs des Texts ethisch problematische Asymmetrie des Erzählens von Gewalt, in welcher diesmal das Opfer die Gewaltmittel innehat, wird auf diegetischer Ebene von einer asymmetrischen Strategie der Referentia-

---

[76] Louis: *Histoire de la violence*, S. 15.

lisierbarkeit gestützt: Während der Täter schon aufgrund der Unsicherheit über seinen Namen und die Projektionen und Phantasien des Erzählers über ihn zur geheimnisvollen literarischen Figur des Anderen stilisiert wird, handelt es sich bei Édouards Freunden um leicht identifizierbare Persönlichkeiten der linksintellektuellen französischen Öffentlichkeit, mit welchen der extratextuelle Autor Édouard Louis in engem Kontakt steht. Didier (Eribon) und Geoffroy (de Lagasnerie) treten auch im ‹wahren Leben› als Freundestrio auf, während der ‹namenlose› Täter Reda / Riadh B. als isolierte Figur eine Gewalt sowie eine Lebenswelt repräsentiert und verkörperlicht, die als anonyme Bedrohung nicht nur der Lebenswelt des Erzählers, sondern auch derjenigen seiner Freunde fremd beibt; sie sind es, welche Édouard schließlich zur polizeilichen Anzeige Redas drängen.

Eine Kommunikation zwischen Täter und Opfer gelingt dabei nicht, obwohl es zwischen beiden Figuren durchaus biographische Parallelen gibt. So wird dem Erzähler-Ich aus kurzen Erzähl-Fragmenten und Sätzen Redas zwar dessen problematisches Verhältnis zu seiner Lebenswelt klar, welche das spätere Opfer Édouard zu interpretieren sucht. Dabei muss er jedoch in der Kontingenz von Vermutungen über den undurchsichtigen Anderen verharren. Reda wird nicht nur zum Objekt körperlichen Begehrens, sondern ansatzweise auch zur biographischen Projektionsfläche des Ich-Erzählers. Bildungsferne, Sprachlosigkeit in der Schule und ein problematisches Vater-Verhältnis, zudem die traumatische Vergangenheit dieses Vaters als Geflüchtetem in Frankreich deuten in der Imagination des Erzähler-Ichs ein Verstehen-Wollen des Täters zumindest an, ohne dass diese Figur, ihre spärlichen Worte und ihr Verhalten dadurch an Greifbarkeit gewännen. Vielmehr überlagern sich Reda und seine Lebenswelt in der Vorstellung des Erzählers mit der Welt des eigenen prekären Milieus der Kindheit und Jugend und mit der aus *Eddy Bellegueule* der Leserschaft bereits bekannten Figur des älteren Cousins des Erzählers, Sylvain:

> Il avait attrapé un volume épais et il avait dit : « Je lis jamais, l'école mes parents auraient bien aimé que ça marche mais c'était pas mon trip, je préférais faire le con. » C'est une des phrases autour desquelles j'ai tenté ensuite d'imaginer la vie de Reda, de construire du sens et des explications dans les zones de silence. J'avais dit à Didier et Geoffroy qu'un jour Reda se serait levé de sa chaise. Lentement. C'était au collège. Il était assis comme tous les autres et soudain il se lève. [...] il se dirige vers la fenêtre qu'il ouvre tout aussi paisiblement [...] Il fait coulisser la vitre et il enjambe la fenêtre. C'est mon cousin Sylvain qui avait fait ça. C'était un de ses exploits, on en parlait souvent en famille et au collège, le même collège qu'il avait fréquenté dix ans avant moi, où avait eu lieu la scène.[77]

---

77 Ebda. S. 90f.

Die im Vorgänger-Text *Eddy Bellegueule* implizit stets präsente Gegenüberstellung der Lebenswelten des französischen Arbeitermilieus, wie es im eigenen Erinnern aufscheint, und des links-intellektuellen Milieus der erzählten Gegenwart wird in *Histoire de la violence* um die Imaginationen des Erzählers hinsichtlich des ihm unbekannten Milieus eines marginalisierten Klein-Kriminellen kabylischer Herkunft ergänzt, welcher ihn vergewaltigte und dem er sich dennoch nahe fühlt. Doch unterliegt diese scheinbare Vielfalt reflektierter Milieus durch ihre alleinige Fokussierung aus der Erzählperspektive des Opfers einer zwar durch Assoziationen reflektierten, aber perspektivisch verzerrten, *monologischen* Interpretation der Gewalt. Das Erzähler-Ich möchte dem Täter zwar eine Stimme geben, tut dies jedoch allein in seiner eigenen Sprache und aus seiner Position im gesellschaftlichen Raum heraus. Die Lebenswelt dieses Erzählers ist dabei zwar nicht von Beginn an, aber zum Zeitpunkt der Reflexion geprägt von Intellektualität und Liebe zur Sprache. Sie entspricht genau jener gelehrten Welt einer bürgerlichen Gesellschaftsordnung, ihren Bildungseinrichtungen und ihrer Sprache, zu welcher die Täterfigur keinen Zugang besitzt.

Vor dem Hintergrund einer solchen nur scheinbar polyperspektivischen Gegenüberstellung verschiedener Milieus soll nun jedoch auch die oben ausführlich diskutierte Verschachtelung der Erzählperspektiven und das letztlich monologische Erzählen über den Tathergang bezüglich der Frage nach der Schilderung verschiedener im Text erzählter und erlebter Gewaltformen noch einmal hinterfragt werden. Die Weitererzählung der Vergewaltigungsgeschichte des Erzählers durch die Schwester, welche wiederum durch den Erzähler kommentiert und berichtigt wird, fungiert nämlich nicht nur als stimmliche Doppelung, sondern zugleich als doppelte Inszenierung der Erzählerfigur als zweifaches Opfer der Familie wie des Täters. Sie legt den Fokus auf die Figur des erzählten Ichs und Lauschers Édouard als durch Behörden, Justiz und die Erzählung der Schwester – also nach den Maßstäben der Mehrheitsgesellschaft und denjenigen seines Herkunftsmilieus – verurteiltes Subjekt, welches sich aber als Erzählstimme durch seine narrative Sprachmacht von dieser Vereinnahmung emazipiert und dabei letztlich sowohl über seinen Vergewaltiger wie auch über die Sprache der Schwester verfügen kann. Die implizite Gewalt dieser tatsächlich paradoxen Politik einer Aufspaltung des Ichs in ein erzählendes sprachmächtiges und ein durch Fremderzählung und Institutionen entmündigtes Ich wurde bereits diskutiert, sollte aber auch weiterhin im Hinterkopf behalten werden, möchte man den Text nun auf inhaltlicher Ebene im Hinblick auf die Formen und Zusammenhänge der im Buchtitel erwähnten Gewalt untersuchen.

Die Frage nach der Rolle der Gewalt innerhalb dieser *Geschichte der Gewalt* führt nämlich wie die Erzählstrategie ineinander verschränkter Perspektiven der Erzählung mitten in die Verschachtelung gesellschaftlicher Perspektiven auf Gewalt. Auf der einen Seite wird Gewalt im Falle der Perspektive der Schwester aus dem Arbeitermilieu von einem kollektivistischen Standpunkt aus als eigenständiger ‹Wert› eines Milieus betrachtet, der für den Interpreten der Gewalt und seine Lebenswelt gilt und als Normalität betrachtet wird: Gewaltanwendung ist in der Umgebung der Schwester und derjenigen von Eddys Kindheit eine durchaus legitime Handlungsoption im täglichen Leben. Sie ist Teil einer Lebenswelt, welche Anerkennung nicht in den geteilten Normen zivilisierten Verzichts auf den Einsatz physischer Gewalt findet, sondern gerade im Hinblick auf kulturelle Codierungen von Männlichkeit den Einsatz von Gewalt als Prüfstein der Selbstbehauptung instrumentell wie symbolisch als sinnvoll einstuft und auch einfordert. So schildert Clara, wie ihr Bruder Édouard dem Vater einen Hammer geklaut hat und welches ihrer Ansicht nach die Konsequenzen für dieses törichte, aber auch mutige Verhalten gewesen wären:

> « Il aurait été fou. Notre père. Il aurait été fou de rage si il l'aurait su parce qu'on vole pas le marteau d'un homme. C'est sacré un marteau pour un homme. Mais [...] en même temps il aurait pas pu s'empêcher de voir ça comme une bonne nouvelle. Sans l'avouer. Il l'aurait jamais avoué c'était quand même sa fierté de père je comprends il pouvait pas dire ça mais peut-être qu'il aurait été soulagé parce qu'il aurait pensé qu'en faisant ce qu'il faisait il était devenu un homme, Édouard. Un dur. Et même si il aurait hurlé et qu'il aurait mis la pire raclée de sa vie à Édouard, et qu'Édouard il aurait douillé pendant un rude moment, je suis certaine qu'il aurait pas pu s'empêcher d'avoir un petit sourire en coin [...] : Édouard est enfin devenu un homme en allant voler, et en désobéissant à son père. Et il se serait dit qu'il avait enfin franchi le pas.[78]

Die Schwester perpetuiert hier die Vorstellung des Vaters von Männlichkeit, welche Mut, Gewitztheit, aber auch Selbstbehauptung sowie das Ausüben und Hinnehmen von körperlicher Gewalt mit einschließt. Ihre Kommentare bezüglich der Vergewaltigung üben demensprechend Kritik nicht in erster Linie am Täter, sondern rücken einen Mangel an Misstrauen gegenüber dem Vergewaltiger auf Seiten des Bruders als auch dessen mangelnde Gegenwehr bei der ersten sich bietenden Gelegenheit in den Fokus. Das homosexuelle Begehren des Bruders wird ausgeblendet oder ignoriert. Seine Schwäche als Opfer in der nacherzählten Situation der Bedrohung wird somit nicht durch mitfühlende Kommentare begleitet, was nämlich der Anerkennung einer den kulturellen Normen männlicher Stärke widersprechenden Sichtweise auf die Erlebnisse eines homosexuellen und nicht als ‹männlich genug› anerkannten Familienangehörigen gleichkäme. Gegenüber dem schweigenden und im Zuhören begriffenen Ehemann wird in Claras Erzählung vielmehr ein kopfschüttelndes Unverständnis über die Situation offen-

---

78 Ebda. S. 105 f.

bar, das sich stellenweise mit den Handlungsweisen des Täters solidarisiert, da dieser ebenfalls den der Schwester bekannten Normen männlicher Selbstbehauptung und Stärke zu folgen scheint. Eine Verständigung mit dem Täter hätte ihrer Ansicht nach also trotz des entdeckten Diebstahls für den Bruder möglich sein können. Édouard hätte dementsprechend nach dem entdeckten Verlust seines Handys nur zu erkennen geben müssen, ‹aus welchem Stall› er sei, sich zu seiner Herkunft bekennen und von seiner Kindheit erzählen müssen, und die Sache hätte sich klären lassen, indem beiderseitige Anerkennung des Anderen und vor allem des Herkunfts-Milieus des Anderen geherrscht hätte. Die von Reda vermutete und von Édouard körperlich wie sprachlich insinuierte Differenz der Milieus sei letztlich der Grund des Diebstahls wie auch der folgenden Gewalttat gewesen:

> [Clara] « C'est pour ça qu'à mon avis il aurait mieux fait de raconter tout ça à Reda pour le rassurer. Comme ça Reda il aurait su où il était et à qui il avait affaire. Et peut-être que ça se serait passé autrement. Il aurait compris qu'Édouard il était pas différent de lui parce que bien sûr je parie qu'il a choisi d'aborder Édouard sur la place à cause de l'allure qu'il avait, Édouard, qui est une allure qu'il s'donne mais qu'il a pas toujours eue.[79]

Die im Roman erzählte Gewalttat der Vergewaltigung gewinnt somit im biographisch relevanten Milieu der Familie der Erzähler-Figur – dem gesellschaftlich ebenso wie das Milieu der illegal Zugewanderten marginalisierten Arbeitermilieu – einen anderen Sinngehalt als der Erzähler als Opfer selbst vermitteln möchte. Es handelt sich gemäß der Interpretation der Schwester beim Diebstahl (weniger bei der Vergewaltigung) um eine ‹Verwechslungstat›, indem Édouard aufgrund seines Milieuwechsels nicht mehr als jener Junge aus einfachen Verhältnissen erkannt worden sei, welcher selbst wie der Täter um sein Überleben kämpfen muss und sich dementsprechend wehren hätte können. Auch diese Theorie der Schwester wird im Anschluss an dieses Zitat vom Erzähler-Ich unterbrochen, kommentiert und richtiggestellt, um der Gewalttat eine weitere Dimension hinzuzufügen: die des Irrationalen und Spontanen in der Eigendynamik der Situation.[80]

Auf der anderen Seite und im Hinblick auf die Gewaltausübung des Täters stellt sich nämlich ebenso die Frage nach der Stellung von körperlicher Gewaltanwendung als Ausdruck von Männlichkeit und den von Schwester wie von Täter verschwiegenen oder nicht erkannten Brüchen im klassen- und kulturspezifischen Konzept von Männlichkeit. Diese erscheinen in Form des homosexuellen Begehrens des Bruders als auch im reaktiven Akt der Vergewaltigung durch einen anderen Mann als ‹alternative› Ermächtigungsmöglichkeit und Verfügbarmachung des Körpers des Anderen im Gegensatz zu unter heterosexuellen Männern

---

79 Ebda., S. 115 f.
80 Vgl. ebda.

‹gängigeren› Formen der Gewaltanwendung wie verbale Drohung, Waffengewalt sowie Prügelei. Das homosexuelle Begehren stellt in diesem Zusammenhang brüchig werdende Kollektivnormen über Männlichkeit bloß, wie sie sowohl das von Louis geschilderte Arbeitermilieu als auch Teile der Migrantenmilieus arabischer und afrikanischer Prägung durchziehen.[81]

Dieses sexuelle Begehren muss sich nämlich im Konflikt mit den durch Inkorporation anerkannten und dadurch vorherrschenden männlichen Köper- und Gendernormen des jeweiligen Kollektivs behaupten, welche das individuelle Bewusstsein strukturieren und finden allein im Verborgenen oder aber als aggressives Sich-Bemächtigen des Körpers des heimlich begehrten und damit feminisierten Anderen Ausdruck. In einer Situation des ‹Ertappt-Seins› des Täters und im darauf folgenden physischen Gewaltakt scheint gegenüber dem Opfer des Diebstahls auch dieses verschwiegene und unterdrückte Begehren gegenüber diesem auf. Nachdem der Erzähler ihm mit der Polizei droht, beschimpft ihn Reda als ‹dreckige Schwuchtel›, was wiederum vom damaligen erzählten und sein Erleben kommentierenden Ich als von Scham erfüllte Verdrängungsbewegung eines uneingestandenen Begehrens interpretiert wird:

> [Reda] « Tu vas le payer, je vais te buter moi sale pédé, je vais te faire la gueule pédale », et j'ai pensé : *Voilà pourquoi* – j'ai pensé, je n'en suis pas si sûr aujourd'hui mais quand il l'a dit j'ai pensé : *Il désire et il déteste son désir. Maintenant il veut se justifier de ce qu'il a fait avec toi. Il veut te faire payer son désir. Il veut se faire croire que ce n'était pas parce qu'il te désirait que vous avez fait tout ce que vous avez fait mais que ce n'était qu'une stratégie pour faire ce qu'il te fait maintenant, que vous n'avez pas fait l'amour mais qu'il te volait déjà.*[82]

Die von Reda inkorporierten, Maskulinität definierenden Gendernormen des Milieus, welche Homosexualität verbieten und den Homosexuellen verfolgen, gelten dabei jedoch im Kontext klassenspezifischer, sexueller wie ethnischer Diskriminierung durch die Institutionen der Mehrheitsgesellschaft weiter, indem die Ge-

---

81 Zu dieser doppelten Ausgrenzung von LGBT +-Personen aus arabischen und afrikanischen Ländern vgl. die Schilderungen von eingetragenen und unabhängigen Vereinen und Plattformen wie *L'Ardhis (Association pour la reconnaissance des droits des personnes homosexuelles et trans à l'immigration et au séjour)*, online unter https://ardhis.org/, sowie https://www.acatfrance.fr/ oder https://www.infomigrants.net/, vgl. zudem aus historiographischer Sicht Shepard, Todd: *Sex, France, and Arab Men, 1962–1979*. Chicago – London: The University of Chicago Press 2017, dort insb. Kapitel 4 «Homosociality ; 'Human Contact,' and the Specter of the Arab Man in the Post-'68 French Gay World», S. 96–131, vgl. ebda. zudem den Kommentar zu Rachid Boudjedras Roman *Topographie idéale pour une agression caractérisée* (Paris: Denoël 1975), S. 111 f.

82 Louis: *Histoire de la violence*, S. 130 f.

walt des Staates und seine Institutionen keinen Schutz vor der Diskriminierung durch das Herkunftsmilieu bieten: Weder das schwule Arbeiterkind noch der möglicherweise schwule, kleinkriminelle Einwanderersohn aus einem muslimischen Land finden in der institutionalisierten und legitimierten Gewalt des französischen Rechtsstaats gegen die Diskriminierung durch ihre eigene Familie und ihr Milieu Zuflucht, da die Exekutivorgane dieses Staats weder als frei von Rassismus noch von Homophobie dargestellt werden. Dies wird in den Verhörszenen nach der Anzeige der Vergewaltigung auf dem Polizeirevier deutlich, wo offener Rassismus und latenter Schwulenhass die Verhörsituation für das Erzähler-Ich zu einem Spießroutenlauf machen, bei welchem das von Louis im Interview erwähnte Element der *Verfolgung* durch den Staat aufscheint:

> Il [Reda, ML] était kabyle. L'agent de police, quand je l'ai répété, l'homme ou la femme je ne m'en souviens plus, m'a interrompu, et elle ou il m'a dit, puisque je venais de préciser que de savoir que Reda était kabyle avait profondément modifié le cours de la soirée : « C'est votre truc à vous tout ce qui est arabe ? »[83]

Und bereits bei der ersten Schilderung des Tathergangs ist es vor allem eine homophobe Einstellung, welche bei einem der Beamten vorherrscht:

> Il [ein Polizeibeamter, ML] avait posé cette question : « Et vous avez fait monter un inconnu comme ça, chez vous, en plane nuit ? » J'avais répondu : « Vous savez tout le monde fait ça... » et lui avait renchéri : « Tout le monde ? » d'un air ironique, moqueur, sarcastique. Ce n'était pas une question. Il ne me demandait évidemment pas si tout le monde se comportait ou non comme ça mail il me faisait comprendre que personne ne le faisait.[84]

Wie anhand dieser Episode latenter Gewalt von Rassismus und Homophobie in einer französischen Behörde im Zusammenhang mit einem Fall sexueller Gewalt deutlich wird, stellt der Text die Frage nach der Rolle der zuletzt genannten Gewaltform für die Selbstbehauptung eines Bewusstseins nur rudimentärer gesellschaftlicher Partizipation aufgrund rassistischer Exklusion einerseits und nach ihrer Rolle als Ausdruck eines den heterosexuellen Normvorgaben nicht entsprechenden Begehrens andererseits. In gewisser Weise wird in dieser doppelten erzählerischen Thematisierung die Frage nach den Möglichkeiten einer Emanzipation des Subjekts unter den gesellschaftlichen Bedingungen kulturell vermittelter Gewalt und ihrer Komplizenschaft mit struktureller Gewalt zu modellieren versucht.

Dabei ist es vor allem die nicht zu durchbrechende Verknüpftheit subjektiven Gewalterlebens mit gesellschaftlichen Kontexten, welche die in der Diegese des Romans umgesetzte Reflexionsebene leitet. Diese Art von Verquickung der

---

[83] Louis: *Histoire de la violence*, S. 75.
[84] Ebda., S. 52.

Frage nach dem *Ich* der Gewalt mit der Frage nach dem *sie*, der individuellen Lebenswelt der Biographie mit der kollektiven Lebenswelt der Gesellschaftsstudie wird in *Histoire de la violence* wie auch in *En finir avec Eddy Bellegueule* zur Motivation erzählerischer Dynamik – vermittelt über eine autodiegetische Perspektivik. Dabei handelt es sich bei der im Titel evozierten *Geschichte* erfahrener und erlebter Gewaltformen nicht um Geschichte im Sinne der *Histoire* mit großem ‹H›, sondern um jene biographisch vermittelte Perspektive des Erlebens von Gewalt ‹im Kleinen› und im Privaten als Interpretationsspielraum kollektiver Normen und Werte der Gewalt sowie als Ausgangspunkt kritischer Betrachtung struktureller Gewaltmechanismen. In *Histoire de la violence* ist es jedoch weniger die Gewalt eines einzelnen Milieus, die auf den Körper des erzählenden Subjekts wirkt, als vielmehr dessen Vereinnahmung und Vergewaltigung durch den begehrten Vertreter eines weiteren Milieus marginalisierter Individuen innerhalb der französischen Gesellschaft. Auf diesen wirkt wiederum der strukturelle Rassismus als Gewalt in Form einer kriminalistischen Vorverurteilung aufgrund ethnischer Vorurteile und Stigmatisierungen von ‹Arabern› oder arabisch aussehenden Kabylen als Kriminellen.

Die Frage, von welcher Seite hier die Gewalt ausgeht, ist somit zwar auch, aber eben nicht allein – und nicht einmal im scheinbar irrationalen Akt sexueller Gewaltausübung – auf der Individualebene anzusiedeln. Ihre Dynamik ist vielmehr an den kulturellen und sozialen Strukturen ablesbar, welche die betreffenden Individuen als Opfer wie als Täter auch in ihren ‹Übersprungshandlungen› prägen. Redas Gewaltanwendung ist dabei jedoch in der Interpretation des Erzählers keineswegs rein instrumentell, sondern schwankt zwischen Lust und Selbstverachtung: Das zuvor einvernehmlich genossene, aber sozial stigmatisierte homosexuelle Begehren soll durch den Akt der Vergewaltigung gänzlich vergessen gemacht werden. Denn die zugrundeliegende Motivation des jungen Mannes wird vom Erzähler nicht allein vor dem Hintergrund einer kriminellen Absicht gedeutet, welche zu einvernehmlichem Sex führte. Die erste Begegnung wird vielmehr – vielleicht aus romantischer Verblendung, in jedem Falle aber aus der Perspektive des die Leserschaft einzig zugänglichen Subjektempfindens des Erzählers – als vorsichtige Annäherung, als Flirt, als Begehren und letztlich als realisiertes homosexuelles Lustempfinden dargestellt:

> Reda souriait. Il s'était arrêté à ma droite et il marchait, essoufflé. Je ne voyais que la moitié de son sourire et la moitié de son visage [...]. Il m'a demandé une deuxième fois pourquoi je ne fêtais pas Noël, pourquoi j'étais dans la rue è cette heure-là – et j'ai dit à Clara que j'avais aimé le bruit de sa respiration, que j'avais eu envie de prendre son souffle entre mes doigts et

de l'étaler sur mon visage. [...] J'étais bouleversé par sa beauté – Clara m'a dit : « Aimer une respiration, il faut le faire quand même. »[85]

Vor diesem Hintergrund stellt der am Ende des gemeinsam verbrachten Abends durch den Erzähler festgestellte Tatbestand des Diebstahls sowie die anschließende Vergewaltigung, das Würgen und die Bedrohung mit Waffengewalt einen Bruch dar, der sich nicht aus dem (vom Erzähler unterstellten) Subjektempfinden des Akteurs erklären lässt. Vielmehr wird die dahinter aufscheinende Motivation des Handelns in anderen Zusammenhängen gesucht, die als strukturelle Formungen und Modellierungen gewalttätiger Handlungsweisen gedeutet werden. Wie lassen sich diese im Gesellschaftlichen verankerten Strukturen ausgehend von der Diegese dieses Romans als die eigentlichen ‹Urheber› des erzählten Gewaltereignisses charakterisieren?

Um auf diese zentrale Frage von Louis' *Geschichte der Gewalt* Aufschluss geben zu können, muss noch einmal darauf hingewiesen werden, dass beide Hauptfiguren in Milieus sozialisiert wurden, welche Gewaltanwendung als eine legitime Art der Selbstbehauptung verstehen, um die zugrunde liegenden Werte von männlicher Stärke und Anerkennung durch eine Gemeinschaft Gleichgesinnter zu sichern. Der Männlichkeitsbeweis innerhalb des Arbeitermilieus ist ebenso wie die Behauptung von Stärke und Souveränität im von Reda vertretenen Milieu illegal in Frankreich lebender Migranten, welche sich als ethnische Minderheit zu behaupten suchen, von der Bereitschaft zum Überleben notfalls durch körperliche Gewaltausübung abhängig. Denn der Rekurs auf die strukturelle Gewalt der gesellschaftlichen ‹Mitte› bleibt beiden Milieus tatsächlich versagt: Louis schilderte in seinem Erstlingswerk *En finir avec Eddy Bellegueule*, wie zahlreiche nahe Angehörige, Verwandte und Bekannte im Laufe ihres Lebens straffällig sowie zu polizeibekannten Wiederholungstätern werden. Meist sind es Straftaten wie Körperverletzung und Diebstahl, die den Lebensweg dieser Mitglieder einer marginalisierten Gesellschaftsschicht prägen und ihnen gesellschaftliche Anerkennung durch Institutionen und Behörden verwehren.[86]

Dieser von Anfang an bestehende Mangel an Anerkennung prekärer Milieus, ethnischer und sexueller Minderheiten durch die ‹bürgerlichen› Hüter des Gesetzes, durch die Polizei als institutionalisierte Gewaltform des Staates – und umgekehrt – wird auch in *Histoire de la violence* zum Thema, insofern die Vertreter*innen des Rechtsstaats, also die Beamten und Beamtinnen, welche die Vergewaltigungsanzeige aufnehmen, in ihrer Homosexualität verurteilen-

---

[85] Ebda., S. 48 f.
[86] Wieder ist es im *Eddy Bellegueule* der auch in der *Histoire* erwähnte Cousin Sylvain, welcher als negatives Role Model dient: vgl. Louis: *En finir avec Eddy Bellegueule*, S. 128.

den und rassistischen Haltung entlarvt werden. Die oben zitierten Bemerkungen während eines quälenden Verhörs zum Tathergang lassen keinen Zweifel, dass mit der Feststellung der ethnischen Zugehörigkeit des Beschuldigten zugleich auch die Schuldfrage zu dessen Ungunsten geklärt ist. Von Fremdenfeindlichkeit und Rassismus zu sprechen ist hier jedoch zu kurz gegriffen, denn der Erzähler des Romans rückt mit diesen von ihm wiedergegebenen Bemerkungen der Polizeibeamt*innen zugleich auch die Verzahnung von individuell durch die Staatsvertreter ausagierter rassistischer Gewalt mit der strukturellen und institutionalisierten Gewalt der Staatsmacht in den Fokus. Dies tut er, indem er durch die Ereignisse der Romandiegese hervorhebt, wie gewissen Kollektiven, dem eigenen Milieu der Arbeiter, natürlich den *Sans-papiers*, aber auch anderen Minderheiten ein Ausgeliefertsein an eben jene Institutionen und Organe des Staates droht, welche sich als Beschützer zivilisierten und rechtsstaatlichen Zusammenlebens verstehen:

> Pour moi, la question centrale d'*Histoire de la violence* n'était pas celle de l'excuse. Bourdieu a déjà répondu à ces questions, on sait que la genèse des actes d'un individu se trouve autre part que dans l'individu, et je ne voulais pas répéter ce qui a déjà été dit – est ce que ce n'est pas le but que devrait se poser tout geste d'écriture, tout travail de création ? Non, ma question était plutôt : que veut dire parler, que veut dire témoigner, que signifie l'acte de dire ce qui a été, de se plaindre, de porter plainte ?[87]

Anhand der parabelhaften Beschreibung einer biographischen und traumatischen Gewaltepisode stellt Louis' Text somit laut dieser Aussage einen Versuch dar, das Zur-Sprache-Bringen dieser Gewalt in einem öffentlich-rechtlichen Kontext als Kritik an den institutionalisierten Möglichkeiten des Opfers, sich Gehör zu verschaffen, zu thematisieren. Die Beschaffenheit von zwischenmenschlichen Gewalt-Beziehungen innerhalb einer Gesellschaft hängt dabei nämlich nicht nur von der direkt-konkreten zwischenmenschlichen, oder aber der ‹abstrakteren› Gewalt kultureller Milieus ab, sondern eben auch von den Vorlieben und Abneigungen der individuellen Vertreter*innen der diese Gesellschaft verkörpernden institutionalisierten und strukturellen Gewalt des Staates, seiner Judikative und Exekutive. Von der Wahrnehmung seiner Institutionen durch das Individuum, durch seine Erfahrungen, Ängste und Ressentiments gegenüber dem von ihnen vertretenen Gesellschaftssystem hängt es ab, wie individuell erfahrene oder ausgeübte Gewalt zur Sprache gebracht wird, sobald dieses Individuum durch seine Verankerung in bestimmten Milieus und Kollektiven als nicht den Normen der bürgerlichen ‹Mehrheitsgesellschaft› entsprechendes (ab-)gewertet wird. Eine möglicherweise daraus resultierende Gewaltausübung oder die Bereitschaft zur

---

87 Daudey: Entretien avec Édouard Louis, s.p.

Gewaltanwendung, aber auch eine gesteigerte Aggressivität kann somit durchaus aus einem instrumentellen Kontext verstanden werden, welcher Gewalt als situative Maßnahme der Ich-Behauptung innerhalb eines Systems der Unterdrückung anerkennt.

Der Handy-Diebstahl, welcher nach dessen Entdeckung zur Vergewaltigung führt, ist letztlich insofern nur der Auslöser für eine Dynamik symbolischen, zugleich aggressiv-konkreten Gewalt-Handelns aus Hilflosigkeit gegenüber und auch Angst vor der Übermacht struktureller Gewalt. Gleichzeitig ist die anschließende Gewaltanwendung Ausdruck einer Solidarisierung mit den Werten männlicher Stärke und Selbstbehauptung, welche jedoch aufgrund des sexuellen Sich-Bemächtigens des Körpers des anderen Mannes den ambivalenten Charakter homosexuellen Begehrens aufweisen. Diese komplexe Mischung an Beweggründen im Akt der Vergewaltigung wird von einer im Text kritisierten Gesellschaftsstruktur getragen, die den Rekurs auf die ihr inhärenten Institutionen der Gewaltausübung und den Schutz vor Gewalt asymmetrisch zu verteilen scheint. Denn genausowenig, wie in *En finir avec Eddy Bellegueule* die Polizei das Gewaltmonopol zur Aufrechterhaltung des Rechtsstaats im Arbeitermilieu vertreten kann, ist es in *Histoire de la violence* möglich, sie als Repräsentanz dieses Rechtsstaats zu verstehen. In den Verhören des Protagonisten durch die Polizeibeamt*innen wird der Leserschaft deutlich suggeriert, dass das staatliche Gewaltmonopol wenig mit der real existierenden Segregation der Gesellschaft im Frankreich der Gegenwart zu tun habe. Die verhörenden Polizist*innen sind weder die Helfer und Komplizen des homosexuellen Opfers, welches seinen Fall den Händen von Justiz und Polizei anvertraut, noch sind sie neutrale Prüfer eines Falls von Gewalt gegen einen Bürger des Staats. Vielmehr werden die strukturell bestehenden Möglichkeiten zur Gewaltanwendung gegen den Willen des Opfers und Anklägers erlittener sexueller Gewalt zum Fanal zugrundeliegender kultureller und moralischer Werturteile gegenüber Homosexuellen – oder schlicht rassistischer Einstellungen gegenüber Bürger*innen arabischer, kabylischer oder afrikanischer Ethnizität, welchen ein Täterstatus *apriorisch* unterstellt wird.

So erfolgt in Louis' autofiktional-autobiographischem Text aus einem Fall individueller Sexualgewalt eine erzählerische Öffnung hin auf den sozialen Kontext des Gewaltausübenden: Der Täter Reda handelt aus möglicherweise kulturell bedingter Scham gegenüber der eigenen Homosexualität, sieht seine Gewalttat womöglich aber auch als symbolische Selbstbehauptung eines sozial bereits Marginalisierten, welche mit aggressivem und sexuell konnotiertem Bemächtigungsstreben einhergeht. Durch die juristische Gegenwehr des Opfers als potentiellem (weißen, ethnisch wie sprachlich voll integrierten) Vertreter der strukturellen Gewalt der bürgerlichen Mehrheitsgesellschaft wird jedoch der symbolische Aspekt dieses Akts gesteigert. Denn durch die vom illegal in Frankreich lebenden Täter gefürchtete Möglichkeit des Opfers, Rekurs auf die institutionalisierte Gewalt des Staats in Form von Polizei und Strafjustiz zu nehmen, gerät der Akt der Vergewaltigung auch zum Austragungsort eines Kampfs um Deutungshoheit über Gewalthandeln, welchen der Täter von Anfang an bereits verloren hat. Hinter der ‹neutralen› Gewalt der Exekutive, der Polizei, erscheint in den im Text dargestellten Verhören die Ranküne kollektiver Narrative ethnischer und rassistischer Hierarchien, welche unter der Oberfläche des bürokratisch funktionierenden Rechtsstaats literarisch angeprangert werden. Doch trotz dieser kritischen Öffnung des Blicks vom Einzelfall hin zu weiteren sozialen Gewaltzusammenhängen, die eine einzelne Gewalttat verursachen und ihre Folgen bestimmen (können), besteht für diesen autobiographisch / autofiktionalen Erzähltext und seinen Versuch, dem Opfer wie dem Täter als potentiellem Opfer eine Stimme zu geben, auch die bereits erwähnte Gefahr monologischer Vereinnahmung, auf die abschließend noch einmal eingegangen werden soll.

Die Stärke von Literatur, wie sie seit Bachtin nicht nur poststrukturalistische Theoriebildung umtreibt, besteht gerade in ihrer Fähigkeit, durch polylogische Stimmführung Perspektivierungen zwar zu differenzieren, aber dennoch auch in einer negativen Dialektik oder gar als paradoxe Relationen nebeneinander existieren zu lassen. Ein Phänomen, welches Bachtin als ‹Ambivalenz› bezeichnete.[88] Die unter dem diktionalen Objektivitätsparadigma stehenden Textformen der Autobiographie und ihr Pakt mit dem Leser sowie die empirische gesellschaftswissenschaftliche Analyse bieten dieses differenzierende Potential einer unterschiedlichen Perspektivierung sozialer Phänomene zwar ebenso, jedoch unter dem epistemologischen Anspruch auf intersubjektiv nachvollziehbare und überprüfbare Faktizität.

Die Frage, welche sich also auch in Anbetracht des sozioliterarischen Schreibens der Autofiktion und gerade anhand des hier zur Debatte stehenden Texts als Hybrid zwischen Analyse und Kommentar über gesellschaftliche Gewalt stellt, soll noch einmal zugespitzt formuliert werden: Denn es bleibt – auch extratextuell in Form des juristischen Verfahrens um diese Vergewaltigung – ungeklärt, ob die ambivalente und vermeintlich distanzierte Selbstpositionierung der Erzählerstimme zwischen diegetischer und referentieller Funktion den Anspruch auf einen unparteiischen Diskussionsanreiz über soziale Gewaltzusammenhänge aus einer hier nur oberflächlich geleisteten Vervielfältigung der Perspektivierungen einzuhalten im Stande ist. In jedem Fall gelingt es Louis, problematischen und komplexen autobiographischen Zusammenhängen durch autofiktionale ‹Erweiterung› und Demokratisierung der Reflexionsräume zu begegnen, wie dies

---

[88] Vgl. Lehmann: Ambivalenz und Dialogizität, S. 360.

4.1 Histoire de la violence (2016) von Édouard Louis — 281

Vincent Colonna als zentrale Errungenschaft der Autofiktion am Beispiel von Doubrovskys *Fils* erkannt hatte:

> A la différence de l'autobiographie qui serait l'apanage des vies mémorables, l'autofiction serait le refuge des vies ordinaires. Elle permettrait à chacun de raconter sa vie, dès lors qu'il la dote des atours de la fiction. [...] L'autofiction est d'abord un avatar de l'autobiographie, un moyen pour résoudre certaines difficultés propres à l'écriture de soi.[89]

Die übermäßige Engführung von Erzähler-Ich und Persona des Autors im Falle von Louis' realer Vergewaltigung, wie sie in *Histoire de la violence* geschildert wird, leistet jedoch nicht einfach nur bei der Leserschaft einer Wahrheitsunterstellung Vorschub, sondern lässt auch die Grenzen von diegetischem Modell und realer Gesellschaft, Literatur und Welt bewusst verschwimmen. Doch kann in den beiden Texten von Édouard Louis nicht – wie im weiter unten erörterten essayistischen Schreiben Philippe Lançons – eine rousseauistische, kritische ‹Brechung› zwischen erzählendem und erzähltem Ich konstatiert werden, welche diese Engführung bei der Frage nach dem Zustand der Gesellschaft dem aufklärerischen Objektivitätsparadigma unterwürfe, der Suche nach einer möglichen Transparenz des Anderen.[90] Statt dieser Brechung auf der Suche nach einer Möglichkeit, Gesellschaft und den Anderen – auch den Täter – zu erkennen, dominiert die *politisch engagierte Aussage* anhand des erzählten und nun aus der Distanz gesehenen Erleidens von Gewalt. Objektivität wird zumindest in *Histoire de la violence* durch die Technik scheinbar polyperspektivischer Schachtelung – verteilt über mehrere Figuren (die Freunde, die Schwester) – evoziert, welche Distanz und damit einen ambivalenten Blick auf Gesellschaft gewährleisten soll, die jedoch wiederum wertend und allein aus der Perspektive eines erzählten und eines erzählenden Ichs kommentiert wird. So bleibt trotz dieses narrativen Tricks der inszenierte Aspekt fiktionaler Ambivalenz von der Referentialisierbarkeit der Ereignisse extratextueller Natur durch das erzählende Ich überschattet, indem der Anspruch der Literatur sowie insbesondere der Autofiktion auf *Ambivalenz*, Freiheit und Unzuverlässigkeit

---

[89] Colonna, Vincent: *L'Autofiction (Essai sur la fictionnalisation de soi en littérature)*. Doctorat. Directeur: Gérard Genette. Paris: EHESS 1989, S. 17 f.: «Im Gegensatz zur Autobiografie, die das Vorrecht des denkwürdigen Lebens ist, ist die Autofiktion das Refugium des gewöhnlichen Lebens. Sie ermöglicht es jedem, sein Leben zu erzählen, wenn er es mit den Mitteln der Fiktion ausstattet. [...] Die Autofiktion ist in erster Linie ein Ableger der Autobiografie, ein Mittel zur Lösung bestimmter Schwierigkeiten, die mit dem Schreiben über sich selbst verbunden sind» [ML].

[90] Vgl. Starobinski, Jean: *Jean-Jacques Rousseau, la transparence et l'obstacle* [1957]. Paris: Flammarion 1998.

der Erinnerung an ein früheres Ich dem *eindeutigen* politischen Sprechen über den gesellschaftlichen Zustand der Gegenwart geopfert wird.

Zugleich steht außerhalb des Texts und bezogen auf dessen Autor ein ‹realweltlicher› juristischer Prozess der Wahrheitsfindung dem literarischen Schreiben gegenüber. Literatur wird in Édouard Louis' *Histoire de la violence* – wenn auch aus berechtigten Gründen – nicht zum soziologischen oder gar philosophischen Kommentar zur, sondern zur politischen Kritik an der französischen Gesellschaft und selbst zu einer politischen, da diskursiv wirksamen und sozial engagierten Gewalt. Aus intratextueller Perspektive stehen Louis' Texte damit weniger im Zusammenhang mit einer Tradition soziologischen als vielmehr in jener *engagierten* Schreibens über Gewalt, wie es von historischer Seite bereits in Joseph Andras' Roman *De nos frères blessés* deutlich wurde.

Anhand der Wirkkraft und der Identifikationskraft, welche Louis' Texte nicht nur bei jungen Homosexuellen und engagierten Kritiker*innen rassistischer und homophober Tendenzen in Frankreich entfalteten, darf zumindest davon ausgegangen werden, dass in ihrem Falle die in der Literaturwissenschaft übliche Trennung von Selbstreferentialität des Texts und intratextueller Hermetik diegetischer Zusammenhänge von extratextueller Referenz und politischem Engagement im gesamtgesellschaftlichen Diskurs nicht aufrecht erhalten werden kann.[91] Der «referentielle Reflex» bei der Leserschaft scheint zumindest im Fall Édouard Louis und seinem autobiographisch-autofiktionalen Schreiben als Stellungnahme einkalkuliert und wird weit weniger als beispielsweise in Annie Ernaux' Selbstauflösung vorgefasster Interpretationen über vergangene ‹Ich-Figuren› in Frage gestellt.[92]

Auch wird die Trennung von Erzähler- und Autorfigur durch medialen Kommentar und Autorenkommentar – wie am Interview gezeigt – von letzterem bewusst suspendiert. Hier erweist sich autobiographisches, engagiertes Schreiben über Gewalt, Homophobie und Rassismus in der französischen Gesellschaft als durchaus transparente symbolische Gewalt, da eine Engführung von Figur und ihrem ‹Erzeuger› bewusst forciert und lediglich paratextuell im Untertitel ‹Roman› und durch leichte Verfremdungseffekte relativiert wird. Doch bleibt

---

[91] Die Verleihung des *Prix Pierre Guénin contre l'homophobie* an Édouard Louis am 17.3.2014 – also zwei Jahre vor Veröffentlichung von *Histoire de la violence* – zeugt vom zum Zeitpunkt dieser Publikation bereits beachtlichen symbolischen Kapital politischer Natur und der Sichtbarkeit des Autors im gesellschaftlichen Raum, welche Louis zurecht für sein soziales Engagement gegen Rassismus und Homophobie einsetzt; vgl. hierzu den Eintrag auf der Website der frankreichweit agierenden Organisation *SOS-homophobie: Association nationale de lutte contre la lesbophobie, la gayphobie, la biphobie et la transphobie* unter https://www.sos-homophobie.org/article/le-prix-pierre-guenin-contre-l-homophobie-est-decerne-edouard-louis-et-sebastien-lifshitz, konsultiert am 22.06.2021.

[92] Dehne: *Der «Gedächtnisort» Roman*, S. 70.

unter dem Paradigma einer autofiktionalen Gewalt-Interpretation trotz analytischer Brechung des Ichs die Frage nach einer monologischen Tendenz des gesellschaftlichen Modells unbeantwortet, welches literarisch um die autodiegetische Erzählstimme gezeichnet wird. Insbesondere Édouard Louis' Erzähltext *Histoire de la violence*, aber – intratextuell eng verbunden – auch sein *Eddy Bellegueule* zeugen von dieser Gefahr des Autobiographischen, welches Gesellschaft nur dem Anschein nach kritisch-analytisch, bei näherer Betrachtung politisch-thetisch nachmodelliert und auch die Perspektive des Täters diskursiv vereinnahmt.

Der spezielle Beitrag der Literatur zu Fragen der Sichtbarkeit verschiedener Gewaltformen in einer modellierten gesellschaftlichen Lebenswelt soll daher im Folgenden im Kontext dieser Problematik autofiktionaler Schreibweisen gerade anhand eines Komplementärtexts zur Autobiographie / Autofiktion zu einem ähnlichen gesellschaftlichen Sujet herausgearbeitet werden. Dieser Text zeichnet ebenfalls ein von Gewalt geprägtes ländliches Frankreich aus jugendlicher Perspektive, tut dies diesmal jedoch in den Schreibformen des Fiktionalen und der Vielstimmigkeit, wie sie ein *pacte romanesque* im engeren Sinne offeriert.

4.2 Neo-Ennui und provinzielle Anti-Idylle in Nicolas Mathieus ethnographischem Jugendroman *Leurs enfants après eux* (2018)

In einem kurzen Telefon-Interview, das Nicolas Mathieu – selbst kein *Transclasse* im engeren Sinne wie Didier Eribon und Édouard Louis[93] – der *New York Times* am 08.11.2018 anlässlich der Ankündigung einer englischsprachigen Übersetzung seines Romans *Leurs enfants après eux* gab, der ihm den Prix Goncourt des Jahres 2018 eingebracht hatte, erklärte der Schriftsteller die Beweggründe für sein Buch:

---

[93] Mathieu stammt zwar aus kleinbürgerlichen Verhältnissen (der Vater Elektriker, die Mutter Buchhalterin), besuchte jedoch eine Privatschule, welche ihn über die ‹feinen Unterschiede› bewusst werden und wie Annie Ernaux über die Rede von der «trahison de classe» reflektieren ließ; vgl. die biobibliographische Skizze des Autors in Assouline, Pierre: Nicolas Mathieu en proie à l'effroyable douceur d'appartenir. In: *La République des livres* (08.11.2018), online unter https://larepubliquedeslivres.com/nicolas-mathieu-en-proie-leffroyable-douceur-dappartenir/, konsultiert am 23.06.2021.

> I wanted to say what it's like to grow up in a world that is finished, with an inheritance you don't want, in a place where you are very far from the big city, [...] I wanted to speak for those people, not to judge, but to understand.[94]

Es geht also in diesem zweiten, bei Actes Sud veröffentlichten Text des im ostfranzösischen Golbey bei Épinal geborenen Schriftstellers wie bei Annie Ernaux und ‹ihrer› Normandie, wie bei Didier Eribon und ‹seinem› Reims oder Édouard Louis' Picardie um das literarische Suchen nach den oftmals erzwungenen Genealogien eines problematischen und von Gewalt geprägten Zusammenlebens abseits des französischen Zentrums der Metropole(n). Dieses Zusammenleben scheint nach den Aussagen all dieser Schriftsteller*innen wenig Aufmerksamkeit zu erfahren und bietet daher der Literatur und dem Schreiben die Möglichkeit, ihr spezifisches Wissen um diese komplexen sozialen Spannungen und Zusammenhänge sowie ihre ästhetischen und stilistischen Möglichkeiten zur Lesbar-Machung letzterer einzubringen. Im folgenden Fall einer in der französischen Provinz verorteten Romanhandlung befindet sich die Leserschaft in der nahe der luxemburgischen Grenze gelegenen Region rund um die fiktive Kleinstadt Heillange in den 90er Jahren des vergangenen Jahrhunderts, welche eine referentielle Bezugnahme auf die in der Region Grand Est gelegene Kleinstadt Hayange erlaubt. Im Gegensatz zu den bereits diskutierten Formen autofiktionalen Schreibens erweitert sich in diesem vielbeachteten Erzähltext das Spektrum der peripheren Milieus ehemaliger Industriearbeiter, Arbeitsloser oder prekär Beschäftigter, wie sie in *En finir avec Eddy Bellegueule*, *Histoire de la violence* und *Retour à Reims* beschrieben wurden, um eine synchron-vergleichende Perspektivik auf bürgerliche und migrantische Milieus der *France périphérique*.

Erfahrung mit soziographischem Schreiben hatte der Autor bereits in seinem Debütroman unter Beweis gestellt, in dem jedoch noch dezidiert die Dimensionen milieuspezifischer Kriminalität im Gefolge einer die Landschaften des französischen Osten prägenden Deindustrialisierung im Fokus standen. *Aux animaux la guerre* aus dem Jahr 2014 handelt vor allem von der Welt der von Arbeitslosigkeit und Gewalt gezeichneten *Petits Blancs* im Département Vosges; eine Welt der stillgelegten Fabriken, der Sozialhilfeempfänger, von pre-

---

94 «Ich wollte davon erzählen, wie es ist, in einer Welt aufzuwachsen, die am Ende ist, mit einem Erbe, das man nicht will, an einem Ort, der sehr weit von der großen Stadt entfernt ist, [...] Ich wollte für diese Menschen sprechen, nicht um zu urteilen, sondern um zu verstehen» [ML]. Das Telefon-Gespräch wird zitiert in Marshall, Alex: Nicolas Mathieu Wins Goncourt Prize for Work on France's Forgotten. In: *The New York Times*. Book News (08.11.2018), online unter https://www.nytimes.com/2018/11/08/books/nicolas-mathieu-prix-goncourt.html, konsultiert am 23.06.2021.

kär Beschäftigten oder ‹Minijobbern›.⁹⁵ In diesem Debüt spielt die meist direkte und physische Gewalt in Form organisierter Kriminalität, Milieukriminalität und männlicher Brutalität eine tragende Rolle, welche immer wieder situativ eskaliert und sich in einer Klimax der Kriminalität bis hin zu Entführung und Mord steigert.⁹⁶

Erzählte Gewalt nimmt in der Romandiegese insofern eine zentrale Stellung ein, als dass Bandenkriminalität, Drogen- und Menschenhandel, Prostitution, Gewalt gegen Frauen bis hin zum Mord von einem Milieu ums Überleben kämpfender Figuren als alternativlose Handlungsmöglichkeiten zur Selbstbehauptung des Subjekts erscheinen. Dabei ist es unter dieser physisch-brutalen Oberfläche vor allem der ökonomische Zwang, welcher zum treibenden Faktor für die Anwendung von Gewalt wird. Dieser Zwang dominiert eine der Hauptfiguren, den zeitweiligen Soldaten, Fabrikarbeiter, Gewerkschaftler, später Arbeitslosen und Kriminellen mit dem sprechend-‹hämmernden› Namen Martel. Besitzdenken und Angst vor Armut sind gleichsam ‹genealogisch› durch finanziellen Mangel, aber auch durch die Verinnerlichung der zentralen Bedeutung materiellen Besitzes für eine gesellschaftliche Anerkennung in der Figur eingeprägt, welche in ihrem selbstbewussten Streben nach einem freieren und selbstbestimmten Leben der Leserschaft zu Beginn des Romans präsentiert wird:

> Martel avait toujours été un mauvais fils. Et aussi loin qu'il se souvenait, il avait toujours manqué d'argent.
>
> Son père lui collait déjà des trempes quand il était môme, parce qu'il dépensait tous ses sous, ce qu'il recevait pour ses étrennes, son anniversaire, le jour même sans réfléchir. Tu te prends pour un Américain ? disait le vieux. Il faudra bien que tu te rendes compte, le mal qu'on se donne, la valeur que ça a.
>
> Martel avait compris plus tard, à l'armée, à l'usine, mais il avait continué à claquer son fric sans se soucier de lendemain, s'achetant des vêtements coûteux qu'il ne mettait pas, offrant des tournées aux copains, se payant une voiture une fois, juste pour faire un tour dans un faubourg d'Abidjan.⁹⁷

Soziographisch erzählt der Text somit nicht nur von den individuellen Gewaltakten brutalisierter Figuren, sondern auch von der strukturellen Gewalt der Prekarität eines Milieus und der existentiellen Funktion von Arbeit, welche die

---

95 Vgl. Mathieu, Nicolas: *Aux animaux la guerre*. Arles: Actes Sud 2014.
96 Die in diesem Text dargestellten Figuren brutaler männlicher Krimineller entsprechen nach Wieviorkas Subjektivitäts-Typologie des Gewalthandelns am ehesten den beiden unterschiedlichen, aber zutiefst antisozialen Typen des *anti-sujet* und des *sujet en survie*; vgl. dazu Wieviorka: *La violence*, S. 298–301.
97 Mathieu: *Aux animaux la guerre*, S. 25.

Welt dieser Subjekte im Überlebenskampf prägt, von mangelnden Verdienstmöglichkeiten und rassistischer Marginalisierung und jener transgenerationellen, vererbten Perspektivlosigkeit, welche in Mathieus zweitem Roman erneut, aber in einem weiteren Zusammenhang aufgegriffen wird.

Im Zentrum von Nicolas Mathieus hier nur kurz vorgestelltem Romanerstling *Aux animaux la guerre* steht die von Menschenhändlern in Auftrag gegebene Entführung einer jungen Prostituierten durch zwei Arbeitslose, jenen eben skizzierten Martel und den drogen- und steroidgezeichneten Türsteher und Bodybuilder Bruce, welche sich dadurch Geld bei Kriminellen verschaffen und selbst endgültig außerhalb des Gesetzes stehen.

Es handelt sich bei diesem wie auch dem folgenden, hier diskutierten Erzähltext *Leurs enfants après eux* nicht wie in der Autofiktion Édouard Louis' um eine autobiographische oder autofiktionale *écriture*. Vielmehr befindet sich die Leserschaft vor einer sowohl archi- wie epitextuell dezidiert als Fiktion markierten Verarbeitung modellierter Milieus der Peripherie des sozialen Raums, welche die Kausalzusammenhänge des im Zentrum stehenden Verbrechens der Entführung beleuchten. Dabei bedient sich Mathieu einer alternierenden, jedoch unterschiedlich dicht gelegten, oft internen Fokalisierung durch eine heterodiegetische Erzählstimme auf verschiedene Figuren, was in beiden Romanen zu einer Vervielfachung der Perspektivik führt. Die Kapitel von *Aux animaux la guerre* sind dabei mit den Namen der im Zentrum stehenden Figuren überschrieben, während sie in *Leurs enfants après eux* lediglich nummeriert werden, aber demselben perspektivischen Alternieren folgen. Wo im zweiten Roman Coming of Age-Story und Liebesroman komplementäre Aspekte zu einer Sozialstudie voller Kontraste bilden – Armut und Gewalt einerseits, Wohlstand, Chancen und Zukunftshoffnungen andererseits –, ist es im Vorgängertext die Verwendung von Elementen der klassischen Hard Boiled-Literatur, des Sozialdramas, von Roman Noir und Krimi, die vorherrscht.[98] Gewalt ist durch die Anlehnung an diese Genres architextuell essentieller Bestandteil der diegetischen Ausrichtung und steht im Mittelpunkt einer Erzählung, welche bereits im Titel den Konflikt, aber auch den Übergang zwischen Bestialität und Menschlichkeit – buchstäblich verkörpert im von Steroid-Missbrauch abgestumpften Charakter von Bruce – unter aussichtslosen Bedingungen hervorhebt. Mathieu gelang mit seinem Romandebüt insofern

---

[98] Zur Bezeichnung des Texts als *Roman social noir* vgl. u. a. die Rezension von Brévilet, Jacques: Aux animaux la guerre. Roman noir social de Nicolas Mathieu. In: *unidivers.fr.: Le web culturel breton* (29.11.2018), online unter https://www.unidivers.fr/aux-animaux-la-guerre-nicolas-mathieu/; https://monromannoiretbienserre.blog.tdg.ch/archive/2015/03/29/nicolas-mathieu-aux-animaux-la-guerre-chronique-de-la-deshum-265867.html; http://fonduaunoir.fr/2019/04/03/aux-animaux-la-guerre-de-nicolas-mathieu/, konsultiert am 23.06.2021.

bereits ein kleiner Durchbruch, als dass sein Text mit mehreren Preisen bedacht wurde, das Interesse von TV-Produzenten auf sich zog und in Form einer Miniserie für das französische Fernsehen unter Mathieus Mitwirkung, aber abweichend von der Romanvorlage adaptiert wurde.[99]

Der Roman skizziert wie nebenbei das Panorama eines Frankreichs der Peripherie, einst geprägt von industriellem Wohlstand und Arbeitsmigration aus afrikanischen und arabischen Ländern, das nach einem missglückten Strukturwandel um die Jahrtausendwende nun hohe Arbeitslosigkeit und Kriminalitätsraten verzeichnet. Aufgrund der Brutalität und Härte seiner Figuren und der Diegese selbst wäre auch dieser Text geradezu prädestiniert für die in diesem Kapitel im Fokus stehende erzählte Gewalt abseits des Zentrums und unter der Oberfläche politischer und medialer Diskurse. Dennoch scheint auch aufgrund seiner größeren Bandbreite literarisch modellierter Milieus, Thematiken und Motive der mit dem Goncourt ausgezeichnete zweite Erzähltext des Autors aussagekräftiger.

Leurs enfants après eux stellt dennoch insofern eine intratextuelle Ergänzung zu der im Vorgängertext modellierten Welt eines Milieus der ‹harten›, aber von Armut und mangelnden Möglichkeiten geprägten ‹Kerle› dar, als er dieses zwar Ebenfalls aufgreift, aber zusätzlich eine diegetische Öffnung auf weitere, wohlhabende und arrivierte Milieus einer ländlichen bürgerlichen Mittelschicht bietet und so vergleichende Perspektivierungen in einem weiteren sozialen Raum erlaubt. Allein die Figur der desillusionierten Arbeitsinspektorin Rita kann in *Aux animaux la guerre* diese ‹bürgerliche› Perspektive ergänzen, während im nachfolgend analysierten Erzähltext ein – wenn auch stets prekärer – Polylog unterschiedlicher Milieus literarisch in Szene gesetzt wird. Es ist weniger die explizite Darstellung brutaler physischer Gewalt und Härte – oft ausgehend von Männlichkeitsvorstellungen physischer Stärke und Kaltblütigkeit, wie sie neben Mathieus' Figuren auch jene der erzählten Kindheit von Louis' Eddy Bellegueule prägen –, die den Text für das in dieser Studie diskutierte Thema interessant werden lässt. Vielmehr entfaltet er das Modell einer subtilen Gewalt struktureller, systemischer und räumlicher Exklusion und von den Folgen eines Mangels an Möglichkeiten und mangelnder sozialer Mobilität, wie sie besonders Jugendliche betreffen. Doch erzählt der Roman auch von den Gewalterfahrungen einer ebenfalls perspektivlosen Elterngeneration, die ihren

---

99 *Prix Erckmann-Chatrian* 2014, *Prix Transfuge du meilleur espoir Polar* 2014, *Prix Mystère de la critique* 2015, *Prix du roman du Festival du goéland masqué* 2015; Die Erstausstrahlung der Miniserie von Alain Tasma und Nicolas Mathieu erfolgte in sechs Episoden auf *France 3* vom 15.11.2018 bis zum 28.11.2018; vgl. Tasma, Alain (Regie): *Aux animaux la guerre*. EuropaCorp Télévision 2018.

Mangel an Zukunft, aber auch ihre Einstellung zu physischer Gewalt an die Kinder weitergibt.

Wie die bereits in diesem Kapitel angesprochenen Texte der Autobiographie und Autofiktion scheint somit auch *Leurs enfants après eux / Wie später ihre Kinder* bereits im Titel Pierre Bourdieus Theorem vom «Choix du nécessaire», der «Wahl des Notwendigen» und der strukturellen Reproduktion des Milieus zu evozieren.[100] Es ist also wiederum ein soziologisch-ethnographischer Anspruch, welcher diesmal ein ‹rein› fiktionaler Text einzulösen sucht und sich dabei der Peripherie des gesellschaftlichen Raums in Form einer strukturschwachen, ruralen Region zuwendet. Doch besteht auch ein Unterschied zu den vor allem auf *ein* Milieu ‹spezialisierten› Texten Eribons und Louis': Denn es ist nicht so sehr die Stagnation einer postindustriellen Region wie der Picardie, wie sie in *Eddy Bellegueule* dargelegt wird, sondern ein umfassendes *Panorama ökonomischer Asymmetrie* verschiedener Klassen und Milieus in einem gemeinsamen geographischen Raum, welches Mathieu literarisch modelliert.

So kommentiert der Autor seinen Roman über die ostfranzösische Mosel-Region für den *Spiegel*, indem er ihn als weit von einem «Elendsroman» entfernt beschreibt und ihn vielmehr als Ausdruck einer räumlich erfassbaren ökonomischen Dynamik der Ungleichheit von Chancen- und Kapitalverteilung verstanden wissen will, welche nicht nur die diegetisch modellierte Welt und ihre Milieus, sondern zahlreiche Regionen in Europa betrifft:

> In Frankreich haben viele gesagt, mein Buch sei ein Elendsroman – das stimmt nicht. Fast alle Figuren in dem Roman haben eine Arbeit, man sieht, wie die Wirtschaft sich neue Wege bahnt, hin zu einer grenzüberschreitenden Ökonomie. Wenn eine Welt stirbt, bedeutet das einen Bruch. Hier verläuft der speziell, weil der Reichtum im Nachbarland [Luxemburg, ML] gesucht wird. Was man aber verallgemeinern kann: Wenn eine Welt endet, dann fällt dem eine Generation zum Opfer, hier die der Eltern. Das findet man auch in den Bergbauregionen Englands, im Süden Italiens, im Rust Belt der USA. Deutschland hat sich da besser rausgezogen.[101]

Es ist fraglich, ob die letzte Aussage des Autors über deutsche Befindlichkeiten gerade mit Blick auf ehemals boomende Industrieregionen im Ruhrgebiet überall zutrifft. Doch zeigt sich im Hinweis auf eine europaweit wirksame Dynamik asymmetrischer Wohlstandsverteilung, dass es zumindest gemäß dieser epitextuellen Verortung eines Erzähltexts durch seinen Autor im Roman kaum um

---

100 Vgl. Bourdieu, Pierre: *La Distinction. Critique sociale du jugement*. Paris: Les Éditions de Minuit 1979, insb. Kap. 7.
101 Bayer, Felix: «Ich schreibe fürs Volk». Interview mit Nicolas Mathieu. In: *Der Spiegel* (9.10.2019), online unter https://www.spiegel.de/kultur/literatur/nicolas-mathieu-im-interview-ueber-wie-spaeter-ihre-kinder-seinen-roman-a-1286607.html, konsultiert am 23.06.2021.

einen statischen Milieudeterminismus, gepaart mit einem rudimentären Klassenbewusstsein geht. Vielmehr steht wie im Romanerstling die der Milieureproduktion ‹von unten› vorausgehende Gewalt mangelnder ökonomischer wie sozialer Mobilität und Teilhabe im Zentrum, gesteuert von einem Mangel an den Bourdieu'schen Kapitalarten ökonomischer, symbolischer und kultureller Art, welchen die Elterngeneration ihren Kindern ‹vererbt›. In der Soziologie wird bezüglich dieser Mobilität zwischen intragenerationaler und intergenerationaler Mobilität unterschieden, wobei beide Mobilitätsarten für den Roman diegetisch relevant sind, der erzählerische Fokus aber allein schon paratextuell durch den Titel des Romans vor allem aber auf der intergenerationalen Mobilität liegt.[102] Die zuerst genannte Mobilitätsform betrifft dabei einen Wechsel des sozialen Status unter ökonomischer und beruflicher Perspektive innerhalb einer Generation, die zweite eine zwei oder mehrere Generationen übergreifende Perspektive hinsichtlich eines sozialen Statuswechsels nach Einkommen oder soziologisch gefasstem Prestige.[103]

Wie anhand des Romans zu zeigen sein wird, geht hier die strukturelle Gewalt, welche in einem Milieu oder in Form der Lebensumstände des Milieus generationenübergreifend soziale Mobilität verhindert und somit in der Frage nach der Reproduktion eines Milieus intergenerational perspektiviert ist, auch mit einer asymmetrischen Wohlstandsverteilung trotz gestiegener geographischer Mobilität als entscheidendem Mobilitätsfaktor einher, welcher in der dargestellten Welt langfristig auch innerhalb der nachfolgenden Generationen wirkt und *Transclasse*-Erzählungen als Form intragenerationaler Mobilität eher unwahrscheinlich werden lässt.[104] Die Protagonisten des Romans sind, wie im

---

102 Zu diesen komplexen Begriffen und deren vor allem auf empirisch-statistischer Grundlage basierende sozialwissenschaftliche Erfassung vgl. Stawarz, Nico: Inter- und intragenerationale soziale Mobilität / Inter- and Intra-generational Social Mobility. In: *Zeitschrift für Soziologie* 42/5 (Oktober 2013), S. 385–404.
103 Vgl. zum statistisch eruierten Grad sozialer Mobilität in Europa den OECD-Report unter Leitung von D'Addio, Anna Cristina: *Intergenerational Transmission of Disadvantage: Mobility or Immobility across Generations? A Review of the Evidence for OECD Countries*, DELSA/ELSA/WD/SEM (2007) 7. Paris: Head of Publications Service OECD. Interessant ist dabei für Frankreich (2007) speziell die Feststellung einer im Vergleich geringeren intergenerationalen finanziellen Mobilität bei lediglich mittlerer Ungleichverteilung der Einkommen; vgl. ebda., S. 47.
104 Vgl. hierzu die Frage des Erbes als wichtigem Faktor sozialer Mobilität in Frankreich Mitte des 20. Jahrhunderts am Beispiel des studentischen Milieus bei Bourdieu, Pierre / Passeron, Jean-Claude: *Les Héritiers, Les étudiants et la culture*. Paris: Minuit 1964. Zur Frage nach der intergenerationalen Mobilität auf vergleichend-empirischer Basis auf das gesamte 20. Jahrhundert bezogen vgl. jüngeren Datums Bourdieu, Jerôme / Postel-Vinay, Gilles / Suwa-Eisenmann, Akiko: Mobilité intergénérationnelle du patrimoine en France aux XIXe et XXe siècles. In: *Économie et statistique* 417–418 (Juni 2009), S. 173–189.

Folgenden deutlich gemacht werden soll, weder inter- noch intragenerational in ihren sozialen Möglichkeiten mobil, auch wenn sich der sie umgebende soziale Raum und die ihn strukturierenden Elemente (Industriearbeit, Statussymbole, bürgerliche Lebensstile) im Vergleich mit der Elterngeneration geändert haben. Mangelnde soziale Mobilität beeinflusst innerhalb der Romandiegese und der in ihr erzählten Gesellschaft sowohl die lebensgestaltenden Entscheidungen von Jugendlichen wie von Eltern. Sie verhindert die Möglichkeit zur Kapitalbildung finanzieller wie symbolischer, d. h. schulisch-akademischer Art, was Bourdieu einst luzide analysierte und die soziologische Lebensstilforschung nach wie vor interessiert.[105]

Obwohl diese mangelnde soziale Mobilität natürlich bereits im biographischen Zusammenhang der oben erwähnten *Transclasse*-Autor*innen zum Problem wird und werden muss, ist es Mathieus fiktionale Roman-Erzählung, welche sich ihr milieuübergreifend, als strukturelle und indirekt wirkende Form der Gewalt in einem weiten diegetischen Raum unterschiedlicher Lebensentwürfe und anhand jener Lebensperiode der Adoleszenz widmet, welche für spätere Lebens-Möglichkeiten entscheidend wird. Es sind Vertreter*innen einer ‹untergegangenen Welt› des industriellen Aufschwungs, einer Elterngeneration unterschiedlicher Klassen und Milieus sowie deren Kinder, welche als Romanfiguren das Handlungsgeschehen bestimmen. Die drei jugendlichen Hauptfiguren fungieren als ‹Kinder der 90er› – der erzählten Zeit des Romans – als eine Art Bindeglied zur Gegenwart der ersten Dekaden des 21. Jahrhunderts. Dabei folgt der Autor nach eigenem Bekunden den Voraussetzungen und Prämissen eines ‹traditionellen› literarischen Realismus abseits jeglicher Autofiktion:

> Und am Ende habe ich ein Porträt dieses Tals von oben nach unten gemacht. Ich wollte zeigen, wie die ganze Gesellschaft dort funktioniert. Wie in den Lehrbüchern über französische Literatur bei Balzac: Da gibt es diese Pariser Wohnhäuser, die man aufschneidet und dann alle Schichten sieht. Die noblen Etagen unten, wo die Bürger wohnen, dann hinauf bis zum Dienstmädchenzimmer. Eine Gesellschaft vertikal in ihren Schichten darzustellen und horizontal im Zeitverlauf – das war mein Projekt.[106]

Diese an Balzac angelehnte Deskription einer sozialen ‹Geologie› und ‹Schichtforschung› in Form des erzählerischen ‹Kameraschwenks› einer heterodiegetischen

---

[105] Zur nach wie vor vorhandenen soziologischen Aktualität einer systemischen Milieu-Reproduktion, wie sie Bourdieu vorgedacht hat vgl. Otte, Gunnar: *Sozialstrukturanalysen mit Lebensstilen. Eine Studie zur theoretischen und methodischen Neuorientierung der Lebensstilforschung.* Wiesbaden: Verlag für Sozialwissenschaften 2004, S. 97 ff.

[106] Bayer, Felix: «Ich schreibe fürs Volk», s.p.

Erzählstimme in einer auktorialen Erzählsituation, von der oder in die Totale kommend, benutzt Mathieu, um seinen Roman als Gesamttext zu beschreiben. Doch verfällt er in diesem Text nicht in jene Balzac'sche Milieu-Allegorisierung, welche Erich Auerbach bei einigen Figuren des großen Romanciers als suggestive Übereinstimmung von Typus und Handeln, ihrer physischen wie moralischen Qualitäten mit den sie umgebenden Räumen beschrieben hat.[107] Vielmehr geht es Mathieu um eine dynamische, selbstreflexive und offene Dialogizität der Perspektiven seiner Figuren als individuellen *Charakteren*, weniger als Typen und trotz der sie beengenden Milieu-Strukturen, welche im Folgenden herausgearbeitet werden und für die Analyse der dargestellten und erzählten Gewaltzusammenhänge fruchtbar gemacht werden soll. Denn als eines der prägnantesten Merkmale des Texts findet sich auf intradiegetischer Ebene ein Aufbrechen jeglicher Typenhaftigkeit durch das perspektivische, aber selbstreflexiv-gebrochene Figuren-Portrait an zahlreichen Stellen des Romans wieder und soll anhand eines kurzen Beispiels dargelegt werden.

So kehrt am Ende des Romans einer der drei jugendlichen Protagonisten, Anthony, welcher dem Milieu der bereits erwähnten *Petit Blancs* – der Hilfs- und Zeitarbeiter ohne höheren Bildungsabschluss – entstammt und so in der Romandiegese dieses Milieu für den Leser perspektivisch fasst, aus der Armee entlassen in die ‹Heimat› zurück. Betrunken fährt er kurz vor dem Halbfinale der Fußball-WM im Jahr 1998 in seinem Clio durch das Tal der Kindheit. Er möchte zu Steph, der sozial höher gestellten und vergeblich umschwärmten ‹höheren› Bürgertochter, und muss daher auch geographisch jene sozialen Landschaften durchfahren, welche seine Lebenswelt und die Handlung des Romans prägen.

Anders als die von Auerbach dargelegte Balzac'sche Korrespondenz-Beziehung zwischen Figur, Körper und Raum kann dabei keineswegs von einer allegorisch-typischen Entsprechung zwischen Figur und Milieu gesprochen werden, sondern vielmehr von einer distanzierten, synthetisierend-reflektierenden – trotz

---

[107] Vgl. hierzu Auerbachs berühmte Analyse einer Szene aus Balzacs *Le Père Goriot*, welche die Pensionsinhaberin Mme Vauquer vorstellt: «Die ganze Beschreibung [...] wendet sich an die nachbildende Phantasie des Lesers, an die Erinnerungsbilder von ähnlichen Personen und ähnlichen Milieus, die er gesehen haben mag; die These von der ‹Stilleinheit› des Milieus, in die auch die Menschen einbezogen sind, wird nicht verstandesgemäß begründet, sondern als unmittelbar sinnlich eindringlicher Tatbestand vorgestellt, rein suggestiv, ohne Beweis. In einem Satz wie diesem: ›ses petites mains potelées, sa personne dodue comme un rat d'église ... sont en harmonie avec cette salle où suinte le malheur ... et dont Mme Vauquer respire l'air chaudement fétide ... ist die Harmoniethese mit allem was sie in sich schließt (soziologisch-moralische Bedeutsamkeit von Möbeln und Kleidungsstücken, Bestimmbarkeit der noch nicht sichtbaren Elemente des Milieus aus den bereits gegebenen usw.) schon vorausgesetzt; [...].» Auerbach: *Mimesis*, S. 439.

Inkorporationsmechanismen und Prägung durch Sprache und Normen des Milieus: Anthony ist kräftig gebaut, spricht in einfachen Sätzen und direkt. Interessant jedoch ist es, die in dieser Szene aus seiner Perspektive evozierte Landschaft mit der Brille der eben zitierten Aussage des Autors zu lesen und auf die von letzterem intendierte soziographische Referenzwirkung zu beziehen; denn es handelt sich um eine letztlich melancholische Rekapitulation ihres bisherigen Lebensweges durch die Figur selbst als eines sozialen, milieuspezifischen Weges, welcher – wie Anthony bewusst ist – nicht zum Milieuwechsel, in eines der Einfamilienhäuser führen kann, in denen die Angebetete wohnt. Anders als im Realismus Balzac'scher Prägung liegt die Betonung im Erzähltext des beginnenden 21. über das endende 20. Jahrhundert weniger auf den Figuren als bis zu einem gewissen Grade determinierten sozialen Typen, denn auf den determinierenden Faktoren ihrer jeweiligen Milieus im sozialen Raum, welche die soziale Mobilität dieser Figuren beeinflussen. Denn Anthony und auch alle anderen Figuren des Romans sind sich der Flüchtigkeit und des Bedroht-Seins ihrer Position im sozialen Raum inmitten aller Statik ihres Milieus bewusst; ein Zeichen jener postindustriellen Asymmetrie von Kapital und Arbeit in einer mobileren Welt als jene Balzacs, welche im Interview-Zitat aufschien:

> C'était son plaisir de conduire bourré dans la nuit d'Heillange, de se faire monter les larmes en écoutant RFM. Il roulait sans forcer, suivant les longs quais de la Henne, reprenait sans fin les rues archi-connues de sa ville natale. La lumière des lampadaires ponctuait cette trajectoire sans à-coup. [...] Une main sur le volant, l'autre sur la bière, Anthony refaisait le paysage. L'usine titanesque, à la croisée des projecteurs. Les abribus où il avait passé la moitié de son enfance à attendre les transports scolaires. Son ancien bahut, les kebabs qui fleurissaient, la gare d'où il était parti, la même où il était revenu la queue entre les jambes. Les ponts d'où il avait craché dans la rivière pour tromper son ennui. Les PMU, les McDo et puis le vide des courts de tennis, la piscine éteinte, le lent glissement vers les zones pavillonnaires, la campagne, le rien. [...] Bientôt, il se retrouvait tout près de chez Steph sans presque l'avoir voulu. Il montait le son, prenait une gorgée de bière.[108]

Zwischen den Figuren der Handlung, welche zugleich durch interne Fokalisierung subjektive Komplexität und damit Charakter gewinnen, ihrer unmittelbaren Umgebung, aber auch ihren Milieus und ihrer Zeit besteht somit keine einseitig determinierte, sondern eine reflektierend und bisweilen angespannte Korrespondenzbeziehung, die es im Folgenden zu beachten gilt. Dazu sei die Handlung des Romans kurz zusammengefasst!

Die erzählte Zeit von *Leurs enfants après eux* umfasst insgesamt sechs Jahre, wobei in vier Etappen, nach Sprüngen innerhalb der Chronologie, die Erzählung immer wieder im Sommer eines Jahres einsetzt. Ort des Geschehens ist

---

[108] Mathieu: *Leurs enfants après eux*, S. 507.

4.2 *Leurs enfants après eux* (2018) von Nicolas Mathieu — 293

der fiktive Ort Heillange im lothringischen Henne-Tal. Zu Beginn des Romans im Sommer 1992 ist Anthony Casati vierzehn Jahre alt und mitten in der Pubertät. Seinen Eltern Patrick und Hélène entzieht er sich. Mit seinem Cousin geht er auf Partys, wo auch Drogen konsumiert werden. Von Stephanie, einem der schönsten Mädchen seiner Schule, ist der Teenager fasziniert, obwohl sie ihn zu ignorieren scheint. Eines Nachts, als er sich die Suzuki TS 125 seines Vaters ohne dessen Erlaubnis ausgeliehen hat, wird sie vom siebzehnjährigen Drogendealer Hacine, Sohn eines marokkanischen Einwanderers, gestohlen. Obwohl sein erwachsener Freund Manu ihm eine Schusswaffe zur Verfügung stellt, bekommt Anthony das Motorrad nicht zurück. Er vertraut sich seiner Mutter an, muss den Diebstahl jedoch vor seinem Vater verstecken, da dieser Verlust die Beziehung zu seinem Sohn wie auch die bereits instabile Beziehung seiner Eltern zueinander irreparabel erschüttert hätte. Mutter und Sohn beschließen, Hacine zu Hause zu besuchen, um das Motorrad zurückzubekommen, was jedoch scheitert. Die Erniedrigung durch seinen Sohn in Form des Diebstahls schmerzt Hacines Vater, welcher sich gegen rassistische Vorurteile stets durch Fleiß und Ehrlichkeit zu wehren suchte und seinen Sohn wegen dieser ‹Schande› für die ganze Familie brutal und erbarmungslos verprügelt. Letzterer rächt sich, indem er das Motorrad vor Antonys Haus verbrennt.

Zwei Jahre später: Im Sommer 1994 arbeitet Anthony im örtlichen Yachtclub. Stephanie, Tochter von dessen Präsidenten, ist immer noch abweisend ihm gegenüber, so dass er beginnt, sich mit seiner Mitschülerin Vanessa zu gelegentlichem Sex ‹ohne Gefühle› zu treffen. Er lebt abwechselnd bei seinen mittlerweile getrennten Eltern. Hacine wurde auf Geheiß seines Vaters zwischenzeitlich nach Tetouan geschickt, wo er auf die rechte Bahn gebracht werden sollte, baute dort jedoch in nur zwei Jahren einen florierenden Cannabishandel zwischen Marokko und Europa auf, bevor er betrogen wird und wieder alles verliert. Zurück in der französischen Vorortsiedlung von Heillange will er nun den dortigen lokalen Drogen-Markt regieren. Als er seinen Vater nach der Beerdigung eines ehemaligen Arbeitskollegen, der mit diesem in einem großen metallverarbeitenden Betrieb der Gegend arbeitete, in der örtlichen Arbeiterkneipe abholt, trifft er auf Anthony und seine Eltern, die ebenfalls an der Zeremonie für diesen Kollegen und ihren ehemaligen Nachbarn, einen gewerkschaftlich engagierten Arbeiter, teilnahmen. Auf dem Höhepunkt dieser zufälligen Begegnung voller Ressentiments greift Hacine Anthony auf der Toiletten einer Bar an, wo ihn in letzter Minute sein Vater Patrick verteidigt, der Hacine ebenfalls aufs Brutalste zusammenschlägt, als er die Geschichte des Motorraddiebstahls erfährt. Ein zweites Mal bezieht Hacine Prügel, jedoch von einer Vaterfigur aus einem anderen Milieu und bleibt durch den Verlust seiner Vorderzähne gezeichnet. Trotz dieser Ereignisse trifft sich Anthony kurz darauf mit Stephanie, von der er sich nach wie vor angezogen fühlt.

Wieder vergehen zwei Jahre: Am 14. Juli 1996 ist Antonys letzter Tag vor seiner freiwilligen Einberufung in die Armee. Die Mutter ist nach wie vor depressiv, aber überfürsorglich, der Vater endgültig dem Alkohol verfallen. Es ist das erste Mal seit fast zwei Jahren, dass Steph – nach einem Studium in Paris in einer privaten Vorbereitungsklasse – nach Hause zurückgekehrt ist. Hacine, der mittlerweile dem Drogenhandel entsagt hat, arbeitet auf den Baustellen der Umstrukturierungsflächen für Sozialwohnungen und hat eine Freundin, Coralie. Anlässlich eines Feuerwerks am Nationalfeiertag und des darauffolgenden Fests treffen sich die drei jugendlichen Protagonisten wieder. Zwischen Anthony und Hacine bleibt die Stimmung diesmal entspannt. Zwischen Steph und Anthony kommt es zu einer intensiveren Fortsetzung ihrer ersten Begegnung am Badesee.

Es vergehen zwei Jahre: Anthony geht zur Armee, sein Vater beging im See aller Wahrscheinlichkeit nach Selbstmord. Am 8. Juli 1998 steht ganz Frankreich hinter seiner Fußballmannschaft für das Spiel gegen Kroatien im Halbfinale der Weltmeisterschaft. Anthony – nach einer Meniskusverletzung beim Fußballspielen aus der Armee entlassen – möchte sich der allgemeinen Hochstimmung in Heillange anschließen: Er kauft sich einen großen Flachbildschirm, auch wenn er dafür einen neuen Kredit aufnehmen muss, den er sich mit seinem vorläufigen Gehalt eigentlich nicht leisten kann. Auch Hacine, der als Verkäufer lediglich einen Mindestlohn bezieht, hat sich gerade eine Suzuki TS 125 gekauft. Er ist mittlerweile Familienvater und provoziert mit diesem Kauf Coralies Wut. Anthony und Hacine treffen sich wieder in der Bar *L'Usine*, Schauplatz des gewaltsamen Konflikts von Hacine und Anthonys Vater, wo sie sich die zweite Halbzeit ansehen und verlassen nach Frankreichs Sieg jubelnd und ‹verbrüdert› die Bar, um auf dem Parkplatz eine Runde mit Hacines neuem Motorrad zu drehen. Die Episode endet damit, dass Anthony es Hacine stiehlt und damit unter Stephs Fenster fährt, die ihn jedoch brüsk abweist und im Begriff ist, mit ihrem Partner in Kanada ein neues Leben zu beginnen. Der entmutigte Anthony lädt seine Mutter am nächsten Tag zu einem Picknick am See ein, in dem sein Vater vor einiger Zeit, möglicherweise aus freien Stücken, ertrunken ist, bevor er das Motorrad vor dem Laden absetzt, in dem Hacine arbeitet.

Die diegetische Welt des Romans zwischen Badesee und der Bar *L'Usine*, welche für die drei jugendlichen Hauptfiguren von einer immer wieder betonten Enge, aber auch der Anziehungskraft eines vertrauten Umfelds geprägt ist, verbindet in einem Brennspiegel zahlreiche Milieus, wie sie auch für andere französische Regionen typisch sein könnten. Neben einer gutbürgerlichen Schicht von ‹Dorfhonoratioren›, lokalen Unternehmern und Ärzten, welche kleinbürgerlichstandesbewusst prominente Plätze in der kleinstädtisch-ruralen Gesellschaft einnehmen, sind es die Milieus der ungelernten Zeitarbeiter, der geringverdienenden Angestellten und arbeitslosen Sozialhilfeempfänger, in welchen sich ein Großteil der Figuren des Romans bewegt.

Sie entstammen einerseits einer ehemaligen Industriearbeiterschaft der einst im Tal ansässigen metallverarbeitenden Industrie, andererseits den Milieus der nach Frankreich eingewanderten Arbeitskräfte der ersten und zweiten Generation, wobei zwischen beiden Milieus immer wieder –neben einem an der Gewerkschaftszugehörigkeit der Älteren sichtbar werdenden rudimentären Klassenbewusstsein – eine von Rassismus und Missgunst geprägte Abneigung aufflammt.[109] Dies wird vor allem aus Sicht der ersten Generation arabischstämmiger Arbeiter*innen deutlich: Ihre Perspektive auf das Arbeitermilieu als durchhierarchisierter Miniatur-Klassengesellschaft wird von Hacines Vater vertreten. Frankreich bot dem aus Marokko eingewanderten Monsieur Bouali und seiner Frau Rania ein «relatives Asyl», welches auf Deutsch im Begriff ‹Gastarbeiter› das von Anfang an problematische Zusammenleben, die prekäre sozial-hierarchische Stellung sowie das Fehlen gesellschaftlicher Partizipationsmöglichkeiten einer lediglich geduldeten Präsenz jener einstmals dringend benötigten Arbeitskräfte zusammenfasst:

> Progressivement, la physionomie de l'homme changea. Il se sentait horriblement vieux et responsable tout á coup. Avec Rania, ils avaient quitté un pays pauvre et trouvé à Heillange un asile relatif. A l'usine, il avait obéi quarante ans, ponctuel, faussement docile, arabe toujours. Parce qu'il avait vite compris que la hiérarchie au travail ne dépendait pas seulement des compétences, de l'ancienneté ou des diplômes. Parmis les manœuvres, il existait trois classes. La plus basse était réservée aux noirs, aux Maghrébins comme lui. Au-dessus, on trouvait des Polonais, des Yougoslaves, des Italiens, les Français les moins dégourdis. Pour accéder aux postes situés plus haute, il fallait être né hexagonal, ça ne se pouvait pas autrement. Et si par exception un étranger devenait OS ou accédait à la maîtrise, il demeurait toujours une aura de soupçon autour de lui, un je-ne-sais-quoi qui lui donnait tort d'avance.[110]

Wie dies Édouard Louis in seiner *Histoire de la violence* bezüglich Polizei und Justiz schilderte, ist es auch in diesem Roman die Vorverurteilung aufgrund rassistischer Stereotype, welche sogar eine sozialistisch-solidarische Arbeiter-

---

[109] Zur ‹glorreichen› industriellen Vergangenheit der im Roman geschilderten Region vgl. ebda., S. 112 f.; zur hier literarisch sichtbar gemachten «Ethnisierung sozialer Beziehungen» des sozialen Raumes, insb. der Arbeiterklasse in Frankreich seit den 80er Jahren, vgl. den soziologisch differenzierenden Aufsatz von Beaud, Stéphane / Pialoux, Michel: Racisme ouvrier ou mépris de classe ?, op. cit.
[110] Mathieu: *Leurs enfants après eux*, S. 142 f.

schaft zu spalten im Stande ist. Es sind andererseits auch nicht Können und Erfahrung, welche einen Aufstieg innerhalb der Arbeiter-Hierarchie ermöglichen würden, sondern lediglich die ‹richtige›, d. h. ‹hexagonale› Abstammung als *Français de souche*, als ‹Ursprungs-Franzose›, die eine relative Höherstellung auch innerhalb der Arbeiterklasse erlaubt. Die geringe soziale Mobilität dieser Klasse gegenüber begüterteren Schichten und Klassen spiegelt sich daher noch einmal in ihrem Inneren, indem eine genealogisch gefasste Arbeiter-Hierarchie lediglich den ethnisch ‹reinen› Franzosen vorbehalten ist. Gleichheit und Brüderlichkeit sind gemäß dieser illusionslosen Analyse durch den ehemaligen ‹Gastarbeiter› Monsieur Bouali auch innerhalb der Arbeiterklasse lediglich leere Begriffe.

Dieser fatalistischen Sicht auf die statische Hierarchie einer der unteren Schichten der französischen Gesellschaft steht die höhere, kleinstädtisch-bürgerliche Welt von Steph, ihren Eltern und Freundinnen, die Welt der Dorfhonoratioren, Ärzte und Einfamilienhäuser, in wohl eklatantestem Gegensatz gegenüber – obwohl auch in dieser finanziell besser gestellten Sphäre ländlicher Peripherie das soziale Korsett der Normen und Erwartungen einer absoluten Freiheit der Möglichkeiten widerspricht. In ihr eröffnen sich den Heranwachsenden aus der ‹richtigen Familie› zwar jene Möglichkeiten sozialer Mobilität, welche die finanzielle Lage der Elterngeneration, aber auch ihr Wissen um die Bedeutung symbolischen Kapitals in Form von höheren Schulabschlüssen offerieren, doch ergibt sich auch eine Enge anderer Art: ein erbarmungsloses Vergleichs- und Konkurrenzdenken innerhalb desselben Milieus zwischen den Eltern wie ihren Kindern. Dieses zeigt sich insbesondere beim Ringen um die erfolgversprechendste schulische und universitäre Ausbildung: Es herrscht im Roman ein harter Konkurrenzkampf unter einer erfolgsorientierten bürgerlichen Elterngeneration um das Fortkommen der Kinder, welcher auch mit intensivem psychologischen Druck einhergeht.

Steph, Tocher von Eltern der gehobenen, aber kleinbürgerlichen Mittelschicht, darf aufgrund des Elternhauses auf keine ‹Überflieger›-Karriere hoffen, obwohl sie sich dennoch eine Karriere als ‹Kreative› oder ‹Freigeist› – selbstverständlich in leitender Position – vorstellen könnte. Interessant ist, dass aus dieser Sicht die Schule und das französische Schulsystem nicht als Voraussetzung für einen erfolgreichen Start ins Leben, sondern als strukturelle Gewalt, als sozialdarwinistisches Selektions-System und als «Rangierbahnhof» von einem jungen bürgerlichen Mädchen mit allen Chancen beschrieben werden. Diese Romanfigur zeichnet damit Ende der 90er Jahre jenes Bild, welches das unter dem Schlagwort *Generation Praktikum* bekannte Gefühl beruflicher Unsicherheit zwischen prekären Beschäftigungsverhältnissen und der Hoffnung auf einen ‹besonderen Lebensweg› der Überflieger durch Leistung und Anpassung einfängt:

> Eux-mêmes [die Eltern, ML], qui menaient la vie confortable de petits-bourgeois démerdes et sans trop de culture, n'avaient pas fourbi de plan précis pour leur fille unique [...] on imaginait que Steph ferait du commerce, on lui trouverait des stages, un job, on l'aiderait à acheter deux ou trois apparts dans le coin, des garages, ça se loue bien, et progressivement, comme eux, elle ferait sa pelote. Or Steph ne voulait se résoudre à ces ambitions relatives. [...] L'école faisait office de gare de tirage. Certains en sortaient tôt, qu'on destinait à des tâches manuelles, sous-payées, ou peu gratifiantes. [...] D'autres allaient jusqu'au bac, 80 % d'une classe d'âge apparemment, et puis se retrouvaient en philo, socio, psycho, éco-gestion. Après un brutal coup de tamis au premier semestre, ils pouvaient espérer de piètres diplômes, qui les promettaient à d'interminables recherches d'emploi, à un concours administratif passé de guerre lasse, à des sorts divers et frustrants, come prof de ZEP ou chargé de com dans l'administration territoriale. [...] Enfin, il y avait les cadors, qui se prévalaient d'une bonne mention et d'un dossier béton, véritablement rampe de lancement pour les carrières désirables. [....] Steph voulait faire partie de cette troisième catégorie.[111]

Die Figur der Steph, welche im Roman letztlich an ihren selbstgesteckten Zielen und ihrem übermäßigen Ehrgeiz scheitern wird, entwickelt in diesem Zitat ebenso wie Hacines Vater das Portrait einer intragenerationalen Klassen-Hierarchie, welche diesmal nicht aufgrund ethnischer, sondern schulischer Selektion aufrechterhalten wird. Der Determinismus wird jedoch von Steph durchschaut, ohne dass sie dieser Statik des sozialen Raums – und trotz größerer finanzieller und schulischer Möglichkeiten als sie die gleichaltrigen Jugendlichen Anthony oder Hacine in Anspurch nehmen könnten – entkommen wird. Dieser Raum des Zusammenlebens in der ländlichen Tal-‹Idylle› der Diegese ist somit milieuübergreifend ein beengter und die Lebensplanungen der jugendlichen Figuren beengender, da er von durch Herkunftsmilieu, Familie und Schule institutionalisierten Verhaltensnormen und Vorgaben bestimmt ist, welche von einer Elterngeneration vorgegeben werden, die wiederum selbst ihre eigenen Lebensentwürfe nur in Teilen erfüllt sieht.

Insbesondere die Angehörigen der Arbeiterklasse und ihrer Milieus der ersten Generation immigrierter Arbeiter sowie der ehemaligen Fabrikarbeiter, welche sich nun als Gelegenheitsarbeiter verdingen, wie Monsieur Bouali oder Anthonys Vater, sehen sich vielmehr in ihren Lebensplänen und Hoffnungen enttäuscht: Alter, Krankheit, Gewalt, Alkoholismus, der Wunsch nach Rückkehr bestimmen ihr Verhältnis zur zweiten Generation, zu ihren Kindern. Doch werden im Roman eben auch die gut situierten Mittelschichten und deren Kinder mit der Schattenseite des bürgerlichen Ideals einer ‹gelungenen› Lebensführung, dem Schrecken sowie der Scham gegenüber der Möglichkeit eines Verlusts von Eigentum und Wohlstand konfrontiert. Diese Angst äußert sich im massiven Engagement der

---

111 Ebda., S. 423 f.

Eltern für die Ausbildung der Kinder sowie dem unausgesprochenen gesteigerten Wettbewerbsdruck der nachfolgenden Generation.

Es ist nicht verwunderlich, dass es diese nachfolgende Generation milieu- und klassenübergreifend aus der Enge ihrer Welt zieht. Während Anthony vom sonnigen *Beverly Hills* aus der gleichnamigen Fernsehserie der 90er Jahre träumt, möchte Steph nach dem Abitur nach Paris.[112] Auffällig ist dabei, dass Steph – anders als Anthony, welcher von popkulturellen Fiktionen einer kalifornischen Anders-Welt träumt – durch diese Projektion versteht, dass es hinsichtlich des sozialen Raums im nationalen Maßstab Erfolg nur im Zentrum geben kann. In einem kurzen Dialog mit Anthony erzählt Steph von ihren Fluchtplänen aus Heillange. Natürlich ist für das ungelernte Arbeiterkind Anthony kein Platz an ihrer Seite vorgesehen, obwohl letzterer sich einen solchen durchaus vorstellen kann:

> –Tu voudrais pas sortir avec moi ?
> Steph faillit éclater de rire, mais la gravité du garçon l'en dissuada. [...]
> –Pourquoi tu me demandes ça ? dit-elle
> –Je sais pas. T'es belle. [...]
> –Je vais me casser. Dès que j'ai le bac, je me tire d'ici.
> –Tu veux aller où ?
> –À Paris.
> –Ah bon ?
> Pour Anthony, Paris était un truc abstrait et creux. Paris c'était quoi ? 7 sur 7. La tour Eiffel. Les films de Belmondo. Un genre de parc d'attractions, en plus prétentieux. Il ne comprenait pas très bien ce qu'elle irait foutre là-bas.
> –J'irai, je m'en fous.
> Pour Steph, en revanche, Paris était noir et blanc. Elle aimait Doisneau. Elle y allait à Noël avec ses parents. Elle se souvenait des vitrines et d l'Opéra. Elle serait parisienne un jour.[113]

Gemäß Sozialisation und kulturellem Horizont werden hier verschiedene Projektionen auf die französische Hauptstadt übertragen und gehen auch mit einem jeweils unterschiedlichen Vorwissen um die Bedeutung des französischen Zentrums für die Ausrichtung des jeweiligen Lebenswegs dieser beiden Landjugendlichen einher. Es sind daher nicht nur die unterschiedlichen Möglichkeiten zur Kapitalanhäufung symbolischer Art wie Studium und Ausbildung, oder diejenigen ökonomischer Art durch das Vermögen der Eltern, sondern das vorausgehende Wissen um sie, welches auch die Mobilitätschancen sozialer Art bestimmt – im Zitat scheint jene strukturelle Gewalt des *Family Background Effects* auf, dem politisch

---

112 Vgl. ebda., S. 171.
113 Ebda., S. 178 f.

nicht nur in Frankreich mit dem Engagement für ‹Chancengleichheit› durch Bildung begegnet werden soll.[114] Im Roman zeigt jedoch Stephs Perspektive auf das französische Bildungssystem der 90er Jahre, dass sie diesen politischen Auftrag nicht erfüllt sieht und eine eher gegenteilige gesellschaftliche Funktion von Schule und Universität wahrnimmt: nämlich eine milieubasierte Statik des sozialen Raums fortbestehen zu lassen, wie sie die Eltern ihrer Freundin Clem – ein Arzt und eine Schulrätin – als Meister dieses «jeu», dieses «Spiels», verfechten.[115]

Zusätzlich zu diesem Wissen um die Bedeutung einer Ausrichtung des eigenen Lebenswegs an den symbolisch-kulturellen und schulisch-institutionellen Vorgaben des Zentrums ist es wiederum die bereits erwähnte Angst vor dem Verlust gesellschaftlichen Prestiges, welche Stephs Aussage gegenüber dem *Petit Blanc* Anthony prägt. Weniger begüterte soziale Milieus werden von den in Bildung und Einkommen besser ausgestatteten Vertreter*innen der im Roman gezeigten provinziellen Mittelschicht nämlich verhöhnt. Es handelt sich dabei um einen Reflex, welcher die latente Angst bannen soll, dass es der eigenen Familie oder gar den Kindern ähnlich gehen könnte. Dieser Hohn über die ‹Asozialen›, die kinderreiche, ungesund lebende und übergewichtige ‹Unterschicht› der *Petits Blancs* und ‹Hinterwäldler› wird bei einem sommerlichen Lunch zwischen Steph, ihrer Freundin Clem und Stephs Mutter bei Lachs-Tartar und Salat offenbar, als Stephs Freundin über die Patienten ihres Vaters berichtet:

> Clem avait des tas d'histoires sur le cabinet de son père et les cinglés qui défilaient là-dedans. À l'en croire, la salle d'attente avait tout de la cour des miracles. Alcoolos, pensionnés, indigents, silicosés, obèses, variqueux, infirmes et autres accidentes, étrangers incompréhensibles, Français à peine plus clairs.
> –Une bonne femme est venue, elle avait trois gosses, tous handicapés. Un, je veux bien. Mais trois, c'est n'importe quoi.
> C'était drôle, mais pas tant que ça. Ces vannes sur les cassos étaient monnaie courante, et de plus en plus répandues. Elles servaient autant à se marrer qu'à conjurer le mal, cette marée insidieuse qui semblait gagner de proche en proche, depuis le bas. Ces gens-là, qu'on croisait en ville, n'étaient plus seulement du folklore, quelques paumés, des grosses têtes en goguette. Il se construisait pour eux des logements, des Aldi, des centres de soins, une économie minimale vouée à la gestion du dénuement, à l'extinction d'une espèce. [...] Il valait mieux éviter de se poser la question, de les dénombrer, de spéculer sur

---

114 Obwohl hinsichtlich der Weitergabe dieses Wissens durch den Kontakt mit kulturvermittelnden Produkten wie Büchern oder Filmen deren Einfluss als Teil des *Family Background Effects* für Frankreich in der erwähnten OECD-Studie im Vergleich zu Deutschland verhältnismäßig gering ausfällt, bestimmt dieser Effekt dort dennoch die gewaltigen Unterschiede im Wissen um Lebensgestaltung und Karriere, wie sie sich in oben zitiertem Dialog ausdrücken. Vgl. D'Addio: *Intergenerational Transmission of Disadvantage*, S. 54.
115 Vgl. Mathieu: *Leurs enfants après eux*, S. 317 f.

leur espérance de vie ou leur taux de fertilité. Cette engeance marinait sous les seuils, saupoudrée d'allocs, vouée à finir et à faire peur.[116]

Die wachsende Sichtbarkeit weniger begüterter Menschen aus peripheren Milieus im öffentlichen Raum einer neoliberalen Gesellschaft während einer Epoche des entfesselten Finanz-Kapitalismus der 90er Jahre, nicht nur in der grotesken «Wunderkammer» der Arztpraxen, wird hier aus der zynischen Perspektive einer jungen Erwachsenen der Mittelschicht dargestellt. Dabei schwingen neben der Beunruhigung, die diese Sichtbarkeit bei ihr auslöst, auch Ignoranz und Häme als Strategien der Beruhigung und Selbstberuhigung mit. Der soziale Frieden, welcher von einer Bewusstwerdung lebensweltlicher Asymmetrie durch von der soziologischen Forschung erhobene Daten über beispielsweise die unterschiedliche Lebenserwartung gefährdet werden könnte («les dénombrer, de spéculer sur leur espérance de vie ou leur taux de fertilité»), wird durch die Schaffung einer eigenen Welt der Deklassierten über separierende Raumaufteilung in Form von Sozialsiedlungen und angepasste Konsumangebote in Form von Billig-Discountern begegnet («des logements, des Aldi, des centres de soins»). Die Asymmetrie selbst wird im Roman von bürgerlicher Seite nicht in Frage gestellt, da ansonsten auch der eigene Wohlstand und die eigenen Mechanismen der Distinktion kritisiert werden müssten. Ironischerweise motiviert aber in der Romanhandlung derselbe Kampf um Statuserhalt, um Statusgewinn, um eine Anerkennung durch Symbole, nicht aber ein Klassenbewusstsein oder eine Solidarisierung, zudem der Wunsch nach materiellem Besitz und Konsum, trotz dieser höhnischen Perspektive auf sie, auch die finanziell weniger gut ausgestatteten Milieus und Schichten.

Am augenfälligsten erscheint trotz demokratisch-gleichberechtigten Anscheins die in der Diegese modellierte soziale Statik der Milieus jedoch dort, wo die nach verschiedenen Milieuzugehörigkeiten gezeichneten jugendlichen Figuren zum ersten Mal im Kollektiv – ohne Eltern – aufeinandertreffen: im (nur scheinbar) heterotopen Raum der ausgelassenen Feier. Gleich zu Beginn des Romans werden sich anlässlich einer Privatparty in einer der Kleinstadt-Villen mit Pool, während der die *Petits Blancs* Anthony und sein Cousin zwar ebenfalls präsente, aber lediglich geduldete Gäste sind, einige der Jugendlichen schmerzlich der eigenen Klassenzugehörigkeit bewusst. Hacine, der später erscheint, wird gar nicht erst in den Kreis der Feiernden aufgenommen und unter Androhung von Polizeigewalt des Ortes verwiesen. Obwohl dieser jugendliche Hacine Bouali aufgrund seines aggressiven Auftretens zunächst als eigentliche Bedrohung des sozialen Friedens der Party erscheint, zeigt sich in der Reaktion der Feiernden auf diese vermeintliche Bedrohung noch eine andere Gewalt,

---

116 Ebda., S. 418 f.

nämlich jene der Exklusion, wie sie bereits dem oben erwähnten Hohn der Bürger über die ‹asozialen› Mitmenschen des Tals zugrunde liegt. In diesem Fall reagiert die Mehrheit der Feiernden mit kollektiver Abweisung gegenüber zwei aufgrund ihres ‹Rufs› und ihrer Herkunft unerwünschten Gästen, was Anstoß zu sich steigernden Provokationen bietet.

In den Worten popkultureller Jugendsprache der 90er Jahre unter Gleichaltrigen reproduziert sich eine Hierarchie, welche soziale Zugehörigkeit in Ausdrucksweise und Mimik verfestigt hat. Versöhnliche Sprache und joviale Gestik, aber auch die Rolle einer individualisierten Selbstdistinktion durch Mode und Habitus für Jugendliche werden im Roman weniger als Möglichkeit sozialer Partizipation, sondern vielmehr als Verstärkungsfaktoren exkludierender, durch die Status-Codes *Mode* und *Lebensstil* materialisierter Hierarchien inszeniert. Dieser Kontrast zwischen der popkulturell-glatten «Playmobil»-Ästhetik begüterter Mittelschichtskinder und dem rauen, modisch wie sprachlich kantig-aggressiven Auftreten derjenigen aus der sozialen Peripherie wird offenbar, als Hacine mit seinem Freund in den Kreis der Feiernden tritt und sofort mit der Gewalt der Mehrheitsgesellschaft konfrontiert wird. Beide ungebetenen Gäste werden sogleich von den Übrigen ‹eingekreist›. Eine Situation asymmetrischer Bedrohung entsteht, welche jedoch nicht auf Gewalthandlung, sondern lediglich auf präventiver ‹Vorsicht› vor den übel beleumundeten Besuchern basiert, dem ‹Rowdy› Hacine und seinem Freund – wobei letztere umsonst beteuern, lediglich friedlich an der Feier partizipieren zu wollen:

> Tout le monde faisait cercle autour de deux intrus en vestes de survêt, les cheveux rasés sur les côtés et pas trace de fesses dans leur futal. À voir leur tête vindicative, l'air épandu sur leur face, il était difficile de savoir s'ils allaient attaquer ou venaient de tomber dans un guet-apens. Le plus petit portait une chevalière et une chaîne en or par-dessus le col de sa veste Tacchini. L'autre s'appelait Hacine Bouali.
> En voilà au moins un qu'Anthony connaissait. [...] Il avait la réputation d'être dangereux [...]. Il n'était évidemment pas le bienvenu. Cinquante personnes le lui signifiaient par leur silence. Finalement, un tout petit mec sortit des rangs pour dénouer la crise. Il était si bien proportionné, si mignon avec sa coupe de bol, on aurait pu le prendre pour un Playmobil.
> –On veut pas d'emmerdes, dit-il. Vous pouvez pas rester là.
> –Toi, je t'emmerde ! réplique Hacine. [...]
> –Vous êtes pas invités, expliqua Playmobil. Vous pouvez pas rester.[117]

Die Konflikt-Dynamik zwischen Party-Gesellschaft und nicht geladenen Gästen führt schließlich zum Vorwurf des Rassismus durch Hacine, welchen er den an-

---

117 Ebda., S: 60 f.

deren Feiernden entgegenschleudert.[118] Unabhängig von der Rechtmäßigkeit einer Störung des ‹Friedens› durch zwei ungebetene Gäste findet sich an dieser Textstelle eine soziale Konstellation der Exklusion als thematische Isotopie der gesamten Romanhandlung wieder, welche sich in den Worten «Ihr könnt hier nicht bleiben» ausdrückt. Unbewusst, aber für die Leserschaft sofort ersichtlich, reproduziert sich eine bereits gegenüber Hacines Vater wirksame gesellschaftliche Konstellation der Hierarchie. Diese duldet zwar in der Party als Metonymie des sozialen Raums – einem scheinbar ahierarchischen Raum des Zusammenlebens – die beiden Cousins aus dem Milieu der *Petits Blancs* an ihrem Platz als ‹untergeordnete› Teilnehmer, exkludiert jedoch sofort die beiden arabisch und damit ‹gefährlich› aussehenden Jugendlichen, obwohl diese immer wieder darauf beharren, lediglich ein Bier mit den anderen trinken zu wollen und zudem im Verhältnis 2:50 einer großen abweisenden Mehrheit gegenüberstehen.

Hacines Vorwurf eines gesellschaftsstrukturell von den Eltern übernommenen und von den Jugendlichen reproduzierten rassistischen Denkens bleibt auch für die Leser*innen als Frage an die weitere Romanhandlung bestehen. Ohne dass eine Vermittlung außer der polizeilichen stattfinden könnte, bleibt an der zitierten Textstelle Hacine und seinem Freund aufgrund von Vorurteilen, von Vorverurteilungen und von Gerüchten eine Partizipation am lockeren Zusammenleben verwehrt, obwohl ein versöhnlicher Ausgang dieser Konfrontation während einer zwanglosen Feier junger Menschen denkbar wäre.

Eine Solidarität unter Jugendlichen, welche im Roman von einem Gefühl des Überdrusses, von einem postmodernen *Ennui* geprägt sind, wie es als typisch für die Popkultur der 90er-Jahre beispielsweise in der *Grunch*-Strömung konstatiert werden kann, erscheint in der Inszenierung des Texts jedoch weder auf sprachlicher noch auf modischer Ebene, noch auf Ebene eines milieuübergreifenden Gemeinschaftsgefühls, sondern rein symbolisch auf musikalischer Ebene.[119] Es ist die der Band *Nirvana* und ihrem für die 90er Jahre ikonischen Album *Nevermind* entliehene ‹Hymne› «Smells like Teen Spirit», welche für einen kurzen Augen-

---

118 Vgl. ebda., S. 62.
119 Zu diesem besonders anhand der *Grunch*-Subkultur wahrnehmbaren Jugend-Gefühl eines ‹Neo-Ennui› zwischen verschiedenen Kategorien der ‹Langeweile› – von indifferent bis *reaktant* – als Zeichen eines Ende des vergangenen Jahrhunderts erschöpften Moderne-Konzepts der Beschleunigung, der klassischen Erwerbsarbeit und des Aufstiegs durch Leistung vgl. Svendsen, Lars Fredrik: *Kleine Philosophie der Langeweile. Aus dem Norwegischen von Lothar Schneider.* Frankfurt a.M.: Insel-Verlag 2002. Zu den Kategorien der Langeweile aus entwicklungspsychologischer Sicht Götz, Thomas / Frenzel, Anne C.: Phänomenologie schulischer Langeweile. In: *Zeitschrift für entwicklungspsychologische und pädagogische Psychologie* 38/4 (2006), S. 149–154.

blick allein Gemeinschaft zwischen den Feiernden zu stiften im Stande ist.[120] Der Titel des Songs fungiert zusammen mit der Jahreszahl 1992 auch paratextuell als Kapitelüberschrift des ersten Romanteils und kann daher als leitmotivisches Element dieses Teils der Handlung verstanden werden.

Aufgrund dieses weltweit bekannten *Grunch*-Songs, welcher auf der eskalierenden Party gespielt wird, vollzieht sich im Medium der Musik und in der Symbolsprache der Popkultur ein kurzer utopischer Moment existentieller Identifikation aller Milieus, Schichten und Klassen mit dem Zeitgeist. Die Anhänger unterschiedlichster Subkulturen und Moden einer «deindustrialisierten, gleichförmigen Welt, in jedem abgehängten Kaff» nach dem Ende des Kalten Kriegs konvergieren in einem Gefühl des Überdrusses, welches in den vorausgehenden Jahrhunderten als kollektive *Melancholie* die Kulturgeschichte geprägt hatte:[121]

> C'était presque encore neuf, un titre qui venait d'une ville américaine et rouillée pareil, une ville de merde perdue très loin là-bas, où des petits blancs crades buvaient de bières bon marché dans leurs chemises à carreaux. Et cette chanson, comme un virus, se répandait partout où il existait des fils de prolo mal fichus, des ados véreux, des rebuts de la crise, des filles mères, des releuleuh en mob, des fumeurs de shit et des élèves de Segpa. À Berlin, un mur était tombé et la paix, déjà, s'annonçait comme un épouvantable rouleau compresseur. Dans chaque ville que portait ce monde désindustrialisé et univoque, dans chaque bled déchu, des mômes sans rêve écoutaient maintenant ce groupe de Seattle qui s'appelait Nirvana. [...] Le Paradis était perdu pour de bon, la révolution n'aurait pas lieu ; il ne restait plus qu'à faire du bruit. Anthony suivait le rythme avec sa tête.[122]

Der *Tristesse Royale* der 90er Jahre und dem Zeitgeist nach Ende des Kalten Kriegs («In Berlin war eine Mauer gefallen und der einsetzende Frieden hatte etwas von einer Dampfwalze») wird im einleitenden Teil des Romans mit einer Party, mit einem dionysischen, sex- und drogengesättigten, alle Teilnehmer*innen vereinenden Transgressionsraum begegnet. Doch gerät die Feier zum lee-

---

120 Die scheinbar demokratisierende Kraft einer gemeinsamen, aggressiven Melancholie des Überdrusses, wie sie die *Grunch*-Subkultur verkörpert, tritt in der zweiten Strophe des Songtexts nach dem Refrain hervor: «With the lights out, it's less dangerous / Here we are now, entertain us / I feel stupid and contagious / Here we are now, *entertain us* / A mulatto, an albino, a mosquito, my libido [...]» Nirvana: Smells like Teen Spirit. In Nirvana: *Nevermind*. Geffen Records 1991.
121 Vgl. zu diesem seit der Romantik literarisch und symbolisch gefassten und existentiellen Grundgefühl Kristeva, Julia: *Soleil noir. Dépression et mélancolie*. Paris: Gallimard 1987; zur Melancholie und ihrer zentralen literaturgeschichtlichen Bedeutung seit dem 19. Jahrhundert vgl. Ette, Ottmar: *Romantik zwischen zwei Welten. Potsdamer Vorlesungen zu den Hauptwerken der romanischen Literaturen des 19. Jahrhunderts*. Berlin – Boston: De Gruyter 2021, S. 177–190.
122 Mathieu: *Leurs enfants après eux*, S. 65f.

ren und lediglich symbolisch realisierten Versprechen, da die Milieus der an ihr Partizipierenden auch in der weiteren Romanhandlung getrennt bleiben, die Lebenswege der Figuren sich trotz dieses gemeinsamen Überdrusses immer nur episodisch und situativ kreuzen. Die im Zitat erwähnte Welt der «Krisenverlierer», «Sonderschüler», «Kiffer» und «Teeny-Mütter», die Welt Anthonys und auch Hacines, trifft lediglich in einem konsumierbaren Produkt der Kulturindustrie auf diejenige der sie ebenfalls konsumierenden und ebenso desillusionierten Jugendlichen der bürgerlichen Mittelschicht.[123] Die para- und intertextuelle sowie intermediale Evokation popkulturellen Gemeinschaftsgefühls, wie es die im Roman erzählte Zeit der MTV- und Jugendkultur der 90er Jahre suggeriert, ist insofern eine trügerische, als dass die weitere Handlung dieser melancholisch-nostalgischen Schein-Idylle der Popkultur widerspricht.

Doch stellt dieses kleine, keinesfalls nachhaltige Element einer Suggestion milieuübergreifender Gemeinsamkeit durch intermediale Referenzen auf Jugend-Ikonen der 90er Jahre ein zentrales strukturbildendes Verfahren des Gesamttexts dar. Denn eine solche Leitmotivik kann auch für die weiteren Kapitel beobachtet werden, welche unter den paratextuellen ‹Motti› «You Could Be Mine» der Band *Guns N'Roses* (1994), «La fièvre» (14. Juli 1996) der französischen Hip-Hop-Gruppe *Suprême NTM* und «I will survive» (1998), wahrscheinlich das Remake der *Hermes House Band* von 1994 (Niederlande, 1999 Resteuropa) stehen. Es handelt sich bei diesen motivischen Elementen-Referenzen popkultureller Erzeugnisse nicht allein um textuelle Bezüge, sondern tatsächlich um motivische Verweisstrukturen hetero-medialer Intertextualität.[124] Bei Kenntnis der Romandiegese wird ersichtlich, dass sich diese Titel natürlich auf die einseitige Liebesgeschichte zwischen zwei der beiden Protagonisten, Steph und Anthony, in Form einer popkulturellen ‹Echokammer› beziehen lassen, wobei die Oberflächlichkeit des Pop in die existentielle Tiefe eines Jugendlebens überführt wird.

Zugleich wird durch diese Referenzen die von popkulturellen Codes geprägte Lebensweltlichkeit einer Jugend in den 90er Jahren des 20. Jahrhunderts in ihren kollektiven Normen und Formen der Kommunikation evoziert. Die zitierten Titel unterschiedlicher Musikgenres bilden den für das letzte Jahrzehnt des 20. Jahrhunderts typischen ‹Soundtrack› in Form der Musikgenres Grunch,

---

[123] Zu diesem privilegierten *Ennui* bürgerlicher Milieus in der ‹westlichen› Pop- und Jugendkultur der 90er Jahre vgl. im deutschen Kontext Bessing, Joachim (Hg.): *Tristesse Royale: Das popkulturelle Quintett mit Joachim Bessing, Christian Kracht, Eckhart Nickel, Alexander von Schönburg und Benjamin von Stuckrad-Barre.* Berlin: Ullstein 1999.

[124] Vgl. Petöfi, Janos. S. / Olivi, Terry: Schöpferische Textinterpretation. Einige Aspekte der Intertextualität. In: Dies. (Hrsg.): *Von der verbalen Konstitution zur symbolischen Bedeutung.* Papiere zur Textlinguistik. Bd. 62. Hamburg: Buske 1988, S. 335–350, hier S. 337.

Rap und Hard-Rock, erzählen aber auch von der nostalgischen Retrospektive des Pop auf die Musikgeschichte des 20. Jahrhunderts in Form von Gloria Gaynors, von der Hermes House Band ‹verpopptem› Remake des Klassikers «I willl survive» aus den 70er Jahren. Kaum gesellschaftskritisch oder eine tatsächliche Lebenswelt beruflicher Zwänge und Erwartungen kritisierend, bleibt im Roman die Popkultur und ihre Musik bloßer und letztlich wirkungsloser Kommentar zu einer im Roman gezeichneten Jugend zwischen Milieu-Segregation und Enge, welche in Problematiken befangen ist, die ökonomischen und gesellschaftlichen Charakters sind.

Die von Leslie Fiedler einst evozierte Überbrückung der intergenerationalen ‹Lücke› zwischen E- und U-Kultur bleibt im Roman letztlich intragenerational wirkungs- und folgenlos bezüglich der lebensweltlichen und materialistischen Trennlinien innerhalb einer Generation.[125] Sie erfüllt keineswegs die Anforderung an eine neue emanzipatorische Ästhetik der Leichtigkeit sowie der Oberfläche, sondern verstärkt bereits bestehende Tendenzen einer Separierung der Milieus aufgrund unterschiedlicher kultureller Codes und Verhaltensweisen bei gleichzeitig konsensorientierter Ästhetik. Popkultur erweist sich in der Romandiegese vielmehr selbst als symbolische Gewalt, welche weit davon entfernt ist, die Jugendlichen dem Kontext ihres Herkunftsmilieus zu entheben. Egal ob Motorrad-Fahren, der Konsum bestimmter Drogen oder das Hören bestimmter Musikstile und Genres: Die Codierungen popkultureller Art trennen die Jugendlichen eher voneinander, als dass sie sie verbinden. Mathieu distanziert sich hier sozialanalytisch-multiperspektivisch von den Autor*innen popkulturellen Schreibens. In zahlreichen Erzähltexten der ‹klassischen› Popliteratur der 90er Jahre wie denjenigen von Bret Easton Ellis oder David Foster Wallace, in Deutschland von Christian Kracht oder Benjamin von Stuckrad-Barre wird Gesellschaft durch Anleihen aus dem postmodernen Roman wie Collage und hyperbolischer Zitationspolitik zumeist milieuspezifisch aus der Perspektive der gebildeten oberen Mittel- oder der Oberschicht geschildert.[126] Dagegen ist es die milieuspezifisch unterschiedliche Perspektivierung einer auf den ersten Blick homogenen popkulturellen Welt

---

125 Vgl. Vgl. Fiedler, Leslie A.: Cross the Border – Close the Gap. In: *Playboy* 12 (1969). Später in Buchform veröffentlicht als Fiedler, Leslie A.: *Cross the Border – Close the Gap*. New York: Stein & Day 1972.

126 Vgl. zu dieser Zentrierung auf die obere Mittelschicht ‹westlich› geprägter Gesellschaftsräume beispielsweise vielrezipierte, mittlerweile ‹klassische› Texte der US-amerikanischen und deutschen erzählenden Pop-Literatur wie Easton Ellis, Bret: *American Psycho*. New York: Vintage Books 1991; Kracht, Christian: *Faserland*. Köln: Kipenheuer & Witsch 1995; Foster Wallace, David: *Infinite Jest*. New York: Little, Brown and Company 1996; Stuckrad-Barre, Benjamin von: *Soloalbum*. Köln: Kiepenheuer und Witsch 1998.

des Konsums und der gemeinsamen ‹Fun›-Ästhetik, welche im französischen post-popkulturellen Roman von Nicolas Mathieu die demokratisierende Wirkung von Popkultur als Illusion entlarvt. Sein Text differenziert bezüglich der Rolle, welche Jugend- und Popkultur darin einnimmt, zwischen verschiedenen Arten des Habitus, aber auch der Statussymbole, um eine hierarchische französische Gesellschaftsordnung zwischen Bildungsferne und ökonomischer Prekarität einerseits, elitären Bildungsidealen und er- und vererbtem materiellen Überfluss andererseits, im scheinbar demokratischen Gestus ästhetischer Emanzipation fortzuschreiben.

Begegnungen zwischen Figuren der bürgerlichen Mittelschicht und den erwähnten Milieus der Arbeiter- und Einwandererkinder finden jedoch trotz dieser ökonomischen wie kulturellen Segregation neben der erwähnten Party-Situation an mehreren Stellen des Romans und an symbolischen Orten statt, welche den gesellschaftlichen Raum einer französischen Provinzregion episodisch und transitorisch als einen zumindest dem Anschein nach ahierarchisch-demokratischen *Gemeinschaftsraum* beschwören. Als erzählerisch ausgeführte Situationen, welche die Gewalt in Mathieus Roman strukturieren, dienen die scheinbar milieuunspezifischen Kommunikationsräume öffentlicher Feiern und Feste als singuläre Gelegenheiten einer Begegnung aller Schichten und Klassen des Henne-Tals. Sie kommen innerhalb der Diegese dieser Funktion jedoch nur scheinbar nach, wie anhand der Jugend-Fete dargestellt wurde. Diese blockierte Kommunikation intragesellschaftlicher Art in jener kleinen postindustriellen Tal-Gemeinschaft fällt in diesen symbolischen Räumen des Demokratischen insofern auf, als dass sich aufgrund eines kurzzeitigen Kollektivgefühls innerhalb der Sphäre geteilter symbolischer Werte ein Dialog über Gesellschaft entspinnen könnte.

Dabei richtet sich die Romandiegese an zweien dieser Gemeinschafts-Situationen aus, um auf jeweils unterschiedliche Weise die Grenzen der Macht kollektivierender Symbole aufzuzeigen. Einerseits ist es die Feier des Nationalfeiertags mit dem jährlichen Höhepunkt eines Feuerwerks, auf der anderen Seite das Halbfinale der Fußballweltmeisterschaft von 1998, welches die Kleinstadt Heillange aufgrund nationaler Symbolik und dem Gefühl kollektiver Solidarität zusammenschweißen könnte.[127] In der Romanhandlung gelingt dies jedoch nur hinsichtlich einer alle erfassenden Fußballeuphorie gegen Ende des Romans, welche schließlich zu einer versöhnlichen Begegnung der beiden Protagonisten Hacine und Anthony führt, die Konflikthaftigkeit ihrer Beziehung jedoch nicht klar aufzulösen vermag:

---

[127] Vgl. Mathieu: *Leurs enfants après eux*, S. 446–491 u. S. 520–530.

> À la 70e minute, Thuram planta un second but et il ne fut plus question de rien. Le peuple se trouva tout à coup fusionné, rendu à son destin de horde, débarrassé des écarts et des positions, tout entier. Ce qui voulait demeurer en dehors devint incompréhensible. Tout ce qui se trouvait pris dedans résonna du même glas. Le pays entier venait d'accoster en plein fantasme. C'était un moment d'unité sexuel et grave. Plus rien n'avait jamais existé, ni l'histoire, ni les morts, ni les dettes, effacées, comme par enchantement. La France était bandée, immensément fraternelle.[128]

Die Metaphorik dieses Zitats suggeriert einen orgiastischen, beinahe sexuellen Schlüsselmoment kollektiver und milieu-, schichten- und klassenübergreifender Vereinigung des Landes, des «peuple», des «Volks» – nicht als Nation, sondern als «horde» – Jedoch wird zugleich hervorgehoben, dass es sich bei diesem Gemeinschaftsgefühl um ein «fantasme», um ein «Trugbild» handelt. Zeitlosigkeit und Extase dieses Fußballtaumels verwischen sowohl die Klassenunterschiede und gesellschaftlichen Differenzen im kleinen Frankreich als auch die Geschichte(n) von Schuld und Tod, von Krieg und Kolonialismus im großen Frankreich. Wie in Ladj Lys Film *Les Misérables* erscheint in der historischen ‹National›-Methapher der «grenzenlosen Brüderlichkeit» des Fußballs das unbestimmte Gefühl einer Gemeinschaft diesseits des Symbolischen und dessen, was als Gesellschaft durch den historisch verankerten französischen Universalismus wirkmächtig zelebriert wird. Im Roman bedeutet dies einen Riss in der trostlosen Alltagswelt hermetisch versiegelter Milieus. Doch wird auch in diesem Erzähltext wie in Lys Film dieser Moment lediglich eine kurze Episode bleiben: Die Fragilität des Zusammenlebens im Fußballfieber spiegelt sich im Kippmoment eines erneuten Motorrad-Diebstahls als motivischer Rekurrenz, mit welcher der Roman endet.

Entscheidender Hinweis auf das Scheitern des Zusammenlebens innerhalb einer im Roman postulierten segregierten Klassengesellschaft ist jedoch nicht der WM-Taumel, sondern eine andere Situation, welche innerhalb der Diegese eine zweite Peripetie neben der zentralen Szene der Kneipenprügelei zwischen Anthonys Vater und Hacine darstellt und die Milieus wieder einmal strukturell gewaltsam zwischen Dominanz und Unterordnung aufeinander bezieht. Sie bildet die erste von wenigen sexuellen Begegnungen zwischen Steph und Anthony, welche letztlich rein körperlich bleiben und nicht zu einer tieferen Auseinandersetzung mit der Lebenswelt des und der Anderen führen. Die hier kurz erwähnte Szene lässt wiederum exemplarisch die Gewalt einer gesellschaftlichen Segregation im Spiegel einer Körper-Beziehung sichtbar werden, welche das Subjekterleben zweier heranwachsender Menschen aus einer Situation der Nähe erzählerisch in eine solche der Entfremdung verwandelt.

---

[128] Ebda., S. 526,.

Nachdem Anthony Steph als Kellner während einer Feier jenes Segel-Clubs wieder begegnet, dessen Präsident ihr Vater ist, gelingt es ihm schließlich, sie für sich zu interessieren – ihr sogar so nahe zu kommen, dass er mit ihr gemeinsam an jenen See fahren kann, der zu Beginn des Romans das Setting für den Ausgangspunkt der Handlung bildete. Da jedoch beide Jugendliche in unterschiedlichen Lebens- und auch sprachlichen Welten zu Hause und sich dessen bewusst sind, misslingt die symbolische wie die körperliche Verständigung am Ende des zweiten Teils des Romans (1994 – «You Could be Mine»). Die im Roman vom Genuss jugendlicher Intimität bis hin zur Situation eines kollektiv-nationalen Fest-Raums evozierte Gemeinschaft Jugendlicher besitzt auch während dieser sexuellen Begegnung lediglich symbolische, jedoch keine materiellen Wurzeln im gesellschaftlichen Zusammenleben. Es besteht eine milieubedingte Verständnis- und Kommunikationslosigkeit, deren Opfer die beiden Heranwachsenden sind.

Diegetisch wird dies an erwähnter ‹Liebes›-Szene deutlich, wenn der eigentlich von Anthony herbeigeträumte Akt körperlicher Nähe sich in eine hierarchische Situation der Dominanz und Entmächtigung des männlichen Jugendlichen aus ärmlichen Verhältnissen durch die gebildete und selbstbewusste junge Frau verwandelt. Nicht der kräftige Anthony dominiert, sondern Steph befriedigt sich an ihm, ohne dass es zu einer Penetration käme, indem sie sich an Antonys für sie aufreizender Physis als dominante ‹Konsumentin› seines gestählten (Hilfs-)Arbeiter-Körpers ergötzt. Ohne dass dieser ihr Gesicht sehen könnte «in dieser Brühe, dieser Dunkelheit» – Metapher für das eigene Lebensgefühl der Enge und Perspektivlosigkeit – gelangt Anthony jedoch nicht zum Höhepunkt und bleibt letztlich Objekt, wie er dies auch in den weiteren Begegnungen der ‹Liebenden› aus zwei unterschiedlichen Welten bleiben wird:

> –Encore, dit-elle. Fort...
> Il s'applique et elle geignit encore, et mieux. Malgré son excitation, Anthony éprouvait une drôle d'impression, de solitude, de gravité. Le visage de Steph restait dissimulé. Il affrontait seul l'obscurité, la présence animale du lac, ce poids du ciel. Pelotonné contre son buste, la jeune fille se servait. [...]
> –Tais-toi. Reste comme ça. Tiens-moi, putain... [...]
> Elle allait venir.
> –Attends, murmura Anthony.
> Lui aussi voulait jouir. En même temps, ce n'était pas si facile dans cette flotte, cette obscurité. [...]
> –Attends, dit-il encore.
> Mais déjà, il sentait le corps de Steph s'affadir entre ses mains, devenant comme un vêtement abandonné. Elle le lâcha, fut en face de lui, le regardant. Il débandait très vite. Le silence autour d'eux avait un relief presque insupportable.

—Ramène-moi maintenant. Je suis crevée. J'ai froid. [...]
En guise d'adieu, à la centrale électrique, Anthony eut droit à une bise. Pendant quelques jours, il chercha à se convaincre qu'il l'avait baisée. Mais c'était l'inverse.[129]

Diese im buchstäblichen Sinne ‹unterkühlte› Sex-Szene zeugt nicht nur vom einseitigen Egoismus des Körperlichen als Objektivierung des Anderen inmitten von Intimität, sondern auch von der Verzweiflung Anthonys angesichts seiner Orientierungslosigkeit inmitten eines sehnlichst herbeigesehnten Ereignisses, bei welchem er letztlich ein Untergebener, ein Bittsteller bleibt. Eine symbolische Asymmetrie der Machtbeziehungen – an dieser Stellt durch Anthonys Empfindung von Einsamkeit und die Unsichtbarkeit des Gesichts der Geliebten impliziert – zwischen den Milieus wird wie gezeigt an zahlreichen Stellen und Situationen innerhalb der Romanhandlung modelliert. Doch ist in dieser Episode die Dimension auch der körperlichen Gewalt in Form von Entmächtigung und Objektivierung des auf den Körper reduzierten Anderen unterschiedlicher Milieu-Zugehörigkeit sogar auf den intimen Raum privater Zweisamkeit gespiegelt.

Es wird jener Prozess der physischen Objektivierung – diesmal eines männlichen Körpers durch einen weiblich codierten – von innerhalb einer symbolischen Hierarchie ‹niedriger› Stehenden nachvollzogen, wie er auch thematisch bei Édouard Louis im erwähnten *Qui a tué mon père* in der immer wieder beklagten körperlichen Zerstörung seines Vaters durch Lebensumstände, falsche Ernährung und Alkoholismus thematisiert wird. Es ist vor allem die Arbeitskraft, hier die sexuelle Energie eines kräftigen Jungenkörpers, nicht aber die (auch psychische) Gesundheit der sie zur Verfügung stellenden Subjekte, die für die Funktionstüchtigkeit der Milieubeziehung von ‹Herrin› und ‹Knecht› von Nutzen ist. Im Kleinen wird in Nicolas Mathieus soziologischem Jugend-Roman sogar eine Liebesszene zu einem Akt der Objektivierung, in welcher nach der einseitigen Befriedigung der symbolisch, kulturell, gesellschaftlich wie ökonomisch Mächtigeren der begehrte Körper des Anderen zurückgelassen wird: Anthonys Körper und seine Kraft werden von Steph *konsumiert*.

Die in dieser Körperbeziehung wahrnehmbare Statik und auch durch jugendlich-romantisches Begehren nicht zu überwindende Unveränderlichkeit eines beengten und strikt hierarchisch gestuften sozialen Raums der französischen Peripherie, wie ihn der gesamte Text entwickelt, wird aus autodiegetischer Perspektive auch von den Vertreter*innen autofiktionalen Schreibens modelliert. Doch gewinnt sie im hier von einer heterodiegetischen Erzählstimme modellierten Chronotopos eine zweifache Dynamisierung durch perspektivische

---

129 Ebda., S 373 f.

Verschachtelung von Figuren nicht als Milieu-Typen im Balzac'schen Sinne, sondern als verschränkte Milieu-Perspektivierungen.

Anhand der bereits angeführten Zitate sollte deutlich geworden sein, wie sehr Milieus und Figuren in *Leurs enfants après eux* durch Verzahnung auch eine in der Analyse kontrastierende Wirkung auf das Erfassen des erzählten sozialen Raums durch die Leserschaft entfalten. Die erzählten Mittelschichts-Lebenswelten – die untere von Anthonys Freundin Vanessa, die oberen von Steph und Clem –, die peripheren Milieus der ‹weißen› Gelegenheitsarbeiter wie diejenige Anthonys und seines Vaters oder jene der Zugewanderten erster und zweiter Generation wie Hacine und dessen Vater entfalten einen segregierten gesellschaftlichen Raum. Letzterer wird lediglich durch Fokalisierung und Perpektive des Erzählens dynamisiert, jedoch nicht in die Vermittlung harmonischen und kommunikativen gesellschaftlichen Zusammenlebens überführt. Verstärkt wird diese narrative Dynamik inmitten der Statik dieses erzählten Raums auf Ebene der erzählten Zeit durch die beschriebene punktuelle Chronologie um drei Zeitpunkte eines Jahrzehnts, welche sich elliptisch zu einem biographischen Panorama mehrerer Jugend- und Erwachsenenleben verdichten.

Was nun die Figurenzeichnung betrifft, so erschließen – wie am Beispiel von Mathieus Vorgängerroman *Aux animaux la guerre* geschildert – meist interne und hinsichtlich zentraler Ereignisse der Handlung multiple Fokalisierungen den Leser*innen Nahaufnahmen der Gefühlswelten wie auch der Unterschiede von Selbst- und Fremdwahrnehmung der Figuren je nach Situation und Milieu. Diese Unterschiede prägen auch das Erleben von Formen der Gewalt und sollen im Folgenden anhand der zentral gestellten Gewaltepisode des Romans, dem brutalen Verprügeln Hacines durch Anthonys Vater, ausgeführt werden. Hierzu ist es notwendig, den milieuspezifischen Wert von Eigentum näher zu beleuchten, wie er symbolisch im Besitz und im Diebstahl des Motorrads als Ursache dieser Gewalteskalation dargestellt wird.

So besitzt beispielsweise nicht nur für die beiden Protagonisten Anthony und Hacine dieses Klein-Motorrad den Wert eines Statussymbols unter Jugendlichen. Beinahe genealogisch wird das damit einhergehende Gefühl von Zukunft, Jugend und Hoffnung milieuintern im Falle Anthnoys vom Vater auf den Sohn ‹vererbt›, wobei nun eine weitere und bereits erwähnte Form der Gewalt in ihrer subjektiv-individuellen wie physischen Form zum Tragen kommt. Denn für Anthonys ist wie für Stephs Eltern Verlust und sozialer Abstieg an den Verlust materieller Wertgegenstände gebunden. Dieser Verlust erhält eine existentielle Dimension in weniger begüterten Milieus, sobald eines der raren wertvollen oder mit Erinnerungen behafteten Besitztümer verloren geht oder eben gestohlen wird. Die Todesangst des Sohnes wie der Mutter vor der Wut des Vaters, sobald dieser entdecken sollte, dass sein geliebtes Stück Besitz, seine Suzuki TS

125, verschwunden ist, zeigt der Leserschaft, wie sehr die Jugend als erlebte Zeit der noch existierenden Möglichkeiten im Bewusstsein des von Alkohol und schwerer körperlicher Arbeit verzehrten, seine Frau verprügelnden Vaters präsent ist.[130] Sie ist an Besitz gekoppelt, welcher hier jedoch nicht lediglich ökonomischen, sondern symbolischen Wert für die eigene Existenz bereithält.

Hacines Zerstörung dieses väterlichen Besitzes durch das Verbrennen vor Anthonys Haus kommt daher einer existentiellen Demütigung beider Leben gleich – dem des Vaters wie des Sohnes. Allein aus dieser sich überlappenden Perspektivik zweier Romanfiguren – des Gefühls des endgültigen Verlusts von Freiheit auf Seiten des Vaters sowie der Angst des Sohnes vor dessen Reaktion – wird die extrem brutale und verzögerte Reaktion des Vaters in jener Arbeiter-Bar «L'Usine» der Leserschaft verständlich, welche als Forum während des für Frankreich mythischen WM-Taumels 1998 auch zum Ort der Versöhnung zwischen beiden Figuren hätte werden können. Rassistische Ressentiments und Hass auf «une tonne de vie mal faite», auf «eine Tonne vergeblichen Lebens», entladen sich bei dieser Konfrontation auf der Toilette der Bar zwischen einem älteren und einem jüngeren Vertreter zweier Milieus der sozialen Peripherie, zwischen Anthonys Vater Patrick und dem Dieb Hacine. Der *Petit Blanc* steht dem Jugendlichen ‹mit Migrationshintergrund› gegenüber, der ihm eines der letzten verbliebenen Symbole seiner eigenen einstigen Jugend, seiner Freiheit und Hoffnung geraubt hat:

> -C'est rien, tenta Anthony.
> Le père le dévisagea avec un air de regret. Puis il revint à ce grand con, avec sa moue de canard, ses cheveux frisés. Un bicot, comme par hasard. Et ce regard terne, vide, pas moyen de savoir ce qui se tramait derrière. Patrick eu tout de suite envie de lui faire mal.
> -Alors c'est toi ? dit-il platement.
> -Moi quoi ?
> Anthony comprit le premier. Son père avait pris cette densité de caillou, cet air de bêtise et de solidité minérale. Il voulut dire quelque chose, mais Hacine parla le premier :
> -C'est bon, ne casse pas les couilles.
> Le père émit un genre de gloussement et le premier coup partit.
> Il venait de loin, de l'épaule et du dos, lui montait des reins et des profondeurs du ventre. Il emportait des douleurs, des frustrations anciennes. C'était un poing lourd de malheur et de malchance, une tonne de vie mal faite. Il heurta Hacine de plein fouet, en pleine gueule.[131]

Das Einschlagen von Hacines Zähnen entspricht in der talionischen Auge-um-Auge-Logik des Vaters der Vernichtung, dem Verbrennen seines Mofas als Symbol der eigenen Hoffnung und soll Hacine jenes ‹angeschlagene› Leben spüren

---

130 Vgl. ebda., S. 102f.
131 Ebda., S. 357f.

lassen, wie es der Vater führt. Der Jugendliche bekommt dabei ironischerweise zum zweiten Mal eine brutale Lektion durch eine Vaterfigur erteilt, deren Leben und Position in der französischen Gesellschaft nicht dem erträumten Ideal entsprechen. Denn bereits bevor Anthonys Vater zu seiner Rache kommt, wurde Hacine von Monsieur Bouali brutal körperlich gezüchtigt, um ihn danach zur marokkanischen Verwandtschaft zu schicken.

Beweggründe für die brutale Gewalt beider Väter sind dabei jeweils aus unterschiedlichen Gründen gescheiterte Lebenserwartungen und entladen sich am Körper der jüngeren Generation, was wiederum die paratextuelle Anspielung des Romantitels aufruft. Für Anthonys Vater entgleitet mit dem verlorenen und sentimental behafteten Besitz des geliebten Klein-Motorrads einer der wenigen sinnstiftenden Referenzpunkte einer engen eigenen Lebenswelt voller Mühen und Hilfsarbeitsjobs, Alkohol und Gewalt. Für Hacines Vater sind es nicht geraubte Erinnerungen an die Jugend, sondern Jahrzehnte mühevoller und vergeblicher Integrationsversuche in eine Gesellschaft, welche diese Versuche nicht zu würdigen weiß und im Rassismus verharrt, die im bewusst werden. Sein gesellschaftliches Scheitern wird durch den Motorrad-Diebstahl des Sohnes für den alten Vater endgültig offensichtlich und führt in Wut und brutale Gewaltanwendung. Nach wie vor besitzen sein Bemühen um Akzeptanz sowie die Anpassung an gesetzliche wie informelle Regeln und der Gehorsam gegenüber den Werten jenes Landes, in welches er als Fabrikarbeiter gekommen war, für diesen Vertreter der ersten Generation von Arbeitsmigranten in den 50er/60er Jahren höchste Priorität und wurden vom Sohn ‹verraten›. Hier unterscheidet sich die aus Syrien stammende Vaterfigur in Mahir Guvens Roman *Grand Frère*, welcher weiter unten in den Fokus rücken wird, kaum von dieser Figur eines aus Marokko eingewaderten Vaters. Es sind in beiden Romanen strenge und stolze Figuren, welche jedoch über jahrzehntelange Bemühungen um Aufstieg sowie zahlreiche rassistische wie xenophobe Demütigungen einen melancholischen und auch harten Zug besitzen.

Für Hacine wiederum ist Frankreich und das Henne-Tal sprachlich wie biographisch zur ‹Heimat› geworden, wo er sein soziales Leben aufbauen konnte, wo er jedes Detail kennt und auch um die hierarchischen Verhältnisse weiß. Anders als der Vater fühlt sich der Sohn mit der ‹Heimat› des ersteren nicht mehr verbunden, und es ist für den Jugendlichen ebenfalls nicht mehr einsehbar, warum er die Vergeblichkeit und demütigende Akzeptanz einer rassistischen gesellschaftlichen Marginalisierung als ‹Araber› ertragen muss.[132] Das Verbrennen

---

[132] Vgl. Hacines Beschreibung seines vom Vater erzwungenen ‹Erziehungs-Aufenthalts› bei den Verwandten in Marokko in ebda., S. 284–291.

des Motorrads dient allein der Demütigung und Rache an dieser Gesellschaft, welche den Vater und ihn selbst unaufhörlich ausschließt. Während im noch zu diskutierenden Roman *Grand frère* diese Rebellion der zweiten Generation der Zuwanderer in die terroristische Katastrophe führt, ist es für Hacine die Kleinkriminalität wie Drogendealen und Diebstahl, die es ihm erlaubt, einer Vorverurteilung durch die Gesellschaft und auch durch das sie stützende System Staat zuvorzukommen. Denn auch den rassistischen Bedingungen eines klassischen Arbeitermilieus, welches zwischen ‹französischen› und ‹arabischen› Arbeitern nach wie vor unterscheidet, möchte sich der Jugendliche nicht aussetzen. Auch im Bewusstsein des Sohnes spiegelt sich jener starke Rassismus, den der Vater als ‹Gastarbeiter› erleben musste und der auch linke Milieus der Arbeiterklasse spaltet, in welchen ein politischer Rechtsruck zu verzeichnen ist.

Diese nicht nur in Frankreich seit den 90er Jahren zu beobachtende Tendenz hin zu rechtsnationalen Parteien wie dem damaligen *Front National* wird im Roman intradiegetisch an den rechten Ansichten des Freundes und Nachbarn von Anthonys Vater, Luc Grandemange, deutlich gemacht. Dieser war zwar Gewerkschaftsführer und bedeutsamer Teil der hiesigen Arbeitergeschichte des Tals, klebte jedoch später Plakate für eine rechte Partei. Wie in Didier Eribons *Retour à Reims* taucht in *Leurs enfants après eux* die Frage nach jenem politischen Wechsel von einem universellen zu einem nationalistischen und rassistischen Sozialismus als identitärem Versprechen auf, welcher die postindustriellen Gesellschaften Mittel- und Westeuropas prägt. Aus seinen rassistischen und xenophoben Gefühlen gegenüber arabisch- und afrikanisch-stämmigen ‹Genossen›, mit denen einst in denselben Hochöfen gearbeitet wurde, machen weder dieser ehemals engagierte Dorf-Sozialist, der jedoch «kein Ideologe» war, noch Anthonys Vater einen Hehl. Die Beerdigung dieses Nachbarn und Freundes der Familie Casati stellt die Frage nach den Gründen für einen radikalen Wechsel politischer Ansichten und die Zunahme rassistischer Ranküne im Laufe eines engagierten Arbeiterlebens:

> Avec Luc Grandemange, c'est une fameuse tranche de leur histoire qu'on foutait dans le trou. Sa première cotisation remontait à 1963. Il avait été représentant, DP, détaché, secrétaire, un peu tout. Au moment des grandes grèves de Metalor, il était même devenu une figure du mouvement. Lui n'appartenait pas à la catégorie des idéologues. [...] Mais à sa façon, il avait fait le ciment entre les gens, les avait tenus rassemblés, jusqu'au bout.
>
> Depuis, son engagement et sa bonhomie avaient pris un tour singulièrement cocardier. Peu à peu, il s'était mis à considérer que les cocus dont il servait la cause n'étaient pas seulement ouvriers, salariés, provinciaux ou sous-diplômés. Ils étaient également de souche. Le malheur découlait en fait des flux migratoires. Il suffisait de faire le calcul. Le nombre d'immigrés, trois millions à peu près, correspondait exactement à celui de chômage. Drôle de coïncidence. Quand on y réfléchissait, tout un tas de problèmes inextricables se simplifiaient d'un coup si on voulait bien voir que ces feignants d'importation étaient la cause première des maux contemporains.

> Autour de Luc, beaucoup de gens partageaient d'ailleurs ces diagnostics et plaidaient pour des quotas, des charters, le rappel sévère qu'on était chez soi, en somme.[133]

Diese zwischen interner und externer Fokalisierung schwankende Figurenzeichnung der Erzählstimme, welche das politische Leben und die Sichtweise eines Verstorbenen aus dem Arbeitermilieu rekapituliert, verfolgt dessen langsamen Übergang von einem sozialistischen, aber weniger ideologisch, denn pragmatisch geprägten solidarischen ‹Humanismus› zu Nationalismus, Rassismus und Xenophobie. Dabei kommt die bequeme Einfachheit eines Kalküls zum Tragen, welches Arbeitslosigkeit und Elend mit Einwanderung und Vernachlässigung der ‹eigentlichen› französischen Arbeiterschaft («de souche») pauschal gleichsetzt. Die Spaltung der Arbeiterklasse in unterschiedlich gewichtete Milieus vor dem Hintergrund einer fortschreitenden Deindustrialisierung, wie sie resigniert auch Hacines Vater beschrieb, setzt sich hier von Seiten des ‹anderen›, ‹weißen› Arbeitermilieus fort und komplettiert eine Logik mangelnder Kommunikation, politischer Sichtbarkeit und Schuldzuweisung. Der Strukturwandel sowie die Abwanderung von Kapital als grundlegende Probleme werden nicht erkannt. Es handelt sich laut der Erzählstimme innerhalb dieses Milieus aber keinesfalls um eine Minderheitenmeinung, obwohl diese Ansichten nicht offen vertreten werden und man jene «fragwürdigen Überzeugungen» lieber für sich behält.[134] Die Bereitschaft zur Gewalt gegenüber jenen, die als zugewanderte ‹Ausländer› verantwortlich für die eigene prekäre Situation gemacht werden, bleibt somit unter der Oberfläche des Gesagten, äußert sich lediglich in einem rechten politischen Engagement und im Wahlverhalten sowie bisweilen in mehr oder weniger sporadischer verbaler Gewalt in Form abschätziger und rassistischer Beleidigungen von Migranten und ethnischen Minderheiten.[135]

Innerhalb desselben Romantexts werden, wie an all diesen Szenen deutlich wird, die von Formen struktureller und physischer Gewalt geprägten Beziehungen zwischen mehreren Milieus der geographischen, aber auch sozialen Peripherie Frankreichs situativ wie prozessual fassbar gemacht. Anhand der brutalen Misshandlung Hacines durch Anthonys Vater wie anhand der Objektivierung und Reduktion von Anthony auf dessen Körper, auf seine (Hilfs-)Arbeitsleistung auch sexueller Natur, erscheint ein Zusammenleben, welches auf den statischen

---

133 Ebda., S. 328f.
134 Vgl. ebda.
135 Vgl. zu diesem auch von Didier Eribon thematisierten Problem eines schleichenden Übergangs von klassenbezogener Solidarität zu nationalistischer und rassistischer Identitätssuche das Kapitel «De la bipolarisation à la question identitaire» in Guilluy: *La France périphérique*, S. 71–108.

Erhalt von Hierarchie bedacht ist. Legitimiert wird diese strukturell und institutionell verankerte Gewalt durch die von Pierre Bourdieu soziologisch aufgearbeiteten, im Hintergrund wirkenden symbolischen wie ökonomischen Mechanismen stabilisierter Kapitalverhältnisse, welche wiederum hierarchische Milieu-Strukturen reproduzieren. Sie machen den von Mathieu im zitierten Interview evozierten Vergleich mit einem Balzac'schen Mikrokosmos für die von ihm literarisch modellierte, postindustriell-französische Gesellschaft in ihrer die Milieus separierenden pyramidalen Struktur als gesamtgesellschaftliche Raumaufteilung für das Frankreich am Ende des 20. Jahrhundert, aber wohl auch im 21. Jahrhundert plausibel.

Dabei wird auch die Spitze dieser Pyramide insofern an die Peripherie gedrängt, als dass die für Frankreich bestimmende Problematik des Stadt-Land-Zentrum-Peripherie-Gefälles auch das ländliche Klein- und Großbürgertum erfasst. Balzac hatte dies bereits im diegetischen Übergang der Romane zwischen Pariser Szenen und dem Ehrgeiz ruraler Eliten in seinen *Scènes de la vie de province*, in *Eugénie Grandet* und den *Illusions perdues* modelliert.[136] Bei Nicolas Matthieu wird der Kontrast zwischen ländlich-bürgerlichen Erwartungen und dem Aufstieg im gesellschaftlichen Zentrum anhand eines diegetischen Intermezzos in Form eines Studienaufenthalts an einer Pariser Privatschule dargestellt, welcher Steph auf Wunsch der Eltern zur Aufnahme in eine der *Grandes écoles* vorbereiten sollte, was ihr unter großen Mühen, Einsamkeit in der Großstadt und am Rande des Nervenzusammenbruchs auch gelingen sollte. Dabei wird dieser Studienaufenthalt einerseits als asketische Selbstkasteiung dargestellt, inmitten der erträumten mondänen Welt der Metropole, zugleich aber auch Stephs bereits dargestellte persönliche Ideologie noch einmal betont, welche einem neoliberalen Leistungsdenken entspricht, das als sozialdarwinistisches Konkurrenzkonstrukt ein Bestehen im gesellschaftlichen Raum allein den ‹Besten› vorbehält.[137]

Die noch von einem blinden Glauben an eine Weltordnung von Wirtschaftswachstum ohne Rücksicht auf Ressourcen und an deregulierte Finanzmärkte beherrschte Weltsicht einer Jugendlichen der 90er Jahre – eine eigene Form der Gewalt, wie sie die Epoche nach Ende des Kalten Krieges auszeichnete – führt im Roman jedoch keineswegs zu einer Befreiung aus ihrem Herkunftsmilieu. Stephs Ehrgeiz, akademische Überforderung und (erfolgreiche) Selbstausbeutung während des Vorbereitungsstudiums sind nämlich neben der Verachtung

---

136 Vgl. Balzac, Honoré de: *Eugénie Grandet*. Paris: Madame-Béchet, Charpentier, Furne 1833–1834; ders.: *Illusions perdues*. Paris: Werdet, Hyppolite Souverain, Furne 1837–1843.
137 Vgl. Mathieu: *Leurs enfants après eux*, S. 433f.

ihrer zwar privilegierten, aber provinziellen Herkunft von der tiefen Enttäuschung darüber geprägt, auch an ihrem Traumort Paris einer Genealogie ihres aus Pariser Sicht randständigen Milieus nicht entgehen zu können und auf das Leben der Eltern zurückgeworfen zu sein.

Nicht nur die Trennung innerhalb der Peripherie und ihrer Milieus, sondern auch jene zwischen Zentrum und Peripherie bleibt in Stephs ersten Pariser Studienerfahrungen trotz ökonomischer und kultureller Emanzipationsmöglichkeiten bestehen. Die Mit-Studierenden machen sich nicht nur lustig über ihren Modegeschmack, sondern auch der Lehrer moniert ihren Akzent, welcher einer steilen Karriere im Wege stehen könnte. Die Gewalt des historisch tradierten französischen Jakobinertums kultureller wie sprachlicher Art betrifft auch die bürgerliche Mittelschichts-Tochter vom Lande:

> Son premier automne parisien avait été abominable. L'établissement qu'elle fréquentait s'appelait l'EPP, l'École préparatoire de Paris. C'était plein de petits cons friqués qui ne pensaient qu'à gober des X et rien branler. Dans sa classe, on comptait un fils d'ambassadeur béninois, le rejeton d'un ministre thaïlandais, des filles avec des prénoms composés, toute sorte de gosses de riches chevelus et dédaigneux. Aux yeux de ses nouveaux camarades, Steph faisait figure de plouc achevée. Ils s'étaient notamment foutus de sa gueule parce qu'elle portait des chaussettes Achile. C'était la classe, pourtant, à Heillange. Dès sa première colle, le prof lui avait conseillé de se débarrasser de son accent, ça pouvait gravement la désavantager au concours.[138]

Die Segregation und die damit einhergehenden asymmetrischen Strukturen sozialer Mobilität als strukturelle Gewalt der hier fiktional modellierten französischen Gesellschaft sind also auch bei Nicolas Matthieu wie in den Erzähl-Welten der *Transclasses* von einer doppelten Marginalisierung zwischen dem metropolitanen Zentrum (wie üblich Paris) und der Peripherie, aber auch zwischen ländlicher Mittelschicht gegenüber gering Qualifizierten und prekär Beschäftigten geprägt.[139] Ein Problem dieser Gesellschaft besteht darin, dass die symbolische Fixierung hierarchischer Verhältnisse durch sprachliche und kulturelle Merkmale wie Soziolekt, Dialekt oder Konsumpräferenzen sowie mittels räumlicher Settings, anhand der Zugangsmöglichkeiten der Jugendlichen zu bestimmten Konsumgütern und Formen schulischer Qualifikation oder aber in Form getrennter Wohngegenden, letztlich nicht hinterfragt wird und in eine genealogi-

---

138 Ebda., S. 425 f.
139 Vgl. zur Frage nach der Asymmetrie sozialer, aber auch geographischer Mobilität innerhalb von in Mechanismen der Globalisierung eingebundenen Gesellschaftsräumen das Kapitel «La fin de la mobilité ou le retour du sédentaire» in Guilluy: *La France périphérique*, S. 109–127.

sche ‹Erbfolge› gestellt wird, obwohl sich sämtliche Figuren der ihnen verwehrten sozialen Wege bewusst sind.

Deren Verwirklichung verhindert jene von Mathieu ebenfalls modellierte, erst auf den zweiten Blick erkennbare symbolische Gewalt eines konsensualen Verständnisses oberflächlicher Demokratisierung, welche sowohl Großereignisse wie eine Fußball-Weltmeisterschaft oder das wiederkehrende Demokratie-Ritual des Nationalfeiertages umfasst, aber auch die Verständigung der Jugendlichen über eine milieuübergreifend anerkannte Sprache globaler Popkultur zu einem leeren Versprechen macht. Obwohl diese verdeckte symbolische Gewalt nicht zu direkter physischen Gewalt der Figuren aus Wut, Frustration und Beengung führen muss, wie dies im Falle von Patrick Casatis Attacke gegen den jugendlichen Motorrad-Dieb Hacine geschah, stellt sie dennoch auf Individualebene eine existentielle Spannung dar, welche aus dem mehr oder weniger reflektierten Bewusstsein über den Milieudeterminismus des eigenen Lebensweges, der eigenen Möglichkeiten resultiert.

Mathieu, durchaus also ein literarischer Erbe eines dynamischen Realismus und weniger eines deterministischen Naturalismus, zeigt in dieser Hinsicht, wie Literatur hier vor allem Trennlinien, hermetische Milieustrukturen, Kontraste, unterschwellige oder offene Spannungen zwischen diesen Hierarchieebenen nachvollziehbar machen kann, indem sie diegetisch wie mimetisch eine unterschiedlich interpretierbare und fiktionale ‹Realität› der *France périphérique* als abgeschlossenem Chronotopos im Medium der Sprache polylogisch nachmodelliert. Diese Vielstimmigkeit verhindert jedoch gleichzeitig, dass Literatur selbst zu einer einseitigen Gewalt gegen bestimmte Milieus wird, welche durch asymmetrische Stimmführung und Monolog den Diskurs über Gesellschaft dominieren möchte sowie durch explizite Referenznahme extratextueller Art zum politisch einseitigen Handeln drängt. Sie stellt in der offenen Diegese einer fiktiven Kleinstadt der 90er Jahre vielmehr jene historischen Prozesse einer Implosion der Mittelschicht, aber auch der Arbeiterklasse sowie eines hermetischen Nebeneinander-Lebens der Milieus mit all den politischen Konsequenzen zur Debatte, deren Bedeutung Christophe Guilluy auch für das 21. Jahrhundert betont. Sein Hinweis auf die Gefahr einer neuen Radikalisierung, welche sich bereits in den 90er Jahren des 20. Jahrhunderts abzeichnete und die nicht von den Banlieues der Städte ausging, sondern sich in ländlichen Regionen entwickelte, kann in Mathieus Roman als erzählerisch gestaltete Prozessualität nachvollzogen werden:

> Dans l'impossibilité de concevoir la société française en dehors des représentations héritées des Trente Glorieuses, les classes dirigeantes ne peuvent envisager la France autrement que structurée autour d'une classe moyenne majoritaire. Tous les indicateurs sociaux nous

montrent pourtant que les classes moyennes ont implosé depuis longtemps, mais on ne peut rien contre les mythes fondateurs. Le nez collé aux banlieues, les classes dirigeantes n'ont pas vu que les nouvelles radicalités sociales et politiques ne viendraient de la mondialisation heureuse, mais de la « France périphérique ».[140]

Dem Problem monologischer Perspektivierung von Gesellschaft durch die symbolische Gewalt der bürgerlichen Mitte, aber auch einer Literatur der bürgerlichen Mitte, welcher durch die zwangsläufig engere Perspektivik auto- und homodiegetischer Interpretations- und Reflexions-Schemata die Autofiktion stets ausgesetzt ist, entgeht Mathieu durch Rekurrenz auf das Roman-Genre und die Bachtin'sche Vielstimmigkeit bei gleichzeitig komplexen Figurenzeichnungen, deren intern fokalisierte Erlebenswelten eine ambivalente Einstellung zu ihrer diegetischen Umgebung verrät. Ihm gelingt dies zudem durch ein Vermeiden jeglichen referentiellen Reflexes der Leserschaft mittels *fiktiver* und *fiktionaler* Figuren und Figurenzusammenhänge sowie durch gleichberechtigte sowie gleichwertige Repräsentation verschiedener Sprach-Register und Soziolekte, aber auch durch deskriptive Passagen räumlicher Lebenswelten zwischen Arbeitersiedlung, Plattenbau und Neubauviertel.

Dabei gelangen die Stimmen der ökonomisch besser situierten Milieus als komplexe und ebenso von Ängsten geprägte, modellierte ‹Subjektivitäten› dieser im Zitat erwähnten, an den *Trente glorieuses* orientierten, an Leistungsdenken, gesicherte Arbeitsverhältnisse und Prosperität gewöhnten Elterngeneration der Mittelschicht ebenso in den Diskurs des evozierten sozialen Raums wie diejenigen der marginalisierten Schichten und Milieus. Eine bilaterale Täter-Opfer-Logik wird in einen komplexen gesellschaftlichen Beziehungsraum überführt, ohne dass auf eine Parteinahme verzichtet würde. Denn der Roman widerspricht literarisch den Erfolgsgeschichten der *Transclasse*-Autor*innen, welche als exemplarische Repräsentant*innen für soziale Mobilität missinterpretiert werden könnten.

Ohne dass das Milieu rein deterministisch perspektiviert ist, wird im Text diegetisch ein Milieuwechsel eher als Ausnahme, denn als Regel dargestellt. Deutlich wird: Das Gespenst der einst aristokratischen, nun bürgerlichen Genealogie nicht nur der *feinen*, sondern der durchaus groben materiellen ökonomischen Unterschiede als eigene Form struktureller Gewalt des gesamtgesellschaftlichen Raums ist der diegetischen Ausgestaltung nicht nur paratextuell als Motto vorangestellt, sondern wird in seiner fatalen Dynamik gesellschaftlicher Segregation in einer postindustriellen Lebens- und Arbeitswelt diegetisch ausformuliert. Diese Segregation kann auch durch eine globalisierte Symbolerfahrung popkulturellen Zu-

---

140 Ebda., S. 13.

schnitts nicht kaschiert werden, die – wie wiederum paratextuell die Kapitelüberschriften der von Jugendlichen aller Schichten geteilten Songs zeigen – durchaus als Bestandteil globaler Jugendkultur diegetisch integriert wird. Das in *Leurs enfants après eux* modellierte rurale Frankreich bleibt letztlich in hierarchischen Repräsentationsmechanismen und statischen symbolischen Distinktionsstrukturen verfangen. Die Krisenhaftigkeit wie auch die existenzgefährdende Gewalt dieser genealogischen Reproduktion der Milieus wird auf figuraler Ebene zugespitzt, indem es vor allem jugendliche Charaktere sind, welche das Erleben einer bereits historisch gewordenen Epoche ästhetisch nachvollziehbar machen. Diese Politik einer Literatur des Sichtbarmachens durch Fiktion, wie sie der Roman verfolgt, unterscheidet sich dabei jedoch fundamental von den Techniken der Autosoziofiktion wie auch der punktuellen, an gesellschaftssymptomatischen Schlüsselereignissen ausgerichteten Sozialanalyse oder der journalistischen Recherche.

Um jedoch auch Politiken literarischen Erzählens im Modus der Faktualität für das Sichtbarmachen gesellschaftlich wirksamer, aber meist unsichtbarer Gewaltformen und -komplexe zu berücksichtigen, soll im Folgenden ein Text im Zentrum stehen, der nicht fiktionalisierende, sondern dokumentierend-recherchierende und reflektierend-kommentierende Strategien des Schreibens und Erzählens des gesellschaftlichen Raums der Peripherie und ihrer Gewaltformen verfolgt. Nach Autobiographie, Autofiktion und Fiktion müssen nun auch Diktion, Faktualität und Dokumentation beim Schreiben, Beschreiben und Erzählen von Gewaltzusammenhängen berücksichtigt werden, wie sie den gesellschaftlichen Raum Frankreichs prägen. Deutlich geworden sollte jedoch bereits an diesem Punkt der Analyse sein, wie sehr gerade auch in der fiktionalen Welt eines Romans das allen hier berücksichtigten Erzählgattungen gemeinsame Ziel einer Komplexitätserzeugung bestehen bleibt, welche Gewalthandeln aus einer subjektiven und verschachtelten Figuren-Perspektivik neben der Situation auch einer prozessualen Entwicklung sowie der Frage nach der Art gesellschafspolitischer Sichtbarkeit und Reflexion von Gewalt überantwortet.

4.3 Genealogien misogyner Gewalt und die Gewalt medialer und politischer Agitation: Ivan Jablonkas literarische Untersuchung *Laëtitia, ou la fin des hommes* (2016)

Bereits in seinem mit mehreren Preisen ausgezeichneten Roman *Histoire des grands-parents que je n'ai pas eus* untersuchte der Historiker und Soziologe Ivan Jablonka das komplexe Verhältnis von verschüttetem historischen Wissen und den Möglichkeiten historischer Rekonstruktionsarbeit durch Schreiben und Erzählen anhand seiner eigenen Familiengeschichte, genauer seiner Großeltern, welche als polnische Juden und Kommunisten nach einer Exilzeit in Frankreich von den Nationalsozialisten in Auschwitz ermordet wurden.[141] Jablonka erweitert in seinem Erzähltext diese vergessene und unzugängliche Familiengeschichte um eine kollektive Erinnerungsschicht. Diese umfasst die Unterdrückung durch den Stalinismus, das besetzte Frankreich und schließlich die Konzentrationslager sowie den Völkermord an den europäischen Juden, dem auch Teile der eigenen Familie zum Opfer fielen. Eine Besonderheit, welche seinen Text sowohl von einer Biographie, aber auch von einem historischen Roman ‹traditioneller› Prägung unterscheidet, besteht in der starken Präsenz der Erzähler-Figur, welche immer wieder auf die Notwendigkeit rekonstruierender Schreibarbeit hinweist, den Prozess der Suche nach historischer ‹Wahrheit› nicht nur bezüglich des eigenen Lebens wie in der Autofiktion, sondern bei der Erzählung ‹fremder› Leben überhaupt sichtbar zu machen.

Dominique Viart hat dieses für Jablonka typische Schwanken zwischen rekonstruierter Erinnerung, eingestandener Unwissenheit des Erzählers über das Erzählte und historischem Wissen bezüglich des in *Histoire des grands-parents* auffälligen Stilmittels der *Praeteritio* folgendermaßen auf den Punkt gebracht, indem er sie als «double visibilité du narrateur», als «doppelte Sichtbarkeit des Erzählers», bezeichnete. Durch sie gewinnt die Faktualität der historischen Recherche eine literarische Qualität, indem sich die Figur des Erzählers, seine «Irrwege» und «Ermittlungen» umso stärker in den Vordergrund schieben:

> La prétérition par laquelle le narrateur déclare son ignorance lui permet ipso facto de donner figure à l'in-savoir en produisant du récit. Fût-il considéré par le texte même comme incertain, il est là, bel et bien constitué.
>
> Cette visibilité du narrateur est le dernier trait caractéristique des pratiques littéraires. Non pas simplement parce que celui-ci s'énonce à la première personne en tant que narrateur, expose ses hypothèses et ses passe-droits, mais parce qu'il se met en scène aussi dans son présent. [...] Jablonka relate son enquête, ses errements [...]. Il ne recule pas devant ses propres prises de position [...], alors que l'on requiert plutôt de l'historien une certaine neutralité énonciative.[142]

---

141 Vgl. Jablonka: *Histoire des grands-parents que je n'ai pas eus*, op. cit. Diese historisch-literarische Untersuchung zwischen Sach-Literatur und Essai erhielt den *Prix du Sénat du livre d'histoire*, den *Prix Guizot de l'Académie française* sowie den *Prix Augustin Thierry des Rendez-vous de l'Histoire de Blois*.
142 Viart, Dominique: La mise en œuvre historique du récit de filiation: *Histoire des grands-parents que je n'ai pas eus* d'Ivan Jablonka. In: Asholt / Bähler (Hg.): *Le savoir historique du roman*, S. 83–100, hier S. 97; vgl. auch Bracher, Nathan: L'Histoire hors sujet, ou écrire le passé

Auch wenn somit bei Jablonka ein Erzähler-Ich auftritt, ist dieses als erzählendes Ich nicht in einer souveränen Position gegenüber dem Erzählten, insofern letzteres selbst erlebt wurde, sondern befindet sich in einem ständigen Positionswechsel narrativer ‹Prekarität› gegenüber dem Gegenstand des Erzählens, indem jeglicher Anspruch auf Unparteilichkeit und Objektivität als Geste der Ehrlichkeit aufgegeben werden muss. Dies unterscheidet Jablonkas Schreiben sowohl von biographischen wie auch autofiktionalen und ethnographisch-‹soziologisierenden› Formen des Schreibens. Jablonkas Verfahren kommt damit einer vereinnahmenden Interpretation des Erzählten sowohl durch die Erzählerfigur selbst als auch durch eine rezipierende Instanz zuvor, welche in dieser Erzählerfigur den Garanten einer ‹Wahrheit› referentialisierbarer und historisch nachweisbarer menschlicher Existenz sehen könnte.

Diese Technik absoluter Sichtbarkeit des Erzählers und seiner Suche nach Faktizität wendet der Schriftsteller dabei auch im nun zur Debatte stehenden Text an. Letzterer rückt jedoch weniger historische Zusammenhänge des 20. Jahrhunderts als vielmehr das Frankreich der Gegenwart, mithin die westliche *France périphérique* am Rande der großen Städte, genauer die Region um die Stadt Nantes, in den Fokus. Dabei thematisiert der Text einige gesamtgesellschaftlich relevante Gewaltformen wie den sexuellen Missbrauch Minderjähriger durch Schutzbefohlene, innerfamiliäre Gewalt sowie eine ebenso strukturelle, physisch-direkte wie symbolische Gewalt gegen Frauen, welche im europaweit kaum als strukturelles Problem erkannten, meist in Wendungen wie «Mord aus Eifersucht» oder «Verbrechen aus Leidenschaft» relativierten Phänomen des Femizids gipfelt.[143] Frankreich wies hierbei im Vergleich zu anderen europäischen Ländern im Jahr 2019 eine erhöhte Rate von Mordfällen auf, in denen die Opfer getötet wurden, *weil* sie Frauen waren.[144]

«comme Elstir peignait la mer». Le cas de *l'Histoire des grands-parents que je n'ai pas eus* d'Ivan Jablonka. In: *Modern & Contemporary France* 23/3 (2015), S. 387–407.

143 Zu dieser Problematik im deutschen Kontext, aber auch mit Hinweis auf die europaweite Virulenz dieser Gewaltform vgl. das anhand von Fällen und Zahlen argumentierende Manifest für eine stärkere Sichtbarmachung der Thematik des Femizids im öffentlichen Diskurs durch Aufklärung und mediale Thematisierung von Backes, Laura / Bettoni, Margherita: *Alle drei Tage: Warum Männer Frauen töten und was wir dagegen tun müssen*. München: DVA 2021.

144 Seit Bekanntwerden der hohen Zahl an durch ihre Partner oder Ex-Partner ermordeten Frauen im Jahr 2019, insgesamt 146 Fälle, und auf starken öffentlichen Druck hin ergriff die französische Regierung Maßnahmen zu einer stärkeren Prävention von Gewalt gegen Frauen. Die Wirksamkeit schien sich durch den Abfall der Mordrate auf 90 Fälle im Jahr 2020 zu bestätigen; vgl. *Le Monde* avec *AFP*: Les féminicides en France: 90 femmes tuées en 2020, contre 146 en 2019, selon le ministère de la justice. In: *Le Monde* (2.2.2021); online unter https://www.lemonde.fr/societe/article/2021/02/02/90-feminicides-ont-ete-commis-en-2020-contre-146-en-2019-annonce-le-ministere-de-la-justice_6068512_3224.html, konsultiert am 24.06.2021. Jab-

Jablonka versucht im Kontext dieser keinesfalls nur vereinzelte Kriminalfälle betreffenden Problematik daher auch aufzuzeigen, wie diese einer gesellschaftlichen Sichtbarkeit bedürftige Gewaltform im öffentlichen Diskurs nicht nur strukturell durch ein unemanzipiertes Frauenbild, sondern auch in den oft verzerrenden Mechanismen medialer und politischer Repräsentation in ihrer gesamtgesellschaftlichen Bedeutung relativiert wird.[145] Interessant ist dabei, wie anhand eines medial wie parteipolitisch ausgeschlachteten Mordfalls auch die symbolische Gewalt jenes Sprechens über ‹die› *France périphérique* durch das Zentrum thematisiert wird, welche in diesem Fall von Seiten der Politik und einiger Medien ausgeübt wurde. Vorurteile über das ländliche Frankreich, genährt von der Pariser Medienlandschaft und dem Sensationsjournalismus mit seiner Kategorie der sogenannten *Faits divers*, werden in dieser literarischen Rekonstruktion von Tathergang und Umständen der Tötung einer jungen Frau – wiederum aus dem Milieu der sogenannten *Petits Blancs* – aufgegriffen und kritisiert.

Der diskursverzerrenden Gewalt der Massenmedien, aber auch der Enteignung der Stimme des Opfers von Gewalt durch andere gesellschaftliche Instanzen, welcher bereits Édouard Louis in seiner *Histoire de la violence* nachging, wird nun über den Tod des Opfers hinaus durch die Rekonstruktionsarbeit der Begleitumstände dieses Mordfalls durch eine außenstehende Erzählstimme begegnet. Im Rahmen eines Interviews mit der kanadischen Tageszeitung *La Presse* äußerte sich Jablonka zu dieser Strategie des Erzählens von Gewalt. Sein Kommentar betont dabei die Rolle der Literatur als eine Gegen-Gewalt zu anderen Medien eher tagesaktueller Natur und zur von Guy Debord kritisierten «Gesellschaft des Spektals», wie sie sich im traditionell hohen Interesse einer

---

lonkas Text erschien jedoch bereits drei Jahre vor dieser Debatte und stellt in diesem Sinne einen wichtigen Schritt hin zu einer detaillierteren Diskursivierung von Gewalt gegen Frauen mit erzählerischen Mitteln dar.

145 Dies fordert auch eine *Arte*-Dokumentation von Aurélia Braud, welche sich dem Thema Femizid widmete. Darin werden anhand zweier unterschiedlicher Mordfälle durch Familienväter Femizide auch als strukturelles Problem der Gesellschaft beleuchtet, wobei individuelle und strukturelle Faktoren sich gegenseitig beeinflussen. So gehen auf Seiten der Täter oftmals Narzissmus, Besitzdenken und eine Vertuschung der Tat einher mit einer Situation sozialer und ökonomischer Prekarität in Form von Armut, Arbeitslosigkeit und/oder Drogen- bzw. Alkoholabhängigkeit. Merkmale, welche auch auf den Täter in Jablonkas literarisch-erzählerischer Betrachtung eines Femizids zutreffen; vgl. Braud, Aurélia (Regie): *Pour le pire*. Arte France / Causette Prod 2020.

nationalen Öffentlichkeit an den sogenannten ‹Sensations-Meldungen›, den Tagesmeldungen und Lokalnachrichten allgemeinen Zuschnitts als «Dialogparodien» äußert:[146]

> Depuis longtemps, je voulais travailler sur un fait divers en inversant la perspective. Un fait divers, c'est un récit et un spectacle de mort. Je voulais parler d'un fait divers comme un objet d'histoire, révélateur de nos sociétés, mais du point de vue de la victime. Et même quand je dis le mot «victime», c'est toujours ramener quelqu'un à sa mort. Pour parler de Laëtitia, je ne dis pas victime, je dis l'absente. Pourquoi ce fait divers là? Parce qu'il est complètement inouï, exceptionnel. Par la violence du crime, odieux, par le fait qu'on a mis trois mois à retrouver le corps en morceaux de Laëtitia, par le fait que ce fait divers est devenu une affaire d'État. Le fait divers fonctionne comme un prisme qui envoie sa lumière dans toutes les directions. Mon livre est le portrait de Laëtitia, mais aussi le portrait de la société française et de toutes les sociétés démocratiques qui sont traversées par des défis, des souffrances, des difficultés, la misère de masse, les violences faites aux femmes, la démagogie...[147]

In seinem mit dem *Prix Médicis* und dem *Prix littéraire du Monde* ausgezeichneten, zwischen journalistischer Dokumentation, Erzähltext und essayistischer Reflexion stehenden Text *Laëtitia, ou la fin des hommes* (2016) geht es somit um die erzählerische Rekonstruktionsarbeit an einem gesellschaftlichen Tatbestand, der allein über Zeugen und Sekundärquellen zugänglich ist, die aber dennoch den Beitrag des Schreibenden an dieser Arbeit einblendet. Wieder handelt es sich um ein soziographisches und ethnographisches Schreiben über Gewalt, welches jedoch im Gegensatz zu den weiteren in diesem Kapitel behandelten Texten mit gänzlich anderen Mitteln praktiziert wird. Die journalistisch-dokumentierende, nicht auf Fiktionalität setzende *Enquête littéraire*, die architextuell eher die Erfordernisse der Gattung der kriminologischen Reportage, denn jene eines literarischen Langessays erfüllt, lässt sich jedoch letztlich nicht mehr eindeutigen

---

146 Vgl. hierzu auch die intertextuelle Bezugnahme auf Roland Barthes, welcher den *Fait divers* in seinem Essai «Structure du fait divers» (in Barthes, Roland: *Essais critiques*. Paris: Seuil 1964, S. 188–197) als für ein vertieftes Weltverständnis folgenlos konsumierbare «information totale» bezeichnete, in Jablonka: *Laëtitia*, S. 399. Debord wiederum bezieht sein Konzept zwar auf den Fest-Charakter des Spektakels, welchen dieses gleichzeitig aushöhlt und zum Konsumgut macht, jedoch besteht eine Ähnlichkeit zur lediglich scheinbaren gesellschaftlichen Partizipation und Auseinandersetzung mit gesellschaftlichen Sachverhalten und Zusammenhängen, wie sie der Konsum von Sensationsmeldungen suggeriert, vgl. Debord, Guy: *La Société du spectacle*. Paris: Éditions Champ Libre 1971, S. 104.
147 Jablonka, Ivan / Guy, Chantal: L'anti fait divers. Interview mit Ivan Jablonka. In: *La Presse* (4.12.2016), online unter https://www.lapresse.ca/arts/livres/entrevues/201612/02/01-5047431-ivan-jablonka-lanti-fait-divers.php, konsultiert am 24.06.2021.

literarischen Genres zuordnen.[148] Vielmehr schwankt der Text zwischen ‹realem› Kriminalroman, faktenorientiertem Bericht, Justizdrama und soziologischer Analyse, was ihn der soziologischen Schreibweise Didier Eribons annähert, ohne dass jedoch das durchaus ebenfalls darin enthaltene Element autobiographischen Erzählens den Text dominieren würde.

Dennoch ist es eine dezidiert *literarische* Tradition des journalistischen Dokumentierens, der sich Jablonka mit seiner beobachtenden und rekonstruierenden Erzählweise annähert, welche sich durch mythologische und historische Assoziationen in einen die Temporalität des Gegenwärtigen übersteigenden Diskurs einschreiben möchte. Die von Autoren und Journalisten wie Truman Capote, Norman Mailer oder Tom Woolf in den 60er Jahren entwickelte neue Art literarischen Erzählens journalistisch recherchierter, aber erzählerisch aufbereiteter Sujets u. a. der Kriminalgeschichte, der *New Journalism*, bestimmt auch Jablonkas Text bis zu einem gewissen Grad.

Dabei entsteht durch eine beinahe vollkommene extratextuelle Referentialisierbarkeit diegetischer Zusammenhänge sowie durch eine für die Leserschaft mühelose Identifizierbarkeit aller beteiligter Figuren eine fast lückenlos beschreibende Dokumentation von Vorkommnissen der Tagesaktualität, wobei jedoch auch die um Neutralität und ‹Wahrheit› ringende Erzählinstanz zu einem essentiellen Bestandteil der Diegese wird.[149] Diese Erzählinstanz gewinnt bei Jablonka durch ihre Auseinandersetzung mit Zeugenfiguren sowie mit der Lebenswelt dieser Figuren und den Berichten über den Aufenthalt und die Recherchearbeit des Erzählenden selbst in der Region immer stärker das dynamische Profil eines zwischen Objektivität und Subjektivität schwankenden Erzählers. Dieser wird durch das doppelte Erzählen des Mordfalls und seiner Recherchen vom neutral Berichtenden sogar zum Handelnden und damit zur homodiegetischen Figur – Das Erzähler-Ich ist somit nicht nur Teil der erzählten Welt, sondern der Erzäh-

---

148 Zur *Enquête littéraire* als «Scharnier zwischen Fiktion und Faktischem» sowie «Erarbeitung von Konjekturräumen» vgl. Demanze, Laurent: Les enquêtes d'Ivan Jablonka. Entre histoire et littérature. In: *Les Temps Modernes* 692/1 (2017), S. 192–203.
149 Anders als in Truman Capotes stilbildendem True Crime-Roman *In Cold Blood* (New York: Random House 1965), wo die Erzählstimme stark zurückgenommen und die Diegese figurenbezogen bleibt, nimmt Jablonka eine von der berichtenden Erzählinstanz selbst diskutierte detaillierte Faktentreue zum Anlass, um deren Kohärenz anhand der erwähnten ‹doppelten Sichtbarkeit› dieser aus rein narratologischer Sicht ‹homodiegetischen› Stimme zu hinterfragen. Zum seit Beginn der Hochmoderne im 20. Jahrhundert bestehenden komplexen Verhältnis der Felder Literatur und Journalismus vgl. grundlegend Wolfe, Tom / Warren Johnson, Edward (Hg.): *The New Journalism*. New York: Harper & Row 1973; sowie als Überblick Bleicher, Joan Kristin / Pörksen, Bernhard (Hg.): *Grenzgänger. Formen des New Journalism*. Wiesbaden: Verlag für Sozialwissenschaften 2004.

lung selbst. Wie in den Texten des deutschen Autors Moritz von Uslar mit ihrem ethnographischen Blick auf gesellschaftliche Stimmungen des deutschen Ostens anhand des fiktiven Dorfs Deutschboden, aufgrund längerer Rechercheaufenthalte des Autors im brandenburgischen Zehdenick, gerät bei Jablonka aus der Perspektive eines recherchierenden Erzählers ‹von außerhalb› ein frankreichweit bekannter Mordfall zum Gradmesser für die Intransparenz jenes ‹vergessenen› Frankreich der Peripherie, wie es Guilluys Unsichtbarkeitsthese behauptet.[150]

Jablonkas *Enquête littéraire* stellt wie Eribons und Louis', aber auch Ernaux' und Riboulets Texte vor allem ein ländliches Frankreich der Anonymität und Ignoranz bezüglich einiger der dort existierenden Gewaltformen vor, das sich allein durch die Erzählungen von Zeugenfiguren rekonstruieren lässt. Dabei handelt es sich wie erwähnt bei dieser Art des Schreibens nicht mehr um eine autofiktional oder rein autobiographisch ausgerichtete Literatur. Vielmehr nimmt die sich klar als Autorfigur zu erkennen gebende Erzählstimme den erzählerischen Habitus eines der diegetisch evozierten Welt zunächst fernstehenden, selbstreflexiv-neutralen und journalistisch agierenden Beobachters ein, welcher sich jedoch im Laufe einer mit kommentierenden, politischen und subjektiven Einschüben versehenen ‹Reportage› zum teilnehmenden Bestandteil der erzählten Welt wandelt.[151]

Erzählt wird anhand eines historisch und juristisch gut dokumentierten Falls der jüngeren französischen Kriminalgeschichte das Martyrium der 18-jährigen Kellnerin Laëtitia Perrais.[152] In der Nacht vom 18. auf den 19. Januar 2011 wurde die junge Frau – nur fünfzig Meter vom Haus ihrer Pflegefamilie entfernt – entführt, erdrosselt und erstochen. Erst nach Wochen wurde ihre zerstückelte Leiche gefunden. Beim Mörder handelte es sich um Tony Meilhon, einen Dreißigjährigen mit problematischer Kindheit und Jugend sowie langem Vorstrafenregister, der zwar schnell gefasst ist, am Tag nach dem Verbrechen jedoch Justiz und Ermittler durch Schweigen hinhält. Der auf zwei verschiedene

---

150 Vgl. Uslar, Moritz von: *Deutschboden. Eine teilnehmende Beobachtung*. Köln: Kiepenheuer & Witsch 2010; vgl. auch das oben erwähnte *La Presse*-Interview mit Jablonka, wo von Journalistin wie Autor auf die Seltenheit literarischer Milieu-Zeichnungen über einige Regionen des peripheren und von Prekarität geprägten Frankreichs der Gegenwart und dessen weitgehende Unsichtbarkeit im politischen Diskurs hingewiesen wird. Vgl. Jablonka / Guy: L'anti fait divers, s.p.
151 Daher auch die dieser Art journalistischer Literatur zugestandene ethnographische Funktion; vgl. Agar, Michael H.: Literary Journalism as Ethnography: Exploring the Excluded Middle. In Van Maanen, John (Hg.): *Representation in Ethnography*. Thousand Oaks: Sage 1995, S. 112–129.
152 Der Fall wurde in Form einer Mini-Serie für *France 2* von Jean-Xavier de Lestrade in sechs Episoden verfilmt, welche vom 21. bis zum 28.09.2020 erstausgestrahlt wurden. Vgl. Lestrade, Jean-Xavier de: *Laëtitia*. CPB Films / L'Île Clavel 2019.

Fundorte verteilte Körper des Mädchens konnte erst drei Monate später wieder zusammengefügt werden, so dass die Beerdigung erst im Juni 2011 stattfand. Im Jahr 2015 wurde Meilhon zu einer Freiheitsstrafe von 22 Jahren verurteilt. Der Mord an Laëtitia wurde zu einer Staatsangelegenheit, die den damaligen Staatspräsidenten Nicolas Sarkozy dazu veranlasste, die am Verfahren beteiligten Richter einer mangelnden Sorgfalt bei der Ermittlung des Schuldigen zu bezichtigen, was zu landesweiten Streiks von Seiten der Justizbehörden führte, welche auf Personalmangel und ihre chronische Unterfinanzierung durch die Zentralregierung hinwiesen.[153]

Dieses politische Anprangern einer Dysfunktionalität der Strafjustiz vom Zentrum der Republik aus und durch deren Präsidenten zeugt für Jablonkas Erzähler-Ich von einem «criminopopulisme» des politischen Feldes als Feigenblatt einer tiefer reichenden Dysfunktionalität des gesellschaftlichen Zusammenlebens in Frankreich.[154] Der Autor Ivan Jablonka erkannte darin eine Relevanz, die weit über das Regionale hinausging und traf sich zur Absicherung dieser These mit den Angehörigen des Mädchens, den Ermittlern und Journalisten, bevor er 2015 auch selbst am Mordprozess teilnahm. In der literarischen Darstellung wird so aus einem einfachen Bericht unter Rekonstruktion der Ereignisse eine erzählte Gesellschaftsstudie, die vor allem soziale und biographische Aspekte des Ereignisses in den Vordergrund rückt. Schauplatz ist die Welt der französischen Vorstädte der Region Nantes, die für die Hauptfiguren von bescheidenem Wohlstand, aber auch von sichtbaren wie vor allem unsichtbaren Gewaltformen geprägt ist.

Denn Laëtitia und ihre Zwillingsschwester Jessica waren durch ihren alkoholkranken Vater von klein auf vielfältigen Formen innerfamiliärer Gewalt ausgesetzt. Beide Kinder sind daher an ein Leben in Angst gewöhnt in einem Milieu, in welchem Schikanen gegen Frauen körperliche Gewalt miteinschließen und bisweilen zur Normalität werden. Der leibliche Vater, welcher die Mutter der Mädchen durch Schläge und Vergewaltigung an den Rand psychisch dauerhafter Schädigung bringt, ist jedoch nicht nur als Täter, sondern auch als Opfer einer prekären Existenz am Rande der Gesellschaft portraitiert. Auch nachdem die Mädchen in eine Pflegefamilie kommen, bleiben die emotionalen Belastungen bestehen. Im Sommer 2011 enthüllt Jessica den wiederholten sexu-

---

[153] Vgl. zu dieser seltenen Konfrontation zwischen Exekutive und Judikative sowie zur empörten Verteidigung der an Personalmangel leidenden Justizbehörden vor den Anschuldigungen des Staatspräsidenten vgl. Johannès, Franck: Affaire Laëtitia: La colère des magistrats après les accusations de Nicolas Sarkozy. In: *Le Monde* (4.2.2011), online unter https://www.lemonde.fr/societe/article/2011/02/04/affaire-laetitia-la-colere-des-magistrats-apres-les-accusations-de-nicolas-sarkozy_1475149_3224.html, konsultiert am 26.06.2021.
[154] Vgl. Jablonka: *Laëtitia*, S. 227–234.

ellen Missbrauch, den der Vater ihrer Pflegefamilie an ihr beging. Ein zynischer Aspekt dieses Verhaltens: Dieser Vater hatte als ‹ehrbarer Bürger› und verantwortungsbewusster Adoptivvater zuvor für sich die Rolle eines scharfen Kritikers von Sexualstraftätern beansprucht. 2014 wird er wegen Vergewaltigung und sexueller Übergriffe auf fünf junge Opfer zu acht Jahren Haft verurteilt. Es ist nicht bekannt, ob Laëtitia, die in den letzten Lebensmonaten um jeden Preis versucht hatte, die Pflegefamilie zu verlassen, eines seiner Opfer war. Probleme in der Schule begleiteten zusätzlich die Jugend der beiden Schwestern, obwohl sie gesellschaftlich durch ihre Ausbildungsplätze eine berufliche Zukunft hatten. Eine weiterführende schulische Förderung kam jedoch nicht in Frage. Laëtitia arbeitete als Kellnerin in einem Hôtel in Nantes, in der Nähe ihres Hauses nahe Pornic; Jessica verfolgte eine Berufsausbildung zur Köchin. Beide Schwestern arbeiteten somit im gastronomischen Sektor, widmeten sich mit Fleiß ihrer Ausbildung, standen stets früh auf, arbeiteten hart und versuchten, sich zu integrieren ohne zu rebellieren. Jedoch bestand daneben kein großes Interesse an Büchern oder Filmen. Die Kommunikation per Handy stellte eine der Hauptaktivitäten im Alltag der Jugendlichen dar.

Jablonkas *literarische Untersuchung* schildert nicht nur jene ‹Episode› der Ermordung, welche in der medialen Berichterstattung das ‹Eigentliche› des Falls bildete, sondern verfolgt eine Politik des Erzählens, welche auch die Geschichte einer beinahe ‹symmetrischen› Genealogie der Gewalt von Opfer- wie von Täterseite modelliert. So findet die oben erwähnte ‹problematische› Vergangenheit des Mörders ebenfalls Eingang in diese Real-Erzählung: Denn auch Tony Meilhons Mutter wurde von ihrem eigenen Vater vergewaltigt. Aus dieser Vergewaltigung ging ein erster Sohn hervor, Tonys Halbbruder. Nach erneuerter Heirat mit Jacques Meilhon würde sie drei weitere Kinder bekommen, darunter Tony. Auch im Falle des Täters wird der Leser mit einem gewalttätigen Alkoholiker als Vater konfrontiert, der den Jungen ebenso schlägt wie sein Stiefvater. Nach der Unterbringung in einem Kinderheim wird Tony straffällig und verbringt ab dem Alter von 15 Jahren mehrere Zeiträume im Gefängnis. Er wird zum Wiederholungstäter mit langem Vorstrafenregister. Zwei Gewalt-Genealogien bilden somit zentrale Achsen für die weiteren Recherchen des Texts, welcher in dieser Funktion auch einem testimonialen Schreiben zuzuordnen ist, das zugleich durch eine der Essayistik entlehnte Kommentarfunktion gesellschaftliche Räume kritisch in einem perspektivischen Wechsel subjektivierender Refokussierungen beleuchtet.

Der Text gliedert sich in 57 Kapitel, welche – jeweils mit Überschriften versehen – verschiedene Facetten und Schlaglichter auf die ‹eigentliche› Erzählung, die *histoire* der Tat werfen. So beginnt das Buch mit dem Kapitel «Jessica» und der Befragung der Schwester des Opfers durch das erzählende und kommentierende Ich und endet mit einem resümierenden Blick auf die Jahre der Beschäftigung mit dem Mordfall im epilogartigen Schlusskapitel «Nos années Laëtitia». Begleitet wird der Haupttext von einem Anhang, welcher die bei der Recherche herangezogene wissenschaftliche, journalistische und juristische Quellenliteratur über die verschiedenen für den Fall relevanten Themen wie «Gémellité», «Enfants abandonnés et placés», «Enseignement spécialisé» und andere gesellschaftliche Fragestellungen auflistet und auch geographisch und durch Kartenmaterial den genauen Tathergang für die Leserschaft nachvollziehbar macht.[155] Diese paratextuelle Begleitung des Texts untermauert komplementär zur Subjektivität seines essayistischen Stils dessen zweite Natur als Sachbuch, als *Littérature du réel*, ohne sich auf eine allein dokumentarisch-historiographische Funktion beschränken zu müssen. Sie fördert einerseits die Glaubwürdigkeit des Erzählten durch Dokumentieren der Quellenlage, andererseits regt sie einen vertiefenden Rezeptionsprozess durch die Leserschaft an, für welche die Auswahl dieser Referenztexte eine affirmative oder kritische Perspektive auf komplexe Thematiken wie Zwillingsforschung und Täterverhalten eröffnet. Dass es sich dennoch bei dieser *literarischen* Untersuchung nicht allein um ein reines Sachbuch handeln kann, wird bereits an einem zweiten paratextuellen Element deutlich. Denn dem Text ist ein der Philosophie entlehntes Zitat als Motto vorangestellt, welches wie der Untertitel des Buchs mit der doppelten Bedeutung des Lexems «Homme» im Französischen zwischen einer genderzentrierten und einer anthropologischen Fokussierung sowie mit dem Lateinischen «Laetitia» als dem Namen der titelgebenden Protagonistin des Erzählten, aber auch als abstraktem Begriff für einen positiven Gemütszustand spielt:

Laetitia est hominis transitio a minore ad majorem perfectionem.
La joie et le passage de l'homme d'une moindre perfection à une plus grande.
SPINOZA, *L'Éthique*.[156]

Dieses Zitat, eine der *Definitiones* aus dem dritten Teil von Baruch Spinozas *Ethik* mit dem Titel «De Origine et Natura Affectuum» weist mittels einer äußerst ambivalenten Möglichkeit der Bezugnahme auf den eigentlichen Text, auf dessen über eine kriminalgeschichtliche Untersuchung hinausgehenden Anspruch hin. Einerseits könnte «Laetitia» als Eigenname und «Homme» mit «Mann» übersetzt werden, und somit der Text auf Individualebene in seiner be-

---

155 Vgl. ebda., S. 421 ff.
156 Ebda., S. 7; vgl. zudem Spinoza, Baruch: *Éthique, démontrée suivant l'ordre géométrique et divisée en cinq parties*. Texte latin soigneusement revu traduction nouvelle, notice et notes par Ch. Appuhn. Paris: Garnier 1913, S. 380, dort: «La joie est le passage de l'homme d'une moindre à une plus grande perfection.»

wusstseinsfördernden Funktion für sexuelle und geschlechtsbezogene Gewalt durch ihr Erzählen gelesen werden.[157] Andererseits kommt auf Kollektivebene in der Rückbeziehung von «perfectio» auf das Lexem «Homme» im Sinne von «Mensch» eine gesellschaftskritische Funktion zum Vorschein, welche den Eigennahmen und damit den Mordfall als Hinweis auf eine Dysfunkionalität des Zusammenlebens heranzieht, welche behoben werden könnte («est hominis transitio»). Eine dritte Lesart bestünde in der Übersetzung des lateinischen «Laetita» tatsächlich mit «joie» im spinozistischen Sinne, indem es eben die Entfaltung dieses Gemütszustandes ist, welcher vielen der Figuren des Texts aufgrund von Lebenssituationen, ihrer Sozialisation und ihrem Heranwachsen verwehrt zu sein scheint, und welcher letztlich auch eine Entwicklung hemmt, die für ein gelungenes Zusammenleben nötig scheint. In jedem Fall insinuiert das Zitat als doppeldeutiges Motto bereits eine gewisse Literarizität des Texts und einen erzählerischen Anspruch jenseits bloßer Dokumentation und faktenorientierter Diskursivität.

Jablonka bedient sich beim Erzählen seiner jahrelangen Auseinandersetzung mit dem Mordfall dementsprechend eines zwar in weiten Teilen nüchternen, aber dennoch mit subjektiven Kommentaren zu seinen Recherchebemühungen und politischen Stellungnahmen gespickten Stils, welcher den Anspruch des Journalisten, Soziologen und Historikers auf Objektivität mit politischem Engagement, aber auch gefühlsbetonter Sprache verknüpft. Das Text-Ich ist von der eigenen Recherchetätigkeit emotional beeinflusst; es wird und muss daher seine Subjektstruktur durch eine zweite Textebene reflektieren, um durch einen essayistisch assoziierenden Stil seinen politischen Standpunkt als den Mordfall interpretierende Instanz deutlich zu markieren. Dieser Standpunkt detaillierter Sichtbarmachung liegt einem rein dokumentierenden, kurzatmigen Journalismus zu einem tagesaktuellen *Fait divers* fern, der letzteres aber dennoch zum Instrument einer Politik der Agitation und Vereinnahmung des Opfers wie des Täters durch Medien und politische Interessen werden lassen kann. Jablonka setzt dieser gewaltsamen und postmortalen Vereinnahmung eines Opfers durch Tagespolitik und Medien eine Politik der Sichtbarmachung durch Literatur entgegen, indem auch die Gewalt ‹unter der Oberfläche› und verschwiegene Gewaltformen Eingang in den Diskurs über eine

---

157 Wobei hier im Lateinischen selbstverständlich das genderspezifische «vir» den «Mann» bezeichnen würde. Eine Eindeutigkeit die im Französischen verloren geht und mit der Jablonka wie auch die deutsche Übersetzung von Claudia Hamm im Titel spielt; vgl. Jablonka, Ivan: *Laëtitia oder das Ende der Mannheit*. Aus dem Französischen von Claudia Hamm. Berlin: Matthes & Seitz 2019, wo allerdings das Spinoza-Zitat getreu dem Lateinischen übersetzt wird mit «Freude ist des Menschen Übergang von geringerer zu größerer Vollkommenheit.», ebda. S. 5.

‹Lokalmeldung› finden, welcher sich in seiner existentiellen Tiefenstruktur als *Fait social* durch eine ‹sensationalistische› Reduktion nicht erfassen lässt:

> Mais Laëtitia ne compte pas seulement pour sa mort. Sa vie aussi nous importe, parce qu'elle est un fait social. Elle incarne deux phénomènes plus grands qu'elle : la vulnérabilité des enfants et les violences subies par les femmes. Quand Laëtitia avait trois ans, son père a violé sa mère ; ensuite, son père d'accueil a agressé sa sœur ; elle-même n'a vécu que dix-huit ans. Ces drames nous rappellent que nous vivons dans un monde où les femmes se font injurier, harceler, frapper, violer, tuer. Un monde où les femmes ne sont pas complètement des êtres de droit. Un monde où les victimes répondent à la hargne et aux coups par un silence résigné. Un huis clos à l'issue duquel ce sont toujours les mêmes qui meurent.
> Il n'était pas programmé que Laëtitia, cette jeune fille radieuse aimée de tous, finisse comme un animal de boucherie. Mais, dès son enfance, elle a été déstabilisée, ballottée, négligée, accoutumée à vivre dans la peur, et ce long processus de fragilisation éclaire à la fois sa fin tragique et notre société tout entière.[158]

Anapher, Klimax und Hyperbel markieren in diesem Zitat aus der Einführung des Bandes einerseits klar eine Ausrichtung an rhetorisch aufgeladener und engagierter *écriture* durch den Appell an die Leserschaft in Form der ersten Person Plural. Andererseits wird durch die Betonung des Faktualen der Anspruch auf ein soziographisch-dokumentierendes Schreiben erhoben, welches eine persönlich-intime Reflexionsebene nicht ausschließt, die die Stimme des Ichs als deutlich markierte ‹intradiegetische› Instanz im geschilderten und erzählten gesellschaftlichen Raum verortet.

Jablonka positioniert durch die in der Literaturforschung betonte und bereits erwähnte Strategie *verdoppelter Sichtbarkeit* des Erzählers sein Schreiben zwischen den Polen rein politischen Engagements und allein dokumentarisch-faktenorientierter Analyse, aber deutlich gegenüber einer journalistischen Reduktion von Gewaltzusammenhängen auf das ‹Wesentliche› – also auf das Spektakel, dessen Sprache das obige Zitat nicht parodiert, aber implizit aufruft. Auch wird dort bereits ein Axiom des Texts eingeführt, welches in den bisher behandelten Formen des Schreibens über Gewaltformen in Frankreich lediglich indirekt vorkam und nicht derart klar benannt wurde. Die Darstellung einer Gewalt-Episode wird hier – noch deutlicher als dies beispielsweise in *Histoire de la violence* der Fall war – weniger in eine metonymische, denn klar synekdochische Beziehung zum gesellschaftlichen Raum überführt, indem eine Täter-Opfer-Beziehung nicht nur als ‹Exemplum› des Möglichen in diesem Raum dient, sondern auch nach den konkreten gesellschaftlichen Ermöglichungsbedingungen struktureller und physischer Gewalt fragt. Anders als die erzählte

---

158 Jablonka: *Laëtitia*, S. 11 f.

Vergewaltigungserfahrung in Louis' autobiographisch-autofiktionalem Text über eine traumatische Episode des eigenen Lebens und die dabei in den Fokus gerückten weiteren Gewaltformen von Rassismus und Homophobie, vollzieht sich Jablonkas Untersuchung einer Gewalt-Episode als Pars pro toto für gesamtgesellschaftliche Gewaltzusammenhänge; diesmal unter dem Paradigma klarer politischer Selbstverortung und Selbstkritik des Erzähler-Ichs über einen Zeitraum langjähriger Beobachtung an einem bestimmten geographischen Ort.

Die Untersuchung berücksichtigt nämlich auch den *sozialen* Ort, von dem aus gesprochen wird, indem die Erzählinstanz die sie selbst bestimmenden Faktoren von Gender, Sex und Herkunftsmilieu als essentielle Faktoren des Erzählens klar benennt. Der Autor Ivan Jablonka, Professor für Zeitgeschichte an der Université Paris XIII-Nord und Redaktionsleiter der Sammlung *La République des idées*, verortet sich als mit institutionalisiertem kulturellen und mit ymbolischem Kapital ausgestattete Stimme im gesellschaftlichen Raum. Anders als die bezüglich der *Histoire de la violence* erwähnte Problematik eines ‹Toten Winkels› der Eigenverortung mit der daraus resultierenden Gefahr einer monologisch interpretierenden Gewalt der Literatur, benennt die vom Mordfall berichtende und über die darin verwickelten Figuren erzählende Instanz in *Laëtitia* klar ihre Verantwortung beim Schreiben über Gewalt für die von ihr portraitierten Individuen. Gegenüber diesem von außen, aus dem Zentrum der Gesellschaft kommenden schriftstellerischen Interpreten ihrer Lebenswelt, bleiben nämlich viele der als Figuren im Text dargestellten *personae* wie Laëtitias Schwester Jessica misstrauisch und befangen. Der Grund dafür wird von der Erzählstimme gegen Ende des Texts empathisch in Form einer direkten Ansprache an Leser*innen, die sich von seinem beobachtenden ‹Eingreifen› in ihre Lebenswelt betroffen fühlen könnten, deutlich als eigene Form der Gewalt benannt, der es im literarischen Schreiben sensibel zu begegnen gilt:

> Mais ne suis-je pas moi-même un homme ? Plus qu'un mandarin breveté, je suis un écrivain en sciences sociales. Sortant de nulle part, je lance une enquête sur vous, sur les grands drames de votre vie, j'investis vos secrets, je rouvre vos blessures, j'interroge vos proches, je prétends expliquer la signification de votre existence. Or figurer dans un livre, s'y voir objectivé, disséqué, interprété, livré au public, c'est une forme de violence. Non seulement je suis un homme, mais je suis perçu comme une figure de l'autorité (le prof de fac poivre et sel, le Parisien, etc.).[159]

Zusätzlich zu dieser selbstreflektierten Verortung der Erzähl-Instanz als «Autoritätsfigur», welche im Gegensatz zu Autofiktion und Autobiographie zwar präsent bleibt, aber nicht im Zentrum des Erzählten steht, kommt auch eine Politik

---

[159] Ebda., S. 386f.

der Sichtbarmachung bezüglich des Grundes für den Erzählvorgang selbst zum Tragen. Die Erzählstimme verfolgt hier eine doppelte Politik der Rechtfertigung, indem sie sowohl sich selbst als auch ihr Erzählen als ausgleichende Bestandteile eines asymmetrisch geführten Diskurses darstellt. Denn die gesellschaftspolitische Aussagekraft des Mordes an einer Teenagerin als massenmedial wie politisch bisher unzureichend repräsentierter Gewaltzusammenhang wird nun durch das Korrektiv der Literatur hergestellt. Dies geschieht durch eine Erweiterung des Diskursraums um den *Fait divers* mittels biographischer Recherche, Historiographie und Sozialwissenschaften. Die Stimme des Täters und seine Aussagen werden dabei genauso einbezogen wie die Kommentare und Urteile der zuständigen Justizbehörden, aber auch jene von Medien und Politik über das Geschehen, in dessen «Epizentrum» der *Fait divers* als einer detaillierten Hermeneutik und Rekonstruktionsarbeit bedürftiges und aussagekräftiges Symptom für gesellschaftliche Zustände auch *de longue durée*, im historischen Zusammenhang, fungiert:

> Je voudrais montrer qu'un fait divers peut être analysé comme un objet d'histoire. Un fait divers n'est jamais un simple « fait », et il n'a rien de « divers ». Au contraire, certain état de la société : des familles disloquées, des souffrances d'enfant muettes, des jeunes entrés tôt dans la vie active, mais aussi le pays au début du XXIe siècle, la France de la pauvreté, des zones périurbaines, des inégalités sociales. On découvre les rouages de l'enquête, les transformations de l'institution judiciaire, le rôle des médias, le fonctionnement de l'exécutif, sa logique accusatoire comme sa rhétorique compassionnelle. Dans une société en mouvement, le fait divers est un épicentre.[160]

Eine Lokalnachricht gerät zu erzählter französischer Gegenwartsgeschichte mit ihren sozialen und politischen Verwerfungen und Krisen. Und wieder wird ein Frankreich abseits des Zentrums erzählerisch adressiert, dessen Repräsentation vom Erzähler als unzureichend, dessen Gewaltformen als unsichtbar und in ihren tieferen Zusammenhänge zu wenig beachtet empfunden werden. Jablonkas Text fragt nach dem Systemischen hinter dem Partikularen, wobei dieses Systemische in Form einer Suchbewegung auch nach dem Grad an Verantwortung der Politik, von Behörden der Justiz und der Erziehung für die Ermöglichungsbedingungen von Gewaltanwendung in Täter- und Opferbiographien *erzählerisch* forscht. In diesem Kontext wird auch die opportunistische Instrumentalisierung eines Mordes detailliert anhand der politischen und medialen Reaktionen auf diesen Fall, welche von der Sprache des Sensationsjournalismus in die hyperbolische Tonlage des politischen Aktionismus umschlagen, als

---

160 Ebda., S. 11.

Bestandteil des *récit* in die Diegese integriert und eine Metaebene des Diskurses über den Diskurs des Mordfalls eingeführt.[161]

Das Text-Ich wählt mit seinem politisch-emotionalen, aber auch um Detailreichtum und ‹Faktentreue› bemühten Erzählen daher den Weg einer klaren Standpunktbenennung gesellschaftskritischer Art, welche in Form subjektivierender Kommentare eine deiktische Funktion bezüglich jener sozialen Zusammenhänge gewinnt, die sowohl für das Opfer wie für den Täter bestimmend gewesen sind, in der Darstellung des medialen Diskurses jedoch nicht oder kaum Erwähnung fanden. Hier liegt der Grund für das erwähnte Schwanken von Jablonkas *écriture* über jüngste geschichtliche Ereignisse, welche kein ‹reines› Sachbuch produzieren will, da es allein die essayistische, anklagend-politische, bisweilen auch persönlich-biographische Perspektivierung ist, welche den Zusammenhang von Systemkritik, verzerrendem Metadiskurs und individueller Tragik fassbar werden lässt. Das Politische dieser Art Literatur liegt in der Verknüpfung eines Informationsauftrags des Buchs gegenüber einer interessierten Leserschaft mit der Suche nach erzählerischer und gesellschaftlicher Sichtbarmachung eines Opfers nicht nur als Figur, sondern als Persönlichkeit, aber auch in der Komplexität der ihrer Leidensgeschichte zugrundeliegenden tieferen Gewaltformen sozialer und kultureller Natur.

So sind es einerseits die familiären Biographien und sozialen Chronologien der beiden ‹Hauptfiguren› Laetitia und Tony, die neben ausführlichen Portraits anderer beteiligter ‹Figuren› und ihrer Rollen innerhalb dieser tragischen Geschichte akribisch für den Leser dargelegt werden und welche in dieser Ausführlichkeit in journalistischen Darstellungen nicht beschrieben werden konnten.[162] Hierbei zeichnet sich eine Genealogie körperlicher und sexueller Gewalt ab, die sich in einem Milieu, welches durch ökonomische Prekarität, Machismo, Alkoholismus und Depression geprägt ist, über die Leben von Tony und Laëtitia hinaus von Generation zu Generation fortsetzt. Wie bei Didier Eribon, Édouard Louis und Nicolas Mathieu liegt erneut die Bourdieu'sche Frage nach der Vererbbarkeit von Milieustrukturen dem Enjeu von Jablonkas Dokumentation zugrunde.

Doch der Autor bleibt andererseits – wie erwähnt – nicht bei dieser dokumentarischen Funktion soziologischen Schreibens stehen, sondern ergänzt aus der Ich-Perspektive einer plastisch hervortretenden Erzählerstimme das Dargestellte um

---

161 Vgl. ebda.,105 ff., S. 355 ff. u. *passim*.
162 Vgl. neben den Portraits des Opfers (Kap. 25, 33, 56) und des Täters (Kap. 22) die Darstellungen der leiblichen Eltern (Kap. 3, 5), der Pflegeeltern (Kap. 15 u. 17), der Geschwister (Kap. 2) in jeweils eigenen Kapiteln, zudem die ‹Vorstellung› der Nebenfiguren und Zeugen, der Kollegen und Freunde in Laëtitias Lebensumfeld sowie die Paraphrase ihrer Aussagen im Kapitel «La scène d'absence», ebda., S. 20–25.

die Dimension des Gesellschaftspolitischen von Gewaltzusammenhängen. Es sind dabei verschiedene Formen der Gewalt – die Gewalt des Mordes, der Missbrauch des Pflegevaters an der Schwester, die Gewalt medialer Verzerrung des Geschehenen und zuletzt sogar diejenige einer politischen Instrumentalisierung –, welche in einem Verbrechen zusammenlaufen und die alle eine Gemeinsamkeit aufweisen: Sie sind klar patriarchalisch konnotiert, aber bei weitem nicht von gleicher Sichtbarkeit im gesellschaftlichen Diskurs. Aus dem *Fait divers* ‹Laëtitia› wird somit eine tief in der französischen Gesellschaft verankerte Genealogie der Gewalt abgeleitet – jene eines ‹ewigen Patriarchats› in mehrfacher Hinsicht als eine den gesamten gesellschaftlichen Raum umfassende Gewaltkonstellation. Die ‹Gewalt des Mannes über die Frau› moralischer, politischer wie physischer Art reproduziere sich dabei als *binärer Gender-Macht-Komplex* neben und mit den Milieustrukturen auch im 21. Jahrhunderts von der Familie bis zur großen Politik. Diesen Macht-Komplex sieht der Erzähler in den vier männlichen ‹Hauptfiguren› im Fall Laëtitia (Vater, Pflegevater, Mörder und Staatspräsident) verkörpert:

> L'affaire Laëtitia révèle le spectre des masculinités dévoyées au XXIe siècle, des tyrannies mâles, des paternités difformes, le patriarcat qui n'en finit pas de mourir : le père alcoolique, les Nerveux, histrion exubérant et sentimental ; le cochon paternel, le pervers au regard franc, le Père-la-Morale qui vous tripote dans les coins ; le caïd toxico, hâbleur, possessif, Celui-qui-ne-sera-jamais-père, le grand frère qui exécute à mains nues ; le Chef, l'homme au sceptre, président, décideur, puissance invitante. Delirium tremens, vice onctueux, explosion meurtrière, criminopopulisme : quatre cultures, quatre corruptions viriles, quatre manières d'héroïser la violence.
>
> Mais, dira-t'on, on ne peut raisonnablement soutenir que Meilhon égale Patron [Laëtitias Pflegevater, ML] égale Sarkozy. Bien sûr. Je parle de la violence de *chacun dans son domaine*.[163]

Wiederum in einer Klimax vom mikro- ins makrosoziale und politische Umfeld gehend verknüpft diese Accumulatio eine ‹toxische Männlichkeit› milieuübergreifend und doch milieuspezifisch, im Verhältnis zu der der Mordfall Laëtitia und das daraus folgende Handeln von Seiten des politischen Machtzentrums eine Symptomatik dysfunktionalen Zusammenlebens offenbaren. Im Zitat dient das rhetorische Mittel der Prokatalepsis («Mais, dira-t'on ... ») wiederum der politischen Stellungnahme auf emphatisch-subjektiver Grundlage, um das diskursiv scheinbar Unvereinbare thetisch in einen Zusammenhang zu bringen, welcher unterschiedliche Gewaltarten in unterschiedlichen Feldern vergleichbar machen soll.

Was paratextuell im Anhang durch Angabe der verwendeten wissenschaftlichen Quellen und Studien im Raum des Analytischen bleibt, findet in der Nacherzählung des Mordfalls zu einer Synthese, die im Raum des Litera-

---

163 Ebda., S. 385f.

risch-Essayistischen zugleich politisch wirken soll. Die in starker Rhetorisierung und dem Gestus der Provokation vorgetragene Verknüpfung patriarchaler Macht- und Gewaltausübung auf allen Ebenen wird zudem in eine zeitliche Dimension der Kontinuität gestellt, welche die Statik dieser hier kritisierten Gesellschaftsordnung anprangert. Letztere wird im Text durch eine doppelte Strategie in ihrer dysfunktionalen Konvivenz bloßgestellt: einerseits durch die Rekonstruktions- und Recherchearbeit am Mordfall, andererseits in Form der zugespitzten, mit rhetorischen Mitteln ‹gewürzten› und ins Anklagende gehenden Kommentierung. Wiederum politisch klar positioniert werden sowohl staatliche wie juristische Institutionen auf ihr Handeln hinterfragt und teilweise vor der Anklage der zentralistischen Exekutive – verkörpert durch die populistischen Beschuldigungen des französischen Staatspräsidenten gegen die Judikative – in Schutz genommen. Die Kommentarfunktion der Erzählerstimme dient daher trotz leidenschaftlicher Emphase nicht so sehr einer Betroffenheitsprosa, denn vielmehr als textuelle Instanz einer reflektierten Verknüpfung mehrerer Diskurse, die über die Zeit- und Raumebene des Kerngeschehens – des Mordes und seiner Untersuchung – hinaus den gesellschaftlichen Raum Frankreich in Form seiner Medien, Politik und überregionalen Institutionen in den Vordergrund rückt.

Doch es kommt noch eine dritte Dimension neben der gesellschaftsanalytischen und essayistisch-politischen in der von Jablonka verfolgten Erzählstrategie über Gewalt hinzu, welche diese Verknüpfungstätigkeit über den Rahmen des Gegenwärtigen hinaushebt und wiederum mit einer symbolischen Repräsentation von Gewalt im Kontext des Geschichtlichen zu tun hat. Ebenso wie die Darstellung der Familiengenealogien der beteiligten Figuren dient diese Dimension einer vertiefenden Frage nach der Entstehung von Gewalt über symbolische Genealogien historischer wie mythologischer Art, die den Diskursraum Frankreich und seine ‹Unterräume› weit über die Zeit des beginnenden 21. Jahrhunderts zu einer kritischen Hintergrundfolie eines in seiner spezifischen Struktur analysierten kriminellen Ereignisses werden lassen. So wird die Frage nach der Gewalt in der Ehe als zu wenig thematisierte Form der Gewalt – wie sie die Lebenswelt der Elterngeneration von Laëtita und ihrem Mörder, aber auch das Verhältnis des letzteren zu Frauen allgemein prägte – auch hinsichtlich ihrer historischen Verankerung in der französischen Rechtsgeschichte thematisiert:

> Sous l'Ancien Régime et au XIXe siècle, les violences sexuelles bénéficiaient d'une grande indulgence. L'homme n'a fait qu'exprimer son désir, la femme l'a provoqué. Ce renversement de culpabilité procède d'un jugement de valeur qui subordonne le sexe « faible » au sexe fort, les « moitiés » aux êtres complets. Au sein du couple, la notion même de violence sexuelle est impensable. D'après le Code civil napoléonien, la femme doit « obéis-

sance à son mari ». Il est entendu que les besoins sexuels du mari doivent trouver un exutoire. Le rapport sexuel qu'il impose, lors de la nuit de noces, à sa jeune épouse vierge et ignorante est un passage obligé. La violence fait partie des droits de l'homme.[164]

Jablonkas sarkastische, aber um historische Faktizität bemühte Feststellung einer «großen Nachsicht gegenüber Formen sexueller Gewalt» innerhalb der französischen Geschichte – insbesondere solange sie durch das Sakrament der Ehe gerechtfertigt werden – wird jedoch nicht als historiographische Schilderung einer vergangenen ‹Realität› französischer Rechtsgeschichte der empörten Reaktion einer impliziten, den emanzipierten Werten des 21. Jahrhunderts verpflichteten Leserschaft anheimgestellt. Vielmehr suggeriert der anschließende Vergleich mit der zu Beginn des 21. Jahrhunderts aktuellen Gesetzeslage in Frankreich, welcher mit soziologischen Daten zu häuslicher Gewalt im Jahr 2000 und den von ihr besonders betroffenen Gruppen unterfüttert ist, die Kontinuität und Gegenwärtigkeit dieser vermeintlich historisch gewordenen, asymmetrischen Geschlechter-Beziehung, welche sich in häuslicher Gewalt niederschlägt. Dabei wird ‹die› Gewalt in der Ehe in ihren Nuancierungen adressiert und als Bestandteil einer klassen- und milieuübergreifenden Lebenswirklichkeit dargelegt, welche in sich selbst nach wie vor in weiten Teilen patriarchalen Mustern folgt.[165]

In einem letzten Schritt nach der zunächst historisch zurückverfolgten, dann mit Daten der Gegenwart unterfütterten Situationsbeschreibung erfolgt schließlich der Rückbezug auf den Fall Laëtitia Perrais. Diesen epistemologischen Sprung vom Allgemeinen ins Besondere, von einer allgemeinen juristischen und soziographischen Skizze des Phänomens der Gewalt in der Ehe, wie sie sich im gesellschaftlichen Raum Frankreich stellt, leitet eine Frage ein: Es wird die Verantwortlichkeit von Laëtitias leiblichem Vater als früher Ursache einer fatalen Kausalitätskette zur Debatte gestellt, welche dessen Verhalten gegenüber Laëtitias Mutter, Sylvie Larcher, als Puzzleteil eines generationenübergreifenden zerstörerischen Handelns *en longue durée* begreift, dessen Opfer nicht nur letztere, sondern schließlich auch die eigene Tochter werden sollte. Sylvie Larchers jahrelange Misshandlung durch den Ehemann, welche unter anderem zum Entzug des Sorgerechts für die beiden Töchter Laëtita und Jessica führte, verknüpft sich mit der Frage nach der biographischen Kontinuität eines Verfügungs- und Gewaltverhältnisses des Mannes über die Frau als genealogischer Problematik. Letztlich wird hierdurch eine sowohl psychologisch wie soziologisch schwer zu beweisende, aber durch diese argumentativ unterfütterte Kontinuitätsbehauptung zu diskutierende Verknüpfung auf den ersten Blick unterschiedlicher Gewaltformen *symbolisch-patriarchaler, struk-*

---

164 Ebda., S. 32.
165 Vgl. ebda., S. 32f.

turell-institutionalisiert-patriarchaler und *familiär-patriarchaler* Verfügung über die Frau zur Debatte gestellt. Eine genderspezifische Täter-Opfer-Beziehung verbindet so die Tatbestände des sexuellen Missbrauchs Jessicas durch den Pflegevater sowie die Vergewaltigung und den Mord an Laëtitia mit einer unter der gesellschaftlichen Oberfläche verankerten *Kultur* intrafamiliärer Gewalt, welche immer wieder relativiert wird und damit die Geschlechterrollen mit bestimmt:

> À quel point Franck Perrais a-t-il abîmé la mère de ses filles ? Sylvie Larcher a subi une espèce de mort psychique. D'autres femmes ont rencontré la mort tout court. En France, elles sont plus de cent par an : mères de famille étranglées ou abattues au fusil, ex-conjointes tuées à coups de poing après avoir été la cible de dizaines de textos injurieux envoyés à toute heure de jour et e la nuit, femmes poignardées pour avoir refusé une relation sexuelle.[166]

Sowohl eine allgemeine historische Genealogie staatlich wie juristisch ignorierter, patriarchal-sexueller Gewaltausübung gegen die eigene Ehefrau als auch eine individuelle Fokussierung auf die männlich-sexuelle Gewalt im Hintergrund des Mordfalls gewinnen durch Assoziationen der Geschehnisse mit Motiven aus der französischen Geschichte und Rechtsgeschichte eine gewichtigere Dimension im Diskurs über den *Fait divers*, welche sich aus der Reflexion historischer, juristischer und soziologischer Fakten speist.

Die Inanspruchnahme dieser Wissenschaften führt das erzählende Ich über die Genealogie sexuell-patriarchaler Gewalt gegen Frauen darüber hinaus zu einer weiteren Form der Gewalt, welche bereits im ersten Kapitel dieser Studie diskutiert wurde. Es handelt sich um die symbolische Gewalt geschichtlicher Groß-Narrative, welche hier jedoch weniger als affirmierte National-Erzählung, denn als Kultur der Gewalt des Zentrums gegen dessen Peripherie durch assoziative Anspielung für die Leserschaft heraufbeschworen wird. Anspielungen auf die blutige Niederschlagung des Aufstands der Landbevölkerung in der *Guerre de Vendée* untermauern einen historischen Referenzbezug jenseits der Tagesaktualität eines *Fait divers* an ebenjenem Ort, wo auch die Recherche des Erzähler-Ichs beginnt – dem Anwaltsbüro, in dem der Erzähler Laëtitias Schwester Jessica befragt.[167]

---

[166] Ebda., S. 33.
[167] Vgl. ebda., S. 16. Zu diesem von einigen Historikern als «Genozid» qualifizierten Verbrechen als dunkler Seite der Französischen Revolution vgl. Tilly, Charles: *The Vendée, a Sociological Analysis of the Counter Revolution of 1793.* Cambridge MA: Harvard UP 1964; Secher, Reynald: *Le génocide franco-français. La Vendée-Vengé.* Paris: Perrin 1992; sowie Lenne, Guy-Marie: *Les réfugiés des guerres de Vendée. 1793–1796.* La Crèche: Geste Édition 2003.

Diese für die Leserschaft zunächst unklare Assoziation des Erzählers verweist auf eine historische und gleichzeitig politische Tiefendimension der Gewalt eines politischen Zentrums – damals der republikanischen Revolutionstruppen gegen die einfache Landbevölkerung –, welche den Universalismus und die Werte der französischen Republik im Moment ihres Entstehens affizierte. Der Krieg in der Vendée wird vom Historiker Jablonka aus einer Situation eigener Recherche weniger historischer als tagesaktuell-journalistischer Art hinterfragt. Das Ertränken aufständischer Männer, Frauen und Kinder in der Loire eröffnet im Text von Anfang an einen Reflexionsraum, der die Frage nach der Gewalt gemeinsam mit jener nach Politik, einer zentralistisch agierenden Politik, stellt. Die Spannung zwischen dem Ort der Handlung, der *France périphérique* um die Metropol-Region Nantes und dem politischen, juristischen wie auch medialen Zentrum Paris ist hier als mögliches Interpretament mit historischer Tiefe bereits angedeutet. Doch auch eine nationalmythologische Dimension im Sinne historischer Revolutionsnarrative bildet einen Reflexionsraum für andere Mythen tagesaktueller Natur, der *Faits divers*, welcher den recherchierten Fakten einerseits wiederum überzeitliche Strukturen abzugewinnen versucht, andererseits aber auch individuelles Erleben, das Leben und Sterben eines Individuums, vor der Vereinnahmung durch eine kollektivierende und pauschalisierende mediale wie politische Diskursivität zu schützen versucht.[168]

Das politische Zentrum der Metropole bemächtigte sich des *Fait divers* der ‹Provinz› als mythologisch, entlang archetypischer Achsen strukturierter Erzählung ländlicher Barbarei und Rückständigkeit, um als interpretierende und politisch verantwortliche Instanz Macht über Deutung und Handeln hinsichtlich eines Versagens staatlicher Institutionen zu behalten. Jablonkas interpretierende Erzählung wird demgegenüber zur Stimme der Peripherie. Der politische Ton seiner *écriture* richtet sich gegen die Politik der populistisch agierenden Exekutive in diesem speziellen Mordfall, also gegen Politik im engeren Sinne. Denn der strafrechtliche Aktionismus des damaligen Staatspräsidenten Sarkozy gegenüber Wiederholungstätern instrumentalisierte einen Diskurs über das Versagen der regionalen Justizbehörden, welcher jedoch die eigentlichen strukturellen Formen der Gewalt verdeckte, die dem Mordfall zugrunde lagen. Wieder steht der symbolische Raum des Nationalen im Streit zwischen Exekutive und Judikative in Verbindung mit einem partikulären und strukturellen Gewaltgeschehen, welches von diesem vereinnahmt und damit unsichtbar zu werden droht. Dabei entsteht

---

[168] Diese Verbindung historischer Revolutions-‹Mythen› mit der ‹Mythologie› der *Faits divers* verweist wiederum auf Roland Barthes und seinen berühmten Text zum Dreifach-Mord der *Affaire Dominici*; vgl. Barthes, Roland: Dominici ou le triomphe de la Littérature. In ders.: *Mythologies*. Paris: Seuil 1957, S. 53–56.

eine Binomie aus ‹Gut› und ‹Böse›, aus ‹Unschuld› und ‹Monstrosität›, welche letztlich eine jakobinische Hierarchie der Unkultur und Zivilisationslosigkeit als mögliche Perspektivierung anbietet, die vom Zentrum und dem Staatspräsidenten als einfühlsamem «Menschenretter» reguliert werden kann:

> Un fait divers, une intervention publique. À chaque crime, sa loi. Un meurtre vient « prouver » les failles du système pénal existant ; la loi qui y fait suite doit « couvrir » tous les crimes à venir. Plus qu'en hyper-président, Nicolas Sarkozy se voit en sauveur. [...] En s'emparant des faits divers avec l'énergie et le volontarisme qui ont fait son succès, Nicolas Sarkozy a eu un rôle décisif dans leur mise en lumière et leur mise en récit, dans leur interprétation, leur amplification, leur démesure. [...]Un fait divers suppose un coupable. Un fait divers horrible exige un monstre. Un monstre doit être enfermé. Ce simplisme d'analyse traduit un mouvement de fond dans notre société : la nécessité d'assigner à tout crime, à toute maladie, un responsable sur lequel dériver sa colère. La flétrissure du coupable va de pair à l'élévation de la victime : elle est d'autant plus innocente qu'il est abject.[169]

Dieser Auszug einer diskursiven Passage aus dem Kapitel «Un ‹délinquant sexuel multirécidiviste›» / «Ein ‹mehrfach rückfälliger Sexualstraftäter›» erklärt, warum auch die narrativen Passagen vonnöten sind, um ein derart politisches und anklagendes Schreiben zu rechtfertigen. Der Union zweier symbolisch-struktureller Gewaltformen – der Gewalt der Medien als interpretierenden Vermittlern und ihrer Instrumentalisierung durch die Gewalt der Politik – entspringt eine simplifizierende Täter-Opfer-Binarität, welcher allein durch Erzählung von Zeitlichkeit begegnet werden kann. Dieses Problem eines «mythe intermédiaire», eines «vermittelnden Mythos» in Form der «transparence et l'universalité du langage», der «Transparenz und Universalität der Sprache» der Gerichte und der Politik, wie auch jener der Opfer, Täter und eben auch Medien, wurde bereits von Roland Barthes bezüglich des *Fait divers* der *Affaire Dominici* dargestellt und findet sich wieder in der von Jablonka beklagten ‹Aufarbeitung› der *Affaire Laëtitia* durch eine nur vermeintlich bestehende Klarheit und Transparenz des Diskurses.[170]

Der am *Fait divers* Beteiligte wird als vermeintliches Subjekt zum Objekt, zum essenzialisierten ewigen Täter oder aber zum ‹typischen› Opfer. Allein das erzählende Erfassen von Zeitlichkeit in einer *Littérature du déchirement*, einer *Literatur der Zerrissenheit*, kann laut Barthes entgegen dieser Verknüpfung von urteilenden Beschreibungen in der Sprache des Diskurses, der *Littérature de réplétion*, der *Sättigungsliteratur*, Dimensionen einer Tragik erfassen. Eine solche Literatur der Zerrissenheit erweitert die vereinfachende Verortung von ‹monströsem Täter› und ‹engelsgleichem Opfer› einer massenmedial vermittelten ‹Moral› um zahlreiche Dimensionen des Tragischen, deren Kategorisierung nicht nach manichäischen

---

169 Jablonka: *Laëtitia*, S. 141f.
170 Vgl. Barthes: Dominici ou le triomphe de la Littérature, S. 55.

Begriffen geschehen kann.[171] Das Faktum beispielsweise, dass es sich bei der ermordeten Laetitia und ihrer Schwester Jessica um Zwillinge handelt, wird vom Erzähler in besonderem Maße betont und implizit mit literaturhistorischen und mythologischen Motiven des Verlusts eines Geschwisterteils in Verbindung gebracht, indem die Besonderheit der geschwisterlichen Beziehung von Zwillingen auch paratextuell erläutert wird.[172] Dieses Faktum findet jedoch in der politischen und medialen Stilisierung dieses auf den Opferstatus reduzierten Lebens keinen Widerhall. Ebenso wenig wird dort der versuchte Bruch Laëtitias mit archaischen Zwängen männlichen Besitzdenkens und autoritärer Sexualität sowie ihre Ablehnung jeglichen Kontrollverlusts durch Drogenkonsum dargestellt. Diese Darstellung ist insofern wichtig, als dass jenes vermeintlich ‹typische Opfer› weniger durch seine Biographie als solches prädestiniert ist, denn vielmehr als selbstbestimmte Persönlichkeit archaischen Gewaltformen weitergehender Natur anheimfiel.[173] Der mythisch-binären Struktur der Faits divers mit ihrem Gut-Böse-Schematismus wird erzählerisch mit einer an die antike Tragödie erinnernden Zuspitzung auf das freie, aber ausgelieferte Individuum begegnet.

Dafür erfolgt auch eine Auseinandersetzung mit der Täterperspektive anhand der dokumentarisch dargelegten, aber auf ihren tragischen Gehalt hin analysierten Familienstrukturen. Die Täterperspektive wird zwar nicht eingenommen, aber zumindest in Ansätzen erzählerisch repräsentiert, um auch hier tiefere Strukturen der Gewalt gegenüber dem schematischen ‹Bösen› sichtbar zu machen. Diese Strukturen umfassen ödipale Verwicklungen sowie Meilhons Aggressionen gegen Großeltern, Eltern und Stiefeltern, aber auch Übergriffe dieser Eltern untereinander. Sie werden weniger psychologisch als in ihrer fatalen Logik erfasst, wie sie literaturtheoretisch dem Funktionieren nicht nur klassischer Tragödien zu eigen ist. Der Hass Meilhons auf den neuen Lebensgefährten der Mutter sowie die letztlich abwesende Mutter- wie Vaterfigur, aber auch das Abgleiten des Jungen in die Kriminalität lassen eine Lebenswirklichkeit plastisch werden, die zwar im faktualen Modus aufbereitet ist und erzählt wird, jedoch durch die detaillierte Schilderung von Lebensalltag und Situationen aus den Biographien der Figuren eine beinahe dramatische Strukturierung gewinnt.

Dadurch werden aus den medialen ‹Typen› der Faits divers, den Opfer- und Täterfiguren, fatal handelnde Persönlichkeiten, die jedoch nicht zu determinierten Akteur*innen ihres Milieus verkommen. Dies wird bezüglich der Täterfigur besonders im Kapitel «Du criminel comme être humain» («Vom Verbrecher als Mensch»)

---

[171] Ebda., S. 56.
[172] Vgl. ebda., S. 58 f. sowie die Sachbibliographie im Anhang von Jablonka: Laëtitia, S. 421.
[173] Vgl. ebda, S. 361 ff.

relevant, da Tony Meilhon im medialen Diskus allein als kleinkrimineller Wiederholungstäter oder aber Sexualstraftäter stilisiert wird, welcher letztlich als ‹Essenz› bereits in sich den Keim zu einem größeren Verbrechen trug.[174] Dagegen werden im erzählten Portrait dieser Figur immer wieder auch Wahlmöglichkeiten offenbar welche einerseits weit über eine kleinkriminelle Energie hinausgehen, von Hass auf Frauen und der Orientierung an gewalttätigen Männerfiguren erzählen, doch auch eine gewissen Willensfreiheit bezüglich möglicher eigener, aber gescheiterter alternativer Identitätsentwürfe offen lassen. Fatale Koinzidenz der Umstände, ein das Verhältnis zur Mutter begründender inzestuöser Akt einer Vergewaltigung, der wiederum deren eigene Biographie prägte, aber auch individuelle Lebensentwürfe werden durch ihre Nachwirkungen und ihr Scheitern zu tragischen Nebenhandlungen, welche die Kernerzählung um die Täterfigur umgeben:

> Entrer dans la tête de Meilhon, faire remonter ses souvenirs d'enfance, arpenter les lieux de sa jeunesse, comprendre sa relation avec sa mère : pour élucider un crime inhumain, les enquêteurs doivent plonger dans l'humanité du criminel.
>
> *
>
> Tony Meilhon est né en 1979. Sa mère a été violée à l'âge de quinze ans par son propre père : ce viol est né un garçon, le demi-frère aîné de Tony.[...] L'inceste est fondateur dans sa famille, et la loi qui le proscrit est d'emblée transgressée. Soit la loi a raison et sa famille est monstrueuse ; soit sa famille l'emporte et la loi n'est rien.
>
> La mère se marie avec Jacques Meilhon avec qui elle a trois enfants : un garçon, une fille et Tony. Le mari, qui a reconnu l'enfant de l'inceste, le fainéant, alcoolique, violent, maladivement jaloux. Lors de ses crises, il bat sa femme et les enfants, sauf Tony, parce qu'il est le petit dernier et qu'il lui ressemble.[175]

An dieser und weiteren Textstellen wird in Jablonkas zwischen Diskurs und Narration schwankendem Hybridtext eine Genealogie der Gewalt am Individuum als handelnder Figur in einem von Gesetzen geregelten öffentlichen Raum offensichtlich. Letztere sind aufgrund kontingenter, aber kausal zusammenhängender Umstände außer Kraft gesetzt, ohne dass dabei das Individuum gänzlich als Täter in seinem Milieu aufgelöst würde. Vielmehr wird Tony Meilhon in seiner Menschlichkeit, also in seinem von Fatalität geprägten individuellen Lebensweg erfasst.

Die durch journalistische Recherche detailgetreue und akribische Modellierung der dargestellten ‹Figuren› lässt sie sprachlich zu Charakteren und Persönlichkeiten werden, um sie den pauschalisierenden Typenzuschreibungen wie ‹minderjähriges weibliches Opfer›, ‹männlicher Triebtäter›, ‹alkoholkran-

---

[174] Auch hier bedient sich der Text wieder einer historischen Perspektivierung der Figur des Wiederholungstäters aus rechts- und religionsgeschichtlicher Perspektive vgl. ebda., S. 146 f.
[175] Ebda., S. 175 f.

ker Vater› zu entreißen und damit ein Gegengewicht zu deren Instrumentalisierbarkeit durch die medialen wie politischen Akteure im Feld der Literatur zu bilden. Jablonkas an sich schon mediale wie politische Diskurse kritisch hinterfragender und kommentierender Text fungiert so zugleich als intertextueller und literarischer ‹Katalysator› vertiefender Rezeptionsprozesse und wird damit zum literarischen Knotenpunkt von Fachwissen und populärwissenschaftlichen Diskursen. Diese textstrukturelle und stilistische Entscheidung deutet auf das politische Engagement eines Texts hin, welcher mit der Grenze zur Literarizität spielt. Er möchte einerseits nicht die als gesellschaftlich relevant codierten Marker des Qualitätsjournalismus und der wissenschaftlichen Recherche aufgeben, andererseits aber auch deren Begrenztheit bloßstellen, sobald aus einer individualisierten Perspektive kollektive Diskurse und Biographie aufeinanderprallen. Durch diese Strategie des faktual-literarischen Erzählens von Gewalt entgeht der Text seinerseits jener Gefahr einer ideologischen Instrumentalisierung einiger seiner inhaltlichen, sprachlichen und terminologischen Annahmen, indem er wiederum selbst keine monologische Gewaltperspektive auf ein referentialisierbares Ereignis reproduziert.

Inhaltlich kommt es daher im Text bei der Darstellung der Gewalt trotz einer Konzentration auf das Leiden des Opfers weniger auf die Grausamkeit des Femizids selbst als auf dessen gesellschaftliche Einbettung in ein Netz aus Verschleierungstaktiken und massenmedialer Verzerrung an, welche auch als Diskursstrategien entlarvt werden. An diesem auf den ersten Blick zwar tragischen, jedoch keinesfalls ungewöhnlichen Mord sexualpathologischer Natur an einem jungen Mädchen durch einen gesellschaftlichen männlichen Außenseiter rückt dementsprechend auch nicht der Mord-Akt und die Darstellung dieser Form direkter körperlicher Gewalt selbst in den Fokus. Wie bei den anderen in diesem Kapitel dargestellten Texten zu den Gewaltformen in weniger sichtbaren Bereichen des gesellschaftlichen Raums geht es um deren Zusammenhänge mit weiteren Gewaltformen, welche ihren Ausgangspunkt nur dem Anschein nach individueller Natur sind.

Im Falle von *Laëtitia*, oder *Dem Ende der Mannheit*, so die deutsche Übersetzung des Untertitels, erscheinen in einem weiter gefassten Modell des sozialen Raums ‹Frankreich›, in den ihn prägenden Milieus der unteren und mittleren Schichten bis hin zu den Milieus der Politik des Zentrums, jene diesen Raum mehr oder weniger stark gestaltenden kulturellen und symbolischen Muster einer geschlechterspezifischen Gewalt. Der Autor selbst beschrieb in einem studentischen Interview für die Homepage der *Université Paris XIII* seine Beweggründe für das Verfassen seiner literarischen Untersuchung und das darin gestaltete Bild eines Teils der französischen Gesellschaft als «univers de violence et de maltraitance», welches von intragenerationaler wie intergenerationaler Gewalt geradezu durchdrungen sei.[176] Dies ist insofern frappierend, als dass Laëtitias scheinbar ‹normale› *Millennial*-Jugend, welche in den Bereichen digitaler Kommunikation und Selbst-Darstellung sowie in Sachen modischer Präferenzen in nichts verschieden ist zu den adoleszenten Lebenswelten anderer Jugendlicher, das Vorhandensein dieser tief verwurzelten Gewalt-Strukturen sowohl in der medialen wie politischen Darstellung des Falls überdeckt hat.

Jablonka bemüht sich jedoch noch aus einem anderen Grund um die Sicht des Historikers, genauer des Sozialhistorikers als Erklärer eines Dramas, als ὑποκριτής, also um eine gesellschaftskritische und natürlich weniger kathartische Perspektive, welche als Korrektiv auch auf die *Hypokrisie* sogenannter ‹Lokalnachrichten› der Tagesaktualität angewendet werden könnte. Im vorletzten Kapitel des Bandes «Laëtitia, c'est moi» («Ich bin Laëtitia») verweist der Erzähler mittels einer kurzen Referenz auf ein Zitat des Nobelpreisträgers Patrick Modiano auf eine weitere Funktion seiner *écriture*, welche vor allem mit derjenigen des Roman-Genres, mit Lyrik und Bildender Kunst verbunden wird: Es ist die Ent-Banalisierung des Alltäglichen, hier einer zwar zum Glück nicht alltäglichen, aber doch im medialen Diskurs verwischten und relativierten Form mörderischer Gewalt und ihre Struktur als *Fait divers*, welche die Möglichkeiten sozialhistorischen Schreibens hinsichtlich der Darstellung einer unsichtbaren Dysfunktionalität des Zusammenlebens offenbart, die über die Lebenszeit des Opfers hinaus bestand und bestehen wird.[177] Jablonkas Text stellt nicht nur einen kritischen Kommentar zu einem in Politik und Medien scheinbar ‹durchdeklinierten› Verbrechen dar, sondern rückt durch Narration die Repräsentationen des Partikularen in einen allgemeinen Zusammenhang. Er gesteht diesem Partikular-Existentiellen historische, gesellschaftliche und ethische Relevanz zu. Das Interessante ist, dass dadurch von einem Historiker der antike, die Mimesis betreffende Wettstreit zwischen Historie und Dichtkunst, zwischen Partikularem und Universellem, auf gänzlich andere Weise erneut zur Debatte gestellt wurde.[178]

Die ermordete Laëtita, der τράγος eines existentiellen Gewaltdramas, mag ‹geschichtlich› nicht von Bedeutung sein, jedoch zeigt sich (neben der diskurs- und sozialkritischen Dimension) eine allgemein existentielle Tragik gerade an

---

[176] Interview der Online-Redaktion der Université Sorbonne Paris Nord: Ivan Jablonka répond à nos questions à l'occasion de la sortie *Laëtitia ou la fin des hommes*, online unter https://www.univ-paris13.fr/ivan-jablonka-prix-litteraire-monde/, konsultiert am 26.06.2021.
[177] Jablonka: *Laëtitia*, S. 410.
[178] Vgl. Aristoteles: *Poetik*. Übersetzt und erläutert von Arbogast Schmitt. In: Flashar, Hellmut (Hg.): *Aristoteles. Werke in deutscher Übersetzung*. Bd. 5. *Poetik*. Berlin: Akademie Verlag 2008, S. 1–42, hier: S. 13.

der Partikularität ihrer Lebens-Umstände, welche menschliches Sein und Bewusstsein nicht mit kollektiver Historizität und Relevanz für die Geschichte als Kollektivsingular gleichsetzt. In einem Schwanken zwischen der erwähnten Technik historischer und soziologischer Vertiefung und einer Konzentration auf das biographische Portrait gewinnen somit nicht nur Tathintergründe und allgemein-kollektive Zusammenhänge an Relevanz, vielmehr wird auch die Figur der Laëtitia als Charakter, als Mensch mit Hoffnungen, Ängsten und Abneigungen, Gefühlen und vor allem eigenen Gedanken adressiert. Da dies nicht durch fiktionale und fiktiv-imaginierte Ergänzungen geschehen kann, ist es auch hier die Erzählung durch Angehörige und Freund*innen, aus welchen die Erzählstimme ein synthetisierendes Portrait jenes Mädchens zeichnet. Das Kapitel «Portrait de Laëtitia» steht somit als *centre vide*, als *leeres Zentrum* im Text, um welches eine Suchbewegung kreist, die sich auch im Kapitel selber von einer ‹objektiven› Deskription und den Zeugen-Stimmen der Anderen über Zitate in Zitaten hin zu Laëtitias Stimme selbst vorarbeitet. Letztlich bleibt diese Stimme jedoch ein Geheimnis:

> Laëtitia avait la grâce. Elle était mince, élancée. [...] Sa beauté et sa coquetterie sont décrites par ses proches comme autant de qualités « féminines ». Jessica : « Elle se mettait en valeur. Elle se maquillait les yeux, elle se mettait du rouge à lèvres, elle portait des bijoux. Elle était plus féminine que moi. » [...] Mme Patron : « Laëtitia était souriante, lisse. Elle voulait passer inaperçue, se faire oublier : ‹J'en ai eu assez, je ne cherche pas les histoires.› Elle n'était pas mordante. Elle subissait la vie. La vie la menait. » [...] Laëtitia ne se laisse pas enfermer dans une image, encore moins dans un préjugé. Au contraire, elle se révèle toujours surprenante.[179]

Neben der Beschreibung von Laëtitias äußeren Merkmalen folgen zwar Charakterisierungen durch andere Figuren, jedoch auch abschließende Bemerkungen über die letztliche Kapitulation jeglicher Fremdbeschreibung. Es bleibt ein Rest an Kontingenz und Intransparenz erhalten: Laëtitia ist eben keine literarische Figur, sondern besitzt die Opazität menschlichen Bewusstseins – sie ist Person! Allein in Laëtitias digitaler Selbstdarstellung im Rahmen ihrer *Social Media*-Präsenz erscheint ihre Stimme als archiviertes «journal intime» des 21. Jahrhunderts,[180] welches jedoch im Raum des Semi-Öffentlichen ein vorartikuliertes bleiben muss und doch Spuren individuellen Begehrens nach Anerkennung trägt:

---

[179] Jablonka: *Laëtitia*, S. 198, 200 u.202.
[180] Ebda., S. 223.

> Chaque selfie de Laëtitia est désir d'être admirable, espoir de compter pour quelqu'un, satisfaction d'exister en tant que telle et d'être vue par un « public » d'amis. On pénètre dans ce que Perec appelle l' « infra-ordinaire » : le langage du quotidien, le décor familier, le moi des travaux et des jours et, en fin de compte, une non littérature qui en est tout de même une.[181]

Folgerichtig ist, dass daher im Text trotz einer modellierenden Sichtbarmachung im Diskurs unterschlagener oder weniger sichtbarer Gewaltformen als gesamtgesellschaftlichen Gewaltzusammenhängen dennoch das Problem einer Einseitigkeit der Perspektivierung aufscheint, insofern die ‹Hauptfigur der Tragödie› bereits bei deren Aufführung in Politik und Medien verstummt war. Gleich zu Beginn stellt die in diesem Zusammenhang als Zeugeninstanz auftretende Erzählerfigur die Frage nach der Stimme des Opfers, welche trotz eines öffentlichen Diskurses, der weite Teile der französischen Politik und Gesellschaft erfasst hat, verstummt ist und auch nicht mehr zur Geltung kommt. Die mediale Fokussierung auf den Täter sowie dessen trauriger ‹Ruhm› ziehen ein Vergessen des Lebens wie auch der Persönlichkeit jener jungen Frau nach sich, die gesellschaftlich nunmehr allein durch ihren gewaltsamen Tod erinnert wird.[182] Dies kommt einer unfreiwilligen, aber durch die Struktur des Diskurses selbst hervorgebrachten Auslöschung, einer *damnatio* als ‹reductio› *memoriae* gleich, welcher wiederum allein durch Erzählung, durch Schreiben in seiner memorialen, aber auch in seiner testimonialen Funktion begegnet werden kann:

> Je ne connais pas de récit de crime qui ne valorise le meurtrier aux dépens de la victime. Le meurtrier est là pour raconter, exprimer des regrets ou se vanter. De son procès, il est le point focal, sinon le héros. Je voudrais, au contraire, délivrer les femmes et les hommes de leur mort, les arracher au crime qui leur a fait perdre la vie et jusqu'à leur humanité. Non pas les honorer en tant que « victimes », car c'est encore les renvoyer à leur fin ; simplement les rétablir dans leur existence. Témoigner pour eux.
>
> Mon livre n'aura qu'une héroïne : Laëtitia. L'intérêt que nous lui portons, comme un retour en grâce, la rend à elle-même, à sa dignité et à sa liberté.[183]

---

181 Ebda., S. 224.
182 Diese auch *Gender*-basierte Asymmetrie der Gewalt-Repräsentation, welche vor allem die weiblichen Opfer männlicher Serien-Killer Mythen weniger beachtet als ihre Mörder, wurde bezüglich der Opfer des ‹legendären› Jack the Ripper von der Historikerin Hallie Rubenhold aufgearbeitet und die Tragik eines zweifachen Todes dieser Frauen dargelegt, welche lange und bisweilen fälschlich auf die Rolle als ‹Prostituierte› reduziert wurden; vgl. Rubenhold, Hallie: *The Five: The Untold Lives of the Women Killed by Jack the Ripper*. New York: Doubleday 2019.
183 Jablonka: *Laëtitia*, S. 10.

Als erzählende Literatur fungiert Jablonkas literarische Untersuchung *Laëtita* zwar – wie auch die weiteren hier erwähnten Formen soziographischen Schreibens – als seismographisches Instrument für gesellschaftliche Tendenzen, verfolgt daneben jedoch zwei weitere Ziele, welche diesmal nicht das eigene oder ein fiktives Leben, sondern eine fremde, aber ‹reale› Existenz betreffen: Die verstummte Hauptfigur, die «Heldin» des Texts wird dem medialen Schatten-Dasein durch die Plastizität der Erzählung, durch Ent-Banalisierung ihres Falles wieder als konkretes, daher komplexes menschliches Leben sichtbar gemacht, zum anderen wird durch die Memoria-Funktion ihr Status des Gewalt-Opfers um Dimensionen anderer Lebensaspekte, um ihre Vorlieben, ihren Charakter, ihre Freunde, Hoffnungen und Erwartungen erweitert. Es handelt sich somit um eine Ethik des Erinnerns beim Schreiben über und Beschreiben von Gewalt, wo die Erinnerung bereits durch einseitige Fokussierung verzerrt wurde. Literatur gibt so durch die modellierende Suchbewegung nach einem referentiell gegebenen Leben diesem seine individuelle Selbstbestimmung zurück, welche durch den Diskurs über Gewalt als eine eigene Form symbolischer Gewalt von politischer und massenmedialer Repräsentation eines *Fait divers* verloren zu gehen drohte.

Obwohl es sich also um einen Text voll akkurater Recherche und journalistischer Details handelt, bemüht sich die Erzählinstanz um eine *literarische* Rekonstruktionsarbeit des Mordfalls Laëtitia Perrais, welche sich als komplementäre Erweiterung zu den bekannten und journalistisch verifizierten Fakten versteht. Deren einseitige Konzentration auf die männliche Täterfigur, welche das bereits verstorbene Opfer ein weiteres Mal dem Vergessen anheim zu geben drohte, hängt eng mit dieser gerade erwähnten symbolischen Gewalt der Repräsentation von Gewalt als Mittel zu Politisierung und Steigerung der Sensationslust zusammen, die den Diskurs um den ‹Fall Laetitia› von Anfang an begleitete. Dieser öffentliche Diskurs wurde in weiten Teilen aus einer patriarchalischen und paternalistischen Perspektive des Zentrums geführt. Darin kommt eine tiefere und direktere Form der Gewalt unter der Oberfläche im gesellschaftlichen Raum zum Tragen: Die Empörung über die Tat und den Täter geht einher mit einem Stillschweigen über ein Frauenbild, welches Männer zu Tätern werden lässt. Alle männlichen ‹Figuren› des Dramas agieren gemäß einer Macht-Logik und einer Lebensweltlichkeit, welche Mord zwar verurteilt, jedoch Strukturen männlicher Dominanz bis hin zur Gewaltausübung wenn nicht normalisiert, so doch als nachvollziehbar einzustufende Geschlechter-Perspektivik im gesellschaftlichen Raum akzeptiert.

Wie hinsichtlich der bereits dank Didier Eribons und Édouards Louis' Schriften in Zweifel geratenen zivilisatorischen Selbstverständlichkeit der in weiten Teilen Europas errungenen Emanzipation Homosexueller erscheint in Jablonkas Text eine nach wie vor relevante Aufgabe gesellschaftlicher Aufklärung bezüglich genderbezogener Ungleichheit und Gewaltausübung. Ivan Jablonkas Text legt hier den Finger in die Wunde eines für überwunden gehaltenen misogynen Archaismus, der zumindest im erzählten Frankreich seines faktualen Texts nach wie vor präsent scheint. Dieser Archaismus speist sich jedoch nicht nur aus situativen Ausbrüchen frauenverachtenden Verhaltens, sondern offenbart sich auch in der Gewalt eines Symbolsystems, dessen Repräsentationsmechanismen asymmetrisch gestaltet sind. Auf einer hierarchischen Opposition der von klassischem Feminismus und Genderforschung kritisierten Strukturbegriffe des Männlichen und Weiblichen basiert im Fall Laëtitia auch die asymmetrische Darstellung von Täter und Opfer in Medien und Politik.

Diese wiederum beruht auf einer – auch in Louis' *Histoire de la violence* erwähnten – Normalisierung von kriminellem Verhalten als ‹männlich›, sobald damit eine heterosexuelle Begehrensstruktur einhergeht. Männliches Verhalten prägt Tony Meilhons Lebensweltlichkeit und die Ich-Stärke dieser Täterfigur in mehrfacher Hinsicht. ‹Mann-Sein›, welches auf die tradierten ‹Werte› männlicher Stärke und die Vermeidung jeglicher Art von Weichheit und Effiminiertheit abzielt, geht einher mit einem ausgeprägten Besitzdenken, welches sich in der Objektivierung des Begehrten niederschlägt. Dass der Täter im Mordfall Laëtitia ein Kleinkrimineller war, ist daher insofern nicht nebensächlich, als dass es weniger das Missachten von Rechtsstaatlichkeit, denn vielmehr die Anpassung an eine Erwartungshaltung sich beweisender und heldenhafter Männlichkeit ist, die das Handlungsspektrum dieser Täterfigur ausmacht. Frauen als Objekte zu verstehen und diese Objekte dem eigenen Begehren zu unterwerfen, ist wie die bewusste Missachtung staatlicher Gewalt eine archaische und dennoch unhinterfragte Methode, um Selbstbewusstsein und ‹männliche Identität› aufzubauen. Das ‹Lied›, welches der über ein Rauchverbot erzürnte Täter bei einer seiner Anhörungen vor Gericht anstimmt, ist Zeugnis seines Hohns gegenüber Vertretern des Rechts, ein Ausdruck von Verachtung der Staatsgewalt ohne Empathie und Reue, zugleich emphatisches Geständnis der begangenen misogynen Gewalttat:

> « Vous ne la retrouverez pas, oh c'est dommage !
> Laëtitia-aa-aa
> Là où tu es, la gendarmerie ne te retrouvera pas.
> S'ils savaient où je te planque,
> Mais ça, ils n'en sauront rien, même tes parents.
> Oh-oh-oh Laëtitia-aa
> Ton petit corps, ta petite chair toute tendre !
> Oh-oh-oh Laëtita-aa
> Qu'est-ce qu'elle a gémi, qu'est-ce qu'elle était bonne !
> Cinquante ans de prison, quelle rigolade... »[184]

---

[184] Ebda., S. 64.

Allen der in diesem Kapitel herangezogenen Texten mit ihren dargestellten Gewaltformen unter der Oberfläche des medialen Diskurses und abseits des politischen Zentrums ist somit neben einer Thematisierung ökonomischer Prekarität innerhalb der französischen Gesellschaft die literarische Zeichnung eines auf Gewaltanwendung und Dominanz beruhenden patriarchalischen Bildes des heterosexuellen Mannes als Vater, Herr über Frau und Kinder, sowie als Verächter staatlicher Autorität gemeinsam; ein Männlichkeitsbegriff, der sich bis in den medialen und sogar politischen Diskurs fortsetzt.

Dieses Bild von Männlichkeit bedroht Édouard Louis' männliche, homosexuelle Protagonisten, indem sowohl in seinem *Eddy Bellegueule* als auch in der *Histoire de la violence* heterosexuell normierte Verhaltensweisen des Täters, des Vaters, des Cousins oder auch der Polizeibeamten die Interpretation von Gewaltakzeptanz und -ausübung leiten. In der zuletzt dargestellten literarischen Untersuchung eines Mordfalls kommt ein weiteres Element zu dieser männlichen Gewalt hinzu, welche das Leben und auch die Kindheit der darin dargestellten Frauenfiguren generationenübergreifend prägen: Es ist in *Laëtitia* neben der symbolischen und strukturellen auch die sexuelle Gewalt gegen Frauen, die sich innerhalb der Familie artikuliert, welche jedoch nicht thematisiert wird und die einen weiteren Teil maskuliner Selbstermächtigung bildet. Die Erfahrungen von Kindesmissbrauch im Umfeld des Opfers durch Vaterfiguren verknüpfen somit das singuläre Gewaltereignis der Vergewaltigung und des Mordes mit einer iterativen Gewalterfahrung sexueller Natur, welche auf Gendernormen basiert, die wiederum asymmetrische Machtbeziehungen direkt-körperlich, strukturell wie symbolisch reproduzieren.

Aus dieser erzählten Asymmetrie der ökonomischen Verhältnisse und der Genderbeziehungen folgt in allen hier behandelten Texten des zweiten Kapitels ein erzählerisch in seiner Komplexität nachvollziehbar gemachtes Verlangen nach gewaltsamer Objektivierung des unterworfenen oder zu unterwerfenden Anderen, welche jedoch in ihrer unterschiedlichen Ausprägung mit den gesellschaftshierarchischen Strukturen der Klasse und Schicht sowie denen des Milieus und mit dem Grad sozialer Mobilität zusammenhängt. In *Histoire de la violence* überschattet der ‹Besitz› des Unterworfenen eine männlich-homosexuelle Kurz-‹Affäre› in Form einer Vergewaltigung nach einer Liebesnacht; in *Leurs enfants après eux* begleiten Besitz und Zerstörung des Körpers des Anderen den Klassismus, aber auch den Rassismus der Figuren. Patriarchales Besitzdenken prägt und beendet Laëtitias Leben und beschert sogar nach ihrem Tod dem Täter Aufmerksamkeit und damit negative Anerkennung.

Neben der Frage nach den Formen struktureller und symbolischer Gewalt – wie den ökonomischen Unterschieden, aber auch dem medialen und politischen ‹Vergessen› der *France périphérique* – wird in den Texten somit die damit einhergehende Normalisierung und die Akzeptanz von Formen physischer und direkter Gewalt als Ausdruck von Frustration, als Selbstbestätigung und Selbstbehauptung der Täterfiguren in ihrer Dimension einer gesamtgesellschaftlich relevanten Problematik literarisch adressiert. In allen bisher diskutierten Erzähltexten bilden diese Gewaltformen jedoch keinen Selbstzweck und bleiben sprachlich wie erzählerisch stets in weitere Gewaltzusammenhänge eingebunden.

5 Kritik oder Provokation? Gewalt und ihre Erzählung als Symbol und politisches Instrument

Die im vorigen Kapitel diskutierten Formen autofiktionalen und soziographischen Schreibens, der ethnographisch-anthropologischen Fiktion, aber auch einer journalistisch anmutenden Literatur des Faktualen stellen Politiken eines die französische Gesellschaft des späten 20. und frühen 21. Jahrhunderts modellierenden Erzählens dar. Dieses Erzählen setzt durch Unterschiede in Biographie, Sozialisation und Sprache geprägte Figuren mit einem modellierten gesellschaftlichen Raum diegetisch in Beziehung und lässt so die Zusammenhänge mannigfaltiger Formen erlittener, aber auch selbst ausgeübter Gewalt erzählerisch und sprachästhetisch sichtbar werden. Strukturelle, direkte, institutionalisierte, aber auch symbolische Gewalt erscheinen in diesen modellierten Erzählwelten eines Frankreichs der sozialen Ränder und Peripherien oft als ‹normale› und alltägliche Bestandteile des gesellschaftlichen Zusammenlebens.

Im nun folgenden Kapitel soll es jedoch um einen anderen Typus von erzählter Gewalt gehen: Gewalt kann nämlich nicht nur sprachlich-erzählerisch nachvollzogen und in ihren komplexen Formen und Zusammenhängen sichtbar gemacht werden, sondern ebenso als bewusst von ihren Akteuren, den erzählten Figuren, aber auch den extratextuellen Autor*innen mit Symbolik aufgeladenes gesellschaftliches Handeln verstanden werden. Dieses lässt durch den Bezug eines Gewaltakts zur damit einhergehenden Signalwirkung eine Dimension des Zeichenhaften jenseits des Subjektiven aufscheinen, bisweilen auch einen Aspekt von Berechnung und Grausamkeit, indem Gewalt zu pervertiertem kommunikativen Handeln wird, als das es beispielsweise in jeglicher Form des Terrorismus, aber auch in Formen verbaler Gewalt wie Hassrede und Tirade sichtbar wird.

Doch kann Gewalt im Feld der Literatur auch als Mittel der gezielt sichtbar gemachten Empörung und des sozialen Protests gegen herrschende Zustände und reale wie auch symbolische Machtverhältnisse verstanden werden. Ihre Erzählung wird somit zum politischen Mittel symbolisch-literarischer Einflussnahme auf Gesellschaftsdiskurse. Dabei schwankt ihre literarische Inszenierung zwischen universalistischen und relativistischen Standpunkten, welche durch die mediale Modellierung als Text und dessen Übermittlung in einen komplexen Diskursraum überführt und damit zu kontrovers diskutierter Literatur werden.

Neben mehrheitlich abgelehnten Formen symbolischen Gewalthandelns in Form von Terror-Akten und Vandalismus gibt es hier nämlich auch einen erzählerischen Graubereich der Gewaltanwendung, der Gewalt-Handeln als Symbolpolitik billigend in Kauf nimmt: Erzählerisch positiv in Szene gesetzte individuelle Gewaltakte als politische Handlungen sowie Straßenschlachten und Proteste von ‹außerhalb› der bürgerlich-legalen Ordnung stehenden Individuen wie *Sanspapiers* und Obdachlosen gegen staatliche Willkür und Polizeigewalt, aber auch das sprachlich gewaltsame Anprangern systematischer Marginalisierung von Minderheiten durch die französische Mehrheitsgesellschaft verraten ein komplexes Spektrum symbolpolitischer Facetten von literarisch inszenierten Gewalthandlungen im öffentlichen Raum.[1]

Dieser universelle und doch historisch kontingente Aspekt von Gewalt als Kritik an und als symbolische Aufladung von Gesellschaftsdiskursen und Machtstrukturen soll anhand der im Folgenden behandelten Erzähltexte über terroristische Gewaltakte und weniger mörderische Formen des gesellschaftspolitischen Widerspruchs in Form von Gewalt-Handeln in den Vordergrund rücken, wobei auch die Sprache selbst als symbolpolitisches Instrument der Gewalt und des Widerstands gegen strukturelle und institutionalisierte Formen der Gewalt hervortritt. Beweggründe und Ursachen eines mehr oder weniger bewussten Rekurrierens auf Gewalt als wütende, im Falle des Terrorismus zynische ‹Symbolpolitik› und die Kosten, welche letztere bei Tätern und Opfern verursacht, werden dabei genauso in Relation gesetzt wie die kommunikative Funktion der Gewalt und ihre sprachliche Form in Bezug auf gesellschaftliche Missstände.

Die Texte beziehen sich thematisch natürlich auch auf die ganz Frankreich erschütternden Traumata einer Serie islamistischen Terrors im öffentlichen Raum im Jahr 2015 mit hohen Opferzahlen, für welche die Schriftsteller Philippe Lançon und Mahir Guven eine jeweils vollkommen unterschiedliche Perspektivierung und Sprache fanden. Doch gehen die Formen gesellschaftlich sichtbaren und symbolischen Gewalthandelns, welches politisch und medial diskutiert wurde, weit über das Problem terroristischer Gewalt hinaus: Sie manifestierten sich im Frankreich des beginnenden Jahrtausends in verschiedenen Bewegungen und an unterschiedlichen Orten, in brennenden Vorstädten und wütenden Protesten im Zentrum der Hauptstadt. Auch diese Formen symbolpolitischer Gewaltanwendung ließen die literarische Produktion nicht unberührt.

Die Straßenproteste der nuller und zehner Jahre des 21. Jahrhunderts in den Vorstädten der großen französischen Metropolen können dabei teilweise in Kontinuität mit den Unruhen der 80er Jahre des 20. Jahrhunderts erfasst werden, als der Protest afrikanisch- und arabischstämmiger Einwanderer mit einem breiteren Bürgerprotest gegen Polizeigewalt, Rassismus und Ausgrenzung ethnischer

---

[1] Vgl. Wieviorka: *La violence*, S. 116 f.

Gruppen einherging.[2] Auf bürgerlicher Seite stellen sich andererseits die zunächst friedvollen, aber schließlich immer wieder gewaltsam eskalierenden Proteste der sich auch außerhalb Frankreich etablierenden *Nuit Debout*-Bewegung oder der sogenannten *Gilets Jaunes* als um Sichtbarkeit bemühte Auflehnung der *France en colère* gegen langfristige Entwicklungen politisch nicht eingedämmter sozialer Ungleichheit dar, wie sie bereits das 20. Jahrhundert prägte. Dabei gilt es zu bemerken, dass diese wesentlich heterogener aufgebauten Bewegungen natürlich nicht mehr in den traditionellen ideologischen ‹Groß-Blöcken› zwischen ‹rechts› und ‹links› verankert werden können, ohne dass den vielfältigen Weltbildern und Strömungen identitärer, rechtsradikaler, aber auch radikalmarxistischer und -ökologischer Prägung Rechnung getragen wird.[3] Doch der ‹Feind› bleibt aus oft gänzlich unterschiedlichen Gründen bei den Jugendlichen aus den Vorstädten wie auch den wütenden Protestierenden der *Place de la République* die Macht des französischen Staates selbst.

Auch im Falle der erwähnten Erzählungen über islamistischen Fundamentalismus und Terrorismus wird anhand von dessen Versprachlichung und literarischer Darstellung zu fragen sein, in welchem Maße der französische Staat, seine universalistischen Werte und die französische Gesellschaft als exkludierende und exklusive *Gemeinschaft* Zielscheiben symbolpolitischer Gewalt sind. Die Tatsache, dass im Rahmen terroristischer Gewaltakte auf Mord und Körperverletzung zurückgegriffen wird, soll keinesfalls angesichts ihrer literarischen Versprachlichung relativiert oder beschönigt werden, aber dennoch auch als ernstzunehmendes Indiz für einen Zustand artikulatorischer Krise diskutiert werden, auf welchen politisch nur mehr begrenzt und unter schwierigem Dialog

---

2 Vgl. zur Frage der Kontinuität eines von den Nachkommen nordafrikanischer Einwanderer nach wie vor geführten Kampfes um gesellschaftliche Anerkennung von den Unruhen der 80er Jahre über die Gewalt-Eskalation in den Pariser Vorstädten im Jahr 2005 Lindner, Kolja: 25 Jahre ‹Marche des Beurs›: Kämpfe der Migration im Frankreich der 1980er Jahre und heute. In: *Peripherie. Zeitschrift für Politik und Ökonomie in der Dritten Welt* 114/115, 29. Jg. (2009), S. 304–324.

3 Als «La France en colère» / «Frankreich in Wut» bezeichnete sich eine der Schlüsselgruppen der sog. Gelbwesten-Bewegung auf *Facebook*. Zum symbolpolitischen Charakter der Versammlungen der *Gilets Jaunes* als einer politisch wie ideologisch nur schwer greifbaren und komplexen Bewegung vgl. den prominent besetzten Sammelband von Confavreux, Joseph (Hg.): *Le fond de l'air est jaune: comprendre une révolte inédite*. Paris: Seuil 2019. Hinsichtlich jener geschichtlichen ‹Tradition› des Aufstands, aber auch der kurzfristigen Bewegungen in Frankreich, welche weniger ideologisch-revolutionären, denn reaktiv-rebellischen Charakters sind vgl. Mary, Luc: *La France en colère. 500 ans de rébellions qui ont fait notre histoire*. Paris: Buchet Chastel 2021.

Einfluss genommen werden kann.[4] Gewalt scheint im Falle jener Serie terroristischer Anschläge um das Jahr 2015, aber auch hinsichtlich der gestiegenen Gewaltbereitschaft innerhalb der erwähnten Protestbewegungen, das Ende eines Konflikts sichtbarer ‹Gegner› im Medium politischer Auseinandersetzung zu markieren und vielmehr deren Scheitern in Form eines symbolisch genutzten, außersprachlichen Gewalthandelns zu artikulieren.

Doch nicht nur im Kollektiv politisch engagierter oder aber radikalisierter Weltanschauungen, sondern auch auf Seiten des Individuums und seiner Lebenswelt ist symbolträchtiges und sprachliches Gewalthandeln denkbar, welches sich als mehr oder weniger sichtbares Zeichen gegen den es umgebenden sozialen Raum stellt.[5] Zorn über gesellschaftliche Missstände wie kulturelle Ausgrenzung, Rassismus, ökonomische und soziale Ungleichheit oder mangelnde Partizipation an politischer Entscheidungsfindung kann sich daher zwar in analysierendem Schreiben als solidarischer und engagierter Geste mit den Betroffenen äußern, wie dies im vorangehenden Kapitel darzustellen versucht wurde. Literatur kann jedoch auch die gewaltsame Äußerung der eigenen Unzufriedenheit, der eigenen Überzeugungen sowie den eigenen, isolierten Status eines Subjekts innerhalb gesellschaftlicher Zusammenhänge diegetisch wie sprachstilistisch in den Vordergrund stellen.

Dies ist vor allem immer dann der Fall, wenn auch auf individueller Ebene ein schwelender Konflikt mit der umgebenden Lebenswelt in offene Gewalt umschlägt. Shumona Sinhas Erzähltext *Assommons les pauvres!* modelliert eine derart in die Enge getriebene Subjektivität, welche auf einen zunächst irrationalen, aber diegetisch nachvollziehbar werdenden symbolischen Gewaltakt rekurriert.[6] Diese literarische Modellierung von Gewalt als zeichenhaftem Handeln verfolgt dabei eine Politik, welche Lebenswelt weniger analysiert und als ‹objektivierendes› Erzählen transparenter machen möchte: Vielmehr dynamisiert sie die bereits geführte Debatte um einige die französische Gesellschaft durchdringende Gewaltformen. Sie nutzt dazu das politische Potential der Literatur zur Provokation kritischer Gegenpositionen durch eine erzählerisch inszenierte

---

4 Zur Gewalt nicht als Ausdruck eines politischen Konflikts gemäß der Konzeption eines Carl Schmitt, sondern als Symptom für dessen Ende und als radikaler Versuch einer ‹Lösung› vgl. Wieviorka: *La violence*, S. 25.
5 Neben dem kollektiven Protest kann sich eine Symbolpolitik der Gewalt auch als verzweifelte und ohnmächtige Symbolhandlung vonseiten des Subjekts als von der höheren Sinnhaftigkeit dieses Handelns überzeugtes *Hypersujet* oder aber um Selbsterhalt bemühtes *Sujet en survie* erweisen; vgl. ebda., S. 293–295 u. S. 298–301.
6 Vgl. das dieser Autorin gewidmete Kapitel in Messling: *Universalität nach dem Universalismus*, S. 162–169.

Geste der Gewalt. Literatur kann es gelingen, auf diese Art den Diskurs über einen Konflikt dort weiterzuführen, wo er politisch ins Stocken geraten oder gar zu einem Ende kommen musste.

Diese Politik des Erzählens von Gewalt als symbolischem Akt sowie des Erzählens selbst als bewusst eingesetzter symbolischer Gewalt aus einer Situation des wehrhaften Einspruchs von Schriftsteller*innen gegen einen Mehrheitsdiskurs oder das Schweigen der Gesellschaft bildet eine Gegenposition zu pessimistischen bis deterministischen Positionen einer Affirmation politischer Ohnmacht der Literatur gegenüber den gesellschaftlichen Verwerfungen einer globalisierten Moderne, wie sie in der französischen Gegenwartsliteratur der Jahrtausendwende beispielsweise ein Michel Houellebecq als einer ihrer bedeutendsten Repräsentanten vertritt.[7] Dahinter steht jedoch in beiden Fällen die Frage nach den axiomatischen, das heißt in diesem Falle auch gesellschaftspolitischen Grundannahmen, welche das Schreiben über die emanzipatorische Funktion von Gewalt im Zeichen des globalisierten Spätkapitalismus leitet.

Es wurde mehrfach gezeigt und wird auch aus Interviews ersichtlich, dass sich beispielsweise Houellebecqs Kritik an den menschlichen Emanzipationsmöglichkeiten innerhalb einer von Konsum- und Marktdenken dominierten Moderne aus den Prämissen einer von Schopenhauer geprägten anthropologischen Ontologie herleitet, welche Leben und Bewusstsein vom leiblichen Körper aus denkt und den letzten Beweggrund des Menschen vor allem in dessen Triebstrukturen und seiner Angst vor dem biologischen Ende sieht.[8] Hinsichtlich der Frage nach einer möglichen emanzipatorischen Rolle des Schreibens über Gewalt stellt sich in Anbetracht einer solchen in mehrfacher Hinsicht ‹pessimistischen› Verortung des Bewusstseins jedoch das Problem des Politischen als Gemeinschaftlichem und auch Gesellschaftlichem. Denn Wut und Gewalt sowie ihre Darstellung gewinnen in Houellebecqs Literatur zwar eine symbolische, aber

---

[7] Vgl. ebda., S. 67.
[8] Zu Houellebecqs Schopenhauer-Rezeption vgl. Savigneau, Josyane: Michel Houellebecq: «Tout ce que la science permet sera réalisé.» Rencontre avec l'écrivain au moment de la parution de *La possibilité d'une île*. In: *Le Monde* (20.8.2005), online unter https://www.lemonde.fr/culture/article/2005/08/20/michel-houellebecq-tout-ce-que-la-science-permet-sera-realise_681484_3246.html, konsultiert am 26.06.2021, s.p.; vgl. auch den Schopenhauer-Essay von Houellebecq, Michel: *En présence de Schopenhauer*. Paris: L'Herne 2017; sowie Messling: *Universalität nach dem Universalismus*, S. 70f.; zur durch «Materialisierung» geprägten Konzeption von Psyche und Bewusstsein bei Schopenhauer vgl. Brunner, Jürgen: Die Materialisierung bewußter und unbewußter psychischer Phänomene bei Schopenhauer. In: *Schopenhauer Jahrbuch* (2007), S. 89–114.

eben keine politische Funktion.⁹ Der Rückgriff seiner meist männlichen und weißen Romanfiguren auf physische und verbale Gewalt gegen Frauen bei gleichzeitiger intellektueller wie sozialer Vereinsamung bestätigt eine existentielle und flache Ratlosigkeit über den Sinn eines Daseins ohne Werte. Zwar erzählen Houellebecqus Romane durchaus komplexe gesellschaftliche Zusammenhänge nach – wie die Folgen ökonomischer Abstiegsängste französischer Milchbauern im Roman *Sérotonine* oder die gesellschaftsphilosophischen Hintergründe religiöser Radikalisierung als Folge politischer Destabilisierung in der satirischen Real-Dystopie *Soumission*.¹⁰ Doch taucht hier Gewalt lediglich als Hintergrundrauschen oder provokative Affirmation bereits gescheiterter Ideale des Zusammenlebens auf, weniger als emanzipatorischer Akt.¹¹ Die Symbolik sexuell konnotierter Gewalt und Verachtung des Weiblichen in beiden Romanen durch die männlichen Hauptfiguren François und Florent-Claude Labrouste und ihre politische Indifferenz zeugen kaum von einer möglichen literarischen Neudefinition von Zusammenleben in einer erzählerischen Suchbewegung.¹² Vielmehr bekräftigen sie diegetisch eine thetische Wiederholung gescheiterter existentieller, auch politischer Sinnerzählun-

---

9 Dies wird bei einigen von Houellebecqs Hauptfiguren überdeutlich. Neben der an ihnen oftmals feststellbaren repetitiven Inszenierung bestimmter Männlichkeits- und Intellektuellen-Typen, welche durchaus mit den extratextuellen Inszenierungsformen der medialen Autorfigur spielen, bleibt die diegetische Symbolpolitik verbaler und provokativer Gewaltakte der Erzählerstimmen und Figuren ‹Begleitmusik› ihrer existentiellen Sinnkrisen und Souveränitätsbehauptungen. Durch Sex und Gewalt verorten sie sich dabei bewusst außerhalb des Politischen als Gemeinschaftlichem, wie es vielleicht im 20. Jahrhundert noch möglich war, und ergeben sich dem gleichzeitig kritisierten, alles verschlingenden Konsumismus der Körper und Bedürfnisse. Zu dieser Zola'schen Ortlosigkeit der Hauptfiguren in Houellebecqs Erzähltexten vgl. auch Voswinkel, Gerd: Der Abstammungsromancier – Was Michel Houellebecq mit dem Naturalismus Emile Zolas zu tun hat. In Steinfeld, Thomas (Hg.): *Das Phänomen Houellebecq*. Köln: DuMont 2001, S. 127–140.
10 Vgl. Houellebecq, Michel: *Soumission*. Paris: Flammarion 2015; Ders.: *Sérotonine*. Paris: Flammarion 2019.
11 Die Wendung zum Leben wird bei Houellebecq nicht einmal über die Gewalt, höchstens durch eine instrumentelle Sexualität vollzogen. Die Frauenfiguren, welche in den Texten Houellebecqs entweder die Funktion eines der Romantik entlehnten unerreichbaren Isis-Ideals als Möglichkeit von Transzendenz inmitten einer ‹metaphyischen Unbehaustheit› einnehmen oder als in der Routine kaum mehr Lust versprechende käufliche Objekte aufscheinen, bleiben diegetisch in einer heterosexuell-männlich-possessiven Repräsentation perspektiviert; vgl. hier insbesondere die drei weiblichen Figuren der unerreichbaren Hippie-Mutter Janine, der Nymphomanin Christiane und der todkranken Annabelle in Houellebecq, Michel: *Les Particules élémentaires*. Paris: Flammarion 1998.
12 Dies gilt jedoch auch für frühere Texte des Autors wie in Houellebecq, Michel: *La Carte et le Territoire*. Paris: Flammarion 2010 (Goncourt im selben Jahr) oder auch *Les Particules élémentaires*, op. cit., wo die Gewalt, welcher die Hauptfiguren Jed Martin und Bruno ausgesetzt

gen in der öffentlichen wie privaten Lebenswelt gesellschaftlich privilegierter weißer Männer, eines Agraringenieurs und eines Universitäts-Professors.

Erzählte Gewalt in Houellebecqs Romanen aus den 10er Jahren des 21. Jahrhunderts besitzt somit zwar den Charakter eines ontologischen Schreis nach Sinnhaftigkeit politischer wie privater Art, bleibt aber letztlich Hintergrundfolie eines am Schopenhauer'schen Pessimismus geschulten anthropologischen Determinismus und daher oftmals eindimensional in ihrem Konstatieren einer verflachten und allein instrumentell gedachten Körperlichkeit. Die in diesem Kapitel zur Debatte stehende emanzipatorische Zeichenfunktion der Gewalt scheint sich in Houellebecqs *écriture* nur indirekt als politische zu zeigen und soll daher lediglich kurze Erwähnung als Kontrastfolie eines vielrezipierten ‹Großautors› zu den hier vorgestellten und untersuchten Texten erzählter Gewalt finden.[13] Denn obwohl sich Houellebecqs Literatur im Kern zwar nicht für Gesellschaft als Gemeinschaft gleichberechtigter Individuen interessiert, führt auch sie gegen einen blinden Glauben an demokratische Versöhnlichkeit innerhalb der Gesellschaft, an reibungslose Emanzipation von Geschlechterdifferenzen oder an die Möglichkeit politischen Ausbalancierens sozialer Ungleichheit diskussionswürdige Gegenpositionen ins Feld.[14]

Als Alternative zu Houellebecqs a-politischem und bisweilen zynisch wirkendem Erzählen von Gewalt und vor dem Hintergrund seines anthropologischen Pessimismus sei aber die Frage gestellt, ob Literatur nicht auch eine gesellschaftlich für das Zusammenleben konstruktive Symbolpolitik der Gewalt entwickelt: Könnten mittels eines literarischen Schreibens über die zeichenhafte Natur von Gewaltformen Zusammenhänge verletzter Subjektivität nicht mit einer gesellschaftspolitischen Dimension verbunden werden, welche die Sichtbarmachung von Gewalt sowohl für eine Sensibilisierung gegenüber verletzter Subjektivität des Individuums wie auch gegenüber gesellschaftlich marginalisierten oder gar gänzlich ihrer Stimme beraubten Gruppen nutzt?

---

sind, zwar hochsymbolischen Charakters ist, jedoch kaum eine Gewalt im Zeichen gemeinschaftlicher oder gar gesellschaftlicher Konvivenz darstellt.

13 Dennoch erscheint die Frage der Gewalt (Straßenschlachten, auch die institutionalisierte Gewalt einer gänzlich politisch gewordenen Religion) im Namen der Politik insbesondere in *Soumission* als die Diegese prägende und den *récit* in Bewegung setzende Instanz; vgl. dazu Ette, Ottmar: Gibt es eine Grenze zwischen Demokratie und Diktatur? Hans Robert Jauss, Michel Houellebecq, Cécile Wajsbrot. In: *Revista Brasileira de Literatura Comparada* (Rio de Janeiro) 36 (2019), S. 34–61.

14 Vgl. zu dieser «destruktiv-aktiven» gesellschaftlichen Funktionsauffassung auch Schober: *Auf dem Prüfstand*, S. 263.

Dies zerrt natürlich eine problematische Thematik in den Fokus der Aufmerksamkeit: Denn auch die Gewaltform des Terrorismus muss in all ihrer diskursiven Sichtbarkeit, logistischen Komplexität, taktischen und methodischen Effizienz als mögliches Sujet literarischer Modellierung und damit als symbolgeladene und gesellschaftspolitische Gewalt in Betracht gezogen werden.[15] Neben zahlreichen Analysen zu den verheerenden Terroranschlägen im Frankreich der 10er Jahre des 21. Jahrhunderts steht daher im folgenden Kapitel auch hinsichtlich dieser nationalen Traumata literarisches Schreiben als gesellschaftspolitischer Beitrag zur Debatte. Dieses Schreiben soll nicht im Sinne einer Houellebecq'schen Alternativlosigkeit der materialistischen Sackgasse der Moderne zynisch gewendet, sondern in seinem diskursiven Potential auch hinsichtlich des nationalen Traumas terroristischer Gewalt sichtbar gemacht werden. Terroristische Gewalt bleibt aus dieser Perspektive in über die konkrete Gewalt-Situation hinausgreifende abstrakte politische wie metapolitische Sinnstrukturen eingebunden – in Forderungen nach politischer Autonomie oder in das Handeln im Dienste eines religiösen Fundamentalismus, linksradikaler, neofaschistischer oder identitärer Ideologien, die das Zusammenleben im gesellschaftlichen Status Quo ablehnen. Der Monolog terroristischer Gewalt kann sich nicht gänzlich von der Möglichkeit gesellschaftlichen Dialogs befreien, da Terrorismus unter gezielter Ausnutzung der Medien auch deren diskursive Strukturen übernimmt. Sogar als im Kern monologischer Akt der Abschreckung und Provokation der Gesellschaft rückt medial vermittelter Terrorismus das Sprechen über ihn und seine Ursachen in den Vordergrund und macht ihn paradoxerweise zu einem Ansatzpunkt für demokratisierende Räume des Gesprächs, wie die beiden im Folgenden analysierten Texte von Mahir Guven und Philippe Lançon zeigen mögen.[16]

Auch von sozialwissenschaftlicher Seite konnte diesbezüglich nachgewiesen werden, dass Akte des Terrorismus – auch des Terrorismus seitens einzelner Individuen, die sich möglicherweise dabei selbst opfern und als ‹Märtyrer› gerieren möchten – zwar einer asymmetrischen Gewaltstrategie gegen etablierte und institutionalisierte Gewaltstrukturen folgen, aber selten mit einem Mangel an Sinnpotential einhergehen.[17] Im Gegenteil: Das Ausführen eines ter-

---

15 Einen methodengeschichtlichen Zugang zum Phänomen des internationalen Terrorismus bietet Marret, Jean-Luc: *Techniques du terrorisme: méthodes et pratiques du métier terroriste.* Paris: Presses universitaires de France 2002.
16 Vgl. auch das Kapitel «Terrorisme et médias» in Wieviorka: *La violence*, S. 110–116.
17 Vgl. hierzu auch den Sammelband von Campana, Aurélie / Hervouet, Gérard (Hg): *Terrorisme et insurrection. Évolution des dynamiques conflictuelles et réponses des états.* Québec (ville): Presses de l'Université du Québec 2013.

roristischen Akts steht meist in Zusammenhang mit einem übergeordneten Sinnsystem, welches – wenn auch gesamtgesellschaftlich minoritärer Natur – pragmatisch-ökonomischer (Drogenkartelle), ideologischer (religiöser Fundamentalismus), national-politischer (Autonomieforderungen), aber auch realpolitischer (Anerkennung bestimmter Gruppen, Anliegen) Natur sein kann und durch seine Sinnhaftigkeit potentiell auch verbaler Debatte zugänglich wäre. Mit der möglicherweise, aber nicht immer in Kauf genommenen Selbstzerstörung sowie dem ausgeübten Terror, der mit dem willkürlichen Opfern Unbeteiligter einhergeht, können verschiedene Ziele kollektiver und persönlicher Art angestrebt werden, welche selbst keinesfalls willkürlich sind. Ob der Attentäter der Stärkung bestimmter Interessengruppen dient, einer besseren Gemeinschaft der Gläubigen in einem erhofften Jenseits zustrebt oder ob ein politischer Druck auf die eigene oder eine fremde Gesellschaft ausgeübt werden soll, hängt dabei von der sozialen und kulturellen Einbettung des Terroranschlags ab, ist jedoch *nie* autotelisch. Politischer Terrorismus wie derjenige der RAF oder der Roten Brigaden wäre demnach strikt von einem national-religiösen Terrorismus zu unterscheiden, welcher nationale und religiöse Ziele verbindet und wie er beispielsweise die Methoden einiger radikaler Gruppierungen in Palästina prägte.[18] Dementsprechend schwierig ist es, *den* Terrorismus zu definieren, zumal es sich um eine weder quantitative noch durch eine im größeren Sinne kollektivierbare Gewaltform handelt.

Laut der Politikwissenschaftlerin und Terrorismusforscherin Martha Crenshaw liegt auch beim Phänomen terroristischer Gewalt kein deterministisches Ursachen-Setting vor, welches generalisierend anwendbar wäre, sondern ein durch Kontingenz geprägtes Gewebe an verschiedenen Motivationen und Instrumentalisierungen dieser Gewaltform.[19] Diese hat sich seit Beginn des 21. Jahrhunderts auch immer stärker von einzelstaatlicher auf eine globale Ebene verlagert.[20] Hier könnte es wiederum die bereits bezüglich anderer, komplexer Gewaltformen zur Geltung kommenden Stärke literarischer Modellierung sein, durch Polyperspektivität und Vielstimmigkeit deterministische Kausalzusam-

---

18 Dass auch ein regionaler Konflikt wie derjenige in Palästina weltweite Auswirkungen impliziert, haben Ariel Merari und Shlomi Elad bereits in den 80er Jahren aufgezeigt; vgl. Merari, Ariel / Elad, Shlomi: *The International Dimension of Palestinian Terrorism* [1986]. New York: Routledge 2019.
19 Vgl. Crenshaw, Martha (Hg.): *Terrorism in Context* [1995]. University Park, Pennsylvania: The Pennsylvania State University Press 2007, Introduction, S. 4 f.
20 Vgl. zu dieser ‹Globalisierung› des Terrorismus am Übergang vom 20. zum 21. Jahrhundert Cettina, Nathalie: *Terrorisme: l'histoire de sa mondialisation*. Paris: Harmattan 2001.

menhänge hinsichtlich des Phänomens Terrorismus zu dynamisieren und Komplexität auch in Anbetracht von in ihrer Brutalität simplen Gewalt-‹Symbolen› einzufordern.

Gerade auch im Kontext der in den 10er Jahren in Frankreich geschehenen Terroranschläge finden sich Hinweise darauf, dass mit dem Angriff auf das gesellschaftliche Zusammenleben im Dienste einer metaphysischen Absolut-Setzung eigener Gesellschaftsvorstellungen gegen die liberale Gesellschaftsordnung der ‹westlichen› Moderne zugleich auch eine Gesellschaft-Kritik weniger metaphysischer als konkret ‹materialistischer›, identitärer und nicht unbedingt religiöser Natur einherging. Dies betonte der Islam-Forscher Olivier Roy in mehreren Studien und bereits lange vor dem Jahr 2015, indem er die Frage nach einer identitären Krise und dem Bruch der jüngeren Generation nach Frankreich immigrierter Muslime mit den Eltern und Großeltern mit einem Terrorismus-Begriff verband, welcher sich nur oberflächlich auf Religion zurückführen lässt.[21] Ohne einen deterministischen Zusammenhang postulieren zu können, scheint jenseits einer isolierten Betrachtung der Zunahme von Akten terroristischer Gewalt eine parallele Betrachtung verschiedener sozialer Phänomene ökonomischer Destabilisierung und des Identitätsverlusts in vollkommen unterschiedlichen Milieus geboten, die als Nährboden für terroristische Gewalt dienen können. So hat sogar der Sozialwissenschaftler Gilles Kepel, obgleich dieser in einer umstrittenen Kontroverse mit seinem Kollegen Roy die spezifisch religions-basierte Dimension des islamistischen Terrorismus betonte, als langjähriger Erforscher des radikalen Islam in Frankreich dennoch diese axiomatische Voraussetzung einer Verzahnung verschiedener Radikalisierungs-Logiken – auch rechtsradikaler Art – im Vorwort eines Sachbuchs zur Genese des djihadistischen Terrors folgendermaßen zur Debatte gestellt:

> La fin de la société industrielle, du travail posté et fortement syndicalisé et l'émergence simultanée d'un chômage de masse et d'un secteur de services valorisant l'initiative individuelle au détriment des solidarités nées de l'emploi ouvrier peu qualifié ont rendu caduc le « parti des travailleurs ». Les jeunes chômeurs ou vivant de l'économie informelle et de divers trafics, nombreux dans la génération issue de l'immigration comme des classes populaires françaises « de souche », ne pouvaient plus se reconnaître dans celui-ci.
> C'est en ses lieu et place que deux types de mobilisations contestataires se sont développés en parallèle : le nationalisme identitaire d'extrême droite et le référent islamique. Ils sont uniment porteurs, comme le PCF jadis, d'une forte charge utopique qui réen-

---

21 Vgl. Roy, Olivier: *L'Islam mondialisé*. Paris: Seuil 2002; ders.: *Le Croissant et le chaos*. Paris: Hachette Littératures 2007; ders.: *La Sainte ignorance. Le temps de la religion sans culture*. Paris: Seuil 2008; ders.: *Le Djihad et la mort*. Paris: Seuil 2016.

chante une réalité sociale sinistrée en la projetant dans un mythe où les laissés-pour-compte d'aujourd'hui seront les triomphateurs de demain.²²

Beide Forscher gestehen somit trotz ihrer unterschiedlichen Einschätzungen der Rolle der Religion bei der Radikalisierung junger Muslime neuen radikalen Formen von Identitätsbildung als Ersatz für ein verlorenes Mobilisierungspotential ‹klassischer› Formen von Solidarität und Gemeinschaftsbildung wie Familie, Parteien oder Gewerkschaften großen Einfluss auf Jugendliche aus migrantischen Milieus, den Milieus der ehemaligen Arbeiterklasse sowie dem der neuen *Petits Blancs* zu. Dieses Potential hat jedoch weniger mit einer metaphysischen Sinn-Verortung des Subjekts als mit einer Politisierung bestimmter Biographien sowie Formen ökonomischer Unsicherheit und empfundener gesellschaftlicher Unsichtbarkeit zu tun. Die Sinnerzählungen von religionsfundamentalistischen Organisationen wie jener, welche unter der Selbstbezeichnung ‹Islamischer Staat› globalem, zentralisiert-organisiertem und dezentralisiert-lokalem Terror in einem radikalen Djihad weltweit Vorschub leistete, überdecken mit ihren radikalpolitischen Gegenentwürfen auf vermeintlich metaphysischer Werte-Basis und durch eine beinahe ‹pornographisch›-visualisierte Gewalt-Inszenierung diese sozialgenealogische Dimension des Terrorismus.²³

Die französischen Attentäter, welche einen LKW in eine den 14. Juli feiernde Menschenmenge in Nizza steuerten, den Pariser Club *Bataclan* in ein Schlachthaus verwandelten und die gesamte Redaktion der Satirezeitschrift *Charlie Hebdo* auszulöschen versuchten, folgten durchaus einer auf *gesellschaftspolitische* Wirkung zielenden ‹Dramaturgie› der Gewalt. Diese suchte den ‹Gegner› – eine liberale, demokratische und pluralistische Gesellschaft nationalstaatlicher Prägung – an drei symbolisch aufgeladenen, neuralgischen Punkten zu treffen. Doch obwohl ihnen dies gelungen ist, bleibt die Frage, aus welchen Gründen Abdelhamid Abaaoud und seine Mittäter, Mohamed Lahouaiej Bouhlel und die Brüder Kouachi dies wollten:²⁴ Der republikanischen Presse- und Meinungsfreiheit, aber auch einer liberalen jugendlichen Partykultur sowie dem Zusammengehörigkeitsgefühl als Nation selbst, wie es seinen Ausdruck in Nationalfeiertagen zu finden pflegt, schienen diese selbst noch vergleichsweise jungen Täter keinen existentiellen Mehrwert abgewinnen zu können! Ob die

---

22 Kepel, Gilles: *Terreur dans l'Hexagone. Genèse du djihad français*. Paris: Gallimard 2015, S. 28 f.
23 Vgl. hierzu das allerdings inhaltlich wie methodisch nicht unumstrittene Buch des englischen Kriminologen Cottee, Simon: *ISIS and the Pornography of Violence*. London: Anthem Press 2019.
24 Zu Mohamed Lahouaiej-Bouhlels und Abdelhamid Abaaouds kriminellen und eher ‹laizistischen›, denn an religiösem Verhalten ausgerichteten Biographien vgl. ebda., S. 53 f. u. 79.

beteiligten Terroristen dabei vor dem Hintergrund einer in pathologische Verhaltensweisen führenden persönlichen Sinnkrise handelten, sei hier dahingestellt, ist aber für eine juristische Aufarbeitung der Tat von hoher Relevanz. Narzissmus mag mit im Spiel gewesen sein, wenn es darum geht, die Macht des eigenen Selbst im Dienste einer ‹größeren› Sache im dadurch ausgelösten gesellschaftlichen Echo gespiegelt zu finden.[25] Eine innere und strukturelle Logik ihres Handelns – und damit eine negative Sinnhaftigkeit – findet sich jedoch in der hohen Symbolkraft der Anschläge selbst und weist auf die Erzählbarkeit von Terrorismus abseits subjekttheoretischer Spekulationen, als literarisches Erzählen über Täter- wie Opferseite hin.

Im Anschluss an diese sozialwissenschaftlich orientierten Überlegungen soll daher erneut anhand der Mittlerfunktion der Literatur zwischen subjektiv-individueller und symbolisch-kollektiver Ebene das Phänomen terroristischer Gewalt als lebensweltlich-*reflektierbare* und versprachlichte Gewaltform zwischen Individuum und Gesellschaft diskutiert werden. Derüber hinaus wird nach der kritischen Diskursivierung von terroristischer Gewalt überhaupt – und nicht nur die von islamistischem Fundamentalismus motivierte – gefragt, wie sie Literatur ermöglichen kann.[26] Hier unterscheidet sich literarisches Erzählen grundlegend von anderen Formen medialer Repräsentation;[27] und gerade da-

---

[25] Zu den Grenzen und Möglichkeiten einer Rekonstruktion der Subjekt-Struktur des Terroristen aus psycho-pathologischer Sicht vgl. Victoroff, Jeff: The Mind of the Terrorist. A Review and Critique of Psychological Approaches. In: *Journal of Conflict Resolution* 49, No 1 (2005), S. 3–42; vgl. hierzu auch im Kontext des rechtsradikalen Terrors und hinsichtlich des Schwankens der Täterfigur zwischen individuell-psychopathologischer Prädisposition und einer auf Kollektivität setzenden Radikalisierung bezüglich des Falls Anders Breivik den Aufsatz von Wethling, Tore / Hansen, Stefon: Anders Breivik: Terrorist oder Amokläufer. In Institut für Sicherheitspolitik an der Christian-Albrechts-Universität zu Kiel (Hg.): *Jahrbuch Terrorismus* 2011/2012. Opladen, Berlin & Toronto: Verlag Barbara Budrich 2012, S. 121–148.
[26] Vgl. hierzu das Kapitel zu Virginie Despentes in der vorliegenden Studie, wo eine junge (rechts-)radikalisierte Terroristin eine entscheidende Rolle in der Diegese des Erzähltexts spielt.
[27] Zu fragen wäre beispielsweise in einem größeren Zusammenhang nach dem Verhältnis von Terrorismus und der Literatur als eigener, langsamer und zeitlich verzögert ‹arbeitender› medialer Repräsentationsform, da Terrorismus immer auch in einem komplexen Verhältnis zu seiner medialen Aufbereitung steht. Während beispielsweise einige terroristische Gruppierungen den großen medialen Institutionen politisch indifferent gegenüberstehen können, stellen sie für andere dezidiert als Teil des Systems eine feindliche Macht dar. Daneben entstehen jedoch auch Formen einseitiger und relativer Kooperation, wobei eigene Plattformen von beispielsweise islamistischen Terrorgruppen mit gängigen medialen Formaten einhergehen – oder aber das mediale Echo wurde von Anfang an in die Planung und Ausführung eines terroristischen Akts mit einbezogen; vgl. zu diesem komplexen Beziehungsgefüge aus sozialwissenschaftlicher Perspektive die Studie von Linder; Bernadette: *Terror in der Medienberichterstattung*. Wiesbaden: Sprin-

durch rückt wiederum die Frage nach der Literatur als eigener Form von symbolischer und sprachlicher Gewalt in den Vordergrund.

Auch in diesem dritten Analysekapitel der Studie ist dabei die Frage nach den raumzeitlichen Spezifika des erzählten Gewaltgeschehens virulent. So ist es wie in den sozialanalytischen Erzähltexten des vorausgehenden Kapitels die relative Nähe der Referenzzeit, die Gegenwärtigkeit der Erzählwelten als französische Gegenwart, welche die temporale Struktur der Romane auszeichnet. Doch kommt nun eine dritte Zeitdimension hinzu, die ebenfalls zur kritischen Beleuchtung dieser Gegenwart des noch jungen 21. Jahrhunderts dient: Waren es in den historisch fokussierten Romanen des ersten Kapitels Rückgriffe auf vergangene Ereignisse der französischen Geschichte, die als kritische Interpretamente dienten, ist es nun die Dimension einer näheren und ferneren Zukunft des Zusammenlebens, welche im Falle des Finales der Romane um Virginie Despentes' Figur des Vernon Subutex den Blick auf die von Gewalt erfüllte französische Gesellschaft der Gegenwart ergänzt. Obwohl diese Dimension in den Texten zur terroristischen Gewalt lediglich implizit und allein bei Despentes explizit als Teil der Romanhandlung auftaucht, ist sie als utopischer Kommentar zur Gegenwart sowie als möglicher Ausblick auf ein Sprechen und Erzählen ‹nach der Gewalt› doch essentiell für den ebenso politischen wie kritischen Gehalt aller im Folgenden diskutierten Texte als sprachlich-ästhetische Einmischungen im Diskurs über Formen und Zusammenhänge von Gewalt.[28]

Was die Dimension des Raums betrifft, so konzentrieren sich die folgenden Texte nicht mehr auf die weiten Raumbeziehungen der französischen Geschichte und des französischen Kolonialreichs und auch nicht auf die für gesellschaftsanalytisches Schreiben notwendige ausführliche Raumbeschreibung von Gegenden und Milieus eines gegenwärtigen Frankreichs, sondern auf eng umrissene Handlungsorte und Umgebungen: Ein Krankenhauszimmer, die metropolitane

---

ger Verlag für Sozialwissenschaften 2011; vgl. zur Problematik der massenmedialen Inszenierung von Terrorismus als Form diskursiver Gewalt den Sammelband von Schwarz-Fiesel, Monika / Kromminga, Jan-Henning (Hg.): *Metaphern der Gewalt. Konzeptualisierungen von Terrorismus in den Medien vor und nach 9/11*. Tübingen: Narr Francke Attempto 2014.

28 So auch in Yannick Haenels in dieser Studie nur erwähntem Manifest-Roman *Les renards pâles* als Romanfinale bzw. als epilogartiger Nachtrag; vgl. Haenel, Yannick: *Les Renards pâles*. Paris: Gallimard 2013; bezüglich des kritischen Presse-Echos dieses Manifest-Texts vgl. Birnbaum, Jean: « Les Renards pâles », de Yannick Haenel: l'insurrection des spectres. In: *Le Monde* (21.08.2013), online unter https://www.lemonde.fr/livres/article/2013/08/21/yannick-haenel-l-insurrection-des-spectres_3464520_3260.html, konsultiert am 26.06.2021; sowie eher ablehnend Dupuis, Jérôme: Les Renards pâles: Yannick Haenel ou l'art de l'enfumage. In: *L'Express* (22.08.2013), online unter https://www.lexpress.fr/culture/livre/yannick-haenel-des-renards-tres-pales_1274955.html, konsultiert am 26.06.2021.

Banlieue als Hintergrund der Handlung, die Straßen und Parks von Paris oder aber die enge Büroatmosphäre einer Behörde werden zu neuralgischen Punkten gesellschaftlichen Zusammenlebens, welche die Frage nach der symbolpolitischen Funktion erzählter Gewalt auf pointierte Weise in diegetische Zusammenhänge einweben. Die in den analysierten Texten erzählten Räume erscheinen komplementär zu dieser Eingrenzung auf Gebiete der Metropole oftmals – nicht durchgängig – in ihrer Funktion als Heterotopien, welche die standardisierten Logiken alltäglichen Handelns außer Kraft setzen und somit einen kontrastierenden Blick auf gesellschaftliche Verhaltensweisen und unhinterfragte Muster des Zusammenlebens erlauben.

Insofern ist die Antrags- und Befragungsprozedur, welcher sich Asylbewerber*-innen in Frankreich unterziehen müssen, ebenso eine Ausnahmesituation wie die langwierige Behandlungsroutine der Gesichtsverletzung eines der Opfer des Redaktions-Attentats von *Charlie Hebdo* in einem Pariser Krankenhaus. Genauso gilt dies für die unsichtbare Welt eines sich im islamistischen Milieu der Hinterhof-Moscheen radikalisierenden Jugendlichen oder aber für das Zusammenleben in einer Gemeinschaft von Obdachlosen, welche sich in den Räumen des Pariser Parc des Buttes-Chaumont durch eigene Lebens- und Überlebensmuster organisieren müssen.

Allein aufgrund dieser Aufzählung meist hermetisch-abgeschlossen erscheinender metropolitaner Handlungsräume könnte auch das Handeln der darin agierenden Figuren als Ausdruck von in ihren Möglichkeiten eingeengten oder zumindest begrenzten Existenzen erscheinen und mit einer allein polemischen Sicht auf das Gewaltgeschehen in der jeweiligen Romanhandlung in Verbindung gebracht werden. Doch reicht diese Perspektive für die Frage nach dem Erzählen über Gewalt als ‹Symbolpolitik der Gewalt›, als Provokation und Kritik an gesellschaftlichem Zusammenleben in der Literatur noch nicht aus. Diese muss vielmehr um eine Dimension des Prozessualen jenseits des räumlich-situativen Sprechens und Handelns, um Subjektivitätsentwicklungen der beteiligten Figuren sowie um das Spiel mit Sprachregistern und Sprachebenen ergänzt werden.

Anhand dreier vielbeachteter Romane und eines Romanzyklus von ebenfalls drei Romanen, welche von krisenhaften Eskalationen der Gewalt erzählen – verbaler Art in Form von Hass-Tiraden, unkalkuliert als öffentlicher Gewalt-Ausbruch oder im Falle terroristischer Anschläge geplant und kalkuliert –, soll im Folgenden die Frage nach der Beschaffenheit eines gesellschaftspolitischen Erzählens über sichtbare und diskussionswürdige, symbolische und politische Gewaltakte sowie deren Wirkungen gestellt werden. In all diesen Texten ist die Zielscheibe dieser Gewalt-Eskalationen der Status Quo eines scheinbar funktionierenden Zusammenlebens im Frankreich zu Beginn des 21. Jahrhunderts. Dass dabei – wie vorher bereits in Ivan Jablonkas *Laëtitia* – auch in Texten wie Philippe Lançons autobiographischem Langessay *Le Lambeau* von Seiten eines Opfers von Gewalt mediale Inszenierungen und politische Diskussionen hinsichtlich terroristischer Anschläge als asymmetrische Repräsentationsformen kritisiert werden, scheint erneut symptomatisch für die Bedeutung, welche massenmedialer Diskursivierung von Gewalt als eigene Form symbolischer Gewalt im gesellschaftlichen Raum zukommt. Anhand der hier diskutierten literarischen Verarbeitungen von erlebter und überlebter terroristischer Gewalt stellt sich die Frage nach der ‹Nachhaltigkeit› einer von den Tätern intendierten Symbolhaftigkeit des Terrorakts, insofern er nicht durch kollektive Diskurse der Medien und der Politik interpretiert und vereinnahmt, sondern aus der Perspektive eines Opfers in Frage gestellt wird.

Die in den hier analysierten Texten modellierten Gewaltakte stehen dabei wiederum in Wechselwirkung mit weiteren Formen von Gewalt, welche auf den ersten Blick verdeckt sind, nicht unbedingt als deterministische Faktoren des Handelns wirken, aber dieses ermöglichen. So soll dem eben erwähnten Essay von Philippe Lançon über den Terroranschlag auf die Redaktion von *Charlie Hebdo*, welche der Journalist knapp überlebte, eine modellierte Perspektive der Täter in Form von Mahir Guvens Roman *Grand frère* gegenüber gestellt werden. Ausgehend von dieser Gegenüberstellung zweier komplementärerer Perspektiven auf terroristische Gewalt sollen auch bezüglich der oben erwähnten Komplexität und kausalen Kontingenz des Terrorismus und seiner Zusammenhänge mit weiteren Formen der Gewalt die Möglichkeiten literarischen Erzählens über und als symbolpolitische Gewalt zwischen Fiktionalität und Faktualität ausgelotet werden. Wohin führt die Instrumentalisierung terroristischer Gewalt im Namen der Religion sowie als radikalste Form der Kritik an Gesellschaftsstrukturen, wenn menschliche Individuen und ihr Recht auf Leben negiert werden?

Bei aller Verschiedenheit der erzählten und im Folgenden diskutierten Geschichten, ihrer jeweiligen Intertexte sowie der jeweils strategischen Wahl erzählerischer Mittel, soll deutlich werden, dass es bei dieser Erzählung symbolpolitischer Zusammenhänge der Gewalt um deren Aussagekraft hinsichtlich einer auf Dauer gestellten und im Gewaltakt offenbar werdenden Dysfunktionalität gesellschaftlichen Zusammenlebens, der dort herrschenden Inklusions- und Exklusionsmechanismen, geht. Diese Dysfunktionalität betrifft Systeme und Institutionen des Staates wie auch der Medien genauso wie die Macht und Machtlosigkeit des oder der Einzelnen gegenüber Diskursen, welche Spannungen und Krisen des Zusammenlebens verdecken und perpetuieren. Kann Literatur auch aus einer kritischen Modellierung symbolisch wie politisch aufgeladener Gewalthandlungen heraus Aussagekraft über das Funktionieren und die Dysfunktionalität gesellschaftlichen Zusammenlebens beanspruchen?

5.1 Verratene Vergangenheit, die Lüge und das System: Der Roman *Assommons les pauvres!* (2011) von Shumona Sinha

Ein erster Intertext des im Jahr 2011 erschienenen Romans *Assommons les pauvres!* der 1973 in Kolkata geborenen, indisch-französischen Schriftstellerin und Dolmetscherin Shumona Sinha ist leicht bereits an dessen Titel zu identifizieren.[29] Dieser rekurriert auf das französische 19. Jahrhundert und führt zu einer jener ‹Gegenszenen›, welche der wohl einflussreichste Lyriker jener Epoche aus der Perspektive einer gewalttätigen, bedrohlichen, doch mit neuen ‹Schönheiten› und Sinnhaftigkeiten versehenen Moderne einer jahrhundertealten biblischen, aber auch zeitgenössisch-sozialrevolutionären Tradition der Barmherzigkeit entgegenschleuderte.[30] Es geht dabei sowohl in diesem historischen Referenztext wie in Sinhas Roman um eine Gegenepisode zu jener ‹Urszene› christlicher Barmherzigkeit und Solidarität mit den Armen, welche den heiligen Martin von Tours, einen der französischen ‹Nationalheiligen› und Schutzpatron Frankreichs, mit einem auf dem Boden liegenden Bettler durch das Teilen seines Mantels verband.[31]

Sinha benannte ihren zweiten Roman *Assommons les pauvres!* nach dem gleichnamigen Prosagedicht aus Charles Baudelaires postum veröffentlichter Ge-

---

29 Vgl. Sinha, Shumona: *Assommons les pauvres!*, op. cit. Bemerkenswert auch die dramaturgische Umsetzung des Romans für mehrere deutschsprachige Theaterbühnen, insb. unter der Regie von Anne Lenk und der Dramaturgie von Gábor Thury und Sandra Küpper für das Hamburger Thalia-Theater (Uraufführung 15.09.2016). Der Roman wurde in Frankreich mit dem *Prix du roman populiste* und dem *Prix littéraire Valery Larbaud*, dem *Prix du rayonnement de la langue et de la littérature françaises* der *Académie française*, in Deutschland mit dem *Internationalen Kulturpreis* ausgezeichnet.
30 Vgl. Baudelaire, Charles: Assommons les Pauvres ! In: *Œuvres complètes de Charles Baudelaire*. Bd. IV: *Petits Poèmes en prose, Les Paradis artificiels*. Paris: Michel Lévy frères, 1869, S. 142–145.
31 Zu den zahlreichen und sehr unterschiedlichen Interpretationen des späten Baudelaire in philosophisch-nietzscheanischer (grundlegend dazu auch Fondane, Benjamin: *Baudelaire et l'expérience du gouffre*. Paris: Seghers 1947), psychoanalytischer und sozialpolitischer Hinsicht vgl. Murphy, Steve: *Logiques du dernier Baudelaire*. Paris: Champion 2007; insbesondere die Baudelaire'sche Herausforderung an den Vertreter eines solidarischen Anarchismus, Pierre-Joseph Proudhon, im letzten Satz / Vers gab Anlass zu Spekulationen; vgl. hierzu etwa Van Slyke, Gretchen: Dans l'intertexte de Baudelaire et de Proudhon: pourquoi faut-il assommer les pauvres ? In: *Romantisme* 14/45 (1984), S. 45–57.

dichtsammlung der *Petits poèmes en prose* aus dem Jahr 1869. Es handelt sich um einen kurzen Text, welcher ebenso wie Sinhas Erzähltext die soziale Frage anhand eines Akts scheinbar spontan eskalierender Gewalt stellt. Darin verlässt das lyrisch-erzählende Ich seine Wohnung in einem von Schwindel und Dumpfheit geprägten Zustand, noch überwältigt von seiner gerade beendeten Lektüre von Abhandlungen über die Kunst, welche die Menschen auf kurzem Wege glücklich, weise und reich machen solle. Als es gerade ein Musiktheater betreten will, reicht ihm ein Bettler seinen Hut mit einem Blick, der Mitleid hervorrufen möchte. Anstatt so zu tun, als würde er ihn ignorieren, hört das Ich auf einen inneren Dämon, der ihm Folgendes zuflüstert: «Celui-là seul est l'égal d'un autre qui le prouve, et celui-là seul est digne de la liberté qui sait la conquérir» / «Nur der ist einem anderen ebenbürtig, der es beweist, und nur der ist der Freiheit würdig, der sie zu erringen weiß».[32] Das Erzähler-Ich folgt diesem Gedanken und verprügelt den Bettler. Es wird Zeuge, wie dieser sich mit unerwarteter Energie aufrichtet und den Erzähler mit hasserfülltem Blick anstarrt, den letzterer wiederum als gutes Vorzeichen interpretiert. Hierauf spricht der Erzähler den Bettler an: «Monsieur, *vous êtes enfin mon égal* ! veuillez me faire l'honneur de partager avec moi ma bourse ; et souvenez-vous, si vous êtes réellement philanthrope, qu'il faut appliquer à tous vos confrères, quand ils vous demanderont l'aumône, la théorie que j'ai eu la *douleur* d'essayer sur votre dos.»[33]

Der nunmehr ‹philanthrope› Bettler versichert dem Ich, dass er die Theorie verstanden habe und den Ratschlägen des Angreifers von nun an folgen werde. Das Prosagedicht endet im Manuskript mit jener nicht in allen Ausgaben gedruckten ‹Einladung zum Dialog mit Proudhon›, welche eine ambivalente Haltung gegenüber uneingeschränkter gesellschaftlicher Solidarität, eine Auseinandersetzung Baudelaires mit der politischen Idee aber auch den Zweifeln am Gelingen einer sozialen Revolution im Dienste einer gerechteren Eigentumsordnung und der Emanzipation marginalisierter Klassen erkennen lässt: «Qu'en dis-tu, Citoyen Proudhon?» – «Was sagst Du dazu, Bürger Proudhon?»[34]

---

[32] Baudelaire: Assommons les Pauvres !, S. 143: «Mein Herr, Sie sind *mir endlich ebenbürtig*! Bitte erweisen Sie mir die Ehre, meinen Geldbeutel mit mir zu teilen; und denken Sie daran, wenn Sie wirklich ein Philanthrop sind, dass Sie die Theorie, die ich *schmerzlich* an Ihnen ausprobiert habe, auf alle Ihre Kollegen anwenden müssen, wenn sie Sie um Almosen bitten» [ML].
[33] Ebda., S. 145.
[34] Vgl. Van Slyke: Dans l'intertexte de Baudelaire et de Proudhon, S. 58 u. 77.

Diese bei Sinha paratextuell evozierte Szene, welche die Themen Armut und Gewalt, aber auch Würde und Ohnmacht zweier asymmetrisch und unter unterschiedlichen Bedingungen an der Peripherie der französischen Gesellschaft Partizipierender aufruft – Bohémien und Clochard –, reproduziert das zentrale Gewaltereignis in Sinhas Romans. Es handelt sich dabei um das wütende ‹Attentat› der (vermeintlich?) gesellschaftlich höherstehenden, aber ebenfalls marginalisierten Ich-Erzählerin auf einen Schwächeren.[35] Wie Baudelaires Intertext spielt der Roman mit den Themen Exklusion und Eigenverantwortung, verbindet sie aber mit jener ‹Anpassung› an die Normen und Standards einer von Migration geprägten Mehrheitsgesellschaft, welche auf Deutsch mit dem vieldiskutierten Begriff der ‹Integration› belegt ist. Shumona Sinha wies in einem Interview für das Magazin *Literaturkritik.de* auf einen von ihr selbst erfahrenen und komplexen Zusammenhang gesellschaftlicher Selbstisolation migrantischer Communities hin, welcher hinsichtlich der terroristischen Anschläge von 2015 auch die Frage nach einer *ethnischen*, damit partikularisierenden Solidarität unter Zugewanderten stellt, die ein gesamtgesellschaftliches Verantwortungsgefühl im Keim erstickt. Dabei ist es nicht so sehr – im Roman aber durchaus auch – das Problem einer von dieser Gesellschaft verhinderten Partizipation neu zugewanderter Menschen und Kulturen, sondern eine aktive Verweigerungshaltung gegenüber Kultur und Sprache des aufnehmenden Landes aufgrund eben dieser *ethnischen Solidarität*, welche gesellschaftliche Partizipation aus dem Partikularen der eigenen Community heraus erschwert:

> Ich denke, dass meine Erzählerin überhaupt nichts zu verbergen hat in Bezug auf ihre Herkunft. Wie ich bereits gesagt habe, bin ich persönlich absolut gegen ethnische Solidarität, ich bin sogar der Überzeugung, dass sie gefährlich ist. Ich habe so viele Menschen gesehen, die sich in ihre Gemeinschaften zurückziehen, die nicht einmal wirklich wissen, dass sie in Europa leben. Und wenn dann so etwas passiert, wie letztes Jahr die Attentate auf Charlie Hebdo oder im Bataclan, dann betrachten sie diese wie ein Fußballspiel. Als diese Katastrophen geschehen sind, hat es einige meiner indischen oder bangladeschischen Bekannten, die seit 20 oder 30 Jahren in Frankreich wohnen, überhaupt nicht gekümmert. Ich selbst lehne eine solche Mentalität ab und ich kritisiere sie. Ethnische Solidarität ist der Grund dafür, dass nur das interessiert, was im eigenen Land passiert und einem alles andere egal

---

35 In ihrem Interview für die *Deutsche Welle* stellt Sinha den Begriff der ‹Würde› ins Zentrum der Debatte um ihren Roman; vgl. dazu Peschel, Sabine: Lit prize winner Shumona Sinha: ‹As a writer, I search for the truth›. Sabine Peschel spoke with Shumona Sinha in Berlin. In: *DW. Books* (24.06.2016), s.p., online unter https://www.dw.com/en/lit-prize-winner-shumona-sinha-as-a-writer-i-search-for-the-truth/a-19353395, konsultiert am 27.06.2021.

ist. Wenn heute ein Pakistaner in einer Frage, die Indien betrifft, meines Erachtens Recht hat, dann unterstütze ich ihn und nicht mein Heimatland.[36]

Diese Bezugnahme der Autorin auf ihren Romantext sowie auf eine spezifische, von ihr selbst erlebte gesellschaftliche Problematik im Zusammenhang mit Migration und ‹Integration› ethnischer Kollektive markiert klar einen gesellschaftspolitischen Kontext, in welchem der Roman als literarisches Statement fungiert. Die Wechselwirkung zwischen Leben und ‹Werk›, extra- und intratextuellem Geschehen sind hier wiederum, aber vollkommen anders als in Formen autobiographischen und autofiktionalen Schreibens sehr konkret für die Leserschaft sichtbar, da Sinha nach Veröffentlichung des Buchs ihre Anstellung als Dolmetscherin bei der französischen Asylbehörde (*Office français de protection des réfugiés et apatrides*, kurz: *Ofpra*) verlor.[37] Dies ist nicht nur ein weiteres autobiographisches, ‹realgeschichtliches› und auch trauriges Indiz für die Wirkkraft literarisch modellierter Gesellschaft in weiteren Diskursräumen, das ironischerweise auf extratextueller Ebene die Funktionsweise der im Roman dargestellten Gewalt ‹illustriert›, sondern situiert auch den Baudelaire'schen Referenztext in einem Sinnzusammenhang, welcher in mehrere Richtungen gesellschaftskritisch – auch als Kritik aus dem System am System – zu verstehen ist. Reale Autorin wie Ich-Erzählerfigur nehmen dabei eine Perspektive des ‹Dazwischen› ein, wobei sprachlich, aber wie in der Diegese des Texts deutlich wird auch kulturell und individuell-menschlich eine vermittelnde Position dieses ‹Dazwischen› blockiert wird und damit die eigene Daseins-Berechtigung in der Rolle einer Übersetzerin fraglich geworden zu sein scheint:

> Zwischen den Stühlen wird die Position der Übersetzerin immer problematischer. Selbst aus Indien eingewandert, sieht sich die Erzählerin einer Zerreißprobe ausgesetzt, die strukturell nicht aufhebbar ist: Der eigene Aufstieg in der französischen Gesellschaft katapultiert sie auf die «andere Seite der Dinge, auf der sie nun Teil des Systems der Privilegierten ist

---

36 Ries, Anna-Katharina: «Wahrheit und Lüge sind nicht so einfach voneinander zu trennen» Interview mit der Autorin Shumona Sinha und ihrer deutschen Übersetzerin Lena Müller über das Asylsystem und den Roman «Erschlagt die Armen!» In: *literaturkritik.de. Rezensionsforum* 8 (August 2016), s.p., online unter https://literaturkritik.de/id/22312, konsultiert am 27.06.2021.
37 Interessant ist hierbei die Lesart von Shumona Sinhas Erzähltext als ‹Autofiktion› durch die französische Asylbehörde als Grund von Sinhas Entlassung, obwohl die Möglichkeit einer solchen Lesart von der Autorin selbst dementiert wurde, also weder die para-, epi- noch architextuelle Zuordnung darauf hinweisen, dass dieses Genre bedient werden sollte; vgl. Simon, Catherine: Congédiée pour avoir dépassé les «limites». L'Office français de protection des réfugiés et apatrides n'emploiera plus Shumona Sinha. In: *Le Monde* (15.09.2011), online unter https://www.lemonde.fr/livres/article/2011/09/15/congediee-pour-avoir-depasse-les-limites _1572516_3260.html, zuletzt konsultiert am 27.06.2021.

und sich mitschuldig macht. Ihre Solidarität mit den Schicksalen bedeutet für die Erzählerin, sich unsolidarisch zu verhalten.[38]

Es wird anhand der zitierten epitextuellen Kommentar-Fragmente zum Roman deutlich, dass hier ein bestimmtes Konzept von Gesellschaft als *Gemeinschaft* zur Debatte steht. Dieses müsste sogenannte soziale ‹Minderheiten› genauso umfassen wie es die ‹bürgerlichen› Schichten und Milieus der sogenannten ‹Mehrheitsgesellschaft› zur Solidarität aufruft. Ethnisches Zugehörigkeitsgefühl und Identitäts-Zuschreibungen sind dabei ambivalente Bindeglieder, welche Gemeinschaft im Exklusiven der Gruppe durchaus fördern, in Form von Ethnozentrismus, ‹Ethnopluralismus› und Rassismus solidarisches Handeln und Zusammenleben jedoch von vielen Seiten zerstören.

Sinhas an Biographemen angelehnter, aber fiktionaler Text erzählt in diesem Zusammenhang von der Wut der Ich-Erzählerin über die eigene Ohnmacht, weder solidarisch mit der westlich-europäischen Gesellschaft sein zu können, in welcher sie lebt und arbeitet, noch mit den aus dieser Gesellschaft Ausgeschlossenen, den Asylsuchenden und Eingewanderten, denen auch die Eltern der Erzählerin einst angehörten, was in einem scheinbar irrationalen Akt der Gewalt gipfelt. Daneben ist es das Thema der Heimatlosigkeit, welches eine zentrale Rolle für das Verständnis der Protagonistin dieses Erzähltexts spielt. Dieses Thema nimmt auch auf intratextueller Ebene – in Sinhas Romanen *Calcutta* (2014) und *Apatride* (2017) – breiten Raum ein.[39] Während *Calcutta* von einer ‹Rückkehr› der in Europa lebenden Protagonistin in das ihr fremd gewordene West-Bengalen ihrer Kindheit erzählt, wandeln die drei weiblichen Hauptfiguren von *Apatride* aufgrund ihrer jeweils vollkommen unterschiedlichen Situation zwischen einem Europa und einem Indien jenseits einfacher kultur-stereotyper Zuschreibungen. Durch die in letztgenanntem Roman entfaltete literarische Aufspaltung der Perspektiven unterschiedlicher Milieus und Lebenswege lassen sich die erzählten Lebenswelten nicht auf einen abgeschlossenen analytischen Begriff bringen, welcher die jeweiligen Gesellschaften als ‹Essenzen› erfassen könnte.

Und trotz einer autodiegetischen Erzählstimme wird in *Calcutta* wie auch in *Assommons les pauvres!* eine polyperspektivische Herangehensweise durch die Erzählungen der Figuren eröffnet. Die von den Figuren erlebten Formen von Rassismus, Sexismus und Gewalt erscheinen auf beiden Kontinenten – in Europa wie in Asien, in Frankreich wie im Indien oder dem Bangladesch der im

---

38 Messling: *Universalität nach dem Universalismus*, S. 163; vgl. auch das Shumona Sinha gewidmete Kapitel in ebda., S. 162–169.
39 Vgl. Sinha, Shumona: *Calcutta*. Roman. Paris: Éditions de l'Olivier 2014; dies.: *Apatride*. Roman. Paris: Éditions de l'Olivier 2017.

Roman geschilderten Asylbewerber*innen – als abhängig von biographischen, politischen, kulturellen und ökonomischen Konflikten, welche in ihrer Kontingenz jedoch stets auch das Funktionieren vermeintlich stabiler gesellschaftlicher Rollenerwartungen und Normen in Frankreich und andernorts betreffen und teilweise von diesen gefördert werden.[40] *Assommons les pauvres!* thematisiert zwar ebenfalls diegetisch wie stilistisch das Wandeln zwischen mehreren Kulturen und Welten, vor allem im geographischen Dreieck zwischen Indien, England und Frankreich, welches die Erzählerin prägt; jedoch stellt das literarische Modell des Romans vor allem die Lebenswirklichkeit des Zusammenlebens innerhalb der französischen Gesellschaft unter vielen Aspekten verschiedener Kulturen, Meinungen, Religionen und Vorurteile auf den Prüfstand.

Erzählt wird eine Geschichte, welche sich um folgendes Gewalt-Ereignis entspinnt: Die autodiegetische Erzählerin, selbst ‹Ausländerin› in Frankreich mit einem familiären Hintergrund, welcher sie in der indischen Kultur der westbengalischen Region um Kolkata verortet, dem ehemaligen Kalkutta, schlägt einen Einwanderer mit einer Flasche Wein nieder, nachdem dieser sie wohl als Mitarbeiterin der französischen Asylbehörde in einem Metro-Zug erkannt hat und wüst beschimpft. Auf der Polizeiwache, wo sie von einem Polizisten mit dem (kafkaesken) Namen K. verhört wird, erzählt sie rückblickend in 22 kurzen episodischen Kapiteln, welche schon aufgrund ihrer bildreichen Überschriften selbst als kleine reflektierende Erzählungen in der Erzählung gelten können, wie es zu jener Situation der Gewalt gekommen ist, aufgrund derer sie sich nun in Polizeigewahrsam befindet. Diese weibliche Erzählerin arbeitet als Übersetzerin in einem Aufnahmezentrum für Asylbewerber an einem der eher trostlosen Ränder von Paris, der sonst vielgerühmten «Ville Lumière» – sie ist jung, gut ausgebildet und vollkommen ‹integriert›.[41] Nach erfolgreich abgeschlossenem Studium hatte sie sich für einen Aufenthalt in Frankreich entschieden und aufgrund ihrer Liebe zu Fremdsprachen einen Job als Übersetzerin für die französische Einwanderungsbehörde angenommen. Ihre Tätigkeit besteht darin, unermüdlich die glei-

---

40 So erwähnt Sinha auch im Interview eine im Roman nicht tiefer artikulierte ethnisch-politische Problematik in dessen Figurenkonstellation, welche allein aufgrund der Herkunft der indischen Übersetzerin entsteht, indem diese Asylsuchenden aus dem mit Indien politisch wie religionsbedingt verfeindeten Bangladesch mit mehrheitlich muslimischer Religionszugehörigkeit gegenübersitzt; vgl. Ries, Anna-Katharina: «Wahrheit und Lüge sind nicht so einfach voneinander zu trennen», s.p.
41 Vgl. Sinha: *Assomomons les pauvres !*, S. 120 f., wo auch die Welt und die Umgebung einer Gemeinschaft der Asylsuchenden inmitten der sie aufnehmenden Gesellschaft als abgetrennter, von der Ich-Erzählerin in ihrer Biographie lange zurückgelassener Ort, als «un ghetto. Un autre pay» / «ein Ghetto. Ein anderes Land» beschrieben wird. Ebda., S. 121.

chen präzisen, aber genormten Fragen zu stellen und sich mit den mehr oder weniger gefälschten Antworten der Asylbewerber*innen zu konfrontieren, die sie mit größtmöglicher Neutralität zu übersetzen sucht. Diese neutrale Herangehensweise soll dazu dienen, den prüfenden Sachbearbeiter*innen zu gestatten, aufgrund der Art der verwendeten Worte, dem Zögern oder einer übertriebenen Darstellung die ‹Wahrheit› hinter den gut vorbereiteten, aber oft verzweifelten Lügen zu finden. Die von den Beamt*innen mit Unterstützung der Übersetzer*innen durchgeführte Befragung, die gewissenhaft in der Personalakte der jeweiligen Asylsuchenden festgehalten wird, ist dabei Schlüsselelement für das Berufungsgericht, welches über die Gewährung von Aufenthaltstiteln und politischem Asyl entscheidet.

Während die für diese Berufsausübung erforderliche Distanz der zurückhaltenden Natur der jungen Frau entspricht und ihr erlaubt, ihre Emotionen auf Distanz zu halten, gewinnen mit der Zeit Müdigkeit und Überdruss die Oberhand. Dazu kommt der Druck von Kolleg*innen und Anwält*innen, die sich wünschen, dass sie die Ausübung ihres Berufs ändern möge, ihre neutral-technische Haltung zugunsten einer humanistischen und wohlwollenden Interpretation der Antworten aufgeben solle: Sie wird dazu angehalten beim Übersetzen auszulassen, was den Bewerber*innen schaden könnte, und hinzufügen, was ihnen vor Gericht hilft. Schließlich lässt die Erzählerin ihre Arbeit auch im Alltag nicht mehr los. Sie flüchtet sich in Rausch und sexuelle Abenteuer, um ihre Arbeitserfahrungen zu vergessen. Bisweilen wird die Erzählerin auf der Straße von Angst überwältigt, wenn sie denkt, dass sie eine*n unzufriedene*n Asylsuchende*n erkennt, bisweilen empfindet sie Abscheu, aber auch «Angst und Wut», «peur et colère», wenn sie von denen angesprochen wird, die aufgrund ihrer ‹phänotypisch› erkennbaren Herkunft oder ihrer dunkleren Hautfarbe eine privilegierte Behandlung durch diese ‹indische› Staatsbedienstete erwarten.[42]

In einem der abschließenden Kapitel des Romans wird schließlich der ganze Hass, aber auch die Verzweiflung sowie der Zwiespalt der Ich-Erzählerin über ein Elend deutlich, von dem sie sich unbedingt abgrenzten möchte, dem sie aber dennoch in irgendeiner Form etwas entgegensetzen will. Diese Reaktion inneren Konflikts folgt auf ihre unangenehme Begegnung mit einem Mann, der ihr bereits gefolgt war, der sie in einer Metrostation auf Bengali anspricht und sie möglicherweise aus der Asylbehörde wiedererkennt:

> L'homme suit mes pas. Il lance encore un *s'il vous plaît*. M'avoir suivie de quelques pas lui a donné le droit et le courage d'insister. « Mais je n'ai pas les droit de vous parler ! » fais-je avant d'enjamber le tapis d'une mendiante à genoux et muette, dont la pancarte

---

[42] Ebda., S. 134.

en carton nous informe qu'elle a faim. Ailleurs, autrefois, je l'ai vue allongée en prière vers un dieu indéfini, la tête voilée frôlant le sol crasseux. Je ne me souviens pas si j'avais eu envie de donner un coup de pied à cette masse de chiffons noirs ou de la redresser, de l'aider à s'asseoir droit. Qu'elle fasse la manche après !⁴³

Dabei wird auch die paratextuell evozierte Szene aus Baudelaires Kurztext im Verhalten der Ich-Erzählerin gegenüber der im Zitat erwähnten Bettlerin in einer Pariser Metrostation ‹anzitiert›, als erstere für einen Moment darüber nachdenkt, die Frau entweder aufzurichten oder zu schlagen. Der Titel dieses Kapitels, «La géométrie impossible», bezeichnet dabei einen für das Verständnis des Romans zentralen Begriff, der bereits vorher der Leserschaft erklärt wurde, als die Erzählerin die Bedeutung der «unmöglichen Geometrie» dem verhörenden Beamten K. im Kapitel «Le pays d'argile», «Das Land aus Lehm», erläutert. Auf dessen Frage nach ihrer eigenen Flucht-Geschichte aus Westbengalen antwortet die Erzählerin: «– On ne peut jamais retourner à l'endroit de départ. Il n'est plus là. – Qui n'est plus là? – Mais l'endroit, voyons ! – Pourquoi ça ? – L'espace s'est déplacé avec le temps. C'est la géométrie impossible de la vie. – ... ».⁴⁴

Die Unverortbarkeit von Herkünftigkeit in einem bestimmten Raum durch das Vergehen der Zeit, Heraklits *panta rhei*, welches diesen nur noch in der Erinnerung der Geflüchteten oder durch Menschen ähnlicher Hautfarbe und Ethnie als Raum des einst ‹Eigenen› mit der eigenen ‹Identität› in Verbindung bringt, macht die Frage des Beamten nach ihrer ‹Herkunft› für die Erzählerin überflüssig – nicht jedoch für das System einer Einwanderungsgesellschaft. Dennoch ist es eben jener Raum der Kindheit, von welchem sie sich distanzieren möchte, der sie aber immer wieder – durch den sie verhörenden Beamten K., die Asylsuchenden oder die Bettlerin auf der Straße – verfolgt. Die symbolische Eskalation dieses Konflikts erfolgt schließlich in Form des oben erwähnten wütenden Ausbruchs von angestauter Aggression und auch Hass mitten in der U-Bahn, als die Erzählerin einen dunkelhäutigen Einwanderer mit einem «visage noir de haine» mit einer Flasche attackiert.⁴⁵ Doch liegen dieser symbolischen Ge-

---

43 Ebda., S. 135.
44 Ebda., S. 43: « ‹Man kann niemals zum Ausgangspunkt zurück. Er ist nicht mehr da.› ‹Wer ist nicht mehr da?› ‹Der Ausgangspunkt natürlich.› ‹Warum?› ‹Der Raum hat sich mit der Zeit forbewegt. Das ist die unmögliche Geometrie des Lebens.› [Übersetzung Lena Müller].» Die Geometrie-Metapher wird im Anschluss mit Bildern der Navigation anhand der Sterne erläutert, welche sich ebenfalls mit der Positionsveränderung der Seefahrer ‹wegbewegen› und scheinbar nicht mehr an ihren Platz ‹zurückkehren›, außer durch eine erneute Ortsveränderung bei der physischen Rückkehr der Reisenden.
45 Vgl. ebda., S. 148 f.

walttat nicht nur persönlich-biographische, sondern auch systemkritisch-politische Ursachen zugrunde. Dies wird der Leserschaft durch eine bestimmte Erzähltechnik deutlich gemacht, die im Roman Anwendung findet und welche die Erzählstimme zwischen Erinnerungsarbeit an ihr früheres Leben und Urteil über ihre gegenwärtige Lage schwanken lässt.

Zwar privilegiert dabei die autodiegetische Erzählstimme die Reflexionsbewegungen und Gedanken der Protagonistin, doch kommen in Form von externer Wahrnehmung und Interpretation auch andere Stimmen, Einstellungen und Perspektiven über diese alles zentrierende Stimme zur Geltung. Eine reflektierende Deskription vermittelt über die Beobachtung der Erzählstimme weitere Figuren des Romans, deren Akte, Gesten und Reden wie jene der Asylsuchenden oder aber diejenigen von Kolleg*innen auf der Behörde. Diese werden jedoch stets in einen Bezug zu den Sprach- und Lebenswelten der Erzählerin gestellt. Die Kommunikation mit den ‹Anderen› erfolgt somit neben erzählter und direkter Rede vor allem aufgrund von Mutmaßungen und Projektionen der Erzählerfigur, welche dabei stets den Kern der Diegese bilden. Es ist also nicht (nur) die Beschreibung und Anklage einer Dysfunktionalität des Asylsystems, sondern in erster Linie das Erleben und Reflektieren dieser Dysfunktionalität innerhalb dieses Systems aus Sicht eines seiner technischen ‹Elemente› in Übersetzerfunktion, welches hier im Vordergrund steht. Der Leserschaft werden in diesem Zusammenhang Figuren in ihren Äußerlichkeiten zwar durchaus präzise beschrieben, bleiben jedoch lediglich aus den eingestreuten Biographemen der Erzählstimme, ihren eigenen Bildwelten und Ausdrucksformen verständlich. So ist beispielsweise bei ihrer von Anklängen homoerotischen Begehrens begleiteten Beschreibung der Kollegin Lucia, einer auf Martinique geborenen Russin, rasch eine Nähe zum eigenen Erleben hergestellt, als sie die vielfache Herkünftigkeit jener Frau mit Hilfe einer metaphorischen Assoziation von Migration, Naturgewalt und Plattentektonik umschreibt – ein semantisches Feld, welches den gesamten Text durchzieht. Wie die Erzählerin trägt diese ‹leuchtende Heilige› mehrere Kontinente in sich – die Karibik, also Amerika, Asien und Europa – und fasziniert erstere durch diese Spiegelung ihrer eigenen Biographie:

> C'était un des rares moments où je pouvais enfin regarder Lucia. Me fondre dans son halo. Lumineuse, laiteuse, Lucia me rappelait les anciennes images de la beauté, les folklores, les épopées grecques, les voyages périlleux des marins et leurs fables. [...] Une Russe, née en Martinique, avec un prénom de sainte du calendrier. Son visage ne trahissait pas ses pensées. Elle transportait en elle trois continents. Des fragments de ces terres

diverses devaient bouger et se bousculer. Je ne savais pas si elle ressentait les séismes et les tornades au fond d'elle.⁴⁶

Die hier beschriebene Kollegin Lucia wird in dieser klar gräzisierenden und auch europäisierenden Deskription als Gegenentwurf und Projektion mit dem Leben und der Selbstbezeichnung dieser Erzählstimme als «Kalis Zunge» in unmittelbaren Zusammenhang gebracht, jener vor allem in Westbengalen verehrten, schwarzen, sowohl nährenden wie zerstörenden Schicksals-, Todes-, Mutter- und Kriegs-Göttin, deren wichtigstes Heiligtum in der Geburtsstadt der Autorin wie auch dem Herkunftsort der Erzählstimme steht.⁴⁷ Die Erzählerin enthüllt der Leserschaft nämlich an anderer Stelle ein Selbstbild, welches eher die Erlebnisse von Zorn und Tod in sich aufgesogen hat, als dass es ‹gütig› und ‹licht› wie die begehrte Kollegin mit dem hellen Namen erscheinen könnte. Damit wird die indische Mythologie des Zyklus von Tod, Zerstörung und Wiedergeburt mit den Überschwemmungen der Landschaften Bengalens, der eigenen erinnerten Biographie sowie den erzählten Fluchtgeschichten in Zusammenhang gebracht und gleichzeitig der im Zitat aufscheinenden mediterran-antiken, aber hier transareal, d. h. russisch-karibisch konnotierten Licht- und Ordnungs-Metaphorik gegenübergestellt, wie sie zugleich auch die im Roman zart angedeutete Liebesgeschichte mit Lucia enthüllt.

Die innere Zerrissenheit dieser Erzählerin, dieser «Zunge» des Systems, als den Asylsuchenden den Tod bringende Übersetzerinnen-Kali, welche ihr Schlaflosigkeit und Wut beschert, macht die Erzählinstanz vor allem in den Verhörszenen – ihrer eigenen auf dem Polizeirevier wie denjenigen der Asylsuchenden in der Behörde – deutlich. Diese stehen weniger im Zeichen des Dialogs und der Transparenz des oder der ‹Anderen›, sondern provozieren vielmehr einen Monolog der Erzählerinnenstimme, der Erinnerungsfetzen mit mythologischen und archaischen wie apokalyptischen Bildern und Stimmungen einer alles verschlingenden Natur oder Gottheit auflädt. In der Wiederholung des «Je me souviens», des «Ich erinnere mich», wird die oben erwähnte «unmögliche Geometrie» der Erinnerung an eine Kindheit zwischen Spiel, Armut und uner-

---

46 Ebda, S. 66 u. S. 75 f. Zu dieser Euphorie hinsichtlich alles Europäischen vgl. den Satz «Cette Europe même sous morphine le fait suffisamment rêver.» Ebda., S. 137.
47 Sanskrit, f., काली, kālī, wörtl.: «Die Schwarze» als dunkler Aspekt der beliebten Durga, nicht zu verwechseln mit dem Streit-Dämon Kali, welche als Kalika in Kolkata im berühmten Kalighat-Tempel verehrt wird; vgl. im Roman das Kapitel «Langue de Kâli» (ebda., S. 25–29), wobei darauf hingewiesen sei, dass die «Langue» hier natürlich sowohl metonymisch als Zunge wie als Sprache und – synekdochisch – als die Person der oder des Übersetzenden selbst verstanden werden kann.

bittlicher Natur zur Gegenwart, welche wie ein Mantra von der Erzählinstanz sprachlich Besitz ergreift. Es entsteht eine Landschaft, welche mittels erzählerischer wie philosophisch-mythologischer Elemente auch ein Wissen über die eigene Verortung innerhalb eines Raums unterschiedlicher Logiken und Standpunkte transportiert:[48]

> La vie est un monologue. Même quand on croit établir une conversation, ce n'est que le hasard du moment qui fait en sorte que deux monologues se croisent [...]. Dans les bureaux les questions et les réponses se croisaient, mais demeuraient isolées. [...] Moi je titubais entre honte et irritation. Car je me souvenais moi aussi de la terre d'argile, du pays en érosion, entre les dents de l'eau féroce, de la baie vorace, de l'eau noire aux langues de Kâli, la déesse cruelle, qui avalait hectare après hectare. [...] Je me souvenais de la terre noire, tendre, pâteuse au bord des rivières où s'entrelaçaient les racines des arbres. Dans la boue, dans l'eau jouaient les enfants, ils attrapaient les poissons minuscules, agités, que les vagues avaient ramenés jusqu'à la rive en pente, le soleil faisait scintiller la glaise semée de poissons et de mica, les poissons argentés de soleil brillaient sur l'eau jusqu'à la ligne invisible où se confondaient la baie et le ciel bas.[49]

Durch diesen Kontrast einer dunklen, erinnerten, in bisweilen bedrohlichen, bisweilen scheinidyllischen Bildern evozierten, aber verdrängten ‹Identität› der Erzählerin als Kind eines unwirtlichen Landes der Naturgewalten, welches sie seltsamerweise mit «honte» erfüllt, mit «Scham», wird die zu ihr konträre, helfende, ‹heilige› Lucia in deren eigenem Erleben, in der Kontingenz eines anderen Bewusstseins innerhalb derselben ‹identitären› Situation intransparent. Sie stellt wie das ersehnte Europa der Asylsuchenden, jenes Frankreich, in dem auch die Erzählerin eine ‹Heimat› gefunden hat, eine Projektion dar, was in der Beschreibung Lucias durch das Lexem «mystère» deutlich wird.[50] Doch verliert sich dieses Interesse, als Lucia sich ebenfalls in den Verhörsituationen ihrer beider Arbeit unmittelbar wieder in die Prozesse und die Sprache der Behördenvorgänge eingliedert. In den protokollarischen Abläufen der Befragungssituationen gewinnt vielmehr wieder die im Zitat erwähnte monologartige Hermetik zwischen Befragenden und Befragten die Oberhand. Sie affiziert in ihrer Banalität auch das Begehren der Erzählerin, sobald der Sprache des Systems, in Form von Deskription, protokollarischem Ablauf und Erfüllung der Erwartungen an die ausführenden Organe dieser Administration Priorität durch die vorher ver-

---

48 Vgl. zu dieser komplexen erkenntnistheoretischen, aber auch subjekttheoretischen Aufladung des Landschaftsbegriffs anhand von Roland Barthes' Denk- und Schreiblandschaften Ette, Ottmar: *Roland Barthes: Landschaften der Theorie* (2013), op. cit.; sowie ders.: *WeltFraktale*, S. 109–114.
49 Sinha: *Assomomons les pauvres !*, S. 37 f.
50 Ebda., S. 77.

klärte und begehrte ‹heilige Andere› eingeräumt wird. In Befragungssituationen wird auch die «heilige Lucia» zu einer kalten, gegenüber den Schicksalen der ‹bearbeiteten› Individuen indifferenten und unbarmherzigen, ihre Pflicht erfüllenden Sachbearbeiterin an der Oberfläche des Systems, dem sie dient.[51]

Anhand des obigen Zitats wie andernorts im Roman mit seinen stilistischen Kontrasten wird ein Pendeln zwischen zwei ‹Sprachwelten› deutlich: Einer an Vergleichen, Mythen und Metaphern reichen Sprache der Erinnerung, der Liebe zu Lucia und der Beschreibungen individueller Charaktere von Asylsuchenden steht die verloren-individuelle Hermetik gereizter, desillusionierter, bisweilen wütender Beschreibungen des gegenwärtigen Zustands gegenüber. Stets bleibt es jedoch die Erzähl-Instanz, welche im Text die Interpretation von Lebenswelt dominiert. Im Roman entwickelt sich somit aus der Perspektive der Erzählstimme ein nicht in erster Linie um Referentialisierbarkeit, sondern um die Beschreibung gewaltiger Landschaften und Räume inneren Erlebens bemühtes subjektzentriertes Erzählen. Die Erzählstimme ist dabei vollkommen transparent in ihren Sympathien wie auch ihrer Verachtung gegenüber den von ihr reflektierten Individuen – seien es Kolleg*innen oder Asylsuchende. Durch diese Konzentration von Erzählstimme und Erzählmodus auf die Figur der Erzählerin wird jenseits ihres Eingebunden-Seins in das System ihres beruflichen Alltags umso stärker die *Dynamik* ihres Bewusstseins entgegen jeglicher statischer Interpretation ihrer biographischen und sozialen Situation ‹von außen› betont. Es werden die Tiefenbewegungen in den Abgründen einer sie neben der Sprache ebenfalls bestimmenden und hier mythologisch bildreich evozierten menschlichen Subjektivität, einer *Psyche* relevant gemacht. Erst nach dem Erzählvorgang wird so die abschließende Gewalttat wenn nicht entschuldbar, so doch transparenter: Es handelt sich um ein weniger von Irrationalität als von emotionsökonomischen, kulturellen und gesellschaftspolitischen Konflikt-Erfahrungen ‹vorbereitete› Handlung.

Wieder und wie in allen in dieser Studie diskutierten Erzähltexten verweisen dabei eine um Ausdruck und Erklärung der Gewalt bemühte Erzählstimme sowie ihre nur scheinbar irrational-autotelische und singuläre Gewalttat auf weitere Gewaltformen, welche die Handlung und das Figurenhandeln strukturieren und die eskalierende Gewalthandlung symbolisch aufladen.[52] Diese an-

---

51 Ebda.
52 Literarisch wird hier wieder jenes Zusammenspiel zwischen Gewalt-Situation und Gewalt-Prozess erfahrbar, welches die soziologische Gewaltforschung interessiert. Jedoch ist der in Sinhas Erzähltext modellierte ‹Prozess› eine biographisch komplexe, für Außenstehende opake Konfliktualität als Lebensthema der Ich-Erzählerin und die ‹Situation› nicht eingebettet in eine bedrohliche Welt des Überlebens (totalitäre Diktatur, Arbeitslager oder Notlage). Viel-

deren Gewaltformen spielen eine entscheidende Rolle, indem sie verborgene Ressentiments und das oft bereits in seiner ‹identitären› Selbst-Wahrnehmung verunsicherte Ich-Bewusstsein der Erzählerinnen-Figur sowie eine kulturell, räumlich wie sprachlich durch Abgrenzung geprägte gesellschaftliche Entsolidarisierung des urbanen und vor allem suburbanen Pariser Raums in der erzählten Welt des Romans zum Ausdruck bringen.

Vor allem die *Frustration* über die Vergeblichkeit der eigenen, den eigentlichen Asyl-Antragsprüfer*innen untergeordneten und doch machtvollen Tätigkeit als Übersetzerin sowie ihr ‹Verrat› an eigenen Idealen der Gerechtigkeit und Objektivität werden zu Katalysatoren einer Gewalteskalation.[53] Vergeblichkeit prägt nämlich die (erfolglose) Widerständigkeit der Erzählerin gegen die ebenso vergebliche ‹Regulierung› von Zuwanderung durch das System, für welches sie arbeitet – inmitten der alltäglichen Routine einer Verwaltungsbehörde. Komplementär zu dieser Bemühung um Regulierung nimmt die Erzählerin die laute, hektische, von Angst und Hoffnung, aber auch Wut und Aggressivität bestimmte Welt jener Menschen wahr, welche um Aufnahme in eine von dieser Erzählerin selbst mit repräsentierte Gesellschaft bitten.

An der Schnittlinie zwischen zwei Handlungsräumen – dem der Erzählerin und ihrer Kolleg*innen und dem der Asylsuchenden – siedelt sich die strukturelle Gewalt des Asylsystems an, in welchem die Regeln des Verhaltens der Asylsuchenden von ihrer erhofften Anerkennung abhängen, nachdem sie eine bisweilen willkürlich bewertete Anpassungsleistung an behördliche Erwartungen erbracht haben. Eine wirkliche ‹Anerkennung› erfolgt dabei jedoch in den seltensten Fällen, wohingegen zumeist Abschiebung oder das Abstellgleis als wahrscheinlichere Alternativen, als «impasse» oder «Sackgasse», drohen.[54] Einer durch den amtlich garantierten Zugehörigkeitsstatus definierten, formal-juristisch zugestandenen Zugehörigkeit zu einer freien Gesellschaft als ‹besserem Leben› in ökonomischer und politischer Sicherheit steht dabei auf

---

mehr geht es um erlebte Situationen des Arbeitsalltags, ergänzt um Situationen im weiteren gesellschaftlichen Raum, welche erst durch den Prozess sich steigernder Anspannung im Erleben des Bewusstseins der Ich-Erzählerin in eine Situation eskalierender Gewalt übergehen.

53 Zum wichtigen, in der Gewalttheorie getroffenen Unterschied zwischen «Krise» und «Frustration» vgl. Wieviorka: *La violence*, S. 147–159.

54 Vgl. zum Umgang mit dieser Verantwortung die einige Jahre nach der sog. ‹Flüchtlingskrise› des Jahres 2015 in Frankreich und Deutschland entstandenen Dokumentarfilme von Durand, Pierre-Nicolas: *Officiers du droit d'asile*. EKLA Production 2018; sowie von Budesheim, Sandra/ Zimmer, Sabine: *Auf dünnem Eis – Die Asylentscheider*. Hanfgarn & Ufer Filmproduktion 2017, welche Einblicke in die jeweiligen System-Abläufe beider Länder und die in Sinhas Roman beschriebene Dreiecks-Situation Prüfer*in – Übersetzer*in – Antragsteller*in zum großen Teil aus Perspektive der entscheidenden Systeminstanzen gewähren.

Subjektebene die Unsicherheit im Wartesaal einer zwangsläufig geteilten Gemeinschaft der Schutzsuchenden gegenüber, deren Verhaltensregeln von den Zwängen des Provisoriums bestimmt werden. Wieder ist es dabei die Naturgewalt der Plattentektonik und Erdbewegungen, in deren Bildern diese Situation der Unsicherheit und eines nackten Überlebenswillens literarisch versprachlicht wird:

> Mais les lois demeurent immuables. Les plaques de terre glissent sur les plaques de terre. La toile du ciel est trouée comme la tente d'un vieux cirque. Des pays entiers s'effondrent dans l'eau, c'est l'avenir qui sombre. Et toujours des troupeaux d'hommes montent vers le nord. Avec leurs mensonges, leur mesquinerie, leur obstination maladroite, leurs rêves tristes comme des chiffons.
> Les immigrés survivent malgré tout comme poussent des tiges rebelles sur une terre stérile. Ils trouvent toujours des moyens pour échapper aux coups de faucille.[55]

Diesen Wandernden, diesen «Menschenherden» gegenüber sitzen die Vertreter des ‹Systems›, die Vertreter der von ihnen angestrebten Gesellschaft. Es handelt sich bei dieser Gesellschaft um eine verwaltete, welche (im besten Falle) um einen neutralen Standpunkt bezüglich der Vergabeverfahren auf Asyl und der inneren Einstellungen zu diesen Vergabeverfahren durch Prüfung von Rechtsgrundlagen bemüht ist. Der Handlungsspielraum der Asylantragsprüfer*innen, welche in Deutschland auch als Entscheider*innen bezeichnet werden, gehorcht demnach den Regeln und Verfahren der Bürokratie, welche von Max Weber als Machtform mit bis zum ‹Bürokratismus› gesteigerten eigenen Gewaltfunktionen analysiert wurde.[56] Die Härte der letztlich vollzogenen Entscheidungsfindung für das von dieser Machtform abhängige Individuum soll darin durch Kriterien objektiver Gleichstellung im Abstrakten und durch individuelle Fokussierung auf den jeweiligen Fall im Konkreten abgemildert werden. Die Erzählerin ist zwar Teil dieser Welt einer Bürokratie der Aufnahmegesellschaft, erkennt jedoch aufgrund ihrer biographisch ermöglichten Perspektivänderung, da sie als Übersetzerin ja der eigentlichen Entscheidung ‹nur› sekundiert und nicht von Geburt an dem System der französischen Gesellschaft ‹voll› angehörte, die Dysfunktionalität dieses Systems als gescheiterten Versuch objektiver Beurteilung im Abstrakten wie im Konkreten. Die Weber'sche Trennung von Funktion und Person ist dabei bei ihr wie bei ihren Kolleg*innen genauso gefährdet wie die geforderte ‹Unpersönlichkeit› des Verwaltungshandelns. Die Erzählerin befindet sich näm-

---

55 Sinha: *Assomomons les pauvres !*, S. 52.
56 Vgl. dazu grundlegend Weber, Max: *Wirtschaft und Gesellschaft. Grundriß der verstehenden Soziologie.* Tübingen: Mohr 1922, insb. 1. Teil, Kap. III, 2; dazu Kieser, Alfred: Max Webers Analyse der Bürokratie, in ders. / Ebers, Mark (Hg.): *Organisationstheorien.* Stuttgart: Kohlhammer 2014, S. 43–117.

lich wie erwähnt in der paradoxen Situation, sich von ihrer eigenen ‹Herkunft› nicht aus dem Land, aber der weiteren Region der von ihr Befragten, zu der sie sprachliche wie ethnische Merkmale zuschreibbar machen, distanzieren zu müssen und somit einer Entsolidarisierung mit Menschen Vorschub zu leisten, deren Biographie an die eigene Erfahrung rührt.

Es findet also eine dreifache Ausgrenzung statt, welcher die Zugewanderten ausgesetzt sind, die von der französischen Aufnahmegesellschaft in ihrer bürokratisch-legalen Gestalt, aber auch der Erzählerin selbst ausgeht, indem sie sich zur Konstruktion der eigenen ‹Identität› dreier Formen der Abgrenzung bedient: zunächst der strukturell-rationalen des Asylsystems, dann der Abgrenzung durch eine historisch verankerte Grenze der durchrationalisierten, arbeitsteiligen Moderne. Letztere steht dem Archaismus der Gesellschaften der Asylsuchenden entgegen und wurde von der Erzählerin seit langem verinnerlicht. Drittens bedient sie sich einer Abtrennung von ihrer eigenen Biographie, ihren ethnisch-sprachlichen Identifikationsmöglichkeiten. Diese würden nämlich einer eindeutig abgegrenzten Verortung ihres Bewusstseins als westlich-emanzipierter, freier und liberal gesinnter Bürgerin im Wege stehen, pausen sich aber ständig in Form der zitierten lyrischen Erinnerungslandschaften sowie in einer schwelenden psychischen Anspannung der Erzählerin durch.

Diese bewusst unterdrückte Zerrissenheit wird der Erzählerin nach ihrem ‹Anschlag› durch den verhörenden Polizeibeamten K. – ein weiterer Vertreter rational-legalistischer System-Bürokratie in einer anderen Befragungssituation unter umgekehrten Vorzeichen der Macht – deutlich gemacht. Denn in den Verhörszenen des Romans, welche auf dem Polizeirevier spielen, muss sich die Erzählerin auch mit Unterstellungen ihr gegenüber aufgrund ihrer Ethnizität auseinandersetzen, ohne dass es sich dabei um explizit gemachten, verbal direkt artikulierten Rassismus handeln würde.[57] Durch diese Fremdzuschreibungen und Zweifel bezüglich der für ihre Arbeit erforderlichen Neutralität hinsichtlich der Asylsuchenden – eine Neutralität, welche der Polizeibeamte aufgrund der Herkunft der Erzählerin gefährdet sieht – wird deren erwähnte dreifache gewaltsame Selbstabgrenzung von den Asylsuchenden und ihr Wunsch unterlaufen, innerhalb der französischen Gesellschaft und des sozialen, biographischen, kulturellen und juristischen Raums, den Frankreich darstellt, nicht mit ihnen assoziiert oder gar gleichgesetzt zu werden.

Doch thematisiert der Roman die immer wieder ins Wanken geratende Selbstabgrenzung der Erzählerin auch im Zusammenhang mit einer anderen Form der Gewalt, die mit den jeweiligen körperlichen Normen verschiedener Kul-

---

57 Vgl. bspw. Sinha: *Assomomons les pauvres !*, S. 48 f.

turen und Gesellschaften zusammenhängt und die Erzählerin in ihrer Arbeit sowie als Frau im Allgemeinen betrifft. Diese Gewalt äußert sich in den bereits kurz erwähnten patriarchal-misogynen Archaismen, welche unmittelbar aus einem unterschiedlichen Gender-Bewusstsein der Erzählerin im Vergleich zu demjenigen der von ihr betreuten Asylsuchenden an die Oberfläche gelangen. Das Thema bestimmt die Romanhandlung immer dann, wenn kulturell bedingte Asymmetrien in der Bewertung und Normierung von Gender im Kontext kultureller Herkünftigkeit gegenüber den diesbezüglich alternativen Wertmaßstäben des Aufnahmelandes aufeinanderprallen. Die Erzählerin muss sich so beständig ihrer eigenen Emanzipation als Frau gegenüber männlichen Rollenerwartungen, ihrer inneren wie äußeren Distanz zu diesen ihr von außen, durch die Asylsuchenden herangetragenen Wertmaßstäbe und Gewaltordnungen versichern.

Dies fällt ihr jedoch schwer, sobald sie während ihrer Arbeit mit Fällen sexueller oder genderbedingter Gewalt in Berührung kommt, welche in den Erzählungen von asylsuchenden Frauen aufscheint, die ihr das von ihnen Erlittene als ‹ihresgleichen› verständlich machen wollen. Die Erzählerin wird konfrontiert mit Geschichten wie jener von Shefali, jener auf der Flucht vor der Gewalt des eigenen Ehemannes am ganzen Körper verbrannten «Glyzinien-Frau», der «femme-glyxine»,[58] aber auch anderen Frauen, welche männliche und von kulturellen wie religiösen Wertvorstellungen gedeckte Gewalt gegen Frauen – Zwangsehe, Verstümmelung und Vergewaltigung – in ihren Herkunftsländern erleiden mussten. Diese Erzählungen ergreifen Besitz von der emanzipierten, an einer westlich-liberalen Kultur weiblicher Emanzipation orientierten Übersetzerin und ziehen sie wieder in ihre eigene Biographie, in die Kultur ihrer indischen Herkünftigkeit zurück. Sie gefährden damit wiederum ihre Selbstabgrenzung von einer Welt der Gewalt gegen Frauen, ihre durch rechtliche wie materielle Grenzen geschützte Freiheit als europäischer Staatsbürgerin, sich nicht mit ‹ferner› und ‹externer› Gewalt auseinandersetzen zu müssen. Diese emanzipierte westlich-geordnete *Eleutheria* als Bewegungsfreiheit ihres eigenen Lebens und Erlebens im Gegensatz zur ‹animalisch›-chaotischen Bewegungs-‹Freiheit› der Flüchtenden und Wandernden bewahrt die Erzählerin vor der direkten Konfrontation mit archaischen Kultur- und Gendernormen, mit der Gefahr, auf die Rolle einer Frau, insbesondere einer Frau als Opfer reduziert zu werden.[59]

---

58 Vgl. ebda., S. 128–130.
59 Paratextuell erscheint die Frage nach der Natur des Konzepts der Freiheit als Bewegungsfreiheit im Sinne der griechischen *Eleutheria* als Leitthema des Romans. So wird ihm ein Zitat des Schriftstellers Pascal Quignard aus seinem fragmenthaften Essai-Roman *La Barque silencieuse* (Paris: Seuil 2009) vorangestellt. Zugleich streicht dieser Freiheitsbegriff wie auch die Metaphorik der Naturgewalt von Fluchtbewegungen das für einen eurozentrischen, letztlich

Als ihr eine junge, zerbrechliche Asylsuchende vor Gericht von wiederholten Massenvergewaltigungen erzählt, welche sie erleiden musste, verliert die Ich-Erzählerin jedoch während des Übersetzens diese Freiheit souveräner Selbstabgrenzung und jegliche Distanz. Sie gibt sich einer weiblichen Solidarität hin, welche nichts von kultureller Bedingtheit weiß, sondern lediglich den Status einer männlicher Brutalität ausgesetzten Frau als Ausdruck einer kulturübergreifenden Notlage in Form sexueller Gewalt verstehen kann. Wieder ist es die bildreich-subjektive Sprache der Erzählerin, die Wasser-Metaphorik einer Naturgewalt, begleitet von der Metaphorik der Fragilität in Form von Blumen, welche den Akt des Weinens der Frau literarisch artikuliert:

> Elle raconte à la cour, devant le président et ses assesseurs, accompagnée de son avocate, comment elle a été victime d'un viol collectif, deux fois de suite, et comment elle a voulu élever son enfant, fruit du premier viol. Ses lèvres se mettent à trembler. Les premières larmes apparaissent et perlent au bord des paupières. Puis elle se laisse aller. Elle pleure. Elle pleure une rivière de larmes. À ce moment-là, on la comparerait facilement à une fleur mouillée de rosée au premier éclat du jour. Bientôt accablée, noyée dans ses propres larmes. En train de traduire ses mots, à côté, j'ai la gorge serrée, les yeux embués. J'ai envie de prendre sa main posée sur la table, qu'elle relève de temps à autre pour ramasser le bout de son écharpe en coton jaune et rose et essuyer ses yeux.[60]

Die an Bildern und Naturmetaphern reiche Sprache, welche diese Situation kurzer Identifikation mit einer anderen Frau jenseits der ‹Mauer› der Bürokratie intensiviert, erschafft eine Kommunikationssituation zwischen Erzähl-Instanz, erlebter Welt und der erzählten Welt eines anderen Bewusstseins. Es ist die symbolische Gewalt der Erzählung, der Vertrauen entgegengebracht werden muss, welche das eigene mit einem fremden Bewusstsein in einer schmerzhaften Erfahrung verbindet. Doch während es im Falle dieser Erzählung erlittener Gewalt um das Mitteilen und die Kommunikation des eigenen Bewusstseins geht, welche die Erzählerin empathisch werden lassen und sie ‹mitreißen›, stellen die (Not-) Lügen der Asylsuchenden, welche um jeden Preis Aufnahme in die französische Gesellschaft finden möchten, die Schattenseite dieser Erzählung von Gewalt dar.

Denn bei ihnen verwandelt sich dieses für die Erzählerin ergreifende Miterleben von Not und Gewalt als Form der Kommunikation mit den ‹Anderen› in künstliche Berechnung, welche letztlich die Distanz zum ‹Anderen› trotz sprachlich evozierter Nähe stets aufrechterhält. Es ist die bewusste Störung sowie das Ausnutzen eines fragilen Vertrauens der Übersetzerin in das ihr Erzählte, wel-

---

begrenzten Freiheitsbegriff Bedrohlich-Animalische, da Unkontrollierbare dieser Bewegungen heraus; vgl. Sinha: *Assomomons les pauvres !*, S. 7.
60 Ebda., S. 131.

ches umso fataler auf dieses Bewusstsein zwischen den Sprachwelten wirkt. So wenn glaubhafte und durch die körperlichen Narben bewiesene Leidensgeschichten von Frauen mit erfundenen Behauptungen von Vergewaltigung kollidieren. Eben dies wird dem Erzählerinnen-Ich durch Kolleginnen bezüglich des gerade erwähnten Falles des jungen Vergewaltigungsopfers schonungslos klar gemacht. Die Naturgewalt der Tränen wird zum vom vermeintlichen Opfer gemalten, verwaschenen «Aquarell»:

> Le lendemain, pendant une tournée de café et de thé, je confie à mes collègues cet épisode. « Ah, tu t'es fait avoir ! » Vétérans du métier, ils savent combien il est impossible d'élever un enfant du viol, ils savent que le viol est devenu le crime préféré et rentable de ces gens-là, qu'ils mettent des oignons dans leurs poches et se font brûler les yeux. Les larmes qui ruissellent sur le visage, les lèvres qui tremblotent, la voix qui se brise, commencent à fondre ensemble dans ma mémoire comme une aquarelle surprises par l'eau. « T'en fais pas ! T'as fait une bonne action. Grâce à toi elle aura son asile. » Bafouée mais toujours émue par le souvenir des larmes, je sirote mon eau chaude parfumée à la menthe.[61]

Zusätzlich zu den Gewaltformen der Selbstabgrenzung von der eigenen Biographie, der juristischen und sozialen Ausgrenzung der Asylsuchenden durch das System und zusätzlich zur Gewalt ihrer grauenvollen Erzählungen drängt somit die Gewalt der Lüge als intentional verzerrte Kommunikation und Waffe gegen das Grenzsystem des Asylrechts in das Erleben der Erzählstimme, welche die Erzählerin in Form von schlaflosen Nächten voller Albträume belastet.[62] Dieser sprachlichen Gewalt ist sie in ihrer Rolle als Übersetzerin ein Stück weit ausgeliefert, da sie letztlich gezwungen ist, durch ihre Nuancierung entweder zur heimlichen Komplizin der Lügner*innen oder zur entlarvenden Instanz zu werden. Sie wird somit allein durch die Art ihrer Verwendung von Sprache zum Einflussfaktor für die Entscheidung über einen Antrag und erleidet und benutzt selbst wiederum die Sprache der ‹Anderen› zwischen Kommunikation und Unverständlichkeit als eine Gewalt, welche ihr eigenes Leben negativ beeinflusst, aber auch das Leben dieser ‹Anderen›. Bedrängt von den Ermessensspielräumen und den Forderungen der Anwält*innen und Antragsprüfer*innen, dass sie in ihrem Sinne übersetzen soll, und im Wissen um die Macht der nuancierenden Übersetzung wird diese Übersetzerin allein aus ihrer Situation heraus zu einer verzerrten Form der Kommunikation gezwungen.

Dies verleiht ihr auf der einen Seite die Macht, im Sinne der oder gegen die Antragsteller*innen zu übersetzen, obwohl ihr andererseits von administrativer Seite keinerlei Machtbefugnis zusteht, da sie lediglich als Stimme des oder der

---

61 Ebda., S. 131 f.
62 Vgl. ebda.

Asylsuchenden sowie als Instrument der Fallbearbeiter*innen zu dienen hat, deren Sprache sie jedoch ebenfalls gezielt verwenden und beim Übermitteln verzerren könnte. Sprache fungiert so in zahlreichen Situationen der Roman-Diegese als Macht und bisweilen als Gewaltfaktor, nicht jedoch als ein Mittel transparenter zwischenmenschlicher Kommunikation. Sie gerät zur Waffe gegen ein oder im Dienste eines Systems, zum Instrument einer ausgehölten, aber überlebenswichtigen Verständigung zwischen Individuen inmitten der institutionalisierten Gewalt staatlich-administrativer Vorgänge der Asyl-Bürokratie. Diese Gewalt der befreiten Lügen-Sprache greift nun wiederum jenen bereits erwähnten Freiheits-Gedanken der *Eleutheria* auf, welcher von der Erzählerin von der geographischen Bewegungsfreiheit auf die Rede-‹Freiheit› angewendet wird. Doch führt diese Vorstellung von Freiheit durch Lüge nicht in eine wirkliche Freiheit der Lügenden und – in der bildhaft-antikisierenden Sprache der Erzählerin – hin zum römischen Fruchtbarkeits- und Wein-Gott Liber pater, also Bacchus / Dionysos, in seinen mehrfachen Konnotationen als im Genuss wie im Wort freier Gott:

> *Eleutheria*, la liberté, définit la possibilité d'aller où on veut. Qu'on soit bête ou homme, le désir d'aller où on veut demeure immuable. Qu'on soit grec ou non, libre, on ne l'est pas. Ils ne l'étaient pas, aucun de ces hommes que nous recevions dans nos bureaux ne l'était. Ils ne le seront jamais. Mais ils seront libres de dire ce qu'ils ont à dire. Ils seront libres de dire ce qu'ils veulent croire être leur vérité. Dire est une liberté. Maigre, mais tout de même. Mais Liber – le dieu de la vigne et de la parole – ne les attend pas à la fin. Ils s'en fichent du sens latin, ils s'en fichent d'être épanouis ou fleuris. Ils définissent comme ils peuvent leur liberté. Pour errer où ils veulent. Pour croître comme ils peuvent. Rabougris, difformes, borgnes, entassés les uns sur les autres dans les sous-sols, ils poussent pendant la nuit, s'enracinent dans une terre qu'ils n'aiment pas mais qu'ils désirent[63]

Schmerzlich wird in diesen harten, von Wut getragenen, aber wiederum in ihren mythologischen Anspielungen auch poetischen Worten der Erzählstimme im Kapitel «Les cheveux de ma mère», «Die Haare meiner Mutter», die Frage nach den Gründen der Lüge aufgeworfen. Ihre Berechtigung trotz allen Elends und der Sehnsucht nach einem besseren Leben, trotz der historischen wie gegenwärtigen (Kolonial-)Schuld der reichen Länder des ‹globalen Nordens› wird auf den Prüfstand gestellt und letztlich von der Erzählerin abgelehnt.[64] Denn die falschen Gewalt-Erzählungen der Asylsuchenden verhöhnen die wirklichen Opfer wie auch ein Land, das zum Zufluchtsort gewählt wurde.[65] Dieses Land

---

[63] Ebda., S. 97f.
[64] Vgl. ebda., S. 50.
[65] Die Grenze zwischen einem von Paul Virilio definierten «nomadisme choisi», der Suche nach einem besseren Leben, welcher in gänzlich anderer Form aber auch die wohlhabende

5.1 Verratene Vergangenheit, die Lüge und das System — 385

wurde aus der wiederum mythisch-intimen Sicht der Erzählstimme von den um Aufnahme Bittenden als Ziel nicht auserkoren, weil man es in irgendeiner Form «liebt», es damit in seiner Eigengesetzlichkeiten anerkennt, sondern wie eine Frau «begehrt».

Es wird hier ausgehend von der Frage nach der Legitimität der Lüge aus humanitären Gründen somit ein männliches Besitzdenken unterstellt und auf ein ganzes Land übertragen – eine Gender-Metaphorik, welche in umgekehrter Konstellation auch die unterschiedlichen europäischen Kolonialherren in der reiseliterarischen Repräsentation der von ihnen besetzten Ländern anwandten –,[66] welches allein zu Bacchus, zum materialistischen Rausch und Konsum, zu einem vermeintlich besseren Leben des Individuums ohne Verantwortung für die neue Gemeinschaft führen soll. Ein solches Nebeneinander unterschiedlicher Kulturen, Wertesysteme, aber auch zwischen arm und reich, Mann und Frau, basierend auf diesem hedonistischen Freiheitsbegriff, wäre einerseits von der Angst der Ablehnung, andererseits von Verweigerungshaltungen auf Seiten der Mehrheits- wie der Minderheitsgesellschaft geprägt und würde Sprache auch nach erfolgreichem Asylantrag zum opportunistischen und administrativen Instrument ohne kommunikative Bedeutung für ein stabiles Zusammenleben degradieren. Der damit einhergehende Interkulturalitätsbegriff kann allerhöchstens auf einer Toleranz ohne echte Anerkennung, geschweige denn auf Vertrauen basieren. Er verhindert ‹von unten›, von den Rändern der Gesellschaft aus, eine Ausrichtung an einem trankskulturellen Zusammenleben. Diese Ohnmacht gegenüber einem dysfunktionalen System der Lüge steigert sich in der diegetischen Welt des Romans immer mehr zum Burnout und zu einer Obsession der Erzählerfigur und gipfelt schließlich in der Klimax einer Übersprungshandlung, welche eine Wut artikuliert, die nicht mehr versprachlicht werden kann.

---

globale Elite auszeichnet und dem «nomadisme contraint» der vor Krieg, Hunger und Elend Geflüchteten bleibt von hoher politischer Brisanz und Instrumentalisierbarkeit von Populismen jeglicher Couleur. Eben diesen Graubereich zwischen ‹notwendiger› und ‹gewählter› Flucht ruft auch Sinhas Erzähltext auf, ohne ihn jedoch politisch oder gar ideologisch zu artikulieren; vgl. Virilio, Paul / Depardon, Raymond (e.a., Hg.): *Terre natale: Ailleurs commence ici*. Arles: Actes Sud, Paris: Fondation Cartier pour l'art contemporain 2000, «Préface» und «Conversation entre Raymond Depardon et Paul Virilio», S. 7–29.

66 Vgl. zum Ort der Ankunft als Ort der «Selbstvergewisserung, der Wahrnehmung des Anderen» Ette, Ottmar: *ReiseSchreiben. Potsdamer Vorlesungen zur Reiseliteratur*. Berlin – Boston: De Gruyter 2020, S. 187 ff., darin auch der Hinweis auf Wolfzettel, Friedrich: *Ce désir de vagabondage cosmopolite. Wege und Entwicklung des französischen Reiseberichts im 19. Jahrhundert*. Tübingen: Niemeyer 1986, S. 33 ff. und 40 ff.; sowie Hölz, Karl: *Das Fremde, das Eigene, das Andere. die Inszenierung kultureller und geschlechtlicher Identität in Lateinamerika*. Berlin: Erich Schmidt Verlag 1998.

Als Politik der Literatur und des Erzählens bleibt der Protagonistin jedoch die erwähnte und emanzipierte ‹innere› Sprache in ihrer Funktion als Artikulationsinstrument individuellen Bewusstseins mit ihren Vergleichen und Metaphern aus griechisch-römischer, biblischer und indischer Mythologie, aus den Bereichen der Natur und Naturgewalten. Diese Bilder eröffnen ein semantisches Feld des universell Archetypischen, damit der Ursprünge, die mit einem Repertoire an Götterbildern, Naturbegriffen, Blumen, Tieren, aber auch geologischer Verformungen und Landschaften umschrieben werden und keiner entfremdeten Sprache folgen, sondern das Genuine des Bewusstseins als universellen Mythos transparent werden lassen.

Tierbilder, genauer Tiere der Meere und der chthonischen Götterwelten beschreiben die in Frankreich angekommenen bzw. gestrandeten Migranten, ohne dass dies jedoch zynisch die Rede von den auf Europa einstürmenden ‹Massen› evozieren würde. Vielmehr wird Migration nicht zu einem intendierten Angriff, sondern als eine Naturgewalten vergleichbare Wanderungsbewegung begriffen, welche jedoch von klar benennbaren Ursachen politischer Instabilität, ökonomischer Ungleichverteilung von Eigentum und Kapital und schlicht dem Wunsch nach einem besseren Leben ausgeht. So ist gleich auf der ersten Seite des Romans von getriebenen Migranten als «Quallen» die Rede.[67] Die räumliche Beschaffenheit der Herkunftsländer der Asylsuchenden um den Golf von Bengalen wird als Gegend des Archaischen, der Sintflut beschrieben, somit einer Poetik des Raums zugerechnet, welche das Unkontrollierbare zum essentiellen Bestandteil einer Werteordnung macht, die im Konflikt mit jenen Werteordnungen der Moderne steht, für welche sich die Figur der Erzählerin als Mittlerfigur ‹zwischen den Welten› entschieden hat. Dieser ablehnende Blick auf das ‹Land aus Lehm› wird jedoch begleitet von einer tiefen Trauer über das traumatische Erleben und das Leid dieser den Bewegungen der Geographie, der Naturgewalten, der kriegerischen und sozialen Gewalt ausgelieferten Menschen, denen allein die Erzählung, aber zunächst keine Aufnahme, geschweige denn ein transparentes Gegenübertreten gestattet wird. Semi-Transparenz und asymmetrische Konfrontation zeichnet vielmehr das System der Aufnahme aus. Hier das Incipit des Romans:

> Lasse et accablée, je m'abandonne sur le sol moite de ma cellule et je pense encore à ces gens-là qui envahissaient les mers comme des méduses mal-aimées et se jetaient sur les rives étrangères. On les recevait dans des bureaux semi-opaques, semi-transparents, dans les zones périphériques de la ville. J'étais chargée, comme beaucoup d'autres, de traduire leurs récits d'une langue à l'autre, de la langue du requérant à la langue d'accueil. Récits

---

67 Vgl. ebda., S. 9.

au goût de larmes, âpres et cruels, récits d'hiver, de pluie sale et de rues boueuses, de mousson interminable comme si le ciel allait crever.⁶⁸

Klar ist auch an dieser Stelle eine kritische intertextuelle, besser intermediale Referenzbeziehung auf eine Bildsprache zu konstatieren, welche die ‹Flüchtlingskrise› mit ‹Wellen›, ‹Strömen› und unkontrollierbaren ‹Schwärmen› gleichsetzt. Mit der im Zitat aufscheinenden Naturmetaphorik werden diese verallgemeinernden Diskurse europäischer Medien und ihre Entindividualisierung der Geflüchteten kritisch poetisierend aufgegriffen.⁶⁹ Damit wird diese Referenzbeziehung im weiteren Verlauf des Texts immer stärker in ihrem bedrohlichen Aspekt gebrochen, indem die pejorative Konnotation der Wasser-, aber auch der negativen Erd-Metaphorik als Schmutz und unkontrollierbare Zerstörung in eine mythisch-kosmische Dimension überführt wird, welche allein aus dem intimen Sprechen der Erzählstimme zugänglich wird.

Die Massen an Wasser, welche Bangladesch alljährlich heimsuchen, die ständigen Bilder von der Feuchtigkeit des Lehms im Golf von Bengalen, des Meeresbodens sowie des Einsickerns von ‹fremden›, zunächst anonymen Fisch-Menschen, welche dennoch leben möchten, werden für das Subjekt-Bewusstsein der Erzählerin automatisch zu Hinweisen auf eine «histoire de cul entre ces hommes et ce pays, une histoire de désir sans amour».⁷⁰ Gleichzeitig jedoch ist diese chthonische Verortung jener Menschen als vom Meeresgrund oder aus dem Land unter dem Wasser, dem «Land aus Lehm», dem «pays d'argile» Emporgeschwemmte ein Hinweis auf eine tiefere und universellere Schicht, welche jenseits einer zivilisierten und ‹trockenen› Gemeinschaft des Nordens liegt, aber durch den Wasser-Lehm-Begriff gleichzeitig den Universalitätsge-

---

68 Ebda.
69 Vgl. hierzu aus sprach- und medienwissenschaftlicher Sicht unter Anwendung des Konzepts der kognitiven Metapher als *Framing*-Werkzeug unter besonderem Hinweis auf die alltagssprachliche Normalisierung einer ambivalenten, positiven (Leben) wie negativen (Zerstörung) Wassermetaphorik im Diskurs über Geflüchtete die Analyse von Fischer, Carolin: Die Flüchtlingsflut in unseren Köpfen: Metaphorisches Framing von Geflüchteten im deutschen Zeitungsdiskurs. Eine qualitative Inhaltsanalyse. In: *Journalistik* 1, 3. Jg (2020), S. 31–48; sowie Abid, Raith / Manan, Shakila / Rahman, Zuhair: 'A flood of Syrians has slowed to a trickle'. The use of metaphors in the representation of Syrian refugees in the online media news reports of host and non-host countries. In: *Discourse & Communication* 11 (2017), S. 121–140.
70 Sinha: *Assomomons les pauvres* !, S. 28: «nichts als schneller Sex zwischen den Männern und dem Land, ein Verlangen ohne Liebe» [Übersetzung Lena Müller]; vgl. den zunächst auch starken Abscheu der Erzählerin hinsichtlich der von ihr ‹betreuten› Menschen – meist Männer –, welcher den Beginn des Romans in intensiver Bildsprache dominiert.

danken als kreatürlichen aufruft.⁷¹ Sowohl der biblische Schöpfungsakt wie auch die Schöpfungsgeschichte der indischen Epen evozieren einen Menschheitsbegriff, welcher der Erde zwar ausgeliefert ist, ihr jedoch zugleich Leben verdankt. Nicht nur im Vergleich einer Kollegin als «Ève tchétchène», als «tschetschenische Eva», sondern auch in der immer wieder auftauchenden Schöpfungs-Metaphorik des Lehms als biblischem ‹Material› hallt die vergangene Utopie eines fernen paradiesischen menschlichen Zusammenlebens und seiner fruchtbaren Lebensgrundlage nach.⁷²

Jene Bilder rufen somit nicht nur eigene biographische Schichten von Vergangenheit und Erinnerung bei der Erzählerin auf, sondern gemahnen letzten Endes an eine universelle, jedoch im Text trotz religiöser Metaphern säkulare Conditio humana jenseits geographischer, politischer oder kultureller Grenzen. Diese ist unberechenbar der Gewalt globaler Ungleichheit, der Bedrohung, der Willkür der Geburt und einer damit ererbten kollektiven Vergangenheit der Ausbeutung und des Ausgebeutet-Werdens ausgeliefert. Eine universelle und dennoch bei jedem in die westlichen Gesellschaften zugewanderten Individuum jeweils anders gestaltete Erinnerung an Kolonialismus und Ausbeutung durch den ‹Westen› prägt beispielsweise sogar das nur scheinbar mustergültige Zusammenleben der Übersetzer*innen mit den unterschiedlichsten kulturellen und ethnischen Hintergründen am Rande jener Gesellschaft, in deren Dienst sie ihre «gymnastique des langues», ihre «Sprachengymnastik», vollführen und der sie je nach Herkunftsland offen ablehnend bis feindselig gegenüberstehen. Neben das symbolische Besitz-Ergreifen vom System des Aufnahmelandes mit Hilfe ihrer Übersetzer-Tätigkeit tritt bei diesen Übersetzer*innen der Hass auf die jahrhundertelange Ausbeutung ihrer jeweiligen früheren ‹Heimat› durch die einstigen französischen Kolonialherren und Imperialisten als Herren einer globalen, aber asymmetrischen Moderne.⁷³

Als Alternative zu diesem mehr oder weniger artikulierten postkolonialen Hass gelingen jedoch im Laufe des Romans der Erzählerin das Verdrängen der Erinnerung und einer Sprache immer weniger, die sie nur zu Berufszwecken spricht, die ihr «peinlich ist», obwohl sie in ihr mit Eltern und Freunden redet, die sie «zwischen zwei Ozeanen» zurückgelassen hat.⁷⁴ Bitter und bisweilen sarkastisch über die auch ihr offen stehende ‹Inszenierung› einer eigenen tragischen Vergangenheit streut die Erzählerin im erwähnten Verhör mit K., welcher sie auf ihre ‹Herkunft› reduzieren möchte, Hinweise auf die Teilung der nord-

---

71 Vgl. ebda., S. 43 ff.
72 Vgl. ebda., S. 59 f., sowie 99 ff.
73 Ebda., S. 23.
74 Ebda., S. 137.

indischen islamischen Provinzen durch die damaligen britischen Kolonialherren sowie den daraus folgenden Bürgerkrieg ein. Doch anstatt hieraus wie ihre Übersetzer-Kolleg*innen eine historische und postkoloniale Solidarität mit potentiellen Genealogien mittels der eigenen Biographie zu entwickeln, tritt diese andere Zeitlichkeit eines nur langsam vernarbenden kolonialen Erbes des heutigen Westbengalens, Bangladeschs, Kaschmirs und Pakistans nur schwach ins Bewusstsein der Erzählerin. Denn es handelt sich um eine lediglich indirekte Aneignung realhistorischer Gewalt und Kolonialgewalt, welche mit dem Bewusstsein dieser Erzähl-Instanz nur bedingt und vermittelt über Schulwissen und Sozialisation zu tun hat, ihr ein Stück weit aufoktroyiert wurde. Sie selbst wird gezwungenermaßen somit bis zu einem gewissen Grad vor dem verhörenden Vertreter der modernen westlichen Gesellschaftsordnung hinsichtlich ihrer ‹eigenen› Geschichte zur ‹Lügnerin›:

> Le souvenir était à inventer. Grâce à une odeur de sang et de poudre. Je luis parlais des explosions des voies ferrées, des poteaux télégraphiques, des postes de police. [...] Le souvenir était aussi à apprendre. Les manuels scolaires expliquaient comment les autorités avaient cherché à diviser la région, socle des mouvements indépendantistes. Comment, au début du siècle dernier, les militants avaient réussi à annuler la division de la région, et comment, quarante ans plus tard, lors de l'indépendance, quand chaque camp essayait de tirer les marrons du feu, le pays corps unique, fut mutilé. Comment cette terre fertile fut pillée, humiliée, persécutée, et finalement coupée en deux, écartelée par les grands chevaux des colons.[75]

Diese Abgrenzung von einer fremdbestimmten historischen und kollektiven Memoria («souvenir») verstärkt den Widerstand der Erzählerin gegen eine Sprache und Kultur, welche ihr doch immer wieder als Bestandteil eigener Subjektivität aufgedrängt werden: vom sie verhörenden Polizeibeamten, von der eigenen ‹Persona› durch Erinnerungen und Begegnungen, wie auch von den von ihr ‹betreuten› Migrant*innen. Eine sich als europäisch definierende, emanzipierte und gebildete Frau wird dabei mit für sie prekären und archaisierenden menschlichen Lebenswelten konfrontiert, deren Sprachverschiedenheit dennoch der Grund ihrer Berufstätigkeit und gesellschaftlich anerkannten Tätigkeit als Übersetzerin ist. Es handelt sich um Sprachen, welche das Leben der Erzählerin prägten, die sie versteht und spricht, aber dennoch wegen eben dieser Verbindung zu ihrer bis zu einem gewissen Grade unkontrollierbaren Vergangenheit auf Distanz zu halten sucht. Denn in ihnen werden auch die fiktiven wie realen biographischen Narrative der Geflüchteten mit dem Lebensnarrativ der Erzählerin verknüpft. Daher reagiert sie anders als ihre tschetsche-

---

75 Ebda., S. 45f.

nische Kollegin Olga sowie weitere Kollegen, welche in uneingeschränkter Solidarität die Geschichten der Asylsuchenden ‹ihrer› Heimatländer glaubhaft machen und rhetorische ‹Nachhilfe› beim Übersetzen leisten.

Ihre Verweigerungshaltung macht aus der indischen Übersetzerin eine ‹Verräterin› an einer ihr fremd gewordenen Kultur, wobei dieser ‹Verrat› geschieht, obwohl doch eine tiefe Liebe im Spiel ist, wie in einem Kapitel unter dem Titel «Aimer c'est tahir», «Lieben heißt verraten», klargestellt wird, welches den Eltern der Erzählstimme gewidmet ist.[76] Zerrissen von schlechtem Gewissen gegenüber jenen, die der Erzählerin ihr gegenwärtiges Leben ermöglicht haben, und welche sie doch ein Stück weit verachtet, steht dort der Satz: «Si aimer c'est comprendre, l'incompréhension alors tournera vite en haine. La haine que je devine dans leurs yeux est la mienne. Mon rejet buté de leur vérité.»[77]

Hinter dieser das Alltägliche, aber auch die eigene Kindheit poetisierenden, zugleich das ‹Andere› im ‹Eigenen› archaisierenden ‹Privatsprache› der Erzählerin steht also die Verknüpfung zweier Ordnungen im Erleben der Erzählinstanz. Es kollidieren Werte des archaischen Überlebens in einer Welt kultureller Normen, welche von der Erzählerin mit Enge und Elend in Verbindung gebracht werden, mit ihrer erkämpften Selbstbestimmung ökonomischer wie genderpolitischer Art. Die tief sitzende Ablehnung einer und (Selbst-)Abgrenzung von einer Räumlichkeit der Region Bengalens als «Land aus Lehm» und einer kollektivhistorischen Zeitlichkeit kolonialer Schuld, aber auch einer Unterdrückung der Frau wird somit komplettiert durch einen Vergleich kultureller Werteordnungen nicht nach relativistischen, sondern nach universalistischen Maßstäben. Diese verbinden eine kritisch gesehene biographische Herkünftigkeit – als gebürtige Inderin steht die Erzählerin weniger aufgrund religiöser und politischer, denn kolonialgeschichtlicher, ethnischer und kultureller Faktoren in unmittelbarer Nähe zu Bangladesch – mit der Frage nach Gender und Geschlechtlichkeit der Erzählerin. Das Bewusstsein, in einer europäischen modernen Gesellschaft «De l'autre côté des choses», «Auf der anderen Seite der Dinge», eine Rolle zu spielen und gegenüber Männern einen Status zu besitzen, welcher in deren Herkunftsländern niemals möglich wäre, erregt durchaus ein Aggressionspotential im (Körper-)Bewusstsein der Erzählerin.[78] Dieses erweist sich als weitere Grenze

---

76 Vgl. ebda., S. 103 ff.
77 Vgl. ebda., S. 107: «Wenn lieben verstehen heißt, wird Unverständnis schnell zu Hass. Der Hass, den ich in ihren Augen erahne, ist mein eigener. Meine trotzige Ablehnung ihrer Wahrheit» [Übersetzung Lena Müller].
78 Vgl. ebda., S. 20.

und Abschottung gegenüber dem Eindringen einer archaisch-männlichen Lebensweltlichkeit, welche sie in Alltag wie in Biographie zu verfolgen scheint:

> Lorsque les questions commençaient à les mettre mal à l'aise, lorsqu'ils mentaient et savaient qu'ils mentaient, ils piquaient alors une colère sournoise et hurlaient qu'on ne comprenait pas leur langue. [...] Ils avaient le droit de critiquer mon travail puisque aucune femme digne de ce nom ne travaille. [...] Et de surcroît n'osait les interroger eux, les hommes. Dans le bon vieux temps, celui qui avait précédé toutes ces péripéties de mer en mer et du bureau et bureau, quand les hommes qui cultivaient le riz et vendaient des épices rentraient chez eux sans devoir montrer des milliers de papiers, ils auraient donné une taloche à la femme qui leur aurait parlé la tête haute, vois élevée, aurait fouiné dans leurs secrets, prétendu les mettre face à leurs propos erronés, contradictoires. [...] C'est à ce moment-là que j'aurais pu fracasser un crâne. [...] Quand ce monde chaotique envahissait mon corps, mon territoire, et lorsqu'il n'y avait plus aucune paix à l'intérieur.[79]

Die Gewalt-Androhungen und Beschimpfungen durch männliche Asylsuchende, ihr archaisches Denken sowie die erwähnten brutalen Leidensgeschichten misshandelter Frauen, welche der Erzählerin die Tränen in die Augen treiben, selbst wenn es sich um Lügen handeln könnte, bestärken sie in ihrer Ablehnung der Durchlässigkeit eines Systems, welches letztlich auch diese Art einer archaischen Gender-Asymmetrie stützt. Es handelt sich um männlich-machistisches Gebaren, welches auch im Land der Aufnahme den Wert der Freiheit – welche doch eigentlich der Entfaltung der eigenen leidgeprüften Persönlichkeit dienen sollte – ablehnt, sobald es sich um eine ‹weibliche› Freiheit handelt. All die Gewalt, welche auch Körper und Psyche der Erzählinstanz erfasst, verbleibt jedoch nicht im Raum stiller Frustration, sondern artikuliert sich sprachlich wie körperlich.

Es gibt dabei für das erzählende Bewusstsein neben dem an Metaphern reichen Erzählen *post festum* auf metadiegetisch-artikulatorischer Ebene, nach dem finalen krisenhaften Gewaltausbruch einer selbstbewussten Europäerin indischer Herkunft, noch weitere Strategien, sich dieser Alltagsroutine aus Lügen über Gewalt und Elend sowie der verbalen Gewalt gegen sie selbst ein Stück weit zu entziehen.

Auf der einen Seite ist es der sarkastische Humor, mit welchem die Sachbearbeiter*innen und Übersetzer*innen auf bisweilen allzu absurde Geschichten der Asylsuchenden reagieren. Dieses Lachen könnte als Grausamkeit gedeutet werden gegenüber Menschen, deren Existenz von der Glaubwürdigkeit ihrer Narrative und Lügengewebe abhängt. Doch die unbeholfene Verdrehung von narrativen Versatzstücken, die absurden Chronologien erfundener Lebensgeschichten, aber auch die verzweifelte Dreistigkeit der Lügengeschichten, von denen einige in den Text in Form von Dialogpassagen eingefügt wurden, lassen

---

79 Ebda., S. 27f.

an das Lachen von ‹Erwachsenen› über die Versuche von Kindern denken, deren Sprache den eigenen Zwecken anzuverwandeln.[80] Die Erzählerin macht keinen Hehl aus ihrer sie ergreifenden Verachtung und Härte gegenüber diesen aus Not lügenden ‹Verächtern› des Systems, bis einer der Antragsteller, ein charmanter «rustam» oder Robin Hood, wie ihn die Erzählerin tituliert, ein junger Klein-Ganove und Trickster, nach allerlei amüsantem Schäkern mit den Prüfenden dann doch die Wahrheit spricht.[81] Plötzlich offenbart er den wirklichen Grund seines Hierseins – nicht wegen irgendeiner Verfolgung habe er sich auf den Weg gemacht, sondern wegen eines besseren Lebens:

> Ses paroles étaient énigmatiques au début. Au fil des minutes le mystère s'est dissipé. À la fin, il s'est tenu devant nous comme un sabre nu. Il a dit qu'il n'y avait pas d'autre raison, farfelue, d'être dans ce pays étranger, pays d'Europe, à part qu'il voulait avoir une vie meilleure, c'est tout. Puis il est parti, cow-boy à la fin d'une mission, retrouve son bidon de braises et des marrons à la sortie de la gare. Il n'y avait pas d'auréole du crépuscule autour de lui, nos rires se sont figés en un sourire embarrassé. Ce qui émanait de nous comme de lui, c'était la lueur pâle de l'aube lorsque le cœur s'épanouis comme un magnolia.[82]

Die Licht- und Blumenmetaphorik, welche im Roman ansonsten zumeist weiblichen Figuren vorbehalten ist, wird hier auf einen jungen Mann und dessen existentielle Wahrheit angewandt. Als «sich öffnende Magnolienblüte[n] in der Morgenröte» erkennen die «Herzen» aller Beteiligten auch die Wahrheit eines aufrichtigen Zusammenlebens zumindest für einen kurzen Moment. Hier versagt die Strategie des Humors, des Spaßens über das Absurde und die Lüge: Verlegenheit und Freude über das Erscheinen einer einfachen und bitteren Wahrheit leuchten auch innerhalb des Systems, auf der anderen Seite der ‹Mauer› als ehrliche Empfindungen im «nous» von Prüfer*innen und Übersetzer*innen auf.

Die zweite Art, auf welche die Erzählerin ihre Erfahrungen mit einem sie täglich zermürbenden System zu verarbeiten sucht, besteht im anonymen und experimentierfreudigen Sex mit austauschbaren Männern. Deren Körper werden zum Ersatz für die erfolglose Kommunikation in einer Sprache, die sie als Übersetzerin

---

80 Vgl. die absurd ausgeschmückten und sich hyperbolisch überbietenden Geschichten und bisweilen komischen Verhör-Dialoge der Antragsteller sowie die eher amüsierten und belustigten Reaktionen der Ich-Erzählerin und ihrer Kolleginnen in den Kapiteln «Je vais vous dire la vérité» in ebda., S. 65–77, und «L'homme qui avait chez lui un goyavier», S. 30–36.
81 In Anlehnung an den «voyou héroïque» Rostam, den mythischen Helden-Prinzen aus dem persischen Nationalepos *Schāhnāme* des Abū 'l-Qāsim Firdausī (940–1020 n. Chr.).
82 Sinha: *Assomomons les pauvres !*, S. 80f.

zu beherrschen glaubt, aber der sie – wie gezeigt – dennoch Tag für Tag ausgeliefert ist. Es ist folglich nur logisch, auf jene Kommunikationsform auszuweichen, die den Anderen nicht in der symbolischen Präsenz der Sprache, sondern in der materiell-physischen des Leibes über den Körper sucht.[83] Doch im Gegensatz zur angedeuteten homoerotischen Zuneigung gegenüber der Arbeitskollegin Lucia, welche die Erzählerin an jenem Abend der Eskalation besuchen möchte, bleibt der Sex mit den zahlreichen Männerkörpern ein kompensatorischer Vorgang, der die erfahrene Sprachlosigkeit in eine zumindest erfahrbare Kontaktaufnahme mit Körperlichkeit zu verwandeln versucht und letztlich daran scheitert.

Diese Akte scheinbarer Nähe dienen nämlich im Grunde weniger einer echten Transgression des Ego zum Anderen hin – nicht als Körper, sondern als Bewusstsein –, sondern stellen vielmehr einen emanzipatorischen Akt dar, welcher der Gewalt einer verdrehten Lügensprache die Gewalt einer körperlichen Rück-Ermächtigung des männlichen ‹Anderen› durch die Figur der Erzählerin gegenüberstellt. Doch die sexuelle Inbesitznahme männlicher Körper, welche sich ihrer Verfügungsgewalt darbieten, aber auch über ihren eigenen Körper wiederum selbst verfügen können, bleibt ohne Bedeutung für das Zusammenleben und für die Selbstentfremdung der Erzählerin, bleibt etwas rein Animalisches, «ni de l'amour ni de la haine», «weder Liebe noch Hass», so dass Lust einfach nur noch dem «trop-plein», dem allgemeinen «Überdruss» Ausdruck und Linderung verschafft: «C'est la philosophie du bas-ventre», «die Philosophie des Unterleibs».[84] Nicht umsonst ist die Erzählerin in den geschilderten Geschlechtsakten der aktivere Part, während die Männer – anders als die ausweichenden, bisweilen aggressiven, bisweilen provozierenden ‹Gesprächspartner› der Verhöre – passive ‹Objekte› bleiben. Auch der gesuchte Sex als Wiederfinden der eigenen Lebendigkeit sowie einer Aufrichtigkeit jenseits der Sprache stellt somit eher einen Gewaltakt zugunsten des Überlebens der eigenen Subjektivität und Identität dar, denn eine Geste menschlicher Solidarität oder gar Liebe.

Der finale und im *discours* der Handlung zur Rückschau während der Verhörszenen auf dem Polizeirevier führende Akt einer aggressiven Handlung gegenüber einem vollkommen Fremden wird also durch mehrere Erfahrungen einer Entmachtung des Selbst als sprachlich artikulierendes Bewusstsein wie als Körper-Leib vorbereitet. Die geschilderten Zusammenhänge im Vorfeld machen den Gewaltausbruch zu einem fokussierenden sowie symbolisch aufgeladenen Moment der Diegese, welcher den ‹Anderen› – im autobiographischen

---

[83] Vgl. hierzu das Kapitel «Le ventre du poisson» («Der Bauch des Fisches») in ebda., S. 88–94.
[84] Ebda, S. 92.

Bewusstsein der Erzählerin, aber letztlich auch im kollektiven Bewusstsein der französischen Gesellschaft – letztlich nicht mehr einfach ignoriert, sondern ihn im negativen Sinne als männlich-migrantisch-aggressiven ‹Gegner› angreift, ihn damit aber als eigenständiges Bewusstsein und nicht nur als Objekt *anerkennt*. Dies zeigt, dass es auch in der kosmopolitisch-modernen Erzählerin jene Angst der europäischen Moderne vor ihrem ‹Anderen›, aber auch vor diesem von Julia Kristeva so prägnante beschriebenen ‹Fremden› in sich selbst ist, welche Kommunikationsbereitschaft verhindert.[85]

Dabei bedeutet der Akt der Gewalt auch einen Schritt aus der geheuchelten Ignoranz hin zur Sichtbarmachung offenen Hasses gegenüber Geflüchteten und Migranten in vielen vermeintlich ‹zivilisiert-aufgeklärten› Bürger*innen, der dabei aber auch die Ignoranz des Westens und der Moderne gegenüber den von ihnen Geschädigten perpetuiert. In diesem Sinne verbindet auch das Ende des Romans die Baudelaire'sche Erfahrung einer das Subjekt neu verortenden Moderne im Erleben der Großstadt Paris mit der Vergeblichkeit, auch in der späten Moderne des 21. Jahrhunderts ein stabiles Subjektbewusstsein aus Herkünftigkeit und Identität erzeugen zu können. Der letzte, allein stehende Satz ist somit weder Aufforderung noch Ausblick, sondern lediglich eine allgemeine Feststellung dessen, was nötig ist, um eine Gespaltenheit der Biographie und der sie umgebenden Gesellschaft zu überwinden. Nicht eine auffindbare ‹Heimat› wird in Aussicht gestellt, sondern das allen menschlichen Individuen, unabhängig von Ethnie, Religion und Herkunft zustehende Recht betont, sich inmitten einer ruhe- und ortlosen Gegenwart selbstbestimmt zu verorten, zur Ruhe zu kommen. Dies bedeutet auch, solidarisch mit denen zu sein, die auf der Suche nach einer solchen Verortung sind:

> Je pense déjà au rythme saccadé du métro. Je pense du nouveau au rythme saccadé de cette ville. Sa bouche grande ouverte m'attire de nouveau vers elle. La descente dans son labyrinthe est la seule vie que je connaisse, la seule demeure que je connaisse.
> Il est temps de rentrer.[86]

---

85 Vgl. Kristeva: *Étrangers à nous-mêmes*, S. 9: «Etrangement, l'étranger nous habite: il est la face cachée de notre identité, l'espace qui ruine notre demeure, le temps où s'abîment l'entente et la sympathie. De le reconnaître en nous, nous nous épargnons de le détester en lui-même.» / «Auf seltsame Weise wohnt der Fremde in uns: Er ist die verborgene Seite unserer Identität, der Raum, der unser Zuhause ruiniert, die Zeit, in der die Verständigung und die Sympathie zugrunde gehen. Wenn wir ihn in uns selbst erkennen, ersparen wir es uns, ihn in uns selbst zu hassen» [ML].
86 Sinha: *Assomomons les pauvres !*, S. 154 f.

Die grundlegende Art der Gewalt, welche in Shumona Sinhas Erzähltext modelliert wird, stellt somit Individuum und Gesellschaft aus einer asymmetrischen Konstellation heraus in einen problematischen Zusammenhang, welcher einerseits aus der zwangsläufigen Vorläufigkeit jeglicher Art verorteter Identität, andererseits aus unmittelbarer ökonomischer und humaner Prekarität einer globalisierten Spätmoderne entsteht. Die von ihr selbst errichtete Grenze zwischen Zeit und Raum bezüglich der eigenen Vergangenheit prägt dabei auch die Biographie der Erzählerin in Form einer Zäsur gegen diese globale Prekarität, indem sie sich von einer Geographie der Fluchtländer und einer Zeit des Archaischen abgrenzen möchte, welche sie auch auf Gender-Ebene als Frau unmittelbar tangiert. Sowohl auf Ebene der Ich-Erzählerin als kommentierender Stimme wie auf derjenigen ihrer Figur innerhalb der Diegese prägt diese Grenze den gesamten im Text modellierten gesellschaftlichen Raum.

Gegenüber dieser institutionalisierten Gewalt der Grenze und der Exklusion wird nun auf der anderen Seite des ‹Zauns› durch die Asyl Suchenden die Schwäche dieser Grenze durch Anpassung an die Erwartungen des Systems in Form der Lüge als Chance genutzt. Denn der Gewalt dieses Systems, welche zur existentiellen Bewährungsprobe für das ihm ausgelieferte Individuum, seine Familie und Angehörigen wird, kann allein mit einer Logik der Adaption oder aber der guerillahaften Umgehung von Staatsmacht in Form von ‹illegaler› Einwanderung begegnet werden. Offene Konfrontation ist den Asylsuchenden aufgrund der schematisierten und mechanischen Abfertigung ihrer Geschichten durch die Behörde und damit ihrer Person nicht möglich, auch wenn es wie im erwähnten Fall jenes im Erzähltext mit «Robin Hood» betitelten Asylsuchenden Ausnahmen gibt. Dieses mächtige System der ‹Gnade› in Form von Asyl beruht – wie anhand der immer wieder eingestreuten historischen Referenzen des Texts deutlich wird – auf einer weiteren Asymmetrie historischer, politischer, militärischer und ökonomischer Art.

Diese perpetuierte und perpetuiert, vor und während der Epoche der Moderne in Form von Kolonialismus, Imperialismus und schließlich einseitiger Kapital-Akkumulation des globalen Nordens und der westlichen Länder auch eine Asymmetrie der Lebensbedingungen einer globalen Menschheit des 21. Jahrhunderts. Dieser Gewalt der Ungleichheit steht lediglich die Bewegung ins wohlhabende Zentrum der Moderne offen, um zumindest das Individuum dieser vermeintlichen ‹Naturgewalt› globaler Ungleichheit zu entreißen. Es ist somit die gewaltsam der Kommunikation entwendete Sprache, welche nach den Schlauchbooten und der Selbstauslieferung an Schleuser und Schlepper nun zum Instrument des Überlebens von Geflüchteten, aber eben auch zum Instrument der Gewalt von Lügen wird, deren Opfer Wahrheit, aber auch Verständnis für die Asylsuchenden sind.[87] Die Erzählung, die glaubhafte Fiktion, die lügenhafte Narration werden zur notwendigen Handlungsoption, zu einem ÜberLebenswissen der Geflüchteten zu Lasten aufrichtiger zwischenmenschlicher Kommunikation.[88]

Hierzu trägt jedoch auch der in der Diegese des Texts zum Konflikt führende Ermessensspielraum der Systemvertreter*innen bei, da die Prüferinnen und Prüfer imstande sind, Gewalt über Gutachten entweder auszuüben oder aber den Prozess zu einer Aufnahme in die Gesellschaft zu lancieren. Das Problem ist jedoch, dass eine vermeintliche ‹Objektivität› in Anbetracht des Einzelfalles verloren gehen muss, da der aus unterschiedlichen Perspektiven auf die französische Gesellschaft entstehende Interessenskonflikt allein durch eine Erweiterung der Subjektivität der im System Handelnden über die Systemstrukturen hinaus zu überbrücken wäre. Härte gegen oder aber Verständnis für die Geflüchteten regieren den Alltag der Asylprüfer*innen, ohne dass dieser impliziten Ethik in der vermeintlichen Objektivität bürokratischer Verfahrensvorgänge Rechnung getragen würde – schon gar nicht hinsichtlich der neutralen Rolle der Übersetzenden. Neutrale Gerechtigkeit einer blinden ‹Asyl-Justitia› wird somit von Sinha literarisch als eine systemimmanente Unmöglichkeit dargestellt, da das Wissen um eine grundlegende Ungerechtigkeit, in Form einer von Zufall, Geburtsort, Ethnie und globalen Machtverhältnissen verzerrten Wahrnehmung, das Bewusstsein sowohl der Immigrant*innen als auch der Fallbearbeiter*innen durchdringt und ihr Handeln bestimmt. Ein schlechtes Gewissen über das Aussprechen einer Lüge, um dem System zu dienen, von den Asylsuchenden zu erwarten, ist insofern genauso illusorisch wie die Erwartung an die Agent*innen des Systems, sich ihrer Subjektivität zu entledigen und allein auf die Mechanismen investigativer Befragung und Begutachtung zu vertrauen.

In den Berichten der Erzählerin, welche diesen Zusammenhang erkennt und sich nicht mit ihm abfinden kann und will, wird die tagtäglich erfahrene systemische Gewalt zu einer dysfunktionalen und kafkaesken Absurdität – der Name des verhörenden Beamten K. als intertextuelle Elementen-Referenz wurde bereits erwähnt – willkürlicher Entscheidungsakte. Die Wut auf die Lügen der Asylsuchenden, welche der Übersetzerin auch als sprachliche Gewalt erscheinen müssen, ihr Drängen und ihre Appelle an Verständnis und

---

[87] Zu diesem schmalen Grat vgl. in Sinhas Text das Kapitel «Les merchands d'hommes» in ebda., S. 37–42.
[88] Zur Aufgabe der Philologie bezüglich dieses ÜberLebenswissen der Literatur als wiederum eigenständige Wissenform vgl. Ette, Ottmar: *ÜberLebenswissen: die Aufgabe der Philologie.* Berlin: Kadmos 2004.

Menschlichkeit, wird noch gesteigert durch das «Mitleid» für die eigenen Kolleg*innen, deren pauschalisierender Einsatz für jeglichen Geflüchteten, jedoch ohne objektive Fallprüfung, letztlich diese Dysfunktionalität weiter verstärkt und kaschiert – so in der Beschreibung der «skrupellosen» Humanistin und jüdischen Anwältin Madame Baumann des Kapitels «La chevalière et les mullahs», «Die Ritterin und die Mullahs»:[89] Der Humanismus dieser Anwältin ist insofern «skrupellos», als dass auch er sich der Gewalt der Lüge aus ethischen Gründen bedient und dabei auch vor Gewalt gegen Kolleg*innen nicht zurückschreckt. Denn auch die Übersetzer*innen werden zur Zielscheibe des Systems und sind somit ebenfalls dessen Gewalt ausgeliefert, wenn sie nicht den Wünschen der vorgesetzten Kolleg*innen entsprechen. Wieder einmal wird die Sprache in einer lügenhaften Verstellung des Sinngehalts enteignet, diesmal nicht von den Asylsuchenden, sondern von deren Verteidiger*innen.

Dieser reine Konsequentialismus jeglicher Handlung, welcher als Ethik des Überlebens auf Seiten der Geflüchteten wie der sich mit ihnen Solidarisierenden entsteht, bedeutet jedoch auch, dass Missverständnisse auf einer allein über kollektive Normen und Wertvorstellungen funktionierenden Ebene auftreten müssen.[90] Diese Rechtsnormen und ihre Wertebasis werden weder vermittelt noch spielen sie im Asylverfahren eine Rolle, da die vom französischen Gesetzgeber nicht immer garantierten Rechte auf Aufnahme vor dem Hintergrund einer biographisch erlebten Situation existentieller Not eher als gefährliche Hürde, denn als objektive Notwendigkeit für rechtsstaatliches Zusammenleben gesehen werden. Es bleibt allein ein kommunikatives Handeln auf Einzelebene möglich, welches jedoch von einer Verhinderung aufrichtiger Kommunikation über die eigene Existenz, über Werte und Ziele geprägt ist. Diese Sprachlosigkeit führt nun das autodiegetische Ich der Erzählerin in die Krise und schließlich in eine psychische Katastrophe. Die aus der Unzufriedenheit mit den lebensweltlichen Zusammenhängen des Alltags, aber auch der abstrakten Reflexion über ein willkürliches System entspringende Ge-

---

89 Vgl. Sinha: *Assomomons les pauvres !*, S. 117 f.
90 Die philosophische Problematik der Wirkungsweisen konsequentialistischer gegenüber deontologischen Ethiken – und auch diese Debatte evoziert Shumona Sinhas Erzähltext indirekt anhand eines gesellschaftlich kontrovers und politisch diskutierten Themas – wird bereits seit längerer Zeit vor allem in der anglophonen Moral-Philosophie von Samuel Scheffler u. a. diskutiert. Vgl. Scheffler, Samuel: *The Rejection of Consequentialism: A Philosophical Investigation of the Considerations Underlying Rival Moral Conceptions*. Oxford: Oxford University Press 1994; sowie Ders. (Hg.): *Consequentialism and its critics*. Oxford: Oxford University Press 1988; vgl. auch Nida-Rümelin, Julian: *Kritik des Konsequentialismus*. München: Oldenburg 1993.

waltlogik verwandelt sich von einer kritischen Anprangerung systemischer Strukturen durch öffentliches Bekunden von Kritik zu einer Strategie der Verteidigung vor und den Rückzug von gesellschaftlichen Zusammenhängen, welche nunmehr als prekär, da beständig die Werte und Normen der französischen Gesellschaft bedrohend erlebt werden.

Die Angst vor Verfolgung durch Asylsuchende wird zur fixen Idee einer fatalistischen Sicht auf das alltägliche Zusammenleben, indem Vertrauen gegenüber Pluralismus und Heterogenität der Ethnien, der Sprachen und der kulturellen Werte nicht mehr möglich ist. So wird aus einem Bewusstsein des Versagens systematisch übergangener und vertuschter Willkür und Ungerechtigkeit die Einsicht in die Machtlosigkeit von Appellen an die Ehrlichkeit der Individuen und schließlich die Ablehnung dieser Individuen, die als zwar marginalisierte und schutzsuchende Menschen begriffen werden, aber schließlich nur noch in ihrer Rolle als destabilisierende Faktoren gesellschaftlicher Institutionen und Errungenschaften europäischer Moderne verdächtigt werden. Die in *discours* wie *histoire* der Romanhandlung zentral gestellte Attacke auf eines dieser für die Erzählerin nunmehr bedrohlich-unbekannten Individuen, welches letztlich allein anhand ethnischer Kriterien und den damit einhergehenden Vorurteilen identifiziert wird, ermöglicht insofern einen letzten verzweifelten Kommunikationsversuch. Doch dieser ist eher ein Entkommen vor dem eigenen Rassismus, dem Selbsthass und den eigenen Vorurteilen, aber auch vor dem Hass auf ein zu unkritisches Bild eines Asylsystems, in dessen Diensten die Erzählerin steht.

Die symbolische Gewalthandlung, welche erst im Roman-‹Finale› ausführlicher erzählt wird, ist dabei nicht wie im Baudelaire'schen Intertext ein möglicherweise negativ-idealistischer Angriff aufgrund einer Suche nach gemeinsamer würdevoller menschlicher Identität, sondern eine *defensive* Übersprungshandlung aufgrund des Verlusts jeglicher Selbstverortung, die ein Wissen über das Ich, über die «Identität» des Ichs bereithielte. Dieses Wissen über das eigene Ich wie über jenes des ‹Anderen› ist in der modellierten gesellschaftlichen Welt des Erzähltexts durch all die beschriebenen verzerrten Kommunikationsformen bereits lange vor der finalen Tat verloren gegangen:

> L'homme au visage noirci de colère m'attrape de nouveau. [...] Tout le reste n'est qu'un dialogue raté, un échange entre sourds-muets qui n'ont pas le même langage de signes, qui ont les doigts et les visages figés. Tout le reste n'est que tentative de chercher l'identité, unique ou multiple, d'un seul soir, du jour et de la nuit, près et au-delà des barbelés, l'identité qu'on change comme on change d'habits.[91]

---

[91] Sinha: *Assomomons les pauvres !*, S. 147.

Der Hass – meist unterdrückt, in seinem Ausbruch im Gegensatz zu den Lügen in seinem Wunsch nach einer (Selbst-)Zuschreibung von Identität aber aufrichtig –, wenn schon nicht Solidarität, stellt so den einzelnen Menschen in den Augen der verzweifelten Erzählerin wieder in den Vordergrund, auch wenn es sich dabei um einen willkürlich-fremden U-Bahn-Passagier handelt. Hier liegt der Symbolwert der in Sinhas Text geschilderten Gewalthandlung: Zusammenleben in den reichen Zuwanderungs-Gesellschaften des Westens in Zeiten einer asymmetrischen globalen Situation der Geflüchteten und Aufnehmenden ist nur nach einer schmerzhaften, aber entlarvend-direkten Konfrontation mit den eigenen Vorurteilen und nach dem Aussprechen nicht artikulierter Hassgefühle, Ängste und Abwehrhaltungen auf beiden Seiten möglich. Die Sprache des Systems, aber auch jene der Opfer dieser Situation globaler Ungleichheit hat in ihrer kommunikativen Funktion jedoch versagt, da sie als Vehikel der Lüge nicht mehr zur Verständigung, geschweige denn zum Verstehen des Anderen oder wie auch immer gearteter universeller Werte dienen kann.

Die erzählte Gewalt der Literatur schafft hier bereits durch Sinhas Text performativ, weniger explizit Abhilfe – denn auch auf Ebene der Diegese scheitert die Sprache in mehrfacher Hinsicht, wie gezeigt wurde.[92] Die Hoffnung auf eine erneute Möglichkeit zur Kommunikation nach der auch im diegetischen Zusammenhang ebenso irrational-plötzlichen wie symbolisch aufgeladenen Gewaltaktion ist im oben zitierten Baudelaire'schen Intertext angedeutet, indem dort ein erneutes und würdevolleres Zusammenleben von Bettler und flanierendem Bohemien-Schläger nach der Artikulation gegenseitigen Hasses den Appell des lyrischen Ichs an die Würde des Opfers begleitet.[93]

Möchte man Baudelaires gesamtes *Poème en prose* nicht als zynisch-sozialdarwinistischen Bezug zu Sinhas Erzähltext verstehen, sondern als ernste Möglichkeit der Konvivenz in Betracht ziehen, so ist ein Zusammenleben in Zuwanderungsgesellschaften wie der französischen allein auf Grundlage einer gegenseitigen Anerkennung von Zuwandernden und Aufnehmenden in *Aufrichtigkeit* möglich. Diese erfolgt nicht aus Nächstenliebe, sondern verlangt zuerst nach einer Artikulation des Negativen, angestaut auf Seiten der Asylsuchenden nach Jahrhunderten ökonomischer und militärischer Ausbeutung durch Kolonialismus und Imperialismus, auf Seiten der ehemaligen Kolonialgesell-

---

[92] Natürlich muss jegliche therapeutische Wirkung dieses Erzähltexts als Schreiben in Form von Versprachlichung einer indviduell erlebten doppelten Ausgrenzung der Erzählerin fehlschlagen (vgl. Messling: *Universalität nach dem Universalismus*, S. 164), wohingegen die Wirkung des Schreibens als politisch-symbolischer Geste im extratextuellen Diskursraum trotz des Scheiterns von Sprache auf diegetischer Ebene dadurch nicht tangiert wird.
[93] Vgl. nochmals Baudelaire: *Assommons les Pauvres !*, S. 145.

schaften versammelt in ihren Vorurteilen, in ihrer kulturellen Arroganz, ihren Rassismen und ihrer zynischen Verachtung der ihnen Unterlegenen. Nach dem Herausbrüllen des Hasses mag ein Reden wieder möglich sein. Es wäre insofern tatsächlich ein Beweis für die politische Relevanz von Literatur, wenn dieser erzählte Rekurs auf Gewalt ohne Gerichtsverfahren und Medienaufschrei in seiner Symbolkraft verstanden werden und nachvollzogen würde. Wie extratextuell die Entlassung der Autorin aus ihrem Behördendienst aufgrund dieser Fiktion zeigt, war dies nur bedingt der Fall. Der intradiegetische Vertrauensverlust bezüglich der kommunikativen Funktion von Sprache wird dennoch eben durch ihre extra- wie intratextuelle Instrumentalisierung als literarische Kommunikation über Gesellschaft auf Ebene der poetischen ‹Gegensprache› der Ich-Erzählerin, aber auch auf der Metaebene des Extratextuellen aufgefangen. Die Kündigung der Autorin als letzter Gewaltakt des Systems kann nur als Bestätigung der Wirksamkeit des diegetischen Modells, der literarisch nachmodellierten Dysfunktionalität einer modernen westlichen Einwanderungsgesellschaft und ihrer organisierten Bürokratie sowie der sie prägenden Gewaltformen verstanden werden, sobald sich das System seiner eigenen Fassadenhaftigkeit durch Erzählen bewusst wird.

Diese politische Gewalt der Literatur soll auch in den folgenden Kapiteln im Zentrum stehen. Dabei können nicht nur auf Seiten eines Täters oder einer Täterin symbolisches Gewalthandeln und deren gesellschaftliche Zusammenhänge in der narrativen Modellierung Hinweise auf eine tiefere Politik der Sichtbarmachung hinweisen. Ebenso das Opfer dieses Gewalthandelns kann die Rolle des oder der Interpretierenden einnehmen, wenn es darum geht, nach dem Sinn des Erlebten zu fragen. Die extremste Form einer Politik der Gewalt ist dabei wohl diejenige des Terrors in der Öffentlichkeit, welcher sowohl vom Staat, von religiösen, politischen und ideologischen Gruppierungen als auch von Einzelnen ausgehen kann und die französische Gesellschaft in ihrer kollektiven Selbstwahrnehmung der 10er Jahre des 21. Jahrhunderts wie wohl keine andere Gewaltform erschüttert hat.

5.2 Literarische Artikulationen nationaler Traumata oder Erzählungen von Tätern und Opfern des Terrorismus

Spätestens seit dem Jahr 2015, aufgrund der beiden blutigen Anschläge auf die Satire-Zeitschrift *Charlie Hebdo* sowie einen jüdischen Supermarkt, im November desselben Jahres auf den Nachtclub *Bataclan* und zum Nationalfeiertag des darauffolgenden Jahres auf die Feiernden der *Promenade des Anglais* in Nizza befindet sich Frankreich in einem offen erklärten Kriegszustand. Dieser richtet sich nach außen wie nach innen gegen einen global agierenden und operierenden

Feind: den religiösen, d. h. im Besonderem den islamistisch-fundamentalistischen Terrorismus. In einem Statement aus dem Jahr 2016 verknüpfte der damalige Staatspräsident François Hollande äußere und innere Sicherheitspolitik, indem er die Notwendigkeit verstärkten militärischen Engagements im Ausland wie auch verstärkter Sicherheitsmaßnahmen im Inneren rechtfertigte:

> Dans ce combat long, ce que la France défend c'est ce qu'elle a de plus cher, c'est ce qui la constitue : la liberté et la sécurité, sans laquelle la liberté ne peut pas s'exprimer.
> Nous savons que les risques existent et ceux qui prétendent le contraire ce sont eux qui prennent des risques devant la Nation.
> Ces risques nous devons les réduire, et je dois protéger, protéger tous les Français, mettre tous les moyens légaux, humains, à notre disposition pour assurer cette mission. Et c'est notre confiance dans la République, dans l'idée même de la France, dans la cohésion nationale qui nous permettra de l'emporter.
> Tel est le sens de l'appel que je veux lancer à tous les Français pour qu'ils fassent bloc dans cette période, pour qu'ils soient unis, pour qu'ils soient forts. C'est ainsi que nous remporterons la victoire. Merci.[94]

Diese beschworene Einheit Frankreichs zwischen Sieg über und Niederlage gegen die terroristische Gefahr wird der französischen Bevölkerung auch im Jahr 2020 abverlangt. Nach der tödlichen Attacke auf Kirchenbesucher der Kirche Notre-Dame-de-l'Assomption in Nizza durch den 21-jährigen Tunesier Brahim Aouissaoui am 29.10. sowie der Enthauptung des Lehrers Samuel Paty am 16.10.2020 im Pariser Vorort Conflans-Sainte-Honorine durch Abdoullakh Anzorov, einen zu diesem Zeitpunkt 18-jährigen russisch-tschetschenischen Staatsbürger, dessen Eltern Flüchtlings-Status besitzen, befindet sich die Nation wiederum in Trauer, Wut und Schock.[95] Der im obigen Zitat in Bildern und Metaphern von republikanischem Kampf und unbedingtem Siegeswillen,

---

94 Hollande, François: *Déclaration de M. François Hollande, Président de la République, sur la lutte contre le terrorisme, à Paris le 22 juillet 2016*. Texte intégral; online einsehbar auf der Website der von der staatlichen *Direction de l'information légale et administrative* geleiteten Website *vie-publique.fr*; vgl. https://www.vie-publique.fr/discours/199934-declaration-de-m-francois-hollande-president-de-la-republique-sur-la, konsultiert am 28.06.2021.
95 Vgl. die Debatten um Forderungen des Abgeordneten Éric Ciotti nach dem Attentat in Nizza nach einem «Guantanamo à la française». Hierzu das mit ihm von Laurence Ferrari geführte Interview auf *CNEWS* am 30.10.2020; vgl. Ferrari, Laurence: *L'interview d'Éric Ciotti. Le député LR des Alpes-Maritimes Éric Ciotti était l'invité de Laurence Ferrari dans #LaMatinale sur CNEWS*, online unter https://www.dailymotion.com/video/x7x5akf, konsultiert am 28.06.2021. Hier wird die US-amerikanische Kriegs-Rhetorik des mit vom ehemaligen US-Präsidenten George W. Bush geprägten Kampfbegriffs des «War on terror» auch in ihren Konsequenzen von der französischen Politik aufgenommen. Ciotti spricht konkret von einer «situation de guerre», einer «Kriegssituation», die eine «Aufrüstung» erforderlich mache: «il faut réarmer notre pays».

Verteidigung und Angriff, nationaler und internationaler Solidarität und Gefechtsbereitschaft beschworene Ausnahmezustand ist im Jahr 2020 nicht beendet, der asymmetrische Krieg gegen den Terrorismus nicht ‹gewonnen›. Dies betonte auch der in der Folgezeit regierende Staatspräsident Emmanuel Macron bereits vor den eben erwähnten Anschlägen des Jahres 2020 in seiner vieldiskutierten und lange geforderten Grundsatzrede zur *Laïcité*. Die Rede schließt wie diejenige Hollandes mit Sätzen, welche wiederum vor allem die Einheit und Einigkeit der Nation angesichts des Terrors beschwören. Doch ist sie weniger defensiv als der im Vergleich vorsichtig wirkende Appell aus dem Jahr 2015 («unser Vertrauen in die Republik», «der Sinn des Appells, den ich an alle Franzosen richten möchte»), sondern bedient sich offensiv-didaktischer und patriotrischer Pflicht-Rhetorik durch den Hinweis, dass es neben den Bürgerrechten die Bürgerpflichten gebe, welche Gemeinschaft ausmachen würden.

Wie in Hollandes Rede gegen den Terrorismus taucht darin das Lexem des «bloc», des «Blocks» aller Französinnen und Franzosen auf. Dieser sei «un et pluriel, ne l'oublions jamais», also «eins und vielfältig, vergessen wir das nie»! Das Phantom der verletzten Republik als Gemeinschaft richtet sich damit vor allem gegen einen staats- und gemeinschaftsvergessenen Individualismus, welcher in seinen Extremformen auch die Gefahren des Separatismus und des religiösen Fundamentalismus als Spaltungstendenzen der Gesellschaft in ein «Agglomerat von Gemeinschaften» in sich berge. Über allem steht dabei jener traditionelle und historisch in der französischen Geschichte zutiefst verankerte Gedanke eines republikanischen Universalismus, einer Essenz des Republikanischen, welche das Individuum als Bürger («citoyen») übersteige und es auf die Gemeinschaft verpflichte:

> Chaque jour, chaque jour, les uns et les autres veulent mettre en avant les bonnes raisons de nous diviser. Nous ne sommes pas une société d'individus. Nous sommes une nation de citoyens. Cela change tout. On apprend à être citoyen, on le devient. Ce sont des droits et des devoirs. Mais je ne céderai rien à ceux qui veulent nous diviser dans un sens ou dans l'autre, parce que je crois que notre plus beau trésor, c'est ce bloc que nous formons. Il est un et pluriel, ne l'oublions jamais. C'est ça la force de notre république. Pluriel, ça ne veut pas dire que nous serions un agglomérat de communautés. C'est que nous sommes une communauté nationale. Mais cette communauté nationale a 66 millions d'histoires. Et quelque chose qui est à chaque fois plus grand que chaque individu, ce qui

fait qu'un individu devient citoyen. Son adhésion à l'universel républicain, c'est cela qu'il nous faut défendre.[96]

Im Kontext der oben genannten Anschläge setzte Macron zudem ganz konkret auf militärische Aufrüstung. Das Soldatenkontingent der *Sentinelle*-Mission sollte von rund 3.000 auf 7.000 Soldaten erhöht werden. 3.000 Soldaten der Reserve sollten zusätzlich stets einsatzbereit sein. Der seit dem 1.12.2016 aktualisierte *Plan Vigipirate* wurde auf die höchste Warnstufe «urgence attentat» gesetzt. Diese Stufe impliziert erweiterte Befugnisse für französische Sicherheitsbehörden wie den erhöhten Schutz öffentlicher Einrichtungen durch Polizei und Militär, aber auch verschärfte Grenzkontrollen. Nach Einschätzung eines Mitarbeiters der *Deutschen Gesellschaft für Auswärtige Politik* sei diese militärische Intensivierung jedoch eine einseitige Strategie, welche symbolisch und konkret die im Land herrschenden innergesellschaftlichen und spannungsgeladenen Tendenzen in einen immer aggressiver geführten ‹Kulturkampf› zwischen ‹dem› Islam und aufgeklärt-westlicher und vor allem französischer *Laïcité*, in «Französische Werte versus islamistische Ideologie, Sicherheitsmaßnahmen versus Freiheitsrechte» umdeute. Hatim Shehata, zu diesem Zeitpunkt Mitarbeiter im Programm *Frankreich / deutsch-französische Beziehungen* des Think Tanks, rät in einem Online-Kommentar zu den Anschlägen des Jahres 2020:

> Es gilt, die muslimische Gemeinschaft aktiv in die französische Gesellschaft einzubinden und die Herausbildung von Parallelgesellschaften zu verhindern. Dafür braucht es bildungspolitische Maßnahmen, die in einen größeren Rahmen weitreichender sozialer Reformprogramme eingebettet werden. Letztere sollten vor allem Faktoren wie Ungleichheit

---

[96] Vgl. Macron, Emmanuel: *La République en actes: discours du Président de la République sur le thème de la lutte contre les séparatismes.* (02.10.2020), einsehbar und als Video abrufbar auf der Website des *Élysée* unter https://www.elysee.fr/emmanuel-macron/2020/10/02/la-republique-en-actes-discours-du-president-de-la-republique-sur-le-theme-de-la-lutte-contre-les-separatismes, konsultiert am 28.06.2021. Mitauslösende Faktoren im Vorfeld des Anschlags auf Samuel Paty waren gemäß den Ermittlungen der Behörden das Vorzeigen von Mohammed-Karikaturen der Satire-Zeitschrift *Charlie Hebdo* durch den Lehrer vor der Klasse sowie die empörte Reaktion eines Teils der muslimischen Elternschaft, von der ein Vater mit dem späteren Attentäter in telefonischem Kontakt stand. Zudem jährte sich der Anschlag auf die Redaktion von *Charlie Hebdo* zum fünften Mal, was von der Zeitschrift mit der Wiederveröffentlichung erwähnter Karikaturen zum Prozessauftakt am 2. September 2020 unterstrichen wurde; vgl. zu den äußerst detailliert recherchierten Hintergründen sowie der umfangreichen medialen Berichterstattung unter Angabe sämtlicher Meldungen die umfangreichen Wikipediartikel *Assassinat de Samuel Paty / Attentat de Conflans-Sainte-Honorine* sowie *Attentat de la basilique Notre-Dame de Nice* auf *fr.wikipedia.org.*, zuletzt konsultiert am 28.06.2021.

oder Arbeits- und Perspektivlosigkeit ins Auge fassen, denn sie bilden den Nährboden für Radikalisierung.[97]

Es handelt sich bei dieser Meinung um ein politisch rezipierbares, auf Einfluss zielendes Statement eines einflussreichen politischen Think Tanks mit Sitz in Deutschland und guten Verbindungen zu weiteren Think Tanks in der anglophonen Welt. Als ein solches bedarf es natürlich einer genauso vorsichtigen Einschätzung und Diskussion wie auch die Erzählungen und Perspektivierungen literarischer Texte, da die zugrundeliegenden außenpolitischen Interessen aus den hier durchaus stichhaltig begründeten Argumenten nicht unmittelbar abzuleiten sind. Dennoch scheint es in Anbetracht der im Gutachten angeführten sozialwissenschaftlichen Argumente, aber auch in Anbetracht des Erfolgs agitatorisch-populistischer Diskurse um den ‹Islamo-gauchisme› geboten, die Art der Symbolisierung und Narrativierung von Terrorismus als Gewalterzählung stärker zu berücksichtigen.[98] Eine Rhetorik und Metaphorik des Krieges reicht hierzu jedoch bei weitem nicht aus.

Denn neben der debattierbaren Wirksamkeit verstärkter militärischer Präsenz im Ausland als Mittel gegen den Terrorismus im Inland und den angesprochenen kulturkämpferischen Rhetoriken als sozialen Spannungskatalysatoren gibt es noch zwei weitere Gründe, warum sich Terrorismus nicht in Kategorien des Kriegs fassen lässt: Einerseits gehorcht sowohl auf den kollektiven Ebenen von Ideologie, Staat und Religion wie auch auf der individuellen Ebene des Subjektbewusstseins terroristische Gewalt einer komplexen Verschränkung unter-

---

[97] Shehata, Hatim: Noch mehr Militär ist nicht die Lösung. Frankreich und der islamistische Terrorismus. In: *DGAP. Advancing foreign policy* (12.11.2020), online unter https://dgap.org/de/forschung/publikationen/noch-mehr-militaer-ist-nicht-die-loesung, konsultiert am 28.06.2021.
[98] Der vieldiskutierte Neologismus, zusammengesetzt aus den Wörtern «islam» und «gauchisme», kursiert spätestens seit seiner Verwendung durch den Soziologen Pierre-André Taguieff im Jahr 2002 in Frankreich als Kampfbegriff. Zumeist verwendet von Vertreter*innen identitärer und rechtsnationaler Ideologie unterstellt er Teilen eines linken politischen Spektrums Sympathien für islamistischen Fundamentalismus und eine Verteidigung terroristischer Gewalt. Nach den Terroranschlägen von 2020 und einer affirmativen Verwendung durch Bildungsminister Jean-Michel Blanquer gewann der Begriff erneute Sichtbarkeit durch ein von 100 Intellektuellen und Hochschullehrern unterzeichnetes Manifest, welches eine zu große «frilosité» / «Zurückhaltung» gegenüber dem radikalen Islamismus und «idéologies indigénistes, racialistes et décoloniales» beklagt; AA.VV.: Une centaine d'universitaires alertent: « Sur l'islamisme, ce qui nous menace, c'est la persistance du déni ». In: *Le Monde* (31.10.2020), online unter https://www.lemonde.fr/idees/article/2020/10/31/une-centaine-d-universitaires-alertent-sur-l-islamisme-ce-qui-nous-menace-c-est-la-persistance-du-deni_6057989_3232.html, konsultiert am 28.06.2021; dazu auch Häckermann, Andreas: Frankreich nach dem Tod von Samuel Paty. Interview mit Peter Schöttler. In: *Merkur* 861/2 (Februar 2021), S. 5–17.

schiedlicher Handlungslogiken, welche das Agieren Einzelner mit der Gruppe verbinden und damit Asymmetrie in der ‹Kriegsführung› erst gewährleisten. Ein rein kollektiv konzipierter ‹Kriegseinsatz› bleibt hier nur eine oberflächliche Antwort. Und wie weiter oben bereits dargestellt, wäre es im anderen Extremfall nicht nur von sozialwissenschaftlicher Seite eine äußerst verkürzte Sichtweise auf das Phänomen Terrorismus, nicht nur islamistisch-fundamentalistischer, sondern allgemeiner Art, wenn man diesen allein als Kurzschlusshandlung eines Individuums ansähe, dessen persönliche Sinnkrise sich in sprunghafter Selbst- und Fremdzerstörung vor dem Hintergrund nur halb adaptierter kollektiver Ideologeme vollzöge.

Denn dieses Individuum als irrationalen Attentäter oder aber Kämpfer für eine höhere Sache zu qualifizieren, hängt selbst wiederum vom Standpunkt und der Definition des jeweiligen Terrorismus-Begriffs nach Milieu, nach jeweiliger medialer Inszenierung und dem Bereich des sozialen Raums ab. Die Gewaltforscher*innen stehen hier vor einem Problem der Wahl zwischen einer verallgemeinernd auf das Kollektiv der Gesellschaft konzentrierten und einer auf einzelne Akteure bezogenen Perspektive auf terroristische Gewalt:

> Le chercheur est confronté ici à un choix délicat. Ou bien, proche en cela du sens commun, il adopte, précisément, une perspective subjective. Le terrorisme est alors, pour l'essentiel, une menace plus ou moins irrationnelle, à coup sûr intolérable, et interprétée en fonction de tout ce qu'elle implique pour la société en danger : valeurs, bafouées, institutions menacées, lien social nié. [...] Le terrorisme devient une représentation, une catégorie dont l'élaboration et l'usage tiennent non plus tant au phénomène qu'à certaines caractéristiques de la société qu'il affecte [...].
> A l'inverse, le chercheur peut s'efforcer de passer de l'autre côté. Non pas, bien sûr pour adopter le point de vue des acteurs terroristes, mais pour les étudier en eux-mêmes, analyser par exemple les dérives politiques et intellectuelles dans lesquelles ils se constituent ou le rapport plus en plus étrange qu'ils entretiennent avec la réalité.[99]

Folgt man dem zweiten, von Michel Wieviorka im Vorfeld seiner Ende der 80er Jahre des vergangenen Jahrhunderts veröffentlichten Studie zu linksterroristischen Strömungen vorgestellten subjekttheoretischen Ansatz der Gewaltforschung, scheint es, dass die mit jeglichem Terrorismus einhergehende Gesellschaftskritik durchaus einer komplexen und verschränkten Sinnkonstruktion politischer, psychisch-biographischer, metapolitischer und – übertragen auf religiös-fundamentalistische Zusammenhänge – metaphysischer Art unterliegt. Die methodische Realisierung dieser Kritik als Gewaltakt beinhaltet Gewaltanwendung als *optionalen* Bestandteil des Handlungs-Repertoires der in ihrem Dienste stehenden Individuen. Diese Optionalität würde Terrorist*innen

---

99 Wieviorka, Michel: *Sociétés et terrorisme*. Paris: Fayard 1988, Avant-propos, S. 10.

nicht auf ein gesellschaftliches Kollektiv reduzieren oder sie allein vor einem solchen und dessen Motiven zur Verantwortung ziehen, insofern es womöglich sozialpolitisch oder kulturell im Umfeld der Attentäterinnen oder Attentäter prägend gewesen ist, sondern trüge auch einer Dynamik der Verschränkung von Impulsen und Beweggründen dieser Individuen als langsamem Entscheidungsprozess zugunsten von Gewaltanwendung Rechnung.

So stellt in einem weiteren Kontext auch medial verbreitete politische oder religiös-fundamentalistische Ideologie lediglich einen *Faktor* und eine *Möglichkeit* der Gewaltanwendung im Prozess der Radikalisierung dar, ohne dass dieser Möglichkeit abstrakter Potentialität eine rationale und planmäßige Entscheidung zu ihrer Realisierung folgen würde. Erst durch die repetitive und aktualisierende Bewusstwerdung über diese Möglichkeit im Prozess der Radikalisierung gewinnt auch die Rationalität terroristischen Planens und Handelns ihre konkrete Gestalt als ‹Gegenpolitik› gegenüber einer Gesellschaft und deren offizieller politischer Repräsentation, welche von den Terrorist*innen aus welchen Gründen auch immer als enkratische Gewalt wahrgenommen wird: «Le passage au terrorisme est un choix, un ensemble de décisions, plus ou moins délibérées, et les terroristes ont l'initiative, par leurs actes.»[100]

An die Überlegungen des Soziologen Michel Wieviorka anknüpfend ist es in dieser Studie wiederum die polylogische Modellhaftigkeit literarischen Erzählens, welche die beiden oben genannten Perspektivierungen des Phänomens Terrorismus – die kategorisch-gesellschaftliche und die auf Akteure bezogene – miteinander zu verschränken im Stande ist. Dementsprechend geht es im Weiteren nicht um Antworten der Literatur auf die Frage nach adäquaten Strategien der Terrorismusbekämpfung. Auch geht es nicht um die *empirische* Nachverfolgbarkeit von Prozessen und Mechanismen einer Radikalisierung junger Männer und Frauen, welche sich schließlich zugunsten der Gewalt gegen eine Gesellschaft oder einen sozialen Raum entschließen, der sie sich nicht zugehörig fühlen und deren Werte sie nicht teilen. Auch die möglicherweise lange vor der Tat von den späteren Täter*innen erlittenen Diskriminierungen rassistischer Art sowie das Gefühl einer Minderwertigkeit eigener kultureller oder religiöser Werte und das Zugehörigkeitsgefühl zu einer Minderheit in einem Land, welches diese Minderheit nicht anerkennt, sollen in ihrer empirischen Nachvollziehbarkeit anderen Wissenschaften überlassen und auch keinesfalls in einen erzählerisch-

---

100 Ebda., S. 10 f.: «Der Übergang zum Terrorismus ist eine Wahl, eine Reihe von Entscheidungen, die mehr oder weniger bewusst getroffen werden, und die Terroristen haben die Initiative – durch ihre Taten» [ML].

gewaltapologetischen Kontext gebracht werden. Sozialwissenschaften und Terrorismusforschung sind hier nach wie vor gefragt.

Im folgenden Kapitel soll vielmehr wiederum das Potential des Erzählens und der Literatur als terroristische Gewalt modellierende Kulturtechnik sowie als eigene politische wie diskursive Gewalt zwischen dem Kollektiven der Gesellschaft und dem Individuell-Partikularen des Erlebens untersucht werden. Die literaturwissenschaftliche Analyse erzählender Texte steht in diesem Zusammenhang dem zweiten, auch von Wieviorka bevorzugten Pol eines auf Akteure bezogenen Sprechens und Schreibens über das Phänomen des Terrorismus näher als einer kategorisch-gesellschaftlichen Verortung des Phänomens. Inwieweit vermag in diesem Sinne das Erzählen terroristischer Gewalt auch Licht in die ‹Toten Winkel› des Terrorismus-Phänomens und seiner Diskursivierung bringen und inwiefern spielt dabei die Möglichkeit von Literatur eine Rolle, auch die Perspektive der Opfer terroristischer Gewalt als diskursrelevante Sichtweisen zu verhandeln?

Es soll im Folgenden nach den erzählerischen Möglichkeiten geforscht werden, das Subjekterleben sowohl von Terroristen als auch von deren Opfern in eine diegetische Modellierung zu überführen, welche Subjekt, Werteordnung und Lebensweltlichkeit in ihren problematischen Spannungen – bis hin zum Scheitern jeglicher Kommunikation im Akt der Gewalt – transparent werden lassen. Diese Möglichkeiten entstehen aus der Fähigkeit der Literatur, verschiedene Logiken zusammen zu denken, ohne die Komplexität des Gewalthandelns und die Verschränkung unterschiedlicher Gewaltformen auch im Falle auf den ersten Blick ‹eindeutiger› terroristischer Gewalt zu leugnen. Individuelles Bewusstsein würde dabei trotz des erlittenen Traumas oder der praktizierten Gewalt nicht auf eine einseitige Opfer- oder Täterperspektive reduziert, sondern gerade durch diese Verschiebung und Verschränkung der Blickwinkel von Tätern wie Opfern terroristischer Gewalt in einem dynamischen Gewaltraum gedacht, der Tat und Folgen gleichermaßen berücksichtigt. Wiederum wird erzählte Gewalt in ihrer modellierenden Funktion dadurch zu einem politischen Statement, welches weniger einem analytischen Mehrwert gegenüber der empirischen Gewaltforschung als einem Sichtbarmachen, darüber hinaus auch einem Engagement für ein harmonischeres Zusammenleben im gesellschaftlichen Raum entspricht, das aber zunächst – wie in Shumona Sinhas Roman – vor, während wie nach der Eskalation der Gewalt als dysfunktionale Konvivenz modelliert wird.

Hierzu sollen im Folgenden zwei in Frankreich breit rezipierte Erzähltexte untersucht werden. Sie ermöglichen eine zwar asymmetrische, aber dennoch für die Frage nach den Grenzen und Möglichkeiten erzählter Gewalt aufschlussreiche Gegenüberstellung anhand des gleichen Sujets terroristischer Gewalt als *tertium comparationis*, wenngleich dem Text, welcher die Opferperspektive in den

Fokus stellt, eine intensive autobiographische Dimension aneignet. Der zweite Korpus-Text zum Thema terroristischer als symbolpolitischer Gewalt verfolgt dagegen die heuristische Annäherung an eine Täter-Perspektive im Erzählrahmen romanesker Fiktion. Mahir Guvens mit dem *Goncourt du premier roman* ausgezeichneter Roman *Grand frère* erzählt von den möglichen Umständen einer Radikalisierung zum fundamentalistischen Islamisten anhand der Familienkonstellation zweier Brüder mit Migrationshintergrund, welche jeweils einen vollkommen unterschiedlichen Lebensweg einschlagen – zwischen einer zähneknirschenden Akzeptanz als ungerecht empfundener gesellschaftlicher Verhältnisse und dem Widerstand dagegen in Form terroristischer Gewalt.

Philippe Lançons stark autobiographisch ausgerichteter Text *Le Lambeau* berichtet dagegen aus der Perspektive eines Überlebenden jenes ‹realen› Terror-Anschlags auf die Redaktion des Satiremagazins *Charlie Hebdo*, wie wenig terroristische Gewaltanwendung angesichts der überlebenden Opfer ihre symbolpolitische Funktion als Gewaltereignis medialen und politischen Zuschnitts aufrechterhalten kann. Vielmehr rückt eine Instrumentalisierung des Gewaltereignisses auf Kosten der Opfer in den Vordergrund, deren Entmündigung durch mediale Narrative keine Kommunikation zwischen Tätern und Opfern zulässt, aber eine weitere Gewaltform wieder einmal in den Raum stellt, welche bereits im oben diskutierten Fall *Laëtitia* von entscheidender Bedeutung war: die Gewalt der massenmedialen und tagesaktuellen Berichterstattung über terroristische Gewalt als Spektakel.

5.2.1 Der zerfetzte Körperleib oder die Politik des Privaten: Philippe Lançons autobiographischer Essay *Le Lambeau* (2018) als literarischer Kommentar zum Terrorismus-Diskurs

Am 7. Januar 2015 wurde die Redaktion des Satiremagazins *Charlie Hebdo* Ziel eines islamistischen Terroranschlags. Der Ablauf ist gut dokumentiert: Gegen 11:30 Uhr betraten die Brüder Chérif und Saïd Kouachi mit Sturmgewehren bewaffnet das Pariser Redaktionsgebäude, in dem sich die Räumlichkeiten der Zeitung befanden. Sie ermordeten elf Menschen, darunter acht Mitglieder der Redaktion.[101] Zu den Opfern des Massakers zählten die Karikaturisten Cabu,

---

[101] Vgl. auch hier den ausführlichen Eintrag sowie die Sammlung an Pressemeldungen und Debatten, Prozesshintergründen, etc. zum *Attentat contre Charlie Hebdo* auf *Wikipedia.fr*, online unter https://fr.wikipedia.org/wiki/Attentat_contre_Charlie_Hebdo, konsultiert am 28.06.2021.

Charb, Honoré, Tignous und Wolinski, die Psychoanalytikerin Elsa Cayat, der Ökonom Bernard Maris, der Polizist Franck Brinsolaro, der für den Schutz von Charb zuständig war, der Korrektor Mustapha Ourrad, Michel Renaud, Mitbegründer des Festivals *Rendez-vous du carnet de voyage*, der an diesem Tag Gast der Redaktion war, sowie Frédéric Boisseau, ein Angestellter der Firma Sodexo, die für die Gebäudeverwaltung zuständig war. Der Sicherheitsbeamte Ahmed Merabet wurde schließlich auf dem Boulevard Richard-Lenoir von einem der beiden fliehenden Attentäter getötet.

Doch es gab auch Überlebende, von denen vier schwer verletzt wurden. Darunter befand sich auch der Schriftsteller und Journalist Philippe Lançon, der neben seiner Tätigkeit für die Zeitung *Libération* auch als Kolumnist für *Charlie Hebdo* zuständig war. Seine während des Anschlags erlittenen schwerwiegenden Verletzungen führten zu einem vierstündigen chirurgischen Eingriff im Gesicht, dem insgesamt dreizehn Kiefer-Operationen folgen würden. Diese Ereignisse, der Anschlag sowie der langwierige Prozess der Genesung bilden den Inhalt seines autobiographischen, reflektierenden wie auch erzählenden, bei Gallimard erschienenen Essays *Le Lambeau*, für welchen er 2018 den *Prix Femina* sowie eine Spezial-Ausgabe des *Renaudot* erhielt.[102]

Es handelt sich daher zwar um erzählte Gewalt, jedoch nicht in der Form einer fiktiven und auch nicht einer fiktionalen Erzählung, sondern in der Art und Weise essayistischer Reflexion über Faktualität, welche weder einer Handlung im eigentlichen Sinne noch einem Spannungsbogen folgt. Dennoch sind eine Chronologie und auch eine Topologie der im Essay vom erzählenden Ich geschilderten Ereignisse feststellbar. Denn die in über zwanzig mit Überschriften versehenen Kapiteln und einem Epilog erzählte Zeit des Essays umfasst Jahre und Jahrzehnte vor dem Anschlag. Sie wird aber gänzlich von der unerbittlichen Chronologie der Ereignisse eines für das Leben des Erzählers fatalen Tages strukturiert: Am 7. Januar 2015 nimmt Philippe Lançon an der Aufführung von Shakespeares *La Nuit des Rois* in einem kleinen Theater in Ivry teil. Er hat bereits seine Flugtickets für eine Reise in die Vereinigten Staaten mitgenommen, wo er als Dozent Literaturkurse in Princeton geben und sich mit seiner neuen Freundin treffen möchte. Am nächsten Morgen gibt der Schriftsteller Michel Houellebecq bei *France Inter* anlässlich der Veröffentlichung seines

---

[102] Preisträgerin war Valérie Manteau mit *Le Sillon* (Paris: interforum editis 2018), jedoch wurde zum ersten Mal ein *Renaudot* als Spezial-Preis in diesem Fall einem weiteren Autor verliehen; vgl. die Meldung von Leménager, Grégoire: Le prix Renaudot 2018 pour Valérie Manteau ... et un prix spécial pour Philippe Lançon. In: *Bibliobs* (07.11.2018), online unter https://bibliobs.nouvelobs.com/actualites/20181107.OBS5004/le-prix-renaudot-2018-pour-valerie-manteau-et-un-prix-special-pour-philippe-lancon.html, konsultiert am 28.06.2021.

jüngsten Romans *Soumission* ein Interview. Während der Redaktionskonferenz von *Charlie Hebdo* bildet dieses Buch einen thematischen Schwerpunkt, über den hinausgehend sich eine Diskussion über die Lage in den Pariser Vororten entspinnt.[103] Diese ist noch im Gange, als die Attentäter ins Redaktionsgebäude eindringen ...

Philippe Lançon versucht nicht, den Angriff zu erklären oder objektiv darzustellen, sondern wählt eine subjektive, dennoch emotionale Perspektive ohne Pathos zur Beschreibung dieser Gewaltsituation.[104] Interessant ist in paratextueller, genauer peritextueller, aber auch intertextueller Hinsicht der kommentierende Klappentext des Buchs, welcher der Leserschaft bereits eine polyvalente Lesart des Titels vorschlägt, die eine inhaltlich dominante Tragik des ‹Zerfetzt-Seins› nüchtern in Form des Lexems «Lambeau» / «Fetzen» für den Status der Erzählinstanz als Subjekt, Objekt und Opfer, aber auch souverän reflektierende Analyse-Instanz terroristischer Gewalt umschreibt. Dazu wird ein Lexikon-Eintrag aus dem *Trésor de la langue Française* zitiert:

> Lambeau, subst. masc.
> 1. Morceau d'étoffe, de papier, de matière souple, déchiré ou arraché, détaché du tout ou y attenant en partie.
> 2. Par analogie : morceau de chair ou de peau arrachée volontairement ou accidentellement. *Lambeau sanglant ; lambeaux de chair et de sang. Juan, désespéré, le mordit à la joue, déchira un lambeau de chair qui découvrait sa mâchoire* (Borel, Champavert, 1833, p. 55).
> 3. Chirurgie : segment de parties molles conservées lors de l'amputation d'un membre pour recouvrir les parties osseuses et obtenir une cicatrice souple. *Il ne restait plus après l'amputation qu'à rabattre le lambeau de chair sur la plaie, ainsi qu'une épaulette à plat* (Zola, Débâcle, 1892, p. 338).
>
> (Définitions extraites du Trésor de la Langue Française)[105]

Die Übersetzung des französischen Klappentexts, welcher in der deutschen Ausgabe[106] nicht übernommen wurde, könnte in etwa lauten:

---

[103] Vgl. hierzu, sozusagen als Prolog die ersten drei Kapitel von Lançon: *Le Lambeau*, S. 11–69.
[104] Insofern bildet das vierte Kapitel «L'attentat» die tragische Katastase und Krise des weiteren ‹Handlungs›-Verlaufs, da es nicht nur von der Spaltung des Lebens des Erzählers erzählt, sondern auch den Beweggrund des Erzählens selbst schildert; vgl. ebda., S. 70–80.
[105] Ebda., Klappentext.
[106] Vgl. Lançon, Philippe: *Der Fetzen*. Aus dem Französischen von Nicola Denis. Stuttgart: Tropen 2019.

Fetzen, Subst. m.
1. Ein Stück Stoff, Papier oder weiches Material, das zerrissen oder abgerissen ist, sich vom Ganzen gelöst hat oder teilweise daran anschließt.
2. In Analogie dazu: Ein Stück Fleisch oder Haut, das absichtlich oder versehentlich abgerissen wurde. Blutiger Fetzen; Fetzen von Fleisch und Blut. *Juan biss ihn in seiner Verzweiflung in die Wange und zerriss einen Fleischfetzen, der seinen Kiefer entblößte* (Borel, Champavert, 1833, S. 55).
3. Chirurgie: Segment der Weichteile, die bei der Amputation eines Gliedes erhalten blieben, um die Knochenteile zu bedecken und eine weiche Narbe zu erhalten. *Nach der Amputation blieb nur noch, den Fleischlappen über die Wunde zu klappen, so wie eine flache Schulterklappe* (Zola, Débâcle, 1892, S. 338).

(Definitionen aus dem Trésor de la Langue Française)

Die Titel-Metapher des Fetzens bezieht sich dabei nicht nur auf die mit diesem Klappentext evozierte Analogie zum Erleben des Erzähler-Ichs, wie sie in Punkt zwei aufscheint – also auf die Zerstörung des Unterkiefers des Erzählers durch einen anderen, wobei ersterer nunmehr sein entstelltes Gesicht als ‹Fetzen› wahrnimmt. Sie bezieht sich auch nicht allein auf Punkt drei der Etymologie, wo dargestellt wird, wie durch eben einen Fleisch-Fetzen chirurgisch-kosmetisch der zerstörte Unterkiefer wieder hergestellt werden kann. In beiden Punkten dienen dabei im Übrigen literarische Referenztexte – Zolas *La Débâcle* und Joseph-Pierre Borel d'Hauterives *Champavert* – zur lexikalischen Illustration; ein Verfahren, welches das Erzähler-Ich in seiner literarischen Verarbeitung des Traumas selber anwenden wird, wie im Folgenden zu zeigen sein wird.

Vielmehr wird in einem allgemeineren Zusammenhang mit dem Erzählten in Punkt eins auf die materielle Qualität des Fetzens als unvollständigem Stück Stoff, vielleicht auch Papier, damit metonymisch auch auf die Zerstörung der Erinnerung sowie eines kontinuierlichen Individualbewusstseins als Ausdruck des Mensch-Seins sowie seine schrittweise chirurgisch-erzählerische Rekonstruktion unter prekären Umständen hingewiesen. Lançon selbst kommentierte in diesem Kontext in einem Interview für den Gallimard-Verlag seinen Zustand sowie die Zielsetzung seines Buchs mit folgenden Worten:

> Mon livre n'est pas un essai sur l'islamisme ou sur l'état de l'hôpital, sujets sur lesquels je suis incompétent : c'est un récit et une réflexion intimes. C'est l'histoire d'un homme qui a été victime d'un attentat, qui a passé neuf mois à l'hôpital, et qui raconte le plus précisément, et j'espère le plus légèrement possible, comment cet attentat et ce séjour ont modifié sa vie et la vie des autres autour de lui, ses sentiments, ses sensations, sa mémoire, son corps et sa perception du corps, son rapport à la musique, à la peinture, sa manière de respirer et d'écrire.[107]

---

107 Lançon, Philippe / Gallimard.fr: *Entretien réalisé avec Philippe Lançon à l'occasion de la parution du Lambeau*, auf der Website des Gallimard-Verlags, 2018, online unter http://www.

Obwohl es sich bei Lançons Text also um einen Erzähltext mit stark autobiographischer Fokussierung handelt, ist es die in obigem Autorenkommentar erwähnte Charakterisierung des Texts als intim reflektierendes Schreiben über eine sich selbst zum Gegenstand machende autodiegetische Erzählerfigur, ein erzähltes Ich, welches ihn auch in ein den gesellschaftlichen Raum kommentierendes Dokument mit kritischer und symbolpolitischer Funktion verwandelt. Zugleich ruft der selbst-distanzierende Tonfall dieses Interview-Zitats die auch im Text aufscheinende Nähe zur großen Tradition französischer Essayistik in Verbindung mit Formen autobiographischen Schreibens auf, wie sie wohl als erster Jean-Jacques Rousseau vertrat und welche stets literarische Orte einer dynamischen Verknüpfung von Innen- und Außenschau als Artikulationen eines selbstbewussten Subjekts der Moderne schuf.[108] Dabei tritt seit Rousseaus berühmtem Incipit zu seinen *Confessions* das *Sub*jektbewusstsein als um Transparenz zumindest bemühtes Spiegel-*Ob*jekt des gesamten *Homme*, des gesamten Menschen, in sein Recht.[109]

Diese einer Tradition aufklärerischer Selbstermächtigung entsprungene, die europäische Philosophie- und Literaturgeschichte prägende Souveränitäts-Geste des Subjekts leitet Lançons Politik eines Schreibens über die von ihm erlebte und erlittene terroristische Gewalt und deren Folgen, wie allein anhand der zahlreichen intertextuellen Referenzbeziehungen im Erzähltext deutlich wird.[110] Anders

---

gallimard.fr/Media/Gallimard/Entretien-ecrit/Entretien-Philippe-Lancon.-Le-lambeau, konsultiert am 28.06.2021.

[108] Zur vor wie nach Montaigne schwierig abzugrenzenden Gattung und offenen Form Essay / Essai hier zumindest die Minimaldefinition von Christian Schärf, welche die Verbindung von Subjektivitätskonzepten europäischer Neuzeit und Moderne als Gattungsmerkmal auf den Punkt bringen möchte in Schärf, Christian: *Geschichte des Essays. Von Montaigne bis Adorno.* Göttingen: Vandenhoeck & Ruprecht 1999, S. 9: «Essay, Essayistik und Eassayismus werden dabei nicht mehr als literarische Formen neben anderen aufgefasst, sondern als Ausdrucksmomente einer produktiv-existentiellen Grundproblematik der Neuzeit seit dem 16. Jahrhundert. [...] *Essay* bezeichnet auf diesem Terrain den immer wieder offenen, immerfort schwierigen Raum, in dem das Subjekt und der Wille zum Ausdruck aufeinanderstoßen. Das ist ein Konstellationsrahmen, der ständig neu ausgefüllt werden muß und dessen Problemstellungen nach originären und originellen Lösungen verlangen.»

[109] Vgl. Rousseau, Jean-Jacques: *Les Confessions* [–1765]. Paris: Launette 1889, Bd. 1, S. 1f.; sowie dazu die mittlerweile klassische Studie von Starobinski, Jean: *Jean-Jacques Rousseau. La transparence et l'obstacle*, op. cit.

[110] Der Text wimmelt von intertextuellen Referenzen auf Schriftsteller*innen, Intellektuelle und Politiker*innen. Anders als die französische Original-Ausgabe enthält die deutsche Übersetzung von Nicola Denis, erschienen im Tropen-Verlag, ein Verzeichnis der Textnachweise. Dieses gibt Aufschluss über die intertextuellen Quellen der im Text auftauchenden Zitate und Referenzen; vgl. Lançon, Philippe: *Der Fetzen*. Stuttgart: Tropen 2018, S. 550f.

als beim autofiktionalen Schreibens wird dabei das erzählte Ich keineswegs auf kritischer Distanz zum erzählenden Ich gehalten oder gar dekonstruiert, sondern von diesem als ein *Ganzes* zu fassen gesucht. Im Zeichen literarischer Traditionen der europäischen Moderne wird entgegen der Metapher des ‹Fetzens› eine verlorene Ganzheitlichkeit wiederhergestellt, welche letztlich auf das Bewusstsein eines Individuums im buchstäblichen Sinne als *unversehrtes* abzielt. Der autobiographische Pakt bleibt in *Le Lambeau* im Gegensatz zu autofiktionalen Texten vollkommen intakt und die Referentialisierbarkeit von Personen und Orten dient allein dem erzählten wie dem erzählenden Ich als Hintergrundfolie einer Suchbewegung, welche dem Prozess der physischen Heilung analog gestellt ist. Wie beim großen ‹Vater› der modernen Autobiographie scheint bei Lançon die Möglichkeit der Literatur auf, eine wenn schon prekäre, so doch nachvollziehbare anthropologische Ganzheitlichkeit herzustellen, die im Falle eines Attentat-Opfers psychisch wie physisch verloren schien und sich stets an diesem biographisch zentralen Gewaltereignis orientieren muss.

Dieses Gewaltereignis wurde in seiner Form als terroristischer Gewalt-Akt bereits sowohl sprachlich wie visuell durch Medien, Politik und Gesellschaft als kollektiver ‹Fakt› *vorartikuliert*, jedoch als erlebte Gewalt weder im unmittelbaren Geschehen noch in jenen Folgen *erzählt*, die eine Erweiterung der ‹Geschichte› über Chroniken und Ablaufprotokolle, journalistische Spekulation, den eigentlichen Tathergang und die politische Tagesaktualität hinaus erfordern. Zu dieser Verkürzung und auch Behinderung einer ganzheitlicheren Sicht tragen auch der ‹Mythos› und die Bewegung um den politischen Solidaritäts-Slogan *Je suis Charlie* sowie den Tatort selbst bei, insofern *Charlie Hebdo* – eine Zeitung die vor dem Attentat unter finanziellen Problemen litt – nun durch den «statut symbolique», welchen ihr die Attentäter unfreiwillig verliehen hatten, ins Schlaglicht einer breiten internationalen Öffentlichkeit rückte.[111] Diese tragischerweise gewonnene Strahlkraft eines «petit journal»,[112] einer «kleinen Zeitschrift», zu einem tödlichen Preis versperrt jedoch den Blick auf die langfristigen Folgen des Anschlags, wie sie die Opfer zu tragen gezwungen sind. Hier setzt die Politik von Lançons Schreiben über eine symbolische Gewalt in mehrfacher Hinsicht an, insofern es sich bei dieser Gewalt einerseits um den politisch fundamentalistischen Terrorakt selbst, aber auch um dessen symbolische Inszenierung als Kampf um die vom islamistischen Terrorismus bedrohte Presse- und Meinungsfreiheit handelt, welche in ihren kollektiven Dimensionen die individuell erlittene Gewalt zu überlagern drohen.

---

111 Lançon: *Le Lambeau*, S. 122.
112 Ebda.

Um diese Politik umzusetzen, bedarf es auf Ebene der Narration einer doppelten Aufspaltung, wie sie einerseits jeglicher Form autobiographischen Schreibens zu eigen ist, andererseits jedoch insbesondere der hier geschilderten biographischen Situierung der Erzählinstanz Grundlage und Begründung ihres Schreibens liefert. Ebenso wie bei den bereits erwähnten Vertreter*innen der biographischen Autofiktion ist hier eine distanzierende Aufteilung des Selbst zwischen dem *Je* der Erzählerstimme und dem erzählten Ich des *Moi* zu konstatieren, welche diesmal jedoch einen bestimmten, das gesamte Leben beider Ichs unwiderruflich spaltenden, im Vergleich zu diesem gelebten Leben in seiner Gänze kurzen Zeitabschnitt der Gewalt in den Fokus rückt und weniger eine ganze Lebenszeit oder gar eine Epoche. Es dreht sich daher nicht – wie beispielsweise in den Texten von Annie Ernaux – um eine ‹Neuinterpretation› des erlebten und bereits geschilderten Vergangenen eines modellierten Ich als erzählerische ‹Archäologie›, welche letztlich auf eine ganze historische Epoche zielt, sondern um das allererste Modellieren und Artikulieren der Gewalt eines Bruchs im raumzeitlichen Kontinuum eines einzelnen Lebens aus kurzer zeitlicher Distanz des Erzählens.

So steht zu Beginn des Textes nach einer kurzen ‹Ouvertüre›, welche den Vorabend des Attentats in Form des erwähnten Theater-Besuchs der Shakespeare-Komödie schildert, im Auftakt des zweiten Kapitels als eigentliches Incipit ganz in rousseauistischer Tradition der Akt des Schreibens über das Ich und dessen Begründung im Vordergrund. Es ist ein Schreiben als Suche nach der Erinnerung für die «revenants», die «Totgeglaubten» oder «Wiedergänger» zwischen Leben und Tod, und die «survivants», die «Überlebenden», aus der konkreten Erfahrung einer Möglichkeit des eigenen Todes heraus, welche jedoch letztlich jede*n Leser*in betrifft:

> Je suis toujours agacé par les écrivains qui disent écrire chaque phrase comme si c'était la dernière de leur vie. C'est accorder trop d'importance à l'œuvre, ou trop peu à la vie. Ce que j'ignorais, c'est que l'attentat allait me faire vivre chaque minute comme si c'était la dernière ligne : oublier le moins possible devient essentiel quand on devient brutalement étranger à ce qu'on a vécu, quand on se sent fuir de partout [...] : il faudrait noter les plus petits détails de ce qu'on vit, la moindre des choses moindres, comme si on allait mourir dans la minute qui suit [...].[113]

Diese Erwähnung der Vorwegnahme des eigenen Todes aus seiner erfahrenen Nähe heraus ermöglicht eine Strategie reflektierender Objektivierung des Erlebten, wobei die autodiegetische Erzählstimme sich selbst, über Sprünge um die Zeitachse des Attentats während der erzählten Zeit eines Monate dauernden Ge-

---

[113] Ebda., S. 27.

nesungsprozesses, zum Gegenstand einer mehrfachen Distanzierung macht, die jedoch unfreiwillig erlitten und aufrechterhalten wird und zugunsten einer wie auch immer gearteten ‹Heilung› überwunden werden muss.[114] Diese wird nicht allein aus einem in diesem Zitat aufscheinenden *Memento mori*-Motiv als prospektiver Mahnung gewonnen, sondern auch durch die in die Vergangenheit gewandte Thematisierung einer Ferne zum Leben vor dem Attentat, welche die Erinnerungen an ein unwiederbringlich verlorenes, unversehrtes *Moi* mit dem neuen Leben des körperlich wie psychisch versehrten *Je* als diskontinuierliche Subjektivität verknüpft. Ein erlebter und erfahrener Akt der Gewalt wird somit durch den Akt des Erzählens zu einer nicht mehr zu löschenden Markierung im Subjektbewusstsein und dennoch zur explizit vom Erzähler literarisch ‹instrumentalisierten› Chance einer Suche nach der eigenen Ganzheit und einer kritischen Distanznahme zu einem medial, gesellschaftlich wie politisch im Kollektiv verhandelten Ereignis. Das Schreiben über Gewalt bildet somit wiederum eine offen propagierte symbolpolitische Gegengewalt, welche den Terroranschlag vom singulären Ereignis in einen folgenhaften Prozess verwandelt.

Dabei ist dieses Schreiben und Beschreiben nicht immer ein souveränes, sondern muss sich stets gegen das Präsentische der Erinnerung, aber auch die körperlich durch die geschlagene Wunde, die «gueule cassée», stets präsente Faktizität des Vorgefallenen behaupten.[115] Die Kapitulation der Sprache, der Worte und der Wörter vor der Gewalt in Anbetracht der Beschreibung jenes traumatischen Moments, in welchem der Erzähler unter Toten und Verletzten auf dem Boden des Redaktionsraums liegt und seine Lage zu fassen versucht, wird eingestanden. Seine Reflexionen über das Geschehene, aber auch über die eigene Vergangenheit werden zu «Platzpatronen», zu «tire[s] à blanc», angesichts eines Zustandes des «néant», des «Nichts», welche sich erst selbst in eine wirksame

---

114 Ohne die religiös-metaphysisch konnotierte Todesfiktion mit der erlebten Erfahrung eines ‹Davon-gekommen-Seins› vergleichen zu können, sei doch darauf hingewiesen, dass sich das Todes-Motiv, der vorweggenommene eigene Tod, auch bei Rousseau an prominenter Stelle im Incipit als Begründung des Schreibakts findet; vgl. Rousseau, Jean-Jacques: *Les Confessions*, S. 1: «Si la nature a bien ou mal fait de briser le moule dans lequel elle m'a jeté, c'est ce dont on ne peut juger qu'après m'avoir lu. Que la trompette du jugement dernier sonne quand elle voudra; je viendrai, ce livre à la main, me présenter devant le souverain juge.» / «Ob es gut oder schlecht war, dass die Natur die Form, in die sie mich geworfen hat, zerbrochen hat, kann man erst beurteilen, wenn man mich gelesen hat. Die Trompete des Jüngsten Gerichts soll blasen, wann sie will; ich werde mit diesem Buch in der Hand kommen und vor den souveränen Richter treten» [ML].
115 Vgl. die im Text zitierte Email und die Solidaritäts-Bekundung von Marie-Laure Meyer, Überlebende des Amoklaufs von Nanterre am 27. März 2002 durch Richard Durn mit neun Toten, über welche Lançon als Journalist geschrieben hatte in Lançon: *Le Lambeau*, S. 282f.

Gegengewalt verwandeln müssen. Die einzige Möglichkeit der Wiedererlangung dieser Souveränität liegt im Faktum des Überlebens selbst; doch die Fragen nach dem Überleben eines fast ausgelöschten und vergangenen Ichs sind dem Erzähler von Beginn an nicht als bewusste und abstrakte Reflexion des Verstandes, sondern als konkrete und ‹lebendige› Tatsachen («Je les vivais») körperlich *eingeschrieben*:

> C'est [le néant, ML] un état qu'on peut penser, mais on l'emploie et on le pense généralement comme on tire à blanc, sans jamais pouvoir tout à fait se l'appliquer. On ne pouvait imaginer le néant, dans cette petite salle ordinaire et relativement laide, qu'en tant que survivant – prêt à le décrire ou à le dessiner, avant de passer au texte ou au dessin suivant. Mais étais-je, à cet instant, un survivant ? Un revenant ? Où étaient la mort, la vie ? Que restait-il de moi ? Je ne pensais pas ces questions de l'extérieur, comme des sujets de dissertation. Je les vivais. Elles étaient là, par terre, autour de moi et en moi, concrètes comme un éclat de bois ou un trou dans le parquet, vagues comme un mal non identifié, elles me saturaient et je ne savais qu'en faire.[116]

In den autofiktionalen Texten ethnographischer und sozialkritischer Natur fehlt dieser Bestandteil eines explizit markierten Bewusstseins-Bruchs zwischen Erzählerfigur und erzählter Figur und die daraus entstehende Unschärfe des Erinnerns keineswegs. Doch erwächst dort aus dieser strukturell-narrativen Konstellation der Erzählinstanz und einer unsicheren Perspektivik auf das eigene, frühere Leben und Erleben doch auch die Chance analytischer Distanz auf Objektivität angesichts eines weiteren sozialen Raums. Anders bei Lançon: Hier versucht der Erzähler, durch Beschreibung eines zentralen biographischen Ereignisses, dessen Wesen und damit auch sein eigenes Wesen durch Überwindung einer durch das Trauma verursachten Distanz wiederzuerlangen: «Je cherche simplement à circonscrire la nature de l'événement en découvrant comment il a modifié la mienne.»[117]

Mit dieser Suchbewegung geht die aufrichtige Verweigerungshaltung einher, Anspruch auf einen objektiven Kommentar zum gesellschaftlichen Geschehen wie auch zum Terroranschlag selbst zu erheben. Die in den vereinnahmenden Perspektiven autofiktionaler Literatur bestehende Gefahr einer Monologisierung des Diskurses durch Absolut-Setzung von Interpretationen einer nur scheinbar distanzierten Erzählerstimme ist hier nicht gegeben, obwohl der Text eine aus der sozialen Einbettung der Erzählstimme folgende subjektive Kommentarfunktion im Diskurs um gesellschaftliche Gewalt vermittelt. Denn es geht dieser Er-

---

116 Ebda., 82 f.
117 Ebda., 83: «Ich versuche schlicht, das Ereignis in seinem Wesen zu erfassen und zu begreifen, wie es meines verändert hat» [Übersetzung Nicola Denis].

zählstimme nicht um ein ‹Verstehen› der Gewalttat und der Täter, auch nicht um deren Beschreiben unter psychologischen, soziologischen und gesellschaftspolitischen Vorzeichen. Wie auch Jablonkas Schreiben über den Fall Laëtitia Perrais geht es ihr vielmehr um die Forderung, dem Diskurs eines Opfers von Gewalt Sichtbarkeit zu verleihen. Diesmal geschieht dies jedoch durch die wortmächtige Stimme des Überlebenden selbst, nicht vermittelt durch eine dritte Instanz wie den über einen Mordfall journalistisch recherchierenden Erzähler in *Laëtitia*.

Die Täter und deren Leben dagegen werden jedoch anders als in Jablonkas *Enquête* zu Randbemerkungen und auch in dieser Hinsicht – in Bezug auf Spekulationen über die Täter wie bereits vorher im Beschreiben des Zustands zwischen Leben und Tod – kapitulieren Sprache und Denken des Erzählers vor der Faktualität und Faktizität des traumatisch Erlebten:

> Rien n'excuse la transgression dont j'ai vu et subi le résultat. Je n'ai aucune colère contre les frères K, je sais qu'ils sont les produits de ce monde, mais je ne peux simplement pas les expliquer. Tout homme qui tue est résumé par son acte et par les morts qui restent étendus autour de moi. Mon expérience, sur ce point, déborde ma pensée.[118]

Dieser Geste einer Kapitulation der Sprache und des Denkens trotzend ist es durch eine starke Referentialisierbarkeit des Erzählens der autobiographische Pakt mit der expliziten und impliziten Leserschaft, welcher den Stil, das Erzählen wie auch die Schreibweise des Texts dominiert. Dieser schließt nicht nur klar referentialisierbare Orte und Zeitpunkte des Geschehens im Frankreich des Jahres 2015 ein, sondern zahlreiche Figuren – Kolleg*innen wie Charb, Michel Houellebecq und Politiker wie den damaligen französischen Staatspräsidenten François Hollande – mit ein, welche detailliert aus der Sicht des Erzählers und in ihrer Bedeutung für dessen Erleben geschildert werden.[119] Auch werden die chronologische Abfolge der Ereignisse und Erlebnisse sowie die Kontinuität der Ortsaufenthalte und die Ortswechsel dicht und präzise geschildert.

Dadurch dass sich diese um Objektivität bemühte Erzähler-Figur jedoch durch einen im negativen Sinne außergewöhnlichen Umstand ihrer Rolle innerhalb eines weltweit über und in Frankreich geführten Diskurses bewusst wird, bekommt dieses Bemühen einen weniger autoanalytischen als vielmehr das Ich in seinen Meinungen affirmierenden Zug, welcher vor allem den Gattungen der Mémoiren und dem Essai zu eigen ist. So fließen in die Interpretation des Attentats nicht nur die vom Opfer reflektierten Medienberichte über den Anschlag,

---

118 Ebda., S. 284.
119 Vgl. insbesondere die ausführliche Paraphrase eines vom Erzähler vor dem Anschlag rezipierten Radio-Interviews mit Michel Houellebecq anlässlich des Erscheinens von dessen Roman *Soumission* in ebda., S. 42–45.

sondern auch seine eigene Erfahrung aufgrund journalistischer Reisen und Gespräche mit Führern der islamischen Welt und eine daraus sich bildende subjektive und klar wertende Meinung über jegliche Sympathie mit Diktatoren und Fundamentalismen aller Couleur («politiciens fourvoyés» / «irregeleitete Politiker», «vilains internationaux» / «schäbige Internationale») ein.[120] Die Frage nach der erlebten Gegenwart der Gewalt des Jahres 2015 wird damit anhand konkreter Situationen und Personen aus der privaten und auch intimen Vergangenheit des Erzählers erörtert.

Gleich in einem der ersten Kapitel mit dem Titel «Tapis volant», «Fliegender Teppich», hebt diese Erörterung auf eine weit zurückliegende Lebensentscheidung des Erzählers ab, welche ihn von einer potentiellen Karriere als Kriegsreporter aus einem kurz vor der Zerstörung stehenden Bagdad abbringt und ihn in einen Kolumnisten und Feuilletonisten verwandelt. Der Erzähler deutet anhand dieser persönlichen Entscheidung, Bagdad zu verlassen, die Möglichkeit eines Zusammenhangs zwischen privatem und öffentlichem Raum an: Er fragt nach der Verbindung einer Einmischung westlicher Länder in das Machtgefüge des Nahen Ostens sowie den Auswirkungen dieser Einmischung auf die Zivilbevölkerung sowohl der westlichen wie der betroffenen muslimischen Länder mit dem überlebten Terrorakt. So verknüpft sich – ausgehend von einem im Irak erworbenen Teppich in der Pariser Wohnung des Erzählers – die Erinnerung an eine frühere Begegnung während einer Pressekonferenz mit Ahmed Ben Bella, dem ersten Staatspräsidenten des unabhängigen Algerien, im von US-Bomben bedrohten Bagdad Sadam Husseins im Jahr 1991, mit der Tragödie des 7. Januar 2015. Es ist vor allem der Hass auf eine Einmischung des Westens in Belange der arabischen Welt, welcher die anwesenden letzten ‹Gäste› des Diktators vereint, unter denen sich der marxistische Journalist Daniel Ortega, der Führer der US-amerikanischen *Nation of Islam*, Louis Farrakhan, der Schriftsteller Jean-Edern Hallier und eben Ben Bella befinden:

> Parmi tant de charlatans, de politiciens fourvoyés et de vilains internationaux, lui [Ben Bella, ML] seul m'impressionna; ou, plus exactement, lui seul me donna le sentiment que nous assistions à la fin d'une histoire – celle de la décolonisation –et au début de quelque chose d'inquiétant. Nous le vivions sans le savoir : le fond de l'air historique était encore léger, les reporters semblaient insouciants. On dit souvent que le désastre actuel a commencé avec la révolution iranienne. Dans mon cas, c'est à Bagdad que tout a commencé. Tout ce qui allait conduire, entre autres, au 7 janvier. J'y étais, mais j'en suis parti trop tôt. Le 7 janvier aussi, j'y étais, mais je me suis levé pour partir trop tard.[121]

---

[120] Ebda., S. 40.
[121] Ebda.

Weltpolitisches Drama und persönliche Tragödie werden in Referenz auf historische Spekulationen und Diskurse über das Entstehen des internationalen islamistischen Terrorismus («on dit») verknüpft, ohne diese hergestellte Verbindung ausformulieren zu wollen, da allein das individuelle Bewusstsein zählt («Dans mon cas»). Durch diese fragmentarische Episodenhaftigkeit des Geschilderten, aber auch durch die klaren Werturteile, welche die Erzählerfigur bisweilen ausspricht, wird deutlich, dass es die Leserschaft mit einem gänzlich anderen Erzählen gesellschaftlicher Entwicklungen zu tun hat als bei den von Bourdieu geprägten soziologischen Autoren. Das Ich wird – gestützt durch das hermetische Setting abgeschlossener Räume, Krankenzimmer und Operationssäle – während des zähen Genesungsprozesses zu einem *absoluten* Referenzraum und erinnert dadurch eher an eine Schreibweise im Zeichen postromantischer Beobachtung und Selbstbeobachtung im Zeichen der Krankheit, welche auf Ebene der Analyse die soziale Dimension als entfremdete der Reflexion des Ich-Erlebens unterordnet.[122]

Nicht umsonst ist der deutschen Ausgabe von *Der Fetzen* paratextuell ein bereits erwähnter Referenzindex beigegeben, welcher die Quellen der Zitate und Anspielungen des Erzähler-Ichs auflistet.[123] Dieser Katalog liest sich wie eine literatur- und philosophiegeschichtliche Genealogie einiger Referenzfiguren moderner Subjektivität und Souveränität, welche zu kanonisierten Klassikern gehören. Neben Baudelaire finden sich Proust, Nietzsche, Valéry, Jünger, Thomas Mann und Kundera. Doch auch Autoren wie Góngora, Racine und Shakespeare, welche bereits vor Rousseau die Tragik als Existential des Ichs reflektierten und inszenierten, firmieren dort als im Text zitierte Referenzen. All diese Intertexte stützen die Reflexion, ohne sie zu dominieren. Sie speisen sich aus dem Literatur- und Lebenswissen eines intellektuellen Erzählers, welcher in einem essayistischen Experiment das Wissen der Literatur auf eine existentiell herausgehobene Gewaltsituation anzuwenden versucht.

Literatur wird so zu einem Mittel, nicht nur die eigene Subjektivität, sondern das eigene Überleben zu reflektieren, indem sie eher als mediale und analytisch-wissenschaftliche Diskurse über das Erlebte einen dynamischen Referenzraum bildet.[124] Dieser Rezeption des Lesens im Angesicht der eigenen Krankheit und

---

[122] Als zeitloser Ort und Heterotopie der Krankheit und Genesung intertextuell evoziert durch die Lektüre-Beschreibungen von Thomas Manns *Zauberberg* sowie Prousts *Recherche* und Kafkas *Briefe an Milena*, auf die als intertextuelle Strategie des Erzählens noch eingegangen wird, vgl. ebda., S. 343–346, 379, 394, 398 f.
[123] Vgl. nochmals Lançon: *Der Fetzen*, S. 550 f.
[124] Zu dieser Funktion der Literatur in Form von *lecture* und *écriture* als lebenswissenschaftlich erfassbare Wissensform und Kulturtechnik vgl. programmatisch Ette, Ottmar / Asholt,

des eigenen Todes steht jedoch das Schreiben als Bestandteil einer Wiederherstellung des Lebens zur Seite. Es ist literaturwissenschaftlich evident, dass dieses Schreiben in Frankreich sich sofort als wiedererkennbar aufklärerische Strategie der *République des Lettres*, als Weltaneignung durch Lektüre, Re-Lektüre und *écriture* transparent macht. Dies gilt auch dann, wenn der Erzähler noch als Patient wieder als Journalist zu arbeiten beginnt und über seinen eigenen Fall als ‹Höhepunkt› und ‹Kür› seiner beruflichen Karriere berichtet:

> Écrire sur mon propre cas était la meilleure façon de le comprendre, de l'assimiler, mais aussi de penser à autre chose – car celui qui écrivait n'était plus, pour quelques minutes, pour une heure, le patient sur lequel il écrivait : il était reporteur et chroniqueur d'une reconstruction. J'étais, comme jamais, reconnaissant à mon métier, qui était aussi une manière d'être et finalement de vivre : l'avoir exercé si longtemps me permettait de mettre à distance mes propres peines au moment où j'en avais le plus besoin, et de les changer, comme un alchimiste, en motifs de curiosité. Si les morts revenaient, me suis-je dit, [...] c'est peut-être ça qu'ils feraient : décrire leur vie et leur fin avec un enthousiasme précis et un chagrin tout aussi distancié. Peut-être avais-je passé trente ans à m'entraîner sur les autres pour en arriver là.[125]

Michel de Montaigne und Jean-Jacques Rousseau bilden hier – nicht nur aufgrund der dem humanistischen Bildungsideal entlehnten Technik bewusst eingestreuter Intertexte europäischer Geistesgeschichte – die mehr oder weniger implizit aufgerufenen großen französischen ‹Ahnen› einer *écriture* des Selbst sowie einer schonungslos offenen, aber synthetischen Textgenese, «d'une reconstruction» eines Menschen als ganzheitlichem Bewusstsein, als *Persona*.

Denn Lançons *écriture* bedient sich nur auf den ersten Blick der postmodernen Mittel einer Fragmentierung sowie der Dekonstruktion medialer Diskurse inmitten der Orientierungslosigkeit angesichts einer als absurd *er*lebten und *durch*lebten Gewalterfahrung, schreibt sich aber letztlich klar in eine klassisch-moderne und protomoderne Tradition erzählerischer Selbstbehauptung ein.[126] Dass diese Suche nach einer Transparent-Machung des eigenen Erlebens zutiefst und trotz sprachlicher, memorialer und psychischer Distanz durch den Charakter einer Synthese der Phänomene und des Erlebten immer auch mit einer therapeutischen Funktion verhaftet ist, wurde von Jean Starobinski in seinen berühmten Studien über die beiden großen französischen Philosophen des

---

Wolfgang (Hg.): *Literaturwissenschaft als Lebenswissenschaft. Programm – Projekte – Perspektiven.* Tübingen: Narr 2010.
125 Lançon: *Le Lambeau*, S. 365.
126 Vgl. Hierzu auch Montaignes berühmtes *Au lecteur* in Montaigne: *Essais*, Bd. 1, S. 1.

Selbst hinreichend ausgeführt.[127] In seiner Montaigne-Studie beschreibt Starobinski eine synthetisierende Herangehensweise an Welterfahrung aus der analytischen Skepsis gegenüber einer intransparenten Wirklichkeit als «retour réfléchi aux apparences ou aux artifices que la pensée accusatrice avait d'abord reniés.»[128]

Auch Lançon begibt sich auf die Suche nach den Erkenntnismöglichkeiten des Ichs aus einer Rückwendung in die Innerlichkeit des Schreibens über dieses, welche in diesem Falle jedoch durch die Ausnahmesituation einer schweren Verletzung und eines Gewalttraumas selbst erzwungen ist. Diese Erkenntnismöglichkeit durch die für den Genesenden anstrengende Tätigkeit des Schreibens ist zugleich Mittel der Selbstermächtigung und Heilung: «Le patient ressuscitait d'entre les mots et reprenait le dessus.»[129] Dabei leitet dieses Schreiben ein tiefes Misstrauen gegenüber einem rein analytischen Gewalt-, aber auch Gesellschaftsbegriff. Was nämlich die Forschung über und Konzeptualisierung von Terror und Gewalt betrifft, so macht der Erzähler einen klaren epistemologischen Schnitt und gewährt wiederum der erzählenden Literatur den Vortritt – auch vor einer Soziologie und Philosophie, welche sich allein objektiv gibt. Wie der Erzähler anlässlich des Besuchs eines Verleger-Freundes feststellt, gelte es, sich an die großen Schriftsteller und Romanciers zu halten, welche das Böse, die Gewalt, den Terror erzählend «beschreiben»: «Ni la sociologie, ni la technologie, ni la biologie, ni même la philosophie n'expliquaient ce que d'excellents romanciers, eux, avaient su décrire. Il n'y avait peut-être aucune explication au goût de la mort donnée ou reçue.»[130]

Der erkenntnistheoretischen Funktion von Literatur wird somit von einem Opfer terroristischer Gewalt ein höherer Stellenwert eingeräumt als den wissenschaftlichen Analysen, obwohl diese ihm doch seine Situation und die Gründe für diese Situation aufgrund empirischer Faktenlage und stichhaltiger Konzepte erklären könnten. Dieser Verzicht hängt eng mit dem konkreten Erleben des Gegenwärtigen zusammen. Denn allein der ‹zerfetzte› eigene Körper dieser Erzäh-

---

127 Vgl. nochmals die bereits erwähnten Studien von Starobinski: *Jean-Jacques Rousseau*, op. cit.; sowie ders.: *Montaigne en mouvement*. Édition revue et complétée. Paris: Gallimard 1993.
128 Ebda., S. 12: «überlegte Rückkehr zu dem Schein oder den Tricks, die der anklagende Verstand zunächst verleugnet hatte» [ML].
129 Lançon: *Le Lambeau*, S. 366 : «Der Patient ist zwischen den Worten auferstanden und hat wieder die Oberhand gewonnen» [ML]. In die deutsche Übersetzung hat sich hier ein Fehler eingeschlichen, vgl. Lançon: *Der Fetzen*, S. 390, wo «mots» versehentlich, aber folgenreich mit «Toten», also «morts», übersetzt wurde.
130 Ebda., S. 363 f.: «Weder die Soziologie noch die Technologie noch die Biologie oder die Philosophie erklärten, was die besten Schriftsteller zu beschreiben verstanden hatten. Vielleicht gab es keine Erklärung für den gesäten und erlittenen Tod» [Übersetzung Nicola Denis].

lerfigur sowie ihre Erinnerung, gespiegelt und sich spiegelnd im Raum der erzählenden Literatur, wird auch hier wiederum in der Tradition Rousseaus und Montaignes mehr noch als jegliche objektivierende Analyse Focus und Ausgangspunkt der Frage nach den tieferen Ursachen individueller wie auch kollektiver Gewalterfahrung. Das Erzähler-Ich ist als Körper wie als Leib Zeuge für das traumatische Erleben des Anschlags als Peripetie in der Lebenschronologie und als eine aus der Abstraktion in das konkrete Erleben einbrechende Gewalt.[131] Diese kann nicht wissenschaftlich anhand der ‹Fakten› erklärt, sondern allein mit Hilfe des produktiven Lesens und Schreibens anhand Assoziation, Deskription und dynamischer Verknüpfung im Raum der Intertexte, Referenzen und mittels eigener Sprachfindung nacherzählt werden.

Das Geschehen des Anschlags während der Redaktionskonferenz selbst nimmt daher nur drei Kapitel des Texts ein, in welchem eine absolute Dezentrierung des Subjekts den objektiven Blick auf das Geschehen verhindert. Die Schilderungen der Leichen einiger toter Kollegen, ihrer und der eigenen Entstellungen, das langsame Gewahr-Werden des eigenen Überlebens, das Erscheinen der Rettungssanitäter sowie die schrittweise Wiedererlangung eines Alltagsbewusstseins werden fragmentarisch geschildert. Sie bilden jedoch nur das Vorspiel sowie den Hintergrund einer Erzählung über Gewalt, welche nicht die erlebte Gewalt selbst, sondern die Frage nach der Wirkung dieser Gewalt auf private und kollektive Lebenswirklichkeit stellt.

Die Wiederaneignung des eigenen Körpers, die schmerzhafte Routine eines neuen Alltags, aber auch die Suche nach einer im Heilungsprozess sich herauskristallisierenden neuen Identität gegen die vereinnahmenden Stimmen medialer Repräsentation des Geschehens bilden das Haupt-Sujet, den erzählerischen Teil, sozusagen eine die Reflexionen des Essayistischen strukturierende *Histoire*. Als Politik der Literatur stellt diese ‹Patienten-Geschichte› letztlich wie auch Jablonkas *Laëtitia* ein literarisch-ausführliches und in Rücksichtnahme auf Details ‹achtsames› Erzählen über Gewalt gegen die Gewalt eines pauschalisierenden Diskurses über Mord und Terror als nachträgliche Reduktion des Individuums auf den Opfer-Status. In beiden Fällen stellt der Akt des Erzählens über Gewalt – bei Jablonka als Mord-Recherche mit Anleihen bei journalistisch-kriminologischer Dokumentation und durchaus politischem Sozialkom-

---

131 Interessant wäre hier trotz der auf Textebene vorhandenen ostentativen Ablehnung theoretischer Philosophie dennoch eine Diskussion von Lançons Text im Kontext philosophischer Forschungen zur Phänomenologie des Leibes; vgl. hierzu bspw. auf philosophischer Seite auch die stärker an der individuellen Biographie ausgerichtete Leib-Konzeption Guido Rappes in Rappe, Guido: *Interkulturelle Ethik*, Bd. 2: *Ethische Anthropologie*, 1. Teil: *Der Leib als Fundament von Ethik*. Berlin u. a.: Europäischer Universitätsverlag 2005, S. 418–419.

mentar, bei Lançon als biographischer Essay – eine Alternative zu den «atmosphères souvent pathétiques», den «häufig pathetischen Stimmungen» medialer und politischer Aneignung des Anschlags und seiner Opfer dar.[132]

Diese bedrohen als Gewalt nach der ‹eigentlichen› Gewalt auch die Stimme des Opfers, welches zur öffentlichen Figur des Terrors sowie zum bloßen Gewalt-Symbol zu werden droht; auch wenn dieses Opfer selbst dazu unwillentlich beiträgt, indem es sich nicht mehr von der erlebten Gewalt lösen kann und seine Lebenswelt allein vor dem Hintergrund des Ereignisses zu interpretieren imstande ist:

> [...] je ne parvenais plus à évoquer ce que je voyais ou lisais sans le lier ouvertement à mon expérience. Elle devenait le filtre, la vésicule par laquelle tout circulait. Ce qui ne la touchait pas ne me concernait plus ; mais cela posait un nouveau problème, nouveau pour moi : comment faire pour ne pas devenir « vendeur » de cette expérience ? Comment ne pas l'utiliser comme un hochet, une marque, un produit d'appel ou un signe de reconnaissance, mais, au contraire, pour la détacher de moi-même ? La seule solution était non pas de rabâcher cette expérience, mais d'isoler ce qui, en elle, prenait forme, jusqu'à en déposséder celui qui l'avait vécue – ou subie.[133]

Ein nationales Gewalttrauma, welches internationale Beachtung fand, wird in Lançons Text auf diese Weise verbunden mit einer Metareflexion über die Darstellbarkeit dieser Art der Gewalt, insofern sie das ‹Eigene› als den nicht mit ihr verbundenen Teil des Bewusstseins der Erzählerstimme endgültig zu vereinnahmen droht und diese Stimme durch die Erinnerung an des Erlebte nun unwiderruflich mit diesem Ereignis verknüpft.

Allein die Prozessualität heuristischen, aber genauen Erzählens des eigenen, individuellen Empfindens und Denkens in Verbindung mit der erlebten Außenwelt scheint in obigem Zitat eine Trennung von souveräner Identität als Person und dem Ereignis als zwar privat erlebtem, aber gezwungenermaßen stets in einen öffentlichen Diskurs eingebettetem (Selbst-)Narrativ zu ermöglichen. Hierzu vertraut Lançons literarischer Text im Gegensatz zu den journalistischen Kommentaren und Schilderungen des Anschlags ganz den assoziativen, intermedial und intertextuell umherschweifenden Räumen essayistischen Schreibens und Erzählens, welche eben dadurch das Phänomen terroristischer Gewalt lebensweltlich und nicht nur abstrakt-mediendiskursiv konkret werden lassen. Dabei wird zwar die politische Dimension des Attentats nicht gänzlich unterschlagen, wie unter anderem an der oben geschilderten Erinnerung an eine Irak-Reise deutlich wird, doch rückt sie weit in den Hintergrund,

---

132 Lançon: *Le Lambeau*, S. 343.
133 Ebda. S. 449 f.

um Geschichte und Biographie, ‹objektivierenden› Diskurs und ‹subjektives› Erleben zusammenzudenken.

Das private Trauma und die Folgen des Terroranschlags werden dabei wie erwähnt als Schnitt in zwei Zeitebenen der erzählten Welt dargestellt, der sowohl die Ebene erinnerter Zeitlichkeit der Erzählerbiographie in Mitleidenschaft gezogen hat als auch jene Eigenzeitlichkeit einer aus diesem erlebten Terrorismus entstandenen Lebenssituation hervorbringt, die nun jedoch vor allem philosophisch und literarisch reflektiert und verarbeitet wird. Dazu bedient sich der Erzähler des Mittels der Schilderung einer von den eigengesetzlichen Raum- und Zeitstrukturen einer Heterotopie geprägten Situation als distanzierend-hermetischem Blickwinkel: Der Prozess der Genesung, Heilung und der kosmetischen Rekonstruktion des vom terroristischen Gewaltakt zerstörten Gesichts vollzieht sich im abgeschlossenen Raum des Krankenzimmers und des Operationsaals.[134]

Es ist diese mithilfe einer literaturpolitischen Strategie des privaten Erzählens verfolgte Refokussierung vom diskursivierten Terroranschlag auf das erlebende und überlebende Bewusstsein, welche mithilfe der Schilderungen einer langsamen und schwierigen Rekonvaleszenz auf der gesichtschirurgischen Station des *Salpêtrière*-Krankenhauses sowie – gegen Ende des Textes – durch die Verlegung zur Reha in das *Hôtel des Invalides* realisiert wird.[135] Nicht umsonst bildet dabei Thomas Manns *Zauberberg* mit seiner Hauptfigur Hans Castorp, aber auch mit dem todgeweihten und der Krankheit gegenüber skeptischen Cousin Joachim, einen der wichtigen Intertexte, welche diesen Prozess begleiten und auch die Eigenzeitlichkeit medizinischer Räumlichkeiten und Routinen literarisch fassbar machen:

> Je m'étais mis à lire de plus près *La Montagne magique*, très lentement, aussi lentement que je cautérisais. Dès le début du livre, les réflexions de Joachim, le cousin tuberculeux de Hans Castorp, m'avaient saisi et comme arrêté. [...] Joachim et Hans étaient devenus beaucoup plus proches de moi, plus intimes, que ceux qui, entrant ici, je ne parle même pas des autres, venaient du « monde d'en bas » et bien vite y retournaient. [...] Comme

---

134 Vgl. in diesem Sinne die berühmte Bestimmung des Foucault'schen Heterotopie-Begriffs in Foucault, Michel: Des espaces autres (conférence au Cercle d'études architecturales, 14 mars 1967). In: *Architecture, Mouvement, Continuité* 5 (octobre 1984), S. 46–49. Auch wenn Foucault dort neben Altenheimen und Gefängnissen allein die psychiatrischen Kliniken in die Liste der *Hétérotopies* als Orte ‹devianten› Verhaltens aufnimmt, lassen sich die in seinem Vortrag aufgestellten sechs konstituierenden Prinzipien der Heterotopie auch auf Lançons modellierten Topos der Klinik übertragen.

135 Vgl. zu diesem ‹Ortswechsel› das 18. Kapitel «Monsieur Tarbes» in Lançon: *Le Lambeau*, S. 405–433.

> Joachim, Comme Hans Castorp au bout de quelques centaines de pages, j'avais la sensation que je n'en sortirais jamais et que cette non-sortie devait m'apporter, si c'était possible, quelque sagesse. Je ne devais sortir ni de l'hôpital, ni du livre, le second étant le mode d'emploi du premier. Certes, la mort n'était pas au bout du chemin, de ce chemin-là en tout cas, mais *j'avais ici des choses à apprendre et à vivre* que je n'aurais pu connaître ailleurs.[136]

Thomas Manns Roman wird zum «mode d'emploi», zur «Gebrauchsanleitung» des Krankenhauses; dieses verwandelt sich wiederum wie das Davoser Sanatorium in einen Erkenntnisort, an welchem die «untere Welt» nur zu Gast ist.[137] Der Erzähler springt mithilfe seiner eigenen Erkenntnis dieser hermetischen Situation mittels der Figuren aus einem fiktionalen Erzähltext aus seiner erzwungenen Klausur in heterotopen Raumstrukturen in eine selektive Erinnerungsarbeit, welche in tastenden Analepsen auf frühere Episoden seines Lebens und zu Entscheidungen zurückführt, welche wie die weiter oben erwähnte Irak-Reise letztendlich als Bausteine einer Genealogie des Gewalterlebens in der Rückschau interpretiert werden. Diese wie andere Reflexionen über verflossene Liebschaften, Freundschaften und Beziehungen ermöglichen aus dem ‹Castorp'schen› Beobachtungsraum heraus eine vertiefte Wahrnehmung des Ichs, welches hier mit dem Lexem «sagesse», «Weisheit» oder «Lebensklugheit», umschrieben wird. Innerhalb des Erzählten wird es in der intensiven Lektüre, aber auch in der Lektüre des eigenen, versehrten Körpers gefunden und auf die schmerzhafte Situation des erzählenden und reflektierenden Ichs angewandt, welche so sogar als Möglichkeit von Erkenntnisgewinn über bisher verborgene Bereiche der Lebenswelt erkannt wird.[138]

Dementsprechend sind es keineswegs beliebige Texte großer Autor*innen, sondern solche Texte und Textfragmente, die innerhalb des Werks, dem Intratext dieser Autor*innen, in einer bestimmten textuellen Perspektive Literatur und Gelesenes auf das eigene Interpretieren der prekären Situation des Erzählers hin öffnen. So folgen beispielsweise nicht die *Romane* Franz Kafkas dem Erzähler als Warte-Lektüre in die Operationssäle, sondern dessen intime *Briefe*

---

136 Ebda., 343f.
137 Mann, Thomas: *Der Zauberberg*. Berlin: Aufbau-Verlag 1956, S. 353.
138 Der Romanist Ottmar Ette bezeichnet diese «Weisheit» als Lebenswissen, welches hier in beiden lexematischen Bestandteilen, aber auch in seiner körperlichen Dimension aufgerufen wird; vgl. hierzu die Reflexionen zur Verwendung des Lexems der *sapientia* bei Roland Barthes in Ette: *WeltFraktale*, S. 242f.; vgl. auch Barthes: *Leçon*, S. 46. Dieses Lebenswissen schließt die körperliche Erfahrung und das Körperwissen neben dem kognitiven und ästhetischen Wissen mit ein und versteht daher auch Literatur und Lektüre nicht als abstrakten Reflexionsraum, sondern als körperbezogene Erfahrung.

an seine Freundin, die Schriftstellerin und Journalistin Milena Jesenská, welche den Menschen Kafka in all seiner Zärtlichkeit und Grausamkeit innerhalb einer gescheiterten Liebesbeziehung vor den Schriftsteller stellen.[139] Der Patient orientiert sich damit nicht am System, welchem er ausgeliefert ist, sondern an den Handlungsmöglichkeiten innerhalb einer als absurd empfundenen Situation der ‹Gewalt nach der Gewalt›:

> On n'échappe pas à l'enfer dans lequel on est, on ne le détruit pas. Je ne pouvais pas éliminer la violence qui m'avait été faite, ni celle qui cherchait à en réduire les effets. Ce que je pouvais faire en revanche, c'était apprendre à vivre avec, l'apprivoiser, recherchant, comme disait Kafka, le plus de douceurs possible.[140]

Auch die Lektüre von *À la recherche du temps perdu* spielt eine bedeutende Rolle innerhalb des im Text geschilderten Genesungsprozesses. Prousts «Tod der Großmutter» aus dem dritten Band *Le Côté de Guermantes* der *Recherche* setzt als Referenztext die Arbeit an der Erinnerung und die Verknüpfung der Zeitlichkeit mit der Gegenwart in eine «prière préopératoire», ein «präoperatives Gebet» und eine Selbstversicherung um, welche die eigene Existenz in ihrer Einsamkeit und Fragilität als bereits vorformulierte Erfahrung anspricht.[141] Sie steht als Mantra dem eigenen bangen Erleben im Vorfeld der operativen Eingriffe zur Verfügung.[142] Der Autor assoziiert dabei die literarische Figur der Proust'schen Großmutter mit den eigenen Großmüttern, von denen die eine ebenfalls durch einen Unfall im Gesicht gezeichnet war und sich mehreren Operationen unterziehen musste.[143] Das Rezitieren des Fragments lindert die Angst vor dem bevorstehenden Eingriff und wird somit zu einem praktisch anwendbaren Wissen um die Bedingtheit nicht nur des eigenen, sondern auch fremder, literarisch gestalteter Existenz, welche jedoch mit dem Ich-Bewusstsein genealogisch-familiär oder allein über die Lektüre verbunden ist.

So verknüpft das erzählende Ich in *Le Lambeau* durch intertextuelle Bezugnahme die Politik des eigenen Erzählens mit jener Möglichkeit der nachvollzieh-

---

139 Vgl. Kafka, Franz: *Briefe an Milena*. Erweiterte Neuausgabe. Frankfurt a. M: S. Fischer 1986.
140 Lançon: *Le Lambeau*, S. 384 f.: «Aus der Hölle, in der man sich befindet, gibt es kein Entkommen, sie lässt sich nicht zerstören. Ich konnte weder die Gewalt, die mir angetan worden war, verdrängen, noch die, welche ihre Auswirkungen zu lindern versuchte. Doch ich konnte lernen, mit ihr zu leben, sie zähmen, indem ich mit Kafka nach möglichst viel Süßigkeit strebte» [Übersetzung Nicola Denis].
141 Ebda. S. 379; vgl. auch ebda., S. 278 ff.; vgl. auch Proust, Marcel: *Le Côté de Guermantes*. Paris: Gallimard 1921, S. 196–207.
142 Ebda., 288 ff.
143 Vgl. ebda., S. 328 ff.

enden Selbsterkenntnis der Literatur durch jede*n Lesende*n, welche Proust als der unübertroffene Vorläufer in der Reflexion detailliert erinnerter und zumindest als heuristischer Versuch rekonstruierter Lebenszusammenhänge an das Ende seines gewaltigen Romanzyklus stellte. Prousts Erzählerkommentar, dass die Literatur nicht als Spiegel der Realität, sondern als «optisches Instrument», als ‹Vergrößerungsglas› für die Reflexion des Lebens der Leser*innen funktionieren könnte, wird vom Erzähler, jenem ‹Fetzen›, auf eigene Weise beherzigt – ähnlich und doch so anders als die berühmten identifikatorischen Lektüren eines Don Quijote oder einer Emma Bovary, welche die Ich-Konstruktion dieser literarischen Figuren auf fatale Weise prägten.[144] Literatur dient dem Erzähler nämlich weniger zu weiterer Dissoziation mit der ‹Realität› nach dem Gewalttrauma, sondern einer Wiederbemächtigung von Lebenswelt, wo Erinnerung und Sprache versagen.

Im Lesen und Wiederlesen von Prousts *Suche nach der verlorenen Zeit* findet das Erzähler-Ich als Leser zwar nicht zu seiner eigenen Identität, seiner Erinnerung und zu seinem Leben vor dem Anschlag zurück. Doch vermag es, das bislang Übersehene an der eigenen Situation, die neuen Möglichkeiten des Nachdenkens über sich selbst, mit Hilfe und Unterstützung der Lektüre anzustoßen und performativ in Schreiben umzusetzen. Dies macht das Ich mit einem Hinweis auf sein Verhältnis zu Proust deutlich, welches die Lektüre sowie die Arbeit an der Erinnerung mit einem Pharmakon, einem «contrepoison» oder «Gegengift», gleichsetzt. Dieses erlaube es, nicht die Erinnerung zu suchen oder sie als verzerrte wiederzufinden, sondern ihre Unterbrechung zu akzeptieren, indem Prousts literarische Erinnerungsarbeit der eigenen als negativer Vergleichspunkt dient: «je ne vivais ni le temps perdu, ni le temps retrouvé; je vivais le temps interrompu», «Ich lebte weder die verlorene noch die wiedergefundene Zeit; ich lebte die unterbrochene Zeit».[145] Dabei wirkt diese produktive Relektüre auf die zitierten Intertexte insofern zurück, als dass sie deren hermetische Monumentalität, wie sie in Form einer langen Geschichte literatur- und kulturgeschichtlicher Rezeption entstanden ist, aufbricht und durch die essayistische Anordnung der aus den Intertexten gewonnenen Gedanken diese in ihrer individuellen Sinnhaftigkeit neu öffnet.

Gerade auch die Frage nach der sinnstiftenden Rolle erlebter Gewalt scheint im Spiegel der Literatur für den Erzähler zu einem existentiellen Thema zu werden. Denn durch alle drei der hier erwähnten Intertexte als verzerrt Aspekte des Erfahrenen reflektierende Lektüretexte, als «trois miroirs déformants et infor-

---

144 Vgl. Proust, Marcel: *À la recherche du temps perdu*. Édition publiée sous la direction de Jean-Yves Tadié. 4 Bde. Paris: Gallimard 1987 (I), 1988 (II), 1988 (III), 1989 (IV), Bd. 4, S. 489f.
145 Lançon: *Le Lambeau*, S. 380 u 381.

mants» oder «drei verformende und informierende Spiegel»,[146] verschiebt sich der Diskurs über die Gewalt von der Frage nach der Sinnhaftigkeit des Erlebten hin zur Frage nach dem Überleben des Bewusstseins unter veränderten Bedingungen einer undurchsichtigen Erfahrung des Kontrollverlusts über Wille und Körper. Lançons Politik des Schreibens und seine Schreibweise vervollständigt durch diese intertextuellen Referenzbeziehungen die bereits hinsichtlich der Beziehungen des Texts zu Rousseau und Montaigne erwähnte Positionierung innerhalb einer bewussten kulturellen Genealogie, welche nicht den Bruch, sondern die Kontinuität auf Ebene des individuell-privaten Rezipierens von Literatur in kultur- und geistesgeschichtlichen Referenzräumen sucht: ein humanistischer bis aufklärerischer Gedanke.

Doch obwohl diese Strategie eines mit intertextuellen Referenzen gespickten Erzählens über biographische Ereignisse wie Todesfälle in der Familie oder das Beziehungsleben des Erzählers im Privaten angesiedelt ist, bleibt dieses Private stets in einen politischen und auch öffentlichen Kontext eingebettet, welcher jedoch eher kritisch den gesellschaftlichen Diskurs über den Anschlag reflektiert, denn einen engagierten politischen Kommentar darstellen möchte. Dies wird neben dem Zitat zahlreicher an den Erzähler gerichteter Emails von Freund*innen und Unbekannten auch im weiteren Fortgang des weiter oben angeführten Zitats ersichtlich, indem der *Zauberberg* nicht nur auf diegetischer, sondern auch auf diskursiver Ebene zum Orientierungspunkt wird.

Vergleichspunkt ist die Frage nach einem bevorstehenden Krieg, mit welchem Thomas Manns Roman endet und die den Erzähler dazu veranlasst, nach einem gesellschaftlichen Kriegszustand zu fragen, nach einem «gesellschaftliche[n], sexuelle[n], seelische[n], ökologische[n], totale[n] Krieg, der binnen kürzester Zeit zur Auslöschung führen würde», der nur geahnt wird und nicht allein den religiösen Fundamentalismus umfasst. Von diesem die gesamte Menschheit bedrohenden Kriegszustand könnte der das Land erschütternde Terrorismus nur ein «Symptom» sein. Obwohl somit die politische Ahnung des Erzählers hinsichtlich eines eskalierenden, dysfunktionalen Zusammenlebens und einer bevorstehenden Katastrophe zwar angedeutet, nicht aber ausformuliert wird, dient diese bedrohliche Ahnung weniger einer alarmistischen Panikmache, sondern bildet einen erweiterten Hintergrund, welcher die Singularität des erlebten Traumas transzendiert und auf das Zusammenleben, also auch auf das Gesellschaftliche hin öffnet. Innerlich in der Reflexion wie ‹äußerlich› im Status als Genesender bleibt somit die Gewalt des Terrorismus auch eine politische Gewalt, welcher zwar ein individuelles Schreiben und Sprechen der Opfer entgegengesetzt wer-

---

146 Ebda., S. 376.

den muss, die jedoch in ihrer unhintergehbar symbolischen Dimension stets nach der Dimension des Kollektiven als Resonanzraum verlangt:

> Mes chambres du service de stomatologie étaient mon sanatorium de Davos et je n'étais pas loin de penser que, de même que la guerre de 14 concluait l'aventure de Hans Castorp, une autre guerre s'annonçait maintenant, une guerre dont les islamistes n'étaient qu'un symptôme et qui opposerait l'homme à lui-même, une guerre sociale, sexuelle, psychique, écologique, totale, conduisant à relativement court terme à l'extinction.[147]

Diese Unausweichlickeit des Symbolischen und Politischen inmitten der Hermetik des Genesungs-Ortes ist bereits an der Tatsache einer Reha im für Kriegsinvalide und –versehrte gedachten Pariser *Hôpital des Invalides* erkennbar sowie in der Schilderung der Begegnung mit dem französischen Staatspräsidenten am Krankenbett des *Salpetrière*.[148] Das Opfer mit dem zerschossenen Unterkiefer wird zu einer *gueule cassée*, wie sie die Kriegsversehrten des Ersten Weltkriegs auszeichnete. Es wird damit auch von Seiten der Öffentlichkeit symbolisch in einen historischen Zusammenhang gerückt, welcher die Erlaubnis zur Reha innerhalb der Mauern des *Hôtel des Invalides* für Kriegsversehrte, Soldaten und Angehörige des französischen Militärs gewährt.[149] Der Kriegszustand gegen den Terror veranlasste hier eine symbolpolitische ‹Umwidmung› des Ortes, indem dort ebenfalls Terror-Opfer behandelt werden.[150]

Doch greift der Erzähler anhand dieser Umstände nicht den Diskurs über den Terror als Zeichen eines nationalen Kriegszustands auf, welcher von politischer und auch medialer Seite propagiert wird, sondern schwenkt stets auf die Individualebene, welche jeglicher Krieg ebenso beinhaltet, welche Soldaten und Zivilisten zu Tätern und Opfern macht. So identifiziert er sich beim Betrachten einer Photographie, welche in der Galerie mit den verschlossenen Zellen «des anciens soldats blessés, ceux des guerres de Louis XIV et de Napoléon», «der verwundeten ehemaligen Soldaten, jene aus den Kriegen Ludwigs XIV. und Napoleons» ausgestellt ist, mit einem Soldaten aus dem Ersten Weltkrieg hinsichtlich dessen Status als versehrt Überlebender und als «Wiedergänger».[151] Die symbolpolitische ‹Auszeichnung› eines privilegierten, da im Dienste der Nation Verwundeten wird komplettiert durch ihre immer wieder auftauchenden Bezüge zur Behandlungssituation in den prachtvollen Gebäuden Ludwigs

---

147 Ebda., S. 344 f.
148 Vgl. ebda., 255 ff.
149 Ironisch wird das Gebäude als «mon chateau» bezeichnet. Ebda., S. 406.
150 Vgl. ebda., S. 419 f.
151 Ebda., S. 470 f.

XIV., welche als Rahmung sowie als Bühne für den Kampf um eine neue Subjektivität sowie eine neue Persönlichkeit dienen.

Dieser Aufenthalt im ‹Schloss› wirkt bisweilen ironisch angesichts der politischen Inszenierung eines Patienten, welcher doch als Journalist für eine zur Zeit des Anschlags eher unbedeutende Zeitschrift gearbeitet hatte, die vor dem Anschlag «n'avait plus d'importance que pour quelques fidèles, pour les islamistes et pour toutes sortes d'ennemis plus ou moins civilisés».[152] Der durch einen öffentlichen Gewaltakt gezeichnete, aber auch ausgezeichnete Patient als öffentliche Figur bleibt in der raumzeitlichen Abgeschlossenheit der Krankenhäuser stets in den politischen Diskurs des ‹Außen›, der «unteren Welt» von Kurort und kriegerischem Europa im *Zauberberg* und des auf andere Weis ‹kriegerischen› Frankreich der Gegenwart, eingebettet. Dieser Tatsache tragen auf ‹berufs›-literarischer Ebene auch die Reflexionen des Erzählers über die Verknüpfung von Literaturbetrieb, Schriftstellerei und Terrorismus Rechnung.

So werden die Gedanken zu Michel Houellebecqs bereits kurz erwähntem Radio-Interview zu seinem Roman *Soumission* nacherzählt, ebenso die Redaktionskonferenz über das Buch sowie eine Begegnung mit Michel Houellebecq am Ende des Texts während eines Empfangs, ohne dass es zu einem tieferen Austausch der beiden Schriftsteller kommen sollte. Das Treffen endet mit einem resignierten Bibel-Zitat, welches Houellebecq nach einer kurzen, oberflächlichen Konversation dem Erzähler mit auf den Weg gibt: «Et ce sont les violents qui l'emportent» – «und die Gewalt tun, reißen es an sich.»[153] Gemeint ist das Himmelreich.

Die Reflexion des Erzählers verknüpft an dieser Stelle die opferhafte Selbststilisierung des weltberühmten und für seine provokativen Interviews berüch-

---

[152] Ebda., S. 66: «Die Zeitung zählte nur noch für ein paar Getreue, für die Islamisten und für alle möglichen mehr oder weniger zivilisierten Feinde [...]» [Übersetzung Nicola Denis].
[153] Ebda., S. 502. Die Stelle ist erst im *Kontext* des Intertexts in ihrem tieferen, beinahe zynischen, in jedem Falle aber sarkastischen Sinn verständlich, denn Michel Houellebecqs Phrase stammt aus dem Matthäus-Evangelium (11,12) und bezieht sich auf «Jesu Zeugnis» über Johannes den Täufer sowie dessen notwendige Rolle für das Verkünden des kommenden Erlösers: «Ja, ich sage euch: Er ist mehr als ein Prophet. Dieser ist's, von dem geschrieben steht: ‹Siehe, ich sende meinen Boten vor dir her, der deinen Weg vor dir bereiten soll.› Wahrlich, ich sage euch: Unter allen, die von einer Frau geboren sind, ist keiner aufgetreten, der größer ist als Johannes der Täufer; der aber der Kleinste ist im Himmelreich, ist größer als er. Aber von den Tagen Johannes des Täufers bis heute leidet das Himmelreich Gewalt, und die Gewalt tun, reißen es an sich» (Lutherbibel 2017, LU17). Der unter Polizeischutz stehende Literatur-‹Prophet›, welcher die Gefahr des radikalen Islamismus kommen sah, gäbe hier dem körperlich Gezeichneten einen Erlöserstatus mit. Der Sarkasmus dieses Zitats wird von Lançon nicht weiter kommentiert.

tigten Kollegen und dessen Warnungen vor den Folgen des Islamismus mit jener vom Erzähler selbst erlebten Realität eines Gewalt-Ereignisses, welches diese Warnung eines Bestseller-Autors bereits überholt hat. Jedoch führt das Nachdenken über eine Koinzidenz der Buchveröffentlich von *Soumission* und *Attentat*, welche international von zahlreichen Medien ausgeschlachtet worden war, zugleich zu einer Diskurs-Kritik von Literatur im Raum des Massenmedialen und Spektakelhaften, welches durch Interpretationen und Deutungen der «personnage gourouisé», der «guruhaften Figur» Michel Houellebecq, von einer tieferen Schicht der Gewaltentwicklung in Frankreich ablenke.[154] Bei der Redaktionskonferenz kurz vor dem Anschlag, während der auch Houellebecqs neuer Roman Thema war, schildert der Erzähler seine Wut auf die vom Autor provozierte und medial aufgegriffene Vermischung von Literatur und extratextueller Autor-Figur, welche durch eine gezielt lancierte «Ambivalenz» und ein Spiel mit dem Reaktionären – mit einem «Duft», einer gesellschaftlichen ‹Atmosphäre› – der «Panik» literarisch Gestalt und konkrete Form verleihe:

> Ma mauvaise humeur est remontée. Même ici, où tout était permis et même exigé, je détestais débattre de livres que j'avais lus avec des gens que ne l'avaient pas fait. Je détestais plus encore, soit dit en passant, le cours de littérature que je m'apprêtais à faire. C'était un cours inutile, puisque ce qui faisait débat n'était pas le ivre, mais les opinions et les provocations de son auteur – son pedigree, en quelque sorte. Or, ce pedigree ne faisait guère de doute : ce que Houellebecq attaquait presque systématiquement, c'était bien tout ce pour quoi Charlie avait lutté dans les années soixante-dix. La société libertaire, permissive, égalitaire, féministe, antiraciste. [...] Bien entendu, comme il l'avait dit sur France Inter, il s'agissait d'un roman : tous les points de vue s'y exprimaient sans qu'aucun ne pût être assimilé au point de vue de l'auteur. Cependant, un parfum s'en dégageait, un parfum qui correspondait à l'époque. C'était lui, Houellebecq, cette îcone pop, qui le répendait avec son talent de narrateur et son efficace ambiguïté. Il avait su donner forme aux paniques contemporaines.[155]

Lançon kritisiert an dieser Stelle mediale Verwertungs- und Vermarktungsstrategien der Gewalt durch eine bestimmte Art ‹spektakulär› inszenierter Literatur von Autor*innen, welche im öffentlichen Diskurs ‹Pop-Ikonen› sind, als eigene mediale und symbolische Gewaltform. Gegen sie stellt der Erzähler-Lançon, als Journalist ebenfalls Teil dieser Maschinerie, die Stimme des Opfers, seines Schreibens und Beschreibens des Privaten und Intimen, als individualisieren-

---

154 Ebda., S. 47. Lançon zitiert eine eigene Email, in welcher er gegenüber einer Freundin seinem Ärger über den medialen Diskurs um die Person Houellebecq – weniger über denjenigen um dessen Literatur – Luft macht.
155 Lançon: *Le Lambeau*, S. 67f.

den Beitrag zum ansonsten durch polarisierende Stellungnahmen im Namen von Gesellschaft und Kollektiv geprägten Diskurs über den Terror.

Das Politische von Lançons Reflexionen eines Opfers terroristischer Gewalt besteht darin, zu Ungunsten des offensichtlich und bereits diskutierten Politischen eben das in den Vordergrund zu rücken, was den privaten Reflexionsräumen des von dieser Gewalt gezeichneten Individuums Gewicht verleiht. Das Problem einer Verzerrung des Diskurses durch die mediale Repräsentation von Gewalt sowie die interpretative Selbstermächtigung von Gewaltgeschehen durch Medien und Politik als eigenständige Gewaltformen sind es, auf welche dieses essayistische Sprechen eines Opfers als Gegenmodell zu den Houellebecq'schen Unkenrufen und deren einseitige mediale Ausschlachtung abzielt. In Lançons Text werden die Gedanken und Erinnerungen eines Zeugen-Subjekts zum Garanten eines gesellschaftlichen Blicks, welcher gegen die unwidersprochene Kollektivierung und Steuerung eines national äußerst sichtbaren Gewaltdiskurses in Stellung gebracht wird.

Dieser individualisierende Blick auf Gewalt und Terror ist jedoch nicht allein durch die Aneignung eines symbolhaften Ereignisses durch dessen massenmediale und politisch-ideologische Interpretation verstellt, sondern durch die Parallelisierung gesellschaftlicher Narrative und Pauschalisierungen kollektiven Zuschnitts mit den heterogenen Erfahrungswelten der Opfer von Gewalt. Die Problematik wurde in dieser Studie bereits an den Texten von Édouard Louis und Ivan Jablonka diskutiert, tritt im an dieser Stelle zur Debatte stehenden Text jedoch noch expliziter in Form einer Verweigerungshaltung der Spekulation über die Täter hervor. Gegen deren Inszenierung in Politik und Medien setzt Philipp Lançon eine Erzählung der Gewalt durch deren Folgen, nämlich die Erzählung nicht des Singulären, sondern des Chronischen, die Erzählung der von körperlichen Beschwerden, Angstzuständen und Panikattacken geprägten individuellen Verletzungen als Folgen dieses Täter-Handelns. Denn als existentielle und wesensverändernde Erfahrungen eines Individuums laufen sie sowohl einem normierten und routinierten Sprechen über die Gefahren des Terrorismus als auch der von Terrorist*innen angestrebten Politik des Selbstopfers, der verbrannten Erde und Diskursverweigerung im Namen einer abstrakten Ideologie zuwider.

Die Bewältigung des Leidens, der Verluste sowie der persönliche Kampf, die Unterstützung durch Freunde und Familie, aber auch das Recht auf eine Normalisierung des Erlebens in Alltag und Denken fordern ihr Recht als relevante und sichtbare Themen im Diskurs über terroristische Gewalt in Form umfassender Selbstbetrachtung ein. Besonderer Bedeutung kommt dabei wie dargestellt der Literatur und der Lektüre als einem Lebenswissen zu, welches in Form intertextueller Überlagerungen Gelesenes und Erlebtes in Verbindung bringt und das individuelle Erleben zu artikulieren hilft. Neben zahlreichen Verweisen auf Musik und Werke der Bildenden Kunst bietet in Lançons Erzähltext dieses Wissen Ansätze interpretativer Reflexion der eigenen Situation, die zugleich auch Fragmente neuer Sinnhaftigkeit vor dem Hintergrund drohender Verzweiflung eröffnen.

Neben der Musik Johann Sebastian Bachs, insbesondere der *Kunst der Fuge*, welche der Erzähler während der chirurgischen Eingriffe hört, bieten die erwähnten Intertexte – Franz Kafkas *Briefe an Milena*, Marcel Prousts *Recherche* und Thomas Manns *Zauberberg* – für die Stimme des Individuums erweiterte Sinnhorizonte, welche die traumatisch erlebte Gewalt und die Gewalt der neuen Situativität einer beschränkten und prekären Lebenswelt mit Sinnmöglichkeiten unterfüttern.[156] Obwohl für den Überlebenden eines Terror-Anschlags und Patienten Philippe Lançon Lektüre nicht Leben ersetzt, schafft sie doch einen Assoziationsraum, welcher das Ich-Bewusstsein inmitten der Fragmentarizität seiner traumatisierten Erinnerung neu orientiert und damit stärkt. Diese kulturelle Rückversicherung einer Sinnhaftigkeit, welche in der temporalen und räumlichen Situation der Gegenwart abhandengekommen zu sein schien, wird hier durch die durchaus kritische Wendung des welterfahrenen und gebildeten Intellektuellen an den intertextuellen und intermedialen Raum der Kultur neu zu evozieren versucht.

Der Erzähler behauptet damit die eigene Existenz sowohl gegen eine knapp abgewendete Auslöschung wie auch gegen eine Entmächtigung durch das Terror-Narrativ einer traumatisierten Gesellschaft. Dieser erzählende ‹Fetzen› verzichtet daher auch auf den Kommentar tagesaktueller, journalistischer Literatur sowie auf eine direkte Anklage jener politischen Verhältnisse, welche dem Terrorismus Vorschub leisten könnten und vermeidet es, den Tätern eine Stimme zu geben. Er weigert sich, den Diskursen um eine für Frankreich symbolträchtige Gewalttat weitere Interpretationen hinzuzufügen und distanziert sich von einer Gesellschaft modellierenden Politik des Schreibens. Auch und ohne den Philosophen beim Namen zu nennen, richtet sich der Erzähler als Leser eines tagesaktuellen und diesmal nicht genau bezeichneten Intertexts vehement gegen eine engagierte Philosophie des Ereignisses, sobald Gewalt relativiert oder gar verherrlicht wird. Gemeint sind mit aller Wahrscheinlichkeit umstrittene Äußerungen in der Art des Philosophen Alain Badiou zum islamistischen Terrorismus aus marxistisch-kapitalismuskritischer Perspektive und wohl auch – auf philosophi-

---

156 Der Literaturwissenschaftler Tsvetan Todorov hat diese Möglichkeit der Literatur einer Herstellung von existentieller Kontinuität und extremer Erlebens-Dichte als heilende ‹Gegengewalt› der Literatur auf den Punkt gebracht in Todorov, Tzvetan: What Is Literature For? In: *New Literary History* XXXVIII, 1 (Winter 2007), S. 13–32.

scher Ebene – dessen Theorie von der ‹Treue zum Ereignis› als Aufruf zu neuer Sinnhaftigkeit aus der ‹Leere der Situation›.[157]

In einem politischen *Le Monde*-Artikel, welchen der Philosoph nur wenige Tage nach dem Attentat veröffentlicht hatte, sah Badiou nämlich im Geschehenen einen Aufruf zu neuer Solidarität jenseits von Identitäten und im Zeichen eines erneuerten Kommunismus gegen Polizeigewalt, soziale Ungleichheit und Rassismus:

> Il y a eu en France, depuis bien longtemps, deux types de manifestation : celle sous drapeau rouge, et celles sous drapeau tricolore. Croyez-moi : y compris pour réduire à rien les petites bandes fascistes identitaires et meurtrières, qu'elles se réclament des formes sectaires de la religion musulmane, de l'identité nationale française ou de la supériorité de l'Occident, ce ne sont pas les tricolores, commandées et utilisées par nos maîtres, qui sont efficaces. Ce sont les autres, les rouges, qu'il faut faire revenir.[158]

Es ist diese Abstrahierung vom Anschlag zugunsten einer ökonomischen und wohl auch berechtigten Gesellschaftskritik an mangelnder sozialer Partizipation, Mobilität und Chancengleichheit als Verstärker fundamentalistischer, neokolonialer und rassistischer Denkmuster, welche jedoch letztlich Badious eigener Theorie vom Ereignis widerspricht, indem sie von dessen konkreter Gestalt, den körperlichen und psychischen Folgen, der Zerstörung von Körper und Bewusstsein als Herabsetzung individueller Mitmenschlichkeit zugunsten kollektiver ‹Solidarität› absieht. Eine solche abstrakt-politische ‹Solidarität› wird von Philippe Lançon – sowohl als essayistisches Erzähler-Ich als auch extratextuelles Opfer eines Terroranschlags – als verfehltes und auch apologetisches Sprechen über Gewalt und eine im Attentat offenbar werdende kategorische Ablehnung des Rechts auf Leben aus der Warte eines ebenso abstrakten Kommentators in das Hintergrundrauschen des medialen Diskurses verbannt. Es ist damit in Hinblick

---

157 Vgl. hierzu Badious kritisch rezipierten *Le Monde*-Beitrag, welcher *Charlie Hebdo* mit in der Verantwortung für eine Ausgrenzung ethnischer und religiöser Gemeinschaften in Frankreich sieht. Noch schwerwiegender wiegt der dort erhobene Vorwurf, dass die Zeitschrift durch ihren oftmals sexualisierten Humor die herabwürdigenden, sexualisierten Beleidigungen von Seiten der Polizei gegenüber Jugendlichen mit arabischem oder afrikanischem Hintergrund fortgesetzt habe; vgl. Badiou, Alain: Le rouge et le tricolore. In: *Le Monde* (26.1.2015), online unter https://www.lemonde.fr/idees/article/2015/01/27/le-rouge-et-le-tricolore_4564083_3232.html, konsultiert am 29.06.2021; vgl. auch die Reflexionen des Philosophen zum Bataclan-Attentat in Badiou, Alain: *Notre mal vient de plus loin: Penser les tueries du 13 novembre*. Paris: Fayard 2016. Eine kritische Diskussion von Badious *Ereignis*-Begriff bietet Zeillinger, Peter: Dem Ereignis nach-denken. Hat Badious Philosophie eine Zukunft? In: Knipp, Jens / Meier, Frank (Hg): *Treue zur Wahrheit. Die Begründung der Philosophie Alain Badious*. Münster: Unrast Verlag 2010, S. 221–237.
158 Badiou: Le rouge et le tricolore, s.p.

5.2 Literarische Artikulationen nationaler Traumata — 435

auf Kommentare zum Attentat von Philosophen wie diejenigen Alain Badious nicht wie in Hinblick auf Mann, Kafka und Proust ein begleitender und zur Reflexion stimulierender literarischer, sondern ein philosophisch-kommentierender, ein thetisch-feststellender Intertext, welcher vom lesenden Ich als «intellektueller Hochmut», «vorschnelle Abstraktion» verworfen wird:

> La lecture, dans un hebdomenaire qu'on m'avait apporté, d'un entretien avec un intellectuel français complaisant à la violence, et même visiblement fasciné par ce qu'elle portait de stimulation et de grand soir, avait conforté mon réflexe – on ne peut parler de volonté ni de pensée – d'échapper au carrousel des commentaires, qu'ils soient prophétiques ou didactiques. Il y avait une abjection de la pensée, lorsqu'elle croyait donner sens immédiat à l'événement auquel elle était soumise. La mouche jouait à l'aigle, mais ce n'était pas une fable, juste la réalité, la morne réalité de l'orgueil intellectuel : ces gens se prenaient pour Kant répondant à Benjamin Constant ou pour Marx analysant le coup d'État du prince Louis Napoléon. Ils faisaient de l'abstraction précoce.[159]

Gegen die abstrakt-philosophische Reflexion eines Philosophen und diejenige des eigenen Erlebens stellt der Erzähler daher auch aus diesem Grund neben die Reflexion des Konkreten durch die erzählende Literatur und sein eigenes Erzählen eines Körpers, welcher mit «plaies organisées», mit «organisierten Wunden» bedeckt ist, auch die literarische Suchbewegung sowie ein literarisches Wissen, das mehrere Leben und Lebensweltlichkeiten in die eigene Existenz integrierbar macht.[160] Ohne in politisch-reaktionäre Argumentations-Schemata zu verfallen, verfolgt Lançons eigene Politik der Literatur das absolute Pochen auf die Irreversibilität individueller Gewalterfahrungen und versucht auf diesem Wege, die Erfahrung verlorener Subjektivität, das ‹alte›, unversehrte Ich des Erzählers in eine Rekonstruktionsarbeit einzubinden, welche jenseits von Hass auf die Attentäter und abseits kollektiver Pauschalisierungen politischer Debatten eine existentielle Fülle aufzubauen sucht. Der konkreten Gewalt-Situation des Attentats wird nicht ein abstraktes Sprechen über den sozialen Raum, sondern die konkrete Situation des individuellen Bewusstseins als Antwort gegenübergestellt.

Dennoch ist Lançons essayistische Suche in ihrer Verabsolutierung von Ich-Bewusstsein und Reflexionen aus und über die eigene Persönlichkeit, deren psychische wie physische Fragilität keineswegs unpolitisch, da sie gegen die Politik pauschalisierender und psychologisierender Diskurse über Täter und Opfer die immer wieder im Text durchscheinende Frage nach einem Funktionieren der Gesellschaft auf Grundlage eines nicht mehr existierenden Gesellschaftsvertrags aufwirft.

---

159 Lançon: *Le Lambeau*, S. 351.
160 Ebda.

Das Ende des Texts führt den Erzähler zu seiner chilenischen Freundin Gabriela nach New York, wo er nur wenige Monate nach dem Attentat auf *Charlie Hebdo* von den Anschlägen auf das *Bataclan* im November desselben Jahres erfährt. Die Kreisstruktur, welche an diesem symbolischen Ort das Erfahren und Erleben von islamistisch-fundamentalistischem Terrorismus aus einer ‹westlichen› Erzähl-Perspektive seit dem 11.09.2001 bis zum Jahr 2015 prägt, ist ein nicht zu übersehendes politisches Motiv des Schreibens über Terrorismus. Aber dieses wird vom erzählenden Opfer eines Anschlags allein mit dem Fokus auf das eigene Leben und weder auf die Gründe für diese Wiederkehr des Gleichen im Hinblick auf die Täter noch auf gesellschaftspolitische Folgen hin analysiert. Eben diese bewusste Weigerung legt die Schwächen eines Sprechens und Schreibens über Terrorismus bloß, sobald die Folgen der Gewalt aus der Opferperspektive ausgeblendet werden und die extremen Reaktionen einer ‹Verdammung› der Täter oder apologetische Interpretationen ihres Gewalthandelns allein dominieren. Dies literarische Strategie einer Individualisierung von Terrorismus als kollektiv wahrgenommener Gewaltform aus der Perspektive des Patienten-Opfers relativiert nämlich keineswegs das Gewaltereignis selbst, sondern lässt in der Modellierung einer zerstörten Subjektivität die Perfidie jeglicher Gewaltanwendung im Namen einer politischen oder religiösen Abstraktion aufscheinen, sobald individuelle Lebensweltlichkeit vernichtet wird.

Die Wut, welche das Opfer empfindet, bezieht sich spiegelsymmetrisch zur literarischen Absolut-Setzung der Opferperspektive als Individualperspektive zwar auf die Täterfiguren, doch werden diese weder verteidigt und entschuldigt noch explizit verdammt, finden dabei aber als Individuen und nicht als Vertreter einer Gewalt der Ideologie erzählerische Darstellung. Es ist deren Missachtung des Anderen als Individuum und Bewusstsein, ihr Bruch mit einem Grundkonsens gesellschaftlichen und allgemein humanen Zusammenlebens, der diesen Zorn des Erzählers hervorruft. Trotz der fanatischen Ideologie der Täter wiegt für ihn die absolute Reduktion der Opfer auf Bewusstlosigkeit, Reaktionsunfähigkeit und Tod wesentlich schwerer als jegliche Dimension des Symbolischen oder Gesellschaftskritischen in ihrem Handeln. In Anspielung auf eine Reaktion V.S. Naipauls auf die Fatwa gegen Salman Rushdie wird jegliche kritische, hinsichtlich der Mohammed-Karikaturen literaturkritische Dimension, welche ein Terror-Anschlag beinhalten könnte, auf das Faktum reduziert, dass der ‹kritisierte› Gegner als individuelles Bewusstsein seinen «Zensoren» nicht mehr zu antworten imstande ist:

> Si les tueurs étaient des possédés, mes compagnons morts étaient les dépossédés. Dépossédés de leur art et de leur violente insouciance, dépossédés de toute vie. [...] toute censure est bien une forme extrême et paranoïaque de critique. La forme la plus extrême ne

pouvait être exercée que par des ignorants ou des illettrés, c'était dans l'ordre des choses, et c'était exactement ce qui venait d'avoir lieu : nous avions été victimes des censeurs les plus efficaces, ceux qui liquident tout sans avoir rien lu.[161]

Es gelingt dem Erzähler durch dieses Hervorheben einer kategorischen Dialogunfähigkeit, Einseitigkeit und ideologischen Undifferenziertheit des Täterhandelns, erlebte Gewalt vom politischen, aber auch dem kulturalistischen Diskurs über diese Gewalt als religiös-fundamentalistische Gewalt zu entkoppeln und ihm damit entgegen den medialen und politischen Debatten über das Attentat und letztlich den Terrorismus eine Individualebene hinzuzufügen. Der auf dieser Ebene herrschende Grundkonsens ist deontologischer, nicht instrumenteller Natur und betrifft abseits aller Ideologie beide Seiten, die des Täters wie des Opfers. Er stellt angewandte Gewalt in den Verantwortungsbereich des Einzelnen und klagt die ‹muslimischen› Täter als Individuen auch im Namen eines ganzen historischen und religiösen Raums voller Kultur, Ethik und Spiritualität an, in dessen vermeintlichem Namen sie handeln. Doch diese Verurteilung von jeglichem Terrorismus im Namen einer alten und weitverbreiteten Religion kann nur aus einer Perspektive multilateraler Dialog-Bereitschaft erfolgen, welche im öffentlichen Diskurs für den Erzähler nicht gewährleistet zu sein scheint und verdeckt wird durch eine Homogenisierung sowie Vereinseitigung des Sprechens über Terrorismus in Frankreich.

Den wohl schwerwiegendsten Vorwurf macht der Text in diesem Sinne – ohne dabei in den populistischen Diskurs über den *Islamogauchisme*, über eine fatale Sympathie der französischen Linken mit dem radikalen Islam, zu geraten – jenen Medien, welche sich von *Charlie Hebdo* nach Veröffentlichung der Mohammed-Karikaturen im Jahr 2006 distanzierten. Ihre «fehlende Solidarität», ihre «absence de solidarité» habe letztlich die Satire-Zeitschrift zur Zielscheibe des radikalen Islamismus werden lassen, da zwischen Rücksichtnahme und Meinungsfreiheit der soziale Grundkonsens tief erschüttert wurde.[162] Der Erzähler-Lançon erhebt einen bitteren und wütenden Vorwurf gegen die Kolleg*innen im medialen und intellektuellen Feld, aber auch gegen die Financiers der Zeitschrift *Charlie Hebdo*, in welchem die Klage über vorschnelle Zensur und Selbstzensur aufgrund mangelnder Dialogbereitschaft auf mehreren Seiten mitschwingt.

Die Politik von Lançons *écriture* besteht daher nicht in noch mehr anklagender Debatte und politischer Stellungnahme, oder gar in einer populistischen Anprangerung des erwähnten *Islamogauchisme*, sondern in einem Rückzug von

---

161 Ebda., S. 88.
162 Vgl. ebda., S. 65.

dieser Kollektiv-Ebene des Schweigens und einseitigen Anprangerns. Parallel zu und bewusst abseits der Debatten um kollektive Werte wie Meinungs- und Pressefreiheit und um die Hintergründe des Terrorismus verfolgt Lançons *Le Lambeau* vielmehr eine Sichtbarmachung der Individualebene im Erzählen terroristischer Gewalt, welche durch den Zeugenstatus und die durch den autobiographischen Pakt forcierte Verlässlichkeit der Erzählerfigur hinsichtlich ihres sujektiven Erlebens gewährleistet wird.

Hier berührt sich im Erzählen des Ichs eine spätmoderne mit einer aufklärerischen Position, welche in der autodiegetischen, Rousseau'schen Erzählerstimme die Fragmentarizität einer Repräsentation von Gesellschaft und der sie betreffenden Gewaltformen durch deren Institutionen Staat, Religion und Medien – aber auch durch die abstrakte Philosophie – betont. Ihren Anspruch auf Ansätze einer stets prekären Objektivität gegenüber dem Ereignis gewinnt sie allein aus der heuristischen Transparent-Machung des Erlebens, wie es die Essayistik seit jeher beansprucht. Gerade in Hinblick auf eine Gewaltform von nicht nur in Frankreich gesamtgesellschaftlichem Interesse wird auf diese Weise die diskursiv schwächere Position einer Perspektive der Opfer vor dem Hintergrund einer bereits geschehenen Interpretation der Täter und ihrer Tat durch die dominanten Instanzen des Diskurses deutlich. Schreiben über Gewalt fungiert auch im Fall von Lançons Problematisierung terroristischer Gewalt als Politik der Literatur und als symbolische Gegen-Gewalt.

Ebenso wie Édouard Louis in seinem ‹Roman› *Histoire de la violence* auf die Wiederaneignung der Stimme des Opfers abhebt und Jablonka in seiner Untersuchung *Laëtitia* einem sprachunfähigen Opfer von Gewalt eine Stimme im Diskurs zu geben versucht, muss sich der Erzähler zuerst in seinem Sprechen von den Vorurteilen sowie den diskursiven Machtverhältnissen ein Bild machen, welche die Stimme des Opfers zum Verschwinden bringen. Im Falle Lançons ist es neben der nicht nur Houellebecq'schen Überpräsenz intellektueller und literarischer Stimmen und Kommentare zum Islam in Frankreich auch das verzerrende mediale und politische Erzählen von Terror, welches politisch wie symbolpolitisch allein die kollektive und oft abstrakte Dimension des Terrorismus auf Kosten der individuellen Gewalterfahrung diskursviert. Das *Je suis Charlie* impliziert in diesem Sinne neben einer Solidarität mit den Opfern terroristischer Gewalt auch die Gefahr ihrer symbolischen Vereinnahmung als Individuen zugunsten abstrakter Meinungen, Ideale und Ideologien. Eine eigene Form der Gewalt, welche jedoch in Frankreich von einem ihrer Opfer literarisch reflektiert wurde.

5.2.2 Portrait einer Radikalisierung? Idealismus, Ideologie und Identität in Mahir Guvens *Grand frère* (2017)

Die anhand des Texts von Philippe Lançon eröffnete literarische Perspektive auf terroristische Gewalt, welche die Seite des Opfers in den Vordergrund rückte, soll nun auch hinsichtlich einer literarischen Modellierung der Täterperspektive diskutiert werden. Denn dieser schwierig von ‹außen› zu fassenden Perspektive versuchte sich ein Schriftsteller anzunähern, welcher diesmal nicht ‹aus Erfahrung› sprechen kann, sondern einen fiktionalen Ansatz wählen musste, um das Phänomen terroristischer Gewalt erzählerisch fassbarer werden zu lassen.

Der in einem der migrantischen Milieus der Stadt Nantes aufgewachsene Autor Mahir Guven, Franzose mit kurdisch-türkischem Hintergrund, bezog sich in einem Interview für *Deutschandfunk Kultur* explizit auf jenes von Philippe Lançon überlebte Attentat im Jahr 2015, wenn er die Diegese seines Romans *Grand frère*, der 2018 mit dem *Goncourt* für den *Premier Roman* sowie dem *Prix Régine Deforges* ausgezeichnet wurde, mit dieser extratextuellen Referenzsituation verknüpfte. Der Paratext des Titels verweist dabei auf eine familiäre Konstellation, welche mit dem Anschlag auf *Charlie Hebdo* in unmittelbarer Verbindung steht: Es war neben dem Attentäter auf einen koscheren Supermarkt, Amedy Coulibaly, ein Brüderpaar, Chérif und Saïd Kouachi, welches den Anschlag auf das Redaktionsgebäude verübte. Alle drei Attentäter – mit malinesischem und algerischem Migrationshintergrund – sind in Paris geboren. Auf die Frage des Journalisten nach Parallelen, welche die Diegese des Romans mit dem ‹realen› Terror auszeichnen würden, antwortete Guven:

> Es waren auch zwei Brüder, die in Paris aufgewachsen waren, die das Attentat auf Charlie Hebdo begangen haben. Ihre Mutter hatte rein gar nichts mit dem Islamismus zu tun, sie war noch nicht einmal besonders religiös. Aber sie hatte sich ein bisschen prostituiert und mit Drogen gehandelt, daher hatte man ihr die beiden Kinder weggenommen und sie in ein Jugendheim gebracht. Sie wurden Kleinkriminelle, Rapper – und sind schließlich zum Islam konvertiert.[163]

Neben dieser Andeutung sozialer und familiärer Genealogien der Gewalt individueller wie institutioneller und struktureller Natur, wie sie die Biographien von Terrorist*innen prägen und diese auch selbst zu Opfern machen können, betont

---

[163] Guven, Mahir / Fuhrig, Dirk: «Man darf die Freiheit nicht preisgeben» – Der Schriftsteller Mahir Guven über Fanatismus. In *Deutschlandfunk Kultur* (24.04.2019), online unter https://www.deutschlandfunkkultur.de/schriftsteller-mahir-guven-ueber-fanatismus-man-darf-die.1270.de.html?dram:article_id=446925, konsultiert am 29.06.2021.

Guven, dass es ihm in seinem Erzähltext nicht um die Rekonstruktion eines konkreten Terroranschlags ging, sondern um mögliche Mechanismen einer Radikalisierung. Er tut dies im modellierenden Raum einer Roman-Diegese, welche – wie oben erwähnt – keine sozialempirische Erklärung terroristischer Gewalt, sondern eine sich langsam herausbildende Möglichkeit symbolpolitischen Handelns nachzuvollziehen sucht, welche schließlich auch Gewalt und Mord billigt.

Doch obwohl im zitierten Interview weder ein Zeuge noch ein Soziologe, sondern ein Schriftsteller spricht, werden ebenso wie in Lançons essayistischem Erzähltext von Guven jene medialen Narrative in Frage gestellt, die terroristische Gewalt in ihrer komplexen Struktur reduzieren, dadurch jedoch zum Ende eines möglichen gesellschaftlichen Dialogs beitragen, welcher sowohl potentielle Täter wie deren Opfer involvieren könnte. Im Gegensatz zum im vorhergehenden Kapitel analysierten Text wird diesmal nicht die Komplexität des Überlebens eines Opfers terroristischer Gewalt, sondern das komplexe Bewusstsein einer Täterfigur und deren soziale Einbettung adressiert. Ein gewisses identifikatorisches Potential mit der Täterfigur wird äußerst vorsichtig dann angedeutet, wenn es um die jugendliche Neigung dieser Romanfigur zum Utopischen, zur Sinnsuche geht, welche in der Diegese des Romans ebenso wie außerhalb des Texts in Brutalität, religiösen Fanatismus, ideologischen Radikalismus und Gewalt kippen kann:

> Oft sind es die intelligenten Utopisten, die eine allzu romantische Sicht auf die Welt haben, die sie in Gut und Böse einteilen, die ihre Intelligenz verschwenden. Und das hat mich wirklich beschäftigt. Umso mehr, als ich auch selbst so eine Utopist hätte werden können. Als ich 20 war, träumte ich von Che Guevara und wollte Länder befreien.[164]

Der Autor, tätig als Redakteur, Journalist und Verleger für die Wochenzeitung *Le 1*, als *Directeur littéraire* für die Reihe «La Grenade» im Verlag *JC Lattés*, wurde 1986 als Sohn eines kurdischen Vaters und einer türkischen Mutter geboren.[165] Er steht nach eigener Aussage im oben zitierten Interview dem Islam eher fern und bezeichnet sich als Atheisten. Doch es ist nicht die Frage nach der Meinungs- und Pressefreiheit auch in religiösen Belangen, welche im Interview und auch in der Diegese des Romans in den Vordergrund rückt, sondern

---

164 Ebda.
165 Vgl. auch Mahir Guvens Portrait und Interview in *Le Soir* bei Gauthier, Flavie: Mahir Guven, Prix Première: «Je voulais écrire un roman sur notre époque». In: *Le Soir* (22.02.2018), online unter https://plus.lesoir.be/141682/article/2018-02-22/mahir-guven-prix-premiere-je-voulais-ecrire-un-roman-sur-notre-epoque, konsultiert am 29.06.2021.

jene nach der Glaubensfreiheit und der Rolle der Religion als Ankerpunkte für eine gewählte Identität und Verortung des Selbst:

> Wir dürfen nicht überreagieren. Man darf die Freiheit nicht preisgeben. Dazu gehört auch die Glaubensfreiheit. Ich selbst bin Atheist und habe sehr lange gebraucht, um tolerant zu werden. Früher dachte ich, die Gläubigen sind etwas weniger intelligent als ich. Heute bin ich der Meinung, jeder kann glauben oder machen, was er will. Und ich ertrage es nicht, wenn jemand einem anderen vorschreiben will, was er zu denken hat.[166]

Ebenso wie im Fall von Philippe Lançons Erzähltext geht in Guvens Roman also weniger die Perspektive kollektiv-politischer Reflexion von terroristischer Gewalt als vielmehr jene ihrer Verschränkung mit Fragen und Modellierungen von individueller Lebensweltlichkeit, von der Privatsphäre der Figuren sowie deren familiären Verhältnissen, dem Blick auf den ‹eigentlichen› Anschlag als symbolischem Gewaltakt voraus.

Der Roman handelt in einer Pariser Banlieue mit hoher ethnischer, religiöser und kultureller Heterogenität, mit hoher Kriminalitätsrate sowie geringer sozialer Mobilität. Er erzählt aus der scheinbar doppelten Perspektive zweier autodiegetischer Erzählstimmen, zweier miteinander verwandter Ich-Erzähler, die von Kapitel zu Kapitel abwechselnd das Wort ergreifen, von der Lebenswelt und den Lebensentwürfen zweier Brüder, die überschattet werden vom frühen Tod der Mutter, einer Französin aus Saint-Malo, von der Trauer und von den starren laizistischen Werten, der Arbeitsethik und auch der Härte ihres aus Syrien nach Frankreich geflohenen Vaters, dem «Daron» oder «alten Herrn».[167] Mit dem Ehrgeiz der ersten Generation von nach Frankreich eingewanderten Arbeitskräften möchte letzterer – ein überzeugter Anti-Religiöser mit sozialistischen Wertvorstellungen, für welche er im syrischen Gefängnis unter dem Assad-Regime Folterungen erdulden musste – seinen Söhnen ein besseres Leben ermöglichen. Er arbeitet wie der Ältere der beiden Brüder als Taxifahrer. Betont wird von den Erzählerfiguren daher immer wieder, dass dieses familiäre Milieu keineswegs von Religion geprägt sei und der Vater sich als politisch dezidiert links stehender Atheist begreife, der im Gegensatz zur aus Syrien nachziehenden Großmutter kein Verständnis für jegliche Art religiöser Sinnsuche

---

166 Guven, Mahir / Fuhrig, Dirk: «Man darf die Freiheit nicht preisgeben», s.p.
167 Das zwar an einigen Stellen durchaus patriarchale, aber in diesem Patriarchalischen selbst-reflektierte und durch die Söhne wie die emanzipierte, aber verstorbene Mutter ironisch gebrochene Verhältnis des Vaters zur Familie wird allein an diesem Lexem deutlich: «*Daron, daronne.* Nom (peut-être de baron, croisé avec l'ancien français dam, seigneur). Définitions: Argot: *Père, mère. Patron, patronne.*» *Larousse*-Online. https://www.larousse.fr/dictionnaires/francais/daron/21651, konsultiert am 29.06.2021.

aufbringen kann, welche die Integration seiner Söhne in die französische Gesellschaft gefährden könnte.

Doch ist es genau diese zweifache Ausgrenzung der Religion im Laizismus der französischen Gesellschaft, aber auch im Links-Materialismus des Vaters innerhalb des Milieus und der Familie, welche auf unterschiedliche Weise für beide Brüder immer dann zum Problem wird, wenn die eigene Lebenswelt und die Frage nach der Position des Ichs innerhalb dieser familiären und gesellschaftlichen Lebenswelt problematisiert werden. Zumindest aus der Perspektive des älteren Bruders steht die Ausgrenzung von Religion und Spiritualität als wichtigen Bestandteilen von biographisch, sprachlich, ethnisch und kulturell vorgeprägter Identität in unmittelbarem Zusammenhang mit der eigenen Familiengeschichte, mit der religiösen Radikalisierung und dem Weggang des jüngeren Bruders nach Syrien.[168] Der von der Großmutter nur rudimentär ‹erlernte› muslimische Glaube musste von beiden Brüdern auf unterschiedliche Weise entwickelt oder durch Substitute ersetzt werden, um die Entwicklung einer eigenen Persönlichkeit, aber auch einer erst zu schaffenden Identität im gesellschaftlichen Raum zu unterstützen.

Das spirituelle Interesse des Älteren der beiden Brüder ist dabei eher unterentwickelt; das Leben wird vielmehr in Form von Zigaretten- und Drogenkonsum, reger Sexualität, Musik und Alkohol aus weltlich-materialistischer Perspektive angegangen. Dennoch versteht auch dieser ältere Bruder, dass eine Suche nach Antworten im Religiösen unmittelbar mit dem Ich als einem biographisch und kulturell vorgeprägten Bewusstsein zusammenhängt. Dabei

---

[168] Diese hier literarisch modellierte Konstellation eines Spannungsverhältnisses zwischen einem politischen und symbolpolitischen Laizismus, repräsentiert durch die Elterngeneration, welche sich im Text väterlicherseits gegenüber religiösen Prädispositionen kategorisch als intolerant erweist, und jugendlicher Offenheit gegenüber ostentativ praktizierter Religiosität, wird für Frankreich von Seiten der empirischen Soziologie und statistischen Sozialforschung bestätigt. In einer im Auftrag des Journals *Le droit de vivre* und der *Ligue Internationale Contre le Racisme et l'Antisémitisme* (LICRA) vom *Institut français d'opinion publique* (Ifop) durchgeführten Umfrage zeigt sich zu Beginn des Jahres 2021 eine tiefe Kluft zwischen den Generationen hinsichtlich des Laizismus-Begriffs, welcher auch von nicht-muslimischen Schülern als zu streng und bisweilen als intolerant eingeschätzt oder skeptisch beurteilt wird. So sprechen sich beispielsweise mehr als die Hälfte aller Gymnasiasten (52%) laut dieser Umfrage *für* die Erlaubnis zum Tragen auffälliger religiöser Symbole an öffentlichen Schulen aus, doppelt so viele wie in der Allgemeinbevölkerung (25%); vgl. Kraus, François / Jussian, Louise (Leitung): *Enquête auprès des lycéens sur la laïcité et la place des religions à l'ecole et dans la société*. Rapport d'étude pour LICRA et le Droit de Vivre. Étude Ifop pour Lycra et le Droit de Vivre réalisée par questionnaire auto-administré en ligne 15 au 20 janvier 2021 auprès d'un échantillon de 1006 personnes, représentatif de la population lycéenne âgée de 15 ans et plus; Download unter https://www.leddv.fr/wp-content/uploads/1_PPT_IFOP_LICRA_2021.03.02.pdf, konsultiert am 29.06.2021.

wird das physiologische Bild der «Wirbelsäule», der «colonne vertébrale» als das den gesamten menschlichen Körper von den Füßen bis zum Gehirn zentral stützende Organ zur Metapher für die wichtige Funktion von Religion im Prozess einer sozialen, ethnischen, kulturellen, aber auch individuellen Identitätsfindung, die sie jedoch bei den beiden Hauptfiguren des Romans nicht erfüllen konnte und sie in einer prekären Existenz des ‹Dazwischen›, als – in der deutschen Übersetzung von André Hansen – «Kanaken» zurücklässt: «Et à nous, il nous a manqué quelques vertèbres. [...] Pas de colonne vertébrale: ni vraiment français, ni vraiment syriens, ni vraiment autochtones, ni vraiment immigrés, ni chrétiens, ni musulmans. Des métèques sans savoir pourquoi on l'est.»[169] Die autoritär gelehrte Religion des Islam ist in der Welt von Guvens Roman somit Mittel zur Identitätssuche eines in mehrere ‹Identitäten› unfreiwillig aufgesplitterten Ich-Bewusstseins zweier Brüder, welche weder im ideologischen Laizismus des Vaters noch dem des französischen Staats, nicht im fragmentarisch-ritualhaften Islam der Großmutter, aber auch nicht im Katholizismus des fernen bretonischen Familienteils Halt finden.[170]

Nach dem Weggang des jüngeren Bruders besucht der ältere regelmäßig die Moschee und wird selbst mit der Möglichkeit einer fundamentalistischen Radikalisierung konfrontiert, als er den Predigten eines Gemeinde-Mitglieds lauscht, dem gut ausgebildeten K. Dessen Predigten verbinden dabei Hass auf Israel und das Judentum mit dem Hass auf «les personnes qui nous empêchent de vivre comme nous l'entendons», auf die Nato und auch die französische Gesellschaft. Diese Vermischung des Religiösen mit dem Politischen missfällt jedoch dem lauschenden älteren Bruder, insoweit der Habitus und der großspurige Gestus der Erhabenheit des Predigers nach Ende seiner Predigt bei ihm den Verdacht auf ‹idiotische›, da argumentativ ungerechtfertigte Anmaßung im Namen der Religion aufkommen lassen.[171]

Es ist der jüngere Bruder, welcher dieser Anmaßung religiösen Eifers jedoch nicht standhält. Hakim arbeitet in einem Krankenhaus als begabter Pfleger mit Ambitionen auf ein Medizin-Studium, wird sich aber seiner mangelnden Aufstiegschancen im System bewusst und wendet sich im Lauf der Erzählung immer stärker der Religion als ethischem, aber auch politisch-ideologischem Orientie-

---

[169] Guven: *Grand frère* S. 79f.: «Und uns haben ein paar Wirbel gefehlt. [...] Kein Rückgrat: weder echte Franzosen, noch echte Syrer, weder echte Einheimische noch echte Einwanderer, weder Christen noch Muslime. Kanaken, und wir wissen nicht warum» [Übersetzung André Hansen].
[170] Vgl. ebda., S. 80.
[171] Ebda., S. 84f.: «[...] die uns daran hindern, so zu leben, wie wir es für richtig halten» [Übersetzung André Hansen].

rungspunkt zu, um schließlich Frankreich zu verlassen und in Syrien zuerst zu helfen, schließlich auch zu kämpfen. Die im Gegensatz zum älteren Bruder im Charakter dieser Figur stärker angelegte Spiritualität zeigt sich im Vorfeld schon während deren Kindheit und während einiger Besuche der Familie bei der französichen Großmutter mütterlicherseits in Saint-Malo, wo sich Hakim für den Katholizismus, aber auch für Fragen metaphysischer Natur zu interessieren beginnt. Nach seinem Aufbruch ins Bürgerkriegsgebiet mit Hilfe einer islamischen ‹Hilfsorganisation› verliert sich seine Spur. Doch er kehrt schließlich und unerwartet zurück, wobei sich trotz gegenteiliger Beteuerung auf Seiten seines älteren Bruders der Verdacht erhärtet, dass bei ihm eine religiös-fundamentalistische Radikalisierung erfolgte, welche auch in Frankreich fortbesteht. Der ältere Bruder wird zum Spitzel für die französischen Behörden, verrät schließlich auch den jüngeren Bruder an die Polizei, um ein Leben, welches er sich hart erarbeitet hat, auch weiterhin führen zu können. Das Buch endet mit einem versuchten Terroranschlag durch den jüngeren Bruder und der Fluchthilfe durch den großen Bruder, wobei die Leserschaft im Unklaren bleibt, inwieweit es sich bei dieser Rückkehr des Bruders und bei diesem Anschlag lediglich um die Imaginationen des älteren Bruders handelt und inwieweit es die Leser*innen mit einem intradiegetischen ‹Tatsachenbericht› zu tun haben.

Aufgrund des Epilogs, bei dem zum ersten Mal der kleine Bruder mit seinem Namen genannt wird, – Hakim, «ça veut dire le juste, le sage, l'équitable ou le médecin. Celui qui œuvre pour le bien» – erfolgt schließlich eine Infragestellung der gesamten Perspektivik des Romans sowie der bisherigen Erzählerinstanzen *zweier* Ich-Erzähler, des großen und des kleinen Bruders.[172] Durch einen auflösenden Epilog wird nämlich deutlich, dass es sich bei den beiden autodiegetischen Erzählern und ‹Dialogpartnern› letztlich nur um die Sicht des älteren Bruders handelte, welcher in Form einer Entscheidung zur Niederschrift des Erlebten, angeregt durch die Begegnung mit einem *Uber*-Fahrgast, der sich als Verleger entpuppt, die Geschichte seiner Familie zu erzählen versucht.

Diese *eigentliche* Erzählinstanz des älteren Bruders erweist sich daher bezüglich des Erzählten, des Verschwindens des Bruders und seiner immer deutlicher sich abzeichnenden Radikalisierung, zumindest im Erzählen aus der von ihm eingenommenen Täterperspektive als unzuverlässig, so dass es für die Leser*innen naheliegt, dass es sich bei den von Hakim, dem kleineren Bruder, beschriebenen Situationen und Reflexionen letztlich nur um Interpretationen

---

[172] Ebda., S. 305: «Mein Bruder heißt Hakim. Das ist der Gerechte, der Weise, der Richter oder der Arzt. Der für das Gute arbeitet» [Übersetzung André Hansen].

und Rekonstruktionen einer letztlich unzugänglichen Subjektwelt durch den großen Bruder handelt.

Es wird im Laufe des Epilogs immer wahrscheinlicher, dass die Rückkehr des Bruders und damit auch die Geschichte des Terroranschlags nur ‹geträumte› Fiktionen waren. Mit einer direkten Ansprache der Leser*innen und der Frage des Verlegers, welche als Initiative für das Verfassen des Texts gedeutet werden kann, schließt der Roman und bedient sich damit einer Proust'schen Wendung, welche das bereits Erzählte auf seinen eigenen Entstehungsgrund zurückführt. Die Gestalt des Verlegers, welcher dem erzählenden älteren Bruder und seiner Geschichte zuhört, entpuppt sich als vermisste, da empathisch an dessen Erleben interessierte Vaterfigur; das Erzählen wird rückwirkend als intime Kommunikationsform bewertet, welche jedoch allein durch das Entfalten des Potentiellen, nicht in erster Linie durch das Nacherzählen der ‹Wirklichkeit›, eine tiefere Erkundung des eigenen wie jenes fremden und rätselhaften Bewusstseins des jüngeren Bruders zulässt:

> Dans la foulée, le vieux [der Verleger, ML] m'a écrit. « Je sens une sève bouillonnante qui ne cherche qu'à s'exprimer. Tu veux faire un livre ? » Les yeux bleus, mouillés, doux, compréhensifs, c'était pas le regard d'un jbeb qui s'imaginait m'faire le cul. Mais celui d'un rêveur. D'un type qui pense qu'on peut encore changer le monde, éteindre les incendies qui vous brûlent les ailes et vos rêves. Le regard que j'aurais voulu que le dar porte sur moi le jour où j'ai raté mon bac, le jour où j'ai tout quitté pour l'armée, le jour où j'en suis revenu avec cette sale maladie. Et le jour où le frère est parti.
>
> Alors je lui ai tout raconté. [...] Tout ce que vous avez lu dans ce livre. Et là, pendant que je déshabillais mes souvenirs pour trouver une idée, il a levé la main comme un seigneur, pour me couper et demander la parole. « Et si ton frère revenait ? »[173]

Guvens Roman bedient sich – um eine perspektives Dialogizität der Hauptfiguren herzustellen – somit nur scheinbar zweier intra- und autodiegetischer Erzählstimmen und nimmt abwechselnd die Perspektiven der beiden Brüder ein, obwohl paratextuell bereits der französische Titel des Romans den wahren Fokus des Buchs über den *Grand frère* verrät.[174] Es handelt sich somit nicht um die auf Faktualität basierende, literarische Rekonstruktion einer Täterperspektive, sondern um eine erzählerische Suchbewegung über einen möglichen Dialog im Bereich des Wahr-

---

173 Ebda., S. 309. Zur ursprünglich aus dem Arabischen und der Gefängnissprache stammenden Bezeichnung «jbeb»: *schbeb* \ masculin (Argot carcéral) (Insulte) Détenu homosexuel, en général sous la protection d'un autre détenu, d'un caïd, / (Gefängnisslang) (Beleidigung) Homosexueller Häftling, der in der Regel unter dem Schutz eines anderen Häftlings, eines Kaids, steht; vgl. den Eintrag in: *llf – La langue francaise*, online unter https://www.lalanguefrancaise.com/dictionnaire/definition/schbeb, konsultiert am 30.06.2021.
174 Die deutsche Übersetzung von André Hansen bleibt hier neutraler; vgl. Guven, Mahir: *Zwei Brüder*. Aus dem Französischen von André Hansen. Berlin: Aufbau 2019.

scheinlichen und Fiktionalen, welcher die Gründe für eine Billigung terroristischer Gewalt in einer Annäherung an das Täter-Bewusstsein aus nächster Nähe sucht.

Die Wahl einer alternierenden Perspektive lässt zunächst an die Dialog-Technik eines traditionellen Briefromans denken, wobei jedoch im vorliegenden Fall allein in ‹materieller› Hinsicht von Anfang an nicht ganz klar ist, in welchem Medium oder auch nur Kontext die Gegenüberstellung der subjektiven Äußerungen der beiden schreibenden oder reflektierenden bzw. sich erinnernden Erzählstimmen erfolgt. Graphisch, im Schriftbild, werden sie durch die Verwendung von Serifen-Schrift in den Kapiteln des «Grand frère» und serifenloser Schrift in jenen des «Petit frère» unterschieden. Es handelt sich um zunächst monologische Figuren-Stimmen, die versuchen, aus der Ferne miteinander zu kommunizieren. Der Dialog ist somit auch auf dieser direkten Ebene nur ein *potentieller* Dialog, der sich heuristisch an die Perspektive, die Entscheidungen und Gedanken des anderen anzunähern versucht und dabei die *eigenen* Erfahrungen des jeweils Erzählenden zum Ausgangspunkt nimmt.

Nach der Lektüre des gesamten Romans und der abschließenden überraschenden Wendung auf Ebene des *discours*, wird das Incipit des Romans noch deutlicher als Suchbewegung nach einem engen Verwandten und als Trauerarbeit nach dessen Verschwinden und seinem möglichen Tod markiert. Auch das eigene Bewusstsein entpuppt sich im Nachdenken über Herkunft, Identität und Familie als prekär, da stets Tod und Erlöschen dieses Bewusstseins im Hintergrund des Erzählens über den verschwundenen Bruder als Bestandteil des Selbst («mon sang, ma chair», «mein Fleisch, mein Blut») und über die eigene ‹Identität› stehen. Vorwurf, Wut und Trauer vermischen sich in Lexemen wie «Hund» als Bezeichnung für diesen an den religiösen Fundamentalismus verlorenen Bruder und in der bitteren Erwähnung des aufgrund dieses Fortgehens ins «Heilige Land», «Al-sham», in die «terre des fous», das «Land der Verrückten», leidenden Vaters. Bereits in diesem Roman-Anfang wird in die Roman-Diegese eine Grenze zwischen der Lebenswelt des Erzählers im «quartier» und der Welt der «gens normaux» eingeführt, welche die Welt des Zentrums, der Mitte und der französischen Mehrheitsgesellschaft darstellt. Im Vergleich zum oben zitierten Romanende ist dabei der Wandel des Erzählers und seiner Sicht auf diese Welt der «normalen Leute» erstaunlich. Der interessierte Blick des Verlegers entspricht nämlich nicht dem pauschalisierenden Angst- und Betroffenheitsdiskurs einer ‹bürgerlichen Mitte› in Frankreich hinsichtlich jener den Erzähler tagtäglich umgebenden syrischen Kultur, welche diesen, seine Kindheitserinnerung, Alltagsgewohnheiten und seine Sprache ebenso wie die französische Kultur prägt:

> La seule vérité, c'est la mort. Le reste n'est qu'une liste de détails. Quoi qu'il vous arrive dans la vie, toutes les routes mènent à la tombe. [...] La vie ? J'ai appris à la tutoyer

en m'approchant de la mort. Je flirte avec l'une en pensant à l'autre. Tout le temps, depuis que l'autre chien, mon sang, ma chair, mon frère, est parti loin, là-bas, sur la terre des fous et des cinglés. Là où, pour une cigarette grillée, on te sabre la tête. En Terre sainte. Dans le quartier, on dit « au Cham ». Beaucoup prononcent le mot avec crainte. D'autres – enfin quelques-uns – en parlent avec extase. Dans le monde des gens normaux, on dit « en Syrie », d'une voix étouffée et le regard grave, comme si on parlait de l'enfer.

Le départ du petit frère, ça a démoli le daron.[175]

Der Großteil der Narration und – unter Kenntnis der finalen Wendung – letztlich der gesamte Text wird von dieser prekären Situation eines Verstehen-Wollens der eigenen ‹Identität› wie der des kleinen Bruders vor dem Hintergrund der Katastrophe und des Todes aus der Perspektive des älteren Bruders bestimmt, wobei die vermeintlichen Autodeskriptionen des Jüngeren aus der Ich-Perspektive eine Technik des Verstehens durch literarisches Modellieren darstellen. Die Leser*innen haben es somit mit einer zweifach inszenierten Subjektivität zu tun, welche jedoch durch die Referenz auf dieselbe Familie, dasselbe Milieu sowie durch die dichte Beschreibung des Vaters und seiner Biographie sowie des tragischen Todes der Mutter vergleichbar ist, welche jedoch unterschiedliche Reaktionsweisen auf diese geteilte Lebenswelt erkennen lässt.

Der durch diese komplexe Inszenierung und Verschränkung zweier Erzählperspektiven scheinbar gewährleistete ‹Realismus› wird auf stilistischer Ebene fortgesetzt. Die Sprache – insbesondere in den Kapiteln des «Großen Bruders» – ist der Sprache der Pariser Banlieues, der Cités, den Soziolekten jenseits der ‹Normal-Sprache› nachempfunden. Sie formt somit mittels einer umgangssprachlichen Stilebene, geprägt durch harte Semantik und Lexematik, eine Bachtin'sche Logosphäre, welche direkte und physische Gewalt als Bestandteil der Alltagskultur sichtbar werden lässt. Durch diese sprachliche Direktheit und der Oralität näher stehende Schreibweise gelingt es dem Text jedoch, auch komplexe lebensweltliche Zusammenhänge struktureller, politischer und ökonomischer Natur nicht nur nachvollziehbar, sondern in ihren unmittelbaren und gewaltsamen Auswirkungen auf das erzählende Bewusstsein erfahrbar zu machen.[176] Der Konkurrenzdruck in der Welt der Taxifahrer durch private Fahrdienstleis-

---

175 Guven: *Grand frère*, S. 9.
176 Dem Roman ist dementsprechend ein Glossar beigegeben, welches die für die Leserschaft oftmals kryptischen Slang-Ausdrücke, Idiosynkrasien und Fremdwörter erklärt; vgl. ebda., S. 311.-318. Zur literarischen Fruchtbarkeit eines identitätspolitischen Spiels auf sprachlicher Ebene, welche dieser demokratisierenden Repräsentation unterschiedlicher Sprachregister, Mischsprachen, Milieusprachen und Soziolekte nicht nur in der Debatte um die sog. ‹Frankophonie› in Frankreich selbst, sondern auch im Spiel mit der französischen Normsprache der als ‹französisch› definierten Literatur eignet vgl. die Essaysammlung der vietnamesisch-französischen Autorin Moï, Anna: *Espéranto, désespéranto: la francophonie sans les Français*. Paris: Gallimard

tungs-Anbieter mittels Plattformen wie *Uber* stellt beispielsweise eine Erschütterung und eine Form der Gewalt dar, welcher der Vater wie der Sohn ausgesetzt sind und auf die sie unterschiedlich – durch Anpassung einerseits, durch Festhalten am Altbewährten, der Gewerkschaft und der Taxi-Lizenz als Symbolen rechtschaffener und geregelter Arbeit andererseits – reagieren. Diese komplexe Problematik wird von der Figur des älteren Bruders in seiner einfachen, von Soziolekt und Ideolekt geprägten Sprech- und Schreibweise widergegeben, zugleich jedoch eben dadurch als existentielle strukturelle Gewalterfahrung in der Lebenswelt dieses erzählenden Ichs erfahrbar gemacht, welche zu weiterer Gegengewalt auf Individual- und Kollektivebene der Betroffenen führt:

> Moi, la vérité, je serais les types d'Uber, j'aurais fermé ma gueule. Plutôt que de la ramener, du genre : « Les taxis, vous êtes des bouffons. » [...] Parce que les taxis, ils s'en battent la race, c'est des mecs de la rue, aigris, usés par la life. Onze heures par jour dans la carlingue à guetter le client, ça rend un homme fou, ça. Une fois, j'ai entendu à la radio une émission sur les suicides, un psychologue faisait le point sur les métiers à risques, il disait « chauffeur de taxis », mon frère ! La détresse, ça conduit à la violence. Pas des mots de fanfarons, je sais de quoi j'parle, j'en ai un exemple devant moi. [...] Rien à perdre. La violence, ça soulage. Heureusement qu'y a les syndicats pour les calmer. Mais bon, en fait les patrons d'Uber, ils sont malins, parce que les taxis, ils nous agressent nous, les chauffeurs de VTC, et pas les types qui ont créé le système et l'entretiennent. C'est comme dans les manifs. Les casseurs insultent les flics, mais c'est pas les flics qui font les lois. Logique = 0.[177]

«Die Not die führt zur Gewalt. Kein Scheiß, ich weiß, wovon ich spreche»: Anhand dieser Reflexion des älteren Bruders über eine strukturelle Gewaltform, welche sowohl ihn selbst als *Uber*-Anbieter, aber auch seinen stolzen Vater betrifft, den Taxi-Fahrer und Gewerkschaftler, wird deutlich, dass es im Erzähltext allein die *authentische* Aussprache in den *eigenen* Worten des älteren Bruders gegenüber dem ‹angesprochenen› Bruder wie der impliziten Leserschaft ist, welche lebensweltlich prägende Gewalt als letztlich strukturelle Gewalt auf höherer Ebene diskursiviert, hier jene der Ökonomie und Politik. Gegenüber dem Vater als ähnlich Betroffenem jedoch herrscht Kommunikationslosigkeit.

Dabei imitiert das erzählende Ich des älteren Bruders jedoch je nach Figur auch andere Sprachebenen und -stile, an denen unterschiedliche Einstellungen, Werte, aber auch Reflexionsmechanismen deutlich werden. Die eben erwähnte Kommunikationslosigkeit mit dem Vater ist für die Leserschaft auch durch die Modellierung von dessen Sprache, von dessen trotz vieler Jahre im

---

2006; sowie das entsprechende Kapitel über die Schriftstellerin «Anna Moï oder an den Grenzen der Frankophonie» als noch in den Literaturen der Postmoderne verankertem Schreiben in Ette: *Von den historischen Avantgarden bis nach der Postmoderne*, S. 900–910.
177 Ebda., S. 36.

Land immer noch rudimentären Französisch-Kenntnissen charakterisiert, welche diesem Vater dennoch eine Promotion erlaubt hatten. Diese Sprache wird nur indirekt, oftmals in parodistischer Weise, vom älteren Sohn wiedergegeben und erzählt durch zahlreiche arabische Fremdwörter von der politischen Einstellung des Vaters («Kommunist»), seiner kritischen und differenzierten Haltung zur Religion und ihren Riten, seinem Humanismus, aber auch von einer nicht eingestandenen Sehnsucht nach Syrien und vom ‹Wechsel› zwischen verschiedenen Identitäten. Diese im lückenhaften Französisch nacherzählter direkter Rede durch den erzählenden Sohn wiedergegebene Gemengelage muss jedoch erst in der Reflexion des Erzählers ‹übersetzt› und auf eine kohärentere sprachliche Ebene ‹gebracht›, d. h. interpretiert werden:

> « Tu travaillére encore pour traîtres, toi là ? »
> Il s'y fait pas. Les fesses enferrées au siège de son taxi, et le cerveau à sa licence à 240000 euros.
> « Mais tu sais quoi, vends ta plaque, et prends ta retraite. »
> Il a prononcé quelques mots an arabe, j'ai pas tout saisi, un truc du genre « tu as grandi comme un âne dans un pays de lions. »
> « Toi bientôt trente ans non ? Tu être abruti. Tu être bête. J'é peux pas vendre plaque que tout de suite. La retraite, c'est dans deux ans. Mais avec ton Uber, tu vas tuer nous. Plus vingt ans de travail. Tout seul, j'ai travaillé. T'as honte pas toi, trahir ton père, en allant travailler pour concurrence là ? »
> J'ai jamais capté comment un type, aussi fâché avec le français, a pu obtenir un doctorat en France. La charité ?[178]

Es wird anhand dieser sprachlichen Vielfalt deutlich, auf welch unterschiedlichen Ebenen und in welch heterogenen Formen erlebte Gewalt im Text ihren Ausdruck findet, wobei es letztlich allein den ‹beiden› Erzählinstanzen der Brüder gelingt, diese Gewalt in ihren Auswirkungen auf ihre Lebenswelt bewusst zu artikulieren. Die Perspektive des Vaters bleibt den Söhnen dennoch auch sprachlich fern. Denn trotz dessen Hochachtung vor der französischen Gesellschaft, vor Fleiß, Arbeit, Demokratie und einer säkularisierten Öffentlichkeit ist es ausgerechnet die französische Sprache als Instrument einer möglichen Partizipation, welche es ihm nicht erlaubt, seine Sicht der Dinge auf Augenhöhe mit den Söhnen, seinen Fahrgästen oder der Leserschaft im Idiom jener Gesellschaft überzeugend zu formulieren, deren Bestandteil er ist. Die beiden in Frankreich geborenen und aufgewachsenen Söhne dagegen sprechen beide sowohl Arabisch als auch Französisch, zeichnen sich aber zugleich durch Unterschiede in der Sprachverwendung aus, welche der Leserschaft mittels der stilistisch verschiedenen Stim-

---

[178] Ebda., S 26 f.

men der ‹beiden› Erzählinstanzen Einblicke in die unterschiedliche Natur ihres jeweiligen Bewusstseins sowie ihren jeweiligen Figuren-Charakter gewähren.

Die Sprache des älteren Bruders zeichnet sich dabei durch die erwähnte Derbheit, aber auch durch Sensibilität und Wärme aus. Es ist eine abgeklärte und bisweilen resignierte Sprache, welche in den Gesprächen mit Gleichaltrigen, Kollegen bei der Arbeit, aber auch gegenüber dem jüngeren Bruder die Härte, aber auch das Zusammengehörigkeitsgefühl einer sozialen Gruppe signalisiert. Das schlechte Französisch des Vaters lehnt der ältere Bruder ab, indem er sich darüber und auch über dessen wechselnde ‹Identitätsentwürfe› als Syrer, Araber, Kurde und Kommunist lustig macht,[179] genauso wie er das Hochfranzösische der ‹inneren› Stadt bewusst meidet. In den Dialogen mit den Fahrgästen, welche der ältere Bruder durch Paris kutschiert, lernt er deren Verachtung, auch den Rassismus anderer Gesellschaftsschichten, der Fahrgäste, aber auch den alltäglichen Rassismus von Polizeibeamt*innen kennen, reagiert jedoch besonnen darauf und arbeitet weiter am eigenen Erfolg. Die Bourdieu'schen ‹feinen› Unterschiede der Sprache, des gesellschaftlichen Raums und auch diejenigen gesellschaftlicher Positionierungen, welche in Sprache und Habitus offensichtlich werden, aber auch der Mechanismus einer Reproduktion des Milieus der Eltern, «die ungeschriebenen Regeln», sind ihm dabei vollkommen bewusst:

> Avant, même la police oubliait de me vouvoyer. Ça me rendait dingue. La pire position d'esclave, c'est quand un inconnu vous tutoie et que vous êtes obligé de le vouvoyer. Les règles qui s'écrivent pas sont les plus dures à abolir. Donc prendre le volant, ça m'a apporté l'oseille, mais pas que. Y a aussi le respect qu'on entend dans chaque phrase et qu'on lit dans les regards. Est-ce que ça suffit pour vivre ? Un peu. Le respect, c'est le RSA des relations sociales. La base. Pour combler le reste, ma méthode c'est de rouler la feuille, ruminer ma pelouse, souffler la fumée. Sans le joint, je serais un robot, je ne penserai plus.
>
> Tout ce que je sais, c'est que les gars des quartiers ils font comme chacun de nous dans cette société, ils reproduisent la vie de leurs parents.[180]

Allein die Routine seiner Arbeit und der daraus resultierende Respekt ermöglichen es dem Erzähler, eine Stabilität des Bewusstseins auch gegenüber Formen der Demütigung und des Rassismus aufrechtzuerhalten; eine Stabilität, welche auf Respekt gründet, der wiederum in einer physiologischen Metapher als DNA («le RSA des relations sociales») des Zusammenlebens bezeichnet wird. Daneben lassen die Härte der Kiez-Sprache, aber auch der Konsum von Marihuana

---

[179] Vgl. ebda.
[180] Ebda., S. 116. Die Abkürzung RSA meint die *Revenu de solidarité active*, eine vom jeweiligen Département ausgezahlte soziale Grundsicherung in Frankreich.

diesen Ich-Erzähler auf Distanz zu seiner monotonen Arbeit, zur Einsicht in das Gefangen-Sein im eigenen Milieu, im geographischen Ort der Segregation, in der Pariser Vorstadt gehen. Seine harte und direkte Sprache wird in dieser Form somit zu einem Ort der Zugehörigkeit und einer selbst gewählten ‹Identität› gerade in ihrer Differenz zur Normsprache des Zentrums.[181]

Anders verhält es sich mit der Sprache und auch der mit ihr in Verbindung stehenden *Weltansicht* des jüngeren Bruders als zweitem Ich-Erzähler.[182] Obwohl aus der bereits erwähnten, finalen Wendung nicht klar ist, ob es sich bei dessen Statements und Reflexionen tatsächlich um eine ‹authentische› Nachbildung der Sprache des jüngeren Bruders durch den intra- und autodiegetischen Haupterzähler handelt, unterscheidet sich stilistisch dessen Sprache frappant von der des älteren Bruders. Die aus der Perspektive des jüngeren Bruders wiedergegebenen Erlebnisse in Syrien, welche voller Gewalt die Hinrichtungen und Gefechte im Gebiet der Mudschaheddin schildern, könnten auch aus Beschreibungen von Journalist*innen und Kriegsberichterstatter*innen stammen, wie sie beispielsweise der Schriftsteller Jonathan Littell in seinen *Carnets de Homs* verarbeitet hat.[183] Auffällig ist jedoch die Sensibilität und präzisere politische Reflexion in der Sprache des jüngeren Bruders, wobei sich im Gegensatz zur Derbheit der Sprache des älteren Bruders das Ausmaß an Beschimpfungen, beiläufigen Bemerkungen sexistischer oder rassistischer Natur, aber auch Kraftausdrücken im Allgemeinen in Grenzen hält.

Es überwiegt die Klarheit einer Sinnsuche, welche jedoch überschattet wird von der Verzweiflung darüber, dass er es trotz der eigenen Bemühungen im Beruf, trotz einer ihm attestierten Begabung und trotz Fleiß und Engagement kaum als möglich empfindet, einen Aufstieg vom Pfleger zum Arzt zu schaffen. Der Berufsalltag im Krankenhaus, das weiterführende Ausbildungssystem und die in der Schule gelehrten und propagierten republikanischen und universel-

---

181 Aus linguistischer Perspektive zu dieser Spannung zwischen selbstbewusster Identitäts-Konstruktion durch Sprache, sozialer Partizipation und Stigmatisierung von Milieu-Sprachen in Hinblick auf das Kiez-Deutsche vgl. Wiese, Heike: *Kiezdeutsch. Ein neuer Dialekt entsteht.* München: C.H. Beck 2012.
182 Zum von Wilhelm von Humboldt geprägten und im vorliegenden Text auf fatale Weise zur Geltung kommenden Konzept einer nicht allein ideologischen, sondern jeweils individuellen Interpretation von Welt aus und mittels Sprache vgl. Trabant, Jürgen: *Weltansichten. Wilhelm von Humboldts Sprachprojekt.* München: C.H. Beck 2012.
183 Vgl. Guven: *Grand frère*, S. 118–125 u. 151–158 ; vgl. auch Littell, Jonathan: *Carnets de Homs (16 janvier – 2 février 2012).* Paris: Gallimard 2012; vgl. dazu Lenz, Markus A.: La guerre et le témoin: Les *Carnets de Homs* de Jonathan Littell comme problématisation du caractère littéraire des journaux de guerre. In: Izzo, Sara (Hg.): *(Post-)koloniale frankophone Kriegsreportagen. Genrehybridisierungen, Medienkonkurrenzen.* Berlin: Peter Lang 2020, S. 75–89.

len Werte werden vom jüngeren Bruder einerseits als Bereiche und Kennzeichen struktureller und institutionalisierter Exklusion erlebt, andererseits in einen globalen Zusammenhang mit der arabischen Welt gebracht, welcher für den republikanischen Diskurs in Frankreich und hinsichtlich Frankreichs weltweitem Engagement für die Menschenrechte ungünstig ausfällt: Die Sprache und der Diskurs der universellen Werte verdecken aus dieser Perspektive ein System der Macht und partikularer Interessen, der politischen, militärischen, zivilisatorischen und ökonomischen Überlegenheit.

Beweis dafür ist dem Bewusstsein des Erzählers seine eigene Position im gesellschaftlichen Raum ‹seines› Landes. Die heimlichen, nicht artikulierten, an Ethnie und Religion gebundenen Regeln dieses Systems vermeintlicher republikanischer Gleichheit fesselten ihn an einen bestimmten beruflichen Werdegang. Unsichtbare Mechanismen der Selektion und Exklusion dienen letztlich als Stütze einer vom Erzähler strukturell wie individuell als rassistisch empfundenen Gesellschaftsordnung geringer sozialer Mobilität, die ethnische und kulturelle Minderheiten, Religionen, vor allem jedoch *den* Islam und mit ihm *die* Muslime – aber auch allgemein Menschen mit dunklerer Hautfarbe – stigmatisiere. Deren Platz im ‹weißen› europäischen Frankreich sei ein dienender, kein leitender. Weltweites militärisches und politisches Engagement dieses der Erzählinstanz fremden Landes in afrikanischen und arabischen Ländern wird als Fortsetzung kolonialistischer Ambition ‹an der Spitze der Pyramide› gesehen:

> Ici, en France, on était de la merde. Des moins-que-rien dans une société qui éduque à l'égalité, à la tolérance et au respect. Mais le quotidien, c'étaient des enfants morts, des femmes violées, et des bombes qui pleuvaient sur la Terre. Ils étaient en train de tout niquer, et moi je faisais le pantin à l'hosto, l'assistant boucher de mecs plus cons que moi, nés sous une autre étoile, et qui me parlaient comme si j'étais le bon Noir d'un fermier de l'Alabama. Tout ça, ça me cassait en deux. La France et ses soldats au Mali, on ne savait ni pourquoi, ni pour qui, ni comment. Et le Cham, notre terre, frérot, celle où le vieux devait nous emmener depuis toujours, devenait un sale truc. Les gens crevaient sous les balles et les bombes. [...] À l'école, on nous avait bassinés avec la liberté, l'égalité, les droits de l'homme, l'ONU, les génocides, le Rwanda, la Shoah. Qui pouvait être contre ? Personne. [...] Tout ça, c'étaient des conneries pour rester en haut de la pyramide. Faire la morale aux autres et l'utiliser comme ça les arrange.[184]

Auch hier ist in der offenen Ansprache an den «frérot», den «Brudi», Resignation und Frustration über die Position des Ichs im gesellschaftlichen Raum anhand einer wütenden Sprache über mehr oder weniger verdeckten Rassismus und Respektlosigkeit hinter der institutionalisierten und symbolischen National-Fassade von Toleranz und Gleichheit ablesbar, welche den Alltag dieses er-

---

[184] Guven: *Grand frère*, S. 62f.

zählenden Ichs zu regieren scheinen. Im Gegensatz zu den Kapiteln aus der Perspektive des älteren Bruders äußert sich die Resignation über den fehlenden Respekt und den Mangel an Anerkennung jedoch nicht in offener, auch sprachlicher Aggression, Kriminalität, zynischen Kommentaren zu den französischen Lebenswelten der christlich-laizistisch-weißen, republikanisch-französischen Mehrheitsgesellschaft und letztlich in einer resignierten Anpassung sowie Akzeptanz der eigenen Situation als im Taxi dieser Gesellschaft ‹dienender› Araber und Muslim.

Das (imaginierte) Erzähler-Ich des jüngeren Bruders zieht sich vielmehr auf die verbleibenden, *intimen* Handlungsmöglichkeiten zurück, auf seine Frage nach Werten und Idealen, welche dem erlebten Rassismus, der Respektlosigkeit und der Exklusion von sozialen Aufstiegsmöglichkeiten als Alternative das identitäre ‹Eigene› gegenüberstellen, gewonnen aus religiösem Zugehörigkeitsgefühl und Solidarität mit den ‹Brüdern› und ‹Schwestern› in Syrien. Es handelt sich bei den Reflexionen des kleinen Bruders nicht um Erzählungen der Resignation und Anpassung an das Gegebene, wie sie der ältere Bruder vertritt, sondern um eine Suche nach Sinn im eigenen Handeln sowie um ein weniger kritisches als vielmehr affirmatives Nachdenken über Herkunft, Identität und Familie in einem Kontext jenseits des Republikanisch-Nationalen – und unter Ablehnung des säkularen Werte-Universalismus französischer Prägung. Der Weg zur Gewalt eröffnet sich dementsprechend nicht aus einer Perspektive der Erinnerung an das Frankreich des Persönlichen und Privaten von Familie und Biographie als identitätsstiftenden Orientierungspunkten, sondern erschließt sich aus der Ablehnung von biographischer und nationaler Verortung in Frankreich als unbedeutenden und abstrakten Konstruktionen mittels einer Flucht in das Ideal einer *möglichen* Identität: Das Ich des ‹kleinen Bruders› *entwirft* sich als engagierten Helfer und frommen Muslim in unerbittlicher Solidarität mit den ‹seinen›.

So werden von ihm – als dieser Weg der Gewalt vom Erzähler-Ich des jüngeren Bruders bereits beschritten wurde – beispielsweise die Attentate auf die Redaktion von *Charlie Hebdo* und den Club *Bataclan* in Syrien und bei den syrischen ‹Gotteskämpfern› zur Kenntnis genommen und gefeiert. Diese Gewalt bringt den Pariser Hakim mit seiner eigenen Erinnerung an die Orte der Attentate als biographische Orte seiner Kindheit in Kontakt und in Konflikt. Im *Bataclan* hatte die Mutter an Weihnachten zusammen mit ihren Kindern wegen einer nicht näher bezeichneten Vereins-Tätigkeit einen Weihnachtsbaum aufgestellt, während die Kinder spielten. Nach einem kurzen Moment der Reue aufgrund der Kindheitserinnerung überwiegen jedoch Abstraktion von Leid und Gewalt sowie fanatischer Idealismus in Form eines relativierenden Vergleichs der Opfer in Syrien mit jenen auf den Straßen von Paris: Das

Bewusstsein des Erzählers verbindet und vergleicht die Gewalt an den Orten seiner Kindheit und die internationale gesellschaftliche Solidarität mit den von den Anschlägen betroffenen mit dem Mangel an Solidarität mit jenen Toten und Verletzten, welche seit Jahren in Syrien dem Assad-Regime zum Opfer fallen und den Diskurs in westlichen Ländern nur am Rande bestimmten, weil es sich nicht um ‹Europäer› handle. Der Islam als rassistisches Stigma wird erneut zum Thema, terroristische Gewalt wird im Bewusstsein dieses verbitterten und unerbittlicher werdenden, aber sensiblen Ich-Erzählers mit verschiedensten Formen der Kriegs-Gewalt gegen Muslime gleichgesetzt und letztlich entschuldigt:

> Puis, à un moment, je me suis rappelé qu'on était allés faire un arbre de Noël avec l'association de Maman au Bataclan. On avait chacun eu une voiture téléguidée. Ça m'a fait bizarre. Je priais pour nos morts. Moi, j'étais venu pour combattre ce genre d'injustices, et là, des h'mar d'ici partaient faire en France la même chose que Bachar contre les innocents. Fallait faire semblant d'être content. J'avais envie de me buter. Pendant des jours, j'ai pensé à Paris. Sur Internet, je voyais tout le monde écrire « Je sui Paris ». Puis, j'ai ouvert les yeux et la vraie réalité, elle était devant moi. À mesure que je recevais des innocents à l'hôpital et que je constatais les conséquences des bombardements américains, des obus de Bachar et des attaques russes, j'y voyais plus clair. Le monde aurait dû écrire « Je suis Syrie ». Mais tout le monde s'en foutait parce qu'on était musulmans. Alors Paris, je me suis convaincu que c'était qu'une statistique et qu'il fallait pas que ça m'empêche de vivre.[185]

Es darf dabei nicht vergessen werden, dass die Leserschaft hinsichtlich dieser Gewissensbisse und der sich anschließenden, gegenüber dem Leid der Opfer verhärteten Selbstversicherung, das ‹Richtige› zu tun, hier eigentlich mit einem durch den älteren Bruder imaginierten Bewusstsein konfrontiert ist, was ein Stück weit auch dessen eigene Lebenswelt, möglicherweise auch dessen Meinungen und Gedanken zum Thema Terrorismus, widerspiegelt. Inhaltlich Interessant ist daher die dichotomische Strukturierung des Romans als Wahrnehmungsorgan, indem komplementär zur Sicht des älteren Bruders auf die Exklusionsmechanismen einer Gesellschaft der als Kunden und Fahrgäste wahrgenommenen ‹Français de souche›, der ‹Ursprungsfranzosen›, die Perspektive des jüngeren Bruders aus der gleichen Erfahrung des Dienstleisters an der Gesellschaft eine vollkommen andere Gestalt annimmt. Als Krankenpfleger erfährt auch er Ablehnung und Rassismus, reagiert darauf ideologisch kategorischer und unerbittlicher, aber ebenso reflektiert wie der ältere Bruder.

---

185 Ebda., S. 172., vgl. arab. *h'mar* حْمَار [hiˈmaːr]; حَمِير PL [haˈmiːr], dt. *Esel*: Maskulinum; vgl. dazu den Eintrag in *Langenscheidt-Online*: Deutsch-Arabisches Wörterbuch, online unter https://de.langenscheidt.com/deutsch-arabisch/esel, konsultiert am 30.06.2021.

Bei letzterem gewinnt dagegen trotz allem eine nicht allein ablehnende Haltung gegenüber jenem gesellschaftlichen Raum die Oberhand, den er trotz zahlreicher Demütigungen und einem immer wieder erlebten Rassismus nicht vollkommen negiert. Die Begegnung mit dem ‹System›, mit dem Staat und den staatlichen Exekutiv-Organen, insbesondere mit der Polizei, wird wie in anderen der hier besprochenen Texte als eigene Gewalterfahrung dargestellt. Dies geschieht im Text beispielsweise dann, wenn neben den immer wiederkehrenden rassistisch konnotierten Kontrollen während seiner Taxifahrten der ältere Bruder aufgrund einer kleinkriminellen Straftat zum Informanten der Polizei und letztlich auch zum Spitzel seines nach dessen Rückkehr aus Syrien nunmehr verdächtigen Bruders wird. Der Hass auf seinen Kontaktbeamten bei der Polizei, Le Gwen, als ‹Inkarnation› des Systems ist nämlich durchaus ambivalent. Denn dieser ‹Vertreter von Recht und Ordnung› hatte sich zugleich auch für den einst straffälligen Jugendlichen eingesetzt, ihm einen Job besorgt und sich für ihn interessiert, was der Vater, der *Daron*, nach Ansicht des älteren Ich-Erzählers versäumt habe. So wird auch dieser «sale Français, dieser «vieux Breton», dieser «dreckige Franzose» und «alte Bretone», zu einer beinahe väterlichen Figur für den Älteren der beiden Brüder.[186]

Im Gegensatz zu diesem ‹Arrangement› des älteren Bruders mit der Gesellschaft eröffnet sich aus der Perspektive des jüngeren keine Möglichkeit einer Kompensation mangelnder Perspektive und Orientierungslosigkeit durch Anpassung an den sozialen Status, durch eine materialistische Konsumorientierung als Ausgleich zu Frustrationserlebnissen, durch Statussymbole oder durch eine väterliche Figur wie Kommissar Le Gwen, die sich kümmert und wirklich interessiert. Er findet jedoch eine Alternative in spiritueller Sinnsuche und politisch konnotiertem Engagement, bei welchem er seine Fähigkeiten einsetzen kann. Die Hakim seit seiner Kindheit auszeichnende fragende Spiritualität, seine Tätigkeit als Helfer und Arzt sowie das ethisch wie metaphysisch relevante Symbolsystem der Religion ersetzen Materialismus, resignierte Akzeptanz, Anpassung und Konsumdenken.[187]

Der sich manifestierende lebensweltliche Idealismus findet jedoch nicht den geeigneten Handlungsraum im Beruf und auch keinen Anker in individuellen Positiv-Beispielen wie dem Vater oder dem eben erwähnten Polizeibeamten. Es bleibt der abstrakte Raum des Ideals, welcher vom Individuum absieht und die einzige ethische Souveränität zu bieten scheint. In der Licht-Metaphorik der Sprache religiöser Mystik und begleitet von einem Zitat aus dem Koran be-

---

186 Vgl. Guven: *Grand frère*, S. 107 f.
187 Vgl. ebda., S. 235–248.

schreibt das Erzähler-Ich des jüngeren Bruders seine Wahl zugunsten der Religion und *seines* Dschihad, *seines* ‹Heiligen Krieges›, als Ziel einer Suche, als Befreiung durch die ‹gute Tat›, auch wenn er sich zugleich des Preises und der Dimension der Gewalt bewusst zu sein scheint, welche diese Entscheidung mit sich bringt. Denn die Rettung von Leben impliziere auch die Möglichkeit töten zu müssen:

> Mon vrai job, il était inscrit noir sur blanc dans le Coran : « Celui qui sauve un seul homme, c'est comme s'il avait sauvé l'humanité tout entière », c'est la sourate qui me guidait. Un phare dans ma nuit, sur l'océan de ma vie, je menais ma barque avec le Coran, ma boussole. Mon seul espoir, c'était le départ, de me casser pour sortir du noir, et trouver la lumière. Faire mon djihad en sauvant des vies. Réparer celle des autres et, au passage, la mienne. Bien sûr que je savais que c'était une guerre, mais est-ce que j'étais obligé de tuer pour contribuer à rendre le monde meilleur ?[188]

Ein emanzipiertes Subjektbewusstsein muss sich nach Meinung des jüngeren Ich-Erzählers andernorts und im Dienste eines allgemeineren Ideals als demjenigen an einer Gesellschaft entfalten, welche das Individuum, das diesen Dienst verrichtet, aufgrund ethnischer und religiöser Identitätszuschreibungen letztlich ablehnt. Es ist auf einer tieferen Ebene jedoch auch das Entgleiten dieser Selbstermächtigung sowie das letztlich überhand nehmende eigene Ausgeliefert-Sein an kollektive und fanatische Ideale einer totalitären religiösen Gemeinschaft, welche für dieses individuelle Bewusstsein ebenso wenig Raum lassen wie es die geregelte Arbeit getan hatte.

Die daraus resultierende schleichende Akzeptanz und Normalisierung der Gewalt als Handlungsoption, welche schließlich in den Kapiteln des jüngeren Bruders durchscheint, lässt nach der Wieviorka'schen Subjekttypologie als Grundlage subjektorientierter Gewaltforschung auf eine *Hypersubjektivität* schließen, welche jedoch in der vollkommenen Akzeptanz der Werte eines fundamentalistischen Religionsverständnisses verschwindet.[189] *Histoire* und *discours* des Romans legen jedoch nahe, dass sich diese Hypersubjektivität im Namen eines radikalen religiösen Fundamentalismus des ‹kleinen› Bruders,

---

[188] Ebda., S. 64.
[189] Vor dem Hintergrund der Romandiegese ist jedoch Wieviorkas Definition des religiös-fundamentalistischen *Hypersujet* in Anspielung auf die Anschläge des 11.9.2001 nur halb zutreffend, denn weder wird in Bezug auf die Figur des kleinen Bruders das Thema eines möglichen Jenseits als Belohnung für das Märtyrertum in den Vordergrund des Handelns gestellt noch ‹entzieht› sich der jüngere Bruder einer nicht-westlichen ‹Herkunfts-Gesellschaft›. Vielmehr gewinnt er seine Kritik an der westlich-französischen Gesellschaft aufgrund seiner durchaus politisch-diesseitigen Konfrontation mit einer von ihm erst noch zu entdeckenden kulturellen, ethnischen und religiösen ‹Herkünftigkeit› und einer metaphysisch-ethischen Selbstverortung im Kontext des syrischen Bürgerkriegs; vgl. Wieviorka: *La violence*, S. 294.

welcher seine Lebenswelt schließlich gänzlich an einem politischen und dennoch spirituellen Idealismus im Namen einer religiösen ‹Gemeinschaft› ausrichtet, als Reaktion auf andere Gewaltformen entwickelt, welche im Text ebenso große Aufmerksamkeit erfahren.

Es handelt sich dabei um die Gewalt eines systemischen und strukturellen Rassismus, aber auch um die eines radikalen Laizismus – wie er in Frankreich eine große politische Tradition besitzt –, welcher vom Vater im Sinne seiner eigenen politischen Einstellung als Kommunist, für welche er in Syrien leiden musste, bewundert wird. Auf Religion und Religiosität, wie sie durch die Figur der alten und in die Demenz versinkenden Großmutter verkörpert werden, welche der Familie ihre Sohnes aus Syrien nachzieht und von den Enkeln als positive Figur wahrgenommen wird, reagiert dieser anti-religiöse kommunistische Syrer, dessen eigener Vater wohl aufgrund seines Kommunismus vom Regime getötet wurde, ebenso mit Gewalt und Aggression. Die Eskalation dieser Spannung bildet die dem Tod der Mutter vorausgehende Episode, als der Vater seine Söhne im Gebet mit seiner Mutter ‹ertappt› und schließlich vom jüngeren Sohn angegriffen wird, nachdem er die eigene Mutter, also die Großmutter der Brüder, beleidigt hatte. Als der Vater den jüngeren Sohn daraufhin verprügelt und die Mutter einschreitet, findet der verhängnisvolle Schlaganfall statt, der zu deren Tod führen sollte.[190]

Dieses physisch-gewalttätige, intrafamiliäre und intergenerationelle Konflikt-Ereignis im Namen der Religion, die vom Vater als gefährlicher Aberglaube einer «Vieille sorcière», einer «alten Hexe», verunglimpft wird, sowie der Tod der Mutter bilden vom großen Bruder zu Beginn des Romans an zentrale Thematiken im Erzählen einer zerrütteten Familie. Der religiöse Idealismus des jüngeren Bruders, welcher sich nicht allein auf den Islam beschränkt, wie aus den Erinnerungen des älteren Bruders an gemeinsame Urlaube bei der bretonischen Großmutter mütterlicherseits deutlich wird, verbindet sich mit dieser Erfahrung tiefer körperlicher, aber auch spiritueller Unterdrückung und Demütigung durch den Vater aufgrund von dessen eigener Suche nach politischem Sinn abseits der Religion.[191] Dieser brutale Ausdruck laizistischer Ideologie wird schließlich in seiner gesellschaftlichen Konstitution und Bedingtheit vom jüngeren Sohn hinterfragt und schlägt von einem muslimisch geprägten Altruismus als Pfleger und potentiellem Arzt in eine kämpferische Einstellung gegen eine als antireligiös sowie antispirituell und darin weniger aufgeklärt

---

190 Guven: *Grand frère*, S. 57 f.
191 Vgl. den Dialog des jüngeren Bruders als Kind mit einem bretonischen Dorfpfarrer S. 244 f.

als letztlich unethisch empfundene Gesellschaftsordnung um. Denn für letztere stellen aus dieser Perspektive *der* Islam und *die* Muslime als abstrakte Kategorisierungen Feindbilder dar.

Wie nun auf mehrfacher Ebene deutlich gemacht werden sollte, handelt es sich bei Mahir Guvens Erzähltext lediglich um erzählerische und perspektivische *Interpretationen* und weniger um das Portrait einer Radikalisierung durch die homo- und nur in den ‹eigenen› Erzähl-Kapiteln auch autodiegetische Erzählerstimme des älteren Bruders. Es ist vor allem dessen eigene Lebenswelt in ihrer Ambivalenz, die als Hintergrund sich verschränkender und steigender Gewaltformen – deren extremste der Terrorismus ist – im Roman aus einer Ebene subjektiver Reflexion über das Mögliche im Nahbereich der eigenen Familie literarisch gestaltet wird. Allein aufgrund einer differierenden Persönlichkeitsstruktur, aber vor allem aufgrund einer stärkeren Anpassungsfähigkeit und Resilienz der Bruderfigur des Älteren, wird dieser Hintergrund ‹akzeptiert› und mündet nicht in Töten und Mord, sondern ins Erzählen.

Die lapidaren Beschreibungen des älteren Bruders, welcher ebenso wie sein jüngerer Bruder unter gesellschaftlicher Ablehnung, unter Polizeigewalt, Rassismus und unter jenem Exklusionsmechanismus leidet, der von einer Differenzierung der französischen Gesellschaft in Franzosen und ‹Araber› ausgeht, zeugen eher von Resignation als von Gleichmut. Doch beinhalten auch sie eine weniger in Gewalt, denn in trotzigem Sarkasmus gründende Dimension der Wut und den Willen zur Verteidigung einer eigenen Identität, der eigenen Werte und letztlich auch der eigenen Perspektive. Eine lange Geschichte an kleineren und größeren Strafdelikten wie Diebstahl und Körperverletzung, aber auch ein enormer Drogenkonsum, bestimmt die Lebenswelt dieses Bewusstseins, ohne dass es jedoch zum Äußersten, zu Radikalisierung und terroristischen Anschlagsplänen kommt.[192]

---

192 Unterschiede in Sichtbarkeit und Tempo von Radikalisierungsprozessen im Umfeld eines fundamentalistischen Islam zeigen sich allein hinsichtlich der Täter des *Charlie Hebdo*-Attentats. Während der Attentäter Amedy Coulibaly, welcher zeitgleich zum Redaktions-Attentat den Anschlag auf einen koscheren Supermarkt in der Nähe der Métro-Station *Porte de Vincennes* verübte, bereits mehrfach aufgrund schwerwiegenderer Gewalt-Delikte straffällig geworden war, waren die beiden früh verwaisten Brüder Saïd und Chérif Kouachi vor ihrer Radikalisierung in salafistischen Kreisen weitestgehend unauffällig; vgl. Suc, Mathieu: Amedy Coulibaly, de la délinquance au terrorisme. Portrait d'un jeune de Grigny, qui s'est radicalisé lors d'un séjour à la prison de Fleury-Mérogis. In: *Le Monde* (10.1.2015), online unter https://www.lemonde.fr/societe/article/2015/01/10/amedy-coulibaly-de-la-delinquance-au-terrorisme_4553238_3224.html, konsultiert am 30.06.2021; sowie die ausführlich recherchierten Täter-Portraits von Dambeck, Holger / Diez, Georg / Hengst, Björn u. a.: Das waren gute Kinder. Wie wurden drei ziemlich normale Söhne von Einwanderern zu den Attentätern von Paris?

Im Gegensatz zur erzählerischen Suchbewegung aus der Perspektive des Opfers, wie sie Philippe Lançon literarisch aus autobiographischer Perspektive vermittelte, handelt es sich bei Guvens literarisch modelliertem Figuren-Bewusstsein eines möglichen Täters durch seinen Bruder um keine Wieder-Aneignung der eigenen Subjektivität ‹nach› der Gewalt, um keine Selbstvergewisserung durch Reflexion. Vielmehr setzt sich eine in ihrer identitären, d. h. kulturellen, ökonomischen religiösen und ethischen Verortung im gesellschaftlichen Raum prekäre und marginalisierte Subjektivität durch einen konstruierten Dialog mit ihrem Schatten-Ich, der dunklen Seite in Form des Eigenen, mit dem jüngeren, verschwundenen und an den religiösen Fundamentalismus verlorenen Bruder auseinander. Aus dieser Schatten-Perspektive des jüngeren Bruders erscheint eine Wahl zwischen verschiedenen Formen gesellschaftlichen Handelns, zwischen der Anpassung an die gegebenen sozialen Möglichkeiten und der Gewalt im Namen des Ideals einer neuen Gemeinschaft, verkörpert durch zwei Kinder der gleichen Familie, des gleichen Milieus:

> Tu sais, frérot, au fond, je suis comme toi. J'ai deux moi. Y avait moi dans l'hôpital qui charbonnait, sérieux, qui faisait pas de bruit, mais qui tournait en rond. Et y avait l'autre moi, celui qui voulait sauver la Terre. Parce que le monde m'appelait au secours.[193]

Mahir Guvens Text modelliert durch diese inhaltliche wie formale Dichotomie, durch ideologische Diskrepanz und Sprachvielfalt zwei Lebensweltlichkeiten, welche zwar die Fiktion einer Täterperspektive anklingen lassen, letztlich jedoch über die Suchbewegungen potentieller Terroristen aus dem islamistischen Milieu nachdenkt, ohne den Entschluss oder die eigentliche Tat näher darzustellen oder die Mechanik einer Täter-Psyche aus kriminologischer oder wissenschaftlicher Sicht darstellen zu wollen.

Der Entschluss zur terroristischen Tat und auch der Gewalt-Akt selbst werden nicht geschildert und bleiben im Raum des Potentiellen, in der nicht artikulierten Imagination des großen Bruders. Durch die narrative Volte des Schlusses ist es lediglich der Hinweis auf die Notwendigkeit einer Auseinandersetzung mit der Lebenswelt von terroristischen Tätern jenseits der ‹üblichen› biographischen Narrative – Kleinkriminelle mit mangelnder sozialer Integration –, welche als Politik des Schreibens virulent wird. Auffällig ist hierbei, dass beide Typen

---

Eine Recherche an den Orten, an denen sie aufwuchsen und radikalisiert wurden, bei Freunden, Erziehern, Angehörigen, Richtern und Imamen. In: *Der Spiegel* Nr. 4 (2015), S. 76–84.

193 Guven: *Grand frère*, S. 15: «Weißt du, Brudi, im Grunde bin ich wie du. Ich habe zwei Ich. Ein Ich hat im Krankenhaus geklotzt, ganz ernst, keinen Mucks, aber immer wieder mit den gleichen Gedanken. Und das andere wollte die Erde retten. Weil die Welt mich zu Hilfe rief» [Übersetzung André Hansen].

von Gewaltprädisposition auf Subjektebene – die Gewalt des radikalisierten Hypersubjekts und die Gewalt einer resignierten und haltlosen Subjektivität – letztlich zwei Antworten auf die strukturelle Gewalt einer als exkludierend und ungerecht empfundenen institutionalisiert-realen, symbolischen und ökonomischen Hierarchie in Frankreich darstellen.

Das vermeintlich universelle zivilisatorische Wertesystem der französischen Gesellschaft und des ‹Westens›, wie es in Frankreich im historischen und politischen Diskurs um die Nation verfochten wird, ist für die beiden Brüder im Gegensatz zur Figur des Vaters als Vertreter der ersten Einwanderergeneration – als überzeugter Sozialist, Internationalist und Gewerkschafter zumindest noch vom möglichen Universalismus eines bilateral gedachten Klassenkampfs und dessen Rhetorik geprägt – allein Fassade für wirtschaftliche, politische wie auch kulturelle Marginalisierung auf Grundlage letztlich ethnisch-rassistisch verankerter Vorurteile und pauschaler Ablehnung.

Während bei Lançon und dessen autobiographischem Erzähler-Ich diese symbolischen Werte des zivilisatorischen Universalismus in Form kultureller Erzeugnisse wie der europäischen Literatur als intertextuelle Referenzpunkte eines verletzten Bewusstseins dienen, werden sie in Guvens fiktionalem Text von den beiden Hauptfiguren auf unterschiedliche Weise abgelehnt: Hakim findet neue Werte in einer sich steigernden Spiritualität, im Universalismus der Religion, in einer politisch gewendeten Metaphysik, die für ihn den *wahren* ethisch-humanistischen Universalismus in Form menschlicher Solidarität darstellt, welcher letztlich jedoch in Gewalt umschlägt. Der ältere Bruder verwandelt seine Resignation vor der Gesellschaft in literarisches Erzählen. Die mangelnden Partizipationsmöglichkeiten innerhalb des gesellschaftlichen Raumes, welche bereits für die erste Einwanderergeneration algerischer, tunesischer oder marokkanischer Arbeiter Hindernisse darstellten, können daher – wie auch hinsichtlich der im zweiten Kapitel dieser Studie erörterten Figur des Hacine in Nicolas Mathieus *Leurs enfants après eux* – für beide Protagonisten in Mahir Guvens *Grand frère* als eine innerhalb dieser syrisch-französischen Familie biographisch wie strukturell erneuerte Marginalisierung interpretiert werden.

Beide Brüder hätten zwar einerseits durch die Sozialisierung der Familie mütterlicherseits – zumindest potentiell – die Möglichkeit, sprachlich wie kulturell den Habitus mittels ihrer ‹französischen› Kindheit und Jugend zu erlernen, erfahren aber stets eine Reduktion auf ein kulturelles und ethnisches ‹Anders-Sein›; andererseits lassen ihre Reflexionen eine große Distanz zu Sprache und

Kultur der Vätergeneration erkennen.[194] Keiner der beiden Brüder reagiert demnach mit den Werten und dem Kämpfergeist der Väter- und Müttergeneration auf diesen Mangel an Teilhabe an der französischen Gesellschaft. Während der an seiner Berufslaufbahn als Arzt durch seine Herkunft gehinderte jüngere Bruder sich keinem Berufsverband anschließt, sondern sich einer radikal-islamistischen ‹Hilfsorganisation› zuwendet und sich auch vor dem Hintergrund einer verhinderten spirituellen Sinnsuche innerhalb der Familie mit religiösen ‹Leidensgenossen› solidarisiert, tritt auch der ältere Bruder keiner Gewerkschaft bei. Vielmehr passt er sich an eine harte Arbeitswelt sich wandelnder Berufschancen für Taxidienstleister in Zeiten von privaten Dienstleistungsunternehmen an und ‹verrät› somit seinen eigenen Vater und dessen Berufslaufbahn. An die Stelle des Kollektivismus sozialistischer Prägung tritt hier auf Seiten des älteren Bruders ein zynischer Individualismus, auf Seiten des jüngeren Bruders die Entscheidung für das Kollektiv der ‹Gläubigen› und die Solidarität im Feld des Religiösen, das zugleich auch zum Feld politischer Aktion stilisiert wird.

Die zahlreichen in diesem nur scheinbaren ‹Täterroman› angesprochenen Gewaltarten, lassen dabei mehrere Logiken und Interpretationsmöglichkeiten modellierter Gewalt zu und sprechen als durchaus politisches Statement im Medium der Fiktion und ohne apologetisches Engagement von den Handlungsspielräumen von Tätern, welche in letzter Instanz dennoch auf einer individualbiographischen und weniger sozialdeterministischen Ebene hinterfragt werden. Dennoch wird wie in zahlreichen der hier diskutierten Texte das Fortbestehen eines gesellschaftlichen Raums im Frankreich des 21. Jahrhunderts angenommen, der in Bezug auf ethnische Differenz und religiöse Identität in Teilen exkludierende Charakteristika aufweist. Beinahe axiomatisch, d. h. im Raum der Literatur *diegetisch*, prägt diese Exklusion strukturell, institutionell wie ökonomisch *en longue durée* die erzählten Lebenswelten mehrerer Generationen von nach Frankreich eingewanderten Menschen arabisch-afrikanischer Ethnien und Kulturen, der syrischen, algerischen, marokkanischen und vieler anderer. Diese hier im Schreiben über terroristische Gewalt erneut angesprochene Problematik der intergenerationalen Ausgrenzung wurde bereits im zweiten, ‹soziographischen› Kapitel dieser Studie erörtert, in Guvens Roman jedoch vor allem vor dem Hintergrund des religiös-fundamentalistischen Terrorismus als politische Möglichkeit des Handelns thematisiert.

---

194 Vgl. auch die Beschreibungen der ‹typisch› arabischen Physiognomie des Vaters durch den älteren Sohn als gesellschaftliches Identitätsmerkmal «pour le différencier», «um ihn zu unterscheiden» und letztlich zu diskriminieren in ebda. S. 11f.

Der Terrorismus im Namen eines religiösen Universalismus erfolgt in Guvens erzählter Lebenswelt zweier Brüder allein als Kompensationsleistung einerseits auf einen erfahrenen Mangel an existentiellem Sinn, welcher milieuübergreifend zu radikalen Identitätsentwürfen religiöser wie politischer Natur, rechtsextremer wie linker Ideologie führen kann. Einen solchen Sinn hätte die religiöse Kultur des Islam auch als gewaltloses Identifikationspotential durchaus vermitteln können, was in Guvens Roman aber vom väterlichen und staatlichen Laizismus verhindert wird.

Andererseits setzt sich dieser Mangel an Sinn auch als Mangel an politisch wie gesellschaftlich propagierten Partizipationsmöglichkeiten nieder, welche von ‹den› erzählenden Ichs aber aufgrund subtiler, auch sprachlicher Ausgrenzung, struktureller ungleicher Chancenverteilung hinsichtlich Beruf und Ausbildung sowie aufgrund von direktem Rassismus als nicht realisierbar empfunden werden. Mahir Guvens literarischer Text erzählt davon, dass Gewalthandeln und natürlich auch terroristische Gewalt nicht ein allein einem Täter-Typus inhärentes Charakteristikum, eine Essenz, sondern wiederum ein Handlungs-Potential darstellen. Dieses kann durch Nachahmung und Indoktrination innerhalb eines übergeordneten Sinnzusammenhangs, aber auch durch bewusste und freie Wahl als Handlungsmöglichkeit in dessen Namen aktualisiert werden. Es kann jedoch auch als radikale und letzte Widerständigkeit des individuellen Bewusstseins in Form von Mord und Selbstmord gegen verhinderte Sinnsuche verstanden werden. Das Erzählen von Gewalt als Gesellschaftskritik ist auch in Mahir Guvens Fall ein Spiel mit den politischen Möglichkeiten von Literatur, die Logiken einer Täterfigur zumindest heuristisch sichtbar zu machen – genauso wie Philippe Lançon den lebensweltlichen Traumata der Opfer terroristischer Gewalt gegen ihre pauschale Vereinnahmung und eine einseitige Fokussierung von Politik und Medien auf die Tat und die Täterfiguren Ausdruck verlieh.

5.3 *King Kong Théorie* (2006) und die *Vernon Subutex*-Trilogie (2015–2017) von Virginie Despentes: Gewalt-Tiraden, Musik und die brüchigen Strukturen phallogozentrischer Herrschaft

Die bislang in diesem Kapitel betrachteten Texte machten durch ihr Erzählen von Gewalt in jeweils unterschiedlichen diegetischen Einbettungen und aus verschiedenen Perspektiven auf deren symbolische und politische Funktion aufmerksam. Sie artikulierten Frankreich und seinen gesellschaftlichen Raum unter Verwendung diverser Sprachregister und – im Fall von Shumona Sinhas und Philippe

5.3 King Kong Théorie (2006) und die Vernon Subutex-Trilogie (2015–2017) — 463

Lançons Texten – eines weitläufigen Geflechts an intertextuellen Referenzen. Dennoch blieb die Sprache dieser Texte in diesem Zusammenhang auch im Erzählen beispielsweise einer rekonstruierten Täterperspektive in Mahir Guvens romaneskem Kommentar zu terroristischer Gewalt und trotz der dortigen Verwendung harter umgangssprachlicher Ausdrucksweisen der ‹Kiez›-Sprache zum großen Teil *Mittel* im Dienste von Narration und Diskurs über Gewalt. Weniger wurde das Medium in seiner transgressiven Form als Tirade, *Hate Speech* oder offener Angriff zwischen den Figuren selbst zum *Hauptakteur* direkter Gewalthandlung, zum Instrument wütender Artikulation und Eskalation sozialer Spannungen oder zur bewusst gewählten verbalen Protestform gegen die strukturellen und institutionalisierten Gewaltformen des gesellschaftlichen Raums – oder gegen die Akteur*innen eines ‹Systems› der Exklusion und der Hierarchien.

Anders verhält sich dies im Schreiben der im Folgenden diskutierten Autorin, welche mit ihren Romanen und essayistischen Schriften bereits seit den 90er Jahren zu den sichtbarsten Stimmen innerhalb der französischen Literatur zählt und dabei auch als Filmemacherin und Drehbuchautorin politisch aktiv ist. Dies zeigt sich epitextuell in Interviews und Kommentaren zu ihren Filmen und Texten, in denen sie explizit als intellektuelle Feministin Stellung bezog und bezieht gegen sexuelle Gewalt gegen Frauen, tradierte und oft brutale Formen des ‹Phallogozentrismus› und eine nach wie vor strukturell verankerte Gewalt gegen Frauen, LGBTQ+-Personen, ethnische und kulturelle Minderheiten in Frankreich. Dabei stellt Sprache in Form von Tirade und Anklage eine Form politischer Gewalt dar, von der Virginie Despentes ausgiebig Gebrauch machte – beispielsweise in ihrem politischen Kommentar zur *César*-Verleihung im Jahr 2020 an den zu diesem Zeitpunkt nach wie vor der Vergewaltigung angeklagten Filmregisseur Roman Polanski:

> Je vais commencer comme ça : soyez rassurés, les puissants, les boss, les chefs, les gros bonnets : ça fait mal. On a beau le savoir, on a beau vous connaître, on a beau l'avoir pris des dizaines de fois votre gros pouvoir en travers de la gueule, ça fait toujours aussi mal. Tout ce week-end à vous écouter geindre et chialer, vous plaindre de ce qu'on vous oblige à passer vos lois à coups de 49.3 et qu'on ne vous laisse pas célébrer Polanski tranquilles et que ça vous gâche la fête mais derrière vos jérémiades, ne vous en faites pas : on vous entend jouir de ce que vous êtes les vrais patrons, les gros caïds, et le message passe cinq sur cinq : cette notion de consentement, vous ne comptez pas la laisser passer. Où serait le fun d'appartenir au clan des puissants s'il fallait tenir compte du consentement des dominés ? Et je ne suis certainement pas la seule à avoir envie de chialer de rage et d'im-

puissance depuis votre belle démonstration de force, certainement pas la seule à me sentir salie par le spectacle de votre orgie d'impunité.¹⁹⁵

Das in diesem politischen Zeitungskommentar rhetorisch mit Steigerung, Übertreibung, Sarkasmus und rhetorischen Fragen ‹gewürzte› Mittel der Tirade und die bewusst tautologischen und pauschalisierenden Typenzeichnungen («ihr Mächtigen, ihr Bosse, ihr Chefs, ihr Großkopferten») der ‹Angeklagten› als Instrumente des politischen Aufschreis stellen bei Despentes auch innerhalb ihrer literarischen Texte Strategien ‹gewalttätigen› Erzählens dar, welche im Folgenden näher hinsichtlich der darunter liegenden subtileren Mechanismen politischer Gesellschafts- und Gewaltkritik erkundet werden sollen.

Es sind das Schweigen und die eingeforderte Selbstermächtigung der Opfer meist männlicher Gewalt, des heterosexuellen Patriarchats aber auch der strukturellen und institutionellen Fundierung dieser Gewalt gegenüber bestimmten Lebensentwürfen von Frauen und LGBTQ+-Personen, welche in Virginie Despentes' *écriture* zur Geltung kommen. Diese Gewalt des Schweigens äußerte und äußert sich beispielsweise in der Ausgrenzung alleinstehender und alleinerziehender Frauen, der machtpolitischen Zensur und Stigmatisierung von Pornographie und der Marginalisierung von Prostitution durch Staat und Gesetz, aber auch im Verschweigen und Ignorieren sexueller Gewalt.

Texte wie *Les Chiennes savantes* (Paris: Grasset 2001) und der filmisch adaptierte Roman *Baise-moi* (Paris: Grasset 2001), oder auch das feministische Manifest *King Kong Théorie* (Paris: Grasset 2006), reflektieren und artikulieren gesellschaftspolitische Positionen auf narrativ und sprachstilistisch bisweilen drastische Weise, basieren jedoch auf theoretisch durchdachten Selbstpositionierungen im gesellschaftlichen wie literarischen Feld Frankreichs. Despentes' Texte und Filme sind so zu mittlerweile auch von Literaturwissenschaft und Kritik anerkannten Stellungnahmen innerhalb der feministischen und queeren Theorie-Debatten in Frankeich avanciert.¹⁹⁶

Ihre Autorin wird dabei jedoch als mediale Figur ebenso – und doch unter politisch gänzlich anderen Vorzeichen – wie ihr männlicher Schriftstellerkollege Michel Houellebecq nicht nur mit einem bestimmten Schreibstil, sondern

---

195 Despentes, Virginie: Tribune: Césars: «Désormais on se lève et on se barre», par Virginie Despentes. In: *Libération* (1.3.2020), online unter https://www.liberation.fr/debats/2020/03/01/cesars-desormais-on-se-leve-et-on-se-barre_1780212/, konsultiert am 30.06.2021, s.p.

196 Zur Auflösung *von* und dem Spiel *mit* Gender-Identitäten in *Les Chiennes savantes* vgl. Baillargeon, Mercédès: Zones de tension: (dé)construction et subversion des genres dans *Les Chiennes savantes* de Virginie Despentes. In: *Rocky Mountain Review* 72, n°1 (2018), S. 59–76; sowie Schaal, Michèle A.: Les *Chiennes savantes* de Virginie Despentes ou l'hétéropatriarcat triomphant. In: *Rocky Mountain Review* 72, n°1 (2018), S. 77–104.

auch über die Figur der extratextuellen Autorin mit politischem Skandal wie mit Provokation in Verbindung gebracht. Dies hängt auch mit einer autobiographischen Parallelführung ihres Schreibens zusammen, welche die Schriftstellerin selbst immer wieder ins Zentrum rückt. Virginie Despentes schildert offen ihre Erfahrungen mit misogyner Gewalt in Form einer früh erlittenen Vergewaltigung, welche sie ausführlich in *King Kong Théorie* thematisierte, ihre zeitweise prekäre ökonomische Lage, aber auch ihre Tätigkeit als Sexarbeiterin sowie ihren Drogenkonsum.

Ihr Manifest *King Kong Théorie* fällt aus dem zeitlichen Rahmen des hier behandelten Textkorpus, welches sich in den 10er Jahren des 21. Jahrhunderts ansiedelt, da der Text bereits im Jahr 2006 veröffentlicht wurde. Doch enthält er einige fundamentale politisch wie theoretisch axiomatische Aussagen, welche Virginie Despentes' Schreiben, die Figurenzeichnungen und Motive ihrer Romane zugänglicher werden lassen. Er soll daher im Vorfeld eines der ‹Hauptwerke› der Autorin näher beleuchtet werden.[197]

Der Titel des Manifests bezieht sich dabei auf die von Peter Jackson realisierte filmische Adaption des *King-Kong*-Stoffs aus dem Jahr 2005. Die Figur des riesenhaften Menschenaffen King Kong wird zur Metapher einer hybriden Geschlechteridentität und Ethnizität zwischen Humanem und Animalischem, jenseits historisch etablierter, kulturell aufgeladener, binärer Zuschreibungen und Hierarchien, die meist beeinflusst seien von männlicher Dominanz und kolonialistischen Heterostereotypen:

> King Kong, ici, fonctionne comme la métaphore d'une sexualité d'avant la distinction des genres telle qu'imposée politiquement autour de la fin du XIXe siècle. King Kong est au-delà de la femelle et au-delà du mâle. Il est à la charnière, entre l'homme et l'animal, l'adulte et l'enfant, le bon et le méchant, le primitif et le civilisé, le blanc et le noir. Hybride, avant l'obligation du binaire. L'île de ce film est la possibilité d'une forme de sexualité polymorphe et hyperpuissante.[198]

Sexualität als politische Gewalt, aber auch als spezifische Form von Wissen, wie sie Susan Sontag in ihrem grundlegenden Aufsatz *The Pornographic Imagination* im Anschluss an Georges Bataille theoretisch zu fassen suchte, durchziehen im Anschluss an die *Porn*, *Queer* und *Gender Studies* das Manifest und Despentes' Texte im Allgemeinen.[199] In den von ihr erzählten, bisweilen autobi-

---

[197] Vgl. Jackson, Peter (Regie): *King Kong*. Universal Pictures 2005.
[198] Despentes: *King Kong Théorie*. Paris: Grasset 2006, S. 112.
[199] Vgl. Sontag, Susan: The Pornographic Imagination. In dies.: *Styles of Radical Will*. London: Penguin Classic 2009, S. 35–74; vgl. jüngeren Datums auch Cornell, Drucilla: *Feminism and Pornography*. London – Oxford: Oxford University Press 2000; sowie Preciado, Paul B.:

ographischen Extrem-Erfahrungen sexueller und gewalttägiger Art findet sich die Grundlage einer vor allem literarisch artikulierten und um fiktionale Figuren und Welten ergänzten, dezidiert feministischen Auffassung politischer Sensibilisierung für Sexualität, Pornographie, und Prostitution.[200]

Sie erlauben darüber hinaus einen herausfordernden und dennoch kritischen Blick auf männliche ökonomische und sexuelle Macht und propagieren einen lediglich aus bürgerlicher Sicht ‹unkonventionellen› Lebenswandel als körperliche Selbstermächtigung. Diese versprachlichte Herausforderung soll im Folgenden als eigene Gewalt der Literatur, als gesellschaftskritische Gegengewalt analysiert werden. Despentes' radikale Politik der Literatur richtet sich wie erwähnt gegen nach wie vor starke patriarchalisch-heterosexuelle Diskurs-Muster, aber auch gegen Rassismus, Homophobie und die Ignoranz gegenüber nicht binären Gender-Identitäten. Sie nimmt aber auch die Zensur von Sexualität und weiter Teile pornographischer Darstellung als «champ de bataille», als «Schlachtfeld», und vor allem als binär-männlich konnotiertes Machtinstrument ins literarische Visier.[201] In *King Kong Théorie* konstatierte Despentes dabei eine gewisse, gesellschaftlich in konservativ-bürgerlichen Milieus nach wie vor gewollte theoretische ‹Rückständigkeit› in Frankreich, wenn es um die Reflexion von Prostitution, aber auch um Sexualität und Gender als Machtdiskurse geht, der sie mit ihrem Schreiben entgegenwirken will. Dabei ist für Despentes Schreiben nichts anderes als eine Form der Prostitution, der bewussten und zielgerichteten Preisgabe und Bloßstellung des Intimen:

> Le désert théorique auquel la France se condamne est une stratégie, il faut tenir la prostitution dans la honte et l'obscurité, pour protéger autant que possible la cellule familiale classique.
>
> Je commence à faire des passes fin 91, j'écris *Baise-moi* en avril 92. Je ne crois pas qu'il s'agisse d'un hasard. Il y a un lien réel entre l'écriture et la prostitution. S'affranchir, faire ce que ne se fait pas, livrer son intimité, s'exposer aux dangers du jugement de tous, accepter son exclusion du groupe. Plus particulièrement, en tant que femme : devenir une femme publique. Être lue par n'importe qui, parler de ce qui doit rester secret, être exhibée dans les journaux... En opposition évidente avec la place qui nous est traditionnellement assignée : femme privée, propriété, moitié, ombre d'homme.[202]

Manifeste contra-sexuel. Paris: Balland 2000; zudem Delorme, Wendy: *Insurrection ! En territoire sexuel*. Vauvert: Au Diable Vauvert 2009.
200 Vgl. zu letzterem Punkt v. a. auch Caiazzo, Francesca: Écriture(s) du sexe chez Nelly Arcan et Virginie Despentes: Représentations critiques du travail du sexe. In: *GRAAT On-Line* 22 (octobre 2019), S. 71–72.
201 Wittig, Monique: *La Pensée straight* [1992]. Paris Editions Amsterdam 2013, S. 95.
202 Despentes: *King Kong Théorie*, S. 84.

Auch wenn Despentes' Texte von der Kritik in vielen Fällen kontrovers beurteilt wurden, zählt sie doch zu den erfolgreichsten Schriftstellerinnen der Gegenwart und wird in zunehmendem Maße nicht nur auf literarischer, sondern auch auf theoretischer Ebene für Analysen der *Queer Studies* und *Gender Studies* sowie für die Entwicklung einer queeren Literaturtheorie interessant.[203] Die Publikation ihrer Werke im Verlagshaus Grasset sowie die Auszeichnung mit dem *Prix Rénaudaut*, welche sie für ihren Roman *Apocalypse Bébé* im Jahre 2010 erhielt, war jedoch von Protesten begleitet, wie sie auch ihr von zahlreichen Kritiker*innen aufgrund der Brutalität dargestellter sexueller Gewalt als skandalös empfundener Film *Baise-moi* in den 90er Jahren ausgelöst hatte.[204]

Obwohl in Despentes' Texten Figuren und Motive wiederkehren, ihre Sprache von einer manichäischen Kampfeslust geprägt ist, bleibt sie dabei darauf erpicht, gesellschaftliche Verhältnisse politisch zu modellieren. Insbesondere gegen die bürgerliche Hypokrisie gegenüber einer im allgemeinen Verständnis etablierten Normalität der unterdrückten weiblichen Sexualität wie der Frau überhaupt in der französischen Gesellschaft, welche sich in den auch öffentlich geführten Diskursen über Vergewaltigung, Prostitution und Pornographie niederschlage, geht sie als Schriftstellerin mittels einer kämpferischen Politik der Literatur vor. Das Spiel mit weiblicher Reputation zwischen Anti-Mutter und begehrter Projektion männlicher Begierden ist dabei ein kalkuliertes, welches literaturgeschichtlich auch von männlichen Autoren wie Zola, Maupassant, Dostojewski und Hugo literarisch in Romanfiguren wie Boule de suif, Nana, Sofya Semyonova, Marguerite oder Fantine inszeniert wurde und dem sich Despentes mit ihren eigenen Figuren, aber auch mit ihrem autobiographischem Erzählen anschließen möchte.

Der Vergleich von Schreiben und Prostitution als Tätigkeit, die auch denjenigen ‹Erleichterung verschafft›, die selbst keine Stimme haben und die «keiner will», geht einher mit dem Angriff auf etablierte Diskurse und Ordnungen, wel-

---

203 Vgl. hierzu die herausragende und zur Veröffentlichung konzipierte Master-Arbeit von Lachkar, Margot: *Lesbiennes rebelles, détectives privées, travailleuses du sexe, hétérosexuelles frustrées: la révolution littéraire et féministe de Virginie Despentes à travers ses personnages féminins*. Eingereicht im WiSe 2019/2020 an der Philosophischen Fakultät der Universität Potsdam.

204 Zu *Apocalypse Bébé* als literaturwissenschaftlich bereits vielfach analysiertem Erzähl-Text vgl. Edwards, Natalie: Feminist manifesto or hardcore porn? Virginie Despente's transgression. In: *The Irish Journal of French Studies* 12, n°1 (2012), S. 9–26; sowie dies.: Mobile Women in Virginie Despentes's *Apocalypse Bébé*. In: *Australian Journal of French Studies* 55, n°1 (2018), S. 6–16; vgl. zudem Wilson, Leah E.: Collapsing Boundaries to Expose Censorship and Expand Feminism in Virginie Despentes's *Apocalypse Baby*. In: *Rocky Mountain Review* 72, n°1 (2018), S. 146–164.

che dominierend seien und nur von den allgemein als ‹Randzonen› des gesellschaftlichen Raums angesehenen Positionen aus in ihrer Macht und auch Gewalt erkannt werden können:

> Devenir romancière, gagner de l'argent facilement, provoquer la répulsion autant que la fascination : la honte publique est comparable à celle de la pute. Soulager, tenir compagnie à ceux dont personne ne veut, partager les intimités d'inconnus, accepter sans jugement divers types de désirs. On rencontre beaucoup de prostituées dans les romans : Boule de suif, Nana, Sofya Semyonova, Marguerite, Fantine... Elles sont des figures populaires, anti-mères, au sens religieux du terme, femmes sans jugement, compréhensives, d'accord avec le désir des hommes, damnées et affranchies.[205]

Macht, Ökonomie und Geschlechtszuschreibungen hängen für Despentes auch in der Repräsentation von Frau und Mann in der Literaturgeschichte aufs Engste zusammen. Die Frau, aber auch die Geschlechts-Identitäten des ‹Dazwischen›, des Nicht-Binären, welche als an heteronormative Vorgaben in beruflicher, sexueller wie ökonomischer Hinsicht nicht angepasste Individuen Unterdrückung und Ausgrenzung erfahren, sind daher Despentes' große Themen. Porno-Stars und nicht-binäre Figuren bilden das Personal zahlreicher ihrer Erzähltexte.

Prospektiv wird darin eine von heteronormativer Gewalt befreite Sexualität angedacht, welche gegen diejenige ‹des› Mannes in der bürgerlichen Kriegsmaschinerie einer sich reproduzierenden Klassengesellschaft gestellt wird, die nach wie vor die Unterdrückung öffentlich gelebter Sexualität an eine fixierte Gender-Identität und an den ökonomischen Status vor allem des Mannes koppelt. Obwohl Despentes in dieser Konstellation eine globale Problematik erkennt, ist es ihr zufolge vor allem die französische Gesellschaft, welche Modell und Pate für ihre radikalen Erzähltexte über militante Lesbierinnen, Transgender-Pornostars, brutale Machtmachos und weitere, oft überzeichnete Figuren steht. Dabei kritisiert sie jedoch auch einen nur scheinbaren Feminismus in der Literatur vielrezipierter weiblicher Autorinnen und Feministinnen, welche nach wie vor eine zu zaghafte und bisweilen apologetische Haltung trotz ihrer Kritik phallogozentrischer Dominanz einnähmen: «Colette, Duras, Beauvoir, Yourcenar, Sagan, toute une histoire de femmes auteurs qui toutes prennent soin de montrer patte blanche, de rassurer les hommes, de s'excuser d'écrire [...].»[206]

Mit ihrer Verbindung zwischen Klasse und Geschlecht steht Despentes jenem ethnographisch-soziologischen Schreiben nahe, wie es das zweite Kapitel dieser Studie behandelte. Wie dort sind es nicht nur die direkten Gewalter-

---

205 Despentes: *King Kong Théorie*, S. 84.
206 Ebda., S. 137: «Colette, Duras, Beauvoir, Yourcenar, Sagan, eine ganze Geschichte von Autorinnen, die alle darauf bedacht sind, ihre weiße Weste zu zeigen, die Männer zu beruhigen, sich für das Schreiben zu entschuldigen [...]» [ML].

fahrungen, sondern die sie ermöglichenden sozialen Strukturen, welche auch in den Vordergrund rücken. So beschreibt Despentes in ihrem ‹feministischen Manifest› die autobiographisch von ihr selbst belegte Erfahrung einer Vergewaltigung, welche die Erzählerin in den 80er Jahren gemeinsam mit einer Freundin durch drei Fremde ertragen musste, als die beiden Jugendlichen auf dem Rückweg von England nach Frankreich auf das Trampen angewiesen waren.

Weniger das Thematisieren der Gewalt-Erfahrung selbst als vielmehr das Schweigen darüber habe zu jener Zeit und auch lange danach den Diskurs über sexuelle Gewalt gegen Frauen immer auch mit der uneingestandenen Schuldzuweisung an das Opfer und nicht den oder die Täter verbunden. Damit gehe eine Männlichkeits-Definition einher, welche Gewalt und auch Vergewaltigung, den «fantasme de viol», die «Vergewaltigungsfantasie», als «propre de l'homme», als «Eigenart des Mannes», verstünde und naturalisiere.[207] Die heimliche Unterstellung eines schuldhaften, männliche Gewalt provozierenden Verhaltens der Frau, gar ihr Gefallen am Durchlittenen waren es, welche die Erzählerinnen-Stimme der Streitschrift nach einem Treffen mit der kontrovers diskutierten Feministin Camille Paglia dazu veranlasste, neu über die Thematiken Vergewaltigung und Prostitution nachzudenken.[208]

Sie wählte dazu eine Technik der historischen Avantgarden, indem sie den diskursiven Teilen ihrer *King Kong Théorie* im Prolog und andernorts sprachliche Radikalität sowie den gruppenbildenden und gesellschaftsinnovatorischen Charakter eines avantgardistischen Manifests mitgab.[209] Im Duktus eines zu schaffenden avantgardistischen Kollektivs zitiert die Ich-Stimme gegen Ende des Texts

---

207 Ebda., S. 50f.
208 Ebda., S. 42f.; vgl. hierzu auch Paglias frühen und radikalen politischen Beitrag aus den 90er Jahren und die darin aufscheinende Tendenz zu einer biologistischen Essenzialisierung eines männlichen Gewalt-Potentials gegenüber Frauen in Paglia, Camille: Women's Naivete Contributes to Rape. In Swisher, Karin L. / Wekesser, Carol / Barbour, William (Hg.): *Violence against Women*. San Diego: Greenhaven, S. 67–70; zur politischen Kontroverse um die Instrumentalisierbarkeit von Paglias gendertheoretischen Überlegungen und zum Streit um einen bellizistischen Anti-‹Opfer-Feminismus› sowie zur Vereinnahmung einiger von Paglias Thesen durch neurechte Kreise vgl. Assheuer, Thomas: Camille Paglia: Die düstere, männliche Natur. In: *Die Zeit* (11.4.2018), online unter https://www.zeit.de/kultur/literatur/2018-04/camille-paglia-antaios-feminismus-rechtes-denken?utm_referrer=https%3A%2F%2Fwww.google.com%2F, konsultiert am 30.06.2021.
209 So am Ende von *King Kong Théorie* mit einem exhortativen: «Sur ce, salut les filles, et meilleure route ... » Despentes: *King Kong Théorie*, S. 145; vgl. zu den oben genannten Charakteristika als «Signatur» der Manifeste der historischen Avantgarden Asholt, Wolfgang / Fähnders, Walter (Hg.): *Manifeste und Proklamationen der europäischen Avantgarde (1909–1938)*. Sonderausgabe. Stuttgart: J.B. Metzler 2016, S. XXV-XXVII.

in Majuskel-Schrift jene Namen von männlichen und weiblichen Gewährsleuten ihrer politischen Forderungen im Zeichen eines unangepassten, aber standhaften und kämpferisch-sozialen, von Despentes feministisch gewendeten Rebellentums, welches unterschiedlichste Felder der Musik-, Literatur- und Filmindustrie, die Pornoindustrie, aber auch die ‹hohe› Literatur und die akademische Gender-Theorie umfasst. Dieser Feminismus müsse jedoch jenseits binärer Zuschreibungen, von Überhöhung und Verteufelung eines Geschlechts zugunsten des anderen funktionieren. Leslie Fiedlers für die postmoderne Popkultur geforderte Überwindung von E- und U-Kultur wird dabei als selbstverständlich vorausgesetzt:

> LEMMY CANTONA BREILLAT PAM GRIER HANK BUKOWSKI CAMILLE PAGLIA DENIRO TONY MONTANA JOEY STAR ANGELA DAVIS ETA JAMES TINA TURNER MOHAMED ALI CHRISTIANE ROCHEFORT HENRI ROLLINS AMELIE MAURESMO MADONNA COURTNEY LINDA LUNCH LOUISE MICHEL MARGUERITE DURAS CLINT JEAN GENET... Question d'attitude, de courage, d'insoumission. Il y a une forme de force, qui n'est ni masculine, ni féminine, qui impressionne, affole, rassure.²¹⁰

Stilistisch gehen in diesem Manifest eine bewusst gewählte direkte, bisweilen vulgäre Sprache, die Wahl eines Registers gezielt verwendeter sexistischer Ausdrücke und Kraftausdrücke einher mit parataktischen und thesenhaften Sätzen, dem Einstreuen von Motti und Zitaten und dem damit bewirkten proklamatorischen Duktus. Provozierend und aggressiv findet die Ich-Stimme in angriffslustigen Worten und eben durch diese Worte zur Forderung nach der emanzipatorischen Gewalt des Opfers, welche zwar die physische, von Frauen durch Männer erlittene Gewalt anklagt, noch mehr jedoch eine Befreiung der Frau nicht nur diskursiver, sondern vor allem auch sexueller Natur einfordert.

Nicht so sehr eine der Autofiktion nahestehende als vielmehr eine politische Prosa des Biographischen, das Manifest-Charakter besitzt, prägt daher Despentes' *King Kong Théorie*. Das erzählte Ich wird weniger in eine Suchbewegung integriert, sondern in seinem politischen Charakter fassbar gemacht. Offen und herausfordernd thematisiert Despentes diesbezüglich ihre zeitweilige Tätigkeit als Prostituierte vor ihrem Leben als anerkannter Schriftstellerin und die darauf folgenden Reaktionen. Ihre Sprache lässt zudem die Wut einer durchaus engagierten Feministin auf eine etablierte Kulturpresse erahnen, welche ihren auf dem gleichnamigen Roman basierenden Film *Baise-moi* patholo-

---

210 Despentes: *King Kong Théorie*, S. 144: «LEMMY CANTONA BREILLAT [...] Eine Frage der Haltung, des Mutes, der Auflehnung. Es gibt eine Form von Stärke, die weder männlich noch weiblich ist, die beeindruckt, in Panik versetzt, Selbstsicherheit gibt» [ML]; vgl. Fiedler: *Cross the Border – Close the Gap*, op. cit.

gisierte und ihre Zusammenarbeit mit einigen bekannten Darsteller*innen der Porno-Industrie unter der Hand ablehnte. Aber auch Fragen ökonomischer Ausgrenzung, das zeitweilige Leben der Autorin unter den Bedingungen von Mindestlohn und Sozialhilfe werden in diesem autobiographischen Manifest– und in zahlreichen weiteren Romanen und Essais, Artikeln und Filmen – offen thematisiert.

Inhaltlich handelt es sich bei *King Kong Théorie* jedoch nicht um eine rein avantgardistische Stellungnahme, wie bereits paratextuell anhand von Bezugnahmen auf Virginia Woolf und andere Wegbereiter*innen des Feminismus deutlich wird, also um keine Ästhetik und auch keine Forderung des totalen Bruchs mit dem Vorangegangenen und sogar in einer von Doppelmoral geprägten, (spieß-)bürgerlichen Gesellschaft bereits Erreichten. Vielmehr stellt die Streitschrift ein noch nicht abgeschlossenes politisches Projekt feministischer Theorie in den Mittelpunkt, welches jedoch nach neuen Ausdrucksmöglichkeiten suchen muss, ohne dessen diskursiven Kern aufzugeben:[211] Die *Rückeroberung* des weiblichen Körpers, des biopolitisch diskursivierten Körpers auch als vergewaltigtem Körper und der souveräne Umgang mit Gewalt durch dessen ‹Trägerinnen› selbst, im Handeln wie im Sprechen, bleiben noch gegen ein «kulturelles Dispositiv» zu realisieren.

Als konkretes Beispiel für dieses zentrale Anliegen des Texts kann angeführt werden, dass sich das politisch argumentierende Ich nicht davor scheut, die bei Frauen psychologisch und auch bei der Erzählerin selbst vorhandenen Vergewaltigungsphantasien offen anzusprechen; nicht als hormonbedingte Störung, sondern als ein kulturell und historisch etabliertes und zu dekonstruierendes Narrativ der Akzeptanz von Gewalt durch die Frau selbst:

> Ces fantasmes de viol, d'être prise de force, dans des conditions plus ou moins brutales, que je décline tout au long de ma vie masturbatoire, ne me viennent pas « out of the blue ». C'est un dispositif culturel prégnant et précis, qui prédestine la sexualité des femmes à jouir de leur propre impuissance, c'est-à-dire de la supériorité de l'autre, autant qu'à jouir contre leur gré, plutôt que comme des salopes qui aiment le sexe. Dans la morale judéo-chrétienne, mieux vaut être prise de force que prise pur une chienne, on nous l'a assez répété. Il y a une prédisposition féminine au masochisme, elle ne vient pas de nos hormones, ni du temps des cavernes, mais d'un système culturel précis, et elle n'est pas sans implications dérangeantes dans l'exercice que nous pouvons faire de nos indé-

---

211 Vgl. die paratextuell markierte Kontinuität mit feministischen Denkerinnen anhand der den jeweiligen Kapiteln des Texts vorangestellten Motto-Zitaten aus Virginia Woolfs *A Room of One's Own* (1929), aus Angela Davis' *Women Race and Class* (1981), Gail Phetersons *The Prostitution Prism* (1996), Annie Sprinkles *Hardcore form the Heart* (2001), Simone de Beauvoirs *Le Deuxième Sexe* (1949), in Despentes: *King Kong Théorie*, S. 15, 31, 55, 87 u. 109.

pendances. Voluptueuse et excitante, elle est aussi handicapante : être attirée par ce qui détruit nous écarte toujours du pouvoir.[212]

In ihrem Schreiben bedient sich Despentes neben der in diesem Zitat aufscheinenden Kritik an vorformulierten und fremdbestimmten Gewaltdiskursen teilweise auch diegetisch eines affirmativen Gewaltbegriffs und vertraut damit auf die emanzipatorische Kraft von erzählter Gewaltanwendung innerhalb sprachlich geregelter Macht-Diskurse über männliche Gewalt gegen Frauen. Despentes' kontroverser Roman *Baise-moi* wäre aus dieser Perspektive ein Ruf nach Gegenwehr der in die Opferrolle Gedrängten durch brutale Gewaltanwendung gegen den ebenso brutalen Täter, gerade weil diese weibliche Form der Gegenwehr unter dem besonderen Verdikt des Unaussprechlichen stand und steht.[213]

Die auch in *King Kong Théorie* wirkungsvoll eingesetzte Plastizität der Sprache in all ihren Möglichkeiten zur Vulgarität ist neben einem im Falle der Gegenwehr affirmativ gebrauchten Gewaltbegriff als Mittel physischer und bisweilen die Grenzen des Ethischen sprengender Emanzipation zu verstehen, welche jedoch einer anderen Gewaltform entgegensteht – der Gewalt der männlichen Vergewaltiger wie des gesellschaftlichen Sprechens über die Frau und ihren Körper. Physische Gegen-Gewalt wird bei Despentes jedoch beispielsweise im Falle der brutalen Bildwelten von *Baise-moi* in der filmischen Umsetzung wie auch im Text weniger als Gender-Norm und Ideal verherrlicht, wie dies in männlichen Actionfilmen der Fall sein kann, sondern sie wird geradezu erst als Möglichkeit in den Raum des historisch ‹gegenderten› Gewalthandelns eingebracht, welchem lange Zeit allein ‹viriles› Verhalten zu entsprechen hatte.[214] Ähnlich wie dies die Schriftstellerin Rachilde Ende des 19. Jahrhunderts in ihren Romanen hinsichtlich einer Neufindung von Körper-Logiken für die Dichotomie Mann-Frau in den Figuren des *Monsieur Vénus* und der *Madame Adonis* tat, entmächtigt Despentes auf diese Weise den Mann als diskursiv-sozial determinierten Gender-Körper.[215]

Es ist jedoch Vorsicht dabei geboten, Depentes' Schreiben als rein feministisch provokativ, andererseits allein in die dialektische Struktur der Avantgarde oder gar in eine marxistische Emanzipationslogik einzureihen. Denn obwohl

---

212 Ebda., S. 52.
213 Vgl. dazu Fayard, Nicole: The rebellious body as parody: *Baise-moi* by Virginie Despentes. In: *French Studies* LX, No. 1 (2006), S. 63–77; sowie Louar, Nadia: Version femmes plurielles: relire *Baise-moi* de Virginie Despentes. In: *Palimpseste* 22 (2009), S. 83–98.
214 Zur ‹Rechtfertigung› dieser exzessiven Gewaltdarstellung als keinesfalls affirmative Lösung für menschliches Zusammenleben vgl. Despentes: *King Kong Théorie*, S. 45 ff.
215 Zu dieser weit gespannten ‹Traditionslinie›, ausgehend von Baudelaire über Rachilde bis Despentes in ihrer Politik der Gewaltdarstellung vgl. Sanyal: *The Violence of Modernity*, S. 135–172.

eine Befreiung des weiblichen Körpers auch während dessen extremster Missachtung – dem Akt der Vergewaltigung – mittels verbaler und physischer Gegengewalt als teleologische Perspektive in Despentes' Texten erkennbar ist, bleibt es nicht eine erneute Hierarchie – die der Frau über den Mann – und auch keine geschlechtslose Gesellschaft, welche angestrebt wird. Vielmehr entsteht Konvivenz aus einem respektvollen Umgang mit und einer absoluten Anerkennung von Differenz ohne neu errichtete Überlegenheitsstrukturen unter umgekehrten Vorzeichen. Dies wird allein daran deutlich, dass es Despentes gelingt, die komplexe Verwobenheit von inkorporierter Struktur der Macht und Widerstand gegen die zumeist männlich konnotierte Macht darzustellen, welche jedoch auch die männliche Sexualität vorformuliere. Insbesondere die Figur der Prostituierten stellt hier einen Gegenentwurf zu Ehefrau und Mutter dar, welcher sich einer selbst wiederum heteronormativ geregelten, heterosexuell-männlichen Begehrensstruktur als Projektionsfläche darbiete. Auch Männer sind bei Despentes Opfer der Diskurse, welche Männlichkeit und Begehren regeln:

> Cette image précise de la prostituée, qu'on aime tant exhiber, déchue de tous ses droits, privée de son autonomie, de son pouvoir de décision, a plusieurs fonctions. Notamment : montrer aux hommes qui ont envie d'aller se faire une pute jusqu'où ils devront descendre s'ils veulent le faire. Eux aussi sont ainsi ramenés dans le mariage, direction cellule familiale : tout le monde à la maison. C'est également une façon de leur rappeler que leur sexualité est forcément monstrueuse, fait des victimes, détruit des vies. Car la sexualité masculine doit rester criminalisée, dangereuse, asociale et menaçante. Ça n'est pas une vérité en soi, c'est une construction culturelle.[216]

Weiter ist es nicht die Gewalt des Mannes an sich, sondern – in den westlichen Gesellschaften – die Gewalt einer ‹weißen›, von institutioneller, politischer wie ökonomischer Seite gesteuerten und aufrecht erhaltenen Männlichkeit, welche die Gewalt *des* Mannes gegen *die* Frau als zwar oberflächlich tabuisierte und strafbare, aber dennoch unter negativen Vorzeichen anerkannte Probe heterosexueller Männlichkeit bestimme.[217]

Als extremes Beispiel wird die in Kriegszeiten übliche Taktik der Vernachlässigung dieser Strafbarkeit sexueller Gewalt durch die Praxis der kollektiven Vergewaltigung der Frauen des Gegners durch Soldaten «pour la bonne cause», «für die gute Sache», angeführt.[218] Die Historizität dieses misogynen Männlichkeits-Paradigmas wird neben den Institutionen Religion und Staat noch durch die Kulturgeschichte gestützt. Allein die Erwähnung der Omnipräsenz von Vergewal-

---

216 Despentes: *King Kong Théorie*, S. 80.
217 Vgl. ebda., S. 25–30.
218 Ebda., S. 37.

tigung in Literatur und Bildenden Künsten durch die intermediale und intertextuelle Erwähnung der Gärten von Versailles und Ovids *Metamorphosen* macht deutlich, dass es der Erzählerinnen-Stimme um die Suche nach einer Verankerung der Gewalt gegen und der Vergewaltigung von Frauen in sämtlichen gesellschaftlichen Institutionen geht.[219] Diese Form der Gewalt als im marxistischen ‹Überbau› wie auch in der ökonomischen Struktur des Kapitalismus selbst verankerte Machtbeziehung von Ausbeutern und Ausgebeuteten ist es, welche Despentes' Feminismus wiederum einer historisch-materialistischen Gesellschaftsdeutung annähert: «Le viol est un programme politique précis : squelette du capitalisme, il est la représentation crue et directe de l'exercice du pouvoir. Il désigne un dominant et organise les lois du jeu pour lui permettre d'exercer son pouvoir sans restriction.»[220]

Nicht in erster Linie die Gewalt der Männer als des *per se* gewalttätigen Geschlechts im Sinne von Camille Paglia wird in *King Kong Théorie* angegriffen. Vielmehr attackiert Despentes die im gesellschaftlichen Diskurs, in Medien und der engeren Öffentlichkeit verankerte strukturelle Gewalt des Schweigens und Verdrängens von weiblicher Sexualität und ihr Ausgeliefert-Sein an männliche Aggression eben durch diese Tabuisierung, welche wiederum einer ökonomisch-politischen Logik der Macht geschuldet sei, die programmatisch dem traditionellen modernen Kapitalismus als Instrument der Durchsetzung seiner Programmatik diene.

Andererseits wird ein Machtdiskurs angegriffen, der im Ausleben weiblicher Freiheit – darunter neben der ökonomisch-beruflichen auch der sexuellen – stets allein eine Provokation sozialer Stabilität, aber nicht ein Menschenrecht sieht. Wie noch anhand der motivischen und erzählerischen Polyperspektivität der *Subutex*-Romane deutlich gemacht werden soll, steht am Ende einer vermeintlich feministischen Dialektik bei Despentes nicht die ‹Über-Frau›, sondern ein im privaten, ökonomischen, politischen wie kulturellen Feld demokratischer Zustand, welcher Spannung der Geschlechter durchaus zulässt. Der Feminismus als «aventure collective» wird jedoch nicht als statisch konzipiert, sondern weist auf die Notwendigkeit und die Möglichkeiten einer gender-übergreifenden Gegenwehr gegen jegliche Form der Unterdrückung hin – ob ökonomischer,

---

219 Vgl. ebda., S. 49 f.
220 Ebda., S. 50: «Die Vergewaltigung ist ein präzises politisches Programm: Als Skelett des Kapitalismus ist sie die rohe und direkte Darstellung der Machtausübung. Sie bestimmt einen Herrschenden und organisiert die Spielregeln, damit dieser seine Macht uneingeschränkt ausüben kann» [ML].

physischer, struktureller oder symbolischer Art –, die ständig neu erkämpft werden müsse.[221]

Über allem steht jedoch überraschenderweise – aber durchaus in Kontinuität zum bereits aus zahlreichen der in dieser Studie versammelten Texte bekannten erzählerischen Paradigma eines Misstrauens gegenüber staatlichen Strukturen als Garanten individueller Freiheit – eben die Kritik an einer französischen Gesellschaft, welche auch Anfang des 21. Jahrhunderts von einem dysfunktionalen und maskulin geprägten Staats- und Machtapparat in Kultur, Ökonomie und Religion beherrscht werde:

> D'accord, la France actuelle, c'est loin d'être l'Arcadie pour tous. On n'est ni heureuses, ni heureux, ici. Ça n'a aucun rapport avec le respect de la tradition des genres. On pourrait toutes rester en tablier à la cuisine à faire des gosses chaque fois qu'on baise, ça ne changerait rien à la faillite du travail, du libéralisme, du christianisme ou de l'équilibre écologique. Les femmes autour de moi gagnent effectivement moins d'argent que les hommes, occupent des postes subalternes, trouvent normal d'être sous-considérées quand elles entreprennent quelque chose.[222]

Aus dieser pessimistischen Zustandsbeschreibung Frankreichs aus feministischer Sicht ergibt sich wieder von feministischer Seite eine Frage an die republikanisch-demokratische Gesellschaft und deren Lenker: Es ist die Erinnerung an die für das nach wie vor ‹zweite Geschlecht› nicht eingelösten Versprechen auf Freiheit, Gleichheit und Geschwisterlichkeit. Durch ihren Manifest-Charakter sowie – in Stil und Schreibweise – durch ihre Anlehnung an die drastischen ästhetischen Anfänge der historischen Avantgarden handelt es sich bei der *King-Kong-Theorie* um einen dezidiert politischen und engagierten Text. Dieser erfüllt zwar in seiner sprachlichen und inhaltlichen Zuspitzung die Forderung nach einer neuen Avantgarde des Feminismus in Frankreich.[223] Er zielt jedoch nicht allein auf die Utopie eines endgültigen Befreiungszustands, sondern setzt zuvor auf die intensive Bewusstmachung einer nach wie vor in erster Linie öffentlich-politischen, aber auch privat in Familie und mikrosozialen Umgebungen zu diskutierenden Problematik des Zusammenlebens.

Zugleich ergänzt das Motiv des Staats als eigentlichem Patriarchen als immer wiederkehrendes Thema nicht nur in Despentes' Manifest, sondern auch in ihren Romanen deren ‹private› Stoßrichtung um einen öffentlich-politischen Machtdiskurs. Dieser wurde bereits durch Denker*innen wie Simone de Beauvoir, aber

---

[221] Vgl. ebda., S. 144 f.
[222] Ebda., S. 19 f.
[223] Vgl. zu diesem ‹erneuerten› Feminismus in Frankreich Mailfert, Anne-Cécile: *Tu seras une femme ! – Guide féministe pour ma nièce et ses ami.e.s.* Paris: Petits Matins 2017.

auch Michel Foucault grundlegend in ihrem Zusammendenken von *Bios* und *Politeia* definiert und durch Intellektuelle US-Amerikanischer Provenienz wie Susan Sontag, Angela Davis und Judith Butler weitergeführt.[224] Sexualität und Freiheit sind daher auch für Despentes nicht von ihren materiellen Voraussetzungen – eine Gewalt der sozioökonomischen Unterschiede, der Statussymbole und des Habitus – zu trennen und müssen neben einer auf mikrosozialen Ebene angestrebten Bewusstseinsänderung um eine sichtbare Kritik an Gesellschaft und patriarchalem Staat sowie am System der Wirtschaft ergänzt werden.

Deutlich wird an dieser *écriture* eines ‹Hardcore Feminismus› des 21. Jahrhunderts vor allem auch, dass die Forderungen, Schriften und Reflexionen von Autorinnen der ersten Generation des Feminismus wie Violette Leduc, welche wie ‹die Männer› Bataille, Genet und Breton die «limites du dicible» überschritten hätten, nie an gesellschaftspolitischer Brisanz und Aktualität verloren haben.[225] Denn trotz der langen Liste an gesellschaftlichen Forderungen von Autorinnen wie Virginia Woolf, Monique Wittig oder Simone de Bauvoir ist es die Suche nach der eigenen Stimme und nach einem authentischen Sprechen über den eigenen Körper, welche für Frauen wie für Männer zur Debatte steht.

Dieses Sprechen und Schreiben schließt jedoch weder die Möglichkeit einer Täterschaft von Frauen aus noch reduziert es weibliches Gewalt-Erleben auf die Perspektive des Opfers. In Despentes' Erzählwelten ist die Gewalt im Sinne der bereits öfters herangezogenen Typologie der Subjekte von Michel Wieviorka nicht diejenige des *Hypersujets* oder die des *Sujet flottant*, sondern des weiblichen Subjekts im Überlebenskampf, eines *Sujet en survie*, welche in der *King Kong Théorie* mittels einer Sprache zwischen autobiographischer Erzählung, kämpferischem Pamphlet und thesenhaftem Manifest modelliert wurde. Auch die von Frauen ausgeübte Gewalt und Brutalität, welcher einige der weiblichen Figuren in Texten wie *Apocalypse Bébé* (2010), *Bye bye Blondie* (2004) oder *Les Chiennes savantes* (2001) frönen, ist meist keine instrumentelle Gewalt im Sinne einer Aufrechterhaltung etablierter Macht, sondern eine in extremen Formen

---

224 Vgl. zu Despentes' kultur- und literaturhistorisch noch relativ unsichtbarer Position in diesem internationalen historischen Diskursgefüge Schaal, Michèle A.: Introduction to Special Issue on Virginie Despentes. From Margins to Center (?). In: *Rocky Mountain Review of Language and Literature* 72, n°1 (2018), S. 14–35, hier S. 18.
225 Despentes: *King Kong Théorie*, S. 137; vgl. auch Day, Elizabeth: Femmes fatales fight back with sex and violence. A new movement of hardcore feminism has gripped French culture, uniting writers and filmmakers in a bid to subvert culture's age-old treatment of women. Is this liberation, or just porn in another guise? In: *The Guardian* (18.1.2009), online unter https://www.theguardian.com/film/2009/jan/18/french-feminism-despentes-catherine-millet, konsultiert am 30.06.2021.

emanzipatorische. Sie geht einher mit der Frage nach Identitäts- und Selbstbehauptung zumeist selbst vergewaltigter oder unterdrückter Frauen sowie LBGTQ+-Personen und richtet sich gegen die genderpolitische, strukturelle, symbolische und institutionalisierte Gewalt männlicher Bevormundung und Unterdrückung, auch wenn dabei zumindest Fiktional ethische und moralische Grenzen weit überschritten und verletzt werden. Während derartige Überschreitungen jedoch in der ‹männlichen› *Hard boiled*-Literatur, in Kriminalroman und Thriller als Bestandteile dieser Genres positiv bewertet werden, musste Despentes sich für diese Gewaltdarstellung rechtfertigen, da ihr Schreiben – auch die darin enthaltene extreme Gewaltdarstellung und Pornographie – als Provokation empfunden wurde.[226]

In einem Interview mit der deutschen ‹Skandal›-Schriftstellerin Helene Hegemann für das Magazin des Berliner Kunst- und Mode-Labels *032c* weist Despentes diesen Vorwurf der marktschreierischen Gewalt-Pornographie als Provokation jedoch als Zeichen eines nach wie vor bestehenden, aber längst anachronistischen und illusorischen ‹bourgeoisen› Werte-Universalismus zurück, welchem jedoch die lebensweltliche Realität der von ihrem Schreiben intendierten diversen und bisweilen gesellschaftlich marginalisierten Leserschaft widerspreche. Sie ist es, welcher ihre Politik des Schreibens gilt und unter diesem Paradigma sollen im Folgenden die bei Despentes modellierten und komplexen gesellschaftlichen Gewaltzusammenhänge jenseits der ‹direkten› verbalen Gewalt und der Darstellung harter physischer Gewalt anhand eines ihrer ‹Hauptwerke› ergründet werden:

> When you describe someone's work as provocative, it means that you are convinced that this person was aiming at you when they wrote something. That there is no text, no movie, no music created that is not directed at you. Describing something as provocative is generally a bourgeois assumption. Because the bourgeoisie – in the western world at least – is convinced that it is a universal receptor. That the world is built around its views, its culture, its language. It is sincerely difficult for the bourgeoisie to imagine a cultural medium that does not address it directly. So the answer is no, I never go into something just to be provocative. Because I don't think of the straight bourgeoisie as my first readers. If I'm writing a book or directing a movie, I think of people who would understand where I take things from – and where I'm trying to take them. I think of people who have a punk rock background, who have had life experiences outside of university, who have experienced working for money, who have experienced rejection. What I do

---

[226] Vgl. hierzu das Interview mit Virginie Despentes für den feministischen *Youtube*-Kanal VICE Life: *Virginie Despentes on Killing Rapists* (8.8.2015), online unter https://www.youtube.com/watch?v=FlVTXZ5T, konsultiert am 30.06.2021.

want to provoke – what I myself search for when I read or listen to artists – is a feeling of: «You are not alone. You are not crazy.»[227]

5.3.1 *Vernon Subutex*: Vom utopischen Potential der Subkultur oder der DJ als Messias einer gewaltfreien Gesellschaft

In Anbetracht all der auf eine feministische Lesart ihrer Text ausgerichteten Diskussionen und Debatten ist es umso überraschender, dass es in Virginie Despentes' Roman-Trilogie um die Figur des *Vernon Subutex* ein männlicher Protagonist ist, der einen Blick auf die französische Gesellschaft am Beginn des neuen Jahrtausends wirft.[228] Diese Wahl stellt jedoch eine für die Rezeption von Literatur virulente Frage, welche die Entscheidung der erklärten Feministin rechtfertigt: Mit einem männlichen Protagonisten unterläuft Despentes letztlich auch eine Separation zwischen männlicher und weiblicher Perspektive und damit auch eine hierarchisierende Tendenz zwischen ‹Männer›- und ‹Frauenliteratur›, die wie die Teilung zwischen ‹Hard› und ‹Soft› Power die gesellschaftliche Relevanz von literarischen Produkten an einer Achse hetero-maskuliner Identitäts- und Machtnarrative ausrichtet, die feministische Literatur und ‹Frauenliteratur› als der ‹eigentlichen› Literatur nachgeordnet begreifen.

Bereits in ihren eigenen Texten, welche stellenweise durchaus als *Hard Boiled* zu bezeichnen und damit ‹männlich› codiert sind, unterläuft Despentes diese binäre Einteilung von Text nach Gender-Zuschreibungen. Denn letztere scheinen sowohl die Produktion wie die Rezeption literarischer Texte nach wie vor zu bestimmen und einer einschränkenden Rezeptionslogik der Literatur Vorschub zu leisten, die Sichtbarkeit unterschiedlich generiert und binäre Geschlechtskategorien letztlich auch bei Lektüreentscheidungen innerhalb einer heterogenen Leserschaft aufrechterhält.

In einem Interview mit dem *SZ*-Magazin vom 17.10.2018 geht die Autorin auf diese Frage ein und verteidigt ihre Wahl zugunsten eines männlichen Pro-

---

[227] Hegeman, Helene: Virginie Despentes: Hates People, Loves Dogs. An Interview by Helene Hegemann. In: *032c* (7.1.2020), online unter https://032c.com/virginie-despentes-hates, konsultiert am 30.06.2021.

[228] Bislang erschienene Untersuchungen, v. a. zum ersten Band der Trilogie, finden sich bei Bricco, Elisa: Considérations sur *Vernon Subutex* de Virginie Despentes: «formes de vie», implication et engagement oblique. In: *COnTEXTES* 22 (2019), Abs. 1–27, online unter https://journals.openedition.org/contextes/7087, konsultiert am 30.06.2021; vgl. zudem Schaal, Michèle A.: Whatever Became of «Génération Mitterrand»?, Virginie Despentes's Vernon Subutex. In: *French Review* 91, n°3 (2017), S. 87–99; sowie dies.: L'univers affectif féminin dans Vernon Subutex de Virginie Despentes. In: *Contemporary French and Francophone Studies* 22, n°4 (2018), S. 475–483.

tagonisten in ihren drei äußerst erfolgreichen Romantexten um die Figur des Vernon Subutex damit, eine pragmatische Entscheidung bezüglich der Perspektivierung getroffen zu haben, um einer kritischen Modellierung des gesellschaftlichen Zusammenlebens in Frankreich aus feministischer Perspektive, aber jenseits von Gender-Schubladen Gehör zu verschaffen:

> [...] weil alle meine Romane bisher Frauen als Helden hatten. Ich musste sie immer verteidigen und hatte einfach Lust auf etwas anderes. Und ich glaube, dass mein Unterbewusstsein mir eingeflüstert hat, ein Buch mit einem Mann als Protagonisten könnte ernster genommen werden. Und so ist es. Ich bin mir sicher, wenn an diesem Roman alles genauso wäre, nur Subutex wäre eine Frau, dann wäre er anders wahrgenommen worden. [...]Jetzt ist *Subutex* ein Gesellschaftsroman, ein Roman über Paris, über unsere Zeit, über Politik. Wäre Subutex eine Frau gewesen, wäre der Roman als die Geschichte dieser Frau gelesen worden. [...] In Frankreich ist es für Frauen schwierig, nicht als Frauenliteratur abgestempelt zu werden. Auch wenn es gar nicht wirklich eine Kategorie ist. Ich habe übrigens auch darauf bestanden, dass auf dem Cover der Bücher mein Vorname nicht mehr auftaucht. Ich glaube, dass allein ein weiblicher Vorname dafür sorgt, dass weniger Männer dich lesen.[229]

Auch die nach wie vor männlich codierte Rezeptionslogik, auf welcher das Genre des *Punk-Rock* basiere, bestimme in diesem Zusammenhang die bevorzugte Einbindung dieser Musik in die Romandiegese zugunsten einer Subversion gängiger genderbasierter und festgefahrener Wahrnehmungsmuster sowohl von Literatur als auch von Musik als Kulturtechniken.[230]

Nach eigenem Bekunden der Autorin können ihre *Subutex*-Romane als Gesellschaftsromane «über Paris, über unsere Zeit, über Politik» gelesen werden. Diese Texte beinhalten jedoch weniger umfangreiche soziologische Nahanalysen der französischen Gesellschaft und ihrer Milieus im engeren Sinne als vielmehr gesellschaftliche Bestandsaufnahmen und unverblümte Urteile über den Zustand der Gesellschaft: Es handelt sich bei *Vernon Subutex* um eine sowohl von dunklem Sarkasmus, aber auch von utopischen Idealen des Zusammenlebens durchdrungene politische Gesellschafts-Fiktion, um ein erzählerisches Statement der Unzufriedenheit mit dem *status quo*.

Despentes' Trilogie richtet sich gegen die bürgerliche Hypokrisie einer vermeintlichen Mehrheitsgesellschaft, gegen offenen und versteckten Rassismus, Klassismus, Sexismus sowie gegen unterdrückte Aggressionen und Spannun-

---

[229] Despentes, Virginie: Schreiben ist wie Licht machen. Interview mit Gabriela Herpell für das Magazin der Süddeutschen Zeitung. In: *sz-magazin* (17.10.2018), s.p., online unter https://sz-magazin.sueddeutsche.de/literatur/schreiben-ist-wie-licht-machen-86206, konsultiert am 30.06.2021.
[230] Vgl. ebda, s.p.

gen, die artikuliert werden müssten. In den *Subutex*-Romanen wie in anderen Texten der Autorin werden Symptome dysfunktionalen Zusammenlebens erzählerisch modelliert, mittels verbaler Gewalt, Beschimpfung und Tirade, direkter Gewalterzählung sowie satirischer Figuren(über)zeichnung beleuchtet und mit komplexeren Gewaltzusammenhängen struktureller und symbolischer Art wie ökonomischer Ungleichheit und sozialer Unsichtbarkeit in Verbindung gebracht. Intratextuell bildet *Vernon Subutex* eine Kontinuität zu weiteren Erzähltexten der Autorin, insofern Themen und Figuren wie diejenige der lesbischen Detektivin, der «Hyäne», in Balzac'scher Manier wieder aufgegriffen werden.[231] Auch stilistisch stellt die Trilogie alles andere als einen intratextuellen ‹Bruch› dar, wie Elisa Bricco konstatierte, indem Sprache und Syntax wie in vielen Texten der Autorin von Direktheit, bisweilen von Vulgarität, immer jedoch von einer großen Nähe zur mündlichen Rede, aber auch zum Theatralischen geprägt sind.[232]

Despentes, welche selbst eine Zeitlang als Plattenverkäuferin gearbeitet hat, macht in *Vernon Subutex* einen durch den Wandel der Musikindustrie infolge von digitaler Vermarktung und Vertriebsstrategien ‹abgebrannten› Inhaber eines Vinyl-Schallplatten-Ladens zum urbanen und subkulturellen Helden ihrer Trilogie, die zum Zeitpunkt des Verfassens der vorliegenden Studie von Cathy Verney in Form einer Mini-Serie für das französische Fernsehen adaptiert wird.[233]

Vernon Subutex, benannt nach dem von Boris Vian verwendeten Akronym Vernon Sullivan und jenem Schmerzmittel, welches Opioid-Abhängigen bei Entzugserscheinungen verabreicht wird, ist ein einst erfolgreicher Plattenhändler Mitte / Ende 40, dessen Geschäft *Revolver* alle Rock- und Pop-Begeisterten der näheren und weiteren Umgebung kannten. Obwohl im Look eines alternden Rockstars oder DJs beschrieben, kann er seinen Ruf als sensibler Frauenschwarm aufrechterhalten, ist jedoch nach wie vor nicht imstande, sich endgültig zu binden. Subutex ist den Drogen, dem Alkohol und intensiven Partys alles andere als abgeneigt und steht einer sicheren bürgerlichen Existenz eher skeptisch gegenüber.

Das Incipit des Romans stellt den Leser*innen die Hauptfigur im Moment einer persönlichen und ökonomischen Krise vor. Denn Im Zuge der von ihm lange Zeit nicht wirklich ernstgenommenen marktökonomischen und rezeptionspraktischen Veränderungen durch die Digitalisierung des Musik-Business musste Vernons Laden eines Tages schließen. Immer weniger Vinylscheiben gingen über den Ladentisch, die Ära der CDs wurde einfach übergangen, und das aufkommende Internet führte zu neuen Formen und Formaten des Musik-

---

231 Diese Figur ist auch eine der Hauptfiguren in *Apocalypse Bébé* von 2010.
232 Vgl. Bricco: Considérations sur *Vernon Subutex*, Abs. 26.
233 Vgl. Verney, Cathy / Dupas, Benjamin (Drehbuch): *Vernon Subutex* (2019-?), Erstausstrahlung: 8.4.2019.

konsums, welche nicht nur die großen Plattenlabel, sondern auch deren Vertriebswege betrafen. Nach dem Verkauf seiner Restbestände und eigener Sammlerstücke über *ebay*, nach Gelegenheitsjobs und dem Gang zum Jobcenter wird ihm jedoch das Arbeitslosengeld gestrichen.

Vernon muss nicht nur von seinem bisherigen Lebensstil Abschied nehmen, sondern immer häufiger auch von alten Weggefährten: Der Tod von Alex Bleach, ein erfolgreicher Popstar und Freund, bildet nach der Exposition die ‹Katastase› der Handlung; jenes Ereignis, um das sich die diegetische Welt um die Hauptfigur des Romans entfaltet und um welches ein ‹Pandemonium› zahlreicher Neben-Figuren kreist. Immer jedoch bleibt Vernon Subutex das Zentrum der Handlung, an das auch die anderen Figurenzeichnungen angebunden sind, was trotz perspektivischer Volten und miteinander bisweilen lose, bisweilen eng verwobener Handlungsstränge zu struktureller Klarheit des *récit* führt, was auch Bricco in ihrer Analyse hervorhebt.[234]

Nach der Zwangsräumung seiner Wohnung steht Vernon Subutex auf der Straße, findet über Facebook, Instagram und WhatsApp jedoch immer wieder neue Schlafgelegenheiten meist weiblichen Geschlechts, ohne den ihn beherbergenden Damen die Wahrheit seiner Obdachlosigkeit zu offenbaren. Den Leser*innen werden so eine ganze Reihe jener Figuren als Reflektorfiguren vorgestellt, die gleichsam synthetisch und Stück für Stück auch das möglicherweise bewusst überzeichnete Panorama einer spätmodernen urbanen Gesellschaft darstellen und zwischen gescheiterten Lebensplänen, exzessiver Lebensführung, Zynismus und spießiger Bürgerlichkeit schwanken.

So gehen Vernons alte Kolleg*innen von der Punkband *Nazi Whores* mittlerweile auf die 50 zu und verfolgen unterschiedliche Lebensentwürfe, welche jedoch alle auch in bürgerlichen und ökonomisch abgesicherten Verhältnissen von Unzufriedenheit, Sarkasmus und mehr oder weniger versteckter Wut geprägt sind: Emilie, die männerhassende Bassistin der Band, ist lange schon im Bürgerlichen angekommen, bekleidet eine Stelle im Öffentlichen Dienst. Patrice, einst marxistischer *Hell's Angel*, schlägt sich mit Gelegenheitsjobs durch und verprügelt zuhause immer wieder seine jeweilige Lebensgefährtin. Xavier hatte als Drehbuchschreiber einen einzigen großen Erfolg und lebt seitdem mehr oder weniger vom Vermögen seiner Frau Marie-Ange. Er wird als ideologisch rechts stehender Macho beschrieben und kann – durch interne Fokalisierung vor allem für die Leserschaft sichtbar – seine Aggressionen gegenüber Frauen, Migranten, Juden, Schwulen und anderen ‹Randgruppen› nur noch schwer beherrschen.

---

234 Vgl. Bricco: Considérations sur *Vernon Subutex*, Abs. 22.

Auch im erweiterten Umfeld der Hauptfigur ist es eine aggressive Einstellung zur Gesellschaft, welche oftmals Lebensentwürfe und Existenzen der Romanfiguren bestimmt. Zu erwähnen wären noch einige typisch Despentes'sche Figuren, wie die lesbische ‹Hyäne›, eine zynische Privatdetektivin, ein transsexueller Pornostar und die transsexuelle Brasilianerin Marcia. Von den männlichen Figuren, welche vor allem als zynische Machtmenschen gezeichnet sind, stechen neben dem erwähnten frustrierten Eheman Xavier Kiko – ein schwerreicher, koksender Trader – sowie der mörderische Schurke der Handlung, der mächtige Musikproduzent Laurent Dopalet, heraus. Der erste Teil der Roman-Trilogie endet mit der endgültigen Obdachlosigkeit des Vernon Subutex.

Der zweite Teil vertieft die Charaktere der im ersten Teil vorgestellten Figuren, nimmt die Handlungsstränge um den rätselhaften Tod des Popstars Alex Bleach wieder auf und erzählt zugleich das weitere Leben von Vernon Subutex als Clochard auf den Straßen und Parks von Paris weiter, wo er auch Solidarität unter anderen Obdachlosen erfährt. Subutex gelingt es schließlich mithilfe der Unterstützung seiner ehemaligen Kund*innen und Freund*innen sowie durch seine Begabung, durch individuell abgestimmte Musik-Playlists als DJ die Lebenswelten unterschiedlichster Menschen zu berühren, Momente harmonischen Zusammenlebens in Form sporadisch und an geheimen Orten stattfindender Musikfestivals, der «Convergences», zu verwirklichen.

Dabei gerät Despentes' Gesellschaftssatire einerseits immer mehr zur Gesellschaftsutopie, andererseits zum Thriller, da sich herausstellt, dass sowohl der im ersten Roman verstorbene Musikstar Alex Bleach als auch dessen bereits vor ihm verstorbene Ex-Partnerin, der Porno-Star Vodka Satana, von Laurent Dopalet ermordet wurden. Dieser rücksichtslose Produzent hat sich zudem an mehreren Frauen vergangen und ist bisher straffrei ausgegangen. Noch vor der *#MeToo*-Bewegung um den Filmproduzenten Harvey Weinstein, aber bereits nach der Affäre um Ex-IWF-Direktor Dominique Strauss-Kahn hat Virginie Despentes mit der Erzählung eines Rachefeldzugs gegen Dopalet – geführt von zwei jungen weiblichen Figuren – in ihrem zweiten Vernon Subutex eine konzertierte feministische Aktion gegen die Straffreiheit mächtiger männlicher Vergewaltiger beschrieben, welche sich um den Plot einer Kriminalstory entwickelt: Dopalet wird von Aicha, der streng islamischen Tochter der ermordeten Vodka Satana und ihrer Freundin Céleste zuhause überfallen und zwangstätowiert. Die beiden Täterinnen müssen jedoch im Anschluss an ihre Tat vor der Rache des mächtigen Musikmagnaten fliehen.

Im dritten Teil der Roman-Trilogie steht neben einer veränderten Lage nach den terroristischen Anschlägen des Jahres 2015 die veränderte Stimmung in Paris, die Angst vor islamistischem Terrorismus, aber auch die Unmöglichkeit im Vordergrund, ein gelungenes Zusammenleben – wie es die ersten beiden Romanteile als Utopie vorgezeichnet hatten – auch nur in einer kleinen und anspruchslosen Gemeinschaft feiernder ‹Neo-Hippies› aufrechtzuerhalten. Thematisiert wird zudem neben der medialen Verurteilung des Islam und der Muslime in Frankreich auch eine allgemeine Unzufriedenheit mit der eigenen ökonomischen Situation sowie den Bedingungen der Arbeitswelt, wie sie sich in der *Nuit Debout*-Bewegung Bahn brach und dabei extrem linke wie extrem rechte politische Positionen vereinte.

Diegetisch wird der Erzählstrang um das Auseinanderdriften und den Zusammenhalt einer solidarischen Gruppe unterschiedlichster Individuen um die Hauptfigur Vernon Subutex zu einem radikalen Ende geführt. Die Gruppe, welche sich mittlerweile regelmäßig und überall in Frankreich zu den «Convergences» trifft, wird zur Zielscheibe einer jungen fanatischen, in der französischen Provinz lebenden Rechtsradikalen, welche in einem Massaker die meisten der Haupt- und Nebenfiguren bis auf Vernon Subutex auslöscht, der nahe Athen auf der Insel Hydra sein restliches Leben fristet.

In einem über weite Jahrhunderte in die Zukunft weisenden postapokalyptisch-utopischen Epilog wird im Zeitraffer erzählt, wie nach dem kurzzeitigen Verbot jeglicher Musik auf einer unter nicht näher genannten Umständen verwüsteten Erde mit ihren verbliebenen drei Ideologien des Theismus, des Marxismus und des radikalen Liberalismus die Subutex-Gruppe zu einer institutionalisierten Religion mit dem Messias Subutex und seinen Jüngern aufsteigt. Sie regelt schließlich das Zusammenleben innerhalb einer Gesellschaft der fernen Zukunft.

Eine zentrale Funktion erhält dabei nach jahrhundertelangem Verbot die Musik als bewusstseinsverändernde Instanz, insofern die von Subutex und seinen Anhängern als Visionen und Trancen beschriebenen Zustände während des Tanzens zu tatsächlich existierenden Reisen in andere Dimensionen erklärt werden, welche von Alex Bleach erstmals entdeckt wurden. Der Epilog bricht somit radikal mit der Diegese des Romans und verwandelt den bisherige Gattungsmix aus Gesellschaftssatire, Krimi und Thriller in eine chronologisch erzählte, möglicherweise ironische Utopie innerhalb eines erweiterten Chronotopos, welcher sich nun nicht allein auf Frankreich, sondern auf den gesamten Planeten und gewaltige Zeiträume erstreckt.

Die gesamte Roman-Trilogie kann in der retrospektiven Rezeption durch die Leser*innen ausgehend vom Ende des Massakers als engagierte Warnung vor den Exzessen schleichender Radikalisierung und ökonomisch wie politisch verursachter Selbstentfremdung als Ursachen dysfunktionalen Zusammenlebens gelesen werden. Diese Ursachen können jedoch allein auf Ebene des Individuums in ihrer existentiellen Tragweite erfasst werden, wie es die Romane in Ansätzen und in paradigmatischer Überzeichnung von Figuren und Motiven zu modellieren versuchen. Sie werden dadurch zu einer sowohl politischen wie – um wiederum mit Elisa Bricco zu sprechen – «engagierten» Literatur, welche jedoch ihre Kraft allein aus dem Scheitern einer Utopie des Zusammenlebens zieht:

> Le dénouement tragique et violent est l'action finale de la romancière qui brise le rythme de la lecture mais aussi le fil de l'empathie par un retour abrupt au réel et à ses apories : le rêve de communion par la musique, envisagée par la communauté des convergences, n'est en définitive qu'un leurre. Pour cette raison, si l'on peut encore aujourd'hui utiliser la notion d'engagement pour la littérature, il me semble alors que l'approche despentienne de la réalité par la narration peut être considérée comme engagée.[235]

Bereits aus der kurzen paraphrasierenden Darstellung der Romantrilogie wird deutlich, dass Despentes' Erzähltexte literarisch zwar durchaus als sich auf eine bestimmte Gesellschaft beziehendes Modell realistischen Erzählens verstanden werden können: Sie siedeln sich in unterschiedlichen und referentialisierbaren Milieus der französischen Gesellschaft zu Beginn des 21. Jahrhunderts an. Doch unterlaufen die Texte zugleich diesen Anschein von Realismus durch in ihrer allegorischen Funktion überzeichnete Figuren und Lebenswelten sowie durch den erwähnten, jeglichem Realismus entgegenwirkenden fantastischen Epilog.

Der politische Gehalt dieser sprachlich wie inhaltlich ‹hyperbolischen› Modellbildung inmitten von Merkmalen realistischen Scheibens soll im Folgenden im Hinblick auf die dort dargestellten Gewaltformen näher beleuchtet werden, ohne jedoch allein auf die Neoliberalismus-Kritik der Mitterrand-Jahre einzugehen, da dies bereits durch Michèle A. Schaals Analysen erfolgt ist:

> With Vernon Subutex, Despentes demonstrates that Mitterrand's presidency and the 1980s were a crucial era for French society and its citizens. The neoliberal turn has dramatically influenced individuals, their identities and social experiences. In particular, Despentes carries out a comprehensive and bittersweet assessment of what has become of both generations in the 2010s: some have succeeded yet at the cost of their aspirations, some have fallen down the social ladder, some have never risen or cannot rise above their dire conditions, some still try to cling on to youthful ideals, some have benefited from class privileges, and some have never known anything but the neoliberal system.[236]

---

[235] Ebda., Abs. 26.
[236] Schaal: Whatever became of «Génération Mitterrand»?, S. 95.

Unter Berücksichtigung dieses von Schaal erwähnten Bezugszeitraums und der damit einhergehenden Kritik an den Konsequenzen des «neoliberal turn» der 90er Jahre, aber auch an denjenigen der Nachwirkungen des Wohlstands der französischen «Trente Glorieuses» von 1945 bis 1975 im gesellschaftlichen Raum des beginnenden dritten Jahrtausends, soll die Frage aufgeworfen werden, welche Politik der Gewaltdarstellung und inwiefern Gewaltdarstellung *als* Politik der Literatur in den *Subutex*-Romanen aufscheint.[237] Die anhand der Romanfiguren auf Textebene modellierte und von Michèle A. Schaal analysierte Trennung der vor und nach den Mitterrand-Jahren geborenen Generationen in den 10er Jahren des 21. Jahrhunderts – also in etwa in neuerer Diktion die Konflikte zwischen *Baby Boomern* und *Gen X* einerseits, *Millennials und Zoomern* andererseits – ist dabei eine wichtige Voraussetzung für ein Verständnis einer eskalierenden Gewalt-Logik, wie sie die Diegese der Romantexte prägt.

Dennoch wird die in ihnen skizzierte Gewaltdynamik nicht nur vom kritischen Rekurs auf eine jüngere Vergangenheit begleitet, sondern entfaltet auch eine Politik der Sichtbarmachung von Aggressionen und Gewaltformen der unmittelbaren Gegenwart des 21. Jahrhunderts, welche im Bewusstsein der Figuren gären. Es erscheint in den Romanen somit nicht nur eine fiktional formulierte Kritik an den unerfüllten Versprechen eines konsumorientierten Neoliberalismus der *Boomer*-Generation, sondern auch ein literarisches Plädoyer für eine schmerzhafte und schwierige Auseinandersetzung mit einem komplexen Gewirr aus Meinungen, Weltanschauungen, Identitäts-Konstruktionen und Frustrationen erzählter französischer Gegenwart: Figurenzeichnungen jung-rechter Extremisten, aber auch verbitterter und gewalttätiger Sozialisten wie die des ‹Frauenschlägers wider Willen› namens Patrice prallen aufeinander. Zwischen koksenden, schwerreichen Tradern wie Kiko und dem frauenverachtenden und arroganten ‹Bösewicht› Dopalet an der Spitze der Gesellschaft und prekären Existenzen an deren Rändern, wie der Obdachlosen Olga oder dem namensgebenden Protagonisten der Roman-Trilogie selbst, finden sich zahlreiche Milieus nicht allein karikiert, sondern in überspitzten Verhaltensweisen und Weltanschauungen reibungsvoll konfrontiert.

Diese kontrastreichen Figurenensembles bilden eine bisweilen exzentrische, weniger um ‹faktentreuen› oder analytischen Sozialrealismus als um konfliktuale Zuspitzung bemühte Balzac'sche Literatur-«Taxinomie» sexueller, ökonomischer, religiöser, politischer wie ethnischer Diversität.[238] Sie besteht aus Figuren mit

---

237 Vgl. Goergen, Maxime: Vernon Subutex et le roman «balzacien». In: *Rocky Mountain Review of Language and Literature* 72, n°1 (2018); S. 165–182, hier 172.
238 Vgl. ebda., S. 169–172.

«caractère individuel» im Sinne der auf Balzac angewandten Typen-Definition von Georg Lukácz und wird in kurzen, den *Subutex*-Romanen vorgeschalteten ‹Rollenbeschreibungen› der Figuren der Leserschaft vorgestellt. Dabei gestalten sie einen sozialen Raum voller identitärer wie ökonomischer Spannungen, der durchdrungen ist von ökonomischer Ungleichheit und unterschiedlichsten Gewaltformen.[239]

Die Referentialisierbarkeit dieses Raums ist dadurch gegeben, dass die zum Zeitpunkt des Verfassens der Romane für Frankreich zentralen Gewaltereignisse der 10er Jahre des 21. Jahrhunderts, die Anschläge auf *Charlie Hebdo* und das *Bataclan*, erneut in die erzählte Welt der Literatur Eingang gefunden haben.[240] Wie Balzacs Modellierungen stellt sich der diegetische Raum der Romane um die messianische Figur des Vernon Subutex als les- und interpretierbares Modell eines «réel» mittels der Möglichkeiten des Fiktionalen dar. Dieses Modell geht dabei von jener ‹Realität› der sozialen und kulturellen Unterschiede aus, welche Zusammenleben als problematisches zum Material der Schriftstellerin oder des Schriftstellers macht:

> Si le roman de Despentes est « balzacien », c'est donc à la fois par sa tentative d'offrir une représentation panoramique du réel contemporain, par la référence constante à un passé idéalisé, et par l'inscription en son cœur d'une forme utopique de sociabilité, qui trouve son expression la plus aboutie dans l'autoréférentialité romanesque, l'autarcie communautaire et le repli du politique. [...] En dernier lieu, le roman de Despentes pose comme celui de Balzac la question de savoir si le discours romanesque peut, en modélisant le réel, le rendre lisible, interprétable, et donc améliorable ; ou si le roman doit se contenter d'offrir à son lecteur une échappatoire. La singularité de la construction balzacienne est d'adopter ces deux positions comme étant parfaitement complémentaires : l'œuvre littéraire est à la fois la description exhaustive et critique du monde réel et une société fictive, développant dans sa construction narrative une autonomie et une cohérence que n'ont pas le monde social. Critique et utopique à la fois : voilà sans doute les connotations que charrie l'épithète « balzacien », et qu'on pourrait bien appliquer à *Vernon Subutex*.[241]

Der hier von Maxime Goergen zu Recht in eine Tradition mit der Balzac'schen *écriture* gestellte diegetische Raum von Despentes' Erzählwelten als interpretatorischem Dispositiv zwischen Utopie und Sozialkritik umfasst dabei jedoch vor allem Figuren, welche von der normierten Perspektive der gesellschaftlichen ‹Mitte› aus als peripher definiert sind: Transsexuelle Pornostars und Obdachlose zählen dazu genauso wie global agierende, koksende Trader an der Börse. Den-

---

239 Vgl. grundlegend Lukácz, Georg: *Balzac und der französische Realismus*. Berlin: Aufbau Vlg 1952.
240 Vgl. Despentes: *Vernon Subutex 1–3*, Bd. 3, S. 232 ff.
241 Goergen: Vernon Subutex et le roman «balzacien», S. 179.

noch wird aus dieser peripheren, ‹ungewöhnlichen› Figurenperspektive auch die Brüchigkeit der ‹normalen Bürgerlichkeit› einer sozialen Mittelschicht selbst deutlich, wie sie beispielswiese der aggressiv-frustrierte Drehbuchautor Xavier und seine vermögende Frau Marie-Ange verkörpern. Denn auch bei ihnen schlagen existentielle Spannungen in verbale und direkte Wut und Aggression um und lassen dadurch eine existentielle Verunsicherung im stabilen sozialen Status der Mittelschicht erkennen.[242] Dabei bildet vor allem eine diachron-biographische Genealogie der Gewaltentwicklung aus Frustration immer wieder einen diegetischen Schwerpunkt und bestimmt die Figurenentwicklungen im Zentrum wie auch an der Peripherie der Gesellschaft. Und wie von Goergen im obigen Zitat impliziert, gehen die in den Romanen geschilderten Gewalt-Eskalationen einher mit der perspektivischen Vermischung von individualbiographischem Erleben und lebensweltlicher Interpretation des Kollektiven in den Kategorien Gender, Politik und Ökonomie.

Dennoch ist bereits auf Ebene des Erzählmodus ein wichtiger Unterschied gegenüber dem Balzac'schen Modell der literarisch-erklärenden Modellierung von Gesellschaft auszumachen: Der berühmte Nullfokus, jener alles wissende und alles minutiös beschreibende Spiegel-Erzähler ist über weite Passagen der Romane dem freien und indirekten Personalstil Flaubert'scher Prägung gewichen und gewährt dem Leser dadurch mittels alternierender interner Fokalisierungen Einblicke in Selbstbild wie auch Psyche der Figuren, wobei diese sich – so sie sich intradiegetisch bekannt sind – auch in ihren gegenseitigen Spiegelungen reflektieren.[243]

Auch auf inhaltlicher Ebene lassen sich einige Unterschiede zum Balzac'schen Erzählmodell finden. Denn dieses kann schon aus sozialgeschichtlichen Gründen nicht gänzlich auf ein Schreiben zu Beginn des 21. Jahrhunderts übertragen werden, hat sich doch die soziale Struktur der nacherzählten Lebenswirklichkeit nachhaltig verändert, obwohl es auch bei Virginie Despentes die dichte Beschreibung einiger die französische Gesellschaft bestimmender Triebkräfte und Leidenschaften ist, welche viele ihrer Romane durchzieht. Beim großen realistischen Romancier des 19. Jahrhunderts stand dabei eine konzentrierte und

---

[242] Vgl. zur lebensweltlich omnipräsenten Wut und Aggression beispielsweise die jeweiligen, oben erwähnten Figurenzeichnungen in Despentes: *Vernon Subutex 1–3*, Bd. 1, S. 69–71, S. 274–279, S. 292–296, in-Bd. 2, S. 161–174 sowie S. 310–321.
[243] Zu den fundamentalen Auswirkungen dieser Neuerung in der Erzähltechnik auf die psychologische Komponente der «dargestellte[n] Wirklichkeit» vgl. Auerbach: *Mimesis*, 449 ff. Zum Bild des Spiegels vgl. Wehle, Winfried: «Littérature des images». Balzacs Poetik der wissenschaftlichen Imagination. In: Gumbrecht, Hans Ulrich (Hg.): *Honoré de Balzac*. München: Fink, 1980, S. 57–81.

ausführliche Beschreibung von Figuren, Szenerien, Landschaften, sozialen und geschichtlichen Nahaufnahmen noch ganz im Spannungsfeld zwischen dem stärker werdenden Hochkapitalismus des Bürgertums, einer (post-)romantischen Stendhal'schen *amour-passion* sowie dem Ehrgeiz aufstrebender und absteigender Klassen und brachte literarisch detailliert beschriebene Kreisläufe von Geld und gesellschaftlichen Informationen hervor.[244]

Weniger ausladend als vielmehr nicht nur sprachstrukturell, sondern auch in der Struktur der diegetischen Aufteilung des Erzählten parataktisch bedient sich Despentes ebenfalls eines komplexen Gespinsts aus Weltanschauungen, Motiven, inneren Leidenschaften und Beweggründen sowie aus variablen Konzeptionen von Gender, Liebe und Sexualität, welches ihr modelliertes Frankreich bestimmt.[245] Es sind jedoch trotz der Typenhaftigkeit der Figuren nicht in erster Linie für das ‹Zentrum› einer veränderten bürgerlichen Gesellschaft repräsentative und sichtbare Milieu-Vertreter*innen, welche für ein möglichst diversifiziertes und umfassendes Bild der französischen Gesellschaft sorgen, sondern vom erzählerischen Schwerpunkt her die erwähnten kontrastreichen und marginalisierten Figurenensembles, die sich im urbanen Milieu des Zentrums, aber oft unter der Oberfläche des ‹Normalen› bewegen.

Nicht die ‹Norm-Bürger› und Typen einer urbanen bürgerlichen Mittelschicht oder eines Land- und Provinzbürgertums rücken im größten Teil der Handlung in den Fokus des Erzählens, sondern schwer zu kategorisierende Figuren unterschiedlicher Milieus der Großstadt. Die Despentes'schen Romanfiguren zeichnen sich dabei vor allem durch ihre ökonomischen und kulturellen Unterschiede, durch verschiedentlich gebrochene Lebensläufe und weniger durch ein Zugehörigkeitsgefühl zu einer bestimmten gesellschaftlichen Schicht, Klasse oder gar

---

244 Vgl. dazu die grundlegenden Überlegungen zu den historischen Entwicklungslinien des Liebesbegriffs in den romanischen Literaturen der Welt in Ette: *LiebeLesen*. S. 3–160. Zum Liebesbegriff im bürgerlich-realistischen Roman vgl. Rougemont, Denis de: *L'amour et l'Occident*. Édition définitive. Paris: Plon 1972, S. 244–248, S. 253–258.

245 Neben der erwähnten Vielfalt nicht binärer Gender- und Begehrenskonzepte wäre auch die Problematik von vermarkteter Liebe im Spätkapitalismus, Pornographie und Prostitution zu erwähnen. Literarische Motive, welche sich zwar in ihrer Brisanz für eine bürgerlich geprägte Mehrheitsgesellschaft mindestens bis zu den Gender-Diskursivierungen im realistischen Roman des 19. Jahrhunderts – wie beispielsweise in Balzacs *Sarrasine* – zurückverfolgen lassen, aber im 21. Jahrhundert durch technologische, medizinische und körperpolitische Möglichkeiten um ein Vielfaches an Problematiken und Themenstellungen erweitert wurden. Zu dieser Komplexität des Liebesbegriffs im von Digitalisierung und Selbstvermarktung gekennzeichneten Diskursraum des beginnenden 21. Jahrhunderts vgl. von soziologischer Seite Bauman, Zygmunt: *Liquid Love*. Cambridge UK: Polity 2003; sowie Illouz, Eva: *Gefühle in Zeiten des Kapitalismus*. Frankfurt a.M.: Suhrkamp 2006.

einer Epoche aus. Oftmals handelt es sich nicht um geteilte, sondern individualisierte Weltanschauungen jeglicher ideologischer Couleur, welche der Leserschaft präsentiert werden – vom Zyno-Hedonismus des Börsenmaklers Kiko bis zum Humanismus des transsexuellen ehemaligen Pornostars Pamela Kant. Hier ist Depentes' Roman dezidiert postmodern: Die Bachtin'sche Dialogizität und Polyphonie wird nicht aus der Totalität eines Chronotopos, als vielmehr aus einer fragmentierten Figurenzeichnung und -verflechtung sowie aus einer weniger kontinuierlichen als im Erleben der Figuren fragmentierten Raum-Zeit entwickelt.[246]

Als Beispiele solcher marginalisierter Gestalten und Repräsentant*innen radikaler politischer Minderheiten, die im Roman auch für Formen ideologischer und physischer Gewalt stehen, fungieren beispielsweise die beiden von rechter Ideologie durchdrungenen Figuren des Loïc und seines um eine Generation jüngeren ‹Kameraden› Noël. In ihnen verbindet sich die Indifferenz gegenüber bürgerlich-etablierten politischen Lagern mit einer Suche nach Identität und einem Zusammengehörigkeitsgefühl, welches Alterität und Diversität kategorisch ausschließt. Durch Despentes' Strategie, die Kapitel jeweils aus der Perspektive einer Figur zu erzählen, erschließt sich in der tiradierenden Sprache der Figuren – über weite Strecken wie erwähnt im *Style indirect libre* gehalten – die identitäre Weltanschauung des von seiner rechtsradikalen Vergangenheit teilweise enttäuschten Loïc.

Seine Perspektive ist geprägt von Wut und zynischer Resignation über politisches Engagement. Sie stellt einen rassistischen Sozialdarwinismus sowie einen anthropologischen Pessimismus Werten wie Akzeptanz und Respekt vor dem ‹Anderen› aus den Erfahrungen einer als minderwertig empfundenen eigenen Existenz gegenüber. Dabei definiert Loïc sich zwar als a-politisch, aber auch enttäuscht und verraten von einer Linken, welche seinen Interessen als Angehörigem der Arbeiterklasse eigentlich entsprechen müsste. Wieder einmal ist es die in Frankreich breit diskutierte Abwendung der *Petits Blancs* von einer in ihrem Fokus auf Machterhalt unter Vernachlässigung ihrer Wähler-Klientel als ‹verräterisch› empfundenen politischen Linken und der Wechsel in ein national-ethnisch-identitäres Lager, welche eine Figuren-Biographie in einem literarischen Raum modellierter Gesellschaft auszeichnen.

---

[246] Vgl. zu den fließenden Übergängen und Dynamiken innerhalb dieses diegetischen Spannungsfeldes und in einem Schreiben zwischen literarischem Realismus, Moderne und Postmoderne Ette, Ottmar: Unterwegs zum Orbis Tertius? Balzac – Barthes – Borges oder die vollständige Fiktion einer Literatur der Moderne. In: Bremer, Thomas / Heymann, Jochen (ed.): *Sehnsuchtsorte*. Festschrift zum 60. Geburtstag von Titus Heydenreich. Tübingen: Stauffenburg Verlag 1999, S. 279–305.

Ihm gegenüber steht als ein Vertreter der jüngeren Generation Noël, dessen rechtspolitische Identität jedoch laut Loïc weniger aufgrund einer ‹linken› Frustrationserfahrung in Form einer als ungerecht empfundenen Arbeitswelt unter der ‹linken› Mitterrand-Regierung, denn aus der freien Entscheidung zugunsten eines rassistisch-nationalistischen Überlegenheitsdenkens als eine von vielen politischen und ideologischen Möglichkeiten heraus *gewählt* worden sei. An der Ideologie – so Loïc – sowie ihrem Sinnpotential ändere sich dabei nichts; lediglich die Umstände, welche sie besonders für Jugendliche attraktiv machen, unterschieden sich von Generation zu Generation:

> A droite, c'est les mêmes clowns qu'à gauche. Mais on peut leur reconnaître une chose : ils sont plus sincères. Les humains sont des merdes. Tout ce qu'ils aiment, c'est se faire diriger. Punir, récompenser, guider. La nature de l'homme, c'est tuer son prochain. C'est à ça qu'on reconnaît la supériorité d'une civilisation sur une autre : qui a la plus grosse arme. Si tu mets dans une ville trois familles de religions différentes et que tu laisses faire comme ça vient, tu leur laisses une génération, et ils commencent à s'entre-tuer. [...] Mais il faut bien avouer que Loïc déteste encore plus les connards de gauche. Ils se sont servis des gens comme lui, ils ont grimpé sur leurs dos pour se hisser au pouvoir, et une fois tout en haut, ils leur ont pissé à la gueule en leur demandant de dire merci. Quand ils embauchent, les chefs de gauche te font signer les mêmes contrats, trimer dans les mêmes conditions, mais en prime ils te demandent de les admirer et s'offusquent si tu leur parles d'heures sup. [...] Noël, c'est une autre génération. Il n'a pas connu la gauche triomphante. Il se fait avoir par d'autres conneries. Il n'y a pas de miracle : c'est les mêmes baltringues qu'il y a vingt ans, on n'a pas renouvelé le stock.[247]

Auf Ebene des *discours* der Handlung geht diese Stelle politischer und sozialdarwinistischer Reflexion über die Hobbes'sche Natur des ‹Menschen als Wolf des Menschen› und Tirade eines ideologisch radikalen Neurechten der im späteren Handlungsverlauf erfolgenden Gewalt-Eskalation voraus, während der Xavier von eben diesem Loïc ins Koma geprügelt wird, wobei letzterer schließlich wiederum von seinen eigenen ‹Kameraden› getötet wird. Auf erzähltechnischer Ebene wird an diesem Zitat deutlich, wie sich eine ansatzweise allegorische, aber eben nicht typenhafte Figurenzeichnung (Loïc steht im Gegensatz zu Noël für das ‹alteingesessene› rechtsidentitäre Milieu der *Boomer*-Generation in Frankreich) und deren autobiographische und politische Reflexionen mittels indirekter und erlebter Figurenrede stets auch hin auf eine kategorische Gesellschafts-‹Axiomatik› öffnen, aus der die jeweilige Gesellschaftsanalyse erfolgt: «Ils se sont servis des gens comme lui, ils ont grimpé sur leurs dos pour se hisser au pouvoir» / «La nature de l'homme, c'est tuer son prochain.»

---

247 Despentes: *Vernon Subutex 1–3*, Bd. 2, S. 316 u. 318.

Wie im oben stehenden Zitat wird diese Axiomatik bezüglich eines gesellschaftlichen Raums aus der Perspektive der meisten anderen Romanfiguren durch die in ihrer jeweiligen Biographie und sozialen Situation offenbar werdenden Konflikte als feindselig skizziert und ist einem von Unsicherheit geprägten Selbstbild eher förderlich. Diese spannungsgeladene Selbstpositionierung im gesellschaftlichen Raum wird durch identitäre Ideologie, Kapital-Akkumulation oder aber affirmatives Gebaren bürgerlichen Verhaltens und normierter Gender-Identitäten kaschiert, wobei jedoch die Möglichkeit zur Solidarisierung mit anderen Figuren in ihren Problemen und Konflikten nicht erkannt wird.

Ein weiteres Beispiel für diese grimmige Selbstisolation ist der koksabhängige Trader Kiko, der die Qualitäten von Vernon Subutex als DJ während einer Party in seinem Appartement entdeckt und im Rausch wie beiläufig auch sein Weltbild mit der Leserschaft teilt. Es handelt sich bei Kiko um den Typus des rücksichtslosen, von sich selbst maßlos überzeugten Aufsteigers, die in der Diegese des Romans als allegorische Figur eines entfesselten globalen Finanzkapitalismus fungiert. Seine Perspektive auf Welt und Gesellschaft zeichnet sich durch enorme Geschwindigkeit, nervöse Anspannung und mitleidlose Härte gegenüber dem aus, was von ihm als ‹Schwäche› und mangelnde ‹Performance› definiert wird:

> Ce matin en se levant, Kiko s'était dit ce soir je fais tranquille. Besoin de repos, se faire un jap, mater un film et dormir pour récupérer. [...] Sentir la ville. Mais des congés il en a peu. C'est toute l'histoire. Tu passes ton temps à gagner un max de blé mais pour le claquer il te faudrait des RTT. Et ça dans son job on ne fait pas. Son job c'est la vitesse. Les gens qui ne sont pas de la partie ne comprennent pas. Ils pensent qu'il étudie des entreprises. Kiko est un sprinter. Il réagit au centième de seconde, il marche au rythme des machines. Black holes. Un krach boursier dure une seconde et demie. Les bénéfs se comptent en milliards. Ou les pertes. Et tu es responsable. C'est l'infra-instabilité. Pas le temps de toucher le sol, il vire au diapason du logarithme. Branché sur une pulsation souterraine, que l'humain lambda ne perçoit pas.[248]

Wie in den inneren Monologen anderer Roman-Figuren steckt in Kikos weltanschaulicher, von rhythmischen Parataxen geprägten, immer atemloser werdenden Tirade gegen die Armen und Schwachen wiederum eine aggressive Abwehrhaltung, welche letztlich die eigene Existenz apologetisch durch Akzeptanz der ‹Verhältnisse› zu fassen sucht, indem sie die Unhintergehbarkeit ökonomischer Hierarchien, eines sozialen ‹oben› und ‹unten›, sowie der alleinigen Maxime der Gewinnmaximierung als Axiom der eigenen Lebensführung überbetont: «Tu passes ton temps à gagner un max de blé mais pour le cla-

---

[248] Ebda., Bd. 1, S. 232–234.

quer il te faudrait des RTT. Et ça dans son job on ne fait pas. Son job c'est la vitesse» / «Du fährst tonnenweise *money* ein, aber zum Ausgeben brauchst du eine Fünfunddreißig-Stunden-Woche. Und die gibt es in seinem Job nicht. Sein Job ist *Speed*.»[249]

In seiner Akzeptanz sozialer und zwischenmenschlicher Ungleichheit sowie seiner Verachtung von Schwäche («Personne n'aime les pauvres» / «Keiner mag die Armen»)[250] und auch Frauen überschneidet sich Kikos immer rauschhafter werdende Eloge auf den entfesselt-maskulinen Marktliberalismus mit jenem rassistischen Sozialdarwinismus, der aus einer gänzlich anderen Position im gesellschaftlichen Raum und unter Rekurs auf historisch gewordene ideologische Differenzierungen zwischen ‹Rechten› und ‹Linken› im weiter oben angeführten Zitat des identitären Neurechten Loïc aufscheint.

Durch Despentes' – anhand dieser beiden Zitate nachvollziehbaren – Erzählstrategie einer nicht dialogisch aufeinander bezogenen, sondern parataktisch-sequenziellen Konfrontation verschiedener Figurenperspektiven in Form einer Abfolge weltanschaulicher Figuren-Reflexionen, die je ein Kapitel dominieren, entsteht vor den Augen der Leserschaft das Bild einer über kleinere Kollektive und individuelle Entscheidungen vermittelten Gesellschaft vereinzelt-isolierter Individuen. Sofern die ökonomische Grundsicherung gegeben ist, wird in ihr die *individuelle* Wahl der Ideologie, der Religion, des Lebensstils als Distinktionskriterium im von Andreas Reckwitz so bezeichneten *kulturellen Kapitalismus* der Spätmoderne zur Voraussetzung existentieller Selbstbestätigung – heteronormativer wie vermeintlich authentischer Art, zwischen ostentativem Konsum und ebenso ostentativem Verzicht, zwischen selbst gewählter überindividueller Wertesphäre wie Religion oder Ideologie und zynischem Werte-Nihilismus.[251]

Das Gewalt-Potential einer solchen Gesellschaft gipfelt in der Romanhandlung im finalen Massaker an der Gruppe um Vernon Subutex durch eine junge und hasserfüllte, durch das Internet radikalisierte, sich als ‹auserwählt› begrei-

---

249 Vgl. die deutsche Übersetzung von Claudia Steiniz in Despentes, Virginie: *Das Leben des Vernon Subutex*. Aus dem Französischen von Claudia Steinitz. Köln: Kiepenheuer & Witsch 2019, Bd. 1, S. 217.
250 Despentes: *Vernon Subutex 1–3*, Bd. 1., S. 237.
251 «An alles in der Lebensführung legt man hier den Maßstab der Besonderung an: wie man wohnt, was man isst, wohin und wie man reist, wie man den eigenen Körper oder den Freundeskreis gestaltet. Im Modus der Singularisierung wird das Leben nicht einfach gelebt, es wird *kuratiert*. Das spätmoderne Subjekt performed sein (dem Anspruch nach) besonderes Selbst vor den Anderen, die zum Publikum werden. Nur wenn es authentisch wirkt, ist es attraktiv.» Reckwitz: *Die Gesellschaft der Singularitäten*, S. 9.

fende Jung-Faschistin. Die 22-jährige Solange wird gezeichnet als weiblicher Anders Behring Breivik – einsam inmitten ihrer Familie in einem als trostlos beschriebenen Dorf der *France périphérique*.²⁵² Die Sozialstruktur dieses ländlichen Frankreich ist dabei ebenso von ökonomischer Prekarität, sozialer Fragmentierung und ideologischer Isolation geprägt wie diejenige des von Despentes gezeichneten sozialen Raums der Großstadt.²⁵³ Durch Rituale und Traditionen gefestigtes Zusammenleben findet auch innerhalb dieses im Roman kurz dargestellten ‹Landlebens› nicht mehr statt.²⁵⁴ Die Auswirkungen einer sich daraus ergebenden abstrakten identitären Selbst-Affirmation – gegen die vermeintliche «agonie démocratique», den «demokratischen Todeskampf», gegen die liberale Verlogenheit der «racaille politico-médiathique», des «politisch-medialen Gesindels», gegen eine scheinbar unerreichbare Unbeschwertheit der urbanen «culture bobo», der «Hipster-Kultur» – sowie das Verschwinden von konkretem familiären Zugehörigkeitsgefühl werden in diesem am Ende der Trilogie stehenden Kapitel und anhand der Beschreibung dieser Lebenswelt durch Solange angedeutet.²⁵⁵

Die Tristesse, der sich die 22-Jährige ausgesetzt sieht, zeigt sich besonders eindringlich in den Beschreibungen von plötzlicher Arbeitslosigkeit und Alkoholismus ihrer Mutter, einer ehemaligen Briefträgerin, die jedoch bereits während ihrer Arbeit vom Alkohol abhängig war:

> C'est sinistre, l'ambiance, chez elle. Ça n'a jamais été la grande gaieté mais maintenant, c'est pire. Sa mère a troqué la bouteille pour un traitement, pas le même que celui de sa sœur. Elle est beaucoup plus abrutie que quand sa copine c'était la bouteille. Le buffet de la cuisine est couvert de boîtes de médocs. Quand elle a eu quarante-deux ans, à la poste ils lui ont dit voilà on n'a plus besoin de facteur on va te former pour le guichet. Seulement, elle, c'était son équilibre – debout cinq heures, vingt kilomètres de vélo pour faire sa tournée, ensuite maison petit verre de blanc et ainsi de suite jusqu'au coma. Une fois au guichet, elle ne s'y retrouvait pas. [...] Elle est comme un fantôme maintenant. Son corps est là mais il n'y a plus personne dedans.²⁵⁶

---

252 Vgl. Despentes: *Vernon Subutex 1–3*, Bd. 1, S. 363–374. «Elle est une élue. Elle obéit à une vocation» / «Sie ist eine Auserwählte. Sie gehorcht einer Berufung» [ML]; ebda., S. 372.
253 Vgl. dazu die Analyse zu *Vernon Subutex* sowie zur Figur der Solange als einer ‹invertierten› französischen, enthaupteten National-Heiligen in Armstrong, Joshua: *Maps and Territories: Global Positioning in the Contemporary French Novel*. Liverpool: Liverpool University Press 2019, S. 137–139.
254 Vgl. die Beschreibung des verlassenen Dorffriedhofs in Despentes: *Vernon Subutex 1–3*, Bd. 3, S. 371 f.
255 Ebda., Bd. 3, S. 368 u. S. 373 f.
256 Ebda., Bd. 3., S. 367.

Wiederum ist es eine hoffnungslose und negative Anthropologie aus der Perspektive einer Familie im einst kleinbürgerlichen, nun prekären Milieu der *Petits Blancs* außerhalb der großen französischen Städte, die innerhalb der erzählten Welt der *Subutex*-Romane die Perspektive einer Figur auf ihre Lebenswelt bestimmt und schließlich in die Katastrophe des finalen Massakers führt.

Dieser pessimistischen Anthropologie voller Gewalt und ‹Egotismen› einer spätkapitalistischen Gesellschaft zu Beginn des 21. Jahrhunderts stellt Despentes nun eine utopisch, aber auch nostalgisch artikulierte Gegen-Gewalt gegenüber: Im Laufe der Roman-Handlung rückt ein zunächst angedeutetes und in der fantastisch-ironischen Schlussvolte der Texte ins Utopische gesteigertes, aber bereits in der Aufbruchsstimmung der 60er Jahre und den anschließenden Jugend-Bewegungen historisch entfaltetes Potential der Musik als demokratisierendes und damit politisches Bindemittel der Gesellschaft immer stärker in den Vordergrund.[257]

Denn neben zahlreichen wütenden Bewusstseinsströmen und Tiraden blitzen in den *Subutex*-Romanen auch Möglichkeiten eines solidarischen Zusammenlebens als «magie de l'entente du groupe» auf, als «Magie der Eintracht einer Gruppe»: Dabei handelt es sich um prekäre Gemeinschaften wie die Obdachlosen um Vernon Subutex im Park der Buttes-Chaumont und später die geheimen musikalisch-spirituellen ‹Happenings› der «convergences».[258] Das Leben in diesen Gemeinschaften bildet im modellierten sozialen Raum der Romane nicht nur den Gegenpol zur strukturellen, physischen und verbalen Gewalt des ‹normalen› Gesellschaftslebens, sondern ermöglicht auch eine Art Katharsis durch kommunikative Soziabilität jenseits von Milieu-Zugehörigkeit, Gender-Identität, Sexualität und auch abseits musikalischer Präferenzen der Individuen. Dass hierbei starke Referenzen auf die musikalische Populärkultur der zweiten Hälfte des 20. Jahrhunderts, aber auch des beginnenden 21. Jahrhunderts zu verzeichnen sind, möge ausgehend von Elisa Briccos und Michèle A. Schaals politischen Lesarten der *Sub-*

---

[257] Vgl. Goergen: Vernon Subutex et le roman «balzacien», S. 168; sowie Kaprièlan, Nelly: [Nos années 2010] 2015, Naissance de Vernon Subutex: Despentes raconte. In: *Les Inrocks.com* (1.2.2015), online unter https://www.lesinrocks.com/livres/dans-vernon-subutex-virginie-despentes-cartographie-la-societe-102778-01-02-2015/, konsultiert am 01.07.2021.

[258] Despentes: *Vernon Subutex 1–3*, Bd. 3, S. 177. Alternative Lebensgemeinschaften als Erprobungsräume von Diversität und Gegenentwürfe zu Lebensnormen und Lebensformen einer französischen Mehrheitsgesellschaft finden sich in der jüngeren Literatur Frankreichs immer wieder als Fluchträume der jeweiligen Protagonist*innen, scheitern jeweils aber wie auch diejenige der «Convergences» in *Vernon Subutex* auf jeweils unterschiedliche Weise; vgl. bspw. die vielen Formen kommunalen Zusammenlebens in Houellebecq: *Les Particules élémentaires*, op. cit.; sowie den hermetisch-exkludierenden Ort adoleszenter Erfahrungen in Bayamack-Tam, Emmanuelle: *Arcadie*. Paris: Gallimard 2020.

utex-Texte als eine *politische* Strategie der Intertextualität und Intermedialität verstanden werden.

Folgt man dieser Lesart, bedient sich Despentes in ihren Romanen popkultureller Versatzstücke bzw. intertextueller und intermedialer Referenzen insbesondere musikalischer Art weniger zur Weiterführung einer vermeintlich apolitischen ‹Ästhetik der Oberfläche›, wie sie mit der Pop-Kultur und ihrer Literatur in den 90er Jahren assoziierbar ist; vielmehr knüpfen die Texte an die noch vor allem subversionstaugliche Populärkultur der 60er bis 80er Jahre an. Sie integrieren diese Fragmente als Grundlage für eine ‹Gegenkultur› zur diegetisch vorherrschenden spätkapitalistischen Gesellschaft isolierter Lebensentwürfe und als trotz ihrer Vermarktbarkeit demokratische Ausdruckssprache, welche Gruppenzugehörigkeit und individuelle Identitätsfindung gleichermaßen erlaubt. Intermediale Zitate musikalischer Art werden «philosophische Kunst» im Sinne Arthur C. Dantos in Form von Musiktiteln, Mode-, Lebens- und Konsumstilen, denen emanzipatorisches Potential zukommt.[259]

Auffällig ist diese Strategie auf textstruktureller Ebene, wo diese intertextuellen sowie intermedialen Referenzen auf die Musikkultur des 20. und 21. Jahrhunderts sozusagen den ‹Soundtrack› der Romane ergeben. Früh haben dies Leser*innen der Texte erkannt und auf *Youtube*-Kanälen eigene Playlists zusammengestellt, welche die Songs und Musikstücke der Erzähltexte sozusagen als ‹unsichtbares Album› ergänzend zu den *Subutex*-Romanen dem Gehör der Leserschaft verfügbar machen.[260] Bereits dieses extratextuelle Engagement von Seiten der Leser*innen weist auf die zentrale Bedeutung intermedialer, akustisch-textueller Referenzialität für ein Erfassen aller Textschichten der Romane hin.

Wie in Nicolas Mathieus ‹Jugendroman› *Leurs enfants après eux* bilden zumeist längst klassisch gewordene Songs der Populärkultur aller Musikgenres und –stile von Britney Spears bis Leonard Cohen, aber auch Titel weniger bekannter Künstler verschiedener Subgenres des Mainstream-Pop wie französischer Gangsta Rap, Heavy Metal, Rave und Electro, den *Soundscape* für die Lebenswelten der Romandiegese und ihrer Figuren. Ähnlich wie dies R. Murray Schafer in den 70er Jahren des 20. Jahrhunderts hinsichtlich der sozialen Di-

---

259 Zu diesem Spannungsfeld der Popkultur zwischen Subversion und affirmativem Konsum vgl. Ulama, Nisaar: «Pop ist philosophische Kunst.» Hegel, Danto und die Popmoderne. In: Hecken, Thomas / Wrezinski, Marcel (Hg.): *Philosophie und Popkultur*. Bochum: Posth-Verlag 2010, S. 127–142.
260 Vgl. bspw. die Playlists zu den drei Romanen von *Vernon Subutex* auf dem Youtube-Kanal von Richard, Vincent: Playlist Vernon Subutex 1–3, online auf *Youtube* unter https://www.youtube.com/channel/UCgwsKCce-piwsRZFjX4GAwA; konsultiert am 01.07.2021.

mension dieses von ihm geprägten Begriffs ausführte, verknüpft diese textuelle ‹Klang-Landschaft› auf diegetischer Ebene individuelle Subjektivität der Figuren und sozialen Raum, der in diesem Falle als erzählter sozialer Raum über weite Strecken der Romanhandlung von sozialer Ungleichheit, Prekarität, Sexismus und Rassismus geprägt ist und daher der finalen Utopie diametral entgegen steht.[261]

Zudem verhält sich dieser *Soundscape* durchaus idealisierend-eskapistisch gegenüber den Gewalterzählungen der geschilderten Lebenswelten. Denn er ebnet nicht nur auf Ebene des *récit* der Romanhandlung den Figuren den Weg in ein utopisches Zusammenleben, indem er die emanzipatorische und gemeinschaftsstiftende, dionysisch-ekstatische Qualität, welche der Musik nicht erst seit Nietzsche zugeschrieben wird, im Laufe der Romanserie in ein tragendes Moment der Handlung verwandelt. Vielmehr gliedert dieses musikalische Zitieren durch die Bekanntheit und die für jede*n Leser*in realisierbare Abrufbarkeit der zitierten Musiktitel eine extradiegetische Rezeptionsebene in die Struktur der Diegese mit ein, was weniger einer ekstatischen Steigerung als dem ordnend-strukturierenden, nach Schafer dem ‹apollinisch›-kosmologischen Moment jeglicher Musik als harmonische Verknüpfung der Figuren untereinander und letztlich der Figuren mit der Leserschaft entspräche:

> In the Dionysian myth, music is conceived as internal sound breaking forth form the human breast; in the Apollinian it is external sound, God-sent to remind us of the harmony of the universe. In the Apollinian view music is exact, serene, mathematical associated with transcendental visions of Utopia and the Harmony of the Spheres. [...] It seeks to harmonize the world though acoustic design. In the Dionysian view music is irrational and subjective.[262]

Die für die erzählte Welt zentrale Funktion einer von Despentes in den *Subutex*-Romanen inszenierten Utopie musikalischer Konvivenz zur Harmonisierung des Sozialen mit dem Individuellen und als sozial-emanzipatorische, aber auch messianisch-kathartische Gewalt soll kurz auf Ebene der Textstruktur anhand der Begleit-Motti zu den jeweiligen Romanen sowie anhand des Endes des ersten Romans dargestellt werden. Denn den drei Romanen werden jeweils im Paratext Zitate in Form der Lyrics bekannter Songs sowie das Zitat eines antiken

---

[261] Vgl. zu diesem Hoffnungsschimmer, welcher sich ab Band 2 immer stärker abzeichnet Schaal: Whatever became of ‹Génération Mitterand›?, S. 96. Zum Begriff des «Soundscape» und dem damit einhergehenden soziologischen wie lebensweltlichen Konzept vgl. Schafer, R. Murray: *The Soundscape: Our Sonic Environment and the Tuning of the World*. New York: Alfred Knopf 1977.
[262] Ebda., S. 6.

Dichters vorangestellt, welche die Diegese dadurch kommentierend begleiten. So könnte das «Non omnis moriar» / «Nicht gänzlich werde ich sterben», das dem ersten Band vorangestellt ist, auch programmatisch gelesen weden.[263]

Es ist den Oden des römischen Dichters Horaz entnommen, verweist aber auch auf zwei Death Metal-Bands, eine polnische der 90er Jahre sowie eine 2007 gegründete mexikanische. Damit deutet dieses Motto bereits jenen musik- und lebensphilosophischen *Sub(u)tex(t)* an, welcher sich in den weiteren Bänden der Trilogie immer mehr herauskristallisiert.[264] Da das Horaz'sche Verb im Futur steht, ist zudem ein prophetisches Moment paratextuell evoziert, dessen Einlösung auf Ebene der Diegese erfolgen wird. Indem es das Motiv des geprüften Helden, seinen Fall und Aufstieg, seinen Tod und seine Wiedergeburt im hinterlassenen ‹Werk› vorwegnimmt, wird das Motiv des erlösten, in die Unterwelt hinabgestiegenen und zurückgekehrten Heros von Jesus bis Parzifal indirekt bereits aufgegriffen und später auch in der Geschichte des Helden Vernon Subutex an die Gegenwart des 21. Jahrhunderts angepasst.

Den zweiten Band eröffnet Leonard Cohens hoffnungsvoller Text seiner Hymne *Anthem* aus seinem Album *The Future* von 1992, der im Mittelteil der Romantrilogie die zentrale ‹Peripetie›, den Höhepunkt der Romanserie vorwegnimmt, in welchem aus dem leidgeprüften, obdachlosen Helden der messianische Musik-Guru wird und zugleich die Notwendigkeit des Leidens als Bestandteil der archetypisch inszenierten Held*innen-Reise weitergesponnen wird.[265] Das Motiv der Rettung im Moment der Krise, auch hier wieder als Bestandteil jeglicher Heldenreise notwendig zu integrieren, bildet auch ein Bindeglied zu den Motti des ersten und dritten Bandes. Dem dritten Band steht ein Text des zum Zeitpunkt der Publikation kürzlich verstorbenen David Bowie aus dessen Album *Black Star* und dem Song *Lazarus* voran. Er ist Hinweis auf das Ende und auch den Erfolg des messianischen Protagonisten der Handlung und

---

263 Vgl. Despentes: *Vernon Subutex 1–3*, Bd. 1, S. 7; sowie *Q. Horatii Flacci carmina liber tertius*, Hor.c.3,30. Bereits der Hinweis auf diese Stelle verweist eher ironisch auf den Monument- und Ewigkeitscharakter von Literatur, den ein Roman – zumal eine Roman-Trilogie – möglicherweise gewinnen kann. Denn dass es sich bei *Vernon Subutex* um tragische Dichtung, möglicherweise einen Trauergesang handelt, wie dieses Zitat aus Horazens *Ode an Melpomene* als Muse dieser Gattung suggeriert, sei in Anbetracht zahlreicher komödiantischer und satirischer Elemente in den Romantexten dahingestellt.
264 Vgl. die Einträge zu *Non omnis moriar* in der *Encyclopaedia metallum*, online unter https://www.metal-archives.com/bands/Non_Omnis_Moriar/3540473054, sowie https://www.metal-archives.com/bands/Non_Omnis_Moriar/3540381806, konsultiert am 01.07.2021.
265 Vgl. Despentes: *Vernon Subutex 1–3*, Bd.,2, S. 9: «Ring the bells that still can ring / Forget your perfect offering / There is a crack in everything / That's how the light gets in.» Vgl. Cohen, Leonard: Anthem. In: ders.: *The Future*. Columbia 1992.

das Ende der Heldenreise, zugleich Einlösen der Horaz'schen Lebensklugheit zu Beginn des ersten Bandes.[266]

Wie im weiter oben besprochenen Falle von Nicolas Mathieus Kapitelaufteilung in *Leurs enfants après eux* erfolgt durch diese paratextuelle Strategie, welche die drei Romane miteinander verknüpft, eine Vermischung des Tragischen auf Figurenebene mit der nur aus einer sehr traditionalistischen Perspektive ‹leichteren› Tragik popkulturell-musikalischer Inszenierung von Tod und Wiedergeburt auf paratextueller Ebene. Einer ‹Heldenreise› mit Erlösungsgeschichte dient die scheinbar ‹bunte›, ewig adoleszente Welt popkultureller Fragmente als die Handlung kommentierendes, aber auch strukturelle Einheit stiftendes Element. Doch anders als Nicolas Mathieus kritischer Blick auf das demokratisierende Element der Popkultur in seinem Roman *Leurs enfants après eux* wird selbige bei Despentes nicht nur paratextuell durch ‹Anzitieren› einer Erlösungsgeschichte, sondern vor allem auf Inhaltsebene nicht als kritischer Kommentar zu modellierter Lebenswelt, sondern vielmehr in Form von Musik als affirmativer Instanz für Selbstbewusstsein und Selbstinszenierung der Figuren relevant: Alle zitierten Songs entsprechen ihren Stimmungen, aber auch ihren Ängsten und Hoffnungen. Sie geben den Figuren einen äußeren und schließlich auf diegetischer Ebene ‹multidimensional-phantastischen› Resonanzraum, der eher kathartisch-festigend, denn transgressiv-zersetzend wirkt.

Doch mehr noch: Während diese Wirkung von Musik am Ende der Romantrilogie in einer phantastischen Volte in eine bewusstseinserweiternde Entwicklung der Menschheit aus der Zukunft umgedeutet wird, ist musikalisches Leben und Erleben zunächst der Hauptgrund für die ‹Heldenhaftigkeit› der Hauptfigur Vernon Subutex.[267] Dieser ist zwar zunächst als empathischer, etwas phlegmatischer ‹Durchschnittstyp› charakterisiert, besitzt aber die ‹Heldengabe›, Menschen aller Milieus, Ethnien, Gender-Identitäten und Nationalitäten aufgrund seiner musikalischen Erfahrung mit allen Spielarten von Musikgenres und -richtungen durch reines Abspielen der ihren Stimmungen entsprechenden Musik zu sozialeren Wesen ‹umzugestalten›. Subutex wird zum Medium zwischen den individuellen Existenzen und einem höheren Kollektiven, welches sich mittels Musik gegen das vereinzelte Ego durchsetzt.

Das Ende des ersten Romans zeigt den Obdachlosen auf einer Parkbank mit Blick auf Paris und schildert die Epiphanie seiner messianischen Fähigkeiten, Menschen über Musik und auch sich selbst mit ihnen zu verbinden. Das Apolli-

---

266 Vgl. Despentes: *Vernon Subutex 1–3*, Bd. 3, S. 7: «Look up here, I'm in heaven / I've got scars that can't be seen / I've got drama, can't be stolen / Everybody knows me now.» Vgl. Bowie, David: Lazarus. In ders.: *Black Star*. Columbia 2016.
267 Vgl. Despentes: *Vernon Subutex 1–3*, Bd. 3, S. 401–406.

nisch-Dionysische der Musik, in diesem Falle der Musik von Jimmy Hendrix, wird wie das Schmerzmittel Subutex zum Ersatz für den Drogen-Rausch, indem sie letztlich – durch den Wechsel von der personalen Erzählperspektive in die Ich-Perspektiven von der Leserschaft unbekannten Stimmen oder in eine göttlich-pantheistische ‹Über-Perspektive› – weniger in einen Rausch, denn in eine Kommunion im durchaus religiösen Sinne mit den meist leidenden Anderen und Fremden als Einzelexistenzen führt:

> Plus tard dans la nuit, quelques heures se sont écoulées, ou une minute, il ne sait pas, il grelotte de fièvre. Les premières mesures de *Voodoo Chile* le réveillent. Jimi Hendrix tousse, en fait c'est le début de *Rainy Day*. […] Au-dessus de lui, les étoiles brillent avec une étrange intensité dans le ciel de Paris. […] Il n'a jamais connu de calme aussi agréable. Tout son être est envahi. L'héroïne ne procure pas ça. Comme ni les champignons ni le LSD ni le datura ne procurent d'illusion sonore aussi parfaite que celle dont il vient d'être le récepteur. […] Il découvre en face de lui une vue dégagée, il voit tout Paris d'en haut.
> Je suis un homme seul, j'ai cinquante ans, ma gorge est trouée depuis mon cancer et je fume le cigare en conduisant mon taxi, fenêtre ouverte, sans m'occuper de la gueule que font les clients.
> Je suis Diana et je suis ce genre de fille qui rigole tout le temps et s'excuse de tout, mes bras sont maculés de traces de coupures.[268]

Der hämmernde Rhythmus der Ich-Stimmen wird immer schneller und erweitert sich schließlich auf andere Lebewesen wie Tiere und Pflanzen, zuletzt auch Naturphänomene und Gegenstände. Hervor tritt der kosmologische Charakter dieses harmonisierenden Musik-‹Rauschs› als eine *Unio mystica* inmitten des existentiellen Tiefpunkts, an dem die Hauptfigur alles verloren zu haben scheint. Die hier zum ersten Mal auftauchende kosmisch-musikalische Harmonie wird sich in den folgenden Romanen auf weitere Teile der Diegese erstrecken und die Aggression sowie die inneren Gewaltphantasien – auch verbaler Art – der meisten Figuren abmildern. Im Endkapitel des ersten Romans kehrt die nicht-fokalisierte Ich-Stimme schließlich in einem erzählerischen Zoom wieder zu Subutex als «Penner auf einer Parkbank auf einem Hügel in Paris» zurück:

> Je suis l'arbre aux banches nues malmenées par la pluie, l'enfant qui hurle dans sa poussette, la chienne qui tire sur la laisse, la surveillante de prison jalouse de l'insouciance des détenues, je suis un nuage noir, une fontaine, la fiancé quitté qui fait défiler les photos de sa vie d'avant, je suis un clodo sur un banc perché sur une butte, à Paris.[269]

---

268 Ebda., Bd. 1, S. 426–428.
269 Ebda., Bd. 1, S. 429.

Diese auf den ersten Blick naiv-esoterisch anmutende Emphase ins Kosmische gesteigerten musikalischen Erlebens als utopische Vision des Zusammenlebens ist nicht nur auf diegetischer, sondern auch auf textpolitischer Ebene eine erzählerische Strategie: Während Musik – vor allem jene vielrezipierter Bands der Pop-Kultur wie *Nirwana* – bei Nicolas Matthieu nicht über den bloßen Kommentar des Milieus hinausweisen kann, wird sie bei Despentes tatsächlich zu einer transformierenden Kraft des Erlebens intra- wie extratextueller Art. Dies geschieht, indem sie Assoziationen auf Figuren- und Assoziationen auf Leser*innen-Ebene mit bekannten und weniger bekannten musikalischen Intertexten zulässt und zu einer verstärkten Kommunikation auf intradiegetischer Ebene zwischen den Figuren mit ihren jeweiligen Biographien untereinander, aber auch mit einer pop- und subkulturell sozialisierten Leserschaft führt.

Despentes' isolierte Figuren werden auf diese musikalische Weise trotz aller Unterschiede ökonomischer, kultureller wie geschlechtlicher oder religiöser Art als letztlich sehnsuchtsvoll-traurige Individuen miteinander verbunden, die mit ihrer von ihnen selbst problematisierten Existenz in unterschiedlichsten Situationen der Euphorie, des Zynismus, der Verzweiflung oder aber des Triumphs konfrontiert sind. Das Verständnis dieser für die Romandiegese entscheidenden Rolle der Musik als politische Gewalt gegen die Gewalt ist notwendig, um nun abschließend die sie überwiegend bestimmenden Formen und Konstellationen der Gewalt und ihre jeweilige Funktion innerhalb der Romanhandlung zu diskutieren.

Im Gegensatz zur Sprachlosigkeit dieser kosmisch-musikalischen und zwischenmenschlichen *Unio mystica* ist nämlich bereits die Sprache zahlreicher der in den *Subutex*-Romanen gezeichneten Charaktere – wie bereits anhand einiger Beispielzitate sichtbar wurde – von Gewalt, Arroganz, Vulgarität und Bosheit geprägt: Rassismus, Sexismus, Misogynie, Homo- und Xenophobie feiern in zahlreichen der in erlebter Rede gestalteten Figurenmonologe fröhliche Urstände. So sieht die Gegen-Figur zu Vernon Subutex, der Produzent Laurent Dopalet als ‹Typus› eines phallogozentrischen Macht- und Geldmenschen, in anderen eher Objekte und weniger Mitmenschen. Er begründet dies mit einem auf Geschlechter-Hierarchie und sexueller Erniedrigung beruhendem Männlichkeitsbegriff.

Als er durch deren Tochter Aïcha erniedrigt und gefesselt über den toten Porno-Star Vodka Satana – Aïchas Mutter – nachdenkt, deren Service als ‹Escort› er in Anspruch genommen hatte, entwickelt er vor den Augen der Leserschaft ein Frauenbild, das auf Lustgewinn durch nicht nur spielerische, sondern tief im Selbstbild verankerte sadistische Erniedrigung abzielt. Es lässt Camille Paglias bezüglich der *King Kong Théorie* bereits erwähnten Instinkt-Essenzialismus ‹der› männlichen Natur wieder aufscheinen:

5.3 King Kong Théorie (2006) und die Vernon Subutex-Trilogie (2015–2017) — 501

> Des images de Vodka Satana lui reviennent en mémoire, par flash. Il ne l'a pas tuée. Mais ça l'excitait qu'elle s'avilisse. Il est un homme. Est-ce un crime? Ça lui plaisait qu'elle joue les saintes nitouches effarouchée et de devoir la convaincre de montrer ses seins aux invités à la fin du dîner. Ça faisait partie du jeu, la pousser à faire des choses et sentir qu'elle cédait. Qu'une fille aussi belle qu'elle obéisse à un mec comme lui, ça le faisait se sentir puissant. Il y a une part d'ombre, là-dedans. Comme toujours, avec le sexe.[270]

Doch nicht nur tief sitzende Verachtung von Frauen, sondern auch direkte und routinierte, sich in einer Beziehung einnistende und steigernde häusliche Gewalt wird thematisiert und in Verhältnis zu Weltbild und Subjekterleben der Figuren gesetzt. Im Gegensatz zur eben gezeigten, die sexuelle Gewalt begleitenden und untermauernden Gewalt von Weltbild und Sprache, sind es von politischem Engagement, Solidarität und Empathie geprägte Sprachwelten, die stilistisch durch reflektierende Begrifflichkeiten die eigene existentielle Situation beschreiben und durchdenken können, aber einem gewalttätigen Handeln der Figur nicht entgegenstehen. So ist der seine Partnerinnen brutal verprügelnde Hilfsarbeiter Patrice in der Figurenrede und der erlebten Rede ein scheinbar zutiefst sensibler Beziehungspartner und Vater, der verzweifelt in seinen bisweilen politischen Statements gegen soziale Ungerechtigkeit, aber auch seinen ihm eigenen Hang zur Wut ankämpft, dessen er sich zutiefst bewusst ist.

Auch Patrices Frauenbild ist von männlichem Macht-Bewusstsein und Besitzdenken gegenüber seinen Partnerinnen geprägt, was ihn aber im Gegensatz zu Dopalet verunsichert und letztlich einen pathologischen Anerkennungs-Komplex erkennen lässt. Ohne die häusliche Gewalt zu beschönigen, fügt die anhand der Figur Patrice erzählerisch modellierte Täterperspektive der Problematik sexueller und häuslicher Gewalt gegen Frauen einen Aspekt schuldbewussten Reflektierens über das eigene Handeln hinzu:

> Juste après la colère, il se sentait vidé. Il regardait sa femme ramassée dans un coin, il avait envie d'effacer ce qui venait de se passer, l'emmener au soleil faire un tour et qu'ils prennent du bon temps, comme si rien n'était arrivé. Aucune parole entre les dents serrées, pas de coups du poing à casser les portes en deux, pas de main qui se lève, pas de corps secoué en la regardant droit dans les yeux et exigeant qu'elle le prenne au sérieux parce que tant que dans son visage restait la moindre trace de résistance il fallait qu'il aille plus loin.[271]

Sensibilität vermischt sich in dieser Gewalt-Erzählung aus der Perspektive eines Täters mit Grausamkeit, seine Zärtlichkeit mit dem Drang, der Anderen Schmerz zuzufügen. Wieder ist es jedoch ein letztlich auf genderkonforme, d. h. hetero-

---

270 Ebda., Bd. 2, S. 301.
271 Ebda., Bd. 1, S. 307.

normative Selbstbestätigung abzielendes Bild von Männlichkeit, das dem Handeln beider männlicher Figuren zugrundliegt. Wie bereits in *King Kong Théorie* erscheint auch in den Figuren des Dopalet und des Patrice jene Kritik an einer heterosexuellen Männlichkeit, welche sich über Gewalt- und Machtverhältnisse definiert, zugleich aber auch eine gewisse Überbetonung des Instinktiven bei ihren Handlungen als Entschuldigung für auch durch Paglias männlichen ‹Instinkt-Determinismus› nicht zu entschuldigendes Verhalten heranzieht.

Aber trotz dieses Beispiels direkter Gewaltausübung ist es bei den meisten Figuren der Romantext doch ‹nur› eine von Gewalt durchdrungene innere Sprachwelt, die ein Subjekterleben vor den Augen der Leserschaft bloßlegt, das vor allem von Vereinzelung, einem verunsicherten Selbstbild und Misstrauen gegenüber der Gesellschaft geprägt wird. Es zeigt sich durch die Verbindung von Figurenrede, erlebter Rede, Sprachhandlung und erzählter Handlung, dass es sich bei den meisten dieser Tiraden um eine Art innerlich ausformulierten Sarkasmus, aber bisweilen auch Zynismus handelt. Die Unterscheidung zwischen diesen beiden sprachlich wie narrativ vermittelten Haltungen ist hier entscheidend, denn sie bestimmt das Handeln der Figuren und somit auch ihre Position innerhalb der erzählten Gesellschaft. So handelt es sich bei der Sprache des auf Frauen und Minderheiten fluchenden Rassisten Xavier um ein sarkastisches Sprechen, welches von seinen Akten und seinem Verhalten gegenüber der Obdachlosen Olga konterkariert wird.[272] Der oben zitierte Zyniker Dopalet hingegen verstärkt seine Haltung über Handlungen, die von Missbrauch bis zum Mord reichen.

Auf diesen Ebenen der in den Romanen dargestellten inhaltlichen und sprachlichen Gewalt lässt sich bezüglich der Frage nach der politischen Dimension dieses Gewalt-Erzählens erneut eine literarische Differenzierbarkeit nach jener Subjektivitäts-Typologie erkennen, welche Michel Wieviorka für die Verbindung zwischen der Suche nach Sinnstrukturen und individuellem Gewalthandeln vorgeschlagen hat. Während die meisten der Figuren einer bürgerlichen Mittelschicht, wie Xavier oder Emilie, als *Sujets flottants* von einer Empfindung existentieller Sinnlosigkeit geprägt werden, sind andere Subjekte in einem selbst so empfundenen Überlebenskampf *Sujets en survie*. Sie wenden Gewalt, obwohl sie bereits Erwachsen und in ihren gesellschaftlichen Positionen mehr oder weniger gefestigt sind, als eigentlich kindlich-

---

[272] Vgl. hierzu auch Xaviers charakterliche Wandlung und sein Platz in der hippiehaften Festival-Atmosphäre der «Convergences» um Vernon Subutex in Band 3 der Triologie, ebda., Bd. 3, S: 140–149.

jugendliche «violence fondamentale» zur Ich-Behauptung und als Überlebensstrategie an und kosten sie aus.[273]

Eine solche Ausrichtung der eigenen Subjektivität an den ‹Anderen› als Bedrohung («L'autre ou moi?» / «Der Andere oder ich?», «Survivre ou mourire?» / «überleben oder sterben?», «Survivre au risque de tuer l'autre?» / «Überleben und dabei riskieren, den Anderen zu töten?») wird sowohl in den angeführten ‹sozialdarwinistischen› Zitaten des Neo-Rechten Loïc, die weniger ideologisch als reaktiv geprägt sind, wie auch an der propagierten Notwendigkeit eines Kampfs ums ‹Überleben› im ökonomischen Sozialdarwinismus des Marktes deutlich.[274] Letzterer schien im Zitat des Traders Kiko auf, bestimmt aber auch das paranoide Handeln des in seinem Sadismus zudem einem *Anti-Sujet* nahestehenden Musikproduzenten Dopalet.

Die jugendliche Attentäterin Solange wiederum, welche sich «erwählt» fühlt, findet zwar in die Rolle eines *Hypersujet* als terroristische Gewalttäterin im Namen einer dogmatischen Werteordnung höherer Natur, doch befindet auch sie sich zuvor in einer Situation existentieller Bedrohung durch eine prekäre Umwelt. Das Gewalthandeln liegt somit nicht nur sprachlich in den vulgären Tiraden, sondern auch diegetisch als Handlung, als erzählerisch gestaltete Handlungsmöglichkeit des Subjekts gegen eine bedrohliche Lebenswelt und innerhalb eines von der Isolation der Figuren-Individuen geprägten gesellschaftlichen Raums in der Luft. Die meisten Figuren kennen und begegnen sich, aber ihre Lebenswelten, ihre Einstellungen und Werte, Pläne und Komplexe, Gefühle und Begierden unterscheiden sich auf oftmals unvereinbare Weise und erzeugen so jene unausweichlich karnevaleske Spannung, welche für den klassischen Roman zwar kennzeichnend, in Despentes' Darstellung eines postmodernen Pluralismus jedoch zur bedrohlichen, zugleich aber unverzichtbaren Herausforderung gesellschaftlichen Zusammenlebens wird.

Es ist dabei vor allem die strukturelle Gewalt ökonomischer Ungleichheit, welche den Vergleich mit den besser gestellten Anderen durch die marginalisierten Figuren in Aggression und Hass kippen lässt. Diese Gewalt durchdringt das in den *Subutex*-Romanen dargestellte Frankreich und die Beziehungen der in den Romanen gezeichneten Figuren. Der Zusammenhang zwischen individueller Frustration und Aggression sowie die daraus sich entladende kollektive Aggression artikuliert sich auf existentiell-figuraler Ebene als Widerspruch zur eigenen Situation und verstärkt die Bereitschaft zur Ausübung von alles zer-

---

273 Vgl. Wieviorka: *La violence*, S. 301.
274 Ebd., S. 299; vgl. auch die dort zitierte Stelle sowie die genaue Definition der *Violence fondamentale* aus Bergeret, Jean: *Freud, la violence et la dépression*. Paris: PUF 1995, S. 46.

störender Gewalt, welche sich jedoch – wie bereits an den erwähnten Figuren-Perspektiven deutlich wurde – aus unterschiedlichen Quellen, Biographien und Ideologien speist.

Sogar in Situationen der Romanhandlung, welche das Gewalthandeln einer Figur auf andere Ursachen als die Frustration über die eigene soziale Lage – beispielsweise auf die oben erwähnten Männlichkeitsvorstellungen – zurückführen, wie es beim Ex-Rocker und Frauenschläger Patrice der Fall ist, wird die Wut, welche der Gewalt gegen seine Frau zugrunde liegt, von einer Selbstverortung innerhalb des gesellschaftlichen Raums genährt, die auf ökonomischem Status und Vergleich – ein «Jemand», «quelqu'un» zu sein und kein «animal», kein «Tier» – aufgebaut ist. Patrices Verlust der Selbstkontrolle in privaten Beziehungen geht einher mit seinem Wunsch nach Chaos und Anarchie im politischen Zusammenhang aufgrund empfundener ökonomischer Ungleichheit, die mit Respektlosigkeit und Willkür der Besitzenden gegenüber den weniger Begüterten und ‹Dienenden› gepaart ist. Die Verachtung dieser Figur gegenüber den besitzenden Klassen der Bankiers, Manager und Politiker der französischen Gesellschaft enthält auch ein hohes Potential an unausgelebten Gewaltphantasien:

> S'il avait de l'argent, il ne se comparerait pas à un animal. Il serait quelqu'un dans son domaine et les jours où il se sentirait en manque d'identité, il irait se prélasser dans le bar d'un grand hôtel où le personnel lui rappellerait qu'il est quelqu'un, qu'il y a mieux que de la place qui lui est consacré : du temps, du confort, des gens pour le choyer. Il a été voiturier, il y a longtemps, à la Closerie des Lilas. Il fallait chouchouter le client. Il les avait regardés, avant de monter dans leurs caisses qui sentaient le pet, les pieds sales et la cendre froide. [...] Il aimerait bien, avant de crever, voir tous ces chacals rendre l'argent qu'ils ont volé au peuple. Mélenchon au pouvoir. Par la révolution. Il voudrait voir la banlieue en flammes [...] Il aurait tellement voulu voir le sang couler. Des banquiers, des PDG, des rentiers, des politiques...[275]

Wie anhand dieses Zitats eines radikal linken Hilfsarbeiters deutlich wird, besteht bei Despentes insofern eine Verbindung zur Balzac'schen Welt des 19. Jahrhunderts, als dass es auch in der hier modellierten Welt letztlich doch Kapital und Status sind, die als lebensweltliche ‹Schmiermittel› Figuren und Milieus, Handlungsstränge und Figuren-Bewegungen zusammenhalten. Auch in der von Despentes erzählten pluralistisch-demokratischen Wohlstandsgesellschaft des französischen 21. Jahrhunderts und natürlich auch dort, wo kein oder wenig Kapital vorhanden ist, bestimmen Geld, Statusvergleich und bei einigen Figuren bürgerlicher Ehrgeiz das Handeln wütender und verunsicherter Individuen. Gewalt wird hier begleitet von der Angst vor ökonomischem Abstieg oder aber der

---

[275] Despentes: *Vernon Subutex 1–3*, Bd. 1, S. 317 f.

Gewissheit, sich durch genug erworbenes Kapital und der damit einhergehenden Macht von jeglichen ethischen Normen loskaufen zu können. Dies gilt ebenso für die zitierte Verachtung des Börsenmaklers gegenüber jenen, die mit der Geschwindigkeit des 21. Jahrhunderts nicht mithalten können wie für die Machenschaften und sexuellen Gewalt- und den Missbrauchsphantasien des Musik-Produzenten Dopalet. Ironischerweise produziert letzterer mit seinem Geld jenes Medium, das auch, in Despentes' ironischer Sozialutopie, eine mögliche Rettung dieser Gesellschaft bereit hielte.

Virginie Despentes' Romane kreisen also nach wie vor um eine französische Klassen-Gesellschaft, welche als prioritäre gesellschaftliche Werte allein ökonomischen Profit sowie symbolisch-kulturelle und politische Profilierung gelten lässt, begleitet vom Standesdünkel der Vermögenden und Verachtung der Nicht-Besitzenden, Papier- und Obdachlosen; eine Gesellschaft, welche von den Idealen eines revolutionären Solidar-Liberalismus von 1789 allein dessen symbolische Formen als idealistische Staatsraison zelebriert. Hier lässt sich eine Umsetzung aufklärerischer, genauer Rousseau'scher Kritik an der Institution Gesellschaft und ein spätmodern-literarisches Anknüpfen an dessen Sozialutopie erkennen, welche den Vergleich als integralen Bestanteil gesellschaftlicher Hierarchie erkannt und zum Movens intersubjektiver Spannungen wie kollektiver Rassismen und Mechanismen der Verachtung erklärt hatte.[276] Die Weiterführung dieses Vergleichs ist die spätmoderne Angst vor der Unsichtbarkeit, welche den sozialen und ökonomischen Abstieg nicht allein an Formen des Wohnens, der Gemeinschaft gleich Verdienender greifbar macht, sondern auch die tägliche Performanz körperlicher wie psychischer Art durch radikale Selbstkontrolle zur Pflicht macht, insofern Effizienz in und Zufriedenheit mit der Lebensführung als Marktwert sichtbar gemacht werden müssen. Diese Performanz gehorcht jedoch nicht den Maßstäben des Selbst, sondern den Maßstäben der Gesellschaft für Schönheit, Erfolg, Ansehen und ein gelungenes Leben. Innerhalb der Diegese des Romans kontrolliert diese Angst sämtliche Figuren in unterschiedlichem Ausmaß, wobei es vor allem die Figuren von Obdachlosen sind, welche als negative Spiegel der verunsicherten bürgerlichen Mittelschicht dienen.[277]

---

[276] Vgl. zum ‹eitlen› Vergleich, welcher in seiner Regelmäßigkeit zur Grundlage hierarchisierter und spannungsgeladener Gesellschaftsbeziehungen wird die entsprechende Stelle in Rousseau, Jean-Jacques: *Discours sur l'origine et les fondements de l'inégalité parmi les hommes* [1755]. Paris: Garnier-Flammarion 1971, S. 196.
[277] So die Figur der in ihrem Selbstbild ebenso unsicheren alleinerziehenden, aber zutiefst bürgerlichen ‹Mittelschichts-Mutter› und Ex-Freundin von Vernon, Sylvie, bei der er kurzfristig unterkommt und die ihren Selbstwert allein aus physischer Attraktivität, Zeitschriften-Konsum und

Zu dieser auch bei Balzac auffindbaren vergleichenden Fokussierung auf die eigene soziale Sichtbarkeit als Maßstäbe für eine Kultur des Vergleichs tritt zudem als spezifisches Phänomen des beginnenden neuen Jahrtausends das digitale Leben der sozialen Netzwerke und Plattformen, welche längst ihre demokratisierende ‹Unschuld› verloren haben. Sie dienen als Katalysator für diesen Wettbewerb der Individualitäten und Sexualitäten um Attraktivität und ‹Einzigartigkeit›. Der *Boomer* Vernon Subutex, welcher die Digitalisierung lange Zeit ignoriert hatte, erkennt dies, als er sich auf seiner Wohnungssuche auch mit dem Wandel sozialer Medien auseinandersetzen muss.[278] Vergleich und Selbstinszenierung auf *Facebook*, *Instagram* oder *Whatsapp* bilden zwar einerseits die Chance für die Figuren, ihre Netzwerke aufzubauen, welche sich letztlich unter der Führung des ‹Guru› Subutex in immer intensivere Freundschaftsnetzwerke verwandeln. Auf der anderen Seite werden an einigen der Figuren – wie der über das Internet radikalisierten Attentäterin Solange und des frustrierten Singles Sylvie – Einsamkeit wie auch Wut auf die eigene vermeintliche Unsichtbarkeit als durch eine angenommen Internet-Persönlichkeit nicht behobenes existentielles Mangel-Empfinden deutlich. Sie entladen sich bei beiden Figuren in physischer und verbaler Gewalt gegen die vermeintlichen Gegner im anonymen Raum des Netzes und befeuern schließlich auch die finale Katastrophe der Handlung. So verfolgt bereits im ersten Band die von Vernon verlassene Sylvie diesen über das Internet bis ins reale Leben und ‹zerstört› nicht nur seine *Facebook*-Website durch Hasskommentare, sondern durchaus analog die Wohnung von Lydia, der neuen Freundin des für sich als Beziehungs- und Statussymbol in Anspruch genommenen Treulosen.[279]

Durch das in all diesen Gewaltformen – der strukturellen, verbalen, sexuellen Gewalt und der symbolischen Gewalt des Vergleichs – durchscheinende Leitmotiv einer mittels Geld, digitaler Medien und Körperlichkeit inszenierten und vermarkteten, aber schließlich frustrierten Individualität als Grundlage eines stabilen Selbstbilds resultiert auf Ebene der Diegese der *Subutex*-Romane auch die dort modellierte Prekarität einer gemeinschaftlichen Dimension des Zusammenlebens. Für die geschilderten Gewaltformen zwischen kollektiver Einbindung, existentieller Isolation und vergleichendem Kampf bedeutet diese Schwäche der Konvivenz, dass eine Form der Gewalt durch die Schilderung aus vollkommen unterschiedlichen Individual-Perspektiven der Leserschaft in ihrer symptomatischen Bedeutung für ein mangelhaftes Gemeinschaftsgefühl erschließbar wird

---

reger Sexualität gewinnt; Merkmale, durch welche sie unter ihren Freundinnen hervorstechen möchte. Vgl. Despentes: *Vernon Subutex 1–3*, Bd. 1, S. 139–153.
278 Vgl. ebda., Bd. 1, S. 165.
279 Ebda., S. 221–224.

und letztlich zum nun durchsichtigen Oberflächensymptom eines zugrundeliegenden sozialen Raums gerät, der erzählerisch und durchaus politisch in seiner Dysfunktionalität angeprangert wird.

Dieses literarische Anprangern entschuldigt erzählte Gewalt nicht, lässt aber Rückschlüsse auf die Gründe mangelnder Empathie-Fähigkeit auf Subjektebene oder aber auf die Überzeugungen zu, welche zur Anwendung von Gewalt führen. Jedes der literarisch ausgestalteten figuralen Perspektiven-Fragmente der *Subutex*-Romane bleibt so in einer synoptischen Betrachtungsweise isoliert, gestattet jedoch aus dieser diegetischen Vereinzelung heraus einen Blick auf wiederkehrende Verhaltensmuster und Denkweisen, welche durch ihre in dieser Erzählperspektivik hergestellten Unverbundenheit umso auffälliger die Gesamtdiegese strukturieren. Ohne in die kühle Abstraktion reiner Allegorien oder eine reine Typologie abzugleiten, werden die Charaktere auf diese Weise – wie in Maxime Goergens Aufsatz dargestellt – im Balzac'schen Sinne zu repräsentativen Charakteren, in denen sich gesellschaftliche Zusammenhänge wiederspiegeln.

Virginie Despentes' gewaltiges Stimmengewirr aus ‹Egos›, welche die Einmaligkeit ihrer Existenz in Serie herausposaunen, kann somit auch als konzertiert-akkumulierte Paraphrase jeglicher Art von Isolation im sozialen Raum gelesen werden. In ihrer Individualität sind alle Stimmen gleich, erinnern die Leser*innen jedoch in der Dimension des Visionären, wie sie das phantastisch-utopische Element der Musik bereitstellt, zugleich an eine geteilte *Condition humaine*. Diese Demokratisierung nicht nur in der oben diskutierten Utopie der Musik, sondern auch in der erzählerischen Gleichberechtigung aller Stimmen im sozialen Raum stellt Virginie Despentes' engagiertes Schreiben und ihre Politik der Literatur in eklatanten Gegensatz zur in der Tradition des Naturalismus stehenden «pessimistischen Anthropologie» eines Michel Houellebecq sowie zu dessen kühler «Dokumentation der evolutionären Prozesse im Habitat des Spätkapitalismus».[280]

Auf Ebene des *discour*s strukturieren jeweils im Mittelteil der Romane Ereignisse die Erzählhandlung, die eine Welt solidarischen Zusammenlebens inmitten existentieller Unsicherheit zumindest evozieren. Ist es im ersten Roman noch eine Party-Orgie im schicken Loft des Traders Kiko, welches von Individuen bevölkert wird, die allein für sich tanzen und in dieser Isoliertheit eine gemeinsame Vereinzelung postmoderner Kosmopoliten verkörpern, wird der Park der Buttes-Chaumont in der Mitte des zweiten Romans zum Schauplatz einer Verbrüderung von Ausgestoßenen und Eliten um den Clochard-Guru Ver-

---

[280] Messling: *Universalität nach dem Universalismus*, S. 63 u. S. 70.

non Subutex.[281] Im dritten Roman ist es die Festival-Atmosphäre der von der Subutex-Gruppe initiierten «Convergences», welche die auf textstruktureller und perspektivischer Ebene modellierte Isolation aufbrechen.[282] Immer ist es jedoch – um dies nochmals zu betonen – die soziale Dimension von Musik, welche die Grundlage dieses Optimismus bildet.

In verschiedenen Erweckungserlebnissen und Visionen, welche sich im Leben und im Umfeld der Hauptfigur Vernon Subutex abspielen, lassen sich Ansätze einer *Parodia Sacra* sowie einer satirischen Antwort auf die Erlösungserwartungen erkennen, wie sie in Gruppierungen und Sozialutopien der Generation der 1968er erwartet wurden. Doch ist es auch inmitten dieser Phantastik und der Castañeda'schen Esoterik der Bewusstseinserweiterung in eine «Separate Reality» ein anderes Lebensgefühl, das bei den im Verlauf der Handlung immer zahlreicheren ‹Sektenmitgliedern› um den ‹Messias› Vernon vorherrschend ist, als jenes noch ideologisch-weltanschauliche der ersten Jugendbewegungen der 1960er Jahre wie Greaser, Rocker und Hippies.[283] Die Solidarität ‹seiner› Gruppe unterschiedlichster Figuren, Charaktere, Ethnien, Weltanschauungen, Geschlechter und Leben stellt sich nämlich nicht mehr wie in ‹traditionelleren› Jugendkulturen und Jugendbewegungen über das Alter, über geteilte Werte und Normen unterschiedlichster politischer und ideologischer Couleur her, die in ihrer absoluten Diskrepanz ansonsten ausgiebig geschildert werden.

Allein im Erkennen und der ‹rituellen› Überwinden der eigenen existentiellen Vereinsamung mittels Begegnung, Musik und Tanz sowie im Verzicht auf den ständigen Vergleich mit den Anderen, der letztlich auch Auslöser jener

---

281 Vgl. Despentes: *Vernon Subutex* 1–3, Bd. 1, S. 232–256; Bd. 2 u Bd. 3, passim.
282 Vgl. zu diesem Begriff, welcher sich im Deutschen mit «Zusammenlaufen», aber auch «Übereinstimmung» übersetzen ließe, die Breite seiner Bedeutungsmöglichkeiten in den Naturwissenschaften von der Biologie über die Meteorologie bis hin zu Medientechnik, Optik und Neurologie im betreffenden Eintrag in Larousse: *convergence*, online unter https://www.larousse.fr/dictionnaires/francais/convergence/18988, konsultiert am 01.07.2021. Besonders die neurologische Bedeutungsebene des Begriffs beschreibt die in den Romanen eröffnete, phantastisch anmutende Dimension des musikalischen ‹Erweckungserlebnisses› durch musikalische Beeinflussung der Gehirnwellen, aber auch das Zusammenfließen aller Figurenperspektiven, ihrer Weltanschauungen und Unterschiede im Erlebnis der kollektiven «Konvergenz»: «Neurologie. Intégration par une cellule nerveuse des signaux venus d'endroits différents qui convergent sur elle.» / «Neurologie. Integration von Signalen aus verschiedenen Orten durch eine Nervenzelle, die bei ihr zusammenlaufen» [ML].
283 Vgl. den auch für die *New Age*-Bewegung relevanten ‹Klassiker› Castañeda, Carlos Aranha: *A Separate Reality: Further Conversations with Don Juan*. New York: Simon & Schuster 1971.

Wut ist, die zahlreiche der im Text geschilderten Gewaltformen trägt, entsteht Gemeinschaft – Es geht um mehr als nur um ‹Party›, sondern um radikal gedachte und erzählte *Konvivenz*.[284] Denn was die emanzipatorische Funktion dieser Art von Feier betrifft, so folgt Despentes im Beschreiben musikalischen Erlebens einer transgressiven Befreiungs-Logik, ohne jedoch deren (selbst-)zerstörerische Seite zu übernehmen. Sie betont somit die bereits erwähnte apollinische Seite des musikalischen Rauschs. Im gemeinsamen Tanz ohne Drogen und Alkohol, in der Auflösung von Individualismus und Vergleich durch das Verschmelzen der Körper im Rausch einer Musik werden Leben und Erinnerungen aller Generationen angesprochen. Es entsteht ein gemeinsamer Erfahrungsraum der Abkehr von der oben dargestellten Problematik egozentrischer Entfremdung und Vereinsamung – und damit auch von der Gewalt.

Neben dem zweckfreien Beisammensein, dem ‹Abhängen›, wie es üblicherweise von Kindern, Heranwachsenden und Jugendlichen als wichtiger Bestandteil ihrer Sozialisation praktiziert wird, ohne Regeln und Verabredungen, frei von Konventionen, ist es das Kommunizieren trotz ideologischer wie sozialer und ökonomischer Unterschiede, das einen Raum schafft, dessen Realisierbarkeit utopisch anmutet. Dadurch dass die spätkapitalistische Vereinsamung ihre Wurzel in der ökonomischen wie symbolischen Abstiegsangst in globalisierten Wettbewerbsmärkten trägt, ist es allein die simple Geste einer Überwindung von Wettbewerbsdenken, Verachtung der Armen und Verbrüderung, welche die ansonsten im Text überwiegende Gewalt utopisch, aber letztlich scheiternd zu überwinden imstande ist. Für die kurze Zeit der «Convergences» um Vernon Subutex sind in den Romanen die ökonomischen, kulturellen, sexuell-genderorientierten und alle sonstigen sozialen Grenzziehungen gefallen.

Wie in vielen der hier untersuchten Texte wird das von Virginie Despentes in ihren *Vernon Subutex*-Romanen modellierte Frankreich als gesellschaftlicher Raum dargestellt, der diesseits einer leeren Identitäts-Symbolik universalistisch-aufklärerischer Prägung von phallogozentrischen Machtstrukturen, Hierarchien und mehr oder weniger subtilen Exklusionsmechanismen durchdrungen ist. Es ist nach wie vor die für Individuum und Kollektiv zu Instabilität und Segregation führende Konvivenz innerhalb einer teilweise auf rassistischen und kolonialistischen Narrativen, binären Gender-Normierungen, auf Materialismus, Profitmaximierung und Status-Vergleich basierenden Gesellschaftsordnung, welche die Figurenstimmen auf unterschiedliche Art und Weise gewalttätig werden lässt.

---

284 Aus der Ich-Perspektive erzählt die an einer «Convergence» teilnehmende Stéfanie von den «drogenfreien Parties» um Vernon Subutex und bezeichnet sie als eine Art «Zeremonie» und Bekehrungs-Erlebnis; vgl. Despentes: *Vernon Subutex* 1–3, Bd. 3, S. 129 u. 131.

Durch ihre Zurschaustellung sowie ihr direktes erzählerisches und sprachliches Anprangern einer dabei alles bestimmenden Markt- und Körper-Ökonomie, welche Ängste und Lüste, aber auch Stolz und Neid zu kreieren im Stand ist und deren Willkür und Ungerechtigkeit letztlich allen Figuren der Romane bewusst ist, wird Despentes' Literatur zu einem politischen Erzählen, welches über und *durch* Gewalt spricht.

Die Tirade der Obdachlosen Olga während einer Demonstration der *Nuit debout*-Bewegung auf der *Place la République* im dritten Band der Trilogie führt noch einmal in einem Schwall von Kraftausdrücken, Heterostereotypen, rassistischen und homophoben Begriffen performativ der Leserschaft und den anderen Figuren einen gespaltenen, von Klassendenken und vor allem Ignoranz geprägten gesellschaftlichen Raum vor Augen. Dieser nehme trotz propagierter Ideale von Gerechtigkeit, Diversität und Pluralismus Arbeitslosigkeit, niedrige Löhne, das Elend illegaler Flüchtlingscamps, Terrorismus und Obdachlosigkeit billigend in Kauf, solange die soziokulturelle Distinktion gemäß der Bourdieu'schen Regeln, der ‹feinen Unterschiede›, aufrechterhalten bleibt und der schamlose Genuss (vgl. die Lexem-Rekurrenz «honte», «Scham» im Zitat) des eigenen Reichtums ohne Problembewusstsein für prekäre Existenzen und die Not im unmittelbaren Umfeld vonstattengehen kann:

> « Hier à la télé j'ai entendu une femme, une femme riche, éduquée, qui parle ce français du pouvoir, elle disait sur ce ton des gens qui ne doutent de rien, et surtout pas de leur intelligence, alors qu'ils devraient, on dirait même qu'il y a urgence, elle disait « Tous les pauvres ne sont pas terroriste, heureusement ! » Le « heureusement », ajouté sur le ton du bon sens, du ma brave dame ben dites donc imaginez tous ces pauvres ne sont pas terroriste, heureusement ! » Mais heureusement pour qui ? Heureusement, qu'elle disait – que le bon pauvre se laisse mener à l'abattoir sans protester, sinon imaginez, le bordel que ça ferait à chaque saignée... Cette femme sait que pendant qu'elle félicite les pauvres de sa docilité, dans ce français châtié des courtisans admis au Palais, les Goodyear, les Air France, les postiers ou les Arcelor Mittal sont écrasés, embastillés, pour l'exemple. Elle sait les kilomètres de colonnes de réfugiés qu'on parque dans des camps pour les expédier en Turquie. Elle sait l'explosion de la misère, à quelques mètres du luxe de sa cantine. [...] Mais madame la comtesse, si vous avez le droit d'être islamophobe, combien de temps pensez-vous pouvoir interdire aux autres d'être antisémites et de ne pas avoir honte de le dire, puisqu'on n'a plus honte de rien, au Palais, d'être homophobes et de ne pas avoir honte de le dire, et de penser qu'il faut les éliminer, ces pédés, de penser que la place de femmes est à la maison, et qu'il faut corriger celles qui sortent, de penser que les Noirs sont des singes et de ne pas avoir honte de le dire ? Vous avez honte de quoi, au Palais ? On commence à se poser la question... pas de l'évasion fiscale, ni de la corruption, ni des expulsions, ni de

l'école démolie, ni des hôpitaux outragés, ni de la pollution, ni de la bouffe empoisonnée, ni des ventes d'armes, ni du chômage longue durée ? [...] ».[285]

Diese undifferenzierte Hasstirade einer Obdachlosen gegen die französische Gesellschaft ist – wie die Vulgärsprache und der Zynismus von Despentes' Figuren überhaupt oder die Darstellung von hartem Sex, Drogen und Gewalt gegen sich selbst und die Umgebenden auf der einen Seite, von ostentativer bürgerlicher Anpassung sowie Selbstoptimierung in Körper und Lebensstil auf der anderen Seite – ein literarisches Herausschreien der Drastik dysfunktionalen Zusammenlebens. Es richtet sich gegen jene beständige Bedrohung mangelnder gesellschaftlicher Anerkennung, gegen den Hang zum Wegsehen gegenüber den Rändern der Gesellschaft, gegen die damit einhergehende Hypokrisie der sog. ‹Bürgerlichen Mitte› und das Damokles-Schwert eines ökonomischen Niedergangs, wie er anhand des Lebens der Hauptfigur der Romantrilogie am radikalsten – aber tröstlich-ironisch in eine Erlösergeschichte verpackt – artikuliert wird.

Virginie Despentes' Politik des Erzählens ist eine Politik exzessiver Sichtbarmachung und sprachlicher Grenzüberschreitung. Unausgesprochene, aber gelebte Vorurteile, Rassismen und Hassgefühle gelangen so in den Diskurs und werden verhandelbar. Sprachliche Gewalt wird zur Waffe gegen die symbolische Gewalt der durch Klassenbewusstsein und den «guten Geschmack» («goût») strukturell aufrechterhaltenen Kultureuphemismen, gegen die von ihnen etablierte Exklusion und Exklusivität, welche Bourdieu als historisch prägend für die Aufteilung des sozialen Raums in der französischen Gesellschaft im späten 20. Jahrhundert untersucht hatte.[286]

Despentes zeigt mittels ihrer radikal-offensiven Sprache und Erzählweise, dass sich zwar dieser Raum, die «goûts de classe», die «Klassenvorlieben», und die «styles de vie», die «Lebensstile», in der digitalisiert-globalisierten Gesellschaft des 21. Jahrhunderts geändert und vervielfältigt haben, dass jedoch der Mechanismus und die exkludierende Funktion von Distinktionskriterien gemäß der sozialen Existenz fortbestehen. Der Hass ist neben dem Vergleich mit den Leben der Anderen – sowie der Rousseau'sche *Amour propre*, die *Selbstliebe*, die immer vom Urteil der ‹Anderen› abhängt – jedoch innerhalb der besitzenden Klassen auch jener Angst vor Einsamkeit und Abstieg geschuldet, die in der Vereinigung mit Gleichgesinnten oder aber trotziger Misanthropie, körperlicher Gewalt gegen Schwächere oder aber Gewalt gegen den eigenen Körper

---

285 Ebda., Bd. 3, S. 338–340.
286 Vgl. Bourdieu: *La Distinction*, op. cit., insb. die Troisième partie: Goûts de classe et styles de vie.

einen Ausweg und eine Bildung von Sinnmöglichkeiten sieht. Gewalt als Existential innerhalb einer Figurenkonstellation individualistischer und isolierter Lebensentwürfe wird so zum Treibstoff für Despentes' Reflexion über die französische Gesellschaft am Beginn des neuen Jahrtausends, zugleich aber auch zum Bestandteil einer Erzählpolitik und Ästhetik des Exzesses und der Tirade.

Letztere führt innerhalb der erzählten Welt der *Subutex*-Romane wie der Schlag mit der Weinflasche durch die aus Ostindien eingewanderte Übersetzerin in Shumona Sinhas *Assommons les pauvres!* oder das Imaginieren eines terroristischen Anschlags durch ein Familien-Mitglied in Mahir Guvens *Grand frère* zu einer narrativen Zuspitzung symbolischer als emanzipatorischer Gewalt gegen strukturelle und institutionalisierte Gewalt, wie sie allein im Modell der Literatur umsetzbar ist. Sie gewinnt bei Despentes zudem eine klar feministische Stoßrichtung.

Die erzwungene und gewaltsame Tätowierung des Körpers jenes machohaften Musikproduzenten Dopalet als Anprangerung und auch symbolische Entmachtung und ‹Entmannung› durch eine junge, selbstbewusste, nicht den gängigen Schönheitsidealen entsprechende Muslima namens Aïcha sowie deren knapp volljährige Freundin ist als feministischer Gewaltakt bewusste Provokation rechtsstaatlicher Grundsätze und ethisch Transgression gegen einen skrupellosen Vertreter einer männlich-weißen-heterosexuellen Elite.[287] Dieser emanzipatorische, aber ethisch fragwürdige Zornes-Akt der *Escrache* steht komplementär zu jener bereits erwähnten, von Markus Messling untersuchten «Melancholie weißer Männer über 40», welche bei einigen Vertretern der französischen Literatur zu Beginn des 21. Jahrhunderts dieselbe Segregation des gesellschaftlichen Raums aus einer männlichen, aber dennoch kritischen, bisweilen nostalgischen oder gar zynischen Perspektive beobachten.[288]

---

[287] Die Tätowierung des männlichen Körpers als Extremform jener die von Männern verübten Gewalttaten bloßstellenden Strategie des *Escrache*, welche von Müttern nach Ende der argentinischen Militärdiktatur als parajuristische Strategie der Anklage der Mörder ihrer Kinder durch Besprühen von Hauswänden mit entlarvenden Graffitis verfolgt wurde, findet auch in Despentes' erzählter Welt Anwendung. Das Motiv der Tätowierung des männlichen Körpers als Strafmaßname seiner weiblichen Opfer ist in der Popkultur vor allem seit dem vielrezipierten Roman *Verblendung* des Schweden Stieg Larsson (ebenfalls Teil einer Roman-Trilogie) in die Literaturgeschichte und durch die anschließenden Verfilmungen auch in die Popkultur eingegangen. Vgl. Cominello, Sebastián: *Otra vez:¿Qué es el escrache?* In: *Razón y Revolución* 13 (2004), S. 39–45; sowie Larsson, Stieg: *Verblendung*. Aus dem Schwedischen von Wibke Kuhn. München: Heyne 2006.

[288] Vgl. Messling: *Universalität nach dem Universalismus*, op. cit., nochmals insb. das Kapitel «Égalité – Melancholie weißer Männer über 40», S. 47–114.

Anders als analytisch-dokumentierende Versuche, Gewalt in der französischen Gesellschaft des beginnenden dritten Jahrtausends erzählerisch-sozialanalytisch aufzuarbeiten, belässt es Despentes nicht bei literarischer Diagnostik der Voraussetzungen von Gewalt, die sie jedoch durchaus anhand zahlreicher Figuren-Texte miteinbezieht. Vielmehr sieht ihre Politik engagierter Literatur allein in einem Genderidentitäten, Milieus, Religionen, ökonomische Klassen und Ethnien übergreifenden, aber bisweilen auch radikalen Handeln gegen die Dominanz männlich-weißer ökonomischer wie kultureller Heteronormativität eine zukunftsfähige Gestaltungsmöglichkeit einer freien und diversen, aber dabei solidarischen Gesellschaft als Gemeinschaft, die ihr literarisches wie essayistisches Schreiben bestimmt.

Die in den *Subutex*-Romanen angedeutete Sozial-Utopie der Generation 1968 setzt sich diegetisch zwar erst in einem als Epilog nachgeschalteten postapokalyptischen Szenario geschichtlicher Wechselfälle mit Science-Fiction-Elementen durch, das die größtenteils während des finalen Terrorakts getöteten Romanfiguren zu Subutex-‹Aposteln› oder ‹Märtyrern› und die in den Romanen erzählten Geschehnisse zur über die Jahrhunderte tradierten Religion überhöht. Sie bleibt aber über die gesamte Romandiegese mit ihren para- sowie intertextuellen und intermedialen Referenzen als eigene Gegen-Gewalt kultureller Subversion für die Leserschaft nachvollziehbar. In Ansätzen scheint in dieser möglicherweise ironischen, aber dennoch optimistischen Perspektive auf Sub-, Musik- und Popkultur nicht nur eine literarische Feier jugendlicher Euphorie, sondern auch ein aktualisierbares Wissen um Konvivenz als Alternative gewaltfreien Zusammenlebens zu phallogozentrischer Hierarchie, ökonomischem Vergleich und politischer Ideologie auf:

> A partir de 2186, Chahida, descendante d'Aïcha, appartenant à la lignée de Sélim le diplomate, connu comme disciple du premier cercle, demanda la reconnaissance officielle, auprès de la gouvernance mondiale, du culte Subutex. Cette reconnaissance fut refusée. Mais les textes commandant la persécution furent abrogés, en raison du grand intérêt que suscitent les portes ouvertes par les adeptes originaux. C'est ainsi que, contre toute attente, on continue de danser, dans le noir, sur une musique primitive dont le culte semble ne jamais vouloir s'éteindre, au crépuscule du troisième millénaire.[289]

---

[289] Despentes: *Vernon Subutex 1–3*, Bd. 3, S. 406.

6 Frankreich und die erzählte Gewalt: Ansätze einer literarischen Topologie der Gesellschaft

Es ist aus sozialwissenschaftlicher Sicht nur unter großen Einschränkungen möglich, aus einer begrenzten Auswahl an Stichproben über einen Forschungsgegenstand wie dem vielfältigen und komplexen Phänomen der Gewalt nachhaltige Aussagen über gesellschaftliche Entwicklungen zu treffen. Umso mehr gilt dies für Aussagen, welche in Erzeugnissen des literarischen Feldes über Prozesse und Akteure in einem textdiegetisch modellierten gesellschaftlichen Raum getroffen wurden und welche dabei auf Ebene der textuellen Referentialisierbarkeit zwischen Fiktion und Dokumentation, Fiktionalität und Faktualität schwanken. Die Vermarktungs-, Distributions- und Rezeptionsmechanismen von Literatur zeichnen sich dabei zudem einerseits durch eine hohe Volatilität und Heterogenität an Rezeptionsmustern und Rezeptionswegen auf Leser*innen-/Konsumenten*innen-Seite im Zuge veränderter Modeströmungen, digitalisierter Lektüremöglichkeiten oder unterschiedlicher Interessenslagen der Leserschichten aus.

Andererseits wird der Kauf des spezifischen, vom Verlag lancierten Texts durch unterschiedlichste Marketingstrategien sowie die gezielte Anwendung von Qualitätssuggestion – wie die erwähnte *Politik der roten Bänder* als notorische Qualitätssigel französischer ‹Hochliteratur› – zur Erhöhung der Sichtbarkeit und zur besseren Vermarktbarkeit auf Produzenten- bzw. Autor*innen- und Vertriebs- bzw. Verlagsseite gefördert. Diese Faktoren beeinflussen aus sozialwissenschaftlicher und quantifizierender Perspektive natürlich die Position literarischer Texte und literarischer Akteure innerhalb des literarischen Feldes und letztlich innerhalb des sozialen Raums. Ein Text spricht eben nie allein für und aus sich selbst!

Aber nicht nur diese Voraussetzungen legen den Text-Wert als kommunizierenden und kommunizierbaren Bedeutungsnexus fest, da dieser auch auf individueller Rezeptionsebene von vielen Faktoren mehr als ‹nur› Markt und Gesellschaft beeinflusst wird. Denn auch die Biographie jeder Leserin und jedes Lesers, seine oder ihre politischen Meinungen, Einstellungen, Dispositionen zu Klassenzugehörigkeit, Ethnizität, Religion und Gender spielen bei jedem Lese- und Rezeptionsakt natürlich zusätzlich eine fundamentale Rolle.[1]

Doch gilt diese epistemologische Problematik der Repräsentativität von literarischem ‹Datenmaterial› nur bedingt für die hier aufgeworfene Fragestellung

---

1 Zu diesen gerade hinsichtlich der Thematik dieser Studie ergänzend anwendbaren, wichtigen, aber hier nicht im Fokus stehenden empirischen Ansätzen der Lese- und Leserforschung sowie der Rezeptionssoziologie sei verwiesen auf die Überblicksstudie von Kuhn, Axel / Rühr Sandra: *Stand der modernen Lese- und Leserforschung – eine kritische Analyse*. Berlin: De Gruyter 2010.

∂ Open Access. © 2022 bei den Autoren, publiziert von De Gruyter. [CC BY-NC-ND] Dieses Werk ist lizenziert unter der Creative Commons Namensnennung - Nicht-kommerziell - Keine Bearbeitung 4.0 International Lizenz.
https://doi.org/10.1515/9783110799620-006

und die Herangehensweise der Literaturwissenschaft: Sogar als eine von strukturalistischen Begriffen und Analysetechniken durchdrungene Disziplin bleibt sie in Ansätzen eine hermeneutische Wissenschaft philologischer Natur, die Text als sprachlich verfasste, kommunizierende und analysierbare Struktur oder gar – klassisch-hermeneutisch – deutbaren Aussagegehalt zunächst in seiner Immanenz analysiert, ohne jedoch den Raum möglicher Referenten extratextueller Natur gänzlich aus den Augen lassen zu können – und sei es in Form einer Negation jeglicher Referentialisierbarkeit.

Die Literaturwissenschaften sind zwar dazu angehalten, wie im methodischen Teil der Studie ausgeführt, Analysierbarkeit literarischer Texte als ästhetischen und strukturellen Eigenlogiken gehorchende sprachliche Kunstwerke ein Stück weit vorauszusetzen, müssen deshalb aber keineswegs in eine ‹reine› und ‹strenge› systemtheoretische Konzeption von Literatur als *Autopoiesis* im Sinne der Luhmann'schen Sozialtheorie verfallen.[2] Sie darf, kann und soll auch den Aspekt des Referentialisierbaren im Erzählten und damit ihren eigenen gesellschaftsanalytischen Anspruch in Form erzählter Wirklichkeit, aber auch in ihren Formen und sprachlichen Möglichkeiten über Wirklichkeit zu Erzählen im Sinne eines Erich Auerbach, Pierre Bourdieu und Jacques Rancière ernst nehmen.

Aus einer durchaus modellhaften Eigengesetzlichkeit, welche bezüglich der hier verhandelten Erzähltexte mit Lotman als *sekundäre modellbildende Funktion des Romans* bezeichnet wurde, kann auch Aussagekraft über diskursive Strukturen des referentialisierbaren lebensweltlichen Raums jenseits der unmittelbaren Vermarkt- und Konsumierbarkeit und durchaus komplementär zu autopoietischen ‹Sinn›-Gehalten abgeleitet werden. Dies gilt jedoch nur dann, wenn man der Literatur auch unter den Prämissen ihrer Vermarktbarkeit – und inmitten einer nach wie vor den Charakteristika der vielgescholtenen ‹Kulturindustrie› gehorchenden gesellschaftlichen Einbindung – jene Widerständigkeit gegen determinierte Leser- und Verlagserwartungen unterstellt, die Theodor W. Adorno selbst in seiner *Ästhetischen Theorie* als gesellschaftspolitische Aufgabe jeglicher Kunst forderte.[3]

---

[2] Natürlich sei die Fruchtbarkeit des *Autopoiesis*-Konzepts als ‹Entgrenzungsbewegung› hin zu neuen Beschreibungsmustern – auch performativ im Textmaterial selbst – nicht grundsätzlich in Frage gestellt; vgl. hierzu die Dissertation von Schmid, Marcel: *Autopoiesis und Literatur. Die kurze Geschichte eines endlosen Verfahrens.* Bielefeld: transcript 2016; sowie im romanistischen Kontext vgl. Groß, Nathalie: *Autopoiesis. Theorie und Praxis autobiographischen Schreibens bei Alain Robbe-Grillet.* Berlin: ESV 2008.

[3] Vgl. Adornos Ausführungen zu Rätsel- und Verweischarakter des Kunstwerks auf einen nicht ohne weiteres offenbaren Wahrheitsgehalt als Element dieser Widerständigkeit in Adorno: *Ästhetische Theorie* [1973], S. 179–244.

Dies gilt umso mehr, wenn es um ein in seiner existentiellen Bedeutsamkeit extremes, aber auch politisier- und ideologisch instrumentalisierbares Phänomen wie das der Gewalt geht. Dieser Zusammenhang von Widerständigkeit gegen Interpretationserwartungen und dem Aufscheinen einer *Negativen Dialektik* gegenüber Geschichte und Gesellschaft im Darstellen modellierten Bewusstseins ist gerade im französischen Gegenwartsroman eine Technik der Gesellschaftskritik durch dynamische Positionierungen modellierten Figuren-Bewusstseins gegenüber den *Sachgehalten* der ebenfalls modellierten Diegese – im Falle der vorliegenden Studie jene der französischen Gesellschaft zu Beginn des 21. Jahrhunderts.[4]

Ob die Institutionen der Preisjurys und der Kritik als verlässliche Garanten dieser Widerständigkeit der Literatur gelten dürfen, kann jedoch nicht ohne weiteres angenommen werden und muss nicht zuletzt – beispielsweise ausgehend von den erwähnten Arbeiten von Gisèle Sapiro und Sylvie Ducas – von literatursoziologischer Seite bezweifelt werden. Dennoch ist zumindest durch dieses institutionalisierte und symbolpolitische Eingreifen in den Markt der Rezeptions- und Distributionsmechanismen die Sichtbarkeit von Texten garantiert, welche sich durch einen dadurch insinuierten hohen Grad an gesellschaftlicher und ästhetischer Aktualität auszeichnen sollen. Diese Politik der Sichtbarkeit ist daher auch Indikator für eine politische Ausrichtung des literarischen Feldes, die jedoch allein durch eine Nahanalyse der von Markt und Konsekrationsinstanzen selektierten Texte und anhand der wiederum in diesen selbst angewandten Strategien der Sichtbarmachung von Thematiken, Motiven und Bedeutungsregimen hinsichtlich der darin erzählten französischen Gesellschaft nachverfolgt wurde.

Dieses epistemologische Plädoyer für eine Literaturanalyse, die zwar auf den Analysetechniken von Strukturalismus und Hermeneutik basiert, aber in dieser Auseinandersetzung neben Ästhetik und Poetik der Texte stets das Politische betont, wurde bereits im methodischen Kapitel der Studie unter Zuhilfenahme von Jacques Rancières Konzept einer *Politik der Literatur* verhandelt. Es soll im Folgenden jedoch ausgehend von diesen erkenntnistheoretischen Grundlagen eine synthetisierende Darstellung der erarbeiteten Ergebnisse zur erzählten Gewalt in der französischen Literatur zu Beginn des 21. Jahrhunderts als zunächst nur im autonomen literarischen Feld sichtbarer, aber dennoch gesellschaftlich wie politisch relevanter Aussagezusammenhang zum Phänomen der Gewalt im sozialen Raum Frankreichs gewagt werden.

---

4 Zu diesem Zusammenhang von modelliertem Figuren-Bewusstsein als negativer Dialektik und kollektiv geteilten Geschichtsnarrativen vgl. das Beispiel von Mathias Énards Roman *Zone* in Lenz.: *Zone*: une ‹dialectique négative› de la conscience ?, S. 196–198.

Es handelt dabei um keine abschließende Synthese, sondern lediglich um den Versuch, aus den Gewalt-Modellen und den Politiken des Erzählens über Gewalt eine ‹topologische› Darstellung von innerhalb dieses Raums als erzählter Welt prägnant hervorstechenden Gewaltzusammenhängen abzuleiten. Diese Aussagekraft der Literatur, die in ihrer ästhetischen Fundierung und den zahlreichen, gerade für die Darstellung von Gewalt geltenden Formen der Sichtbarmachung oft eher theoretisch-ludischer, denn rein dokumentarisch-deskriptiver Natur ist, soll mit Ottmar Ette als *Lebenswissen* und spezifisches Wissen der Literatur bezeichnet werden, das durchaus auch Möglichkeiten einer ethischen Erweiterung des theoretisch-erzählerisch An- und Ausgedachten als *ZusammenLebensWissen* bereithält:

> Auf der Suche nach dem verlorenen Zusammenleben ist im Akt des Erzählens, im Akt künftigen Schreibens ein neues Wissen entstanden, das weit über den Horizont und die Problematik der memoria hinausweist. Denn dieses vieldeutige narrative Lebenswissen bildet die Grundlage einer neuen Konvivenz. Einer Konvivenz, die sich der Tatsache bewusst ist, dass die dem Manschen nach seiner Vertreibung aus dem Paradies anvertraute Aufgabe im Zeichen der Früchte des Baumes der Erkenntnis in grundlegender Weise darin besteht, Mittel, Wege und Techniken zu ersinnen, ein Wissen von den Möglichketen, Grenzen und Herausforderungen menschlichen Zusammenlebens zu entfalten.[5]

Das lediglich als Ideal bestehende Zusammenleben im Zeichen des aufklärerischen Universalismus lebt als eine solche Paradieserzählung säkularer Natur in Frankreich als Bestandteil kollektiver Identitätserzählungen fort. Obwohl die reale Existenz einer solchen Gesellschaftsordnung gelungener Konvivenz von den hier angeführten Beispielen und dargestellten Gewaltformen des Gegenwärtigen und Historischen, von jüngeren und weiter zurückliegenden Mythen über Nation und Geschichte Lügen gestraft wird, offeriert das Modellieren der Literatur der Leserschaft dennoch auch ein Wissen und möglicherweise erweitertes Bewusstsein hinsichtlich konfliktbehafteter Ursachen und Prozesse gescheiterten Zusammenlebens im Nachbarland.

Dieses *negative ZusammenLebensWissen* wird zwar aus den vielfältigen und oft mit soziologischen Kategorien übereinstimmenden Formen dargestellter und erzählter Gewalt gewonnen, ist jedoch keine ethische Handlungsanweisung auf Grundlage einer je nach Autor*in und Text gewählten moralischen Verpflichtung, was eine gefährliche Reduktion von Literatur auf eine autoritäre Instanz hinsichtlich der Interpretation von Gesellschaft bedeuten würde.

Es soll vielmehr ausgehend von der erwähnten synthetisierenden Betrachtung des literarischen Wissens um Formen und Prozesse der Gewalt im Frank-

---

5 Ette: *Konvivenz*, S. 69.

reich des 21. Jahrhunderts in diesem letzten Kapitel nach den sich aus diesem Wissen ergebenden Möglichkeiten des Weiterdenkens und des gesellschaftspolitischen Handelns als Antwort der Literatur auf modellierte, aber referentialisierbare Problemdiagnosen im gesellschaftlichen Raum gefragt werden. Ohne ethische oder gar moralische Verbindlichkeit in den Vordergrund zu stellen, wird auf diese Weise letztlich dennoch eine verstärkte Anerkennung sowohl der diskursiven wie der politischen Relevanz literarischer Stimmen und literarischen Erzählens *von* Gesellschaft für das Sprechen *über* Gesellschaft eingefordert.

6.1 Tendenzen des Erzählens, Tendenzen der Sujets: Ein *realisme engagé* beim Erzählen von Gewalt?

Im Vergleich zu den anhand zahlreicher Studien festgestellten Tendenzen der französischen Literatur der ersten Dekade des 21. Jahrhunderts lassen sich anhand des hier ausgewählten Text-Korpus und mit Blick auf dessen Sujets sowie auf vorherrschende Techniken des Erzählens einige Kontinuitäten erkennen. Diese scheinen einer allgemeineren Tendenz in Gestalt und Ausrichtung des literarischen Feldes in Frankreich seit den 1980er Jahren zu folgen.

In den untersuchten Texten bestätigt sich vor allem anhand der Schreibweise und der Art des Erzählens über Gewalt eine Feststellung, die von literaturwissenschaftlicher Seite hinsichtlich langfristiger Entwicklungen innerhalb der französischen Literatur an der Schwelle zum 21. Jahrhundert getroffen wurde. Der Romanist Wolfgang Asholt hat dabei die Bedeutung unterschiedlicher Positionierungen des Realismus-Konzepts in der französischen Literaturtheorie des vergangenen Jahrhunderts für die französische Gegenwartsliteratur dargestellt und auf eine sehr spezifische ‹Rückkehr› des Referentiellen hingewiesen, welche aus jeweils unterschiedlicher ideologischer und epistemologischer Perspektive thematisiert wurde:

> Confronté à l'embrouillement et à l'hétérogénéité du monde contemporain, le réalisme traditionnel, avec sa dimension totalisante, est devenu désuet. Nous n'avons donc plus que des ‹réalismes précaires›, ‹paradoxaux›, ‹subversifs› et même ‹spectraux›, ou des ‹écritures du réel› abordant le réel par touches, par fragments ou par des instantanés; un retour à un réalisme traditionnel semble peu probable. Dans ce sens, la vision du développement de la littérature (réaliste) à la fin de *Mimesis* semble confirmée.[6]

Gegen das Wieder-Anknüpfen an einen streng traditionellen Realismus, was auch Erich Auerbach in seiner *Mimesis* voraussah, sowie eine Rückkehr zu

---

[6] Asholt: Un renouveau du ‹réalisme› dans la littérature contemporaine ?, S. 32f.

einem *status quo*, der durch eine Epoche der Autoreferentialität unterbrochen wurde, konstatiert Asholt zusammen mit dem Komparatisten Jean Bessière bei einigen Autor*innen und Texten der französischen Literatur des späten 20. und frühen 21. Jahrhunderts einen Paradigmenwechsel in der Funktion des *réel*. Letzteres sei weder Mimesis noch Totalität, aber auch nicht reines Fragment oder die endgültige Absage an eine «totalisierende» Auffassung von Realität. Vielmehr ermögliche dieses *réel* im Roman eine Bezugnahme auf «la somme des possibles humains», auf «die Summe der menschlichen Möglichkeiten». Durch das ‹realistische› Modellieren von Lebenswelt gehe dieser *neue Realismus* im Roman mit einer transindividuellen «dissémination de la figure humaine, de la personne humaine» einher, einer «Streuung der menschlichen Figur, der menschlichen Person».[7]

Spricht man also von einer Rückkehr des *réel* und der Welt im französischen Roman Anfang des 21. Jahrhunderts, so wäre dieses stets verbunden mit einer Dimension des Engagements, die weniger dem Sartre'schen *choix*, der existentiellen *Wahl* als sich selbst begrenzender Verpflichtung auf eine Ideologie oder einer genau definierten politischen Richtung und Positionierung geschuldet wäre, sondern vielmehr das erweiterte Wissen über die Breite an Handlungsmöglichkeiten verfügbar machen würde, das ein in diesem Sinne ‹realistisches› Schreiben bereithielte.

Neben das Wissen um gelungene Konvivenz tritt so auch ein spezifisches Wissen um Formen dysfunktionalen Zusammenlebens und um das mögliche Überleben in derartigen Zusammenhängen sowie um die existentielle Not von Figuren und Gemeinschaften, um ihre Konflikte und Paradoxien. Das Wissen einer derart realistischen Literatur kann daher weniger affirmative Sinnmodelle liefern, sondern basiert stets auf einem *Mangel* an vollständigem Sinngehalt sowie einem Mangel an gesellschaftlicher Sichtbarkeit des Erzählten.[8]

Die von Wolfgang Asholt und anderen Forscher*innen konstatierte ‹Rückkehr› von Welthaltigkeit bezieht sich daher hinsichtlich der hier verhandelten Fragestellung nach dem Erzählen von Gewalt in der französischen Gesellschaft in Erzähltexten des *extrême contemporain* weniger auf einen «effet de réel», auf einen «Realitätseffekt» im Sinne von Roland Barthes, welcher ‹Realität› mittels übersteigerter Gewalt-Drastik herstellen würde.[9] Vielmehr erfolgte, wie im Analysekapitel ausgearbeitet wurde, das dort aufscheinende Erzählen von Gewalt

---

[7] Bessière: *Le roman contemporain et la problématicité du monde*, S. 40 u. 65.
[8] Vgl. Asholt: Un renouveau du ‹réalisme› dans la littérature contemporaine ?, S. 33.
[9] Vgl. Barthes, Roland: L'effet de réel. In ders.: *Œuvres complètes*. Edition établie et présentée par Eric Marty. 3 Bde. Paris: Seuil 1993–1995, Bd. 2, S. 479–484.

immer zusammen mit ihrer Einbettung in einen gesellschaftlichen Sinn-Kontext, welchen die Diegese als Handlungsraum der Romanfiguren bereithält.

Erzähltes Gewalthandeln fungiert so weniger als narratives ‹Ornament›, denn vielmehr als kritischer und durch sein Spannungspotential die diegetischen Zusammenhänge und Figurenkonstellationen dynamisierender Sinn-Vektor, indem Formen und Prozesse der Gewalt die Bruchlinien, figural-lebensweltlichen und sozialen Hierarchien und Spannungsfelder in den Romanen greifbar machen.[10] Diese kritische Funktion bildet als *nicht immer* vollständig artikulierter Hintergrund sogar in den im letzten Analyse-Kapitel erwähnten sprachlichen Extrem-Tiraden der Romanfiguren von Virginie Despentes den eigentlichen Referenzraum der hier untersuchten Gewalt-Episoden, -Phänomene und Gewalt-Phantasien.

Durch ihre Tendenz, sich erzähltechnischen und ästhetischen Mitteln des Realismus zu bedienen, ist in all den vorgestellten Texten die Gewalt also *niemals* Selbstzweck. Auch die von Jürgen Nieraad aufgestellte und einführend erwähnte Kategorisierung medial dargestellter Gewalt wird der Komplexität und politischen Relevanz der erzählten Gewaltformen im französischen Feld der Literatur nur bedingt gerecht, indem es sich bei den hier analysierten erzählten Formen und Zusammenhängen der Gewalt zwar beispielsweise um eine «Kritische Gewaltdarstellung in aufklärerischer Absicht» handeln kann, dies jedoch keine moralisch verpflichtende Lektüre einschließen muss.[11] Die anderen drei Kategorien können für die hier ausgewählten Erzähltexte ausgeschlossen werden. Weder enthalten sie allein eine «Beschwichtigende Gewaltdarstellung im Rahmen traditioneller Sinn-Entwürfe», es sei denn man versteht auch die oft marxistisch gefärbte Kritik durch politisch engagiertes Schreiben als solche, noch um «Marktorientierte Exploitation der Gewaltimagination» oder – außer in Ansätzen wiederum im Schreiben von Virginie Despentes – ein Hervorheben des Eigenwerts radikalästhetischer bzw. vitalistischer Perspektiven.[12]

Sowohl in den Texten der in ihren Sujets ‹historisch› orientierten Autoren wie Alexis Jenni, Pierre Lemaitre und Joseph Andras als auch bei ethnographisch-sozioanalytischen Schriftstellern wie Didier Eribon, Édouard Louis, Ivan Jablonka und Nicolas Mathieu, aber auch bei Autor*innen mit explizit politisch-gesellschaftskritischem Gestus wie Shumana Sinha, Virginie Despentes, Philippe Lançon und Mahir Guven lässt sich vielmehr hinsichtlich der Darstellung von Gewalt ein klares Bekenntnis zu deren diegetisch-funktionaler Einbettung zugunsten einer kritischen Referentialisierbarkeit des Erzählten konstatieren. Insofern

---

10 Zu dieser dynamisierenden Funktion in einem anderen Zusammenhang und hinsichtlich des Gefühls der «Unruhe» vgl. Ette: *WeltFraktale*, S. 251–284.
11 Vgl. Nieraad: *Gewalt und Gewaltverherrlichung*, S. 1281f.
12 Ebda.

ist es ein ‹realistisches› Schreiben über Gewalt, das auch in den Texten dieser Autor*innen aufscheint, da Gewalterzählung stets eingebunden bleibt in den Kontext von weiterem Figurenhandeln und aus weiteren diegetischen Sinn-Zusammenhängen abgeleitet wird.

Es passt dabei zu diesem *engagierten Realismus*, dass es trotz heftiger Kritik an gesellschaftlichen Normen des Zusammenlebens und an den Hierarchien der französischen Gesellschaft nicht mehr die erzählerischen Techniken des Bruchs mit der Sprache und ihrer Repräsentationsfunktion, jene lange Tradition der Post- und Neoavantgarden, aber auch nicht die endgültige Fragmentierung des Ungleichzeitigen im Gleichzeitigen der Postmoderne sind, welche in diesen Texten das Zusammenleben literarästhetisch in Frage stellen.[13]

Wie im Hinblick auf die ‹historisierenden› Romane von Lemaitre, Andras und Jenni deutlich wurde, erscheint dort weniger ein relativierend-resigniertes, denn ein kritisches Thematisieren von Gewalt innerhalb historischer Settings französischer Nationalgeschichte. Die dort gestalteten Erzählwelten könnte man durchaus mit Maurice Halbwachs als in ihrer sozialpolitischen Komponente kritisch rekonstruierte *Histoire factice*, als erzählerisch *vorgetäuschte Geschichte* gegen die ebenso ‹vorgetäuschte› Geschichte kollektiven und etablierten Erinnerns beschreiben. Jenseits der Deskription von Zeit und Gewaltgeschehen als absurd-repetitiven und fragmentierten Ereigniszusammenhängen sich wiederholender Geschichtlichkeit impliziert diese literarische Geschichtserzählung diegetisch eine durchaus lineare Hinwendung zur finalen Tragödie oder versöhnlichen Lösung mittels chronologisch-teleologischem (Andras, Lemaitre), bisweilen epischem Erzählen (Jenni) mit realistischer Färbung.[14]

Darin zeigt sich, dass diese Texte weniger im Historisch-Memorialen als in der dezidiert zeitkritischen Referentialisierbarkeit ihrer jeweiligen Diegese einen kritischen Interpretationshorizont eröffnen, der historisch gewordene Gewaltformen und -traumata nicht zynisch-resigniert ‹ad acta› legt, sondern auf die Gegenwart nationaler Erinnerung und die Gewalt der gesellschaftlichen Gegenwart hin befragbar macht. Dabei dienen psychologische Stimmigkeit der Figuren, Referentialisierbarkeit von Zeiten und Orten als diegetisch artikulierte, erzählerische Mittel der Kritik an mythisch überhöhenden Narrativen vergangener Kriege und ideologisierter historischer Kontinuitäten.

---

13 Vgl. zu den durchaus nach wie vor bestehenden Möglichkeiten dieses Spiels mit der Referentialisierbarkeit von Autor, Sinn, Intra- und Extratextualität im Zeichen der Postmoderne auch bei Autor*innen des beginnenden 21. Jahrhunderts das Kapitel «Enrique Vila-Matas oder vom Leben der Zitate» in Ette: *Von den historischen Avantgarden bis nach der Postmoderne*, S. 5–46.

14 Vgl. Halbwachs, Maurice: *La mémoire collective*. Paris: Albin Michel 1997, S. 287.

Die Dekonstruktion dieser kollektiven Gewalt-Narrative erfolgt in diesem Erzählen von Formen der Gewalt der jüngeren National-Geschichte weniger von Seiten der Sprache und des Stils her, sondern auf Seiten der *histoire* und des *récit* durch intertextuelle Verweise, Motiv-Rekurrenzen und diegetische Zuspitzung. Eben dadurch wird die symbolische, diesen Narrativen des Nationalen und der Geschichte inhärente Gewalt und Aggressivität überdeutlich, welche jedoch von den untersuchten Erzähltexten über den Veteranen Salagnon, den vom französischen Staat ermordeten Fernand Iveton sowie das kriegsversehrte Freundespaar in Lemaitres Gesellschaftssatire durch perspektivische Brechung, vertiefende Figurenzeichnung, aber auch ironische Subversion unterlaufen werden.

Dieses Erzählen positioniert sich dort, wo zu Beginn des ‹neuen› Jahrtausends und der 10er Jahre des 21. Jahrhunderts die Erinnerungsproblematik bezüglicher historischer Gewalt-Sujets und auch die Rekonstruktionsarbeit an Geschichte in Form fiktionaler Komplementärentwürfe innerhalb der von Dominique Viart vorgeschlagenen Typologie als *Romans archéologiques* vorherrschten.[15] Denn im Zuge einer auch anhand der in dieser Studie analysierten Erzähltexte feststellbaren Re-Evaluation europäischer Geschichte unter dem diegetischen und narrativen Ausgangspunkt des Gegenwärtigen gewann Anfang des 21. Jahrhunderts die Technik der *Réecriture* historischer Zusammenhänge an Bedeutung – teils durch die komplex inszenierte Unzuverlässigkeit der Erzählstimmen. Sie bestimmte die Romane der bereits erwähnten «Génération Littell» wie *Les bienveillantes*, *Ian Karski*, *Histoire des grands-parents que je n'ai pas eus* und *HHhH*, die sämtlich (jeweils auf vollkommen verschiedene Weise) Nazi-Terror und Zweiten Weltkrieg thematisieren und in ihrer historisch-literarischen Suche dabei weniger an spezifisch französischen, denn an deutschen, polnischen oder paneuropäischen Settings ausgerichtet sind.[16] Was die nach wie vor stark präsenten und hier verhandelten historischen Sujets eines Erzählens von Gewalt in der jüngeren französischen Geschichte angeht, so berühren diese im Gegensatz dazu nicht mehr in erster Linie die Erinnerungsthematik historiographischer Prägung als Bewusstseins-Problematik «pour afficher le scrupule», um «Skrupel» des oder der

---

15 Vgl. Rubino, Gianfranco: L'Histoire interrogée. In ders. / Viart, Dominique (Hg.): *Le roman français contemporain face à l'Histoire*. Macerata: Quodlibet 2014, S. 11–27, insb. S. 13.

16 Vgl. ebda. den Beitrag von Viart, Dominique: La littérature, l'histoire, de texte à texte, in ebda., S. 29–40; vgl. auch zur Kontinuität dieser Geschichte meist anhand von Sujets im Umfeld des Nationalsozialismus rekonstruierender *écriture* in Frankreich den *récit* von Vuillard, Éric: *L'Ordre du jour*. Arles: Actes Sud 2017 (Prix Goncourt); sowie Guez, Olivier: *La Disparition de Josef Mengele*. Paris: Grasset 2017 (Prix Renaudot).

Erzählenden «anzuzeigen», als vielmehr eine kritische und durchaus bewusst politische Distanzierung gegenüber dem kollektiven Erinnern selbst.[17]

Um dies zu gewährleisten, findet die Literatur zu Beginn des 21. Jahrhunderts daher weitergehende Möglichkeiten des Erzählens über historische Gewalt als allein die erinnernde Rückschau. Denn nicht nur in Hinblick auf Biographie und Lebenserzählung, sondern auch hinsichtlich der Ereignishaftigkeit und Verherrlichung der kollektiven Großnarrative *Nation* und *Geschichte* sucht die französische Literatur zu Beginn des 21. Jahrhunderts in realistisch anmutender Gegendarstellung sowie satirischer Umkehrung Möglichkeiten, neu perspektivierte Referenzbeziehungen zur kollektiv tradierten Geschichte durch ihr Erzählen zu gewinnen.

Der erste Weltkrieg wird so zum Konflikt von Opportunisten und Kriegsgewinnlern mit den vergessenen, aber überlebenden Opfern der Schlachtfelder; der Algerienkrieg gerät vom Kolonialkrieg zur Tyrannei des Zentralstaats gegen die eigenen Bürger; die von Frankreich verlorenen Kolonialkriege in Indochina und Nordafrika verwandeln sich anhand der sie ‹durcherlebenden› Romanfiguren in Chroniken eines vergeblichen und brutalen Defensiv-Aktionismus unter dem Banner einer gescheiterten *Mission civilisatrice* des französischen Kolonialismus und Imperialismus. Auch sind in den hier analysierten Texten mit historischen Sujets Stimme und Modus des Erzählens dominiert von einer großen Nähe zu den erzählenden und erzählten Figuren. Trotz eines die historischen Umstände erklärenden und politischen Realismus, wie er noch durch Paratexte und Motti verstärkt wird, ist es die Technik einer variablen und multiplen internen Fokalisierung, welche die Perspektivik des Einzelnen vor das Großnarrativ der geschichtlichen Einordnung zu stellen imstande ist.

Diese Art des literarischen Erzeugens historischer Nähe zeichnete sich bereits in der von Viart, Asholt u. a. festgestellten historisierenden Tendenz innerhalb der französischen Literatur der ersten Dekade des 21 Jahrhunderts ab. Fragmentarisch-*perspektivische Immersion* und weniger distanzierte Rekonstruktion beherrscht jedoch in Romanen wie *L'Art français de la guerre*, *Des nos frères blessés* und dem hier nicht berücksichtigten *Zone* von Mathias Énard Struktur und Diegese der Texte von Anfang an. Geschichte wird in ihnen erzählerisch durch detailliert gestaltetes Figuren-Bewusstsein sowie diegetisch mittels materieller und immaterieller kollektiver Erinnerungsorte im Sinne Pierre Noras modelliert, welche – wie die Schlacht an der Somme oder Điện Biên Phủ – auch kritische historische Orientierungspunkte nationaler französischer Identitätsentwürfe darstellen. Diese werden jedoch durch die Diegese in ‹priva-

---

[17] Viart: La littérature, l'histoire, de texte à texte, S. 30.

teren› diegetischen Schwerpunkten aufgelöst, welche das individuelle Bewusstsein der erzählten Figuren als Zeitzeugen vor dem vermeintlich kollektiven Erleben bevorzugen.

Diese Art historischen Erzählens folgt damit einer literarischen Politik der Sichtbarmachung von Gewaltausübung und Gewalterfahrung unter Bevorzugung des Individuums gegenüber dem Kollektivsingular der National-Geschichte, der nicht nur die kollektive Erinnerung, sondern auch soziale Deutungsmuster beherrscht und damit selbst eine Form symbolischer Gewalt darstellt. Literarisches Erzählen attackiert durch diesen ‹engagierten› historischen Realismus die Brüchigkeit aufrechterhaltener und politisierter Kollektiv-Narrative der französischen Gegenwart des 21. Jahrhunderts über *die* Geschichte und *die* Nation, über Kolonialismus und fordert literarisch das Fortbestehen einer durch diese Narrative ausgeübten symbolischen Gewalt zivilisatorischer Überlegenheit ‹von innen› heraus. Die Dominanz eines monologischen Erinnerungsdiskurses und eines defensiven National-Bellizismus im Namen eines aufgeklärten Universalismus wird in nur scheinbar ‹historischen› Romanen wie *L'Art français de la guerre*, *De nos frères blessés*, *Au revoir là-haut* und *Zone* für Frankreich als Nation der Kriege und Kolonialverbrechen in Frage gestellt.[18]

Diese engagierte und kritische Dimension eines Schreibens über die Gewaltdimension der jüngeren französischen Geschichte reagiert dabei in dialektischer Manier auf dokumentierte Missstände der Erinnerungskultur – beispielsweise die Verantwortlichkeit Mitterrands am Justizmord an Fernand Iveton oder die nach wie vor relativierte Rolle der Gewalt des Terrors durch Folter im Algerienkrieg. Eine affirmative Ästhetik der Gewalt weist dieses historisch-realistische Schreiben an keiner Stelle auf und eröffnet vielmehr beispielsweise in den Texten von Jenni und Andras – man könnte auch das Ende von Mathias Énards *Zone* hinzufügen – durch Erzählungen ehelicher, freundschaftlicher und intimer Liebe die Möglichkeit eines utopischen Humanismus in einem persönlichen Raum intimer Konvivenz als Gegenentwurf zum abstrakten Raum erzählter Nationalgeschichte. All die hier behandelten Texte, die das Thema der Gewalt anhand historischer Sujets behandeln, stehen ihr in ihrer kollektiven und symbolischen Form, auch in ihren Narrativen einer Verteidigung universeller Wert durch Staat und Republik somit kritisch bis ablehnend gegenüber.

Durchaus in diesem Kontext der kritischen Re-Evaluation der Gewalt kollektiver Symbole und Formen historischer Narration, aber diesseits des Schrei-

---

18 Vgl. zu letzterem Ruhe, Cornelia: Un cénotaphe littéraire pour les morts sans sépulture : Mathias Énard en thanatographe, In: Messling / Ruhe / Seauve / De Senarclens (Hg.): *Mathias Énard et l'érudition du roman*, S. 200–216.

bens über ‹große› Geschichte, lässt sich eine hervorgehobene Position des nicht nur (auto-)biographischen, sondern auch mikrosoziologisch dokumentierenden Schreibens über Gewalt mittels der Gattungen Autofiktion, kommentierte Sozialreportage, autobiographischer Essai oder Autosozioanalyse im literarischen Feld Frankreichs feststellen. In gerade umgekehrter Richtung zur *écriture* über die Gewaltformen und -erfahrungen französischer Nationalgeschichte ist es bei der erzählerischen Modellierung der gegenwärtigen französischen Gesellschaft nicht die Referenz auf ein sofort verständliches, da institutionalisiertes Erinnerungsnarrativ, sondern auf von der Leserschaft zu ergründende biographische und autodiegetische Gewalt-Hintergründe, die Diegese wie Sprache der Erzähltexte dominieren. In ihrer Entfaltung erlauben sie erst im Anschluss an die Lektüre einen analytischen Blick auf die französische Gesellschaft der Gegenwart als Raum eines bisweilen dysfunktionalen Zusammenlebens, der in seiner ökonomischen Segregation und Separation, aber auch in seiner kulturellen wie religiösen und ethnischen Diversität Spannungen und Hierarchien erzeugt und aufrechterhält.

Dazu bedienen sich die hier dargestellten Texte – ob autofiktionaler oder journalistisch-dokumentarischer Art – eines essayistischen Erzählens und Reflektierens, das den persönlichen Stil als Anker für eine ‹Diegese zweiter Ordnung› verwendet, das heißt für eine ausgehend von der erinnernden und recherchierenden Rekonstruktionsarbeit der Erzählstimme modellierte persönliche Erlebenswelt gegenüber der im medialen und politischen Diskurs repräsentierten gesellschaftlichen ‹Lebenswirklichkeit› in Frankreich. Die dadurch erfolgende Aufwertung des erzählenden und erzählten Individualbewusstseins als Opfer oder Täter nutzt die Möglichkeiten der Bezugnahme auf extratextuelle Gesellschafts-, Lebens- und eben auch Gewalträume für deren gesamtgesellschaftliche Sichtbarmachung aus dem literarischen Feld heraus.

Licht fällt nun insbesondere auf jene Gewaltthematiken, welche – wie der Zusammenhang von struktureller ökonomischer Gewalt mit Formen körperlicher Gewaltausübung, der in *Histoire de la violence*, *En finir avec Eddy Bellegueule* oder auch *Laëtitia* artikuliert wird – zwar nachweisbar, aber nur schwer ohne Zuhilfenahme detaillierter soziologischer Studien in Daten und Fakten auszudrücken sind. Umso mehr folgt die Leserschaft individuellen und subjektbezogenen Entwicklungen anhand von Lebenserzählungen in je nach erzählter Lebensspanne kürzeren oder weiteren chronologischen Bögen.

Es wäre angesichts der hier notwendig begrenzten Textauswahl verkürzt, deshalb von einem anhaltenden ‹Boom› experimenteller Formen autobiographischen Erzählens zu sprechen, wie er für Frankreich seit dem *Nouveau roman* des vergangenen Jahrhunderts und insbesondere aufgrund der Texte von Nathalie

Sarraute verzeichnet wurde.[19] Dennoch nimmt aufgrund des großen Erfolgs der Texte von Annie Ernaux, Didier Eribon, Édouard Louis – oder auch der in dieser Studie nicht vertretenen Christine Angot – die Autofiktion, aber auch die soziologische Autobiographie nach wie vor einen herausragenden Platz im literarischen Feld Frankreichs ein. Gerade bezüglich der in den Texten dieser Gattungen verhandelten Gewaltformen soll jedoch die These gewagt werden, dass dieses Schreiben des Ichs kaum einer ‹Rückkehr› zur memorialen, fragmentarischen oder gar konfessionalen *quête de soi* entspricht.

Vielmehr scheint die nach wie vor anhaltende starke Präsenz dieser Art Literatur im Feld einem beständigen Interesse an den referentiellen Möglichkeiten subjekt-zentrierten Erzählens – durchaus auch mit testimonialer Funktion – auf der Suche nach prozessual nachvollziehbaren Zusammenhängen sozialen Zusammenlebens der Gegenwart geschuldet.[20] Die in der vorliegenden Studie analysierten Texte des zweiten Kapitels verfolgen gerade hinsichtlich ihres Blicks auf extreme Gewaltformen wie Femizid, Homophobie oder aber die strukturelle Bedingtheit von Gewalt als Phänomen prekärer Lebensverhältnisse kaum eine affirmative Modellierung von autobiographischem Subjektbewusstsein durch Sprache und ‹Ausdruck› als alleiniges Ziel.[21] Vielmehr fungieren die fiktiven oder auf realen Referenzen basierenden Figuren – wie jene in Jablonkas auch autobiographisch konnotierter Mord-Recherche, aber auch die Ich-Stimmen der ethnographischen Autoren Eribon und Louis – als individuelle Reflektoren diesseits des Kollektivsingulars *der* Gesellschaft, welche die persönliche Dimension des Erlebens von Gewalt als ‹Messinstrumente› gesellschaftlichen Zusammenlebens im Frankreich des Zentrums wie der Peripherie hervorheben.

Die Sichtbarmachung der individuellen Ebene strukturell bedingter, aber auch institutionalisierter Gewalt, die Täter- wie Opferfiguren hervorbringt, bildet das eigentliche Ziel gerade der erzählten Gewalt in Texten wie *Laëtitia, Qui a tué mon père, Histoire de la violence, Retour à Reims* oder bereits zuvor Ernaux' *Armoires vides*. Diese im autobiographischen Erleben gründenden Texte ermöglichen jedoch nicht nur die Sichtbarmachung von, sondern auch die Sensibilisierung

---

19 Vgl. Compagnon, Antoine: Retour du sujet. In Tadié, Jean-Yvey (Hg.): *La Littérature française: dynamique et histoire*. Paris: Gallimard 2007, Bd. 2, S. 793–796; sowie Ette: *Von den historischen Avantgarden bis nach der Postmoderne*, S. 705–725.
20 Zu diesem Begriff in Anwendung auf zwei berühmte ‹Autobiograph*innen› der französischsprachigen Literaturgeschichte vgl. Raymond, Marcel: *Jean-Jacques Rousseau: la quête de soi et la rêverie*. Paris. Corti: 1970; sowie Benarrosh, Penny: *La quête de soi chez Marguerite Yourcenar*. Leider unveröffentlichte Dissertation, eingereicht an der McGill University 1985.
21 Vgl. Wagner-Egelhaaf, Martina: *Autobiographie*. 2., aktualisierte und erweiterte Auflage. Stuttgart: Metzler 2005, S. 79 u. 187.

für dysfunktionales Zusammenleben durch Literatur, indem sie ausgehend von der Frage nach ihrer autobiographischen Bedingtheit die Repräsentation gesellschaftlicher Zusammenhänge aus pauschalisierenden und unhinterfragten medialen, politischen, kulturellen und ökonomischen Bedeutungsregimen zu befreien im Stande sind, welche die Repräsentation von Gewalt dominieren. Diese Erzähltexte betonen daher die sozialkritische Funktion von Literatur als Korrektiv asymmetrischer Repräsentation von Gesellschaft, wie sie Jacques Rancière auch als großes Verdienst des klassischen Realismus theoretisch beleuchtet hat.[22] Es scheint daher, als ob in Formen autobiographischen, autofiktionalen und soziographischen Schreibens gegen eine *écriture pure* und den *roman pur*, aber auch gegen den verallgemeinernden *engagierten Roman* – zumindest wenn es um die erzählte Gewalt nach der Jahrtausendwende geht – eine Aufwertung des Ichs als *gesellschaftlichem* Bewusstseinsfragment und als Interpret von Gesellschaft mit Anspruch auf Gehör in soziologischen und politischen Debatten stattfindet. Diese individualisierende Perspektive der Literatur kann dadurch komplementär zur soziologischen Täter- und Opferforschung zum Gewaltdiskurs beitragen.

Doch sollte anhand des Kapitels zu Édouard Louis' *Histoire de la violence* gerade bezüglich der Darstellung und dem literarischen Modellieren von Gewalt auch auf die Gefahren eines verdeckten monologischen Sprechens über Gesellschaft aus dem Zwischenraum von Fiktionalem und Faktualem in der autofiktional nur schwach markierten Trennung von Erzählstimme und extratextuellen Autor*innen hingewiesen werden. Dies nicht, um diese Stimmen in ihrer Relevanz für die Debatte um weniger sichtbare Formen der Gewalt zu relativieren, sondern um vor einer dialektischen Radikalisierung von durchaus ernstzunehmenden Positionen zu warnen, sobald das Erzählen über Gewalt selbst zur diskursiven Gewalt der Literatur im monologischen Sinne wird, wenn Autofiktion mit Gesellschaftsanalyse ‹verwechselt› und damit zur ‹Realität› erklärt wird.

Letzteres entspräche einer ideologischen Position von Seiten des extratextuellen Autors oder der Autorin – oder aber der Leserschaft. Denn diese Gefahr der Monologisierung des Sprechens über Gesellschaft durch eine Fokussierung auf Individualbiographien muss nicht gegeben sein, wie anhand der weniger autofiktionalen als faktual-sozialanalytischen und rein fiktionalen Texte von Nicolas Mathieu, Ivan Jablonka und Didier Eribon nachgewiesen werden konnte. Um Gewaltzusammenhänge erzählerisch zu erforschen, benutzen diese Texte dabei zudem gerade die Referentialisierbarkeit ‹normierter› Sprache durchaus als Instrument kritischer Distanz zum Geschilderten. Sie legen dabei im Sprechen über

---

22 Vgl. dazu insb. Rancière: *La chair des mots*, op. cit.

Ich und Gesellschaft das avantgardistische und poststrukturalistische Barthes'sche und Derrida'sche Misstrauen gegenüber dem eigentlichen und stets Kognition bestimmenden Medium des Erzählens ab.

Dies soll jedoch nicht heißen, dass sich nicht auch in den hier analysierten Texten einer französischen Literatur zu Beginn des 21. Jahrhunderts der spielerische und kritische Umgang mit Sprache als semantisch-hierarchisierendem Bedeutungssystem finden lässt, welcher seit den historischen Avantgarden ab Mitte des letzten Jahrhunderts um Strategien einer subversiven Sinndekonstruktion in den komplexen Spielen des postmodernen Romans erweitert wurde. So findet sich die Technik der Collage – allerdings unter gänzlich anderen Vorzeichen als denen einer avantgardistischen oder postmodernen Verwendung dieser Technik – als Mittel der Wahrheitsfindung in *Laëtitia*, die Strategie einer avantgardistisch-antibürgerlichen Provokation durch Sprache lässt ihr Echo in den heftigen Tiraden von Despentes' Figuren erkennen. Doch diese ‹Sinn›- und Macht-Strukturen dekonstruierende und die Gesellschaft in ihrer geregelten Stabilität hinterfragende Funktion der Sprache wird in diesen Texten zugunsten diegetischer Kohärenz aufgegeben, um einer Suche nach sozialer Konvivenz auch durch sprachliche Kontinuität den Vorrang zu lassen.

Hal Fosters These vom Ende der Avantgarden zusammen mit dem von Wolfgang Asholt für die französische Literatur seit den 80er Jahren postulierten Rückgriff auf realistische Techniken des Erzählens lässt sich auch für das gesellschaftskritische Schreiben über Gewalt als *Symbolpolitik der Literatur* bestätigen.[23] Die Schriftstellerin und Goncourt-Preisträgerin Leïla Slimani forderte in ihrer Essai-Sammlung *Le diable est dans les détails* gerade bezüglich der Gewalt-Thematik in Frankreich ein Engagement von Schriftsteller*innen als dort traditionell äußerst sichtbaren intellektuellen Akteuren im Raum der Diskurse. Sie betonte die Bedeutung dieses Engagements auch deshalb, um auf die Möglichkeiten literarischen Schreibens und Sprechens nicht nur als Dekonstruktion von Sprache, sondern als freies Spiel mit Sinn und Bedeutung, aber auch mit Konvention und Moral hinsichtlich extrem kontrovers diskutierter Formen von Gewalt hinzuweisen und diese Möglichkeiten *gesellschaftlich* zu nutzen, auch wenn dies an die Grenzen des Sagbaren reiche:

> Quelques jours à peine avant la tuerie de Charlie Hebdo, c'est l'écrivain Michel Houellebecq, et son livre *Soumission*, qui faisaient la une de la presse. Encore une preuve que la France est un pays où les écrivains comptent. Encore une preuve que la littérature est en espace de libre expression, que l'on soit ou non d'accord avec les propos que tient l'au-

---

23 Vgl. Foster, Hal: *The Return of the Real: The Avant-Garde at the End of the Century*. Cambridge MSC: MIT Press 1996.

teur. Qualifié de provocateur, d'apprenti sorcier, d'islamophobe, mais aussi d'immense écrivain ou de visionnaire, Houellebecq a suscité un débat très vif. Une question surgit alors: qu'en est-il de la responsabilité en littérature ? Un écrivain a-t-il à se montrer « responsable » face aux événements ? Doit-il s'autocensurer s'il sait que son propos risque d'embraser une société déjà à vif ? Je ne le crois pas.[24]

Die Lebendigkeit dieses *engagierten Realismus* – nicht nur jenes pessimistischen und anthropologischen Realismus von Michel Houellebecqs Dystopie *Soumission* – hinsichtlich erzählter Gewalt in Frankreich erklärt sich dabei zum Teil auch aus dem in den Erzähltexten sichtbaren Aufbrechen von Techniken des ‹traditionellen› Romans oder des rein faktual-analytischen Essais durch fiktionale und dynamisierende Elemente des Privat-Irrationalen und Unwahrscheinlichen.

Weniger durch eine auktoriale Erzählinstanz und Nullfokalisierung als durch die Vielfalt an und die Brüche in den Perspektivierungen wird gerade in den in dieser Studie diskutierten Texten von Shumona Sinha, Mahir Guven, Philippe Lançon und Virginie Despentes der subjektiv-alltagsweltliche Realismus um eine das Bewusstsein als durch Gewalterleben ‹zerfetztes› fassende Erzählweise ergänzt. Auch phantastische Elemente (Despentes) und eine krisenhafte, innerhalb der extratextuellen sozialen ‹Normalität› seltene Singularität der erzählten Gewaltereignisse (die Planung und Durchführung eines Terroranschlags bei Guven, das Überleben eines realen Anschlags bei Lançon, der Anschlag auf einen Asylsuchenden durch eine Übersetzerin bei Sinha) in einer ansonsten stark alltagsweltlichen Ausrichtung der Diegese modellieren Gewaltereignisse als diegetische ‹Risse› in der Raum-Zeit der Figuren.

Die erwähnten Texte verwirklichen durch diese Strategie einer Betonung des ‹Besonderen› und ‹Einmaligen› von Gewaltereignissen eine sozialkritische Dimension von Gewaltdarstellung, welche sich dezidiert als politischer Beitrag und ergänzender Kommentar zu vieldiskutierten Formen besonders sichtbarer Gewalt interpretieren lässt. Dies gilt vor allem auch für die strikt an subjektivem Erleben ausgerichtete autobiographisch-essayistische Verarbeitung der Gewalterfahrung eines Terroranschlags bei Philippe Lançon, wo das eigentliche Gewaltereignis in seiner Einmaligkeit als Trauma erst durch die Öffnungen auf das Subjektiv-Private einen Sinngehalt jenseits vorartikulierter Diskurse über die Schrecken terroristischer Gewalt erfährt. Trotz beharrlichen Widerstands gegen mediale und politische Vereinnahmung von Terrorismus als Gewaltform, aber auch gegen die eigene Entmündigung durch die aufgrund einer schweren Verletzung erfahrene Abhängigkeit, ist es die nicht explizit gestellte Frage nach

---

24 Slimani, Leïla: *Le diable est dans les détails*. Paris: L'Aube 2017, S. 23.

dem Zustand der Opfer und der Solidarität mit ihrer Perspektive, welche letztlich Lançons autobiographischen Essay bestimmt.

Nach wie vor und komplementär zur autobiographischen und autofiktionalen Erinnerungsproblematik steht somit die Frage nach der *politischen* Funktion des realistischen und drastischen Erzählens von Gewalt in der Literatur, im modellierenden Erzählen individueller wie kollektiver Sinnzusammenhänge zur Debatte. Frankreich und sein kritisches Bewusstsein gegenüber der Gewalt in der eigenen Geschichte, seine historische Verantwortung, aber auch die historische Schuld sind Themen, welche in zahlreichen der in dieser Studie analysierten Erzähltexte ebenso artikuliert werden wie die Frage nach der Gewalt struktureller und institutionalisierter Exklusion und Unterdrückung von Kollektiven, Minderheiten, Milieus und Klassen innerhalb der Gegenwart des 21. Jahrhunderts und die Frage nach den Auswirkungen von Gewalt und Terror auf individuelle Leben.

6.2 Motivstrukturen, Figuren und Formen erzählter Gewalt im Frankreich der 10er Jahre des 21. Jahrhunderts

Nicht nur hinsichtlich der Formen und Sujets literarischen Erzählens über Gewalt, sondern auch hinsichtlich der Textinhalte und den dort feststellbaren Tendenzen in den Motivstrukturen und Figuren, welche Formen, Prozesse und Zusammenhänge von Gewalt modellieren, stellt sich natürlich die Frage nach der extratextuellen und referentiellen Validität literarischer Repräsentationsmuster. Dies impliziert wiederum die Frage nach der Bedeutung von Literatur als einem sozialen Seismographen, ohne die Selbstreferentialität des Texts unter- oder dessen soziale Referenzfunktion überzubetonen. Das Wissen, welches Literatur durch die hier analysierten Verschränkungen verschiedener Gewaltformen und Gewaltprozesse anhand motivischer und figuraler Konstellationen beiträgt, scheint zwar in seiner Modellhaftigkeit im Vergleich zum empirisch-quantifizierend erfassten Gewaltgeschehen im gesellschaftlichen Raum lediglich als sekundäres Wissen. Dennoch erzeugt es eine Sensibilisierung für die Komplexität und die Existenz jener Formen und Prozesse der Gewalt, deren Bedeutung für gesellschaftliches Zusammenleben literarisch im Akt des Erzählens mit postuliert wird.

Zwar ist diese Sensibilisierung, welche nach wie vor von Rezeptionsstrukturen auf Seiten der Leser*innen, der Vermarktung auf Verlagsseite und vertiefender Vermarktung durch die Fachurteile von Medien und Kritik mitsamt ihren symbolischen Konsekrationsmöglichkeiten mit aufgebaut wird, mit äußerster Vorsicht zu diskutieren: Man kann die Repräsentativität des literarisch modellierten Gewaltgeschehens für gesellschaftlich breit geführte Gewalt-Diskurse medialer, schulischer und politischer Art nur unter Hinweis auf die Bourdieu'sche, offen verstandene Eigenlogik des literarischen Feldes und der Funktionsweise textueller Repräsentation aufgreifen.[25] Dennoch kann die suggestive Kraft literarischer Modelle in ihren Aussagen über Gesellschaft sowie gelungene und gescheiterte Konvivenz mittels Motiven und Figuren, aber auch in Form des extratextuellen Habitus und die Sichtbarkeit der Akteure im literarischen Feld Frankreichs für die sozialwissenschaftliche Gewaltforschung eine mögliche feldübergreifende Variable darstellen, die als Indiz, Anreizgeber und Vergleichsparameter für die Forschungen der Nachbardisziplin dienen kann. Dementsprechend soll die hier durchgeführte literaturwissenschaftliche Analyse mit sozialwissenschaftlichen Fragestellungen zumindest in Dialog treten:

> Dans les études littéraires, l'approche sociologique a permis de sortir de l'analyse interne des œuvres littéraires en les situant parmi d'autres discours sociaux, en portant au jour les représentations et les valeurs qu'elles véhiculent, et en les rapportant à leurs conditions de production (au niveau individuel et collectif), tout en menant une réflexion sur les médiations entre ces déterminations externes et le texte. Elle dialogue aussi bien avec l'analyse de discours, la génétique textuelle et les travaux menés sur des écrivains singuliers qu'avec ceux qui interrogent les rapports entre littérature et politique, littérature et droit, ou littérature et morale, avec les *postcolonial studies* et avec les perspectives sur la littérature mondiale (*world literature*).[26]

Die Möglichkeit einer interdiskursiven und interdisziplinären Betrachtungsweise von zwei Seiten, welche im literarischen Feld iterativ auftauchende Formen und Prozesse von Gewalt als Hinweise auf die Notwendigkeit ihrer wissenschaftlichen Erfassung, aber auch die gesellschaftliche Bedeutung von affirmativem Gewalterzählen, sprachlicher Gewalt sowie der symbolischen Gewalt der Literatur ernst nimmt, sei hier angesprochen.[27] Im Vorfeld derartiger weitergehender Analysen

---

[25] Vgl. zum literaturhistorischen Prozess dieser Autonomisierung Jurt Joseph: Litterature et sociologie – Sociologie et littérature (de Balzac a Bourdieu). In: Bastien, Clément / Borja, Simon / Naegel, David (Hg.): *Le raisonnement sociologique à l'ouvrage. Théorie et pratiques autour de Christian de Montlibert*. Paris: L'Harmattan 2010, S. 409–428.
[26] Sapiro, Gisèle: *La sociologie de la littérature*. Paris: La Découverte 2014, S. 107.
[27] Mittels empirischer Daten der Sozialwissenschaft aufgrund von Statistik und Feldforschung sowie deren Langzeitentwicklungen könnten ausgehend von zunächst literarisch modellierten gesellschaftlichen Konstellationen und Subjektkonstruktionen Vergleiche zwischen Datenerhebungen auf Grundlage objektiver Indikatoren einerseits und dem statistisch gemessenen Empfinden von Gewalt andererseits fruchtbar gemacht werden. Die langjährigen Datenerhebungen durch private wie öffentliche Institute (*Conseil national de l'information statistique, Institut national de la statistique et des études économiques Eurostat, Statista,* etc.) könnten Material für interdisziplinäre Forschungen zwischen literaturwissenschaftlicher und soziologischer Gewaltforschung zur Verfügung stellen.

und Vergleiche steht jedoch konkret die in diesem Kapitel aufgeworfene Frage nach Tendenzen und Mustern in vom literarischen Modell ‹vorgeschlagenen› Gewaltzusammenhängen zur Debatte. Diese wurden am Textkorpus ausgehend von Figurenhandeln, Perspektivierungen, motivischen Zusammenhängen, der Erfassung von Lebensweltlichkeit auf prozessual-situativer Grundlage zwischen Individuum und Kollektiv, Täter und Opfer in ihrer Ambi- und Polyvalenz zu erfassten versucht.

Unabhängig davon, ob hier tatsächlich eine sozialwissenschaftlich-empirische Grundlage für diese Objektfelder wissenschaftlicher Forschung besteht, ist es dabei von literaturwissenschaftlicher Seite auffällig, dass es in allen der hier analysierten Texte konfliktuale Zusammenhänge von erzählten kollektiven lebensweltlichen Kategorien und Strukturen der Diegese mit auf Ebene der Figuren eingeschränkten und verhinderten Formungen selbstbestimmten Bewusstseins sind, die erzählerisch die Frage nach der Funktionalität des dargestellten Zusammenlebens zuallererst stellen. Diese Konfliktualität, welche nicht artikuliert oder durch sozial und staatlich institutionalisierte Mechanismen der Integration unterdrückt wird, wird erzählerisch aufgegriffen und auf Figurenebene durch Frustrationserfahrungen im modellierten sozialen Raum der Diegese verstärkt. Sie geht dem eigentlichen Gewalthandeln und der Gewalterfahrung der Figuren als Täter und Opfer voraus. In den Worten Lewis A. Cosers und seiner innerhalb der Konfliktforschung mittlerweile klassischen Studie über *The Functions of Social Conflicts*:

> Our discussion of the distinction between types of conflict, and between types of social structures, leads us to conclude that conflict tends to be dysfunctional for a social structure in which there is no or insufficient toleration and institutionalization of conflict. The intensity of a conflict which threatens to «tear apart,» which attacks the consensual basis of a social system, is related to the rigidity of the structure. What threatens the equilibrium of such a structure is not conflict as such, but the rigidity itself which permits hostilities to accumulate and to be channelled along one major line of cleavage once they break out in conflict.[28]

Diese «Rigidität» des sozialen Systems, welche die institutionalisierte und systematische Artikulation von Konflikten als Politik der Entspannung verhindert, wurde in der Diegese der untersuchten Texte, der französischen Gesellschaft in spezifisch modellierten Zeit-Räumen, durch mehrere Faktoren bestimmt, die ihrerseits eigenständige Formen von Gewalt symbolischer und struktureller Natur darstellen. Die erzählten Individualeben von unterschiedlich fokalisierten Figuren und Erzähler*innen-Stimmen sehen sich nämlich nicht nur mit physi-

---

28 Coser: *The Functions of Social Conflict*, S. 157.

schen (Lançons verletztes Erzähler-Ich, die ebenfalls entstellte ‹Gueule cassée› Édouard Pericourt, die ermordete Laëtitia, zahlreiche ‹gewalterfahrene› Figuren der *Subutex* Romane), sondern vor allem auch mit ökonomischen, rassistischen und kulturellen (der *Transclasse* Eddy, der *Petit Blanc* Anthony, die ‹Beurs› Hacine und Reda, der Clochard Subutex u. a.) Beeinträchtigungen konfrontiert. In den überwiegenden Fällen sind sie durch die unantastbare Autorität symbolischer Werte- oder Hierarchiesysteme des Staatlichen oder Nationalen, verbunden mit den Kollektivsingularen von Nation und Geschichte, durch den Mangel an finanziellen Möglichkeiten, durch rassistische Ausgrenzungen oder genderbasierte Unterdrückung in ein strukturelles oder institutionalisiertes Gewaltgeschehen *rigider* und statischer Art eingebunden.

Letzteres birgt jedoch dadurch Potential für die gewaltsame Eskalation von Konflikten der Figuren mit der Gesellschaft, indem diese Konflikte der Figur zusammen mit der «structure» aus deren Perspektive nicht oder zu wenig im öffentlichen Raum, in Medien oder Politik berücksichtigt werden. Auf Textebene und motivisch wird dieses Konfliktpotential zwischen Gesellschaft und Individuum selbstverständlich insbesondere dann in Form von Gewalt offenbar, wenn es sich um erzählte Räume handelt, welche *per se* als Gewalträume der Staatsmacht fungieren. Dabei kann es sich – wie anhand des Textkorpus dargelegt – um das Militär und den Dienst an der Waffe handeln, eine staatliche Behörde, welche wie die Asylbehörde in Shumona Sinhas Roman über Einzelschicksale entscheidet, oder aber um den Kontakt einer Figur mit Polizei und Strafjustiz.

Vor dieser Grundkonstellation nicht integrierter Konfliktualität ist es für die untersuchten Texte auffällig, dass einseitig-deterministische Konzeptionen von Gewalthandeln auf Täterseite – es sei denn der ‹Täter› ist das System selbst wie im Roman *De nos frères blessés*, der einer anklagend-engagierten Literatur politischer Prägung zuzurechnen ist – in ihnen kaum von Bedeutung sind. Jeglicher angenommene Determinismus wird im hier untersuchten literarischen Erzählen auch auf alternative Möglichkeiten des Figurenhandelns hinterfragt. Sogar eine ‹eindeutige› Täter-Opfer-Beziehung wie diejenige im Fall Laëtitia, welche auch auf Seiten des Mörders als sozialbiographisch beinahe zwangsläufige Tragik gewalterfüllter Sozialisation modelliert wird, gerät durch ein Erzählen der Kontingenz von Ereignissen und zufälliger Begegnungen, welche in der Mordnacht kulminierten, zum Portrait einer von struktureller, symbolischer und institutionalisierter Gewalt des Staates und der Politik mit bestimmten Fatalität.

Letztere wird von der Akzeptanz sexueller und physischer Gewalt sowie von Machismo und patriarchalischer Gewalt innerhalb des erzählten gesellschaftlichen Raums zwar begünstigt, aber letztlich durch die selbstbestimmte Entscheidung des Individuums in die Tat umgesetzt. Weder Täter noch Opfer werden daher essenzialisiert und auf ihre Konfliktbeziehungen mit den sie umgebenden sozialen Räumen reduziert, was bei einer separierenden Betrachtungsweise individuellen Figurenhandelns trotz einer prozessualen Rekonstruktion, aber unter Vernachlässigung anderer Figurenbiographien, als Möglichkeit im Raum stünde. Erzählende Literatur fügt hier psychopathologischer und juristischer Aufarbeitung von Gewalt eine Steigerung an Komplexität bezüglich der Kontingenz individueller Handlungsweisen hinzu, indem sie diese Handlungen auf ihre Unterstützung durch kollektive gesellschaftliche und politische Kontexte hin befragt.

Auch hinsichtlich medial breiter diskutierter Gewaltereignisse wie dem im Text aufgegriffenen ‹realen› Mordfall oder den erzählten Terroranschlägen ist es daher nicht nur deren isolierte Betrachtung, sondern ihre erzählerische Verknüpfung mit weiteren Formen von Gewalt, welche als weniger sichtbare, aber rekurrente Handlungsmotive immer wieder auftauchen. Diese treiben *discours* und *histoire* der Texte entscheidend voran, indem sie nicht artikulierte Typen von Konfliktualität bezüglich der die Figuren umgebenden Lebenswelt und Gesellschaft verstärken. Auch dies verhindert eine essenzialisierende Lesart einzelner Formen von Gewalt als milieu- oder täterspezifische. Zu nennen wären hier die strukturellen Gewaltformen extrem ungleicher Vermögensverteilung und je nach Schicht oder Klasse geringerer oder höherer sozialer Mobilität in Frankreich sowie deren Zusammenhang mit den Ausbildungschancen und der Chance auf den Erwerb symbolischen Kapitals. Wieder sei an die biographischen Skizzen der Perrais-Schwestern und Tony Meilhons in Jablonkas *Laëtitia*, aber auch an die biographisch, räumlich wie kulturell separierten Jugendmilieus in Mathieus *Leurs enfants après eux* erinnert.

Es handelt sich somit bei den literarisch erzählten Gewalt-‹Ereignissen› stets um einen komplexen *Gewaltnexus*, welcher in einem dysfunktionalen gesellschaftlichen Zusammenleben aus interdependenten, nicht integrierten oder auch nur artikulierten Konfliktformen verankert ist. Diese Vielverbundenheit der Gewalt betrifft neben den untersuchten ethnographischen Texten und jenen mit *Transclasse*-Thematik auch Mahir Guvens indirekte Modellierung einer terroristischen, von Familie und Arbeitsumfeld frustrierten Täterfigur und die Auseinandersetzung der Erzählerfigur des Bruders mit religiös-fundamentalistischem Terrorismus. Aber auch die erzählte kollektive Gewalterfahrung der Kriege in den analysierten ‹historischen› Romanen dient bei genauerer Betrachtung weniger dem Beschreiben einer einzelnen Gewaltform als dominantem Gegenstand als vielmehr einer erzählerischen Synthese unterschiedlicher Gewaltformen, welche vor der Gewalt des Krieges in den Hintergrund geraten können und vom Sadismus des Einzelnen bis zur symbolischen Gewalt bellizistischer und kolonialistischer Narrative des Nationalen reichen.

Andere, außerhalb der Literatur breit diskutierte Gewaltformen finden wiederum im Raum der Erzähltexte und durch ihre diegetische Einbettung in vollkommen anderer Perspektivierung und Intensität Beachtung. Dies fällt beispielsweise daran auf, dass die von der soziologischen Gewaltforschung vielfach diskutierte Frage nach dem Einfluss brutaler medialer Gewaltdarstellung visueller, propagandistischer und virtuell-spielerischer Natur (PC-Spiele, radikale Internetplattformen, brutale Filme und Serien) für das Handeln der literarisch modellierten Täter*innen-Figuren als determinierende Instanzen kaum eine Rolle spielt.[29] Vielmehr wird auch hier nach der Pluralität von Ursachen des finalen Gewalthandelns anhand von Figuren wie der Amokläuferin Solange in *Vernon Subutex*, von Mahir Guvens potentiellem Selbstmordattentäter Hakim – dessen islamistische Radikalisierung durch das Internet für die Diegese keine Rolle spielt – und auch anhand des auf den ersten Anschein nach psychopathischen Sexualstraftäters Tony Meilhon gefragt.[30]

Diese Täterfiguren werden nicht unter Betonung eines bestimmten medialen Konsumverhaltens und einer mehr oder weniger von Anfang an gegebenen Beeinflussbarkeit gezeichnet. Sie werden diegetisch vor allem im Vorfeld biographischer und lebensweltlicher Prozesse der Sozialisation, über ihre Frustrationserfahrungen im gesellschaftlichen Raum und über die jeweiligen von Familie und Umfeld zur Verfügung gestellten Sinnangebote erfasst. Diese unterstützen – wie die radikal-salafistische Religionsauslegung im Umfeld der nahen Moschee als Gegenentwurf zum radikalen Laizismus des Vaters, mit welcher der jüngere Bruder in Mahir Guvens Text in Verbindung kommt, oder aber die Rettung aus der dörflichen Isolation durch den über das Internet erfolgenden identitären ‹Flirt› der jugendlichen Attentäterin Solange – eine medial durchaus intensivierbare, aber bereits im Vorfeld des medialen Konsums bestehende Beeinflussbarkeit bezüglich gewalttätigen Handelns.

Wie gezeigt wurde, entspringen die finale Brutalisierung und der Entschluss zum Töten in all diesen Beispielen nicht einer passiv konsumierten Repräsentation von Gewalt. Vielmehr liegen den Lebensstilen prekärer und von geringer sozialer Mobilität geprägter Milieus – sei es dem Einwanderermilieu oder aber jener ‹Welt› der *Petits Blancs* in den periurbanen und ruralen Räumen – Inkorporationsmechanismen und eine sozial geteilte Wertesphäre zugrunde, die Gewalt infolge einer als konfliktbehaftete Frustrationserfahrung

---

29 Vgl. dazu das dritte Kapitel «La violence des images» in Wieviorka: *La violence*, S. 120–136.
30 Zu dieser wichtigen und komplexen Frage nach der Rolle des Cyberspace gerade bezüglich islamistisch-fundamentalistischer Radikalisierungsprozesse vgl. die Studie von El-Wereny, Mahmud: *Radikalisierung im Cyberspace. Die virtuelle Welt des Salafismus im deutschsprachigen Raum – ein Weg zur islamistischen Radikalisierung?* Bielefald: transcript 2020.

erlebten gesellschaftlichen Partizipation als Handlungsoption ermöglichen und bisweilen verlangen. Auch dies schließt wiederum keinen Determinismus mit ein, wie die Beispiele des sensiblen Hakim, aber auch die beiden anderen erwähnten, unterschiedlichen Täter*innen-Figuren aus den unteren Schichten einer ruralen Jugend zeigen: Während die junge Solange sich durch eine tief empfundene Einsamkeit und Melancholie auszeichnet, welche mit einem existentiellen *Ennui* der Enge einer Jugend ohne Perspektiven einhergeht, zeigt sich in Tony Meilhon eine Spirale der Abstumpfung gegenüber Gewalt als Normalität. Beide Mörder unterscheiden sich trotz ähnlicher Milieus grundlegend, wobei es die sich anstauende, das moralische Sinnempfinden und die Empathie des Individuums affizierende Spannung mit der Umgebung ist, welche von der meist dysfunktionalen engeren Familie, der Gesellschaft oder gar einer Gemeinschaft nicht mehr aufgefangen wird. Sie kann allein im Ausleben einer narzisstisch-pathologischen Männlichkeit (Meilhon), in der Suche nach spirituellem Idealismus (Hakim) oder nach einer ethnisch-genealogischen Identität und Reinheit (Solange) ausgelebt werden, die als Werte auch physische Gewaltanwendung rechtfertigen.

Meist noch verstärkt wird diese erzählerisch artikulierte Spannung auf Individualebene durch eine laut der behandelten Texte im französischen Zentralstaat nach wie vor stark präsenten autoritären Komponente struktureller und symbolischer Gewalt des Staats und seiner Geschichte, wie sie als Erbe auch des Gaullismus ein breites politisches Spektrum in Frankreich zu Beginn des 21. Jahrhunderts prägt.[31] In vielen der analysierten Texte bestimmt sie als unterschwellig wirkende Form der Gewalt deren diegetische Ausgestaltung des mo-

---

[31] Zu dieser Kritik an einem einseitigen Bild der nationalen Ikone und der Forderung nach einer Unterscheidung zwischen der Figur des Generals und einer autoritären politischen Strömung, welche sich populistischen Tendenzen öffnet, sich dabei auf Politikstil und Figur De Gaulles beruft und undifferenziert als ‹Gaullismus› bezeichnet wird vgl. Tenzer, Nicolas: *La Face cachée du gaullisme*. Paris: Hachette 1998; zur Kontinuität eines autoritären gaullistischen Präsidentialismus-Konzepts in der französischen Politik des 20. Jahrhunderts nach dem Parlamentarismus der Vierten Republik vgl. Wächter: *Geschichte Frankreichs*, S. 278, 301 f., S. 384 ff.; Beispiele dieser anhaltenden ‹Auratisierung› des Generals als Allegorie einer heldenhaften Nation finden sich in der politischen Tagesaktualität der Krisenjahre 2020 und 2021; vgl. Lepelletier, Pierre: Macron, Le Pen, Mélenchon ... les politiques se rêvent en héritiers de de Gaulle. In: *Politique* Publié (18.6.2020), online unter https://www.lefigaro.fr/politique/macron-le-pen-melenchon-les-politiques-se-revent-en-heritiers-de-de-gaulle-20200618; vgl. zudem Mélenchon, Jean Luc: «De Gaulle était-il un insoumis ?» – Grand entretien avec Jean-Luc Mélenchon. In: *L'ère du peuple. Le blog de Jean-Luc Mélenchon* (17.6.2020), online unter https://melenchon.fr/2020/06/17/de-gaulle-etait-il-un-insoumis-grand-entretien-avec-jean-luc-melenchon/; sowie Macrons De Gaulle-Hommage am Kriegs-Monument zu Ehren des Generals in Montcornet in voller Länge auf dem *Youtube*-Kanal von *Le Figaro* (17.5.2020);

dellierten sozialen Raums, in welchem sich die Figuren bewegen. Am sichtbarsten tritt dieser symbolpolitische Autoritarismus des französischen Staats in seiner historischen Kontinuität innerhalb der Helden-Dekonstruktion von Jennis Kriegsroman über die *Französische Kunst des Krieges* hervor, indem es sich bei dieser Diegese um einen von der Autorität staatlicher Gewalt durchdrungenen Zeit-Raum namens Frankreich handelt. Auch dort, wo der Staat die Rolle als Refugium und Möglichkeit für Asyl und Existenzbegründung einnimmt, wie in *Assommons les pauvres !*, ist es durch staatliche Autorität und bisweilen Autoritarismus legitimierte Gewalt, die das Individuum letztlich trotz einer Symbolik der universellen Menschenrechte und individueller Freiheit räumlich, aber auch historisch durch Kolonialismus und auch kulturell durch zivilisatorische Überlegenheitsnarrative zu beherrschen sucht. So wird in Sinhas Roman das oft rassistisch motivierte Ideologem des von Geflüchteten ‹überrollten› Europa und die auch andernorts als in Frankreich daraus resultierende Defensiv-Haltung, welche nach einer selbstbewussten ‹Verteidigung› eigener zivilisatorischer ‹Werte› verlange, von der selbst nach Frankreich immigrierten Ich-Erzählerin ein Stück weit verinnerlicht. Wie gezeigt wurde, wird dabei die von der Gesellschaft ignorierte Dysfunktionalität des französischen Asylsystems mit der Statik einer auf Dauer gestellten, der Gesellschaftsstruktur intrinsischen und auf Kolonial-Narrativen basierenden symbolischen, räumlichen wie ökonomischen Exklusion von Geflüchteten und *Sans-papiers* unter dem Feigenblatt scheinbarer Toleranz eines letztlich autoritären Staates verknüpft.[32]

Die vom symbolischen und realen Autoritarismus des französischen Staats, von seinen Institutionen wie Universitäten und Asylsystem Exkludierten stehen in den meisten der hier untersuchten Erzähltexte diesem historisch fragwürdig umgesetzten ‹aufklärerischen› Werte-Universalismus einer ehemaligen Kolonialmacht gleichgültig bis ablehnend gegenüber. Es ist somit die unterdrückte Konfliktualität misslungener symbolischer, aber auch konkret institutionalisierter Vermittlung von autoritär-symbolischer Struktur und Akteur, individuellem Bewusstsein und kollektiver als symbolischer Lebenswelt, Sprache des Systems

---

online unter https://www.youtube.com/watch?v=aL-6XhHjSVs, alle Beiträge zuletzt konsultiert am 03.07.2021.
32 Zu dieser Exklusion von Geflüchteten, welche sich als exkludierte Gruppen selbst als Mikrogemeinschaften organisieren, aus dem öffentlichen Raum mittels staatlicher Autorität gehört auch das harte, politisch und damit durch institutionalisierte wie symbolische Gewalt legitimierte Vorgehen der Polizei gegen illegale Flüchtlingscamps, welche jedoch in ihren bisweilen gewaltigen Ausmaßen ein sichtbares soziales Problem darstellen; vgl. dazu Agier, Michel: *La Jungle de Calais*. Paris: PUF 2018; eine literarische Stimme zugunsten dieser illegal in Frankreich lebenden Menschen, der *Sans-papiers*, ist Haenels Manifest-Roman *Les Renards pâles*, op. cit.

und des Individuums als asymmetrische Kommunikationssituation, welche in Jennis, Sinhas und in anderen der hier staatskritisch erzählenden Texte Gewaltpotentiale mobilisiert.

Diese in den Romanen auf verschiedene Weise modellierte Konstellation einer Verbindung von staatlichem und zivilisatorischem Autoritarismus, Exklusion und asymmetrischer Kommunikation zwischen Staat und Individuum führt zu jener Dissoziation zwischen gesellschaftlicher Partizipation und der Möglichkeit eines Zugangs zu den dazu notwendigen Mitteln, der allein bestimmten sozialen Schichten, Gruppen und Milieus vorbehalten bleibt, welche Robert K. Merton in der Soziologie als *Anomie* definiert hat. Es handelt sich um einen Prozess, der soziale Desintegration verstärkt.[33]

Staatlicher Autoritarismus der Exekutive wird vor allem auch in Ivan Jablonkas Text und mit der darin enthaltenen Kritik am unzureichend finanzierten Justiz-Systems als Problem der französischen Gesellschaft thematisiert, da dieses aufgrund von der Politik nicht behobener Mängel nicht in der Lage sei, präventive Maßnahmen für eine Wiedereingliederung von Straftätern in den gesellschaftlichen Raum zu ergreifen. Es gehe dabei um ein strukturelles Problem, das jedoch von einem Diskurs legaler Härte, von der Exekutive, dem Staatspräsidenten, gegenüber Sexualstraftätern im Fall Laëtitia überdeckt wurde. Die nach einer ersten Straffälligkeit gescheiterte Wiedereingliederung des zunächst kleinkriminellen und aus instabilen Familienverhältnissen stammenden Wiederholungstäters Tony Meilhon in die Gesellschaft und die wiederum durch seine Strafrückfälligkeit und erneute Verurteilung verstärkte Stigmatisierung eines Jugendtäters sowie die Stigmatisierung der Justiz selbst durch die Exekutive werden als «Scheitern», als «échec» der Gesellschaft und des Staates erzählt.[34]

Eine überraschende Parallele zeigt sich, vergleicht man diese mangelnde Kommunikation und das asymmetrische Verhältnis von Exekutive und Judikative mit anderen der hier verhandelten Erzähltexten. Denn die Kritik an der Härte institutionalisierter staatlicher Gewalt im Dienste einer bellizistischen Rhetorik der Exekutive als Staatsraison, welche auch das französische Justizsystem affiziert, findet sich bereits in den hier diskutierten Romanen historischen Zuschnitts. Eine literarisch artikulierte Misstrauenstendenz gegenüber einer als von Bürgern wie Soldaten als Bedrohung empfundenen staatlichen Exekutive fällt nämlich als historische Kontinuität auf, sobald man jene Texte mit

---

[33] Vgl. grundlegend Merton, Robert King: *Social Theory and Social Structure. Toward the codification of theory and research*. Glencoe IL: Free Press 1949.

[34] Dieses Staats- und Gesellschaftsversagen wird dabei in den Aussagen des Täters über sich selbst, seine soziale Position und seine Biographie konstatiert; vgl. dazu Jablonka: *Laëtitia*, S. 178.

in die Analyse einbezieht, welche sich auf den ersten Blick ausschließlich mit historischen Themen des 20. Jahrhunderts auseinandersetzen. Auch dort ist es eine eng mit den militärischen Strukturen verbundene Exekutivgewalt von Militärjurisdiktion und Militärpolizei, aber auch von Geheimdienst, Militär und Polizei während der französischen Kolonialkriege und auch dem Ersten Weltkrieg, die thematisiert wird.

In all diesen Fällen ist Gewalt im Namen eines autoritär agierenden Staats auch in Form von Hinrichtungen und Folter als Mittel der Kriegsführung omnipräsent. Sie werden dabei als gängige Methoden der Informationsbeschaffung, der Einschüchterung, der sadistischen Bestrafung und ‹Erziehung› auch ziviler ‹Subjekte› thematisiert. Die Figur des vorgesetzten Offiziers, welcher den Protagonisten Albert in *Au revoir là-haut* aufgrund falscher Anschuldigungen des als Fiesling gezeichneten adeligen Vorgesetzten beinahe zum Tode verurteilt, begründet diese Notwendigkeit damit, dass er «pour la patrie» sterbe, «für das Vaterland».[35] Den Szenen der Folter, welche der junge Algerien-Aktivist Iveton in *De nos frères blessés* im Polizeigewahrsam ertragen muss, folgt seine Hinrichtung durch die Autorität des Staats, welcher ihn gemäß den impliziten Worten des Staatspräsidenten René Coty ebenfalls «pour la France» sterben lässt.[36] Aber auch die im Erzähltext strafrechtlich nicht verfolgte Selbstverständlichkeit, mit welcher die Soldaten Mariani und Salagnon in *L'Art français de la guerre* in Zusammenarbeit mit dem Geheimdienst und politischem Einverständnis in Indochina und Algerien foltern und morden, lassen die historisch tiefe Verankerung einer bis in die Gegenwart unaufgearbeiteten Gewaltausübung von staatlicher Seite und im Dienste des autoritären Staats erkennen. Sie werfen zudem die Frage nach dem Verhältnis von Judikative und Exekutive anhand historischer ‹Ausnahmezustände› auf.

Die Grenzen zwischen Bürgern und Soldaten, militärischem und zivilem Staatsfeind verwischen in diesen aus einer historischen Erzähl-Welt genommenen Szenen und lassen die französische Staatsraison, deren Erzählungen von einer ‹Verteidigung› der Zivilisation, von universellen Menschenrechten, Werten und Gleichheit aller Bürger*innen als gefährliche, da Gewalt ermöglichende Ideologeme auf Leben und Tod erscheinen. Sowohl das Handeln der beiden Betrüger und Kriegsopfer aus dem Weltkriegs-Roman als auch die Reflexionen und Ersuche des zum Tode verurteilten algerischen Kommunisten Iveton erzählen literarisch die Geschichte enttäuschter Erwartungen gegenüber einer als inexistent empfundenen schützenden staatlichen Werteord-

---

35 Lemaitre: *Au revoir là-haut*, S. 77.
36 Andras: *De nos frères blessés*, S. 130.

nung republikanisch-demokratischer Prägung. Diese Werteordnung dehnt ihre Symbolik differenzlos und mittels einer immer wieder thematisierten martialischen Rhetorik auf kolonialisierte Gesellschaften wie auch Teile der ‹eigenen› Gesellschaft strukturell exkludierend zugunsten ‹innerer Sicherheit› und der Verteidigung des angeblich zivilisatorisch-aufklärerisch überlegenen ‹Eigenen› aus. Sie schafft so einen nur scheinbar homogenen Raum sozialer Übereinkunft, welcher jedoch allein zwischen Freunden und Feinden des Staats diesseits seiner universalistischen Werte und letztlich je nach Klasse, Kultur, Religion und Ethnie unterschiedlich zu unterscheiden imstande ist. Dieses somit historisch fundierte und hier literarisch artikulierte Misstrauen des französischen Staatsbürgers und der französischen Staatsbürgerin gegenüber staatlicher Autorität als einer auch physisch gefährlichen Gewaltform verstärkt somit jene Anomie, welche zusätzlich zur durch Prozesse der Migration ausgelösten asymmetrischen gesellschaftlichen Kommunikation und Partizipation desintegrierend auf den Zusammenhalt der französischen Gesellschaft der Gegenwart wirkt.

Lapidar und nicht in Form langer deskriptiver, narrativer oder dokumentarischer Passagen wird zudem in den Romanen um *Vernon Subutex* und in Mahir Guvens *Grand Frère*, aber auch in Jennis *L'Art français de la Guerre* rassistisch motivierte Polizeigewalt sowie überhaupt ein bewusst übersehener Rassismus der Exekutive dargestellt. Dies wird auch von jenen Romanfiguren bestätigt, die in erster Linie eine Schutzfunktion der Polizeigewalt in positivem Sinne in Anspruch nehmen möchten. So sieht sich der seinen Vergewaltiger anklagende autodiegetische Erzähler in Édouard Louis' *Histoire de la violence* schnell mit den rassistischen Vorurteilen und stereotypen Einordnungen der seine Daten erfassenden Beamt*innen konfrontiert.[37] Der lapidare Duktus, mit welcher in den analysierten Texten über Polizeigewalt geschrieben wird, entsteht dadurch, dass die erwähnten Gewaltformen mittels für Diegese und Narration eher nebensächlicher Bemerkungen verhandelt werden. Er lässt den Eindruck entstehen, dass sie als von allen Figuren geteilte Erfahrungen von Lebensweltlichkeit zwar problematisch sind, aber als notwendiges Struktur-Übel akzeptiert wurden. Damit ist noch zu Beginn des 21. Jahrhundert eine Problematik als tief in der französischen Gesellschaft verwurzeltes Problem in der erzählenden Literatur sichtbar, das nur als eine Kontinuität im Diskurs verstanden werden kann, die weit in die 90er und 80er Jahre zurückreicht und Frankreich schon früher politisch wie sozial spaltete.

---

37 Vgl. Louis: *Histoire de la violence*, S. 101.

In symbolischer Hinsicht ist für die Kontinuität dieses strukturellen Problems der Exekutive schon Mathieu Kassovitz' bereits erwähnter Skandal-Film *La Haine* aus dem Jahr 1995 aussagekräftig. Denn dieser bezieht sich selbst wiederum auf zwei Fälle tödlicher Polizeigewalt in den 80er und 90er Jahren, indem er auf dokumentarisches Material der Proteste gegen die Ermordung des 22jährigen franco-algerischen Studenten Malik Oussekine im Jahr 1986 zurückgriff, der in Polizeigewahrsam verstarb. Auch der Tod des 17jährigen, wegen eines Diebstahls mit Fahrerflucht verhafteten Makomé M'Bowole im Jahr 1993, welcher von einem der diensthabenden Polizeiinspektoren mit einem Schuss in den Kopf getötet wurde, was landesweite Proteste nach sich zog, fand Eingang in jenen wütenden Film. Vor und auch nach dem weltweit zu Protesten führenden Tod des US-Amerikaners George Floyd kam es in Frankreich zu Übergriffen von polizeilicher Seite, welche eine unverhältnismäßige Härte erkennen ließen.[38]

In den in dieser Studie analysierten Erzähltexten ist somit das Thema Polizeigewalt als eine der dominanten Gewaltformen innerhalb der französischen Gesellschaft präsent, auch wenn es vor allem Nebenmotive und Nebenfiguren sind, die unter dieser Form gesellschaftlicher Gewalt zu leiden haben. Egal ob es sich um die im entsprechenden Kapitel dieser Studie thematisierten Gewalterfahrungen eines von der Polizei kontrollierten und rassistisch drangsalierten Taxifahrers in Guvens *Grand frère* dreht oder der erwähnte Rassismus der verhörenden bzw. das Vergewaltigungsopfer befragenden Beamt*innen in den Texten von Josef Andras und Édouard Louis sichtbar wird: Eine Kontinuität dieser Gewaltform der staatlichen Exekutive scheint gegeben. Literatur hinterfragt dadurch nicht nur die gesellschaftliche Präsenz des Problems eines strukturellen Rassismus der Exekutive, sondern fordert auch zur kontroversen Thematisierung dieser Gewalt auf. Es wird auf diese Weise und anhand all dieser Beispiele von Behörden-, Polizei- und Justizgewalt im Feld der Literatur eine fundamentale Aussage über das Vertrauensverhältnis des Subjekts als Romanfigur oder Erzählstimme gegenüber der Sphäre jener Repräsentant*innen kollektiver Ordnung getroffen, welche unter dem Abstraktum ‹Staatsgewalt› die konkrete und individuelle Lebenssphäre bestimmen. Zusätzlich zur scheinbaren Normalität physischer Gewalt in Form des massiven Einsatzes von Schlägen gegenüber Demonstrant*innen durch die Polizei und übergriffiger Polizeibeamt*innen während Routine-Kontrollen mit dem Zweck einer demütigenden Entsubjektivierung eines vermeintlichen (arabisch oder afrikanisch aussehenden) Delinquenten vervollständigen diese Motive ein Bild des Misstrauens gegenüber der Wertesphäre der institutiona-

---

[38] Vgl. zur Genese von Polizeigewalt in Form einer anthropologischen Studie nochmals Fassin: *La force de l'ordre*, op. cit.

lisierten Ordnung des sozialen Raums und gegenüber dem Autoritarismus des gesamten Staatssystems in Frankreich.[39]

Durch die auffällige Rekurrenz von Themen und Motiven struktureller und institutioneller Gewaltausübung von Seiten des Staats im untersuchten Textkorpus schreibt sich dieses literarisch modellierte Panorama des Misstrauens gegenüber staatlichen Institutionen, paradoxerweise befeuert von einem Legal-Populismus einiger politischer Akteure, als literarischer Diskurs in den Diskurs-Nexus einer französischen Gegenwart ein, welche auch von Seiten der Soziologie wie auch des Journalismus mit dem Thema Staatsgewalt konfrontiert ist. Didier Fassin, welcher auch der Genese der Polizeigewalt einige bereits erwähnte Studien gewidmet hat, hat in seinem Sachbuch *Punir. Une compassion contemporaine* den in den hier untersuchten literarischen Texten ergründeten Zusammenhang zwischen Formen individueller Gewaltausübung, gesellschaftlicher selektiver Intoleranz und Frustrationserfahrung mit staatlicher und politischer Gewalt sowie legalistischem Strafpopulismus als Feigenblatt für mangelnde soziale Gerechtigkeit in Frankreich zusammengefasst:

> D'un côté, les individus s'avèrent de moins en moins tolérants à ce qui trouble leur existence. Des incivilités, des menaces proférées, des agressions verbales, des rixes entre voisins, des altercations au sein de couples, toute une série de conflits interpersonnels qui pouvaient trouver des solutions empiriques locales passent désormais par la police, souvent la justice, parfois la prison. [...] Mais, d'un autre côté, les élites renforcent et même anticipent les inquiétudes sécuritaires des citoyens. Leur approche de ces questions va au-delà de la réponse démocratique à une demande émanant de ceux qui les ont mandatées pour prendre en charge leurs problèmes. Aidées en cela par le traitement médiatique des faits divers et des événements violents, ces élites accompagnent, exacerbent, voire suscitent les anxiétés et les peurs. Elles les instrumentalisent. [...] Le populisme pénal est d'ailleurs d'autant plus profitable à ces élites qu'il leur serait souvent difficile, lorsqu'elles sont au pouvoir, de mettre en avant des performances dans d'autres domaines, telle la justice sociale.
>
> L'intolérance sélective de la société et le populisme pénal des politiques se répondent donc.[40]

Durch diese auch in einigen der diskutierten Erzähltexte nachweisbaren Feststellung widerspricht der literarische Diskurs zumindest in Hinblick auf Frankreich in gewisser Weise der Anfang des Jahrtausends virulenten These, dass es ausschließlich eine segregative Individualisierung der Gesellschaft aufgrund einer beschleunigten Globalisierung sei, welche die Gewalt innerhalb der westlichen Gesellschaften bestimme

---

39 Das Problem willkürlicher Kontrollen Jugendlicher und die oftmals dabei stattfindende demütigende Attitüde von Seiten der Polizei spielt auch in Ladj Lys zu Beginn erwähntem Film *Les Misérables* eine nicht geringe Rolle.
40 Fassin: *Punir*, S. 10.

und die alten Antagonismen – Nationalstaat gegen Individuum, kollektive Ideologie ‹von Links› gegen kollektive Ideologie ‹von Rechts› – weitgehend abgelöst habe. Zwar bestimmen auch in den analysierten Texten «des formes et des significations infra-politiques, économiques, d'un côté, et méta-politiques, religieuses, d'un autre côté» das Gewaltgeschehen, also «infra-politische, wirtschaftliche Formen und Bedeutungen auf der einen Seite und meta-politische, religiöse Formen und Bedeutungen auf der anderen Seite». Doch bleibt es in Anbetracht des dargelegten Misstrauens gegenüber staatlicher Autorität und auch der äußerst sichtbaren Präsenz von politisch sanktionierter und ausgeübter Gewalt in den Erzähltexten fragwürdig, ob es ebenso zutrifft, dass «la prise du pouvoir d'État est moins qu'hier l'enjeu des violences proprement politiques», also dass «die Machtübernahme des Staats weniger als früher das Thema der eigentlichen politischen Gewaltformen ist».[41]

Das Lagerdenken des Kalten Krieges mag sich aufgelöst haben, jedoch scheint sich zumindest in Frankreich laut der hier untersuchten Literatur in den 10er Jahren des 21. Jahrhunderts ein neuer, nicht allein individueller, sondern politisch-kollektivistischer Antagonismus als Konflikt mit Gewaltpotential herausgebildet zu haben. Dieser stellt einer historisch und juristisch gerechtfertigten staatlichen Gewaltausübung innerhalb unterschiedlicher ideologischer Rahmungen die Rechtfertigung von Gewalt in Gruppen und Kollektiven organisierter Individuen gegenüber. Gesellschaftliche und staats-politische Hierarchien werden im Raum der Texte und Erzählungen nach wie vor als eng verwoben und als den Figuren-Individuen, insbesondere den aufgrund von Gender, Ethnie und Klasse ‹beherrschten› Individuen entgegenstehende blockhafte Strukturen der Unterdrückung entgegengestellt. Somit zeichnet sich zumindest literarisch für Frankreich durchaus das Bild einer ungebrochenen Kontinuität des historisch erfahrenen Antagonismus zwischen entmachtetem Individualbewusstsein und institutioneller sowie struktureller wie auch symbolischer staatlicher Gewalt ab, welche mit einer kollektiv-nationalen und existentiell-individuellen Verunsicherung im Zuge der Globalisierung einhergeht und die durch das Propagieren staatlich-politischer Autorität nicht aufgelöst werden konnte.

Das in Frankreich strittige Thema des Laizismus wäre beispielsweise ein Kernbestandteil weiterer Debatten, wenn es um diesen Widerspruch einer globalisierten und pluralistischen Einwanderungsgesellschaft mit der tradierten Werte-Sphäre eines als sakrosankt geltenden republikanisch-laizistischen Symbolsystems, aber auch um dessen Verteidigung individueller Freiheit geht. Ohne eine Apologie islamistisch-fundamentalistischer Zensur von Meinungs- und Pressefreiheit zur Schonung religiöser Gefühle und Befindlichkei-

---

41 Wieviorka: *La violence*, S. 21:.

ten zu liefern, fragt hier Mahir Guven anhand der spirituellen Suche eines sensiblen Jugendlichen nach der Akzeptanz von religiöser Identitäts-Wahl als Grundlage eines kulturellen Selbstbewusstseins individueller, gleichzeitig kollektiver, aber außerstaatlicher Natur. Wären hier eine Öffnung und eine Revision der symbolischen Repräsentation von Staatsmacht und eine Kompromissbereitschaft von Seiten der Politik (auch in Religionsfragen und gerade vor dem Hintergrund terroristischer Gewalt) denkbar? Die kulturelle Vielfalt Frankreichs könnte sich möglicherweise so auch im öffentlichen Raum eines im Kern rechtlich wie politisch nach wie vor laizistischen Staates widerspiegeln und damit der erwähnten Anomie und dem Antagonismus zwischen religiöser, ethnischer oder sonstiger Community und staatlich-homogener Symbolpolitik als ‹identitärer› Gewalterfahrung die Grundlage entziehen. Michel Houellebecq hat hierzu jedenfalls mit *Soumission* eine boshaftzynische, aber keineswegs konstruktive Antwort gefunden.[42]

Die kritische Frage nach der Eigenverantwortung des Individuums, welche den Gesellschaftsordnungen neoliberal-globalisierten Zuschnitts entspringt, jenes Statement des Thatcher'schen «There is no such thing as society», wird somit in den Romantexten in unterschiedlichen Formen als eng mit der Frage nach struktureller, institutionalisierter, staatlicher und politischer Gewalt zusammenhängende Problematik interpretiert.[43] Dabei ist es die Diskrepanz von egoistisch-rassistischen Wertesystemen unter dem Deckmantel eines symbolischen Universalismus, welche diese Frage nach der Rolle des Staats als Garanten von Konvivenz begleitet. Es sind jene überall in Europa grassierenden rassistischen Exklusionsmechanismen als Ablehnung ethnischer Diversität sowie ein Konzept der Staatsmacht als einer ‹Bewahrerin› ethnischer Homogenität und eine Vorstellung französischer Identität, welche bis in die Gewaltausübung durch jene Instanzen integriert werden, die eigentlich die materiellen Bewahrer republikanisch-universeller Werte wie Gleichberechtigung und Meinungsfreiheit aller sein sollten.

Dass diese Werte jedoch in der französischen Geschichte oftmals keineswegs eine Schutzfunktion des Individuums beinhalteten, sobald die Stabilität der vom Staat garantierten gesellschaftlichen Ordnung gefährdet schien, wird durch historische Referenzen auf Vorkommnisse der *Fronde* im Mordfall Laëtitia, auf die

---

42 Vgl. Houellebecq: *Soumission*, op. cit.
43 Thatcher, Margaret / Keay, Douglas (Interviewer): Interview for Woman's Own. In: *Woman's Own* (23.9.1987), s.p.: «They are casting their problems at society. And, you know, there's no such thing as society. There are individual men and women and there are families. And no government can do anything except through people, and people must look after themselves first. It is our duty to look after ourselves and then, also, to look after our neighbours.»

Brutalität des Kriegsrechts während des Ersten Weltkriegs sowie die Hinrichtung und Folter französischer Bürger*innen während des Algerienkriegs zur Debatte gestellt. Literatur – politisch gelesen – ruft hier zu einer Antwort von staatlicher Seite auf, welche jedoch auch mit einer historisch fundierten Kritik und Revision eines nicht erst mit dem Gaullismus unglaubwürdig gewordenen Universalismus-Anspruchs eines von letztlich ethnisch fundierten Narrativen durchdrungenen Nationenbegriffs eihergehen müsste.

Doch diese Form einer staatlichen Macht, welche auf einer brüchig gewordenen Werteordnung aufbaut und die bürgerlichen Rechte auf körperliche Unversehrtheit sowie Gleichbehandlung des Individuums unabhängig von ethnischem Hintergrund, Religion, Einkommen und Geschlecht nicht mehr zu schützen im Stande ist, wird in den hier untersuchten Erzähltexten noch ergänzt durch eine weitere Form der Gewalt, die unter der Oberfläche nicht nur der französischen Gesellschaft schwelt.

Literarisch wird eine sich auf ‹traditionelle› patriarchalisch-heteronormative Genderordnungen und Normierungen berufende Toleranz gegenüber gewalttätigem Handeln in vielfacher Form modelliert: Die Diskriminierung von LGTBQ+-Personen, aber vor allem auch die alltägliche Gewalt gegen Frauen sind wiederkehrende Motive in den untersuchten Erzähltexten, welche bisweilen das Bild einer von den vermeintlich ‹traditionellen› ‹männlich-heterosexuellen› Idealen wie einer moralischen wie physischen Überlegenheit des Mannes gegenüber der Frau, vom Recht der Stärkeren und von Härte geprägten Gesellschaft zeichnen, die Gender-Diversität und Emanzipation in weiten Teilen und milieuübergreifend ablehnt. Es sind zwar vor allem – aber eben nicht nur – die Milieus abseits der städtischen Zentren, ob strukturschwache, ehemals industrialisierte Regionen oder aber auch die untere Mittelschicht der *France périphérique*, welche in der hier untersuchten Literatur als von traditionellen Männlichkeitsnarrativen und binären Gendernormen geprägte Erzählwelten modelliert werden.

Anhand einiger von Virginie Despentes' Figuren wie jener des schwerreichen Musik-Produzenten Laurent Dopalet und weiterer ‹Machos›, anhand von Édouard Louis' Erzählungen über Homophobie im Umfeld seiner Figuren, aber auch anhand von Ivan Jablonkas Kritik an der Vorherrschaft des Patriarchats innerhalb gesellschaftlicher Sozialisierungsprozesse im Milieu der *Petits Blancs* und am paternalistisch-populistischen Gestus des Staatspräsidenten wird deutlich, dass in diesen erzählerisch modellierten Gesellschaftsräumen patriarchale Identitätsentwürfe des ‹Mannes› als Werte *strukturell* verankert sind. Wie der akribisch recherchierte Bericht über den Fall Laëtitia, aber auch die Kindheits- und Jugenderinnerungen von Annie Ernaux, Virginie Despentes, Didier Eribon und Édouard Louis zeigen, sind von Männern dominierte Hierarchien, Misogynie und Schwulenhass in weiten Teilen *keineswegs* nur Probleme migrantischer Milieus mit traditionalistisch-binärem, heteronormativem Genderverständnis.

In den hier untersuchten Texten bilden diese männlich dominierten Hierarchien vielmehr einen zentralen Bestandteil von keinesfalls minoritären Identitätsmodellen männlicher Franzosen, wie im Übrigen auch der anklagende Bericht der Virginie Despentes über ihre Vergewaltigung durch «trois lascars, blancs, typiques banlieusards de l'époque», «drei weiße Jungs, typische Vorstadtbewohner der damaligen Zeit», und das Schweigen darüber während der 80er Jahre zeigt.[44] Die französische Gesellschaft stellt sich hier als literarisch modellierte Lebenswelt bis in das 21. Jahrhundert hinein als mehr oder weniger solidarische heterosexuelle Gemeinschaft dar – ob in der Familie oder aber in kommunalen Strukturen – und wird von den traditionellen Konformitätsregeln heterosexuellen Zusammenlebens, von traditioneller Ehe, den daraus entstehenden Kindern, aber auch Erwartungen an Sexual- und Sozialverhalten bestimmt.

Zu diesen Regeln für das Sozialverhalten, vor allem in den dargestellten Räumen der *France Périphérique* und innerhalb der von Prekarität geprägten Milieus der Arbeiterklasse, gehört zudem –wie dies gegenüber der Politik der Fall ist – ein Misstrauen gegenüber den Bildungsinstitutionen des Zentralstaats, die eher als Distinktionsmarker und symbolische Gewalt wahrgenommen werden, welche die Solidarität des Milieus oder der Klasse bedrohen. Hierdurch wird soziale Mobilität auch ‹von unten› gefährdet. Die Kosten dieses Misstrauens gegenüber den vom Zentralstaat vorgesehenen Möglichkeiten zu Aufstieg und Bildung trägt in erster Linie die dieser Arbeiterklasse entstammende zweite Generation einer Jugend im reproduzierten Milieu prekär Beschäftigter und Geringqualifizierter, wobei genderbezogene Gleichberechtigung und Diversität eine untergeordnete Rolle gegenüber dem Kampf um ökonomisches Überleben spielen.

Die Figuren aus der Arbeiterklasse um den Ich-Erzähler in *En finir avec Eddy Bellegueule* und *Histoire de la violence* sprechen von einem tief verwurzelten Misstrauen gegenüber dem höheren Bildungssystem. Dieses Misstrauen gegenüber den Möglichkeiten des höheren französischen Schul- und Bildungssystems, gegenüber der Elite der *Grandes Écoles* der Hauptstadt, scheint jedoch laut weiterer hier untersuchter Erzähltexte nicht gänzlich unberechtigt, weisen doch sowohl Virginie Despentes als auch Ivan Jablonka, Nicolas Mathieu und Mahir Guven in ihren Erzählwelten auf dessen Undurchlässigkeit für Jugendliche soge-

---

44 Despentes: *King Kong Théorie*, S. 34.

nannter ‹bildungsferner› Schichten hin.⁴⁵ *Transclasse*-Lebensläufe sind in diesen Texten eher die Ausnahme als die Regel. Vielmehr ist das Motiv gescheiterter Perspektiven von Arbeiterkindern auf dem Land sowie Jugendlicher mit Migrationshintergrund in den periurbanen Räumen integraler Bestandteil der späteren Frustration von Lebensentwürfen literarisch erzählter Subjektivität. Diese Figuren-Biographien tragen die Ablehnung von Staat und Gesellschaft in einem jeweils abgeschotteten Milieu weiter und vererben zusammen mit einer Erziehung zu gemeinschaftlicher, aber nicht gesellschaftlicher Solidarität Tendenzen identitärer Werteordnungen, welche die eigene Subalternität als axiomatische Lebenserfahrung und nicht artikulierten Konflikt zumeist unhinterfragt bestehen lassen. Ausnahmen in Form eines gelungenen Milieuwechsels, wie bei Édouard Louis und Didier Eribon, zuvor bei Annie Ernaux, können nicht darüber hinwegtäuschen, dass eine gesellschaftliche Sichtbarkeit dieser drängenden Thematik zu Beginn des 21. Jahrhunderts in Frankreich wie in anderen Ländern politisch wie auch medial nicht gegeben ist und es der Literatur bedarf, diese herzustellen.

Umso intensiver thematisieren die sozio- und autobiographischen Texte der untersuchten Autor*innen die historische Kontinuität jener von Bourdieu systematisch formulierten unsichtbaren Gewalt der Distinktion, welche von den besitzenden und arrivierten Schichten und Milieus als Instrument der Exklusion inmitten einer republikanischen Demokratie als Herrschaft ausgeübt werden kann. Dies wird besonders am in vielen der untersuchten Texte wiederkehrenden Motiv einer auf Genealogie beruhenden Gesellschaftsordnung deutlich, die sich in einer ‹Vererbung› auch des institutionalisierten und symbolischen Kapitals von Bildung und Ausbildung in mehr oder weniger anerkannten Bildungsinstitutionen oder direkt im Vererben ökonomischen Kapitals niederschlägt. Mathieus hierfür paradigmatischer Titel *Wie später ihre Kinder* erzählt ebenso von jener geschlossenen Welt der Kinder und Enkel von nach Frankreich eingewanderten Menschen aus arabischen und afrikanischen Ländern wie Mahir Guvens *Grand frère* – und von ihrer statischen Position im gesellschaftlichen Raum; er erzählt

---

45 Zur Aktualität dieses von Pierre Bourdieu untersuchten Zusammenhangs vgl. aus soziologischer Sicht anhand einer Untersuchung über die eher technokratischen gegenüber den eher intellektuell eingestellten bürgerlichen Schichten in Frankreich bei der Schulwahl und vor dem Hintergrund der landestypischen institutionalisierten elitären Monopolisierung im Schulsystem Van Zanten, Agnès: La compétition entre fractions des classes moyennes supérieures et la mobilisation des capitaux autour des choix scolaires. In Coulangeon, Philippe / Duval, Julien (Hg.): *Trente ans après La Distinction, de Pierre Bourdieu*. Paris: La Découverte 2013, S. 278–298, insb. S. 287.

aber auch von einer Genealogie der bürgerlichen Mitte, die ihre Symbole, ihre Rituale, ihren Habitus und ihre Kapitalformen an die nächste Generation vererbt.

Diese ‹Weitergabe› nicht nur der Klassenzugehörigkeit, sondern auch des Bewusstseins um die Statik der eigenen gesellschaftlichen Stellung von den Eltern auf die Kinder äußert sich als inkorporierter Habitus nicht nur in einem bestimmten Lebensstil, welcher narrativ sowohl bei Édouard Louis als auch Nicolas Mathieu in seiner Körperlichkeit nachvollzogen wird. Sie äußert sich auch in der Einstellung zu physischer Gewalt, welche neben ihrem rituellen Charakter einer symbolischen Zurschaustellung männlich-rebellischer Existenz auch die Funktion einer transgressiven Flucht durch Selbstzerstörung beinhaltet. Dazu zählen exzessiver Alkohol- und Drogenkonsum, die Vernachlässigung der eigenen Gesundheit durch Zigarettenkonsum und falsche Ernährung, das Goutieren körperlicher und verbaler Gewalt als Mittel zur Durchsetzung eigener Interessen sowie die Selbstvergewisserung eigener Stärke und die unhinterfragte Loyalität mit den Lebensformen des näheren sozialen Umfelds. Die Ablehnung ethnischer und sexueller Diversität wäre in diesem Kontext nur ein komplementärer Mechanismus, welcher die Bildung eines souveränen Selbstbewusstseins der sich marginalisiert Fühlenden durch Distinktionsfaktoren der eigenen ‹Gemeinschaft› garantieren soll.

Komplementär zu dieser erzählten Welt frustrierter sozialer Partizipationsmöglichkeiten sowie eines verunsicherten Selbstbewusstseins in den Milieus der *Petits Blancs* und jenen mit stark migrantischer Prägung, welche teilweise von rassistischen Vorurteilen und klassendeterministischen Klischees geprägt sind, findet sich in den Texten ein bisweilen ebenso rassistisches sowie klassistisches bürgerliches Milieu der mittleren und gehobenen Schichten modelliert. Dabei ist es auffällig, wie sehr nicht nur eine aktive Ignoranz gegenüber den eben erwähnten Problematiken mangelnder sozialer Mobilität sowie gegenüber rassistischen Strukturen, aber beispielsweise auch gegenüber sexuellem Missbrauch und der Gewalt gegen Frauen eine Reflexion *von* Gesellschaft *aus* der Gesellschaft heraus erschweren.

Vielmehr wird bei den dargestellten Figuren und Motivstrukturen, welche die französische Mittelschicht in den Erzähltexten modellhaft repräsentieren sollen, eine tiefgehende Angst vor sozialem Abstieg, vor Arbeitslosigkeit und der Inanspruchnahme von Sozialhilfe deutlich, die den bürgerlichen Optimismus der *Trente glorieuses* des 20. Jahrhunderts abgelöst hat. Virginie Despentes' von stiller Aggression und Panik erfüllte urbane Besser-Verdiener*innen zeugen von jener Angst, ‹auf der Straße zu landen›, welche als erzählte Realität anhand der Hauptfigur ihrer hier untersuchten Roman-Trilogie, Vernon Subutex, dargestellt wird. Doch auch die Texte von Ivan Jablonka, Nicolas Mathieu und Alexis Jenni (im dortigen Erzählstrang der näheren Gegenwart der 90er

Jahre) entwerfen in ihrer jeweiligen Diegese das Bild einer ökonomisch wie kulturell in ihrer Stabilität und ihrer zivilisatorischen Werteordnung verunsicherten französischen Mittelschicht, wie sie für zahlreiche Länder des ‹Westens› zu Beginn des 21. Jahrhunderts typisch zu sein scheint.[46]

Zieht man jedoch nicht nur das urbane Bürgertum in Betracht, so zeigt sich, dass es in den Erzähltexten nicht allein eine kosmopolitisch eingestellte obere Mittelschicht ist, von welcher berufliche Flexibilität und Performance erwartet werden und welche sich einer subjektiven Gefährdungslage existentieller Stabilität gegenübersieht, sondern ebenso jene an traditionellen Werten und der Kleinfamilie orientierte bürgerliche Schicht im ruralen Raum. Das ‹klassische› Bürgertum des ländlichen Raums, welches nicht von Fabrikschließung und Abwanderung betroffen ist, befindet sich – folgt man dem Text von Nicolas Mathieu – seit den 90er Jahren des 20. Jahrhunderts in einem Kampfmodus, der Klasse und Milieu durch die oben geschilderten staatlichen Exklusionsmechanismen unter republikanischer Flagge aufrechterhalten möchte. Diese Konstellation wird beispielsweise an den Figuren der wohlhabenderen Sprösslinge Steph, Clémentine und Robin in *Leurs enfants après eux* deutlich, deren Ängste sich vor allem auf die Aufrechterhaltung symbolischer Distinktion richten.

Wie im entsprechenden Kapitel dargestellt, ist es wiederum die aus einer monologischen Figurenperspektive modellierte symbolische Gewalt des Schul- und Ausbildungssystem und ein mit neoliberalen Narrativen unterfüttertes Leistungsdenken, dessen angeblich demokratisierendes Prinzip der Chancengleichheit durch eine ökonomische Genealogie der Lebensläufe und Ausbildungsformen von den *Classes préparatoires* zu den *Grandes écoles* zu einer die Gesellschaft segregierenden Gewalt gerät. Gleichzeitig verhindert dieses Leistungs- und Wettbewerbsdenken aufgrund des exklusiven und exkludierenden Charakters seiner curricularen Prämissen gesellschaftliche Öffnung, Solidarität, Toleranz und Mobilität. Wie von Mathieu anhand seiner verschiedenen Modelle einer französischen Jugend der 90er Jahre deutlich wurde, erstarren auch für die karriereorientierten bürgerlichen Eltern das Schul- und Ausbildungssystem zu Reproduktionsmechanismen eines für den ‹Klassenerhalt› existentiell wich-

---

46 Zu den auch in den 10er Jahren des 21. Jahrhunderts in Deutschland wie in Frankreich oftmals eher ideologisch, denn evidenz-basierten Debatten um die ökonomischen Entwicklungen der ‹bürgerlichen Mitte› vgl. thesenhaft und aus liberaler Sicht Bouzou, Nicolas: *Le chagrin des classes moyennes*. Paris: Lattès 2011. Detaillierter zur Frage nach den Charakteristika dieser ‹mittleren› Klassen des ‹Westens›, aber auch vor dem Hintergrund einer im Diskurs konstatierten Verunsicherung gegenüber den aufstrebenden Ländern China und Indien vgl. die aktualisierte Auflage des einführenden Sachbuchs zur Thematik von Damon, Julien: *Les classes moyennes*. « Que sais-je ? » n° 3982 [1993]. Paris: PUF 2013.

tigen und endgültigen Separationsmechanismus – sie werden zur strukturellen und symbolischen Gewalt statischer Natur. Die Angst vor dem sozialen Abstieg, gleichzeitig ein rigides Selektionssystem, welches bereits innerhalb von Familien und mittels der Ausbildung des Nachwuchses über die jeweilige Zukunft des Individuums als Globalisierungsgewinner und -verlierer entscheidet, sind wohl keine ‹typisch französischen› Merkmale einer globalisierten Wettbewerbsgesellschaft um die Jahrtausendwende. Dennoch gelingt es bereits anhand eines kleinen Blicks auf die französische Literatur zu Beginn des 21. Jahrhunderts, die Bedeutung einer sich formierenden und durch eine beschleunigte Digitalisierung, Zuwanderung und von Modellen alternativer Lebensführung sich verstärkenden Herausforderung und Verunsicherung tradierter Werteordnungen für das republikanische Frankreich und seine bürgerliche Mitte erzählerisch als Prozesse zu erfassen, die auch eine gewaltsame Dimension enthalten.

All diese in den untersuchten Erzähltexten wiederkehrenden Motivstrukturen, erzählten Figurenkonstellationen und Formen der Gewalt verweisen auf eine französische Gesellschaftsordnung, deren Normen und Werte nach wie vor in extremer und spannungsreicher Form mit den Kollektiv-Kategorien Nation und Staat verwoben sind, wie sie das 19. Jahrhundert als Solidarität stiftende Narrative hervorbrachte. Auch nach den Kriegen und Dekolonisierungsprozessen des 20. Jahrhunderts, in ihren gegenwärtigen Zusammenhängen mit dysfunktionalen Bereichen der französischen Gesellschaft und mit dem kollektiven kulturellen Bewusstsein ‹der Nation› als historischem Gewaltnarrativ wurden diese Kollektiv-Kategorien keiner die gesamte Gesellschaft umfassenden kritischen Revision durch Politik, Justiz, Bildungseinrichtungen und Medien unterzogen.

Hier bilden die erzählten Gewaltereignisse jeweils diegetische und motivische Ausgangspunkte, um diese übergeordnete Kritik an den unhinterfragten Grundlagen des gesellschaftlichen Zusammenlebens in Frankreich, an Republik und Nation, mit den Mitteln der Literatur plastisch, zwischen Fiktion und Bericht schwankend, in konkreten Bildern, Metaphern, Motiv-Rekurrenzen und Figurenzeichnungen der in Frankreich lebenden Menschen als Romanfiguren in den Diskurs einzubringen. Die in der französischen Literatur eines beginnenden 21. Jahrhunderts dargestellten Gewaltformen und auch Gewaltnormen speisen sich aus dem Aufeinandertreffen und Auseinanderdriften von Lebensstilen, aber auch von Werteordnungen, welche die republikanischen Mythen und ihre historisch gewordene, homogenisierende Symbolpolitik auch nicht mehr mittels zähneknirschender Duldung und Schein-Toleranz gegenüber einem kulturellen und ethnischen Pluralismus sowie gegenüber der Existenz von

Parallelgesellschaften integrieren können.⁴⁷ Auch konnten in den analysierten Erzähltexten einige Gewaltformen nachgewiesen werden, die sich auf gesellschaftliche Bruchlinien zurückführen lassen, wie sie sich bereits in den Analysen Pierre Bourdieus bezüglich des 20. Jahrhunderts finden ließen und welche klar ökonomischer wie klassengenealogischer Natur sind.

6.3 Das Wissen der Literatur: Problem-Diagnostik und Zusammenleben in Frankreich am Anfang eines neuen Jahrtausends

Wie bereits mehrfach erwähnt: Literatur ist weder Politik im engeren Sinne noch empirische Soziologie. Das Wissen literarischer Text im dynamischen Spannungsfeld zwischen Diktion und Fiktion, Fiktionalität und Faktualität ist keines, welches auf objektiver Grundlage gesellschaftliche Zusammenhänge oder gar ‹die gesellschaftliche Realität› abbildet. Dennoch rückt dieses Wissen als Lebenswissen und «dissidenter Wissensspeicher» mit durchaus konkreten Ansprüchen seit Beginn des 21. Jahrhunderts immer weiter in den Vordergrund.⁴⁸ Wie sehr es mit unterschiedlichen und weit auseinanderliegenden Wissensordnungen verknüpft ist und diese selbst verknüpft, von denen die soziologische Dimension nur eine ist, hat Ralf Klausnitzer in seiner epistemologischen Studie theoretisch und anhand von konkreten Analyse-Beispielen vorgeführt.⁴⁹ Dabei ist das Zusammenspiel des Faktualen mit dem Fiktionalen als Voraussetzung für Referentialisierbarkeit – sei es in Form einer sich verlässlich gebenden Erzählstimme oder unter Verwendung unterschiedlichster Beglaubigungsstrategien im Text – unter anderem auch der Eigenschaft literarischer Modelle geschuldet, auf der Grundlage subjektiv-figuraler Lebensaxiome, ästhetischer wie diegetischer Ent-

---

47 Zu Existenz und medialer Inszenierung von Parallelgesellschaften in Europa auch in der Literatur vgl. Biersack, Martin / Hiergeist, Teresa / Loy, Benjamin (Hg.): *Parallelgesellschaften Instrumentalisierungen und Inszenierungen in Politik, Kultur und Literatur*. Reihe Romanische Studien Beihefte, Band-Nr. 8. München: Akademische Verlagsgemeinschaft 2019.
48 Vgl. Ette: *ÜberLebenswissen*, S. 9–22; zum nur unter Voraussetzung eines enkratisch-normierten Wissenschaftsverständnisses funktionierenden Begriff des «dissidenten Wissensspeichers» vgl. Hörisch, Jochen: Minima Banalia. In: *Literaturen* 05 (2002), S. 56–58, hier S. 58; vgl. zudem ders.: *Das Wissen der Literatur*. München: Wilhelm Fink Verlag 2007.
49 Vgl. Klausnitzer, Ralf: *Literatur und Wissen. Zugänge – Modelle – Analysen*. Berlin – New York: Walter de Gruyter 2008; vgl. insb. zum hier verhandelten Zusammenspiel von Faktualität und Fiktionalität in den untersuchten Texten das Kapitel «Faktuale und fiktionale Welten» in ebda. S. 215–223.

scheidungen individuelle und ‹persönliche› wie auch kollektive Handlungs-Logiken situativ wie prozessual zu modellieren.

Begleitet von der Referenzfunktion der Sprache stellen sich sowohl im Akt des Schreibens wie im Akt der Lektüre *kontingente* Bezüge zur jeweils individuellen Lebensweltlichkeit von Autor*innen wie Leser*innen her, können jedoch vom Text als einem konkret-faktischen Aussagezusammenhang auch negiert oder parodiert werden. Es werden also in der *offenen Struktur* des literarischen Texts ebenso *offene Sinnpotentiale* angeboten. Diese rekurrieren – um mit der Begrifflichkeit der Intertextualitätsforschung zu sprechen – auf den Kristeva'schen Geno-Text und die Kompetenz der Leser*innen und werden im produktiven Akt des Lesens aktualisiert sowie im Sinne von Roland Barthes als unabgeschlossenes und ambivalentes Sinnangebot auch hinsichtlich des sozialen Zusammenlebens weitergeschrieben.[50] Der konkrete Text kann als zwar reduzierter, aber bestimmbarer Ort historischer, kultureller und sozial verankerter Bedeutungs-‹Sedimente› eines abstrakteren kulturellen Speichers verstanden werden, wobei beide Texte – kollektiver Geno-Text wie konkreter Phäno-Text – in Wechselwirkung stehen:

> Den beiden Strukturtypen, der Kompetenz und der Performanz, entspricht einmal der Geno-Text, d. h. die Ebene, auf der der Text gedacht, transformiert, produziert, generiert wird, zum anderen der Phäno-Text, d. h. die Ebene des vollendeten Texts, des Phänomens Text, dieses Sediments, in dem der Produktionsprozess hin- und herschwingt und der stets weniger als der dem Produkt vorausgehende Transformationsprozess ist.[51]

Interessant ist, dass in all den untersuchten Texten die Sinnbildungspotentiale, welche auf einen kulturellen Genotext hindeuten können, durch die Konsekrationsmechanismen von Medien und Preisjurys sowie durch die Namen großer Verlagshäuser in ihrem symbolischen Wert anerkannt und in distinguierter Stellung in distinguierender Funktion im literarischen Feld Frankreichs verortet sind. Dies birgt aber auch die Möglichkeit, dass diese Sinnpotentiale ein Stück weit in den gesellschaftlichen Raum eingeschrieben sind oder zumindest jenseits des Feldes der Literatur diskutiert werden. Dies gilt auch unter der Bedingung, dass sich der Wert von Literatur für gesellschaftliche Diskurse natürlich weniger auf der Achse direkter pragmatischer Umsetzbarkeit als auf dem ebenso analytischen wie widerständigen und spielerischen Potential von ästhetischen und diegetischen

---

[50] Vgl. theoretisch grundlegend für die Konzeption dieser produktiven Legetik Barthes, Roland: *Le Plaisir du texte*. Paris: Seuil 1973.

[51] Kristeva, Julia: Probleme der Textstrukturation. In: Ihwe, Jens (Hg.): *Literaturwissenschaft und Linguistik. Ergebnisse und Perspektiven.* Bd. 2/2 (1971): *Zur linguistischen Basis der Literaturwissenschaft.* Frankfurt a. Main: Athenaum, S. 484–507, hier: S. 498.

Inszenierungsmöglichkeiten des literarischen Texts ansiedelt.[52] Dabei unterscheiden sich Sinnbildungsprozesse im literarischen Text auf epistemologischer Ebene fundamental von präskriptiven Sinnpostulaten der Wissenschaft oder der Politik. Ausgehend von der jeweils das textuelle Sinnangebot aktualisierenden Bewusstseinsstruktur, je nach Sprache, Kultur, historischem Moment, aber auch gänzlich grundlegend von Individuum zu Individuum, variiert die Art des Weiterschreibens von literarischem Text in gesellschaftlicher und individueller Kommunikation.

Obwohl daher nicht eine rezeptionsästhetische oder hermeneutisch ‹entzifferte› und gefiltert vereindeutigende Antwort von den Sinnpotentialen der geschilderten Gewaltereignisse auf die Frage nach der erzählten Gewalt im Text erwartet werden kann, darf dennoch eine andere, pragmatische Frage an diese Texte über das Zusammenleben in der französischen Gesellschaft zu Beginn des 21. Jahrhunderts herangetragen werden. Denn diese Frage, welche von Theorie wie von Philosophie und Wissenschaftstheorie immer wieder nicht nur der Literatur, sondern den ästhetischen und symbolischen Ausdrucksformen dessen, was als Kunst bezeichnet wird, gestellt wird, beinhaltet ausgesprochen oder unausgesprochen die Unterstellung eines dort auffindbaren erweiterten Verständnisses von gesellschaftlichen und lebensweltlichen Zusammenhängen problematischer Natur wie von *Lösungsmöglichkeiten*, welche aus modellierten Problemstellungen abgeleitet werden könnten. Dies formuliert die bereits zitierte Schriftstellerin Leïla Slimani als intellektuelle und damit über ‹ihr› Feld in den gesellschaftlichen Raum wirkende Literatin für die französische Gesellschaft zu Beginn des 21. Jahrhunderts und unter Rekurrenz auf den Philosophen Georges Bataille wie folgt:

> Aux essayistes, comme aux écrivains, va bientôt revenir la tâche de prendre de la distance. De faire quelques pas en arrière pour apprécier ce qui se passe. Parce qu'elle est un immense espace de liberté, où l'on peut tout dire, où l'on peut côtoyer le mal, raconter l'horreur, s'affranchir des règles de la morale et de la bienséance, la littérature est plus que jamais nécessaire. Elle ramène complexité et de l'ambiguïté dans un monde qui les rejette. Elle peut ausculter, sans fard et sans complaisance, ce que nos sociétés produisent de plus laid, de plus dangereux et de plus infâme. Elle demande du temps dans un monde où tout est rapide, où l'imge et l'émotion l'emportent sur l'analyse. Mais pour

---

[52] Wie gezeigt wurde, schließt jedoch diese Offenheit des literarischen Texts textintern wie textextern klar politische Positionierungen und ein Wirken der Schriftsteller*innen als intellektuelle Akteure gerade für den sozialen Raum Frankreichs mit einer langen Geschichte engagierten Schreibens nicht aus. Vgl. hierzu Jurt, Joseph: Status und Funktion der Intellektuellen in Frankreich im Vergleich zu Deutschland. In: Kraus, Henning (Hg.): *Offene Gefüge. Literatursystem und Lebenswirklichkeit*. Festschrift für Fritz Nies zum 60. Geburtstag. Tübingen: Narr 1994, S. 329–345.

jouer pleinement son rôle, elle doit être à la hauteur d'elle-même et de ces idéaux. « *La littérature est l'essentiel ou n'est rien. Cette conception ne commande pas l'absence de morale, elle exige une ‹hypermorale›* », écrivait Georges Bataille.[53]

Eine *stärkere Objektivierung öffentlicher Diskurse durch Verzögerung und Distanzierung* ist gemäß dieses starken Plädoyers für die gesellschaftliche Relevanz literarischen Wissens jener Hauptbeitrag, den Literatur auch in Anbetracht ‹realen›, also textexternen Gewaltgeschehens bieten kann, indem sie dem Bild das Wort, der emotionalen ‹Überrumpelung› die Analyse nicht allein diegetisch, sondern auch mittels Stil und Ästhetik zur Seite stellt. Wie beschrieben, bilden diese Strategien neben den Möglichkeiten der Literatur, Ambiguität und Komplexität in der Erfahrung von Lebenswelt zu steigern, das Lebens- und Zusammenlebenswissen, welches im literarischen Text als Potentialität auch hinsichtlich vereinfachter Darstellungen und Diskussionen von Gewalt aktualisiert werden kann.

Dabei ist anhand der in dieser Studie analysierten Einzeltexte, den Phänotexten, ersichtlich geworden, dass dieses Wissen der Ästhetik vor allem ein negatives Wissen um gesellschaftliche Problematiken und die Krise kollektiver Mechanismen von Sinnbildung innerhalb eines bestimmten gesellschaftlichen Raums zu einer bestimmten Periode bereithält. Möchte man allein ausgehend vom hier skizzierten Teilbereich des literarischen Feldes, der lediglich anhand hochdistinguierter, aber gleichzeitig auch an der Achse des Publikumserfolgs als äußerst sichtbar zu bezeichnender Texte modelliert wurde, etwas wie eine Bourdieu'sche *Feldillusio* beschreiben, so läge sie wohl in der bewusst verkannten soziopolitischen Relevanz von Literatur.[54] Das Paradigma einer Autonomie des literarischen Feldes – nicht im Bourdieu'schen Sinne als *relative*, sondern im Luhmann'schen, systemtheoretischen Sinne als ‹Autarkie› gedachte – lässt sich auch in dessen an symbolischem und kulturellem Kapital, Notorietät und Prestige reichen Zentrum nicht aufrechterhalten.

Die diskutierten Werke der hier behandelten Autor*innen, die oftmals selbst wiederum medial und publizistisch, bisweilen politisch gut vernetzt sind und damit einen hohen Grad an sozialem Kapital aufweisen, stellen ihrer Leserschaft nicht nur Analysen zur Verfügung, sondern implizieren auch eine Kommentar-

---

53 Slimani: *Le diable*, S. 22f.
54 Vgl. hierzu die Ansätze einer gemäßigten Autonomie bei Casanova: *La république mondiale des lettres*, op. cit.; sowie die eher ethisch-moralisch gedachte Autonomie der Schriftsteller*innen bei Sapiro: *La responsabilité de l'écrivain*, op. cit.; vgl. in eklatantem Widerspruch zum Bourdieu'schen Begriff der Autonomie stehend Luhmann, Niklas: The Work of Art and the Self-Reproduction of Art. In: ders. *Essays on Self-Reference*. New York: Columbia University Press 1990, S. 191–214.

funktion zur Verhinderung von Gewaltereignissen, welche sich aufgrund eines bewussteren Zusammenlebens, aber auch einer transparenteren und dennoch komplexeren Reflexion von Gewaltzusammenhängen ergeben könnte.[55] Um nochmals das bereits diskutierte Phänomen eines *engagierten Realismus* aufzugreifen, ist es nicht mehr so sehr – aber natürlich gerade in Anbetracht des französischen Kolonialismus auch – die Memoria-Problematik, die in den Vordergrund rückt, sondern eine prospektiv-ethische Dimension, welche natürlich ein kritisches kollektives Erinnern zur Basis hat. In zahlreichen der analysierten Figurenkonstellationen, erzählten sozialen Welten und Situationen der Gewalt findet sich eine ‹pragmatische› Narrationsebene, welche neben das Erzählen von Gewalt die Frage nach ihrer positiven wie negativen Funktion in Clustern des Zusammenlebens innerhalb einer krisenhaften Ausgangslage der Gegenwart treten lässt.

Es wird mit diesen diegetischen, aber auch mimetischen Modellierungen des Funktionalen von Gewalt ein Vertrauen der Leserschaft in die kommunikative Kraft der Literatur vorausgesetzt, dessen Dynamik sich nicht aus einem affirmativen Gewaltbegriff, sondern aus dem Ausformulieren und schonungslosen Artikulieren ihrer Komplexität speist. Erzählte Gewalt bleibt eingebunden in einen weiteren diegetischen Kontext, der als modellierte Lebensweltlichkeit auch als Diskussionsgrundlage über das Feld der Literatur hinaus dienen kann. Dass sie dabei auf einen sozialen Raum im Modus der Krise verweist, bleibt dabei unausgesprochener Konsens dieses Engagements der Literatur.

Egal, ob es sich um Polizeigewalt, Gewalt gegen Obdachlose und *Sans papiers*, Gewalt gegen Frauen oder Homosexuelle handelt: Es sind – wie in allen der behandelten Texte nachweisbar – nicht die Gewalttaten der Figuren und die psychologischen Spekulationen über Täter und Opfer auf erzählerischer Ebene, sondern die diegetische *Totalität* struktureller Ermöglichungsbedingungen der Gewalt, die beim Erzählen über Gewalt zentral steht. Impliziert werden dabei auch die Fragilität des individuellen Bewusstseins sowie die Brüchigkeit von Konvivenz auf mikro- wie auf makrosozialer Ebene. Dieses brüchige Zusammenleben in Frankreich wird zwar innerhalb und außerhalb der untersuchten Erzähl-

---

55 Allein anhand der eben zitierten Intellektuellen und Schriftstellerin ließe sich dieser Zusammenhang von Literatur, Gesellschaftsanalyse und Politik, unterstützt von der feldübergreifenden Anerkennung unterschiedlicher Kapitalarten leicht darstellen: Leïla Slimani ist 1981 in Rabat/Marokko geboren. Sie ging 1999 zum Studium nach Paris. Für ihren zweiten Roman *Chanson douce* (Paris: Gallimard 2016) erhielt sie 2016 den *Prix Goncourt*. Nur ein Jahr darauf wurde sie von Emmanuel Macron zur Botschafterin der Frankophonie ernannt und engagierte sich im selben Jahr wiederum literarisch-politisch mit ihrem Buch *Sexe et Mensonges. La vie sexuelle au Maroc*. Paris: Les Arènes 2017.

texte von weitestgehend fixierenden Kollektivbegriffen wie Nation, Republik und Geschichte diskursiv, symbolpolitisch und auch propagandistisch überformt, offenbart sich aber dann diegetisch wie ‹real›-gesellschaftlich als Problem, wenn es nicht mono-, sondern polylogisch und mehrfach perspektiviert wird. Diese Komplexion der Diskurse, welche sich mit dem gesellschaftlichen und kollektiven Zusammenleben beschäftigen, charakterisiert die Motivstruktur aller der in dieser Studie analysierten Erzähltexte über Gewalt auf fundamentale Weise.

Das Wissen der hier analysierten Literatur des (nach feldtheoretischen Maßstäben) ‹Zentrums› bestätigt dabei in Teilen jene Analyse, welche der Politikwissenschaftler Jérôme Fourquet in seinem gesellschaftlichen, anhand sich wandelnder Lebensstile und des Wahlverhaltens der Franzosen gezeichneten Bild des *archipel français* dargestellt hat, ohne jedoch diesem französischen Panorama der Ära Macron unter dem «Mantra du vivre-ensemble», dem «Mantra des Zusammenlebens», eine hoffnungsvoll-prospektive Dimension angedeihen zu lassen.[56] Als polyzentrische und weniger auf ein hierarchisches Zentrum ausgerichtete Vielverbundenheit in einem bestimmten Gebiet wäre nämlich die Metapher des Archipels durchaus auch denkbar.[57] Es sind bei Fourquet aber vor allem das Trennende kultureller wie symbolischer Normen, geographischer, einhergehend mit politischer Fragmentierung des sozialen Raums, die Bedeutungslosigkeit tradierter Antagonismen wie ‹Kommunismus vs. Katholizismus›, aber auch die steigend ungleiche Verteilung von Eigentum und Kapital sowie die Verhärtung politischer «clivages», welche Frankreich herausfordern würden.[58] Zu Beginn des Jahres 2020 – ein Jahr nach Fourquets Diagnose – wurde diese Fragmentierung während der großen Corona-Epidemie in den französischen Statistiken zur Verteilung der Fallzahlen wie der Sterblichkeitsrate schmerzhaft deutlich.[59] Lange bestehende Brüche zwischen Zentrum und Peripherie, ökonomisch wohlhabenden und ärmeren, aber auch schulisch und akademisch gebildeten und schlecht ausgebildeten Schichten, Formen von

---

56 Vgl. Fourquet, Jérôme: *L'archipel français. Naissance d'une nation multiple et divisée*. Paris: Seuil 2019, insb. die «Conclusion», S. 369 ff.
57 Vgl. Ette, Ottmar: Le monde transarchipélien de la Caraïbe coloniale. In Ette, Ottmar / Müller, Gesine (Hg.): *Caleidoscopios coloniales. Transferencias culturales en el Caribe del siglo XIX. Kaléidoscopes coloniaux. Transferts culturels dans les Caraïbes au XIXe siècle*. Madrid – Frankfurt am Main: Iberoamericana – Vervuert 2010, S. 23–64.
58 Vgl. Fourquet: *L'archipel français*, das Kapitel «Retour du clivage de classe et consitution d'un bloc ibéral-élitaire», S. 361–364.
59 Vgl. hier zur statistischen Untermauerung zahlreicher Medien-Beiträge, welche diese Feststellung thematisierten die *INSEE*-Studie: *Les inégalités sociales à l'épreuve de la crise sanitaire: un bilan du premier confinement*; als PDF-Download verfügbar auf der Website des INSEE https://www.insee.fr/fr/statistiques/4797670?sommaire=4928952, konsultiert am 04.07.2021.

Rassismus zwischen *Immigrés* und ‹*Français de souche*› sowie zwischen deren Nachkommen werden vielmehr als eine hartnäckige Fragmentierung der Gesellschaft auch diegetisch erfahrbar, in der die Milieus als in sich geschlossene und hermetische Sub-Räume innerhalb des gesellschaftlichen Raums funktionieren.

Dies spiegelt sich im hier untersuchten Textkorpus auf jeweils vollkommen unterschiedliche Weise. Es ist Thema sowohl bei den sozio- und ethnographischen Texten von Édouard Louis und Nicolas Mathieu, insbesondere aber in Ivan Jablonkas Analyse des Mordfalls Laëtitia und seiner Technik des perspektivischen Schwankens zwischen den Milieus durch Sichtbarmachung von deren asymmetrischer Repräsentation in medialen, politischen und juristischen Diskursen. Fragmentierung wird in diesen Texten anhand von Situationen konkreter Gewalt – sei es in Form direkt-physischer, rassistischer, sexualisiert-patriarchalischer oder homophober Gewalt – letztlich als eng verwoben mit der Ignoranz des politischen Zentrums und breiter gesellschaftlicher Schichten gegenüber der heterogenen Struktur und den unterschiedlichen Lebensbedingungen ‹peripherer› gesellschaftlicher Räume entfaltet. Diese affizieren Individuen sowohl in der ‹bürgerlichen Mitte›, aber auch in migrantischen Milieus oder denjenigen der sogenannten ‹*Petits Blancs*› als reale und extratextuelle Alltagswelten. So ging auch Mahir Guvens Modellierung terroristischer Gewalt zuvörderst die Nahbeschreibung einer engen Lebenswelt zweier Einwandererkinder voraus. Das Wissen der Literatur erweitert hier beispielsweise erheblich den Diskurs um terroristische Gewalt durch die gezeichnete Subjektivität des Täters mittels komplementärer Perspektivierungen der Debatten um das Phänomen des islamistischen Terrorismus.

Auf der anderen Seite wird in Philippe Lançons essayistischem Erzählen die autobiographische zur testimonialen Dimension als gelebtes Argument des Opfers dafür, dass eine konsequentialistische ‹Ethik› des Terrorismus als Politik letztlich *stets* auf eine Aufrechterhaltung dysfunktionalen Zusammenlebens hinausläuft. Lançon ist sich zwar bei seiner Modellierung von Gesellschaft seines privilegierten Status als Terror-Opfer im Zentrum der Republik bewusst, dehnt seine Reflexionen aber bewusst nicht auf die Milieus der Täter aus. Das Sinnangebot des Texts basiert hier vielmehr auf einer gezielten Reduktion von Dialogizität mit den Mördern und deren Biographien bei gleichzeitiger Aufwertung des essayistischen Ich und der Intertextualität, indem eine Sprachebene – die Sprache des eigenen Milieus und damit die Sprache des Zentrums – zusammen mit Zivilisationsfragmenten, welche der Rekonstruktion eines verlorenen Ich-Bewusstseins dienen, eine herausgehobene Beachtung erfahren. Auch in diesem literarischen Verweigern des Dialogs ist ein politisches Pochen der Literatur auf das Recht des Opfers und seine Erzählung von Lebenswelt ersichtlich, welche jedoch einen medial vorgeprägten Diskurs ausweitet sowie komplexer werden lässt und zugleich die private wie öffentliche Sprachlosigkeit in Anbetracht eines brutalen Gewaltakts offenlegt. Die symbolpolitische Gewalt des Terrorismus erhöht diese Sprachlosigkeit eher, als dass sie Verständnis und Aufmerksamkeit für die strukturellen Gewalterfahrungen, Ablehnungen und Ausgrenzungen von Muslimen in Frankreich erregen könnte.

Doch es sollte auch gezeigt werden, dass die Literatur, ihre Darstellung von Gewaltmustern und Gewalthandlungen auch Lösungsmöglichkeiten durch Prozesse der Bewusstwerdung hinsichtlich der Gründe und Funktionsweisen von Gewalt bereithält, die sich nicht in einer resignierten Akzeptanz dieser Gewalt erschöpfen. Literatur spricht hier *für* bestimmte Individuen oder Milieus und entfaltet sprachlich differenziert Möglichkeiten, der Ausgrenzung und mangelnden Anerkennung der Krisen, Konflikte und Alltags-Probleme dieser nicht nur als literarische Figuren denkbaren Individuen und ihrer Milieus präventiv, aber auch politisch zu begegnen. Dabei kann Literatur neben ihrer Verurteilung von Phallogozentrismus, sexualisierter Gewalt und Rassismus einer verzerrten medialen Darstellung, Pauschalisierung, Stigmatisierung und Essenzialisierung ganzer Ethnien und Milieus vor den Augen einer nationalen und internationalen Öffentlichkeit (‹Fundamentalisten›, ‹Kriminelle› und ‹Asoziale›) mit differenzierendem Erzählen und Beschreiben begegnen.

Insbesondere die intensive Polyphonie in Romanen wie den *Vernon Subutex*-Bänden, aber auch Nicolas Mathieus' literarische ‹Portraits› dreier Jugendlicher oder Mahir Guvens Spiel mit den Erzählstimmen und Sprachstilen zweier unterschiedlicher Brüder brechen monologische Diskurse über brutale Macho-Männer, ‹typisch› weibliche Opfer, über Obdachlose, Muslime oder ‹Hartz IV-Empfänger› auf. Sie multiplizieren daher den Ort des Sprechens über Gewalt innerhalb bestimmter Gruppen und Milieus nicht nur auf inhaltlicher, sondern auf sprachlicher Ebene. Als sprachlich-literarische Interpretamente kommunizieren sie dadurch mit anderen Formen des Sprechens *von* und *über* milieuspezifische Gewaltformen außerhalb des literarischen Feldes, bleiben dabei zugleich aber als eigene Modelle und Logiken des Zusammenlebens bestehen und eröffnen zumindest den Horizont einer Sensibilisierung gegenüber den Problematiken von sozialer wie kultureller Exklusion, Armut, mangelnder politischer Partizipation und sozialer Mobilität. Durch drastische, aber kritische Gewalt-Erzählungen werden Zusammenhänge subjektiver Krisen mit kollektiven Vorgaben und Normen des Zusammenlebens in Frankreich dargestellt. An den End- und Eskalationspunkten dieser nicht artikulierten Konfliktualität, welche durch eine verhinderte Entfaltung von Subjektivität die individuelle Ebene betrifft, steht oftmals die Gewaltanwendung als eine den gesellschaftlichen Konsens verlassende und übersteigende Ethik zugunsten einer offenen Konfliktualität weiterer Kommunikation – oder aber die Vernichtung des ‹Gegners›, die Zerstörung seines Körpers und/oder seiner Psyche.[60]

Dabei gibt dieser literarisch geformte, polyphone Nachvollzug konfliktualen Zusammenlebens bisweilen, wie in der literarischen Sozialreportage zum Fall Laetitia oder Louis' direktem Anprangern des institutionalisierten Rassismus, keine politischen Antworten und Lösungsvorschläge; dennoch lässt er zumeist auf Ebene modellierter Subjektivität versöhnende Sinnmöglichkeiten aus der Polyphonie der Stimmen in den Texten erkennen, die durchaus für eine Eindämmung von Gewalthandeln und zu einer Antwort auf dessen Ursachen führen könnten: Der jüngere Bruder in Mahir Guvens Roman hätte aufgrund einer familiären und sozialen Anerkennung seiner religiösen Identität und Spiritualität, der Sprache und Kultur seiner Familie väterlicherseits – und paradoxerweise nicht nur durch die Gesellschaft, sondern durch den Vater selbst – nicht zum islamistischen Kämpfer werden müssen. Die Gewalteskalation zwischen ‹Migranten-Kind› und ‹*Petit Blanc*› in *Leurs enfants après eux* hätte verhindert werden können, wenn die inkorporierten sozialen und rassistischen Distinktionsmechanismen der Väter- und Mütterfiguren nicht die Oberhand über den Dialog innerhalb derselben Arbeiterklasse behalten hätten.

Genau diese Öffnung des Blicks auf das Mögliche forderte von gesellschaftswissenschaftlicher Seite auch Wiewiorka in seiner soziologischen Analyse zur Gewalt in Frankreich als eine komplementäre Perspektivik auf den scheinbar nebensächlichen ‹Überschuss› des durch soziologische Interpretationsmuster Erklärbaren, da letztere Gewalt in erster Linie empirisch und meist *a posteriori*, anhand des vorhandenen Datenmaterials, als Krisensymptom oder aber als kaltes Kalkül von Akteuren deuten müssen:

> En permanence, les outils analytiques qu'ont pu élaborer les sciences sociales et politiques semblent laisser de côté certains aspects de la violence, qui apparaissent comme une sorte de reste ou de rebut, une part mineure, marginale. Ils ne nous aident pas à comprendre l'excès, ou le défaut, dans les conduites de violence, les moments d'emballement frénétique, ils se désintéressent des phénomènes de perte du sens, et de sauvagerie, sauf à les naturaliser ou les pathologiser, ils n'ont pas grand-chose à dire s'il s'agit d'envisager le sadisme, la cruauté ou la violence pour la violence, s'il s'agit de comprendre la démesure des massacres de masse, ou les épisodes dans lesquels l'acteur conjugue destruction et autodestruction.[61]

Diesseits der von Politik und Regierung ergriffenen Maßnahmen gegen Terror, Rassismus und häusliche Gewalt, der ökonomischen Stärkung wirtschaftlich

---

60 Vgl. Wieviorka: *La violence*, S. 205.
61 Ebda., S. 213f.

schwacher Regionen, aber auch der Betreuung von Straftätern und verhaltensauffälligen Jugendlichen erzählt die untersuchte Literatur auch von gewaltpräventiven Reaktionsmöglichkeiten auf individueller Ebene, je nach Situation und modellierter Psyche, sie erzählt von Anerkennung und Kommunikationsbereitschaft, welche jeglicher Konfliktlösung als unhintergehbare Voraussetzungen zugrunde liegen. Es ist die Suche nach dem Dialog mit dem ‹Anderen›, dem Täter, dem Opfer wie dem als Bedrohung empfundenen ‹Fremden›, die immer wieder als verpasste Chance und Möglichkeit in den beschriebenen Eskalationsspiralen der Gewalt in diesen diegetischen Gesellschaftsmodellen Frankreichs auftaucht.

Diese Dialogbereitschaft setzt jedoch eben auf einer Individualebene an, welche auf die Bereitschaft der Leserschaft baut, die eigene Lebenswelt sowie die eigene Position der Leser*innen in *ihrem* gesellschaftlichen Raum, in diesem Falle als mündige französische Staatsbürger*innen, als *citoyens* und *citoyennes*, hinterfragen zu wollen. Diese bewusstseinserweiternde Funktion, welche einst einen Grundpfeiler der europäischen Aufklärung darstellte, die Aufforderung an Verstand und Reflexionswillen der Einzelnen, wird jedoch allein dann wirksam, wenn Literatur einen ihr seit dem 19. Jahrhundert inhärenten elitären Habitus ablegt. Wie gezeigt wurde, geschieht dies bereits in vielfacher Hinsicht durch eine gesellschaftskritische Tendenz des französischen Gegenwartsromans, welcher dem Experiment den Rückgriff auf unprätentiöse Techniken des ‹klassischen› Realismus, dem Anspruch auf eine literaturverändernde Rolle avantgardistischer ‹Neuheit› die Infragestellung des referentiell Insinuierten entgegenstellt. Ohne in die altbekannte Provokation eines reinen *Épater la bourgeoisie* oder in bloßen Kommentar abzudriften, werden Gewaltereignisse in der hier untersuchten Literatur des französischen *extrême contemporain* als Brüche in der Referenzlogik ausartikulierter Erzählwelten und genormter Sprache angesprochen und dargestellt, die gesellschaftlich zwar andiskutiert werden, deren gesellschafts- und sprachzersetzende Rolle als politische Herausforderung jedoch ernst genommen und bisweilen erst erkannt werden muss, um die Gewalt etablierter politischer Narrative als symbolische Gewaltformen fallen zu lassen:

> In der Welthaltigkeit [der Literatur] kristallisiert sich also eine Intensität, mit der die Autoren etwas an ihrer Zeit auf den Punkt bringen, das gegen das Sprechen der Zeit von sich selbst Geltung hat. Was so zum Ausdruck kommt, ist oft verstörend. [...] Der große Realismus des langen 19. Jahrhunderts ist so gebunden an die Hervorbringung und Universalisierung bürgerlicher Subjektivität und gleichzeitig, dialektisch, an deren Negation in der Restauration sowie in den Strukturen des modernen Kapitalismus. Er will dabei nicht eine spiegelhafte Abbildung der Welt darbieten, sondern eine Intensität herstellen, die

nicht in den überbrachten Gefühlsbegriffen aufzugehen vermag, sondern eine Empfindung beim Lesenden produziert, die erst noch zur Sprache gebracht werden muss.[62]

Die Anwendung von Gewalt wird innerhalb dieser intensivierten «Welthaltigkeit» der Literatur zwar als Potentialität erkannt, nicht aber als zwangsläufig einziges Mittel *anerkannt* und lediglich auf die Liste der Handlungsoptionen, damit in eine diskursive Sichtbarkeit zwischen Individual- und Kollektivebene, zwischen Modell und ‹Realität› überführt. Die Möglichkeit eines Hinterfragens sprachlich normierter, universalistisch-republikanischer Gewissheiten von Nation, Geschichte und Staat durch die Bürger*innen selbst kann hier in der Literatur des *extrême contemporain* auf jenes literarische Erbe einer provozierenden Aufklärung, auf Jean-Jacques Rousseau und dessen frühmoderne Kritik an der sprachlich in der Vernunft begründeten, aber kollektiv vorformulierten Repräsentationslogik rekurrieren.[63] Parodie und Satire, von Bachtin anhand der Rabelais'schen Vielfalt an karnevalesken Stimmen als Mechanismen einer Dezentralisierung von vorartikulierten und monologischen Sinnzusammenhängen exemplifiziert, leben in den Erzähltexten der französischen Gegenwart fort, wo sich beispielsweise die gesellschaftlichen Peripherien der Obdachlosen und der Kriegsversehrten durch ihre eigenen Stimmen und sozialen Redeweisen, durch provokant-karnevaleske Handlung und Provokation gegen den Monolog des Zentrums behaupten.

Während dem entstellten homosexuellen Protagonisten in *Au revoir là-haut* nur noch seine Masken, sein Opium und die Planung eines Betrugs bleiben, um die Welt seines Vaters, des Großbürgers und Kriegsgewinnlers, herauszufordern, sind es bei Virginie Despentes die Solidarität der Clochards, ihre von Alkohol und täglicher Diskriminierung geprägten Stimmen, welche das geordnete Zentrum der Pariser Mittel- und Oberschichten als brüchiges Paradies entlarven. In beiden Fällen scheitert letztlich jedoch eine Zerstörung des Monologischen. Die heuristische Dialektik der dialogischen Stimmen bleibt wie bei Bachtin eine stets negative, erweiterbare; das Wissen der Literatur über menschliches Zusammenleben stets ein in dessen Realisierung prekäres.

Die durchaus implizierten und aus der Struktur der Motive, den figuralen Hierarchien und den Diskursen der Stimmen in den hier untersuchten Erzähltexte ableitbaren politischen Forderungen der französischen Gegenwartsliteratur sind jedoch aufgrund der spannungsreichen Inszenierung von monologischen, dialogischen oder polylogischen Perspektivierungen unmissverständlich. Sie er-

---

[62] Messling: *Universalität nach dem Universalismus*, S. 39 f.
[63] Vgl. Starobinski: *Jean-Jacques Rousseau*, passim; sowie Trabant, Jürgen: *Mithridates im Paradies. Kleine Geschichte des Sprachdenkens*, München: C.H. Beck 2003, S. 297.

gänzen sich nach wie vor mit jenen philosophischen Ansprüchen an ein kritisches Bewusstsein, welche sich seit den 60er Jahren des 20. Jahrhunderts im sogenannten ‹Westen› ausgehend von Lehrstühlen und den vielrezipierten Schriften einiger zentraler Philosoph*innen durchzusetzen suchten: Es ist vor allem die Forderung nach einem kritischeren Blick des spätmodernen Frankreich auf die eigene Nationalgeschichte und deren zentralisierende Narrative, welche als immer wieder affirmierte Kollektiv-Narrationen nationaler Größe, gesellschaftlicher Stabilität und zivilisatorischen Fortschritts nicht mehr uneingeschränkt haltbar sind.

Doch trotz aller Kritik finden sich Möglichkeiten diversen, aber friedlichen Zusammenlebens auch im Zeichen dieser althergebrachten und nicht mehr unhinterfragten Symbole der französischen Nation und der Republik: Es scheint kein Zufall zu sein, dass es zwei Fußballweltmeisterschaften sind, die inmitten zweier auf Katastrophe und langsame Eskalation angelegter Erzählungen einen Moment der Brüderlichkeit stiften. Der zu Beginn dieser Studie erwähnte Film von Ladj Ly beginnt mit dem Blick auf den kollektiven Jubel jenseits von Klassen, Ethnien und Geschlechtern, der unter dem Banner revolutionärer Symbole eine alles durchdringende Vision von nicht nur nationaler, sondern universeller Einheit schafft. Nicolas Mathieus Roman *Leurs enfants après eux* endet mit dem Halbfinaljubel über das französische Team im Jahr 1998; und wiederum ist es der öffentliche Ort, welcher unter dem Banner der Trikolore zu einer Gelegenheit der Verbrüderung zwischen den beiden Protagonisten Anthony und Hacine wird. In beiden Fällen bleibt die Utopie des sportlichen Großereignisses als Transgression und Fest erhalten, ohne dass jedoch eine bleibende Wirkung festzustellen wäre. Der von den Symbolen einer multiethnischen Nationalmannschaft und dem spielerischen Krieg gegen andere Nationen hergestellte intrasoziale Friede und die Befriedung der Gegensätze ist eben dies: ein fiktionaler Zustand, der einem fiktionalen Ziel dient, dem Erringen der Weltmeisterschaft durch die Unterstützung aller Franzosen aus Afrika, der Karibik oder Asien. Dieser sportliche Universalismus als Rudiment eines republikanischen Zusammengehörigkeitsgefühls kann sich also lediglich in einer ‹Krisensituation› – hier positiv-sportlicher Art – behaupten.

Der hier ausgewählte und analysierte Ausschnitt aus der französischen Gegenwartsliteratur zeigt jedoch einen Zustand der Krise im Alltagsmodus, wie er sich durch geschichtliche Zusammenhänge verankert hat, durch den globalen Wettbewerb verstärkt wurde und durch Rassismus, Phallogozentrismus, Xenophobie und soziale Exklusionsmechanismen zur Eskalation gebracht wird. Um die Formen der Gewalt des 21. Jahrhunderts zu verstehen und ihnen nicht nur in Frankreich zu begegnen, ist es notwendig, ihre Ursachen in symbolischer Gewalt, überkommenen historischen Narrativen, Kolonialnostalgie und

Revanchismus zu entdecken. Dazu müssen Formen sozialer Ausgrenzung und Unterdrückung von Menschen durch die Absicherung von ökonomischer wie sozialer Partizipation unterbunden werden.

Für die Zukunft könnte die Chancengleichheit junger Menschen durch Gewährleistung von Ausbildung unabhängig von Einkommen, religiösem und ethnischem Hintergrund der Gewaltprävention entgegenkommen. Die Politik der Literatur ist hier die der Bewusstwerdung und Mahnung: Es bleibt an den Formen staatlichen und gesellschaftlichen Handelns sowie am Bewusstsein der Französinnen und Franzosen als engagierten *citoyennes* und *citoyens*, diese Mahnung als Bestandteil eines neuen Universalismus abseits des Nationalismus zu hören. Die vorliegende Studie soll daher einen bescheidenen und auszuweitenden Beitrag zu weiterführenden Forschungen einer transdisziplinären und transarealen Auseinandersetzung mit literarischen Texten im Zeitalter transmedialer Komplexion der Verweissysteme und Rezeptionsformen leisten.[64]

Fern davon, das Ende der Literatur zu postulieren – von einem Ende des Erzählens kann gar keine Rede sein –, ist es auch die in einigen der hier analysierten Texte angeklungene mediale Öffnung des Textbegriffs, welche die Zukunft der Literaturforschung bestimmen wird. Allein das Thema des Erzählens über Gewalt findet sich gegenüber einer unüberschaubaren Vielfalt an Produktionsformaten und Rezeptionsmöglichkeiten nicht auf *einen* Begriff des Narrativen und Ästhetischen reduzierbar. Vom Blog bis zum *Youtube*-Kanal, vom Computerspiel bis zur *Netflix*-Serie bleiben der Repräsentationsspielraum und damit der Interpretationsspielraum von erzählter Gewalt potentiell unbegrenzt.

Die Literaturwissenschaft, ihre Methoden und Herangehensweisen, von Verfahren der Texthermeneutik, der strukturalistischen, poststrukturalistischen und diskursiven Analyse, der Intertextualitätsforschung und Narratologie bis hin zu Schwerpunktsetzungen in der Editions- und Leserforschung ist jedoch weit davon entfernt, ihre Bedeutung für ein vertiefendes Verständnis von alles andere als hermetischen Systemen wie Gesellschaft und Kultur zu verlieren. Im Gegenteil bietet gerade ihre Möglichkeit, die Modellierungen von geschichtlicher Zeit, aber auch von Zukunftsoptionen, von Räumen des Möglichen und Unmöglichen erklärend und kritisch nachzuvollziehen, die Chance zur Berücksichtigung neuer und bislang in ihrer Wirkkraft unterschätzter Faktoren im Spiel der gesellschaftlichen Kräfte. Zugleich eröffnet literaturwissenschaftliche Betrachtung durch Kritik und Analyse erzählender und beschreibender Diskurse und Diskursfragmente neue Perspektiven auf bestehende, durch omni-

---

[64] Vgl. zu den konkreten Möglichkeiten und dem dazu nötigen begrifflichen Instrumentarium einer *transareal* ausgerichteten Literaturwissenschaft Ette: *TransArea*, S. 1–52.

präsente Rezeption und Aneignung eingefahrene Terminologien und Kommunikationsstrategien, um daraus kritische Spannungen aufzubauen, welche allein der Gefahr eines tyrannischen Monologs entgegenwirken können. In diesem Sinne ist das Wissen der Literatur als kritisches Wissen – nicht aber als ‹alternatives Faktenwissen› – für einen freien und dynamischen Gesellschaftsdiskurs nicht nur hinreichend, sondern zwingend notwendig.

Die Dystopie der Zukunft, wie sie die französische Schriftstellerin und Übersetzerin Cécile Wajsbrot in ihrer dunklen, im Kern die gesamte Menschheit und nicht nur Frankreich umfassenden diktatorischen Vision der Zukunft eines neuen Jahrtausends in ihrem Roman *Destruction* wirkungsvoll in Literatur umsetzte, ist noch nicht als historische Realität geschrieben.[65] Die Hoffnungen der Nachkriegsgeneration des vergangenen Jahrhunderts auf eine dauerhafte Epoche friedlichen Zusammenlebens seit dem Ende des Kalten Krieges haben sich jedoch weder weltweit noch für Europa erfüllt. Die stabilen, demokratischen europäischen Gesellschaften – und unter ihnen diejenige Frankreichs – sind nicht nur im Houellebecq'schen Sinne pessimistisch als brüchige Konstrukte zu beurteilen, wie bereits die ersten beiden Dekaden des jungen dritten Jahrtausends deutlich werden ließen: Krieg, Terrorismus, Klimakrise, entfesselte ökonomische Ungleichheit, prekäre Arbeits- und Lebensbedingungen sowie eine Migration der globalen Ungleichheit – die Wucht und Folgen einer weltweiten Pandemie der Jahre 2020, 2021 und 2022 nicht zu vergessen – erfordern jedoch keinesfalls weitere Kriegserklärungen an andere Staaten oder die eigenen Bürger*innen, um auch das Zusammenleben in wohlhabenden Gesellschaften als spannungsreichen Zustand schwelender und immer wieder eskalierender Konflikte zu ‹befrieden› und der Gewalt mit Gewalt zu begegnen.

Denn noch verweist der Seismograph der Literatur als eine Form des Zusammenlebenswissens auf gesellschaftliche Potentiale, die es zu mobilisieren gilt, um Gesellschaft als harmonische Gemeinschaft zu ermöglichen und die Zerstörung einer an vielen Stellen brüchigen europäisch-demokratischen Wertegemeinschaft aufzuhalten: *Il faut cultiver notre jardin*!

---

65 Vgl. Wajsbrot, Cécile: *Destruction*. Gouville-sur-Mer: Bruit du temps 2019; vgl. zu diesem düsteren Text Ette: *Von den historischen Avantgarden bis nach der Postmoderne*, S. 1011–1021.

Die französischen Zitate in deutscher Übersetzung

Andras, Joseph: Un boulanger fait du pain, un écrivain écrit. Entretien réalisé par Lionel Decottignies. In: *L'Humanité* **(24.5.2016), Übersetzung ML:** Ich fühlte mich unwohl bei dem Gedanken, ohne mein Zutun in einen ‹Wettlauf› verwickelt zu werden, in einen Wettbewerb, in eine Konkurrenz, während mich alles, was meine politischen Ansichten betrifft, dazu veranlasst, diese Begriffe abzulehnen. Umso mehr, als ich als Leser dazu neige, Bücher zu meiden, die von einem roten Band flankiert werden. Das Buch war noch nicht einmal erschienen, und ich sah darin ein Hindernis für die Unabhängigkeit des Schreibens, die ich vor allem bewahren möchte. Ich bat meine Verlegerin gegen ihren Willen, sie wissen zu lassen, dass ich ihnen als Leser für das Interesse an diesem Text danke, dass ich es aber aus Gründen der Kohärenz nicht akzeptieren und zulassen könne, dass diese Geschichte und die von den Figuren vertretenen Ideale ‹institutionalisiert› werden. Ich kann mir vorstellen, dass meine Antwort hier und da missverstanden, verzerrt oder als etwas beurteilt wird, was sie nicht ist: Pech gehabt ... Ich habe jedes Wort abgewogen, so ehrlich wie möglich und ohne die geringste Lust auf einen ‹Skandal›. Ich sehne mich nur danach, dass wir aufhören, über all das zu reden.

Andras, Joseph: *Die Wunden unserer Brüder.* **Aus dem Französischen von Claudia Hamm. München: Carl Hanser 2016, S. 5:** Iveton bleibt ein irgendwie verfluchter Name ... Man fragt sich, wie Mitterand das ertragen konnte. Ich musste den Namen zwei-, dreimal in seiner Gegenwart erwähnen, er löste jedes Mal ein fürchterliches Unbehagen bei ihm aus, das sich in einen Schluckauf verwandelte ... Da prallt man auf die Staatsräson. BENJAMIN STORA UND FRANÇOIS MALYE, *François Mitterrand et la guerre d'Algérie*.

S. 7: Kein aufrechter, stolzer Regen, nein. Kümmerliches Geniesel. Verkniffen. Halbherzig. Fernand wartet zwei, drei Meter neben der asphaltierten Straße im Schutz einer Zeder. Dreizehn Uhr dreißig hatten sie gesagt. Mehr als vier Minuten. Dreizehn Uhr dreißig, so war es doch. Unerträglich, dieser kriecherische Regen, nicht mal Mut zu ordentlichen Bindfäden, nur ein paar geizige Tropfen, die mit spitzen Fingern den Nacken befeuchten, so einfach kann man es sich machen. Drei Minuten. Fernands Blick klebt an seiner Uhr. Ein Auto fährt vorüber. Ist sie es?

S. 22: Was Fernand nicht weiß: Vor zwei Stunden hat der Polizeidirektor von Algier, Paul Teitgen, ausdrücklich angeordnet, ihn nicht anzurühren – Teitgen wurde selbst während der deutschen Besatzung deportiert und gefoltert, er lehnt es ab, dass die Polizei, seine Polizei, die des Landes, für das er gekämpft hat, die Französische Republik, Voltaire, Hugo, Clemenceau, das Frankreich der Menschenrechte, dass dieses Frankreich, *La France*, seinerseits foltert. Doch niemand hier hört auf ihn: Ein Gutmensch ist Teitgen, ein Drückeberger aus dem Mutterland, der erst vor drei Monaten angekommen ist und in seinem Koffer seine netten Manieren mitgebraucht hat, das muss sich alles erst mal aus der Nähe ansehen, Berufsethos, Redlichkeit, Aufrichtigkeit, Ethik, sogar Ethik, meine Fresse, er hat keine Ahnung von der Gegend hier, von gar nichts hat er eine, tut mit Iveton, was zu tun ist, ich decke euch, hat der Kommissar kurz und bündig entschieden, einen Krieg führt man nicht mit edlen Prinzipien und Pfadfinderweisheiten.

S. 64: [...] die Kultur, die Freiheit, die Zivilisation, der ganze Aufmarsch von Großbuchstaben, da wird stolziert und paradiert, da wird sich in den Spiegeln in die Brust geworfen, und je mehr es glänzt, desto besser, das muss man sich anschauen, wie die das lieben. Der Tag, an dem Frankreich sich befreit hat, ich rede natürlich vom Mutterland, ich sage euch noch mal, für mich ist Algerien Algerien, an ihre Geschichten von französischen Départements glaube ich nicht mehr, das ist Pergament, Feuerstein, passé, schaut euch Indochina an, was da jetzt los ist, Hô Chi Minh hatte ihnen klar gesagt, das Kapitel muss man beenden, niemand hat auf ihn gehört, und wo stehen wir jetzt ... Deshalb, ja, am Tag, als Frankreich seinen Sieg über die Deutschen feierte, wurden weiß nicht wie viele Moslems, bestimmt Tausende, im Hinterland, in Sétif und Guelma niedergemetzelt, diese Orte sagen euch vielleicht nichts, das ist dreihundert und fünfzig Kilometer von Algier entfernt.

S. 65: Geschichten, nach denen man nicht mehr schläft. Menschen, die man bei lebendigem Leib mit Benzin übergoss und anzündete, verwüstete Ernten und in Brunnen geworfene Körper, einfach so, man schnappte sie und warf sie weg, man verbrannte sie in Öfen, kleine Knirpse, Frauen, alle, die Armee schoss auf alles, was sich bewegte, um den Protest niederzuschlagen. Und nicht nur die Armee übrigens, auch Siedler und Milizionäre, diese ganze Kolonialistenwelt nahm sich bei der Hand, ein Mordstanz war das ...

S. 66: Der Status quo ist nicht mehr haltbar. Manche sprechen davon, sich an den Vietnamesen ein Beispiel zu nehmen, sich mit Waffengewalt zu erheben und dem Widerstand anzuschließen, aber viele glauben auch nicht daran, ergänzt er. Fernand selbst wünscht sich nur eines: dass das Algerien von morgen freiwillig oder unfreiwillig jedes seiner Kinder anerkennt, egal, woher es, seine Eltern und Großeltern auch stammen, seien es Araber, Berber, Juden, Italiener, Spanier, Malteser, Franzosen, Deutsche ... Millionen von Leuten sind auf diesem

Boden geboren, und einige wenige Besitzende, kleine Barone ohne Glauben und Moral herrschen über das Land mit der Zustimmung und sogar Unterstützung der französischen Regierungen, egal, welche an die Macht kommt: Dieses System muss beendet werden, Algerien muss von diesen Westentaschennapoleons befreit werden, eine neue Staatsform auf der Basis des Volks, der arabischen und europäischen Arbeiter gemeinsam, der einfachen, kleinen, bescheidenen Leute aller Rassen muss gegründet werden, um die Ganoven vom Sockel zu stürzen, die sie erpressen und unterdrücken!

S. 70 f.: «Ich habe mich dazu entschieden, weil ich mich als Algerier betrachte und mich der Kampf des algerischen Volkes nicht gleichgültig lässt. Damit man nicht irgendwann sagen wird, es war nicht richtig, dass die Franzosen sich nicht am Kampf beteiligt haben. Ich liebe Frankreich, ich liebe Frankreich sehr, ich liebe Frankreich ganz außerordentlich, aber was ich nicht liebe, sind Kolonialisten.» [...] «Ich bekenne mich zu meinen politischen Ideen, und ich glaubte, meine Aktion könnte beweisen, dass nicht alle europäischen Algerier Antiaraber sind, denn es gibt diesen Graben, und er wird immer breiter und breiter ...»

S. 73: Man wird ihn doch nicht für eine Bombe hinrichten, die nicht hochgegangen ist und die außerdem, der Direktor des Forschungslabors hat es selbst eingeräumt, nicht mal einer Stubenfliege etwas zuleide getan hätte ... Fernand hat also keine Angst. Auch wenn Frankreich eine Kolonialmacht und kapitalistische Republik ist, so ist es doch keine Diktatur; es wird die Dinge richtig einschätzen, Wahres von Falschem unterscheiden und zwischen den Zeilen der Gegner lesen.

S. 119 f.: Natürlich musste sie [Hélène, ML] mit manchem erst vertraut werden, mit den örtlichen Bräuchen etwa und den strengen Regeln dieser zwei Kulturen, die sie kennenlernte, der moslemischen und der «europäischen». Sie begriff, dass sie in der Öffentlichkeit nicht rauchen durfte: Eine Frau, wollte sie nicht für eine Hure gehalten werden, durfte sich nicht mit Tabak im Mund und gegen den Rauch und den Vorwurf der Schamlosigkeit gleichgültig zeigen [...] Nicht dagegen mochte sie die tägliche Arroganz der Europäer gegenüber den Moslems, die sie entdeckte oder vielmehr ständig wahrnahm, so wenig wurde und wird sie versteckt. Nicht lange und sie bemerkte die sprachliche Findigkeit, die Menschen entwickeln, um diejenigen zu bezeichnen, die sie nicht in ihrer Mitte dulden wollen: Ratten, Kameltreiber, Melonen, *crouilles*, *bicots*, *bougnoules*.

S. 133 f.: Doch ihr [die Unabhängigkeitskämpfer, ML] Versteck wurde bald schon gestürmt und Henri von Soldaten des 504. Bataillons lebend verhaftet. Nachdem sie ihn durchgeprügelt hatten, sagten sie ihm, er könne gehen, doch wusste er, dass war eine Falle, also ging er rückwärts, rief: «Es lebe die Kommunistische

Partei Algeriens!» und sank unter einer Gewehrsalve zusammen. Seine Leiche wurde mit hennagefärbten Haaren und falschen Papieren in den Taschen auf der Kühlerhaube eines Panzerwagens in die Stadt gefahren. Als Trophäe der großen Sieger. Die Zivilisation wirft sich in die Brust und richtet Latten und Fahnen auf. Marianne macht die Nacht der drei Farben – drei Nägel für Hirngespinste – zu Geld. *Ich bin kein Moslem*, hatte Henri kurz zuvor geschrieben, *doch ich bin Algerier europäischer Herkunft. Ich betrachte Algerien als mein Heimatland.*

S. 136: Doch all das erinnert mich an eine Geschichte, fährt er fort: 1917, ich war ein junger Offizier von etwa fünfunddreißig Jahren, da habe ich mit eigenen Augen gesehen, wie zwei junge französische Soldaten erschossen wurden. Als einer von ihnen an die Wand geführt wurde, erklärte ihm der General, ich erinnere mich noch ganz genau an seine Worte, auch du, mein Kleiner, stirbst für Frankreich. Mehr sagt er nicht. Smadja versteht, was Coty nicht sagt, oder glaubt es zumindest zu verstehen, nämlich: Wenn Coty diesen armen Soldaten erwähnt, dann nur, weil er an Fernand Iveton denkt – und daran, dass also auch dieser für Frankreich sterben muss ... Coty setzt seine Ansprache fort und erklärt, er habe aus Algerien sehr viel mehr Aufrufe zur Hinrichtung als Bitten um Begnadigung erhalten. Und es gebe nun mal die öffentliche Ordnung.

S. 140 f.: Fernand schlingt die Mahlzeit herunter, er will seine Lektüre schnell fortsetzen. *Jean Valjean war tot. Als er ins Meer stürzte oder sich vielmehr hineinwarf, trug er, wie wir wissen, keine Fesseln. Von den Fluten hin und her geworfen schwamm er bis zu einem ankernden Schiff, an dem ein Boot festgemacht war.* [...] Zwei Bomben haben den Nachmittag in Algier zerrissen: im Stadion von El-Biar und dem von Ruisseau. Zehn Leichen, etwa dreißig Verletzte, überall Blut und Verstümmelte.

S. 145 f.: Fernand kommt zuerst dran: Der am wenigsten ‹schuldige› Verurteilte eröffnet üblicherweise den Reigen, um nicht der Tötung der anderen beiwohnen zu müssen. Seine beiden Anwälte ziehen sich in einen der Gänge zurück, die zum Hof führen. Laînné kniet mit gesenktem Kopf nider und hebt die gefalteten Hände zu seinem Herrn. Smadja steht schluchzend, die Stirn gegen die Wand gelehnt, da. Sie wollen, sie können nicht zusehen. Es ist fünf Uhr zehn, als der Kopf von Fernand Iveton, Häftlingsnummer 6101, dreißig Jahre alt,

Asholt, Wolfgang: Un renouveau du ‹réalisme› dans la littérature contemporaine ? In: *lendemains* 150/51 (2013), S. 22–35, hier. 32 f., Übersetzung ML: Angesichts der Verwirrung und Heterogenität der heutigen Welt ist der traditionelle Realismus mit seiner totalisierenden Dimension obsolet geworden. Es gibt nur noch ‹prekäre›, ‹paradoxe›, ‹subversive› und sogar ‹spektrale› Realismen oder ‹Schreibweisen des Realen›, die sich der Realität in Pinselstrichen,

Fragmenten oder Momentaufnahmen nähern; eine Rückkehr zu einem traditionellen Realismus scheint unwahrscheinlich. In diesem Sinne scheint die Vision von der Entwicklung der (realistischen) Literatur am Ende von *Mimesis* bestätigt zu werden.

Badiou, Alain: Le rouge et le tricolore. In: *Le Monde* **(26.1.2015), s.p., Übersetzung ML:** In Frankreich gibt es seit langer Zeit zwei Arten von Demonstrationen: die unter roter Flagge und die unter der Trikolore. Glauben Sie mir: Selbst wenn es darum geht, die kleinen identitären und mörderischen faschistischen Banden auf ein Minimum zu reduzieren, egal ob sie sich auf sektiererische Formen der muslimischen Religion, die französische nationale Identität oder die Überlegenheit des Westens berufen, sind es nicht die Trikoloren, die von unseren Herren befohlen und eingesetzt werden, die dagegen wirksam sind. Es sind die roten Flaggen, die wir zurückholen müssen.

Barthes, Roland: *Leçon inaugurale de la chaire de sémiologie littéraire du Collège de France.* **Paris: Seuil 1977, S. 9 ff., Übersetzung ML:** Die menschliche Rede [langage] ist eine Gesetzgebung, die Sprache [langue] ist der Gesetzeskodex dafür. Wir sehen nicht die Macht, die in der Sprache steckt, weil wir vergessen, dass jede Sprache [langue] eine Klassifizierung ist, und jede Klassifizierung ist unterdrückerisch: *ordo* bedeutet sowohl Verteilung als auch Kommination. [...] Die Sprache, als Darstellung [performance] jeglicher menschlicher Rede [langage], ist weder reaktionär noch progressiv; sie ist ganz einfach: faschistisch; denn Faschismus ist nicht, das Sagen zu verhindern, sondern das Sagen zu erzwingen. Sobald die Sprache ausgesprochen wird, und sei es in der tiefsten Intimität des Subjekts, tritt sie in den Dienst einer Macht. In ihr zeichnen sich unweigerlich zwei Rubriken ab: die Autorität der Behauptung und die Herdenhaftigkeit der Wiederholung.

Barthes, Roland: Brecht et le discours: contribution à l'étude de la discursivité. In ders.: *Œuvres Complètes.* **Edition établie et présentée par Eric Marty. 3 Bde. Paris: Seuil 1993–1995, Bd. 3, S. 260–267, hier S. 261, Übersetzung ML:** Alles, was wir lesen und hören, bedeckt uns wie eine Decke, umgibt und umhüllt uns wie ein Medium: Das ist die Logosphäre. Diese Logosphäre ist uns durch unsere Epoche, unsere Klasse, unseren Beruf gegeben: Sie ist eine ‹Gegebenheit› unseres Subjekts. Dieses Gegebene zu verschieben kann aber nur durch einen Ruck geschehen; wir müssen die ausgewogene Masse der Worte erschüttern, das Tischtuch zerreißen, die gebundene Ordnung der Sätze stören, die Strukturen der Sprache zerschlagen (jede Struktur ist ein Gebäude aus Ebenen). Brechts Werk zielt darauf ab, die Praxis einer Erschütterung (nicht der Subversion: die Erschütterung ist viel ‹realistischer› als die Subversion) zu entwickeln; die kritische Kunst ist diejenige, die eine Krise eröffnet: die zerreißt, die das Tischtuch knackt, die Kruste der menschlichen Sprechweisen zerbricht, die Vergiftung der Logosphäre löst und verdünnt; sie ist eine epische Kunst: die die Gewebe der Worte unterbricht, die Darstellung entfernt, ohne sie aufzuheben.

Beigbeder, Frédéric: Une apocalypse française. In: *Le Figaro* (26.08.2011) Natürlich denkt man auch an *Les Bienveillantes*, Übersetzung ML: Wieder Gallimard, wieder ein voluminöser erster Roman über die Schrecken des Krieges. Doch Jenni unterscheidet sich von Littell, denn sein Antiheld ist Franzose. Sein Buch bekämpft die Amnesie einer Nation. Ein Romancier, so sagt er, muss die unbestatteten Toten benennen und zählen, um zu verhindern, dass ihre Geister uns verfolgen. *L'Art français de la guerre* ist ein Meisterwerk, das alle Franzosen lesen sollten, um endlich wieder in der Lage zu sein, ‹wir› zu sagen. Es ist die dunkle Seite des Hexagons, es ist die Szene, die Coppola aus *Apocalypse Now* herausgeschnitten hat (mit Aurore Clément in einer französischen Plantage). Literatur erweckt Seelen zum Leben; wenn ihr diese Aufgabe so gut gelingt, macht die Literatur die Arbeit Gottes.

Bourdieu, Pierre: *Les règles de l'art. Genèse et structure du champ littéraire*. Paris: Seuil 1992, S. 48, Übersetzung ML: Es gibt keinen besseren Beweis für all das, was das literarische Schreiben vom wissenschaftlichen Schreiben trennt, als die ihm eigene Fähigkeit, in der konkreten Einzigartigkeit einer sinnlichen Gestalt und eines individuellen Abenteuers, das gleichzeitig als Metapher und Metonymie fungiert, die ganze Komplexität einer Struktur und einer Geschichte zu konzentrieren und zu verdichten, die die wissenschaftliche Analyse mühsam aus- und entfalten muss.

Bourdieu, Pierre: *Méditations pascaliennes*. Paris: Seuil 1997, S. 195, Übersetzung ML: Als Produkt der Einverleibung einer sozialen Struktur in Form einer quasi-natürlichen Veranlagung, die oft mit allen Erscheinungen der Angeborenheit ausgestattet ist, ist der Habitus die vis insita, die potenzielle Energie, die schlafende Kraft, aus der die symbolische Gewalt, und insbesondere die, die durch Performative ausgeübt wird, ihre geheimnisvolle Wirksamkeit bezieht. [...] Die praktische Anerkennung, mit der die Beherrschten – oft ohne ihr Wissen, manchmal gegen ihren Willen – zu ihrer eigenen Herrschaft beitragen, indem sie stillschweigend, im Vorgriff, die auferlegten Grenzen akzeptieren, nimmt häufig die Form körperlicher Emotionen (Scham, Schüchternheit, Angst, Schuld) an [...]. Sie verrät sich in sichtbaren Manifestationen wie Erröten, verbaler Verlegenheit, Ungeschicklichkeit und Zittern – alles Arten, sich, wenn auch widerwillig und gegen den eigenen Willen, dem herrschenden Urteil zu unterwerfen, alles Arten, die untergründige Komplizenschaft zu erleben, die ein Körper, der sich den Anweisungen des Bewusstseins und des Willens entzieht, mit der Gewalt der Zensuren, die den sozialen Strukturen innewohnen, eingeht.

Bricco, Elisa: Considérations sur Vernon Subutex de Virginie Despentes: « formes de vie », implication et engagement oblique. In: COnTEXTES 22 (2019), Abs. 1–27, hier Abs. 26, Übersetzung ML: Das tragische und gewalttätige Ende ist die letzte Handlung der Autorin, die den Rhythmus des Lesens, aber auch den Faden der Empathie durch eine abrupte Rückkehr zur Realität mit ihren Aporien durchbricht: Der Traum von einer Kommunion durch Musik, die von der Gemeinschaft der ‹Konvergenzen› ins Auge gefasst wird, ist letztlich nur ein Trugbild. Aus diesem Grund, wenn man den Begriff des Engagements heute noch für die Literatur verwenden kann, dann scheint es mir, dass Despentes' Annäherung an die Realität durch Erzählen als engagiert bezeichnet werden kann.

Chaillou, Michel: L'extrême contemporain, journal d'une idée. In: *PO&sie* 41 (1987), S. 5–6, Übersetzung ML: Das Extrem-Zeitgenössische? Zwei Wörter, ein Binde-, ein Trennstrich. Das, was extrem zeitgenössisch ist, zeitgenössisch zwei Mal, tausend oder das, was nicht mehr zeitgenössisch ist, das extrem Vergangene, Abgenutzte. Der Tag geht darüber hinweg. Welcher Tag ist das? Morgen? Gestern? Die Bescheidenheit von gestern im Vergleich zu heute. Die Pforte, die Tür, die die Zeit in jedem Moment stiehlt. [...] Das extrem Zeitgenössische? Die Gegenwart, die befragt, bei den Ohren gepackt und aus der Schlinge gezogen wird. [...] Das extrem Zeitgenössische? Das, was so zeitgenössisch ist, so sehr mit Ihnen, dass Sie sich nicht von ihm unterscheiden, es nicht sehen und sein Gesicht nicht definieren können. Das Extrem-Zeitgenössische, Sie ohne Sie. [...] Das Extrem-Zeitgenössische? Der beschattete Tag (Fortsetzung folgt).

Despentes: *King Kong Théorie*. Paris: Grasset 2006, S. 19 f., Übersetzung ML: Zugegeben, das heutige Frankreich ist bei weitem nicht das Arkadien für alle. Wir sind hier weder glücklich noch zufrieden. Das hat nichts mit dem Respekt vor der Tradition der Geschlechter zu tun. Wir könnten alle mit Schürze in der Küche stehen und jedes Mal, wenn wir vögeln, Kinder zeugen, das würde nichts daran ändern, dass die Arbeit, der Liberalismus, das Christentum oder das ökologische Gleichgewicht bankrott sind. Die Frauen um mich herum verdienen tatsächlich weniger Geld als Männer, haben untergeordnete Positionen inne, finden es normal, unterbewertet zu werden, wenn sie etwas unternehmen.

S. 52: Diese Fantasien von Vergewaltigung, von gewaltsamer Inbesitznahme unter mehr oder weniger brutalen Bedingungen, die ich während meines gesamten Masturbationslebens dekliniere, kommen mir nicht ‹out of the blue›. Es ist ein prägnantes und präzises kulturelles Dispositiv, das die Sexualität der Frauen dazu prädestiniert, ihre eigene Impotenz, d. h. die Überlegenheit des anderen, ebenso zu genießen wie gegen ihren Willen zu kommen, eher als Schlampen, die den Sex lieben. In der jüdisch-christlichen Moral ist es besser, mit Gewalt genommen zu werden, als wie eine Hündin genommen zu werden, das hat man uns oft genug gesagt. Es gibt eine weibliche Veranlagung zum Masochismus, die nicht von unseren Hormonen oder der Höhlenzeit herrührt, sondern von einem bestimmten kulturellen System, und sie ist nicht ohne beunruhigende Auswirkungen auf die Ausübung unserer Unabhängigkeit. Sie ist lustvoll und aufregend, aber auch hinderlich: Wenn man sich von dem angezogen fühlt, was zerstört, ist man immer von der Macht entfernt.

S. 80: Dieses präzise Bild der Prostituierten, die so gerne zur Schau gestellt wird, die all ihrer Rechte beraubt ist, die ihrer Autonomie und ihrer Entscheidungsbefugnis beraubt ist, hat mehrere Funktionen. Vor allem: Männern, die Lust auf eine Nutte haben, soll gezeigt werden, wie tief sie sinken müssen, wenn sie es tun wollen. Auch sie werden auf diese Weise in die Ehe zurückgeführt, Richtung Familienzelle: alle nach Hause. Es ist auch eine Art, sie daran zu erinnern, dass ihre Sexualität zwangsläufig monströs ist, Opfer fordert und Leben zerstört. Denn die männliche Sexualität muss kriminalisiert, gefährlich, asozial und bedrohlich bleiben. Das ist keine Wahrheit an sich, sondern eine kulturelle Konstruktion.

S. 84: Die theoretische Wüste, zu der sich Frankreich verurteilt, ist eine Strategie: Man muss die Prostitution in Scham und Dunkelheit halten, um die klassische Familienzelle so weit wie möglich zu schützen. Ich beginne Ende 91 mit dem Anschaffen, im April 92 schreibe ich *Baise-moi*. Ich glaube nicht, dass es sich dabei um einen Zufall handelt. Es gibt eine echte Verbindung zwischen dem Schreiben und der Prostitution. Sich befreien, etwas tun, was man nicht tut, seine Intimsphäre preisgeben, sich den Gefahren des Urteils aller aussetzen, den Ausschluss aus der Gruppe akzeptieren. Insbesondere als Frau: Eine öffentliche Frau werden. Von jedem gelesen werden, über Dinge sprechen, die geheim bleiben müssen, in Zeitungen ausgestellt werden … Im klaren Gegensatz zu dem Platz, der uns traditionell zugewiesen wird: private Frau, Eigentum, Hälfte, Schatten eines Mannes.

S. 84: Romanautorin werden, leicht Geld verdienen, Abscheu und Faszination gleichermaßen auslösen: Die öffentliche Schande ist vergleichbar mit der einer Hure. Jemandem Erleichterung verschaffen, denen Gesellschaft leisten, die niemand haben will, die Intimität von Unbekannten teilen, verschiedene Arten von Wünschen ohne Urteil akzeptieren. In den Romanen begegnet man vielen Prostituierten: Boule de suif, Nana, Sofya Semyonova, Marguerite, Fantine ... Sie sind populäre Figuren, Anti-Mütter im religiösen Sinne, Frauen ohne Urteil, verständnisvoll, mit dem Begehren der Männer einverstanden, verdammt und befreit.

S. 112: King Kong fungiert hier als Metapher für eine Sexualität vor der Unterscheidung der Geschlechter, wie sie um das Ende des 19. Jahrhunderts politisch durchgesetzt wurde. King Kong ist jenseits von weiblich und jenseits von männlich. Er ist ein Scharnier zwischen Mensch und Tier, Erwachsenem und Kind, Gut und Böse, Primitivem und Zivilisiertem, Weißem und Schwarzem. Hybride, vor dem Zwang zum Binären. Die Insel dieses Films ist die Möglichkeit einer polymorphen und hyperpotenten Form der Sexualität.

Despentes, Virginie: *Das Leben des Vernon Subutex*. Aus dem Französischen von Claudia Steinitz. Köln: Kiepenheuer & Witsch 2019, Bd. 1, S. 216–218: Beim Aufstehen hatte sich Kiko gesagt, heute Abend lass ich's ruhig angehen. Chillen, beim Japsen essen, Film reinziehen und schlafen, um in Form zu kommen. [...] Die Stadt spüren. Aber er hat wenig frei. Das ist das ganze Problem. Du fährst tonnenweise *money* ein, aber zum Ausgeben brauchst du eine Fünfunddreißig-Stunden-Woche. Und die gibt es in seinem Job nicht. Sein Job ist *Speed*. Wer nicht drin ist, begreift es nicht. Die Leute denken, er bewertet Unternehmen. Kiko ist ein Sprinter. Er reagiert in Hundertstelsekunden, funktioniert im Takt der Megarechner. *Black holes*. Ein Börsencrash dauert anderthalb Sekunden. Den Gewinn zahlst du in Milliarden. Oder den Verlust. Und du hältst den Kopf hin. Das ist die Mega-Instabilität. Keine Zeit für Bodenhaftung, du tanzt nach der Pfeife der Algorithmen. *Connected* mit einem unterirdischen Takt, den der normale Mensch nicht wahrnimmt.

Bd. 1, S. 286: Unmittelbar nach der Wut fühlte er sich ganz leer. Er sah seine Frau an, die in einer Ecke kauerte, er wollte auslöschen, was geschehen war, mit ihr an die Luft gehen, einen Spaziergang machen, dass sie es sich gut gehen ließen, als wäre nichts passiert. Keine Worte zwischen zusammengepressten Zähnen, keine Faustschläge, die eine Tür einschlagen könnten, keine Hand, die sich erhebt, kein geschüttelter Körper, während er ihr gerade in die Augen sieht und verlangt, dass sie ihn ernst nimmt, denn solange sich in ihrem Gesicht noch die geringste Spur von Widerstand zeigt, muss er immer weiter gehen.

Bd. 1., S. 295f.: Wenn er Geld hätte, würde er sich nicht mit einem Tier vergleichen. Er wäre eine Kapazität auf seinem Gebiet, und an den Tagen, wo es ihm an Identität fehlte, würde er sich nicht in die Bar eines großen Hotels fläzen, wo ihn das Personal darin erinnern würde, dass er jemand ist, dass es nichts Besseres gibt als den Platz, der ihm bestimmt ist: Zeit, Komfort, Menschen, um ihn zu umsorgen. Vor langer Zeit war er mal Wagenmeister der Closerie des Lilas. Man musste die Gäste verhätscheln. Er hat sie sich angesehen, bevor er in ihre Kisten gestiegen ist, die nach Furz, Schweißfüßen und kalter Asche stanken. [...] Bevor er krepiert, würde er gern erleben, wie diese Schakale den Zaster zurückgeben, den sie dem Volk geklaut haben. Mélenchon an die Macht. Revolution. Er würde gern die Banlieue brennen sehen, [...] Er würde so gern Blut fließen sehen. Das Blut der Banker, der Manager, der Privatiers, der Politiker ...

Bd. 1, S. 396 f.: Später in der Nacht, ein paar Stunden sind vergangen oder eine Minute, er weiß es nicht, schlottert er vor Fieber. Die ersten Takte von *Voodoo Chile* wecken ihn. Jimi Hendrix hustet, tatsächlich ist es der Anfang von *Rainy Day*. [...] Über ihm funkeln die Sterne mit seltsamer Stärke am Himmel von Paris. [...] Er hat noch nie eine so angenehme Ruhe erlebt. Sein ganzes Sein wird davon überflutet. Heroin schafft das nicht. Weder Pilze noch LSD oder Stechapfel verschaffen eine so perfekte akustische Illusion wie die, die er soeben erlebt hat. [...] Vor sich entdeckt er eine unverstellte Sicht, er sieht ganz Paris von oben. Ich bin ein einsamer Mann, ich bin fünfzig Jahre alt, meine Kehle ist seit dem Krebs durchlöchert, und ich rauche am Steuer meines Taxis bei offenem Fenster Zigarre, ohne mich um die Visage der Kunden zu scheren. Ich bin Diana, ich bin ein Mädchen, das immer lacht und sich für alles entschuldigt, meine Arme sind von Messerschnitten gezeichnet.

Bd. 1., S. 399: Ich bin der Baum mit den nackten, vom Regen misshandelten Ästen, das Kind, das in seinem Kinderwagen schreit, die Hündin, die an ihrer Leine zerrt, die Gefängniswärterin, die die Gefangenen um ihre Sorglosigkeit beneidet, ich bin eine schwarze Wolke, ein Springbrunnen, der verlassene Bräutigam, der die Fotos seines früheren Lebens vorbeiziehen sieht, ich bin ein Penner auf einer Bank hoch oben auf einem Hügel, in Paris.

Bd. 2, S. 294: Wie Flashs tauchen Bilder von Vodka Satana in seinem Kopf auf. Er hat sie nicht getötet. Aber es hat ihn heiß gemacht, wenn sie sich erniedrigte. Er ist ein Mann. Ist das ein Verbrechen? Es gefiel ihm, wenn sie das scheue Fräulein Rührmichnichtan spielte und er sie überreden musste, den Gästen gegen Ende der Party ihre Titten zu zeigen. Das gehörte zum Spiel, sie drängen, bestimmte Sachen zu machen, und spüren, wie sie nachgibt. Dass ein so schönes Mädchen einem Mann wie ihm gehorchte, gab ihm ein Gefühl von Macht. Natürlich gibt es auch eine dunkle Seite. Wie immer beim Sex.

Bd. 2, S. 309–312: Rechts sitzen die gleichen Kasper wie links. Aber eins muss man ihnen zugestehen: Sie sind ehrlicher. Der Mensch ist ein Stück Dreck. Er will nur eins – sich beherrschen lassen. Bestrafen, belohnen, anführen. Es ist die Natur des Menschen, seinen nächsten zu töten. Daran erkennt man die Überlegenheit einer Zivilisation über eine andere. Wer hat die größte Waffe?

Setz drei Familien mit unterschiedlichen Religionen in eine Stadt und lass alles kommen, wie es kommt; du kannst eine Generation abwarten, dann fangen sie an, sich gegenseitig kaltzumachen.[...] Aber er muss doch zugeben, dass ihn die linken Arschlöcher noch mehr ankotzen. Sie haben Leute wie ihn benutzt, sind auf ihre Schultern gestiegen, um an die Macht zu gelangen, und als sie erst mal oben waren, haben sie ihnen auf den Kopf gepinkelt und auch noch verlangt, sie sollten sich bedanken. Wenn dich ein linker Chef einstellt, lässt er dich die gleichen Verträge unterschreiben und unter den gleichen Bedingungen schuften, aber obendrein sollst du ihn noch bewundern, und er regt sich auf, wenn du was von Überstunden sagst. [...] Noël ist eine andere Generation. Er hat die Linke nicht an der Macht erlebt. Er lässt sich von anderem Schwachsinn einwickeln. Es gibt keine Wunder: Überall dieselben Pfeifen wie vor zwanzig Jahren, die Bestände wurden nicht erneuert.

Bd. 3, S. 340–342: «Gestern habe ich im Fernsehen eine Frau gesehen, eine reiche, gebildete Frau, die das Französisch der Macht sprach, im Ton von Leuten, die an nichts zweifeln, am wenigsten an ihrer eigenen Intelligenz, obwohl sie das tun sollten, sogar ganz dringend! Die Frau sagte: ‹Nicht alle Armen sind Terroristen. Ein Glück!› Das ‹ein Glück› nachgeschoben, im Ton der Vernunft. Stellen Sie sich nur die ganzen Armen mit einem Gewehr in der Hand vor, Madame, die sich weigern, sich niederwalzen zu lassen, da hätten wir ein echtes Problem, damit würden wir nicht mehr fertigwerden. ‹Nicht alle Armen sind Terroristen. Ein Glück!› Ein Glück für wen? Ein Glück, dass sich der brave Arme widerstandslos ins Schlachthaus führen lässt? Stellen Sie sich nur vor, was es sonst bei jedem Aderlass für einen Aufstand gäbe. Die Frau weiß, dass die Mitarbeiter von Goodyear, Air France, der Post oder ArcelorMittal niedergewalzt und eingesperrt werden, um ein Exempel zu statuieren, während sie in ihrem Palastfranzösisch den Armen zu ihrem Gehorsam gratuliert. Sie weiß von den kilometerlangen Trecks von Flüchtlingen, die in Lager gesperrt werden, um sie in die Türkei zurückzuschicken. Sie weiß von der Explosion des Elends, nur ein paar Meter vom Luxus ihres Heims entfernt. [...] Allerwerteste Gräfin, wenn Sie das Recht haben islamophob zu sein, was meinen Sie, wie lange Sie den anderen verbieten können, antisemitisch zu sein und es ohne Scham auszusprechen, zu denken, man muss die Schwuchteln ausrotten, zu denken, der Platz der Frau ist am Herd und man muss sie bestrafen, wenn sie ausgeht, zu denken, die Schwarzen sind Affen, und es ohne Scham auszusprechen? Wofür schämt ihr euch überhaupt noch in eurem Palast? Allmählich fragt man sich das! Weder für Steuerflucht noch für Korruption oder Ausweisungen, weder für baufällige Schulen noch für kaputte Krankenhäuser, weder für die Umweltverschmutzung noch für vergiftete Lebensmittel, Waffenverkäufe oder Langzeitarbeitslosigkeit [...].»

Bd. 3, S. 371: Die Atmosphäre im Haus ist geradezu unheimlich. Sehr fröhlich war es noch nie, aber jetzt ist es unerträglich. Ihre Mutter hat die Flasche gegen Medikamente getauscht, nicht dieselben wie Orphée [Solanges Schwester, ML]. Davon stumpft sie noch viel mehr ab als mit ihrer Freundin, der Flasche. Das Küchenbüfett steht voller Pillenschachteln. Als sie zweiundvierzig war, hat die Post ihr gesagt, wir brauchen keine Briefträger mehr, wir schulen dich zur Schalterbeamtin um. Aber sie hatte ihren Rhythmus und ihr Gleichgewicht – um fünf Uhr auf, zwanzig Kilometer auf dem Fahrrad, um ihre Tour zu absolvieren, nach Hause, ein Gläschen Weißwein, ein zweites und so weiter bis zum Koma. Hinter dem Schalter kam sie nicht zurecht. [...] Sie gleicht einem Gespenst. Ihr Körper ist noch da, aber darin ist nichts mehr.

Bd. 3, S. 410: Schon 2286 beantragte Chahida, ein Nachkomme von Aïcha, aus dem Stamme von Sélim, dem Diplomaten, bekannt als Jünger des ersten Kreises, die offizielle Anerkennung des Subutex-Kults bei der Weltregierung. Die Anerkennung wurde abgelehnt. Angesichts des großen Interesses für die von den ersten Anhängern geöffneten Tore wurden jedoch die Gesetze, die seine Verfolgung befahlen, außer Kraft gesetzt. Gegen jede Erwartung wird also weitergetanzt, im Dunkeln und zu einer primitiven Musik, deren Kult auch am Ende des dritten Jahrtausends nicht aussterben will.

Despentes, Virginie: Tribune: Césars: «Désormais on se lève et on se barre», par Virginie Despentes. In: *Libération* **(1.3.2020), s.p., Übersetzung ML:** Ich fange mal so an: Seid beruhigt, ihr Mächtigen, ihr Bosse, ihr Chefs, ihr Großkopferten: Es tut weh. Egal, wie gut wir es wissen, egal, wie gut wir euch kennen, egal, wie oft wir eure große Macht in den falschen Hals bekommen haben, es tut immer noch weh. Das ganze Wochenende lang habt ihr gejammert und geheult, euch darüber beschwert, dass man euch zwingt, eure Gesetze per Notstandsverordnung zu verabschieden und dass man euch nicht in Ruhe Polanski feiern lässt und dass euch das die Party vermiest, aber hinter eurem Gejammer macht euch keine Sorgen: Wir hören euch genießen, dass ihr die wahren Bosse, die großen Bosse seid, und die Botschaft kommt an: Diese Idee der Zustimmung wollt ihr nicht durchgehen lassen. Wo wäre der Spaß, zum Clan der Mächtigen zu gehören, wenn man die Zustimmung der Beherrschten berücksichtigen müsste? Und ich bin sicher nicht die Einzige, die nach eurer Machtdemonstration vor Wut und Ohnmacht heulen möchte, sicher nicht die Einzige, die sich durch das Schauspiel eurer Orgie der Straflosigkeit beschmutzt fühlt.

Dubois, Jacques: Socialité de la fiction. In: Baudorre / Rabaté / Viart (Hg.): *Littérature et sociologie.* **Bordeaux: Presses Universitaires de Bordeaux 2007, S. 33–48, hier S. 37, Übersetzung ML:** Zunächst müssen wir mit Pierre Bourdieu feststellen, dass ein fiktionales literarisches Werk, wenn es ein spezifisches Wissen über das Soziale hervorbringt, dies nur mit den Mitteln der Fiktion und nicht durch einen Begleitdiskurs mit Doxa-Charakter und in Form von Autoreninterventionen tun kann. Man muss sich also fragen, wie es die Welt darstellt – sie heraufbeschwört, wie Bourdieu sagt – durch konkrete Situationen und Einzelschicksale, sie in eine narrative Kontinuität einbettet und sie in eine Rhetorik und Symbolik übersetzt. Das heißt aber, dass jedes Denken des Sozialen danach verlangt, durch eine kritische Operation freigelegt und formuliert zu werden, die auf diese Weise den Mangel von Abstraktion oder Modellierung der Fiktion ersetzt.

Eribon, Didier: *D'une révolution conservatrice et de ses effets sur la gauche française.* **Paris: Éditions Léo Scheer 2007, S. 11f., Übersetzung ML:** Wie wäre es ihm [Bourdieu, ML] möglich gewesen, tatenlos zuzusehen, wie die Rechte zerstört wurden, die seit mehr als einem halben Jahrhundert als Errungenschaften der sozialen Kämpfe in Frankreich galten, d. h. – wie er bei so vielen Gelegenheiten wiederholte – wie eine Zivilisationsform zerstört wurde, die zwar bei weitem nicht perfekt war (und seine gesamte Forschung zeigte ihre Unvollkommenheit), aber trotzdem verteidigt werden musste? Nicht zu reagieren, als Intellektuelle diese Pläne für sozialen Rückschritt durch ihre Reden förderten und ratifizierten und zudem versuchten, jeglichen Protest zum Schweigen zu bringen? Nicht zu reagieren, wenn die «intellektuelle Klasse» die Prinzipien verrät, die ihre Ethik definieren sollten […]? Die Art und Weise, wie die linke Presse über ihn berichtete, war zweifellos eines der aufschlussreichsten und unheilvollsten Symptome der Verwüstungen, die die konservative Revolution in der französischen Kulturwelt angerichtet hat.

Eribon, Didier: *Rückkehr nach Reims.* **Aus dem Französischen von Tobias Haberkorn. Berlin: Suhrkamp 2017, S. 10f.:** Sobald er [der Vater, ML] weg war, wurde es mir möglich, diese Reise, oder besser, diesen Prozess der Rückkehr auf mich zu nehmen, zu dem ich mich so lange nicht hatte entschließen können. Die Wiederentdeckung dieser «Gegend meiner selbst», wie Genet gesagt hätte, von der ich mich so sehr hatte lossagen wollen. Ein sozialer Raum, den ich auf Distanz gebracht hatte, ein geistiger Raum, gegen den ich mich konstruiert hatte, der aber trotz allem einen wesentlichen Teil meines Seins bestimmte. Ich besuchte meine Mutter. Es war der Beginn einer Aussöhnung mit ihr. Oder genauer, einer Aussöhnung mit mir selbst, mit einem ganzen Teil meines Selbst, den ich verweigert, verworfen, verneint hatte.

S. 123f.: Im Gegensatz zur Stimme für die Kommunisten, die man selbstbewusst, demonstrativ und öffentlich abgab, wurde die Wahlentscheidung für die

Rechtsextremen gegenüber dem Urteil von außen (und zu diesem «Außen» gehörte in den Augen meiner Verwandten auch ich) abgeschirmt, ja geleugnet. Das heißt aber nicht, dass diese Entscheidung nicht nach reiflicher Überlegung oder mit weniger Überzeugung getroffen worden wäre. Mit der Wahl der Kommunisten versicherte man sich stolz seiner Klassenidentität, man stellte diese Klassenidentität durch die politische Unterstützungsgeste für die «Arbeiterpartei» gewissermaßen erst richtig her. Mit der Wahl des Front National verteidigte man hingegen still und heimlich, was von dieser Identität noch geblieben war, welche die Machtpolitiker der institutionellen Linken, die Absolventen der ENA oder anderer technokratischer Eliteschulen [...] ignorierten oder sogar verachteten. [...] So widersprüchlich es klingen mag, bin ich mir doch sicher, dass man die Zustimmung zum Front National zumindest teilweise als eine Art politische Notwehr der unteren Schichten interpretieren muss. Sie versuchten, ihre kollektive Identität zu verteidigen, oder jedenfalls eine Würde, die seit je mit Füßen getreten worden ist und nun sogar von denen missachtet wurde, die sie zuvor repräsentiert und verteidigt hatten.

S. 137 f.: Meine Familie lieferte ein Paradebeispiel für den volkstümlichen Alltagsrassismus der Sechziger und dafür, wie dieser sich in den folgenden Jahrzehnten verhärtete. Von Arbeitern, die aus Nordafrika kamen, wurde nur (und wird von meiner Mutter bis heute) in herabsetzenden und beleidigenden Begriffen gesprochen, genau wie von deren nachziehenden oder hier gegründeten Familien, von in Frankreich geborenen und also französischen Kinder. Sie wurden, wie ihre Eltern, als «Eingewanderte» oder bestenfalls «Fremde» wahrgenommen. Beleidigungen konnten jederzeit fallen und waren stets so akzentuiert, dass sich ihre beißende Gehässigkeit noch potenzierte: «crouillats», «crouilles», «bougnoules» ... Weil ich ein relativ dunkler Hauttyp bin, sagte mir meine Mutter als Jugendlicher öfter, ich sähe wie eine «crouille» aus oder von Weitem habe sie mich für einen «bougnoule» gehalten. Es liegt auf der Hand, dass mein Abscheu gegen mein Herkunftsmilieu damals auch von dem Entsetzen und dem Ekel herrührten, mir tagtäglich solche Äußerungen anhören zu müssen.

Ernaux, Annie: *Die Jahre*. Aus dem Französischen von Sonja Finck. Berlin: Suhrkamp 2019, S. 82 f.: Man war an Gewalt als Mittel der Politik und an eine Zweiteilung der Welt gewöhnt: Ost / West, Chruschtschow der Bauerntölpel / Kennedy der Frauenschwarm, Don Camillo / Peppone, christliche / kommunistische Studenten, L'Humanité / L'Aurore, Franco / Tito, Katholen / Sozis. Draußen herrschte der Kalte Krieg, drinnen machte man es sich gemütlich. Jenseits der Gewerkschaftsreden mit ihren ritualisierten Gewaltandrohungen beschwerte man sich nicht, man überließ sich dem Staat, hörte im Radio Nochers Moralpredigten und war der Meinung, dass Streiks nichts brachten. Als die Leute beim Oktober-

Referendum zur Direktwahl des Präsidenten mit Ja stimmten, lag das weniger daran, dass sie unbedingt ihr Wahlrecht ausüben wollten, als an der geheimen Sehnsucht, de Gaulle möge Präsident auf Lebenszeit bleiben oder, besser noch, bis in alle Ewigkeit.

Ernaux, Annie: *Erinnerung eines Mädchens.* **Aus dem Französischen von Sonja Finck. Berlin: Suhrkamp 2020, S. 58:** Je weiter ich schreibe, umso mehr kommt mir die Einfachheit der Erzählung abhanden, die in meiner Erinnerung aufbewahrt ist. Wenn ich dem Jahr 1958 auf den Grund gehen will, muss ich die Zerstörung aller Interpretationen akzeptieren, die sich im Laufe der Jahre angesammelt haben. Nichts glätten. Ich konstruiere keine Romanfigur. Ich dekonstruiere das Mädchen, das ich gewesen bin.

S. 58 f.: Ein Verdacht: Wollte ich diesen Moment meines Lebens insgeheim nicht vielleicht deshalb auseinanderfalten, um die Grenzen des Schreibens auszuloten, um beim Erfassen der Wirklichkeit bis zum Äußersten zu gehen (ich denke sogar, dass meine bisherigen Bücher in dieser Hinsicht halbherzig gewesen sind). Vielleicht auch deshalb, um die Figur der Schriftstellerin, die man mir spiegelt, aufs Spiel zu setzen, um ihr Schaden zuzufügen, um einen Betrug zu entlarven, im Sinne von «ich bin nicht die, für die ihr mich haltet» – ein Echo der «scheinheiligen Jungfrau Maria», der Beleidigung, die mir die anderen Betreuer bald im Vorbeigehen zurufen würden.

Fassin, Didier: *Punir. Une passion contemporaine.* **Paris: Le Seuil 2017, S. 10, Übersetzung ML:** Auf der einen Seite erweisen sich die Menschen als immer weniger tolerant gegenüber dem, was ihre Existenz stört. Unhöflichkeiten, ausgesprochene Drohungen, verbale Aggressionen, Schlägereien zwischen Nachbarn, Auseinandersetzungen innerhalb von Paaren, eine ganze Reihe von zwischenmenschlichen Konflikten, die lokale empirische Lösungen finden konnten, beschäftigen nun die Polizei, oft die Justiz, manchmal die Gefängnisse. [...] Aber auf der anderen Seite verstärken die Eliten die Sicherheitsbedenken der Bürger und nehmen sie sogar vorweg. Ihre Herangehensweise an diese Fragen geht über die demokratische Antwort auf eine Nachfrage hinaus, die von denjenigen ausgeht, die sie beauftragt haben, sich um ihre Probleme zu kümmern. Mit Hilfe der Medienberichterstattung über verschiedene Ereignisse und Gewalttaten begleiten, verschärfen und schüren diese Eliten Ängste und Befürchtungen. Sie instrumentalisieren sie. [...] Der Strafrechtspopulismus ist für diese Eliten sogar noch profitabler, da es für sie, wenn sie an der Macht sind, oft schwierig wäre, Leistungen in anderen Bereichen, wie der sozialen Gerechtigkeit, hervorzuheben. Die selektive Intoleranz der Gesellschaft und der Strafrechtspopulismus der Politiker entsprechen sich also gegenseitig.

Goergen, Maxime: Vernon Subutex et le roman «balzacien». In: *Rocky Mountain Review of Language and Literature* 72, n°1 (2018); S. 165–182, hier S. 179, **Übersetzung ML:** Wenn Despentes' Roman also ‹balzacianisch› ist, dann sowohl durch seinen Versuch, eine panoramatische Darstellung der zeitgenössischen Realität zu bieten, durch den ständigen Verweis auf eine idealisierte Vergangenheit, als auch durch die Einschreibung einer utopischen Form von Gesellschaftlichkeit in sein Herz, die ihren vollendeten Ausdruck in der Selbstreferenzialität des Romans, der gemeinschaftlichen Autarkie und dem Rückzug vom Politischen findet. [...] Schließlich stellt Despentes' Roman wie Balzacs Roman die Frage, ob der Romandiskurs durch die Modellierung der Realität diese lesbar, interpretierbar und damit verbesserungsfähig machen kann; oder ob der Roman sich damit begnügen muss, seinem Leser eine Fluchtmöglichkeit zu bieten. Die Einzigartigkeit der Balzac'schen Konstruktion besteht darin, dass sie diese beiden Positionen als vollkommen komplementär einnimmt: Das literarische Werk ist sowohl die umfassende und kritische Beschreibung der realen Welt als auch eine fiktive Gesellschaft, die in ihrer narrativen Konstruktion eine Autonomie und Kohärenz entwickelt, die die soziale Welt nicht hat. Kritisch und utopisch zugleich: Das sind zweifellos die Konnotationen, die das Epitheton ‹balzacien› mit sich bringt und die man durchaus auf *Vernon Subutex* anwenden könnte.

Gros, Frédéric: Foucault, penseur de la violence? In: *Cités* 50 (12/2), S. 75–86, hier S. 75, **Übersetzung ML:** Er [Foucault, ML] untersucht die Gewalt auch nicht von der Seite des Opfers aus, indem er das Problem des Leidens oder der Verleugnung untersucht. Dennoch kann man in seinem Denken eine Reihe von Elementen finden, die zum Nachdenken über die Stellung der Gewalt im Diskurs und in den Institutionen, in den Wissens- und in den Machtformen anregen. Man kann zunächst zwei Bereiche unterscheiden, in denen dieses Problem gestellt wird. Der diskursive Bereich und der politische Bereich. Im diskursiven Bereich lautet die Frage: Kann man von einer Gewalt der Wahrheit und des Diskurses sprechen? Im politischen Bereich ist es die Frage: Kann man von einer spezifisch institutionellen und staatlichen Gewalt sprechen? Gewalt des Logos, Gewalt des Staates? Diese beiden Fragestellungen bilden eines der großen theoretischen Vermächtnisse Foucaults.

S. 85: Die «Staatsräson» und der «Staatsstreich» sind die Konzepte, die diese Vorrangstellung begründen. Der Staat kann also als eine bestimmte politische Einheit definiert werden (bestehend aus einem Territorium, einer zentralisierten Verwaltung, einer Bevölkerung und natürlichen Reichtümern), deren Existenz durch eine bestimmte Gouvernementalität gestützt wird. Die undefinierte Stärkung des Staates wird durch eine solche Gouvernementalität erreicht, die Interessen kühl kalkuliert. Foucaults Idee ist es also, nicht philosophisch zu begründen, wie der Staat regieren sollte, sondern zu beschreiben, wie man im 18. Jahrhundert historisch angefangen hat zu regieren, ausgehend von der systematischen Berücksichtigung dieser spezifischen Notwendigkeit, die man Staat nennt. Staatliches Regieren ist ein ständiges Hin und Her zwischen der Einhaltung einer rechtlichen Ordnung, für die man sich verbürgt, und dem Ergreifen von Maßnahmen sowie dem Treffen von Entscheidungen unter Missachtung jeglichen Rechts, um diesen Staat zu stärken. Die letzte Rechtfertigung ist das Interesse des Staates. Von daher behauptet Foucault, dass die Gewalt das Herzstück des Staates ist, da er nach einem Regime der Notwendigkeit existiert, dessen Durchsetzung die Übertretung moralischer Werte, gesetzlicher Bestimmungen und natürlicher Vorschriften voraussetzt.

Guilluy, Christophe: *La France périphérique: Comment on a sacrifié les classes populaires.* **Paris: Flammarion 2014, S. 7, Übersetzung ML:** Rotmützenbewegung, Sozialpläne, Ablehnung des EU-Referendums, Wahlenthaltung, Wahl des FN: Die neuen Radikalitäten entstehen in Gebieten, die abseits der globalisierten Metropolen liegen. Man hat in der Tat vergessen, dass die wirtschaftliche Neuzusammensetzung der Großstädte eine soziale Neuzusammensetzung aller Gebiete mit sich gebracht hat. So ist die soziale Frage nicht auf die städtische Peripherie begrenzt, sondern umfasst auch die andere Seite der Metropolen, die ländlichen Räume. Kleinstädte, Mittelstädte, bestimmte periurbane Räume, in denen sich heute fast 80 % der unteren Schichten versammeln. In diesem «peripheren Frankreich», das unsichtbar und vergessen ist, lebt heute die Mehrheit der Bevölkerung. In diesen Gebieten, von unten, strukturiert sich die Gegengesellschaft, indem sie nach und nach mit den politischen und kulturellen Vorstellungen des Frankreichs von gestern bricht.

S. 13: Da es den herrschenden Klassen unmöglich ist, die französische Gesellschaft außerhalb der von den «Trente Glorieuses» geerbten Vorstellungen zu begreifen, können sie sich Frankreich nicht anders als um eine mehrheitliche Mittelschicht herum strukturiert vorstellen. Alle sozialen Indikatoren zeigen uns jedoch, dass die Mittelschicht schon lange implodiert ist, aber gegen die Gründungsmythen kann man nichts machen. Mit ihrer Nase an den Banlieues klebend, haben die herrschenden Klassen nicht gesehen, dass die neue soziale und politische Radikalität nicht von der glücklichen Globalisierung, sondern vom «peripheren Frankreich» ausgehen wird.

Guven, Mahir: *Zwei Brüder.* **Aus dem Französischen von André Hansen. Berlin: Aufbau 2019, S. 7:** Die einzige Wahrheit ist der Tod. Alles andere ist Nebensache. Was dir auch zustoßen mag im Leben, alle Wege führen ins Grab. […] Und das Leben selbst? Ich habe gelernt, ihm ein Schnippchen zu schlagen, indem ich mich dem Tod nähere. Ich flirte mit dem einen und denke dabei an den andern. Seit der Hund da, mein Fleisch, mein Blut, mein Bruder, weit weg ist, da unten, im Land der Verrückten und Verstrahlten. Wo sie dir für eine Zigarette im Mund den Kopf abschlagen. Im Heiligen Land. Im Viertel sagen sie ‹al-Scham›. Viele sprechen das Wort ängstlich aus. Andere sind ganz ekstatisch. In der Welt der Normalen sagen sie ‹Syrien›, mit erstickter Stimme und ernstem Blick, als sprächen sie von der Hölle.

S. 23: «Du noch Arbeit fur Verratere, he?» Und los geht's. Den Arsch auf den Bock fixiert und das Hirn auf die 240000 Euro für seine Lizenz. «Weißt du was, verkauf deine Plakette und geh in Rente.» Er sagt ein paar Wörter auf Arabisch, ich habe nicht alles verstanden, so was wie «im Land der Löwen bist du aufgewachsen wie ein Esel». «Du fast dreißig, wahr? Dummkopf du. Blöde du. Ich nicht Plakette verkaufen können sofort gleich. Rente in die zwei Jahre von Arbeit. Ganz alleine ich Arbeit. Schamst du nicht, Verratere von deine Vater mit die Arbeit fur Konkurrenz?» Ich habe nie gerafft, wie ein Typ, der mit der Sprache so auf Kriegsfuß steht, in Frankreich eine Promotion machen konnte. Mitleid?

S. 32: Ehrlich, wenn ich die von Uber wäre, ich hätte meine Fresse gehalten. Statt mich so aufzuspielen nach dem Motto: «Ihr Taxifahrer seid alle Honks.» [...] Weil Taxen, die scheißen drauf, die sind von der Street, verbittert, verschlissen vom Life. Elf Stunden am tag Kunden auflauern auf dem Bock, das macht jeden Mann verrückt, so was. Einmal hab ich im Radio eine Sendung über Selbstmorde gehört, da hat ein Psychologe über Risikoberufe gesprochen, ‹Taxifahrer›, hat der gesagt, mein Bruder! Die Not die führt zur Gewalt. Kein Scheiß, ich weiß, wovon ich spreche, ich hab da ein Exemplar vor mir. [...] Nichts zu verlieren. Gewalt befreit. Gibt da zum Glück die Gewerkschaften, die die ruhigstellen. Aber gut, eigentlich sind die Uberbosse ganz klug, weil die Taxiosis, die greifen uns an, die Fahrer, nicht die Typen, die das System geschaffen haben und betreiben. Das ist wie bei Demos. Die Krawallos beschimpfen die Bullen, aber die Bullen machen gar nicht die Gesetze. Logik gleich null.

S. 56 f.: Hier in Frankreich waren wir ein Scheißdreck. Weniger als nichts in einer Gesellschaft, die Gleichheit, Toleranz und Respekt lehrt. Im Alltag gab es aber tote Kinder, vergewaltigte Frauen und eine Erde im Bombenhagel. Sie waren dabei alles kaputt zu hauen, und ich spielte den Hampelmann im Krankrenhaus, den Metzgergesellen, für Typen, die dümmer waren als ich, geboren unter einem anderen Stern, und die mit mir sprachen, als wäre ich der gute Schwarze auf einer Farm in Alabama. Das alles riss mich in Stücke. Frankreich und seine Soldaten in Mali, da wussten wir weder warum noch für wen noch wie. Und al-Scham, unsere Erde, Brudi, wo der Daron uns schon immer mal hätte hinbringen sollen, wurde zum Drecksloch. Die Leute starben zwischen Kanonenfeuer und Bomben. [...] In der Schule sind sie uns auf den Geist gegangen mit Freiheit, Gleichheit, Menschenrechten, UNO, Völkermorden, Ruanda, Schoah. Wer konnte dagegen sein? Niemand. [...] Das waren nur dumme Sprüche, um an der Spitze der Pyramide zu bleiben. Erst predigen sie den anderen eine Moral, und dann benutzen sie sie, wie es ihnen passt.

S. 58: Mein wahrer Job war schwarz auf weiß im Koran beschrieben: ‹Wenn jemand einem Menschen das Leben rettet, so ist es, als hätte er die ganze Menschheit gerettet›, die Sure, die mich leitete. Er war ein Leuchtturm in meiner Nacht, der Koran, mein Kompass, mit ihm navigierte ich durch den Ozean meines Lebens. Meine einzige Hoffnung war die Abreise, abzuhauen, der Schwärze zu entfliehen und das Licht zu finden. Meinen Dschihad zu kämpfen und Leben zu retten. Das der anderen zu flicken und nebenbei auch meins. Natürlich wusste ich, dass dort Krieg herrschte, aber war ich gezwungen zu töten, um die Welt zu verbessern?

S. 106 f.: Früher hat sogar die Polizei vergessen, mich zu siezen. Das machte mich verrückt. Die schlimmste Sklavenposition hast du, wenn dich ein Unbekannter duzt und du bist gezwungen, ihn zu siezen. Die ungeschriebenen Regeln sind am schwersten abzuschaffen. Sich ans Lenkrad zu setzen, das hat mir dann Knete gebracht, aber nicht nur. Bringt auch Respekt, den du in jedem Satz hörst und in den Blicken liest. Reicht das zum Leben? Ein bisschen. Der Respekt ist die Grundsicherung der sozialen Beziehungen. Die Basis. Um den Rest aufzufüllen, ist mein Ansatz, Blättchen zu drehen, Gras wiederzukäuen, rauch zu blasen. Ohne Joint wäre ich ein Roboter, ich würde nicht mehr denken. Alles, was ich weiß, ist, dass die Chabos aus den Vierteln es machen wie wir alle in dieser Gesellschaft, sie wiederholen das Leben ihrer Eltern.

S. 157 f.: Und dann erinnerte ich mich daran, dass wir einmal mit Mamas Verein einen Weihnachtsbaum im Bataclan aufgestellt hatten. Wir hatten jeder ein ferngesteuertes Auto bekommen. Das kam mir komisch vor. Ich betete für unsere Toten. Ich war gekommen, um diese Art von Ungerechtigkeit zu bekämpfen, und jetzt fuhren die Esel von hier nach Frankreich, um Unschuldigen dort dasselbe anzutun wie Baschar. Ich musste so tun, als wäre ich glücklich. Ich wollte mich umbringen. Tagelang dachte ich an Paris. Im Internet sah ich alle schreiben: ‹Je suis Paris.› Dann öffnete ich die Augen, und die wahre Wirklichkeit lag vor mir. Je mehr Unschuldige ich im Krankenhaus empfing und je mehr ich die Folgen von amerikanischen Bombardierungen, von Baschars Granaten und russischen Angriffen feststellte, umso besser blickte ich durch. Die Welt hätte schreiben können: ‹Je suis Syrie.› Aber das war allen ganz egal, weil wir Muslime waren. Paris habe ich mir dann so erklärt, dass das nur eine Statistik war und mich das nicht daran hindern durfte, zu leben.

S. 282: Gleich danach hat mit der Alte [der Verleger, ML] geschrieben: «Ich spüre, wie es brodelt, ich spüre einen Schwung, der sich auszudrücken sucht. Willst Du ein Buch schreiben?» Blaue Augen, feucht, sanft, verständnisvoll, das war nicht der Blick von so einem Homo, der mir an den Arsch wollte. Sondern der von einem Träumer, einem Typen, der denkt, man kann noch die Welt verändern, die Brände löschen, die dir die Flügel und die Träume versengen. Der Blick, den ich mir von meinem Dar gewünscht hätte, als ich durchs Abi gefallen bin, als ich alles für die Armee verlassen habe, als ich mit dieser Scheißkrankheit zurückgekommen bin. Und als mein Bruder verschwunden ist. Also habe ich ihm alles erzählt. [...] Alles, was du in diesem Buch gelesen hast. Und als ich meine Erinnerungen einkleidete, um einen Gedanken zu fassen, da hat er die Hand gehoben wie ein Edelmann, um mich zu unterbrechen und das Wort zu ergreifen. «Was, wenn dein Bruder zurückkäme?»

Harzoune, Mustapha: Alexis Jenni, L'Art français de la guerre. In: *Hommes & migrations* 1294 (2011), S. 145–146, hier S. 145, Übersetzung ML: *L'Art français de la guerre* ist nicht ein Buch über kriegerische und koloniale Abenteuer. Es ist in erster Linie ein Buch über eine Gesellschaft. Die heutige französische Gesellschaft und ihre Dämonen aus einem anderen Zeitalter, die uns «langsam sterben lassen, weil wir nicht mehr zusammen leben wollen». *L'Art français de la guerre* ist das vollendete und selbstzerstörerische Phantasma der Gewalt. Jene Gewalt, die nie etwas gelöst hat, die nichts gelöst hat und die, nachdem sie wie ein Dämon vorübergegangen ist, nur einen monströsen Haufen Bedauern, Schweigen, Bitterkeit, Misserfolge, Verzicht, Ressentiments, Wut und Hass hinterlassen hat, auf dem agonistische Erinnerungen wachsen und sich vermehren.

Hollande, François: *Déclaration de M. François Hollande, Président de la République, sur la lutte contre le terrorisme, à Paris le 22 juillet* 2016, s.p., Übersetzung ML: In diesem langen Kampf verteidigt Frankreich das, was ihm am teuersten ist und was es ausmacht: Freiheit und Sicherheit, ohne die sich die Freiheit nicht ausdrücken kann. Wir wissen, dass es Risiken gibt, und diejenigen, die das Gegenteil behaupten, sind es, die vor der Nation Risiken eingehen. Diese Risiken müssen wir verringern, und ich muss alle Franzosen schützen und alle uns zur Verfügung stehenden rechtlichen und menschlichen Mittel einsetzen, um diese Aufgabe zu erfüllen. Und es ist unser Vertrauen in die Republik, in die Idee Frankreichs, in den nationalen Zusammenhalt, das uns den Sieg bringen wird. Dies ist der Sinn des Appells, den ich an alle Franzosen richten möchte, damit sie in dieser Zeit zusammenhalten, damit sie vereint sind, damit sie stark sind. Auf diese Weise werden wir den Sieg erringen. Danke!

Jablonka, Ivan / Guy, Chantal: l'anti fait divers. Interview mit Ivan Jablonka. In: *La Presse* **(4.12.2016), s.p., Übersetzung ML:** Seit langem wollte ich an einer ‹wahren Begebenheit› arbeiten und dabei die Perspektive umkehren. Eine ‹wahre Begebenheit› ist eine Erzählung und ein Schauspiel des Todes. Ich wollte über eine wahre Begebenheit als Gegenstand der Geschichte sprechen, der unsere Gesellschaften aufzeigt, aber aus der Perspektive des Opfers. Und selbst wenn ich das Wort ‹Opfer› sage, bedeutet das immer, jemanden auf seinen Tod zurückzuführen. Wenn ich von Laëtitia spreche, sage ich nicht Opfer, sondern ‹die Abwesende›. Warum wurde diese Geschichte erzählt? Weil sie völlig unerhört und außergewöhnlich ist. Durch die Gewalt des abscheulichen Verbrechens, durch die Tatsache, dass es drei Monate dauerte, bis Laëtitias zerstückelter Körper gefunden wurde, und durch die Tatsache, dass dieser Vorfall zu einer Staatsaffäre geworden ist. Die Nachricht funktioniert wie ein Prisma, das sein Licht in alle Richtungen sendet. Mein Buch ist das Porträt von Laëtitia, aber auch das Porträt der französischen Gesellschaft und aller demokratischen Gesellschaften, die von Herausforderungen, Leiden, Schwierigkeiten, Massenelend, Gewalt gegen Frauen, Demagogie durchzogen sind.

Jablonka, Ivan: *Laëtitia oder das Ende der Mannheit.* **Aus dem Französischen von Claudia Hamm. Berlin: Matthes & Seitz 2019, S. 8:** Ich möchte zeigen, dass man eine Lokalnachricht über einen Kriminalfall als geschichtlichen Gegenstand untersuchen kann. Eine Lokalnachricht ist niemals nur eine ‹Nachricht› und niemals nur ‹lokal›. Im Gegenteil, der Fall Laëtitia zeigt menschliche Tiefe und einen bestimmten Zustand der Gesellschaft: zerrüttete Familien, das stumme Leid von Kindern, Jugendliche, die früh ins Arbeitsleben eintreten, aber auch ein Land zu Beginn des 21. Jahrhunderts, das Frankreich der Armut, Gegenden am Stadtrand, soziale Ungleichheiten. Man stößt auf Räderwerke der Ermittlung, die Transformationen der Institution Gericht, die Rolle der Medien, die Funktionsweise der Exekutive, ihre Anklagelogik ebenso wie ihre Mitleidsrhetorik. In einer Gesellschaft im Umbruch ist die Lokalnachricht ein Epizentrum.

S. 8: Ich kenne nicht eine Erzählung eines Verbrechers, die nicht den Mörder auf Kosten des Opfers aufwertete. Der Mörder ist da, um zu gestehen, zu bereuen oder sich aufzublasen. In seinem Prozess ist er der Mittelpunkt, wenn nicht gar der Held. Ich möchte das Gegenteil tun und Frauen und Männer von ihrem Tod befreien, sie dem Verbrechen entreißen, das ihnen das Leben und sogar ihre Menschlichkeit nahm. Nicht ihrer als ‹Opfer› gedenken, denn das hieße, sie ein weiteres Mal von ihrem Ende her zu sehen, sondern sie wieder in ihrem Leben zu verankern. Zeugnis für sie ablegen. Mein Buch wird nur eine Heldin haben: Laëtitia. Das Interesse, das wir ihr entgegenbringen, lässt sie gleichsam zurückkehren und schenkt sie sich selbst und ihrer Würde und Freiheit wieder.

S. 9: Doch nicht nur Laëtitias Tod ist von Bedeutung. Auch ihr Leben zählt, weil es eine soziale Tatsache ist. Laëtita verkörpert zwei Phänomene, die größer sind als sie: die Schutzlosigkeit von Kindern und die Gewalt, der Frauen ausgesetzt sind. Als Laëtitia drei Jahre alt war, vergewaltigte ihr Vater ihre Mutter, später missbrauchte ihr Pflegevater ihre Schwester, sie selbst hat nur achtzehn Jahre gelebt. Diese Dramen erinnern uns daran, dass wir in einer Welt leben, in der Frauen beschimpft, bedrängt, geschlagen, vergewaltigt und getötet werden. Einer Welt, in der Frauen nicht vollständig als Rechtssubjekte gelten. Einer Welt, in der die Opfer auf Aggression und Schläge mit resigniertem Schweigen antworten. Einer geschlossenen Gesellschaft, in der am Ende immer dieselben unterliegen. Es war nicht vorprogrammiert, dass Laëtitia, diese strahlende, von allen geliebte junge Frau wie Schlachtvieh enden würde. Doch seit ihrer Kindheit wurde sie aus dem Gleichgewicht geworfen, herumgestoßen, vernachlässigt und daran gewöhnt, in Angst zu leben, und dieser lange Prozess der Schwächung wirft sowohl ein Licht auf ihr tragisches Ende als auch auf unsere gesamte Gesellschaft.

S. 27: Während des Ancien Régime und im 19. Jahrhundert wurde sexuelle Gewalt mit großer Nachsicht behandelt. Der Mann zeigte lediglich sein Begehren, die Frau reizte ihn dazu. Diese Umkehr von Schuld beruht auf einem Werturteil, welches das ‹schwache Geschlecht› dem starken und die ‹bessere Hälfte› dem ‹ganzen Wesen› unterordnet. Innerhalb einer Paarbeziehung ist allein schon der Begriff sexuelle Gewalt widersinnig. Nach dem napoleonischen Zivilgesetz schuldet die Frau ihrem Mann ‹Gehorsam›. Es ist selbstverständlich, dass die sexuellen Bedürfnisse des Ehemanns ein Ventil finden müssen. Der Sex, den dieser in der Hochzeitsnacht seiner jungfräulichen, unerfahrenen jungen Ehefrau auferlegt, ist eine Pflichterfüllung. Gewalt gehört zu den Rechten des Mannes.

S. 28: Inwieweit hat Franck Perrais die Mutter seiner Töchter zugrunde gerichtet? Sylvie Larcher starb eine Art psychischen Tod. Andere Frauen starben ganz. Pro Jahr sind es in Frankreich mehr als hundert: erwürgte oder erschossene Mütter, mit Faustschlägen getötete Ex-Freundinnen, die vorher Zielscheibe Dutzender beleidigender, zu jeder Tages- und Nachtzeit versendeter SMS geworden waren, Frauen, die erstochen wurden, weil sie eine sexuelle Beziehung verweigerten.

S. 55: «Ihr werdet sie nicht finden, oh, wie schade! / Laëtitia-aa-aa Du, wo du bist, wird keine Bulle dich finden. / Wenn sie wüssten, wo ich dich versteck, / aber sie werden es nicht erfahren, nicht mal deine Eltern. / Oh-oh-oh Laëtitia-aa /

Was hat sie gestöhnt, was war sie geil! / Fünfzig Jahre Knast, ich lach mich schlapp ...»

S. 120 f.: Eine Nachricht – eine öffentliche Reaktion. Auf jedes Verbrechen ein Gesetz. Ein Mord ‹beweist› die Lücken im bestehenden Strafsystem; das Gesetz, das daraufhin erlassen wird, soll alle zukünftigen Verbrechen ‹abdecken›. Nicolas Sarkozy sieht sich nicht nur als Superpräsident, sondern auch als Menschenretter. [...] Indem sich Nicolas Sarkozy Kriminalfälle mit derselben Energie und Entschlossenheit zu eigen machte, die seinen Erfolg als Politiker begründeten, bekam er eine entscheidende Rolle in ihrer Aufdeckung und Erzählart, ihrer Interpretation, Verbreitung und Aufblähung. [...] Ein Kriminalfall setzt einen Schuldigen voraus. Eine Horrormeldung verlangt nach einem Monster. Ein Monster muss eingesperrt werden. In dieser Simplifizierung der Analyse zeigt sich ein grundsätzliches Movens unserer Gesellschaft: das Bedürfnis, für jedes Verbrechen, jeden Unfall und jede Krankheit einen Verantwortlichen zu finden, an dem man seine Wut auslassen kann. Die Brandmarkung des Schuldigen geht mit einer Erhöhung des Opfers einher: je niederträchtiger der Erste, desto unschuldiger das Zweite.

S. 150: Sich in Meilhons Kopf hineinzuversetzen, seine Kindheitserinnerungen aufleben lassen, die Orte seiner Jugend abgehen, die Beziehung zu seiner Mutter verstehen: Um ein unmenschliches Verbrechen aufzuklären, müssen die Ermittler sich in die Menschlichkeit des Verbrechers einfühlen. * Tony Meilhon kam 1979 zur Welt. Seine Mutter wurde im alter von fünfzehn Jahren von ihrem eigenen Vater vergewaltigt: Frucht dieser Vergewaltigung war ein Junge, der ältere Halbbruder von Tony. [...] Inzest ist der Gründungsakt seiner Familie, und das Gesetz, das einen solchen verbietet, ist mit diesem schon missachtet worden. Entweder hat das Gesetz recht und seine Familie ist monströs, oder seine Familie ist stärker als das Gesetz und dieses hat keinen Wert. Die Mutter heiratet Jacques Meilhon, mit dem sie drei Kinder bekommt: einen Jungen, ein Mädchen und Tony. Der Mann, der das Kind aus dem Inzest als rechtlicher Vater annimmt, ist ein arbeitsscheuer, gewalttätiger und krankhaft eifersüchtiger Alkoholiker. Während seiner Anfälle schlägt er seine Frau und die Kinder – außer Tony, weil er das Nesthäkchen ist und ihm ähnlich sieht.

S. 170–174: Laëtitia war anmutig. Sie war schmal und hochgewachsen. [...] Ihre Schönheit und ihr Stolz werden von ihren Angehörigen als ‹feminine› Eigenschaften beschrieben. Jessica: «Sie setzte sich in Szene. Sie schminkte sich die Augen, benutzte Lippenstift, trug Schmuck. Sie war weiblicher als ich.» [...] Frau Patron: «Laëtitia war freundlich und glatt. Sie wollte unbemerkt bleiben, nicht auf sich aufmerksam machen, nach dem Motto: ‹Ich suche keinen Streit, davon habe ich genug erlebt.› Sie war auch nicht bissig. Sie nahm das Leben hin und ließ sich davon leiten.» [...] Laëtitia lässt sich nicht auf ein Bild festlegen und noch weniger auf ein Vorurteil. Stattdessen überrascht sie immer wieder.

S. 191 f.: Jedes Selfie von Laëtitia ist der Wunsch, bewunderungswürdig zu sein, die Hoffnung, jemandem etwas zu bedeuten, ist Lebensfreude und Lust, von einer ‹Community› von Freunden gesehen zu werden. Wir stoßen in das vor, was Georges Perec das ‹Infra-ordinäre› nennt: die Alltagssprache, die vertraute Kulisse, das Ich der *Werke und Tage* und schließlich eine Nicht-Literatur, die doch eine ist.

S. 335 f.: Der Fall Laëtitia offenbart das Spektrum an irregeleiteten Männerbildern im 21. Jahrhundert. Männliche Willkürherrschaften, missgestaltete Vaterschaften – das Patriarchat stirbt nicht aus. Hier der Alkoholikervater, der Nervöse, ein unbeherrschter, sentimentaler Schmierenkomödiant; da das väterliche Schwein, der Perverse mit dem offenen Blick, der Moralprediger, der in der Ecke zu fummeln anfängt; dort der drogensüchtige Ganove, der besitzergreifende Aufschneider, Einer-der-nie-Vater-sein-wird, der große Bruder, der mit bloßen Händen tötet; und dann noch der Chef, der Mann mit dem Zepter, der Präsident, der Entscheider, die einladende Macht. Delirium tremens, klebrige Lasterhaftigkeit, plötzliche Mordlust, Kriminopopulismus: vier Kulturen, vier männliche Verdorbenheiten, vier Arten der Gewaltverherrlichung. Aber man kann doch nicht ernsthaft behaupten, Meilhon sei dasselbe wie Patron [Laëtitias Pflegevater, ML] sei dasselbe wie Sarkozy, wird man sagen. Natürlich nicht. Ich spreche von der Gewalt *eines jeden in seinem Bereich*.

S. 336 f.: Aber bin ich nicht selbst ein Mann? Mehr als ein diplomierter Mandarin bin ich ein Autor der Sozialwissenschaften. Ich tauche aus dem Nichts auf und stelle Nachforschungen über Sie und die großen Dramen Ihres Lebens an, ich stelle Ihren Geheimnissen nach, ich reiße Ihre Wunden auf, ich interviewe Ihre Angehörigen, ich behaupte, die Bedeutung Ihres Lebens erklären zu können. Nun ist aber die Tatsache, in einem Buch aufzutauchen und sich darin vergegenständlicht, auseinandergenommen, gedeutet und der Öffentlichkeit ausgeliefert zu sehen, ebenfalls eine Form von Gewalt. Ich bin nicht nur ein Mann, ich werde auch als Autorität wahrgenommen (der angegraute Uniprof, der Pariser und so weiter).

Jenni, Alexis: *Die französische Kunst des Krieges*. Aus dem Französischen von Uli Witman. München: Luchterhand 2012, S. 5: Was ist ein Held? Weder ein Lebender noch ein Toter, sondern jemand, der die andere Welt betritt und wieder zurückkehrt. Pascal QUIGNARD / Es war derart absurd. Man hat die Menschen grundlos geopfert. Brigitte FRIANG / Die beste Ordnung der Dinge, scheint mir, ist immer die, worein ich auch gehöre, und hole der Henker die beste Welt, wenn ich nicht dabei sein sollte. Denis DIDEROT.

S. 10 f.: Das große Thema im Fernsehen war *Desert Storm*, das Unternehmen Wüstensturm, ein aus dem Star-Wars-Filmen entnommener, von Drehbuchprofis erfundener Name. Die französische *opération daguet*, das Unternehmen Schmalspießer, hoppelte mit seinen beschränkten Mitteln daneben her. Ein Schmalspießer ist ein kleiner, gerade geschlechtsreifer Hirsch, also ein größer gewordenes Bambi, dem die ersten Spieße gewachsen sind und das immer in der Nähe seiner Eltern herumhüpft. Wo nehmen die Militärs bloß ihre Namen her? Welcher Franzose kennt schon das Wort *daguet*? Es muss wohl ein höherer Offizier vorgeschlagen haben, der auf den Ländereien seines Familienanwesens die Hetzjagd praktiziert. *Desert Storm*, das versteht jeder, von einem bis zum anderen Ende der Erde, das knallt auf der Zunge, explodiert im Herzen, das ist der Titel eines Videospiels. *Daguet*, Schmalspießer, hat etwas Vornehmes und ruft ein feines Lächeln bei jenen hervor, die das Wort verstehen. Die Armee hat ihre eigene Sprache, die nicht allen zugänglich ist, und das ist sehr verwirrend.

S. 11: Die französische Armee ist ein Thema, das Verstimmung hervorruft. Man weiß nicht so recht, was man von diesen Typen halten und vor allem nicht, was man mit ihnen anfangen soll. Sie gehen uns mit ihren Baretten, ihren Regimentstraditionen, von denen niemand etwas wissen will, und ihrem teuren Kriegsgerät, das die Steuerlast erhöht, auf den Geist. Die französische Armee ist stumm, sie gehorcht ostentativ dem Verteidigungsminister, einem gewählten, zivilen Volksvertreter, der von Tuten und Blasen keine Ahnung hat, sich um alles kümmert und die Armee das tun lässt, was sie will. In Frankreich weiß man nicht, was man von den Soldaten halten soll, man wagt nicht einmal ein Possessivpronomen auf sie anzuwenden, das den Schluss zuließe, sie seien die *Unsrigen*: Man ignoriert sie, fürchtet sie und macht sich über sie lustig.

S. 66 f.: Sie mussten den Bericht über eine Schlacht übersetzen, in der der Feind umzingelt und schließlich vernichtend geschlagen wird. Die Sprache ermöglicht schöne Stileffekte, dachte Salagnon, erheiternde Spielereien, die man so dahinsagt oder zu Papier bringt, ohne dass es irgendwelche Konsequenzen nach sich zieht, wie feine, die Wirkung einer Erzählung verstärkende Aquarellzeichnungen. Aber in den gallischen Kriegen wurde auf äußerst schmutzige Weise Krieg geführt, ohne dass man schöne Worte benutzt, geschweige denn an Metaphern gedacht hatte. Mithilfe von scharfen Schwertern wurden vom Körper des Feindes blutige Stücke abgeschlagen, die zu Boden fielen, dann kämpfte man weiter, um ein weiteres Glied abzutrennen, bis der Feind erledigt war oder man selbst tot umfiel. Cäsar, der Abenteurer, marschierte in Gallien ein und richtete Blutbäder an. Cäsar wollte seinen Willen durchsetzen, und seine Macht war stark. Er wollte Völker unterwerfen, ein Reich gründen und herrschen; er wollte existieren, sich die bekannte Welt untertan machen, seinen Willen durchsetzen. Er suchte Größe, und das möglichst schnell. [...] Cäsar schuf durch das Wort eine Fiktion Galliens, das er mit demselben Satz, demselben Handstreich zugleich beschrieb und eroberte. Cäsar verbreitete Lügen, so wie viele Historiker es tun, deren Wahl auf die ihnen am besten erscheinende Realität fällt. Und daher begründen der Roman und der lügende Held die Realität viel besser als Taten, eine große Lüge bietet die Basis für Taten, das versteckte Fundament und zugleich das schützende Dach für Handlungen. Taten und Worte zerlegen gemeinsam die Welt und verliehen ihr ihre Form. Der militärische Held ist es sich schuldig ein Romancier, ein großer Lügner und ein Erfinder von Worten zu sein.

S. 200: Die Gesellschaft ist krank. Sie liegt schlotternd im Bett. Sie will nichts mehr hören. Sie hütet das Bett bei zugezogenen Vorhängen. Sie will nichts mehr von sich wissen. Ich weiß, dass eine organische Metapher der Gesellschaft eine faschistische Metapher ist; aber die Probleme, die wir haben, lassen sich nun mal auf faschistische Weise beschreiben. Wir haben Probleme, die die Ordnung, das Blut und den Boden betreffen, Probleme mit gewalttätigen Handlungen, Probleme mit der Macht, dem Gebrauch von Gewalt. All diese Worte kommen einem sofort in den Sinn, welchen Sinn auch immer sie haben mögen.

S. 210: Die Sprache fließt von allein, sie rationalisiert, was sie denkt, und denkt an nichts anderes als an ihren eigenen Fluss. Und der mit Besorgnis gefüllte Luftballon hängt nur an einem seidenen Faden. Mit wem kann ich reden? Von wem stamme ich ab? Wem schlage ich nach? Ich brauche den Begriff der Rasse. Die Rasse besitzt die Einfachheit von großen Wahnideen, von jenen, die man leicht mit anderen teilen kann, denn sie sind das Geräusch unserer Räderwerke, wenn diese von nichts und niemandem mehr gelenkt werden. Sich selbst überlassen bringt das Denken die Rasse hervor; denn das Denken ordnet unwillkürlich zu. Die Rasse kann mir etwas über mein Wesen verraten. Die Ähnlichkeit ist mein einfachster Gedanke, ich lese sie bettelnd den Gesichtern ab, erforsche tastend das eigene. Die Rasse ist eine Methode, die Wesen einzuordnen.

S. 338 f.: «Warum hörst du nicht auf?» fragte Victorien trotzdem. «Warum gehst du jetzt nicht nach Hause?» «Wohin denn? Seit ich die Kindheit hinter mir habe, führe ich Krieg. Und selbst als Kind habe ich das im Spiel getan. Anschließend habe ich meinen Wehrdienst abgeleistet und gleich darauf kam der Krieg. Ich bin in Gefangenschaft geraten, und dann bin ich ausgebrochen, um erneut Krieg zu führen. Ich habe mein ganzes Leben als Erwachsener damit verbracht, Krieg zu führen, obwohl ich das nie geplant hatte. Ich habe immer in einer Kiste gewohnt, ohne mir etwas anderes vorzustellen, und sie hat genau die richtige Größe für mich. Ich kann alles, was ich zum Leben brauche, in den Händen halten und kann es tragen, ohne dass mich das allzu sehr ermüdet. Was für ein anderes Leben sollte ich schon führen? Jeden Tag zur Arbeit gehen? Dazu fehlt mir die Geduld. Mir ein Haus bauen? Das wäre zu groß für mich, das könnte ich nicht aufheben, um es zu versetzen. Wenn man nicht an einem Ort bleibt, kann man nur eine Kiste mitnehmen. Und eines Tages enden wir alle in einer Kiste. Warum sollte ich also einen Umweg machen? Ich trage mein Haus mit mir und ziehe durch die Welt, ich tue das, was ich immer getan habe. [...]»

S. 340: Ich habe immer die Odyssee bei mir, ein Buch, das die langen Irrfahrten eines Mannes erzählt, der sich bemüht, in seine Heimat zurückzukehren, aber den Weg nicht findet. Und während er aufs Geratewohl durch die Welt irrt, wird sein Vaterland von finsteren Machenschaften, berechnender Habgier und plündernden Horden heimgesucht. Als er schließlich heimkehrt, nutzt er die athletische Dynamik des Krieges, um aufzuräumen. Er schafft sich unliebsame Gegner vom Halse, macht reinen Tisch und sorgt für Ordnung. Dieses Buch habe ich stückweise gelesen, in Regionen, die Homer nicht kannte. [...] Die Anstrengung, die ich machen musste, um Zeile für Zeile zu lesen, tat mir gut, diese Anstrengung fesselte meine Aufmerksamkeit, sodass ich die Angst vor dem Tod vergaß. Wie es scheint, kannten die Griechen dieses Buch auswendig, es zu lernen, war ein wesentlicher Bestandteil ihrer Ausbildung; bei jedem Anlass konnten sie ein paar Verse oder einen ganzen Gesang daraus aufsagen. Und daher lernte ich es, ich habe den Ehrgeiz, es ganz auswendig zu können, das ist dann meine ganze Bildung.

S. 350: Homer spricht über uns, und zwar viel besser als die Wochenschau. Über diese kleinen pathetischen Filme, die sie im Kino zeigen, muss ich immer lachen: Sie zeigen überhaupt nichts; was der alte Grieche da erzählt, entspricht dem, was ich seit Monaten in Indochina erlebe, viel besser. Aber ich habe die Gesänge verwechselt. Siehst du, ich kenne das Buch noch nicht gut genug. Wenn ich es endlich auswendig kenne wie ein Grieche, ohne mich zu irren, habe ich mein Ziel erreicht.

S. 519: Der Gedanke an Euridice verfolgte ihn in all seinen Mußestunden. Er schrieb ihr weiterhin. Er langweilte sich. Er begegnete nur Leuten, mit denen er keinen Kontakt haben wollte. Die Armee veränderte sich. In Frankreich wurden junge Leute rekrutiert, er fühlte sich alt. Per Schiff traf eine Armee Dummköpfe ein, die den Sold, das Abenteuer oder das Vergessen suchten; sie verpflichteten sich, um einen Beruf zu haben, denn in Frankreich fanden sie keine Arbeit. Während dieser Wochen der Genesung, in denen er durch Hanoi spazieren ging, erlernte er die chinesische Kunst des Pinselstrichs. Dabei gibt es auf diesem Gebiet nichts zu lernen nur die Praxis zählt.

S. 549: Es ist sehr gut, dass es gelbe Franzosen, schwarze Franzosen und braune Franzosen gibt. Sie beweisen, dass Frankreich allen Rassen offensteht und eine universale Bestimmung hat. Aber nur unter der Bedingung, dass sie eine kleine Minorität bleiben. Sonst wäre Frankreich nicht mehr Frankreich. Wir sind aber in erster Linie ein europäisches Volk weißer Rasse, mit einer Kultur griechischen und lateinischen Ursprungs und christlicher Religion.

S. 763: Ich beendete das Bild. Ich hatte dein unglaubliches Haar abgebildet, indem ich das Papier unversehrt ließ, nichts darstellte. Ich spülte den Pinsel ab, damit er nicht eintrocknet und mir noch lange dienen kann, wieder und wieder, damit ich dich immer wieder malen kann. Ich ging zu dir. Ich war nackt, so hatte ich dich gemalt, mein Glied hatte mich nicht gestört; es hatte auf meinem Schenkel geruht und ich hatte gespürt, wie es pochte. Und als ich mich neben dich legte, glitt es hinab, schwoll an und wurde hart. Der Kontrast zwischen deinen grauen und weißen Haaren, dem Schwanenflaum, deinem lebhaften Mund und deinem üppigen Körper rührte mich über alle Maßen. Ich ging auf dich zu, nahm dich in die Arme, du nahmst mich auf, ich drang in dich ein.

Kauffmann, Sylvie: Violence contre violence. In: *Le Monde* **(16.07.2016), Übersetzung ML:** Es gibt Gewalt und Gewalt. Es gibt die monströse Gewalt des Terrorismus, mörderisch, blind, undenkbar in ihrem kalten Fortschreiten. Sie kann als exogen betrachtet werden, auch wenn ihre Täter oft unter uns aufgewachsen sind: Sie befinden sich, wie sie selbst zugeben, im Krieg mit unserer Gesellschaft. Und es gibt die Gewalt, die wir selbst im Laufe des öffentlichen Lebens produzieren, sei es intellektuell, verbal oder physisch. Beides nimmt zu, und dieser Cocktail ist besonders gefährlich. Die Anschläge, die in den letzten achtzehn Monaten in Frankreich und Belgien verübt wurden, erhöhen die Spannung nicht nur aufgrund ihrer Wiederholung, sondern auch, weil sie jedes Mal eine neue, ungeahnte Stufe des Schreckens erreichen. Sie finden – und das ist ein weiterer Spannungsfaktor – in einem inneren Kontext statt, in dem Konflikte, die in einer demokratischen Gesellschaft unvermeidlich sind, oder sogar einfache Debatten, in einem Klima zunehmender Feindseligkeit und Aggressivität ausgetragen werden. In Frankreich ist es ein politischer Diskurs, der öfter als ihm lieb ist aus dem Ruder läuft. Es sind die «Incivilités», die man schließlich als alltäglich empfindet. Es sind die Medien, die alle Vorbehalte gegenüber der Gewalt in den Bildern, die sie den Zuschauern bieten, vergessen. Es sind Demonstrationen, die ohne Kontrolle durch die Ordnungsdienste eskalieren, Schläger, die sich nicht mehr damit begnügen, etwas zu zerstören, sondern auch verletzen wollen, und Ordnungskräfte, die versuchen, ihre Fehler zu verschleiern. Es sind Partei- und Gewerkschaftsräume, die angezündet werden.

Kepel, Gilles: *Terreur dans l'Hexagone. Genèse du djihad français.* **Paris: Gallimard 2015, S. 28 f., Übersetzung ML:** Das Ende der Industriegesellschaft, der stark gewerkschaftlich organisierten Schichtarbeit und das gleichzeitige Aufkommen von Massenarbeitslosigkeit und eines Dienstleistungssektors, der die Eigeninitiative auf Kosten der aus der gering qualifizierten Arbeiterbeschäftigung entstandenen Solidarität aufwertet, machten die ‹Partei der Arbeiter› hinfällig. Die arbeitslosen oder von der informellen Wirtschaft und verschiedenen Formen des illegalen Handels lebenden Jugendlichen, die sowohl in der Generation mit Migrationshintergrund als auch in den ‹einheimischen› französischen Volksschichten zahlreich vertreten sind, konnten sich nicht mehr in der Partei der Arbeiter wiedererkennen. An ihrer Stelle entwickelten sich parallel zwei Arten von Protestmobilisierungen: der rechtsextreme identitäre Nationalismus und der islamische Bezug. Sie sind, wie einst die KPF, Träger einer starken utopischen Aufladung, die eine geschädigte soziale Realität wieder verzaubert, indem sie sie in einen Mythos projiziert, in dem die Abgehängten von heute die Triumphatoren von morgen sein werden.

Lançon, Philippe / Gallimard.fr: Entretien réalisé avec Philippe Lançon à l'occasion de la parution du *Lambeau,* **auf der Website des Gallimard-Verlags, 2018, s.p., Übersetzung ML:** Mein Buch ist kein Essay über den Islamismus oder den Zustand des Krankenhauses – Themen, für die ich nicht zuständig bin: Es ist eine intime Erzählung und Reflexion. Es ist die Geschichte eines Mannes, der Opfer eines Attentats wurde, neun Monate im Krankenhaus verbrachte und so genau und hoffentlich so leicht wie möglich erzählt, wie dieses Attentat und dieser Aufenthalt sein Leben und das Leben der anderen um ihn herum verändert haben, seine Gefühle, Empfindungen, sein Gedächtnis, seinen Körper und seine Körperwahrnehmung, seine Beziehung zur Musik, zur Malerei, seine Art zu atmen und zu schreiben.

Lançon, Philippe: *Der Fetzen.* **Aus dem Französischen von Nicola Denis. Stuttgart: Tropen 2019, S. 24:** Ich ärgere mich immer über Schriftsteller, die angeblich jeden Satz so schreiben, als wäre es der letzte. Damit wird dem Werk zu viel Bedeutung zugemessen, oder dem Leben zu wenig. Ich wusste nicht, dass ich durch das Attentat jede Minute so erleben würde, als wäre es die letzte Zeile: Möglichst wenig zu vergessen, wird wesentlich, wenn man dem Erlebten plötzlich fremd gegenübersteht, wenn man sich überall selbst abhandenzukommen scheint [...]: Man sollte selbst die unbedeutendsten Details des Erlebten notieren, die winzigste Winzigkeit, als müsste man schon in der folgenden Minute sterben [...].

S. 38: Unter all den Scharlatanen, irregeleiteten Politikern und schäbigen Internationalen war er [Ben Bella, ML] der Einzige, der mich beeindruckte; oder besser gesagt: Er gab mir als Einziger das Gefühl, dass wir dem Ende einer Geschichte – der Entkolonialisierung – und dem Beginn von etwas Alarmierendem beiwohnten. Wir erlebten es, ohne es zu wissen: Noch war die geschichtliche Luft leicht, die Reporter wirkten sorglos. Es heißt oft, das derzeitige Verhängnis habe mit der iranischen Revolution seinen Anfang genommen. In meinem Fall hat alles in Bagdad angefangen. Alles, was unter anderem zum 7. Januar führen sollte. Ich war dort, bin aber zu früh abgereist. Auch am 7. Januar war ich dabei, bin aber zu spät aufgestanden, um zu gehen.

S. 68: Noch mehr hasste ich, nebenbei gesagt, die Lehrstunde in Sachen Literatur, zu der ich gleich ansetzen würde. Eine sinnlose Lehrstunde, weil die Diskussion nicht das Buch, sondern die Meinungen und Provokationen seines Autors, sozusagen seinen Stammbaum, zum Gegenstand hatte. Dabei konnte über diesen Stammbaum kein Zweifel bestehen: Houellebecq attackierte systematisch genau das, wofür Charlie in den 1970er-Jahren gekämpft hatte. Die libertäre, permissive, egalitäre, feministische, antirassistische Gesellschaft. [...] Natürlich handelte es sich, wie Houellebecq auf France Inter betont hatte, um einen Roman: Alle erdenklichen Standpunkte kamen darin zum Ausdruck, ohne dass die Stimme des Autors zu erkennen gewesen wäre. Und doch verströmte der Roman einen bestimmten Geruch, der unserer Epoche entsprach. Houellebecq, die Pop-Ikone, verbreitete ihn mit seinem erzählerischen Talent und seiner effizienten Ambivalenz. Er verstand es, der zeitgenössischen Panik Gestalt zu verleihen.

S. 84 f.: Es [das Nichts, ML] ist ein Zustand, der sich denken lässt, man verwendet und denkt das Wort aber im Allgemeinen, wie man mit Platzpatronen schießt, ohne es je ganz auf sich beziehen zu können. In diesem kleinen, gewöhnlichen und eher hässlichen Raum konnte man sich das Nichts nur als Überlebender ausmalen – es beschreiben oder skizzieren, bevor man zum nächsten Text oder zur nächsten Zeichnung übergeht. Aber war ich in diesem Moment ein Überlebender? Ein Wiedergänger? Wo waren der Tod und das Leben? Was war noch von mir übrig? Ich überdachte diese Fragen nicht von außen, wie Aufsatzthemen. Ich lebte sie. Sie lagen dort, auf dem Boden, rings um mich und in mir, konkret wie eine Absplitterung oder ein Loch im Parkett, vage wie eine unidentifizierte Krankheit, sie füllten mich aus, und ich wusste nicht, was ich mit ihnen anfangen sollte.

S. 90 f.: Die Mörder mochten Besessene sein, meine toten Gefährten besaßen nichts mehr. Man hatte ihnen ihre Kunst und ihre ungestüme Sorglosigkeit genommen, alles Leben. [...] Jede Zensur ist definitiv eine extreme und paranoide Form der Kritik. Die extremste Form der Kritik konnten nur Unwissende oder Ungebildete üben, das lag in der Natur der Dinge und entsprach exakt dem, was gerade passiert war: Wir waren den effizientesten Zensoren zum Opfer gefallen, denen, die alles ausradieren, ohne eine einzige Zeile gelesen zu haben.

S. 300 f.: Nichts entschuldigt den Verstoß, dessen Konsequenzen ich gesehen und am eigenen Leib erfahren habe. Ich empfinde keine Wut auf die Brüder Kouachi, ich weiß, dass sie die Produkte dieser Welt sind, doch ich kann mich unmöglich an einer Erklärung versuchen. Jeder Mensch, der tötet, definiert sich durch seine Tat und durch die Toten rings um mich. In diesem Punkt übersteigt meine Erfahrung mein Denken.

S. 366 f.: Ich hatte angefangen, den Zauberberg eingehender zu lesen, unendlich langsam, ebenso langsam wie ich vernarbte. Gleich zu Beginn des Buches hatten mich die Überlegungen von Joachim, dem schwindsüchtigen Vatter Hans Castorps, gebannt und innehalten lassen. [...] Joachim und Hans waren mir inzwischen viel näher, viel vertrauter, als jene, die ‹von unten› zu mir kamen und schnell wieder dorthin zurückkehren würden – von den anderen ganz zu schweigen. [...] Wie Joachim und wie Hans Castorp, hatte ich nach ein paar hundert Seiten das Gefühl, nie fertig zu werden, aber auch, dass mich dieses Nicht-Fertig-werden möglicherweise ein bisschen lebensklüger machen würde. Ich durfte weder mit dem Krankenhaus noch mit dem Buch fertig werden, letzteres war gewissermaßen die Gebrauchsanleitung zu ersterem. Zwar wartete am Ende des Weges, zumindest dieses Weges, nicht der Tod, aber *ich hatte hier Dinge zu lernen und zu leben, die ich anderswo nicht hätte erfahren können.*

S. 367: Die Zimmer in der MKG-Chirurgie waren mein Sanatorium in Davos, und ich war drauf und dran zu denken, dass der Erste Weltkrieg Hans Castorps Abenteuer beendet hatte, während sich für uns ein anderer Krieg ankündigte; ein Krieg, für den die Islamisten ein bloßes Symptom waren, in dem der Mensch gegen den Menschen kämpfte, ein gesellschaftlicher, sexueller, seelischer, ökologischer, totaler Krieg, der binnen kürzester Zeit zur Auslöschung führen würde.

S. 374: Als ich in einer Wochenzeitschrift, die mir jemand mitgebracht hatte, das Interview mit einem französischen Intellektuellen las, der nicht nur mit der Gewalt liebäugelte, sondern von deren inspirierendem und revolutionären Potenzial sichtlich fasziniert war, bestätigte das meinen Reflex – denn man kann es weder Willen noch Überlegung nennen –, das Karussell der prophetischen oder didaktischen Kommentare zu fliehen. Das Denken hatte etwas Skrupelloses, wenn es dem Ereignis, dem es unterworfen war, einen unmittelbaren Sinn zuschrieb. Die Fliege schwang sich zum Adler auf, nur war das keine Fabel, sondern die Wirklichkeit, die triste Wirklichkeit des intellektuellen Hochmuts: Diese Leute hielten sich für Kant, der Benjamin Constant antwortet, oder für Marx, der den Staatsstreich Louis Napoleons analysiert. Sie abstrahieren vorschnell.

S. 389: Über meinen eigenen Fall zu schreiben war das beste Mittel, um ihn zu verstehen und mir zu eigen zu machen, aber auch um mich abzulenken – denn für Minuten, für eine Stunde, war der Schreibende nicht mehr der Patient, über den er schrieb: Er war Reporter und Chronist einer Rekonstruktion. Noch nie war ich so dankbar für meinen Beruf gewesen, der auch eine Art zu sein und letztlich zu leben war. Durch seine lange Ausübung konnte ich in dem Moment, als ich es am nötigsten hatte, meine eigenen Qualen auf Distanz halten und wie ein Alchimist in Gegenstände der Neugier verwandeln. Wenn die Toten wiederkämen, [...] würden sie womöglich nichts anderes tun: ihr Leben und ihren Tod mit akribischer Begeisterung und einem ebenso distanzierten Kummer beschreiben. Vielleicht hatte ich dreißig Jahre an anderen trainieren müssen, um an diesen Punkt zu gelangen.

S. 482f.: Es gelang mir nicht mehr, über etwas zu berichten, das ich gesehen oder gelesen hatte, ohne es mit meiner Erfahrung in Verbindung zu bringen. Sie wurde zu einem Filter, über den der gesamte Kreislauf verlief. Was nicht mit ihr in Berührung stand, betraf mich nicht; doch dadurch ergab sich ein neues, ein für mich neues Problem: Wie sollte ich es anstellen, um diese Erfahrung nicht zu ‹verkaufen›? Wie konnte ich es vermeiden, sie wie eine Rassel, eine Marke, ein besonders attraktives Produktangebot oder ein Erkennungszeichen einzusetzen, und sie stattdessen von meiner Person trennen? Die einzige Lösung bestand darin, die Erfahrung nicht überzustrapazieren, sondern das, was eine Form annahm, herauszufiltern und es von der Person zu trennen, die die Erfahrung gemacht hatte – oder ihr ausgesetzt worden war.

Laurentin, Emmanuel (Hg.): *Histoire d'une République fragile (1905–2015): Comment en sommes-nous arrivés là ?* **Paris: Fayard / France Culture 2015, Pourquoi la République, Herausgebervorwort, s.p., Übersetzung ML:** War die Republik – und der Staat hinter ihr – nach einem Angriff wirklich so zerbrechlich? Immerhin hatte sie in den letzten hundert Jahren einiges an Angriffen erlebt: zwei Weltkriege, Entkolonialisierungskriege, Anschläge der FLN und der OAS, auf den UTA-Flug oder den Zug Le Capitole, auf das «Tati» 1986, auf Saint-Michel 1995 und die Linie RER B 1996, und zuletzt die Morde, die Mohammed Merah in Toulouse begangen hat. Ganz zu schweigen von der Ermordung eines Präfekten auf Korsika und dem seltsamen Tod einiger amtierender Minister. Was hatten die Brüder Kouachi und Amedy Coulibaly also so Wesentliches berührt, dass ein so großer Teil des Landes sich derart bedroht sah? Um das zu verstehen, musste man in die lange Geschichte einer Republik zurückblicken, die weniger sicher war, als es den Anschein hatte, und von Zweifeln geplagt wurde. Diese mörderischen Taten weckten plötzlich unsere Ängste vor Rissen im alten Fundament: War der Laizismus, den Frankreich im Namen der Universalität wie eine Errungenschaft zur Schau stellt, bedroht? Sollte die Schule wieder zum Ort der republikanischen Moral werden? War die so oft geforderte Integration die Lösung oder das Problem?

Lemaitre, Pierre / Aïssaoui, Mohammed: «J'ai été bouleversé par Les Croix de bois». Entretien avec Pierre Lemaitre. In: *Le Figaro* **(6 novembre 2013), s.p., Übersetzung ML:** Es stimmt, dass der Roman wenige Tage vor dem Ende des Krieges beginnt. Es war dieser blinde Fleck, von dem ich besessen war: nicht der Krieg, sondern das Ende des Krieges. Die Toten wurden verherrlicht, aber man wusste nicht, was man mit den Überlebenden machen sollte. Es war ein außergewöhnlicher Moment der Undankbarkeit des Landes gegenüber den Kämpfern, die aus den Schützengräben zurückgekehrt waren. Eine Zeit sehr großer Unsicherheit und eine äußerst schmerzhafte Situation. Das Frankreich von 1919 ließ seine Überlebenden im Stich, wollte seine «gueules cassées» nicht sehen: Sie waren unheimlich. Nach der Hölle, die sie durchlebt hatten, entschädigte man sie mit 52 Francs oder einem erbärmlichen Mantel, der der ersten Wäsche nicht standhielt, es war wahlweise die eine oder die andere Entschädigung.

s.p.: Einer der Auslöser für meinen Roman war das Vorwort, das Aragon 1965 zu *Aurélien* schrieb und in dem er schrieb, Aurélien sei «vor allem eine Situation, ein Mensch in einer bestimmten Situation». Anhand der Figur des Kriegsveteranen sagte Aragon, dass er den Menschen behandeln wollte, der zurückgekehrt ist und seinen Platz in der Gesellschaft, in die er zurückkehrt, nicht wiederfindet. Genau dieses Thema wollte ich schon lange behandeln.

Lemaitre, Pierre: *Wir sehen uns dort oben.* **Aus dem Französischen von Antje Peter. München: btb 2017, S. 11:** Wer gedacht hatte, der Krieg wäre bald zu Ende, war lange schon tot. Durch eben diesen Krieg. So hörte auch Albert im Oktober mit einiger Skepsis von dem Gerücht, es würde einen Waffenstillstand geben. Er schenkte ihm kaum mehr Beachtung als der anfänglichen Propaganda, in der es hieß, die Kugeln der Boches seien so weich, dass sie wie faule Birnen an den Uniformen zerplatzten und die französischen Regimenter sich nicht mehr einkriegten vor Lachen. In den vier Jahren hatte er viele von den Typen gesehen, die vor Lachen gestorben waren, nachdem sie eine deutsche Kugel erwischt hatte.

S. 12 f.: Die Oberen wollen immer mehr Land besetzen, um am Verhandlungstisch die Stärkeren zu sein. Sie reden dir ein, dass dreißig gewonnene Meter den Ausgang des Kriegs entscheidend beeinflussen können und dass heute zu sterben noch heldenhafter ist als am Tag zuvor. Zu dieser Kategorie gehörte auch Leutnant d'Aulnay-Pradelle. [...] Albert mochte ihn nicht. Vielleicht, weil er gut aussah. Ein großgewachsener Typ, schlank, elegant, mit vollem gewelltem dunkelbraunen Haar, einer geraden Nase, bewundernswert fein gezeichneten Lippen. Und Augen von einem durchdringenden Blau. Für Albert war er ein richtiger Kotzbrocken. Außerdem wirkte es so, als wäre er ständig wütend. [...] Diese Mischung hatte Seltsames: Mit seiner aristokratischen Art wirkte er schrecklich zivilisiert, zugleich schien er abgrundtief brutal. Ein bisschen so wie dieser Krieg. Vielleicht kam er deshalb so gut darin zurecht.

S. 30: Je mehr er das Etwas vor sich abtastet, desto klarer wird es ihm: zwei riesige Lefzen, aus denen eine zähe Flüssigkeit tritt, riesige gelbe Zähne, große, bläuliche Augen, in Zersetzung begriffen. Ein Pferdekopf, enorm groß, abstoßend, eine Monstrosität. Albert kann eine heftige Abwehrbewegung nicht unterdrücken. [...] Als die Granate in den Boden einschlug, hat sie einen der unzähligen toten Klepper, die auf dem Schlachtfeld vor sich hingammeln, mitbegraben und Albert einen Kopf beschert. Da sind sie jetzt also, Gesicht an Gesicht, der junge Mann und das tote Pferd, im Kuss vereint.

S. 51: Damals ging er noch in die Schule von Sainte-Clotilde. Heilige Clotilde, Tochter von Chilpéric und Carétène, ein verfluchtes Luder, Édouard hatte sie in allen nur denkbaren Stellungen gezeichnet, wie sie von ihrem Onkel Godégisil penetriert wird, in Hündchenstellung mit Clovis und wie sie, um das Jahr 493, dem Burgunderkönig einen bläst, während es ihr Remi, der Bischof von Reims, von hinten besorgt. Dies brachte Édouard den dritten Verweis ein, und diesmal war er endgültig. Jeder fand, dass alles äußerst gewissenhaft dargestellt war, ja man kam nicht umhin, sich zu fragen, woher er in seinem Alter die Modelle genommen haben mochte, bei dieser Fülle an Details. Sein Vater, für den Kunst nicht mehr war als ein Laster der Syphilitiker, kniff die Lippen zusammen.

S. 65: General Morieux fixiert ihn noch immer. Er findet Alberts Feigheit wirklich beklagenswert. Genervt von der Unwürdigkeit, die dieser Soldat in seinen Augen verkörpert, schließt er: «Fahnenflucht ist allerdings nicht mein Ressort. Für so etwas ist das Militärgericht zuständig, Soldat Maillard. Ich bin für den Krieg zuständig.» [...] Es war oft die Rede vom Kriegsgericht, vor allem 1917, als Pétain wieder ein bisschen Ordnung in all das Chaos gebracht hatte. Es gab standrechtliche Erschießungen, keiner weiß wie viele. In Sachen Fahnenflucht war das Gericht immer unerbittlich. Am Ende wurden zwar nicht viele direkt erschossen, aber die alle sind definitiv tot. Und zwar schnell. Die Schnelligkeit der Hinrichtung ist Bestandteil der Hinrichtung selbst. Albert bleiben drei Tage zu leben. Höchstens.

S. 166 u. 168: M. Péricourt weinte um seinen toten Sohn. Édouard war tot. Édouard war gerade erst gestorben, in diesem Augenblick. Sein kleiner Junge, sein Sohn. Er war tot. [...] M. Péricourts Schmerz verstärkte sich, als ihm klar wurde, dass Édouard im Grunde genommen das erste Mal überhaupt für ihn existierte. [...] Jetzt, da dieser Sohn gestorben war (übrigens wusste er bis heute nicht, wie er gestorben war, nie hatte er danach gefragt), machte er sich schwere Vorwürfe. Wegen all der harten, endgültigen Worte, wegen der verschlossenen Türen, wegen der ablehnenden Blicke, der abwehrenden Hände. M. Péricourt hatte diesem Sohn alles verweigert. Nur den Krieg hatte er ihm gelassen. Zum Sterben.

S. 178: Genau genommen war der Krieg, in dem Édouard den Tod gefunden hatte, schon viel früher ausgebrochen – mitten in der Familie, zwischen dem teutonisch strengen Vater und dem verspielten, oberflächlichen, hektischen und vor Charme übersprudelnden Sohn. Die Verunsicherung auf beiden Seiten – Édouard war acht oder neun Jahre alt –, verriet sich in geheimen Manövern, mit denen der eigentliche Krieg begann. Zeigte sich der Vater zunächst noch besorgt, wurde er mit der Zeit ernsthaft beunruhigt. Zwei Jahre später, sein Sohn war herangewachsen, gab es nicht einmal mehr den Hauch eines Zweifels. Er verhielt sich ihm gegenüber kalt, distanziert, missbilligend. Édouard war zu einem rebellischen Aufrührer geworden.

S. 256 u. 258: Was er [Albert, ML] hier sieht, ist sehr gut gemacht, ausgefeilt, mit viel Sorgfalt, aber ... Er sucht nach den passenden Worten, es ist ... irgendwie starr. Und dann endlich findet er die richtigen Worte: Sie wirken nicht echt! Das trifft es. Er, der alles erlebt hat, der einer der Soldaten gewesen ist, er weiß, dass diese Bilder hier den Vorstellungen der Leute entsprechen, die nicht dabei gewesen sind. [...] Jetzt versteht er besser, warum ihn die Zeichnungen so enttäuscht haben, sie sollen gar keine individuellen Empfindungen einfangen, sondern vielmehr eine kollektive, sie sollen ein großes Publikum ansprechen, das Emotionen braucht und Heldentum will.

S. 260: Édouard, der verrückt vor Freude ist, antwortet endlich auf die Frage, die seinem Kameraden vom ersten Tag an unter den Nägeln brennt. Er fängt an zu lachen! Ja, er lacht zum ersten Mal. Es ist ein fast schon normales Lachen, ein Lachen, das aus der Kehle kommt, sehr feminin, mit hoher Stimme, ein richtiges Lachen mit Tremolo und Vibrato. Albert bleibt die Luft weg, sein Mund steht offen. Er sieht nicht einmal auf das Blatt Papier, auf dem Édouards letzte Worte stehen: «Wir verkaufen sie nur! Wir bauen sie nicht! Wir streichen das Geld ein, das ist alles.» [...] Édouard bricht ein zweites Mal in Lachen aus. Noch viel lauter. «Hauen wir mit der Kasse ab!»

S. 350: Joseph Merlin war nie mit einem guten Schlaf gesegnet gewesen. Doch im Unterschied zu den meisten Leuten mit Schlafstörungen, die ihr Leben lang nicht erklären können, woher ihr Leiden rührt, wusste er ganz genau, woran es bei ihm lag: Sein ganzes Dasein war eine einzige Folge von Enttäuschungen, an die er sich nicht gewöhnen konnte. Jede Nacht grübelte er über Ärgernisse und Rückschläge nach, rief sich die Gespräche ins Gedächtnis, in denen er nicht zu seinem Recht gekommen war, und durchlebte noch einmal seine beruflichen Niederlagen, die er zu seinen Gunsten ausgehen ließ. Das hielt ihn lange wach. Er hatte etwas zutiefst Egozentrisches an sich: Das Epizentrum im Leben von Joseph Merlin war Joseph Merlin.

S. 519: Der Betrug mit den Gefallenendenkmälern ist frei erfunden – jedenfalls ist mir nichts Derartiges bekannt. Die Idee kam mir beim Lesen eines Artikels von Antoine Prost über Kriegsdenkmäler. Die Henri d'Aulnay-Pradelle zugeschriebenen Unterschlagungen beziehen sich zu einem großen Teil auf den «Skandal um Militärexhumierungen», der im Jahr 1922 ausbrach und der in zwei exzellenten Untersuchungen von Béatrix Pau-Heyriès aufgearbeitet wurde. So entspricht in meinem Roman eine Aussage der Wahrheit, eine andere nicht, es hätte aber auch umgekehrt sein können.

Louis, Édouard / Daudey, Jonathan:: « Dès qu'il y a violence, il y a silence ». Entretien avec Édouard Louis. In: *un philosophe.* **Revue d'idées à caractère philosophique (14.11.2016), s.p., Übersetzung ML:** [E.L] Für mich war die zentrale Frage in *Geschichte der Gewalt* nicht die nach der Entschuldigung. Bourdieu hat diese Fragen bereits beantwortet, man weiß, dass die Genese der Handlungen eines Individuums anderswo als im Individuum zu finden ist, und ich wollte nicht wiederholen, was bereits gesagt wurde – ist das nicht das Ziel, das sich jede Geste des Schreibens, jede kreative Arbeit setzen sollte? Nein, meine Frage war vielmehr: Was bedeutet es, zu sprechen, was bedeutet es, Zeugnis abzulegen, was bedeutet der Akt, zu sagen, was gewesen ist, sich zu beschweren, Klage zu erheben?

[E.L] Diese Gewalt, die der Welt, in der wir leben, und damit dem, was wir sind, zugrunde liegt, ist der Stoff, aus dem mein Schreiben ist. Wenn ich von Gewalt spreche, konzentriere ich mich jedoch weniger auf die Logik des Ausschlusses als auf die Logik der Verfolgung. In meinem ersten Roman kann man sagen, dass Eddy Bellegueule ein ausgeschlossenes Kind ist, aber er wird vor allem verfolgt: von den beiden Jungen, die ihn jeden Tag im selben Flur verprügeln, von seinen Eltern, die ihn ständig dazu auffordern, sich zu erklären, wer er ist: Warum er so anders ist als die anderen Kinder, warum er nicht männlich genug ist, warum er wegen all dem Schande auf seine Familie bringt? Dasselbe gilt für die Anzeige in *Geschichte der Gewalt*, die Sie in eine Situation bringt, in der Sie ständig vorgeladen werden, von der Polizei, vom Richter, von Ärzten. Auch Redas Vater ist, wenn ich von seinem sehr schwierigen Leben in einem Sonacotra-Heim erzähle, nicht in erster Linie jemand, der ausgegrenzt wird, sondern in erster Linie jemand, der von der Macht, von Rassismus usw. verfolgt wird. Wenn ich schreibe, versuche ich, diese Verschiebung von einer Ausgrenzungsproblematik zu einer Verfolgungsproblematik zu bewirken – was nicht bedeutet, dass es keine Ausgrenzung gibt, sondern dass die Verfolgung es uns ermöglichen kann, Gewalt auf eine andere Weise zu verstehen.

[J.D.] Ja, vor allem, weil die Polizei oder die Ärzte, wenn Sie eine Anzeige erstatten, das, was Sie ihnen sagen, interpretieren und die Aussage verzerren, das, was Sie sagen, wird sofort umgewandelt ... [E.L.] Genau das ist der Punkt. Das ist ein weiteres Thema des Buches: Sobald jemand versucht, etwas zu sagen, werden seine Worte in den Worten anderer gefangen. Sie werden eingefangen, interpretiert und verzerrt. Die gesamte literarische Konstruktion von *Geschichte der Gewalt* spiegelt diese Problematik wider: Denn die Haupterzählerin des Buches ist meine Schwester. Es ist ein autobiografisches Buch, aber ich bin nicht der Erzähler. Im Roman befinde ich mich in einem Zimmer und höre, wie meine Schwester im Nebenzimmer ihrem Mann erzählt, was ich erlebt habe – die Begegnung, den Überfall, die Klage. Und was sie sagt, stimmt nicht mit dem überein, was ich erlebt habe, es gibt eine Diskrepanz zwischen dem, was ich ihr erzählt habe, und dem, was sie sagt, dass ich ihr erzählt habe. [...] Und das Leiden entsteht daraus, aus dieser Diskrepanz, aus diesem Versagen der Sprache.

Louis, Édouard: *Im Herzen der Gewalt*. Aus dem Französischen von Hinrich Schmidt-Henkel. Frankfurt a.M.: Fischer 2017, S. 13: Didier und Geoffroy sind der Meinung, dass er mich angelogen und mir einen erfundenen Namen genannt hat. Ich habe keine Ahnung. [...] Ich konzentriere mich auf etwas anderes, als wollte ich, dass er, der mir so viel genommen hat, wenigstens dies gelassen hat, ich will mich überzeugen, dass dieses Wissen, diese vier Buchstaben, eine Art Revanche ergeben, oder, falls der Begriff zu weit geht, eine direkte Macht über ihn, die mir aus diesem Wissen erwächst.

S. 45: Reda lächelte. Schwer atmend ging er an meiner rechten Seite neben mir her. Ich sah sein Lächeln und sein Gesicht nur zur Hälfte [...] Er fragte mich noch einmal, warum ich nicht Weihnachten feierte, warum ich um diese Zeit draußen herumlief – und Clara erzählte ich später, dass sein Atemgeräusch mir so attraktiv erschien, dass ich seinen Atem am liebsten zwischen die Finger genommen und mir das Gesicht damit gesalbt hätte. [...] Ich war getroffen davon, wie schön er war – Clara sagte: «Einen Atem lieben, drauf muss man erst mal kommen.»

S. 49: Folgende Frage hatte er gestellt: «Und Sie haben einfach so einen Unbekannten mitgenommen, in ihre Wohnung, mitten in der Nacht?» Ich hatte geantwortet: «Ach, das macht doch jeder die ganze Zeit ...», er darauf: «Jeder?», mit einem ironischen, mokanten, sarkastischen Gesicht. Es war keine Frage. Er fragte nicht, ob jeder das zu tun pflegte, sondern gab mir zu verstehen, dass niemand das tue.

S. 73: Reda war Kabyle. Als ich das noch einmal erwähnte, da unterbrach mich einer der beiden Beamten, ich weiß nicht mehr, war es der Mann oder die Frau, und fragte, da ich erläuterte, dass der Umstand dieser Herkunft den Verlauf der Nacht entscheidend beeinflusst hatte: «Ist das so Ihr Ding, alles Arabische?»

S. 77: [Clara]: «Er wusste, jetzt gingen sie zu ihm. Jetzt war es sicher. Er redete mit Reda über seine arabische Herkunft (*Irrtum, er war kein Araber*), und da wurde ihm klar, dass das in ihm, was widerstanden hatte, verschwunden war. Dass es tot war. Das dachte er jedenfalls, ich erzähl dir das Ganze, als ob sie drei Tage lang gelaufen wären, aber sie waren ja ganz nah, wie weit werden sie gegangen sein? Fünfhundert Meter (*oder sogar weniger, schließlich war ich schon fünfzig Meter allein gegangen, nachdem ich mein Fahrrad angeschlossen hatte und bevor Reda mich ansprach*).

S. 88f.: Einmal nahm er einen dicken Band zur Hand und sagte: «Ich lese nie. Meine Eltern wären froh gewesen, wenn es mit mir und der Schule besser geklappt hätte, aber das war nicht mein Ding, ich hab lieber Scheiße gebaut.» Das ist einer der Sätze, um die herum ich später versuchte, mir Redas Leben vorzustellen, einen Sinn herzustellen und Erklärungen zu finden in dem Schweigen dazwischen. Ich habe Didier und Geoffroy geschildert, wie Reda in meiner Phantasie einmal in der Schule aufstand. Ganz langsam. Er saß da wie alle anderen, unvermittelt würde er aufstehen [...] er geht gelassen weiter, wortlos, zu einem Fenster, das er genauso gelassen öffnet [...] Er öffnet das Schiebefenster und schwingt ein Bein über das Fensterbrett. Sylvain, mein Cousin, hat das tatsächlich mal gemacht. Eine seiner Heldentaten war das, über die in unserer Familie und in der Schule viel geredet wurde, derselben Schule, die er zehn Jahre vor mir besuchte, dort war das passiert.

S. 102f.: Er wäre wahnsinnig wütend gewesen. Unser Vater. Wenn er das gewusst hätte, der wäre voll ausgerastet, denn das macht man nicht, einem Mann den Hammer klauen. Der ist heilig. Andererseits. Er wäre zwar total ausgerastet [...], aber ich bin sicher, er wäre auch erleichtert gewesen, wie bei einer guten

Nachricht. Aber ohne das zu verraten. Das wäre bei seinem Stolz als Vater nicht gegangen, sagen konnte er das nicht, aber vielleicht wäre er doch erleichtert gewesen, weil er gedacht hätte, jetzt ist Édouard doch noch ein Mann geworden. Ein echter Kerl. Und auch wenn er rumgebrüllt und Édouard die schlimmste Tracht Prügel seines Lebens verpasst hätte, und Édouard hätte ordentlich was zu hören gekriegt für eine Weile, dann hätte er trotzdem ein bisschen grinsen müssen, im Mundwinkel, [...]. Endlich ist Édouard ein Mann geworden, er geht klauen und er widersetzt sich seinem Vater. Er hätte gedacht, endlich hat der Junge es geschafft.

S. 113: [Clara] Und darum finde ich auch, es wäre besser gewesen, er hätte das alles Reda erzählt, um ihn zu beruhigen. Dann hätte Reda gewusst, wo er war und mit wem er es zu tun hatte. Und vielleicht wäre es anders gelaufen. Er hätte begriffen, dass Édouard gar nicht so viel anders war als er, weil, ich wette, er hat Édouard auf dem Platz angesprochen wegen seines Aussehens und Auftretens, also Édouards, aber das ist aufgesetzt, diese Art sich zu geben hat er nicht immer gehabt.

S. 129: [Reda] «Das wirst du mir bezahlen, ich mach dich fertig, dreckige Schwuchtel, ich geb dir den Rest, schwule Drecksau», und ich dachte mir: *Ach darum – so dachte ich, heute bin ich mir nicht mehr so sicher, ob es sich so verhält, aber in dem Moment dachte ich: Er begehrt mich und verabscheut sein Begehren zugleich. Er will sich selber glauben machen, dass ihr das alles nicht getan habt, weil er dich begehrt, sondern als Vorwand für das, was er jetzt tut, ihr habt nicht miteinander geschlafen, sondern das war nur das Vorspiel zum Raub.*

S. 138: Das Problem besteht für Temple Drake – und also für mich – zunächst nicht darin, in der Interaktion zu einem bestimmten Verhalten gezwungen zu sein, sondern im Zwang dazu, im Rahmen dieser Interaktion *zu bleiben*, in der von der Situation geschaffenen Szene [...] Als wäre die Gewalt des Einsperrens, die Gewalt der Geographie zunächst da, und die anderen Formen der Gewalt entsprängen daraus, wären ihre Folgen und Auswüchse, als wäre die Geographie eine Geschichte, die sich ohne uns, außerhalb von uns abspielt.

Louis, Édouard / Leyris, Raphaëlle: « Empêcher le lecteur de détourner le regard ». Interview mit Édouard Louis. In: *Le Monde* **(10.5.2018), s.p., Übersetzung ML:** Man fühlt sich ständig von der Welt herausgefordert. Also habe ich angefangen, *Qui a tué mon père* zu schreiben, ich habe angefangen, die Namen von Chirac, Sarkozy, Hollande, Macron aufzuschreiben, all diese Leute, die gewalttätige Reformen eingeführt haben, die sich sehr stark auf den Körper der Beherrschten ausgewirkt haben, die Abschaffung der Kostenerstattung für Medikamente, die Senkung der Sozialhilfe, die Umstellung vom RMI auf das

RSA usw. [...] Ich wollte, dass man sich angesichts dessen, was ich sage, nicht abwenden kann. Es gibt viele Schriftsteller, die von der Freiheit des Lesers sprechen, mir ist es völlig egal, ob die Leserin oder der Leser frei ist, ich möchte, dass die Person, die liest, mit dem konfrontiert wird, was ich sagen will.

Macron, Emmanuel: *La République en actes: discours du Président de la République sur le thème de la lutte contre les séparatismes.* **(02.10.2020), s.p., Übersetzung ML:** Jeden Tag, *jeden Tag*, wollen die einen oder anderen gute Gründe für unsere Spaltung hervorheben. Wir sind keine Gesellschaft von Individuen. Wir sind eine Nation von Bürgern. Das ändert alles. Man lernt, Bürger zu sein, man wird es. Dies bedeutet Rechte und Pflichten. Aber ich werde nichts an diejenigen abgeben, die uns in die eine oder andere Richtung spalten wollen, denn ich glaube, dass unser schönster Schatz dieser Block ist, den wir bilden. Er ist eins und vielfältig, das sollten wir nie vergessen. Darin liegt die Stärke unserer Republik. Vielfältig bedeutet nicht, dass wir ein Agglomerat von Gemeinschaften wären. Es bedeutet, dass wir eine nationale Gemeinschaft sind. Aber diese nationale Gemeinschaft hat 66 Millionen Geschichten. Und etwas, das jedes Mal größer ist als jeder Einzelne, was einen Einzelnen zum Bürger macht. Sein Bekenntnis zum republikanischen Universellen, das ist es, was wir verteidigen müssen.

Mathieu, Nicolas: *Aux animaux la guerre.* **Arles: Actes Sud 2014, S. 25, Übersetzung ML:** Martel war schon immer ein schlechter Sohn gewesen. Und seit er denken konnte, hatte er immer zu wenig Geld. Sein Vater hatte ihn schon als Kind in die Pfanne gehauen, weil er all sein Geld, das er für Geschenke, seinen Geburtstag oder am selben Tag bekam, ohne nachzudenken ausgab. Du hältst dich wohl für einen Amerikaner? sagte der Alte. Du wirst es schon merken ... die Mühe, die man sich macht, den Wert, den sie hat. Martel hatte es später verstanden, in der Armee, in der Fabrik, aber er hatte weiterhin sein Geld verprasst, ohne sich um den nächsten Tag zu kümmern, er kaufte sich teure Kleidung, die er nicht anzog, gab Freunden eine Runde aus, kaufte sich einmal ein Auto, nur um in einen Vorort von Abidjan zu fahren.

Mathieu, Nicolas: *Wie später ihre Kinder.* **Aus dem Französischen von Lena Müller und André Hansen. München: Hanser Berlin 2019, S. 48:** Es hatte sich ein Kreis um zwei ungebetene Gäste gebildet, die mit ihren Trainingsjacken, an den Seiten abrasierten Haaren und flachen Ärschen in den Hosen dastanden. Ihr aggressives Auftreten und ihre Wut machte es schwer zu sagen, ob sie angreifen wollten oder gerade in der Falle saßen. Der Kleinere der beiden hatte einen Siegelring und trug eine Goldkette über seiner Tacchini-Jacke. Der andere hieß Hacine Bouali. Endlich mal jemand, den Anthony kannte. [...] Er hatte den Ruf, gefährlich zu sein [...] Natürlich war er nicht willkommen. Fünfzig stumme Gesichter ließen es ihn wissen. Dann trat ein kleiner Typ vor, um der Krise ein Ende zu setzen. Er war so wohlproportioniert und hatte einen so niedlichen Topfschnitt, dass man ihn für ein Playmobilmännchen hätte halten können. «Wir wollen keinen Stress», sagte er. «Ihr könnt nicht hierbleiben.» «Wer macht denn hier Stress?», erwiderte Hacine. [...] «Ihr seid nicht eingeladen», erklärte Playmobil «Ihr könnt nicht bleiben.»

S. 52: Er war noch neu, ein Song aus einer amerikanischen Stadt, genauso rostig wie Heillange, einer Drecksstadt am Ende der Welt, wo versiffte weiße Jungs in Karohemden billiges Bier soffen. Und dieser Song breitete sich wie ein Virus überall da aus, wo es schlaksige Jungprolls hab, verkorkste Kids, Krisenverlierer, Teeniemütter, kleine Gangster auf Mopeds, Kiffer und Sonderschüler. In Berlin war eine Mauer gefallen und der einsetzende Frieden hatte etwas von einer Dampfwalze. In jeder Stadt auf dieser deindustrialisierten, gleichförmigen Welt, in jedem abgehängten Kaff hörte die Jugend, die keine Träume mehr hatte, jetzt diese Band aus Seattle namens Nirvana. [...] Das Paradies war endgültig verloren, die Revolution würde nicht kommen. Ihnen blieb nur der Lärm. Anthony bewegte den Kopf im Takt der Musik.

S. 112: Langsam veränderte sich der Ausdruck des Manns. Er fühlte sich plötzlich schrecklich alt und verantwortlich. Mit Rania hatte er ein armes Land verlassen und in Heillange eine Art Asyl gefunden. In der Fabrik hatte er vierzig Jahre lang die Regeln befolgt, stets pünktlich, nach außen gefügig, für immer der Araber. Weil er schnell verstanden hatte, dass die Hierarchie bei der Arbeit nicht nur von Fähigkeiten, Betriebszugehörigkeit oder Bildungsgrad abhing. Es gab drei Klassen von Arbeitern. Zur untersten gehörten die Schwarzen und Maghrebiner wie er. Dann kamen die Polen, die Jugoslawen, die Italiener und die nicht ganz so hellen Franzosen. Um auf die besseren Posten zu gelangen, musste man in Frankreich geboren sein, Ausnahmen gab es nicht. Und wenn doch einmal ein Ausländer seinen Facharbeiter oder Meister machte, wirkte er stets ein wenig verdächtig, als wäre nicht alles mit rechten Dingen zugegangen.

S. 139 f.: «Willst du mit mir gehen?» Steph hätte beinahe laut losgelacht, aber Anthonys Ernsthaftigkeit hielt sie davon ab. [...] «Warum fragst du mich das?», wollte sie wissen. «Weiß nicht. Du bist schön.» [...] «Bald bin ich weg. Sobald ich das Abi hab, hau ich ab.» «Wo willst du hin?» «Nach Paris.» «Echt?» Für Anthony war Paris etwas Abstraktes, ein leeres Wort. Paris war was genau? Eine Sendung im Abendprogramm. Der Eiffelturm. Die Filme von Belmondo. Eine Art Vergnügungspark, nur schicker. Er verstand nicht, was sie da wollte. «Ich will eben hin, mir doch egal.» Für Steph war Paris schwarz-weiß. Sie liebte die Fotografien von Robert Doisneau. Sie fuhr an Weihnachten mit ihren Eltern hin. Sie erinnerte sich an die Schaufenster und das Opernhaus. Sie würde eines Tages Pariserin sein.

S. 259: Mit Luc Grandemange wurde ein bedeutsamer Teil ihrer Geschichte in die Grube gelassen. Sein erster Mitgliedsbeitrag ging auf das Jahr 1963 zurück. Er war ihr Sprecher gewesen, Betriebsrat, Hauptamtlicher, Sekretär, er hatte alles durch. Während der großen Streikes bei Metalor war er sogar eine Leitfigur der Bewegung geworden. Er war kein Ideologe. [...] Aber auf seine Weise bildete er den Kitt zwischen den Leuten, er hatte sie zusammengehalten, bis zum Schluss. Mit der Zeit hatten sein Engagement und seine Gutmütigkeit äußerst chauvinistische Züge angenommen. Er kam darauf, dass die Betrogenen, in deren Namen er kämpfte, nicht nur Arbeiter, Angestellte, Provinzler oder schlecht Ausgebildete waren. Sie waren außerdem von hier. Das Unglück war mit den Migrationsströmen gekommen. Die Zahl der Einwanderer, drei Millionen in etwa, entsprach genau der Arbeitslosenquote. Komischer Zufall. Wenn man darüber nachdachte, hatten viele verzwickte Probleme mit einem Mal ganz einfache Ursachen, man musste nur einsehen, dass die importierten Faulenzer der Hauptgrund für die Missstände der Gegenwart waren.

S. 283 f.: «Alles in Ordnung», sagte Anthony zaghaft. Der Vater musterte ihn mitleidig. Dann wandte er sich wieder diesem Drecksskerl zu, mit seinem Entenmund und seinen krausen Haaren. Ein Kameltreiber, war ja klar. Und dieser dröge, leere Blick, bei dem man nicht wissen konnte, was sich dahinter zusammenbraute. Sofort wollte Patrick ihm die Fresse polieren. «Du bist das also?», sagte er einfach. «Was?» Anthony begriff als Erster. Sein Vater hatte diese steinerne Härte angenommen, diesen dümmlichen Ausdruck, eine mineralische Festigkeit. Er wollte etwas sagen, aber Hacine sprach zuerst: «Kein Stress, Alter, geh mir nicht auf den Sack.» Der Vater stieß eine Art Glucksen aus, gefolgt vom ersten Schlag. Er kam mit Schwung, von der Schulter und vom Rücken, aus den Lenden und aus den Tiefen des Bauchs. Darin steckten aufgestaute Schmerzen und Frustrationen. Eine Faust, die von Pech und Unglück schwer geworden war, eine Tonne vergeblichen Lebens. Er traf Hacine mit voller Wucht mitten ins Gesicht.

S. 296 f.: «Weiter», sage sie. «Fester ...» Er gab sich Mühe, und sie stöhnte erneut, lauter. Trotz seiner Erregung überkam Anthony ein sonderbares Gefühl von Einsamkeit, Ernsthaftigkeit. Stephs Gesicht blieb ihm verborgen. Er stand der Dunkelheit allein gegenüber, der Monstrosität des Sees, dem Gewicht des Himmels. An seine Brust geschmiegt, nahm sie sich, was sie brauchte. [...] «Sei still. Bleib so. Halt mich, verdammt ...» [...] Sie würde kommen. «Warte», murmelte Anthony. Er wollte es auch. Aber das war gar nicht so leicht, in dieser Brühe, dieser Dunkelheit.[...] «Warte», sagte er wieder. Aber Stephs Körper sackte in seinen Händen zusammen wie ein altes Kleidungsstück. Sie ließ ihn los, stand ihm gegenüber, betrachtete ihn. Er wurde schlaff. Die Stille ringsum war fast zu greifen. «Bring mich zurück. Ich bin kaputt. Mir ist kalt» [...] Beim Kraftwerk bekam Anthony zum Abschied sein Küsschen. Mehrere Tage lang versuchte er, sich einzureden, dass er sie gefickt hatte. Aber es war umgekehrt.

S. 334f.: Clem hatte haufenweise Geschichten aus der Praxis ihres Vaters auf Lager, von den Verrückten, die dort ein und aus gingen. Für ihre Begriffe ging es im Wartesaal zu wie im Armenhaus. Alkoholiker, Rentner, Bedürftige, Staublungenkranke, Übergewichtige. Krampfadrige, Behinderte und andere Verunglückte, Ausländer, die schlecht Französisch sprachen, und Franzosen, die auch nicht besser zu verstehen waren. «Einmal ist eine Frau gekommen, die hatte drei Kinder, alle behindert. Eins, das geht ja noch. Aber drei, das ist ein schlechter Scherz.» Das war lustig, aber nur kurz. Diese billigen Witze über Assis waren inzwischen normal. Man machte sich lustig, um das Unheil zu bannen, die hinterhältige Pest, die sich nach und nach von unten her ausbreitete. Diese Leute, denen man in der Stadt begegnete, waren nicht mehr nur Folklore, irgendwelche Verwirrten, angeheiterte Breitschädel. Für sie wurden Wohnungen gebaut, Aldis, Pflegezentren, eine Kleinstwirtschaft, die sich um das Elend, um das Aussterben einer Art kümmerte. [...] Da war es besser, wenn man sich keine Fragen stellte, keine Zahlen erhob, nicht über Lebenserwartung oder Fruchtbarkeitsraten nachdachte. Das Gesindel verkümmerte hinter verschlossenen Türen, abgespeist mit einer kleinen Beihilfe, dem Untergang geweiht und Angst einflößend.

S. 338f.: Sie [die Eltern, ML], die ein behagliches, kleinbürgerliches Leben führten, die gut zurechtkamen und nicht allzu kultiviert waren, hielten für ihre einzige Tochter keine konkreten Pläne bereit. [...] Ansonsten dachten sie, dass Steph was im Handel machen könnte, sie würde Praktika absolvieren, einen Job annehmen, man würde ihr helfen, zwei oder drei Wohnungen in der Gegend kaufen, Garagen, das ließ sich gut vermieten, und mit der Zeit würde sie ihren Weg finden, wie die Eltern. Steph konnte sich diesem bescheidenen Ehrgeiz aber nicht anschließen. [...] Die Schule war ein Rangierbahnhof. Manche gingen früh ab und waren für körperliche Arbeit bestimmt, unterbezahlt, desillusioniert. Sicher kam es vor, dass einer von denen als Klempner millionenschwer oder als Automechaniker stinkreich wurde, aber im Allgemeinen führten diese frühzeitigen Abgänge nicht weit. Andere schafften es bis zum Abitur, angeblich 80 Prozent einer Altersklasse, und dann studierten sie Philosophie, Soziologie, Psychologie, BWL. Nachdem im ersten Jahr heftig ausgesiebt worden war, konnten sie auf miserable Abschlüsse hoffen, denen sich eine endlose Arbeitssuche anschloss, sie bestanden erschöpft das Auswahlverfahren für eine Stelle im öffentlichen Dienst, landeten in verschiedensten frustrierenden Positionen, als Lehrer in sozialen

Brennpunkten oder als Kommunikationsbeauftragte in der Verwaltung. [...] Dann gab es die Überflieger, die ein exzellentes Abitur hatten und einen exemplarischen Lebenslauf, die Startrampe für wirklich gute Karrieren. [...] Steph wollte zu dieser dritten Kategorie gehören.

S. 340: Ihr erster Herbst in Paris war grauenvoll. Sie besuchte die EPP, École préparatoire de Paris. Sie war voller Snobs, die Ecstasy einwarfen und rumhingen. In ihre Klasse ging einer der Söhne des Beniner Botschafters, der Sprössling eines thailändischen Ministers, Mädels mit Doppelvornamen, alle möglichen Kinder von langhaarigen, arroganten Schnöseln. In den Augen ihrer neuen Kommilitonen war Steph eine totale Hinterwäldlerin. Sie machten sich vor allem über sie lustig, weil sie Socken von Achile trug. Dabei waren die in Heillange der Hit. Bei der ersten Probeprüfung riet ihr der Lehrer, dass sie ihren Akzent ablegen solle, weil er ihr im Aufnahmeverfahren schaden könne.

S. 404 f.: Er liebte es, betrunken durch Heillange zu fahren. Ohne Eile rollte er an der Henne entlang, folgte wieder und wieder den altbekannten Straßen seiner Heimatstadt. Das Licht der Laternen gab seiner Fahrt einen Rhythmus. [...] Eine Hand am Steuer, in der anderen das Bier, ließ Anthony die Landschaft an sich vorbeiziehen. Die von Scheinwerfern angeleuchtete, riesenhafte Fabrik. Die Bushaltestelle, an der er seine halbe Kindheit mit Warten verbracht hatte. Seine alte Schule, die neu eröffneten Kebabläden, der Bahnhof, von wo er aufgebrochen und wohin er mit eingezogenem Schwanz zurückgekehrt war. Die Brücken, von denen er ins Wasser gespuckt hatte, um die Zeit totzuschlagen. Die Wettbüros, der McDonald's und dann die leeren Tennisplätze, das dunkel daliegende Schwimmbad, der langsame Übergang in die Siedlung mit den Einfamilienhäusern, das flache Land, und dann nichts mehr. [...] Dann war er in der Nähe von Stephs Haus, fast ohne es zu wollen. Er drehte die Musik lauter, nahm noch einen Schluck aus der Flasche.

S. 418 f.: In der 70. Minute schoss Thuram sein zweites Tor, und alle Zweifel waren vergessen. Das Volk stand mit einem Mal zusammen, die ganze Horde, es hatte alle Differenzen abgeschüttelt, es war eins. Wer draußen bleiben wollte, war ein Idiot. Drinnen schwang alles im Gleichklang. Das ganze Land war im Delirium. Es war ein Moment der Einheit, sinnlich und bedeutungsschwer. Alles war egal geworden, die Vergangenheit, die Toten, die Schulden, alles weggewischt wie von Zauberhand. Frankreich stand zusammen, es herrschte grenzenlose Brüderlichkeit.

Nora, Pierre: Pour une histoire au second degré. In: *Le Débat* **122 (2002/5), S. 24–31, hier S. 29, Übersetzung ML:** Der Begriff der Identität hat in der Tat eine ähnliche Bedeutungsumkehrung erfahren wie der Begriff des Gedächtnisses. Er wurde von einem individuellen Begriff zu einem kollektiven Begriff und von einem subjektiven zu einem quasi formalen und objektiven Begriff. Traditionell charakterisiert die Identität das Individuum in seiner Einzigartigkeit, so dass sie im Wesentlichen eine administrative und polizeiliche Bedeutung angenommen hat: Unsere Fingerabdrücke drücken unsere «Identität» aus, Sie haben Ausweise und Papiere, die Sie «ausweisen». Der Ausdruck ist zu einer Gruppenkategorie geworden, einer Form der Selbstdefinition durch *Außenstehende* [...]. Identität ist, wie das Gedächtnis, eine Form der *Pflicht*. [...] Auf dieser Ebene der Pflicht entsteht eine Verbindung zwischen Identität und Gedächtnis. Beide gehorchen demselben Mechanismus. Beide sind praktisch zu Synonymen geworden, und ihre Verbindung unter dem Zeichen der Pflicht kennzeichnet eine Neue Ökonomie der historischen und sozialen Dynamik. Diese Dynamik ist umso zwingender geworden, als sie sich mit einer ethischen Dimension aufgeladen hat, die allen Entgleisungen und Manipulationen den Weg ebnet. Im Vergleich zu einer Geschichte, die traditionell von politischen, wissenschaftlichen oder professionellen Autoritäten produziert wird – und daher leicht als offizielle Geschichte erscheinen kann –, hat sich das Gedächtnis mit dem Prestige und den neuen Privilegien emanzipatorischer und befreiender, oft populärer, immer protestierender Ansprüche geschmückt.

Rancière, Jacques: ***Politik der Literatur.*** **Aus dem Französischen von Richard Steurer. Wien: Passagen Verlag 2011, S. 27 f.:** Die Literatur ist die Entfaltung dieser Zeichen, die auf die Dinge selbst geschrieben sind. Der Schriftsteller ist der Archäologe oder Geologe, der die stummen Zeugen der gemeinsamen Geschichte zum Sprechen bringt. Das ist das Prinzip, das der realistische Roman verwirklicht. Das Prinzip dieser Form, in der die Literatur ihre neue Macht behauptet, ist keineswegs, wie man es geläufig sagt, die Tatsachen in ihrer Wirklichkeit zu reproduzieren. Es besteht darin, ein neues Regime der Anpassung zwischen der Bedeutung der Wörter und der Sichtbarkeit der Dinge zu entfalten, ein Universum prosaischer Wirklichkeit wie ein immenses Gewebe von Zeichen erscheinen zu lassen, das die Geschichte einer Zeit, einer Zivilisation oder einer Gesellschaft geschrieben enthält.

Rancière, Jacques / Aeschimann, Eric: Comment sortir de la haine: grand entretien avec Jacques Rancière. In: ***L'OBS*** **(15.07.2016), s.p. Übersetzung ML:** Die offizielle Rhetorik besagt, dass wir uns im Krieg befinden, da eine feindliche Macht gegen uns Krieg führt. Die in Frankreich verübten Anschläge werden als Operationen von Abteilungen interpretiert, die bei uns im Auftrag des Feindes Kriegshandlungen ausführen. Die Frage ist, wer dieser Feind ist. Die Regierung hat sich für die Bush'sche Logik eines Krieges entschieden, der sowohl total ist (der Feind soll vernichtet werden) als auch auf ein bestimmtes Ziel, den Islamischen Staat, beschränkt ist. Eine andere Antwort, die von einigen Intellektuellen übernommen wurde, lautet, dass der Islam uns den Krieg erklärt hat und einen globalen Plan umsetzt, um dem Planeten sein Gesetz aufzuzwingen. Diese beiden Logiken treffen sich insofern, als die Regierung in ihrem Kampf gegen Daech ein Nationalgefühl mobilisieren muss, das eine antimuslimische und einwanderungsfeindliche Stimmung ist. Das Wort «Krieg» drückt diese Verbindung aus.

s.p.: Was wir hier zu bekämpfen haben, ist dieser identitäre und hasserfüllte Drift. Während Verbrechen durch die Polizei bekämpft werden, wird Hass durch politische Maßnahmen bekämpft. Zu sagen, dass wir uns im Krieg gegen den Islam befinden, bedeutet, Verbrechen und Hass, polizeiliche Repression und politisches Handeln in ein und derselben Logik zu vermischen und damit den Hass zu schüren. Das gilt auch für die absurde Angelegenheit des Entzugs der Staatsangehörigkeit, die unfähig ist, Verbrechen zu verhindern, aber wirksam ist, um den Hass zu schüren, der sie hervorbringt. [...] Wir müssen diesen Zustand der virtuellen Dissidenz eines Teils der Bevölkerung, der sich in Kämpfer verwandeln kann, ernst nehmen. Das bedeutet, die Diskurse und Verfahren, die den Hass hervorgebracht haben, in Frage zu stellen, Arbeitslosigkeit, Ungleichheit und Diskriminierung aller Art ernsthaft zu bekämpfen und neu zu überdenken, wie Menschen zusammenleben können, die nicht auf die gleiche Weise leben und denken.

Riboulet, Mathieu: *Entre les deux il n'y a rien*. Paris: Verdier 2015, S. 13, Übersetzung ML: 1978 fahre ich nach Italien, ich bin achtzehn Jahre alt, es ist nur einen Steinwurf von 1972 entfernt, aber von nun an weiß ich, dass das Schreiben, die Politik, die Geschichte, der Sex für mich sind, es ist meins, es ist meine Sache, ich bin an der Reihe, ich will laufen, öffnen, vielleicht schwanken, vor allem genießen und genießen lassen. Die Politik wird wahrscheinlich nicht die Revolution sein, die meine vor mir Geborenen versucht haben hochzuhalten, weil die Zeit dafür vorbei ist. Die Revolution wird der Sex sein, sie wird darin bestehen, zu genießen und die Männer genießen zu lassen, ohne nach meinem Anteil zu fragen, ich habe noch drei Jahre vor mir, wir haben noch drei Jahre vor uns. In drei Jahren werden wir wie Hunde von einer Epidemie niedergemäht werden, der Feind wird sein Gesicht verändert haben. Und im Moment in Rom, *aus nächster Nähe in einer Garage erschossen wie ein Hund Aldo Moro zweiundsechzig Jahre alt von den Männern der Roten Brigaden in den Uniformen der revolutionären Kräfte* und ich achthundert Meter entfernt am 9. Mai 1978 in einem Park an eine Kiefer gelehnt knie ich zu Massimos Füßen nieder, der hart und buschig ist. Er steckt in meinem Mund, *und Pasolini dreiundfünfzig Jahre zu dreitausend Tagen und dreißig Kilometer von hier entfernt wird wie ein Hund verprügelt, vielleicht sogar noch bevor er sich vor seinem Mörder oder* *seinen Mördern bücken kann,* überall werden die Rippen der Hunde den Tritten der Büttel angeboten.

Sapiro, Gisèle: L'apport du concept de champ à la sociologie de la littérature. In Baudorre, Philippe / Rabaté, Dominique / Viart, Dominique (Hg.): *Littérature et sociologie.* **Bordeaux: Presses Universitaires de Bordeaux 2007, S. 61–80, hier S. 75, Übersetzung ML:** Das Konzept des Feldes ermöglicht es also, in einer multidisziplinären Perspektive externe Faktoren und interne Analysen miteinander zu verknüpfen und dabei die Vermittlungen zwischen diesen beiden Phänomenen zu berücksichtigen, die allesamt Feldeffekte darstellen. Auf der Ebene der Produktionsbedingungen sind es die Definition der sozialen Rolle des Schriftstellers, die Berufsideologie, die literarischen Institutionen und die Struktur des Feldes; auf der Ebene des Schaffens sind es der Raum der Möglichkeiten und die Arbeit der Formgebung, die sich auf diesen Raum und seine Geschichte sowie auf den Habitus des Schöpfers beziehen. Schließlich veranschaulicht die Existenz eines ästhetischen, d. h. von der moralischen, politischen oder sozialen Beurteilung der Werke relativ autonomen kritischen Urteils den Feldeffekt auf der Ebene der Rezeption.

Sapiro, Gisèle: *La sociologie de la littérature.* **Paris: La Découverte 2014, S. 107, Übersetzung ML:** In der Literaturwissenschaft hat es der soziologische Ansatz ermöglicht, von der internen Analyse literarischer Werke wegzukommen, indem er sie in andere soziale Diskurse einordnet, die Vorstellungen und Werte, die sie vermitteln, ans Licht bringt und sie auf ihre Produktionsbedingungen (auf individueller und kollektiver Ebene) bezieht, während er gleichzeitig Überlegungen zur Vermittlung zwischen diesen externen Determinationen und dem Text anstellt. Er steht im Dialog mit der Diskursanalyse, der Textgenetik und Arbeiten zu einzelnen Schriftstellern sowie mit Arbeiten, die die Beziehungen zwischen Literatur und Politik, Literatur und Recht oder Literatur und Moral untersuchen, mit den Postcolonial Studies und mit Perspektiven auf die Weltliteratur (*world literature*).

Sinja, Shumona: *Erschlagt die Armen!* **Aus dem Französischen von Lena Müller. München: dtv 2019, S. 7:** Erschöpft und mürbe sinke ich auf den feuchten Boden meiner Zelle und denke wieder an diese Leute, die wie ungeliebte Quallen die Meere befallen und sich an fremde Ufer geworfen haben. Hier bestellte man sie in halb blickdichte, halb durchsichtige Büros in den Randzonen der Stadt. Wie viele andere war ich beauftragt worden, ihre Berichte von einer Sprache in eine andere zu übersetzen, von der Sprache des Antragstellers in die Aufnahmesprache. Nach Tränen schmeckende Berichte voll Bitterkeit und Gewalt, Winterberichte, Berichte von schmutzigem Regen und schlammigen Straßen, von endlosem Monsun, als würde der Himmel bersten.

S. 21: Wenn die Fragen sie in die Enge trieben, wenn sie stammelten und sich für ihr Stammeln schämten, wenn sie logen und es wussten, brüllten sie mit gespielter Wut, dass wir sie nicht verstünden. [...] Sie durften meine Arbeit kritisieren, weil eine Frau nicht arbeitet. [...] Und dann erdreistete sich diese Frau, sie, die Männer, auszufragen. In der guten alten Zeit, vor diesen unvorhergesehenen Ereignissen auf den Meeren und in den Büros, als Männer noch Reis anbauten und Gewürze verkauften, ohne bei der Heimkehr tausend Papiere vorzeigen zu müssen, hätten sie einer Frau, die mit erhobenem Kopf und lauter Stimme mit ihnen redete, die in ihren Geheimnissen herumschnüffelte und sie angeblich falscher, widersprüchlicher Aussagen überführte, eine Ohrfeige verpasst. [...] In diesem Augenblick hätte ich einen Schädel einschlagen wollen. [...] Wenn diese chaotische Welt meinen Körper, mein Hoheitsgebiet, einnahm und es auch im Inneren keinen Frieden mehr gab.

S. 29 f.: Das Leben ist ein Monolog. Auch wenn man glaubt, ins Gespräch zu kommen, ist es nur das zufällige Zusammentreffen von zwei Monologen [...]. In den Büros trafen Fragen und Antworten aufeinander, ohne in Kontakt zu treten. [...] Ich schwankte zwischen Scham und Gereiztheit. Weil ich mich auch noch an das Land aus Lehm erinnern konnte, das erodierende Land zwischen zwei Reißzähnen des Wassers, an die gefräßige Bucht, an das schwarze Wasser, das mit den Zungen von Kali, der grausamen Göttin, Hektar um Hektar verschlingt. [...] Ich erinnere mich an die weiche, schwarze, klitschige Erde am Ufer der Flüsse, wo die Wurzeln der Bäume sich umklammerten. Im Schlamm, im Wasser spielten Kinder, sie fingen winzige, unruhige Fische, die die Wellen ans abfallende Ufer gespült hatten, die mit Fischen und Glimmer übersäte Tonerde schimmerte in der Sonne, die sonnenvergoldeten Fische leuchteten auf dem Wasser, bis zur unsichtbaren Linie, wo die Bucht und der tiefe Himmel ineinander verschwammen.

S. 36 f.: Die Erinnerung musste erfunden werden. Mit Hilfe des Geruchs von Blut und Pulver. Ich erzählte ihm von gesprengten Zugtrassen, Telefonmasten, Polizeistationen. [...] Die Erinnerung musste auch erlernt werden. Die Schulbücher erklärten, wie die Machthaber versucht hatten, die Region, eine Bastion der Unabhängigkeitskämpfer, in zwei Teile zu teilen. Wie Aktivisten die Teilung zu Beginn des letzten Jahrhunderts rückgängig machen konnten und wie das Land, dieser eine Körper, vierzig Jahre später bei der Unabhängigkeit, als jede Seite versuchte, sich die besten Stücke zu sichern, verstümmelt wurde. Wie diese fruchtbare Erde ausgebeutet, geschändet, bedrängt und schließlich in zwei Teile geteilt, von den großen Pferden der Kolonialherren zerrissen wurde.

S, 42: Aber die Gesetze bleiben unveränderlich. Erdplatten reiben sich an Erdplatten. Das Himmelszelt hat Löcher wie ein alter Zirkus. Ganze Länder geben unter den Wassermassen nach, die Zukunft versinkt. Und immer noch ziehen Herden von Menschen nach Norden. Mit ihren Lügen, ihrer Mittelmäßigkeit, ihrer ungeschickten Verbohrtheit, ihren Träumen traurig wie Lumpen. Die Migranten überleben trotz allem, wie rebellische Halme, die aus unfruchtbarer Erde wachsen. Sie finden immer einen Weg, der Sense zu entgehen.

S. 53 u. 61: Es war einer der wenigen Momente, in denen ich Lucia anschauen konnte. Mit ihrem Lichtkranz verschmelzen konnte. Lucia, hell und milchig, erinnerte mich an alte Darstellungen von Schönheit, Folklorebildchen, griechische Sagen, gefährliche Überfahrten und die Geschichten der Seeleute. [...] Eine auf Martinique geborene Russin mit einem Namen aus dem Heiligenkalender. Ihr Gesicht verriet ihre Gedanken nicht. Sie trug drei Kontinente in sich. Sicherlich verschoben sich diese verschiedenen Erdteile und kollidierten. Ich weiß nicht, ob sie die Erdbeben und Wirbelstürme in ihrem Inneren spürte.

S. 65: Anfangs sprach er in Rätseln. Mit der Zeit lüftete sich sein Geheimnis. Am Ende stand er vor uns wie ein blankes Schwert. Er sagte uns, dass es für seine Anwesenheit in diesem fremden Land, europäischen Land, keinen anderen abwegigen Grund gäbe als den, dass er sich ein besseres Leben wünsche und aus. Dann ist er zu seiner Feuertonne und seinen Esskastanien vor dem Bahnhof zurückgekehrt, ein Cowboy nach erfülltem Auftrag. Keine Spur von Sonnenuntergang um ihn, und unser Lachen war zu einem verlegenen Lächeln geronnen. Was uns und ihn umgab, war der blasse Schein der Morgendämmerung, wenn das Herz sich öffnet wie eine Magnolienblüte.

S. 78 f.: *Eleutheria*, die Freiheit, beschreibt die Möglichkeit zu gehen, wohin man möchte. Ob Tier oder Mensch, der Wunsch zu gehen, wohin man möchte, ist unveränderlich. Ob Grieche oder nicht, frei ist niemand. Sie waren es nicht, keiner der Männer, die wir in unseren Büros empfingen, war frei. Sie werden es niemals sein. Aber sie werden frei sein zu sagen, was sie zu sagen haben. Sie werden frei sein zu sagen, was sie für ihre Wahrheit halten. Sprechen ist eine Freiheit. Eine magere, aber immerhin. Aber Liber – der Gott des Weines und des Wortes – wartet nirgends auf sie. Die lateinische Bedeutung ist ihnen gleichgültig, es ist ihnen gleichgültig, sich zu entfalten und zu erblühen. Sie definieren ihre Freiheit, wie sie eben können. Umherzuirren, wo sie möchten. Zu wachsen, wie sie können. Gebeugt, unförmig, buckelig, in Kellern zusammengepfercht, sprießen sie in der Nacht und schlagen Wurzeln in einem Land, das sie nicht lieben, aber begehren.

S. 107: In Begleitung ihrer Anwältin erzählt sie dem Gericht, vor dem Vorsitzenden und seinen Beisitzern, wie sie zwei Mal hintereinander Opfer einer kollektiven Vergewaltigung wurde und wie sie versucht hat, ihr Kind aus der ersten Vergewaltigung aufzuziehen. Ihre Lippen zittern. Die ersten Tränen sammeln sich in den Augenwinkeln. Dann lässt sie los. Sie weint. Sie weint einen Fluss aus Tränen. In diesem Augenblock könnte man sie leicht mit einer Blume im Morgentau beim ersten Licht vergleichen. Bald schon überschwemmt, ertränkt von den eigenen Tränen. Während ich ihre Worte übersetze, wird mein Hals eng und auch meine Augen füllen sich mit Tränen. Ich möchte ihre Hand nehmen, die auf dem Tisch liegt und mit der sie von Zeit zu Zeit nach dem Zipfel ihres gelb-pinken Baumwollschals greift, um ihre Wangen zu trocknen.

S. 108: Am nächsten Tag vertraue ich meinen Kollegen bei Kaffee und Tee diesen Vorfall an. «Ah, du bist drauf reingefallen!» Als Berufsveteranen wissen sie, dass es unmöglich ist, ein Kind aus einer Vergewaltigung aufzuziehen, sie wissen, dass Vergewaltigung das beliebteste und erfolgversprechendste Verbrechen dieser Menschen geworden ist, dass sie sich Zwiebeln in die Taschen stecken, um ihre Augen zu reizen. Das tränenüberströmte Gesicht, die zitternden Lippen, die versiegende Stimme zerlaufen wie ein Aquarell. «Mach dir nichts draus. Das war deine gute Tat. Dank dir bekommt sie Asyl.» Unter dem Spott der anderen schlürfe ich mein heißes Minzwasser, innerlich noch aufgewühlt von der Erinnerung an die Tränen.

S. 111: Der Mann folgt mir. Er stößt ein weiteres *Entschuldigen Sie* hervor. Nun, da er mir ein paar Schritte gefolgt ist, fühlt er sich berechtigt und ermutigt, beharrlich zu bleiben. «Ich darf nicht mit Ihnen sprechen!», rufe ich, bevor ich einen großen Schritt über den Teppich einer knienden, stummen Bettlerin mache, deren Pappaufsteller uns darüber informiert, dass sie Hunger hat. Zu einem früheren Zeitpunkt hatte ich sie anderswo im Gebet zu einem unbestimmten Gott auf dem Boden liegen sehen, ihr verschleierter Kopf berührte fast den dreckigen Boden. Ich erinnere mich nicht mehr, ob ich damals Lust hatte, diesem schwarzen Stoffknäuel einen Fußtritt zu versetzen oder ob ich sie aufsetzen, ihr helfen wollte, sich aufrecht hinzusetzen. Von mir aus kann sie dann weiterbetteln!

S. 121: Der Mann mit dem wutgeschwärzten Gesicht packt mich wieder. […] Was folgt, ist nichts als ein misslungener Dialog, ein Wortwechsel zwischen Taubstummen, die keine gemeinsame Zeichensprache haben, deren Finger und Gesichter starr sind. Was folgt, ist nichts als die Suche nach Identität, nach einer feststehenden oder einer veränderlichen, einer für einen Abend, für den Tag und für die Nacht, in der Nähe oder hinterm Stacheldraht, einer Identität, die man wechselt wie Kleider.

S. 127: Meine Gedanken sind schon beim stoßweisen Rhythmus der Metro. Meine Gedanken sind wieder beim stoßweisen Rhythmus dieser Stadt. Ihr großer Schlund lockt mich wieder. Die Wege durch ihr Labyrinth sind das einzige Leben, das ich kenne, die einzige Wohnstatt, die ich kenne. / Es ist Zeit, nach Hause zu gehen.

Slimani, Leïla: *Le diable est dans les détails.* Paris: L'Aube 2017, S. 22f., **Übersetzung ML:** Essayisten, wie auch Schriftsteller, werden bald die Aufgabe haben, sich aus der Distanz zu betrachten. Ein paar Schritte zurückzutreten, um das Geschehen zu würdigen. Da die Literatur ein riesiger Freiraum ist, in dem man alles sagen kann, in dem man mit dem Bösen in Berührung kommt, über das Grauen berichten und sich von den Regeln der Moral und des Anstands befreien kann, ist sie notwendiger denn je. Sie bringt Komplexität und Zweideutigkeit in eine Welt, die sie ablehnt. Sie kann das Hässlichste, Gefährlichste und Niederträchtigste, das unsere Gesellschaften hervorbringen, ungeschminkt und ohne Selbstgefälligkeit untersuchen. Sie braucht Zeit in einer Welt, in der alles schnell geht, in der das Gefühl und die Emotion über die Analyse siegt. Aber um ihre Rolle voll auszufüllen, muss sie sich selbst und diesen Idealen gerecht werden. «*Literatur ist das Wesentliche oder sie ist nichts. Diese Auffassung gebietet nicht die Abwesenheit von Moral, sie verlangt eine ‹Hypermoral›*», schrieb Georges Bataille.

S. 23: Nur wenige Tage vor dem Amoklauf von Charlie Hebdo war es der Schriftsteller Michel Houellebcq, der mit seinem Buch *Unterwerfung* für Schlagzeilen sorgte. Ein weiterer Beweis dafür, dass Frankreich ein Land ist, in dem Schriftsteller zählen. Ein weiterer Beweis dafür, dass die Literatur ein Raum der freien Meinungsäußerung ist, unabhängig davon, ob man mit den Aussagen des Autors einverstanden ist oder nicht. Houellebecq wurde als Provokateur, Zauberlehrling, Islamophobiker, aber auch als großer Schriftsteller oder Visionär bezeichnet und hat eine sehr lebhafte Debatte ausgelöst. Dabei stellt sich die Frage: Wie steht es mit der Verantwortung in der Literatur? Muss ein Schriftsteller angesichts der Ereignisse «verantwortlich» sein? Muss er sich selbst zensieren, wenn er weiß, dass seine Worte eine Gesellschaft in Brand setzen könnten, die ohnehin schon in Aufruhr ist? Ich glaube nicht.

Springora, Vanessa: Die Einwilligung. Aus dem Französischen übersetzt von Hanna von Laak. München: Blessing 2020 [ebook-Version für Kindle], S. 160: Ich habe lange über diese unbegreifliche Lücke in einem eigentlich doch sehr genau abgesteckten rechtlichen Rahmen nachgedacht, und ich sehe nur eine mögliche Erklärung dafür. Wenn sexuelle Beziehungen zwischen einem Erwachsenen und einem Minderjährigen unter fünfzehn Jahren strafbar sind, warum dann diese Toleranz, wenn sie auf das Konto des Vertreters einer Elite gehen, eines Fotografen, Schriftstellers, Filmemachers oder Malers? Offensichtlich gehört der Künstler einer besonderen Kaste an, er gilt als ein Wesen, das über uns steht und das wir mit Allmachtbefugnissen ausstatten, ohne eine andere Gegenleistung dafür zu erwarten als die Produktion eines originellen und subversiven Werkes. Wir sehen in ihm eine Art Aristokraten mit außergewöhnlichen Privilegien, vor dem wir in blinder Bewunderung erstarren und über den wir uns kein Urteil erlauben dürfen.

Viart, Dominique: La mise en œuvre historique du récit de filiation: Histoire des grands-parents que je n'ai pas eus d'Ivan Jablonka. In: Asholt, Wolfgang / Bähler, Ursula (Hg.): *Le savoir historique du roman contemporain.* **Villeneuve-d'Ascq: Presses Universitaires du Septentrion 2016, S. 83–100, hier S. 97, Übersetzung ML:** Die Praeteritio, mit der der Erzähler seine Unwissenheit erklärt, ermöglicht es ihm ipso facto, dem Nicht-Wissen eine Gestalt zu geben, indem er eine Erzählung produziert. Auch wenn er im Text selbst als unsichere Instanz angesehen wird, ist er da und wird konstituiert. Diese Sichtbarkeit des Erzählers ist das letzte charakteristische Merkmal literarischer Praktiken. Nicht nur, weil er in der ersten Person als Erzähler auftritt, seine Hypothesen und seine Passagen darlegt, sondern auch, weil er sich selbst in seiner Gegenwart inszeniert. [...] Jablonka berichtet über seine Ermittlungen, seine Irrwege [...]. Er schreckt nicht vor seinen eigenen Stellungnahmen zurück [...], während von einem Historiker eher eine gewisse Neutralität der Aussage gefordert wird.

Wieviorka, Michel: *Sociétés et terrorisme.* **Paris: Fayard 1988, Avant-propos, S. 10, Übersetzung ML:** Der Forscher steht hier vor einer schwierigen Wahl. Entweder nimmt er, in dieser Hinsicht dem Common Sense nahestehend, eben eine subjektive Perspektive ein. Der Terrorismus ist dann im Wesentlichen eine mehr oder weniger irrationale Bedrohung, die mit Sicherheit nicht tolerierbar ist, und wird im Hinblick auf all das interpretiert, was sie für die gefährdete Gesellschaft bedeutet: Werte, die mit Füßen getreten werden, bedrohte Institutionen, verneinte soziale Bindungen. [...] Der Terrorismus wird zu einer Darstellung, einer Kategorie, deren Entwicklung und Verwendung nicht mehr so sehr mit dem Phänomen als vielmehr mit bestimmten Merkmalen der Gesellschaft, die er betrifft, zusammenhängt [...]. Umgekehrt kann der Forscher versuchen, auf die andere Seite zu wechseln. Natürlich nicht, um den Standpunkt der terroristischen Akteure einzunehmen, sondern um sie an sich zu untersuchen, z. B. die politischen und intellektuellen Verirrungen, in denen sie sich konstituieren, oder die immer seltsamere Beziehung, die sie zur Realität unterhalten.

Wieviorka, Michel: *Violence en France.* **Paris: Seuil 1999, S. 7, Übersetzung ML:** Die Gewalt, die Frankreich heute heimsucht – Unruhen, Kriminalität, Gewalt an den Schulen, Unzivilisiertheit, Wut- und Hassausbrüche usw. – ist das nicht schlicht und einfach ein historischer Rückschritt? Bewegen wir uns nicht gegen den Fortschritt, sind wir nicht in die Spirale einer De-Zivilisierung oder, um mit Alain Touraine zu sprechen, einer «Demodernisierung» geraten, die gleichzeitig zu einem Synonym für kulturelle Dekadenz und den Zerfall unseres Nationalstaats wird?

S. 12: Wie lässt sich der scheinbar unlösbare Konflikt lösen, in dem sich die Perspektive auf die Gewalt in ihrer Objektivität und die Perspektive, die sich mit ihren Darstellungen und ihrer Subjektivität befasst, gegenüberstehen? Ein erstes Element der Antwort liegt in der Weigerung, die Analyse zu fixieren, und in dem ständigen Bemühen, die beiden Sichtweisen, die universelle und die relativistische, einander gegenüberzustellen, also so weit wie möglich zwischen diesen beiden Polen, die das theoretische Feld der Gewalt bestimmen, zu zirkulieren, indem wir alles vermeiden, was die Perspektive zu einseitig auf einen dieser Pole ausrichtet, und uns bemühen, die empirischen Kenntnisse über die Fakten und die Akteure und diejenigen, die sich eher auf die Vorstellungen dieser Fakten und dieser Akteure beziehen, miteinander zu verknüpfen.

S. 333: Wie gelangt man von diversifizierten Darstellungen, in denen die einen, auch vor Ort, keinerlei Gewalt erkennen, andere nur Drogen und selbstzerstörerische Verhaltensweisen sehen wollen, wieder andere sich vor allem über Unzivilisiertheit sorgen usw., zu der einheitlichen und synthetischen Darstellung einer generalisierten Gewalt, die von bestimmten Gebieten, Vierteln, Vorstädten, Städten ausgeht, um letztlich das ganze Land zu bedrohen? Die Untersuchung der Funktionsweise der Medien bringt hier erste Klarheit: Sie sind es, die die Kategorien verbreiten, die die Vereinheitlichung der Wahrnehmungen gewährleisten und mit den polizeilichen Kategorien übereinstimmen. Die Medien sind jedoch kein in sich homogenes Universum, sondern funktionieren arbeitsteilig, wobei insbesondere zwischen dem Fernsehen (und darin den nationalen und regionalen Instanzen) und den Printmedien (und darin der nationalen Presse sowie der regionalen und lokalen Presse) unterschieden werden muss. Die Bedeutung der Medien liegt vor allem in der erstaunlichen Fähigkeit ihres Systems begründet, nicht nur ungleich wichtige und sehr unterschiedliche Fakten, sondern auch Wahrnehmungen, die viel stärker variieren als allgemein angenommen, zu einem wenig differenzierten Bild zu verschmelzen.

S. 341 f.: Die Bilder von Gewalt und Unsicherheit zu verarbeiten bedeutet auch, zu mehr Zuversicht aufzurufen, ohne in seligen Optimismus zu verfallen, und sich zu weigern, das globale Umfeld auf das Bild einer zerstörerischen Gesamtheit wirtschaftlicher und kultureller Bedrohungen und die Gesellschaft auf das Bild einer Gesamtheit abstrakter Prinzipien zu reduzieren, die von den neuen Barbaren im Inneren, den Jugendlichen aus den Arbeitervierteln, untergraben werden. [...] Es geht einfach darum, die Reden und Darstellungen zu liquidieren, die dazu einladen, in der Gesellschaft nichts anderes als ein vom Zerfall bedrohtes Gebilde und in der Nation ein kulturelles Wesen zu sehen, das zum Zerfall oder zur Degeneration verurteilt ist. [...] Wir werden nie mit der Gewalt zu einem Ende kommen, die ein Teil allen gesellschaftlichen Lebens ist, ein

Überbleibsel dessen, was die Demokratie nicht zu bewältigen weiß oder nicht zu bewältigen vermag. Aber wir können sie zurückdrängen, sowohl in ihrer Realität als auch in den Vorstellungen, die von ihr kursieren.

Wieviorka, Michel: *La violence*. **Paris: Hachette Littératures 2005, S. 213 f., Übersetzung ML:** Die analytischen Instrumente, die die Sozial- und Politikwissenschaften entwickelt haben, scheinen immer wieder bestimmte Aspekte der Gewalt außer Acht zu lassen, die wie eine Art Rest oder Ausschuss, ein kleiner, marginaler Teil erscheinen. Sie helfen uns nicht, den Exzess oder den Mangel im Gewaltverhalten zu verstehen, die Momente des frenetischen Ausrastens, sie interessieren sich nicht für die Phänomene des Sinnverlusts und der Verwilderung, es sei denn, sie werden naturalisiert oder pathologisiert, Sie haben nicht viel zu sagen, wenn es darum geht, Sadismus, Grausamkeit oder Gewalt um der Gewalt willen zu betrachten, wenn es darum geht, die Maßlosigkeit von Massenmorden oder Episoden zu verstehen, in denen der Akteur Zerstörung und Selbstzerstörung miteinander verbindet.

Bibliographie

Primärquellen des Text-Korpus

Andras, Joseph: *De nos frères blessés*. Arles: Actes Sud 2016.
Despentes: *King Kong Théorie*. Paris: Grasset 2006.
Despentes, Virginie: *Vernon Subutex*. 3 Bde. Paris: Grasset 2015–2017.
Guven, Mahir: *Grand frère*. Paris: Interforum editis 2017.
Jablonka, Ivan: *Laëtitia, ou la fin des hommes*. Paris: Seuil 2016.
Jenni, Alexis: *L'Art français de la guerre*. Paris: Gallimard – Collection blanche 2011.
Lançon, Philippe: *Le Lambeau*. Paris: Gallimard 2018.
Lemaitre, Pierre: *Au revoir là-haut*. Paris: Albin Michel 2013.
Louis, Édouard: *Histoire de la violence*. Paris: Seuil 2016.
Mathieu, Nicolas: *Leurs enfants après eux*. Arles: Actes Sud 2018.
Sinha, Shumona: *Assommons les pauvres !* Paris: Éditions de L'Olivier 2011.

Sekundärquellen

AAVV: *Marquis de Sade: Philosoph oder Sadist?* Norderstedt: Science Factory 2013.
Abid, Raith / Manan, Shakila / Rahman, Zuhair: ‹A flood of Syrians has slowed to a trickle›. The use of metaphors in the representation of Syrian refugees in the online media news reports of host and non-host countries. In: *Discourse & Communication* 11 (2017), S. 121–140.
Adorno, Theodor W.: *Ästhetische Theorie*. Herausgegeben von Gretel Adorno und Rolf Tiedemann [1973]. Frankfurt a.M.: Suhrkamp 2012.
Agar, Michael H.: Literary Journalism as Ethnography: Exploring the Excluded Middle. In Van Maanen, John (Hg.): *Representation in Ethnography*. Thousand Oaks: Sage 1995, S. 112–129.
Agier, Michel: *La Jungle de Calais*. Paris: PUF 2018.
Allahar, Anton L.: «Racing» Caribbean Political Culture: Afrocentrism, Black Nationalism and Fanonism. In Henke, Holger Henke / Réno, Fred: *Modern Political Culture in the Caribbean*. Barbados – Jamaica –Trinidad and Tobago: University of the West Indies Press 2003, S. 21–58.
Allan, William S.: *Without End: Sade's Critique of Reason*. New York – London: Bloomsbury 2018.
Althussers. Louis: *Idéologie et appareil Idéologique d'État (AIE) (Notes pour une recherche)*. Paris: Éditions sociales 1970.
Andras, Joseph: *Kanaky. Sur les traces d'Alphonse Dianou*. Arles: Actes Sud 2018.
Ang Mei Sze, Jennifer: *Sartre on Moral Limits of War and Terrorism*. New York: Routledge 2010.
Apollinaire, Guillaume: *Les Diables amoureux, idées*. Paris: Gallimard 1964.
Aragon, Louis: *Entretiens avec Francis Crémieux*. Paris: Gallimard, 1964.
Aragon, Louis: *Aurélien, 1944, préface de 1966. Voici le temps enfin qu'il faut que je m'explique*. In ders.: *Œuvres romanesques complètes*. Bd. III. Paris: Gallimard « Bibliothèque de la Pléiade » 1997.

Aristoteles: *Poetik.* Übersetzt und erläutert von Arbogast Schmitt. In: Flashar, Hellmut (Hg.): *Aristoteles. Werke in deutscher Übersetzung.* Bd. 5: *Poetik.* Berlin: Akademie Verlag 2008, S. 1–42.
Armstrong, Joshua: *Maps and Territories: Global Positioning in the Contemporary French Novel.* Liverpool: Liverpool University Press 2019.
Armstrong, Nancy / Tennenhouse, Leonard (Hg.): *The Violence of Representation. Literature and the History of Violence.* London – New York: Routledge 1989.
Asholt, Wolfgang / Fähnders, Walter (Hg.): *Manifeste und Proklamationen der europäischen Avantgarde (1909–1938).* Stuttgart – Weimar: Metzler 1995.
Asholt, Wolfgang / Dambre, Marc (Hg.): *Un Retour des normes romanesques dans la littérature française contemporaine.* Paris: Presses de la Sorbonne nouvelle 2011.
Asholt, Wolfgang: Un renouveau du ‹réalisme› dans la littérature contemporaine? In: *lendemains* 150/51 (2013), S. 22–35.
Asholt, Wolfgang / Fähnders, Walter: *Manifeste und Proklamationen der europäischen Avantgarde (1909–1938).* Sonderausgabe. Stuttgart: J.B. Metzler 2016.
Asholt, Wolfgang / Bähler, Ursula (Hg.): *Le savoir historique du roman contemporain.* Villeneuve-d'Ascq: Presses Universitaires du Septentrion 2016.
Assmann, Aleida: *Die Legitimität der Fiktion. Ein Beitrag zur Geschichte der literarischen Kommunikation.* München: Fink 1980.
Assmann, Jan: Kollektives Gedächtnis und kulturelle Identität. In ders. / Hölscher, Tonio (Hrsg.): *Kultur und Gedächtnis.* Frankfurt a.M. 1988, S. 9–19.
Assmann, Jan: *Das kulturelle Gedächtnis. Schrift, Erinnerung und politische Identität in frühen Hochkulturen.* München: Verlag C.H. Beck 1992.
Aubert, Françoise: Aristocratie et noblesse: Balzac ou le ‹complexe Rastignac›. In: *Studi dell'Instituto Linguistico* 5 (1982), S. 91–101.
Auerbach, Erich: *Mimesis – Dargestellte Wirklichkeit in der abendländischen Literatur* [1946]. Tübingen: francke 2015.
Baberowski, Jörg: *Räume der Gewalt.* Bonn: BpB 2016.
Bachtin, Michail M.: *Rabelais und seine Welt: Volkskultur als Gegenkultur.* Frankfurt a.M.: Suhrkamp 1987.
Bachtin, Michail M.: *Chronotopos.* Suhrkamp, Frankfurt am Main 2008.
Backes, Laura / Bettoni, Margherita: *Alle drei Tage: Warum Männer Frauen töten und was wir dagegen tun müssen.* München: DVA 2021.
Badiou, Alain: *Notre mal vient de plus loin: Penser les tueries du 13 novembre.* Paris: Fayard 2016.
Bähler, Ursula: L'historien moderne face au roman historique: positions et postures. In: Asholt / Bähler: *Le savoir historique du roman contemporain.* Villeneuve-d'Ascq: Presses Universitaires du Septentrion 2016, S. 21–37.
Baillargeon, Mercédès: Zones de tension: (dé)construction et subversion des genres dans Les Chiennes savantes de Virginie Despentes. In: *Rocky Mountain Review* 72, n°1 (2018), S. 59–76.
Bailly, Jean-Christophe: *Le Dépaysement. Voyages en France.* Paris: Seuil 2011.
Balzac, Honoré de: *Eugénie Grandet.* Paris: Madame-Béchet, Charpentier, Furne 1833–1834.
Balzac, Honoré de: *Illusions perdues.* Paris: Werdet, Hyppolite Souverain, Furne 1837–1843.
Balzac, Honore de: *La Comédie humaine.* Bd. I. Paris: Gallimard 1976.
Barbusse, Henri: *Le Feu. journal d'une escouade.* Paris: Flammarion 1916.

Barjonet, Aurélie: La troisième génération devant la seconde guerre mondiale : Une situation inédite. In: *Études romanes de Brno* 33,1 (2012), S. 39–55.
Barker, Martin / Petley, Julian (Hg.): *Ill Effects. The Media / Violence Debate*. London – New York: Routledge 1997.
Baron, Christian: *Proleten, Pöbel, Parasiten: Warum die Linken die Arbeiter verachten*. Berlin: Das Neue Berlin 2016.
Baron, Christian: *Ein Mann seiner Klasse*. Berlin: Claasen 2020.
Barsch, Achim: Probleme einer Geschichte der Literatur als Institution und System. In: *Internationales Archiv für Sozialgeschichte der deutschen Literatur* 19, Heft 2 (1994), S. 207–236.
Barthes, Roland: Dominici ou le triomphe de la Littérature. In ders.: *Mythologies*. Paris: Seuil 1957, S. 53–56.
Barthes, Roland: *Essais critiques*. Paris: Seuil 1964.
Barthes, Roland: *S/Z*. Paris: Seuil 1970.
Barthes, Roland: *Le Plaisir du texte*. Paris: Seuil 1973.
Barthes, Roland: *Leçon inaugurale de la chaire de sémiologie littéraire du Collège de France, prononcée le 7 janvier 1977*. Paris: Seuil 1978.
Barthes, Roland: L'effet de réel. In ders.: *Œuvres complètes*. Edition établie et présentée par Eric Marty. 3 Bde. Paris: Seuil 1993–1995, Bd. 2, S. 479–484.
Barthes, Roland: Brecht et le discours: contribution à l'étude de la discursivité. In ders.: *Œuvres complètes*. Edition établie et présentée par Eric Marty. 3 Bde. Paris: Seuil 1993–1995, Bd. 3, S. 260–267.
Bataille, Georges: *La littérature et le mal*. Paris : Gallimard 1957.
Bataille, Georges: *Histoire de l'OEil*. Paris: Pauvert 1985.
Bataille, Georges: L'Érotisme. In: *Georges Bataille. Œuvres complètes*. Paris: Gallimard 1987. Bd. 10, S. 7–265.
Baudelaire, Charles: Assommons les Pauvres ! In: *Œuvres complètes de Charles Baudelaire*. Bd. IV: *Petits Poèmes en prose, Les Paradis artificiels*. Paris: Michel Lévy frères, 1869, S. 142–145.
Baudrillard, Jean: *L'échange symbolique et la mort*. Paris: Gallimard 1976.
Baudrillard, Jean: *Simulacres et simulation*. Paris: Galilée 1981.
Bauer, Lydia (2014): «... se faire entièrement littérature.» Die Erforschung der Gefühle im Werk von Annie Ernaux. In Bauer, Lydia / Wittstock, Antje (Hg.): *Text-Körper. Anfänge – Spuren – Überschreitungen*. Berlin: Frank & Timme 2014, S. 179–194
Bauman, Zygmunt: *Community. Seeking Safety in an Insecure World*. Cambridge: Polity Press 2001.
Bauman, Zygmunt: *The Individualized Society*. Cambridge: Polity Press 2001.
Bauman, Zygmunt: *Liquid Love*. Cambridge UK: Polity 2003.
Bayamack-Tam, Emmanuelle: *Arcadie*. Paris: Gallimard 2020.
Beaud, Stéphane / Pialoux, Michel: Racisme ouvrier ou mépris de classe? Retour sur une enquête de terrain. In Fassin, Éric / Fassin, Didier (Hg.): *De la question sociale à la question raciale? Représenter la société française*. Paris: La Découverte 2006, S. 72–90.
Beaud, Stéphane: La France «black-blanc-beur». In: Boucheron, Patrick (Hg.): *Histoire mondiale de la France*. Paris 2017, S. 745–748.
Beauvoir, Simone de: *Faut-il brûler Sade*? Paris: Gallimard 1953.
Beck, Teresa Koloma / Schlichte, Klaus: *Theorien der Gewalt*. Zur Einführung. Hamburg: Junius 2014.

Beckenbach, Niels: Avantgarde und Gewalt: über ein Schwellenphänomen der Moderne. In Rehberg, Karl-Siegbert (Hb.): *Die Natur der Gesellschaft: Verhandlungen des 33. Kongresses der Deutschen Gesellschaft für Soziologie in Kassel 2006*. Teilbände 1 u. 2. Frankfurt a.M.: Campus Verlag 2008, S. 3827–3839.

Benarrosh, Penny: *La quête de soi chez Marguerite Yourcenar*. Unveröffentlichte Dissertation, eingereicht an der McGill University 1985.

Benda, Julien: *La Trahison des clercs* (1927). Paris: Les Cahiers rouges, Grasset 2003.

Benyahya, Olivier: *Zimmer*. Paris: Allia 2010.

Bereswill, Mechthild: Gewalthandeln, Männlichkeitsentwürfe und biographische Subjektivität am Beispiel inhaftierter junger Männer. In Kohe, Frauke Kohe / Pühl, Katharina (Hg.): *Gewalt und Geschlecht. Konstruktionen, Positionen, Praxis*. Opladen: Leske + Budrich 2003, S. 190–227.

Bereswill, Mechthild: Biographie und Gewalt. In Lutz, Helma / Schiebel, Martina / Tuider, Elisabeth (Hg.): *Handbuch Biographieforschung*. Wiesbaden: Springer VS 2017, S. 269–280.

Bergeret, Jean: *Freud, la violence et la dépression*. Paris: PUF 1995.

Berrong, Richard: Vautrin and Same-Sex Desire in Le Père Goriot. In: *Nineteenth-Century French Studies* 31, Vol. 1–2 (autumn 2002-winter 2003), S. 53–65.

Berstein, Serge: *Histoire du gaullisme*. Paris: Perrin 2002.

Besnaci-Lancou, Fatima / Falaize, Benoît / Manceron, Gilles (Hg.): *Les harkis, histoire, mémoire et transmission*. Préface de Philippe Joutard. Paris: Editions de l'Atelier (2010).

Bessel, Richard: *Violence: A Modern Obsession*. London: Simon & Schuster 2015.

Bessière, Jean: *Le roman contemporain ou la problématicité du monde*. Paris: PUF 2015.

Bessing, Joachim (Hg.): *Tristesse Royale: Das popkulturelle Quintett mit Joachim Bessing, Christian Kracht, Eckhart Nickel, Alexander von Schönburg und Benjamin von Stuckrad-Barre*. Berlin: Ullstein 1999.

Biersack, Martin / Hiergeist, Teresa / Loy, Benjamin (Hg.): *Parallelgesellschaften: Instrumentalisierungen und Inszenierungen in Politik, Kultur und Literatur*. In: *Romanische Studien: Beihefte 8*. München: Akademische Verlagsgemeinschaft 2019

Bies, Michael: Das Modell als Vermittler von Struktur und Ereignis. Mechanische, statistische und verkleinerte Modelle bei Claude Lévi-Strauss. In: Müller, Ernst (Hg.): *Forum Interdisziplinäre Begriffsgeschichte*. 5. Jahrgang/1. E-Journal (2016), S. 43–54.

Binet, Laurent: *HHhH*. Paris: Grasset 2010.

Blanchard, Jean: *Je t'écris de Vingré (Correspondance de Jean Blanchard, fusillé pour l'exemple le 4 décembre 1914)*. Hg. Denis Rolland u. Jean-Luc Pamart. Vic-sur-Aisne: Soissonnais 14–18 2006.

Blanchard, Pascal / Lemaire, Sandrine: *Culture coloniale. La France conquise par son Empire (1873–1931)*. Paris: Editions Autrement 2002.

Blanchard, Pascal / Bancel, Nicolas / Lemaire, Sandrine (Hg.): *La Fracture coloniale. La société française au prisme de l'héritage colonial*. Paris: La Découverte 2005.

Blanchot, Maurice: *Le livre à venir*. Paris: Gallimard 1959.

Bleicher, Joan Kristin / Pörksen, Bernhard (Hg.): *Grenzgänger. Formen des New Journalism*. Wiesbaden: Verlag für Sozialwissenschaften 2004.

Böhm, Roswitha / Bung, Stephanie / Grewe, Andrea (Hg.): *Observatoire de l'extrême contemporain. Studien zur französischsprachigen Gegenwartsliteratur*. Tübingen: Narr 2009.

Böning, Marietta: Illusio. In Fröhlich, Gerhard / Reihbein, Boike (Hg.): *Bourdieu-Handbuch: Leben – Werk – Wirkung.* Stuttgart: Metzler 2014.
Bohrer, Karl Heinz: *Imaginationen des Bösen. Für eine ästhetische Kategorie.* München: Hanser 2004.
Boudjedras, Rachid: *Topographie idéale pour une agression caractérisée.* Paris: Denoël 1975.
Bouju, Emmanuel (Hg.): *L'engagement littéraire.* Rennes: Presses universitaires de Rennes 2005.
Bourdieu, Jerôme / Postel-Vinay, Gilles / Suwa-Eisenmann, Akiko: Mobilité intergénérationnelle du patrimoine en France aux XIXe et XXe siècles. In: *Économie et statistique* 417–418 (Juni 2009), S. 173–189.
Bourdieu, Pierre / Passeron, Jean-Claude: *Les Héritiers, Les étudiants et la culture.* Paris: Minuit 1964.
Bourdieu, Pierre / Passeron, Jean-Claude: *Grundlagen einer Theorie der symbolischen Gewalt.* Frankfurt a.M.: Suhrkamp 1973.
Bourdieu, Pierre: *La Distinction. Critique sociale du jugement.* Paris: Les Éditions de Minuit 1979.
Bourdieu, Pierre: Les conditions sociales de la circulation internationale des idées. In: *Romanistische Zeitschrift für Literaturgeschichte / Cahiers d'histoire des littératures romanes* 14/1–2 (1990), S. 1–10.
Bourdieu, Pierre: *Les règles de l'art. Genèse et structure du champ littéraire.* Paris: Seuil 1992.
Bourdieu, Pierre: *Méditations pascaliennes.* Paris: Seuil 1997.
Bourdieu, Pierre: *Contre-feux.* Paris: Éditions Raisons d'agir 1998.
Bourdieu, Pierre: Champ littéraire et rapports de domination. Un entretien de Jacques Dubois avec Pierre Bourdieu. In: *TEXTYLES. Revue des lettres belges de langue francaise* 15 (1999), S. 12–16.
Bourdieu, Pierre: *Die Regeln der Kunst. Genese und Struktur des literarischen Feldes.* Frankfurt a.M.: Suhrkamp 1999.
Bourdieu, Pierre: *Meditationen. Zur Kritik der scholastischen Vernunft.* Aus dem Französischen von Achim Russer. Unter Mitwirkung von Hélène Albagnac und Bernd Schwibs. Frankfurt a. M.: Suhrkamp 2001.
Bourdieu, Pierre: *Science de la science et réflexivité. Cours du Collège de France 2000–2001.* Paris: Raisons d'agir 2001.
Bouvet, Laurent: *Le communautarisme: Mythes et réalités.* Clichy: Lignes de Repères Editions 2007.
Bouzou, Nicolas: *Le chagrin des classes moyennes.* Paris: Lattès 2011.
Bracher, Nathan: L'Histoire hors sujet, ou écrire le passé «comme Elstir peignait la mer». Le cas de l'Histoire des grands-parents que je n'ai pas eus d'Ivan Jablonka. In: *Modern & Contemporary France* 23/3 (2015), S. 387–407.
Braun, Manuel / Herberichs, Jutta (Hg.): *Gewalt im Mittelalter. Realitäten – Imaginationen.* München: Wilhelm Fink 2005.
Braungart, Wolfgang: Gegenwärtigkeiten der Literatur. Notizen zur Einführung. Am Beispiel dreier Gedichte Eduard Mörikes, Uwe Kolbes und Dirk von Petersdorffs. In Braungart, Wolfgang / Van Laak, Lothar (Hg.): *Gegenwart Literatur Geschichte. Zur Literatur nach 1945.* Heidelberg: Winter 2013, S. 9–26.
Bricco, Elisa: Considérations sur *Vernon Subutex* de Virginie Despentes: « formes de vie », implication et engagement oblique. In: *COnTEXTES* 22 (2019), Abs. 1–27, online unter https://journals.openedition.org/contextes/7087, konsultiert am 30.06.2021.

Brockmeier, Peter / Fischer, Carolin (Hg.): *Gewalt der Geschichte – Geschichten der Gewalt. Zur Kultur und Literatur Italiens von 1945 bis heute*. Stuttgart: M und P 1998.
Brodowsky, Paul / Klupp, Thomas (Hg.): *Wie über Gegenwart sprechen? Überlegungen zu den Methoden einer Gegenwartsliteraturwissenschaft*. Frankfurt a.M.: Peter Lang 2010.
Broich, Ulrich: Formen der Markierung von Intertextualität. In: Broich, Ulrich / Pfister, Manfred (Hg.): *Intertextualität. Formen, Funktionen, anglistische Fallstudien*. Konzepte der Sprach- und Literaturwissenschaft, Bd. 35. Tübingen: Niemeyer 1985, S. 31–49.
Brunner, Jürgen: Die Materialisierung bewußter und unbewußter psychischer Phänomene bei Schopenhauer. In: *Schopenhauer Jahrbuch* (2007), S. 89–114.
Buck, Susanne: *Literatur als moralfreier Raum?: zur zeitgenössischen Wertungspraxis deutschsprachiger Literaturkritik*. Paderborn: Mentis 2011.
Cabanes, Bruno: Un temps d'incertitude et d'attente: une lecture des relations épistolaires entre combattants et civils lors de la sortie de guerre *(1918–1920)*. In Chauvard, Jean-François / Lebeau, Christine (Hg.) : *Éloignement géographique et cohésion familiale (XVe-XXe siècle)*. Strassburg: Presses universitaires de Strasbourg 2006, S. 207–221.
Cabanes, Bruno: *La Victoire endeuillée. La sortie de guerre des soldats français 1918–1920*. Paris: Seuil 2014.
Caiazzo, Francesca: Écriture(s) du sexe chez Nelly Arcan et Virginie Despentes: Représentations critiques du travail du sexe. In: *GRAAT On-Line* 22 (octobre 2019), S. 71–72.
Campana, Aurélie / Hervouet, Gérard (Hg): *Terrorisme et insurrection. Évolution des dynamiques conflictuelles et réponses des états*. Québec (ville): Presses de l'Université du Québec 2013.
Camus, Albert: *L'homme révolté*. Paris: Gallimard 1951.
Camus, Renaud: *Tricks* (préf. Roland Barthes). Paris: Mazarine 1978.
Camus, Renaud: *Buena Vista Park: fragments de bathmologie quotidienne*. Paris: Hachette 1980.
Camus, Renaud: *Le Grand Remplacement*. Neuilly-sur-Seine: David Reinharc 2011.
Canguilhem, Georges: *Le Normal et le Pathologique, augmenté de Nouvelles Réflexions concernant le normal et le pathologique*. Paris: PUF 2005.
Capote, Truman: *In Cold Blood*. New York: Random House 1965.
Caron, Aymeric: *Incorrect: Pire que la gauche bobo, la droite bobards*. Paris: Fayard 2014.
Carroll, Stuart: *Blood and Violence in Early Modern France*. Oxford: Oxford UP 2006.
Casanova, Pascale: *La République mondiale des Lettres*. Paris: Le Seuil 1999.
Castañeda, Carlos Aranha: *A Separate Reality: Further Conversations with Don Juan*. New York: Simon & Schuster 1971.
Castoriadis, Cornelius: *L'institution imaginaire de la société*. Paris: Seuil 1975.
Catlla, Michel / Bénéteau, Alain / Mallet, Louis: *Les régions françaises au milieu du gué: Plaidoyer pour accéder à l'autre rive*. Préface de Michel Rocard. Paris: L'Harmattan 2012.
Céline, Louis Ferdinand: *Voyage au bout de la nuit*. Paris: Gallimard 1932.
Cettina, Nathalie: *Terrorisme: l'histoire de sa mondialisation*. Paris: Harmattan 2001.
Chaillou, Michel: L'extrême contemporain, journal d'une idée. In: *PO&sie* 41 (1987), S. 5–6.
Chanover, Pierre: *The Marquis de Sade: A bibliography*. Metuchen N.J.: Scarecrow Press 1973.
Charpentier, Isabelle: « Quelque part entre la littérature, la sociologie & l'histoire » – L'œuvre autosociobiographique d'Annie Ernaux ou les incertitudes d'une posture improbable. In Meizoz, Jérôme (Koord.): *Contextes – Revue de sociologie de la littérature* 1 (2006):

Discours en contexte – Théorie des champs & analyse du discours, online unter https://doi.org/10.4000/contextes.74, konsultiert am 15.06.2021.
Charpentier, Isabelle: Annie Ernaux ou l'art littérairement distinctif du paradoxe. In Brière, Émilie / Lamarre, Mélanie / Viart, Dominique (Koord.): *Revue des Sciences Humaines* 299 (2010): *Le roman parle du monde – Lectures sociocritiques / sociologiques du roman contemporain*, S. 57–77.
Chesnais, Jean-Claude: *Histoire de la violence en Occident de 1800 à nos jours*. Paris: Robert Laffont 1981.
Chevrillon, André: Les principes critiques de Taine: I: Race, moment, milieu. In: *Revue des Deux Mondes* (1829–1971), Vol. 45, No. 4 (15 juin 1928), S. 855–875.
Chimot, Jean-Philippe: *Jean-Christophe Bailly: Le Dépaysement. Voyages en France* (2011). In: *Écrire l'histoire* 8 (2011), S. 108–110.
Chossat, Michèle: *Ernaux, Redonnet, Bâ et Ben Jelloun. Le personnage féminin à l'aube du XXIème siècle*. New York: Peter Lang Publishing 2002.
Clark, Christopher: *Die Schlafwandler: wie Europa in den Ersten Weltkrieg zog*. München: DVA 2013.
Claudel, Philippe: *Le Rapport de Brodeck*. Paris: Stock 2007.
Clément, Murielle Lucie: *Les bienveillantes de Jonathan Littell*. Études réunies. Cambridge: Open Book Publishers 2010.
Colette Verger, Michael: *The Marquis de Sade: The Man, His Works, and His Critics: an Annotated Bibliography*. New York – London: Garland 1986.
Colette Verger, Michael: *Sade, His Ethics and Rhetoric*. New York: Peter Lang 1989.
Colonna, Vincent: *L'Autofiction (Essai sur la fictionnalisation de soi en littérature)*. Doctorat. Directeur: Gérard Genette. Paris: EHESS 1989.
Cominello, Sebastián: *Otra vez:¿Qué es el escrache?* In: *Razón y Revolución* 13 (2004), S. 39–45.
Compagnon, Antoine: Retour du sujet. In Tadié, Jean-Yvey (Hg.): *La Littérature française: dynamique et histoire*. Paris: Gallimard 2007, Bd. 2, S. 793–796.
Confavreux, Joseph (Hg.): *Le fond de l'air est jaune: comprendre une révolte inédite*. Paris: Seuil 2019.
Connell, Raewyn: *Masculinities*. Berkeley CA: University of California Press 1995.
Cornell, Drucilla: *Feminism and Pornography*. London – Oxford: Oxford University Press 2000.
Coser, Lewis: *The Functions of Social Conflict* [1956]. Toronto: Collier-Macmillan 1964.
Cottee, Simon: *ISIS and the Pornography of Violence*. London: Anthem Press 2019.
Coulibaly Diop, Ibou: *Mondialisation et monde des théories dans l'œuvre de Michel Houellebecq*. Berlin: Verlag Frank & Timme 2018.
Coulon, Pascal: *René Girard, l'impensable violence*. Paris: Germina 2012.
Crenshaw, Martha (Hg.): *Terrorism in Context* [1995]. University Park, Pennsylvania: The Pennsylvania State University Press 2007.
D'Addio, Anna Cristina: *Intergenerational Transmission of Disadvantage: Mobility or Immobility across Generations? A Review of the Evidence for OECD Countries*, DELSA/ELSA/WD/SEM (2007) 7. Paris: Head of Publications Service OECD.
Damon, Julien: *Les classes moyennes*. « Que sais-je? » n° 3982 [1993]. Paris: PUF 2013.
Daoud, Kamel: *Meursault, contre-enquête*. Arles: Actes Sud 2014.
Dartigues, Laurent: Une généalogie de l'intellectuel spécifique. In: *Astérion* 12 (2014), online unter https://doi.org/10.4000/asterion.2560, konsultiert am 09.06.2021.
Debord, Guy: *La Société du spectacle*. Paris: Éditions Champ Libre 1971.

Dehne, Corinna: *Der «Gedächtnisort» Roman: zur Literarisierung von Familiengedächtnis und Zeitgeschichte im Werk Jean Rouauds*. Berlin: Erich Schmidt Verlag 2002.
Delaigue, Philippe / Gazeau, Chrystelle (Hg.): *Centre et périphérie*. Paris: Mare et Martin 2017.
Delaporte, Sophie: *Gueules cassées. Les blessés de la face de la Grande Guerre*. Paris: Agnès Vienot Editions 1996.
Delorme, Stéphane: Les Misérables de Ladj Ly. In: *Cahiers du cinéma* 760 (novembre 2019), S. 7–9.
Delorme, Wendy: *Insurrection ! En territoire sexuel*. Vauvert: Au Diable Vauvert 2009.
Demanze, Laurent: Les enquêtes d'Ivan Jablonka. Entre histoire et littérature. In: *Les Temps Modernes* 692/1 (2017), S. 192–203.
Derrida, Jacques: La différance. In Sollers, Philippe / Barthes, Roland / Baudry, Jean-Louis / Derrida, Jacques u. a. (Hg.): *Tel Quel. Théorie d'ensemble*. Paris: Seuil 1986, S. 43–68.
Dib, Mohammed: *La Grande Maison*. Paris: Seuil 1952.
Dib, Mohammed: *L'Incendie*. Paris: Seuil 1954.
Dib, Mohammed: *Le Métier à tisser*. Paris: Seuil 1957.
Diderot, Denis: *Le neveu de Rameau:* Dialogue. Paris: Delaunay, Librairie; Palais-Royal 1821.
Diefenbach, Thilo: *Kontexte der Gewalt in moderner chinesischer Literatur*. Wiesbaden: Harrasowitz Verlag 2004.
Dietl, Cora / Knäpper, Titus (Hg.): *Rules and Violence: On the Cultural History of Collective Violence from Late Antiquity to the Confessional Age*. Berlin – Boston: De Gruyter 2014.
Dietrich, Julia / Müller-Koch, Uta (Hg.): *Ethik und Ästhetik der Gewalt*. Mentis Verlag 2006.
Donnarumma, Maria Rosaria: Le régime semi-présidentiel. Une anomalie française. In: *Revue française de droit constitutionnel* 2013/1 (n° 93), S. 37–66.
Dorgelès, Roland: *Les Croix de bois*. Paris: Albin Michel 1919.
Doubrovsky, Serge: *Fils*. Paris: Galilée 1977.
Dubois, Jacques: Socialité de la fiction. In: Baudorre / Rabaté / Viart (Hg.): *Littérature et sociologie*. Bordeaux: Presses Universitaires de Bordeaux 2007, S. 33–48.
Dubreuil, Jean-Claude: *Et imperturbable coule la Garonne*. Paris: Art média 2003.
Ducas, Sylvie: *La Reconnaissance littéraire, Littérature et prix littéraire : les exemples du Goncourt et du Femina*. Lille: Atelier national de Reproduction des Thèses 1999.
Ducas, Sylvie: La place marginale des écrivains francophones dans le palmarès des grands prix d'automne. In: *Revue française d'histoire d'Outre-mers*, No 332 (2001), S. 347–388.
Ducas, Sylvie: Le prix Femina: la consécration littéraire au féminin. In: *Recherches féministes* 16, No 1 (2003), S. 43–95.
Ducas, Sylvie: Prix littéraires créés par les médias: pour une nouvelle voie d'accès à la consécration littéraire? Les exemples du prix du Livre Inter et du grand prix des Lectrices de Elle. In: *Réseaux* 21, No. 117: Nouvelles voies de la consécration culturelle (2003), S. 49–83.
Ducas, Sylvie: La couronne et le bandeau. Paratexte éditorial des livres primés: auteur canonisé ou livre labellisé? In Polizzi, Gilles / Réach-Ngô, Anne (Hg.): *Le livre, « produit culturel »? De l'invention de l'imprimé à la révolution numérique*. Paris: L'Harmattan 2012, S. 133–149.
Ducas, Sylvie: L'écrivain plébiscité ou « publi-cité »? Images et postures autour des prix littéraires. In Guellec, Laurence / Hache-Bissette, Francoise (Hg.): *Littérature et publicité. De Balzac à Beigbeder*. Paris: Gaussen 2012, S. 357–365.
Ducas, Sylvie: *La littérature à quel(s) prix ?: Histoire des prix littéraires*. Paris: Éditions La Découverte 2013.

Ducas, Sylvie: Quand l'entretien littéraire se fait enquête sociologique: discours de la reconnaissance littéraire et posture ambivalente de l'écrivain consacré. In: *Argumentation et analyse du discours* 12 (2014), online unter https://journals.openedition.org/aad/1698, konsultiert am 14.06.2021.
Dugain, Marc: *La chambre des officiers*. Paris: Jean-Claude Lattès 1998.
Dumas, Alexandre (père): *Le Comte de Monte-Cristo*. In: *Journal des débats* (août 1844 à janvier 1846).
Dumas, Roland: *Coups et blessures: 50 ans de secrets partagés avec François Mitterrand*. Paris: Le Cherche midi 2011.
Duneton, Claude: *Le monument*. Paris: Éditions Jacob-Duvernet 2004.
Duong, Kevin: *The Virtues of Violence: Democracy against Disintegration in Modern France*. New York: Oxford University Press 2020.
Durand-le Guern, Isabelle: *Le roman de la révolution: L'écriture romanesque des révolutions de Victor Hugo à George Orwell*. Rennes: Presses Universitaires de Rennes 2012.
Duval, Sophie / Martinez, Marc: *La satire: littératures françaises et anglaise*. Paris: A. Colin 2000.
Easton Ellis, Bret: *American Psycho*. New York: Vintage Books 1991.
Edwards, Natalie: Feminist manifesto or hardcore porn? Virginie Despente's transgression. In: *The Irish Journal of French Studies* 12, n°1 (2012), S. 9–26.
Edwards, Natalie Edward: Mobile Women in Virginie Despentes's *Apocalypse Bébé*. In: *Australian Journal of French Studies* 55, n°1 (2018), S. 6–16.
Einaudi, Jean-Luc: *Pour l'exemple, l'affaire Fernand Iveton: enquête*. Paris: L'Harmattan 1986.
Einaudi, Jean-Luc: *La bataille de Paris: 17 octobre 1961*. Paris: Seuil 1991.
Elias, Norbert: *Über den Prozeß der Zivilisation: soziogenetische und psychogenetische Untersuchungen*. 2 Bde. Basel: Verlag Haus zum Falken 1939.
Elias, Norbert: *La Civilisation des mœurs*. Paris: Calmann-Lévy 1973.
Elias, Norbert: *La dynamique de l'Occident*. Paris: Calmann-Lévy 1975.
El-Wereny, Mahmud: *Radikalisierung im Cyberspace. Die virtuelle Welt des Salafismus im deutschsprachigen Raum – ein Weg zur islamistischen Radikalisierung?* Bielefeld: transcript 2020.
Emding, Jutta / Jarzebowski, Claudia (Hg.): *Blutige Worte*. Internationales und interdisziplinäres Kolloquium zum Verhältnis von Sprache und Gewalt in Mittelalter und Früher Neuzeit. Göttingen: Vandenhoeck & Ruprecht 2008.
Énard, Mathias: *Zone*. Arles: Actes Sud 2008.
Engel, Pacal: La pensée de la satire. In Duval, Sophie / Saïdah, Jean-Pierre (Hg.): *Mauvais genre. La satire littéraire moderne*. In der Reihe *Modernité* 27. Bordeaux: Presses universitaires de Bordeaux 2008, S. 35–46.
Enthoven, Raphaël: *Le Temps Gagné*. Paris: L'Observatoire 2020.
Eribon, Didier: *Michel Foucault, 1926–1984*. Paris: Flammarion 1989.
Eribon, Didier: *Réflexions sur la question gay*. Paris: Flammarion 1999.
Eribon, Didier: *Une morale du minoritaire: variations sur un thème de Jean Genet*. Paris: Fayard 2001.
Eribon, Didier: *D'une révolution conservatrice et de ses effets sur la gauche française*. Paris: Éditions Léo Scheer 2007.
Eribon, Didier: *Retour à Reims*. Paris: Flammarion Champs essais 2009.
Eribon, Didier: *Retour sur Retour à Reims*. Paris: Éditions Cartouche 2011.
Eribon, Didier: *La Société comme verdict. Classes, identités, trajectoires*. Paris: Fayard 2013

Eribon, Didier: *Théories de la littérature. Système du genre et verdicts sexuels*. Paris: PUF 2015.
Ernaux, Annie: *Les Armoires vides*. Paris: Gallimard 1974.
Ernaux, Annie: *La Place*. Paris: Gallimard 1983.
Ernaux, Annie: *La honte*. Paris: Gallimard 1999.
Ernaux, Annie: *L'événement*. Paris: Gallimard 2000.
Ernaux, Annie: *Les Années*. Paris: Gallimard 2008.
Ernaux, Annie: *Mémoire de fille*. Paris: Gallimard 2016.
Ette, Ottmar: *Roland Barthes. Eine intellektuelle Biographie*. Frankfurt am Main: Suhrkamp Verlag 1998.
Ette, Ottmar: Unterwegs zum Orbis Tertius? Balzac – Barthes – Borges oder die vollständige Fiktion einer Literatur der Moderne. In: Bremer, Thomas / Heymann, Jochen (Hg.): *Sehnsuchtsorte*. Festschrift zum 60. Geburtstag von Titus Heydenreich. Tübingen: Stauffenburg Verlag 1999, S. 279–305.
Ette, Ottmar: *Literatur in Bewegung: Raum und Dynamik grenzüberschreitenden Schreibens in Europa und Amerika*. Weilerswist: Velbrück Wissenschaft 2001.
Ette, Ottmar: *ÜberLebenswissen: die Aufgabe der Philologie*. Berlin: Kadmos 2004.
Ette, Ottmar: Von Inseln, Grenzen und Vektoren. Versuch über die fraktale Inselwelt der Karibik. In: Braig, Marianne / Ette, Ottmar / Ingenschay, Dieter / Maihold, Günther (Hg.): *Grenzen der Macht – Macht der Grenzen. Lateinamerika im globalen Kontext*. Frankfurt am Main: Vervuert Verlag 2005, S. 135–180.
Ette, Ottmar: *ZwischenWeltenSchreiben: Literaturen ohne festen Wohnsitz*. Berlin: Kulturverlag Kadmos 2005.
Ette, Ottmar: Le monde transarchipélien de la Caraïbe coloniale. In Ette, Ottmar / Müller, Gesine (Hg.): *Caleidoscopios coloniales. Transferencias culturales en el Caribe del siglo XIX. Kaléidoscopes coloniaux. Transferts culturels dans les Caraïbes au XIXe siècle*. Madrid – Frankfurt am Main: Iberoamericana – Vervuert 2010, S. 23–64.
Ette, Ottmar / Asholt, Wolfgang (Hg.): *Literaturwissenschaft als Lebenswissenschaft. Programm – Projekte – Perspektiven*. Tübingen: Narr 2010.
Ette, Ottmar: *ZusammenLebensWissen. List, Last und Lust literarischer Konvivenz im globalen Maßstab*. Berlin: Kulturverlag Kadmos 2010.
Ette, Ottmar: *Konvivenz. Literatur und Leben nach dem Paradies*. Berlin: Kulturverlag Kadmos 2012.
Ette, Ottmar: *TransArea. Eine literarische Globalisierungsgeschichte*. Berlin-Bosten: De Gruyter 2012
Ette, Ottmar: *Roland Barthes. Landschaften der Theorie*. Konstanz: Konstanz UP 2013.
Ette, Ottmar: *Viellogische Philologie: Die Literaturen der Welt und das Beispiel einer transarealen peruanischen Literatur*. Berlin: Walter Frey 2013.
Ette, Ottmar: *WeltFraktale. Wege durch die Literaturen der Welt*. Stuttgart: Metzler 2017.
Ette, Ottmar: Gibt es eine Grenze zwischen Demokratie und Diktatur? Hans Robert Jauss, Michel Houellebecq, Cécile Wajsbrot. In: *Revista Brasileira de Literatura Comparada* (Rio de Janeiro) 36 (2019), S. 34–61.
Ette, Ottmar: *Mobile Preußen: Ansichten jenseits des Nationalen*. Stuttgart: Metzer 2019.
Ette, Ottmar: *LiebeLesen. Potsdamer Vorlesungen zu einem großen Gefühl und dessen Aneignung*. Berlin – Bosten: De Gruyter 2020.
Ette, Ottmar: *ReiseSchreiben. Potsdamer Vorlesungen zur Reiseliteratur*. Berlin – Boston: De Gruyter 2020.

Ette, Ottmar: *Weltbewusstsein. Alexander von Humboldt und das unvollendete Projekt einer anderen Moderne*. Mit einem Vorwort zur zweiten Auflage. Weilerswist: Velbruck Wissenschaft 2020.

Ette, Ottmar: *Von den historischen Avantgarden bis nach der Postmoderne. Potsdamer Vorlesungen zu den Hauptwerken der romanischen Literaturen des 20. Und 21. Jahrhunderts*. Berlin – Boston: De Gruyter 2021.

Ette, Ottmar: *Romantik zwischen zwei Welten. Potsdamer Vorlesungen zu den Hauptwerken der romanischen Literaturen des 19. Jahrhunderts*. Berlin – Boston: De Gruyter 2021.

Fanon, Frantz: *Peau noire, masques blancs* [1952]. Paris: Seuil 1965

Fanon, Frantz: *Les damnés de la terre*. Préface de Jean-Paul Sartre (1961); Préface d'Alice Cherki et postface de Mohammed Harbi. Paris: Éditions La Découverte / Poche 2002.

Fassin, Didier: *L'empire du traumatisme. Enquête sur la condition de victime* (avec R. Rechtman). Paris: Flammarion 2007.

Fassin, Didier: *La Force de l'ordre. Une anthropologie de la police des quartiers*. Paris: Le Seuil 2011.

Fassin, Didier: *Punir. Une passion contemporaine*. Paris: Le Seuil 2017.

Faulkner, Wiliam: *Sanctuary*. London: Jonathan Cape and Harrison Smith 1931.

Fayard, Nicole: The rebellious body as parody: *Baise-moi* by Virginie Despentes. In: *French Studies* LX, No. 1 (2006), S. 63–77.

Fiedler, Leslie A.: *Cross the Border – Close the Gap*. New York: Stein & Day 1972.

Fischer, Carolin: Die Flüchtlingsflut in unseren Köpfen: Metaphorisches Framing von Geflüchteten im deutschen Zeitungsdiskurs. Eine qualitative Inhaltsanalyse. In: *Journalistik* 1, 3. Jg (2020), S. 31–48.

Fondane, Benjamin: *Baudelaire et l'expérience du gouffre*. Paris: Seghers 1947.

Foster, Hal: *The Return of the Real: The Avant-Garde at the Ende of the Century*. Cambridge MSC: MIT Press 1996.

Foster Wallace, David: *Infinite Jest*. New York: Little, Brown and Company 1996.

Foucault, Michel: *Maladie mentale et personnalité*. Paris: PUF 1954.

Foucault, Michel: *Naissance de la clinique. Une archéologie du regard médical*. Paris: Presses Universitaires de France 1963.

Foucault, Michel: *Surveiller et punir. Naissance de la prison*. Paris: Gallimard 1975.

Foucault, Michel: *Histoire de la sexualité*. Bd. 1–4. Paris: Gallimard 1976–2018.

Foucault, Michel: Des espaces autres (conférence au Cercle d'études architecturales, 14 mars 1967). In: *Architecture, Mouvement, Continuité* 5 (octobre 1984), S. 46–49.

Fourquet, Jérôme: *L'archipel français. Naissance d'une nation multiple et divisée*. Paris: Seuil 2019.

Fowlie, Wallace: *Climate of Violence. The French Literary Tradition from Baudelaire to the Present*. New York – London: Macmillan 1967.

Fradinger, Moira: *Binding Violence: Literary Visions of Political Origins*. Standford CA: Stanford University Press 2010.

Fraser, John: *Violence in the Arts*. Cambridge: Cambridge University Press 1974.

Friedman, Saul S. (Hg.): *Holocaust Literature: A Handbook of Critical, Historical, and Literary Writings*. Westport: Greenwood Press 1993.

Friedrich, Sabine: *Die Imagination des Bösen: zur narrativen Modellierung der Transgression bei Laclos, Sade und Flaubert*. Tübingen: Gunter Narr 1998.

Gaiti, Brigitte: *De Gaulle prophète de la Ve République*. Paris: Presses de Sciences-Po 1998.

Gallop, Jane: Sade, mothers and other women. In Allison, David B. / Roberts, Mark S. / Weiss, Allen S.: *Sade and the Narrative of Transgression*. New York: Cambridge UP 1995, S. 122–141.
Galtung, Johan: Violence, Peace and Peace Research. In: *Journal of Peace Research*. 6 (3) (1969), S. 167–191.
Garbé, Lionel / Le Scouëzec, Patrick / Insee Hauts-de-France: Un portrait de la Somme. Un lien entre les zones peuplées du nord et du sud de la région. In: *Insee Analyse Hauts-de-France* No 37 (22.12.2016), online unter https://www.insee.fr/fr/statistiques/2537695#:~:text=La%20Somme%20est%20le%20second,agricoles%20et%20industrielles%20demeurent%20importantes, konsultiert am 21.06.2021.
Gasparini, Philippe: *Autofiction. Une aventure du langage*. Paris: Seuil 2008.
Gastaut, Yvan: Milieux politiques, immigration et coupe de monde 1998 de football: la parenthèse enchantée. In: *Migrations et société* 110 (2007/2), S. 141–151.
Gauthier, Jérémie / Jobard, Fabien (Hg.): *Police. Questions sensibles*. Paris: Presses Universitaires de France 2018.
Gehrhardt, Marjorie: *The Men with the Broken Faces. «Gueules Cassées» of the First World War*. Bern: Peter Lang 2015.
Genette, Gérard: *Paratexte: Das Buch vom Beiwerk des Buches*. Frankfurt a.M.: Campus Verlag 1989.
Genette, Gérard: *Die Erzählung*. München: W. Fink 1998.
Genevoix, Maurice: *Sous Verdun, août-octobre 1914*. Paris: Hachette 1916.
Ginzburg, Carlo / Poni, Carlo: La micro-histoire. In: *Le Débat* 17 (1981/10), S. 133–136.
Girard, René: *Le Bouc émissaire*. Paris: Grasset 1982.
Girard, René: *La Violence et le sacré* [1972]. Paris: Grasset 2007.
Girardet, Raoul: *L'idée coloniale en France. De 1871 à 1962*. Paris: Table ronde 1972.
Godin, Emmanuel / Chafer, Tony (Hg): *The French Exception*. New York – Oxford: Berghahn Books 2005.
Goergen, Maxime: Vernon Subutex et le roman «balzacien». In: *Rocky Mountain Review of Language and Literature* 72, n°1 (2018); S. 165–182.
Götz, Thomas / Frenzel, Anne C.: Phänomenologie schulischer Langeweile. In: *Zeitschrift für entwicklungspsychologische und pädagogische Psychologie* 38/4 (2006), S. 149–154.
Goldmann, Lucien: Dialektischer Materialismus und Literaturgeschichte. In: *Dialektische Untersuchungen*, München: Luchterhand 1966, S. 49–69.
Goldmann, Lucien: *Pour une sociologie du roman*. Paris: Gallimard 1973.
Gracq, Julien: *Le Rivage des Syrtes*. Paris: José Corti 1951.
Gros, Frédéric: Foucault, penseur de la violence? In: *Cités* 50 (12/2), S. 75–86.
Groß, Nathalie: *Autopoiesis. Theorie und Praxis autobiographischen Schreibens bei Alain Robbe-Grillet*. Berlin: ESV 2008.
Gudehus, Christian / Christ, Michaela (Hg.): *Gewalt: Ein interdisziplinäres Handbuch*. Stuttgart – Weimar: Metzler 2013.
Guelton, Frédéric: Histoire et mémoire de la Grande Guerre en France un siècle après. In Lemonidou, Elli (Hg.): *Cent ans après: la mémoire de la Première Guerre mondiale*. Athen: École française d'Athènes, S. 47–57.
Guez, Olivier: *La Disparition de Josef Mengele*. Paris: Grasset 2017.
Guibert, Hervé: *A l'ami qui ne m'a pas sauvé la vie*. Paris: Gallimard 1990.
Guibert, Hervé: *Le Protocole compassionnel*. Paris: Gallimard 1991.
Guibert, Hervé: *Cytomégalovirus, journal d'hospitalisation*. Paris: Seuil 1992.
Guilloux, Louis: *Le Sang noir*. Paris: Gallimard 1935.

Guilluy, Christophe: *La France périphérique: Comment on a sacrifié les classes populaires*. Paris: Flammarion 2014.
Guyot-Bender, Martine: *Mémoire en dérive. Poétique et politique de l'ambiguité chez Patrick Modiano de «Villa triste» à «Chien de Printemps»*. Paris: Minard 2000.
Habermas, Jürgen: *Die Moderne – ein unvollendetes Projekt* (1980). In ders.: *Kleine Politische Schriften (I – IV)*. Frankfurt am Main: Suhrkamp 1981, S. 444–466.
Haenel, Yannick: *Jan Karski*. Paris: Gallimard 2009.
Haenel, Yannick: *Les Renards pâles*. Paris: Gallimard 2013.
Halbwachs, Maurice: *La mémoire collective* (1939). Paris: Presses Universitaires de France 1950.
Halbwachs, Maurice: *La mémoire collective* (1939). Paris: Albin Michel 1997.
Hamoumou, Mohand / Moumen, Abderahman: L'Histoire des Harkis et Français Musulmans: la fin d'un tabou? In Harbi, Mohammed / Stora, Benjamin (Hg.): *La guerre d'Algérie, 1954–2004. La fin de l'amnésie*. Paris: Robert Laffont 2004, S. 317–344.
Han, Byung-Chul: *Topologie der Gewalt*. Berlin: Matthes & Seitz 2011.
Hartwig, Susanne / Treskow, Isabella von (Hg.): *Bruders Hüter / Bruders Mörder: Intellektuelle und innergesellschaftliche Gewalt*. Berlin – New York: De Gruyter 2010.
Harzoune, Mustapha: Alexis Jenni, L'Art français de la guerre. In: *Hommes & migrations* 1294 (2011), S. 145–146.
Havercroft, Barbara Jane / Riendeau, Pascal / Michelucci, Pascal (Hg.): *Le roman francais de l'extrême contemporain: écritures, engagements, énonciations*. Montréal: Éditions Nota bene 2010.
Heath, Stephen: *The Nouveau Roman: A Study in the Practice of Writing*. London: Elek 1972.
Heisbourg, François / Marret, Jean-Luc: *Le terrorisme en France aujourd'hui*. Paris: Ed. des Equateurs 2006.
Heitmeyer, Wilhelm / Hagen, John (Hg.): *Internationales Handbuch der Gewaltforschung*. Wiesbaden: Westdeutscher Verlag 2002.
Herrmann, Leonhard / Horstkotte, Silke: *Gegenwartsliteratur: Eine Einführung*. Stuttgart: J.B. Metzler 2016.
Hesse, Thierry: *Démon*. Paris: L'Olivier 2009.
Hessel, Stéphane: *Indignez-vous !* Avec une postface des éditeurs la fabuleuse histoire d'Idignez-vous ! Montpellier: Indigène éditions 2012.
Hoebel, Thomas / Knöbl, Wolfgang: *Gewalt erklären! Plädoyer für eine entdeckende Prozesssoziologie*. Hamburg: Hamburger Edition HIS 2019.
Hölz, Karl: *Das Fremde, das Eigene, das Andere. die Inszenierung kultureller und geschlechtlicher Identität in Lateinamerika*. Berlin: Erich Schmidt Verlag 1998.
Hörisch, Jochen: Minima Banalia. In: *Literaturen* 05 (2002), S. 56–58.
Hörisch, Jochen: *Das Wissen der Literatur*. München: Wilhelm Fink Verlag 2007.
Holthuis, Susanne: *Intertextualität. Aspekte einer rezeptionsorientierten Konzeption*. Tübingen: Stauffenberg 1983.
Houellebecq, Michel: *Les Particules élémentaires*. Paris: Flammarion 1998.
Houellebecq, Michel: *La Carte et le Territoire*. Paris: Flammarion 2010.
Houellebecq, Michel: *Soumission*. Paris: Flammarion 2015.
Houellebecq, Michel: *En présence de Schopenhauer*. Paris: L'Herne 2017.
Houellebecq, Michel: *Sérotonine*. Paris: Flammarion 2019.
Howe, Steven: *Heinrich von Kleist and Jean-Jacques Rousseau: Violence, Identity, Nation*. Rochester – New York: Camden House 2012.

Howlett, Jana / Mengham, Rod (Hg.): *The Violent Muse. Violence and the Artistic Imagination in Europe, 1910–1939*. Manchester: Manchester University Press 1994.

Hüser, Dietmar: Vom «Un-Skandal» des Algerienkrieges zum «Post-Skandal» der Gedächtniskultur. Die Pariser Polizei-Repressionen vom 17. Oktober 1961. In: Gelz, Andreas / Hüser, Dietmar / Ruß, Sabine (Hg.): *Skandale zwischen Moderne und Postmoderne. Interdisziplinäre Perspektiven auf Formen gesellschaftlicher Transgression*. Berlin: DeGruyter 2014, S. 183–213.

Hugo, Victor: *Le Dernier Jour d'un condamné*. Paris: Gosselin 1829.

Hugo, Victor: *Les Misérables* (1862). Illustrations par Pierre Georges Jeanniot. 5 Bde. Paris: Émile Testard, 1890.

Hugueny-Léger, Elise: Faut-il en finir avec l'autofiction? In: *The Conversation* (9.2.2017), online unter https://theconversation.com/faut-il-en-finir-avec-lautofiction-72690, konsultiert am 21.06.2021.

Humbert, Fabrice: *L'Origine de la violence*. Paris: Le Passage 2009.

Huppe, Justine / Bertrand, Jean-Pierre / Claisse, Frédéric / Schoentjes, Pierre: *Revue critique de fixxion française / Critical Review of contemporary French Fixxion* No 20 (2020): Radicalités: contestations et expérimentations littéraires.

Igounet, Valérie: *Les Français d'abord: slogans et viralité du discours Front national (1972–2017)*. Paris: Inculte / Dernière marge 2017.

Illouz, Eva: *Gefühle in Zeiten des Kapitalismus*. Frankfurt a.M.: Suhrkamp 2006.

Imbong, Regletto Aldrich D.: Violence in Alain Badiou's Emancipatory Politics. In: *Philosophy and Critique* X, 2 (December 2016), S. 210–225.

INSEE: *Les inégalités sociales à l'épreuve de la crise sanitaire: un bilan du premier confinement*; als PDF-Download verfügbar auf der Website des INSEE https://www.insee.fr/fr/statistiques/4797670?sommaire=4928952, konsultiert am 04.07.2021.

Jablonka, Ivan: *Histoire des grands-parents que je n'ai pas eus*. Paris: Seuil 2012.

Jablonka, Ivan: *Laëtitia oder das Ende der Mannheit*. Aus dem Französischen von Claudia Hamm. Berlin: Matthes & Seitz 2019.

Jaccomard, Hélène: *Lecteur et lecture dans l'autobiographie française contemporaine: Violette Leduc, Françoise d'Eaubonne, Serge Doubrovsky, Marguerite Yourcenar*. Genf: Droz 1993.

Jacquet, Chantal: *Les transclasses ou la non-reproduction*. Paris: PUF 2014.

Jean, Raymond (Hg.): *Ecrits de Victor Hugo sur la peine de mort*. Arles: Actes Sud 1979.

Jeanneney, Jean-Noël: *La Grande Guerre: si loin, si proche. Réflexions sur un centenaire*. Paris: Seuil 2013.

Jenni, Alexis: *Die französische Kunst des Krieges*. Aus dem Französischen von Uli Wittman. München: Luchterhand 2012.

Jenni, Alexis: *La nuit de Walenhammes*. Paris: Gallimard 2015.

Jenni, Alexis: *Féroces infirmes*. Paris: Gallimard 2019.

Jenni, Alexis: *La conquête des îles de la Terre Ferme*. Paris: Gallimard 2017.

Jobard, Fabien / Maillard, Jacques de: *Sociologie de la police : politiques, organisations, réformes*. Paris: Armand Colin 2015.

Jones, Peter G.: *War and the Novelist. Appraising the American War Novel*. Columbia: University of Missouri Press 1976.

Julliard, Jacques / Winock, Michel (Hg.): *Dictionnaire des intellectuels français. Les personnes, les lieux, les moments*. Paris: Editions du Seuil 1996.

Jurt, Joseph: Status und Funktion der Intellektuellen in Frankreich im Vergleich zu Deutschland. In: Kraus, Henning (Hg.): *Offene Gefüge. Literatursystem und*

Lebenswirklichkeit. Festschrift für Fritz Nies zum 60. Geburtstag. Tübingen: Narr 1994, S. 329–345.
Jurt, Joseph: *Das literarische Feld. Das Konzept Pierre Bourdieus in Theorie und Praxis.* Darmstadt: Wissenschaftliche Buchgesellschaft 1995.
Jurt, Joseph: Die Tradition der europäischen Intellektuellen in Frankreich. Von der Dreyfus-Affaire bis heute. In (ders., Hg.): *Intellektuelle – Elite – Führungskräfte. Bildungswege in Deutschland und Frankreich.* Freiburg i. Br.: Frankreich-Zentrum 2004, S. 33–58.
Jurt, Joseph: Das Frankreich-Zentrum als Mitglied des Forschungsnetzwerkes «ESSE. Pour un espace européen des sciences sociales.» In: *Bulletin des Frankreich-Zentrums* 45 (November 2005), S. 2–3.
Jurt, Joseph: *Champ littéraire et nation.* Frankreich-Zentrum, Freiburg i. Br.: Frankreich-Zentrum 2007.
Jurt, Joseph: Le champ littéraire entre le national et le transnational. In Sapiro, Gisèle (Hg.): *L'espace intellectuel en Europe. De la formation des États-nations à la mondialisation XIXe-XXIe siècle.* Paris: La Découverte 2009, S. 201–232.
Jurt Joseph: Litterature et sociologie – Sociologie et littérature (de Balzac a Bourdieu) In: Bastien, Clément / Borja, Simon / Naegel, David (Hg.): *Le raisonnement sociologique à l'ouvrage. Théorie et pratiques autour de Christian de Montlibert.* Paris: L'Harmattan 2010, S. 409–428.
Jurt, Joseph: *Frankreichs engagierte Intellektuelle: Von Zola bis Bourdieu.* Göttingen: Wallstein 2012.
Jurt, Jospeh: Literaturzirkulation und Feldtheorie. In: Sollte-Gresser, Christian (Hrsg.): *Zwischen Transfer und Vergleich: Theorien und Methoden der Literatur- und Kulturbeziehungen aus deutsch-französischer Perspektive.* Wiesbaden: Steiner 2013, S. 239–259.
Jurt, Joseph: *Sprache, Literatur und nationale Identität. Die Debatten über das Universelle und das Partikuläre in Frankreich und Deutschland.* Berlin – Boston: De Gruyter 2014
Kafka, Franz: *Briefe an Milena.* Erweiterte Neuausgabe. Frankfurt a.M: S. Fischer 1986.
Kastell, Serge: *Le Maquis rouge. L'Aspirant Maillot et la guerre d'Algérie 1956.* Paris: L'Harmattan 2000.
Kepel, Gilles: *Terreur dans l'Hexagone. Genèse du djihad français.* Paris: Gallimard 2015.
Khadra, Yasmina: *Ce que le jour doit à la nuit.* Paris: Julliard 2008.
Khouri, Philip Shukry: *Syria and the French Mandate: The Politics of Arab Nationalism, 1920–1945.* Princeton NJ: Princeton University Press 1987.
Kieser, Alfred / Ebers, Mark (Hg.): *Organisationstheorien.* Stuttgart: Kohlhammer 2014.
Klausnitzer, Ralf: *Literatur und Wissen. Zugänge – Modelle – Analysen.* Berlin – New York: Walter de Gruyter 2008.
Klein, Michael: «Dichte Beschreibung». Eine Ethnographie von Modalitäten, Figurationen und Verflechtungszusammenhängen von Gewalt. In ders. (Hg.): *Gewalt-interdisziplinär.* Münster: LIT 2002, S. 133–172.
Köhler, Erich: *Der literarische Zufall, das Mögliche und die Notwendigkeit.* München: Fink 1973.
Köppe, Tillmann / Winko, Simone (Hg.): *Neuere Literaturtheorien – Eine Einführung.* Stuttgart: J.B. Metzler 2013.
Köppen, Manuel (Hg.): *Kunst und Literatur nach Auschwitz.* Berlin: Erich Schmidt 1993.
Koloma Beck, Teresa / Schlichte, Klaus: *Theorien der Gewalt. Zur Einführung.* Hamburg: Junius 2014.

Koselleck, Reinhart: *Kritik und Krise: Eine Studie zur Pathogenese der bürgerlichen Welt*. Frankfurt am Main: Suhrkamp 1973.

Koselleck, Reinhart: *Vergangene Zukunft. Zur Semantik geschichtlicher Zeiten*. Frankfurt am Main: Suhrkamp 1984.

Kouchner, Camille: *La familia grande*. Paris: Seuil 2021.

Kracht, Christian: *Faserland*. Köln: Kipenheuer & Witsch 1995.

Kracht, Klaus: Georges Sorel und der Mythos der Gewalt. In: *Zeithistorische Forschungen / Studies in Contemporary History* 5 (2008), S. 166–171.

Kraume, Anne: *Das Europa der Literatur. Schriftsteller blicken auf den Kontinent*. Berlin – Bosten: De Gruyter 2010.

Kraus, François / Jussian, Louise (Leitung): *Enquête auprès des lycéens sur la laïcité et la place des religions à l'ecole et dans la société*. Rapport d'étude pour LICRA et le Droit de Vivre. Étude Ifop pour Lycra et le Droit de Vivre réalisée par questionnaire auto-administré en ligne 15 au 20 janvier 2021 auprès d'un échantillon de 1006 personnes, représentatif de la population lycéenne âgée de 15 ans et plus; Download unter https://www.leddv.fr/wp-content/uploads/1_PPT_IFOP_LICRA_2021.03.02.pdf, konsultiert am 29.06.2021.

Kristeva, Julia: Probleme der Textstrukturation. In Ihwe, Jens (Hg.): *Literaturwissenschaft und Linguistik. Ergebnisse und Perspektiven*. Bd. 2/2 (1971): *Zur linguistischen Basis der Literaturwissenschaft*. Frankfurt a. Main: Athenaum, S. 484–507.

Kristeva, Julia: Bachtin, das Wort, der Dialog und der Roman. In Ihwe, Jens (Hg.): *Literaturwissenschaft und Linguistik. Ergebnisse und Perspektiven*. Bd. 3: *Zur linguistischen Basis der Literaturwissenschaft*. Frankfurt a.M.: Athenäum 1972, S. 345–375.

Kristeva, Julia: *Soleil noir. Dépression et mélancolie*. Paris: Gallimard 1987.

Kristeva, Julia: *Étrangers à nous-mêmes*. Paris: Fayard 1988.

Kroll, Thomas: Die Anfänge der «microstoria». Methodenwechsel, Erfahrungswandel und transnationale Rezeption in der europäischen Historiographie der 1970er und 1980er Jahre. In Granda, Jeannette / Schreiber, Jürgen (Hg.): *Perspektiven durch Retrospektiven. Wirtschaftsgeschichtliche Beiträge*. Wien-Köln: Böhlau 2013, S. 267–287.

Krüger, Hans-Peter: Das Spiel zwischen Leibsein und Körperhaben. Helmuth Plessners Philosophische Anthropologie. In: *Deutsche Zeitschrift für Philosophie* (Berlin) XLVIII, 2 (2000), S. 1–29.

Krüger, Hans-Peter: *Philosophische Anthropologie als Lebenspolitik. Deutsch-jüdische und pragmatistische Moderne-Kritik*. Berlin – Boston: De Gruyter 2009.

Küpper, Joachim: *Balzac und der effet de réel: eine Untersuchung anhand der Textstufen des «Colonel Chabert» und des «Curé de village»*. Amsterdam: B.R. Grüner 1986.

Kuhl, Heike Ina: *«Du mauvais goût»: Annie Ernauxs Bildungsaufstieg als literatur- und gesellschaftskritische Selbstzerstörung: eine Untersuchung ihres Werks mithilfe textlinguistischer, psychologischer und soziologischer Kriterien*. Tübingen: Max Niemeyer Verlag 2001.

Kuhn, Axel / Rühr Sandra: *Stand der modernen Lese- und Leserforschung – eine kritische Analyse*. Berlin: De Gruyter 2010.

LaCapra, Dominick: *Representing the Holocaust: History, Theory, Trauma*. Ithaca: Cornell University Press 1994.

Lachmann, Renate: Ebenen des Intertextualitätsbegriffs. In Stierle, Karlheinz / Warning, Rainer (Hg.): *Das Gespräch. Poetik und Hermeneutik*, Bd. 11. München: Wilhelm Fink 1984, S. 133–138.

Lagasnerie, Geoffroy de / Traoré, Assa: *Le combat Adama*. Paris: Stock 2019.
Laing, Ronald David / Cooper, David Graham (Hg.): *Reason und Violence: A Decade of Sartre's Philosophy, 1950–1960*. New York: Routledge 1971.
Lammert, Markus: *Der neue Terrorismus: Terrorismusbekämpfung in Frankreich in den 1980er Jahren*. Berlin – Boston: De Gruyter 2017.
Lançon, Philippe: *Der Fetzen*. Stuttgart: Tropen 2018.
Langlois, Denis: *Les dossiers noirs de la police française*. Paris: Seuil 1971.
Languille, Constantin: *La Possibilité du cosmopolitisme. Burqa, droits de l'homme et vivre-ensemble*. Paris: Gallimard 2015.
Lapeyronnie, Didier: La banlieu comme théâtre colonial, ou la fracture coloniale dans les quartiers. In Blanchard, Pascal / Bancel, Nicolas / Lemaire, Sandrine (Hg.): *La Fracture coloniale. La société française au prisme de l'héritage colonial*. Paris: La Découverte 2005, S. 209–218.
Larsen, Otto N. (Hg.): *Violence and the Mass Media*. New York: Harper and Row 1968.
Larsson, Stieg: *Verblendung*. Aus dem Schwedischen von Wibke Kuhn. München: Heyne 2006.
Laurent, Thierry: *Le Roman français au croisement de l'engagement et du désengagement (XXe-XXIe siècles)*. Paris: L'Harmattan 2015.
Laurentin, Emmanuel (Hg.): *Histoire d'une République fragile (1905–2015): Comment en sommes-nous arrivés là ?* Paris: Fayard / France Culture 2015.
Lavis, Jean-François: *Une écriture des excès: Analyse sociologique de Voyage au bout de la nuit*. Montréal: Balzac-Le Griot 1997.
Le Bras, Hervé: *Le démon des origines, démographie et extrême droite*. Westport Conn.: Editions de l'Aube 1998.
Le Bras, Hervé: Les Français de souche existent-ils ?. In: *Quaderni* 36 (1998), S. 83–96.
Le Bris, Michel / Rouaud, Jean: *Pour une littérature-monde*. Paris: Gallimard 2007.
Lecœur, Erwan: *Un néo-populisme à la française: Trente ans de Front National*. Paris: La Découverte 2003.
Lehmann, Jürgen: Ambivalenz und Dialogizität. Zur Theorie der Rede bei Michail Bachtin. In: Kittler, Friedrich A. / Turk, Horst (Hg.): *Urszenen. Literaturwissenschaft als Diskursanalyse und Diskurskritik*. Frankfurt a.M.: Suhrkamp 1977, S. 355–380.
Lejeune, Philippe: *Le Pacte autobiographique*. Paris: Seuil 1975.
Lejeune, Philippe: *Moi aussi*. Paris: Seuil 1986.
Lely, Gilbert: *Sade. Etudes sur sa vie et sur son œuvre*. Paris: Gallimard 1967.
Lemaitre, Pierre: *Couleurs de l'incendie*. Paris: Albin Michel 2018.
Lemaitre, Pierre: *Miroir de nos peines*. Paris: Albin Michel 2020.
Lenne, Guy-Marie: *Les réfugiés des guerres de Vendée. 1793–1796*. La Crèche: Geste Édition 2003.
Lenz, Markus A.: La lourde liberté de l'écrivain. Les Discours de Suède d'Albert Camus. In: Bähler, Ursula / Fröhlicher, Peter / Zöllner, Reto (Hg.): *A quoi bon la littérature? Réponses à travers les siècles, de Rabelais à Bonnefoy*. Paris: Classiques Garnier 2019, S. 277–298.
Lenz, Markus A.: ‹Parallelgesellschaft› der Retrospektive oder Klassenbewusstsein des Außenseiters? Didier *Eribons Retour à Reims* und Édouard Louis' *En finir avec Eddy Bellegueule*. In Biersack / Hiergeist / Loy (Hg.): *Parallelgesellschaften: Instrumentalisierungen und Inszenierungen in Politik*, Kultur *und Literatur. Romanische Studien: Beihefte 8*. München: Akademische Verlagsgemeinschaft 2019, S. 163–178.

Lenz, Markus A.: La guerre et le témoin: Les *Carnets de Homs* de Jonathan Littell comme problématisation du caractère littéraire des journaux de guerre. In Izzo, Sara (Hg.): *(Post-) koloniale frankophone Kriegsreportagen. Genrehybridisierungen, Medienkonkurrenzen*. Berlin: Peter Lang 2020, S. 75–89.

Lenz, Markus A.: *Zone*: une ‹dialectique négative› de la conscience? In Messling, Markus / Ruhe, Cornelia / Seauve, Lena / Senarclens, Vanessa de (Hg.): *Mathias Énard et l'érudition du roman*. Leiden – Boston: Brill Rodopi – Faux titre 2020, S.183–199.

Leonhard, Jörn: *Bellizismus und Nation: Kriegsdeutung und Nationsbestimmung in Europa und den Vereinigten Staaten 1750–1914*. München: Oldenbourg 2008

Leroux, Gaston: *Le Fantôme de l'Opéra*. Paris: Pierre Lafitte 1910.

Lestrade, Didier: *Act Up, une histoire*. Paris: Denoël 2000.

Lestrade, Didier: *Le Journal du Sida: Chroniques 1994/2013*. Norderstedt: Books on Demand Editions 2014

Levi, Giovanni: On Microhistory. In Burke, Peter (Hg.): *New Perspectives on Historical Writing*. Oxford: Polity 1991, S. 93–113.

Lévi-Strauss, Claude: *La Pensée sauvage*. Paris: plon 1962.

Linder, Bernadette: *Terror in der Medienberichterstattung*. Wiesbaden: Springer Verlag für Sozialwissenschaften 2011.

Lindner, Kolja: 25 Jahre ‹Marche des Beurs›: Kämpfe der Migration im Frankreich der 1980er Jahre und heute. In: *Peripherie. Zeitschrift für Politik und Ökonomie in der Dritten Welt* 114/115, 29. Jg. (2009), S. 304–324.

Littell, Jonathan: *Les bienveillantes*. Paris: Gallimard 2006.

Littell, Jonathan: *Carnets de Homs (16 janvier – 2 février 2012)*. Paris: Gallimard 2012.

Lloyd, Henry Martyn: *Sade's Philosophical System in its Enlightenment Context* London: Palgrave Macmillan 2018.

Lotman, Jurij M.: *Die Struktur literarischer Texte*. Übersetzt von Rolf-Dietrich Keil. München: Fink 1981.

Louar, Nadia: Version femmes plurielles: relire Baise-moi de Virginie Despentes. In: *Palimpseste* 22 (2009), S. 83–98.

Louis, Édouard (Hg.): *Pierre Bourdieu. L'insoumission en héritage*. Paris: PUF 2013.

Louis, Édouard: *En finir avec Eddy Bellegueule*. Paris: Seuil 2014.

Louis, Édouard: *Qui a tué mon père*. Paris: Seuil 2018.

Lützeler, Paul Michael / Kapczynski, Jennifer M.: *Ethik der Literatur: Deutsche Autoren der Gegenwart*. Göttingen: Wallstein 2011.

Luhmann, Niklas: *Essays on Self-Reference*. New York: Columbia University Press 1990.

Lukácz, Georg: *Balzac und der französische Realismus*. Berlin: Aufbau Vlg 1952.

Madec, Annick: Écriture autobiographique et concision démocratique. In: *Tumultes* 36 (2011/1), S. 53–76.

Mailfert, Anne-Cécile: *Tu seras une femme ! – Guide féministe pour ma nièce et ses ami. e.s*. Paris: Petits Matins 2017.

Mandelbrot, Benoît B.: *Die fraktale Geometrie der Natur*. Aus dem Englischen übersetzt von Dr. Reinhilt Zähle und Dr. Ulrich Zähle. Basel – Boston – Berlin: Birkhäuser Verlag 1991.

Mann, Thomas: *Der Zauberberg*. Berlin: Aufbau-Verlag 1956.

Manteau, Valérie: *Le Sillon*. Paris: interforum editis 2018.

Marcandier Colard, Christine: *Crimes de sang et scènes capitales: essai sur l'esthétique romantique de la violence*. Paris: PUF 1998.

Marret, Jean-Luc: *Techniques du terrorisme: méthodes et pratiques du métier terroriste.* Paris: Presses universitaires de France 2002.
Marx, William: *L'Adieu à la littérature : Histoire d'une dévalorisation (XVIIIe – XXe siècle).* Les Éditions de Minuit – Collection Paradoxe 2005.
Mary, Luc: *La France en colère. 500 ans de rébellions qui ont fait notre histoire.* Paris: Buchet Chastel 2021.
Mathieu, Nicolas: *Aux Animaux la Guerre.* Arles: Actes Sud 2014.
McKenna, Andrew J.: *Violence and Difference: Girard, Derrida, and Deconstruction.* Urbana – Chicago: University of Illinois Press 1992.
Mecke, Jochen: Der Fall Houellebecq: Zu Formen und Funktionen eines Literaturskandals. In Eggeling, Giulia / Segler-Messner, Silke (Hg.): *Europäische Verlage und romanistische Gegenwartsliteraturen.* Tübingen: Narr 2003, S. 194–217.
Mecke, Jochen: Démolition de la littérature et reconfiguration post-littéraire. In Asholt / Dambre (Hg.): *Un Retour des normes romanesques dans la littérature française contemporaine.* Paris: Presses de la Sorbonne nouvelle 2011, S. 35–50.
Meizoz, Jérôme (Hg.): *La Circulation internationale des littératures.* Lausanne: UNIL Fac. des Lettres 2006.
Mekhaled, Boucif: *Chroniques d'un massacre. 8 mai 1945. Sétif, Guelma, Kherrata (= Au nom de la mémoire.).* Paris: Syros 1995.
Merari, Ariel / Elad, Shlomi: *The International Dimension of Palestinian Terrorism* [1986]. New York: Routledge 2019.
Merlin-Kajman, Hélène: *La Langue est-elle fasciste? Langue, pouvoir, enseignement.* Paris: Seuil 2003.
Merton, Robert King: Social Structure and Anomie. In: *American Sociological Review*, Vol. 3, No. 5 (Oct. 1938), S. 672–682.
Merton, Robert King: *Social Theory and Social Structure. Toward the codification of theory and research.* Glencoe IL: Free Press 1949.
Messling, Markus: Anthropologie du Mal et politique de la littérature : Michel Houellebecq et Roberto Bolaño. In: Asholt / Bähler (Hg.): *Le savoir historique du roman contemporain.* Villeneuve-d'Ascq: Presses Universitaires du Septentrion 2016, S. 51–66.
Messling, Markus: *Gebeugter Geist. Rassismus und Erkenntnis in der modernen europäischen Philologie.* Göttingen: Wallstein 2016.
Messling, Markus: *Universalität nach dem Universalismus. Über frankophone Literaturen der Gegenwart.* Berlin: Matthes & Seitz 2019.
Messling, Markus / Hofmann, Franck (Hg.): *The Epoch of Universalism 1769–1989 | L'époque de l'universalisme 1769–1989.* Berlin – Boston: De Gruyter 2020.
Michéa, Jean-Claude: *Les Mystères de la gauche : de l'idéal des Lumières au triomphe du capitalisme absolu.* Paris: Flammarion 2013.
Michéa, Jean-Claude: *Notre ennemi, le capital.* Paris: Flammarion 2016.
Moï, Anna: *Espéranto, désespéranto: la francophonie sans les Français.* Paris: Gallimard 2006.
Moné, Thierry: *Les spahis du 1er marocains.* Panazol: Lavauzelle 1998.
Montaigne, Michel de: *Essais* (1595).Texte établi par P. Villey et V. L. Saulnier. 3 Bde. Paris: PUF 1965.
Müller, Hans-Harald: *Der Krieg und der Schriftsteller: Der Kriegsroman der Weimarer Republik.* Stuttgart: Metzler 1986.
Murphy, Steve: *Logiques du dernier Baudelaire.* Paris: Champion 2007.

Nazarian, Cynthia: Montaigne on Violence. In Desan, Philippe (Hg.): *The Oxford Handbook of Montaigne*. Oxford – New York: Oxford University Press 2016, S. 493–507.
Nelson, Brian: *Zola and the Bourgeoisie. A study of Themes and Techniques in «Les Rougon-Macquart»*. London: MacMillan 1983.
Nida-Rümelin, Julian: *Kritik des Konsequentialismus*. München: Oldenburg 1993.
Nieraad, Jürgen: *Die Spur der Gewalt. Zur Geschichte des Schrecklichen in der Literatur und ihrer Theorie*. Lüneburg: Zu Klampen 1994.
Nieraad, Jürgen: Gewalt und Gewaltverherrlichung in der Literatur des 20. Jahrhunderts. In Heitmeyer / Hagan (Hg.): *Internationales Handbuch der Gewaltforschung*. Wiesbaden: Westdeutscher Verlag 2002, S. 1276–1294.
Nora, Pierre: *Les Lieux de mémoire*. 3 Bde. Paris: Gallimard 1984–1992.
Nora, Pierre (Hg.): *Essais d'ego-histoire*. Paris: Gallimard 1987.
Nora, Pierre: L'ère de la commémoration. In ders.: *Les lieux de mémoire*. Bd. 3: Les France. Paris: Gallimard 1992, S. 977–1012.
Nora, Pierre: Pour une histoire au second degré. In: *Le Débat* 122 (2002/5), S. 24–31.
Nora, Pierre: *Présent, nation, mémoire*. Paris: Gallimard 2011.
Offenstadt, Nicolas: *14–18 aujourd'hui. La Grande Guerre dans la France contemporaine*. Paris: Odile Jacob 2010.
Ollivro, Jean: *La Nouvelle économie des territoires*. Rennes: Éditions Apogée 2011.
Otte, Gunnar: *Sozialstrukturanalysen mit Lebensstilen. Eine Studie zur theoretischen und methodischen Neuorientierung der Lebensstilforschung*. Wiesbaden: Verlag für Sozialwissenschaften 2004.
Paglia, Camille: Women's Naivete Contributes to Rape. In Swisher, Karin L. / Wekesser, Carol / Barbour, William (Hg.): *Violence against Women*. San Diego: Greenhaven, S. 67–70.
Patricot, Aymeric: *Les Petits Blancs: Un voyage dans la France d'en bas*. Paris: Plein Jour 2013.
Pau-Heyriès, Béatrix: Le marché des cercueils après-guerre 1918–1924. In: *RHA* 224 (2001), S. 65–80.
Pau-Heyriès, Béatrix: La dénonciation du scandale des exhumations militaires par la presse française dans les années 1920. In Coutau-Begarie, Hervé (Hg.): *Les médias et la guerre*. Paris: Economica 2005, S. 611–635.
Pellissier, Pierre: *Diên-Biên-Phu: 20 novembre 1953 – 7 mai 1954*. Paris: Perrin 2004.
Perec, Georges: *Quel petit vélo à guidon chromé au fond de la cour ?* Paris: Éditions Denoël 1966.
Petöfi, Janos. S. / Olivi, Terry: Schöpferische Textinterpretation. Einige Aspekte der Intertextualität. In dies. (Hg.): *Von der verbalen Konstitution zur symbolischen Bedeutung*. Papiere zur Textlinguistik. Bd. 62. Hamburg: Buske 1988, S. 335–350.
Peyrefitte, Alain: *C'était de Gaulle*. Paris: Faillois 1994.
Pinker, Steven: *The Better Angels of Our Nature: Why Violence Has Declined*. New York: Viking Books 2011.
Piot, Alain: *La spirale de la misogynie. Du mépris à la violence*. Préface de Djamila Benhabib. Paris: L'Harmattan 2012.
Plett, Heinrich F.: Sprachliche Konstituenten einer intertextuellen Poetik. In Broich / Pfister (Hg.): *Intertextualität. Formen, Funktionen, anglistische Fallstudien*. Konzepte der Sprach- und Literaturwissenschaft, Bd. 35. Tübingen: Niemeyer 1985, S. 78–98.
Prazan, Michael: *Une histoire du terrorisme. Enquête sur une guerre sans fin*. Paris: Flammarion 2012.
Preciado, Paul B.: *Manifeste contra-sexuel*. Paris: Balland 2000.

Prost, Antoine: Les monuments aux morts, culte républicain? culte civique? culte patriotique? In Nora, Pierre (Hg.): *Les Lieux de mémoire*. Bd. 1. Paris: Gallimard 1984.
Proust, Marcel: *À la recherche du temps perdu*. Édition publiée sous la direction de Jean-Yves Tadié. 4. Bde. Paris: Gallimard 1987 (I), 1988 (II), 1988 (III), 1989 (IV).
Provencher, Dennis M.: *Queer French. Globalization, Language, and Sexual Citizenship in France*. New York: Routledge 2016.
Quemin, Alain / Lévy, Clara: La chassé-croisé de la sociologie et des œuvres littéraires. In Labari, Brahim (Hg.): *Ce que la sociologie fait de la littérature et vice-versa*. Paris: E.P.U. 2014, S. 15–34.
Quignard, Pascal: *La Haine de la musique*. Paris: Calmann-Lévy 1996.
Quignard, Pascal: *Les Ombres errantes*. Paris: Grasset 2002.
Quignard, Pascal: *La Barque silencieuse*. Paris: Seuil 2009.
Rancière, Jacques: *La chair des mots. Politiques de l'écriture*. Paris: Éditions Galilée 1998.
Rancière, Jacques: *Le Partage du sensible: Esthétique et politique*. Paris: La Fabrique 2000.
Rancière, Jacques: *Malaise dans l'esthétique*. Paris: Galilée 2004.
Rancière, Jacques: *Politique de la littérature*. Paris: Éditions Galilée 2007.
Rancière, Jacques: *Politik der Literatur*. Aus dem Französischen von Richard Steurer. Wien: Passagen 2011.
Rappe, Guido: *Interkulturelle Ethik*, Bd. 2: *Ethische Anthropologie*, 1. Teil: *Der Leib als Fundament von Ethik*. Berlin u. a.: Europäischer Universitätsverlag 2005.
Raymond, Marcel: *Jean-Jacques Rousseau: la quête de soi et la rêverie*. Paris. Corti: 1970.
Reckwitz, Andreas: *Die Gesellschaft der Singularitäten. Zum Strukturwandel der Moderne*. Berlin: Suhrkamp 2017.
Redmond, James (Hg.): *Violence in Drama*. Cambridge: Cambridge University Press 1991.
Reemtsma, Jan Philipp: *Vertrauen und Gewalt. Versuch über eine besondere Konstellation der Moderne*. Hamburg: Hamburger Edition HIS 2008.
Renan, Ernest: *Qu'est-ce qu'une nation ?*, et autres essais politiques. Textes choisis et présentés par Joël Roman. Paris: Presses Pocket 1992.
Riboulet, Mathieu: *Un sentiment océanique*. Paris: Maurice Nadeau 1996.
Riboulet, Mathieu: *Mère Biscuit*. Paris: Maurice Nadeau 1999.
Riboulet, Mathieu: *Les Œuvres de miséricorde*. Paris: Verdier 2012.
Riboulet, Mathieu: *Entre les deux il n'y a rien*. Paris: Verdier 2015.
Riboulet, Mathieu: Le sexe, le désir, le texte. In: *Revue critique de fixxion française contemporaine*. No 12 (2016): *Homosexualités et fictions en France de 1981 à nos jours*. Dirigé par Eric Bordas et Owen Heathcote, S. 209–212.
Riceputi, Fabrice: Paul Teitgen et la torture pendant la guerre d'Algérie, une trahison républicaine. In: *20&21. Revue d'histoire* 142 (avril-juin 2019), S. 3–17.
Riekenberg, Michael: *Gewalt. Eine Ontologie*. Frankfurt a.M.: Campus Verlag 2019.
Riffaterre, Michael: Compulsory Reader Response: The Intertextual Drive. In: Worton, Michael / Still, Judith Still (Hg.): *Intertextuality. Theories and practices*. Manchester: Manchester University Press 1990, S. 56–78.
Rigouste, Mathieu: *L'ennemi intérieur: la généalogie coloniale et militaire de l'ordre sécuritaire dans la France contemporaine*. Paris: La Découverte 2009.
Rigouste, Mathieu: *La Domination policière: Une violence industrielle*. Paris: La Fabrique 2012.
Robin, Marie-Monique: *Escadrons de la mort, l'école française*. Paris: Cahiers libres 2004.
Roger, Philippe: *A political minimalist*. In Allison / Roberts / Weiss (Hg.): *Sade and the Narrative of Transgression*. New York: Cambridge UP, S. 76–99

Rolland, Denis: *Les fusillés de Vingré: le serment de Claudius Lafloque*. Vic-sur-Aisne: Soissonnais 14–18 2014.
Rosmer, Alfred: *Le mouvement ouvrier pendant la Première Guerre Mondiale – De l'Union sacrée à Zimmerwald*. Paris: Librairie du Travail 1936.
Rougemont, Denis de: *L'amour et l'Occident*. Édition définitive. Paris: Plon 1972.
Rousseau, Jean-Jacques: *Les Confessions* [–1765]. Paris: Launette 1889.
Rousseau, Jean-Jacques: *Discours sur l'origine et les fondements de l'inégalité parmi les hommes* [1755]. Paris: Garnier-Flammarion 1971.
Roy, Olivier: *L'Islam mondialisé*. Paris: Seuil 2002.
Roy, Olivier: *Le Croissant et le chaos*. Paris: Hachette Littératures 2007.
Roy, Olivier: *La Sainte ignorance. Le temps de la religion sans culture*. Paris: Seuil 2008.
Roy, Olivier: *Le Djihad et la mort*. Paris: Seuil 2016.
Rubenhold, Hallie: *The Five: The Untold Lives of the Women Killed by Jack the Ripper*. New York: Doubleday 2019.
Rubino, Gianfranco: L'Histoire interrogée. In ders. / Viart, Dominique (Hg.): *Le roman français contemporain face à l'Histoire*. Macerata: Quodlibet 2014, S. 11–27.
Ruhe, Cornelia: Un cénotaphe littéraire pour les morts sans sépulture : Mathias Énard en thanatographe. In: Messling / Ruhe / Seauve / De Senarclens (Hg.): *Mathias Énard et l'érudition du roman*, S. 200–216.
Ruscio, Alain: L'opinion francaise et la guerre d'Indochine (1945–1954). Sondages et témoignages. In: *Vingtième Siècle, revue d'histoire* 29 (janvier-mars 1991), S. 35–46.
Sánchez Hernández, Ángeles: L'auto-socio-biographie d'Annie Ernaux, un genre à l'écart. In: *Anales de Filología Francesa* 25 (2017), S. 187–205.
Santoni, Ronald E.: *Sartre on Violence: Curiously Ambivalent*. University Park: The Pennsylvania State University Press 2003.
Sanyal, Debarati: *The Violence of Modernity: Baudelaire, Irony, and the Politics of Form*. Baltimore: The Johns Hopkins University Press 2006.
Sapiro, Gisèle: L'apport du concept de champ à la sociologie de la littérature. In Baudorre, Philippe / Rabaté, Dominique / Viart, Dominique (Hg.): *Littérature et sociologie*. Bordeaux: Presses Universitaires de Bordeaux 2007, S. 61–80.
Sapiro, Gisèle (Hg.): *Translatio. Le marché de la traduction en France à l'heure de la mondialisation*. Paris: CNRS 2008.
Sapiro, Gisèle (Hg.): *Les Contradictions de la globalisation éditoriale*. Paris: Nouveau Monde 2009.
Sapiro, Gisèle: *La Responsabilité de l'écrivain. Littérature, droit et morale en France, XIXe-XXIe siècle*. Paris: Seuil 2011.
Sapiro, Gisèle: *La sociologie de la littérature*. Paris: La Découverte 2014.
Sartre, Jean Paul: Nous sommes tous des assassins. In : *Les Temps modernes* 145 (März 1958), S. 1574–1576.
Schaal, Michèle A.: Whatever Became of «Génération Mitterrand»?, Virginie Despentes's Vernon Subutex. In: *French Review* 91, n°3 (2017), S. 87–99.
Schaal, Michèle A.: Introduction to Special Issue on Virginie Despentes. From Margins to Center (?). In: *Rocky Mountain Review of Language and Literature* 72, n°1 (2018), S. 14–35.
Schaal, Michèle A.: Les *Chiennes Savantes* de Virginie Despentes ou l'hétéropatriarcat triomphant. In: *Rocky Mountain Review* 72, n°1 (2018), S. 77–104.
Schaal, Michèle A.: L'univers affectif féminin dans Vernon Subutex de Virginie Despentes. In: *Contemporary French and Francophone Studies* 22, n°4 (2018), S. 475–483.

Schärf, Christian: *Geschichte des Essays. Von Montaigne bis Adorno*. Göttingen: Vandenhoeck & Ruprecht 1999.
Schafer, R. Murray: *The Soundscape: Our Sonic Environment and the Tuning of the World*. New York: Alfred Knopf 1977.
Scheffler, Samuel: *Consequentialism and its critics*. Oxford: Oxford University Press 1988.
Scheffler, Samuel: *The Rejection of Consequentialism: A Philosophical Investigation of the Considerations Underlying Rival Moral Conceptions*. Oxford: Oxford University Press 1994.
Schmid, Bernhard: *Das koloniale Algerien*. Münster: Unrast 2006.
Schmid, Marcel: *Autopoiesis und Literatur. Die kurze Geschichte eines endlosen Verfahrens*. Bielefeld: transcript 2016.
Schober, Rita: Weltsicht und Realismus in Michel Houellebcqs utopischem Roman *Les particules élémentaires*. In: *Romanistische Zeitschrift für Literaturgeschichte* 25 (2001), S. 177–211.
Schober, Rita: *Auf dem Prüfstand. Zola – Houellebecq – Klemperer*. Berlin: Verlag Walter Frey 2003.
Schoell, Konrad: «L'acte gratuit» als Gewalthandlung. In Klein, Michael (Hg.): *Gewalt-interdisziplinär*. Münster: LIT 2002, S. 71–90.
Schulte-Middelich, Bernd: Funktionen intertextueller Textkonstitution. In Broich / Pfister (Hg.): *Intertextualität. Formen, Funktionen, anglistische Fallstudien*. Konzepte der Sprach- und Literaturwissenschaft, Bd. 35. Tübingen: Niemeyer 1985, S. 197–242.
Schwarz-Fiesel, Monika / Kromminga, Jan-Henning (Hg.): *Metaphern der Gewalt. Konzeptualisierungen von Terrorismus in den Medien vor und nach 9/11*. Tübingen: Narr Francke Attempto 2014.
Secher, Reynald: *Le génocide franco-français. La Vendée-Vengé*. Paris: Perrin 1992.
Seidensticker, Bernd / Vöhler, Martin (Hg): *Gewalt und Ästhetik. Zur Gewalt und ihrer Darstellung in der griechischen Klassik*. Berlin – New York: De Gruyter 2006.
Selvan, Charles M.: *Le jeu et la violence: La différance comme déconstruction de la violence*. 2 Bde. Paris: L'Harmattan 2018.
Shepard, Todd: *Sex, France, and Arab Men, 1962–1979*. Chicago – London: The University of Chicago Press 2017.
Sinha, Shumona: *Calcutta*. Roman. Paris: Éditions de l'Olivier 2014.
Sinha, Shumona: *Apatride*. Roman. Paris: Éditions de l'Olivier 2017.
Slimani, Leïla: *Chanson douce*. Paris: Gallimard 2016.
Slimani, Leïla: *Le diable est dans les détails*. Paris: L'Aube 2017.
Slimani, Leïla: *Sexe et Mensonges. La vie sexuelle au Maroc*. Paris: Les Arènes 2017.
Smets, Paul-F.: Albert Camus, éditorialiste professionnel: Alger-Républicain, Combat, L'Express. In: *Bulletins de l'Académie Royale de Belgique* 22 (Année 2011), S. 29–73.
Sofsky, Wolfgang: Der Prozess der Gewalt. In Klein, Michael (Hg.): *Gewalt-interdisziplinär*. Münster: LIT 2002, S. 173–184.
Sontag, Susan: The Pornographic Imagination. In dies.: *Styles of Radical Will*. London: Penguin Classics 2009, S. 35–74.
Sorel, Georges: *Réflexions sur la violence* [1908]. Paris: Marcel Rivière 1910.
Spinoza, Baruch: *Éthique, démontrée suivant l'ordre géométrique et divisée en cinq parties*. Texte latin soigneusement revu traduction nouvelle, notice et notes par Ch. Appuhn. Paris: Garnier 1913.
Spoerhase, Carlos: Politik der Form. Autosoziobiografie als Gesellschaftsanalyse. In: *Merkur. Deutsche Zeitschrift für Europäisches Denken* 71/818 (2017) S. 27–37.

Springora, Vanessa. *Le consentement*. Paris: Grasset 2020.
Starobinski, Jean: *Montaigne en mouvement*. Édition revue et complétée. Paris: Gallimard 1993.
Starobinski, Jean: *Jean-Jacques Rousseau, la transparence et l'obstacle* [1957]. Paris: Flammarion 1998.
Stawarz, Nico: Inter- und intragenerationale soziale Mobilität / Inter- and Intra-generational Social Mobility. In: *Zeitschrift für Soziologie* 42/5 (Oktober 2013), S. 385–404.
Stenzel, Hartmut: *Le Monument* de Claude Duneton et la mémoire de la Grande Guerre. In Asholt / Bähler: *Le savoir historique du roman contemporain*. Villeneuve-d'Ascq: Presses Universitaires du Septentrion 2016, S. 147–164.
Stierle, Karlheinz: Werk und Intertextualität. In Schmid, Wolf / Stempel, Wolf-Dieter (Hg.): *Dialog der Texte. Hamburger Kolloquium zur Intertextualität*. Wien Wiener Slawistischer Almanach, Sonderband 11. (1983), S. 7–26.
Stora, Benjamin: *Histoire de l'Algérie coloniale (1830–1954)*. Paris: La Découverte 1991.
Stora, Benjamin / Malye, François: *François Mitterrand et la guerre d'Algérie*. Paris: Calmann-Lévy 2010.
Stora, Benjamin: *Une mémoire algérienne*. Paris: Robert Laffont, Collection «Bouquins» 2020.
Stuckrad-Barre, Benjamin von: *Soloalbum*. Köln: Kiepenheuer und Witsch 1998.
Sunzi: *Die Kunst des Krieges*. Aus dem Chinesischen übertragen und mit einem Nachwort versehen von Volker Klöpsch. Berlin: Insel 2019.
Sutterlüty, Ferdinand / Jung, Matthias / Reymann, Andy (Hg.): *Narrative der Gewalt: Interdisziplinäre Analysen*. Frankfurt a. M.: Campus Verlag 2019
Svendsen, Lars Fredrik: *Kleine Philosophie der Langeweile*. Aus dem Norwegischen von Lothar Schneider. Frankfurt a.M.: Insel-Verlag 2002.
Taine, Hippolyte: *Histoire de la littérature anglaise* [1864]. Paris: Hachette 1881--1882, 5 Bde., Bd. 1, S. XLV.
Tanguy, Jean-François: Hippolyte Taine et l'anarchie. Le thème de la dissolution de l'Etat dans les origines de la France contemporaine. In Agulhon, Maurice (Hg.): *Le XIXe siècle et la Révolution française*. Paris: éditions créaphis 1992, S. 329–346.
Tenzer, Nicolas: *La Face cachée du gaullisme*. Paris: Hachette 1998.
Theweleit, Klaus: *Männerphantasien*. Neuausgabe. Berlin: Matthes & Seitz 2019.
Tilly, Charles: *The Vendée, a Sociological Analysis of the Counter Revolution of 1793*. Cambridge MA: Harvard UP 1964.
Tocqueville, Alexis de: *L'Ancien Régime et la Révolution*. In ders.: *Œuvres complètes*. 9 Bde. Paris: Michel Lévy 1866 (7e éd.).
Todorov, Tzvetan: What Is Literature For? In: *New Literary History* XXXVIII, 1 (Winter 2007), S. 13–32.
Tommek, Heribert: La position du champ littéraire dans le champ du pouvoir et dans l'espace national. Quelques remarques conceptuelles. In Jurt, Joseph (Hg.): *Champ littéraire et nation*. Frankreich-Zentrum, Freiburg i. Br.: Frankreich-Zentrum 2007, S. 35–44.
Tommek, Heribert (Hg.): *Der lange Weg in die Gegenwartsliteratur. Studien zur Geschichte des literarischen Feldes in Deutschland von 1960 bis 2000*. Berlin – Boston: De Gruyter 2015.
Tondeur, Claire Lise: *Annie Ernaux ou l'exil intérieur*. Amsterdam: Rodopi 1996.
Touraine, Alain: *Pourrons-nous vivre ensemble ?* Paris: Fayard 1997.
Trabant, Jürgen: *Der Gallische Herkules. Studien über Sprache und Politik in Frankreich und Deutschland*. Tübingen: A. Francke Verlag 2002.

Trabant, Jürgen: *Mithridates im Paradies. Kleine Geschichte des Sprachdenkens*, München: C.H. Beck 2003.
Trabant, Jürgen: *Weltansichten. Wilhelm von Humboldts Sprachprojekt*. München: C.H. Beck 2012.
Trilcke, Peer: Ideen zu einer Literatursoziologie des Internets. Über einige Optionen der literaturwissenschaftlichen Internet Studies. Mit einer Blogotop-Analyse. In: *Textpraxis* 7 (2013), online unter http://www.uni-muenster.de/textpraxis/peer-trilcke-literatursoziologie-des-internets, konsultiert am 14.06.2021.
Trilcke; Peer: Social Network Analysis (SNA) als Methode einer textempirischen Literaturwissenschaft. In Ajouri, Philip / Mellmann, Katja / Rauen, Christoph (Hg.): *Empirie in der Literaturwissenschaft*. Münster: Brill-mentis 2013, S. 201–247.
Ulama, Nisaar: «Pop ist philosophische Kunst.» Hegel, Danto und die Popmoderne. In Hecken, Thomas / Wrezinski, Marcel (Hg.): *Philosophie und Popkultur*. Bochum: Posth-Verlag 2010, S. 127–142.
Uslar, Moritz von: *Deutschboden. Eine teilnehmende Beobachtung*. Köln: Kiepenheuer & Witsch 2010.
Valette, Jacques: *La guerre d'Algérie des Messalistes 1954–1962*. Paris: L'Harmattan 2001.
Vance, J.D.: *Hillbilly Elegy. A Memoir of a Family and Culture in Crisis*. New York: Harper 2016.
Van Slyke, Gretchen: Dans l'intertexte de Baudelaire et de Proudhon: pourquoi faut-il assommer les pauvres? In: *Romantisme* 14/45 (1984), S. 45–57.
Van Zanten, Agnès: La compétition entre fractions des classes moyennes supérieures et la mobilisation des capitaux autour des choix scolaires. In Coulangeon, Philippe / Duval, Julien (Hg.): *Trente ans après La Distinction, de Pierre Bourdieu*. Paris: La Découverte 2013, S. 278–298.
Viart, Dominique / Vercier, Bruno: *La littérature française au présent: héritage, modernité, mutations*. Paris: Bordas 2005.
Viart, Dominique: Récits de filiation. In Viart / Vercier: *La Littérature francaise au présent: héritage, modernité, mutations*. Paris: Bordas 2005, S. 79–101.
Viart, Dominique: Littérature et sociologie, les champs du dialogue. In Baudorre / Rabaté / Viart (Hg.): *Littérature et sociologie*. Bordeaux: Presses Universitaires de Bordeaux 2007, S. 11–32.
Viart, Dominique: Nouveaux modèles de représentation de l'Histoire en littérature contemporaine. In ders. (Hg.): *Nouvelles écritures littéraires de l'Histoire. T. X: Écritures contemporaines*. Caen: Lettres Modernes, Minard 2009, S. 11–39.
Viart, Dominique: La littérature, l'histoire, de texte à texte. In Rubino / Viart (Hg.): *Le roman français contemporain face à l'Histoire*. Macerata: Quodlibet 2014, S. 29–40.
Viart, Dominique: La mise en œuvre historique du récit de filiation: Histoire des grands-parents que je n'ai pas eus d'Ivan Jablonka. In: Asholt / Bähler: *Le savoir historique du roman contemporain*. Villeneuve-d'Ascq: Presses Universitaires du Septentrion 2016, S. 83–100.
Victoroff, Jeff: The Mind of the Terrorist. A Review and Critique of Psychological Approaches. In: *Journal of Conflict Resolution* 49, No 1 (2005), S. 3–42.
Virilio, Paul / Depardon, Raymond (e.a., Hg.): *Terre natale: Ailleurs commence ici*. Arles: Actes Sud, Paris: Fondation Cartier pour l'art contemporain 2000.
Voltaire: *Candide, ou l'Optimisme*. In ders.: *Œuvres complètes de Voltaire*. Texte établi par Louis Moland. Paris: Garnier 1877.

Voswinkel, Gerd: Der Abstammungsromancier – Was Michel Houellebecq mit dem Naturalismus Emile Zolas zu tun hat. In Steinfeld, Thomas (Hg.): *Das Phänomen Houellebecq*. Köln: DuMont 2001, S. 127–140.
Vuillard, Éric: *L'Ordre du jour*. Arles: Actes Sud 2017.
Waechter, Matthias: *Der Mythos des Gaullismus. Heldenkult, Geschichtspolitik und Ideologie 1940–1958*. Göttingen: Wallstein 2006.
Waechter, Matthias: *Geschichte Frankreichs im 20. Jahrhundert*. München: C.H. Beck 2019.
Wagner-Egelhaaf, Martina: *Autobiographie*. 2., aktualisierte und erweiterte Auflage. Stuttgart: Metzler 2005.
Wagner-Egelhaaf, Martina (Hg.): *Auto(r)fiktion. Literarische Verfahren der Selbstkonstruktion*. Bielefeld: Aisthesis 2013.
Wajsbrot, Cécile: *Destruction*. Gouville-sur-Mer: Bruit du temps 2019.
Waldow, Stephanie / Kleinschmidt, Christoph: Statt einer Einleitung. In Bassler, Moritz / Giacobazzi, Cesare / Kleinschmidt, Christoph / Waldow, Stephanie (Hg.): *(Be-)Richten und Erzählen. Literatur als gewaltfreier Diskurs?* München: Wilhelm Fink 2011, S. 9–24.
Weber, Eugene: *Action française; royalism and reaction in twentieth-century France*. Stanford CA: Stanford University Press 1962.
Weber, Max: *Wirtschaft und Gesellschaft. Grundriß der verstehenden Soziologie*. Tübingen: Mohr 1922.
Wehdeking, Volker: *Generationenwechsel: Intermedialität in der deutschen Gegenwartliteratur*. Berlin: Erich Schmid Verlag 2007.
Wehle, Winfried: «Littérature des images». Balzacs Poetik der wissenschaftlichen Imagination. In: Gumbrecht, Hans Ulrich (Hg.): *Honoré de Balzac*. München: Fink, 1980, S. 57–81.
Weiser, Jutta: Der Autor im Kulturbetrieb: Literarisches Self-Fashioning zwischen Selbstvermarktung und Vermarktungsreflexion (Christine Angot, Frédéric Beigbeder, Michel Houellebecq). In: *Zeitschrift für französsiche Sprache und Literatur* 123, Heft 3 (2013), S. 225–250.
Weninger, Robert: *Gewalt und kulturelles Gedächtnis: Repräsentationsformen von Gewalt in Literatur und Film seit 1945*. Tübingen: Stauffenberg 2005.
Werner, Michael: La place relative du champ littéraire dans les cultures nationales. Quelques remarques à propos de l'exemple franco-allemand. In ders. / Espagne, Michel (Hg.): *Philologiques* III (1994), S. 15–30.
Wertheimer, Jürgen: *Ästhetik der Gewalt: ihre Darstellung in Literatur und Kunst*. Frankfurt a.M.: Athenäum 1986.
Wethling, Tore / Hansen, Stefon: Anders Breivik: Terrorist oder Amokläufer. In Institut für Sicherheitspolitik an der Christian-Albrechts-Universität zu Kiel (Hg.): *Jahrbuch Terrorismus* 2011/2012. Opladen, Berlin & Toronto: Verlag Barbara Budrich 2012, S. 121–148.
Wiese, Heike: *Kiezdeutsch. Ein neuer Dialekt entsteht*. München: C.H. Beck 2012.
Wieviorka, Michel: *Sociétés et terrorisme*. Paris: Fayard 1988.
Wieviorka, Michel: *La France raciste*. Paris: Seuil 1992.
Wieviorka, Michel: *La Démocratie à l'épreuve. Nationalisme, populisme, ethnicité*. Paris: La Découverte 1993.
Wieviorka, Michel: *Face au terrorisme*. Paris: Liana Levi 1995.
Wieviorka, Michel (Hg.): *Une société fragmentée. Le multiculturalisme en débat*. Paris: La Découverte 1996.

Wieviorka, Michel: *Violence en France*. Paris: Éditions du Seuil 1999.
Wieviorka, Michel: *La violence*. Paris: Hachette Littératures 2005.
Wilson, Leah E.: Collapsing Boundaries to Expose Censorship and Expand Feminism in Virginie Despentes's *Apocalypse Baby*. In: *Rocky Mountain Review* 72, n°1 (2018), S. 146–164.
Wilson, Ross J.: *Cultural Heritage of the Great War in Britain*. London – New York: Routledge 2016.
Windebank, Janice / Günther, Renate (Hg.): *Violence & Conflict in Modern French Culture*. Sheffield: Sheffield Academic Press 1994.
Wittig, Monique: *La Pensée straight* [1992]. Paris: Editions Amsterdam 2013.
Wolfe, Tom / Warren Johnson, Edward (Hg.): *The New Journalism*. New York: Harper & Row 1973.
Wolfzettel, Friedrich: *Ce désir de vagabondage cosmopolite. Wege und Entwicklung des französischen Reiseberichts im 19. Jahrhundert*. Tübingen: Niemeyer 1986.
Zanetti, Sandro: Welche Gegenwart? Welche Literatur? Welche Wissenschaft? Zum Verhältnis von Literaturwissenschaft und Gegenwartsliteratur. In Brodowsky, Paul / Klupp, Thomas (Hg.): *Wie über Gegenwart sprechen? Überlegungen zu den Methoden einer Gegenwartsliteraturwissenschaft*. Frankfurt a.M.: Peter Lang 2010, S. 13–29.
Zeillinger, Peter: Dem Ereignis nach-denken. Hat Badious Philosophie eine Zukunft? In Knipp, Jens / Meier, Frank (Hg): *Treue zur Wahrheit. Die Begründung der Philosophie Alain Badious*. Münster: Unrast Verlag 2010, S. 221–237.
Zeniter, Alice: *L'Art de perdre*. Paris: Flammarion 2017.
Zweig, Paul: *Lautréamont: the Violent Narcissus*. New York: Kennikat Press 1972.

Zeitungs- und Internetartikel, Interviews sowie Quellen literaturkritischer und tagesjournalistischer Natur

AA.VV.: Une centaine d'universitaires alertent: « Sur l'islamisme, ce qui nous menace, c'est la persistance du déni ». In: *Le Monde* (31.10.2020), online unter https://www.lemonde.fr/idees/article/2020/10/31/une-centaine-d-universitaires-alertent-sur-l-islamisme-ce-qui-nous-menace-c-est-la-persistance-du-deni_6057989_3232.html, konsultiert am 28.06.2021.
Aeschimann, Eric: Comment sortir de la haine: grand entretien avec Jacques Rancière. In: *L'OBS* (15.07.2016), online unter https://abonnes.nouvelobs.com/bibliobs/idees/20160202.OBS3834/comment-sortir-de-la-haine-grand-entretien-avec-jacques-ranciere.html, konsultiert am 10.06.2021.
Aïssaoui, Mohammed: Pierre Lemaitre: «J'ai été bouleversé par Les Croix de bois». Entretien avec Pierre Lemaitre. In: *Le Figaro* (6 novembre 2013), online unter https://www.lefigaro.fr/histoire/centenaire-14-18/2013/11/06/26002-20131106ARTFIG00550-pierre-lemaitre-j-aiete-bouleverse-par-les-croix-de-bois.php, konsultiert am 16.06.2021.
Altwegg, Jürgen: Roman vor Gericht: Autofiktionen. In: *FAZ* (29.3.2016), online unter https://www.faz.net/aktuell/feuilleton/Édouard-louis-roman-histoire-de-la-violence-vor-gericht-14148393.html, konsultiert am 22.06.2021.

Andras, Joseph: Un boulanger fait du pain, un écrivain écrit. Entretien réalisé par Lionel Decottignies. In: *L'Humanité* (24.5.2016), online unter https://www.humanite.fr/joseph-andras-un-boulanger-fait-du-pain-un-ecrivain-ecrit-607707, konsultiert am 20.06.2021.

Andras, Joseph: Notes Chiapanèques. In: *lundimatin* 133 (12.2. 2018), online unter https://lundi.am/Notes-chiapaneques, konsultiert am 20.06.2021.

Andras, Joseph: Turquie. Nûdem Durak : un chant qu'on emprisonne. In: *L'Humanité* (25.3.2019), online unter https://www.humanite.fr/turquie-nudem-durak-un-chant-quon-emprisonne-669829, konsultiert am 20.06.2021.

Assheuer, Thomas: Camille Paglia: Die düstere, männliche Natur. In: *Die Zeit* (11.4.2018), online unter https://www.zeit.de/kultur/literatur/2018-04/camille-paglia-antaios-feminismus-rechtes-denken?utm_referrer=https%3A%2F%2Fwww.google.com%2F, konsultiert am 30.06.2021.

Assouline, Pierre: Nicolas Mathieu en proie à l'effroyable douceur d'appartenir. In: *La République des livres* (8.11.2018), online unter https://larepubliquedeslivres.com/nicolas-mathieu-en-proie-leffroyable-douceur-dappartenir/, konsultiert am 23.06.2021.

Badiou, Alain: Le rouge et le tricolore. In: *Le Monde* (26.1.2015), online unter https://www.lemonde.fr/idees/article/2015/01/27/le-rouge-et-le-tricolore_4564083_3232.html, konsultiert am 29.06.2021.

Barluet, Alain: France-Algérie: 2012, l'année des occasions manquées. In: *Le Figaro* (4.7.2012), online unter https://www.lefigaro.fr/international/2012/07/04/01003-20120704ARTFIG00608-france-algerie-2012-l-annee-des-occasions-manquees.php, konsultiert am 20.06.2021.

Bayer, Felix: «Ich schreibe fürs Volk». Interview mit Nicolas Mathieu. In: *Der Spiegel* (9.10.2019), online unter https://www.spiegel.de/kultur/literatur/nicolas-mathieu-im-interview-ueber-wie-spaeter-ihre-kinder-seinen-roman-a-1286607.html, konsultiert am 23.06.2021.

Beigbeder, Frédéric: Une apocalypse française. In: *Le Figaro* (26.08.2011), online unter http://www.lefigaro.fr/lefigaromagazine/2011/08/27/01006-20110827ARTFIG00520-une-apocalypse-francaise.php, konsultiert am 18.06.2021.

Birnbaum, Jean: « Les Renards pâles », de Yannick Haenel: l'insurrection des spectres. In: *Le Monde* (21.08.2013), online unter https://www.lemonde.fr/livres/article/2013/08/21/yannick-haenel-l-insurrection-des-spectres_3464520_3260.html, konsultiert am 26.06.2021.

Brévilet, Jacques: Aux Animaux la Guerre. Roman noir social de Nicolas Mathieu. In: unidivers.fr: Le web culturel breton (29.11.2018), online unter https://www.unidivers.fr/aux-animaux-la-guerre-nicolas-mathieu/;https://monromannoiretbienserre.blog.tdg.ch/archive/2015/03/29/nicolas-mathieu-aux-animaux-la-guerre-chronique-de-la-deshum-265867.html;http://fonduaunoir.fr/2019/04/03/aux-animaux-la-guerre-de-nicolas-mathieu/,konsultiertam 23.06.2021.

Cauhapé, Véronique: Festival de Cannes 2019: «Les Misérables», électrochoc sur La Croisette. In: *Le Monde* (16 mai 2019), online unter https://www.lemonde.fr/culture/article/2019/05/16/festival-de-cannes-2019-les-miserables-de-la-liesse-a-la-haine_5462789_3246.html, konsultiert am 08.06.2021.

Chapuis, Nicolas: Police: la mort d'un livreur à Paris relance la controverse sur le « plaquage ventral. In: *Le Monde* (11.01.2020), online unter https://www.lemonde.fr/societe/article/2020/01/10/police-la-mort-d-un-livreur-a-paris-relance-la-controverse-sur-le-plaquage-ventral_6025371_3224.html, konsultiert am 10.06.2021.

Condé, Maryse, Édouard Glissant, Alain Mabanckou, et al.: Pour une ‹littérature monde› en français. In: Le Monde (15.03. 2007), online unter https://www.lemonde.fr/livres/article/2007/03/15/des-ecrivains-plaident-pour-un-roman-en-francais-ouvert-sur-le-monde_883572_3260.html, zuletzt konsultiert am 09.06.2021.

Cresci, Virginie: Joseph Andras refuse le prix Goncourt du Premier roman. Le mystérieux Joseph Andras vient de refuser le prix qui lui a été attribué par surprise au début de la semaine. In: L'Obs (13.05.2016), online unter https://bibliobs.nouvelobs.com/actualites/20160513.OBS0432/joseph-andras-refuse-le-prix-goncourt-du-premier-roman.html, konsultiert am 20.06.2021.

Dambeck, Holger / Diez, Georg / Hengst, Björn u. a.: Das waren gute Kinder. Wie wurden drei ziemlich normale Söhne von Einwanderern zu den Attentätern von Paris? Eine Recherche an den Orten, an denen sie aufwuchsen und radikalisiert wurden, bei Freunden, Erziehern, Angehörigen, Richtern und Imamen. In: *Der Spiegel* Nr. 4 (2015), S. 76–84.

Day, Elizabeth: Femmes fatales fight back with sex and violence. A new movement of hardcore feminism has gripped French culture, uniting writers and filmmakers in a bid to subvert culture's age-old treatment of women. Is this liberation, or just porn in another guise? In: *The Guardian* (18.1.2009), online unter https://www.theguardian.com/film/2009/jan/18/french-feminism-despentes-catherine-millet, konsultiert am 30.06.2021.

Despentes, Virginie: Schreiben ist wie Licht machen. Interview mit Gabriela Herpell für das Magazin der Süddeutschen Zeitung. In: *sz-magazin* (17.10.2018), s.p., online unter https://sz-magazin.sueddeutsche.de/literatur/schreiben-ist-wie-licht-machen-86206, konsultiert am 30.06.2021.

Despentes, Virginie: Tribune: Césars: «Désormais on se lève et on se barre», par Virginie Despentes. In: *Libération* (1.3.2020), online unter https://www.liberation.fr/debats/2020/03/01/cesars-desormais-on-se-leve-et-on-se-barre_1780212/, konsultiert am 30.06.2021.

Dion, Jack: *Les Misérables*, ce n'est pas (que) du cinéma. In: *Marianne* (21.11.2019), online unter https://www.marianne.net/debattons/editos/les-miserables-ce-n-est-pas-que-du-cinema, konsultiert am 08.06.2021

Dumontet, Fabienne: Les succès contestés de l'autofiction. In: *Le Monde* (25.03.2010), online unter https://www.lemonde.fr/livres/article/2010/03/25/les-succes-contestes-de-l-autofiction_1324217_3260.html, konsultiert am 21.06.2021.

Dupuis, Jérôme: Les Renards pâles: Yannick Haenel ou l'art de l'enfumage. In: *L'Express* (22.08.2013), online unter https://www.lexpress.fr/culture/livre/yannick-haenel-des-renards-tres-pales_1274955.html, konsultiert am 26.06.2021.

Dusseaulx, Anne-Charlotte: *Les Misérables*: pourquoi ce film fait tant parler. In: *Le journal de dimanche* (19 novembre 2019), online unter https://www.lejdd.fr/Societe/les-miserables-pourquoi-ce-film-fait-tant-parler-3932321, zuletzt konsultiert am 08.06.2021.

Ferrari, Laurence: L'interview d'Éric Ciotti. Le député LR des Alpes-Maritimes Éric Ciotti était l'invité de Laurence Ferrari dans #LaMatinale sur CNEWS, online unter https://www.dailymotion.com/video/x7x5akf, konsultiert am 28.06.2021.

Gallimard.fr: *Entretien réalisé avec Philippe Lançon à l'occasion de la parution du Lambeau*, auf der Website des Gallimard-Verlags, online unter http://www.gallimard.fr/Media/Gallimard/Entretien-ecrit/Entretien-Philippe-Lancon.-Le-lambeau, konsultiert am 28.06.2021.

Gauthier, Flavie: Mahir Guven, Prix Première: «Je voulais écrire un roman sur notre époque». In: *Le Soir* (22.02.2018), online unter https://plus.lesoir.be/141682/article/2018-02-22/mahir-guven-prix-premiere-je-voulais-ecrire-un-roman-sur-notre-epoque, konsultiert am 29.06.2021.

Guven, Mahir / Fuhrig, Dirk: «Man darf die Freiheit nicht preisgeben» – Der Schriftsteller Mahir Guven über Fanatismus. In *Deutschlandfunkt Kultur* (24.04.2019), online unter https://www.deutschlandfunkkultur.de/schriftsteller-mahir-guven-ueber-fanatismus-man-darf-die.1270.de.html?dram:article_id=446925, konsultiert am 29.06.2021.

Häckermann, Andreas: Frankreich nach dem Tod von Samuel Paty. Interview mit Peter Schöttler. In: *Merkur* 861/2 (Februar 2021), S. 5–17.

Hegeman, Helene: Virginie Despentes: Hates People, Loves Dogs. An Interview by Helene Hegemann. In: *032c* (7.1.2020), online unter https://032c.com/virginie-despentes-hates, konsultiert am 30.06.2021.

Hollande, François: *Déclaration de M. François Hollande, Président de la République, sur la lutte contre le terrorisme, à Paris le 22 juillet 2016*. Texte intégral. Online einsehbar auf der Website der von der staatlichen *Direction de l'information légale et administrative* geleiteten Website *vie-publique.fr*. Vgl. https://www.vie-publique.fr/discours/199934-declaration-de-m-francois-hollande-president-de-la-republique-sur-la, konsultiert am 28.06.2021.

Houellebecq, Michel: Donald Trump Is a Good President. One foreigner's perspective. In: *Harper's Magazine* (2019/01), online unter https://harpers.org/archive/2019/01/donald-trump-is-a-good-president/, konsultiert am 09.06.2021.

Jablonka, Ivan / Guy, Chantal: L'anti fait divers. Interview mit Ivan Jablonka. In: *La Presse* (4.12.2016), online unter https://www.lapresse.ca/arts/livres/entrevues/201612/02/01-5047431-ivan-jablonka-lanti-fait-divers.php, konsultiert am 24.06.2021.

Johannès, Franck: Affaire Laëtitia: La colère des magistrats après les accusations de Nicolas Sarkozy. In: *Le Monde* (4.2.2011), online unter https://www.lemonde.fr/societe/article/2011/02/04/affaire-laetitia-la-colere-des-magistrats-apres-les-accusations-de-nicolas-sarkozy_1475149_3224.html, konsultiert am 26.06.2021.

Kaprièlan, Nelly: [Nos années 2010] 2015, Naissance de Vernon Subutex: Despentes raconte. In: *Les Inrocks.com* (1.2.2015), online unter https://www.lesinrocks.com/livres/dans-vernon-subutex-virginie-despentes-cartographie-la-societe-102778-01-02-2015/, konsultiert am 01.07.2021.

Kauffmann, Sylvie: Violence contre violence. In: *Le Monde* (16.07.2016), online unter https://www.lemonde.fr/idees/article/2016/07/16/violence-contre-violence_4970476_3232.html, konsultiert am 10.06.2021.

Leménager, Grégoire: Le prix Renaudot 2018 pour Valérie Manteau... et un prix spécial pour Philippe Lançon. In: *Bibliobs* (07.11.2018), online unter https://bibliobs.nouvelobs.com/actualites/20181107.OBS5004/le-prix-renaudot-2018-pour-valerie-manteau-et-un-prix-special-pour-philippe-lancon.html, konsultiert am 28.06.2021.

Le Monde avec *AFP*: Les féminicides en France: 90 femmes tuées en 2020, contre 146 en 2019, selon le ministère de la justice. In: *Le Monde* (2.2.2021); online unter https://www.lemonde.fr/societe/article/2021/02/02/90-feminicides-ont-ete-commis-en-2020-contre-146-en-2019-annonce-le-ministere-de-la-justice_6068512_3224.html, konsultiert am 24.06.2021.

Lepelletier, Pierre: Macron, Le Pen, Mélenchon... les politiques se rêvent en héritiers de de Gaulle. In: *Politique* Publié (18.6.2020), online unter https://www.lefigaro.fr/politique/macron-le-pen-melenchon-les-politiques-se-revent-en-heritiers-de-de-gaulle-20200618, konsultiert am 03.07.2021.

Louis, Édouard: Ich suche die Wahrheit, indem ich die Wirklichkeit nachbaue. Édouard Louis im Corso-Gespräch mit Dirk Fuhrig. In: *Deutschlandfunk Kultur* (12.3.2015), online unter http://www.deutschlandfunk.de/Édouard-louis-das-ende-von-eddy-ich-suchedie-wahrheit.807.de.html?dram:article_id=314072, konsultiert am 21.06.2021.

Louis, Édouard / Lagasnerie, Geoffroy: Valls, vous n'avez rien fait contre le terrorisme. In: *Libération* (3. August 2016), online unter https://www.liberation.fr/debats/2016/08/03/manuel-valls-vous-n-avez-rien-fait-contre-le-terrorisme_1470098/, konsultiert am 09.06.2021.

Louis, Édouard / Daudey, Jonathan: Entretien avec Édouard Louis: « Dès qu'il y a violence, il y a silence ». In: *un philosophe Revue d'idées à caractère philosophique* (14.11.2016), online unter https://unphilosophe.com/2016/11/14/entretien-avec-Édouard-louis-des-quil-y-a-violence-il-y-a-silence/, konsultiert am 22.06.2021.

Louis, Édouard / Leyris, Raphaël: « Empêcher le lecteur de détourner le regard ». Interview mit Édouard Louis. In: *Le Monde* (10.5.2018), online unter https://www.lemonde.fr/livres/article/2018/05/10/Édouardlouis-empecher-le-lecteur-de-detourner-le-regard_5297104_3260.html, konsultiert am 21.06.2021.

Ly, Ladj: Ladj Ly über seinen Film «Les Misérables» -«Dieser Film ist ein Aufschrei». Ladj Ly im Gespräch mit Patrick Wellinski. Beitrag vom 18. 01.2020, online unter https://www.deutschlandfunkkultur.de/ladj-ly-ueber-seinen-film-les-miserables-dieser-film-ist.2168.de.html?dram:article_id=468252, konsultiert am 08.06.2021.

Macron, Emmanuel: *INTEGRALE de l'hommage de Macron à de Gaulle à Montcornet*. In: *Le Figaro – Youtube* (17.5.2020), online unter https://www.youtube.com/watch?v=aL-6XhHjSVs, konsultiert am 03.7.2021.

Macron, Emmanuel: *La République en actes: discours du Président de la République sur le thème de la lutte contre les séparatismes*. (02.10.2020), einsehbar und als Video abrufbar auf der Website des *Élysée* unter https://www.elysee.fr/emmanuel-macron/2020/10/02/la-republique-en-actes-discours-du-president-de-la-republique-sur-le-theme-de-la-lutte-contre-les-separatismes, konsultiert am 28.06.2021.

Marshall, Alex: Nicolas Mathieu Wins Goncourt Prize for Work on France's Forgotten. In: *The New York Times*. Book News (08.11.2018), online unter https://www.nytimes.com/2018/11/08/books/nicolas-mathieu-prix-goncourt.html, konsultiert am 23.06.2021.

Mélenchon, Jean Luc: «De Gaulle était-il un insoumis ?» – Grand entretien avec Jean-Luc Mélenchon. In: *Lère du peuple. Le blog de Jean-Luc Mélenchon* (17.6.2020), online unter https://melenchon.fr/2020/06/17/de-gaulle-etait-il-un-insoumis-grand-entretien-avec-jean-luc-melenchon/, konsultiert am 03.07.2021.

Peschel, Sabine: Lit prize winner Shumona Sinha: 'As a writer, I search for the truth'. Sabine Peschel spoke with Shumona Sinha in Berlin. In: *DW*. Books (24.06.2016), s.p., online unter https://www.dw.com/en/lit-prize-winner-shumona-sinha-as-a-writer-i-search-for-the-truth/a-19353395, konsultiert am 27.06.2021.

Pietralunga, Cédric / Lemarié, Alexandre: «Nous sommes en guerre»: face au coronavirus, Emmanuel Macron sonne le «mobilisation générale». In: *Le Monde* (17.03.2020); online unter https://www.lemonde.fr/politique/article/2020/03/17/nous-sommes-en-guerre-face-au-coronavirus-emmanuel-macron-sonne-la-mobilisation-generale_6033338_823448.html

Red. JDD: Emmanuel Macron touché par *Les Misérables*. INDISCRET – Impressionné par le film Les Misérables de Ladj Ly, en salles mercredi, Emmanuel Macron cherche des pistes pour améliorer les conditions de vie des habitants des quartiers. In: *Le Journal du dimanche* (17 novembre 2019), online unter https://www.lejdd.fr/Politique/emmanuel-macron-touche-par-les-miserables-3931762, konsultiert am 08.06.2021.

Ries, Anna-Katharina: «Wahrheit und Lüge sind nicht so einfach voneinander zu trennen». Interview mit der Autorin Shumona Sinha und ihrer deutschen Übersetzerin Lena Müller über das Asylsystem und den Roman «Erschlagt die Armen!» In: *literaturkritik.de. Rezensionsforum* 8 (August 2016), s.p., online unter https://literaturkritik.de/id/22312, konsultiert am 27.06.2021.

Sartre, Jean-Paul: L'écrivain doit refuser de se laisser transformer en institution. In: *Le Monde* (24.10.1964), online unter https://www.lemonde.fr/archives/article/1964/10/24/l-ecrivain-doit-refuser-de-se-laisser-transformer-en-institution_2133977_1819218.html?xtmc=jean_paul_sartre_nobel&xtcr=3, konsultiert am 20.06.2021.

Savigneau, Josyane: Michel Houellebecq: «Tout ce que la science permet sera réalisé.» Rencontre avec l'écrivain au moment de la parution de *La possibilité d'une île*. In: *Le Monde* (20.8.2005), online unter https://www.lemonde.fr/culture/article/2005/08/20/michel-houellebecq-tout-ce-que-la-science-permet-sera-realise_681484_3246.html, konsultiert am 26.06.2021.

Shehata, Hatim: Noch mehr Militär ist nicht die Lösung. Frankreich und der islamistische Terrorismus. In: *DGAP. Advancing foreign policy* (12.11.2020), online unter https://dgap.org/de/forschung/publikationen/noch-mehr-militaer-ist-nicht-die-loesung, konsultiert am 28.06.2021.

Simon, Catherine: Congédiée pour avoir dépassé les « limites ». L'Office français de protection des réfugiés et apatrides n'emploiera plus Shumona Sinha. In: *Le Monde* (15.09.2011), online unter https://www.lemonde.fr/livres/article/2011/09/15/congediee-pour-avoir-depasse-les-limites_1572516_3260.html, zuletzt konsultiert am 27.06.2021.

Stetler, Harrison: The Good Populist. The moral radicalism of Édouard Louis. In: *The Point* (Web only / Criticism / 25. 6.2019),online unter https://thepointmag.com/criticism/the-good-populist-Édouard-louis/, konsultiert am 22.06.2021.

Stora, Benjamin: Algérie-France, mémoires sous tension. In: *Le Monde* (18.3.2012); online unter https://www.lemonde.fr/afrique/article/2012/03/18/algerie-france-memoires-sous-tension_1669417_3212.html, konsultiert am 20.06.2021.

Suc, Mathieu: Amedy Coulibaly, de la délinquance au terrorisme. Portrait d'un jeune de Grigny, qui s'est radicalisé lors d'un séjour à la prison de Fleury-Mérogis. In: *Le Monde* (10.1.2015), online unter https://www.lemonde.fr/societe/article/2015/01/10/amedy-coulibaly-de-la-delinquance-au-terrorisme_4553238_3224.html, konsultiert am 30.06.2021.

Thatcher, Margaret / Keay, Douglas (Interviewer): Interview for Woman's Own. In: *Woman's Own* (23.9.1987), s.p.

Université Sorbonne Paris Nord: Ivan Jablonka répond à nos questions à l'occasion de la sortie *Laëtitia ou la fin des hommes*, online unter https://www.univ-paris13.fr/ivan-jablonka-prix-litteraire-monde/, konsultiert am 26.06.2021.

Vely, Yannick: Les Misérables de Ladj Ly – la critique – Festival de Cannes. In: *Paris Match* (15 mai 2019), online unter https://www.parismatch.com/Culture/Cinema/Les-Miserables-de-Ladj-Ly-la-critique-Festival-de-Cannes-1624035, konsultiert am 08.06.2021.

VICE Life: *Virginie Despentes on Killing Rapists* (8.8.2015), In: *Youtube*, online unter https://www.youtube.com/watch?v=FIVTXZ5T, konsultiert am 30.06.2021.

Villaines, Astrid de: Borloo tacle (discrètement) Macron après avoir vu *Les Misérables*. In: *Huffingtonpost Politique* (19.11.2019), online unter https://www.huffingtonpost.fr/entry/borloo-macron-banlieue-miserables_fr_5dd3ac5fe4b0d6f02fa4a566, konsultiert am 08.06.2021.

Lexikon-Artikel

Assassinat de Samuel Paty /Attentat de Conflans-Sainte-Honorine, online auf *Wikipedia* unter https://fr.wikipedia.org/wiki/Assassinat_de_Samuel_Paty, konsultiert am 28.06.2021.
Attentat contre Charlie Hebdo, online auf *Wikipedia* unter https://fr.wikipedia.org/wiki/Attentat_contre_Charlie_Hebdo, konsultiert am 28.06.2021.
Attentat de la basilique Notre-Dame de Nice, online auf *Wikipedia* unter https://fr.wikipedia.org/wiki/Attentat_de_la_basilique_Notre-Dame_de_Nice, konsultiert am 28.06.2021.
Convergence, online auf *Larousse*-Online unter, https://www.larousse.fr/dictionnaires/francais/convergence/18988, konsultiert am 01.07.2021.
Daron, daronne, online auf *Larousse*-Online unter, https://www.larousse.fr/dictionnaires/francais/daron/21651, konsultiert am 29.06.2021.
H'mar, online unter *Langenscheidt*-Online: Deutsch-Arabisches Wörterbuch, https://de.langenscheidt.com/deutsch-arabisch/esel, konsultiert am 30.06.2021.
Non omnis moriar in der *Encyclopaedia metallum*, online unter https://www.metal-archives.com/bands/Non_Omnis_Moriar/3540473054,sowiehttps://www.metal-archives.com/bands/Non_Omnis_Moriar/3540381806, konsultiert am 01.07.2021.
Schbeb, online unter llf – La langue française, https://www.lalanguefrancaise.com/dictionnaire/definition/schbeb, konsultiert am 30.06.2021.

Filme, TV-Serien, Reportagen und Dokumentationen

Bellwinkel, Sebastian (Regie): *Feindbild Polizei – Gewalt und Gegengewalt ohne Ende?* (Erstausstrahlung auf *arte* am 16. 06.20).
Braud, Aurélia (Regie): *Pour le pire*. Arte France / Causette Prod 2020.
Budesheim, Sandra/ Zimmer, Sabine: *Auf dünnem Eis – Die Asylentscheider*. Hanfgarn & Ufer Filmproduktion 2017.
Campillo, Robin (Regie): *120 Battements par minute*. Les Films de Pierre 2017.
Cisterne, Hélier (Regie): *De nos frères blessés*. Les Films du Bélier,/ France 3 Cinéma / Frakas Productions / Laïth Media (DZ) 2020.
Collard, Cyril (Regie): *Les Nuits fauves*. Banfilm Ter / La Sept Cinema /Société Nouvelle de Cinematographie / Orango Film 1992.
Dupontel, Albert (Regie): *Au revoir là-haut*. Stadenn Prod. / Manchester Films 2017
Durand, Pierre-Nicolas: *Officiers du droit d'asile*. EKLA Production 2018.
Jackson, Peter (Regie): *King Kong*. Universal Pictures 2005.
Kassovitz, Mathieu (Regie): *La Haine*. Lazennec & Associés 1995.
Kassovitz, Mathieu (Regie): *L'Ordre et la Morale*. Nord-Ouest Productions / Studio 37 / France 2 / UGC 2011.
Lestrade, Jean-Xavier de: *Laëtitia*. CPB Films / L'Île Clavel 2019.
Ly, Ladj (Regie): *Les Misérables*. SRAB Films 2019.
Tasma, Alain (Regie): *Aux animaux la guerre*. EuropaCorp Télévision 2018.
Verney, Cathy (Regie): *Vernon Subutex*, Canal+ 2019-Gegenwart.

Musikalben

Bowie, David: *Black Star*. Columbia 2016.
Cohen, Leonard: *The Future*. Columbia 1992.
Nirvana: *Nevermind*. Geffen Records 1991.
Richard, Vincent: Playlist Vernon Subutex 1–3, online auf *Youtube* unter https://www.youtube.com/channel/UCgwsKCce-piwsRZFjX4GAwA; konsultiert am 01.07.2021.

Personenregister

Abaaoud, Abdelhamid 361
Adorno, Theodor W. 81, 90, 91, 412, 516
Al-Assad, Baschar 441, 454
Althusser, Louis 75
Amblard, Gaston 199
Andras, Joseph 48, 110, 124, 126, 190–199, 205–207, 211–221, 223, 224, 282, 521, 522, 525, 540, 542
Angot, Christine 107, 232, 527
Anzorov, Abdoullakh 401
Aouissaoui, Brahim 401
Aragon, Louis 129
Arendt, Hannah 49, 57, 58, 77
Artaud, Antonin 66
Asholt, Wolfgang 85, 97, 103, 104, 108, 109, 119, 157, 320, 419, 469, 519, 520, 524, 529
Assmann, Aleida 21, 54, 100
Assmann, Jan 21
Auerbach, Erich 174, 291, 487, 516, 519

Bach, Johann Sebastian 433
Bachtin, Michail M. 47, 72, 88, 150, 280, 318, 447, 489, 562
Badiou, Alain 75, 433, 434, 435
Bailly, Jean-Christophe 119
Balzac, Honoré de 94, 134, 135, 137, 138, 140, 141, 290–292, 310, 315, 480, 485–489, 494, 504, 506, 507, 532
Barbusse, Henri 128
Barthes, Roland 11, 26, 54, 72, 77–80, 91, 140, 323, 338, 339, 376, 425, 489, 520, 529, 553
Bataille, Georges 81–83, 465, 476, 554, 555
Baudelaire, Charles 60, 84, 85, 366–369, 373, 394, 398, 399, 419, 472
Baudrillard, Jean 160, 183–185
Beauvoir, Simone de 81, 82, 468, 471, 475
Behring Breivik, Anders 493
Beigbeder, Frédéric 94, 107, 159, 160
Ben Bella, Ahmed 418
Bergson, Henri 75, 234
Bessière, Jean 166, 520
Blanchot, Maurice 81, 82, 103

Böhm, Roswitha 97, 102
Boisseau, Frédéric 409
Borel d'Hauterive, Joseph-Pierre 410, 411
Bourdieu, Pierre 6, 12, 15, 24, 26, 29, 52, 55, 64, 70, 71, 87, 92, 93, 99, 101, 105, 106, 108, 112, 116, 225–227, 230, 232, 237, 238, 240, 241, 257, 259, 269, 278, 288–290, 315, 333, 419, 450, 510, 511, 516, 532, 548, 552, 555
Bowie, David 497, 498
Braungart, Wolfgang 99, 101
Brecht, Bert 79
Breton, André 65, 476
Bricco, Elisa 478, 480, 481, 484, 494
Brinsolaro, Franck 409
Bung, Stephanie 97, 102
Bush, George W. 25, 44, 45, 401
Butler, Judith 52, 476

Cabanes, Bruno 128, 129, 145
Cabu (Jean Cabut) 408
Caesar, Gaius Iulius 168, 171, 176, 178
Camus, Albert 65, 83, 195–197, 212, 218, 219
Camus, Renaud 26, 27
Capote, Truman 324
Castoriadis, Cornelius 105
Cayat, Elsa 409
Céline, Ferdinand 134, 135
Chaillou, Michel 97, 98
Charb (Stéphane Charbonnier) 409, 417
Chesnais, Jean-Claude 37
Chilperich I. (Burgund) 138, 139
Chlodwig I. 138, 139
Chouviat, Cédric 6, 48
Cisterne, Hélier 110
Clothilde von Burgund 138, 139, 168
Cohen, Leonard 495, 497
Colette 468
Collomb, Michel 104
Colonna, Vincent 232, 281
Comte de Lautréamont 84
Coser, Lewis A. 90, 533
Coty, René 199, 200, 540, 570
Coulibaly, Amedy 39, 439, 458

Crémieux, Gaston 19
Crenshaw, Martha 359

Dambre, Marc 97, 103, 104
Danto, Arthur C. 495
Daoud, Kamel 194
Davis, Angela 470, 471, 476
Debord, Guy 322, 323
De Gaulle, Charles 1, 25, 38, 39, 109, 118, 121, 122, 178, 179, 235, 537, 546
De Lagasnerie, Geoffroy 25, 48, 266, 270
Delaume, Chloé 232
Deleuze, Gilles 82
Derrida, Jacques 8, 72, 77–79, 529
Despentes, Virginie 105, 115, 246, 362, 363, 462–480, 482, 484, 486–490, 492, 493–498, 500, 503–513, 521, 529, 530, 546, 547, 549, 562
De Toledo, Camille 34, 118, 189
Dianou, Alphonse 191
Diderot, Denis 162, 217
Dominici, Gaston 338, 339
Dorgelès, Roland 128
Dostojewski, Fjodor M. 212, 467
Doubrovsky, Serge 231, 232, 281
Dubreuil, Jean-Claude 124
Ducas, Sylvie 24, 92, 94, 95, 517
Dumas, Alexandre (der Ältere) 135
Dumas, Roland 197, 198
Dupontel, Albert 110, 127
Duras, Marguerite 468, 470

Easton Ellis, Bret 305
Elias, Norbert 37, 48, 50
Énard, Mathias 91, 105, 118, 126, 175, 189, 517, 524, 525
Engel, Pascal 150
Enthoven, Raphaël 8
Erdoğan, Recep Tayyip 191
Eribon, Didier 40, 112, 236–241, 243, 244, 246, 249, 250–255, 261, 266, 270, 283, 284, 288, 313, 314, 324, 325, 333, 346, 521, 527, 528, 546, 548
Erneaux, Annie 111, 112, 231–238, 241, 243, 244, 251, 256, 259, 282–284, 325, 414, 527, 546, 548

Ette, Ottmar 10–12, 16, 33, 36, 46, 52, 54, 59, 62, 73, 78, 80, 85, 88, 90, 91, 93, 104, 161, 218, 227, 303, 357, 376, 385, 396, 419, 425, 448, 488, 489, 518, 521, 522, 527, 552, 557, 564, 565

Fanon, Frantz 74
Farrakhan, Louis 418
Fassin, Didier 34, 239, 542, 543
Faulkner, William 266, 267
Ferry, Jules 17
Fiedler, Leslie 305, 470
Flaubert, Gustave 81, 487
Floyd, George 48, 542
Ford Coppola, Francis 159, 160
Forest, Philippe 232
Foster, Hal 529
Foster Wallace, David 305
Foucault, Michel 6, 75–77, 82, 112, 144, 234, 236, 237, 240, 424, 476
Fourquet, Jérôme 557
Friang, Brigitte 161, 162

Galtung, Johan 52, 53, 108
Gasparini, Philippe 232
Gaynor, Gloria 305
Genet, Jean 66, 238, 470, 476
Genevoix, Maurice 128
Gide, André 65
Ginzburg, Carlo 125
Girard, René 75, 78
Goergen, Maxime 285–487
Goncourt, Edmond de 24, 74, 225
Goncourt, Jules de 24, 74, 225
Góngora, Luis de 419
Gracq, Julien 192
Grewe, Andrea 97, 102
Gros, Frédéric 76, 77
Guilloux, Louis 128, 129
Guilluy, Christophe 228, 229, 314, 316, 317, 325
Gumbrecht, Hans Ulrich 100, 487
Guven, Mahir 46, 114, 115, 312, 352, 358, 365, 408, 439–441, 443, 445, 447, 451, 452, 455, 457–463, 512, 521, 530, 535, 536, 541, 542, 545, 547, 548, 558, 559, 560

Halbwachs, Maurice 21, 522
Hallier, Jean-Edern 418
Han, Byung-Chul 91
Hansen, André 443–445, 459
Havercroft, Barbara Jane 97
Hegemann, Helene 477, 478
Hendrix, Jimmy 499
Heraklit 373
Herrmann, Leonhard 98
Hobbes, Thomas 490
Hollande, François 254, 401, 402, 417
Homer 171–175
Honoré, Philippe 409
Horaz 497, 498
Horstkotte, Silke 98, 100, 101
Houellebecq, Michel 25, 34, 92, 107, 108, 118, 166, 189, 355–358, 409, 417, 430–432, 438, 464, 494, 507, 530, 545, 565
Hugo, Victor 1–4, 8, 31, 74, 205, 219, 220, 467
Huyssen, Andreas 100

Ionesco, Eugène 65
Iveton, Fernand 126, 191, 194, 196–209, 211, 212, 214–219, 221–223, 523, 525, 540
Iveton, Hélène 199, 201, 203, 206–210, 216, 223

Jablonka, Ivan 102, 110, 113, 126, 245, 251, 319–327, 329–333, 335, 336, 338–346, 365, 417, 422, 432, 438, 521, 527, 528, 535, 539, 546, 547, 549, 558
Jackson, Peter 465
Jacquet, Chantal 230, 242
Jenni, Alexis 110, 120–123, 158–163, 165, 166, 170, 171, 174–176, 179, 181–183, 185–191, 195, 196, 205, 521, 522, 525, 538, 539, 541, 549
Jesenská, Milena 426
Jünger, Ernst 419
Jung, Matthias 55
Jurt, Joseph 6, 15, 16, 24, 25, 31, 93, 107, 108, 532, 554

Kafka, Franz 371, 396, 419, 425, 426, 433, 435
Kassovitz, Mathieu 6, 47, 191, 542
Kauffmann, Sylvie 42–44
Kepel, Gilles 360, 361
Khadra, Yasmina 124
Klossowski, Pierre 82
Koloma Beck, Theresa 11, 51, 52, 67
Koselleck, Reinhart 216
Kouachi, Chérif 39, 361, 408, 439, 458
Kouachi, Saïd 39, 361, 408, 439, 458
Kouchner, Camille 8
Kristeva, Julia 49, 72, 303, 394, 553
Kundera, Milan 419

Lacan, Jaques 82
Lahouaiej Bouhlel, Mohamed 42, 361
Laînné, Charles 199, 203
Lançon, Philippe 47, 114, 115, 281, 352, 358, 365, 408–413, 415, 416, 419–424, 426, 427, 430–435, 437–441, 459, 460, 462, 463, 521, 530, 531, 534, 558
Larcher, Sylvie 336, 337
Laurentin, Emmanuel 38, 39
Lemaitre, Pierre 101, 110, 120, 127–130, 132–138, 140–142, 145, 148–150, 152, 223, 521–523, 540
Leonhard, Jörn 117, 118
Leroux, Gaston 135
Lévi-Strauss, Claude 62, 63
Littell, Jonathan 109, 110, 126, 157, 159, 160, 451, 523
Lotman, Juri M. 12, 62, 516
Louis, Édouard 25, 112, 113, 230, 237, 241, 243–247, 249, 251–275, 277–284, 286–288, , 295, 309, 322, 325, 331, 333, 346–348, 432, 438, 521, 527, 528, 541, 542, 546, 548, 549, 558, 560
Ludwig XIV. (Frankreich) 429, 430
Lübbe, Herrmann 100
Luhmann, Niklas 11, 516, 555
Lukácz, Georg 486
Ly, Ladj 1, 3–7, 24, 72, 118, 307, 543, 563

Macron, Emmanuel 5, 118, 254, 402, 403, 537, 556, 557
Mailer, Norman 324
Maillot, Henri 211
Malye, François 195, 196
Mandelbrot, Benoît 62
Mann, Thomas 419, 424, 425, 428, 433, 435
Maris, Bernard 409
Martin von Tours 366
Marx, Karl 74, 75, 209, 210, 216, 218, 234, 240, 250, 252, 353, 418, 433, 435, 472, 474, 481, 483, 521
Mathieu, Nicolas 113, 230, 244, 245, 283–293, 295, 297, 299, 301, 303, 305, 306, 309–311, 313, 315, 317, 318, 333, 460, 495, 498, 521, 528, 535, 547–550, 558, 559, 563
Maupassant, Guy de 467
Maurras, Charles 119
Mbappé Lottin, Kylian 1
M'Bowole, Makomé 542
Mecke, Jochen 103, 107
Meilhon, Jacques 327
Meilhon, Tony 325–327, 334, 340, 341, 347, 535–537, 539
Merton, Robert K. 68, 90, 539
Messling, Markus 10, 15, 29–31, 34, 91, 92, 107, 118, 124, 158, 163, 169, 174, 176, 177, 180, 187, 189, 213, 354, 355, 370, 399, 507, 512, 525, 562
Miano, Léonora 34
Michéa, Jean-Claude 241
Michelucci, Pascal 97
Milgram, Stanley 57
Mitterrand, François 190, 195, 196, 198, 478, 484, 485, 490
Modiano, Patrick 124, 343
Montaigne, Michel de 73, 74, 412, 420–422, 428
Moro, Aldo 248, 249

Nadeau, Maurice 246
Naipaul, Vidiadhar Surajprasad 436
Napoleon I. 4, 335, 429
Nieraad, Jürgen 59, 69–71, 521

Nietzsche, Friedrich 82, 83, 85, 366, 419, 496
Nora, Pierre 109, 125, 126, 130, 148, 149, 157
Nordmann, Joë 197, 199, 200, 217

Ortega, Daniel 418
Ostermeier, Thomas 113
Ourrad, Mustapha 158, 190
Oussekine, Malik 542
Ovid 474

Paglia, Camille 469, 470, 474, 500, 502
Pasolini, Pier Paolo 248, 249
Paty, Samuel 401, 403, 404
Perrais, Jessica 326, 327, 331, 336, 337, 340, 344, 535
Perrais, Laëtitia 102, 245, 325–331, 333, 334, 336, 337, 339, 340, 343–347, 408, 417, 534, 535, 539, 545, 546, 558, 560
Pétain, Philipp 144
Pogba, Paul 1
Polanski, Roman 463
Proudhon, Pierre-Joseph 366, 367
Proust, Marcel 266, 419, 426, 427, 433, 435, 445

Quignard, Pascal 105, 161, 162, 381

Rabelais, François 150, 196, 562
Rachilde 472
Racine, Jean 419
Rancière, Jacques 31, 33, 44–46, 66, 80, 90, 105, 516, 517, 528
Reckwitz, Andreas 115, 116, 250, 492
Reemtsma, Jan Philipp 29, 51, 90
Remarque, Erich Maria 128
Renan, Ernest 18
Renaud, Michel 409
Reymann, Andy 11, 55
Riboulet, Mathieu 246, 247, 248, 249, 250, 251, 252, 325
Ricoeur, Paul 148
Rigouste, Mathieu 47, 48

Riendeau, Pascal 97
Rosa, Hartmut 100
Rousseau, Jean-Jacques 3, 74, 231, 281, 412, 414, 415, 419, 420, 421, 422, 428, 438, 505, 511, 527, 562
Roy, Olivier 360
Rushdie, Salman 436

Sade, Donatien Alphonse François de 81–84
Sagan, Françoise 468
Sapiro, Gisèle 24, 26, 93, 94, 195, 517, 532, 555
Sarkozy, Nicolas 254, 326, 334, 338, 339
Sartre, Jean-Paul 74, 192, 194, 197, 218
Schaal, Michèle A. 464, 476, 478, 484, 485, 494, 496
Schlichte, Klaus 11, 51, 52, 67
Schober, Rita 104, 107, 357
Schoell, Konrad 65, 90
Schopenhauer, Arthur 355, 357
Shakespeare, William 90, 409, 414, 419
Shehata, Hatim 403, 404
Sinha, Shumona 34, 115, 354, 366–371, 376–380, 382, 385, 387, 392, 394, 396–399, 407, 462, 512, 521, 530, 534, 538, 539
Slimani, Leïla 529, 530, 554–556
Smadja, Albert 199, 200, 203
Sollers, Philippe 72, 82
Sontag, Susan 465, 476
Sorel, Georges 74, 75, 77
Spears, Britney 495
Spinoza, Baruch 328, 329
Spoerhase, Carlos 230, 237, 242, 243
Springora, Vanessa 8, 9
Starobinsky, Jean 281, 412, 420, 421, 562
Stendhal 488
Stepath, Katrin 100
Stierle, Karl-Heinz 87, 104, 107
Stora, Benjamin 21, 124, 195–197, 222

Strauss-Kahn, Dominique 482
Sunzi 169, 170, 173, 175
Sutterlüty, Ferdinand 11, 55

Teitgen, Paul 205, 206
Thatcher, Margaret 545
Tignous (Bernard Verlhac) 409
Tocqueville, Alexis de 74
Traoré, Adama 6, 48

Valéry, Paul 419
Vercier, Bruno 97, 110
Verney, Cathy 115, 480
Vian, Boris 480
Viart, Dominique 26, 64, 97, 109–111, 320, 523, 524
Vilain, Philippe 232
Voltaire 2–4, 8, 25, 205
Von Uslar, Moritz 325

Wajsbrot, Cécile 357, 565
Weber, Max 379
Weinstein, Harvey 482
Wieviorka, Michel 34, 36–43, 46, 50, 51, 56–58, 110, 112, 116, 179, 180, 181, 218, 227, 252, 257, 285, 352, 354, 358, 378, 405–407, 456, 476, 503, 536, 544, 560
Wittig, Monique 466, 476
Wolinski, Georges 409
Woolf, Tom 324
Woolf, Virginia 471, 476

Yourcenar, Marguerite 231, 468, 527

Zeniter, Alice 124
Zimbardo, Philip 57
Zola, Émile 6, 65, 74, 107, 154, 225, 253, 356, 410, 411, 467